后浪出版公司

美利坚帝国

一部全球史

AMERICAN EMPIRE

A Global History

A. G. HOPKINS

[英] A.G. 霍普金斯 ◎ 著　薛雍乐 ◎ 译

民主与建设出版社

· 北京 ·

第一眼会激起我们的缪斯灵感，
无畏的青年企图攀登艺术顶端，
但是，我们的眼界所见事物有限，
前瞻既看不远，后顾又看不见；
但是再往前，我们会惊奇地发现，
远处胜景层出，那里新知无限！
我们初登阿尔卑斯山多么高兴，
越谷登山，仿佛踩着天底旅行，
永恒的积雪似乎早就过去，不再出现，
初见的云彩和群山好像是最后的景点；
然而，当爬到山顶，我们颤抖着俯瞰
绵延的路还需要更大的努力去登攀，
前面不断出现的景色使我们眩目惊叹，
群山与群山相望，高山之外还有高山！

———— 亚历山大·蒲柏，《论批评》

（*An Essay on Criticism*，1711）①

---

① 何功杰译，摘自张剑、赵东、王文丽编著《英美诗歌选读》，外语教学与研究出版社，2008
年。（本书脚注为译者注，下同）

序　言

本书脱胎于两个同时做出的决定。第一个决定由我自己做出：我在2001年来到美国，前往得克萨斯大学奥斯汀分校任教。第二个决定则是由当时还身份不明的其他人做出：在我到达美国后的那个早上，纽约世界贸易中心的双子塔遭到袭击。这起袭击后来被称为"9·11"事件，它带来的种种后果有的微小，有的巨大。我自己对此事件的反应，属于最微弱的一种回响：就像别针被磁铁吸引那样，我不由自主地被那股撞倒双子塔并撕裂世界的力量牵引过去。接着，我就和世界各地的观众一起目睹了袭击事件造成的剧烈反应。2003年3月，美国入侵了伊拉克。在那个时刻，我颇不情愿地放下了手头的工作，转移注意力，尝试去理解华盛顿如何回应它自1812年以来首次遭遇的本土袭击。

这一课题离我原本研究的起点相去甚远，这倒也无妨，因为在我这样的外来者加入之前，许多评论家已在这一领域耕耘多时，他们比我知识更渊博，写作速度也是我再怎么奋力追赶都无法匹敌的。我必须先变成以赛亚·伯林笔下那则著名寓言中知识广博的狐狸，而不是急于想变成专注一件要事的刺猬。在我思索如何消化美国史那些汗牛充栋、引人赞叹又令人生畏的现有研究时，我发现，我唯一可能做出贡献的地方，显然是从外向内而不是从内向外地观察美国史，同时尝试吸收美国国家史中那些符合我研究目的的元素。最终的这项研究成果综合了我在历史学三大不同领域数十年来积累的知识，这完全出乎我的意料。我对全球化的兴趣提供了宏观的分析背景；我对西方诸帝国的研究显示出，帝国扩张传播了全球化的推力；我对前殖民地（尤其是非洲）土著历史的研究则使我注意到，从疆界另一边观察，世界看起来有多么不一样。

我在本书序章中提出了这项研究的不同维度，并在第一章中更详尽地展开。我也观察到，本书的学术内涵中包含着困扰了所有综述性著作的内在困难，即如何在概括和细节之间找到满意的平衡。乔治·艾略特给笔下的爱德华·卡索邦赋予雄心，让他去寻找解开一切神话的钥匙，但他也明白，卡索邦的研究方法（"筛选鱼龙混杂的材料，这些材料用不可靠的方式展现了更不可靠的原则"）存在无法弥补的缺陷。奥斯卡·王尔德也以灵活的语句敦促作家们勇敢写作，不要墨守成规。他批评一些作家胆怯得连"其他人的观点"都不敢提，嘲讽那些"追求精确性的粗心习惯"遏制了想象力（语出《谎言的衰落》）。虽然他提出了劝诫，但他未能就作者所需的方法原则给出建议，帮助他们用想象力促进读者的理解。在应对这一难题时，我遵循了常规方法，先提出一个可以检验的假说，定义其中相关的术语，再考虑那些超越了简单例证的论据。不过，要清楚指出这段历史中的各种元素并将它们融合起来，仍是一项尚未完成的任务。我既不是一只彻头彻尾的狐狸，也不是一只发育完全的刺猬，而是一个无法再继续进化下去的混合体。不过，如果说我没能把每一个微小细节都论述正确，那我希望至少我对一些宏观问题的阐述能更令人信服，可能还会带来一些启发。真相往往存在于另一个国家，如果我们确实能找到真相的话。

在我现在身处的美国，有一些向导耐心、宽容、慷慨无私地与我分享了他们的知识。我在得克萨斯大学奥斯汀分校的前同事和助手们欣然满足我的各种要求，即使是在我已经离开该校并且无法再得近水楼台之便的情况下。尤其身负重担的是乔治·福尔吉（George Forgie）、马克·梅茨勒（Mark Metzler）、马克·帕连（Marc Palen）和詹姆斯·沃恩（James Vaughn），他们帮忙处理了书稿中大量关于18世纪和19世纪的内容。但我也要由衷感谢弗兰克·古里迪（Frank Guridy）、马克·劳伦斯（Mark Lawrence）、威廉·摩根（William Morgan）、巴塞罗缪·斯帕罗（Bartholomew Sparrow）、约翰·维尔皮拉特（John Vurpillat）和本·布劳尔（Ben Brower）提供了他们的专业知识。我要感谢文理学院在2007年春季学期给我提供了教师研究基金，以及文理学院历史研究所在2009

年秋季学期给我提供了学术奖金。这两个学期的休假使我得以处理或者理清研究中一些尤其复杂的问题。历史学系的行政人员也始终乐于提供帮助，总以奥斯汀市特有的热情来回应我的要求，即使我提出这些要求时的期望值通常是来自另一个大洲。

我在剑桥大学的同事们欢迎我加入他们的美国史研讨会，该会在加里·格斯尔（Gary Gerstle）的领导下，既为我提供信息，又给予我灵感。塞思·阿彻（Seth Archer）、尼古拉斯·盖亚特（Nicholas Guyatt）、安德鲁·普雷斯顿（Andrew Preston）和约翰·汤普森（John Thompson）很快就参与进来，阅读书稿的部分内容。他们敏锐的评论改进了我的草稿，不过这些评论可能未能完全改变作者在写作最后阶段所捍卫的那些根深蒂固的立场。彭布罗克学院为我们无数次非正式的讨论提供了安全的港湾，学院研究基金则资助了我的旅行和复印需求。两位不可或缺的专家蒂姆·哈丁厄姆（Tim Hardingham）和汉斯·梅格森（Hans Megson）用平静和权威指引我适应了Windows系统的各个版本，包括极其令人头疼的Windows 8系统，他们两人好几次在灾难迫近时拯救了我和我的书稿。

为了避免对身边的同事提出过多要求，我也利用了自己任职的学校之外的其他学者。贾斯廷·杜里瓦奇（Justin duRivage）慷慨地同意我阅读他关于18世纪中叶的重要博士论文，麦克斯·埃德林（Max Edling）为了帮助我了解从美国革命到南北战争期间的历史，写了一份具有出版价值的备忘录。威廉·克拉伦斯·史密斯（William Clarence Smith）和理查德·德雷顿（Richard Drayton）分别给我关于菲律宾和加勒比海的章节提出了宝贵意见。伊恩·菲米斯特（Ian Phimister）大方地阅读了关于19世纪晚期帝国主义的章节，斯蒂芬·索耶（Stephen Sawyer）核查了我对同时代欧洲大陆的论述。卡里·弗雷泽（Cary Fraser）和格罗尔德·克罗泽维斯基（Gerold Krozewski）与我分享了他们关于非殖民化的渊博知识。迈克尔·亨特（Michael Hunt）非常乐意地与我大量通信，讨论关于帝国和霸权的问题。如果说我们两人都未能驯服这个难题，那我们至少有对方的陪伴来自我安慰。

本书使用的地图中，有几张是根据冷僻、零散的史料建构起来的。我应该要感谢拉里·凯斯勒（Larry Kessler）和卡罗尔·麦克伦南（Carol

MacLennan，夏威夷地图）、塞萨尔·阿亚拉（César Ayala，古巴和波多黎各地图）及威廉·克拉伦斯·史密斯（William Clarence Smith，菲律宾地图）慷慨地为我提供了他们的专业地图学知识。

普林斯顿大学出版社"世界中的美国"丛书的编辑斯文·贝克特（Sven Beckert）和杰里米·苏里（Jeremi Suri）给予我的帮助远远不止正式的支持。组稿编辑本·泰特（Ben Tate）既在专业层面保持超然，又在个人层面密切参与，这是他的制胜法宝。我很高兴能有机会表达对他们三人的感激，在这项研究变得庞大而艰难时，他们帮助我走完了最后的阶段。我也很高兴有幸把书稿放心托付给普林斯顿大学出版社的制作团队。他们用专业水准改进了我粗糙的原稿，他们用经验铺平了出版之路。

我也必须向几位医生表达另一种感谢，他们陪伴我度过了拜伦所说的"生命驿车的颠簸"（引自拜伦《唐璜》）时期。斯科特·沙佩尔（Scott Shappell）医生是癌症研究者、诗人、小说家，也是勤奋的通信者，正像他大方回应每一个寻求他帮助的人一样，他慷慨地帮助我弄清我的病症。他始终对他人辛勤付出，直到2015年因肌萎缩侧索硬化症去世，享年52岁。我也受益于奥斯汀市的约翰·威廉森（John Williamson）医生的专业诊断，以及纳什维尔市范德比尔特医疗中心杰出团队的手术技能；如果说世上确实存在永远面面俱到的人的话，那里的约瑟夫·史密斯（Joseph Smith）教授就是其中一位，他的工作日程紧张得会让其他人不寒而栗，可他却表现得不慌不忙，还抽出大量时间在非洲工作。在剑桥，西蒙·拉塞尔（Simon Russell）医生用开明的积极精神给我做放疗，目前为止都成功遏制了我本能的悲观情绪。

最后，我必须感谢我的妻子温迪（Wendy），在我那看似现实的写作计划一次次被无奈修改的时候，她对我的支持从未消退。那些因丈夫热衷打高尔夫球而形同寡妇的妻子们不知道她们其实幸运得多。我完全为本书内容负责，而把这本书变得更好，让我能完成它，则要归功于以上提到的每一个人，以及本书接下来将引用的无数做出贡献的学者。

2017 年 7 月 7 日

于美国剑桥

目　录

序　章

解放的教训

伊拉克，1915—1921

我们献出的那些意志坚决、年轻的人，
那些充满渴望、一片真心的人，他们不会回到我们身边。
但那些把他们草草扔在自己的粪便中死亡的人，
那些人会不会安享年华和荣光，直至死亡？

那些被冷酷残杀的人，他们不会回到我们身边，
日复一日孤立无助，尽管援助已近在咫尺。
但那些加剧他们的创伤、在痛苦中还要责骂他们的人，
那些人是不是太强壮、太聪明，所以才不会被杀死？

我们的亡者不会回到我们身边，只要日与夜仍被分割，
只要日落仍将它们阻隔。
但那些心不在焉的上位者，在他们死去时还在吹毛求疵，
那些人会不会像过去一样，向更高的职位冲刺？

我们的威胁和愤怒是否转瞬即逝：
我们会不会发现，当风暴终结时，
他们已经悄悄地、悄悄地拿回了权力，

得益于他们自己人的偏袒和诡计？

——拉德亚德·吉卜林，《美索不达米亚》[1]，1917

我低估了民族主义者的影响。[2]

——阿诺德·威尔逊，美索不达米亚代理民事专员，1918—1920

陆军少将查尔斯·威尔·费雷斯·汤森德（Charles Vere Ferrers Townshend）有理由疑惑，为什么他在离开库特阿马拉（Kut-al-Amara，简称"库特"）后命运就突遭剧变，迫使他很快就回到了这座城市。汤森德因其在印度的行动，被人称为"幸运者"。1915年4月，他作为印度军队第六师的指挥官抵达巴士拉。他富有革新意识，精力充沛，而他所属的军人阶层自18世纪以来就支持着英国的海外扩张：他著名的先祖乔治·汤森德（George Townshend）元帅在那个时代的多场大战中建立了显赫的成就。[3] 汤森德自己也在皇家军队中青云直上，渴望继续晋升，并相信这次派遣会给他这样的机会。[4] 机遇确实降临了，英国的战略家们认为，1914年出乎意料加入同盟国的奥斯曼帝国可能将要解体，这将给俄国的进一步扩张提供机会，危害英国在该地区的利益，威胁英国与印度和东亚的通信渠道。汤森德的使命是在该地区扫清土耳其军队，鼓励阿拉伯人反抗奥斯曼帝国统治，并保护新发现的油田。[5] 此外，他还有一项额外的"次帝国主义"（sub-imperialist）任务。汤森德的远征军是由约翰·尼克松（John Nixon）爵士将军指挥的，而后者正是英属印度军队的高级指挥官，听命于印度总督。[6] 在新德里政权看来，这场行动带来了直接控制美索不达米亚的机会。[7]

6月，在防御薄弱的地区取得早期胜利后，第六师开始北上。[8] 9月29日，汤森德占领了库特，那是底格里斯河拐弯处的一座小城市，位于巴士拉以北约180英里。[9] 他比较倾向于在这里停下，但他的上级尼克松将军却命令他继续前进，目标是占领往北100英里左右的巴格达。[10] 指挥权出现了争议，而好运也消磨殆尽。汤森德本预想在巴格达进行巷战，但他再也用不上事先准备的详细指令了。[11] 11月22日至24日，他在巴格达以南20英里泰西封的激战中失去了三分之一的军力，被迫与余部9 000人撤回库特。老练而狡猾的威廉·冯·德·戈尔茨（Wilhelm von der Goltz）男爵元帅指挥土耳其第六军，追击并包围了他。[12]

1915年12月5日，库特围城战开始，耗时5个月，在次年4月29日结束，这是现代英国军队遭遇的最漫长的围攻之一，而此后的投降也被视为继查尔斯·康沃利斯1781年在约克郡投降后英国军事史上最大的耻辱。[13] 库特并没有多少战略重要性，英军没有守卫它的迫切需要，毕竟他们已占领了幼发拉底河沿岸更重要的城市纳西里耶以及南去巴士拉的水路。[14] 然而，英军刚刚在加利波利战役中惨败，一旦库特失守，那么在欧洲各大国卷入更大规模冲突的这一关键时间点，英国的威望将再次受到损害。[15] 因此，库特的军队必须解围，以挽回英国的脸面和名声。汤森德起初相信，从南部派来的增援会很快打破敌军的围攻。但在意识到增援会被耽搁后，他提出突破库特的重围，撤回到能够提供援助的巴士拉。[16] 然而，尼克松命令他守住库特，等待援军集合。既然汤森德出不来，那尼克松就得攻进去。解救汤森德和他的部队这项任务被纳入了一个更大的目标，那就是捍卫英国的大国地位。[17] 最终结果取决于援军是否能赶在食物和军火耗尽之前打破土耳其军队的封锁。

1916年，英军在1月、3月和4月三次决心试图打破包围，投入的士兵一次比一次多，伤亡也一次比一次惨重。援军面临着恶劣不堪的外部条件：雨季把土地变成了泥潭，补给数量有限，医疗救援在大多情况下根本不存在。[18] 参加了两次行动的罗伯特·帕尔默（Robert Palmer）上尉在1月给家人写信：

> 尽管如此，我们那晚感到相当沮丧。我们没听说队伍有什么进展，死亡人数众多（但我们营里没有），看上去也没有希望赶走敌人。他们的前线铺得太开，我们绕不过去，而炮兵则受蜃景困扰，陷入瘫痪，所以正面攻击敌方战壕也是铤而走险。从法国来的士兵说，在这种情况下，我们的行动比新沙佩勒和伊普尔［一战中的战役］更为艰难，因为按他们的话说，这一路上就像在台球桌上步步前进。[19]

帕尔默也在4月参与了最后一次试图攻破土军防线的行动，那次行动的死伤过于惨重，连那些此前坚强忍耐的印度士兵都开始动摇了：

> 那天晚上……D中队不得不找来一支行刑队，以临敌怯懦之罪射杀一名中士（havildar）、一名一等兵（lance-naik）和一名列兵（sepoy）。谢天谢地，被派去的是诺斯（North）而不是我。他们帮忙挖了自己的坟墓，表现得很勇敢。然后他们躺进墓穴中被射杀。

这是帕尔默的最后一封信。几天后的4月21日，他在带兵攻向土军战壕时被杀。帕尔默当时27岁，是在战争爆发后志愿入伍的。他是塞尔伯恩勋爵的儿子，而塞尔伯恩勋爵是英国最重要的政治人物之一。[20]

随着收复库特的尝试一次次失败，汤森德的处境也每况愈下。[21] 起初，他的军队必须肉搏打退土军的袭击。[22] 后来，当敌军的包围圈完全起效后，他们不得不把口粮分割成更小的分量，并以马肉为补充。[23] 到3月，营养不良和疾病大大削弱了守城者的战斗力，消磨了他们的士气。印度士兵中出现了开小差以及自虐以期避免参战的情况。汤森德与外界的通信也开始显露出情绪压力的迹象，他承认，"被围困的时候，就算一个人有着像冰柜那样冷静的头脑，都会始终处于神经紧张的状态。所有人都看着你，希望听到新消息"。[24]

新消息的到来浇灭了一切希望：最后一次试图给库特解围的尝试失败了。几天后的4月29日，汤森德向土军的新指挥官哈利勒帕夏（Khalil Pasha）无条件投降，作为战俘被关在君士坦丁堡，直到战争结束。[25] 从进军巴格达到在库特投降，英军损失了1万人，另有2.3万人在试图给库特解围的行动中受伤或战死。[26] 1.3万名士兵和非战斗辅助人员被俘，超过半数死于漫长而艰难的北上途中或土耳其的战俘营。汤森德在1918年重获自由，但就像他的好运一样，民心也很快背离了他。[27] 在失去了自信、野心和名望后，他在1924年去世。[28]

库特的惨败使斯坦利·莫德（Stanley Maude）爵士将军走马上任（他的绰号是"有条理的乔"）成为新指挥官，他被分配了一支15万人的大军，有6个月时间准备发起新攻势。[29] 这将是所有汹涌波涛的源头。莫德在1916年12月开始推进，在1917年2月重新占领库特，在3月赢得了最大的战利品：巴格达。占领巴格达后，莫德继续有条不紊地前进，直到1917年11月（因霍乱）病死才停下脚步，在那时，他已吞并了巴格达北部和东部的大块领土。[30] 次年，他的继任者威廉·马歇尔（William Marshall）爵士将军将英国的统治扩张到巴格达以北200英里的摩苏尔。[31] 到那时，不列颠的印度军队已在美索不达米亚驻扎了42万人。[32]

占领巴格达的一周后，莫德发表了一项宣言，其中一句话将会被那些关注2003年美军侵略伊拉克的观察者所熟知："我们的军队来到你们的城市和土地，并不是作为征服者或者敌人，而是作为解放者。"[33] 这一任务被交给了陆军中校阿诺德·威尔逊，他担任美索不达米亚民事专员，直面帝国崛起过程中永恒的难题：如何从枪杆子里获取合法性。在威尔逊的指挥下，英国对这一地区的直接统治引发了诸多不满，甚至超过了以前的奥斯曼政府。[34] 1920年5月，英国决定在国际联盟的授权下统治伊拉克，这引发了反对派更广泛的斗争。政治利益、宗教领袖和经济困难孕育的各种势力联合起来呼吁独立。被当地人称为"美索不达暴君"的独裁者威尔逊是他们敌人的化身，但他地位稳固，不可动摇。结果，起义爆发，耗时8个月，带走了数千条生命，花费了约5 000万英镑。[35]

尽管"叛军"（这是英国对他们的称呼）被镇压，威尔逊最终还是被迫改变立场。[36] T. E. 劳伦斯（"阿拉伯的劳伦斯"）所称的"我们帝国历史上的耻辱"引发了一系列政策变动。[37] 英国的野心收缩了。行政命令凌驾于政治进步，节俭朴素压倒了经济发展。1921年，英国集结了一批来自旧政权的知名人士、神职人员、军官和官僚，他们组成松散的联盟，从外界引进了先知穆罕默德家族的一名后人，他在英国的保护下成为伊拉克的第一任国王。[38] 这样一来，这个新国家开始了它那不祥的旅程，它的未来充满了动荡、革命和威权主义，不时的外来干预如影随形，有时还起到了推波助澜的作用。莫德所称的"陌生人的暴政"将持续下去。[39]

＊＊＊

在一本题为《美利坚帝国》的书的开头，回顾大英帝国历史上一段相对鲜为人知的往事，看上去可能有点不合常理。汤森德本人可能很难预料到，他那场失败的远征会在21世纪初关于美国侵略伊拉克的各种评论文章中被挖掘、解剖、引述。然而，在国际秩序被打乱的时刻，历史总会被重新发现。当惯用的手段已难以完全解释新事件时，对当代事务感兴趣的评论家们就会转向过去，探寻当前这些不满情绪的根源。"9·11"事件带来的创伤可能并不像当时人们认为的那样"改变了世界"，但毋庸置疑的是，它刺激了美国的外交政策，促使人们重新就美国如何维持或打乱世界秩序这个问题做长远的评估，这也造就了如今规模庞大的"帝国研究"流派。

这样一来，汤森德事业的不光彩结局就被视为帝国兴衰的一个寓言。但故事的寓意却引起了争议。一些观察者认为，库特围城战的受害者不只是第六师。它打击了正处于鼎盛时期的大英帝国，自那以后，它踏上了不可逆转的衰落之路，将指挥棒交给了一个更新、精力更充沛的西方文明守护者：美国。从这个角度看，汤森德就是历史周期的俘虏，这种周期性力量强大到足以使最伟大的国家崛起，也足以使其溃败。1915年发生的事件就像2003年一样，最终只会有一种结局。所有的中国古代王朝最终都失去了"天命"；古希腊人则教导说，傲慢自大（hubris）之后就会遭遇天谴（nemesis）；伊本·赫勒敦把历史的不同阶段描绘为生长、扩张和衰落；詹巴蒂斯塔·维柯列出了三种不断重复的时代；阿诺德·汤因比关于文明兴衰的理论则让他在美国成名。[40] 每到萧条的时刻，现代的"衰落主义者"就会来给国家把脉，重申末日就要到来。

其他评论者则抵触那种否定未来的强烈悲观主义。在他们眼中，美国是大英帝国的合法后代。汤森德的命运象征着全球事务的责任从一个长辈那里转移到了年轻的继承人身上。美国的政治理论家们提出种种论据，证明世界需要由一个领袖或者霸主来主导，以免陷入国际性的无政府主义。J. A. 霍布森已经预料到了这一主张。"许多时代的政治哲学家都推测，"他观察说，"帝国是和平唯一的可靠保障，国家之间遵循等级关系，在更大的规模上映射了单一国家内部的封建秩序。"[41] 同时，我们如今也可以吸取历史教训：一个超级大国可以把先进科技改天换地的能力和现代社会科学的犀利洞见结合起来，从而消除异见，在世界各地传播进步性，避免走向衰落。从这一振奋人心的立场来看，美国站在了从启蒙运动的乐观主义一路发展而来的线性发展过程的顶端。黑格尔和马克思以他们截然不同的方式相信，辩证的力量会把社会推向更高层次的成就。对亨利·梅因来说，进步势必会带来从身份到契约的转变。赫伯特·斯宾塞将社会发展与进化的个人主义联系起来。塔尔科特·帕森斯则懂得如何把"传统"社会转化为"现代"社会。20世纪90年代的"必胜主义"带来了"历史的终结"。[42] 乐观主义者为不断膨胀的国家威望摇旗呐喊。

对库特围城战的讨论就这样出人意料地提出了帝国史中的许多关键问题。尤其重要的是，在2003年美国入侵伊拉克后，库特围城战的史实和人们对它的解释显示出，我们可以把美国放在远远超越其领土的背景下进行研究，从中得到收获。达成这一目的的一个方法，就是把这部国家史诗置于全球背景下，特别是在帝国背景下。在本书涉及的三个世纪中，全球化和帝国都紧密相连。帝国既是意志坚决的革新者，又是全球化的中介。扩张和收缩的冲力同时作用，因果关系的链条则双向移动。本书研究的三个主要的全球化阶段分别在18世纪末、19世纪末和20世纪中叶经历了转型危机。每个阶段都给帝国的运势和发展轨道带来了深远影响。每次转型都伴随着辩证的过程，改变了帝国的政治和经济结构，转移了帝国主义统治的地理分布。全球视角改变了我们在研究美国历史一些核心主题时提出的问题，它所提供的答案也应该吸引两种不同专家群体的兴趣：美国史专家和帝国史专家。

帝国主义全球化在不同阶段产生的历史，为我们提供了"帝国"一词惯常用法之外的另一种解读。我们可以重塑1783年前英国在北美大陆殖民地的历史，体现出早期全球化延展的推力是如何先助长了军事-财政国家（military-fiscal state）的帝国主义扩张，再破坏了这一过程。1783—1945年这一时期，主要被历史学家视为国家成长、追求自由和民主的过程，但其实也能被纳入帝国史的范畴。目前，对这个时代的历史研究中，只有少数提及帝国和帝国主义，这些研究通常是关于美国的大陆扩张，或是关于1898年美西战争这样看似反常的事件。然而，如果把19世纪美国史视为一种漫长的非殖民化实践，那我们就可以把从美国独立到南北战争之间的时期理解为对自主权的追寻，当时美国还受到英国的非正式影响。我们也可以重述从南北战争到美西战争的历史，强调国族建构（nation-building）、工业化、取得实质独立以及为海外帝国打下基础等相辅相成的过程。

与西班牙的战争开启了美利坚帝国史的一个新阶段。美国成为太平洋和加勒比海上的殖民大国，我们现在也可以审视美国是如何以自己的方式推行西方的"教化使命"（civilizing mission）。然而，美国从1898年到二战后非殖民化运动之间的殖民统治是美国史研究中最受忽略的话题之一，这为新一代历史学家提供了研究的可能。在那之后，全球化的本质发生了变化，与20世纪中叶的非殖民化进程互相结合，塑造了当今超国家（supranational）、多种族的世界。本书主张，这一新阶段与建立或维持领土帝国（territorial empire）的行动格格不入。但正是在1945年后，美利坚"帝国"这一说法最终出现，用于形容美国在20世纪下半叶行使的非正式间接权力。本书在结尾探究了这一表面上的矛盾，以评估美国实力在后殖民时代全球化中面临的局限。

我们把这整段时期置于西方帝国的广义背景和英国先例的狭义背景下，就有可能在通常被视为孤立的美国国家史中找到一些共同趋势。在18世纪末欧洲军事-财政国家陷入危机时，美国革命可以被视为这一危机向海外省份的延伸。1783年后的历史与其说是关于"自由与民主"的崛起，不如说是保守派与改革派之间关于革命后应该采取哪种国家形态的争斗，这也对应了欧洲在1815年后遭遇的类似冲突。1865年后，美国建立民族-工业国家（national-industrial state）的过程也与欧洲的发展遥相呼应，其中包括它们向军事帝国主义的延伸。对此后殖民统治时期的研究则表明，1898年后，美国建立的岛屿帝国（insular empire）和其他西方帝国一样，经历了同样的统治手段，感受到了同样的国运震荡，并在同一时期以同样的原因走向终结。

对共同点的强调并不是为了削弱美国的独特性。尽管本书不会采用"例外主义"（exceptionalism）的概念，但需要明确美国与其他国家之间的显著差异。不过，人们身上存在索尔斯坦·凡勃伦（Thorstein Veblen）所说的"训练有素的无能"这一本性，这使观察者很难超越单一、限定的视角来看待世界。[43] 有些观点在讨论某个国家案例或者其他具体背景时可能看似有力，甚至具有启发性，但放在国际或者全球的背景下检验时，却显得苍白无力或具有误导性。"解放的教训"中，主要的一条教训便是，表面上的相似性可能会掩盖深层的背景差异。库特围城战教会我们，如果没能注意到行使权力的条件以及权力本身正在发生根本的变化，这可能给世界秩序带来巨大后果，甚至导致失序。

本书提出的主张受到学科特性以及作者本人的局限。对历史的理解是逐步推进的。人们期待获得顿悟，但很少能真正如愿。此外，本书的主题只是美国史的一个方面，而不是它的全部。即使提出了这些限定条件，这一主题仍然庞大，充满了令人生畏的危险。因此，我们需要对种种雄心勃勃的论断做出平衡，承认犯错的可能，并且明白，任何尝试重新诠释宏观历史发展的努力都很有可能遭遇失败。既然这样，我们最好还是承认，就算奥德修斯能够一箭射过一排斧头的穿孔，他也需要魔法来帮助他完成他的英雄旅程；而那些低他一等的旅行者们既缺乏箭术，又无法轻易获得神灵帮助，他们需要明白，自己可能是在拿希望来与概率打赌。[44]

第1章

三场危机和一个结果

在不同可能间做出的选择

每一代人都会得到他们所需要的历史。各种风潮来来去去，有些风潮的原初形态还会在被遗忘多时后，经适当变动重新出现。史学研究的记录显示，过往的潮流会风行10年左右，然后销声匿迹。涉及帝国史和全球史的课题分支，尤其清晰地体现出过去这半个世纪史学潮流的波动。本质上是非历史主义的现代化理论（modernization theory）让位于依附理论（dependency thesis），而后者诱使社会科学学者以轻率的热情拥抱过去。马克思主义重申了生产决定交换，纠正了依附理论过于灵活的激进倾向。后现代主义更为看重理念原因而非物质原因，颠覆了当下主流的因果关系等级。如今，历史学家重新启用了"整体化方案"（totalizing project），正忙于把各大洲、帝国和岛屿置于全球史之中。

历史研究的风潮千变万化，迫使学者必须在不断改变的优先议题中找到自己的位置。要是他们无法与时俱进，就有可能陷入马克思主义者所说的"过时的问题意识"。要是他们随波逐流，又可能面临失去个性的风险。这就像最早买一只股票的投资者会得到收益，但在股市达到顶点时才入股的投资者则会在崩盘时受挫。一种潮流之所以引人关注，是因为它看似能全面地解答当前某个迫切的问题。而一种潮流之所以终结，则是因为出现了反例，或因为过多的重复而变得老套。在这一切发生之后，人们就会发现，当时他们关心的问题其实并不是世纪难题。

如果学者能够预见历史研究的下一阶段，他们就不难选择出优先议题。但不幸的是，正像投资顾问不得不提醒的那样，一只股票过去的表现无法保证未来的收益。[1] 不过，历史学家依然可以利用自己的学识，参考过去和当前的重要议题来设计研究。比如说，本书将全球化置于论述的中心位置，就是因为意识到"全球化"这一概念在当今历史学家的著作中非常重要，甚至可以说是必不可少。[2] 同样，帝国研究的复兴源于苏联的崩溃以及美国的进一步壮大（纵然有中国突然崛起，但评论家仍把美国视为当今的超级大国）。[3] 然而，风险也应运而生，因为我们可能只是在重复早已被人接受的思想。一旦人们心生厌倦，最新潮的研究方法就变得冗余。此外还存在另一种风险：当时代主旋律改变时，学者被过时的问题意识攫住。如果反全球化情绪势头渐猛，学者们可能就需要调转方向，关注民族国家之类的其他范式。不过，在这一点上，我们还是要保持镇定，因为就像奥斯卡·王尔德所说，"只有时髦的东西才会过时"[4]。

尽管看似风头已过，但我们当前持有的问题意识并没有过时。历史学的"全球转向"（global turn）已经引起了许多学者的注意，但目前对教学的影响还比较有限，许多课程还是坚持民族国家的视角。[5] 而那些赶时髦的出版物通常也是形式大于内涵，有些作者只是在书名或文章标题里加了"全球"一词，以便增加话题性，给原本传统的经验性叙事添加一点儿理论分量。也有作者把"全球"一词用得过于宏观，流于肤浅，缺乏洞见。眼下还很少有历史学家将他们的著作与相关的分析性文献联系起来，而引起其他社会科学学者的关注。

所有史学潮流都存在这些弱点，而"全球转向"在局限之外也的确带来了显著的进步。过去10年中，一些开创性的著作强有力地论证了应该扩大美国历史研究的范围，将其置于国际背景之中。[6] 针对非西方世界的研究也显示出，全球化的起源有多个中心，并不仅仅是"西方崛起"这个单一叙事中一个漫长的章节。同样，人们发现，全球化既会带来多样化，也会带来同质化：不同地区都为全球进程做出了贡献，而那些超越国家界线的力量则塑造了不同的国家历史。[7] 其他一些著作则打开思路，触及了此前尚未被探索的话题。关键问题在于：全球化历史所记录的进程，究竟只是随着时间的推移不断扩大进程但并没有发生本质改变，还是多种不同类型的进程在相继发生、演化。[8]本书对历史的诠释就是以后一种看法为大前提，提出了全球化的三个阶段，并探索了让它们发生转变的辩证作用关系。

帝国研究的复兴也留下了一些尚未解答的核心问题。长期以来，历史学家为如何定义"帝国"争论不休，可能永远都不会达成一个大多数人认同的结论。其他评论家对帝国研究的论述更是拓展了这个词的含义，以至于许多对此问题的讨论都是"鸡同鸭讲"。比较研究尤其容易遭遇定义上的分歧。如果广义地理解"帝国"一词，将其视为任何能够施加广泛国际影响的大国，那就可以进行许多跨越时间和空间的比较研究。但在这样的情况下，要是比较对象的某些特点存在本质的区别，那在它们之间发现的共同点可能就无法成立。然而，如果狭义地理解"帝国"一词以迎合某种特定目的，那一些潜在的比较对象可能就不再符合这个定义，最终的研究将过于着重差异，无法指出其中的共同点。本章对"帝国"的定义以及接下来展开的讨论试图避开这两种陷阱。本章假设帝国是一种全球化的力量，这为寻找不同帝国的共同目标提供了基础。本章将要论述，全球化经历了不同的历史阶段，这把全球化进程置于时间长河中；并提出美国史可以如何与西欧史乃至世界史连接起来。

当前人们对全球化的兴趣已带来了意料之外的收获，那就是把经济史重新引入关键历史话题的讨论中。后现代主义与"语言学转向"（linguistic turn）使历史学家关注文化的影响，这一视角新颖而值得欢迎，但也减少了历史学家对物质世界的兴趣。如今，经济史的重要性重新引起人们的注意，但缺少实践者。[9]本书重新引入了经济相关的主题，希望提醒新一代研究者，他们可以为过去数十年来被忽略的历史领域做出贡献。这并不意味着经济就应该像一些专家以为的那样，被视为重大历史事件的决定性因素。正如本书构想的，全球化的过程也融合了政治、社会和文化变革。这一全面的历史分析方法为目前这部研究及其推导的时代划分打下了基础。

　　把帝国视为全球化推力（globalizing impulses）的传播者，进一步揭示了帝国史研究目前尚未吸纳的另一个维度，那就是本地人对西方世界入侵的观察。[10] 在区域研究于20世纪60年代崛起后，原本关注白人殖民者和统治者的旧式帝国史研究被新的研究重点取代，后者致力为刚获得政治独立的地区找回它们的本地史。尽管这项工作持续推进而引人注目，但它的成功主要源于其创立了不同地区的专门研究。另一方面，新的帝国史研究则倾向于对帝国建设采取中立态度，同时探索了英语世界的扩张、种族刻板印象的建立，以及性别角色的形成等话题。本书则希望融合殖民统治对象的视角。它将清楚地向读者展示，帝国的故事不只是"挑战和回应"，而是各种利益在全球性进程的吸纳下聚合到一起互相作用。全球化的推力有多个中心。岛屿（包括被美国殖民的那些）不只是穷乡僻壤，势单力薄地承受着更宏大的影响，而是作为国际化的中心，通过商品、人员和思想的流动将不同的大洲连接起来。[11] 它们既是全球化的旋转门，又是全球化的生产者。全球化元素进入这些岛屿，通常被加工处理，被改变，再从这里离开。这种高度的创造力不应让人感到惊讶。边境和岛屿通常都更为灵活、更具创新性，而与之相对的是，现有的中心地区则受到等级秩序的支配，统治手腕也更易实施。

　　本书综合了全球、帝国和本地三种视角来看待美国历史，它以此前的学界成果为基础，又与之不同，不再像惯常那样从美国内部向外看，而是从外界观察美国。[12] 做出宏大论断的人通常会作茧自缚，所以应该为可能的失误加个"保险"。这里需要就本书的范围提出一条"免责声明"：本书不会覆盖美国的所有历史，只会讨论被认为与帝国建设和非殖民化最相关的部分。因此，本书着重谈到了19世纪美国联邦层面的国内政治，因为它受到尤其是来自英国的外部影响，但对20世纪的论述则比较有限，因为那时美国已经完全取得了自己内部事务的控制权。其他诸如美洲土著历史及边疆史等重要主题，则只会在与本书研究对象直接有关时才会提及。幸运的是，在其他最新的美国国家史著作中，上述这些主题及其他没有提及的内容都获得了它们应得的重视。

　　本书的另一大限制在于美帝国主义的承受对象。本书考虑的是1898

年后美国建立的岛屿帝国。1940年，美国人口普查局公布数据称，美国13个有人居住的海外领土与阿拉斯加州总共有1 888.302 3万人口。[13] 其中大部分人居住在太平洋和加勒比海的岛屿上。约有99%的人口位于菲律宾（1 635.6万人）、波多黎各（186.925 5万人）和夏威夷（42.333万人）。这三处岛屿与古巴一起，构成了本书研究的美帝国领土的基础。古巴在1940年拥有429.11万人，在本书中作为被保护国（protectorate）的一例。本书没有就门户开放政策和金元外交详尽展开，不过它们无疑值得进一步探索。一个问题在于，美国的非正式对外影响没有固定形态，在地理和时间上也很难追踪。还有一个更常见的障碍是，充分研究这一主题需要大量篇幅，而这会把一部已经非常庞大的研究变得更加令人生畏。另一方面，限制对20世纪早期这一主题的讨论，将使我们有多余的空间来探讨1945年后美国的国际力量，在那时，关于非正式帝国与霸权的辩论已经重要得无法回避。

超越"美国例外主义的国家意识形态"[14]

本书强调的全球背景要求我们重新审视坚固的国家传统，这一传统长期以来是美国历史研究的根基，在其他独立国家中也是一样。历史研究的国家传统出现于19世纪，随着新建立的民族国家应运而生，并为其提供合法性。如今，国家传统仍在世界各地的研究和教学项目中根深蒂固。这一传统有许多值得欣赏的特点，需要保留。但它不再能够反映21世纪的世界了，超国家的影响与日俱增，塑造着今天的世界。对国家视角的偏重也有可能造成理解的扭曲，最明显的例子就是相信一个国家的与众不同之处不只是一种特点，更是一种例外。从过去到现在，对美国拥有独特的天赋使命的信念帮助人们构建了美国民族主义的特性和美国历史的内容。自19世纪以来，文献中提到的例外主义仍然牢牢把控着主流民意，并继续影响着外交政策。[15]

坚持这种孤立倾向的史学传统，导致美国例外主义的主张大多是在自说自话。[16] 其结果是，人们没有意识到所有国家都声称自己独特。有着伟大雄心的国家总会觉得自己获得了某种上天的旨意。一种使命感让它们

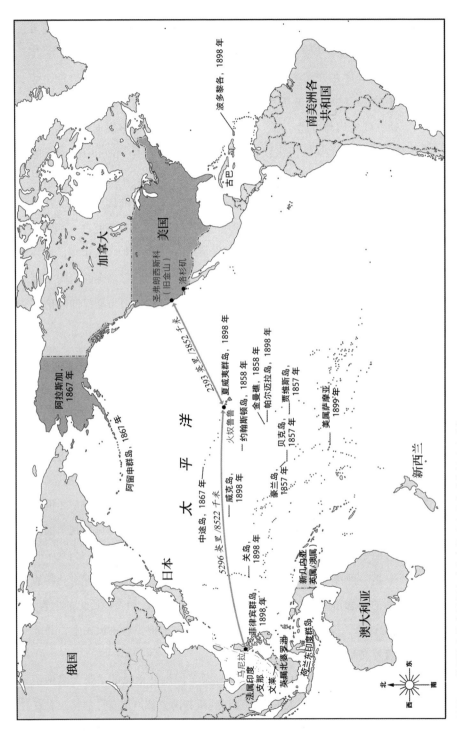

地图1 美国的岛屿帝国领土（书中插附地图系原书所插附地图）

误认为自己是独一无二的，而在这种观念与物质实力相结合后，它们就会以为自己拥有特权和优越性。

而正像马克·布洛赫在一篇经典文章中指出的那样，与单一的案例研究相比，比较研究在检验史学论断时更有说服力。[17] 要体现出某个国家的"例外"，不应该光堆砌这个国家的自我描述，而是应该展示出其他国家并没有同样的自我认知。然而，常见的论证流程却是尽可能地无视对立的论断，在一个国家的例外性受到质疑时，就强调它意识形态的优越性。

可是，俄国的统治者也长期给国家赋予半神的地位，认为他们的目标是向世界传达某种特殊信息。[18] 法国人相信，他们被选为革命共和传统的守护者。对儒勒·米什莱这位历史学家与爱国者而言，塑造了法国的那场革命本身就是一种宗教。[19]"法国例外"（l'exception française）的概念给这一"伟大民族"（la grande nation）赋予了向世界各地传布"教化使命"（la mission civilisatrice）的义务。[20] 诗人兼哲学家保尔·瓦雷里认为，"法国人的不同之处，在于他们认为自己是普世的"[21]。但瓦雷里不知道，拥有这种信念的不只是法国人。西班牙作家们讨论他们自己的"例外性"（excepcionalismo）为时已久。学者们把日本独有的文化身份认同"日本人论"（Nihonjinron）追溯到了18世纪，并且在更早的时代发现了相关元素。德国理论家在19世纪末创造了"德意志独特道路"（den deutschen Sonderweg）的概念来描述他们国家走向现代性的独特道路。[22] 不出所料，英国人也确信，他们首先达到了文明的巅峰。"记住你是个英国人，"塞西尔·罗兹（Cecil Rhodes）对一个年轻的同胞建议说，"记住你已经因此抽中了人生的一等奖。"[23]

这里需要说明的是，与普通大众相对，只有少数职业历史学家还坚持全盘接受例外主义。一些历史学家把美国史置于比较研究下并取得了进展，也有其他历史学家探索了这一学科的每一个可能的分支，对美国的建国传奇进行详述或者加以限定。[24] 我们也需要承认，从查尔斯·比尔德（Charles Beard）及进步主义学者开始，出现了另一种学术传统，长久以来已经挑战了美国作为例外国家拥有独特而统一的天赋使命这一说法。质疑者批判所谓的共识学派（consensus school），转而强调美国的内部冲突，把美国视为从一开始就趋向扩张的国家，首先在北美大陆扩张，然后走向海外。[25] 在新左派和威斯康星学派崛起后，这种视角在20世纪60年代极有影响力。[26] 新的历史诠释激动人心，强调了扩张的持续性，把1898年美西战争视为资本主义系统性的危机，而不是一个反常事件。[27] 在这种诠释中，美国在那之后不是走向孤立主义，而是走向非正式的扩张。用类似的方法解释1945年后的历史，则美国扩张走向巅峰的过程被视为一个帝国的形成过程，这一帝国在外表上和欧洲有诸多不同，但和那些被它逐渐取代的欧洲各帝国一样，渴望统治世界。

然而，自20世纪70年代以来，激进的学说就淡出了人们的视线，在当前这代年轻研究者中仍然居于小众。激进"左派"上一次对美国历史撰写全面综述，还是在1980年。[28] 尽管这本《美国人民史》（*A People's History of the United States*）因公式化的论证和多处夸大事实广受批评，但这没有削弱它的人气和销量，目前它已卖出了超过200万本。虽然这部著作有诸多弱点，但它显然给之后一代又一代学生提供了对美国历史新鲜而激励人心的解读，回应了常规的大学课本无法满足的知识需求。《美国人民史》的成功与其说是体现了书本身的价值，不如说是对当今史学正统的一种回应；符合正统的研究确实经过了学术界的考验，但通常过于谨慎，颠覆性不够。

这里的总结无疑对一大批著名的学术研究不太公平。有许多高质量的创新研究关注了特定的时代、事件和主题，但它们被分散在庞大且不断扩充的学术文献中。"全球转向"还没有成为一场革命。在已公认的史学研究中，有许多重要的特性仍然原封不动。结果就形成了我们在主流著作和综述中所见的结论，以原有的例外主义假定为基础，进行修正并高度发展。[29] 著名历史学家查尔斯·安德鲁斯（Charles Andrews）在1919年写道，美国革命时期的"事件和人物""已经变得有几分神圣，成了一种近乎偶像崇拜的情绪的对象"。[30] 所谓的"国父范儿"（founders' chic）在任何时期都风靡全国。[31] 关于美国国父们的大部头巨著，把托马斯·卡莱尔对英雄的论述移植到共和国的需求上，令读者们欲罢不能。[32] 只要一瞥关于19世纪史的权威著作就可以看到，自由和民主被视为美国革命的结果，这一主题持续不断地吸引着作者和读者。而历史学家在描绘20世纪美国不断膨胀的国际地位时，尽管可能对美国扩张的后果采取批判态度，但通常也很难摆脱一种观念，即美国正在实现其扩张主义目的。

例外主义传统深深影响了这里所称的"美利坚帝国"的定义和研究。标准的历史研究用这一概念指向覆盖了半个世纪或更久的两个时期。第一个时期涵盖了1607—1783年，彼时北美大陆诸殖民地都是大英帝国在新大陆的一部分。所有人至少都认可，当时存在一个正式的殖民帝国。美国的建国神话强调了其与欧洲（尤其是英国）特点的对立，主要是君主制、等级制度和帝国主义，它也强调了自由和个人主义的特质，用其展现新生共和国与旧世界的区别。尽管现代的学术研究从不同层面解读了美国革命的起因与结果，但迟迟未能达成新的共识，目前最有潜力的候选学说也还不足以彻底将其他竞争学说驱逐出局。

第二个时期则覆盖了第二次世界大战至今，描述了美国崛起为超级大国的过程。美国在20世纪下半叶建立帝国的说法与例外主义格格不入，这促使学者和实践者想办法化解矛盾。一些国际关系理论家为解决这一问题采用了其他术语，比如霸权国（hegemon）或者领袖（leader）。其他学者则给帝国赋予了仁慈的特质，试图用自由民主的原则对全球扩张进行调和。有一种看法认为，美国是"受邀"得到世界主导权的，这种看法影响广泛。[33] 另一种看法则采用了当今人们熟悉的语言，认为美国掌握着一个未受承认的帝国，既需要复兴来保护国家利益，又需要扩张来实现它的潜力。[34] 这就是一个"自我否认的帝国"（empire in denial），它需要显露真面目，拥抱现在人们所说的"进攻性现实主义"（offensive realism）。[35] 另一组学者则从激进的角度，用这个概念表达他们对帝国主义的不满。到1988年，"近期出版的分析战后美利坚帝国如何继承历史上的其他伟大帝国的书籍"已经"以令人震惊的速度"增多。[36] 许多文献仍和美国的国家史诗保持一致，强调捍卫并传播政治与经济自由的好处。在冷战需求的召唤下，学术界的回应显示出，它一点儿也不缺乏爱国主义情怀。

这两个时代之间的时期则充满了不确定性。对于美国1783年后的历史，正统叙事关注的是国家的扩张。有些历史学家用"帝国"一词描述这一时期美国在北美大陆的扩张，但正如第5章将提出的那样，在这一背景下使用这个词需要审慎。偶尔会有学者研究美国在1898年前的对外关系，直到美国与西班牙开战，吞并了后者残余的帝国领土。但从帝国史的角度看，传统的研究途径并不恰当。即使是最例外的国家都不会在一夜之间取得有效独立（effective independence），而前英属殖民地通常也会与"母国"保持长期的联系。[37] 从本书的视角来看，19世纪可以被分为两部分：1783—1861年，美国仍在一系列重要的物质和文化层面依赖英国的影响力；而在1865年后，美国的有效独立逐渐成为现实，最终在1898年成为定局并闻名于世。因此，本书有必要包括整个19世纪的是非曲直，因为这是第一个重要例证，展示了一个刚实现非殖民化的国家持续与帝国的影响进行斗争，直到最终摆脱。

有效独立与其说是一个确切的概念，不如说是象征性的说法，但比之另一种说法，即直接默认正式独立（formal independence）意味着完全控制国家主权，则它显然上了一个台阶。非殖民化研究通常试图区分这两者。正式的权力交接来源于官方的宣告和宪法的更改，立竿见影、高度可见。有效放权则展现了通常更为漫长而困难的过程，前殖民地与前宗主国的政治、经济和文化纽带被切断或者经历大幅变更。在全球化的世界中，权力很少能实现完全转移：国家间的融合不可避免地在一定程度上限制了国家主权，而根深蒂固的制度和既存的外交关系则具有持久性，即使在人们不再需要它们时，仍会继续发挥作用。"新殖民主义"（neocolonialism）一词通常用来描述权力仅在表面上转移，但其实质并未发生变化。另一方面，完全独立的主权极为罕见，也并非总是好事，因为在闭关自守（autarchy）的状态下，它通常让人想到贫困而不是富足。在本书中，有效独立的概念占据了这两个极端之间广阔的中间地带。

1898年的美西战争以前曾被视为一个"大反常"（great aberration）事件，短暂地打断了共和理想的稳定成长。[38] 修正主义研究抛弃了这种解释，但尚未将现存的各种不同论述综合成另一种连贯的学说。而且，尽管历史学家们已相当细致地研究了美西战争，但他们的兴趣止步于战后和谈。在研究1900年后的历史时，"常规工作"重新开始，国内史的几大主题重获关注。直到谈及一战，主要史学著作才开始花大篇幅谈国际政治；而到了二战后的历史，一种新型的美利坚"帝国"才进入人们的视野。同时，另一群历史学家细致研究了美国统治的岛屿，一批成果引人注目，但这些研究还未被整合起来让更多读者接受。[39]

在这里，有必要暂停一下，考虑这些被忽略的研究的重要性。尽管进步主义史学家和他们的继承者们做出了许多贡献，但几代历史学家不是将1898年建立的岛屿帝国边缘化，就是用"扩张主义"的说法来掩饰它。[40] 关于这一话题的书籍数量稀少，也很少受大众欢迎；一些例外的书籍则融入美国的国家史诗中，要么把"自由的奥秘"（mystique of freedom）视为美国"与属国关系"的中心主题，要么认为任何在殖民统治期间犯下的罪孽都被后来的善举赎清。[41] 许多关于这段时期殖民统治的早期研究最终被忽视而在学术界消亡，如今被安葬在大学图书馆藏的最底层。不过，即使后世的历史学家决定调转研究方向，他们也应把这些早期文献中的一些作品视为开辟这一领域的先驱。[42]

1926年，帕克·T. 穆恩（Parker T. Moon）撰写了关于19世纪末崛起的帝国体系的第一部全面的学术著作。穆恩体现了当时主流的观点，即美国是个例外的大国，它的动机和行为都给其他殖民国家设定了难以匹敌的标准。穆恩认为，美国作为"非进攻性国家"的历史优于欧洲大国，在殖民地推进教育事业，为自治做准备。[43] 朱利叶斯·普拉特（Julius Pratt）则在1951年反思了美国的殖民统治时期，采取了类似的观点，宣称美国的帝国主义总体来说都是"仁慈的"，而"那些受到美国监护的地区大都过上了好生活"[44]。尽管普拉特的这部著作不像他此前更具创新性的作品《1898年的扩张主义者》（*Expansionists of 1898*，1936）那么犀利，但它仍提供了关于美国的所有属地令人钦佩的清晰历史叙述。惠特尼·珀金斯（Whitney Perkins）出版于1962年的大部头著作概述了殖民政策与管理，可能因为不合当时的氛围，一时没有引起多少反响，但它充满了经过仔细研究的信息，至今仍价值匪浅。[45] 如今半个多世纪过去了，这本书仍是学界最近一次全面评估美国20世纪殖民统治的尝试，这听上去可能难以置信。

批评者也发出了他们的声音。1925年，卓越的历史学家斯科特·尼尔林（Scott Nearing）在《金元外交》（*Dollar Diplomacy*）中对美帝国主义做出了广泛的诠释，而这本书也使威廉·H.塔夫脱总统首先使用的这个词组在学界流行。[46] 尼尔林早早预见了后世历史学家的许多发现，尤其是与新左派有关联的学者的发现；他强调了"军事实力和经济优势"的相互作用，以及金融利益在建立正式帝国和隐形帝国时至高无上的地位。[47] 他也促使人们注意美帝国主义的延续性，尤其是西进运动和对美洲土著的征服，而帝国史学家近来才重新发现这种联系。1928年，利兰·詹克斯（Leland Jenks）在用他那标志性的活力和洞见描绘古巴时，没有多花时间勾勒他所说的"理想主义者选择性的认识"，而是以清醒现实的眼光看待美国的目的。[48] 对他来说，这段历史是关于"良好的意图、无能与误解、多管闲事的援助，以及华盛顿方面对美国'利益'多少有点吹毛求疵的支持"[49]。

在这里，有必要再次触及之前提到的例外情况：本书没有足够的规模来为美国历史提出一个全新的主导叙事（master narrative），作者也缺乏足够的能力和权威。刚才的史学史概述所起到的作用更为有限。这里讨论了例外主义传统及其衍生学说，并不是为了准备再一次冗长地批评它的不足之处，而是为了给一项更艰巨的任务找到起点，为隶属于"美利坚帝国"这个宽泛标题下的各种主题提出另一种解读。随之而来的问题是，是否有可能整合不同的时代和主题，对这个话题做出连贯的解释，同时也与它的诸多特殊性保持一致？但是，这个问题带来了另一个需要优先解决的任务：需要好好推敲如何定义"帝国"。

帝国："玫瑰若换一种名字……"？

玫瑰若换一种名字，确实依然会同样芳香（语出《罗密欧与朱丽叶》）。但芳香作为玫瑰的定义还不够。有些玫瑰不会散发多少香气，而其他种类的花闻起来可能像玫瑰一样芬芳。帝国也和玫瑰一样：一个共同的特点可能不足以把帝国和其他政体区分开来，或不足以指出不同帝国间的区别。但历史学家无法像植物学家命名植物那样，给帝国一个精准的定义。各帝国的一大普遍特点在于它们的扩张性和多民族性，这可能足以把它们和结构紧密、同质化的国家区分开来，但这仍然涵盖了太多玫瑰之外的其他花卉。此时，寻找一个合适的定义很容易以挫败告终。有一种回应是，坚称把占支配地位的国家叫作帝国、霸权国还是其他名字"并不会有多少区别"。[50] 这一结论之所以吸引人，是因为它可以允许评论家逃避接下来的精神折磨。但这一结论也存在危险，因为选择术语对构建论证有着关键的作用，而在相关情况下也会影响由此得出的政策建议。

历史学家曾一度以为他们很清楚帝国是什么。直到18世纪，"帝国"指的都是对广阔领土的统治。在18世纪下半叶及之后，这个词用来指代通过命令而不是社群而集结的一系列领地。[51] "英国是一个帝国"的说法转变为"英国有一个帝国"。[52] 这个帝国的疆界取决于将附属地与中央政权联系起来的宪法关系。诚然，这种关系因情况而异，英国的案例就包括从自治领到被保护国的多种可能。同时，对正式关系的重视会让人忽略官方权威在多大程度上转化为有效控制。不过，学者们依然可以放心地打开地图，一眼就看出帝国的统治延伸到了哪里。

这样的纯真年代在1953年突然终结，一篇如今声名显赫的论文介绍了"非正式帝国"（informal empire）的概念。[53] 这个概念本身并不是全新的：有些学者已经提到了"隐形"帝国，列宁也把"半殖民地"纳入了他的资本帝国主义理论。[54] 然而，1953年，新一代人需要理解时代的新变化，他们也因此得到了自己所需要的历史观。那时，美国的风头已经以一种前所未有又出人意料的方式盖过了英国。1941—1945年间，这个英国的新盟友展示出摧枯拉朽的军事实力，这既令人宽慰，又引人不安。这片前殖民地若不是在反击，那就是在回归。曾经的边缘地区开始以可算作侵犯国家主权的方式影响中心地区。这一时刻正适合人们重新思考既存的帝国史研究方法。

这种重新思考永久改变了帝国研究的方向。根据新的解读，帝国不只是可见的宪法实体，也可以是隐形的势力范围，这可能使一些国家符合"非正式帝国"的新身份。这一发现带来了两项重要创新。一项创新是学者们开始重新整理帝国主义的时间线。长期以来，正统学说把帝国史划分为两个主要阶段：结束于18世纪末的重商主义帝国，以及19世纪末突然涌现的"新型"帝国主义。在这两者之间的时期，帝国主义则趋于停滞。非正式帝国的概念填补了这一空缺。宪法定义掩盖了帝国扩张历史的延续性。帝国主义并没有在一次行动和下一次行动之间停步不前，而是以过去观察者没注意到的非正式形式继续运转。另一项创新则是重绘了帝国的地图。对非正式帝国的案例研究囊括了被此前19世纪帝国主义研究排除在外的大片地区。拉丁美洲、中东地区和中国登上帝国主义研究的舞台，之后就再也没有离场。

诠释方式的转变激起了大量的学术辩论，这些辩论还在继续，只是比刚开始时更为严肃。在诸多未解决的问题中，如何定义非正式帝国这个问题与我们当前的讨论尤为关系密切。加拉格尔（Gallagher）和鲁宾逊（Robinson）使用了一种可称为"科学性夸张法"（scientific hyperbole）的方法论证称，非正式帝国应与它的正式形态相提并论。但他们只是提出了这个想法，并未多花时间进行完善。这很快就带来了大量不确定性。在某些情况下，非正式影响力似乎只是在辅助更专横的帝国主义；而在其他一些情况下，它则与非正式帝国的地位意义相同。更有力的定义则难以论证。如果说帝国主义需要在国际关系中用实力消灭其他国家的主权，那就需要评估主权由哪些成分组成，衡量外界影响在多大程度上成功击破了它们。历史学家们为达成这些条件艰难地努力着。他们接受了帝国的概念不再受限于确定的宪法属性，但他们也明白，帝国概念新的、扩大的边界仍然不够明确。

在遭遇了"9·11"袭击及此后的伊拉克战争这些创伤事件后，这个术语定义的模糊性进一步增加，"帝国"一词戏剧化地进入了公共领域。在2003年那个群情激愤的春天，《国家利益》（*The National Interest*）杂志出版了特刊，尤其清晰地说明了这点。詹姆斯·库尔思（James Kurth）在开篇文章中宣布："如今，只有一个帝国了：美国的全球帝国。"[55] 在紧接的文章中，菲利普·泽利科（Philip Zelikow）同样直率："让我们不要再谈美帝国了，因为根本没有这种东西。"[56] 其他作者的立场则更为微妙。杰克·斯奈德（Jack Snyder）主要用"帝国"一词指代非正式控制。

斯蒂芬·彼得·罗森（Stephen Peter Rosen）敦促读者注意把美国描述为帝国可能带来歧义，但自己还是用了这个词。[57] 这群知名的社会科学学者的言论代表了无数类似的表述，涵盖了各种各样可能的定义。随着"帝国"成为当代的热词，还有大批新专家涌现出来，仿佛自带立刻成为权威的天赋，在这一问题上大发议论，但没有让读者为定义上的难点操心。[58]

对美国感兴趣的历史学家也为定义问题绞尽脑汁。尼尔·弗格森（Niall Ferguson）和伯纳德·波特（Bernard Porter）从不同的角度同意美国确实是个帝国，应当认可这一地位。[59] 波特将这个概念用到了极限，称美国是个"超级帝国"，"超越了世界上此前出现过的任何帝国"。[60] 约翰·刘易斯·加迪斯（John Lewis Gaddis）提到冷战时总结说，美国是个帝国，因为它作为单一国家，有能力通过强迫或劝说来影响其他国家的行为。[61] 保罗·肯尼迪（Paul Kennedy）相对更为谨慎，但他仍认为2002年的美国"是个形成中的帝国"。[62] 但在这一立场的对立面，阿瑟·施莱辛格（Arthur Schlesinger）坚持说，美国没有满足帝国的条件，因为它没有对"弱小国家的内政外交"实行"政治控制"；在他看来，非正式影响不足以定义一个帝国。[63] 安东尼·帕戈登（Anthony Pagden）同样确信，帝国是个错误的说法，不应该把美国和此前的帝国进行类比。[64] 迈克尔·亨特（Michael Hunt）提出，"帝国"不足以完全描述美国的力量，用"霸权"一词可能更为准确。[65] 查尔斯·梅尔（Charles Meier）纵览了各种可能的定义，自己模棱两可地总结说，"美国体现出许多……用于辨识帝国的特点，但不是所有特点"[66]。戴恩·肯尼迪（Dane Kennedy）使用了"帝国"一词，但承认英美这两个"帝国"之间存在显著的差异，需要根据情况使用这些概念。[67]

当描述同一个现象时，如此悬殊的差异自然而然会引起误解。把美国称为准帝国（quasi-empire）、事实帝国（virtual empire）、超级帝国（super-empire）或者前所未有的帝国（empire of an unprecedented kind），拓展了原有的表述，同时又扩大了不准确性。评论家若是一开始就使用了非常宽泛或者非常不同的定义，就能很容易找到充分的理由来肯定或者丑化他们所讨论的国家。英国当局曾回归古典世界，筛选出其中可以用来论证英式和平（Pax Britannica）的特质。[68] 维多利亚时期的英国人欣赏古希腊的创造性及当时开拓的殖民地，而为了学习如何管理臣服的族群，他们又转向了古罗马。[69] 在当时人的思想中，西方文明的这两座高塔取得了无可匹敌的地位。就像知名法理学家亨利·梅因爵士那句常被认同者引用的话所言，"除了大自然盲目的力量，在这个世界上移动的东西，没有一样不是起源于希腊"[70]。

另一方面，当代的美国评论家也引用古典文献，将英国野蛮残暴的帝国与美国两厢情愿的自由扩张进行对比。[71] 在20世纪，他们用同样的史料来论证美式和平（Pax Americana）。"9·11"事件和此后的伊拉克战争引起了一股名副其实的类比热潮。[72] 来自各种立场的评论家们呈现了军事强大与目标坚定的罗马（这是五角大楼眼中的罗马）、强势政府的罗马（根据各人喜好，这可以是罗斯福眼中的罗马，也可以是布什眼中的罗马）、私有化的罗马（这是里根眼中的罗马）、腐败造成的封闭而短视的罗马（这是国会眼中的罗马，热衷于指定拨款用途、增加附属条款），并且不可避免地提及罗马的骄傲和此后的帝国过度扩张、毁灭和报应。罗马的这些不同形态被洗刷得焕然一新，被人们兴奋地塞进政治和论战中。[73] 相对规模更小、力量不那么专横的古希腊则静候一侧，等待着被召唤过去向世界送去神灵的礼物：民主制度。

与古典世界的类比有着无穷无尽的可能，这应该引起人们对类比价值的怀疑。如今已经形成了一种固定流程，人们使用研究当代帝国的语言和方法去重新建构古希腊和古罗马的历史，再把最终结果当成独立的判断来论证当下的现象。[74] 比如希腊化（Hellenization）和罗马化（Romanization）的概念就是来自19世纪教化使命的概念，它假设了殖民国家的优越，以及对应被殖民国家的劣等。因此，这些古典帝国与现代帝国的类比，通常不像提倡者们相信的那样相互独立。这种方法可以保证产生令人满意的结果，但其代价是放弃了客观。

全球化与帝国

无论它被如何看待，"帝国"这个术语到了边缘就会开始磨损。但是，不精确性是任何全面的术语不可避免的特点，不只是"帝国"，还包括"国家"和"阶级"。自古典时代以来，评论家们给帝国赋予不同的定义，部分就是因为帝国的结构和功能发生了改变。[75] 因此，我们不可能达成一个受普遍认同并适用于所有情况的定义，除非在最宏观的层面进行概括，但这种概括只有益于最宽泛的目的。唯一合理的要求是，对术语的定义必须符合某个特定研究的目的，并需承认定义中存在意识形态及其他预设条件，就像霍布森说的那样，这样一来"遮遮掩掩的词汇"就不会隐藏"赤裸裸的事实"。[76] 本书提出的解释并不取决于对帝国后果好坏的判定。此处使用的术语仅仅是为了把各种特性进行归类，以识别不同种类的帝国，区分帝国与霸权国。[77]

同样的解释也适用于一个更新近的术语："全球化"。[78] 这个词的定义数不胜数，每一个都会招致批评。人们普遍同意，全球化意味着商品、人员和思想在世界中的流动及其速度出现扩展和增长，但人们仍然不确定应该如何测量这一过程才能得到满意的结果，以及如何把这一过程与合适的时间线对应起来。[79] 经济学家在这方面的研究进展最为显著。他们追踪了世界市场上各种因子的会合以及商品的价格，把全球化的决定性推进时间定在了19世纪中叶。[80] 他们也注意到，贸易和其他流动的扩大并不足以衡量全球化，各地的融合需要产生变革性的效果，比如提高生活水平。这一方法最主要的不足在于，它排除了非经济的考虑因素。其他成功增进地区融合的方式也可以带来变革性的结果。帝国主义也可以带来深远的政治变化。无论是殖民者还是奴隶，人员的流动可以创造新的社会，也可以发展新的经济体。宗教与世俗的思想流动可以转化人们的信仰体系，改变他们的理想。这里采用了更广泛、更全面的全球化概念。因此，接下来的分析不会像更专门的研究中那样精确。另一方面，这一概念或许可以涵盖更宏大的发展成果，这些发展在其他情况下可能被视为不足或被完全无视。全球化不像现代化理论或依附理论那样自称可以预测未来，所以尽管人们对其后果的看法互相冲突，但他们都同样坚持使用这一概念。

全球化作为一种过程，需要一个推动力使其形成发展轨道。帝国的演变，尤其是西方帝国的演变，正是最适用于此处讨论的历史发展的那种推力。当然，全球化的中介不只是帝国。海外移民、商业网络，以及伊斯兰教之类的统一信仰体系也起到了同样的作用，与全球化相得益彰，又互相竞争。不过，现代帝国中最庞大的大英帝国给全球化提供的推力是无可匹敌的，它在世界各地吞并土地，把非正式影响延伸到拉丁美洲、奥斯曼帝国和中国。大英帝国有着兼容并蓄的特点，这给本章接下来对帝国的定义提供了模板，而且因为人们公认大英帝国对美国历史的重要性，这进一步提供了论据。诚然，帝国既可以是扩张性的，也可以是约束性的，它们的统治也没有覆盖整个地球。我们也需要记住，即使是在21世纪，各国政府仍在继续限制商品、人员和服务的自由流动，大片土地仍与全球性影响隔绝开来。[81] 因此，我们不应因为全球化过程尚未完成就否认帝国的作用：在重新构建18世纪以来的全球化历史时，研究帝国仍是极有价值的手段。在此过程中，研究帝国也使我们能够把美国纳入影响世界的历史变革中。

从最宽泛的层面来看，帝国是属类扩张（genus expansion）的一种。一个扩张的国家或社会不一定属于帝国主义：即使一个国家不打算征服或支配另一个国家，商品、人员和思想仍可以在国家间流动。但是，帝国主义表达了一种支配其他国家和民族的意愿。它把扩张和帝国联系在一起，但就算不扩张，也可以维持现状。[82] 在帝国主义的意愿变成现实时，它便成功了，会产生三种可能的结果。一是建立正式的帝国，统治国通过武力或谈判吞并领土，废除当地政治体的宪法独立。附属地的服从使统治国得以管理其内外政策，以确保这些政策尽可能地反映统治国自身的优先目标。二是建立非正式影响，或者甚至建立非正式帝国，卫星国的宪法独立并未受到影响，但统治国能在一定范围内削弱或重塑其他方面的主权以满足自身利益。第三则是帝国主义的活动导致在平等的基础上吸收对方国家的领土和人民，在这种情况下，结果将会形成单一制国家（unitary state）或民族国家（nation-state）。

正式帝国是延伸性的多民族政治体，由一个国家或民族（ethnie）来统治分隔的从属国家、省区和民族。这种帝国起到了融合性的作用，与那些进攻性国家战胜对手后撤离或未能建立永久统治有所不同。帝国统治者与其卫星国间形成了辐射关系，这种关系变成商品、人员和思想流动的渠道，反映出帝国核心地区的优先权。融合不能一蹴而就，因此帝国统治必须足够持久才能符合其定义。正式帝国用武力吞并领土，治理属国。它们也使用必要的谈判技巧维持同盟关系，确保多元而遥远的属民保持顺从。为了达成帝国所需的融合，中央政权有必要付出容忍多元化的代价。[83]

最终，帝国中心地区与其殖民地形成了互相影响但不平等的关系。若没有一定程度的合作，帝国就会难以管控。但如果没有宪法认可的不平等，帝国将会有平等的公民权，而不是以服从为条件统治它的属民。在不同时代，各殖民地的相互性（mutuality）或一致性（congruence）程度不一。在相互性较强的帝国，帝国可以鼓励合作，通过战略部署的中间人进行统治。在相互性较弱的帝国，统治者则在很大程度上需要依赖强制措施。当中间人不再合作，或者当强制措施的代价过于沉重时，帝国就会走向终结。如果使帝国成形的条件发生了根本变化，则帝国衰落的征兆就会显现出来。

帝国的其他两大特点对接下来的论证很重要，在这里将做出说明。首先需要强调正式帝国的领土特性：帝国统治者宣称对其获得的土地具有所有权和使用权。[84]"海洋帝国"并不是建立在永无止境的循环航行上。航海只是一种手段，用于抵达陆地，建立基地，在有可能的情况下勘探内地。"海洋帝国"的界限取决于科技而不是野心。到18世纪，在欧洲之外获得大块领土成了西方帝国主要而持久的一大特色。通过开放永久的土地转让通道，新的产权机制吸引了来自欧洲的殖民者。直到19世纪末，大多数评论家仍在用古典概念看待殖民地，将其视为人员的定居点（settlement）。[85]殖民者是融合的重要媒介，即使在他们是少数群体时，他们的存在依然大大影响了所定居的殖民地的经济发展、政治关系、种族观念，以及立法。19世纪一些帝国的殖民政策限制了白人定居并确认了土著居民的财产权，在那些地方，领土控制越发重要。那里的殖民政府大力参与阐明土地法、鼓励出口农作物、监督采矿、管理劳动力供给、建造道路和铁路等工作。这些政府通过传教士和教育推进了一定程度的文化同化，开始推行相关的政治体制，鼓励当地精英与外国统治者合作。

我们可以认为，"权力是通过何种方式建立起来的"这个问题，并没有"帝国主义在国际关系中使用了不平等权力"这一事实来得重要。但行使权力的方法能帮助我们理解帝国的本质及其在历史上的地位。从18世纪中叶到20世纪中叶，西方国家创造、管理帝国，并最终解散了帝国，它们建立领土帝国是因为这符合它们的发展阶段。这些帝国此后融合的方式则类似一种对整个世界的发展规划。它们的"教化使命"是一种前所未有的社会工程，只有在获得了很大程度的领土统治权后才能实施。

其次也需要注意帝国在提供公共产品（外部性）时的作用。公共产品的概念指的是一系列范围宽泛的服务，例如行政管理、安全、基础设施，以及法律、教育和金融体系的法规。公共产品是兼容并蓄的［用经济学家的话来说，是"不可排他"的（non-excludable）］，因为它们提供的好处可以由承担供应成本的人和没有承担供应成本的人共享。它们也是非竞争性的（non-rivalrous），因为那些为之买单的人和没有付出的人都能从中获益。无论人们有没有交税，国防部署对所有人都有利。政府提供公共产品，是因为私有企业无法或者不愿提供。因此，公共产品的供给事关税收、补贴，在某些情况下也涉及产权的变化。比如英国在印度的利益还比较有限时，东印度公司提供了公共产品，但当这一任务超越了该公司的能力时，公共产品转而受到政府的控制。工业革命和民族国家的崛起增加了人们对公共产品的需求，随之而来的就是政府重要性的提升。

所有形式的国家都提供公共产品。但是，帝国在这方面起到了独特的作用。作为全球化的主要中介，帝国横跨广阔的地区和大洲，其公共产品也越过了现存的国家界线。随着技术发展，人们越发相信国际贸易会逐渐增长，经济发展也可以不断累积。但人们眼中所谓的进步能带来多少效益，则取决于公共产品的供给。从这一角度，帝国主义成了一种强制推行的全球化，向新近被殖民的地区提供公共产品，从而增进了国际融合。在提供一些公共产品时，帝国享受了规模经济的好处，这在安全保护方面尤为突出。帝国调动了强大的军事力量，在世界各地拥有基地，可以参考日积月累的管理经验。另一方面，提供保护及其他服务的成本不能造成本土的不满，最终也不能造成属国的不满。这一帝国的难题塑造了西方帝国从崛起到衰亡的历程。

最后也需要考虑这里定义的帝国与国际关系学定义的霸权国之间的关系。[86] 古希腊的"霸权"（hegemonia）概念在20世纪70年代成为"帝国"之外影响最深远的另一种概念选择，自那以后，国际关系专家就用这个词来指代某个单一国家在政治及其他方面的领导力。[87] 这一理论称，霸权国是国际秩序必要的保障者。霸权国在提供公共产品方面有着超乎寻常的能力，这使其能够在世界各地运用命令或劝服的力量。[88] 再者，霸权国在追求自身的优先目标时，也更广泛地赠予利益，这给它的领袖地位提供了道德合法性，确保它的行为不具有独裁性。这一论点称，如果没有霸权国存在，世界就会陷入失序。

这种论证的特殊优势在于，它把霸权塑造成了一种友善的统治。如果国际事务中存在公正甚至是感激，那霸权国的仁慈就应该赢得永生不死的奖赏。但实际上，霸权国也遭遇了古希腊式的悲剧命运。随着霸权国在海外播撒慈善，它的资源和能量也被耗尽，这给其他国家创造了机会，使它们崛起为对手。如果霸权国继续宣扬开明的政策，那利益就可能会不成比例地积聚到与其竞争的大国。如果霸权国回归保护主义，那开明的国际秩序可能整体上会遭到伤害。当国际体系出现裂痕，就会出现失序。最终，战争可能使霸权国的统治以天翻地覆的灾难告终。利他主义带来的是沉重的负担。

这一令人沮丧的过程带来了一个问题：在成功之后，能否避免可能出现的自杀性后果？如果可以的话，应该如何避免？[89] 尽管国际关系理论家为寻找答案耗费了大量精力，但他们的结论并没有达到他们所追求的科学确定性（certitude）的要求。[90] 这一理论背后的假设及其运用都受到了批评者的攻击。[91] 对修昔底德学说的标准诠释，把《伯罗奔尼撒战争史》视为近乎圣经的典籍文献，而一些分析家对此诠释做了修正。[92] 如今看来，修昔底德并未建立不会随时间而改变的国际关系原则，而是提供了丰富的描述，并认识到解释性的变量（explanatory variable）存在偶然性；比起理论家的科学，他的描述和认知更接近历史学家的艺术。既然修昔底德自视为历史学家，那这一发现就使修正主义的解读与他的自我定位相匹配。关于国际体系本质上是"非政府主义"的说法也受到了争议，因为这把霸权国抬高成了秩序的保障者，低估了国家间的合作倾向。[93] 在研究霸权国的稳定与衰落时，对英国和美国发展周期的经验性研究也未能提出令人信服的建议。[94] 一些学者认为，尽管英国在19世纪管理着一个庞大的帝国，但这不符合霸权国的定义。[95] 其他学者则主张说，19世纪的和平得益于强大的联盟，而不是由单一的霸权国维持，相反，霸权国并没有以仁慈著称，没有起到稳定的作用，反而可能打破秩序。[96] 就像追求科学的确定性一样，这些缺陷实际上最终来自理论本身的目的。回溯过去，关于霸权的理论可以视为冷战期间的一种持续尝试，学者们想借此把美国的全球地位解释为客观现实。[97]

不过，排除了这种特殊的用法，"霸权"一词在国际关系的词汇中仍占据一席之地。作为全球化的中介，霸权国和帝国希望掌控"游戏规则"，希望国际舞台上的其他国家能够遵循。[98] 两者都具有强大的经济和军事实力，但以不同方式运用。霸权国是领导者而不是统治者，希望通过劝服来获得合法性，尽管也有可能会诉诸强制手段。[99] 它们提供公共产品，但在自己的国界之外占有极少的领土。它们准备影响其他国家的对外政策，但对指导其内政的兴趣则比较有限。在各西方国家中，英国曾拥有领土帝国并对他国内政实施管理权。大英帝国是否同时属于霸权国并不会影响这里的论述，这个问题可以留给那些首先提出这个问题的国际关系专家。

然而，从这里使用的定义来看，美国在1898—1959年间也拥有一片帝国领土。那就是被遗忘已久的岛屿帝国，这将在本书的下半部分进行讨论。1945年后，美国成了一个没有大量属地的世界大国。它不再是一个帝国，尽管评论家受其经济和军事实力影响，在这一时期也给它打上了帝国的标签。[100] 自那时开始，称美国为霸权国更加恰当，或者更确切地说，应该称其有成为霸权国的志向，它作为领袖大国，希望赢得符合其优先利益的支配权。本章的下一部分将展示出，这些语义上的区别背后是国际秩序的根本变化，这些变化塑造了两个主要大国发展的可能性：英国建立了帝国，而美国则寻求霸权。

时间与变动

现在已经显而易见，全球化发源于多个中心，在20世纪前就早有根基。[101] 不过目前为止，人们对全球化进程的时间长度已达成共识，却未能充分讨论它的时代划分，以足够细致地呈现其中不同的发展阶段。这里的分析将提出三个互有重合的先后阶段，分别是早期全球化（proto-globalization）、现代全球化（modern globalization）和后殖民全球化（postcolonial globalization），它们覆盖了过去的三个世纪。[102] 这些术语和时代划分主要适用于西欧和美国，即本书涉及的地区，不过如果在时间上做出一些调整，这些类别也可适用于世界其他地区。每个阶段都通过一个辩证过程而推进发展：成功的扩张制造了对抗性或者竞争性的力量，它们之间的斗争最终酿成了接连的危机，分别发生在18世纪末、19世纪末和20世纪中叶。这些事件都带来了变革，每一次都迎来了一个新阶段，解决了原来的主要矛盾，然后逐渐又产生一个新的主要矛盾。

孟德斯鸠针对这种辩证关系背后的动力提出了基本的洞见，他提出的原则称，制度的规模若要发生变化，制度的结构也需要发生相应的变化。[103] 孟德斯鸠和同时代的政治哲学家都关注这样一个问题：如何在自由与安全之间取得调和，以同时避免无政府主义和威权主义这两个极端？[104] 在他看来，小国尤其适合培养共和国的公民美德，在苗壮发展的同时，允许个人之间的关系占据主要地位。中等大小的国家通常会有等级制度和君主制度，但只要其宪法能控制权力滥用，就仍能保护公民自由。但一个国家的规模越大，它就越有可能发展出专制倾向。国家的人员构成会更多元，人和人之间的关系减弱，私人利益超越了公共利益。小国虽有优点，却力抵抗外来侵略。另一方面，大国以牺牲自由为代价换取安全，它的垮台更有可能是因为内部的腐败或过度的军事开支。孟德斯鸠总结说，中等规模的国家最适合在自由和秩序之间取得最佳平衡，而英国正是最佳的范例。这一论点的衍生意义与美国尤其相关。孟德斯鸠提出，大国如果采取联邦制而不是单一制政府形式，采用制衡措施防止独裁的滋生，就有可能控制它可能面临的危险。[105] 这些观点通过休谟的传承，被麦迪逊采用，影响了美国1788年采用的宪法之形式。[106]

孟德斯鸠将帝国归为具有独裁倾向的大国。但他区分了领土帝国和海洋帝国。在他看来，前者包括罗马和西班牙，都具有掠夺性和压迫性；而后者以英国为例，因其商贸潜力而拥有积极的品质。[107] 孟德斯鸠还容许了另一种可能性，即扩张的共和国能同时保持长存和进步，这就能解释为什么他的作品对美国的建国者如此重要。[108] 他乐观地看待贸易带来的好处，这使人们将他与此后弗朗索瓦·魁奈、亚当·斯密等呼吁自由放任经济的学者相提并论。不过，像他们一样，孟德斯鸠也认为政府法规有其作用，特别是能维护国家安全。[109] 帝国就像其他国家一样，有着动态而有机的特质。帝国的规模和结构会发生意料之外而且通常不可控的变化，这也带来了国运的波动。其结果多种多样，有时充满了模糊性，而且很少能精确预测。

孟德斯鸠最著名的作品《论法的精神》出版于1748年，就在他1755年去世前不久。当时，七年战争——第一场为建立帝国导致的全球战争——尚未发生，英国还没有吞并印度的大块领土，北美大陆殖民地也主要是东海岸规模不大的定居点。城市、工业和民族国家的时代更是远没有到来。孟德斯鸠把国家规模与结构联系起来的基本认识仍有其价值，但需要转用于新情况，而这些新情况是他这样敏锐的思想家都无法想象的。本书此处的解释提出了一种可能的模板，以对应孟德斯鸠熟悉的世界发生变化后的发展趋势。接下去提及的几个标志体现了本书核心的三场危机，为此后章节中的详细论证提供了简明的指引。这些危机在相应的时代中都为人熟知。这里提出的分析则试图超越它们惯常的环境，将它们置于更广泛的背景下，针对它们的起因和后果提出一些全新的观察方式。

"早期全球化"一词将在第2章中讨论，这里主要用它来谈论17—18世纪的军事-财政国家。地主精英们统治着这些王朝国家（dynastic states），他们的财富和地位来自主要基于农业的经济。手工业及食品业等实体市场产业也开始萌芽。军事需求鼓励了扩张和集权，以保障并管理国家日益增长的财政收入需要。技术进步使跨越地球探索海洋成为可能，国家的这些雄心也增加了海洋的维度。早期全球化在18世纪下半叶达到了最高的发展阶段，主要的军事-财政国家间的一系列战争在世界各地产生影响，最终导致了大规模的互相毁灭。但是，此后发生的事情却不只是单纯的"自由主义的兴起"。1815年后，胜利者竭尽全力试图恢复战前的秩序。19世纪上半叶的主旋律便是保守派和改革派之间激烈而持续的斗争。到了1848年，除了英国，保守派几乎在所有地方都占了上风。即使在英国，政治改革都是姗姗来迟，并且没有打破地主利益集团的统治。同样，直到1846年自由贸易的原则被采纳后，国际经济政策才决定性地脱离了重商主义体系。

18世纪晚期的危机在本质上源于财政。昂贵的军备竞赛和相关公共产品的支出增加了财政需求，这也令各国加紧寻求新的更高税收的来源。欧洲各国的政府认为，帝国占领地可以为紧迫的收入需求做出关键贡献。然而，在国内外提高税收的要求刺激了不满情绪，此后这转化为人们对政府责任和改革的政治要求。亚当·斯密在北美大陆殖民地中观察了这一辩证过程的实际推进情况。正像第3章所展示的那样，重商主义帮助这些新兴的定居点在一个世纪中扩大了面积和财富。但殖民事业的成功不仅增加了殖民地贡献财政收入的潜力，也抬高了殖民者的渴望，并给他们提供了实现渴望的方法。母国可以控制苏格兰和爱尔兰等内部省份的不满，但难以跨过大西洋管理遥远的殖民地。之后1776年发生的事件就是一场期望落空后的革命。殖民者既反对母国在意料之外提高税收要求，又反对母国制约他们向内陆推进，施加不受欢迎的管制措施。这一论点将英国国内的发展与殖民地联系在一起，并复苏了关于美国革命的物质条件解释；近年来，相对于思想史和文化史研究来说，这一唯物主义角度较少受到关注。北美大陆殖民地的历史事件需要放置在欧洲和全球背景下进行观察。英国政府努力将意志强加于北美大陆殖民地，以及英国决定向印度进发，都是因为它需要把财政需求和国家稳定联系起来。

1783年后，帝国史学家将美国研究拱手交给了一群研究国家史的专家。人人都觉得，北美帝国已经终结。但正式的非殖民地化并不一定意味着帝国影响的消退。第4章提供的证据显示，直到1861年南北战争爆发时，美国仍未取得有效的独立。来自英国的影响在这个新生合众国的经济、政治和文化生活中占据了尤其突出的地位。对这一时期的研究通常关注国族建构，但这可能忽略了更广泛的考虑因素。从帝国角度来看，美国以一种新的形象出现了，成为英国的全球非正式影响兴起过程中第一个重要的范例，同时美国也是第一个为了取得真正独立而设计战略并为之而争论的国家。北方与南方关于新国家本质的争执日益升级，这对应了欧洲1815年后进步派和保守派力量之间的竞争。在北方利益集团呼吁的发展方略中，既有关税保护，也有渴望获取文化独立。但南方利益集团的政治主导权加固了美国对英国自由贸易体系的依赖，也使其保持着对应的文化从属关系。

要想更好地理解第5章记述的大陆扩张，则需将其置于世界其他地区殖民社会扩张的背景下。英国此前试图削减殖民者对内陆土地的需求，而西进运动则释放了这种需求，但也增加了北方与南方利益集团的竞争。紧张关系在南北战争中达到顶点，这是一场分裂运动，预示着后来其他许多刚独立的国家历史上发生的类似事件。棉花对南方的重要性，就如同石油对比夫拉（Biafra，尼日利亚短命的分离国家）的重要性一样。这场战争也对应了欧洲在1848年革命中的冲突，以及19世纪60年代德国及意大利统一时的军事行动。在大西洋的两边，民族自决与个人权利都是需要重视的关键词。南北战争打破了一个国家，建成了一个民族。

第二场大危机则发生于19世纪晚期，是本书第二部的主题，它来源于这里所说的"现代全球化"。而"现代全球化"来自两个人尽皆知的进程：工业化的扩散和民族国家的建立。军事-财政国家还在持续奋战，在有些情况下一直奋战到一战，但它们已输给了希望重塑经济、社会和国家本身的种种力量。民族国家寻求财政统一，以获取收入来联合新生的社会群体。好战国家把社会福利加入了它们的使命，而在控制财政收入和政策上，议会政府也取代了王朝。

第6章追溯了不均衡的发展过程：一方面英国成为工业大国，拥有无与伦比的金融业和服务业；另一方面诸如意大利、西班牙等欧洲大陆国家则大多仍处于农业社会阶段。政治发展也同样不均衡。英国拥有发展完备的国族意识，缓慢但明显地转向了政治改革。其他一些国家乃新近建立，地方的效忠关系仍占主导，传统的政治等级关系尽管受到越来越多挑战，但仍拥有权力。正如现代全球化的名称暗示的那样，这次转向事关与日俱增的全球融合和技术进步，后者削减了生产、分配和压制的成本。英国再次引领了这一过程，扩大全球贸易，鼓励国际分工，宣传宪政政府为优越的政治体制，并提高了各国的渴望。大英帝国成为管理多边交流、监管金融流动、维持公海秩序的首要机制。自由贸易使英国的"影响力帝国"（empire of influence）大大超越了它的正式帝国。随着19世纪的推进，它的影响力已穿过美国，延伸到了奥斯曼帝国、拉丁美洲和东亚。

19世纪晚期，一个压力重重的进程席卷了欧洲国家，酿成了重大危机，那就是从军事-财政国家的制度转向自由主义宪政和现代经济。工业化进程中的国家第一次遭遇了大规模阶级冲突，农业国家则面临来自进口农产品的新竞争。长时期的通货紧缩加剧了转型压力，在19世纪的后25年里，人们的期望值被压低，失业率升高。这些压力检验了尚处于胚胎期的民族国家的统一。政治家们背负了维护社会秩序、维持社会凝聚力的职责，他们尝试了各种可能的解决方案，包括福利改革、压迫政策和帝国主义。第6章的最后提出了一种分类法，将欧洲不均衡的发展与帝国戏剧性的扩张行动联系起来，后者在19世纪末导致世界大片地区被占领和吞并。正式与非正式的帝国主义是当时领先的全球化媒介。

要理解1865年后的美国历史，这些发展至关重要，而且它们不仅仅为美国这个独立共和国截然不同的崛起过程提供了背景信息。第7章论证称，南北战争后，在联邦同盟的废墟中出现了建立国族的坚定努力。在美国国内进行国族建构的同时，德国和意大利正在走向统一，奥地利、法国和日本正在重组，英国则在扩展选举权（franchise），考虑着是否可能建立一个帝国联邦。同样，美国经济自19世纪70年代起飞速发展，造成了资本与劳工的冲突，产生了空前的城市失业问题，刺激了无政府主义的暴力行为，突然的经济衰退和通货紧缩又使情况进一步恶化。同时，海外市场的丧失和通货紧缩带来了农村危机，这推动了大规模的民粹主义运动，挑战了当政的共和党的权力和政策。尽管美国在19世纪末获得了高度的有效独立，但这种独立所依赖的南北战后和解却遭遇了内部威胁。成功改变了旧结构的力量转而制造了新的威胁。

在1898年与西班牙短暂交战后，美国获得了一个领土帝国，主要包括菲律宾、波多黎各，以及在古巴的保护国，美国也吞并了夏威夷这个独立国家。虽然这场战争本身已被研究了无数次，但少有历史学家将其置于"新帝国主义"的广泛背景下，尽管在美国的帝国主义扩张同时，欧洲大国也占领了非洲及亚洲大片领土。第8章将会说明，美国可以被归入第6章提出的不均衡发展的分类中。在美国，帝国主义是国族建构过程的一部分。在威胁来临时，它确保了合众国的统一，并在此过程中颂扬了有效独立的成果。国内矛盾被平息，资本主义从自身的过度发展中得到解救。

第9章从岛屿的视角观察帝国主义的蚕食过程。这虽然只是初步分析，但它显示出岛屿是如何被卷入全球化进程，而其后果又如何导致这些岛屿失去了独立。尽管长期以来，在评估世界其他地区的瓜分和占领时，这一角度司空见惯，但对1898年战争的诸多研究很少赋予这一角度以应得的重要性。美国史学家关注着合众国内部发生的事件。研究欧洲帝国主义的历史学家则把美国所有的岛屿留给美国史学家。一些专项研究细致地观察了这些岛屿，但通常把它们视为互相割裂的个体。本书提供的记述应该可以使研究19世纪帝国主义的历史学家将美国获得的岛屿加入他们标准的例证列表中。

1898年后，岛屿帝国消失于视野中，不过这一时刻实际上标志着真正的美利坚帝国建立起来，成为实质上的领土帝国。第10章至第14章尝试复苏一个被遗忘而消亡的课题。第10章与第2章和第6章类似，为之后更具体的章节设定了背景。该章讨论了国际秩序，强调英国依然是主要帝国力量，法国同样如此，只是分量相对较轻。本章还质疑了"美国世纪"在亨利·卢斯（Henry Luce）1941年设想之前就已存在的说法。相反，此处论述强调，一战前后两个时期之间的连续性大于差异性。一战和谈确认了帝国的疆界，为帝国的使命背书。殖民发展的基础仍是以工业品换取原料这一经典的交换关系。种族偏见依然指导着殖民政策。正如在18世纪和19世纪一样，政治家认为，殖民地从一个大国转手到另一个大国的可能性是一种外交手段，完全可以接受。

　　不过，在一战到二战之间，也出现了一些变化的迹象，它们将会迎来第三阶段（后殖民全球化）。一战期间及结束后，大量民族主义示威活动爆发。更引人注目的挑战出现在20世纪30年代。世界经济的萧条在西方帝国中激发了大型抗议行为，新的政治运动崛起，将不满情绪组织起来，用于反对殖民统治。全球化带来的帝国辩证关系再次把成功转化为失败。殖民统治鼓励扩大农产品出口，但这威胁了被殖民者的生活水平和基本生计。被殖民者把教化使命的自由主义宣传解读为对政治进步的要求。二战带来了更多破坏，但在短期内将非殖民化推迟到20世纪50年代晚期。美国提供了意料之外的帮助，它终于成为自由世界的领袖，以这一身份恢复了帝国秩序，将其当作堡垒来抵抗共产主义及后来所知的"邪恶帝国"（Evil Empire，里根语，指代苏联）的扩张。

　　第11章至第13章把第10章提供的解释运用于美国统治岛屿帝国的事迹。第11章从华盛顿的视角观察帝国世界，与其他西方帝国对比，整理出一份供未来研究参考的议题。第12章和第13章强调了这些岛屿的多样性和个别性，将视线转向当地人的主动性。同样，这里的论点也只是初步尝试，勾勒出了比较研究的背景，其他拥有合适能力的学者可以将其进一步拓展。

　　美利坚帝国无疑有着一系列区别性的特点，尤其是两党缺乏共同政策，岛屿在国会讨论和美国经济中的位置也微不足道。不过，美国殖民统治的历史远不是例外主义，第10章提出的一般论点在这里得到忠实的具体呈现。尽管这些岛屿不大，但它们代表了英国和法国帝国中也存在的各种类型的殖民地。殖民地官员采取直接和间接的统治方式，就同化和协作政策进行实验。种族偏见在"印第安人战争"与南方奴隶制这些漫长历程中根深蒂固，使殖民政策充满了家长作风，并且因胁迫措施而变得愈发强硬。人们认为，依赖扩大农产品（尤其是糖）出口和扩充廉价劳动力来发展，是正统的发展政策；这种观念持续占据主流。对立的游说集团仍把关税政策视为工具，它们的使命是在华盛顿代表各种国内利益。民主党和共和党政策相反、资金短缺、兴趣缺乏等问题，都使美国难以实现经济与政治进步的长期计划。美帝国的轨迹与欧洲帝国紧密重合，在20世

30年代大范围的反殖民示威活动中达到顶峰。当时的口号"生存与民主"（viability and democracy）从未转化为现实。20世纪四五十年代，在华盛顿设计方案试图转移责任并保持影响力时，这一使命仍未达成。

第14章讨论的非殖民化源于从现代全球化向后殖民全球化的转向。帝国的辩证关系再次适用于此：1850年起，符合工业民族国家需求的全球融合已达成了目的。但它也不再有效。华盛顿和伦敦的决策者在1945年看到了不同的未来。二战后，胜利的盟军重构了帝国秩序，就像1918年后的胜利者所做的那样。它们重新确认了帝国的使命，而反对派则被有力地镇压。但在20世纪50年代中叶，帝国失去了合法性。帝国政策不得不顺应时代，例如世界经济的变化、冷战的需要、维持帝国的成本，以及民族自决的要求。在现有的史学研究中，美国除了执行冷战的需要，为其他西方帝国的非殖民化做出贡献，几乎没有扮演其他角色。然而，就在欧洲大国与它们的殖民地解除关系的同时，美国自己的岛屿帝国也经历了非殖民化。合众国也经历了同样的压迫和让步过程。而且，美国还面临着管控内部非殖民化进程的附加问题。二战后，华盛顿无法再无视非裔美国人和美洲土著日益增长的提高公民权利的呼声。[110] 正像对待岛屿帝国一样，联邦政府和州政府起初以压迫"煽动者"进行回应，此后才让步妥协。到了70年代，尽管苏联还没有衰落，但伟大帝国的时代显然已经过去了。美国在这一过程中扮演的角色也应该被重新构建，以充分考虑它本身作为帝国的经历。

第15章将会讨论这一进程的结果，即后殖民全球化的扩散。[111] 20世纪50年代，以工业品换取原料这一殖民交换关系的固有模式开始破裂。其他形式的分工和融合开始出现。不同产业间的贸易使发达国家走到了一起，金融和商业服务取代了旧的制造业，制造业集群开始在亚洲的前殖民地涌现。国际贸易不再由帝国中心辐射出去，而是建立了新的地区纽带。超越国家的商业和政治组织开始出现，表现出挑战民族国家主权的潜力。曾论证帝国主义、促成殖民统治的白人至上主义信仰开始瓦解。种族平等的理念逐渐传播。民族自决带来了民族自信。到60年代，原本有利于领土帝国建立的外界条件已经消退。在国际关系中，需要以其他方式来行使权力。正像孟德斯鸠曾观察的那样，需要重新调整战略，以适应新的结构。美国既不是新的罗马帝国，也不是新的大英帝国。1945年后，合众国成了一个雄心勃勃的霸权国，而不是一个领土帝国。未能看清并应对这两者的差异，这就为之后重演永恒的古希腊式悲剧提供了新的背景。

"绵延的路还需要更大的努力去登攀"[112]

这部研究让作者精疲力竭，也很有可能使读者精疲力竭。这半是因为这一绪论章节之后的内容将会覆盖近300年的历史，从大西洋的两岸延伸到了太平洋；半是因为它尝试将尚未得到系统性融合的两套史学文献连接起来，一边是美国史，另一边则是其他西方帝国的历史。本书将要求美国史学家考虑关于美国之外历史发展的三大章内容，他们也需要容忍作者总结并重新诠释他们已熟悉的主题。帝国史学家则需要在错综复杂的美国史中艰难前行，同时也将需要重新评估欧洲帝国主义一些广为人知的特点。要达成本书的目的，对18世纪以来主要西方大国的发展轨迹做出宏观论断，仅靠固守陈见或不当缩减的历史叙事远远不够，需要充足的细节来支持。如果说超国家的世界需要超国家的历史，那研究特定时期和地点的专家就需要对其他地区给予同等关注，这样才能避免被一种放大版的既存国家史所束缚。这里提供的历史叙事并不一定能实现这一目标，但它尝试指明正确的方向。

每一位作者都有义务论证他们努力的正当性。要是他们好高骛远，野心可能会让他们狠狠摔下。要是他们故步自封，谨慎心理将使他们无法看到星辰。要调和自己的野心，就需要认识到问题的规模远超出任何单一作者的能力，并且承认以往作者的成就。[113] 他们也可以调整谨慎心理，以符合朗费罗关于写作艺术的建议：

> 如果想射中靶心，就必须瞄准得稍稍高一些；
> 每一支箭在飞翔时，都会感受到地球的引力。①

---

① 出自朗费罗诗集《在港湾里》的《挽歌诗节》。

第一部

非殖民化与依赖性

1756—1865

第 2 章

军事-财政国家的推进与溃败

原因与时间线

七年战争到美国南北战争之间的这段时期，跨越了几个熟悉的时代节点。美国史学家通常将 1783 年作为起点或终点，也有少数用的是 1812 年。大多数 18 世纪欧洲史的专家止步于 1789 年或 1815 年。19 世纪史专家通常以 1815 年为起点，以 1914 年为终点。少数专攻英国史的学者更偏向于设定一个"漫长"的 18 世纪，始于英国内战，终于 1832 年的《大改革法案》（Great Reform Act）。但他们拉长时间线的理由过于特殊，无法体现诸如全球化本质的变化这样更宏大的主题。这里不是要探讨这些时代划分的目的，但它们的范围都不足以代表本章的内容。同时，帝国史专家开始在 1750—1850 年间找到一种广泛的统一性，其范围超越了欧洲，因此又脱离了公认的国家史划分。本章将引入本书的第一部，提出如何将西欧（尤其是英国）的发展与帝国和美国的演变联系起来。通过强调军事-财政国家持续的生命力，以及它为推进全球化并应对其后果所做的努力，可以建立这种联系。这一时期的统一性不是来自新事物的冲击，而是来自旧事物的顽固存留。

本章的第一部分讨论的是 18 世纪，当时北美大陆殖民地还处在英国的正式统治之下。显然，我们有必要采取熟悉的角度来关注英国在殖民时期的政策与行动。但最近的研究使我们得以重新看待英国在触发美国革命方面的作用。本章的第二部分则重新思考了19世纪上半叶关于英国与欧洲大陆的常规描述，这很少被纳入美国史研究中，因此需要直白的解释。美国在1783年取得独立后，历史学家们就分道扬镳了。其中一群人讲述了美国这个新生国家的故事，另一群则追踪其他帝国的发展。[1] 学者全力研究这个新生共和国的国内发展，情有可原，但这也减少了他们对英美关系的关注。18世纪史专家努力重新建构的大西洋地区在这一时代越发重要，却被人忽视。[2] 因此，仅仅总结所谓的"历史背景"来补充美国的国内事件，无法满足当前的需要。本章需要重新表述，美国革命和南北战争之间的外部事件如何影响北美大陆殖民地和后来建立的合众国。

从全球视角来看，美国革命是这一时期在世界各地推翻现有政体的一系列震荡之一。[3] 包括英国，几乎所有的欧洲军事-财政国家在18世纪晚期都遭遇了破坏稳定的危机。然而，英国与众不同，它发展了一种与帝国主义和帝国的独特互惠关系，在全球造成了深远的后果，尤其是北美大陆殖民地的丧失，向印度的扩张，以及与法国的漫长战争。英国的财政危机可以视为挑战了1688年光荣革命后的和平安排（settlement），并且直接威胁了从詹姆斯党人（Jacobite）叛乱和周而复始的欧陆战争压力中幸存下来的政治结构。

北美大陆殖民地虽然遥远，但因为被视为英国的海外省份，所以也直接受到了这些事件的影响。正像约翰·斯图尔特·穆勒后来形容西印度群岛时所说的那样，英国觉得在这些殖民地"方便进行……热带商品的生产"，这里的殖民者既认为自己是公民，也认为自己是属民。[4] 因此，这些殖民地被视为财政收入的来源，可以被扩大以帮助英国解决预算难题。殖民者提出的反对意见与英国国内的改革派和激进派提出的一样，他们呼吁的改革措施也与英国国内各地区呼吁的相同。此后的辩论使英国的寡头统治陷入分裂，一方认为帝国政策应该榨取利益，另一方则认为帝国政策应该有利于发展。英国当局做出了关键决定，选择了前者，这导致了冲突，最终使殖民地脱离英国。英国应该正面回击殖民者。如果大西洋另一侧的海外省份成功抵抗了国王及其政府，那国内的郡县也会要求当局做出类似的让步。等级制度将会崩溃，秩序的和谐也将消解。英格兰的全盛时代（Augustan Age，指英国18世纪初的文化繁荣时期）将会过早结束。

北美大陆殖民地的叛乱及法国大革命后的战争推翻了欧陆大国的海外帝国，重塑了欧洲大部分地区。但意料之外的是，军事-财政国家从这些创伤中活下来。胜利者的权力在1815年和约（《巴黎条约》）中加固。自由派发出了声音，但保守派的回应占了上风。此后到19世纪中叶的几十年中，恢复1789年前世界秩序的不懈尝试成为时代主旋律。试图废除军事-财政国家的努力虽然清晰可见，保持活力，但在1848年被叫停。对此的回应使改革之战延续了整个19世纪。到1850年，英国成了唯一实现显著的自由派改革的欧洲主要大国，但这也历经了一段漫长的斗争。

1815年后，英国作为当时的超级大国，开始制订世界上的第一个发展规划。这是一项全面计划，旨在推进国际贸易、体制改革和文化转变。各届政府的外交和帝国政策都体现出了英国立场的模糊性，它是一个重商主义国家，但自19世纪20年代起开始尝试更自由的贸易政策。重商主义法律保护了现代制造业，财政收入的需求继续激励英国获取可以征税的领土，建立正式统治。同时，立法者也开始尝试非正式影响的手段技巧，用于独立但易屈从于外国压力的国家。然而，技术限制束缚了这个西方最强大的大国的渗透能力，直到19世纪下半叶早期全球化向现代全球化加速转型。不过，有一个国家的条件对新政策有利，那就是美国。合众国成了英国在19世纪上半叶施加非正式影响最重要的例子，但也是最受忽略的，因此它最值得关注。

因此，尽管对这一时期已经存在大量值得赞赏的史学研究，但还有新故事可以讲述。这个故事需要我们理解英国的军事-财政国家如何支撑着英美关系，同时又是如何开启从正式影响向非正式影响的转变。本章结尾将指出这一分析对我们了解美国的演变有何意义，此后的三章也会进一步探究，剖析在南北战争开始前，经济、政治、文化纽带是如何将这两个国家联系到一起的。

大合流？

以最简单的话来说，军事–财政国家的概念形容的是，随着火药成为胁迫性的武器，西欧国家的军事潜力自15世纪起发生了变化。[5] 塞万提斯在17世纪初写道，"这些炮兵部队的魔鬼机器"在改变军事实力，同时也在改变社会。[6] 到18世纪中叶，爱德华·吉本所称的"调皮的发现"（mischievous discovery）已经深刻影响了欧洲各处的国家结构。[7] 新技术及其所需的大型军队都增加了成本，意味着君主无法再"自食其力"。[8] 增加财政收入的压力迫使政府建立有效的官僚体系，与私有企业家达成协议，授予其经商权，更重要的是想办法确保中央政权获取并维持对军事力量的垄断。其结果是，国家内部向集权化和"专制主义"（absolutism）靠拢，被迫划定外部疆界，夺取可征税的对象。因此，火药革命加大了政治风险，尤其是在那些相邻的国家或在对方打击范围内的国家。有些国家能调动大量资源，投资发展炮兵部队及专业兵力，它们成了潜在的捕猎者，而那些未能跟上时代的国家则成了潜在的受害者。之后发生的军备竞赛则成为一种重要因素，决定了16世纪起欧洲的国家构建和权力均势。掌握最新毁灭性武器就能带来资金，支持18世纪安全国家（security state）的兴起，而未能赢得竞争、相对弱小的国家成为附庸国和卫星国。

对财政收入的追求刺激了领土扩张，而这通常需要军事支援。扩张最重要的目标是吞并可以征税的农民人口和商贸业，这既可以扩充当地的收入来源，又能防止征税引起国内纳税人（尤其是有产者）的不满。古斯塔夫·阿道弗斯二世治下的瑞典、彼得大帝治下的俄国、路易十四治下的法国和腓特烈大帝治下的普鲁士都在这样的新条件下游刃有余，成了具有泛欧洲野心的地区大国。无法与这些领袖国家竞争的较小国家则不得不寻求庇护，不是与它们联合，就是躲避它们。财政实力决定了外交政策，而外交政策成了一场对军事行动潜在成本和收益的赌博。仅凭胜利无法保证成功，昂贵的胜仗可能非但不会解决预算问题，还会使问题变本加厉。失败的代价则更为高昂：资源耗竭，债务增加，失去威望。若是使财政自律听命于军事需要，那这个政治经济体就注定要遭遇周而复始的危机，在

18世纪末，这种危机越发常见，带来了灾难性的后果。

史学研究发生"全球转向"后，关于军事-财政国家的研究范围远远拓展到了西欧之外。[9] 新的史学文献强调了亚洲和欧洲间长久而紧密的联系，提出了它们在制度和事业进取心上的相似性。例如有研究显示，在"欧洲人到来之前"，中国为连接亚洲大部分地区的广泛贸易及其他关系提供了动力，而之后中国与西班牙帝国的纽带创造了一种"太平洋复合体"（Pacific complex），关注大西洋的传统研究长期以来都低估了这点。[10] 对全球联系的注意，鼓励历史学家在全球范围发现广泛的、存在共因的相似性。对欧洲和亚洲部分国家的比较显示出，它们都在19世纪前的几个世纪中经历了行政集权化、政治和文化融合的加强、商业化，以及领土扩张。[11] 其他研究则指出了相继发生的叛乱和革命，它们推翻了从英格兰到中国的诸政府。[12] 确切地说，学者们论证称，军事-财政国家在18世纪达到最高发展阶段，它们之间发生的冲突造就了现代性。[13] 这些学者对结论信心满满，宣称"1760—1840年的国际危机"这一说法"迅速成了一个可以被验证的假说"。[14] 无论这是否符合事实，这一假说都鼓励历史学家跨越常规的专业划分，不再习惯性地把国家疆界套用到尚未成为民族国家的社会上。

在这些研究中，最突出的一项课题便是被称为"大分流"（great divergence）的争论，它重新审视了亚洲（尤其以中国为代表）和欧洲（尤其以英国为代表）不同的发展道路背后的原因和时机。[15] 尽管这一争论的范围远远超越了统治模式，但人们大都同意，国家实力和政策是关键元素，无论它们是制造了问题还是提供了答案。如今，军事-财政国家不仅被人与清王朝联系起来，也与莫卧儿王朝、奥斯曼王朝和罗曼诺夫王朝等联系起来，为比较西欧与其他地方的政治和经济趋势提供了基础。

当今的学术研究探索了西方与非西方社会几乎无法控制的发展，譬如人口与气候变化，以及自然资源的偶然分布。[16] 从这一视角看，大分流并不是世界上某个微小地区凭运气取得的种种特殊条件日积月累的结果，而是一个相对比较新近的发展过程。它发生在18世纪末，在19世纪和20世纪尽显无遗，目前正让位于一个合流的新时代。"早期现代"这一时期受到了质疑，而中世纪正在失去它的中间位置，逝去得比中世纪史专家通常预想的更快。[17]

大分流究竟为什么会发生，至今仍是个谜。一种设想是，1650年后欧洲人口的增长与气候环境的恶化一起造成了能源危机，降低了18世纪下半叶的生活水准。[18] 这些条件刺激了新型能源的发展，尤其是煤矿业，而像英国这样的地区则能够获取必需的资源。这种"当头好运"（lucky strike）最终带来了大分流。与其相配合的另一种论点则老调重弹，称欧洲和亚洲主要的区别是欧洲拥有海外殖民地，这些殖民地提供了可以用来克服能源短缺的食物，以及用于支撑制造业经济的财富。[19] 从这一角度看，欧洲部分地区之所以能领先于世界其他地区，是因为一次主要靠运气的际遇为它提供了可能。

这些发展为推进全球史进程提供了充满希望的机会，同时也把亚洲从西方后裔的"严重轻视"中拯救了出来。然而，这也给比较研究的基础提出了问题。要证明前工业化国家间存在共同点，其证据仅在高度概括的层面上才算准确。一旦缩小了关注范围，重要的区别就出现了。显而易见，"军事-财政国家"这一大类下存在着多种个体，它们有不同的资源、政府结构，有不同的金融、税收及债务政策，对科学技术的态度，以及对军事力量的使用，这些都足以带来重大的后果。[20] 比如有人认为，中国政府从未发展出足以为国家目的而调动资源的财政实力，但目前还不明确这一选择是无意还是刻意。[21] 一项比较研究提出，清王朝和莫卧儿王朝建立的军事-财政国家可以保障国家安全而无须长期斥巨资提高军事实力，而欧洲各国则备受竞争困扰，被迫进行军备竞赛，这也需要它们加强政治集权，设计获取财政收入的新方法。[22] 根据这一观点，18世纪西欧的军事-财政国家模式直到19世纪才在中国出现，当时的内部叛乱和外部侵犯迫使中国实行长远的改革。[23] 同样也可以论证说，西式的军事-财政国家模式直到18世纪末才在印度出现，当时英国军队将外国统治强加于印度，而英国官员也提升了征税机制的效率。帝国的军事财政主义（military fiscalism）一经建立，便一直持续下去，超越了它在英国国内的始祖。可以说，它的影响至今还存在于巴基斯坦。[24]

军事财政主义这一清晰得诱人的概念也遭到了欧洲史专家的批评。[25] 尽管人们普遍认可军事−财政国家是18世纪欧洲主流的政治模式，但批评者反对这一论点背后所谓的技术决定论。军事技术的可用不足以解释它们不同的运用方式，政治干预同样必要。因此，政治及其他经济和社会考虑有可能逆转了因果关系：有利的制度和繁荣的商贸可能使国家愿意采用新型军事装备，也使国家有能力采用。积累至今的研究使人们注意到，在一个共同的标签之下，各国存在可观的多元性。集权并非不可避免地导致专制主义，专制主义本身也可能发生变化，专制国家极少能够最有效率地获取财政收入。[26]

毋庸置疑的是，欧洲的各军事−财政国家在18世纪表现出了显著差异。[27] 瑞典缺乏足够的借款能力，依赖于法国和英国的补贴，在承受得起的情况下雇佣佣兵，在有能力时则将雇佣佣兵提供给其他国家。[28] 法国的军事−财政国家模式没有中央预算，不允许"专制主义"君主完全掌控国家财政收入。国王求助于其他的权宜之计，有的不惜铤而走险，政府的信誉经常受到质疑，而资金短缺也在关键时刻限制了法国军队的实力。[29] 西班牙的经历则违背了一切常规。[30] 在18世纪，西班牙既不是专制主义国家，也没有在走下坡路。它的军队规模有限，政府不信任公债，税收总收入中有很大一部分由地方政府和殖民地精英控制。尽管（或者说正因为）有这些特点，但西班牙仍然统治着一个富裕而生机勃勃的帝国。

考虑到本书目的，欧洲军事−财政国家间最重要的相似点可以体现在"大合流"（great convergence）中，即大型帝国在财政上殊途同归，带来了深远的政治影响。18世纪，随着漫长战争的成本超过了国家的财政资源，所有的军事−财政大国都遭遇了严重的困难，有些甚至以覆灭告终。七年战争损伤了法国的财政。法国失去了帝国统治，为重建帝国而斥巨资建设新海军，之后又在1778年对英国宣战，破坏了自己的财政健康。这场战争的一个后果是北美大陆殖民地赢得了独立，另一个后果则是法国走向了1789年革命的道路。与日俱增的国债最终迫使法国王室实行财政改革，提高税率，并对特权阶级直接征收新税。[31] 政治精英阶层出现了分裂，一些群体转而反对国王；而处于弱势的纳税人则看到反抗机会，采取了行动。

西班牙在1763年维持了它的帝国，但战时的巨额支出迫使其启动改革，以增加帝国的财政收入。[32] 正像法国一样，西班牙支持美国革命，在1779年加入了抗英战争。但与法国不同，西班牙可以获取新西班牙殖民地规模可观的资源，有效榨取殖民地的产出。[33] 不过，马德里仍在1779年被迫提高税率，增加国债。到18世纪末，西班牙为满足日益增加的债务，已耗尽了资金，疏远了殖民地中关键的利益集团，而它们对帝国统治的反抗后来孕育了独立运动。[34]

荷兰在17世纪与英国的多场战争中受挫，在18世纪的大部分时间都保持中立，避免参战导致的巨额支出，直到它决定支持美洲的叛军。1780—1784年的第四次英荷战争消灭了荷兰的海军力量，标志着荷兰东印度公司完全衰亡，大大削弱了荷兰政府。荷兰共和国在此后的法国战争（法国革命战争与拿破仑战争）中走到终点，它失去了独立地位，大部分荷兰殖民地也被转手给了英国。

美国革命的胜利很大程度上要归功于欧洲各大帝国的干预，它们的利益并不是解放英国的属民，而是要颠覆英国的霸权。[35] 争夺霸权的斗争此后转向了动荡的法国战争，法国、西班牙以及荷兰政府都在战争中垮台，英国成了有希望引领1815年后新的国际秩序的唯一大国。

光荣革命与例外的军事–财政国家

欧洲军事–财政国家各自的特殊性不只是表面装饰，而是有可能使单个国家偏离原本的共同轨道。英国的不同点造就了其对军事、经济和帝国发展的独特贡献。[36] 在敌对的欧洲大国陷入衰落或遭遇灾难时，英国的不同点使其存活下来，继续扩张。作为军事–财政国家，英国和欧洲大陆的其他国家面临着许多类似的问题。但英国却对当时的政治和财政难题做出了独特的有效回应。不同的解决方案使新成立的联合王国成功与面积更大、人口更多的邻国竞争，并在海外扩张影响力。[37] 简而言之，英国是独一无二的军事–财政国家。[38]

英国实现了高度的政治集权和财政统一，同时成功限制了君主野心勃勃的专制主义倾向，这体现出了它的例外性。与之相对，欧洲大多数军事-财政国家都由王朝统治，这些王朝大都没有受到议会制衡，也未能实现同等程度的财政统一。在这方面，英国国家结构的紧凑性成了优势，促进了政府的有效运转，有助于提高收税工作的效率。[39] 议会对国家资金保有最终控制权，利用其权威从大都顺从的公民身上榨取了比其他欧洲国家更多的人均收入。王权与议会的权力分割存在一些不确定性，解决这些问题还需时日。但民众的异议仍在可控范围内：对英国内战的记忆、对斯图亚特家族夺权野心（光荣革命后，斯图亚特家族仍有夺权尝试）的恐惧，以及维持政府信誉的必要性，都遏制了政治精英中相对更狂热的一部分人。而另一方面，法国的路易十五既不太确定可以信任哪些贵族，又不太确定他有多少信誉。[40]

尽管北美叛军最终谴责乔治三世的税法为暴政，但在美国革命前，他们和孟德斯鸠观点一致，都认为英国是最自由的国家。伏尔泰认为，"英国人是世界上唯一能通过反抗来对王权加以限制的民族"。[41] 狄德罗批判了英国对北美大陆殖民地的政策，但还是认为，光荣革命后诞生的宪法是"最幸福的结果"，因为"自由获得了胜利"。[42] 18世纪70年代生活在英国的普鲁士士兵兼历史学家约翰·阿兴霍尔兹（Johann Archenholz）总结了"英国迷"（Anglophile）的溢美之词，宣告英国已一跃成为"世界上最伟大的国家之一"，这得益于它的"勇敢、财富、自由，以及出色的政治制度带来的美好结果"。[43]

英国的例外性还体现在它高产的资本主义农业、可观的制造业产出、与外国及殖民地的广泛商业关系、高效的分配制度，以及无可比拟的金融产业。[44] 早在工业化改变了英国经济之前，这些特点就早已存在。英国经济发展到18世纪中叶时，手工业产品作为供给国内外市场的主要产品，占用了三分之一的劳动力；服务业需要的劳动力相对略少一些，农业需要的劳动力则相对略多。[45] 由于制造业在国内外都需要市场，专业的国际金融与分发成为服务业的重要部分。日益扩大的海外投入为理解18世纪帝国的重大事件提供了背景；在这个时代，亚当·斯密1776年写成《国富论》，正巧同一年，吉本写出《罗马帝国衰亡史》，北美殖民地发表《独立宣言》。

英国作为财政国家的军事部分也与欧陆邻国不同，更多侧重于海军而不是陆军。[46] 其他国家当然也维持了海军力量，但没有一个国家比英国在准备海战上花费更多金钱。到1795年，英国海军舰队的总吨位达到了1705年的2.5倍。到1805年，英国拥有世界上规模最大、实力最强的海军。[47] 海军的需求刺激了经济，推动了造船业、军工业及船具商的发展，也提振了为港口服务、为舰队供应物资的农业部门。[48] 防御不列颠群岛的战略也将英国置于无可比拟、覆盖世界的地位。此外，海军遵循了希腊传统，成为自由捍卫者的化身。[49] 另一方面，陆军则更容易让人联想到罗马帝国的扩张以及攻入权力要塞的实力。殖民地陆军就相应地在印度和北美洲代表了英国军事–财政国家的全部威力。

光荣革命曾被视为英国独特进步性的源泉，但现在已失去了一些昔日的光彩。[50] 一种修正主义学说认为，光荣革命不算革命，因为它是为了捍卫现存的新教秩序，维持现状而不是寻求改变。[51] 据这种说法，1688年的胜利维持了旧制度（ancien régime），使其延续到了19世纪30年代。这种解释与思想史研究相得益彰，后者强调说，保守主义政治理论家援引古典思想以抵制激进变革，加强政治稳定性。[52] 这些支持者复兴了关于公民道德的古典理想，将其作为道德准则，想在一个经历了内战动荡并濒临失稳的社会中恢复统一与秩序。其他批评者则采用思想史之外的视角提出，英国内战后发生的重要的财政与海军改革，预示了通常与1688年光荣革命联系起来的变革。[53]

后修正主义对这些观点的有力回应，则重申了光荣革命对经济政策的重要影响。[54] 根据这种观点，光荣革命主要是两种不同的现代性观念之间的斗争。詹姆斯二世和威廉三世看上去都像现代化的推进者，都希望建立强大的中央集权国家，但对国家的本质有着不同想法。詹姆斯力求恢复专制主义，威廉虽然不是民主派，但青睐更具参与性的政体。支持詹姆斯的保守党人坚持传统立场，认为价值来源于土地。支持威廉的辉格党人则采用了约翰·洛克的观点，认为财富来源于劳动。詹姆斯吸引了大地主阶级，他们也希望维持保护性关税；而光荣革命的支持者则青睐商业、制造业、金融机构和相对更自由的贸易。这两种观点都会影响到英国在世界上的地位。如果财富是基于土地这一固定的资源，那对外政策就应以获取领土为目的。如果扩大贸易的可能性受到了限制，那就需要采取坚决的重商主义政策，尽可能地获取贸易机会。另一方面，如果商业源于流动的劳动人口和灵活的创业者，那就存在可观的经济增长空间。因此，政策就应该致力扩展海外贸易，不一定需要将其与领土扩张和重商主义限制联系起来。

这两种立场都体现出光荣革命的重要维度，但它们都不能被无条件地全盘接受。要强调宗教及其他思想作用的核心地位，就需要减少对其他方面的考量，尤其是金融创新及后来的工业革命。如果宣称旧制度的顽固不化是18世纪的一大特点，那就淡化了"旧人们"（les anciens）是如何适应并推动变化的。另一方面，提出光荣革命的物质前因，并不一定意味着削弱这场革命本身的重要性。而如果宣称威廉三世和詹姆斯二世都是"现代化的推进者"，就会在不经意间暗示，他们当时就已预见了19世纪才会成为政策目标的思想。过于明显地区分土地和劳动力则无法反映当时的现实情况，辉格党大亨与保守党绅士其实都公认，这两种生产方式结合起来才能产生价值。将保守党与重商主义联系起来，并将辉格党与自由贸易（或者至少是更自由的贸易）联系起来，同样可能带来问题，因为两党的差异最多只是侧重点不同：整个18世纪，重商主义法规都占上风，因为所有党派都认可重商主义能满足关键的战略与财政收入需求，并安抚强大的利益集团。再者，正像亚当·斯密本人承认的那样，重商主义推进了商业扩张。直到1846年，首相罗伯特·皮尔爵士坚持不同观点，导致他的党派发生分裂，毁了自己的事业。

与光荣革命相关的革新举措孕育产生了，而孕育它们的社会尚未把经济发展的积累视为常态。尽管资本主义企业实际上随处可见，但它们还没有改变社会的农业基础。就连亚当·斯密的慧眼都没有察觉到工业"革命"，因为直到他在1790年去世，以蒸汽为动力的机器生产才刚刚推行。至少在19世纪下半叶前，其他所有经济活动都发生在农业的大背景下。英国由土地寡头特权阶级控制，他们统治的社会中存在巨大的社会与区域不平等。伦敦城的新"有钱人"（monied men）赢得了绅士地位和政治影响，因为他们为政治体制提供了关键支持。季节仍是经济生活中不可控的决定性因素，影响了消费、收入、社会秩序、生活与死亡，每个人都在以直接或者间接的方式与之搏斗。对大多数人来说，生命仍然短暂；对其中一些人来说，生命还肮脏而残酷。

1688年后，在那个以毁灭性战争著称的世纪中，英国没有成为福利国家，而是成了一个战争国家（warfare state）。[55] 在整个18世纪，国防支出在国家预算中占据重头且不断增加，这对英国国内经济产生了广泛影响。[56] 就算自18世纪60年代起，随着乔治三世完全本国化①，英国在欧洲大陆的投入减少，但帝国扩张的战争依然使大批军队驻扎海外，特别是因为国王急于展现他对英国的爱国承诺。[57] 的确，英国赢得七年战争的代价是，需要想办法统治它在北美洲和印度新得到的广阔帝国领土。所以无论此后的各届政府有何政治倾向，它们都把获取足够的财政收入满足军队支出视为优先任务。人们始终担忧国王可能以强制手段摒弃议会的制约，这种担忧确保了英国军队在和平时期维持较小的规模，但会在战时扩大。到法国战争结束时，英国军队共有25万人，不过这还不及拿破仑大军（Grande Armée）的一半。

18世纪期间，英国从欧洲边缘的一群近海小岛变成了全球重商主义体系的经营者，而这一体系包含了一个不断扩张的帝国。[58] 长期以来，人们已经确认，重商主义既不是抽象理论，也不是从中世纪继承而来的固定商业惯例，而是一系列存有争议、不断变化的法规，其范围和复杂性在17世纪下半叶和18世纪逐渐增大。[59] 商业法规的目的是增加收入、为政府提供资金，并奖赏政府的主要支持者。关键利益集团间的讨价还价带来了分享租金（rent-sharing）的协议，政府出售垄断权以获取收入，商人则从他们得到的保护措施中得利。[60] 到亚当·斯密在1776年写下他对垄断企业的著名批评时，重商主义已经塑造了英国海外商贸的方方面面：《航海法案》（Navigation Acts）滋养了英国的航运业，鼓励了一系列相关投

---

① 当时统治英国的汉诺威王朝来自德国，但乔治三世生于英国，母语为英语。

资；各种进口关税创造了财政收入，保护了国内制造业；东印度公司成了垄断控制贸易的最显著代表，在印度和中国支配着英国利益。[61]

这些发展使英国从欧洲大国中脱颖而出，在国际政策、经济及民意上都留下了独特而持久的印记。海外贸易以越来越快的速度增长：1772—1774年英国的出口总值比1699—1701年增加了近8倍，到18世纪末时，它已成国民收入至关重要的组成部分。[62] 伴随着这一增长趋势的，是英国主要的贸易伙伴发生了剧烈的变化。1700年，英国约85%的贸易都是与欧洲大陆进行的，而到1800年，这一比例已下降到了约25%。[63] 英国大部分的进口产品都来自西印度群岛、亚洲和北美洲，它大部分的出口产品则去往北美洲、西印度群岛和亚洲。[64] 英国需要维持收支平衡，用在新大陆的贸易顺差抵消在亚洲的贸易逆差，这促使英国长期致力影响国际秩序，并在可能的情况下发挥主导作用。金融创新与重商主义法规互相结合，加强了伦敦的主导权，它在18世纪及之后都始终是金融、商业服务及海外贸易的首要中心，而布里斯托尔和利物浦等地方港口也扩张了。大西洋殖民地为毛织品和金属制品等英国工业品提供了受保护的市场，供应了蔗糖和烟草等在其他地方无法得到的消费品，同时大大推进了金融及服务业的发展。[65] 英国牢牢控制热带进口贸易，主导了向欧洲大陆的再出口贸易，从而规避了为限制工业品出口而征收的保护性关税。

公共收入在18世纪也相应增长。这加固了政府的基础，为偿还公债提供了大部分资金，并资助了英国在1689—1815年间的八场主要战争。[66] 直到法国战争时，间接税收（主要是消费税和印花税）贡献了约75%的税收总收入。[67] 承担大部分税负的是国内消费的商品和服务，以及国内大多数人口。而航运、服务输出，以及大量出口到海外市场的工业品则无须交税，因为重商主义的原则是要达成有利的贸易平衡。到1789年，英国公民的人均税负为欧洲最高。这一倒退的制度持续到1793年才发生改变，那时与法国的战争迫使首相威廉·皮特对富人征税。[68] 正如他在1795年说的那样，"在一场保护财产权的战争中，要求有产者承担税负是公正而平等的"，或者说有产者应该承担至少一小部分税负。[69] 这一创举并非来源于对平等的关切，而是出于当时的需要。

借款则满足了额外的财政需求，这压低了土地税，使地主寡头阶级接受财政革新，并让伦敦城的"有钱人"同时赢得社会认同和大笔财富。[70] 到七年战争开始时，英国已能够通过发放政府公债来募集未注明还款期限的长期贷款，同时出售国库券以满足短期需求。这些金融工具的成功显而易见：政府公债广受欢迎，利率维持在低水平，外国投资的流入则显示出英国信用体系的信誉已远传海外。英镑汇率尽管在战时紧急时期承受压力，但维持了稳定。即使多年战争带来了深切的焦虑，人们依然坚信英国政治体系的稳定性。

曾经有一种正统学说认为，英国这些独有的特点汇聚起来，无论是通过机缘巧合还是通过一系列惊人的科技创新和明智的政治决定，最终迎来了世界上的第一场工业革命；在某些人的表述中，这还成了如今所说的"现代化"的代表。[71] 近来的学说则论证说，英国确实比欧洲其他国家更具发展潜力。[72] 唯一可与之比拟的是荷兰共和国，它引领了一系列后来才在英国出现的革新，但在18世纪却无法维持它的地位。[73] 幸好，对荷兰历史这一同样宏大谜题的众多研究超越了本章讨论的主题。[74] 不过为了避免误解，需要指出，这里对英国作为军事–财政国家例外特性的论断，与这些特性和工业革命或现代化有何关系的讨论无关。[75] 在当前背景下可以说的是，不应再把重商主义草率地视为对发展的拖累。[76] 殖民地贸易和英国出口的商品与服务一同起到了至关重要的作用，帮助英国募集参与法国战争所需的大量资源，摆脱外债，在18世纪90年代从净债务国转变为净债权国。[77]

无论1688年革命是否"光荣"，它仍应保留标志性的称号，即作为对英国历史进程有决定性影响的事件。它不只加速了已经开始的改革。要使王权受议会监督，确保新教徒继承王位，罢黜詹姆斯二世的决定至关重要。生于外国的君主登上了王位，使英国承担起对欧洲大陆的义务，这影响了英国18世纪及之后的外交政策。[78] 这种义务促使议会寻找永久的财政手段，取代过去为国家需求提供短期融资的权宜之计。英格兰银行和国债制度都是在光荣革命之后而不是之前才建立起来，随之而来的是股市的发展、货币和汇票改革所改进的支付方式，以及保险公司等私有金融机构的崛起。与邻近大国发生战争的可能性促使英国加强国防，起初是将军事-财政国家延伸到苏格兰和爱尔兰，后来则是从海外帝国获取额外收入。光荣革命确认了新教在爱尔兰和北美大陆殖民地的优越地位，为苏格兰长老会的主导地位背书，这也开启了苏格兰在1707年与英格兰合并之路。[79] 这些制度创新改变了英国17世纪90年代后的财政和金融前景，给公共金融找到了安全而长远的立足点。[80] 制度创新加固了光荣革命的和平安排，为强硬的外交政策提供了资金，促进了国内的金融交易，使伦敦城成为世界金融中心。[81] 革新者缔造了这些影响长远的制度创新，而他们并没有打算给他们的时代带来现代性。同样，他们所做的也不太可能是为了给18世纪提供蓝图，而是为了使军事-财政国家达到发展的最高阶段。

英国军事-财政国家的变迁

18世纪的最后几十年，一场危机震动了大英帝国，它的根源来自1688年光荣革命后的和平安排。新秩序的发展影响了越来越多的公民、地区，最终触及其他大洲，它们在一定程度上也融入了新秩序中。英国选择的道路危机四伏。布莱克斯通（Blackstone）将英国人描述为"礼貌而商业化的人民"，这适用于上流阶层；上层为下层的人们设定了标准，且认为这种尊敬和顺从意识使得英国政府能从无数底层公民中榨取大量税收。[82] 然而，研究发现，英国在全盛时代社会安稳且政治稳定的说法已不再正确。[83] 温文尔雅的古典主义与城市中的异议形成了对比，地区性的政治改革运动突破了尊敬和顺从的边界。

不满情绪以不同形式表现出来，也对应不同的原因。不过，因光荣革命而扎根的财政革新及其促发的战争，确实直接或间接地牵涉其中，随着18世纪的推进越发引人争议。[84] 关于政府收入、税收和支出的问题影响了社会的方方面面。这些问题刺激了关于提供信贷及其带来的债务会有什么后果的长期讨论，这些讨论一直延伸到了伦敦城方寸之地以外的远方。各地区都被纳入新的财政体系中，苏格兰、爱尔兰、西印度群岛和北美大陆殖民地也不例外。[85] 尤其在七年战争后，人们主要担忧公共财政的状况，尤其是国债。[86] 债务不断增长，达到了史无前例的高度，而税率也一路上涨，公众的回应变得越来越直白而坚决。18世纪70年代起，私人信贷与破产案的增加也扩大了人们的参照系，使财政和金融议题始终处于党派政治和公共讨论的最前沿。[87]

18世纪的英国人反感税收，批评政府核心的腐败，警惕资金充裕的政府专横独断带来的威胁。税收这一话题尤其敏感，因为它可能挑战寡头政府。1689年英国《权利法案》订立原则，对英国属民收税需要代议制议会的同意。这样一来，人们就会对"代表"的概念提出新的不同解释，引出令人不安的宪法争议。当时的人们也认为，金融和金钱事关伦理和宗教原则。人们把债务和道德败坏联系起来，认为这会腐蚀社会的有机整体性，这种想法不会轻易消退；而"多管闲事"（cometh between the bark and the tree）的放高利贷者也始终存在污点。文学与诗歌常常提及这些问题，而评论家认为这些问题直指社会的核心。[88]

尽管汉诺威王朝的统治精英具有寡头的特性，但当时的英国政治却允许多种不同声音存在，并使它们得到倾听。选民比以前所想象的数量更多，结构更多元，也更积极参政。当时的高层政治不仅表达利益，也讨论原则。[89] 对政党的效忠虽然并非铁板一块，但仍然重要。[90] 起初，受大地主阶层和新兴"有钱人"利益支持的辉格党致力捍卫光荣革命和新教徒继承权，呼吁宗教宽容。代表大部分乡绅的保守党则与圣公会高教派联系在一起，其中包括一些斯图亚特王朝的同情者。此前詹姆斯二世曾打算利用东印度公司从帝国各地榨取收入，而在光荣革命后，辉格党重新控制东印度公司。辉格党的经理们赢得了重要商人的支持，这些商人过去被视为外人，却在新的东印度公司找到了一席之地，并在1709年和曾经敌对的旧东印度公司合并。[91] 这一合并扩大了垄断权，但掌控它的不再是国王，而是议会。

光荣革命后的和平安排引起了强烈反对，刺激了广泛的争议，也带来了显著的政治风险。辉格党和保守党争执不休，对光荣革命的成果提出了不同的解释。詹姆斯党则在法国的支持下策划颠覆行动。光荣革命的成果在地主阶级的部分人中激起强烈反应，他们害怕旧富会让位于新贵，而政治权力也会从受信任的一方转移到毫无经验的人手中。批评者宣称，强硬的重商主义政策会使英国卷入危险的外国事务和不必要的战争中。不可控的财政赤字会危害国家稳定，带来专制统治，而这会摧毁公民自由，腐蚀社会的道德基础。西班牙王位继承战争（1701—1714）与日俱增的花费确认了他们的恐惧。作为回应，1710年保守党政府上台，1713年英国签订《乌得勒支和约》，结束了战争。

但保守党的胜利稍纵即逝。1714年，乔治一世登基，辉格党重获权力。同年，詹姆斯党的叛乱也使无辜但同样自身难保的保守党丧失信誉，致使保守党被排挤出政府。辉格党的大地主及他们在伦敦城的盟友开始实施政策，这些政策使他们在未来几十年中大权在握。[92] 恩庇资助的关系网络给辉格党带来了选民支持，伦敦城提供了公共信用，而税负则从土地转移到广大消费者身上。扩张性的商业政策受资金充足的海军支持，在世界各地打开市场。东印度公司的股东们包括举足轻重的议会成员和宝贵的宫廷人脉，他们润滑了政府运作的齿轮，同时也受益于公司的商业垄断和他们各自的有限责任。东印度公司在伦敦规模不大，但管理精良，而公司在海外的组织结构则更为宽松，官方代表与持有特许权的私营商人共享市场，而这些商人中有些人也受到了伦敦城的资金支持。[93] 罗伯特·沃波尔（Robert Walpole，辉格党领袖）的财阀"体系"虽然不乏缺点，后来还被斥为"旧腐败"（Old Corruption），但它维持了国家团结，提供了政治稳定和信心，而这也刺激了经济增长。[94]

批评者意识到，沃波尔的辉格党即将推进他们理解中的光荣革命，这促使批评者重新构筑反对派的政治关系。这一机遇让此前极为保守的博林布鲁克子爵亨利·圣约翰（Henry St. John）得到了话语权和影响力。[95] 博林布鲁克是个资深但古怪的政治家，曾是个詹姆斯党人，在1715年叛乱失败后逃往法国，但后来重新被王室接受。回国后，他以捍卫地主阶层的利益和特权自居，不顾党派归属。在他看来，沃波尔有效的政治组织存在危险，它会摧毁英国本质上的乡村秩序，以及乡村秩序所支持的政治稳定。博林布鲁克于是建立了后来被称为"乡村党"（country party）的团体，挑战辉格党的寡头统治、它"有钱"的商业支持者，以及在他看来背离了光荣革命原则的外交政策。为了实现目的，博林布鲁克订立了新的原则，这些原则此后将成为政治体系持久的特点，那就是政府永远需要一个反对党来保障自由，以及需要一个"爱国者君主"（patriot king）凌驾于政党之上，考虑整个王国的利益而采取行动。[96]

在威斯敏斯特宫和白厅之外，那些被优于他们的议员所"实际"代表的民众也能够为自己的权益发声，尽管他们受到《狩猎法》（Game Laws）和《反骚乱法》（Riot Act）的惩罚性措施的限制。食物短缺、失业和增税带来的艰难困苦，有力刺激了人们的抗议。人们对强行征用和民兵服役的反感也是抗议的诱因之一，此外他们还有一系列其他不满，比如走私和公路通行费。消费税危机（excise crisis）很早便体现出"自下而上"的异议的发展范围和效力后果。[97] 1733年，沃波尔以为，他可以把税负转移到消费者身上以安抚地主阶层，并且不会很快遭遇政治后果，因为只有一小部分受影响的人拥有投票权。但他预测失误了。他的行动被塞缪尔·约翰生博士的《词典》称为"对日用品征收的可恶税负"，而人们对其的回应既迅捷又激烈。商人和消费者表达出他们的不满，请愿书淹没了议会，征税的提议很快撤回。尽管沃波尔在此后一年成功连任，可他的多数支持率大幅下跌，信誉也受到损害。这一事件较早预示了未来七年战争后经常出现的困难，那就是征税和议会改革成为持久的议题，但也极具争议。

即使是在非民主政体中，政府也需要考虑到党派差异，记住"人民生活状况"的重要性。政府也需警惕存在于政治国家（political nation）之外的真实或潜在的威胁。法国和"天主教会"（popery）都被视为危险因素，有时还令人执迷，在1715年和1745年的詹姆斯党人叛乱中这些危险因素集中爆发且始终保持影响，乃至触发了1780年的戈登骚乱（Gordon Riots）。当时的"暴民国王"（King Mob）借机攻击了英格兰银行、新门监狱和舰队街监狱。尽管绝大部分人民决定不回到罗马天主教会，但自18世纪30年代起，以卫理公会派为首的不顺从国教的教派不断发展，挑战了圣公会及其支持者。大觉醒运动（Great Awakening）席卷了美洲殖民地及欧陆部分地区，以和平但越发有效的方式挑战了宗教正统。即使现存的政治和宗教阶级没有改革，但国家的精神生活依然可以得到净化和解放。

辉格党要维持优越地位，取决于能否通过税收和借贷获得资源以应对不可避免的欧洲战争花费。税收必须维持在不会引发抗议和反抗的程度，借贷则增加了国债，激起政治反对。财富和国防需求之间的关系在原则上可以调和，但在实际操作中存在过多变量，无法算出最终结果。农业生产能否获得丰收是不可预料的，正如全球贸易存在风险，而战争则会打乱财政规划。可以确定的是，随着18世纪的推进，赌注也越来越高。税法达到了抗议的临界点，国债总额也打破了纪录。18世纪下半叶，英格兰各地完全感受到了新财政体系的压力，而苏格兰、爱尔兰、西印度群岛和北美大陆殖民地也是如此。[98] 此外，私人信贷与破产案的增加也扩大了人们的参照系，使金融问题始终处于党派政治和公共讨论的最前沿。[99] 迫在眉睫的危机在几乎是接连不断的战争中显露端倪，这些战事始于1739年，在七年战争（1756—1763）中达到顶点。[100] 战争资金的要求绷紧了沃波尔政治体系中互相连接的要素，最后终结了辉格党的漫长统治，这些充分体现在北美大陆殖民地冲突中，在第3章我将讨论这些问题。

新全球秩序

当时的人们非常清楚，在他们身边发生的大事件波及了全球。[101] 尽管人们当时对英国之外世界的印象通常比较模糊，也总是不够完整，但这些印象仍显示出，人们在一个世纪中收集、记录、报告的信息越来越多。[102] 人员、贸易和思想的流动在18世纪达到了令人震惊的程度，尽管那个时代还无法享受电报、蒸汽船和海底电缆的神奇。启蒙运动对探寻和分类的好奇心推动欧洲的冒险家和科学家走向世界的边缘，进入那些只被试探性地测绘出来但很少被探索的地区。对新植物群、动物群和人种的发现也相应地促进了启蒙运动发展，激发了新思考，拓展了启蒙运动的范围。[103] 帝国是这一过程中无处不在的中介。无论是作为发起者、先驱者还是促进者，帝国帮助开启了一场真正全球化的启蒙运动。

对多样性的发现刺激了对统一性的追求。卡尔·林奈1732年对拉普兰地区的探索为他著名的植物分类系统奠定了基础；亚历山大·冯·洪堡于1799—1804年间周游南美洲，写出了关于这个大洲地理、气候和资源的第一部完整著作。林奈创造了统一的、具有等级关系的分类法，原则上可以适用于全球各地。冯·洪堡的主要著作《宇宙》（Cosmos，1845—1862）书如其名，将宇宙视为一系列相互作用的单元，其中融合了科学与文化。各种各样的知识在欧洲的政治阶层和知识分子间传播，在欧洲之外的传播虽然有限，但范围也日益扩大。公共领域的发育推动更多人去讨论当前的议题。[104] 越来越多本国语言的印刷品流通起来，公共辩论的习惯与咖啡馆、文学社和政治俱乐部等集会场所也有所增加。

到1750年，帝国已将伦敦变成一座世界中心，伦敦城的银行家和欧洲大陆的商人相互合作，与他们的英格兰同行展开竞争。[105] 伦敦这座帝国枢纽也使帝国变得更国际化，到18世纪中叶，北美大陆殖民地近三分之一的人口来自英格兰之外，尤其是苏格兰和爱尔兰。关于帝国不同地区的知识，无论有多么零碎，都在帝国的属民间流传。美洲殖民者知道自己是一个全球帝国的一部分，喜欢购买印度（和中国）的商品；不过到18世纪70年代他们已经得出结论：对印度的吞并腐蚀了英国，可能会对英国的大西洋帝国产生类似的影响。[106] 海外联系延伸到了大英帝国疆域之外。英国与欧洲其他帝国的非正式纽带连同延伸到独立国家的私人关系网，创造了全球的通信体系，它达到了当时技术允许的最大范围。[107] 在18世纪结束前，杰里米·边沁在努力创建"普遍法理学"（universal jurisprudence）时，已经以全球视角来思考问题。[108]

前所未有的全球流动以及战争与革命带来的动荡，促使当时的人们重新评估他们身边世界不断变化的特性。[109] "帝国"一词的定义在18世纪得到拓展，不仅包括主权国家和单一共同体（即使这是"显而易见"的），也包括英国在海外统治的越发多元的土地。[110] 新领土的获取对权威提出了根本问题。[111] 主权是否像布莱克斯通和埃德蒙·伯克所说的那样不可分割，还是像斯密猜测的那样可以被改变以创造一种融合性的联盟形式，或是像休谟所想的那样可以被下放？[112] 据布莱克斯通所说，分割的主权会引起无政府主义。而据休谟所说，分割的主权可以解决可能导致无政府主义的问题。这些问题适用于英国新统一的王国，也适用于殖民地，因为这两者的地位还不确定。英格兰不久前刚刚与苏格兰合并，这仍有争议。爱尔兰的状态也是不伦不类。殖民地的宪法地位也在一些关键方面模糊不清。[113] 英国是一个帝国，但还没有成为一个拥有明确下属殖民地的民族国家。关于政治归属、权利和义务的问题既适用于本土，也适用于遥远的殖民地；因此，如果想理解主权问题，就需要把帝国视为一个整体进行考虑。

英国的海外统治不可避免地使人们考虑帝国扩张的好处。诸如老威廉·皮特等强硬扩张政策的支持者，不仅强调强化政府机构能带来物质利益和爱国价值，也强调道德义务，无论是传播"自由"、新教，还是更普遍的后来所称的"改良"（improvement）。在威廉·罗伯逊（William Robertson，苏格兰启蒙学者）等人看来，海外扩张是天赐的使命，因为只有欧洲达到了这项任务所需的文明程度。[114] 反对者则强调帝国扩张在国内外带来的伤害。吉本的巨著就暗示，不受控制的扩张最终会带来军事主义、暴政、腐败和衰落。斯密呼应了这些担忧，休谟对此确信不疑，伯克将这一观点融入政治，边沁则将这一观点带入了19世纪。狄德罗和康德等欧陆思想家也用强有力的语言表达了类似的观点。[115] 在这种诠释下，就算帝国能带来物质利益，这些利益也是有限的，而且远不及付出的代价，即败坏的影响将拖累本国的健康。

尽管关于主权的讨论和关于帝国的分析通常需要在思想层面追根溯源，但这也涉及紧邻的两大物质来源：苏格兰和爱尔兰，它们象征着军事-财政国家以不同的形式进行帝国扩张。[116] 伯克之所以能对美国及印度事务的辩论做出独特贡献，是因为他实际上是殖民地的属民出身。[117] 他在爱尔兰出生，在都柏林长大，但同时是圣公会信徒，在英格兰成就事业。他对时事的看法就像他的口音一样，提醒他的听众们：英国在成为全球帝国前，首先在本土开始扩张。在1603年实行共主分治后，1707年两大王国合并，苏格兰和英格兰连为一体。1649—1653年英格兰征服爱尔兰，实际控制了这座岛屿，而1691年镇压詹姆斯党叛乱则确立了控制权。[118] 这些事件激起了一场漫长的辩论，话题包括殖民统治的道德性、管理的手段、对属民的态度，以及帝国的成本和利益，所有这些思考都传承下来，运用于19世纪和20世纪的海外吞并。[119] 苏格兰和爱尔兰都没有为未来的殖民统治提供确切的模板，但它们两者涵盖了各种可能的选择。

苏格兰为那些主要通过谈判获取的殖民地提供了模板，这些殖民地依靠当地权贵控制本地人口。[120]《联合法案》（Act of Union）既是讨价还价的交易，又是强行施加的要求。[121] 苏格兰人解散了自己的议会，在外交政策上放弃独立，但在威斯敏斯特宫获得了代表权，保住了关键的法律、金融、教育和宗教机构。英国扩大了苏格兰商品的市场，也不再担忧苏格兰可能和法国结盟。《联合法案》的执行由新一代中间人推动，比如进取心强的政府承包商劳伦斯·邓达斯（Lawrence Dundas）爵士，他发现了机遇，并知道如何抓住机遇。[122] 苏格兰的地主们确认了他们的财产权，苏格兰的商人则获利于与英格兰和海外帝国的自由贸易。东印度公司坚持保留垄断权，确保解散苏格兰对非洲和东西印度群岛贸易公司（Company of Scotland Trading to Africa and the Indies）；作为交换，东印度公司向苏格兰商人敞开了大门。[123] 英格兰的毛纺业也努力保护自己的利益；作为回应，苏格兰的企业家开发了与之互补的工业品。"英格兰化"（Anglicization）影响深远，培养了一批高阶层的政治和商业领袖，但还不足以在广大人民中激发暴力反应。政治上的服从符合苏格兰持续的身份认同，甚至起到了强化作用。[124] 文化上的联合则得益于双方对新教的共同坚持，苏格兰在1715年和1745年的詹姆斯党人叛乱中保持了压倒性的忠诚，此后在美国革命中也是一样。[125] 双方对帝国的共同兴趣则加强了经济上的联合，进取心强的苏格兰人通过移民、商业和专业工作为帝国做出了贡献。[126] 尤为显著的是苏格兰对军队的贡献，它对联合王国表现出了毫不动摇的支持，成了北方的"旁遮普省"①。[127] 18世纪下半叶，"英国国民性"（Britishness）的意识出现，它很大程度上源于英格兰和苏格兰对光荣革命及其创造的机遇的共同奉献支持，尽管英格兰在其中占据主导地位。[128] 信仰、君主制和帝国在殖民时代始终将苏格兰维系在联合王国中。

---

① 不列颠的印度军队中有大量旁遮普人，正如英国军队中有大量苏格兰人。

　　住在邓弗里斯郡埃斯克河谷（Eskdale）的约翰斯通（Johnstone）家族精彩的历史就展现出，生逢其时的苏格兰人是如何抓住联合王国和大英帝国带来的机会的。[129] 1727年成为第三代准男爵的詹姆斯·约翰斯通爵士管理的家族虽然历史悠久，但被家族地产韦斯特霍尔（Westerhall）的债务拖累。然而，地位和历史给予了这个家族两大珍贵的资源：教育允许家族中的年轻人加入"不牟利的"职业，"知名度"则使其能够接触到有影响力的人脉关系。[130] 詹姆斯的妻子芭芭拉来自苏格兰贵族阶层中一个不知名的分支，他们夫妇俩有14个孩子，其中11人存活下来，在18世纪四五十年代长大成人。到18世纪中叶，当这些孩子们开始谋生时，詹姆斯党叛乱被挫败，联合王国的安全得到保障，法国即将遭遇的战败也将确保英属北美和印度大片地区受到英国控制。约翰斯通家族的新一代帮助加快了帝国全球化的进程，这也相应地塑造了他们的人生，这在半个世纪前是不可想象的。

　　约翰斯通家族在新的帝国时代成了企业家，利用他们的人脉关系，基于他们名副其实的大家庭建立了一个全球关系网。七兄弟中有多人在陆军或海军中开创事业。其中，亚历山大在北美洲服役，得到了上校军衔，在格林纳达买了一片糖料种植园及连带的数百名奴隶。有三兄弟到了印度。其中最成功的约翰在东印度公司当商人和收税员，发了财后回到苏格兰，成了一名从印度归来的富豪（nabob），由印度仆人服侍，还理所当然地成了议员。[131] 威廉·约翰斯通是亚当·斯密最聪明的学生之一，他成了一名成功的律师，但通过一场轰动一时的婚姻超越了他的兄弟姐妹。他和英格兰一名女继承人弗朗西斯·普尔特尼（Frances Pulteney）结婚，据说因此成了英格兰最富有的平民，也成了北美洲的主要投资者之一。

　　威廉和他那印度归来的富豪兄弟约翰中了头彩。苏格兰与英格兰的合并开启了他们的南下之路，帝国扩张则展现了更广阔的天地。他们两人的成功则支持了其他家人，也使家族保住了在韦斯特霍尔的产业。他们的四个姐妹也留下了印记。其中，芭芭拉和玛格丽特背离了约翰斯通家族效忠联合王国的传统，支持詹姆斯党。但贝蒂和夏洛特留在了苏格兰，她们的生活不像另外两个姐妹那样高调，但影响却更为重大。贝蒂没有结婚，在1728—1813年的漫长人生中，她大部分时间都在韦斯特霍尔管理家族"生意"。夏洛特一直在协助她，直到1773年结婚并早逝。姐妹俩写了数不清的信件，报告军事和商业信息，激活已有的人际关系，并缔结新的关系，确保约翰斯通家族的全球网络继续忙碌运转。就像任何一个家族一样，约翰斯通家族身上体现了那个时代的重大事件：持续不断的战争、越发扩大的商业前景、变化多端的帝国命运，以及政治危险。1759年，亚当·斯密写道，"人类的工业"已经"完全改变了地球的面貌"。[132] 套用马克思和恩格斯的话说，约翰斯通家族在这一过程中扮演了"最革命的角色"。[133]

另一方面，爱尔兰则是英国征服得来的殖民地，来自母国的殖民者剥夺了当地地主的权利。[134] 像苏格兰一样，爱尔兰被纳入英国的军事–财政国家体系中，尽管这两者都被剥夺了独立外交政策，但爱尔兰合并的条件却截然不同。宗教归属对民意和政策起到了决定性作用。爱尔兰大部分人口都是天主教徒，在伦敦方面看来，他们都缺乏忠诚，一开始就有反叛倾向，所以伦敦就以此决定对待他们的方式。[135] 刑法强制实行歧视措施，而爱尔兰接近蛮族的落后形象更使这种歧视合法化。在外地主（absentee landlords）和有限的出口机会也制约了发展，在乡村激起抗议；政治和经济歧视则在天主教和新教精英中都煽动了愤恨情绪。

尽管爱尔兰议会继续存在，但它的立法权却受到了限制，爱尔兰治安长官［也被充满预言意味地称为"总督"（Viceroy）］就像殖民地总督一样行使权力。治安长官的中间人也享有同等的地位和权力，但这些"新人"谁都无法与威廉·康诺利（William Connolly）的财富和影响力相匹敌，而他也远超在苏格兰担任同等职位的劳伦斯·邓达斯。[136] 康诺利是个顺时而生的人，尽管不一定时刻都顺应时局。他的父亲帕特里克改宗皈依圣公会，威廉则成了辉格党人。在光荣革命中，他高调地站在了正确的一边，革命胜利后低价购买了从詹姆斯二世支持者那里充公来的土地。不久后，他就成了爱尔兰下议院议长和税务专员。到他1729年去世时，据称他已是爱尔兰最富有的人。

康诺利在任期间改进了收税制度，改革在他去世后还延续了下去。

爱尔兰和苏格兰在财政上起到了不同的作用。苏格兰为不列颠军队提供人力，而爱尔兰则提供财政收入，以满足驻扎在该岛上的军队的大部分开支。[137] 随着18世纪的推进，政府的规模和影响日益扩大。爱尔兰在1716年建立了国债制度，主要是为了供养军队，此后人均税额就不断增长。大部分税收都来自关税，因为消费支出有限，不足以满足所需的金额。但与苏格兰不同，爱尔兰受到了《航海法案》的伤害，法案对爱尔兰的出口产品采取了歧视性措施，限制其从海外贸易得到的税收。18世纪60年代起，爱尔兰内部要求改革的压力渐长，就像在英格兰和北美大陆殖民地一样。美国革命加强了爱尔兰改革者的底气，迫使英国政府在18世纪七八十年代就自由贸易和立法独立做出更大让步，大幅减轻对罗马天主教徒的歧视。由于这些改革是为了维持英国统治，它们永远无法满足共和运动的呼声。在18世纪90年代，共和运动积聚力量，直到1798年在全国范围内发起了反对英国统治的叛乱。

第3章将会讨论美国革命发生后对英国构成了在远方的挑战。潜在的爱尔兰革命却发生在英国的后院，也更为激进。美国在18世纪90年代背离了法国大革命的理想，爱尔兰则在向那些理想靠近。当时正与法国交战的英国政府不愿抱有侥幸心态。英国派大军镇压了叛乱。此后1801年颁布的《联合法案》确认了英国的宗主权。[138] 苏格兰人则认为，联合王国具有足够的韧性，可以使苏格兰获益并在帝国终结时幸存。[139] 大批农村贫困人口则面临着权利剥夺、人口增长、机会有限的困难，选择移民离开。苏格兰人心甘情愿地追随帝国，爱尔兰人则在美国这个更友好的共和国中找到了庇护。[140]

战争、重建与改革

军事-财政国家在18世纪末把早期全球化发展到最高点，却在1776—1815年间的革命运动和长期战争中遭遇了普遍的伤害。但这些并不是致命伤。幸存下来的国家蹒跚迈入19世纪，它们破碎的残余则开始组成未来的形态。对那些代表了保守和威权的政府来说，法国战争的结束是它们重建革命前秩序的机会。而对自由改革派和激进派来说，这是发扬或开启变革、改变政治与社会的时刻。

重建的军事–财政国家和它们的帝国延伸部分在拿破仑·波拿巴时期达到了顶峰，拿破仑发展了一种民粹主义专制，推销自由却实行帝国统治。他在欧洲建立的帝国好景不长，被研究帝国主义的史学家忽略，正如研究拿破仑帝国的法国史学家通常会绕过关于欧洲海外扩张的更广泛研究一样。[141] 然而，拿破仑用军事决断证明，一个共和国也可以成为帝国。他是黑格尔式"英雄"的化身，推行一种宣扬军事实力的帝国崇拜，给自己赋予权力，并论证威权政府是给落后民族带来进步的必要手段。他把帝国扩张包裹于源自启蒙运动进步理论的教化使命中，宣称要把世界从野蛮、堕落和原罪中解救出来，最好把世界变得更法国化，以此使他的征服得到合法性。正如儒勒·米什莱所说，自由成了法国的新宗教，它普世、永恒，在道德上也比英国扩张的贪婪商业主义更为优越。[142] 当时，法国人认为自己是在创造一个新的罗马帝国，可以控制并重塑欧洲及世界的秩序。这些野心动力十足。尽管拿破仑的全球野心于1798年在埃及止步，但他建立由法国支配的新欧洲的计划直到1815年才被挫败。在19世纪和20世纪，类似的说法在其他政权的旗帜下一再出现。

在管理被征服的土地时，皇帝和他的顾问们区分了吞并国、卫星国和盟国，寻找合作者，运用直接和间接的统治手段，并用《拿破仑法典》改革原有的法律体系。拿破仑的帝国代理人用非常现代的意识来理解艺术、建筑、时尚和公共展览中象征符号的力量，并心满意足地展现法国文化无与伦比的优越性。[143] 他们也应对了包括"起义者"在内不同类型的反抗，建立了告密者网络，创立了准军事组织（宪兵）来控制民众。[144] 这些特征预示着19世纪后来的趋势，其他西方国家加入了帝国俱乐部，采取了相似的政策。大多数新的欧洲帝国在某种程度上都曾是法国的殖民地。从这一角度来看，19世纪帝国主义可以视为这个前帝国在欧洲发动反击，此后又向整个世界延伸。

法国战争最具戏剧性的后果就是打断了欧洲大陆军事–财政国家的发展，提供了一组新的统治原则，它们将回荡在整个19世纪。[145] 法国战争在宣告自由的时候，启动了一连串连锁反应，其中包括奥地利在荷兰南部和德国部分地区的领地非殖民化、西班牙和意大利部分地区被占领，以及葡萄牙王室向巴西逃亡。拿破仑实行独裁统治，建立新的帝国，实际上也激起了反殖民抵抗运动。德国各邦先在18世纪90年代被蹂躏，此后被并入令人厌恶的（莱茵）邦联。[146] 因此而生的早期民族主义反应，最终在普鲁士的领导下发展为德国的统一。欧洲大陆的最北部和最南部也感受到了漫长战争的影响。北欧各国经历了政治动荡和经济崩溃，意大利各邦脱离了奥地利统治，但落入法国的殖民统治。这两个地区同样出现了反抗运动。挪威人反抗瑞典的控制，意大利的爱国者（patrioti）揭竿而起，反抗奥地利和法国统治，从而为意大利统一运动（意大利复兴运动）打下基础。西班牙游击队协助击败了法国军队，开启了后殖民政治的新时代。

这个时代属于浪漫而通常不现实的爱国志向，那时拜伦勋爵的"梦想希腊依旧自由而欢乐"（语出《哀希腊》），激励欧洲精英将民族自决视为国际使命。[147] 雪莱理想化地将自由描述为"民族的闪电"，希腊是"预言的回音"，在欧洲四处"发出了隐约朦胧的韵调"（语出《自由颂》）。[148] 朱塞佩·马志尼和加里波第不仅成了民族英雄，还成了国际英雄，鼓舞欧洲其他国家的仁人志士加入解放大业。马志尼与威廉·劳埃德·加里森（William Lloyd Garrison）发展了密切的关系，加里森在1833年建立美国反奴隶制协会，始终是美国最知名的废奴主义者之一，直到1865年奴隶制被废除。[149] 马志尼想把意大利从君主制和外国统治中解放出来，加里森则想把美国从家长制和奴隶制中解放出来。两人都认为，国家统一对自由制度的蓬勃发展至关重要。他们还看得更远：加里森期待有一天社会改革将使美国成为世界的道德首都，马志尼则期待有一天旧大陆能向新大陆学习，创立一个欧洲的联邦共和国。[150] 但在外国民族主义者中，少有人像领导了匈牙利独立运动的拉约什·科苏特那样广受欢迎。当科苏特1851年抵达美国时，他受到社会名人一样的接待，得到了亚伯拉罕·林肯等人的盛赞。[151] 而林肯自己死后也成了"伟大的解放者"（Great Emancipator），激励了世界各地的进步人士。[152]

1815年拿破仑帝国倒台后，欧洲各地陷入了保守派、自由派和激进派的斗争，这种局面一直延续到一战，在某些情况下甚至延续到了二战。

奥地利在1804年成为帝国，领导保守派力量开始重建旧秩序。英国则领导温和进步派，致力建立宪政政府，最理想的是能保留君主制。共和派的胜利被接二连三的失败掩盖，但他们仍珍惜未来的希望，而美国已经实现了这种希望，避免了帝国和再殖民化。保守派夺得了胜利的果实。正像维克多·雨果所说的，滑铁卢战役"是一种蓄意的反革命胜利"。[153] 另一方面，奥诺雷·德·巴尔扎克则欢迎欧洲的新生。他恐惧于"竞选权扩大到所有人"的可能性，坚信"两个永恒的真理：宗教和君主制"。[154] 从短期来看，上帝似乎站在了巴尔扎克的一边。路易十八成为法国国王，费尔南多七世重登西班牙王位。梅特涅主导的奥地利帝国收复了在意大利的失地。普鲁士在腓特烈·威廉三世的统治下，在1806年启动军事改革，在1813年加入反法联盟，在1815年赢得了新领土。[155] 沙皇尼古拉一世在1825年挫败了温和派改革者，为反动统治者树立了新标杆。瑞典和挪威在卡尔十三世的统治下合为一体，弗雷德里克六世保留了丹麦王位。尼德兰的两部分在保守派的典范威廉一世统治下合并为尼德兰联合王国。一些君主对立宪要求做出了有限的让步，大多数则利用这一机会重建威权。

1815年后不久，随着自由派和激进派侵蚀了重建的君主秩序，和平协议开始瓦解。法国的波旁王朝复辟在1830年七月革命中宣告终结。法国君主制通过路易-菲利普苟活下来，他被迫对立宪做出一些让步，但在1848年再次被推翻；到1852年，君主制在拿破仑三世统治的法兰西第二帝国重新出现。奥地利帝国挣扎着想与崛起中的普鲁士保持均势，但它通过压迫、审查和民族操纵等手段对多元的省份维持统治。1830年，新合并的尼德兰联合王国分裂，英国支持的南部省份变成了比利时这一君主立宪国。西班牙忍耐了费尔南多七世的反动政策；他的统治动荡不安，最终进入"黑暗十年"（Ominous Decade），直到他在1833年去世才告终结。不过，一切都是相对的，与此后直到1846年"加泰罗尼亚叛乱"（Catalan Revolt）的内战、摄政统治、军事统治时期相比，这段时期仍有一些美好的乐观主义。[156]

骚动在1848年革命中达到了顶点。欧洲几乎每一个国家都出现动乱。[157] 丹麦、荷兰、西班牙、葡萄牙和俄罗斯也被副作用波及。尽管这些起义有着多种起因，发源地也互相独立，但它们有一些共同点。它们都对1815年建立的专制和准专制政府表达出长期而普遍的不满。它们都利用了中产阶级、城市工人和农民，尽管这三者的比例各不相同。它们都要求改革，无论是扩大政治舞台，限制国家权力，处理城市的社会问题，回应农村抗议，还是满足不同地区和民族的要求。[158] 它们也有显著的帝国维度。[159] 在主要的帝国主义国家中，军费造成的税负给不满情绪火上浇油，而军队开支正是为了控制地方的异议运动，包括对民族自决的呼声。法国在征服阿尔及利亚的过程中付出了高昂代价，普鲁士需要处理西里西亚、萨克森和石勒苏益格-荷尔斯泰因的诉求，奥地利则试图控制匈牙利、伦巴第和威尼斯。英国逃过一劫，一方面是因为国内改革取得了进展，另一方面也是因为政府能把军事及其他相关开支的负担转移到海外帝国。[160] 自由贸易减少了对出口生产者的补贴，向外移民可以用来处置"煽动者"，殖民地的开支紧缩政策和新设税项则减轻了国内纳税人的财政负担。尽管这一战略也产生了代价，在殖民地引起了普遍的不满，但它帮助英国在1848年避开了革命。

革命者在短期内被压制了，但他们也赢得了一些让步：法兰西帝国废除了奴隶制，奥地利、匈牙利及之后的俄国废除了农奴制。自由派宪法在丹麦、荷兰和皮埃蒙特取代了专制。起义被镇压后，欧洲各地出现了反革命运动，重新确立了地主阶级的权力及王朝政治的原则。1849年，费奥多尔·陀思妥耶夫斯基因触犯俄国严酷的审查法律被流放到西伯利亚。同年，维克多·雨果因呼吁普选权和免费教育及之后反对拿破仑三世政变，也被流放。警察队伍扩大重整，以应对"恐怖主义"。政府与宗教权威的联盟得到加强，教育和新闻业则受到严密控制。到19世纪中叶，复兴的军事主义在欧洲多个国家占据主导地位，不过这不包括英国。沙皇尼古拉一世遗憾自己没能领导镇压革命运动，但他抓住了下一个机会，于1854年在克里米亚发动战争，加强俄国的独裁统治。军事-财政国家的历史还未进入尾声。

美国密切关注着1848年革命，当时美国南北方之间的紧张局势不断升级。一种颇有影响力的解释称，1848年的事件虽然一定程度上是受

1776年美国革命鼓舞，但也证明了欧洲建立民主政府的失败。[161] 另一种解释认为，这些起义证明了民族自决原则正在越发合法化，这种观点在南方和北方都受到了观察者的欢迎。[162] 欧洲革命未遂后的反应让保守派感到安心，他们认为历史依然在他们这边。而自由派则提高了警惕，担心南方各州将行使国会权力，推行压迫性政策；而南方确实在1850年推动通过了《逃亡奴隶法案》（Fugitive Slave Act）。[163] 1848年革命对亚伯拉罕·林肯影响深远，他当时还只是伊利诺伊州初出茅庐的议员。林肯的视野既有地方性，也有国际性。他常把国家比作房子，显示出他倾向于本国和家庭的特质。他又崇拜马志尼、加里波第、加富尔和当时的大名人科苏特，证明他相信尽管解放有不同的定义，但它却是普世的目标。人民革命作为获取自由的手段，只要能避免激进主义，就是"神圣的权力"，就像在美国发生的一样。[164] 欧洲以出人意料的方式对这种观念给予了回报：英国将异见人士运送到它的海外帝国，而欧洲大陆数以千计的政治难民也来到了美国，其中许多人加入了共和党，支持废奴，在1861年志愿加入联邦军。

英国："永恒与变化的联盟"[165]

1825年，利物浦勋爵的外交大臣乔治·坎宁用合适的全球性词汇总结了战后的问题和机会，认为英国应该在欧洲大陆"一群筋疲力尽的"君主制国家和美国引领的"青春而激情澎湃的"新生共和国之间找到一条道路。[166] 政策圈的人认为，专制国家没有未来，可能会走向不稳定；而共和国就算不陷入无政府主义，也不过是过时的工具。面对欧洲大陆持续不断的动荡和随之而来的不确定性，英国有时感到忧惧，有时感到沮丧，因为它的利益在于维持权力均势，以免一个或多个大国威胁其国家安全。而对于依然捍卫奴隶制的美国，英国人经常颇为自得地用它来证明共和国不符合现代世界的需要。[167]

法国1815年的战败给了英国一个机会，使其设计温和的和平安排措施，以在欧洲重建稳定。[168] 直接干预欧洲大陆事务既不明智又不实际，但英国在战后外交中扮演了领导角色。威灵顿公爵作为反法联军总司令在欧洲大陆待到1818年，背负着巩固英国影响力的使命。英国用大笔贷款和补贴支持外交政策，协助各君主制政府复辟上台。最重要的成就是威灵顿和亚历山大·巴林（Alexander Baring）的工作成果，他们设计并实行了恢复法国公共金融的计划，按英国路线进行改革。[169] 这一计划不像马歇尔计划那样慷慨，而是要求法国支付赔款，法国也确实这么做了。不过，通过法律条款保障和平的做法具有远见，也意味着威灵顿公爵不应该只是因为战场上的胜利而受人颂扬。

这与英国的欧洲战略相得益彰，再次确认了英国的传统政策，即以海外实力来弥补它作为陆地国家的局限。在英国实现其理想的世界新秩序的过程中，美国的角色越发重要；尤其在1812年爆发的美英战争于1815年结束之后，当时距离后来滑铁卢战役结束欧洲战事只有6个月时间。自那以后，美国为英国商品提供了庞大且继续增长的市场，也使英国的投资有利可图。同时，英国把共和政府当成政治上的反义词，据此评估它自己的君主制理想政体取得了多少进步。英国的领导人可能"青春"不再，但他们依然能行动起来改革国家，宣扬统一的基于基督教的道德武器，避免革命和共和主义的危险诱惑。

英国的结果与众不同，部分是因为那里的君主制度已不再符合旧制度的定义，部分是因为这个岛国免于侵略，是1815年的胜者中受伤最轻的。不过，在英国为变革争辩不休的社会力量就像欧洲大陆那些争取上位的力量一样，只是不像对岸那样尖锐而残忍。但法国战争后的改革不仅仅是世俗自由主义的早期表征；在19世纪下半叶，这种世俗自由主义将膨胀发展，自由贸易、市场经济和最小政府的原则将成为正统。起初，1812—1827年间的首相利物浦勋爵希望传承皮特的新保守主义，加强军事-财政国家，捍卫君主制政府。[170] 但很快就显而易见，必须改变方向才能满足和平时期的迫切需求，处理被战争拖延但重新复苏的政治诉求。如果说保守党准备考虑最小程度的变革，那辉格党则显示出了更大的主动性，将自己树立为改革之党，在1830—1841年在位时用事实证明了这点。但即使辉格党也不能被称为"自由派"。他们象征着18世纪地主利益集团的价值观：他们把自己视为"人民的贵族"，希望在改革中运用家长制可以扩大人民对他们的顺从，从而维系自己的权力。[171] 直到19世纪50年代，最后一届辉格党政府才让位于新的自由党，与中产阶级建立更紧密的联盟关系。

在随之而来的辩论中，亚当·斯密和杰里米·边沁的学说被充分运用，正如法国常引用邦雅曼·贡斯当和亨利·德·圣西门一样。[172] 但起初他们需要和威廉·威尔伯福斯（William Wilberforce）、托马斯·查默斯（Thomas Chalmers）及其学生等福音派信徒提出的另一种影响政策的意识形态展开竞争。[173] 福音派信徒为一种保守的基督教政治经济学摇旗呐喊，这种观念在这个宗教信仰根深蒂固且越发强固的国家里引起共鸣。英国的第二次大觉醒运动（Second Great Awakening）与美国的福音派复兴相得益彰，它的活跃源于对法国的不良影响输入的恐惧。[174] 1815年后，英国建造教堂的数量前所未有，以满足不断增长的人口的需求。到19世纪中叶，约有一半的成年人口会去教堂做礼拜。[175] 美国革命散播了焦虑而不确定的情绪，法国大革命则激起了恐惧，偶尔还引发恐慌。如果像人们所说的那样，雅各宾派把英国人吓得都去教堂做礼拜，从而创造了维多利亚时期的严守安息日主义（Victorian Sabbath），那1831年创立的主日奉行协会（Lord's Day Observance Society）就为把人们留在教堂里立下了汗马功劳。[176]

世界天翻地覆了：要把它扳回正道需要精神上的重生，以赎救腐败和堕落引起的原罪。福音派积极分子对政府的角色抱有家长制或威权的看法，但他们支持符合他们眼中自然社会秩序的改革。他们赋予合法的经济活动以神圣意义，以至于"政治经济学的神圣法则""自由贸易的福音"这样的说法广为流传。[177] 政治行动的目的是恢复遗失的东西，而不是创造新的不确定性和随之而来的诱惑。托马斯·马尔萨斯看到的更多是"黄昏的微光"而不是"欢乐而充满信心的早晨"，他的悲观预测为福音派的世界观提供了支持，他们拒绝了启蒙运动的理想主义和乐观主义。[178]

正如在18世纪六七十年代那样，人们激烈地呼吁政治改革，又激烈地抗拒它。[179] 法国战争的爆发让人们专注于生存，但这没有消灭激进行动主义。对革命传播的紧迫恐惧使英国政府采取行动，压制被视为有颠覆性的因素，但真正激发国家团结的则是被侵略的威胁，尤其是在拿破仑崛起后。[180] 即便如此，统一事业仍然矛盾重重，爱国主义阵营被效忠派和激进派所分裂。[181] 在对法冲突的大部分时期，皮特娴熟的实用主义引领了国家的方向，但战争的苦难也促使卢德运动在1811年爆发。1815年，期盼已久的和平终于到来，激起了人们的希望，使改革运动复苏。1819年，曼彻斯特的示威者呼吁扩大选举参与权，遭到暴力镇压，致使人员死亡，这就是人们所知的"彼得卢屠杀"。

10多年后，在漫长的抗争从街头转移到议会后，几乎每一个权贵都试图阻止的《大改革法案》被通过。这场辩论充满了宗教性。[182] 末世的想象随处可见：圣公会福音派把宪法视为与上帝的契约，反对者则希望破坏现有教会的世俗堡垒，尚未加入自由党、高度亢奋的威廉·尤尔特·格莱斯顿则把这一议题视为"圣战"。帝国主义的考虑也在辩论中起到了重要作用。[183] 支持议会改革的，还包括与之相辅相成的废奴运动人士，以及呼吁取消东印度公司对中国贸易垄断权的运动人士。而保守党反对改革，部分是因为考虑到这可能影响到在议会中代表帝国利益，担忧这可能会在帝国上下传播改革呼声。在外种植园主和英国投资者担心失去他们的奴隶"财产"，但被一笔丰厚的赔偿金收买了。议会投票同意支付2 000万英镑，大部分不是付给西印度群岛的种植园主，而是给英国国内的债权人，他们主要聚集在伦敦及其周边地区。收款人包括100多名议员、部分贵族、各种圣公会牧师、一群伦敦城银行家、一些利物浦和格拉斯哥的大商人，以及中产阶级人士和一大批"遗孀与孤儿"。[184] 支持者用基督教的政治经济学论证这笔赔偿金，说它是为国家赎罪。尽管奴隶得到了正式解放，却分文未得。英国本土缺乏有竞争力的蔗糖替代品，因而被其他地区的生产者取代，在此后的几十年中萎靡不振。

在与日俱增的压力下，威灵顿公爵遭遇了自己的滑铁卢，他坚定地反对改革，在1830年不得不辞去首相之职。"改革的祸根在于，"他在1833年不无遗憾地对一名保守党同僚写道，"以前民主只盛行于某些地方，但现在却盛行于所有地方。"[185] 挫败导致的失望使他夸大了现实，实际上，《大改革法案》只让潜在选民中的一小部分人得到了选举权，地主阶级的政治权威毫发无伤。[186] 不过，威灵顿公爵的评价指出了将会在19世纪继续膨胀的进程：对变革的压力逐渐增长，国家及地方政治的地位越发重要，对党派和党派性的定义越发犀利。[187] 正是在那个时代，"改革"和"激进"这两个词被清晰地区分开来。[188] 改革者属于温和派，他们从1832年改革法案中看到的希望多于满足。激进派则代表了那些留在正式政治舞台之外的人，被视为潜在的颠覆者。尽管参加改革运动的人多种多样，但他们共同的信仰是，有必要用改善或者"改良"来磨平激进主义的棱角，先发制人地遏制革命。

激进派的主张则像威灵顿公爵担忧的那样向前推进，在19世纪40年代表现出了好斗的一面，他们在宪章运动中呼吁所有成年男性得到投票权。从短期来看，宪章派失败了，正像当时欧洲大陆的大部分激进派运动一样。接着，激进主义就进入了暂时的衰落期。在英国没有发生美国那样的民粹"绿色起义"（green uprising），而城市里的"棕地"起义（'brownfield' uprising）也延迟了。大地主的政治力量未受伤害，直到1867年《改革法案》同意显著扩大选民群体。[189] 不过，到19世纪中叶，改革的推进还是足以使英国避开1848年席卷欧洲各政府的革命，英国作为非革命性进步的旗手的地位也为人信服。英国的统治者决定像伯克所说的那样，不要"出国追求外国的爱戴"，而是改善"合理合法、土生土长的关系"，从而维持这些关系。[190]

经济政策伴随着政治改革，始于对重商主义体系的调整。[191] 重商主义法规滋养了英国经济中最具活力的产业：伦敦城的棉纺织业。它的代表们不愿坐视这些法规被废除。当改革真正来临时，更多是出于必要而不是出于选择，部分是因为想防止激进主义力量转向革命。政府不得不想办法减少国债，保证新的食品来源，应对纺织业一次次的失业潮。这些压力使政府做出了两个决定：回归金本位和实行自由贸易，这两个决定加快了英国的经济转型，使其有潜力塑造新国际秩序。

金本位制在1797年因战时需要而被暂停，而在1819年，利物浦勋爵的保守党政府开始了重建金本位制的过程。这一决定清楚地显示出，政府希望恢复稳健的货币政策及其象征的财政责任、良善治理及社会稳定。法国战争造成的巨额国债需要英国强势应对，而只有和平年代才提供了这样的条件。1815年，英国的人均公债不仅是欧洲最高的，也达到了其历史的最高点，偿还债务花费了60%的税收。[192] 公共开支被削减，通货膨胀被挤出了金融体系。回归金本位制则为伦敦城和英镑充分发挥其经济潜力，使伦敦成为世界仓库和世界银行家打下了基础。福音派认可了这项决定，认为这可以遏制投机行为，减少放纵的诱惑，重新确立社会秩序，从而加强虔诚而克制的道德观念。威廉·赫斯基森（William Huskisson）等富有远见的决策者则认为，在重商主义法规缺失的情况下，金本位制是维持经济秩序的必要手段。

1815年，在法国战争中被暂停的《谷物法》（Corn Laws）重新实行，这是利物浦勋爵的保守党政府试图恢复战前秩序的一项早期表现。[193] 其支持者宣称，对进口谷物的关税不仅保护了国内农民，也保障了英国家庭的主食来源。[194] 此外，正如罗伯特·托伦斯（Robert Torrens）后来论证的那样，《谷物法》对英国的大国地位起到了必要的支持作用。自由贸易也有能干的支持者，比如威廉·赫斯基森在19世纪20年代作为贸易大臣降低了谷物的进口税。[195] 那时，保守党政府的内政大臣罗伯特·皮尔也支持自由贸易。19世纪30年代，自由贸易者和贸易保护主义者之间的辩论越发公开而激烈。1842年，担任首相的皮尔第一次提出了废除《谷物法》的法案；在一系列大辩论后，废除《谷物法》的法案终于在1846年通过。[196]

到1846年，推动变革的压力已达到沸点。[197] 19世纪20年代晚期，有迹象显示人口增长开始超过基本粮食的供给。当时新生制造业中最重要的棉纺织业也开始遭遇一系列马克思和恩格斯不久后所指出的生产过剩危机。这些情况使当时的政府面临一系列社会和政治挑战，它们最终在宪章运动所威吓出的动乱中达到顶点。没有廉价的进口谷物，面包的供给既不能满足增长的人口，又价格昂贵。没有海外的新市场，纺织业则将继续受到一次次失业潮的打击，乃至危害社会秩序。但宪章派并不是新生工人阶级的先锋，而是18世纪激进主义的最后一次大高潮。他们的抗议不是针对雇主，而是针对政府。[198] 他们主要关心的问题是，议会代表财产而不是人民，它授权批准了他们眼中的立法压迫措施。

皮尔并不支持他所称的英国"虚假"的工业现状，尽管他自己是一名成功纺织商的儿子。[199] 他的目标是将经济进步置于广泛的基础上，不只让少数人享受财富，更使社会上的大多数人感到满足。长期以来，他就认为由于不断增长的人口需求，废除《谷物法》不可避免，但他要考虑如何控制政局走向及议会行动的时机。[200] 异议者则为类似的目的提出了不同的论点，他们支持废除《谷物法》，因为他们认为自由贸易可以纠正重商主义人为造成的生产过剩，限制过度消费造成的腐化后果，不过这一看法最终被证明是错误的。曾反对1832年《改革法案》的格莱斯顿将热情转向废除《谷物法》，认为这可以弥补自己曾经的过错。理查德·科布登（Richard Cobden）乐观的思想融合了道德感与实用性，他是废除《谷物法》运动的关键人物，也是"反谷物法同盟"（Anti-Corn Law League）的主要代言人。[201] 科布登把自由贸易视为一种普世的道德原则。自由贸易一旦实行，就能提高人们的生活标准和道德标准，此外也能实现世界和平。与它对应的最小政府也将以极其节约的方式维护个人自由。到1865年科布登去世时，自由贸易已融入了国家生活，成为自由、个人选择和道德端正的象征。它赢得了消费者的支持，受到了宗教权威的赐福，作为公共利益的一部分为人接受。[202]

皮尔之所以成功，是因为他说废除法案符合国家利益。废除法案可以缓和农业和工业间的矛盾，避免阶级冲突。趋向改良的政策可以削弱1845年已显而易见的革命倾向，在不颠覆宪法的情况下允许改革。法案废除后，政府又在1846—1851年间采取配套措施，限制帝国特惠制（imperial preference），废除《航海法案》。1849年《航海法案》的终止并不像人们一度认为的那样具有象征意义，也并不是《谷物法》废除后不可避免的结果。《航海法案》从17世纪延续下来，基本保存完好，船主、地主和伦敦城部分群体组成强大的联盟，极力捍卫它。[203] 19世纪40年代晚期，保护主义的确再次抬头，包括呼吁重新实行《谷物法》，这在1852年以前始终是保守党的政策。[204] 在废除优惠对待从海外帝国进口蔗糖的关税时，也出现了类似的抗争。《糖税法》（Sugar Duties Act）在1846年降低了贸易保护的程度，但直到1851年才实现了进口蔗糖关税的均等化。[205] 改革政策通过了，但斗争的艰难程度显示出，重商主义对"自由派"的英国仍有持续影响。

紧要的问题都举足轻重，相关利益者则意见不一，捉摸不定。[206] 地主阶级的一些成员分散了他们的投资，不再坚定支持《谷物法》。曼彻斯特和利物浦的制造商已转而支持自由贸易。伦敦城虽在这一问题上陷于分裂，但也越发被自由贸易创造的机会吸引。对广大公众来说，《谷物法》成了科布登所说"贵族暴政"（aristocratic misrule）的象征，失去了民心。[207] 上议院的议员们吸收了1832年的改革经验，不情愿地决定接受潜在的经济损失，以换取保障政治稳定的可能性。[208] 国内改革还有一项额外的好处，即能展示出君主制只要适当地与时俱进，就是应对新世纪各种挑战的最佳方式。随着19世纪的推进，这些改革举措在全世界如广告般宣传了英国结合自由和秩序的"中间道路"（middle way）。

到1850年前后，政治和经济改革已大大瓦解了英国的军事–财政国家模式。[209] 君主被抬高到政党政治之上，成为国家统一的纯洁象征。通过一届届的自由党政府，自由派精神在议会中得到体现，其成功塑造了强调尊重宪法、自由和自由贸易的爱国主义观念。[210] 东印度公司作为重商主义任人唯亲最大的标志，失去了商业垄断权，很快就被解散。[211] 文职部门、军队、公共卫生、劳动条件、教育等方面的相应改革不是已经实行，就是即将到来。福音派活力不再，但更广泛的基督教人道主义与功利主义原则相结合，代表了广大人民的价值观，尤其是因为它对消费品的态度不再是一味批评。[212] "旧腐败"让位于新的正直品格。乔治时代的铺张浪费已成往事或是被人抛到脑后，维多利亚时代的体面品质到来了。

"日不落的辽阔帝国"[213]

1773年，当英国的政治家还沉浸于七年战争胜利的光辉时，乔治·马戛尔尼提出了他的著名观察。尽管失去美洲殖民地给他泼了冷水，但马戛尔尼正确地提出，"大自然""还没有弄清"这个帝国的边界。[214] 在北美洲的失败并没有让英国在政治上拒绝帝国野心：失去美洲殖民地后，英国在漫长的法国战争中在世界各地赢得了领土。当欧洲于1815年恢复和平时，英国是欧洲唯一还拥有大量海外领地并拥有海军实力称霸四海的大国。[215] 战胜法国后，欧洲的长久和平使英国得以把资源转向海外扩张。[216] 此后数年，英国继续在世界各地实行强硬政策，并通过商业条约努力建立和平的对外关系。

其他欧洲大国无力挑战英国的帝国扩张。19世纪30年代，当"非殖民化"一词出现时，诸帝国濒临灭亡，处处都显而易见。[217] 西班牙因战争、占领和革命而元气大伤，到1815年只保留了菲律宾、古巴和波多黎各，很快就要失去墨西哥。法国被征服了，重新分配得到了一些热带岛屿和飞地，只因为这种做法符合英国的政策。1830年，查理十世侵略阿尔及利亚，试图提高他那正在下滑的支持率，但为时已晚，还激起反抗运动，使法国军队陷入泥潭，限制了法国之后几十年的统治。荷兰也被欧洲战争重创，在英国的批准和暗示的保护下恢复了它对印度尼西亚的统治。葡萄牙王室被英国海军从拿破仑手中救出，撤离到它最重要的殖民地巴西，但巴西还是在1825年赢得了独立。[218] 奥地利帝国和沙皇俄国都从漫长的战争中幸存下来，但之后不断地遭遇异议者挑战。亚当·斯密观察说，"每一个帝国，都以不朽为目标"，但它们"迄今每一个都会灭亡"。[219] 看似只有英国违背了斯密的定律，或者至少是推迟了自己的命运。

在失去北美大陆殖民地，结束与法国漫长而艰难的斗争之后，英国成为当时无可匹敌的国际"超级大国"，这种时来运转引人注目。[220] 被北美殖民者击败无疑挫伤了英国的威望，但这被证明只是一个岔子而不是一个转折点。[221] 英国的自我反省被法国的威胁打断了。即便有战争危险，英国的经济仍持续发展：1773—1819年间，海外商业的增长速度远超于1773—1793年，这主要是因为棉纺织业崛起，与亚洲和新大陆的贸易增加。[222] 英国航运业在世界航运业中的份额在1780年占约25%，到1820年已升至42%。[223] 到那时，英国已不再是世界上的净债务国，而成了首要债权国；美国将在1918年实现同样的转型。[224]

坎宁对全球问题的宏大理念带来了相应宽广的解决方案。[225] 1815年后，英国为新的国际秩序制订了规划。这一规划不像二战后的那样被正式写入和平协议，而是在1815—1846年间以实验的形式逐渐演进。因此，这些实验只有在回溯时才显现出整体的一致，不过它们的核心要素对当时的人们来说显而易见，得到了广泛的传播和辩论，并由那些组织完善的压力团体（利益团体）所推进。英国的国际经济政策之目的，是利用该国对金融业和航运业的主导地位。伦敦将成为亨利·邓达斯所说的"东方的商业中心"（emporium of the East），尤其要垄断规模庞大、利润丰厚的热带产品再出口贸易。[226] 海外投资及商业服务将能保证获取原料（尤其是棉花），为工业纺织品打开新市场。这一计划的政治部分则力求在全球各地建立一系列互相合作的稳定政府，有些作为中转站，有些作为聚焦点，将英国的影响力传播到仍鲜为人知的大洲内陆。

　　这些目标在可能的情况下可以通过外交实现，在必要的时候也可以通过武力。最理想的情况是，展示英国价值观的成功就能赢得"人心"（hearts and minds）。支持者希望，这些半宗教、半世俗的普世信仰可以印证英国的使命，造就后来被世界银行所称的"志趣相投"（like-mindedness）。这一策略在新近移民定居的国家中最为成功，相似的制度和"亲朋好友"（kith and kin）纽带可以使关系变得更为畅通。[227] 但问题在于，除了一个例外，这些定居点大都处于较早的发展阶段。那个例外便是美国，它发展了基于棉花的出口经济，与英国互补，而南方主导的国会也确保进口关税维持在低点。在亚洲、非洲及中东等其他地方，"志趣相投"可以促成共识，润滑国际体系，但无法保证会带来可以满足英国商业扩张要求的制度变革。

　　这样雄心勃勃的国际战略无法由军事-财政国家来实现，而是需要为增长赌一把，即要求英国扩大它那已经颇为可观的世界大国角色。然而，英国政府中很少有愿意放手一搏的人，直到皮尔在1846年做出决定。在重商主义体系下推进的贸易紧跟着英国军队的脚步，而军队不断在印度开疆拓土。当"野蛮"国家阻碍英国进步的时候，英国海军就为商贸打开道路。到1815年，英国在印度已经拥有的广大领土又有扩增，英国保留了西印度群岛和后来的加拿大，并在开普敦和新加坡得到了落脚点，此外还对澳大利亚提出了排他的权利要求。

19世纪初，督查委员会（Board of Control，1784年《东印度公司法案》设立的管理东印度公司及英属印度的政府机构）的保守党主席亨利·邓达斯打算利用东印度公司同时发展帝国和贸易。但1813年，取代他成为委员会主席的儿子罗伯特成功废除了东印度公司对印度贸易的垄断权。[228] 要求变革的压力来自地方制造商和弗朗西斯·巴林（Francis Baring）这样的伦敦城大人物，他们急于从领土扩张带来的机会中获利。[229] 1833年，在进一步游说后，东印度公司也失去了对中国贸易的垄断权。19世纪30年代，爱德华·吉本·韦克菲尔德（Edward Gibbon Wakefield，南澳大利亚和新西兰殖民者）提出一个方案，把国家支持和私有产业结合起来，扩展正式帝国。[230] 他这一本质上保守的计划是在海外复制英国的社会等级制度，这符合当时的时代氛围，在19世纪30年代受到了广泛讨论，被视为应对人口增长、失业和"过剩"资本的方法。韦克菲尔德也设想了一种与美国的特殊关系："美国人将会种植史上最廉价的谷物，而由于美国不再想征收关税，它将和英格兰的生产商携手推动世界上从未有过的伟大贸易关系。"[231]

斯密式的乐观主义光芒开始照亮马尔萨斯笔下的阴霾。1833年，辉格党政治家兼历史学家托马斯·巴宾顿·麦考莱自信地说道，英国是"一个可以免于任何自然原因所致衰落的帝国"。[232] 人们接受了失去美洲殖民地的现实，也承受了它的后果。麦考莱望向了一片新天地，首要的便是印度，并且从新颖的动机中得到启发。他写道："发现一个伟大民族沦于最低等的奴役和迷信中，统治他们以使他们渴望并有能力承担公民的全部特权，这确实将给我们自己带来光荣。"诚然，"未预见的意外"仍有可能"打乱我们最深远的政策计划"。然而，英国已孕育了一种独一无二的政体，传播了"理性用和平的方式战胜野蛮"的长久传统，创造了"我们的艺术和我们的道德、我们的文学和我们的法律的不朽帝国"。

牛津大学政治经济学教授赫尔曼·梅里韦尔（Herman Merivale）更进一步。1814年，他提出了一项雄心勃勃的计划，要创造一个基于国际分工、没有边界的自由贸易帝国。[233] 他认为，大英帝国在1833年废除奴隶制，为"基于内部自治和商业自由的原则在海外重建并大力拓展英国统治"开辟了道路。[234] 新的帝国统治权（imperium）至少要和原有的一样引人注目："同样广袤而富有的帝国还有待建立，而同样广阔而繁荣的商业新分部也有待创造。"[235] 麦考莱也在那时意识到，自由贸易可能把美国和英国连接起来，形成他眼中互惠的关系。1842年，《谷物法》被废除后，他期待英国有一天能"向全世界供应工业品，几乎垄断世界贸易"，而"其他国家则在密西西比河和维斯瓦河畔为我们生产充裕的物资"。[236]

传教士和人道主义组织曾在1807年共同终结了英国对奴隶贸易的参与，如今也支持了对英国的世界角色越发宏大的构想。[237] 美国革命给英国自夸的"自由帝国"（empire of liberty）带来了合法性危机。人们不得不重新思考帝国的意义，重新建立它的道德权威。[238] 福音派把失去北美大陆殖民地解释为上帝对奴隶制罪恶的审判，将废奴视为赎罪的手段。人道主义者引用启蒙运动的原则，诉诸普世权利。但运用自由这一概念需要加以甄别，以避免法国激进主义中蕴含的无政府主义。[239] 废奴运动满足了这一目的，为基督教的教化影响打开道路。[240] 灵魂的平等并不意味着财富和社会地位的平等，即使这会产生令人不安的结果，也只会扰乱海外的社会，不会殃及英国。但废奴运动一旦开始就被公众所推动，很快就超越了精英的领导，同时吸引了男性和女性，影响远远超出首都范围。[241] 在战胜了支持奴隶制的爱国者的反对后，这一版本的自由为创造更包容的政治共同体做出了贡献，从而协助塑造了英国的国家认同。[242]

1833年法案解放了大英帝国里的奴隶，鼓励福音派和人道主义者参与国际行动，呼吁废奴并通过众所周知的"合法"商贸来促进经济发展。废奴成了欧洲和跨大西洋地区改革军事-财政国家、剥夺特权的运动的一部分。英国废奴运动的成功，加上美国南方奴隶的反抗及北方获释奴隶的积极呼吁，激励了美国的废奴主义者，为他们的事业增加了活力和紧迫感。[243] 19世纪40年代，爱尔兰独立运动和《谷物法》的废除进一步向美国的废奴主义者证实了大众政治的力量。美国反奴隶制协会的领导人威廉·劳埃德·加里森总结说，民主是可以实现的；尽管托克维尔曾雄辩地表达了自己的恐惧，说大多数人会支持或无视对自然权利的肆意侵犯，从而形成"暴政"。科布登认为，废除《谷物法》是向全球融合迈进一步，最终将走向世界和平。[244] 他们两人都代表了一种新兴的世界主义道德观，这种道德观最终通过今天人们所称的国际非政府组织而付诸实践。

如果说灵魂需要拯救，那胃也需要喂饱。"圣经与犁"（the bible and the plough）成了教化使命的标语。18世纪90年代开始在海外建立据点的基督教传教团继续增加资金，拓展影响，实验种植新的出口作物。[245] 相应地，在废奴运动早期作用寥寥的工业资本家也发现他们在重商主义体系中的利益消失了，开始越发积极地参与到新的经济体系中。19世纪30年代，第一家用植物油代替动物脂肪制造蜡烛的企业对顾客宣传说，"买我们的蜡烛可以帮助阻止奴隶贸易"。[246] 少数双边自由贸易协定不是与强国谈判而来，就是强加到弱国头上，这使约翰·宝宁（John Bowring）爵士这样四处游历的外交官找到了工作。[247]

在欧洲和美国之外，科布登的和平理想通常转化为强硬的行动。帝国本身就是暴力的，军队为创建大英帝国而冲锋陷阵，甚至是在没有自由贸易的动机直接驱使的情况下。皇家海军积极行动，阻止在19世纪上半叶扩大的国际奴隶贸易，消灭海盗，推进例如1838年和奥斯曼帝国签订的自由贸易协定。[248] 征服印度的推动力在1815年后并未消散，一直延续到1849年吞并旁遮普。[249] 为了吞并印度东北部，英国在1823—1826年和1852—1853年与缅甸进行了浩大而费钱的战争，又在1839—1842年与阿富汗开战，以强化在西北部的势力。英国与波斯在1856—1857年的战争巩固了1841年签署的条约，在1839—1842年及1856—1860年与中国的战争则为英国赢得了在指定港口的治外法权，使鸦片贸易合法化。19世纪五六十年代，英国用炮舰外交迫使非洲沿海国家签订条约，制止奴隶贸易，鼓励发展"合法"商贸。在加拿大、南非、澳大利亚和新西兰，英国用武力对抗当地土著居民，以扩大殖民定居地，建立能够将权力从本土扩张到世界各地的大不列颠帝国。

与非西方社会的冲突使英国人越发了解他们与世界各地民族的区别。这种观念以及对欧洲实力与日俱增的信心逐渐改变人们对非西方社会的态度。18世纪末，包括狄德罗、康德、赫尔德、休谟、边沁在内声名显赫的启蒙思想家创造了一种对人性的普世定义，反对帝国统治。[250] 到19世纪中叶，这种宽容、四海为家的世界观不得不与另一种世界观相竞争，后者强调文明人和野蛮人的区别，抬高文明人的地位，剥夺了野蛮人在卢梭眼中的高贵。[251] 约翰·斯图尔特·穆勒在其他方面都是极端的自由派，但他却详细讲述了他父亲在19世纪20年代首先提出的观点，支持帝国的家长制和干涉主义，尽管科布登当时正在宣传一种和平世界秩序的理想。[252] 最初的"自由帝国"涵盖的是海内外的英国人。但在涉及"野蛮人"的情况下，穆勒认为"专制"才是"政府的合法形式"，只要"结果可以使（野蛮人）得到进步"。[253] 随着边沁在英国被穆勒取代，邦雅曼·贡斯当的反殖民主义也变换为托克维尔对法国帝国主义的热切支持，而托克维尔也预示着德·戈宾诺（de Gobineau）关于雅利安优等民族的理论。[254] 启蒙运动看到了改变环境的可能，新的生物学却强调了大自然对文明施加的限制。

19世纪上半叶，英国关于世界发展的观点被勾勒出来，但并未真正实现。尽管英国吞并了大量领土，签订各种条约，但亚当·斯密所说的"帝国的规划"仍未发挥它的全部潜力。[255]"金色的梦想"继续存在，但等到英国想办法克服了斯密所说"自身条件的平庸"后，它才化为现实。[256] 当时的规划师们就像他们的后人一样，意识到他们低估了将西方价值和制度出口到非西方社会的难度，也高估了他们的政策受欢迎的程度。就算那些自称的解放者或改善者不断安抚，也少有本土群体有兴趣在自身被统治的情况下与其合作。在殖民社会中，只有美国发展到了可以支持大量外国贸易的规模。到科布登1865年去世时，他已经部分丧失了他对中产阶级和平与世界主义之天性的信心，自己也因反对克里米亚战争和炮轰中国而失去了人心。

不过，强大的世俗及宗教利益集团在那时已经认为，建立一个强有力的自由贸易帝国对它们有利，而在科布登和穆勒的支持下，这样的帝国也成了一项完全正义的事业。在塞缪尔·丘纳德（Samuel Cunard，开辟了英国的大西洋邮轮航线）、伊桑巴德·金德姆·布鲁内尔（Isambard Kingdom Brunel，主持修建了大西部铁路）、海勒姆·马克沁（Hiram

Maxim，发明全自动机关枪）等人的协助下，帝国的建设很快也变得可行。一些充满希望的迹象已经出现了。其中，英国与前殖民地美国已经建立的非正式关系正在迅速发展，它的潜力无人能及。

"过去的形象映射在未知的迷雾上"[257]

柯勒律治用"头顶围了一圈荣耀的光芒"表现对未来的愿景，这代表着延续性消失在一系列期待和不确定性中。他对自己所生时代的理解，体现了本章提出的历史解释的核心：即使有革命和战争，柯勒律治所熟知的世界在他的有生之年并未发生改变。每个时代都是过渡期，所以变革的预兆随处可见。现代制造业已经启动，各种改革运动为政治变革大声疾呼。但从整体来看，农业仍主导着西欧的经济，各王朝仍然维持着政治统治。即使新兴工业经济最先进的英国都是如此，这里的政治依然由地主阶级把控。从这样的视角来看，帕尔默（Palmer）史诗般的《民主革命的时代》（*Age of Democratic Revolutions*）及霍布斯鲍姆（Hobsbawm）先驱性的《工业与帝国》（*Industry and Empire*）都把太多对未来的解读投射到了过去。[258] 在这个例子中，柯勒律治对过去和现在的融合，更准确地指引我们去理解那些尚未开花结果的历史过程。

光荣革命开启了军事-财政国家演变过程的一个新阶段。1688—1689年间的事件源于伯克所称"倾向维持现状和有能力改善现状"的两种人之间的妥协。[259] 在詹姆斯二世被推翻后，地主阶级的寡头们设计了和平协议安排，确保他们过去继承的财富和地位可以无限期地延续下去。要实现这一目标，他们不得不推行宪法和财政改革，使英国严阵以待，应对不断拓展的欧陆义务及全球义务。欧洲的军事-财政国家在18世纪晚期达到了最高的发展阶段。政治集权和重商主义法规增加了贸易和收入，为军事扩张提供资金。结果，一群互相竞争的战争国家应运而生，它们之间昂贵的冲突将它们逼向破产。此后在欧洲和新大陆发生的革命有多种起因。但它们也有着共同的特性：自作自受的财政衰退。国债上涨的后果波及甚广。这造成了困苦、动荡和抗议，分裂了统治阶级，刺激了关于政治和经济改革的新思想，这些改革进入了革命的话语，在19世纪被付诸实践。英国作为唯一避开革命的欧洲大国，至少进行了部分改革，因为它有着当时最先进的财政和金融体系，可以调动国债，等到将来再偿还债务。

18世纪40年代，孟德斯鸠观察发现，领土扩张会给政治控制带来问题，而要解决这些问题，当前的政府机构只能接受重大的结构性变革。扩张增加了开支需求，因为政府需要提供今人所称的公共产品，尤其是在保护措施上的开支。要支付这些金额，财政收入需要相应的增长。接二连三的战争确保了开支的上涨：胜利是昂贵的，失败则会带来灾难性后果。经济限制和普遍的逃税行为也必然使国家收入很难与需求共同攀升。孟德斯鸠担心，要控制不断扩大的政治体，所需的制度变革会导致专制主义。18世纪，许多地方当然都存在集权倾向，而随着时间的推移，对专制的指控也不断增加。但最终扩张的过程也带来了局限：一个国家的触手伸得越远，就越难牢牢掌握控制。西班牙、英国和法国都在新大陆宣示了主权，但技术及其他局限都使它们无力完全行使主权。18世纪晚期的非殖民化运动就源自军事−财政国家因无法再控制它们自己开启的土地和商业扩张而导致的动乱。北美大陆殖民地的地理孤立形成了一种保护，使它们得以将异议转化为分裂。在早期全球化的情况下，"距离的暴政"（tyranny of distance）比任何人类暴君的统治都更有效。[260]

关于美国革命起因的研究已汗牛充栋，老调重弹远远超过提出新论。因此，应该用谨慎甚至是怀疑的态度去对待宏阔的论断。这里提出的浅见是，要改良目前人们对美国革命的评价，可以将其置于英国军事−财政国家演变的大背景下，第3章将对此进一步讨论。这一视角可以让我们把美国革命最著名的一个特点——对税收的争议——与英国改革前政治体的存续问题，以及寡头统治阶级有关帝国目标不断扩大的分歧联系起来。英国军事−财政国家核心的危机提供了推动力，将革命的先决条件变为触发原因，将北美殖民地的反叛变为独立。

当1815年和平降临时，胜利的大国开始恢复曾被法国大革命与拿破仑帝国撕裂的秩序。19世纪的历史并不是自由主义或"世俗现代主义"在保守主义式微的背景下不可阻挡的崛起历史。欧洲大陆的君主与大地主阶级联合起来，努力重建专制主义，各地政府都维持了重商主义法规。在英国，专制主义已从政治议程中消失。但君主和地主阶级联合抵制了对现有政治体系的挑战，坚持重商主义。滑铁卢战役是为了击败共和帝国主义，而不是为了实现18世纪60年代激进辉格党人或亚当·斯密学说的拥护者所呼吁的政治变革。到1850年，自由派在英国之外的各地都遭遇了严重的挫败，即使在英国，军事-财政国家都苟活到了最后一刻。

但形势变化改变了政策。1815年后的国际形势使英国这个新兴超级大国得到了无与伦比的机会，根据自己的优先事务塑造世界秩序。国内压力确保了英国政府会考虑这些事务。人口增长扩大了人们对进口食品的需求，新的工业品需要海外市场，财政收入需要提高，以减少国债并维护一名观察者所说的"这个强大帝国的生命所在"。[261] 政治家和评论家形成了一种全球发展的观念，认为发展可以扩大国际商业，促进遥远的地区建立合作政府，培养新一代世界主义精英。在这段时期，帝国既不像人们一度以为的那样停滞，也没有轻易地将正式统治转为非正式影响。北美大陆殖民地的丧失推动了英国的行动，它没有放弃帝国，而是重新定位，使其更有效地运转。

英国通过与苏格兰的谈判和对爱尔兰的强制，巩固了国内的地位。而在海外，英国继续扩展它在印度的领土帝国，开发白人定居点。到1850年，欧洲大国统治下最大、最有价值的殖民地都在英国手中。在重商主义者和自由贸易者在国内为控制政策展开角逐时，这两股力量在国外产生影响也不足为奇，不是在管理领土帝国，就是在努力把欧洲之外的独立国家变为顺从的附庸国。随着英国在新获领土上实行重商主义法规，它也在试验自由贸易协定，试图在拉丁美洲各个新生共和国中施加非正式影响。在中国，英国强行撞开了原本难以打开的大门，而在奥斯曼帝国，它则用恐吓和劝说打开了门上的铁锁。尽管这些新的帝国冒险引人注目，但其结果却远远落在理想之后。1850年前，技术限制阻碍了国际交流，抵抗运动制约了外国干预，资源和市场的局限则抑制了新领土的出口潜能。

这些发展过程与美国历史的关系尚未得到人们的完全认可。北美大陆殖民地是英国军事-财政国家的延伸。要保留还是遗弃多少殖民时代的产物，这一问题让这个新生共和国艰难地求索。从这一角度看，这个新生国家的政治经济状况与正在塑造欧洲历史的保守派与自由派之争如出一辙。这些趋势不仅在平行发展，还互相连接。与保守党和辉格党相关的思想和政策在大西洋的另一边重现，尽管是在不同的情况下。欧洲君主制的延续，激励了美国的保守派，他们也想保留贵族和家长制统治。反过来看，美国的例子也给欧洲的共和派和改革派带来了希望。发源于欧洲的基于种族的浪漫民族主义理念，激发美国的威权者与共和派就国族建构提出了互相对抗的计划。南方各州及其盟友的政治与经济主导权保证了保守地主阶级在美国处于支配地位，就像在欧洲那样。合众国和其他移民国家一样，在1783年后仍无法摆脱它对前宗主国的依赖，特别是因为这种关系对当时的"权力精英"有利。美国成了英国通过影响力或软实力进行扩张的招牌，英国将会在19世纪下半叶将这些技巧运用到世界的其他地区。

对大背景的强调无疑削弱了美国史学家给国家叙事赋予的重要性。然而，更宽阔的视角也改变了这种叙事，展现出西方世界尽管存在多元性，但也经历了共同的历史进程，这个进程首先催生了美国，后来又影响了它作为前殖民地国家的历史。所有西方国家都有意无意地进入了"大转型"进程，这一进程最终把各国从基于农业、商贸和王朝统治的早期全球化，带入基于工业化、金融服务和民族国家的全面现代全球化。如果把美国排除到这共同的事业之外，不仅削弱了它在历史进程中的作用，也缩小了这一进程本身的规模。此外，全球视角展现出美国历史中尚未引起注意的一些特性。在现代的前殖民地国家中，合众国是第一个试图把正式独立转变为有效独立的国家。在尝试的过程中，国父们和他们的继承者尝试了政府的不同新形式和经济发展的不同规划，这将影响1945年第二波也是最后一波非殖民化浪潮中的诸领袖。这些尝试远不是在孤立中做出的，它们参考了西欧的相似做法，也为西欧的类似举措做出了贡献。

马戛尔尼勋爵说对了。即使英国失去了北美大陆殖民地，太阳也还未在大不列颠帝国的土地上落下。太阳不只在东方重新升起，也违背了星球运转的规律，在大西洋另一边的西方再次升起。这些跨大西洋的纽带如何影响直至南北战争的美国历史，将是下面三章探讨的主题。

第3章

从革命到宪法

哈里·华盛顿与新兴全球秩序

在每一部关于美国革命的叙事中，乔治·华盛顿都扮演主角；哈里·华盛顿（Harry Washington）则几乎无人知晓。[1]但哈里也值得我们了解，尽管他只是推动历史车轮的众人之一。他不平凡的故事本身就引人入胜，同时也能使我们对18世纪末期帝国关系的剧变有一个全新的认识。

哈里·华盛顿是乔治·华盛顿的奴隶之一。他在1740年左右出生于冈比亚，在18世纪60年代初被运往大西洋对岸，在1763年被乔治·华盛顿买下，为弗吉尼亚恰如其名的迪斯默尔沼泽公司（Dismal Swamp Company，Dismal意为"阴沉"）工作。乔治经营这家公司直到1768年，接着就把经营权转交给他的弟弟约翰。哈里在1771年试图逃跑，但被抓了回来，后来成了约翰·华盛顿的家仆。在1775年，他又得到了第二次获取自由的机会，弗吉尼亚总督邓莫尔勋爵（Lord Dunmore）发布公告，给予加入英国军队的奴隶以自由。[2]邓莫尔正因为征税用于与肖尼人交战而与殖民者发生争执，他看到了一个机会，可以加强实力对抗异议者又不用产生更多开支。1776年，哈里和其他几百名奴隶一起抓住机会加入英军。他成了黑人先锋队（Black Pioneers）的一名下士，1781年在查尔斯顿服役，最终在1782年和英军一起在纽约战败。

根据1783年签署的协议，逃跑的奴隶将被归还给他们的主人。然而，英军总司令、将军盖伊·卡尔顿（Guy Carleton）爵士拒绝遵守要求，尽管乔治·华盛顿和其他主要政治人物都坚持要收回他们的奴隶财产。[3] 共有约2万名奴隶在战时归顺英国，其中约1.2万人活了下来，或者没有被抓回。[4] 大多数幸存的奴隶在1782—1783年和英军余部一起撤离，前往西印度群岛、英属北美和英国。[5] 有些人又离开了这些本来的避难所，在非洲定居，其他人则前往更遥远的印度和澳大利亚安家。1788年抵达新南威尔士的第一支舰队中有11名黑人罪犯，他们就是从前北美大陆殖民地逃离的奴隶。这样一来，少数的殖民地属民从一个帝国的覆灭中存活下来，参与建立了又一个帝国。澳大利亚公民可能会惊讶地发现，他们的国家刚建立时就是个多种族社会，定居者来自世界各地，不仅仅是英国。

哈里最终也去了比他原本的目的地更遥远的地方。1783年，他和数千名效忠派一起被送往新斯科舍（Nova Scotia），其中大部分都是白人。[6] 然而，新斯科舍当局没有像那位可敬的英国军官一样拒绝把哈里交还给他那尊贵的主人。他们的定居点资金不足，处于少数的黑人移民难以得到他们所需的政府赠地以实现自给自足。在多年的挫败和困苦后，哈里、他的妻子珍妮，以及其他1 200名获释奴隶一起，在1791年志愿去西非建立定居点。这座定居点在次年将成为弗里敦（Freetown，"自由城"），由塞拉利昂公司管理，这座新兴企业是由当时显赫的人道主义者和废奴主义者组织的，其中包括格兰维尔·夏普（Granville Sharp）、托马斯·克拉克森（Thomas Clarkson）和威廉·威尔伯福斯。[7] 尽管哈里和他们的同胞搬去了另一个大洲，但他们很快就发现，他们并没有远离那些迫使他们离开北美的问题。新定居点缺乏足够的财源，政府许诺的赠地兑现缓慢，租金沉重不公，司法体系具有歧视性，管理机构则实行威权。1799年4月，包括哈里·华盛顿在内的一群移民利用总督暂时不在的间隙，任命了可以为他们解决困难的官员。总督返回后便予以反击，先是通过法纪，再是动用武力。当地的统治者当时刚刚在这个地区挫败了一系列耗时漫长的奴隶叛乱，英国人丝毫不愿容忍又一场动乱蔓延传播。[8] 哈里·华盛顿和其他人一起因叛乱罪被审判，被判刑并流放到定居点的偏远地区，他作为一个自由社区几乎被遗忘的领导人之一，在那里死去。

美国革命可以用许多方法来解释，每种都有可信之处。唯物论和观念论（唯心主义）就谁占上风而争论不休，自下而上的视角和自上而下的视角也互相抗衡。这一叙事从东海岸一直深入广袤的内地，西进的移民在那里遭遇了北美大陆的土著。未来的下一步，将是把这一研究的结果与世界其他地区的帝国扩张研究相互对照，其他那些地区的类似互动过程已成了帝国研究公认的特征。不过，修正主义学说没能驱走最流行的叙事方法，那就是一个独一无二的新生国家如何实现并传播自由和民主的传奇故事。[9]哈里的故事脱离了这种现在看来颇为浅薄的建国叙事。他的人生让我们看到了失败者而不只是胜利者，看到了造成后来内战的分裂，也看到了自由的理念远远传播到了雄辩这些理念的精英群体之外。

帝国的命运也给哈里的人生增加了额外的全球维度，这从帝国的视角来看最为恰当。这一角度并不是要执意试图恢复关于美国革命的旧式叙事，也不是反对从美国国内进行研究。[10]相反，它补充了学者们已经充分挖掘的美国革命内因的研究，并加入了不断演进的趋势，将这一事件置于跨越大西洋向太平洋迈进的范围中。[11]从这一角度来看，美国革命看上去就像世界各地的一系列帝国革命之一。这并不是要否认它的重要性，但我们也不应该过于夸大它的作用，把美国在20世纪得到的超级大国地位投射到历史上。需要记住的是，当时海地才是大西洋最富有的殖民地，墨西哥人口数量与美国相同，为西班牙提供的税收超过了北美13块殖民地为英国提供的税收的总和。[12]哈里的故事让我们注意到，传统上被视为国家性的事件会有更广泛的影响。它把美国革命和第2章讨论的军事-财政国家危机联系起来，展现出帝国新生的矛盾，19世纪的英国殖民政策就借这种矛盾尝试把人道主义努力和19世纪的威权统治结合起来。

美国革命是辩证过程的产物，军事-财政国家成功推动了发展，形成的力量既能挑战英国现有秩序，又能反抗英国在新大陆上的帝国存在。军事-财政国家有着高负债率，对战争的投入远远超过了手头的财政资源。庞大且总被低估的战争开支带来的财政需求迫使它们急切地寻找新的增税来源。但税收不仅影响了人们的钱包，也影响了他们的思想，与主权、代议制政府等更大的问题联系起来。18世纪晚期军事-财政国家遭遇的危机把财政问题转化为对政府权威的考验。集权政府制定的强硬政策推动了最终的冲突，终结了英国对北美大陆殖民地的统治，同时把英国统治扩张到了印度。

对英国统治的反叛促使美国的领导人大胆实验，通过联邦宪法来稳固这个新生国家的根基。宪法确立了政治行为的规则，这些规则在南北战争前始终引领着合众国，而宪法引发的后果也因此成为这一时期的中心研究课题。美国革命后的和解也是主要的非殖民化国家做出的第一次重要尝试，不仅为维持美国的政治生命创造了条件，也促进了经济发展。但赢得正式独立并没有标志着"帝国故事"的终结。下一章将会讨论美国在多大程度上把正式独立转化为了有效独立。本章则将为这一评估做准备，并且提醒帝国史专家，应该把美国加入许多努力把权力转移化为现实的前殖民地国家之列。

弗里敦总督扎卡里·麦考利（Zachary Macaulay）在1793年注意到更大趋势的一部分，他在观察非洲西海岸的叛乱时写道："当前，非洲酋长们试图压倒他们的人民，而人民则有可能为自由而顽强抗争，这两者与此刻的欧洲历史遥相呼应。"[13] 麦考利的预言得到了印证。欧洲和新大陆的革命为之后的非殖民化运动提供了先例，逐渐膨胀的渴望、基于普世权利的要求，以及对经济的不满，都与毫无体谅之心的殖民政策正面碰撞，殖民政策起初采取压迫手段，最后则以投降告终。哈里·华盛顿和数千名像他一样的人，成为一部宏大人类戏剧的演员，回顾起来，这一过程可被抽象地称为西方世界早期全球化的顶峰。

向"新殖民体系"发展[14]

沃波尔捍卫1688年光荣革命及汉诺威王朝继位所采取的策略，依靠的是限制战争及其带来的破坏性代价。[15] 海外贸易和帝国贸易能创造利益和财政收入，与英国当时亏损运行的对欧政策紧密相连。于是前者为后者提供了资金，两者的共同成功对维护英国独立及政治稳定非常必要，而这又是伦敦募集长期贷款的能力所必不可少的条件。伦敦城颁发的"国家信用卡"允许推迟还款，但这既不能减弱人们对公债上升的批评，又无法削减战争带来的短期成本，比如人员和物资流失、食物供应短缺、商业活动中断等。从"预算"（budget）一词的演变就可以看出这些问题的重要性。在1733年的消费税危机中，"预算"一词首次进入政治辩论。到1764年乔治·格伦维尔提出对北美大陆殖民地增税时，"预算"一词已成为对立政党政策的主要组成部分。同年，大卫·哈特利（David Hartley）出版了题为《预算》的流行宣传册，文章是写给"一个自认为是大臣的人"看的，这为未来对此问题的无数讨论定下了基调。[16]

1739年，沃波尔失去了他的平衡。他不情愿地参与了本来只是对抗西班牙的短暂战争，后来这却变成了与更多对手的漫长冲突。[17]奥地利王位继承战争在次年爆发，其中包括法国，而英国为保卫佛兰德和汉诺威也卷入了欧洲大陆事务中，这场战争扩张到了全世界。1748年的《亚琛和约》（Treaty of Aix la-Chapelle）结束了一场战争，却又因对战后北美疆域做出裁定而酝酿了另一场战争。此后关于"穷乡僻壤"（backcountry）地区争议领土的激烈谈判在1754年引发新一轮冲突，最终导致七年战争（1756—1763）爆发，这被专家们视为第一场真正意义上争夺帝国统治的全球战争。[18]这场冲突的重压打倒了沃波尔，给他最激烈的批评者之一威廉·皮特带来指挥战事的机会。[19]皮特给这一任务注入了新活力，而且同样重要的是，他还带来了新资金。这两者使英国在1763年赢得胜利。皮特孤注一掷，认为贸易和帝国统治的扩大能够支付战争开支，增强英国的实力，并确保选民们能感恩戴德地投票。结果，和平之路既带来了乐观的愿望，也充满了预料之外的危险。

漫长的国际冲突带来了模棱两可的结果。战争和效忠派的宣传攻势一起孕育了一种国家意志和团结的意识，使人们热情支持帝国事业，暂时制约了党派对立。[20]军队不再被视为王权的延伸而充满威胁，转而象征着国家整体的防御。[21]"约翰牛"（John Bull）在1712年以搞笑人物的形象面世，在18世纪60年代则演变为生而自由的英国男人独特美德的稳定象征。[22]帝国成为一项促进团结的国家事业，与英国天赋的新教使命相互联系。[23]战争国家状态使英格兰的帝国变成了不列颠帝国，尽管管理它的仍是伦敦的董事会。但短期来看，战争的好运带来的却是足以颠覆政府的失望和痛苦，正像沃波尔经历的那样。1756年英国在梅诺卡岛（Minorca）的失败激起广泛的示威活动；1757年海军上将约翰·宾（John Byng）被处决（未能救援被法军围困的英军基地梅诺卡），引起了公众对政府执掌战争事务的抗议。次年民兵制恢复为一种征兵形式，也极为不得人心。

到1757年，当皮特从辉格党爱国者（Patriot Whigs）中脱颖而出时，经济发展已开始改变政治版图。支持皮特的部分力量来自1688年起在伦敦和各地人数不断增加、影响力不断扩大的制造商和商人阶层，以及赋予他"伟大的下院议员"（The Great Commoner）这一称号的广大民众。[24] 这些群体转向皮特，想以此捍卫自己的利益免受辉格党富豪及伦敦城精英的伤害，制止政府腐败和浪费，在海外贸易中打开利润丰厚的新缺口。他们向前看而不是向后看，认为他们的政治对手是正试图背叛1688年光荣革命的隐藏的专制主义者。皮特迅速增加了国防预算。补贴欧洲盟友（尤其是普鲁士），在欧洲大陆牵制法国军队，允许英国在海外扩大殖民收益，这些能进一步挫伤法国国内的元气。英国增加对北美殖民者的金融资助，遏制并最终在那里击败了法国。法国将不再是竞争者，英国将成为第一个无可辩驳的超级大国。[25] 英国的困难将得以解决：它将通过控制高价值的殖民贸易取得财富，以此来为赢取这些贸易机会的侵略性政策买单。英国将主导和谈，保卫汉诺威王朝的统治，巩固新教徒继位权，扩张海外贸易和帝国统治。辉格党爱国者和他们在政府中的进步派盟友将收获胜利的奖赏：永久的权力和名望。

1760年乔治三世继位后，和平似乎指日可待，这使反对皮特高调外交政策与温和政治改革的新一批领导人得到了更多权力。[26] 保守党和辉格党保守派团结在宫廷和贵族周围，比特勋爵（Lord Bute）、乔治·格伦维尔和诺思勋爵（Lord North）接连领导新任诸大臣管理政府。从他们高高在上的视角看，辉格党激进派似乎在颠覆光荣革命的原则，威胁国家稳定。新政府采取保守派政策，在政府中实现财政紧缩，增加税收收入。其目的是减少国债，根除浪费，将正直带回公共生活，阻止向煽动性激进主义靠拢的趋势。相应地，政府迅速结束了战争。1763年，《巴黎和约》（Peace of Paris）维护了汉诺威王朝的继承权，将法国从北美和印度驱逐出去，确认了英国是当时无可比拟的帝国力量。

皮特认为条约做出了太多让步，错失了永久毁灭法国军事力量的大好机会。[27] 但保守党和辉格党保守派则忙于应对胜利的巨额成本。在奥地利王位继承战争中已经扩大的国债在1756—1763年间几乎翻了一番。[28] 和平将为英国财政止血，新税将偿还债务。财政改革将带来道德改良，社会的天然平衡将得以恢复。博林布鲁克的愿景似乎仍然能变为现实。但增税的政治代价造成了紧迫而持续不断的担忧。英国的税负已很沉重，增税可能会造成广泛的政治伤害。此外，战争所得也增加了和平的成本，因为条约使英国在北美得到了大片新领土，而控制这些领土需要更多资金。[29] 1763年，伦敦城要求政府保证将继续全额支付国债利息。[30] 议会措手不及：议员们不敢失去未来募集贷款的可能性，但也不愿增加国内税收，因为这可能会给他们自己带来政治伤害。

皮特的爱国派支持者在激进民粹主义者约翰·威尔克斯（John Wilkes）的带领下，把反对新政府的力量从议会搬到了伦敦街头，引起了当局的警惕。[31] 威尔克斯创立了一个政治组织，集结商人、工匠及其他被国家政治排除在外的人们。他的纲领呼吁新闻自由、宗教宽容、开放政府、扩大选举权，受到了广泛的支持，这也使他在北美大陆殖民地成了自由事业的英雄，他的榜样在那里激励了英国统治的反对者。政府不断追击威尔克斯，用法律铁腕对他施压，又用更严厉的军事铁腕阻止他的支持者们，不过效果有限。最终，威尔克斯败在了自己手里：随着年龄渐长，他最后转向了保守主义，他对保守主义的热忱就像年轻时对激进主义一样，但在那时，他对现有制度的批评已在社会上生根发芽。威尔克斯的例子证明，政府相信必须镇压对当局的激进挑战。妥协和让步会被视为软弱的表现，反而会为颠覆性的主张火上浇油。

威尔克斯远不是孤军作战。自18世纪60年代起，对政府过度集权、高税率、腐败及印度和北美大陆殖民地政策的批评都不断增多，逐渐响亮。地理优势使伦敦"暴民"（mob）可以堵在权力的门口，而"中等阶层"（middling sort）也表现出了他们的存在感。克里斯托弗·怀威尔（Christopher Wyvill）的约克郡协会在21个郡都有分支，在18世纪70

年代晚期到80年代早期呼吁改革议会和强化问责。包括理查德·普莱斯（Richard Price）、约瑟夫·普里斯特利（Joseph Priestley）和玛丽·沃斯通克拉夫特（Mary Wollstonecraft）等知名人士在内的异议者和改革者表达并宣传了改良世界的计划。本杰明·富兰克林参加了他们的一些会议，提到他所称的"诚实辉格党人俱乐部"的咖啡馆伙伴们是"如此堕落的一代中如此美好的造物"。[32] 实际上，这些"美好造物"并非团结一致，精英政治和大众政治间也没有"大合流"。然而，各派领导的政府都注意到了，对改革的要求普遍存在，其不太可能凭想象就能消失。

此时，大臣们大胆决定回应财政收入问题。他们制订计划以满足伦敦城的需求，同时避免刺激国内激进主义带来政治后果，准备转而对英国的海外帝国征税。他们也会在1848年采取类似策略，将沉重的财政负担从本土转向海外，使英国政府可以在欧洲其他地区陷入动乱时在联合王国内部维持政治稳定。[33] 在支持者看来，这一提议既公正又合理。尽管北美大陆殖民地已经额外交税支持战事，但它们的税负远低于英国国内。此外，议会也同意将殖民地造成的军事开支的40%付还给它们。[34] 1763年，格伦维尔和他的同僚们认为胜利在望，开始打造一个威权朝贡帝国，即伯克所称的"新殖民体系"（a new colony-system）。[35] 他们制订了计划，在北美驻扎大批常备军确保政治统治，使财政收入持续流往英国。他们征收了新税，扩大了海关，派海军协助执行收税工作。

辉格党激进派在他们少数派地位允许的范围内做出了尽可能激烈的回应。[36] 一些当时最知名、最敏锐的政治人物批评了这项新殖民政策。不单是皮特，埃德蒙·伯克、查尔斯·詹姆斯·福克斯（Charles James Fox）和罗金汉侯爵都坚持批评政策，反对征收新税，呼吁进行调解。以亨利·康韦（Henry Conway）将军为首的高级军官也加入了他们。[37] 作为反对派的皮特也为威尔克斯辩护，反对议会对北美大陆殖民地征税，还参与废除了《印花税法案》（Stamp Act）。对于如何管理和平协议所建立的帝国，皮特和支持者们都希望英国与殖民地保持团结，或者至少能和平共处。[38] 他们与政府剥削和强制性措施背道而驰，希望殖民地成为逐渐壮大、经济繁荣且愿意合作的英国海外省份，可以为英国工业品提供无限的潜在市场。他们眼中的帝国主要以贸易为支柱，低少而累进的税收将能抬升购买力，造福所有人。随着经济繁荣，财政收入也会增长，腐败的终结将实现财政自律，温和的议会改革将赢得选票，使保守党和辉格党保守派的政治势力销声匿迹。然而，"皮特派"（Pittites）的努力未能将政府扳离原定的路线，到皮特于1766—1768年短暂重新掌权的时候，他的病况已使他无力有效主导政事了。

同样到那时，战争的财政后果也成了评估宏观帝国政策的一部分。爱国者依然坚持，帝国是上天赋予的国家之伟大的表现。但随着英国在印度的地位及英国对北美大陆殖民地的政策达到转折点，批评也日渐膨胀。苏格兰和爱尔兰的评论家有着生活在半殖民地和殖民地的直接经历，他们对英国的海外行动提出了尤其多面而越发苛刻的评判。苏格兰启蒙思想家作品一个熟悉的主题是，光荣革命开启了进步的新时代，并且已经或将要向海外帝国传播这种进步。大卫·休谟、亚当·弗格森和威廉·罗伯逊就像亚当·斯密一样赞同商业社会，认为这等同于文明，与此前的野蛮状态形成了对比。他们认为联合王国的形成具有进步性，偏爱罗伯逊所说"商业的轻柔压力"所驱使的善意扩张。[39] 1754年，休谟愿意认可"英国统治"，这种统治是由"温和政府与伟大海军"维系的。[40] 但一旦这些压力不再轻柔，政府也不再温和，问题就产生了。在弗格森看来，当商业社会制造的罪恶多于美德，且忽视了公共责任之类的价值观念（讽刺的是，这些价值观念恰恰是"野蛮"人一大特点）时，就会出现这样的情况。在这一点上，罗马的命运正在遥遥召唤。

随着军事-财政国家在18世纪下半叶踏上了批评者眼中的自毁之路，对帝国的评价也转向悲观。乔纳森·斯威夫特已用他那独特的文笔痛斥英国对爱尔兰乡村穷人的苦难视而不见。接着，伯克谴责外国统治带来暴力，剥夺公民自由。但伯克的立场既是典型的温和派，又有点摇摆不定：他支持改革，但认为爱尔兰只有维持和英格兰的关系才能得到繁荣。大卫·休谟毫无保留地反击了过于强势的政府。他谴责侵略性的重商主义和不负责任的政治，认为这使英格兰的公债在18世纪60年代达到了在他看来不可持续的水平。在他眼中，英格兰与进步背道而驰，变得"沉湎于愚蠢、野蛮和派系"。[41] 1768年，早在北美大陆殖民者宣布独立之前，休谟就呼吁让他们得到独立，认为最好"让他们按自己认为恰当的方式来自我治理，哪怕他们的治理是错误的"[42]。他反问道，人们怎能想当然地认为，"一个政府在国内都尚且无法得到尊敬或者至少得到体面的对待，又如何能在3 000英里之外的地方保持权威呢?"[43] 在1776年吉本出版《罗马帝国衰亡史》后，英国与罗马的类比影响了此后所有参与辩论的人们。[44] 18世纪与19世纪之交，富有个性的苏格兰人威廉·普莱费尔（William Playfair）在他自己关于衰亡的作品中宣扬了吉本的影响之深广，批判了战争、过度消费和债务造成的公民道德缺失。[45]

休谟和斯密都受到了弗兰西斯·哈奇森功利主义的影响，而这也有颠覆性的意味。如果政府的职责是为最多的人创造最大的幸福，那如果这一原则没有得到遵守或者实现，公民有权采取什么行动呢? 为了解答这个问题，哈奇森认可了公民在政府没有为大众利益服务时做出反抗的权利。帝国尤其令人警惕。在哈奇森看来，

> 人类经历的最大的不幸，莫过于君主制和民选政府产生虚荣而傲慢的野心，想要扩张它们的帝国，让周围所有国家都俯首称臣，既不考虑它们自己人民真正的幸福，也不考虑新领土的福祉。简而言之，在外交政策和殖民政策中，能最全面考虑所有人福利的政策才是最理想的。[46]

这样的论点激励了苏格兰激进派托马斯·缪尔（Thomas Muir）的运动，他和"人民之友"协会（Friends of the People）一起在18世纪90年代争取改革君主制、扩大政治代表权。[47] 他们也激励了后来的反帝运动，这最终在二战后为"人权"概念的产生做出了贡献。20世纪的殖民地民族主义有很大程度上要归功于18世纪的格拉斯哥。

"约翰公司"在行动[48]

在北美大陆殖民地之前，印度已经感受到了英国对财政收入的需求。

18世纪中叶，东印度公司（"约翰公司"）已在印度得到了作为军事—财政国家首要全球特许权拥有者相应的地位。[49] 东印度公司有自己的旗帜、行政机构、法院和货币。[50] 它维持着自己的舰队，供养自己的军队，军队人数在1763年后迅速增长，到1780年已达近7万人。它发展了一套为自身优越性辩护的独特意识形态，希望在新教伦理的基础上传播一套道德准则。[51] 它尝试着统治"外国民族"，给19—20世纪整个大英帝国的殖民政府都留下了深远的影响。[52] 18世纪50年代，东印度公司与古吉拉特的贸易额降低，在七年战争爆发后又面临军费上涨，因此遭遇财务困难，更紧迫地准备取得更大的政治影响。伦敦对财政收入的需求对应了公司想办法挽回颓势的愿望。1757年，罗伯特·克莱武（Robert Clive）在普拉西战役中击败孟加拉总督（nawab），为解决问题开辟了道路。

目前关于英国挺进印度的研究通常强调边缘地区的发展。一方面要考虑莫卧儿王朝衰落后兴起各邦的长处和弱点，另一方面则要考虑东印度公司当地官员，尤其是罗伯特·克莱武的作用。[53] 这两者在1757年发生了碰撞，长久以来，专家们一直在讨论它们分别应占多少比重。[54] 边缘视角必不可少，富有启发意义。但它只覆盖了故事的一部分，而我们应该将这个故事置于更大的背景下，考虑伦敦在地缘政治和财政上的权衡。[55] 转向帝国的决定争议重重。皮特和辉格党激进派想象了一个贸易帝国而不是领土帝国。东印度公司的董事们也警惕地认识到，莫卧儿帝国衰落后兴起各邦间的关系越发令人忧虑，卷入其中会带来代价。然而，皮特需要赢得战争，而东印度公司作为英国在印度的代表，有义务去执行这场战争并找到相应的资金。战争的另一个目的是获取作为战略资源的硝石（硝酸钾），这不仅可能帮助英国赢得战争，也可能带来利润。[56] 私有商人，包括与伦敦城有关系的商人，则希望去除那些会抑制贸易的不确定因素。战争有风险，但它最终不可避免，因为英国想维持全球的商业优越性，就需要遏制它的主要对手法国，最好是打败它。

这些必要性创造了有利条件，克莱武和其他野心勃勃的军官发现了机会并抓住了它们。克莱武方案的目的是建立一个朝贡的领土帝国。皮特则希望可以用和平来恢复商业利益，东印度公司的董事们也同意这点。公司董事们决定停止进一步扩张，因为克莱武虽然获得了加尔各答附近的小块土地，但维护这里的费用很快就超过了他最乐观的估计。克莱武本打算将普拉西作为侵略印度的桥头堡，这一计划被阻挠后，他便发动攻势驱逐公司在伦敦的董事们。1762年，在皮特和纽卡斯尔卸任后，比特勋爵和他的保守派盟友们掌控了政策。1763年，当乔治·格伦维尔接替布特被任命为首相时，政治天平已决定性地倒向了克莱武。一年后，支持克莱武的派系成功任命了一名盟友担任东印度公司董事会主席。[57] 接着，格伦维尔的影响力保证了克莱武可以回到孟加拉，全权应对孟加拉总督及其支持者的新一轮反抗。

孟加拉将被完全置于东印度公司的控制之下。它的大量财政收入将在覆盖当地支出后，通过公司转移到英国，用来偿还国债、减轻税负、削弱激进派主张、强化地主寡头阶级的控制。要证明这一事业的合法性，就需要表明孟加拉总督和他的政府腐败无能，印度社会也需要改革。这些断言颇为大胆，因为英国政府在国内正坚决抵抗改革。但这些主张仍然为"教化使命"的理念奠定了基础，这将在19世纪成为帝国主义的常识。

1765年，克莱武似乎撞了大运：莫卧儿皇帝颁发一份"迪万尼"（diwani）授权书，即给予东印度公司从莫卧儿帝国最富裕的省区孟加拉以及比哈尔和奥里萨征税的权利。由于来自孟加拉的税收本身就达到了英国政府收入的四分之一，保守派建立掠夺性领土帝国的计划似乎就要实现了。[58] 但是现实再次没能赶上希望。到18世纪60年代末，"印度方案"无法解决财政收入问题已经显而易见了。当时的一名历史学家报告说，在1768年，"不久前有些人认为印度是个永不会让人失望的财富之源，认为这片土地足够富裕，可以满足大不列颠所有的急切需要，但现在他们都认为这项事业危险重重，可能也无法盈利"[59]。到1772年，东印度公司已因持续的军事开支、维持分红水平以维系重要投资者的忠诚，以及每年义务向英国政府支付大笔资金而濒临破产。[60] 做假账再也不能掩盖现实了。[61] 没有一届政府愿意提高土地税，消费税又超过了人们能容忍的程度，苏格兰和爱尔兰也已被压榨干净。英国必须找到额外的财政收入来源，在必要的情况下，还需采取强硬措施加以保障。北美大陆殖民地成了唯一有可能满足需求的选择。

期望不断下降导致的革命

这里提出的对美国革命的解释试图把唯物论和观念论结合起来。马克思正确地强调了特定社会经济群体起到的作用，不过在美国革命的案例中，阶级关系的形成不够完全，美国的生活水平也在逐渐提高而不是下降。托克维尔准确地强调了越发增长的渴望和物质进步之间的关系，尽管他的论点不够完整。他认为，这两者激起了一种对变革的渴望，而这可能会带来革命。"革命爆发并不永远都是因为事情从很坏变得更坏。"[62] 相反，"一旦人们想到可能可以除掉某种不公正，这种不公正似乎就变得不可忍受了"[63]。尤其重要的是，当政府试图改善它们创造的条件，或者当越发膨胀的渴望因环境或政策而受到限制时，权威的危机就浮现出来。[64] 在这时，人们"迷醉于某种此前从未梦想过的幸福如今将触手可及的愿景"，轻而易举地就变得"对已经发生的真实改变视而不见，急于兴风作浪"[65]。增加的资源、提高的生活水平和对未来无边无际的希望，使美国革命成为可能。英国政策对人民渴望的迅速挫伤则使美国革命成为必然。殖民者的被剥夺感是真实存在的，但这种被剥夺感是相对的，而不是绝对的。

这一观点与观念论也完全兼容，即政治或宗教的理想激励人们去行动。革命中的关键人物相信，他们有着创造一个美德共和国的特殊机会，将个人自由和公民责任互相结合，阻止似乎正在蚕食英国社会的堕落趋势。[66] 但政治理想主义有着体制基础。北美大陆殖民地和西欧不同，拥有土地盈余条件，移民们有希望以低廉的价格得到土地。在这一背景下，他们就有可能畅想一个由互相团结的乡村社群组成的社会，这些社群可以起到关键作用，恢复社会秩序的有机和谐。同样，政治领袖也有必要认识到，如果一个社会大都由独立农民而不是佃户组成，它便拥有显著的讨价还价的能力。殖民地立法在税制中相应地加入进步元素，支持改革，以终结限嗣继承权（entail）和长子继承权（primogeniture）。[67] 环境条件使殖民者得到了比欧洲更多的机会，催生了相应宽泛的自由概念，保护多数人而不是少数人的财产权。

宗教理想同样为革命做出了贡献，尽管在导致与英国决裂的一系列事件中，大觉醒运动已不再被视为主要推手。这场开始于18世纪30年代晚期的运动并没有影响许多殖民地，因此它无法达到原型民族的（proto-national）地位。而且，到革命发生时，宗教狂热已经消退，福音派信徒虽然仍旧存在，但并没有对革命领袖造成主要影响。[68] 大觉醒运动的人脉关系都在别处。[69] 不过，宗教自由的原则帮助团结起殖民者反对任何形式的专制权力，福音派产生的推动力也带来了一种精神解放，在政治独立成为严肃的可能之前就把权力交给了人民。福音派质疑现存的等级关系，在追求个人权利的运动中开辟了新战线。他们挑战新英格兰的加尔文派（清教徒），也挑战弗吉尼亚的圣公会信徒，后两者都试图在各自的团体中实现统一信仰。[70] 在这方面，大觉醒运动预示着后来在大英帝国其他地区发生的事情，各地对基督教义理解不同，抒发了人们在持续的政治服从境况中对精神自主权的渴望。随着反抗事业的发展，政治主张赢得了宗教精神上的认可。[71] 但其他原因已经促使反抗者采取行动。[72] 只有在与英国决裂后，宗教领袖才论证了革命的合法性，将其解读为上帝拯救世界的计划的一部分。[73] 与其说是宗教煽动了革命，不如说是爱国者们成功赢得独立才使宗教性自那以后渗透了新生的合众国。

北美大陆殖民地的惊人扩张为这些政治和宗教发展打下了基础。[74] 自然增长和移民涌入一道使人口迅速增长：1770年，移民人口估计约有27.3万人。到1770年，移民人口已升至约171.9万人。[75] 随着原本的定居地被人住满，这些地区也向外延伸。到签署《独立宣言》的1776年，13个殖民地已延伸了约1 250英里，从缅因（当时是马萨诸塞的一部分）伸展到1752年成为直辖殖民地的佐治亚。爱冒险的拓荒者向内陆推进至阿巴拉契亚山脉边缘，他们把沙土变为黄金的前景与美洲土著的主张发生碰撞，对土著来说，沙土已经和黄金一样足够金贵了。

大数目的分量改变了白人移民的前景。早期移民活动的试探性和不确定性被打消了，生产的大幅增长成为可能。[76] 本土生产对应了人口的增长，以烟草、稻米、靛蓝为首的出口物为购买进口品提供了外汇。尤其是

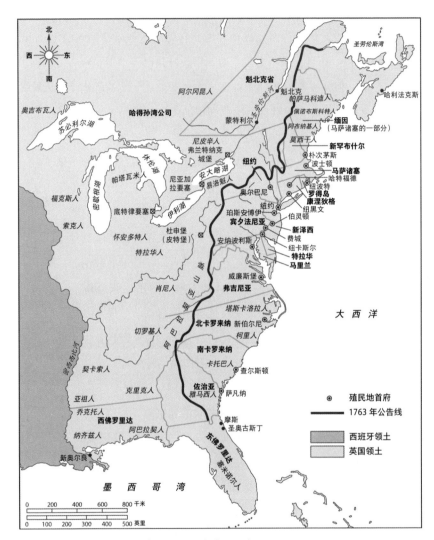

地图2 1763年《巴黎和约》后的北美大陆殖民地

南方殖民地的主要出口物将海外贸易和英国联系起来，英国相应地提供了殖民者无法在当地生产的消费品。在1740—1743年和1770—1774年的短短几年中，英国从北美大陆殖民地进口的总值翻了一倍，英国对其的出口额则是原来的三倍多。[77] 双边关系又与一系列多边交易相连接，拓展了殖民地与英国的纽带。新英格兰发展了可观的食品出口，满足了西印度群岛的需求，西印度群岛则为英国市场制糖。英国则相应地将殖民地进口物再出口，以此减少对欧洲大陆的贸易赤字。在整个19世纪，这种出口增长的模式在其他地区重现，被确立为殖民交换的经典形态。

亚当·斯密指出了北美大陆殖民地成功发展的基本原因："在那里，购买并改良未开垦的土地对大小资本而言都是利润最丰厚的工作，也是直接通往所有财富的道路……这些财富都可以在那个国家中获得。"[78] 与欧洲相反，"这些土地……几乎不花钱就能得到"。[79] 还有一项额外的好处："因为税收较低"，北美殖民者们得以保留"更大比例的产出"。[80] 在18世纪，这些好处施展了魔力：人均产量增加了，生活水平提高了。[81] 一种估算称，到1774年，北美大陆殖民地的人均收入比英国高出50%有余。[82] 尽管当时的这种计算只能提供大致的概念，但趋势已显而易见。幸运的是，互相独立的史料可以证明，那里的福利也有所改善。比较北美和英国的士兵就能发现，殖民者个子更高、身体更健康，因为他们的营养水平更高，而营养水平主要受到可支配收入的影响。[83] 进口消费品的大幅增多也提供了同样可观但相对不那么直接的证据，证明殖民地生活水平正在提高。波士顿、费城、纽约这样的主要城市不仅通过炫耀时尚和家居用品来设定富裕生活的标准，也成为纺织品、陶瓷、金属制品等产品的集散地，这些产品传播到乡村，并延伸到了特权阶层之外。[84]

消费的主流形式体现在进口商品清单中，标志着移民社会力图在边疆抓住机会复制首都的风俗。殖民地的消费者主要都来自英国。在革命前夕，一项估算统计北美大陆殖民地超过60%的人口是英格兰人，近80%是英国人，98%是新教徒。[85] 初来乍到者通常是来自英格兰南部的工匠，或来自英格兰北部和苏格兰的农业家庭，失业和地主的致富在家乡削弱了这些家庭原本就微薄的前景。[86] 大多数人到殖民地建立了独立的家庭农场，不同程度地为市场生产，到18世纪末他们已达到了远高于英国的个人财产水平。[87] 这些新主人希望他们在边疆开辟的这些利益能得到保护，把英国视为保护他们的最后选择。

大多数殖民者都有提高物质水平的共同目标。对精英阶层来说，地位尤其重要，他们希望摆脱作为外省人的自卑情绪。伦敦像磁石一样吸引着他们。他们前往首都，刷新他们对时尚和生活标准的认识，把他们的儿子送去那里读书。[88] 他们用与首都的关系定义自己的身份，远离被视为野蛮人的美洲土著，以及那些同样达不到文明标准的、粗野而敏捷的拓荒者。18世纪80年代，乔治·华盛顿把西部边疆的白人移民称为"没用的家伙""我们自己的白种印第安人"，以及"一伙反抗所有权威的匪徒"。[89] 暴力早在往西流窜之前，就已在狂野东部肆虐。[90] 1776年之前，大量机会带来了收入的增长，但也存在地区差异。沿海城市收入最高，财富最集中，遥远的边疆地区则充满了危险和贫穷。[91] 物质上的成功在北方城市和南方种植园尤为明显，这激励精英阶层像约翰·杰伊（John Jay）所说的那样，相信"拥有这个国家的人最适合参与管理这个国家"[92]。

这一主张重申了英国保守党和辉格党保守派共有的根本原则，进一步表明，代表了大多数移民的领袖们致力使美洲殖民地英格兰化，而不是像托马斯·潘恩后来呼吁的那样，激进地重新打造一个新世界。[93] 新英格兰的清教徒希望有机会建立一种纯净的教会和政府，这是英吉利共和国（克伦威尔处死国王查理一世后于1649年建立的短命共和国）所许诺的，也是复辟者所拒绝的。南方的地主们则希望建立新封建秩序，不受激进派（尤其是追求平等的运动）威胁。弑君派和保皇派重演了17世纪40年代在英国内战中结束的政治划分。

财富和地位的区别将会影响人们对革命的态度，但在18世纪中叶，它们并没有抑制整个殖民社会对王室强烈而又显而易见的忠诚。未来将签署《独立宣言》的著名人士本杰明·富兰克林和约翰·汉考克认为，能在1761年出席乔治三世的加冕礼是莫大的荣幸。富兰克林当时热忱支持君主制，认为大英帝国是国际事务中进步的领导者。富兰克林写道，在新国王"善良而智慧的"统治下，"派系将像晨雾一样溶解、消散"。[94] 而在社会下层，大众庆祝七年战争的军事胜利，表达了被殖民者热切的忠诚和他们对英国全球影响力的骄傲。1760年，《马里兰公报》的一名撰稿者几乎无法抑制他对英国成就的兴奋：

> 从南极到北极，我那漫游的缪斯徜徉着，
>
> 她踏遍令人惊讶的世界，
>
> 在她经过的每一片土地，
>
> 伟大乔治的凯旋都将装饰她的颂歌。[95]

富兰克林的晨雾从未消散。乔治三世加冕后不久，事件发生的速度就如1945年后第二次非殖民化大潮一样迅猛：不同意见在18世纪60年代变为了异议，《独立宣言》在1776年签署发表，美国在1783年赢得了政治独立。回溯过去，人们可以轻而易举地发现久远的先例。在这里，最显著的先例可以追溯到光荣革命，当时北美大陆殖民地也发生了相应的示威，移民们反对斯图亚特王朝的剥削计划，害怕罗马天主教被重新定为官方国教。[96]

17世纪90年代，因为新王室需要北美大陆殖民地支持光荣革命后与法国的漫长战争，殖民者成功赢得了政治让步。殖民者们也从新教统治的确立中得利，他们借此进一步歧视天主教徒。沃波尔和继任的亨利·佩勒姆（Henry Pelham）和纽卡斯尔公爵都支持限制帝国政府，灵巧地运用重商主义政策。沃波尔有时还会走得更远：1741年，当欧洲政治因殖民事务变得更为复杂时，他宣布："如果所有的种植园都沉入海底，那对英格兰会更好。"[97] 1775年，伯克概括1762年前的时代时采用了更有安抚性的口吻，认为这是"明智而有益的疏忽"（wise and salutary neglect）。[98] 那时，北美大陆殖民者们已通过地方议会取得了一定程度的有效自治，与伦敦的交往也越发依赖非正式的宗教、商业和家族网络。[99] 在这些方面，光荣革命使殖民者更适应政治和经济自由，这融入了他们的生活及渴望。也可以说，政府较少的介入使得殖民地的经济发展达到了有能力去挑战他们眼中的祖国的程度。

　　这些发展因素是放任不管的，但还不具有决定性。[100] 1763年，殖民者希望英国政府能褒奖他们自18世纪中叶漫长战争以来的忠诚。他们为打败法国贡献了人力、金钱和物资，期待共享"和平的庇佑，以及胜利和征服的报酬"。[101] 他们期待英国确认并进一步拓展"有益的疏忽"时期带来的非正式政治和经济利益，也希望能和英国成为事业伙伴，在北美洲扩张帝国。此外，精英阶层希望，他们为这项全国性事业做出的长期贡献可以使他们摆脱外省人的地位，和英格兰绅士一样，获得同等的尊重。

　　他们的幻想很快就破灭了。财政需求促使英国去印度寻找收入，这也同样适用于北美大陆殖民地。七年战争后的这段时期出现了一系列著名的经济和政治税目，开始于《糖税法案》（Sugar Act，1764）、《货币法案》（Currency Act，1764）、《印花税法案》（1765），接着是《汤森法案》（Townshend Acts，1767），最终是《茶税法》（Tea Act，1773）和《强制法案》（Coercive Acts，1774）。人们的激烈反对迫使《印花税法案》和《汤森法案》部分内容被废除（分别在1766年和1770年），但最终没能使政府改变它顽固的政策。英国重申自己的帝国权力，戳破了殖民者提高的期待，蚕食了他们的忠诚。新税影响了每个人的账本，新的控制手段减少了人们已经得到的自由。要是英国政府有效实施了所有政策，那殖民者们就会失去他们的议会赢得的可观的财政自主权，英国议会也将能执行它的钱袋权力。比如根据《汤森法案》，通过新税得到的收入被用于支付不断增多的英国殖民官员的薪水，在北美维持大批军队来监管1763年从法国赢得的领土，并确保殖民者遵守帝国政策。伴随着这些税收的是强制手段，后来政府也尝试调解，但就像托克维尔观察的法国大革命一样，政府的让步被视为示弱的迹象，这又加强了殖民者的反抗。

　　殖民者的主要经济目标是得到更多自主权，同时留在帝国中。18世纪中叶的殖民地扩张实现了北美洲的部分潜能，预示着还有更多东西值得挖掘。"命定扩张论"（Manifest Destiny）的意识在这个术语出现前就早已生根发芽。就在那时，英国的政策开始破坏过去的成就，收回了人们对未来的希望，重申英国对商贸、金融、财政和移民政策的控制。七年战争的终结开启了一段银根紧缩和通货紧缩的时期。战时需求曾维持着经济上扬、精神高涨，也扩大了信贷，刺激房地产业繁荣，造成了通货膨胀。和平到来后，战后经济大幅下滑。越发收紧的重商主义政策挤压商业利益，紧缩政策促使债权人收回债务。殖民者们抗议、谈判，然后不情愿地转向追求政治独立，以达成那些被英国政策拒绝的目标。

英国政策的后果因地区和社会群体而异，所以很难从所有13个殖民地中归纳出单一的因果关系。比如要是想估量重商主义的一般影响，似乎就会受到量化的限制。[102] 亚当·斯密的评价依然提供了最安全的导向：重商主义政策符合经济增长的需要，但会抑制未来的发展。但整体来看，毋庸置疑的是，英国重新加强的帝国政策产生了广泛的影响。对马萨诸塞和弗吉尼亚的详细研究就显示出，英国重新确立权力，伤害了既有利益集团，也造成了它们内部的分裂，这两处最富裕的殖民地后来成为革命的先锋。困难并非统一不变，但无处不在；好处即便存在，既不容易察觉，也没有被广泛宣传。

波士顿是新英格兰最大的港口，也是13个殖民地中最大的港口之一。[103] 它还是1763年后英国政策反对者的主要中心、知名的"茶党"（Tea Party）根据地。波士顿商人们在"有益的疏忽"时期繁荣发展，在战争年代受益于伦敦金融机构提供的宽松信贷。走私是这里的主要产业（就像在英国一样），走私茶占据了北美大陆殖民地消费茶叶的约四分之三。大部分进口茶叶都来自荷兰，那里的低税收降低了购买成本。额外的收益则来自向法属西印度群岛走私食品，尤其在战时，这样的贸易违反了双重法律。波士顿商人们利用伦敦金融机构提供的商业信贷，为这些方面及其他贸易注入了资金。这些商人虽然不是管不住的自由贸易者，但他们希望商业体系能适应本地需要。[104] 他们有些人寻求机会，去发展这座港口与欧洲大陆有限的贸易，另一些人则希望本地制造商得到保护。因此，英国在1763年后尝试实行重商主义法规威胁了现有的合法及非法的商业关系，阻碍了人们为更广阔的未来制订的计划。

《汤森法案》在1767年对茶叶征税，触发了新一轮抗议，但这些抗议并未阻止英国政府的行动，英国政府在1773年又通过了《茶税法》。到18世纪70年代早期，英国政府已完全看清了东印度公司绝望的资金处境，在别无选择的情况下采取了后来被证明是铤而走险的解决方案。《茶税法》为东印度公司提供了进一步支持，允许其直接向殖民地出口茶叶，从货运的税收优惠中得利。在很短的一段时期内，合法进口的茶叶比走私茶叶更便宜了。然而抗议又卷土重来，因为这些新安排威胁伤害了走私贸易，绕过了波士顿现有的进口商，并将茶叶进口委托给少数因忠于英王室而被挑选出来的进口商。到英国议会在 1778 年废除《茶税法》时，它激起的许多不满已经足以推动革命到来。

战后经济下滑和此后的通货紧缩促使伦敦的债权人收回债务。马萨诸塞是北方殖民地中最大的债务方，社会的所有阶层都感受到了紧缩，因为信贷已渗入了进口商人、店主和工匠的生活中。波士顿的纸币已受到了 1751 年《货币法案》的监管，这一法案用于保护债权人不受货币贬值冲击。1764 年的《货币法案》将这些条款延伸到北美大陆的其他殖民地，但也受到波士顿市内的抗议，因为货币供应收紧使人们深受其害。未还清债务被视为严重的道德失败，这不仅有损金融健康，也挫伤了精英阶层的理想。[105] 1767 年，波士顿的大商人约翰·汉考克在给伦敦一名供应商的信中表现出他的敏感心态："我自视为一个资本人，不应该和其他那些与你交谈的小商贩处于同一地位。"[106] 18 世纪 60 年代，危险不断迫近，汉考克和他的同类人发现，他们被贬低到了与小商贩一样的地位，而这令他们感到不快。汉考克权衡着自己的不同选择，直到终于有一天，他再也无法容忍英国的过分要求，做出了决定。那个曾参加乔治三世加冕礼的效忠派踏上了成为爱国英雄之路。

波士顿的大商人受英国过分要求的影响最大，他们也成了反对英国强硬政策运动的领导者。[107] 同样，他们活跃于 1765 年在波士顿创立的"自由之子"（Sons of Liberty）协会，不过一些声名最显赫的商人与"自由之子"的民粹形象和为所欲为的策略保持了距离。"自由之子"从抗议《糖税法案》《货币法案》《印花税法案》起步，此后又组织或参与了其他抗议：不进口协议在 1765—1766 年、1767—1768 年和 1773—1774 年中止了英国商品进口，茶党则在 1773 年以一种戏剧化且极度高调的方式表达了对英国政策的反对。这些事件在消费者间建立了一种团结意识，也确立了波士顿作为坚定的爱国事业中心的形象。[108]

但对英国政策的反对既不统一又不持久。[109] 抗议暴露出了参与者中各种群体之间的利益差异。大商人支持不进口协议，部分是因为他们可以以高价运入商品，压倒小型竞争者。另一方面，店主们则受困于商品短缺、价格上涨和销量降低。实施不进口协议需要威胁和暴力手段，但这缺乏人们坚定的支持。[110] 一些大商人依然忠于英王室，其他人则在公开场合支持不进口协议，私下里又违反协议，继续进口英国商品。在《印花税法案》被废除、《汤森法案》被修订后，他们对英国政策的反对很快就消退了。大众激进主义则在波士顿、费城和纽约等关键的中心城市非常高调，有着自己的目标、策略和解决方案。[111] 起初，波士顿的大商人企图利用城市居民的不满来达成自己的目的。后来，在经历了当时人们所称的"暴民"造成的不可控后果后，这些商人远离了这场他们无法再掌控的叛乱。在这时，利益战胜了原则，对引领革命事业来说，亚当·斯密比约翰·洛克更为可靠。但在革命进程中仍能听到洛克的声音。一旦殖民者们意识到，他们在英国逐渐形成的国家认同观念中无法得到平等的公民地位，他们便转向了自然权利法则，以确认自己的主张。[112]

弗吉尼亚是北美大陆殖民地中最大的对英出口方，也是最大的债务方。[113] 这处殖民地的一大部分财富来自烟草，到18世纪中叶，烟草占据了弗吉尼亚对英出口的85%，提供了足够满足英国工业品消费需求的购买力。烟草也塑造了这处殖民地的社会结构和价值观。大种植园主建立了基于奴隶劳动的经济体系，1700年这里的奴隶劳动力还不到2万人，到1776年则达到了近20万人，占据弗吉尼亚总人口的约40%。到那时，弗吉尼亚约半数的白人家庭拥有奴隶，其他家庭则主要依赖家庭劳动。奴隶改变了社会结构：社会等级不只与财富挂钩，也与种族对应；不同种族内部以及它们之间显著的收入不平等导致了明显的等级差异；富有的白人精英舒舒服服地掌握着政治权力。随着烟草需求上升、出口产量扩大，种植园主和小农场主（small farmer）的生活水平都提高了。1730—1760年间，弗吉尼亚和马里兰的种植园主经历了"黄金时代"，远不是与日俱增的贫困化。[114] 国际分工产生的经济依赖带来了繁荣，也证实了弗吉尼亚对英王室的长期忠诚以及对伦敦价值观的遵从。正像一名评论家所写的那样，弗吉尼亚人的"特点在于对大不列颠人民的模仿，可以一直延伸到家具、服装和礼仪的每一个细节"[115]。

但依赖也带来了脆弱。[116] 烟草市场受到供需关系中不可预测也不可控制的变量影响，会遭遇大幅度的震荡。随着产量增加，市场波动的后果也被放大了。自18世纪40年代起，格拉斯哥雄心勃勃的商人们进入烟草贸易，大大增加了可用信贷的规模，金融革命带来的廉价信贷使出口业得到了额外的提振。[117] 到18世纪中叶，弗吉尼亚的烟草种植园主深陷无法投保的商业债务中。接着，就像马萨诸塞一样，弗吉尼亚在18世纪60年代初遭到了战后经济下滑及英国新的帝国紧缩计划的打击。通货紧缩减少了收入，债权人开始收回债务。种植烟草的乔治·华盛顿和托马斯·杰斐逊当时就是弗吉尼亚众多著名债务人中的两位。华盛顿通过婚姻得到了地产和奴隶，在18世纪60年代陷入债务。永远债务缠身的杰斐逊一方面喜好奢侈生活，一方面又抵触那些担保他浮华生活的银行。在烟草市场的个人经历让他们相信，北美大陆殖民地需要摆脱过度的经济依赖，尽管他们对如何实现这一目标意见不一。虽然战后经济下滑在18世纪中叶得以减缓，但债务问题仍在，而当出口业在18世纪60年代晚期复苏后，信贷的流动也重新开始。1772年，一场更深重的危机袭来，伦敦多家银行的崩溃造成了普遍的恐慌，债权人再次开始收回未偿债务。[118] 到1776年，北美大陆殖民地欠英国商人的债务达到约600万英镑，是殖民地年度出口额的两倍。

面对这些挑战，弗吉尼亚人探索了一系列可能的选择，其中的大部分选项其他殖民地也在尝试。他们的"软选项"是印刷纸币，这曾在七年战争中使弗吉尼亚完成纳税义务，但现在却不再有效。回归和平后，伦敦和格拉斯哥的债权人说服议会保护他们的英镑投资。其结果便是1764年的《货币法案》，防止北美大陆殖民地用贬值货币偿还债务。[119] 尽管这一法案在1773年得到修订，但到那时，弗吉尼亚的债务人已经疏远了他们在景气时期自愿参与的商业体系。弗吉尼亚人也加入了不进口协议，认为可以通过减少购买进口消费品来减少未偿债务。但在1769—1770年，协议只得到了部分人的支持，因为许多小土地持有者（smallholder）不愿合作。抵制进口的行动在1774年更加有效，因为1772年经济危机影响了更大范围的生产者。即便如此，就像在马萨诸塞发生的一样，当危机解除后，支持也再度消退，人们缺乏足够的政治动力来延续这一运动。人们也试图用不进口协议来抬高物价，但对此的支持则参差不齐，弗吉尼亚无法影响整体的市场条件来达到想要的结果。包括乔治·华盛顿在内的一些农场主不满于单一作物的风险，开始种植其他作物，特别是种植粮食，但其效益无法与烟草的"黄金时代"相匹敌。

还有另一个选择：领土扩张。[120] 弗吉尼亚人已经成了西部土地的主要投机者，他们希望七年战争的胜利能使他们的领土主张得到法律承认，特别是开放俄亥俄和肯塔基以供投资。[121] 法国威胁的消除给了投资者更多勇气，减少了他们对英国军事支持的依赖。华盛顿和杰斐逊作为众多感到幻灭的烟草农场主中的两位，是声索者中的知名人士。但其他群体有着对抗的想法。美洲土著把和平的降临视为可以重新确认他们对争议领土所有权的机会，并在1763年爆发的庞蒂亚克战争（Pontiac's War）中表现出了他们对这一目标的认真态度。[122] 从英国的角度看，《巴黎和约》则给了政府控制殖民管理成本的机会，因为边境争议得到了控制，殖民者则被限制在了可以征税的地区。

最终结果是"公告线"（Proclamation Line）。1763年，枢密院提出了这条界线，目标是禁止移民跨越阿巴拉契亚山脉。公告确立了土著和殖民者的正式区别，前者受英国皇家保护，后者则是国王的属民。公告线施行的限制措施可能会对现有的投资者造成毁灭性打击，因为他们无法注册本以为属于自己的土地，这些限制也挫败了那些急于追随他们的人。之后，英国调整了公告线，涵盖了继续西进的殖民者们占领的部分土地，但拒绝承认在外投机者大量领土主张的合法性。[123] 与美洲土著持续不断的冲突在1774年导致了邓莫尔战争（Dunmore's War），当时弗吉尼亚人试图从肖尼人那里夺取无法用和平手段获取的土地。

到革命前夕，公告线仍是英国与那些有社会影响力但野心受限的殖民者之间不合的一大主要原因。[124] 帝国达到了有效控制的极限。北美英军的总司令托马斯·盖奇（Thomas Gage）将军总结说，边疆地区越来越无法无天，需要有力的军事回应。[125] 此时，双方都已决心对抗。弗吉尼亚独立政府在1776年所做的第一批决定中，就包括宣布开放边疆。

把弗吉尼亚视为殖民地团结反抗英国压迫的范例，已经不再可信。就像马萨诸塞一样，弗吉尼亚被互相竞争的利益集团间的不和撕裂了。[126] 精英种植园主是较晚转向爱国事业的，在各种抗议运动演变为反叛时，他们起先试图领导这些运动，后来又试图控制它们。精英阶层在丢了财富的同时也丢了面子。债务改变了他们眼中的君子之交，削弱了他们高度珍视的地位。在他们看来，他们的不幸源于英国商人间的阴谋，而这些商人间接地与英王室相连。这种逻辑把私人困难转化为公共政治。然而，即使是在与英国的冲突爆发后，他们"共同事业"的理想仍未达成。大种植园主无法依赖自耕农和贫穷的乡村家庭，后两者对当时经济苦难的反应体现出他们自己的优先目标。自耕农和小农场主拒绝加入精英组织的新"即召民兵"（minutemen）队，对民兵组织也没有显示出多少支持。许多大种植园主自己不愿去殖民地外参军，以防他们不在时会发生财产被抢、奴隶潜逃的情况。1772年加勒比地区的奴隶叛乱给北美大陆带来了令人不安的消息，英国准备废除奴隶制的传言更把奴隶主推向了反叛阵营。[127] 1775年，邓莫尔勋爵提出解放加入英军的奴隶，这把奴隶主的不安转变为行动。即便如此，还鲜有迹象表明，普遍的不满已经转变成一种原型民族主义的共识。[128]

尽管大部分殖民者战胜了足够多的分歧，支持革命，但还有人袖手旁观或保有敌意。[129] 极其粗略的估算显示，约有15%—20%的殖民者对英国保持忠诚，约30%保持中立。在效忠派中，约有2.5万人为英国作战。共有约6万名效忠派（包括白人、黑人和美洲土著）移民离开，其中大多数去了加拿大。[130] 有些人恐惧反叛可能会走向无政府主义，其他人离开则是为了追求更好的生活。内战都会撕裂家庭，美国革命也不例外。本杰明·富兰克林永远地疏离了自己的儿子威廉，威廉是新泽西最后一任殖民总督，也是一名热忱的效忠派，在流亡伦敦时自杀。[131] 数万黑奴逃脱了，约2万加入了英军以换取自由，其中就有哈里·华盛顿，而少数人为同一目的加入了叛军。大多数美洲土著政权都争取保持中立，但最终都卷入了冲突。约有1.2万名土著民参战，其中大都加入了英军，认为这样做最有希望保护他们的土地。就当时状况来看，他们的判断是正确的，但这也导致他们最终站在了失败者的一边。在1783年《巴黎条约》中，英国背弃了土著盟友，把他们对争议领土的主张权利转让给了美国。下一次枪响标志着"大占地运动"（great land rush）的开始。[132]

英属美洲最富裕的殖民地依然维持了忠诚。加勒比地区的种植园精英们就像南方殖民地的许多种植园主一样，专门出产出口农产品，由奴隶来种植。[133] 就像北美大陆殖民地一样，它们也通过信贷和债务的网络与大西洋体系和英国经济相关联，与伦敦城的金融资源有联系。然而，西印度群岛英国殖民地的忠诚坚定不移。拉塞尔斯家族的历史就能解释这不同的结果。[134] 18世纪早期，亨利·拉塞尔斯（Henry Lascelles）作为商人与西印度群岛做贸易，到18世纪下半叶，他的儿子埃德温（Edwin）将业务拓展到银行业，得到了广阔的种植园，拥有近3 000名奴隶。拉塞尔斯家族四海为家：他们的家产在约克郡，但在巴巴多斯又有几乎同样重要的第二个基地。他们之所以能够扩张，是因为他们通过商业联盟、政治关系和婚姻纽带创造了一张国际关系网。他们还引进新型贷款和证券，改革地产经营，改变主流的记账体系，从而扩充了自身可观的金融专长。他们实际上可算是风险投资者，专门收购摇摇欲坠的企业，让它们重整旗鼓。作为银行家，他们在需要的时刻借款给政府。作为议会议员，他们为支持自身商业利益的法律奔走游说。作为英格兰最富裕的家族之一，他们从绅士成为贵族，成功向上攀升，到1790年埃德温·拉塞尔斯成为第一任哈伍德男爵（Baron Harewood）时达到顶峰。

加勒比群岛保持忠诚，是因为那里的大部分种植园主不是不在当地，就是临时居住。这些走过场的加勒比富豪们就像在印度的富豪一样，想花钱买地位，挤入英国上流社会。这些资本家希望成为英格兰绅士。然而，其中只有少数人取得了成功，大部分人的地位反而下降了。美国革命后，伦敦对这些种植园主的态度改变了：尽管他们家财万贯、忠心耿耿，但他们开始被视为属民而不是公民。[135] 而就算他们的目的不是这些，加勒比群岛仍然缺乏足够资源支持其单方面宣布独立。英国海军是他们唯一能用来抵御外来侵略者的力量，也能防范他们总是恐惧的奴隶起义。北美大陆的种植园主作为资本家则与他们形成对比，前者既不是长期在外，又不是临时居住，而是作为移民融入了他们获得并开发的土地。他们也希望得到绅士地位，但他们的野心具有本土性，而他们身边的资源也使他们可以把梦想变为现实。

七年战争的胜利标志着一个时代的终结，此前，大西洋两边的人们都把英国视为坚韧不拔、为国家无私奉献的罗马道德典范。一旦和平降临，两边的争辩就变得尖锐起来。被称为"英国政策"的这个整体实际上产生于激烈而分歧严重的辩论，人们为怎样对待北美大陆殖民地和印度最合适而争论不休。但最终，英国的政治领袖团结起来，抵抗各方（包括国内激进派）对议会主权的挑战。[136] 如果议会的意志遭到藐视，那1688年建立的政治秩序就面临危险，而作为光荣革命主要受益者的地主寡头的地位也将不稳。尽管伦敦城起初同情殖民者的主张，但它在18世纪70年代也因越发担忧它们的还债能力而转向反对。[137] 吉本支持用战争制服殖民者的反叛，认为英国有权捍卫自己的占领地。约翰生博士毫无保留地谴责叛军。到18世纪70年代，美洲殖民者对英国的印象已经改变。在他们眼中，英国已成了充满暴政和腐败的罗马，而乔治三世变为了汉诺威王朝的"尼禄"。在大西洋的一边，（罗马）古典模式将这项前所未有的分裂行动置于命中注定的历史进程中，使分裂行动让人信服。在大西洋的另一边，古典模式则强化了保守、威权的倾向，促使英国开始重整道德，试图使这座"新罗马"摆脱它不情愿但可预见的厄运。1787年废除奴隶贸易协会的建立最具意味，象征了人们心态的变化；次年伯克对印度总督沃伦·黑斯廷斯（Warren Hastings）的著名控告（弹劾）则是最戏剧性的一幕。

虽然受到英国政策挑衅，但殖民者在1776年前并未追求政治独立。1774年第一届大陆会议讨论了如何避免与英国决裂。宾夕法尼亚代表约翰·加罗韦（John Galloway）提出了一套留在帝国内部进行地方自治的方案，只以一票之差未能通过。1775年，大陆会议仍对迈出最后一步犹豫不决，尽管战争已经爆发，列克星敦和康科德战役已经打响。当年7

月，大陆会议提交的《橄榄枝请愿书》（Olive Branch Petition）提出，来自法国的威胁已被一种"本地的危险……一种更可怕的危险"取代，但请愿书仍强调了国王陛下"依旧忠诚的殖民者"持久的忠心。[138]请愿刺激了英国政府进一步加强军事行动，此后一切妥协的可能性都消失了。在漫长的辩论后，1776年召开的第二届大陆会议终于通过了《独立宣言》。大多数签署者都不愿脱离英国，但又觉得不得不这么做。本杰明·富兰克林几周后在给朋友理查德·豪（Richard Howe）爵士的私人信件中表达了他的感受："有很长一段时间，我都诚心诚意、孜孜不倦地努力着，想不去打破大英帝国这座精致高贵的陶瓷花瓶。"[139]1776—1778年间指挥英国北美舰队的豪将军从一开始就同情殖民者们对英国的抗议。在1776年，他履行了自己的使命，但心中不无遗憾。

"在联邦领导下不可分解的各州联盟"[140]

1783年，乔治·华盛顿在评价美国的成功独立时，也很清楚这个新国家的脆弱，以及临时政府体系的缺陷。他提出"不可分解的联盟"，不是表达庆祝美利坚合众国建成的喜悦，而是提一项真诚的建议，目的是这个在建的国家能够存活并永久存在。他的担忧持续了整个18世纪80年代。北美大陆殖民地通过大陆会议这一代表机构管理对英国的战事，又在1781年将大陆会议转为邦联政府。然而，邦联政府缺乏维护和平的权威。18世纪80年代，不稳定性徘徊不去。战争破坏了经济。[141]负债阻碍了战后重建。税负比英国统治时更重。[142]实际人均收入在1774—1790年间下跌了约30%。[143]公众的不满不时会导致暴力事件。[144]至少在1812年（美英）战争结束前，合众国的总统们都身负重压，恐惧另一个欧洲大国或英国会试着重新殖民北美大陆。

卡尔·贝克尔（Carl Becker）在1909年总结认为，有两大主要问题将美国革命和此后的政治安排连接了起来：首先是确立地方自治（Home Rule），其次是决定谁将成为本国的统治者。[145]地方自治在1783年被升格为独立后，谁将成为本国统治者就成了19世纪政治的实质问题。这一过程为20世纪非殖民化的国家提供了范例，到那时，为反对帝国统治而实现的统一再也不足以团结起反殖民运动，或者按贝克尔所说，"军事侵略和效忠派阴谋的压力"减缓后，团结就不复存在。[146] 但在18世纪80年代，还有第三个相关的问题困扰着合众国的领袖们：如何在本国进行统治。在华盛顿所指出的那些焦虑之事中，人们进行了许多辩论，而后在1788年，这一问题得到解决，大多数州批准了一部新的联邦宪法，它在次年成为合众国基本、持久的政体工具。[147]

美国宪法是现代历史上最伟大的政治妥协之一。[148] 它建立的联邦政府有权征税、借贷主权债务、管理州际关系及对外关系、组建军队。尽管联邦政府统治的范围大大延伸，但也受到了制约，法律确认各州有权决定自己的内部事务。宪法规定美国拥有一名总统、国会两院以及最高法院领导的司法系统。总统将由选举团选举而不是全民直接投票产生。参议员席位取决于州的数量，不论各州大小，每个州都有两个席位，由各州议会选出而不是直接投票产生。众议院席位则对应了各州人口数量，通过选举决定。法官将由总统提名，但需要参议院的"建议和同意"。宪法采取措施防止独裁统治，区分行政权与立法权，限制中央政府的影响，确保各成员州的权利。宪法也要求，只有得到两院三分之二多数和所有州的四分之三多数同意才能通过修正案，以防宪法条款被突然或任意改动。

尽管联邦制脱离了英国的单一制，但它参考了相似的先例，包括英格兰与苏格兰在1707年的合并。[149] 建立"更完善的联盟"的目标出现在宪法序言中，而这援引自安妮女王1706年的信件，信中敦促苏格兰议会批准与英格兰更紧密的联合。[150] 这场辩论也引用了欧洲政治思想，尤其是孟德斯鸠的学说，包括三权分立、用权力制衡避免专制，以及基于共和原则建立的国家最合适的规模。[151] 孟德斯鸠论述说，单一制共和国应该像英国一样"规模适中"，但他认为，一些联邦国家可能也能将良善的政府和足够的国防结合起来。[152] 休谟发展了他的这一思想，麦迪逊则将其转为实际的政治主张，宣称大型联邦中对立派别之间的互动有助于稳定，并能防止独裁统治。[153] 北美大陆殖民地的规模和多元化使其不可能建立单一制国家，所以如果还没有权威的理论适用于大型联邦，那就需要创造一套新理论。另一个选项则是建立一些数量不定、互相竞争的独立国家，这种可能性不可思议，但也必须加以考虑。

宪法条款背后的动机已被人们反复辩论。在各种各样的评判中，胜利主义的一方赞颂宪法是从君主制转向民主制的各种趋势的集大成者。对立的一方则将其视为"背叛"，认为宪法是一场反革命，阻挠了激进变革的运动。[154] 我们可以把对这些问题做出全面判断的任务留给专业人士。在这里，我们关心的是把宪法置于历史背景下，这个新生的国家既急需确保自己的生存，又要为经济发展做准备。

从这一角度看，宪法为美国的生存提供了最低条件，在各成员州间建立了所谓的"和平盟约"。[155] 尽管各州间有明显的分歧，互相猜疑，但它们实现了妥协，因为比起州际冲突的可能性及被外国列强重新吞并的险恶前景，建立联邦是更好的选择。联邦政府并不是为了给全国政府打下基础，而是为了确保合众国各成员间的稳定与和谐。税收引起的民粹主义抗议、南方各州对无力控制奴隶起义的恐惧、对美洲土著决心阻止西进运动的担忧，都加重了持续存在的不安全感。[156] 国家的生存是经济发展的先决条件。不确定性让各种财产持有者感到忧虑。投资者需要得到保障，即不负责任的政策不会像邦联政府时期有些州试图大印钞票偿还债务那样，让他们的财富贬值。

因此，财政考虑成了宪法制定者的心头重负。如果没有执行手段，"和平盟约"就会失败。地方对税收的反对以及不负责任的财政政策都显示出，由邦联各州提供必要的资金是不可信的。[157] 合众国要想吸引它所需的投资，则债券持有人的信心至关重要。[158] 房地产业主希望保障他们地产的实际安全，因为这种安全支撑着地产的价值。在西方世界，美国的独立地主所占人口比例是最高的，所以他们的利益必须得到高度重视。人们对英国政策的反对就曾基于对财产权的保护，革命成功后的和平安排则确保了新生合众国所有投资人的安全。

出于这些担忧，美国向英国借鉴了军事-财政国家模式的部分元素。[159] 在各种可能的选择中，美国之所以选择英国的范例，不仅是因为这个模式很熟悉，也是因为它成功使英国成为欧洲最进步、最令人敬畏的国家。正如美国革命本身就衍生于英国国内为掌握光荣革命遗产而不断发展的斗争，美国独立后的和平协议也继承了许多1688年的先例。可以说，美国革命是一场没有发生的英国革命，或者说是英国必须等到漫长的法国战争结束后才能发生的一场革命，在那之后英国转向了渐进式发展。

忙于研究各种国族建构之革新性的学者们很容易低估殖民影响的持续性。美国革命是一场主要由有产绅士领导的英裔移民起义。它的爆发是为了保护伯克所称"古老、无可辩驳的法律和自由"[160]。宪法确保了强权会受到控制，1789年的《权利法案》则是由1689年的英国先例衍生而来。[161] 制定宪法的人大都是启蒙人士。他们是精英主义者，四海为家，知识渊博，致力用理性解决当前的问题。他们警惕政党或是麦迪逊所称的"派系"（factions），认为这会鼓励刻板思考，而不是由明智的意见领袖一起进行开明的讨论。[162] 他们希望人民的代表能像他们自认为的那样，见多识广，能够从本地利益中超脱出来。18世纪的他们可以说是代表了独立的第一阶段，而后来20世纪受过良好教育的精英们则领导了独立的又一个阶段。他们的思想感情与他们的全球视野互相对应，与21世纪的评论家们对他们的诋毁截然不同；那些不愿妥协的评论家更倾向于确信直觉而不是理性思考，把精英等同于书本，而且对这两者都评价不高。

从英国移植过来的制度被调整以适应本地的情况。最显著的制度变化是用总统取代君主，昭示了共和制政府的出现。即便如此，对宪法的辩论也涵盖了是否要实行选举君主制（elective monarchy）的可能性。从英国政治话语中借来的"爱国者国王"概念吸引了一些人，他们认为国家元首应该超越党派，成为国家团结的象征。[163] 君主制的历史显示出，对传统权威的尊敬可以用来培育国家认同感。最终，国父们选择了总统制，总统当选后最初的任期为四年，但在理论上，他可以不断选举连任。[164] 不过，总统被授予（也负担着）礼仪和行政功能，人们期待他超越政治，成为公民道德的守护者。而与其崇高的地位相对应，总统得到了全套的"侍臣"、检阅仪式、豪华宴会，甚至还有"晨起接见仪式"（levées）①。[165] 尽管类似君主制的元素随时间推移渐渐消退，但安德鲁·杰克逊总统在19

---

① 本为君主起床后在亲信协助下举行的仪式，在美国转变为总统对公众的招待会，在1801年被杰斐逊废除。

世纪30年代的统治风格让他的辉格党对手们宣称，总统职位开始变成了一种"选举王权"。[166] 国会的参议院和众议院几乎复制了英国的上议院和下议院，以至于美国革命的长期支持者尼古拉·德·孔多塞哀叹，他眼中"过时的英国理念"还在持续。[167] 在他看来，两院制象征着等级制度，而一院制则代表了平等。

美国对另一项英国先例的修正是限制新联邦的军事力量。各成员州急于限制军队规模，以防止联邦权力潜在的滥用，而地理优势确保了他们如愿以偿。由于没有强大的邻国，美国占据了欧洲各国没有的幸运位置，得以节省军费。如果欧洲列强真的会威胁美国安全，那联邦政府将准备召集民兵来扩充原本较少的常备军。在这一时刻，"持枪权"（right to bear arms）就将在为公共利益的服役中得到最充分的表达。[168] 海军不仅规模较小而且力量不足，这一现实在美国独立后及1812年战争中立刻显现出来。此后，美国得到了英国皇家海军的代理帮助，英军直到19世纪末都一直为美国提供最好的威慑力。在这些不同点背后也存在共同点。英国国内也对中央权力的滥用充满担忧，因此英国人认为，常备军应该保持在有限的规模，只有在战时才扩军。两国体系的核心特点都在于，它们都能够动员符合国家需求的军事力量。在英美两国，"国防"当时都占据了公共开支的最大份额，而其次则是偿还主要用来支持陆军和海军开支的债务。[169] 1783—1861年间，军事及外交费用不低于联邦支出的五分之四。[170] 大英帝国的税收（Tax Britannica）支撑了皇家海军和全球扩张，美式和平（Pax Americana）则起始于以资金支持在北美大规模获取领土。

美国的财政制度也以英国为模板。宪法使联邦政府建立了一定程度的财政统一，这是国族建构的一大核心先决条件。1791年建立的第一合众国银行（First Bank of the United States）参照了英格兰银行（建立于1694年），有权为政府目的筹款、偿还战争债务、发行纸币、对州立银行实行一定的管控。[171] 新的国债由支付利息并延迟偿还本金的债券组成。政府的信用等级提高了，借款成本则降低了。税制得到了改革。公债利息越来越多地以进口税收入来支付，而不是延续落后的土地税、人头税和消费税，因为后三者必然会导致人民不满。当西宾夕法尼亚州"威士忌叛乱"（Whiskey Rebellion）的支持者在1794年威胁退出合众国时，华盛顿有资源调动民兵恢复秩序。[172] 此后的各届政府致力扩展海外商贸，这成了联邦收入的主要来源，减缓了向其他方面增税会带来的政治问题。进口税还有一项额外好处颇有说服力，那就是回避了蓄奴问题。[173] 要是税负是基于包括奴隶在内的财产，那奴隶主就会处于严重的不利地位。反联邦党人提出的自由概念强调了（白人公民的）个人权利，敌视"大"政府。实际上，最小规模的联邦政府也有利于大富豪，这些富豪处于可以控制州政府的有利地位，有时还能扩大州政府的权力。

尽管宪法成功将完全不同的利益集团团结了起来，但它避开了两个问题，这两个问题将持续发酵，最终毒害这个国家。它避开了脱离联邦的问题。[174] 如果权力最终属于人民，那支持者就可以宣称脱离联邦的决定并不是反叛行为，而是在行使宪法权利。至少，当脱离联邦问题在19世纪上半叶成为政治现实时，宪法给这种行为赋予了一定程度的体面性。[175] 纽约州、弗吉尼亚州和罗得岛州在批准宪法前，都坚持明确保留脱离联邦的权利。

另一项隐藏的问题则是奴隶制，这与财产权捆绑在一起，留给各成员州定夺。要是宪法的起草者们直面这个问题，那南方就会有好几个州拒绝加入联邦，其中包括前殖民地中最富裕的弗吉尼亚州，以及南卡罗来纳州。[176] 由于需要纳入南方并为成立中央政府赢得支持，麦迪逊与他的同僚们不得不向南方利益集团做出让步：在计算各州众议院席位时无法得到投票权的奴隶被折算成"五分之三"个人，奴隶进口也获准再延长20年（直到1807年）。[177] 为了避免北方各州因人口劣势永远得不到足够票数，南方各州同意，每个州都将在参议院中得到同等的代表权。双方都没有预料到，西进运动、北方工业的增长及南方棉花业的繁荣会带来不平衡的发展，打破均势。结果，由于奴隶在名义上也被算作实际人口的一小部分，南方各州对联邦政府的影响力超过了当地白人选民的真实人数对应的权重。"自由"这一概念的灵活性再次体现了它广泛的吸引力：奴隶的权利被否定，因为赋予他们这些权利将侵犯奴隶主的自由。

宪法的成功、模糊和失败指引了合众国直到南北战争的历史。这些元素处于政治辩论的核心，影响了互相对立的经济政策，帮助塑造了认同与联系，这些认同和联系组成了这个国家尚处胚胎期的文化。殖民者们在1787年携起手来，不是因为他们实现了团结，而是因为他们恐惧不团结的后果。他们建立了国家政府而不是民族国家。他们没有生命力和后续发展，只有过去却没有未来。无论如何理解"自由"的概念，他们能否获得自由都取决于他们能否成功实现此前的雄心壮志。

"骚动和争执的奇景"[178]

宪法通过后，如何解释它所象征的妥协就成了公共讨论、政治辩论和最终全国冲突的一大主题。到18世纪90年代中叶，从各方面都能清晰看出联邦政府惊人的扩张速度。联邦税收比各州税收的总和高出12倍，支出则超过了各州总和的7倍多。[179] 联邦借款使公债涨至超过8 000万美元，而各州总共只募集了不到400万美元的债券。公共秩序是政府稳定的首要要求，这得到了美国陆军的保障，军队规模虽小但资金充足，轻而易举地镇压了1799年弗赖斯叛乱（Fries's Rebellion）。[180] 1798年通过的《外侨和煽动叛乱法案》（Alien and Sedition Acts）给不断扩大的国家权力增添了法律武器。这些发展受到了部分群体的欢迎，但也给另一些群体造成了惊恐。人们此前以为绅士般的领导人能通过理性而非正式的讨论化解分歧，但这种乐观猜测没能持续到18世纪终结。到1800年，多变的派系开始成形，成为政党的萌芽。[181]

正像其他许多事务一样，政党发展也在新大陆留下了旧世界的影子。当时的人们清楚地明白，那些关于政府权威的范围及目标的基本问题都来自英国历史。英美政治表达的共性显而易见。18世纪80年代，主要的早期政党参考了辉格党和保守党的政治话语，对合众国未来提出了不同设想，也对如何将理想转为现实提出了不同方法。1800年，知名费城商人查尔斯·佩蒂特（Charles Pettit）在当年竞选战中的一本小册子里总结了人们广泛接受的英美连续性。他说，没有必要解释"辉格党"和"保守党"的定义，因为"它们在历史上扮演了如此显而易见的角色，尤其是在英格兰，人们不会弄错它们共通的含义"。[182] 查尔斯·比尔德对这两大立场做出更宽泛的分类，按它们各自的代表人物生动地称其为汉密尔顿派（Hamiltonian）和杰斐逊派（Jeffersonian）。[183] 这些熟悉的术语始终给不同政见提供了最有用的简称。它们可以用于19世纪，而它们背后的思想至今仍然适用。

汉密尔顿派在政治倾向上属于保守派，但在经济改革上则属于辉格党进步派。最早的两任总统乔治·华盛顿和约翰·亚当斯，以及财政部部长亚历山大·汉密尔顿就是主要代表，他们认为政府可以解决问题而不是带来问题。他们相信，一个强大的联邦政府由关税收入的资金支撑，由负责任的精英管理，孕育进步改革，这对美国取得完全的独立至关重要。统治精英需要得到被统治者的同意，但需要警惕大众激进主义，因为这给财产权和稳定性造成了潜在的威胁。汉密尔顿派相信，中央政权可以整合新生合众国中的多元群体，为自由的繁荣发展创造条件。他们脱离了传统观点，不认为基于合作与商贸的共和国不足以应对军事国家的威胁。相反，他们主张，在和平时期受国会控制的军队，对捍卫合众国抵御外界侵略至关重要，这样可以保护而不是威胁公民自由。[184]

汉密尔顿用他的金融专长、财政部部长的身份及宪法给予的权力，将英国军事−财政国家的关键特点移植到了美国。[185] 他和同僚们创建了第一合众国银行，建立了国债、联邦税制、基于统一美元的货币联盟及证券市场，并为发展国内制造业制定了计划。[186] 国内自由贸易维持了市场扩张的潜力，联邦政府持有的大量土地则为政府债务提供了最稳妥的保障。在汉密尔顿眼中，只有拥有权威和资源的政府可以吸引经济发展所需的长期投资。汉密尔顿派遵循英国先例，声称财政已成了一种美德，因为它使国家有能力经受战争的最终考验。支持者认为，汉密尔顿的改革不仅与共和价值保持一致，而且也是实现这些价值的关键手段。汉密尔顿从英国的经历中学到，投资公债也可以带来政治红利，因为它将给股东们不可抗拒的理由来支持当前的政府。据支持者的说法，汉密尔顿的财政金融计划把商业利益和联邦政府联系起来，将确保合众国致力于和平事业，因而将政府开支保持在可控范围。这一优先目标意味着，外交政策及对大陆扩张的态度将是审慎而克制的。同时，稳定与和平将有助于经济发展，可通过扩大信贷和货币供应来推行公债。在汉密尔顿眼中，如果美国要摆脱对英国进口的依赖，就需要开拓多种制造业。然而，汉密尔顿倾向于政府以奖金的方式进行补贴而不是征收保护主义关税，因为他担心后者会不利于进口，从而减少偿还公债所需的税收。[187]

18世纪90年代，联邦党人的集权政策、财政改革以及他们坚持与英国的关系，刺激了越发高涨的反对情绪。托马斯·杰斐逊认为，汉密尔顿的财政计划是为了破坏合众国、建立新的君主制。1794年，弗吉尼亚州显赫的参议员约翰·泰勒用精准判断的讽刺口吻提出抗议，问道："现在是不是该问一问，设计宪法是为了创造新政府，还是只是为了创造一种英式财政体系？"[188] 他的问题得到了解答，南方利益集团、新英格兰商人、乡村选民和反联邦党残余组成联盟，在托马斯·杰斐逊和詹姆斯·麦迪逊的领导下，在18世纪90年代组建了共和党。[189]

杰斐逊派支持在政治进程中增加公众参与，在这方面类似辉格党进步派，但在另一些方面则类似"乡村"辉格党，他们对农耕的看法与博林布鲁克在19世纪早期的分权理念有许多共同点。[190] 合众国第三任和第四任总统托马斯·杰斐逊和詹姆斯·麦迪逊相信，政府（或者至少是中央政府）更多的是带来问题而不是解决问题。他们反对联邦权力的增长，批评在他们眼中狭隘且基本不变的亲英派等级制的提升，他们解决发展问题的方法也与汉密尔顿派提出的方案明显不同。[191] 杰斐逊派希望切断与英国的纽带，认为两国的持续合作将使美国始终依赖英国，助长英国的腐败影响侵入合众国。从他们的角度来看，英国国内的发展显露出的未来景象正是他们想防止的。作为社会自然基础的农耕秩序正在遭到蚕食。新的"金钱利益"（monied interest）削弱了大地主的政治权威，土地税把独立自耕农变成了佃户，借款使政府日益膨胀，走向独裁。债务侵蚀了社会秩序，过度支出造成了堕落。

靠这样的分析，杰斐逊派试图使已在英国逐渐消失的自然秩序重焕活力。[192] 他们对社会进化的看法参照了苏格兰启蒙思想所提出的几个发展阶段，最初是采集狩猎社会，最终则是农耕、商业社会。每个阶段都会带来教化影响，但也带有衰落的风险。政策的目标就是把发展维持在腐败开始滋生前的程度。杰斐逊派认为，如果能实现这个目标，北美就将由一个个小规模、自给自足的农耕社群组成。[193] 充足的资源给这一设想中的田园牧歌成分提供了物质支持。可用的土地将使大地主能够复兴他们的财富，阻止自耕农导致的消耗。社会各阶层的财产权将给大部分人提供支持法律与秩序的理由。在一个秩序良好的农耕社会中，政治参与度的扩大将恢复地主精英的权威，限制独裁统治，消除腐败。

这些不断繁衍的"伊甸园"既能提高生活水平，又能提高道德标准。杰斐逊派认可市场的核心重要性，呼吁用自由贸易来鼓励农业出口，扩大国内对手工艺品等本地产品的需求。[194] 新教的分权同样恰到好处，这将提供道德规范，使各农业社群融合成一个有机的整体。杰斐逊派的愿景无边无际，他们认为土地扩张将扩散白人定居点，建立一大群盎格鲁-撒克逊共和体。这些新州尽管大小不一，但将成为原有各州的翻版，获取同等的宪法权利和制度。联邦政府将受到制约，公民道德将蓬勃发展，公众的声音将能被听到。[195] 新大陆的馈赠将使孟德斯鸠理想中的共和国化为现实。

但这些馈赠本身也带来了问题。革命成果的另一个维度是更广大的人民参与政治进程，而这远超过了精英阶层的关注和考虑的范围。美国当时并不是现在人们理解中的民主政体。选民群体被限定为白人、成年男性，必须满足一系列财产和教育要求。女性、奴隶，以及其他各种少数群体无法得到投票权。不过，在18世纪80年代晚期，在白人成年男性中，有大量（预估在80%左右）潜在选民满足了投票条件，其中大部分人也确实投了票。[196] 在扩大政治舞台这一问题上，美国的国父们在新大陆实现了辉格党激进派希望在英国达成的目标。独立给进步主义政治打开了道路，物质条件确保了公众参与将会增强。

在这一问题上，美国民主也建立在英国实践的基础上，因为英国将投票权与财产要求联系在一起。这一原则早在1783年之前就已确立：18世纪20年代，北美大陆殖民地约有60%的白人成年男性已有投票资格。[197] 在美国得到投票权的成年男性比英国更多，这不是因为两国意识形态的差异，而是因为新大陆有大量可用的土地，允许更大比例的移民得到财产。与拥挤的欧洲不同，北美移民们有方便的后路：如果政府权威过于沉重，那他们可以通过迁移来逃脱。[198] 因此，政治契约中必须包括能够说服公民留在原地交税的条件。[199] 人们真诚地信仰着共和理想，而现实确保了这些理想可以实行。首先废除投票权限制的不是最初的13个殖民地，而是新加入的州，因为共和原则在最初的13个殖民地中已得到充分理解和清晰表达，对英国统治的反对也最为坚决，而新加入的州则需要留住那里稀疏而流动的人口。[200]

联邦政府与州政府不得不与朝气蓬勃的"自下而上"政治互相竞争，这种政治活动来源于英格兰的节日、爱国庆典及政治示威。[201] 在革命早期，无论在乡村还是城市，和平或暴力的大众抗议都在动员人们抗英时起到了主要作用，它们在后殖民政治中也长期存在，只是可能不够连贯而已。[202] 在控制着两大主要政党的精英眼中，问题在于在没有英国的王朝等级制度的情况下，如何管理日趋扩大的民众（demos）。

联邦党人和他们的反对者都把政治权利等同于财产。无产者被视为不确定因素，可能还不易管教，因为他们在社会上缺乏利益考量，也倾向于以令人不安的方式表达自己的想法。为了应对来自底层的潜在挑战，国父们的一个方法是在宪法中加入条款，不仅为了防止独裁统治，也为了限制民众不可控的意志。[203] 在麦迪逊看来，直接民主在人口众多、幅员辽阔的社会中不可能实现，因此他更青睐联邦共和与民选代表。[204] 尽管如此，美国还需采取限制措施，避免政治体偏离人们认可的共和美德的道路，包括坚持健全货币（sound money）政策，这对成功建立新州至关重要。除了宪法中的保险措施，国父们也将希望寄托于杰斐逊所称拥有"美德与才能"的"自然贵族"（natural aristocracy）的出现。[205] 高人一等的素质将使精英阶层将他们的权威建立在大多数人心甘情愿的尊敬上。这些领导人将有足够财富来换取公共服务所需的空闲时间。他们将进入参议院供职，用自己的智慧维护公民价值观。民意将受国父们这样的启蒙思想家引领，因此杰斐逊强调教育的重要性，认为这能够创造充分知情、乐于参与的选民群体。

起初，共和党人比联邦党人更同情民众的主张。1789年，法国大革命进一步激发了他们的倾向。但1793年恐怖统治开始后,关于麦迪逊短暂声称的"姐妹共和国"(sister republics)的讨论就停止了。[206] 罗伯斯庇尔把恐怖视为美德的先决条件,这让那些正打算采取和平路线的人们产生了警觉。汉密尔顿担忧法国的影响"搅乱了这个国家人民秩序井然的原则","无政府主义"将随之而来。[207] 此后的反应也使杰斐逊派缓和了他们的亲法倾向及对民主共和主义的理想化支持,允许联邦政府加强对异议运动的控制。

在这一问题上,英国与美国一致行动。在法国大革命的例子面前,英美两国都采取了一种"新保守主义",捍卫财产权、新教,以及有秩序的自由。[208] 在远方写作的孔多塞哀叹,美国革命转向了他眼中的寡头统治的、反民主的方向。[209] 美国政治领袖们断绝了与1776年革命中最激进的托马斯·潘恩的关系,潘恩在1809年默默去世。[210] 在接下来半个世纪中,民众在美国革命公共纪念日上扮演的角色被缩减到最小。[211] 尽管精英政党间始终存在分歧,但它们心照不宣地将激进派主张排除到官方政治之外。到南北战争爆发时,人们已在辩论,辉格党进步派的改革倾向到底与辉格党建制派的保守目标有多少兼容之处。最终的结果是一种民粹民族主义的形成,这在19世纪和20世纪其他处于现代化进程中的新近独立国家的政治中还会出现。1800年,随着联邦党的失败和迅速崩溃以及托马斯·杰斐逊当选为总统,这一发展趋势已初见端倪。

"不是帝国,而是帝国的规划"[212]

亚当·斯密在《国富论》结尾反思了维系美洲帝国的高额成本以及英国无法有效统治北美大陆殖民地的现实。这些殖民地"理应是大英帝国的省区"。但实际上,它们"不是帝国,而是帝国的规划",因为英国尚未确立对北美大陆的主权主张。[213] 在斯密眼中,殖民地没有为抵御外敌支付它们应付的份额,而是成了英国财政部和纳税人的负担。帝国带来的利益归于由东印度公司领导的有权势的压力团体,但这只是少数派。与日俱增的国债阻碍了英国国内经济的增长,过时的垄断集团捍卫的重商主义法规妨碍了国际贸易的扩张。"如果这个规划无法完成,那它就应该被放弃。"斯密总结说，英国应该"让它对未来的愿景和计划，迁就适应它真实处境的平庸"。[214] 斯密的言论不是为了贬损英国的经济成就，而是去承认这些成就造成的庞大管理问题，因为英国政治和商业的扩张跨越了漫长的距离，通常要与截然不同的文化建立关系。[215] 英国的全球影响造成了后来人们所说的"帝国过度扩张"（imperial overstretch）。

斯密的分析强调了财政自律，这和其他史料融合起来，通过那句熟悉的格言"无代表，不纳税"，进入了对美国革命的研究中。尽管这一口号至今仍被频繁引用，但近几十年来，它的影响被思想史和文化史启发性的贡献掩盖了。这里提供的论述试图重新强调斯密的评估，同时也把它置于18世纪晚期财政危机更广大的历史背景中。这一结论不是源于先入为主的推理，而是从经济史的角度审视证据的结果。经济史长时间以来都不受欢迎，只有到最近才重新兴起。[216] 在18世纪，军事的必要需求使财政收入依赖于政府开支，这最终必然导致灾难性的结果。政策基于计算，更多的时候政策是一场赌博，即投入军队的资金所产生的收入和利润将会超过成本。孟德斯鸠在第一线观察到了这种想法导致的军备竞赛："一种新的大瘟疫已在欧洲四处传播，感染了我们的君王，诱使他们维持过大的军队。这场瘟疫自己会不断蔓延，必然会成为传染病，因为一旦一位君王扩大了自己的军队，其他君王也会做出同样的决定，最终只会一事无成，只带来公众的毁灭。"[217]

英国虽然面积不大，但它扩大的影响力远超过面积更大的对手国家，因为它的特质尤其适合航海事业，最显著的几个特质包括无可比拟的海军、新大陆所需的富有竞争力的工业品、一系列创新的金融和商业服务。国债也是英国的主要对手无法匹敌的工具。它就像政府的信用卡，为国防提供资金，推行强硬的外交政策。这些优势联合起来促进了扩张，将英国的海外贸易从欧洲转向更广阔的世界。但这些成就产生的成本叠加在英国原本在欧洲支持汉诺威王朝事业的负担之上，同时增加了国债和相应的税负。七年战争把这些问题推到了政治辩论和公众感受的前台。辉格党激进派主张称，更自由的贸易和进一步的商业扩张将减少公债、降低税负。保守党和辉格党保守派则计划通过对殖民地增税来达到同样的结果。保守党在18世纪60年代初当权后，他们对印度和北美大陆殖民地施压，试图得到必要的额外收入。如果计划成功，英国国内的纳税人将不必额外纳税，改革运动将被削弱，政府官员也可以继续保住职位带来的好处。这一政策将在后来被称为社会帝国主义（social imperialism），即征收"帝国贡税"（imperial tribute）来平息国内的不满。

财政问题很快就变成了政治问题，因为征税权引起了对政府合法性的质疑，检验着政府是否能够行使它所主张的主权。英国和北美大陆殖民地的激进派有着相似的计划，也通过相似的渠道来证明他们改革诉求的正当性。皮特在议会强有力的演讲中宣布，对北美大陆殖民地征收的新税不合宪法，呼吁加强对国内政府问责，消除政府开支的浪费，改革重商主义法规。这些就像是为回应大西洋殖民地中忠实反对派领袖们的诉求所写的，甚至还可能是由他们自己执笔的。[218] 结果，乔治三世和他的大臣们对强迫性政策坚持得太久，寻求和解也为时已晚。不过，他们的政策是出于理性，而不仅是出于固执的爱国心。如果主权像布莱克斯通和其他权威人士所说的那样不可分割，那一旦英国对海外省区做出宪法上的让步，就很难在国内抗拒同样的后果，因为英国国内改革者也提出了与殖民者相似的要求。英国必须抵制激进派呼吁的变革，以免改变光荣革命后根深蒂固的权力分配格局。随着原本琐碎的收入、税收和开支问题达到了宪法的高度，改革派转向了哲学权威，试图给自己的计划确立公信力，最终证明反叛王权的正当性。长期以来，他们的论据都近在眼前。当政府的过分要求超越了人们忍耐的极限、耗尽了现有的忠诚时，他们就会提出并推广这些论据，将其加入政治宣传中。

保守派建立剥削式帝国的计划失败了。在印度日益增长的开支超过了收入，使英国继续对北美大陆殖民地施压。由于皮特和辉格党激进派显然不太可能重获权力，殖民者们得出结论，改革将受到压制。用宪法手段寻求改革已不再可能，英国政府的政策虽然时有摇摆，但本质上坚定不移，殖民地的反对派们不情愿地转向了独立以及取得独立的手段。他们的策略在冲突的动荡中不断发展，那就是首先保障政治独立，然后再处理经济发展和民族身份问题。克瓦米·恩克鲁玛（加纳国父）在20世纪40年代提出了完全相同的想法，当时他改编了耶稣"登山宝训"中的一段话，提出了自己的训诫。"要先求政治的国，"他敦促黄金海岸的追随者们，"一切东西都将加给你们。"[219] 这一训诫在非洲各处回响，鼓励其他领袖采取同样的优先目标。就像在18世纪一样，英国的政策处于压迫和撤退的两种选择间，英国首先尝试了前者，后来不得不选择后者。这一事例，可以改编伏尔泰的话来形容：历史是死者给生者开的玩笑。

北美大陆殖民地与英国的决裂采取了脱离英国而不是革命的方式。它始于一场帝国内部具有分裂性的内战，只有在1778年法国加入冲突后才增加了国际维度。殖民者们不是革命者，并不想颠覆英国的政治和社会结构，他们的目标是限制英国议会的立法权限，使其回到他们眼中宪法传统规定的范围。即便如此，脱离英国都是最后的选择：英国海外的爱国者们意识到自己应该变成新大陆的美国爱国者，故而采取了行动。如果认为殖民者是民族主义者或者是原型民族主义者，那就和事实相去甚远；尽管这长期以来都是主流史学中的话题，至今仍被一些研究者津津乐道，这些研究对历史的态度更多是在坚持民族神话，而不是动用适当的学术怀疑精神。[220] 美国革命是在民族主义出现前先进行非殖民化的例子。它既有大众基础，也有精英领导，但少有民族认同意识。[221] 它是一群心甘情愿者、不情愿者和无所谓者联合起来做出的努力。它的本质来源于一堆不同的动机，其中有些动机还自相矛盾。各州间的对立很常见，对中央集权的怀疑阻碍了它们互相协调，精英阶层和民粹主义者争夺控制权，继承下来的英国纽带则继续冲淡其他可能的联系。[222] 这场叛乱更引人注目的一点是，尽管它匆忙开始、资金短缺，但依然成功赢得了13个截然不同的殖民地的支持。

但在独立后，分裂主义者在开始思考建构民族之前，还需要先把国家建立起来。英国已经是一个国家，它与殖民者及法国的战争进一步强化了兴起的民族认同意识，助长了新保守主义的思想和政策。而在美国，宪法建立了联邦政府，在1861年前成功维持了合众国的统一。为了设计一种能被北美大陆所有殖民地接受的政府形式，詹姆斯·麦迪逊在研究了荷兰共和国的经验后，提议建立联邦制。[223] 这一案例似乎极为合适。尼德兰联省共和国在1581年建立，直到法军在1795年推翻了其政府。但帝国联邦和后殖民联邦有着不同的结构，它们的历史也各不相同。加拿大和澳大利亚联邦生命力持久，因为那里的移民有着足够的种族凝聚力和"种族爱国主义"，对英王室的忠诚也超越了本地各区域间的联系。[224] 中非联邦和西印度群岛联邦则历史短暂，因为它们是政治上走投无路的选择，其成员之间少有共同点。下章将讨论的美国联邦的历史则处于这两种可能性之间。南北战争预示着20世纪中叶其他非殖民化国家屈服于分裂力量的命运，而南北战争后的变革则成功维持了合众国的统一。

在更宽泛的背景下，美国革命是辩证过程的产物，这一过程驱动了早期全球化的发展。英国的军事-财政国家模式推动了经济增长，不过它达到了极限且最终限制了扩张。特许公司和私有商人共同创造了广阔的国际交流网络，将亚洲和欧洲联系起来，再将欧洲和非洲与新大陆联系起来。早期全球化有着充足的渗透力，在它触及的社会里留下了印记，虽然它缺乏19世纪工业化带来的变革力量。经济发展和人口增长使北美大陆殖民地超越了中央政府的控制能力。重商主义保护下经济的成功增长使移民涌入殖民地，扩大了出口产业，增加了来自伦敦城的资金流。它也给了殖民者们一定程度的影响力，使他们有可能发起反抗并赢得政治独立。经济扩张抬高了生活水平和人们的期望值。消费品开始了由奢侈品转向生活必需品的漫长演变，开放的土地则作为清晰而吸引人的诱惑，使人们将边疆向西推进。

从英国视角来看，北美大陆殖民地的繁荣使其成了难以抗拒的税收来源。然而，行业的不断细分和对外来资金依赖的增长，使殖民者们受制于英国国内市场需求的变迁和政策变化，而这些都不受他们掌控。七年战争后的经济不确定性，加上意料之外的税收需求和更严苛的法律法规，给北美造成了一段时期的财政紧缩，使债务人受制于外界债权人的要求。如果我们把托马斯·潘恩称为首位依附理论家，则可能不合历史，但潘恩确实明白，他直率提出的"依附"概念会在全球范围产生影响。[225]

英国重新加强中央控制的决定和此前"有益的疏忽"时期形成了对比，殖民者们已经习惯了实行一定程度的内部自治，因而英国的统治更不得人心。当双方的非正式合作在18世纪60年代被打破，殖民者的期望也灰飞烟灭：内陆充满机会的诱人前景消失了，精英们希望与英国同类人取得同等地位的愿望也被打碎。[226] 殖民者找不到新的合作者，而正像英国政策的反对者们指出的那样，由于当时的技术局限，英国的压迫措施注定要失败。此时，正如托克维尔的革命学说中提出的那样，在期望值不断下降的压力下，不列颠在北美大陆的帝国衰退了。

概括来看，美国革命可以视为对光荣革命遗产的争夺。进一步说，它也现实了孟德斯鸠准确的洞见：帝国结构的变化对应着其规模的变化，而英国无力实现这类变化。正如伯克在1774年所说的那样，"没有一种妙计可以防止……距离在削弱政府方面的影响"[227]"在大国中，"他似乎是在确认孟德斯鸠的学说，补充道，"权力的流通在最边缘的地方必须不那么强硬。"[228] 地理距离帮助北美大陆殖民地逃离了英国的统治，而地理位置的接近则使苏格兰在联合王国及海外帝国中得到了可观的利益，也使英国拥抱住自己的首个大西洋殖民地爱尔兰，得以维持统治，不过这个拥抱不情愿而有愤恨。直到19世纪下半叶，技术革新才使英国得以延伸政治力量以覆盖其经济利益，由此战胜"距离的暴政"。

虽然在细节上存在不同，但欧洲保守派与自由派的争论也在美国得到呼应。美国受到英国遗产的太多拖累，无法像彻头彻尾的激进派希望的那样"开启新世界"。尽管新生的合众国舍弃了君主制，但它也有欧洲各国在19世纪同样面临的问题：是重新建立一种军事-财政国家，还是建立一个"美德的"共和国。汉密尔顿无法完全实现他根据英国模式复制强大政府的计划。联邦主义限制了中央集权，有限的国防需求使军队留在原位。不过，汉密尔顿移植来的制度延续下去，为后来更大、更积极的联邦政府打下基础，超过了反联邦党人原本的设想。

长期以来，以物质追求为形态的"恶习"一直盘绕在约翰·温斯罗普（John Winthrop，马萨诸塞湾殖民地创始人）的"山巅之城"的山脚下，18世纪的经济发展又进一步抬高了危险的水位。然而，理想主义者确信，新大陆的条件将使他们建立一个敬畏上帝的政治体，不受欧洲社会腐败的污染。欧洲的改革派也宣扬了一种全新的道德秩序，他们许多人都相信这种秩序得到了《圣经》的权威支持。这场斗争的一大显著特点就是，美国是大英帝国中第一个艰难应对这些关于过去和未来观念的非殖民国家。因此，合众国的建国尝试值得关注，不只是从人们熟悉的美国本国史视角，也要采取被忽略的帝国史视角。

本章开头哈里·华盛顿的故事体现了欧洲军事–财政国家遭到革命撼动或推翻后所面临的难题：在面对扩大政治权利的诉求时，应该采取压迫手段，还是做出让步？哈里摆脱了弗吉尼亚的奴隶制，希望在新斯科舍得到自由，却发现自己遭遇了英国在塞拉利昂的新的威权式人道主义，他再次反叛，在内陆建立了自己的迷你共和国。我们不知道他的这个小社区是否成功平衡了美德与恶习。但我们知道，就像孟德斯鸠对大型政治体的预测那样，美国努力使自己的政府结构适应国土的扩大和人口多元化的增长，它的这场实验终结于1861年内战爆发。正像这场斗争一样，通往这个结果的道路戏仿了欧洲各国的历史事件进程；欧洲各国也在努力化解保守派和自由派间的竞争，避免爆发直接冲突，但通常事与愿违。

第4章

为独立而斗争

午夜之子[1]

"一个历史上少有的时刻到来了,在我们从旧时代踏入新时代之时,在一个时代终结之时,在一个民族被压迫已久的灵魂发出自己的声音之时。"[2] 1947年8月15日午夜时分,贾瓦哈拉尔·尼赫鲁找到了这个标志着印度脱离殖民统治的时刻,找到了这种"与命运有个密约"的感觉。1793年,当约翰·昆西·亚当斯在纪念美国独立10周年时,也感受到了一种相似的"崇高使命",正是这种使命最终建立了合众国。[3] 这两名演说家在展望未来的同时回望过去。在未来的艰难之外,亚当斯所说的"极乐的愿景"也在召唤。对尼赫鲁来说,未来的挑战在于把"自由和机会带给普通人","终结贫穷、无知和疾病",并且"建立一个繁荣、民主、进步的民族国家"。亚当斯则满怀"乐观的希望",相信"普世自由的美丽图景"将"在社会平等的持久基础上升起"。"我们今天庆祝的成就,"尼赫鲁用和亚当斯一样宏大的词汇总结说,"只是机会的开启,是迈向前方等待着我们的更伟大胜利和成就的一小步。我们是否有足够的勇气和智慧,去抓住这一机会接受挑战呢?"

亚当斯和尼赫鲁表达了所有反殖民运动在实现独立之际都共有的理想主义、成就感、自豪感和使命感。我们不能过度比较这两个事例,因为它们的背景和形态不同,发生的时代也不同。然而,将两者并列起来,可以鼓励学者重新审视美国独立后第一阶段的历史,使他们思考如何将研究转向新方向。

目前，对后革命时期的研究主要局限于北美大陆。主流著作虽然研究深入、论证完善，但在解释这一时期的主要发展过程时，并没有对外界因素给予太多重视。[4] 大英帝国史的专家则远离1783年后的美国史，将注意力转向留在或新加入大英帝国的世界其他地区。同时，研究北美大陆殖民地的历史学家则将他们的责任交给新一批专家，后者关注的是19世纪的国内发展。应运而生的历史研究汗牛充栋、质量喜人。在强调美国经历的独特性时，历史学家们如今又加入了"自下而上"的历史，将女性从长期的忽视中解救出来，使美洲土著在这一国家史诗中找到一席之地，并为非裔美国人的贡献提供了空间。这一转型与其他前殖民国家的史学研究完全一致，不过人们很少将两者做类比。所有的英国前殖民地都重写了它们的历史遗产，尽可能地减弱了与帝国的关系，强调了本地起源和主动性。

这些扩充虽然值得欢迎，但也有所牺牲。关注本国史最显著的后果是，学者们几乎完全忽略了同时代欧洲的发展，也无视了研究18世纪的历史学家努力重建的大西洋复合体。史学研究若是被国家边界所限制，那就会减少可用的思路，倾向于自我参照。这一倾向也许可以解释为什么对1783—1861年的历史研究扩充了而不是取代了原始的"主导叙事"；尽管如今这种主导叙事遭遇挫败，被加上限定条件，但它在本质上仍是关于自由和民主的传播的故事。关于这一时代的大部分叙事都遵照了熟悉的路标，由"杰斐逊革命"（Jeffersonian Revolution）开始，接着是"和睦时代"（Era of Good Feelings），然后是"杰克逊时代"（Age of Jackson），同时还得处理"市场革命"（Market Revolution）的内容。这条线索为理解当时的问题、人物和事件提供了清晰的视角，但大体上没有越出一个孤立的背景。[5]

正如第1章提到的，帝国史学家从不同角度看待这些问题，区分了正式独立和实际权力转移。本章的目的就是展现英国行使所谓"结构性权力"（structural power）的能力给合众国的发展留下了深远的影响。[6] 这一论点并没有假设英美关系的剥削性。"强制双边主义"（enforced bilateralism）在美国独立后不可能再持续下去，剥削的问题要么不再适用，要么就更为复杂，而无论结果为何，都超越了本书研究的范围。[7] 但结构性权力的概念确实有重大意义，因为它为国际关系设立了宏观参数（或"游戏规则"），塑造了新生合众国的领袖们拥有的各项选择。在这些参数下，相关方面通过"关系性权力"（relational power）来协商结果。[8] 接下来的讨论就将关注英美关系中结构性权力的三方面：政治选择、经济发展和文化理想。将这些主题结合在一起则表明，我们可以把美国的案例加入对拉丁美洲、亚洲和非洲的现有研究中，后面这些地区在试图将独立变为现实时也面临着相似的挑战。

19世纪上半叶，美国国内的政策争论改写并再现了同时代欧洲保守派和进步派价值观的争执。但美国的独特性在于它是一个前殖民地，同时拥有广大未充分开发的产业。要实现有效独立，需要建立政治体系，将一群多元而分散的前殖民地团结起来，保卫它们以抵御外敌。可是，联邦党和反联邦党间的竞争不断演进，威胁了统一大业。许多当时的人以及不少历史学家在看待这一时期的政治争议时，都采取了支持或反对"大政府"的各位总统的视角。但在这场争议之上，还有一场对更丰厚战利品的争夺：控制政府资源，不论这些资源从何而来。前殖民地国家及欠发达国家的政府通常控制政治任命、契约及配套服务，从而为脱贫及减少失业的目标提供了无与伦比的前景可能。同样，在美国，理念各异的政党互相竞争是为了取得联邦政府的资产，而正是从英国军事–财政国家模式中引进的制度大大扩充了这些资产，同时，各党也在努力提高州政府的权力，因为那是它们政治权力的基础。竞争性政治的结果之一便是任免权的扩大，当时人们将其称为"政党分赃制"（spoils system）。[9] 进一步的后果则是非殖民化史专家所称的"绿色起义"，政治舞台扩张到乡村，为新型民粹主义提供了出口。

尽管有人宣称这段时期发生了"市场革命"，但在这些政治斗争发生时，美国经济还处于欠发达形势下。[10] 就像在欧洲一样，所有经济活动都发生在农村秩序的背景下。这样的环境引发了对经济政策的激烈辩论，对应了欧洲关于保护主义和自由贸易的争议。一方认为，如果美国想实现有效独立，那推行工业化的城市经济至关重要。另一方则认为，占据美国主流的农耕特性不仅有利于经济增长，也将维护社会秩序，实现共和价值，保障政治体的独立。英国膨胀的资金流和商业关系，体现了它在美国显著的非正式存在，这种存在影响了这些政策规划的形态，也影响了支持这些政策的政党的命运。

　　一些王朝制国家在那个年代被推翻了，幸存的那些国家则被改革派和激进派的主张围困，当时的美国人就像欧洲人一样，仔细思考了主权和民族认同问题。美国国内的辩论也取决于它基于白人移民的前殖民地国家的身份。就像英国的其他属地（dominion）一样，在合众国，存在已久的文化连续性阻碍了非殖民化学者所称的"反文化"（counterculture）的发展。[11] 正如在其他地方，民族认同意识并非"初创时就存在"，而是漫长努力的产物。对英国文化的敬重并非轻而易举就能克服，尤其因为许多意见领袖仍与英国文化意气相投。此外，美国采用的联邦制确认了各成员州在联邦中作为主要政治单位的地位。到1861年，强烈的地方认同感已不断加深，以至于它们超越了基于共同文化归属的统一主张。这一时代最显著的特性不是合流，而是分流。

　　这些探究思路加强而不是削弱了美国自1783年后启动的伟大实验的独特性。国父们希望他们创造的政府将维持新国家的生命力。他们的继承者则启动了一项前所未有的事业，这项事业将在后来各种场合被称为联邦宪法下的"国族建构"。他们呼吁的自然权利原则在二战后成为正统并被重塑为人权原则。他们提出并争辩的经济政策将构成20世纪殖民地民族主义经济学说的重要部分。他们就同化和多元主义的观点争论不休，而当今的全球化世界仍在艰难应对这一问题。他们开启的实验既新鲜又勇敢，只有将其置于西方世界同时代其他运动的宏观背景下，才能充分体会它的重要意义。参议员威廉·H. 苏厄德（William H. Seward）在1853年看出了这些发展过程的重要性，把独立战争称为"这片大陆上非殖民化大戏的第一幕"。[12]

革命的话语和现实

　　关于美国革命的话语并未在19世纪消亡，它始终是有力的拉票武器，至今也是一样。不过，正如国家建构的现实侵扰了国父们的理想，汉密尔顿派和杰斐逊派的分裂也不再清晰。在印度获得独立后，新政府的注意力从反对殖民统治转向应对各种国内要求时，尼赫鲁经历了相似的转变。同样，恩克鲁玛追寻并找到了他的"政治王国"，但发现"一切东西"都不是轻易地"加给你们"。[13] 新生合众国的政策不断演变，受到历史经验的教育影响，也随着国家的大小和构成的变化而改变。新宪法并未在1787年带来有效独立，这仍是"进行中的工作"。

汉密尔顿派和杰斐逊派都同意，美国应该摆脱对英国的持续依赖，但他们对合众国应成为怎样的国家意见相左。[14] 汉密尔顿和他的继承者们设想的社会有不断扩大的制造业、强大的城市中产阶级，以及像他们自认为消息灵通、思维理性的精英阶级统治。他们希望模仿英国成功发展的先例，将其加以改变以适应新大陆的情况。他们认为，与英国这个前殖民大国保持良好关系非常关键，有助于美国经济得到它所需要的外国资本和市场。然而，与人们熟知的刻板印象不同，汉密尔顿深知借款必须受到严密的控制，债务需要按时偿还。相应地，他对领土扩张保持谨慎，因为他担心上升的成本会冲击财政收入，影响合众国的国防预算，损害它的信用等级。

另一方面，杰斐逊派则致力强化农耕群体，分散政治权威，为政府提供大众基础。杰斐逊对"自由帝国"的看法是偏向于领土扩张，他认为这可以创造一系列能够实现公民道德的小型共和体。代议制共和体中的爱国精神将确保公民道德即使在规模较大的州中都能繁荣发展。[15] 这将成为一个拥有宪法平等而不是社会平等的"帝国"（延伸的主权国家）：从法律层面看，每个新州都将复制最初的原型；从社会层面看，它将把种植园及奴隶劳动与独立农民融合起来，那些稳健的自耕农当时正飞快地从英国消失。

独立后的核心政治问题是，如何动用新生联邦政府的资源及正在扩大的选民群体投票，实现其中一派的计划并将另一派边缘化。双方政党使用的话语确保了双方相去甚远。但现实使它们都认识到，联邦政府需要足够权力来为关键的公共产品提供资金。[16] 托克维尔认为美国的权力太过分散，根本不算作一个国家，至少不算是欧洲人眼中的国家。这一判断只是他众多得体的夸张说法之一：联邦政府在19世纪上半叶非常活跃，远超过他的论述，也超过历史学家的传统认识。[17] 汉密尔顿创立的制度持续为军队提供资金，使其在扩张国家边疆、驱逐土著给白人移民让路时发挥作用。为解决各州间的土地权纠纷，在1790年估计有超过2.28亿英亩的土地被转让给了联邦政府。[18] 其他创新举措包括建立土地管理局、全国法律体系、邮政服务及专利局。此外，联邦政府也出资改善交通，补贴勘探活动。奴隶制成了完全受宪法保护的国家制度。[19] 联邦政府用其权力维持国内奴隶市场，封锁逃跑路线，追捕逃脱者，执行雇佣和销售的契约，将奴隶作为贷款的抵押品。[20] 人们持续就中央权力的范围和规模争论不休，但他们不再打算废除关键的中央制度，或者认为这种废除的想法只会制造问题而不是解决问题。

对19世纪国家权力增长的研究大都关注联邦政府，主要是因为各成员州之间的区别使人很难对它们一概而论。美国联邦在1821年拥有24个州，到1861年增加到了34个州。但近来的研究显示，需要重新思考联邦政府和州政府的关系。[21] 宪法对联邦政府的权力提出了正式限制，将其他所有事务留给了各州。分权给了各州广泛的权力，几乎可以影响生活中从奴隶制到道德观的每个方面。而且，许多州选择不像联邦政府那样颁布《权利法案》，而是引入18世纪英国的保皇派政策，即"治安权力"（police power），以此运转。这一原则授权君主代表属民来干涉民政事务。《权利法案》在联邦宪法中嵌入了洛克的自由主义，"治安权力"则给各成员州注入了霍布斯式的威权。其中有些州面积较小，其他一些州则人口稀疏。但在它们的疆域之内，它们掌握着庞大的权力。

州政府在行使强权和推动经济发展上的表现尤其突出。州民兵队在南方维护奴隶制的法律，在边疆地区则和小支联邦军队一起支持移民。各州都有财政收入需求，也受到选民的压力，需要提供机会和工作岗位，这促使各州在银行业和税收方面进行创新。[22] 19世纪上半叶出现了大量银行和特许公司。州立银行通过发明的新方法将税收和财政支出的受益者联系起来，成功发行了政府公债。来自银行利润的税收收入与投资收益成了各州预算的重要组成部分。各州在开发运河、公路和铁路上尤为积极，而联邦政府在这些方面力量有限。1787—1851年，各州在基础设施项目上花费的资金是联邦政府的7倍有余。[23] 因此，当时的真实情况并不是羸弱的各州将抵御联邦政府权力的膨胀视为最高目标，而是这些茁壮发展的政治体有着自己的理想，也至少有一定的能力实现这些理想。

所有政党都逐渐接受了现实，接纳一个越发壮大、多元的选民群体，尽管它们接受的程度不一。杰斐逊派放弃了他们早期对法国大革命的支持，因为海地革命戏剧化地展现了激进共和主义的全貌。相反，他们孕育了一种保守的农耕民粹主义，将自由与州权联系起来，拥抱"命定扩张"的理念，这为私人的主动性开辟了道路。[24] 他们用公民道德的古典概念来论证个人权利而不是公共义务。[25] 研究这一时期的专家通常认为，当时政治参与度的扩大是一大重要进步，帮助创造了美国独特的民主过程。研究非殖民化的学者则可能将其视为绿色起义的早期案例，即政治超越了城市精英限定的舞台，涵盖了大片乡村人口。[26] 安德鲁·杰克逊和甘地在其他方面都格格不入，几乎没有任何可比性，但在这方面却有共同点。

两大主要政党间的争斗产生了一个清晰的结果：杰斐逊派和继承他们的杰克逊派民主党人控制了国会，占据了最高法院，在内阁和军队中身处高位，在南北战争前的大部分时候都掌握着总统大权。[27] 1788—1850年的62年间，有50年时间都是由奴隶主担任总统。1789—1861年间的35名最高法院大法官中，有20人来自南方各州。[28] 这不是当时一些人声称的"奴隶阴谋"（slave conspiracy），而是公开行使了1787年宪法确认的权力。"绿色起义"也不能被视为民主传播的同义词。民主的概念确实在那半个世纪中发生演变，麦迪逊用直接代表制的原则来定义民主，他认为直接代表制在大州中不可能实现，而托克维尔则把民主等同于所有代议制政府。[29] 白人成年男性中确实有很大一部分都符合投票资格，其中许多人都投了票。[30] 但管理选举的各州政府显然也提出了过多条件，限制了穷人、女性、非裔美国人和美洲土著等其他人的投票权。[31] 虽然美国是共和制而大部分欧洲国家都是君主制，但这两种政治体制都促进了寡头统治及类似王朝统治的崛起。

杰斐逊派和民主党的支持者主要来自以蓄奴为主的南方。[32] 本章下一节将显示，他们的经济实力得益于奴隶制经济的扩张。他们的政治权力则大都来自宪法赋予的权利。宪法规定每个州不论大小和人口都可以选派两名参议员，这和为了和平大局而维持南北对等的非正式协议一道，确保南方能和其他各州在参议院有相同的代表权。由于杰斐逊派和民主党人在这段时期的大部分时候都控制着联邦政府，他们能够提供足够的赞助，通常能确保得到来自北方民主党的额外票数，从而维持参议院多数党地位。

众议院的政治平衡则更为复杂。"五分之三"条款（在决定各州席位的时候，5个奴隶被折算成3个白人）给南方的选票增加了可观的分量。[33] 人们通常认为这一条款帮助杰斐逊赢得了1800年争议重重的总统大选，其实这不太可能，但在之后的选举中，这一条款确实帮助一系列来自南方（特别是弗吉尼亚州）的候选人当选了总统。[34] 南方民主党人和他们的对手不同，受个人利益驱使，心无旁骛地坚定维护奴隶制，尊重党派纪律。此外，杰克逊总统在北方的主要代理人马丁·范布伦成了他们技术高超的政治中间人，他创造了"白人同盟"，成功防止奴隶制问题变成政治火药桶。

不过，南方的统治只是暂时的，必须依赖敏锐的政治操作。1819年关于承认密苏里建州的提案触发危机，考验了北方与南方在奴隶制问题上别扭的妥协是否牢靠。[35] 在那之前，政治平衡主要是靠一项非正式协议来维持，即新加入合众国的州必须保持"蓄奴"州和"自由"州的均等。但1803年的路易斯安那购地案（Louisiana Purchase）开辟了一片广阔的领土，这片领土在适当的时机将被分割成州加入联邦。由于未来新州的数量尚未确定，各方的雄心或绝望都可能刺激政治力量发生根本变化。[36] 密苏里领地（Missouri Territory）是一块潜在的蓄奴州。如果它的地位得到确认，那政治平衡的原则就将被抛弃，南方各州将得到决定性的政治优势。在漫长的谈判后，这一问题在1820年得以解决，办法就是人们所知的密苏里妥协案（Missouri Compromise）：允许缅因地区（当时作为自由州马萨诸塞的一部分）和密苏里一同成为新州，使蓄奴的南方和禁止蓄奴的北方将美国大平原分割成两半。这一事件确认了南方现有的宪法权利，并将这些权利拓展到内陆大片领土，直到19世纪50年代这一情况都维系着南北的平衡。

汉密尔顿派联邦党人并没有被逐出政坛。但在杰斐逊1800年当选后，他们就陷入混乱，此后就进入漫长的衰落期。他们的精英主义使他们脱离了大众政治的新时代，他们对1812年对英战争的反对则给他们贴上了不爱国的标签，毁掉了他们重整旗鼓的机会。

长期以来，杰斐逊在1800年当选为总统都被视为转型的时刻，美国从继承英国的保守体制，转向可以带来（或可以代表）民主资本主义的进步变革。[37] 然而，所谓的"杰斐逊革命"还达不到这些主张所指的程度。杰斐逊上任后的目标是实现他的农耕社会不断扩大的理想，同时制止政府过度中央集权，削弱萌芽中的金融业，将与英国的关系缩减到最小程度。[38] 他的领土扩张政策大获成功：1803年路易斯安那购地案将美国的面积翻了一倍，刘易斯与克拉克（Lewis and Clark）的远征队伍1804年从密西西比河畔的圣路易斯启程，1816年抵达太平洋，开辟了更大的天地。军队被动员起来，将美洲土著赶往西部，为欧洲移民开路。

但这些冒险事业的成本限制了杰斐逊财政改革的规模。尽管他成功削减了国债，但这一成就并未使美国彻底脱离过往的挥霍，而是延续了汉密尔顿18世纪90年代确立的节俭政策。[39] 其中一项短期结果便是，合众国的军事实力被削弱，应对外界威胁的能力受到制约。而杰斐逊决定废除一系列国内税的决定也带来了一项更长期的后果。这一举措同样延续了汉密尔顿将税负转向进口税的政策。但结果是，合众国加强而不是减弱了它对前宗主国和主要贸易伙伴英国的商业依赖，降低了取得经济独立的可能性。[40] 尽管杰斐逊对重商主义表示反对，但他用歧视性关税做的危险实验显示出，美国缺乏对前宗主国英国施压的实力。[41] 他的反英立场促使他反对在1806年更新《杰伊条约》（Jay's Treaty），但结果损害的是美国利益而不是英国商人的利益。次年，杰斐逊对美国出口实行禁运，以报复英国海军在法国战争中封锁欧洲且未能尊重美国航运中立权的行为。[42] 这一决定大为失算：对英国贸易的威胁对英国政策没有丝毫影响，而杰斐逊强硬政策的失败引发了1812年美国对英国犹豫不决的战争。[43]

1809年成为美国总统的詹姆斯·麦迪逊和杰斐逊一样，抵触联邦党的政策及英国持续的影响。[44] 在第一合众国银行的许可证在1811年需要更新时，他听任许可证过期，并在次年将美国带入对英战争中。结果，资金不足阻碍了他的战争行动，通货膨胀的加剧更是雪上加霜。麦迪逊不得不实行他此前反对的联邦党政策。[45] 他支持在1816年建立第二合众国银行，同年批准了一系列保护主义关税，模仿了英国发行长期债券的做法，接受了扩大陆军和海军的必要性。

麦迪逊1817年离任后，继任的詹姆斯·门罗在1817—1825年担任总统，确保了战时恢复的财政制度延续到了和平年代。门罗在任时期被称为"和睦时代"，这一提法出现于1817年，用来概括对英战争结束后的团结意识。门罗是来自弗吉尼亚州的种植园主和奴隶主，但他同时也是老一辈革命者的一员，是最后一位成为总统的国父。他和华盛顿一样，相信由志趣相投的精英组成的政府可以避免分裂的派系政治。这一精神促使他任命前联邦党人约翰·昆西·亚当斯担任国务卿，这也使他把联邦党的瓦解视为召集理性人士组建平衡政府的一个步骤。到1820年，联邦党的瓦解已使政府实际上变成了一党制。但派系政治的终结并未使"和睦时代"得以延续，这一时代成了历史上最短命的"时代"之一。1819年，金融恐慌造成了经济危机，次年，密苏里建州的申请造成了政治危机。

一党制政府在1825年被打破，马萨诸塞州的前参议员约翰·昆西·亚当斯成为总统。[46] 亚当斯过去是一名显赫的联邦党人，保留着强烈的汉密尔顿派倾向，不过作为门罗总统的国务卿，他采取了杰斐逊派的领土扩张政策，尤其在1819年通过谈判从西班牙手中得到了佛罗里达。[47] 亚当斯在1824年赢得大选，很大程度上是因为最初由1812年战争引发的不满情绪与日俱增。上任总统后，他试着实行了由政府领导的发展政策，但仍受南方控制的国会阻碍了他的努力，他在1828年输掉了连任机会。从那时到南北战争，杰斐逊派和他们在民主党中的继承人们成功阻止了各种需要大幅增加联邦政府权力的雄心勃勃的发展计划。

战争、经济发展和人口增长带来的问题为全新的政治行动铺平了道路。时势造英雄，这次英雄骑马而来。安德鲁·杰克逊将军在田纳西州的穷乡僻壤摆脱贫困，在19世纪二三十年代成为举足轻重的政治人物。[48] 他在参与1824年总统大选时已经广为人知，在1829—1837年担任总统，而他的继任者和长期盟友马丁·范布伦则在1837—1841年担任总统。[49] 杰克逊青少年时就参加了美国革命战争，在1812年得到了英雄的地位。他的立场尤其反英，作为民族主义者的资历无可匹敌。他在抗英战争中遭遇了残酷对待，也因此失去了亲人，这使他的仇英情绪不断加深，甚至超过了杰斐逊。正如杰斐逊一样，他对外来的金融制度抱有根深蒂固的怀疑，恐惧"金钱利益"不受控制带来的后果，特别是因为他也经历过负债的贫困和耻辱。[50] 他还是一名现实主义者。他的领土野心和对美洲土著的无情政策使他在渴求土地的移民中大受欢迎。他根据自己的优先目标调整对联邦政府的敌视程度。当联邦政策威胁到他在田纳西州的权力基础时，他毫无保留地表示反对。而当他自己进入白宫后，联邦权力却成了他实现目的的手段。

亚当斯在1828年总统大选中的落败标志着权力的转手。杰克逊是第一位不是来自东海岸精英阶层而是来自边疆州的总统。他在1829年的就职典礼让人感受到了人民的力量，当时被称为"暴民"的观众涌向了白宫。在马丁·范布伦的指引下，杰斐逊派变为民主党。[51] 被视为"官吏"的旧精英阶层被清理出联邦政府，新人到来，政党分赃制诞生了。人们对政府的态度发生了改变，公民道德被调整，而把公共服务变成了权利而不是义务。这名实干家推行的强硬政策吸引了南方奴隶主以及越来越多觊觎土著土地的流动移民。杰克逊的反智主义明显脱离了国父们见多识广的世界主义，也指明了未来的方向。到19世纪20年代末，杰克逊的支持率远超过了温文尔雅却苍白无力的亚当斯，后者的书呆子气和高超外交技巧使他被人视为精英主义者。这类精英在18世纪游刃有余，但在周围动荡的世界中茫然无措。这两人的思想从未达成过一致。杰克逊把亚当斯视为贵族气的极端主义者，认为他决心要扩大政府；亚当斯则认为真正有贵族气的是南方奴隶主，但杰克逊从未理解他古怪的幽默感。

少有总统像杰克逊那样始终处于争议之中。专家们为那个永久的问题争论不休，有的认为杰克逊是民主的先驱，磨刀擦枪捍卫乡村的多数人口，也有的认为他是威权的白人至上主义者，试图与进步的潮流背道而驰，在本书中，我们可以搁置这一辩论。[52] 另一种看待杰克逊在美国历史地位的方式更符合本书描述的非殖民化历程，即把他视为绿色起义的最早领袖之一，这场运动在19世纪边疆移民中蔓延开来。杰克逊并不像人们通常认为的那样为扩大投票权做出了多少贡献，因为当时投票权已非常普遍。[53] 他的成就在于用民粹主义纲领动员起扩大的选民群体，使杰斐逊派的州权、领土扩张和最小政府原则重焕活力，也迎合了人们对外国影响的敌意。

在这方面，我们应该将杰克逊与同时代在拉美各新生共和国获取权力的领袖做一比较，比如胡安·曼努埃尔·德·罗萨斯（阿根廷省长及阿根廷邦联的统治者）和何塞·安东尼奥·派斯（委内瑞拉独立战争领袖）。[54] 他们同样是军事领袖，参加过反抗殖民统治的战争，也是具有领土和政治野心的地主。像杰克逊一样，他们脾气急躁，反应迅捷。他们的领袖魅力中结合了军事荣誉和平易近人的品质。[55] 这些人的崛起得益于后殖民时代政治的极端流动性，他们吸引一批拥护者，以此夺取并重塑政权。他们作为守门人打开了获取政府资源的大门。金钱赞助或者说是"政党分赃制"润滑了他们政党组织的运作，而政治上的大动作则使他们时刻行动。他们清理土著社群，为"现代化"开路，协助建立新的农业出口经济体系，而这为他们的政治地位提供了物质资源。1844年，美国国务院派驻布宜诺斯艾利斯的一名"特别代表"略带夸张地称罗萨斯是一名"真正的杰克逊将军式的好汉"[56]。尽管杰克逊可能不是一名"考迪罗"（caudillo，拉美的军政领袖），但他无疑显示出了"考迪罗"式的素质。他的反对者指控他有君主野心，称其为"安德鲁国王"，其实"最高领导"（El Supremo）这一共和式的头衔才更适合他。[57]

杰克逊派民主党人在上位后推行了民粹主义纲领，造成了这一时期的三场主要政治危机：攻击此前的关税政策、冲击国家银行，以及试图消除国债。这些事件已得到了大量研究，通常被视为19世纪上半叶试图根除外国腐败影响，使政治体坚决转向自给自足与自我维持的最持久尝试。它们无疑体现了杰克逊继承自杰斐逊派传统的优先目标以及他决断行动的能力。它们也展示了政治私利和经济现实是如何冲淡所谓的激进野心的。

杰克逊1829年上任后应对的第一项重大经济问题，是他的前任约翰·昆西·亚当斯在此前一年批准的联邦进口关税。[58] 直到19世纪20年代，保护主义关税在汉密尔顿派的国家发展纲领中都占据关键地位，它提供了可观的财政收入以偿还国债，也通过政府的慷慨支出的方式来回报选民的支持。1816年关税抬高了税率，1828年关税则进一步上涨，被反对者怒斥为"可恶的关税"（Tariff of Abominations）。这些举措加强了北方对联邦党政策的支持，也吸引了中西部的支持。19世纪20年代，这两个地区总共获得了超过了三分之二的联邦支出。[59] 对"可恶的关税"的攻击则主要来自南方，尤其在深受战后经济危机创伤的南卡罗来纳州。该州发起挑战称，联邦政府无权在财政收入需求之上再征收额外关税。此后发生的紧张对峙被称为"拒行联邦法危机"（Nullification Crisis）。[60] 这场纷争一度有可能分裂联邦，直到1833年双方剑拔弩张后迎来妥协，危机才得以平息。

杰克逊决定与南卡罗来纳州保持距离，这对危机的最终结果至关重要。此时，他对南方同胞的忠诚让位给了确保民主党维持联邦权力的需要。[61] 足智多谋的范布伦设计的巧妙策略让杰克逊得到了他所需的政治支持。最终的协议决定，在接下去的10年中分阶段降低关税，于是关税开始下降（除了1842—1845年的短暂中断），直到南北战争爆发。[62] 知名经济学家阿尔弗雷德·马歇尔在1919年写道，这项关税"往自由贸易的方向大步发展"[63]。其结果是加强了英国与南方的商业纽带，也帮助民主党人保住了对国会和总统职位的控制权。

1830年，总统否决了用联邦拨款改善交通的法案，不是因为他反对经济发展或反对一切联邦拨款，而是因为他找到了削弱国会中政敌势力的方法。[64] 杰克逊宣称，提案中的州际公路意味着联邦政府要违反宪法，延伸权力；他还强调，交通政策最好由各州单独决定。[65] 民主党支持这一论点，担心联邦权力扩大及其对奴隶主的影响。中西部农民也产生了共鸣，只要改善交通对他们有利，他们就很乐意攻击"大政府"。中西部切断了与北方的政治联盟，转而效忠南方。直到南北战争前夕，交通成本的降低及海外市场的扩大都使低关税符合中西部的利益。[66] 引起争议的并不是进口关税的原则，因为这一原则由汉密尔顿建立，由杰斐逊支持，也符合杰克逊的需要，但关税水平却使人们出于政治和经济原因而持不同意见。一旦各方达成了妥协，杰克逊就毫不迟疑地批准用联邦拨款支持那些不那么敏感的项目，或者补贴从事交通改善工程的私有承包商。[67]

在各方协商关税协议的同时，杰克逊也在继续推进将政府业务剥离出第二合众国银行的计划。[68] 他把银行的主要北方支持者标为腐败"宫廷"利益的代表，把自己塑造为"乡村"价值的捍卫者。他批评银行限制了自由，抨击他所说的"金钱贵族"和持有约25%银行股份的外国（主要为英国）股东。[69] 他的言论迎合了"社会中更谦卑的成员"，这些人既不太可能同情有权有势者，又不太可能同情外国投资者。同时，他对州权的呼吁赢得了债务人和潜在借方的支持，特别是在南方和中西部，这些人憎恶第二合众国银行能够对约200家基本不受监管的州立银行施加货币约束。[70] 当第二合众国银行的许可证在1832年需要更新时，杰克逊拒绝延长时效，转而将政府储蓄转到了各州银行。当1836年许可证过期时，已被削弱的第二合众国银行变成了宾夕法尼亚州的私有银行，后来在1841年悄无声息地破产。

第二合众国银行的消亡似乎为杰斐逊派长期坚持的一项政治原则提供了直接的现实案例。但和杰斐逊不同的是，杰克逊并非反对一切银行：他只反对在他眼中发展不受限制的国家企业，这家扎根北方的国家企业已成了一支敌对力量。[71] 对当地银行的税收增加了各州收入，而联邦银行则支持了联邦政府。[72] 但杰克逊的胜利稍纵即逝。美国银行的消失导致州立银行在竞争中快速发展，这在1837年导致了大规模金融危机，也使杰克逊指定的继任者马丁·范布伦在1840年失去了连任的机会。[73]

杰克逊在1835年成功还清了国债。他的这一卓越成就在美国历史上前所未有，但只持续了一年时间。之后，联邦借款继续下去，自那以后便不断膨胀。在杰克逊看来，债务使多数人受制于少数人，将国家和外国金融利益捆绑起来。只有还清债务，才有可能建立一个真正自由、自给自足、道德高尚的共和国，管辖这个共和国的政府规模不大，因此表现良善。同时，他也考虑到债务有利于北方金融利益，会给联邦党和辉格党提供播撒政治好处的机会。然而，中央政府的缩小也伴随着借款能力的削弱，包括降低吸引外国资本的能力，而外资对国家建设有关键作用。1846年，联邦政府正式恢复了借款能力，财政部被授权发行短期票据和长期债券，这两者都为吞并得克萨斯州和打墨西哥战争提供了重要资金。[74] 即使杰斐逊派试图像汉密尔顿派一样偿还债务，他们也仍然挥金如土。

支持南方统治的有利条件可能发生变化，而动态的发展也确实使这些条件发生了变化。北方和中西部的人口增长开始打破力量均势。杰斐逊1800年成为总统时，众议院中有106个席位。到1840年，当辉格党首次控制了众议院和总统职位时，众议院席位上升到了242个。1790年，南方各州可以确保得到众议院46%的席位。到1860年，他们的比重下降到了35%。南方对国会的控制越发依赖与中西部的联盟，这使民主党在1850年仍能控制众议院四分之三的席位和参议院三分之二的席位。[75] 然而，范布伦1841年卸任后，他精心设计的南方与其他各州的联盟开始瓦解。在北方，投资棉产业的银行家与商人此前带头与南方结盟，但新一代制造商和工匠为国内市场从事生产，他们支持保护主义而不是自由贸易，冲淡了南方传统盟友的影响。[76] 其中许多企业家都有着福音派和人道主义倾向，和劳工改革者、女权主义者及其他人群一起推动废奴事业。[77] 同样重要或者更加重要的是，移居中西部的自由农民群体扩大，开始有更多人反对南方在新领土扩张种植园体系。[78]

联邦党适应绿色起义的速度较为缓慢，但该党余部在1834年修正了他们的精英主义偏好和亲英立场，在辉格党的旗帜下重整旗鼓，将自己重塑为人民的护民官，拥抱美国例外主义思想，将保护主义和民族主义联系在了一起。[79] 虽然辉格党在1852年因种族划分和奴隶制问题而分裂，但大部分人和北方自由土壤党（Northern Free Soilers）联合起来，在1854年建立了共和党。[80] 该党的目的是在杰克逊的挑战面前捍卫汉密尔顿传统，超越自身的精英主义形象，吸引新的社会群体，在中西部扩张中推动自由劳动和自由土地事业。[81] 与此同时，民主党中一支被称为"青年美国"（Young America）的进步派力量呼吁通过经济扩张和州政府出资公用事业而在中西部争取支持，考验了杰克逊正统力量的团结。[82] 到19世纪50年代，两党中的改革派都把自己视为"现代人"，对1848年革命表示支持。[83]

更大的分歧还在眼前，第5章将对其进行探讨。同时，这里的评估显示，我们需要重新考虑美国独立政治的一些标准研究方法。这一时代的主题不是"杰斐逊革命"及杰克逊时代的"续集"所描绘的自由民主的崛起，而是由南方利益主导的蓄奴政治体制得到确认和延伸。杰克逊和他的继承者们追求的不是废除联邦权力，而是驯服它为自己所用，同时扩大自己在本地的财富。汉密尔顿派和杰斐逊派都希望实现脱离英国的有效独立，但他们都没有成功。在1861年前，杰斐逊派占了上风，但对经济关系的研究将会表明，他们的做法加强而不是减少了合众国对前宗主国的依赖。

依赖型发展的困境

政治独立显然与经济发展紧密联系在一起，而且这两者不能轻易被拆散。然而，这一时期的经济政策和后果还有一些额外的特点需要我们专门关注。经济史学家可嘉的研究展现了其中的主要趋势，并在现有数据的限制下精确地量化了这些趋势。[84] 研究这一话题的主要方法试图解释这个在20世纪变得庞大而基本自给自足的经济体是如何兴起的。这里提供的视角则颇为不同，把这一时期的美国视为一个案例，即欠发达经济体在持续的准殖民影响下做出转型的早期尝试。

所有政党都同意，给满怀期待的公民们"带来好处"并使美国摆脱对前宗主国的依赖非常重要。核心问题在于如何才能最好地实现这些目标，这一问题在18世纪90年代提出，在整个19世纪得到了辩论。[85] 在一系列著名的交锋中，汉密尔顿和杰斐逊为后来持续不断的争论打下了基础，包括政府在经济发展中的作用、制造业和农业的相对优势、银行和信用工具的好处和危险，以及保护主义和自由贸易各自的优点。[86] 正像此前概括的那样，汉密尔顿的经济民族主义旨在通过融合政府行动、个人进取心和新型信用工具来振兴制造业。[87] 另一方面，杰斐逊关于独立国家的愿景则将重农主义者重视的自我维持的农耕经济基础与斯密描述的市场扩张结合起来。这两种计划在美国的竞争预示着20世纪下半叶前殖民地国家和世界银行艰难制定的政策，尽管美国的这一先驱角色鲜为人知。

汉密尔顿在1791年提交给国会的《关于制造业的报告》是一份开创性的文件，影响了弗里德里希·李斯特鼓励"后发"国家工业发展的方案，对现代发展政策史的贡献比学者们认为的还要大。[88] 汉密尔顿的目标是"使美国在军事和其他关键必需品供给上独立于外国"。[89] 为了这一目标，他强调本国制造业可以通过与经济中其他产业的联系增加价值，从而消除"任何种类的依赖"。[90] 他进一步辩称，农业和工业远不像当时人们通常声称的那样"互相对立"，而是有互补关系，它们共同带来的好处会把北方和南方团结在一起。[91] 这一点非常重要，因为他的最终目标是为了显示，"不只是一个国家的财富，还有一个国家的独立和安全，似乎都与制造业繁荣有着物质上的联系"。[92]

汉密尔顿承认，英国的商业和金融纽带对合众国的繁荣至关重要，但他希望引导这些纽带促进国家发展。1794年，他协助策划了《杰伊条约》，重建被革命年代打断的对英贸易。条约给予两国互相的贸易最惠国待遇，因此改变了重商主义体系，并将有限的几个英帝国市场开放给美国。[93]《杰伊条约》在美国备受争议，因为人们认为它使美国的经济利益屈从于前宗主国。[94] 在条约签署前，边沁就清晰地看到了未来的趋势："在分裂前，"他在1793年观察这些前殖民地时说，"英国垄断了它们的贸易，而在分裂后，英国当然失去了垄断权。那么它们与英国的贸易现在减少了多少呢？相反，贸易额大大增加了。"[95] 反对意见非常普遍：杰斐逊派倾向于与法国结盟，南方各州则愤怒于谈判未能使它们因战时逃脱的奴隶而得到赔偿。最终，参议院以微弱的多数票通过了条约。人们不得不面对现实：美国被迫承认它仍然依赖对英贸易，也不得不间接地承认它的繁荣和安全取决于英国皇家海军提供的保障。[96] 麦迪逊在1823年总结了美国的处境："有英国的舰队和财政资源与我们相连，我们应该能安全地面对世界其他地区了。"[97]

1812年战争后，亨利·克莱（Henry Clay）在汉密尔顿的计划中加入了关税保护，并将其发扬光大。克莱是19世纪上半叶美国最显赫的政治人物之一。[98] 到那时，汉密尔顿对合众国内陆扩张的保留意见已被经济增长和大片新加入的土地压倒了，北方的人口和制造业发展壮大，自由移民也被鼓励搬到中西部。此后，扩张基本能够自行推进。这些发展改善了进口替代产业的前景，加强了对克莱提出的"美国体系"（American System，其名与"英国体系"对立）的支持，这为后来辉格党–共和党的经济政策打下了基础。"美国体系"的目标是通过关税保护、改善交通和管理土地出售等新重商主义政策实现国家经济独立。[99] 克莱在1820年宣称，英国的目标则是维持美国作为"英格兰的独立殖民地 —— 政治上自由，商业上被奴役"的地位。[100] 12年后，克莱依然确信，美国尚未脱离他所称的"英国殖民体系"[101]。英国这个重商主义帝国在18世纪以不利的条件将殖民地与宗主国捆绑起来，而新的威胁在于，在宣布政治独立多时后，南方对低关税或自由贸易的要求反而使美国更紧密地束缚于过去的宗主国。在克莱看来，南方呼吁的那种自由贸易如果实行，将导致"这些州在实质上遭到再殖民，受大不列颠的商业统治"[102]。克莱认为，要实现独立，需要对进口工业品征收关税，以保护本国的新生工业。

　　汉密尔顿的计划和克莱的"美国体系"得到了亨利·凯里（Henry Carey）的强力支持，他的父亲马修（Matthew）自18世纪90年代起就持续呼吁贸易保护。[103] 亨利·凯里（和他父亲一样）作为公共评论家而出名，在19世纪中叶被视为美国首屈一指的经济学家。[104] 他起初倾向于自由贸易，但在19世纪40年代带着新入教般的狂热拥抱了保护主义，他加入了辉格党–共和党，最后结束了作为林肯总统的首席经济顾问的公职生涯。转向保护主义后，凯里不放过任何机会指控英国体系为"自由贸易专制主义"，称这一体系"是那些宣称'劳动人民（不论白人还是黑人）的自然状态是奴隶'的人忠实的盟友"。[105] 在凯里看来，自由贸易不过是一个使美国继续依赖英国的阴谋。[106] 他欢迎1842年的保护关税，称其为"新的独立宣言"，批评原有的关税"只说不做"。[107] 凯里认为，英国在1846年实行的自由贸易政策加强了美国对前宗主国的依赖。确实，"在大多数情况下，我们都被英国的大资本家统治，而我们的制度……完全使这些殖民地继续对英国俯首帖耳"[108]。如果美国要"真正独立"并（按杰克逊的话说）实现"美国化"，那它需要用关税保护来扶植新生工业。[109] 这些论断都是在1865年而不是1845年做出的。如果凯里所说属实，那美国在南北战争末期依然受制于英国。

杰斐逊和他的继承者们期待（并怀念）一个繁荣的农耕世界，维系这种繁荣的将是健壮、独立的盎格鲁-撒克逊自耕农（以及健壮、有依赖性的奴隶）。[110] 尽管他们对前工业社会的理念过于理想化，青睐自力更生，但他们也承认维持农业群体的活力需要市场经济。[111] 然而，他们憎恶国债，把"金钱利益"视为魔鬼最宠爱的使者。[112] 他们也反对汉密尔顿想推进的以城市为主的大规模制造业，尽管他们认可工匠的重要性，认为他们会为本地社区生产，并像《曙光女神报》在1802年写的那样，有助于避免"任何类型的依赖"。[113] 他们的最终目标是建立庞大而自给自足的国内经济，消除对英国贸易和金融的依赖。

但在即将实现这一目标之前，杰斐逊和他的继承者们不得不调整他们的理想以适应现实情况。他们大量借款来为领土扩张出资。到1816年，他们已经如杰斐逊所说，承认了"工业品如今对我们的独立和我们的舒适生活都非常必要"。[114] 他们承认蓬勃发展的农业经济需要海外市场，尽管国际分工造成国内的不平等，损害了创造农业社会和谐秩序的希望。这样的必要性转而使杰克逊派民主党人成为自由贸易的坚定倡导者，他们认为自由贸易可以确保棉花出口以有利条件进入外国市场，并在进口工业品上得到互惠的低关税。[115] 南方成了一块半殖民经济"飞地"，越发忠于与英国的关系。南方各州的评论家都认为，该地区已成了依赖型经济，但他们对其后果的预测意见不一。最终他们达成妥协，满足于依赖的好处，并将依赖的坏处怪罪到外人头上。[116] 繁荣使依赖变得可以忍受。

这两种视角的斗争聚焦于关税政策，并像我们所见的这样，在当时的政治和意识形态辩论中同样占据主要位置。1833年达成的关税妥协中止了克莱的"美国体系"的推进，维持了他激烈反对的低关税（或者至少是相对较低关税）殖民经济。因此，关税的保护作用并不算大。[117] 不过，随着东北部人口增长，工业品生产在缺乏足够的保护政策下仍然扩大。南方的棉花出口也从19世纪20年代起显著增长，尽管种植者们抱怨进口消费品的高关税抑制了他们的进取心。[118] 关税真正的重要性在于，它为19世纪的所有联邦开支提供了近一半资金，把合众国团结了起来。[119] 贷款则是第二大资金来源，在1790—1860年间，这两者相加起来占据了联邦总收入的近90%。消费税和人头税更难征收，也容易激发政治不满，美国经济和整个国家直到1913年才准备好开征收入所得税。大部分联邦开支用于国家建设，尤其是军事开销。各届联邦政府不论正式立场和对立言论，都利用关税收入和借款在北美大陆上获取土地。尽管政府资金依然取决于国际贸易的风向，关税水平可能（也确实）受到激烈辩论，但关税存在的必要性却不容争辩。

南方的政治权力以棉产业为基础，棉花是1803—1937年间美国主要的出口物。[120] 1820—1860年间，美国占据了全球原棉产量的80%，其总产量的75%被出口，其中超过50%被运往英国。[121] 1830年，主要来自弗吉尼亚州和南北卡罗来纳州的棉花、烟草和稻米占了美国出口总额的三分之二。棉花产量通过一系列供给侧的改进措施而膨胀，最初得益于轧棉机的发明与欧洲扩大的需求。产量增长也使奴隶劳动增加。1760年，北美大陆殖民地只有不到40万名奴隶，而到1860年，已达到了近400万。交通设施也得以改善，最初是公路和运河，到19世纪40年代变成了铁路，这在南方扩大了种植棉花的土地，将中西部与国际经济联系起来。1846年英国采取自由贸易政策后，新的大型谷物市场开放了，大草原地区成了主要受益方之一。来自中西部的粮食出口量从1840年的寥寥200万蒲式耳涨到了1860年的3 200万蒲式耳。根据这样的增长速度，大草原地区的新贵们自信满满地展望未来，想将这一地区变成"世界的粮仓"。[122]

1846年前，保护主义者和自由贸易者的争执得到调和，一部分原因是他们断断续续地试图与英国谈判互惠协议，希望双方共同改变关税水平的措施能打开被保护的帝国市场。[123]《杰伊条约》在1806年失效并未获更新，此后，英国就在关税问题上把美国视为外国。1815年签订《互惠法案》（Reciprocity Act）后，美国又与其他一些国家签订互惠协议。但最大的目标是与英国达成协议。尽管人们不懈努力，但这一目标始终未能化为现实。英国人做出了微小的让步，但牢牢坚持帝国保护主义的原则。正如英国外交大臣卡斯尔雷勋爵（Lord Castlereagh）在1819年观察到的，正式接受美国的提议将"导致全盘颠覆英国殖民体系"。[124] 他的继任者们也意见一致。美国的另一项策略是在帝国网络之外开发市场，但正如约翰·克莱反复指出的那样，若是美国不能首先以具有竞争力的价格制造一系列工业品，那这一计划也不可能实现。

19世纪上半叶，英国始终是合众国首要的贸易伙伴及海外金融来源。两国间的商业联系在美国独立后加强，并随着重商主义限制政策的瓦解而进一步扩大。[125] 直到南北战争前，美国始终坚定地倾向于（按人均进出口来算的）海外贸易。比较优势产生了基于农产品的典型的殖民地出口依赖模式。美国在商品贸易上面临逆差，但部分逆差被隐形收入（主要是航运服务）及资本流入抵消了。美国运到英国的出口物（以及再出口物）在1795—1801年间占出口总额的35%，到1849—1858年上升到42%，而此时的出口总额也大幅增长。这一比重虽然可观，但还是低估了英美联系与日俱增的重要性。1849—1858年间，美国也把占总额23%的出口物运往西印度群岛，主要是运往那里的英属殖民地，英属北美（加拿大）也占了出口总额的另外8%。此外，随着蒸汽轮船服务自19世纪40年代开始发展，美国失去了它在运输业中的地位。1864年，美国航运利益集团的代表们哀叹道："此时此刻，我们在往返于世界任何国家（古巴和巴拿马除外）运送我们的公民、信件和商品时，完全依赖外国的旗帜。"[126] 这些"外国旗帜"大部分是英国的。

英国提供的信贷额度比欧陆竞争者提供的额度更便宜，在革命后仍像过去一样继续将伦敦城和美国商人联系起来。[127] 布朗家族的历史就显示出英国影响有多么持久，与美国利益结合起来又是如何创造出一种符合国际商业要求的世界主义网络。[128] 亚历山大·布朗（Alexander Brown）是来自阿尔斯特的亚麻商人，在18世纪末移民美国，到巴尔的摩定居，在1800年建立了布朗家族。这一"王朝"与各种嫡系和旁系家庭网络一起像跨国组织那样运作，正如拉塞尔斯家族在18世纪所做的那样，促使不断扩大的英美商业关系得以融合。[129] 19世纪上半叶，布朗家族的公司扩张成为北大西洋贸易的主要进出口企业之一。从19世纪30年代起，这家企业专注于金融，通过纽约、费城、利物浦和伦敦的支部进行管理，成为供应短期商业预付金、提供信用证、议付汇票的首要中间商。布朗家族在1837年金融危机中差点被击垮，不得不寻求英格兰银行的支持。考虑到当时这家企业的重要性，英格兰银行同意预付给他们200万英镑，布朗家族拿走了其中的100万，并且在几个月内全部偿还。

布朗家族逃过一劫后进一步扩张，得到了更广泛的认可：亚历山大的儿子威廉在1846年成为自由党议员，在1863年被授予爵位。国际资本主义与贵族完全达成联合：布朗家族不再需要当众展示或清洗阿尔斯特的亚麻了。更大的荣誉还在前面。这个家族企业与英格兰银行的联系在1887年大为加强，布朗·希普利公司（Brown Shipley）的合伙人马克·科利特（Mark Collet）爵士被任命为英格兰银行行长，他的外孙蒙塔古·科利特·诺曼（Montagu Collet Norman）同年加入公司，在1920年继任为英格兰银行行长，在1944年作为诺曼勋爵退休。

英国资本的影响远超过美国对短期商业信贷的需要。伦敦城一开始就参与了美国长期的国家建设事业，后来在其他属地及拉美各个共和国中也是如此。[130] 1792年，股票和债券市场在纽约建立，在1817年其正式成为纽约证交所。不过，当地的资本市场虽然融合得越发紧密，得到的投资也与日俱增，但它们规模太小，不足以满足合众国不断扩大的需求，而应对这些需求的主要是英国的商业银行。[131] 因此，伦敦城和美国的关系在美国独立后反而比殖民时期更加密切。一个非正式的跨太平洋金融联盟形成了，它的目的是在两国间维持良好的关系。政治家们为选票煽动反英情绪，银行家们则联合起来不让这种情绪失控。[132]

1789—1853年间，合众国收到的长期外国投资增长了12倍。[133] 英国提供了超过75%的投资，其中大部分都去往联邦和州政府，作为经费去改善运河、公路和铁路，扩大行政服务。[134] 伦敦城为第一合众国银行和它的继承者们提供了资金。1803年，该银行约三分之二的股份都由外国持有，其中大部分都属英国。同年，超过一半的美国国债在外国人（主要是英国人）手中。[135] 这一比例在1828年降到了约三分之一，其中四分之三由英国投资者持有。1835年，杰克逊总统利用这一下降趋势还清了国债，希望排除外国金融的影响。然而，债券持有人很快就回归了。到1853年，一半的国债再次被外国持有，几乎全部都由英国投资者控制。在伦敦城的大量帮助下，美国在19世纪末成了世界上最大的债务国。在这一案例中，最大债务国的地位确认的是合众国的信贷可靠性，而不是它的铺张浪费。

为美国提供长期资本、为特殊需要（尤其是领土扩张）募集贷款的各商业银行中，1762年由弗朗西斯·巴林在伦敦城建立的巴林兄弟公司（Baring Brothers）是最重要的一家。[136] 巴林兄弟和布朗家族一样，创造了一个横跨大西洋并延伸向亚洲的英美网络。[137] 该公司在18世纪70年代开始参与北美金融业，为英国打击反叛殖民者的战争提供资金和补给。1783年后，巴林兄弟协助新政府偿还战争债务，也相应地从1787年宪法中得到了稳定的保证，从1794年《杰伊条约》中得到了信心，这些文件确认美国会偿还独立前对英国债权人的债务。巴林兄弟主导了路易斯安那购地案的谈判，该案在1803年将美国的面积翻了一倍；这是对资本的非凡进献，即使是最新、最敏感的政治边疆都会感受到资本的力量。[138] 接着，公司又提供了完成协议所需1 150万美元中的一大部分资金（在15年间以6%的利率偿还）。作为回报，美国政府任命巴林兄弟为美国官方在伦敦的代表。

甚至在杰斐逊被选为总统、政治情绪中充斥着反英言论后，市场也认为那种将会危害财产权的激进主义已经被扫地出门。市场的判断是正确的。巴林兄弟在1812年战争中继续提供资金，以偿付利息给债券持有者，在1815年协助促成了和平。他们在19世纪20年代向州政府提供了第一批贷款，自19世纪40年代起出资建设铁路，在1846年为联邦政府对墨西哥"可打可不打的战争"提供资金。[139] 19世纪上半叶，这个新国家的生存和发展很大程度上都仰赖伦敦城的金融支持。

没过多久，巴林兄弟就像布朗家族一样，在取得金钱成功的同时得到了社会地位。革命者正在法国围剿金融家，而英国政府则在提拔伦敦城的知名人士。弗朗西斯·巴林在1793年被封为男爵，次年成为议员。他的儿子和继承人亚历山大在大西洋两岸都声名显赫。1796年，他从东海岸最富有的一名商人那里买下了缅因州125万英亩的土地，并在两年后与这名商人的女儿结婚，加固了联盟。他策划了路易斯安那购地案，在1812年战争中领导公司在敌对阵营间生存，此后又越发积极地致力于英国政治。他在1806—1835年间担任议员，坚决支持自由贸易，正像他坚决反对激进政治改革一样。到他在1842年作为第一位阿什伯顿男爵（Baron Ashburton）被选入上议院时，他的保守主义倾向已和他的广大产业一样显而易见。

　　大西洋上的商业与金融往来把美国暴露在国际贸易的波动之中，这些波动背后的推力超越了美国的国界，也大都不在它的控制范围内。乔治·华盛顿曾建议继任者们维持外交中立，杰斐逊在1801年遵循了他的道路，宣誓避免"纠缠不清的联盟"[140]。但他们都无法控制与外界经济融合带来的后果，在缓解这些后果对美国国内的影响上也鲜有作为。在理论上，南方有潜力通过控制对英国的棉花供给来得到垄断利益。但在实践中，棉花生产者们无法把经济力量转化为政治行动。宪法禁止了本可以抬高棉花价格的出口税。[141] 生产者本可以组成卡特尔，限制供给来抬高价格，但这也从未成功运作。[142] 棉花价格以拍卖的形式通过竞争决定，体现了欧洲的需求以及天气条件造成的不可避免的供给波动。中西部农民的处境则更为脆弱，因为美国第二重要的出口物小麦在1830—1850年间只占据了英国市场不到5%的份额。[143] 虽然有不同原因，但这两个地区的出口商都是价格接受者而不是定价者，而且被两大遥远因素的震荡所左右：一个是上天，一个是外部需求。

　　革命战争造成的破坏打断了18世纪下半叶已经开始的经济扩张。但在1783年后，美英间的商业关系很快重建起来。关系调整速度之快，在1783年乔赛亚·韦奇伍德（Josiah Wedgwood，英国著名陶器工匠）的工厂中就有所体现：这家工厂把设计图上的乔治三世改成了乔治·华盛顿。[144] 幸运的是，英法在1793年开始的漫长战争让这两个大国无暇他顾，扩大了对美国出口品的需求，这带来的繁荣局面使美国摆脱殖民统治的转型过程更为顺畅。[145] 尽管英法冲突打断了欧洲的国际贸易，但它对北大西洋最严重的影响发生在贸易禁运的1807—1814年间。[146] 不过，杰斐逊1807年的禁运效果有限，与英国1814年禁运的可观成功形成了对比。此时，英国皇家海军已完全取得了控制权，英美两国的差距也已显而易见。但逆境至少带来了一个有益的后果：进口工业品的短缺刺激了新英格兰纺织业的迅速增长。[147] 美国可以说是第一个在战争压力下发展制造业来代替进口的前殖民地，其他殖民地在20世纪的两场世界大战期间走上了同样的道路。

1812年战争以及同样结束于1815年的欧洲广泛的冲突都对美国国内有着深远影响。1815—1818年间美国出现战后经济繁荣，之后又在1819年发生了金融"恐慌"。[148] 1811年，美国政府决定不再更新第一合众国银行的许可证，为竞争性借贷、放松银根政策及地产繁荣打开了道路，饱受战争创伤的欧洲对农产品的需求对此也有刺激作用。而战争结束后，欧洲农业复苏，减少了对美国粮食的需求，美国也重新开始进口廉价工业品，新生工业发展减慢。原棉市场也发生收缩，因为英国生产商在亚洲找到了更廉价的产地，欧洲的战后繁荣也转变为衰退。美国商用航运业在漫长的法国战争中得以扩大，如今也陷入困境。此时，合众国银行在1816年重新建立以应对战争金融的需求，起初采用放松银根政策，抬高了土地价格，在1818年又收紧了货币供应。棉花价格达到了前所未有的高度，又在同年暴跌。很快，这就带来了通货紧缩、债务违约、失业率上升和广泛萧条等经济后果。

经济萧条的结果在19世纪20年代影响了生活的方方面面，有些影响还延续到了之后的10年。这场危机加剧了"健全"货币与"软"货币、保护主义与自由贸易、联邦权力与州权之间的争论。大众的不满情绪直接导致安德鲁·杰克逊在1824年总统大选中支持率上升（当时约翰·昆西·亚当斯险胜），并使他在1828年选举中获胜。国际经济的运转就以这种方式深入内陆，触及社会底层，同时也影响了美国国内最高层级的政治。

19世纪20年代中叶开始的复苏延续到1837年，又一场"恐慌"袭来，此后美国又在1839年遭遇了第二场危机，它们的累积效应导致了接下来5年里的通货紧缩和经济萧条。[149] 出口的复苏以及对基础设施的公共开支吸引了来自伦敦城的资本。与此同时，杰克逊总统1832年决定不再更新第二合众国银行的许可证，为大量私有银行提供了机会，它们为提供软贷款互相竞争。此后出现了类似于1815—1819年的地产繁荣。这一次，终结了美好时光的不是停战，而是英国长期农业丰收局面的终结。此前，农业繁荣降低了粮食的成本，抬高了对消费品（尤其是纺织品）的有效需求。随着美国棉花价格上涨，土地和奴隶的价值也随之增长。种植园体系变得更加有利可图，它的支持者们也更为自信。但英国的资本外流减少了英格兰银行的英镑储备，丰收年之后的农业歉收则扩大了英国的进口支出。英格兰银行的官员们在1836年提高利率作为应对，以阻止资本外流，防止国际收支平衡受到压力。紧跟伦敦利率的纽约各家银行也做出了调整。经济繁荣戛然而止。原棉价格暴跌，土地价值下降，债权人忙着收回贷款，数不清的企业停止交易，美国近半数的银行破产，失业率升高到了触发骚乱的程度。州政府也出现在了长期债务人的名单中，这是1837年恐慌的一大新现象，也体现了1819年以来美国经济的发展。至少有8个州以及佛罗里达地区出现了债务违约。

弗里德里希·李斯特在1844年写作时，联系这起事件，批判了自由贸易呼吁者推进的"疯狂政策"，尤其谴责了作为"所有伟大资本的宝库"的伦敦城，称其"通过贷款和利息，使地球上的所有人民成为附庸向她进贡"。[150] 当英格兰银行调整利率时，借款成本的改变波及了像美国这样依然依赖英国资金的国家。李斯特表示，英国政策毫不考虑美国利益，却对这个正式独立的国家的土地与劳动力价值造成了重大影响。李斯特甚至提出，如果美国决定放弃成为现代制造业国家的理想，那它最好还是留在大英帝国中，在那里它将受到重商主义体系的庇护。

1837年和1839年金融危机的国内影响超越了这两起事件本身。它们可以用来解释杰克逊派候选人马丁·范布伦的失利，以及支持克莱"美国体系"的威廉·亨利·哈里森在1840年当选为美国总统。[151] 哈里森上任后不久就去世，他的继承人约翰·泰勒意外背弃了激进的辉格党政策，部分是为了回应公众对政府浪费的反对，这种反对情绪加强了杰斐逊派的吸引力，因为后者的政策致力减少联邦政府开支，控制各州预算。[152] 不过，泰勒还是不得不批准1842年关税，抬高进口税，因为这是唯一能令人接受的增加政府收入、恢复公共金融健康发展的方法。[153] 危机和它的解决方案打乱了社会秩序。在各地骚乱的挑战下，各州政府起初以军事管制和暴力镇压来回应，后来又建立了专业警察队伍。数千名债务人和求职者搬去了得克萨斯，强化了这个独立的奴隶制共和国的政治基础；它在1846年作为新州加入了联邦。与吞并得克萨斯有关的1846—1848年美墨战争同样与经济萧条相连。[154] 这场战争无疑使詹姆斯·波尔克总统的好战本能得以纾解，但反过来，他是在回应公众对改善时局的渴望，而夺取一块新土地似乎能实现这个愿望。

伦敦城摇摆不定，随着时间的推移，它开始琢磨把这种"非理性兴盛"和对美国宪法的误读联系起来会产生哪些后果。联邦政府没有多大意愿给债务违约的各州救市，就像英国政府不愿补贴那些赌错了马的投资者一样。为了走出困境，伦敦城展开了大型宣传攻势，宣传财政自律的好处，强调切断外国借款的后果。到19世纪50年代早期，大部分违约州重新开始偿还债务。[155] 未能还债（而且至今仍未还债）的密西西比州被排除出英国资本市场。它如今仍是合众国最贫困的州，不知这是否是个巧合。[156]

美国大而不倒。随着英国在1846年转向自由贸易，美国在1846—1848年与墨西哥开战，在1848年取得加利福尼亚，投资机会在19世纪40年代晚期重新出现。美国经济重焕活力，伦敦城再次全心投入以促成共和"大业"的成功。1846年美国国会通过的《沃克关税法》（Walker Tariff）受到了英国商业利益的支持，其中降低关税的措施显然是为了给中西部粮农以优惠条件参与大西洋出口经济的机会。[157] 粮食出口在19世纪50年代繁荣发展，土地升值，银行再次愿意借款，猜想这次"一切都会不一样"。但事实并非如此。1857年再次发生"恐慌"，重复了1819和1837年盛衰周期的核心特征。

这次恐慌就像此前一样，既有显著的外因，也有深层的内因。[158] 克里米亚战争打乱了欧洲农业发展，抬高了粮价。随着1856年和平到来，欧洲本土生产复苏，对外来供给的需求也减少了。美国粮价下跌，债务人难以偿还债务，银行收回贷款，破产和失业随之而来。危机的政治后果也同样深远。南方这次并未受到经济萧条的直接影响，就以此来宣传奴隶制社会的强大和优越性。受危机影响的北方共和党人则加强呼吁自由劳动，视它为自由社会必不可少的一部分，重提关税保护，并责怪南方的"奴隶阴谋"拖了合众国经济发展的后腿。

　　刚才的论述聚焦于合众国发展的外在特征，故意搁置了制造业和国内市场等重要主题，这些主题需要放在更广泛的经济史研究中处理。不过，这里的论述需要提及这一时期所谓的"市场革命"，因为它关系到经济独立的问题。[159] 19世纪初到南北战争期间，美国经济活动的飞涨毋庸置疑。[160] 农业产出升高，南方种植园出口增加，东北部的家庭生产变得更加市场化，制造业扩张，收入和财富的不平等也在加剧。雇佣劳动和奴隶劳动的重要性都有所提高，工匠逐渐被制造计件货（piece goods）的外包工取代，土地市场也加入了商品市场中。增长的人口扩大了城镇，使西部边疆延伸至远远越过阿巴拉契亚山脉。但这些经济发展趋势带来的影响依然不太明确。有估算指出，人均国内生产总值（后文简称GDP）每年以超过1%的速度增长，这在经济学家眼中达到了"现代"经济增长的标准。[161] 不同的证据则显示，19世纪30年代起，由于粮食供给跟不上人口增长，成年男性的身高因营养不良而有所下降。[162]

　　即使我们对19世纪上半叶的经济进步持乐观态度，但"市场革命"的概念仍然问题重重。[163] 就这一概念目前的应用来看，它缺乏严谨分析和数据支持。它的实际成果也未达到人们以为的程度。虽然有些发展在特定时期引人注目，但和此前及后来的时期相比并不足挂齿。美国资本主义的乡村起源可以追溯到18世纪，当时农业家庭加大了对市场的投入。[164] 即使在北方，现代制造业的发展都没有快到足以改变这个依然以农耕为主的经济体。[165] 此外，至少直到19世纪30年代，有证据表明，管理北方经济中最先进产业的是希望维持控制权的商人，而不是希望利益最大化的工业资本家。[166] 财政统一依然未能完成，银行体系无力满足资本投资的需求。[167] 人们直到19世纪50年代才感受到交通设施改善的综合影响，在那之前则浑然不觉。

在这类争论中，许多事情都取决于术语的定义。经济增长不需要革命就有可能发生。可以说，"革命"需要经济体发生结构性变化，而这只有在南北战争后才会发生。到那时，工业生产的扩张变得"更加剧烈"，一个世纪的"伟大发明"开启了改变经济潜力和经济表现的"革命"。[168] 而在这里讨论的时期中，美国经济仍然像在欧洲大部分地区一样以农耕为主，市场的增长也没有足够的革命性，不能使美国宣告经济独立。

文化延续性

1783年，新生合众国的领袖们面临着所有前殖民地都被迫面对的问题：需要创造一种反文化，把新生国家与前宗主国区分开来。[169] 在那时，美国还不是一个民族，仅仅勉强算是国家，其中各种各样的政治体与不确定的疆界也有不利于后来所说的"国族建构"。在殖民者统治的美洲土著人口密集的社群中，文化差异已经清晰可见。在这些情况下，刚独立的各州的领袖们不难区分他们自己的社会和前宗主国。他们的问题在于如何联合或调和争执不休的各种族群体，这些群体每个都希望在塑造民族认同时表达自己的文化和利益。白人移民形成的殖民地则面临着不同的挑战。这些州原本在很多方面都类似英国社会，而它们的领袖需要从中实现文化独立。他们可以把自己和美洲土著区分开来，但他们既不能轻而易举地在外部找到有效的对立面，又无法随意创造出一个对立面，因为种族特征和参照点的持续影响都远超过殖民统治时期。在英国属地就是如此，在美国也是一样，尽管这些殖民者已经为赢得独立打了一仗。

一种旧的史学学说称，代表了自由资本主义价值的民族认同感在此前就开始酝酿，到19世纪完全形成（或者说是基本不再引起疑问）。根据这种观点，移民们被投入熔炉中，经过搅拌形成了一种全新的公民认同感。[170] 但当前的研究发现，北美大陆殖民地的大部分移民在独立时仍把自己视为英裔美国人。[171] 有些殖民者认为自己属于一个跨大西洋复合体，其他人则想象自己成为一个大陆社会的成员，数量可观的少数群体则保留着和西班牙及法国的血缘和文化关系。[172] 这些各种各样的认知显示出，当时国家的概念本身都尚未固定。对汉密尔顿来说，国家是由中央政府为了安全考虑而联合起来的一个有限实体。对杰斐逊来说，这是一群本质上和平自治的共和体，它们通过不断复制增殖，最终会形成一个超越一切的全球社会。[173] 我们很难一眼看出这两者间的交点。更重要的是，宪法巩固了州级体系，强化了联邦国家与各成员州自有的不同民族意识之间的区别。

早在特定的美国民族意识出现前，那里的人们就已形成了世界主义和地区主义的观念。而只有在移民们与自身的盎格鲁-撒克逊的内核分道扬镳时，他们才开始以自己的形象造就合众国。因此塑造美国认同的不是大熔炉，而是种族进化（ethnogenesis）的过程。[174] 种族研究者们已经提出了一种典型的过程：人们首先从来源地移民而来，接着与原始族群分裂，随着时间推移发展出自己的独有特性，然后形成一种同化策略，即一个主导种族说服或强迫其他族群遵循它的价值和风俗。专家们都认为，民族起源于某个种族核心，美国也不例外。[175]

1776年，美国的种族核心约有60%是英格兰人，80%是英国人，98%是新教徒。[176] 1783年独立后，合众国的领袖们开始拓展种族基础，涵盖其他族群。他们的目标不是排外：尤其在联邦国家中，一个人有多种身份归属始终是社会生活中不可磨灭的现实。相反，这些领袖的目标是为这个新生国家吸引足够多的忠诚者，以实现团结来保证国家生存。殖民者们在17世纪迈出了第一步，"印第安人战争"使他们需要创造假想敌来建立另一种非此即彼的美洲白人认同。[177] 直到19世纪，与美洲土著的持续战争都使他们始终视土著为威胁。同样，蓄奴制的扩大和繁荣以及对奴隶叛乱的恐惧也定义了持有种族优越感和经济控制权的白人文化。

虽然团结意识及白人种族的优越性是国族建构的必要组成部分，但这远远不够。移居海外的英裔族群也需要对其他白人族群建立权威。顺从盎格鲁（Anglo-conformity，即英国化）必须通过同化过程来实现，而这也预示着将在20世纪用于岛屿帝国的"美国化"政策。同化政策看上去必须有吸引力并且可以实现，但同时也应该展示出一种成就感和排外性。这一平衡并不能轻易达到。不是所有人都能加入精英阶层，因为这取决于超乎寻常的物质成功。但在理论上，所有人只要在众多福音教派中找一个教派去效忠，就都能成为上帝的选民。在现实中，宗教分歧则不是轻易就能解决的。罗马天主教徒被拒绝加入英裔团体（Anglo-club），因为他们的信仰不同于英裔团体的根本价值观。但天主教徒仍然起到了一定的作用。他们遭遇的歧视建立了一道边界，这道边界加强了新教徒的核心位置，也标志着加入英裔团体的关键条件。

同化政策有三大主要的意识形态渠道：国父崇拜、盎格鲁-撒克逊神话及福音派新教。所有社会都创造出起源神话，以提出一系列基本价值观，将它们追溯到古代并使它们合法化。这种神话模糊而经不起推敲，但这正是它的优势而不是缺陷：神话永远不可能被证伪，能够持续存在，而它的泛泛而谈使它可以足够灵活地适应时代的变迁。

评论家和宣传家在1783年后孜孜不倦地将国父们（尤其是乔治·华盛顿）赞颂为国家统一的标志。[178] 正像其他行动一样，美国在这方面开发出一套所有新独立的国家都将采用的策略。建国者成了受人崇拜的道德行为典范与自由的捍卫者。我们很难衡量这样的宣传影响了多少合众国公民，但这可能加强了人们对宪法的支持。杰斐逊曾认为，每一代人都应该考虑修订宪法。麦迪逊也有同感，但他最后得出结论，这样的建议可能只会带来不稳定。相反，他推出了"默许"（tacit consent）的概念，即人们和平接受宪法就足以证明他们对政治感到满意。这一提法的好处在于调和了自由与奴隶制，因为奴隶们看似逆来顺受，这被解释为他们认可自己的处境。这一提法的问题则在于，它保障了宪法在短期内得到支持，但也固化了奴隶制这一长期问题，最终这一问题不得不在战场上解决。

同化策略在1783年后被英国运用到整个帝国，自18世纪起这种同化被称为"英国化"，是一种显著的盎格鲁-撒克逊派生物。[179] 美国社会的盎格鲁-撒克逊血统被置于中心地位，这在19世纪产生强大的思想影响，并以普遍而冲淡的形式塑造或确立了社会中所有阶层的观念。支持者认为，盎格鲁-撒克逊遗产是美国独特的属性之一，需要被保护起来，它被遗弃的部分也需要复苏。盎格鲁-撒克逊人之所以独一无二、地位优越，是因为他们发明了普世自由，创造了民主国家的胚胎，并且展现了能够将这些品质付诸实践的组织能力。

盎格鲁-撒克逊神话是一种团结多元化的白人群体、将其按英国价值重新塑造的方式。拉尔夫·沃尔多·爱默生就是最主要的倡导者之一，他将盎格鲁-撒克逊神话追溯到英格兰的源头，再将其引入美国。[180] 爱默生眼中撒克逊人的美德和刚健带有神秘色彩，很容易与赫尔德及黑格尔提出的浪漫民族主义融合起来，后者把民族视为成长的有机体，通过建立强大、独立的国家来达成它们的天命。盎格鲁-撒克逊使命的具体执行者是东海岸的城市精英以及他们在芝加哥、洛杉矶等新兴城市的效仿者。[181] 他们的手下则是正在从英国消失的自耕农，这些自耕农在新大陆重焕活力，成为真实而有机的价值观的监护者和执行者。[182] 但爱默生关于种族的概念在南方受到了挑战，在19世纪中叶的南方，更多人接受的是另一种盎格鲁社会的概念。南方的评论家们将美国越来越大的地区差异视为北方盎格鲁-撒克逊人和南方盎格鲁-诺曼人之间的竞争。[183] 这一提法将出身低微的清教徒和养尊处优的绅士对立起来，并且预测称，在这两种人的竞争中，贵族会胜过低等阶层。[184]

福音派新教成了世俗盎格鲁-撒克逊主义的精神支柱。[185] 清教徒先辈们抵达新英格兰时就带有一种强烈的宗教感，与他们对命运的坚定信仰相连。此后的几次补员维持了这种原始动力的势头。18世纪三四十年代的大觉醒运动将长老会、浸会派、卫理公会等教派推向了美国新教的第一线。[186] 由卫理公会和浸会派领导的第二次大觉醒运动在18世纪90年代开始于新英格兰，沿着运河、公路和后来的铁路传遍美国，使宗教虔诚再次高涨。据一名主要权威人士说，这次复兴"使美国社会基督教化的程度超过了以往和未来的任何行动"。[187] 教会信徒在1776—1850年间翻了一倍。[188] 到19世纪中叶，福音派在英国和美国都得到了显著的政治影响：他们鼓动了禁酒运动，并和其他群体一起为奴隶制和女性权利等问题振臂呼喊。[189]

福音派用自立（self-reliance）代替了等级，这种自立来源于圣经规诫引导下直接的个人精神交流。人们通过道德习惯和勤奋工作表达虔诚，个人的负罪感代表了广大社会以及个人的原罪，公开忏悔为这两者带来了救赎的希望。天命论赐予了人们确定性和安慰。那些无法立刻被人理解或者导致了有害后果的事件都可以被归为上帝的意志，上帝的行为和奇迹通常神秘莫测，但他最终的目的不容置疑。天命论（Providentialism）源于英国，但在18世纪美国需要设计意识形态来为革命辩护时，天命论获得了特定的美国特性。[190] 上帝的目的在1783年后得以显现。革命是神的干预：美国的创生是为了完成上帝的使命，即向全世界传播自由和民主。物质野心和精神承诺在命定扩张的观念中达到了和谐统一，这个观念在1783年后被积极运用到大陆扩张的行动中。

美国新教徒努力建立一个基督教政治体，共同的宗教理念将他们联合起来，吸收或超越了合众国内明显的分歧。传教活动开始把互相割裂的社群联系在一起。跨教派的新教联盟通过公立学校和志愿组织传播了盎格鲁价值观。[191] 这一努力也使人们在各种公共选择的事务上形成了一定的统一。曾激励了杰斐逊等自然神论者（Deists）与普里斯特利等一位论派（Unitarians）的启蒙运动影响消退了。自然神论被吸纳进有组织的宗教，促进了普遍公民信仰的增长，人们相信美国的存在与进步符合上帝的意志。这些发展使自由思想者在政治辩论中失去了大量空间。[192] 共和主义的话语留存下来，但公民道德的概念却离开了正式的政治空间，越发密切地与宗教联系在一起，通过教堂、学校和家庭等渠道以非正式的形式更广泛地表现出来。[193] 尤其在南方，公民道德被注入了一种新的浪漫主义，其强调社会秩序的有机性，以及由此保护过去并将其传承到未来的必要性。[194]

主流历史解释提出，第二次大觉醒运动是对美国革命及市场革命的回应，不过专家们在这两个关系的实质上有显著分歧。[195] 美国革命否定了中央集权的君主制政府以及圣公会的等级权威。宪法只是部分克服了此后的合法性危机，它作为一份人造的文件在理论上也可以被推翻。美国新教则有能力辨明上帝的最终目的，因而提供了一种有力的解决方案：上帝成为最高统治者。然而，如果说美国革命创造了这一需要，那法国大革命以及美国国内好斗的反对派就刺激了解决方案的形成。[196] 看到法国激进的反教权主义，尤其是看到这与侵犯财产权联系起来时，美国的观察家们恐惧地退缩了。他们的回应驱动了新教复兴。复兴促使约翰·昆西·亚当斯等美国领导人将有道德的共和国与邪恶的共和国区分开来，指出通往特殊形式的美国民族主义的道路，这种民族主义带有抹不掉的福音派新教印记。其结果便是否定世俗的启蒙运动，对欧洲理论家与知识分子持续的怀疑，以及对激进变革的恐惧，"外国阴谋家正在密谋扳倒合众国"的顽固想法更加剧了这种恐惧。这些因素共同确立了一种特殊的共和主义，即这种共和主义受到了上帝的保佑，也肩负完成上帝意志的使命。罗伯特·哈珀（Robert Harper）议员在1789年宣称："哲学家是革命的先驱。"[197] 曾被视为英雄的托马斯·潘恩被排斥就不足为奇了。[198]

美国新教徒也需要应对经济增长带来的令人不安的社会经济变化。福音派中人数最多的卫理公会和浸会派的回应是加强宗教与资本主义的联系。个人的宗教责任与经济上的利己主义联系起来，从而支持认可消费者的选择，以及不受限制、去中心化的市场运作。[199] 个人进取心被运用到上天赐予的充足资源上，创造了一种新的效仿的政治（politics of emulation），约束它的是圣经中的道德体系而不是古典思想，后者认为道德和物欲不相兼容。对经济增长的关注超越了对平等的关心。[200] 由此产生的发展蓝图为成功之路赋予了正当性，也确信那些受挫的人应该为失败负责。[201] 就这样，经济变革带来的机遇、不确定性及不满情绪都被纳入大众宗教中，远离了后来在其他地方所称的妒忌的政治（politics of envy）。[202]

美国否定了君主制及随之而来的等级制度后，尤为紧迫地需要建立新的精英阶层，即杰斐逊所称的"自然贵族"，他们将代表合众国的价值观，提供一种稳定的秩序和统一。但正像在大英帝国剩余的殖民地一样，盎格鲁传统的持久生命力限制了那些试图取得文化独立的努力。美国革命无疑引发了一定的仇英情绪，这在杰斐逊和杰克逊的外交政策中尤为明显，但被低估的亲英情绪同样存在，并在1812年战争造成的分裂愈合后得到加强。[203] 维多利亚女王1838年的加冕礼在合众国引发了民众巨大的热情，一位美国记者还深受触动，创造了"女王狂热"（Reginamania）这个不太顺耳并很快被遗忘的词语。[204] 当威尔士亲王1760年访问美国时，25万人在纽约街头列队欢迎。[205] 与之对应的是，当英国民众听说林肯总统于1865年遇刺这一"令人忧愁的消息"时，他们充满了震惊、厌恶和哀悼。[206]

美国崇拜传统文化，是因为当前的新事物无法提供人们需要的心理安慰。在这方面，革命的好处被它的缺陷抵消了。君主制之所以吸引人，是因为它象征着人们渴望的永恒和秩序，而且现在它已不再对美国造成威权统治的威胁。然而，君主制被抛弃了，选举产生的总统们来来去去，无法代表那些连接着现实与过去的纽带。同样，新教教权的下放回应了本地的需求，但缺乏圣公会代表的广泛共同性意识。然而，除了把英国视为真实或想象的价值观的核心源头，美国并无其他选择。美国传统的发明来自对英国模式的改写和润色。正像爱默生于1847年所说的那样："美国人只是在多少比较有利的新条件下，延续了英格兰人的天才。"[207]

所有能被复制的东西都被复制了，接着又被放大了。[208] 常春藤联盟的大学和学院辛勤教授英语表达和口音，培养英式绅士成为美德和荣誉的捍卫者。[209] 外国移民被鼓励接受英语为民族语言，将他们的姓氏改成英式，皈依美国新教，加入所谓的"文化提升"（cultural uplift）运动，这一运动争取将精英价值观注入进取心强的"底层人民"（under-people）中。[210] 后来被沃尔特·惠特曼视为封建文学代表的莎士比亚，其作品被广泛教授、阅读、表演。[211] 古典文化遗产不仅传承了下来，还扩大了范围，就像在19世纪的英国一样。大学和学院拓展了教学范围，不再局限于语法学习，还从古希腊和古罗马的大师那里寻求道德指引。[212] 艺术家们被教导要遵循画家约书亚·雷诺兹（Joshua Reynolds）的训诫，他认为艺术家要尝试效仿古典时期的著名作品。英美两国的趋势同时发展。行为规范逐渐变得不再那么充满家长制做派，带上了更多中产阶级的印记。正像在英格兰一样，新的城市绅士阶层在美国出现，男性和女性角色也发生了类似的演变。[213]

合众国的领袖人物意识到，语言是民族性至关重要的组成部分，也是实现文化独立的关键之一。托马斯·杰斐逊和诺亚·韦伯斯特在政治上意见相左，但在建立新的美国语言这一雄心上则志同道合。[214] 韦伯斯特敏锐地注意到了语言、价值观和行为之间的关系，立志创造一门民族语言，战胜美国内部的语言分歧，将合众国与它的英国起源区分开来。[215] 他创新的《美国拼写课本》(*American Spelling Book*) 于1783年出版，修订了英语中过时的部分。接着他便将精力倾注到著名的《韦氏词典》上，这部1828年出版的词典展现了他惊人的奉献精神和渊博的学识。然而，到那时，韦伯斯特已经背离了他的革命热情。[216] 他放弃了年轻时创造一门独立的美式英语的计划，更多地关注他所认为的共和理想的消退和过度自由的现象。1808年，韦伯斯特转向了福音派，他认为福音派提供了一系列普世的行为准则，而自己的《韦氏词典》提供的定义也将为社会秩序提供担保。但有限改写英式英语的《韦氏词典》在1828年只获得了少数拥趸。到韦伯斯特1843年去世时，他的杰作尚未广受欢迎。约瑟夫·伍斯特 (Joseph Worcester) 1830年出版的《词典》直到19世纪60年代都是当时的主要权威，这尤其是因为它严格依照了英式英语。[217] 尽管韦伯斯特如今已成权威，但他在生前却难以得到认可。

爱默生对文学独立的追求同样挫折重重。[218] 1837年，他自信地宣称："我们对其他地区学识的依赖和漫长的学徒生涯结束了。"[219] 他的"文学独立宣言"引起了轰动，因为它表明美国依然在很大程度上依赖来自英国的灵感。[220] 托克维尔在1840年做出了同样的判断："美国作家可以说是生活在英格兰而不是在他们自己的国家，因为他们总是在学习英格兰作家，每天都以他们为榜样。"[221] 爱默生为文学原创性大声疾呼，但得到的回应寥寥，一部分是因为这只是夸夸其谈而不是具体计划，但主要是因为他本人也浸淫在英格兰文学经典中，他的思想无法远远超越这些经典。[222] 1856年，他出版了《英国人的特性》(*English Traits*)，赞扬英式美德和力量，书中的崇敬之情后来被澳大利亚人用"文化自卑"(cultural cringe) 这样独一无二的短语表达了出来。[223] 赫尔曼·梅尔维尔则从另一角度体现出了文化依赖的持续性。在1851年出版《白鲸》的梅尔维尔如今被视为19世纪美国最具原创性的作家之一。但在当时，他对民主制度、种族主义和帝国主义的寓言式反思却令批评家困惑不已，也让读者望而却步。他在生前远没有被赞颂，而是在默默无闻中死去。[224]

在这样的情况下，当时最流行的两位作家詹姆斯·费尼莫尔·库珀和亨利·沃兹沃思·朗费罗也在吸收欧洲传统，就在意料之中了。他们创造的文学派别致力加强白人之间的团结，在社会充满焦虑的时期提供心理支持。费尼莫尔·库珀在19世纪20年代为通俗文学的爱国主义打下了基础，创作了类似沃尔特·司各特（苏格兰作家）历史浪漫小说的美国版本。[225] 他的世界观就像司各特一样，倾向于自然贵族管理的稳定有序的社会。[226] 他的小说之所以引人入胜，是因为它在纷争的时代中提供了安慰感，当时人们深深地渴望民族团结，但大都无法如愿。费尼莫尔·库珀唤起了一种社会团结的意识，这种意识据说曾存在于美国革命时期，到此时却濒临灭亡，但依然有可能被重新找回。同样，他创造了边疆的传奇，一种天生的道德正义在其中最终控制了猖獗的暴力行为，达到了和谐的结局。他的小说抓住了这个不安定世界的现实，用一种想象中的民族统一意识解决了这些问题，这种意识中既有美国生活中体现的特质，又借助了英式价值观。有些批评家甚至称他是个"英国狂"。[227] 尽管这个指控太过粗糙、不够公正，但也体现了他作品中特有的一丝依赖性。

朗费罗也浸淫在经典中，因此沃尔特·惠特曼贬称他只是在模仿欧洲体裁。[228] 发表于1855年的《海华沙之歌》（"The Song of Hiawatha"）声称在美洲土著的材料中找到了美国文学的根基，但这部作品主要是为了讽喻盎格鲁-撒克逊白人群体面临社会经济动荡时身处的困境。朗费罗建构了一个美洲土著的综合形象，把他们从敌对的野蛮人变为节制并且不造成威胁的高贵生灵。《海华沙之歌》很快就大获成功。它的表演给白人观众们营造了一种集体感，他们受到其中那些古老的和谐关系触动，同情那些被适当净化的土著的苦难，同时又不需要与他们直接接触。在这部传奇的结尾，海华沙作为正在消失的印第安人，欢迎白人进入他的国家，他接受了基督教，然后心满意足地离世，去往一个更美好的地方。救赎带来了安慰感：印第安人可以被驯服，不同族群的白人可以在团结中实现安宁。

建筑是合众国文化理想最清晰可见的表达方式。在私有和公共建筑中，殖民风格在美国独立后仍长期存在。波士顿的商业精英们投资乡村地产，以模仿英国地主，在一个所谓没有等级的社会中建立领导地位。南方种植园主则维持着乔治王朝风格（Georgian）的宏伟住宅。[229] 阿舍·本杰明（Asher Benjamin）以殖民晚期时代建筑为基础，创立了联邦式风格（Federal style），但没有去除原有的殖民元素，而且也不想这么做，在这点上他和诺亚·韦伯斯特不同。[230] 公共建筑则提供了无与伦比的机会，给合众国宣传它的官方理想。但在这些建筑上，英国影响也以古典传统的形式在美国土地上留下了永久的印记。

到19世纪中叶，象征着和谐与民主的希腊复兴式（Greek Revival）已在教堂、法院、银行和图书馆留下了痕迹，并且影响了南方种植园主、新英格兰工厂主甚至是边疆新富阶层的家宅。[231] 几乎所有的州议会大楼都遵循华盛顿的先例，以古希腊神庙为模板，少数则加上了古罗马巴西利卡式的大厅，以求多样。在整个19世纪，古典式的地名从新英格兰传向西部和南部。[232] 19世纪50年代到19世纪末，同样来自英格兰的哥特复兴式（Gothic Revival）在北方各州成为主流风格，还额外延伸到引入中世纪式的马上长矛比武大赛。[233] 哥特式风格在建筑中之所以受到欢迎，部分是因为它符合盎格鲁-撒克逊的种族统一趋势，同时也因为古希腊存在奴隶制，以及短命且程度有限的民主制。在废奴运动影响越发扩大的时代，哥特主义允许北方各州和奴隶制划清界限。此后，希腊复兴式仍在南方作为地区风格而留存。

人们更少了解的是"底层人民"的文化，尽管底层的口语显然偏离了韦伯斯特和伍斯特的规训。黑脸歌舞秀（minstrel shows）把非裔美国人描绘成对种植园有着感情依恋的可爱丑角，这种表演自19世纪20年代起在北方流行［当时托马斯·赖斯创造了吉姆·克劳（Jim Crow）这个角色］，因为它使白人观众能够建立相互的认同，确认他们对自身优越性的信念。[234] 黑脸歌舞秀起初吸引了白人男性工人，不过到19世纪50年代，它已成为中产阶级认可的娱乐方式，在南方和北方都已流行。除了黑脸歌舞秀，本土音乐进步不大。[235] 19世纪三四十年代最著名的组合之一是哈钦森家族歌手（Hutchinson Family Singers），他们在本地歌曲方面没有成功，只通过模仿蒂罗尔民歌及约德尔唱法吸引人气，而这种唱法是由一个来美国演出的奥地利剧团推广的。[236] 哈钦森家族歌手给这种舶来的形式加入本地素材，表达他们对禁酒运动和废奴运动的支持，但他们仍然穿着蒂罗尔民族服装演出，给杂合的概念加上了新的维度。

美国赢得独立的半个世纪后，这些外来的文化影响得到改动，和新边疆地区正在形成的新奇经验融合起来，创造出了一些被认为是美国式的特点。托克维尔在19世纪30年代写作时，提出了许多如今人们依然熟悉的特质。他注意到，开放、慷慨与随和这些特质来自"社会条件的平等"，而自力更生和机遇则共同创造了一种在欧洲相当罕见的"马不停蹄"的流动性。[237] 他也震惊于美国人对物质成功的重视，观察说："我不知道还有其他哪个国家，人们对金钱的热爱如此强烈地占据了他们的情感。"[238] 与此同时，他也毫不怀疑宗教信念是合众国"维持政治体制""最主要的"原因之一。美国人更青睐"实际"而不是"理论"，托克维尔对此评论说："民主国家会习惯性地倾向于有用的东西而不是美丽的东西，因此他们会要求美丽的东西也要有用。"即使当时美国的发展还处于早期，但他已经注意到，在他钦佩的平等标志中，也存在"令人厌烦""自吹自擂"的爱国主义。在评价国家偏见时，他带上了法国贵族仅有的一丝客观性，批评"英格兰人"对世界其他地区有着"轻蔑而无知的保留态度"。

然而，托克维尔观察到的新生文化认同意识还没有融入对联邦整体的忠诚中。[239] 托克维尔自己习惯性地把美国公民称为"英裔美国人"或者"美国的英格兰种族"，这两种说法都显示出，民族意识还没有完全形成。美国的道路并不符合民族主义从胚胎到成熟的线性发展过程，不过许多对此的研究通常假设了这一发展方向。合众国民族认同的发展历程被拉长了，其中也存在挫折和偏差。到19世纪50年代，英裔美国人正在彼此疏远而不是趋向团结。尽管"盎格鲁－撒克逊领土"（Anglo-Saxondom）的理论作为意识形态可以带来合法性，但它也维持了跨大西洋的纽带，抑制美国发展出完全独立的起源神话。和非洲的约鲁巴人（Yoruba）不同，英裔美国人无法宣称自己是"从地上的洞里跳出来的"。尽管乔治三世被妖魔化，而美国国父被神化，但英美之间的许多旧纽带依然存在，在独立后又出现了新的联系。[240] 确实，美国成功推广了自己版本的盎格鲁－

撒克逊神话，正面宣传了自己的起源，而这也给神话盖上了真实可靠的印鉴。[241]

通过宗教来建立民族团结意识同样效果有限，虽然福音派为此竭尽了全力。他们的教诲无疑跨越了社会和政治隔阂。[242] 这教诲吸引了广大白种美国人（特别是来自盎格鲁-撒克逊群体之外的移民）、非裔美国人，包括女性。然而新教团结的吸引力仍然不敌合众国内部的持续分歧。合众国的成功一部分就来自支持这些分歧：合众国逃离了宗教等级的控制，让各教派和单个教堂为影响力互相竞争。[243] 因此，民粹主义和自由主义对去中心化和个人权利的重视虽然都处于基督教的宽泛教义下，但在促进融合的同时也带来了离心力。为了争取信众，通常需要用教诲来反映相关群体的利益。比如福音派从北方传往南方时，它的废奴承诺也动摇了；抵达南方后，它适应了当地情况，吸收了当地思想对奴隶制的辩护，与现存的制度达成一致。[244] 从某种程度上，在合众国领土扩张的过程和边疆地区不稳定的情况下，这样的发展不可避免。但福音派转移个人责任的教义也支持了这样的发展，其倾向于认可一种缩减的公民认同，这种认同基于本地而不是全国。

此外，阿巴拉契亚山脉以西的一些宗教组织之所以支持合众国，与其说是因为他们关心自由权利，不如说是因为他们相信自己是被上天选中来达成一个不同的目标。[245] 福音派吸引了许多未能从革命创造的机会中获益（或者是还没有获益）的人们，也吸引了摩门教徒这样希望远离过度市场化社会的人们。还有其他人（诸如南下前往得克萨斯的移民）希望在尚未受废奴运动影响的地区重建奴隶制社会。这些群体就像19世纪三四十年代的南非白人（Afrikaners）一样，正在远离而不是靠近启蒙运动的规诫。这些群体的成员表达宗教忠诚的方式使他们不太可能走向同化，其中有些还不太可能皈依资本主义。对这些群体来说，第二次大觉醒运动并不是建构民族团结的方式，更不是实现社会控制的演习，而是使他们自己取得独立的途径。

要解释为什么逐渐产生的美国认同意识未能形成对整个民族的忠诚，还有更进一步的有力原因，那就是合众国本身也在演变。1783年，乐观主义者才刚刚有可能相信，现有的盎格鲁核心群体将吸收来自欧洲其他地区的移民。[246] 但在此后，同化的障碍明显扩大。白人人口的激增使美国总人口从1800年的450万上涨到1860年的3 500万。[247] 增加的人口很大一部分来自移民，这也增加了种族多样性，尤其是在19世纪四五十年代大量爱尔兰天主教徒和德语移民涌入美国后。移民不再集中在东海岸，而是扩散到北美大陆各处。路易斯安那购地案和美墨战争带来的广阔领土使得说西班牙语和说法语的天主教徒也加入了联邦。这些后来者加大了本已存在的语言分裂：有估算称，在这一时期，美国东南各州只有约半数人口将英语作为第一语言。[248] 合众国面临着一个棘手的难题：扩大的领土和人口对国家安全和经济发展至关重要，但也意外带来了身份和归属问题。类似19世纪四五十年代"美国党"（American Party，又称"一无所知党"）表达的强硬种族民族主义，就表明人们认为同化计划失败了。[249]

　　最近有一项研究称，南方和北方"被一种共同的民族主义分裂了"。[250] 这里及下一章提供的视角则是，在南北战争前，那种共同的民族主义其实几乎不存在。前面讨论的深层政治与经济变革扩大了北方和南方的鸿沟。经改善的通信方式虽然促进了经济融合，但也传播了地区之间互相的反感。塞缪尔·摩尔斯希望电报可以"把全国变成一个邻里社区"。[251] 但1854年，亨利·梭罗评价说："我们急着在缅因州和得克萨斯州间架起电报线，但缅因州和得克萨斯州可能并没有什么需要交流的要事。"[252] 还可以说，它们交流的内容也没有为建立民族团结意识做出多少贡献。相反，对于联邦应该采取什么形态，存在着两种互相对立的看法。在解决这一问题前，美国无法培植全面的民族意识。

"将荒野的丛林转变为美好的自由大厦"[253]

　　知名历史学家们已花了大量笔墨描述19世纪上半叶人们如何为了控制美国的走向而互相争斗，在这里无须赘述。[254] 本章提供的历史解释试图将国内事件的熟悉叙事置于更大的非殖民化与国族建构背景下。从这一角度看，历史学家们可能夸大了美国独立后这一时期的革命性影响，也夸大了美国与世隔绝的特点。美国与前宗主国的联系不仅持续到了1783年后，还变得更加重要。美国面临的问题虽然在细节上与众不同，但在欧洲也有类似的问题，在拿破仑时代后新生或重组的国家的历史中，宪法改革、经济发展和国族建构同样是核心主题。

美国国父和他们的继承者寻求一系列政策来解答这些问题。要维持政治生命力，他们建立了联邦政府体系，吸收了英国军事-财政国家的元素。联邦政府提供了足够的权威来保障新生合众国的安全，促使本国商业发展，同时在内政上将权力分散给各成员州。但达成共识需要付出代价，国父们被迫在宪法中加入一些条款，最终削弱了宪法原本希望实现的稳定。宪法将奴隶包括在财产中，只给了奴隶们名义上的投票权，这使政治的天平倒向了南方各州。宪法将联邦权力和各州及选民的数量联系在一起，为派系和政党争夺领土控制及建州资格提供了条件。甚至在南北战争前，竞争性的大陆扩张就触发了一系列差点破坏联邦的危机，而这些扩张部分是由英国资本出资，受英国皇家海军协助。在政治光谱各处的人们都常常讨论，上帝原本打算隔开的族群被刻意结合起来才形成了联邦。到1861年，南方希望取得独立，不是从英国独立，而是从北方独立。

对经济独立的追求同样遭到挫败。正像在其他新独立的国家一样，接受新殖民主义关系的政党与希望打破这种关系的政党之间出现了裂缝。尽管区域互补性正在加强，但经济政策的差异变得极度分裂。南方越发追求的自由贸易关系是基于奴隶种植的棉花的出口。北方则追求重商主义政策，但无法设定高额关税来加快市场扩大和制造业发展。[255] 美国仍然高度依赖英国，英国为原棉的生产和分销提供了资本，也是其最大的市场。在英国采取自由贸易政策、美国中西部作为粮食供给地加入国际经济体系后，前宗主国和它的前殖民地间的纽带甚至越发紧密。这些市场分工的趋势预示着刚刚开始出现在其他白人殖民地区的出口经济。对原材料的需求以及工业品相应的供给给对外贸易及投资带来震荡，其影响波及了全球。随之而来的经济繁荣、经济低迷和金融"恐慌"影响着所有参与者的福祉，也左右了代表他们的党派的政治命运。

为了给新生国家创造民族认同，人们设计了文化同化政策，但其难以与持久的国际、种族和地区归属感互相竞争。那个时期的文学与艺术成就不容置疑。但它们不可避免地带有时代的印记，尤其体现了英式风格和标准。[256] 它们可以改变创作的内容，但创作的形式仍然是舶来的英国模式。文化独立的宣言表达的只是愿望而不是现实。虽然盎格鲁-撒克逊模式是文化同化最可行的基础，但难免有损于文化独立的雄心。对君主制和圣公会的否定一方面分散了中央权力，一方面也剥夺了民族团结的有力象征。英国的非正式影响延伸到了消费者品味及各种艺术表达形式，它们继续追随着前"母国"的引领。要建立独立的民族意识，需要在美国本土而不是外国找到英国的对立面，美国各地的独特认同逐渐发展，其结果便是北方与南方的冲突。到1861年，创造反文化的努力还无法使某一种民族认同意识超越对未来的另一种展望。安布罗斯·比尔斯（Ambrose Bierce）在南北战争后写道，新移民是"见习期的美国公民"，在这片吸引了各种移民的土地上，他捕捉到了同化过程的含糊不清的特征。[257]

这里提供的解释赋予合众国以它至今仍然缺少的重要意义。各个重商主义帝国在19世纪前达到帝国主义的"最高阶段"后正在开始解体，而美国是这一时期第一个赢得独立的国家。这一观察显示出，1783—1861年的美国历史可以说预言了后来成为经典的后殖民难题：如何把正式独立变为有效独立。许多美国历史研究强调美国的孤立性和"例外性"，如果这些研究能考虑到这一时期英国及更广泛的欧洲联系的持续重要性，可能会更有收获。

大西洋复合体远没有像标准历史叙事偶尔提及的那样发生萎缩，而是经历了变化，大大加强了英国的渗透力。英国和她的前殖民地的关系中存在新殖民主义元素，体现出帝国主义在正式非殖民化完成后仍在延续。我们显然可以把美国和英国其他那些得到自治的白人殖民地进行比较（尽管这种类比常被忽略），它们都得到了自治，但在这里探讨的政治、经济、文化等方面仍依赖英国。[258] 这一比较耐人寻味，但也需要注意明显的差异来平衡。美国不只在外交事务上正式独立，也有着英国其他属地缺乏的规模和资源优势，因此有能力通过国内资源在资本形成（capital formation）总额上贡献出更大的比重。此外，如果说依赖关系中包含了剥削和发展不足，那就忽略了依赖关系的不同种类，也忽略了多种多样的可能结果。分工给英国和美国都带来了益处。合众国就像其他英国属地一样得益于农业出口、工业品进口和资本流入，正如英国得益于原棉进口，从对外投资中获取收益一样。

但是，认可英美关系的互利并不意味着宣布这两者关系平等。英国国内状况对美国的影响，超过了"金字棉"（King Cotton）及其相关因素对英国的影响。英国提供的资本不仅对美国关键出口产业的发展及相关国内经济活动至关重要，也影响了美国政治体本身的形成和演变。各派评论家都敏锐地注意到了英国持续影响力的重要性，他们艰难应对着它所带来的含糊暧昧，但都未能成功。他们明白外国资本和市场对经济发展必不可少，但也厌恶对英国的依赖限制了他们看重的政治自由。最终，美国对英国的服从程度不足以使它成为英国非正式帝国的一员，但还是在政治、商业、文化等各方面塑造了合众国领袖们的优先目标。

这一时期的美国史还有一大常被忽略的特色，可以通过第2章所概括的西欧在更大范围的类似发展进行挖掘。在西欧，在拿破仑对欧洲大片地区强迫而短暂的统一被终结后，刚被解放的国家也在寻找保障各自生命力的方法。它们经历了漫长的挣扎，试图决定是应该恢复、改造还是废除军事-财政秩序。它们对包括封建主义在内的不同政府体制进行实验，争论中央利益和地方利益间应达到怎样的平衡，也为"专制主义"和各种代议制政府争论不休。它们思考了制造业和农业的相对优点，参与了关于重商主义和自由贸易各自优势的国际辩论，讨论是否需要对奴隶制等方面进行社会改革。在那个政治参与度扩大、王朝合法性越发不确定的时代，它们也重新评估了民族团结的基础。各方都为国家债务这一当时的普遍现象担忧不已。杰克逊不是唯一试图削减公债的领导人。1815年后，各届英国政府也开始削减国债、减税、精简公共部门。格莱斯顿和杰克逊一样，认为金融机构会塑造价值观，而这种价值观将决定社会的幸福安宁。健全的货币会创造健全的公民，平衡的预算（无论是家庭预算还是国家预算）则会创造平衡的人民。

诚然，美国无须应对"封建残余"。但合众国见证了南方种植园贵族和北方重商主义精英的竞争，这可以和欧洲保守派与改革派的斗争进行类比。此外，1800年后，各政党就像欧洲的同类一样，改写了它们的政策以适应革命后世界的多变情况。汉密尔顿派无法再实现愿望，建立显贵精英统治下的军事-财政国家。权力被移交给杰斐逊和他的继任者们，他们控制了联邦政府的资源，加固了州权，鼓励"绿色起义"把政治延伸到精英圈之外。杰克逊的独特贡献则在于选择性地利用联邦机构，同时延伸州权，动员不同形式的民粹主义。欧洲也达成了相似的成果，越发加强的政府权力、成年男性投票权的逐渐扩散以及城市和乡村民粹运动的发展都影响了1789年后的法国、19世纪40年代宪章运动后的英国，以及19世纪60年代民粹派（Narodniki）崛起后的俄国，而这只是众多例子中的三个。这些运动诉诸社群主义理想而不是阶级利益，都展现了费希特所说的"民族的春天"。[259]

美国的两大主要政党在19世纪四五十年代经历了进一步演变，以应对新生或者扩大的社会经济群体的要求。辉格党人变成了共和党人，放弃了他们的精英主义倾向。新民主党人扩大了该党的农耕纲领，拥抱市场和国际主义。美国推行的同化政策代替了传统的合法性形式，中和了具有分裂性的社会力量，将民众汇入国家实体中，这与欧洲政党为了同一目的采取的措施相得益彰。要是把这些发展称为自由民主制度的崛起，那就是宽泛地定义了这些概念，夸大了在过去预见未来的程度。进步行为同样可以用来实现保守目的。采取低关税是为了降低北方的实力，鼓励出口依赖。政治权利是基于殖民统治时期已经存在的权利：选举权的广泛普及是因为美国有充足的土地。人民没有代表权，政府就无法征税。被选上的代表们除了少数著名的例外人士，都把政治职务视为取得个人利益的方法。[260] 公民道德的理想已经被物质改善的诱惑压倒了。这一时期美国主流的政治利益是蓄奴的大种植园主统治体制，他们管理着从英国引入联邦政府的制度，同时也在巩固广泛的州权。自由给予了合众国公民两层而不是一层政府。正像在欧洲一样，这一时期美国的改革运动屈居保守主义之后。"现代性"还遥遥无期。

在1783年后成为美国人，就像在1947年后成为印度人一样令人忧虑。[261] 的确，在一些重要的方面，美国建国者的处境至少和印度统治者遭遇的一样艰难，因为合众国的国界处于山峦起伏的边疆地带，而它的英国种族核心很快就需要接纳来自欧洲各地移民的庞大浪潮。这两处前殖民地都面积庞大，拥有潜在的政治力量。它们踏上独立之路时，都还是不确定的脆弱国家，并且在面积和多元性的压力下经历了政治和人道主义灾难。"印度母亲"（Mother India）一开始就被分裂了，而美国后来则爆发了内战。尽管与印度的类比显然存在诸多局限，但它体现出美国也曾是一个刚完成非殖民化的国家，美国的民族故事也可以置于帝国主义背景下来重新评估。

　　虽然美国出现了一些类似共同性的意识，但它在19世纪上半叶仍无法实现有效独立。互相冲突的政策展现了从早期全球化转型到现代全球化的压力。除了英国，很少有国家能和平地将这些互不相让的力量融合起来。有些国家（如法国和西班牙）出现了接二连三的革命。而美国的实验也造成了不平衡，将它从刚开始的弱小国家变成1861年的失败国家，乔治·华盛顿在告别演说中表达的恐惧化为了现实。[262] 早在南北战争前，约翰·昆西·亚当斯已经调整了他的早期言论，依照现实情况预告了未来的灾难。一个世纪后，贾瓦哈拉尔·尼赫鲁发现，要在各种宗教争论不休、社会等级根深蒂固的地方创造一个世俗的民主国家是多么艰难。美国和印度一样，继承了阻碍变革的文化延续性。[263] 在美国，没有其他现存的纽带比英国的非正式影响更为持久而普遍。"与命运的密约"从未被放弃，但美国要宣告有效独立，还需在19世纪花费更多时间做出努力。亚当斯和尼赫鲁都发现，他们一边靠近命运，命运就一边往后退去。

第 5 章

兼并的战争

"未来性的伟大国家"[1]

1839年，约翰·L. 奥苏利文（John L. O'Sullivan）宣称美国"对世界各民族有一个天赐的使命"，预告了后来的"命定扩张论"。[2] 那些陷落的民族和从未崛起的民族"被排斥于真理的生命之光外"。希望需要外来的帮助，提供帮助的则是"上帝选定的代表"，他们的力量中蕴含着纯洁："我们有着无与伦比的荣耀，未有战争的记忆，美国人民也从未因为邪恶野心的诱惑而荼毒生灵、破坏遥远广大的土地。"

显然，尽管这些文字写于美墨战争和紧接的南北战争之前，但奥苏利文的言论中存在着一定程度的选择性认知。追溯过去，我们就会发现，美国也毫不例外地符合通过战争建立国家和民族的说法。[3] 但它是在奔波中实现国家和民族构建的。自18世纪起，欧洲人主要在定居型社会中建立国家，之后又建立民族。美国则在流动中经历了同一过程：新大陆的人民和疆界都是高度流动的。这一区别对外交政策有着重要影响。欧洲国家相互征战，时常陷入僵持，但它们互相接壤，所以它们培养出谈判协商能力，以避免或至少减少冲突的频率。而美国在1812年战争和1941年珍珠港轰炸之间并未遭遇过来自实力相当的大国的威胁。在此之间，合众国与一些资源不足的国家打了许多场小规模战争。这些经历使美国相信武力有效，这种思想一直延续至今。[4]

　　尽管有了跨国史趋势的驱动，但对美国与世界其他地区关系的历史研究仍存在显著的不均衡。[5] 直到2000年，一名主要的权威人士仍可以把1815—1861年间的外交政策研究称为"美国大沙漠"，另一名权威人士则称1914年前的整个美国史为"类似一片'荒原'"。[6] 幸运的是，一些探索者已在这片看似荒芜的土地上跋涉，为后人留下了标杆。他们的主要路径是指出扩张主义政策的持续性以及这与国家建设之间的关系。正像帝国主义一样，国际关系源于国内，一开始就与合众国历史密不可分。

　　国父与他们的继承者们很快就发现，他们既不能把自己与欧洲大国侵略性的现实隔绝开来，又不能将政党利益从外交政策中剥离出去。[7] 华盛顿著名的《告别演说》呼吁"国内的平静"和外交关系上的中立。[8] 但在1783年后，对再殖民化的恐惧使美国依然与英国、法国和西班牙纠缠不清，这些国家在北美大陆上仍保留着大量利益。1815年后，这种焦虑感消退了，对国际商贸及道德改良的考虑取而代之。[9] 现有研究也扩大了外交政策的传统内涵，包含了北美大陆各州的关系。这样来看，合众国历史并不是一个有着地区差异的民族国家逐渐兴起的过程，而是一个备受质疑的联邦政府在调和一系列有着不同利益和联盟关系的各州。[10] 另一种修正主义研究则把美洲土著加入了传统历史叙事中。美国国内的学者和全球研究者一同努力，试图重新平衡研究历史的视角，在过去由白人移民叙事主导的政治体中扩大土著的作用。随着这一被长期忽略的"民族"历史维度引起关注，人们开始越发注意1783年后的"大占地运动"如何影响步步推进的移民社会及独立的美洲土著各州之间的既存关系。[11]

　　虽然现在有了这么多诱人的可能性，但本书需要坚持与其主题密切相关的研究线索，以免被多余的累赘拖垮。因此，本章关注的外交政策的特征，反映了独立、帝国主义和帝国这些互相关联的问题。首先，美国被置于19世纪移民社会发展的背景下。北美的领土扩张是一种移民帝国主义，与土著社会及邻国发生冲突，同时也在移民内部引发不和。与美国最相近的是留在大英帝国但成为自治属地（自治领）的英语地区。[12] 这种类比看似显而易见，但美国史学家直到近期才开始探究其他移民社会的学术文献。[13]

这一比较既带来了相似性又带来了对立性。所有移民国家都渴望得到土地，从而征服土著。但美国的区别在于，驱动它扩张边疆的是充足资源的诱惑、移民人口的大幅增长，以及摆脱帝国枷锁后国内政治的对立。此处考虑的三场主要战争包括1812—1815年战争、1846—1848年的美墨战争及1861—1865年的南北战争，它们都事关控制或获取土地以进行国家建设。这几场冲突之间的年代也远非和平安详，"印第安人战争"连绵不断。讽刺作家安布罗斯·比尔斯曾称战争是"和平艺术的副产品"。[14] 而在国家建设上，和平才是战争艺术的副产品。

第4章展示了英国的政治、经济和文化影响如何在19世纪上半叶塑造了美国的国家建设规划。本章则关注同一时期的几场兼并战争作为补充。在美国刚刚独立的几十年间，感情创伤和领土争议常使它和英国的关系陷于紧张：在1812年，紧张关系甚至引发了战争，尽管双方都兴趣寥寥。不过，1783年后，关于收复北美大陆殖民地的路边闲谈再也没有成为英国的政策，1815年后这种想法更是销声匿迹。此后的英国各届政府都认为，英国的长期利益在于与新生的合众国合作，而不是与之对立。[15]

领土扩张提供的机会将大剂量的英美共同利益注入外交中立政策之中。英国皇家海军保护美国免受外国觊觎，英国的非正式影响力则传遍美国，将双方黏合在一起。英国资本支持西进运动，也为美墨战争提供资金。英国越来越大的原棉需求巩固了南方各州财富和奴隶劳动的增长势头，也间接激发了"金字棉"的扩张主义野心。英国在南北战争中忧心忡忡地保持中立，显示出它在考虑如何最好地保护自己在美国南北两方都存在的巨大经济利益。非正式影响本身带来了一系列问题。不过，随着19世纪的推进，边沁在18世纪90年代做出预测的含义越发清晰了：非正式影响比正式统治更加有效，因为它既廉价，又更容易被对方接受。[16] 失去了北美大陆殖民地的英国反而过得更好。

"财产与独有权利的好主意"[17]

1782年，身为贵族、移民、农民与评论家的赫克托·圣约翰·德·克雷夫科尔（Hector St. John de Crèvecoeur）发表了他对农业的颂歌，文中主要指的是北美大陆殖民地，特别是新英格兰。那里的移民取得的"独有权利"推动了独立和进取心："闲散的人们也许能得到工作，无用的人变得有用，贫困的人变成富翁。"这些特点在一种更宏大的想法下得以加强，那就是把移民视为上帝（可能还有财神）认可的命运代理人，由此促生了在无穷无尽的机会中"有所作为"的美国式野心。早在弗雷德里克·杰克逊·特纳（Frederick Jackson Turner）于1893年发表他著名的学说前，边疆通过塑造国民性来进一步塑造民族的观念已经深深植入了美国人的心理。[18]

克雷夫科尔对重农主义和亚当·斯密学说的支持不只适用于新英格兰和北美大陆殖民地。19世纪的评论家们常把美国和英语世界的其他地区进行比较。[19] 包括戈尔德温·史密斯（Goldwyn Smith）、约翰·斯图尔特·穆勒、查尔斯·迪尔克（Charles Dilke）、詹姆斯·布赖斯（James Bryce）等知名观察家都对这种关系的一些具体方面发表了自己的见解。他们基本的假设是，大不列颠人形成了一个延伸的群体。各殖民国家在地理上被分隔开来（除了加拿大和美国，它们位置接近但被隔开），但它们却有着共同利益，对盎格鲁-撒克逊世界的归属感也形成了共同意识。即使美国切断了与英国的宪法关系，它也被视为英国的近亲。这一纽带在19世纪下半叶进一步加强，那时种族团结的概念加固了统一意识。

数百万移民在19—20世纪满怀希望，离开旧欧洲去往世界各地的"新欧洲"，美国梦只是他们共有理想中的一个版本。[20] 除了南非部分不符合条件外，大不列颠人移居的国家刚开始都以盎格鲁-撒克逊人（具体来说是英国人）移民为主，统治者则是有产阶级的新教精英，他们的首要目标是实现维多利亚时期人们所说的"改良"。他们的理想与其说是对社会进行激进变革，不如说是复制他们熟悉的许多东西，只是他们自己要站在社会阶层的顶端而不是底端。他们也努力逃离压迫和贫困，获取在国内稀缺但在海外充足的土地，建立新生活。美国在19世纪40年代形成"命定扩张论"，在其他属地也有类似的吸引人的思想，使移民们以上帝旨意为由，毫无罪责地论证他们强硬的扩张手段。[21] 在美国之外，遥远边疆地带的艰苦经历也团结了移民，形成了澳大利亚人所说（至今仍沿用）的"同伴关系"（mateship），这种关系崇拜独立精神、同伴友谊，以及粗犷的男性美德。[22]

作家霍雷肖·阿尔杰笔下的两名年轻男主人公在澳大利亚"有所作为"，在那里，他们可能和威尔金斯·米考伯（Wilkins Micawber）擦肩而过。米考伯那令人期待已久的大结局显示出，贫困可以变为财富，排斥可以转为尊敬。[23] 杰克·伦敦没能在克朗代克河交上好运，但他写下的经历却为他赢得了财富。《野性的呼唤》展示了北加拿大冰天雪地的边疆如何考验并改变一个人的性格。[24] 同样的情况也发生在越来越多的移民身上，他们有的被新大陆的新城镇吸引，有的则无法逃脱，都市人在那里拥抱了他们很少经历的生活方式所产生的乡村价值观。而作为边疆地区未被赞颂的女主人公，女性也被要求遵循这种父权模式，不过她们的反抗最终形成了另一种理想，挑战了男性统治的主张。[25] 这些城镇也吸引了霍雷肖·阿尔杰笔下的一些主人公，他们加入了作家塞缪尔·斯迈尔斯（Samuel Smiles）的行列，鼓励通过决心和勤奋得到自救。乡村和城市的基础需求刺激了发展：贫弱的人们站了起来，进步得到了动力，个体获得了推进自由事业所需的力量。

边疆社会也在19世纪建立各种形式的民主制度中发挥了先锋作用。边疆地区的条件削弱了中央精英控制流动人群的能力，无论这种能力是他们已经拥有还是希望得到的，并且使支持代议制政府的政治纲领得到普及。正像第4章所说的，美国政府当局给予人们政治权利以换取税收，因为有利的土地-劳动力比例使那些潜在的纳税人得到了避开政府要求的机会。但民主并不是源于一个中心的单一概念，而是一系列不断演变的思想以及通常不规则的做法，在不同的时间出现在世界的不同地方。[26] 因此，我们需要对"自由的传播"这一传统叙事进行修正。尽管投票权在合众国各地都相当普遍，但到1828年，只有8个州为自由的白人男性实现了普选权。[27] 女性、土著及奴隶仍被排除到投票权之外。在某些方面，有些属地还比美国领先了一步，尽管它们在大英帝国里属于后发国家。新西兰在1893年赋予女性投票权，澳大利亚在1894—1908年紧随其后，接着是1916—1918年的加拿大、1920年的美国，英国则较晚，到1928年才赋予女性投票权。澳大利亚在1856—1859年实行无记名投票，走在了最前面。这种投票法于19世纪70年代在英国、新西兰和加拿大实现，在美国则于1884—1892年实现。[28] 新西兰的成年毛利男性1867年得到了投票权。美国的美洲土著则以渐进而缺乏计划的方式得到公民身份，但直到1924年才获得了同等权利。[29] 美国1898年在夏威夷实行的州宪法则确保投票权被限于有产的白人男性。[30]

移民们在穷乡僻壤、内陆地区、灌木丛和稀树草原上开辟了新社会。他们对如何开发自然资源、如何平衡农村与城市利益的竞争，以及如何建立符合他们新情况的政府形式进行了相似的辩论。[31] 他们掀起了在规模和全球影响上都前所未有的"绿色革命"。他们在充裕的土地上使用流动的移民劳动力，改变了财产权，把公共用地转化为个人的永久产权（freehold）地。[32] 其结果是，一系列依赖出口的经济体将农产品运往帝国的大都市，以交换投资和工业品。这一重大发展加快了世界经济的融合，将专业分工的生产者与变化无常的国际经济需求相捆绑。克雷夫科尔对18世纪90年代新英格兰的观察在比他所设想的更大的范围内依然适用：在19世纪，出口农业在全球成为各移民国家的基础。

在所有白人移民国家中，无论它们是否独立，土地政策都是一大核心考虑。"无主之地"（terra nullius）的原则被广为运用，以使土地征用合法化。[33] 爱德华·吉本·韦克菲尔德的"系统性殖民"计划在19世纪三四十年代得到了大量宣传，与杰斐逊和杰克逊的农耕理想主义有一些共同点，同时又借用了克莱"美国体系"的元素。[34] 同时，韦克菲尔德的目标是改变美国采取的、在他看来离不开奴隶劳动的发展模式，于是他和相当了解美国的威廉·科贝特（William Cobbett）联合起来，希望重建既有等级制度并维持自由的社会秩序。[35] 人们关于自由贸易和保护主义各自好处的漫长讨论，也参考了不同移民社会的经历。加拿大在19世纪70年代实行了约翰·A. 麦克唐纳的"国家政策"，这一政策运用了美国以保护主义促进工业发展的经验，同时也推进了农耕理想，用它来吸引殖民者来到西部平原。[36]

新的财产权确立起来，它的代价是赶走、杀戮或者控制土著，他们挡住了边疆推进的道路。对美洲土著社会的研究已经足以与其他地区的类似情况进行比较，但这种比较留待后人研究。[37]当前这些引人注目的学术文献改变了北美历史的传统视角。19世纪开始前，北美大陆的欧洲移民处于历史事态的边缘而不是核心。对研究世界其他地区的专家来说，修正主义历史学家提供的叙事已经非常熟悉。他们在早期研究中批评了居高临下、未经检验的假设，转而重新建构此前无人知晓的土著历史，如今，他们的批判性评价已为更细致的讨论打下了基础。前殖民时期的大段历史被挖掘出来。北美洲有着多个复杂的经济体；北美的政治体系既有联盟也有"帝国"。[38]土著不只是受害者，而是有能力去影响历史事件。他们从事贸易、突袭、互相争斗、蓄奴。[39]熟悉20世纪60年代以来非洲和亚洲研究的历史学家不难发现，这些研究方法的演变和结论非常眼熟。[40]

　　美国的"印第安人战争"与加拿大大草原上移民的推进互相对应，澳大利亚土著遭遇的大屠杀也与毛利人在新西兰的落败相对照。在所有案例中，人口发展的趋势在本质上是一样的：输入性疾病是最初也是最具破坏力的致死原因，冲突导致的死亡则在19世纪是越发重要的致死因素。用数字来描述这些趋势固然诱人，但也存在危险。[41]"殖民遭遇"之前北美"上百万"土著这一说法过于宏大，我们除了发现这个一开始就不确定的数字在1500年后大幅下降，很难从中得出任何其他结论。[42]19世纪的数字相对更精确，展现了人口的持续减少：在美国，土著人口从1800年的约60万减少到一个世纪后的约25万。在其他地区也有类似趋势：到1900年，加拿大"土著"人口约为12万，澳大利亚的土著人口减少到5万，新西兰的毛利人减少到了4万。这些地方的人口都在1900年达到了最低点。在20世纪，随着婴儿死亡率下降，土著人口数得以回升，在21世纪继续增加。

　　在19世纪前的非洲、印度和北美洲等边疆地区，欧洲与土著社会的接触将冲突与一定程度的社会流动和合作融合了起来。[43]因此，所有的新欧洲社会都发展出一种种族优越感，持续了整个殖民时期，并在之后以不同程度继续存在。各属地设计了同化和隔离政策，与美国的政策互补对应。对边疆外社会的负面印象加强了发展中的白人至上主义意识形态，有助于在英语世界各地塑造民族认同。[44]白人霸权和确信之心创造了"教化使命",成了所有这些边疆地区共同的特点。加拿大的命运使传教士和人道主义者(也就是当时所说的"圣经与犁")前往极北地区。南非白人借助荷兰归正教会的权威,为他们的种族优越原则辩护,并深入内陆寻求证明。无论在哪里,枪支都确保了文明的推进。

我们必须强调这些共同性以保证美国被置于更广大的背景下,而不是被当成独特案例。不过,美国显然不是加拿大或澳大利亚。在后来组成美国的这些殖民地中,英国移民的历史远超过其他白人移民地区,活动的规模也更大。[45]移民与政府的关系也有所不同:1783年后,美国可以自由制定针对土著的政策,而各属地则仍受帝国控制。

土地权利的冲突在16世纪欧洲人移民北美大陆初始就已存在,此后其变成了美国扩张过程的长期但不稳定的特点,直到1924年最后一批阿帕切人(Apache)"死忠"人士投降。确实,有许多领土是通过战争之外的方式取得的:路易斯安那在1803年购地案中被转让,佛罗里达在1819年被买下,俄勒冈割让案(Oregon Cession)在1846年谈判成功,阿拉斯加在1867年被买下。不过,这些土地也需要有人占领,这一过程便造成了漫长的战争。膨胀的欧洲人口加大了现有各部落间关系的复杂性,把土著拉进了大国对抗中。[46]部落群分裂了,跨部落的联盟随着战争的风向起起落落。[47]就像在非洲、亚洲和澳大利亚一样,北美本地的各政治体与它们认为最有可能促进自身利益的欧洲国家结盟。七年战争的爆发标志着越发激烈的敌对状态达到了新阶段。[48]所谓"为西部的漫长战争"横跨1754—1815年,并在19世纪的很长一段时间内断断续续地发生。[49]所谓"为南部的漫长战争"则涵盖了与塞米诺尔人(Seminole)在佛罗里达的三场冲突,分别在1818年、1835—1842年和1855—1858年,最后,塞米诺尔人被赶去了西部保留地。[50]对抗助长了不愿妥协的心理。1776年,杰斐逊在《独立宣言》里为未来定下了基调,提及了"残忍的印第安蛮族,他们所著称的作战方式就是不论男女老少和具体情况,一概毁灭无遗"。[51]

杰斐逊的概括和其中蕴含的敌意反映了当时的外交联盟关系:大部

分美洲土著政治体都倾向于英国，不是因为他们是帝国效忠派，而是因为他们更害怕移民的侵入和随之而来的"鸡犬不宁"。[52] 美国革命把《巴黎和约》后的"和平"变成了另一场国际冲突。1783年美国独立，解除了对西进移民的限制，加剧了边疆地区的无序状态。1812年战争后，受英国仁慈的中立政策协助，移民在美国政府的同意下向西部和南部扩散，只有土著的反抗会中止这股潮流。安德鲁·杰克逊政府在1830年通过《印第安人迁移法案》（Indian Removal Act），标志着其告别了过去的同化政策，开启了后来的强制迁移政策。最臭名昭著的例子是切罗基人的遭遇，他们在1838年被西迁至约800英里之外的俄克拉何马，这次迁移之路后来被称为"血泪之路"（Trail of Tears）。[53] 其他的强制迁移虽然相对不那么剧烈，但在19世纪仍在继续。

部分由迁移政策触发的远征和小规模战斗每年都有，有时持久的战争还会影响全国许多地区。[54] 佛罗里达的第二次塞米诺尔战争（1835—1842）是美国军队遭遇的最艰难的战争之一，达科他的黑山战争（the Great Sioux War，1876—1877）导致第七骑兵团覆灭和乔治·阿姆斯特朗·卡斯特（George Armstrong Custer）中校在1876年死亡，这也成了最知名的一场战争。扩张的速度在19世纪下半叶加快，西部开通了铁路，越来越多的移民涌入，希望从金矿、银矿以及牧场、农场中发财。冲突不断蔓延，特别是在西南部和远西地区。反抗运动及镇压反抗的暴力行为延续到了19世纪末甚至更远。这场竞争越发向一边倾倒。到1890年，最难对付的反抗者已经被征服了。科曼奇人（Comanche）、苏人（Sioux）、犹他人（Ute）、阿帕切人分别在1875年、1877年、1880年和1886年被打败。在征服土著的漫长战争中，最后一枚荣誉勋章在1898年欧及布威人（Ojibwe）被打败后颁发了出去。[55] 到那时，野牛群已大批死亡，剩下的土著则被围拢并困在土壤贫瘠的保留地上。[56]

随着土著的土地被掠夺，他们的法律地位也发生了改变。新建的联邦政府得到了与印第安人当权者协商条约并达成其他正式约定的唯一权利。在独立后的前几十年中，美国模仿了英国的先例，把土著国家视为主权政治体，对他们采取"慎重的分离主义"态度，保护它们的内政不受联邦政府干预。[57] 土著被视为其他国家的公民，无法得到合众国的投票权，除非他们交税，而很少有人这么做。不过，华盛顿和杰斐逊都认为，进化的过程最终会带来同化，"文明的印第安人"将满足投票资格。

　　这些政策越发与当地现实产生矛盾，土著国家的有效独立在移民的推进下逐渐萎缩。南北战争后，国会将国家统一视为现代化纲领的中心。南部各州重新融入联邦，国会通过了一系列政策，同化土著并将他们纳入正在吞噬他们的社会中。第十四修正案在1868年得到批准，确认保留部落关系纽带的土著无法得到投票权和公民身份。[58] 1871年，《印第安人拨款法案》（Indian Appropriation Act）决定，土著国家不再被视为不同的政治体，在未来将受到法律而不是条约的管辖。这一法案使联邦政府开始正式干预此前被视为主权国家内政的事务。[59] 此后1887年的《道斯法案》（Dawes Act）重新分配了土著部落的土地，生成小片个人的地块，允许售卖土地永久产权。它的目的是创造一群自给自足的自耕农，以及起到带头作用的中产阶级个人主义者。[60] 到世纪之交时，法案显然已经成了失败社会工程的一个早期案例。它进一步削弱了土著狩猎行为的政治经济价值，分裂了他们的亲属体系，制造了一群深陷贫困的美版"班图斯坦人"。[61] 部落成员可以通过各种资格测试来获取公民身份，有越来越多人设法取得了身份。到1924年，当国会通过《印第安人公民身份法案》（Indian Citizenship Act）时，多数美洲土著（约17.5万人）已经满足了资格，法案使剩余的那些人（约有12.5万人）得到了公民身份。改善的地位伴随着高昂的代价："消失中的印第安人"从人们的视线中消失了，不是因为同化政策成功地使他们的身份不再明显，而是因为土著人口已经减少到了足以被孤立、忽视、遗忘的程度。[62]

　　埃德蒙·伯克曾经预测，如果英国坚持试图通过立法命令来控制移民移动，将会导致什么后果。他在1775年说道，充满渴望的移民"将成为一群群英格兰鞑靼部落……像凶猛而无法抵抗的骑兵那样，冲破你们不设防的边疆"。[63] 伯克建议移民和政府以互相协调的方式共同前进，保障法律和公民秩序。1783年后，新"鞑靼人"的劫掠走在了行政当局之前，同时也得益于政府支持，他们在伯克所称的"不设防的边疆"施行他们粗糙的正义理念。[64] 官方及私人的暴力行为都不再受中央管辖。对"暴政国家"的恐惧起初来自一种对18世纪六七十年代英国的北美大陆殖民地政策的特定观点，此时恐惧也进入了公众意识且挥之不去。"持有和携带武器的权利"作为必然需求和对恐惧的补充，在1791年宪法第二修正案授权下成为个人权利。[65] 用实际行动来表达个人意志被确立为权利，赢得了人们的赞许。义务的概念则发生收缩，它和国家权力的关系被缩减到最小程度。对"尚武的男子气概"（martial manhood）的正式支持加上边疆的实际情况，使相关的价值观压倒了它那苍白无力的表亲——"克制的男子气概"（restrained manhood）。[66]

国内殖民化的过程把几乎算是自由的土地送给了充满渴望的移民，为白人至上主义的象征体系做出了有力贡献。评论家们把美洲土著描绘成文明胜利需要清除的障碍，在必要时还可使用武力。在决策者心中，那些抵抗进步者的刻板形象不断叠加、固化，变得正当合理，于是决策者便用全面战争的策略来对付平民和他们的生活方式。官方报告和新闻评论都一致同意把美洲土著刻画为落后的野蛮人，认为他们不配继续管理上天托付的充裕资源。亨利·卡伯特·洛奇（美国共和党议员、历史学家）认为北美土著"狡猾、奸诈、残酷"，西奥多·罗斯福称他们为"肮脏的野蛮人"。[67] 亨利·朗费罗也及时给当时的政治话语加上了他标志性的鼓点，描绘了"野蛮无情的"苏人酋长，

> 低语着他们的哀伤和悲痛
> 以及他们愤怒的威胁。[68]

一旦"野蛮人"被驯服，有事业心的宣传家们就可以在展览、马戏团和牛仔秀中把他们展示为难逃一死的物种的遗迹，他们的功能是为现代性的时髦代言人开路。[69] 当威廉·科迪（William Cody，野牛比尔）在1885年签下印第安人"坐牛"（Sitting Bull）①时，白人统治的寓言大功告

---

① 坐牛（1831—1890），苏人首领，在小比格恩战役中击败乔治·阿姆斯特朗·卡斯特领导的第七骑兵团，1881年向美军投降后，在野牛比尔的牛仔秀中表演，1890年被警察射杀。

成了。[70] 对幸运的少数人而言，他们在失去权利后还能继续生活：那被称为演艺事业。

　　诋毁美洲土著的另一面则是创造出白人至上主义的偶像。卡斯特中校在死后得到了生前错失的名望。[71] 卡斯特就像10年后死于喀土穆的查尔斯·戈登（Charles Gordon）① 少将一样，是一名判断力不太可靠的军人探险家。尽管他们都有缺陷，但他们获得了为文明与进步事业献身的殉道者地位，作为象征着英格兰-维多利亚绅士最高理想的英雄被人们纪念。他们的象征性价值在于设立了勇气、责任和荣誉的标准，供后人效仿。沃尔特·惠特曼用中世纪骑士精神所笼罩的十四行诗纪念了卡斯特的死亡：

> 如今在死亡中你渴望的辉煌战绩大功告成，
>
> （为此我没有带来挽歌送给你，我带来一首快乐的胜利之诗，）
>
> 绝望又光荣，是的，战败最绝望又最光荣，
>
> 你曾身经百战，从未放弃过一条枪、一面旗，
>
> 现在你放弃了生命，
>
> 给身后的士兵留下了珍贵回忆。[72] ②

　　洛奇和罗斯福则把卡斯特加入"展现出懂得如何生存与死亡的"美国英雄名单中，加强了他的神话。[73] 1941年，好莱坞将各种各样所谓未开化的民族融合到一起，打造了关于卡斯特最后一战最受欢迎的消遣电影。[74] 在这部名为《马革裹尸还》（*They Died with their Boots On*）的电影中，白得不能再白的埃罗尔·弗林（Errol Flynn）扮演卡斯特，墨西哥裔美国人安东尼·奎因（Anthony Quinn）扮演"疯马"（Crazy Horse）③，而这部影片一大鲜为人知而令人难以置信之事是，几百名菲律宾群众演员扮演了野蛮的印第安人。[75] 具体的种族差异并不重要。在那个"异族人"不需要来自外星球的年代，片中的人们已经足够被视为"异族人"了。

---

① 查尔斯·戈登（1833—1885），英国军官，曾协助清政府镇压太平天国运动，后担任苏丹总督。

② 译文摘自邹伸之译《草叶集》，惠特曼诗，下同。

③ 疯马（1842—1877），苏人首领，在小比格霍恩战役中击败卡斯特的军队，后被美国士兵刺杀。

早在埃罗尔·弗林和安东尼·奎因在银幕上对决之前，他们争抢的边疆地带就像那里最初的居民一样，几乎已经消失。1890年人口普查报告称，那条向西扩散的熟悉的移民路线不再清晰可见：移民们已经达到了"光辉"的太平洋，增加的移民人口集聚在城市群中，"撒旦的磨坊"（英国诗人威廉·布莱克在《弥尔顿》中描绘的黑暗工厂）也已出现。这一观察给特纳著名的哀叹打下了基础，特纳出版于1893年的著作纪念了边疆地带形成的个人主义、韧性品质及刚毅精神的消亡。[76] 特纳的论述呼应了19世纪八九十年代其他许多针对经济持续萧条、不受控制的移民潮及社会动荡的悲观评论。[77] 特纳以怀旧心理回望过去，将寻找药方的任务（如果确实能找到药方的话）留给了后人。一些观察者受到世纪终结、边疆关闭的启发，提出了人口过剩、无政府主义和社会主义的末世想象。[78] 其他人则把特纳的分析融入他们自己的海外扩张计划中。边疆的经验，以及与土著打交道的成熟方法都可在海外复制，在更遥远的边疆地区重焕活力，再被传回国内，让虚弱的人们直起腰板，让堕落的人们重拾道德。[79]

到19世纪50年代，"边疆精神"已渗入了当时达到顶峰的私人武装干涉（filibustering，尤指美国人在拉美煽动叛乱）远征中，臭名昭著的威廉·沃克（William Walker）当时在尼加拉瓜发动政变，之后于1860年在洪都拉斯的行刑队面前终结了他的天命。[80] 私人武装干涉表达了一种进攻性扩张的精神，运用于附近其他国家。南北战争结束、南方扩张种植园奴隶制的野心消亡后，联邦政府得以控制扩张主义的本能，将其置于法律限制下。1898年，一个重要机会出现，大陆扩张的意识和美西战争叠加了起来。曾用于对付美洲土著的军事策略在1898年及之后用到菲律宾身上。[81] 1898—1902年间在菲律宾服役的30名将军中，至少有26人曾参与打击美洲土著的战役。[82] 军事行动把平民也当成打击对象，其中存在西奥多·罗斯福所称不可避免的"连带残忍行为"，而这在印第安人战争及南北战争中也曾发生。[83] 菲律宾人就像美洲土著一样，在被教化之前必须被征服。美国军队发现，"菲律宾人是野蛮人，不比我们的印第安人好到哪里去"，所以应该受到相似的对待。[84] 罗斯福把菲律宾独立运动领导人埃米利奥·阿奎纳多与"坐牛"相提并论：他们两人都需要被铲除，这样

"地表上又一个美丽的地方"可以"从黑暗力量那里抢夺过来"。[85]

　　大陆扩张带来的结果甚至超过了国父们最乐观的预期。1783年，美国覆盖的面积略小于100万平方英里，包含13个州，白人人口仅超过300万。1900年，美国的面积达到了近400万平方英里，扩张到了45个州，人口上升到了7 600万。地图3和表1展现了这一巨大发展的空间和时间维度。英国属地则无法赶上这样的增长速度。加拿大的面积和美国差不多，澳大利亚也没有小多少，但它们的人口都无法与美国匹敌。1900年，作为自治领的四个国家（加拿大、南非、澳大利亚和新西兰）的白人人口总共达到约1000万，只是美国当时人口的13%。学者们提出了各种不同的假设来解释这一区别。[86] 最具说服力的解释是基于亚当·斯密对天然资源不平衡的强调。[87] 美国的移民掌控了富饶的农业用地和充裕的矿物储备，从而吸引了大规模移民及资本流入，这正是激活生产要素所需的。动用这些无与伦比的资源很便宜，因为它们是从原来的主人那里抢来的，这些主人因而为发展国家经济提供了庞大的补贴。

　　有些欧洲人移民去了那些成为自治领的国家，他们也能获取类似的土地，但手头的资源要么价值远远不够，要么无法用19世纪现有的技术进行开发。直到19世纪中叶，才开始有大量移民前往英国属地。即便如此，英国属地的边疆也从未像在美国这样幅员辽阔或人员充足。有限的资源、气候条件以及地理距离（尤其在澳大拉西亚）制约了人口增长，从而束缚了国内市场及本地产业的扩张。尽管有这些劣势，但到1900年，属地的增长速度和生活水平基本和美国差不多，商业进取心的活力也不输给美国。但这些属地的经济规模无法与美国相比，它们影响国际事务的能力也相应地大大受限。[88]

　　要理解美国移民边疆的长久性、它横跨美洲的动力，以及与美洲土著冲突的激烈性，可以用从欧洲来边疆的便利以及边疆的经济潜力来解释。随着时间的推移，边疆神话与它蕴含的各种刻板印象被刻入了一代又一代后人的思想里。神话将征服变得合理化，并且也印证了美国在世界其他地区与"黑暗力量"的争夺。但要解释美国如何赢得并控制西部，还需要考虑更多方面。1783年后，尽管国家建设还处于胚胎阶段，但

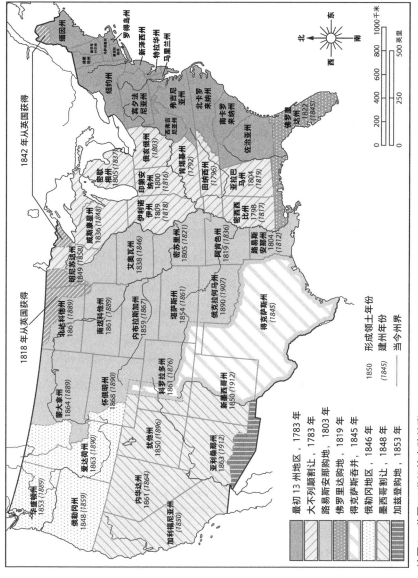

地图 3　美国 19 世纪的大陆扩张

表1   建州过程（作为美国政治发展指标）

1787	特拉华州、宾夕法尼亚州、新泽西州	1845	佛罗里达州*、得克萨斯州*
1788	佐治亚州*、康涅狄格州、马萨诸塞州、马里兰州、南卡罗来纳州*、新罕布什尔州、弗吉尼亚州*、纽约州	1846	艾奥瓦州
1789	北卡罗来纳州*	1848	威斯康星州
1790	罗得岛州	1850	加利福尼亚州
1791	佛蒙特州	1858	明尼苏达州
1792	肯塔基州	1859	俄勒冈州
1796	田纳西州*	1861	堪萨斯州
1803	俄亥俄州	1863	西弗吉尼亚州
1812	路易斯安那州*	1864	内华达州
1816	印第安纳州	1867	内布拉斯加州
1817	密西西比州*	1876	科罗拉多州
1818	伊利诺伊州	1889	蒙大拿州、北达科他州、南达科他州、华盛顿州
1819	亚拉巴马州*	1890	爱达荷州、怀俄明州
1820	缅因州	1896	犹他州
1821	密苏里州	1907	俄克拉何马州
1836	阿肯色州*	1912	新墨西哥州、亚利桑那州
1837	密歇根州	1959	阿拉斯加州、夏威夷州

*   加入邦联的州

美国能够在本阶段的限制内决定自己的政策。人们普遍相信，中央政府有着演变为专制的倾向，这种观念确保美国维持的常备军规模较小，不足以控制迅速扩张的边疆。得到政府半授权的暴力行动符合当时的需要：其中包括极少受国家事务驱使的州民兵队，以及随时可在法律之外动用的私人枪手。[89] 向西和向南跋涉的移民认为他们是在回应天赐的机会，这证明了他们对"原始"民族使用武力的正当性。[90] 冲突被拔高到了追寻上帝所赐使命的"神圣暴力"的地位，同时也被浪漫化，为暴行做出辩护或粉饰。[91] 保罗·克留格尔（德兰士瓦共和国总统）的"神圣历史"（sacred history）概念也产生于类似的边疆冲突过程中，这给开拓者（Voortrekkers）前往应许之地的奋斗活动赋予了神圣的认可。在美国，冲突不仅导致了武器的扩散，也创造了普遍而持久的枪支文化。枪支文化促使人们确信，"尚武的男子气概"价值观也适用于那些和19世纪边疆情况几乎或毫无关系的国际问题。

英国属地的情况（南非除外）与美国不同，这些不同改变了行动的范围。比如在加拿大，生态条件、相对较少的欧洲移民，以及发展的漫长过程，都使移民与土著的关系比国境以南更加和谐。[92] 起初，塑造加拿大边疆的是对贸易而不是对土地的追求。纷争也会发生，但商人们的目的不是要消灭他们的供应商或顾客。而另一方面，圣劳伦斯河以南殖民地的移民从一开始就深陷冲突，因为他们觊觎的肥沃土地已经被土著占据了。此外，在加拿大的定居点扩张之前，法律就已经确立。而在北美大陆殖民地，移民们在政府部门出现前就已建立了边疆，自行提供保护。即使存在文化差异，但加拿大的法国和英国移民都更害怕他们眼中南方"暴民统治"的无政府主义，而不是他们自己国家"专制君主制"的可能性。在美国革命时期从美国移民到加拿大的效忠派进一步强化了这种态度，期待由政府而不是私人代表来维持公共秩序。[93] 未经驯服的西部助长了私人化的暴力行为，更有秩序的北方则由皇家加拿大骑警管理。[94]

在英国属地，持有致命武器更多被视为一种特权而不是权利，当国家利益面临危险时，"持有武器"就成了一种义务。边疆地区的枪械充足，但这些属地从未发展出枪支文化，枪支也不像在美国那样带有宗教认可的光环。[95] 在这一方面，合众国与属地的区别并不在于后者变得世俗化（尽管这无疑是一种长期趋势），而是属地在19世纪背弃了福音派原教旨主义，转向基督教的自由主义形式，这主要是在新教范围内。[96] 这些有着广泛相似性的移民社会也有分道扬镳的空间。

1812年：第二场独立战争?

1812年，英国和美国再次走向战争，展开了当时许多美国人所称的
"第二场独立战争"，不过这是最后一次。[97] 我们很容易找到关于战争起因
及结果的详细讨论，可在其他研究著作中追踪。[98] 考虑到本书的主旨，关
注两大问题就已足够：战争在多大程度上助长了土地合并的过程，以及它
对加强合众国的有效独立起到了多大作用。

这场战争有多个起因，无法简单评估。现实情况与人们的观念及误
解混杂在一起，又随着战场上的时运波动而被重新整理。战争的大背景是
法国战争的全球影响，这给北美洲带来了改变力量均势的可能。英国和美
国都注意到了这些可能性，但它们都没有宏观设计来吞并已经有主的土
地。英国在欧洲的艰苦奋战中牵连过深，无力像人们宣称的那样考虑压倒
"一个新兴的对手"。[99] 合众国仍处于政治和经济发展的早期阶段，与其说
是被伦敦视为对手，不如说是被其视为英国非正式影响力大有前途的接受
者。就麦迪逊和国会而言，他们力主向西和向南扩张，而不是向北扩张，
因为他们意识到即使有可能成功吞并英属北美，也大概会产生一批反对蓄
奴的新州。[100] 西进扩张符合合众国有限的军事资源现状，他们也有可能
乘反对派联邦党陷入混乱的时机创设新的蓄奴州。[101]

战争的直接起因是关于美国航运中立的纠纷、英国皇家海军强征美
国水手的行为，以及美国人对美洲土著持续抵抗边疆西进的恼怒。英国皇
家海军对欧洲的封锁伤了美国贸易，促使杰斐逊在1807年禁运美国出
口物作为回击。[102] 谈判未能解决纠纷。美国出口遭受了打击，尤其是东
海岸港口的不满情绪不断上升，以至于必须采取政治行动。不只是麦迪
逊一人在担忧美国脆弱的独立正面临危险。[103] 在这样忧虑重重的情况下，
英美关系在1783年后遗留的互不信任情绪使双方把战争提上可能的议程，
尽管双方都不希望这变为现实。[104]

国家视角大大影响了关于这场冲突结果的辩论。大多数美国史学家
认为，战争至少达到了有限的成功，自信者解释称，在1815年战争结束
时，合众国已加固了民族团结，增强了自信。[105] "和睦时代"标志着党派

政治的终结，门罗主义是外交政策的独立宣言，警告欧洲大国在西半球
建立帝国的时代已经终结。对这场战争感兴趣的少数英国历史学家则采取
相反立场称，综合来看，英国在陆地和海洋上赢得了这场冲突。但英国
学者的贡献聚焦于军事斗争，把战争对新大陆内部的影响留给了其他学
者。[106] 研究英国史的学者在评估这场战争的结果时认为，英国国内的发
展更多是受到欧洲大陆天翻地覆的冲突影响，而不是受大西洋上的那场小
战斗左右。

签署于1814年末的《根特条约》（Treaty of Ghent）使北美的国界
维持了战争开始时的状态。但战争双方都从协议中有所收获：英国成功
保卫了后来成为加拿大的领土，美国则获取了进入俄亥俄山谷争议领土
的权利。真正的胜利者是加拿大人，他们击退了美国侵略者，开始塑造
一种民族意识，同时也加强了与英国的联系。[107] 在那之后，美国承认了
政治现实，注意不去支持1837年在下加拿大爆发的无果叛乱。[108] 剩余
的国界问题通过外交而不是武力得以解决。《韦伯斯特-阿什伯顿条约》
（Webster-Ashburton Treaty）在1841年划定了缅因州的北部边界。阿什伯
顿（男爵）是巴林银行的亚历山大·巴林所拥有的头衔，他自1803年起
就担任美国在伦敦的官方代理人。[109] 而美国国务卿丹尼尔·韦伯斯特的
履历中，则包括担任巴林家族的银行总监和有薪顾问。他们的谈判友好
愉快。[110] 韦伯斯特和阿什伯顿未能解决的俄勒冈西北边界问题在1846年
通过谈判解决。到那时，双方都急于利用英国废除限制性的《谷物法》的
机会，确保大草原地区专注于小麦生产。[111] 其结果反映了英国更广泛的
帝国优先目标，也体现了英国有能力把边界两边的中西部地区都纳入其扩
大的经济影响范围。[112] 最后，美国于1871年在《华盛顿条约》（Treaty of
Washington）中实际承认了加拿大，解决了两国间剩余的领土纠纷。

随着加拿大赢得了建设国家所需的安全，美洲土著失去了维持他们
原有国家的权利。1810年，肖尼人领袖特库姆塞（Tecumseh）组建了泛
印第安联盟，从五大湖地区延伸到南方腹地，试图保护土著土地免受贪婪
移民的侵占。这个联盟实际上是在宣告独立，为对它有好处的英国的胜利
赌了一把。尽管联盟帮英国保住了后来成为南加拿大的部分地区，但肖

尼人未能得到他们的奖赏。1815年，英国和美国抛弃了它们各自的土著盟友，以求它们眼中更大的和谐：恢复合作关系，开启它们自己的"和睦时代"。分歧仍然存在：共和制和君主制政府的呼吁者继续竞争，美国国内对英国持续影响力的愤恨情绪依旧。[113] 但趋势是在走向合作。[114] 法国在1815年后不再是主要威胁，进入和平时代的西班牙实力已大大减弱，其帝国领土也陷入叛乱。外部制约的消除，使麦迪逊和他强硬的继任者杰克逊与波尔克得以实现杰斐逊的愿景，让白人移民的共和国横跨北美大陆。[115]

这场冲突在美国的首要政治影响是，反自由主义的利益集团联合了起来，尤其是在南部各州。在和平回归之时，战争的紧迫性曾经塑造的广泛团结局面发生了分裂。"感觉良好"让位给了"感觉紧张"。群体间的差异越发明显。数千名奴隶在战时的出逃使奴隶主焦虑不安，加强了他们捍卫州权的决心。[116] 在1820年差点分裂联邦的密苏里危机较早地预示了分歧将会扩大。允许（白人）女性投票的要求被搁置了。[117] 遣返非裔奴隶的谋划代替了依据启蒙原则同化吸收他们加入美国的愿景。[118] 未来南非所称的"隔离发展"（separate development，即种族隔离）策略顺理成章地补充了盎格鲁-撒克逊统治计划。关于禁运的尖锐辩论延续到战后，出现在针对关税的激烈争斗中，再次加固了南方团结支持自由贸易的决心。[119]

随着合众国为了推进西部边疆走向战争，它也得到了英国金融的谨慎支持和英国海军间接的防御保障。这两者都是美国所需要的。战争破坏了经济。国际贸易被打断，联邦政府债台高筑，无力履行责任。[120] 合众国海军的大部分力量都被摧毁了，陆军则暴露出军官和训练的欠缺。这些事态发展都无法表明国家即将取得团结或独立。正如《北美评论》（North American Review）的编辑在1864年末观察的那样："1812年战争尽管从政治上把我们与英格兰分开，但我们依然只是地方居民。"[121] "而且很正常的是，"他补充说，"民族性不是一夜之间发展起来的，它不是由一份独立宣言创造出来的；它不符合常规程序，也不会产生于可估量的力量。"[122] 美国还需要南北战争这第三场战争，来将其"作为一个国家，不只是从我们自己的历史，也是从旧大陆"分离出来。[123]

1823年宣告的门罗主义长期以来被视为美国在外交政策上的独立宣言，如今已获得"神圣命令的地位"。[124] 在总统对国会的年度讲话中，有一段旨在防止欧洲大国在美洲进行"未来的殖民行动"，警告这样的行为将被视为"危害我们的和平与安全"。[125] 但门罗的宣言还不足以"响亮地确立美国在西半球的支配地位"。[126] 他发表这一言论正是在法国战争后，当时欧洲大国再次能够把注意力转向更广阔的世界，特别是转向美洲。美国和英国共同的直接担忧是，西班牙将试图重树在拉丁美洲的地位。但门罗的告诫只表明了一种理想，没有提出行动方案，也没有立竿见影的效果。国会未能支持门罗主义，哪怕只是把它作为一种意向声明。美国缺乏主导行动的能力。只有英国的海军和外交力量才能决定是遵守还是打破不干涉原则。直到19世纪末，当美国需要一项政策来认证其行使大为增强的权力时，门罗的讲话才被重新宣传，并被提升到了永恒而不可侵犯的信条地位。[127]

门罗主义也符合英国不断发展的利益，这些利益与美国一致，以至于两国差点在1823年同意发表联合声明，反对外国在西半球的吞并行为。[128] 英国放弃了重新殖民美国或接管西班牙在拉丁美洲分崩离析的帝国的念头。[129] 英国在美洲的目标是发展非正式影响力，而在19世纪期间，它也非常成功地达成了目标。另一方面，美国则从杰斐逊宏大的半球愿景退了回来。华盛顿方面接受了北边的英属加拿大，又在1822年认可了拉丁美洲的新国家，从而承认美国无力垄断新大陆的未来。美国无法阻止旧大陆的外交和阴谋：美洲将以互相竞争的国家形式参与国际事务。美国不得不调整野心以适应自身有限的能力。[130] 这一发现促使美国在杰克逊与波尔克总统执政期间实行美洲内部的强硬扩张政策。[131] 南方各州团结起来，支持有可能将奴隶制拓展到密苏里妥协案订立的分界线以南大平原地区的政策。从这一角度来看，门罗主义是在警告西班牙不要尝试重新夺回佛罗里达和得克萨斯的控制权。[132] 它们的未来已经被规划好了。

"美国知道怎么摧毁，也知道怎么扩张"[133]

在美国1846年5月宣战的不久前，沃尔特·惠特曼发表了恳切的请求，敦促"彻底严惩"墨西哥。关于此后的这场美墨战争有大量研究文献，墨西哥人把它视为毫无根据的侵略，至今仍是如此。当时还是下级军官的尤利塞斯·格兰特表示同意。"我们被派往那里是为了挑起战争，"他在多年后观察说，"但关键在于，战争应该由墨西哥人发起。"[134] 墨西哥在1848年战败后割让了约一半领土，覆盖了后来成为加利福尼亚州、犹他州、内华达州、新墨西哥州和亚利桑那州的大部分地区。墨西哥也同意认可得克萨斯的割让，这是"一片比奥地利帝国还大的领土"[135]。詹姆斯·诺克斯·波尔克总统起初提出要买下他觊觎的土地，当他的提议被拒绝后，便打响了美国历史上最成功的兼并战争。

从最长远的视角来看，侵略墨西哥可以追溯到18世纪末打击了欧洲军事-财政国家的危机以及此后的法国战争，这些扳倒了西班牙帝国，也给1812年战争创造了环境。墨西哥作为西班牙在新大陆最重要的殖民地，在漫长而虚耗的冲突后于1821年赢得了独立。在此后不稳定的和平年代里，标志着墨西哥与西班牙对抗的分歧持续存在。正如在西班牙国内一样，保皇派和共和派、教士和大众、中央派和地方派都发生了碰撞。西班牙试图在19世纪20年代重夺墨西哥的行动加剧了接踵而来的动荡，墨西哥新政府便邀请美国来的移民占领人口稀少的科阿韦拉-得克萨斯省（Coahuila y Tejas）部分地区以换取政府慷慨的赠地。当局的打算是，在墨西哥有利益的新来者将能起到缓冲作用，抵挡四处劫掠的科曼奇人和可能前来掠夺的北方白人扩张主义者。他们算计错了：墨西哥人不久就意识到，他们为特洛伊木马敞开了大门。

我们已经看到，1812年战争使北方和南方的矛盾变得更加尖锐，鼓励蓄奴州利用政治权力加强州权，给领土扩张增加了推动力。[136] 贪婪与恐惧共同为扩张提供了动机。棉花出口自19世纪20年代起迅速扩张，证明奴隶制远没有日渐萎缩，而是富有韧性、充满活力。[137] 同时，废奴主义运动越发坚决的态度也对各地的奴隶主发出了警告。[138] 英国在1807年决定把英国属民参与奴隶贸易定为非法，又在1833年在大英帝国全境禁止奴隶制，这使奴隶产业失去了首要的国际奴隶贸易国，给这一"特殊制度"的未来画上了一个巨大的问号。自19世纪30年代起，美国的废奴主义者也取得进展，他们主张宪法保证了整个国家的自由。[139] 根据这一观点，自由是常态，奴隶制则是例外。联邦政府无权在个别州改变奴隶的地位，但它也无权将奴隶制拓展到这些州之外。

此外，人口变化也开始侵蚀南方的政治权力，人口增长使北方各州增加了它们在众议院的存在感。这些诱因促使美国的奴隶制利益集团"首先做出报复"，沿密苏里分界线之下往西扩张，并往南向墨西哥和加勒比地区扩张。扩张的政治利益在原则上颇为可观。每个新蓄奴州将在参议院增加两个席位，同时有助于抵消北方在众议院增加的比例。古巴可以满足双重目的：它既是加勒比海最富裕的岛屿，又人口众多。如果古巴被纳为美国一州，那它将带来2名参议员和多达9名众议员。不出所料，在19世纪上半叶，人们鼓吹了许多通过购买或武力夺取这座岛屿的方案。这些有的是官方方案，有的则是私人武装干涉的冒险。

到19世纪40年代，支持建立一个南部蓄奴帝国的人们士气高涨，拥抱了一项占领中美洲和加勒比海部分地区的宏大规划。[140] 尽管他们从西班牙手中侵占古巴的计划被挫败，但扩张主义者认为，他们更有可能重新殖民墨西哥，因为墨西哥已摒弃了它的帝国保护者，在外国侵略面前不堪一击。得克萨斯移民试探着开始他们艰难的冒险，墨西哥政府就在1830年决定收紧对外省的中央统治，禁止进一步移民，执行19世纪20年代通过的反奴隶制法律。这些行动威胁着要削弱新定居点的根基，导致双方关系迅速恶化。在漫长的争论后，移民们在1836年单边发表了独立宣言，将得克萨斯变为共和国。新共和国的大部分领导人都希望并入美国，但在那一阶段，辉格党和民主党都不想收下这份礼物，因为这可能破坏密苏里妥协案，也有可能导致美国与墨西哥开战。[141] 得克萨斯的其他政治人物则打算获取国际认可以巩固共和国的独立地位。这一计划有了一些进展：共和国在1837年得到了美国的承认，在1839年得到了法国的承认，在1840年得到了英国的承认。

但国际认可没有授予共和国以生命力。1837年"恐慌"产生了新一批移民，他们无视墨西哥的政策，从南方各州移民而来以躲避失业和负债。然而，新移民的人数始终不多，种植园经济进展缓慢。19世纪30年代晚期，得克萨斯共和国只有 3 万名白人移民和 1.1 万名奴隶。草创的得克萨斯政府不得不应对科曼奇人和阿帕切人团伙越来越多的突袭，同时抵挡墨西哥政府收复领土的努力。得克萨斯共和国没有自己的银行和货币，在可能的情况下四处借款，陷入了债务泥潭。[142] 1845 年，拯救它的骑士翻越山坡到来了，得克萨斯被并入美国，成为联邦的第 28 个州。其他详细的学术研究剖析了华盛顿政策转变背后错综复杂的政治原因。[143] 从本质上讲，约翰·泰勒总统作为弗吉尼亚人和州权的坚定支持者，接手了得克萨斯问题并把它变成 1843—1845 年的中心议题。他的继任者詹姆斯·波尔克执行了泰勒的政策直至完成目标，尽管辉格党和他们令人敬畏的领袖亨利·克莱的反对声不断加强。接纳得克萨斯以完整新州而不是过渡领土的身份加入美国的条约未能得到参议院批准所需的三分之二多数支持，这项提议转而作为两院联合决议得以通过。1898 年，当吞并夏威夷的提案遭到类似反对时，得克萨斯又作为先例被人提及。

这些决定的背后混杂着一系列动机。泰勒是个拥抱"命定扩张"理念的扩张主义者和奴隶主。他也缺乏安全的政治根基，故希望吞并得克萨斯可以让他得到这样的根基，因为这项事业在南方非常受人欢迎。波尔克则是个正巧来自田纳西州的杰克逊派民主党人，他像泰勒一样，也是蓄奴的扩张主义者。但和泰勒不同的是，波尔克得到了南方扩张主义者、得克萨斯债券持有者及奴隶主组成的松散联盟的有力支持，那些奴隶主所在的州遭到 1837 年经济恐慌影响，期冀吞并行动能增加需求并抬高奴隶的价格。尽管这些扩张主义者多种多样，但他们都越发担忧，已于 1834 年在西印度群岛正式废除奴隶制的英国意图把这一政策传播到北美大陆。[144] 南方领导人声称，如果得克萨斯保持独立，那它将陷入英国的势力范围，被迫废除奴隶制。吞并得克萨斯将消除这一危险。为了缓解北方的反对，吞并行动的支持者称，扩张将有助于把奴隶疏散到中美洲，形成一个几乎全部由白人组成的共和国，而废奴则将破坏美国的稳定，使许多前奴隶涌入北方。为了安抚那些道德主义者，宣传家把墨西哥描绘为落后、未开化的国家，哪怕（或者说是正因为）它已经废除了奴隶制。最终，尽管辉格党诉诸古典的共和信仰，将无限度的领土扩张与公共道德的瓦解联系起来，但他们的声音被命定扩张、在新牧场实现个人自由这样的准宗教性祷告声淹没了。[145]

在西班牙退出后，英国作为得克萨斯地区主要的外国势力，密切参与了这些事件。但英国人并不像人们一度以为的那样专注于密谋遏制美国影响力的推进。[146] 英国与得克萨斯的关系微乎其微，它的主要利益在墨西哥，伦敦城在那里相当多的投资正面临风险。墨西哥已在1827年违约了外债，英国不想再危及1830年谈判的偿付计划。这一优先目标使英国政府出于外交礼仪敦促各方保持克制。[147] 尽管帕默斯顿勋爵认为得克萨斯人是"一伙亡命之徒"，但外交部没有反对它在1836年的独立宣言，因为这对英国利益毫无威胁。[148] 1840年，当墨西哥显然无法夺回领土，而得克萨斯当局同意接手墨西哥欠英国债券持有人的一部分债务时，英国承认了得克萨斯共和国。[149] 但英国不会再做更多表示了。1840年，当一名来自得克萨斯的代表向英国提出用优惠商业协议交换英国对其公债的保障时，英国外交部拒绝了，尽管对方的提议使用了可算作非正式帝国定义的措辞："他们给英格兰提供了殖民地的一切好处，尽管英格兰不需要为他们管理文官政府，也无须承担国防责任。"[150] 除了不太可能偿还的债务，得克萨斯就没什么可以提供给英国的了，而英国根本不愿冒险扰乱它在美国其他地区更大的利益。

得克萨斯的债务很快就沦落到了垃圾级，1845年，英国建议墨西哥默认失去了这个省份，期望美国会同意在这个新共和国加入联邦的时候接管它的债务。[151] 尽管国会没有做正式保证，但债券价格在1845年后回升，因为人们假定如果得克萨斯威胁违约，联邦政府会出手保护自己的信用。最终在1850年达成的协议确证了这一期望，使得克萨斯债券持有者处于几乎等同于1837年恐慌后联邦其他负债州债权人的地位。[152] 兼并也缓解了英国的担忧，即得克萨斯如果仍是独立共和国，将可能进一步危害墨西哥稳定并损害伦敦城在墨利益。因此，英国试图限制墨西哥对北方侵略行为的回应，同时希望辉格党和一些民主党人对潜在战争的反对声将会阻止扩张主义者。[153]

克制并不是唾手可得的。波尔克总统决心推进吞并行动；墨西哥感到必须捍卫自己的主权。[154] 得克萨斯宣告建立独立共和国后，它的道路在历经曲折后通向了合并。它并入联邦的行动更加直接地导致美国扩张主义者驱动这场选择的战争（war of choice）。[155] 入侵者把自己描绘为解放者而不是征服者，他们的使命是给这个被无能、腐败的政府束缚的社会带来进步。正在发生的战争激起了大众的热情，也创造了一批英雄，其中最伟大的莫过于温菲尔德·斯科特（Winfield Scott）将军，他的经历和1519年的埃尔南·科尔特斯（西班牙军事家）差不多，在一系列小型战役中击败墨西哥军队，在1847年攻占了墨西哥城。[156] 但到那时，墨西哥的实力已被科曼奇人毁灭性的突袭大大削弱了，这给它的战败扫清了道路，使斯科特得以收割战利品。[157] 斯科特的军队在战争开始时只有约6 000人，但随着主要来自南方各州的志愿兵急着入伍，很快就膨胀到了11.5万人。他麾下的征服者就像他们的前人一样，是目标明确的探险家：吸引他们的是得到财富（特别是获取土地）的新机会。[158] 许多人都丧命了，主要是死于疾病；多数幸存者则幻想破灭，有的弃军而走，其他人则劫掠当地村庄寻求补偿。

胜利促使波尔克和他的顾问们考虑几个如何处置战后墨西哥的宏大选项，包括吞并、分割，以及将其作为被保护国。最终，国会中辉格党多数派的反对使总统放弃了这些远大抱负。不过，当《瓜达卢佩-伊达尔戈条约》（Treaty of Guadalupe Hidalgo）在1848年终结战争时，得克萨斯的阳光显然已经照在了美国的南方战略上。

"相反而持久的力量之间压制不住的冲突"[159]

每当美国历史发展到战争时，人们对其的兴趣总会达到顶峰。但南北战争却是无与伦比的珠穆朗玛峰，吸引的学术登山家之多，超过了独立前或独立后的其他任何一场武装冲突。[160] 参议员威廉·亨利·苏厄德在1858年的讲话中提到了这场迫近的冲突"压制不住"的特性，由此提出了一个吸引并困扰之后历史学家的问题。沃尔特·惠特曼在战争期间和后来的写作中，列出了后世评论家追寻、拓展的其他主题。[161] 起初，惠特曼带着年轻诗人幼稚的兴奋感，认为战争是一种净化的力量，将会加快现代性和民主的进步。之后，他冷静地思考了死亡与毁灭的丑陋现实，最后他则希望和平能带来国家和解。

如今，人们能想到的每一个战争起因和后果、每一个可能的细节似乎都已被收集了起来，用于支持、限制或驳斥那些勇敢者和大意者尝试提出的任何概括。但大部分研究都把南北战争视为一起国内事件。这场冲突也有国际维度，被奥斯卡·王尔德（结合爱尔兰的例子）称为"一个民族为自主权和自治权的斗争"，但这一维度只有在近年才吸引了它应得的关注。[162] 这一视角恰巧符合本书的范围，不仅得以把南北战争置于19世纪现代化运动塑造的大背景中，也能够解释英国政策显然的矛盾性，而后者正是研究这一时期的历史学家通常困惑不解的地方。

从国际视角来看，导致南北战争爆发的问题呼应了第2章概述的后拿破仑时代欧洲保守派与进步派的同期斗争。诚然，美国的保皇派很少，欧洲的奴隶更少。但王朝捍卫者与"改良"呼吁者之间的竞争以容易辨认的形式在新大陆重现了。正像在欧洲一样，核心问题是如何定义并控制形成于18世纪晚期革命的国家结构。北方和南方根据分歧越发扩大的宪法解释，提出了各自的合法性主张，它们背后的道德准则也为欧洲的政治领袖和评论家所熟悉。他们诉诸普世原则、圣经权威及历史记录。他们以半成形、半想象的种族概念追求团结。在他们唤起的愿景中，天命将带他们走向和平、自由、独立的应许之地。他们团结一致，反对激进主义所代表的"民主的过度"。[163]

到19世纪50年代，南方各州已发展出了对合众国未来的独特方略。[164] 密苏里危机促使这一地区重新确认了将州权明确置于优先地位的宪法解释。纳特·特纳（Nat Turner）1831年在弗吉尼亚的起义使人们对奴隶叛乱的持续担忧变成了恐慌；英国在1833年决定在大英帝国全境废除奴隶贸易，又使这种担忧持续下去，促使奴隶主加强抵御废奴主义的攻击，并发展出一套意识形态，让家长制承担改良的使命，从而为奴隶制辩解。[165] 南方的评论家用一种神秘主义的历史解读将南方盎格鲁-诺曼人和北方盎格鲁-撒克逊人对立起来，以支持他们对自决权的主张。[166] 按他们的说法，诺曼人是养尊处优的骑士，而撒克逊人则是地位低微的清教徒，后来变得财迷心窍、野心勃勃，但仍然是毫无荣誉感可言的懦夫。[167] 这样，这两个民族之间任何的冲突，都会以贵族对低等人的胜利告终。根据这种对往昔过于浪漫的想象，18 世纪晚期的动荡破坏了社会有机的统一，带给普通公民非分之想，这想法逾越了他们的地位。像威廉·劳埃德·加里森和他的欧洲盟友这样的废奴主义者都是想摧毁南方自由的颠覆分子。[168] 现代工业和无根无基的城市工人威胁了社会秩序。自由的非裔美国人和前奴隶大量存在于激进的低等阶级中，他们不仅呼吁废奴，还为各种各样的进步改革摇旗呐喊，其中包括一些后来被归为人权的内容，但他们的这种做法反而证实了南方对他们的印象。[169]

为了抵抗这一挑战，南方的代言人诉诸圣经的权威，制订行为准则以避免已经压倒西欧众多前大国的颓势。[170] 他们借助王朝的原则来提供必要的领导力。在这种家长制的、沃尔特·司各特式的世界观中，贵族统治对保障社会和谐与政治稳定至关重要。卡尔·马克思所说的南方"种植园主统治"（plantocracy）就像欧洲的君主制王朝一样，认为自己捍卫了秩序和稳定，抵抗了"多数人的暴政"控制政权后会导致的无政府后果。[171] 博林布鲁克的乡村党又被唤醒了，杰斐逊的农耕理想以家长制的形式赢得了狂热的拥趸。

结果是，一种地区性"民族主义"传播开来，它反对北方推崇的联邦模式。合众国的脆弱性成了日常讨论的主题，州是"自然的"而联邦是"人工集结的"这一理念得到了广泛的辩论。[172] 约翰·C. 卡尔霍恩（John C. Calhoun）政治思想的演变就象征着更多人滑向冲突的趋势。[173] 作为当时南方最具影响力的政治家和思想家之一，卡尔霍恩的公共生涯始于支持亨利·克莱的民族主义计划。1830 年后，他调转方向，成为州权的热切支持者。他对民族团结这一理念怀有坚定不移的敌意。"我从未用'民族'一词来描述美国，"他在 1849 年声明，"我总是用'联邦'或者'邦联'。我们不是一个民族，而是一个联邦，一个由平等的各主权州组成的邦联。"[174]

北方的政治领袖同样坚定支持自决权。北方人有着自己关于共和价值观的传播的天佑愿景，它扎根于新教教义中的普世人权，通过自由的理念得以表达。[175] 基督教人文主义者团结在人类道德平等的信仰之下，自19世纪30年代起扩大了影响力。19世纪30年代在北方成形的废奴运动从大英帝国废除奴隶制中汲取了信心。北方自由派还从呼吁改善劳动条件及教育、倡导禁酒的相关国际运动中吸引了支持。[176] 1848年革命在北方各地激起了兴趣和同情。在林肯看来，欧洲的事件是"共和自由的普遍事业"的一部分。[177] 笃信宗教的林肯借助这些价值观，把北方的盎格鲁-撒克逊种族团结起来，支持一种由联邦神圣性来定义的独立。[178] 到19世纪50年代，北方的评论家和发言人已发展出了一种特殊、自信的民族意识，让自由和奴役、民主和专制、活力和懒散形成了对比。[179] 北方和南方的冲突将两种对立的自决观念并列起来，使双方陷入内战的痛苦，这与正在欧洲发生的类似灾难遥相呼应。

这两种相反的立场需要进一步提炼。南北战争尽管"绝对难忘"，但不能被简化为"骑士（错误但浪漫）和圆颅党（Roundheads，正确但可憎）"①之间的斗争。[180] 南方的领袖并不认为自己生活在过去，而是认为自己正在利用过去塑造未来。他们以奴隶劳动为基础发展出了世界上最大也最有效率的棉产业，这受到宪法保护，由联邦政府捍卫。[181] 他们放弃重商主义而青睐自由贸易，这使他们得到了长足的繁荣发展。产棉州专门生产一种不可或缺的原料，与新英格兰及世上最先进的工业经济体英国的制造商连接在一起。[182] 诚然，马克思的"种植园主统治"绝不是铁板一块：南方大部分奴隶主拥有的奴隶不超过5个。[183] 但一小部分大奴隶主掌控着政治权力，在1837年恐慌和此后的经济萧条中加强了对奴隶和小农的控制。[184] 19世纪50年代，奴隶经济经历了史上最后一次大繁荣。加勒比地区的奴隶解放远没有展现出自由劳动的优越性，反而导致产出下降，加强了对南方各州所产棉的需求。[185] 奴隶制继续支撑着古巴和巴西欣欣向荣的经济发展。[186] 墨西哥战争带来了可能成为蓄奴州的新领土，鼓励南方领袖们设计更具雄心的计划，将种植园体系传播到中美洲。[187] 政治自由主义在1848年后败退，而经济自由主义以自由贸易的形态出现，在整个

---

① 圆颅党为17世纪中期英国议会中的清教徒党派，因将头发剪短与权贵不同而闻名。此处指美国北方人。

国际经济中助推了非自由劳动力的运用。[188] 野心勃勃的人们希望南方民族主义可以延伸到整个美国，成为主导的共和意识形态。[189]

一些修正主义学说甚至把南方和北方的关系描绘为两种生机勃勃的资本主义之间的互动，而不是落后与现代之间的竞赛。[190] 但在这里我们需要区分工业资本主义和商业资本主义。如果就像长久以来的传统所说的那样，把机械动力驱动的制造业和雇佣劳动视为现代资本主义的标志，那南方显然不及格。[191] 更有说服力的一个限定条件（因为定义总会引来无穷无尽的争论）是，南方种植园资本主义的发展潜力存在局限。基于奴隶劳动的经济使收入分配偏向于奢侈品消费，束缚了大众市场的增长。[192] 另外，奴隶社会很难吸引新移民，越来越多移民前往北方和中西部。也半是由于这个原因，南方的城镇比北方少了许多，也缺乏相应的金融和商业服务。[193] 制造业在拥有一些棉花厂的弗吉尼亚州和佐治亚州起步，但规模不大，而南方各州制造业产出整体只占据了美国制造业产出的约10%。[194] 奴隶生产的产品比其他选择更有利可图，南方就利用这一事实来牟利。但这不是一个即将发生工业革命的社会。

北方进取而现代化的刻板印象也需要受到限定。尽管制造业在19世纪上半叶在新英格兰部分地区扩张，但这一时期的发展并没有达到"市场革命"的程度。[195] 北方许多地方仍然是乡村，工业品在国际市场也还没有竞争力。[196] 纽约和费城的商人和银行家与产棉州做了大量生意，在奴隶经济的持续繁荣中颇为有利可图。在1808年美国公民被禁止参与国际奴隶贸易后，国内奴隶贸易在19世纪20年代迅速扩大，而北方的银行为其提供了大部分资金。数十万"多余"奴隶从马里兰州和弗吉尼亚州运往南方腹地，以确保棉花供应能满足国际需求。[197] 北方金融业和南方农业互相配合。南北主要的经济不合存在于其他方面：北方的小农场主想维护公地自耕农（homesteader）的机会，而南方大农场主则想扩展种植园体系。[198]

在北方，尽管反奴隶制运动的可见度和影响力都已增长，但在人数有限的坚定人士之外，废奴并不是有着强烈吸引力的优先目标。[199] 即使是在"自由"州中，种族歧视都非常普遍。[200] 林肯的立场（至少在我们的猜测中）似乎就折射了广大公众的看法。[201] 他反对奴隶制度，但更倾向于改良现状而不是立刻废除。他的最终希望是奴隶制将依照上帝为美国所计划的那样逐渐消亡，但他也准备考虑各种重新安置的方案来加快这一进程。但是，对奴隶地位现状的谨慎与对奴隶制未来越发坚定的立场形成了对比。北方反对奴隶制扩张进入合众国新领土及其他地区，这变成了一个症结，它在战争可能爆发时仍然继续存在。

即便我们提出了限定条件，完善了细节，但南北战争依然来自联邦两个强大而不断扩张的地区之间不断加大的分歧。经济因素尽管已有很长时间不受欢迎，但在这个叙事里仍占据重要地位。[202] 诚然，北方与南方互补且有利可图的关系并没有怎么激励北方尝试改变种植园经济。但其他经济问题大大加剧了地区间的紧张关系。[203] 这些问题大都由来已久，但在1857年恐慌对北方的影响远超过南方之后，它们变得更为紧迫。[204]（在1857年德雷德·斯科特案后）对西部领土未来的不确定性致使人们失去了信心，也导致铁路和土地投机者破产，东海岸银行出现挤兑。[205] 南方宣传家反应迅速，将南方自身经济体的强健与他们所说的北方银行业和制造业特有的脆弱进行对比。

作为回应，北方人再度尝试说服国会制定政策来保障他们的利益。关税问题尤其尖锐地导致了纷争：北方制造商想征收高额进口关税来保护他们的产出免受英国进口的威胁，南方种植园主和中西部农民则偏向自由贸易，以扩大他们的出口市场，对进口消费品维持低关税。北方和中西部利益集团最终在1857年同意对关税进行妥协，但这一提案被南方游说集团挫败了。来自北方和中西部各州的代表力推立法允许家庭获取自由土地，但南方决心保护有利于种植园体系的机会，用反对票挫败了他们的努力。[206] 当国会终于在1860年通过《宅地法案》（Homestead Bill）时，身为民主党人的詹姆斯·布坎南总统否决了它。[207] 南方利益集团和他们的盟友也继续反对改善国家交通的联邦补贴。1860年《太平洋铁路法案》（Pacific Railroad Bill）在众议院通过，但在参议院却被民主党人和他们的盟友否决。[208] 同样，1860年，当东北部的商业利益集团试着按辉格党长期以来的目标重建合众国银行时，他们无法在国会中得到足够的支持。

奴隶制则凌驾于其他所有问题。在北方观察者看来，奴隶制的最大威胁是会传播到西部领土及南方腹地，甚至进入中美洲和加勒比地区的独立国家。19世纪四五十年代的交通改善为建立连接东海岸和中西部及远西地区的统一劳动市场创造了希望。如果奴隶制在那里扎根，这一地区将不再能吸引移民，因为这将压低自由劳动者的薪资，抑制北美洲一大块地区的经济潜能。1848年，有人在加利福尼亚州发现金矿，导致支持奴隶制、想进口奴隶并将其变为矿工的民主党人与自由土壤派和废奴主义者之间出现了激烈竞争。[209] 尽管加州在1850年禁止了奴隶制，但各方的斗争在接下来10年中持续不断，支持奴隶制的利益集团努力分裂加州，希望控制加州南部。[210] 同时，南方扩张进入中美洲和加勒比地区的远大计划承诺将带来新的巨大资源基础，强化产棉州在联邦中的地位。[211] 奴隶制支持者的"阴谋"（林肯语）将使原本的奴隶制小团体接管联邦，改变它的性质，并最终毁掉国父们通过斗争建立的共和理想。

另一方面，南方观察者对这些事态发展的看法则正好与北方相对。从他们的角度看，对联邦的威胁来自北方势力崛起与侵蚀带来的破坏性后果。北方的经济发展滋生了资本与劳动力之间的初期矛盾，这可能将撕裂联邦。激进的废奴主义者正试着颠覆一种由宪法保护、受州权原则捍卫的制度。此外，国内奴隶贸易对生产体系的活力而言已不可或缺。[212] 要是这些权利被冲淡，联邦政府的权力必定会增加。然而，随着北方人口的增长，众议院的代表权正在逐渐脱离南方的控制。复活的集权独裁距离美国革命曾以巨大代价推翻的"暴政"只有一步之遥。南方人认为，他们有必要以扩张来回应这些挑战，支持国父们的理想，尤其是杰斐逊的权威。[213] 在北方闯入之前，南方不得不冲出去。

北方与南方的区别在一系列著名的政治危机中体现了出来。其中第一起是密苏里危机（在第4章中论及），它在1820年以蓄奴州和自由州的妥协告终，成功维持了联邦统一。尽管紧张因素不断汇集，但这一协议维持了下去，被1850年的妥协案所延续。但妥协案最终只是暂时的解决方案，因为关键问题还没有解决。[214] 南方的领袖们担忧，协议没有明确确认他们主张的将奴隶制延伸到新领土的权利。1854年，《堪萨斯-内布拉斯加法案》（Kansas-Nebraska Act）使奴隶制问题脱离了联邦政府的掌握，将权力分散到当地，终结了自由州和蓄奴州之间摇摇欲坠的平衡。三年后，最高法院在德雷德·斯科特案中的一项重要裁决使蓄奴在所有领土都成为合法，维护了南方利益。[215] 但时势正在与南方背道而驰：到1861年，"自由"州的数量已增加到19个，而"蓄奴"州总数保持在15个。[216] 高层的政治冲突与当地法治败坏的加剧相呼应，一些对立派别试图以直接行动解决奴隶制问题。[217]《逃亡奴隶法案》作为1850年妥协案一部分，尤其容易引起纷争，因为它促使废奴主义者违背将逃亡奴隶交还给主人的要求。这样一来，在1850年所计划的妥协变成了对峙，最终在1861年以战争告终。

　　这些变化发生时，政治态势也在发生变动。[218] 尽管联邦党余部已在1834年重组为辉格党，但在《堪萨斯-内布拉斯加法案》通过后，他们因奴隶制与土地扩张问题发生了分裂。[219] 民主党人也在19世纪50年代备受分裂困扰，他们遭遇了党内现代派力量"青年美国"的挑战，开始失去北方盟友的支持。党派"体系"在后来被视为历史性的事件中重新获得一定程度的稳定：1854年共和党建立，几乎完全扎根于北方，致力反对奴隶制扩张。[220] 在民主党依然处于混乱时，共和党在1858年中期选举中取得了关键突破：他们赢得了众议院的控制权，在参议院中也得到了席位。[221] 两年后，在超过80%的选民投票的情况下，共和党在参众两院都得到了多数席位，该党的提名人亚伯拉罕·林肯在不需要（也没有得到）南方任何一州支持的局面下赢得了总统大选。[222] 南方已经耗尽了它的政治选择。

　　共和党人并没有把他们的选举胜利解读为对废奴的许可，更没有把它解读为开战的命令。尽管两边都有"暴躁吞火者"（Fire-Eater）①，但人们普遍对未来感到不确定，也不愿考虑以军事解决那些正在分裂联邦的问题。[223] 一些历史学家提出，战争并非不可避免，即使在这一晚期阶段还是有可能规避。[224] 对事件偶发性的论述尽管恰当地指出巧合和个人干预

---

① 美国南北战争前支持奴隶制、敦促南方分裂的群体。

也起到了作用，但偶然性仍然有限。在1860年大选和次年南北战争爆发之间，事态在不断收缩的各种因素中发展。直到真正发生前，战争都不是不可避免的，但战争爆发的概率在这段时期迅速增加。火堆已经搭好了。双方都有可能意外或蓄意点燃战火。1860年12月南方七州宣布脱离联邦，以及1861年2月美利坚联盟国（南方邦联）建立，都使双方的选择余地缩小乃至几乎消失。4月，联邦军和代表邦联的军队在南卡罗来纳州萨姆特要塞发生小规模冲撞，点燃了引线。

"终于，"亨利·蒂姆罗德（Henry Timrod）宣告，"我们成了一个国家，加入了各国之列。"[225] 作为当时南方最著名的诗人，蒂姆罗德在1861年2月写下诗歌，直接以"种族进化"为标题，那时正是南北战争爆发前两个月。他的目的不是颂扬所有州形成的联邦，而是颂扬南方形成的联盟。在他眼中，南方有着独特的种族亲密性，这是国家统一的基础。正像支持者宣称的那样，脱离联邦将达成欧洲各国长期以来难以实现的自决原则。希腊的独立没有达成拜伦勋爵理想化的期待，匈牙利的事业也在1848年革命中与拉约什·科苏特诱人的言语一道被击溃。[226] 然而，政治上的失败并未消灭浪漫民族主义的吸引力，蒂姆罗德就是仍被这种情绪俘获的人之一。这次，他的事业建立在种族团结这项具有凝聚力的原则之上，所以他相信结果真的会有所不同。

此后的战争打了整整四年时间，直到罗伯特·E. 李将军率领邦联主力军在1865年4月向尤利塞斯·格兰特中将投降而告终。这场冲突灾难性的规模如今已被记载在详尽的研究中。[227] 在参战的300万人及全国3 100万人口中，死亡人数已由人们此前公认的62万上升到了约75万。[228] 证据的不足意味着这个数字仍然低估了邦联方面的伤亡。大部分战事都发生在南方，当地的大片地区在战争结束时已经被毁，平民遭受了广泛的"连带伤害"，无法准确估算。不过，即使是最保守的结论都指出，"南北战争的人员损失超过了历史学家长期以来所相信的程度"[229]。经济损失也广泛而持久。南方的人均战争损失是北方的三倍。1873年，北方的消费能力回到了战前水平，而在南方，消费能力直到19世纪末还低于战前。到1900年，南方各州的人均收入仍然只是全国平均值的三分之二。该地区的贫困一直延续到了20世纪。

战争的后果证实，两个地区间日益扩大的分歧不能被简化为两个"现代"国家或两种相对的资本主义之间的分歧。北方不仅比南方有更多资源和人口，还更有效地动员了它们。北方的平民领袖更有能力，将军更优秀，海军更强大。[230] 北方还得到了先进金融机构的援助，通过税收支付了超过五分之一的战争费用，并通过发行国库券在本地认购来解决其他花销。最重要的是，北方受益于广泛而持久的公众支持。民意在废奴问题上摇摆不定，不像支持改良政策那样坚决，但人们对拯救联邦一呼百应。[231] 尽管纽约市对反奴隶制运动没有多少同情，继续给民主党人投票，但纽约州整体通过提供人力和军火为战事做出了巨大的贡献。

另一方面，缅因州坚决反对奴隶制，尽管废奴有悖于它的经济利益。在远西地区，加利福尼亚州大为焦虑，因为共和党人强调说奴隶制有可能进入各州和各领土。关键的立场转变发生在中西部，该地区在19世纪50年代末切断了与南方的政治同盟。自由贸易并没有失去吸引力，但该地区出于其他考虑转向了共和党。中西部和东海岸越发融合，它也受益于进口关税带来的政府经费。共和党支持小农经济，反对种植园奴隶制的传播，这拉拢了农民们。废奴主义者也成功赢得了信徒，尤其是在中西部的北部地区兴起的城镇中。北方各地的非裔美国人团结支持联邦，认为联邦的目的就是废奴。林肯需要他们的积极服务。到1865年，约20万非裔美国人加入了陆军和海军，4万人死于战斗和疾病。

战争暴露了南方现代性的局限。南方各州的税基太窄，不足以为一场大型冲突提供资金。[232] 邦联只从税收中得到了约5%的收入，还发现自己在国内外都几乎不可能得到借款。[233] 在1837年恐慌中违约债务的各州再向欧洲借款时已经失去了有利地位。[234] 北方海军的封锁重创了棉花出口，使邦联失去了主要收入来源，减少了当地必需粮食的进口。[235] 邦联越发依靠发行纸币来支付花费，而这些纸币会造成通货膨胀。政策和资源都影响了财政决定。奴隶主拒绝投票支持战争税，也很少自掏腰包支持战争。此外，亨利·蒂姆罗德唤起的主导种族规模太小，无法成功争取到自决权。[236] 呼吁建立奴隶制国家的支持者是被种植园主寡头阶级领导的，这些寡头决心保护对奴隶的庞大投资，但他们除了代表商业精英中的盟友，并没有为其他多少利益集团代言。[237] 即便如此，种植园"主屋"的主人们让自己免于征兵，为军队提供的志愿者极少。[238] 他们理念中的公民资格不包括约400万非裔美国人和300多万白人女性。[239] 小农场主和贫穷白人同样没有参与感。他们持本能的共和主义立场，对大种植园主的家长制做派没有多少亲近感。[240] 在棉花带之外，对可能的奴隶制帝国的支持消退了。南方的北部地区和南北边界各州以担忧和冷淡的情绪看待大种植主的统治野心。弗吉尼亚州害怕进一步的领土扩张会压低旧种植园的土地价值，不情愿地支持脱离联邦，弗吉尼亚州西部则更倾向于支持联邦。[241] 宣战时，有四个"蓄奴州"（特拉华州、马里兰州、密苏里州和肯塔基州）拒绝加入邦联。

早在1862年，就出现了反对征兵以及逃兵的迹象。随着邦联农业基础的瓦解，（尤其是士兵的妻子们发起的）粮食暴动和反战抗议在之后几年越发频繁。[242] 尽管南方人力短缺，但在南方绝望地进入战争的最后阶段之前，奴隶都被军队排除在外，以免他们调转枪口对准自己的主人。[243] 不出所料，几乎没有奴隶加入邦联军，多数人都采取了消极反抗的办法，有些人在可能的情况下逃走了。[244] 1863年1月林肯发表《解放黑奴宣言》后，邦联此前按票面价值流通的美元相对于金价和南方纸币迅速贬值。[245] 在1863年7月葛底斯堡战役前，外国投资者认为邦联有42%的概率赢得南北战争。[246] 而南方在葛底斯堡战败、维克斯堡很快陷落后，邦联获胜的概率下降到了15%，此后继续下跌。值得注意的是，尽管前线部队的献身毋庸置疑，但南方还是在战事中维持了如此之久。[247]

"看在上帝的分上，如果可能的话，让我们置身事外吧"[248]

上面引用的是约翰·罗素勋爵在南北战争开始后不久对下议院的恳求，这为英国对这场冲突的政策设定了方向。罗素宣称，"用任何可能的方法避免参与这场可悲的争斗"是政府的义务。只有"保护英国利益免受攻击这一必要责任，可以证明政府干预的正当性"。战争产生的问题使罗素的坚决立场动摇了，而"保护英国利益的责任"导致了不止一场外交危机。其中最严重的是发生在1861年11月的"特伦特号事件"，一艘美国海军军舰拦截了一艘英国船只，拘留了船上的两名邦联外交官。[249] 一片血红的迷雾在大西洋两岸降临了，好战情绪上涨，几乎到了行动的临界点。但危机解除了，罗素的中立政策坚持了下来，尽管他自己也一度差点抛弃了这项政策。英国在南北战争期间的政策与其说是"光荣孤立"政策之优势的例证，不如说是体现了焦虑不作为的好处。

战争刚开始时，官方的中立立场偏向于支持邦联。[250] 在联邦没有明确保证准备废除奴隶制的情况下，英国政府倾向于认为，北方参战是为了压制对自决权的合法主张。内阁代表着拥有土地的特权阶级，当然更认同大种植园主。[251] 拿破仑·波拿巴帝国野心的先例让英国政府认为，应该支持小国独立的希望，只要它们能证明自己的生命力。这一政策似乎正在南美洲起效。帕默斯顿就是看到美国分裂对英国有好处的人之一。南方自信地认为，"金字棉"的影响力不可抗拒。[252] 1860年，原棉出口占美国总出口量的约60%，对英国纺织业至关重要。更重要的是，来自邦联的外交官们强调坚持自由贸易，反对《莫里尔关税法》（Morrill Tariff，1861）的高税率，英国的观察者把这项关税视为北方的一项不友好措施。[253] 邦联领袖们推断英国迟早会支持他们的独立主张。邦联的早期胜利似乎同时确认了伦敦方面和弗吉尼亚州里士满（邦联首府）方面的猜测，即南方注定会在战场上获胜。[254]

邦联的推进也足以让林肯本人感到担忧，尤其是1861年7月联邦军在奔牛河（Bull Run，布尔河）战役中落败后，林肯转而向朱塞佩·加里波第求援，给加里波第提供联邦军中少将的职位。[255] 林肯的手段虽然暴露了一丝绝望，但并非完全是胡来。加里波第当时的名声如日中天，是有着国际地位的英雄人物。林肯希望通过让他加入联邦事业在欧洲吸引支持，先发制人阻止邦联得到承认。加里波第可以拒绝这一提议，他也确实这么做了。加里波第同情北方，但他主要关切的是在整个南半球终结奴隶制，无意在一场内战中成为一名被拔高的雇佣兵。因此，他要求林肯确认战争的目的是废除奴隶制。但在那个时间点，总统无法给加里波第他所需要的保证，到9月，这一参战的邀请不了了之。

　　就像加里波第一样，英国观察者对总统身处的政治困境的认可有限。林肯并没有受命废除奴隶制。他不得不当心，不超前于北方的民意或疏远南北边界各州，因为它们对北方的继续效忠至关重要。因此，北方宣传的战争理由是需要维持联邦领土的完整。正像加里波第指出的那样，这一主张不会吸引那些认同独立运动的外人的积极支持。

　　自救对林肯的帮助超过了外国援助。到1862年初的几个月，联邦海军对邦联港口的封锁已大大减少了南方的海外贸易，几乎消灭了沿海地区的贸易。[256] 4月，南方首要港口新奥尔良的陷落进一步使南方陷入孤立。棉花出口的损失大大削减了邦联的收入，地区间贸易的中断导致粮食及其他供给短缺，南方发展不足的铁路系统在处理额外货物的压力下开始崩溃。不过，到9月，战争的走向还不明确，林肯被迫接受现实，需要进一步行动才能给联邦事业提供动力，制止欧洲列强承认邦联。因此，1863年1月，林肯发布《解放黑奴宣言》，意在解放还在与联邦政府作战的各州的奴隶。[257] 宣言让他的一些北方支持者感到失望，但作为弥补，它抬高了林肯在北方非裔美国人中的人气，激励了宣言提到的邦联州奴隶做出反抗。奴隶制要等到1865年1月国会通过第十三修正案才被正式废除，那时距离战争结束已经不远了。[258]

　　然而，《解放黑奴宣言》起初在欧洲的政府圈激起了怀疑乃至忧惧。大部分评论家不理解宪法对总统权力的限制，对这项未能在美国全境解放所有奴隶的政策心存怀疑。其他人则担心，这项提议的影响会广泛到掀起一场可能传遍北美大陆、蔓延到加勒比地区的种族战争。[259] 这些想法促使英国和法国考虑在双方之间进行调停。英法两国都认为拯救联邦已经太晚了，怀疑进一步军事行动是否能成功废除奴隶制。他们的目标是通过承认邦联的独立来结束战争。英国想回到"一切照旧"的状态，拿破仑三世则看到了通过在墨西哥取得利益来复兴法兰西帝国的机会。英国内阁陷入分裂和辩论，但在考虑了战争大臣乔治·康沃尔·刘易斯（George Cornewall Lewis）爵士写下的权威备忘录后，最终在1862年11月达成了一致。[260] 刘易斯辩称，承认南方实际上等于对美国宣战，这从任何角度看都会是一场灾难。他建议维持当前的不干涉政策，理由是这符合帕默斯顿实干智慧的标准。刘易斯称，邦联目前还没有展示出军事优越性或政治生命力。它还没有证明自己应该独立，英国也没有能力决定其结果。刘易斯的建议符合英国自1815年后呼吁管理国际秩序的基本规则。[261] 法国、奥地利和西班牙认为国际法应该允许干涉行动来捍卫王朝统治合法性；英国则拥护不干涉政策，这样一来追求自决权的主张就能被人们听闻并受到检验。

刘易斯的备忘录为余下的战争时期订立了政策。外国观察者开始确信林肯对废奴的坚持是真诚的，北美洲并没有被种族的火焰席卷。他们也得到了正面消息：数十万欧洲志愿者作为外国援助涌入，给联邦军增加了分量，1863年7月葛底斯堡的胜利大大减少了邦联受到承认的可能性。[262] 英国政府警觉地意识到自己需要支持胜利的一方，认定南方的独立要求将会失败。英国像罗素最初建议的那样维持中立，但如今更为偏向看似更有实力也更为正义的北方。

决定中立，半是基于对国内情绪的评估，半是采取了帕默斯顿的原则，即坚守他所称的、著名的英国"永恒而持久的"利益。[263] 南北战争吸引了英国的民意，也使其陷于分裂。对战争起因的误解加上互相对立的宣传言论，印证了一些人的信念和另一些人的怀疑。[264] 毫不意外的是，历史学家很难把对这场战争的看法与人们的职业或社会类别对应起来。科布登不确定的态度就展现了公众人物面临的两难境地，尽管很少有人像他这么深陷矛盾。[265] 一方面，科布登倾向于自由贸易，这使他和南方一致。另一方面，他支持人权，这使他被北方吸引。他还需要第三股力量以满足他对和平的坚持，这使他走向了中立。

但在最宽泛的层面，支持传统、等级制度和家长式控制的贵族、士绅、圣公会教士及古老行业的从业者倾向于同情邦联的事业。[266] 在南北战争期间担任首相的帕默斯顿勋爵对共和制政府心存怀疑，不信任民主制度，认为美国联邦的弱小有利于英国，但他也致力于废除奴隶制。战争年间担任外交大臣的约翰·罗素勋爵作为自由派改革者的履历令人印象深刻，但他曾一度愿意承认邦联的独立。担任财政大臣的格莱斯顿将成为那个时代最著名的改革家之一，但他在1862年公开支持邦联独立。他和罗素一样相信自决权，支持意大利统一运动，谴责鸦片战争公然侵犯中国主权。但他来自前奴隶主家庭，并没有把废奴列为重要的优先目标。

联邦的支持者更多来自中产阶级商人和制造商、工薪阶层，以及支持选举改革、自由贸易和个人权利等自由派议题的反对派大臣。[267] 以约翰·斯图尔特·穆勒为首的大部分知识分子也倾向于北方。[268] 坚定不移地为邦联辩护的托马斯·卡莱尔在战后承认，他"没有看清事情的本质"[269]。但是，即使在棉纺织业大本营、受战争影响最直接的兰开夏也出现了分歧。利物浦的一些船主和经纪人敦促政府支持邦联，曼彻斯特的许多工厂主和纺织工人则倾向于支持联邦，尽管原棉的短缺和高价都令他们生活艰难。一旦现有的库存减少，就会发生失业和萧条，这些问题在1862年底最为严重。[270] 虽然过程不无困难，但曼彻斯特为顺应时势做出了改变。印度受棉花高价的刺激，成了纺织业最大的原料供应地；工程学的创新改进了加工技术；大公司则开始负责棉纺生产。工业雇佣劳动者支持联邦是因为他们把废奴视为一项国际运动的一部分，将会改善田间及工厂的工作条件。

在民意背后则是英国"永恒而持久的"利益，这对确立罗素的中立政策起到了决定性作用。邦联领袖们忽视了英国的国际纽带关系远超过了南方的产棉州。英国出口到美国的商品大部分都是运往北方的，大量进口的玉米则来自中西部。更重要的是，英国在美国北方和南方都有大量投资，这解释了为什么伦敦城强烈支持中立政策。[271] 尽管战争同时减少了英国对北方和邦联的出口，但英国可以调整，在其他地方扩大贸易，尤其是与法国、德国和印度。[272] 兰开夏的纺织业无疑遭受了不少困难，但英国对外贸易的总额几乎没有受到影响。原来"金字棉"是个冒牌货。

承认邦联将会导致英国与联邦开战，这将危及英国与美国全部的贸易和投资，对加拿大和英属西印度群岛构成威胁，给政府预算加上重压。政治成本可能也会很沉重。英国与美国的关系自1812年战争起就大大改善了。关键的国家利益没有处于危险，民意的脉搏也远没有达到支持干涉的程度。[273] 英国的首要任务是监控欧洲令人不安的事件，确保帝国的安全。[274] 在南北战争的几年中，意大利在1861年统一，1862年希腊发生军事政变，1863年波兰发生起义，1864年丹麦和普鲁士发生战争。英国的帝国任务则包括派海军干涉中国平定太平天国起义、在阿富汗发动军事行动、稳固缅甸的政府管理、处理牙买加的叛乱。虽然美国很重要，但它仍处于英国全球视野的边缘。

这些更广阔的观察使人们达成了共识。随着战争的推进，科布登对联邦的支持不再模棱两可。他把废奴置于自由贸易之前，接受了这场冲突已无法调停的现实。就像他在曼彻斯特从事制造业时认识的许多纺织工人一样，科布登把联邦视为进步的力量。在他看来，这场决定性的政治斗争不是发生在资本和劳动者之间，而是发生在好战的土地贵族和在他希望中和平而多产的"中等阶层"之间。他设想的未来是，自由派改革不仅将为世界带来发展，还将创造一个和谐的全球社会。

法国在1862年对墨西哥的侵略是南北战争的附属品，尤其清晰地展现了科布登对决定国际事务的各种力量的分析。美国附近的墨西哥同时在发生内战，美国南北战争给了拿破仑三世介入墨西哥的机会。随着美国把自己撕成两半，拿破仑发现，与独立但居于从属地位的邦联结盟将有助于他在新大陆恢复法兰西帝国的计划。在广义上，墨西哥内战把君主主义的保守派和共和主义的进步派对立起来，在1861年自由派领袖贝尼托·华雷斯上任成为总统后，对立宣告结束。新总统的第一批决定之一就是停止偿还墨西哥在一长列战争中积累的大量外债，将金钱投向国内重建。英国、法国和西班牙这些主要的债权国在1861年12月做出回应，发起远征，强制收回欠款。在这时，盟国间发生了争吵。最大的债权国英国以及西班牙都想控制墨西哥的海关收入，协助它重振贸易。当它们清晰地看出拿破仑有意追求帝国扩张的宏大计划后，便退出了。法国和它的墨西哥保守派盟友在1863年推翻了华雷斯，在次年将奥地利皇帝弗朗茨·约瑟夫一世的弟弟马克西米利安大公确立为墨西哥皇帝。[275]

事实很快就暴露出，这一计划不太可能成功。马克西米利安无力控制墨西哥，而北方赢得了南北战争。华雷斯在1867年重获权力，法国军队撤离。马克西米利安的最后一次官方活动是在那年6月出现在行刑队面前（被处决）。科布登曾在1864年谴责法国侵略墨西哥，认为这"不只欠缺智慧，还伤害了信任"[276]。从科布登的角度来看，拿破仑三世、墨西哥的地主阶层、南方种植园主，以及英国依然有权有势的地主利益集团都阻碍了进步。未来属于林肯、华雷斯和实现"心神合一"后的格莱斯顿那样的自由主义进步派，尽管如科布登承认的那样，共和主义的愿景太过陌生，不会诱使英国中产阶级抛弃君主制。[277]

但在 1865 年联邦战胜邦联时，未来的走向并没有确定。从国家角度写作的历史学家有时倾向于给北方的胜利赋予过多的国际影响。林肯的成功无疑直接影响了墨西哥事态。但其他的关联并不像人们所说的那样重要。[278] 要是宣称南北战争"改变了世界"并对英国的 1867 年《改革法案》起到了特别影响，就小看了已经推动相关国家往这一方向发展的力量，低估了林肯本人在再造新大陆时对旧大陆的参考。君主制依然存在于英国、奥地利和俄国，而这只是主要西方国家中的三个，君主制还招揽了显赫的新成员，比如成为新德国皇帝的威廉一世及成为新意大利国王的维托里奥·埃马努埃莱二世。这些国家大都对进步派政治感到深深的怀疑。英国确实在 1867 年扩大了选举权，但这一改革和南北战争及对扩大民主的渴望没什么关系。[279] 相反，1867 年法案的设计是为了保护既有秩序，管理被约翰·斯图尔特·穆勒称为"集体平庸"（collective mediocrity）的平民。[280] 在英国自由派眼中，南北战争与其说是民主的广告，不如说是对非政府主义迫近的警告。在穆勒看来，前进的道路就是埃德蒙·伯克规划的那条，这条道路因同时避免了革命和内战而沾沾自喜。

重返战争与和平

战争造就了美国，最终使有效独立变为了现实。即使在土地被购买而不是被吞并的情况下，随后的战争也使美国的占领变得更为稳固。土地扩张和丰富资源吸引了越来越多移民，为延伸政治权力提供了物质基础。但与一种颇有影响力的观点不同的是，战争直到 1865 年后才造就了这个国家。1812 年战争就像之前的革命战争一样，不只是对英国的战争，也是一场决定北美内部权力分配的内战。在外国侵略面前的团结虽然无疑存在，但在和平到来后渐渐淡去。这场战争远没有实现全国统一，而是创造了一个"感觉紧张的年代",不同群体的分歧被勾画得越发尖锐。1846年对墨西哥的侵略表明这些分歧已变得多么明显。辉格党的反对清楚地表明,全国对这场战争的态度并不统一。南方扩张的明确目的是为联邦增加新领土,这使北方警觉起来,为19世纪50年代的对峙设立了背景,成为1861—1865年第三场内战的序曲。这场毁灭性的冲突最终为构建民族统一创造了条件。即便如此,将在第7章讨论的这一过程仍然不确定、漫长而痛苦。

联邦制国家在帝国史上扮演着特殊的角色,因为它们似乎为如何管理广泛而不同的领土和种族这一棘手问题提供了解决方案。英国自17世纪起就在西印度群岛尝试了不同种类的联邦,试图降低成本,确保这些岛屿的生命力。英国也为如何管理北美大陆殖民地考虑过联邦制方案,还在1867年建立加拿大联邦,协助融合经济、提供防御。随着非殖民化运动在二战后加速,英国在巴基斯坦、马来亚、中非和西印度群岛设计了联邦制度,要么是为了维持大殖民地的统一,要么是为了给小殖民地增加公信。然而,一旦外国统治终结,在殖民压迫面前达成的联盟很快就分裂了,新联邦面对地区反对,迅速倒塌。有一种应对方式是在不变的国界中建立新邦,以安抚各省的利益集团,这以印度和尼日利亚为代表。一个比较少见的选择则是扩张到现有国界之外,美国和19世纪其他几个白人移民国家都采用了这一方案。

麦迪逊认为,联邦制国家可以使大量公民难以颠覆宪法。"派系领袖的影响力,"他判断说,"可能会在他们特定的州中燃起火焰,但这不会烧成大火蔓延到其他州中。"[281] 美国1787年后的历史显示,麦迪逊充满想象力的预言错了。[282] 联邦制下的领土吞并助长了政治多元化,但扩大的面积和改善的通信渠道也使不同群体的利益集团发展壮大、互相结合。政府艰难地努力在"派系领袖"间维系平衡。在半个多世纪中,一系列妥协成功维持了联邦的统一。但最终,群体差异发展到了"普遍大火"吞没整个联邦的程度。

南北战争后的非殖民化历程显示出,新近独立的国家继承了帝国的界线,它们自己的合法性通常没有受到认可,很有可能发生政治不稳定。

后殖民联邦制国家要能延续下去，要么是已有足够的同质性，将各省的志向限制在宪法的范围内，要么是像麦迪逊希望的那样，将差异性充分分解，以至于地方无力攻击中央政府。加拿大属于前者，作为准联邦的印度则属于后者，不过两者都没有免于其他形式的违宪活动。美国则不符合它们中的任何一种。北方和南方被种族、价值观和地理差异隔开。它们对宪法解释的根本分歧促使地区利益集团联合起来，足以形成两组对立的州，而争夺合众国的控制权。东西巴基斯坦的对立尽管更加极端，但也颇为类似。但单凭规模大小不足以支持脱离联邦：资源至关重要。成为孟加拉国的东巴基斯坦比西巴基斯坦的人口更多。美国南方的棉花加固了它寻求独立的基础。尼日利亚的分裂国家比夫拉拥有石油。美国南方和比夫拉都高估了它们主要资源的价值，导致了致命后果，无论人口还是火力都寡不敌众。"金字油"就像"金字棉"一样，其许诺的希望远超过了实际兑现的结果。

伴随着领土扩张的兼并战争在英语世界的其他地区也很常见，移民社会从土著那里抢夺了大块土地。但没有其他移民国家的人们像美国公民这样自相争斗得如此严重。即使是1899—1902年的英国-南非战争（第二次布尔战争），其死亡人数都远不能和南北战争相比。强硬的领土扩张符合帝国主义的标准，因为帝国的目的是掠夺和控制。但凭意向界定的帝国主义产生了不同的后果。大英帝国的移民作为先锋队将英国统治延伸到了他们所在的地区，限制了他们所控制的土著的权利。美国的处境则有所不同。1783年后，合众国忙于强化自己的根基，而不是延伸大英帝国的统治。扩张行为有希望在北美洲创造一个独立的领土帝国。在实践中，随之产生的政治结构则在联邦制政体下复制出了基本拥有平等权利的各州，尽管这些地区通常是在接受了华盛顿一段时间的管理后才取得了州的地位。

就像其他地区的土著社会一样，美洲土著的土地和权利被剥夺了，各届美国政府都尝试了同化和联合政策，试图处理应运而生的不平等现象。不过，很难论证美国在19世纪建立了一个大陆帝国。对这一政体的描述不应只考虑意向，也应考虑规模，而美洲土著只代表了总人口的极小一部分。这一结论不应被理解为暗含对帝国主义的辩护。不是帝国的国家也会侵犯人权，明目张胆地维持不平等，它们也确实习惯这么做。这里则是提出，在把北美大陆的帝国主义扩张和本书讨论的那种领土帝国的形成过程混为一谈之前，需要停下来想一想。

漫长而且几乎是持续不断的战争传统处在美国历史的中心，提供了运用军事力量实现爱国目标的机会。南北战争和重建时期使更多枪支流通于世，用工业手段制造武器则降低了武器的成本，使武器更有战斗力。[283] 尚武的价值观被嵌入美国关于自由的概念中，以至于用武力来推进国家价值观的行动显得自然，因而正常。奴隶制、种族隔离及"印第安人战争"反复灌输了种族优越性的态度，使1898年的帝国主义更容易呈现为通过教化使命来表达国家义务。

然而，在美国-西班牙战争前，这些倾向都有着清楚的界限。威廉·H. 苏厄德作为1861—1869年富有影响力的国务卿及在19世纪90年代前担任公职的最知名的扩张主义者，认为1867年购买阿拉斯加的行动是实现更宏大野心的一步，野心是首先吞并相邻的英属哥伦比亚，再涵盖墨西哥、夏威夷、巴拿马、丹麦西印度群岛，以及更遥远的地方。这些计划停留在规划阶段。国会在拖延了一段时间后才不情愿地同意购买阿拉斯加。反对者称这次购买为"苏厄德的蠢事"（Seward's folly），这个称号延续至今。[284] 1871年，美国正式放弃了它长久以来吞并或吸收加拿大的野心。

在美国的海外扩张中最著名也最具戏剧性的一幕是海军准将马修·佩里在1852年对东京港的炮击，这打开了日本的大门，使外界影响进入。在这一行动后，佩里提议美国吞并台湾。[285] 但富兰克林·皮尔斯总统和国会都对吞并这座岛屿不感兴趣，认为这既昂贵又和美国无关。同样，尤利塞斯·格兰特总统在1870—1871年关于吞并圣多明各的提议也遭遇了反吞并主义者那无法战胜的反对，尽管当地的考迪罗已经邀请美国购买这座岛屿。占领古巴的各种计划也由来已久，显示出这一目标的持续稳定。但它们无一成功。在西班牙的反对之外，美国国内的派系分歧也使人们不可能在这一问题上建立统一战线。

　　领土扩张无疑有助于塑造后来美国在19世纪90年代建立海外帝国时表现出的倾向。但倾向不足以触发行动。如果强调长期延续性或"多年准备"（years of preparation），把它们视为美西战争的铺垫，就会带来危险，因为这降低了不同事件的独特性，可能会让人忽略需要单独评判的原因。[286] 第8章将会展示，1898年的这场大戏不只是长期存在的推力导致的结果。

　　从最广泛的视角来看，在南北战争中达到最高点的这一系列冲突延续了19世纪上半叶推动欧洲政治的保守派与进步派的争斗。改革有时来自相反的动机。亚历山大二世在1861年废除农奴制以拯救君主制，林肯在1865年解放奴隶以拯救合众国。正像林肯从马志尼和加里波第那里汲取灵感一样，邦联代表了1848年后在欧洲发起反革命的保守派力量。如果将南北战争置于最长远的视角就可以看出，它是18世纪末压倒欧洲军事–财政国家的危机在美国的最终解决方式。1861年，北方试图铸造民族国家，而南方则希望建立奴隶制帝国。如果邦联赢得战争并实现了野心，那最终的政体在实质和目的上都将属于帝国主义。

　　邦联的落败挫伤了这一野心，同时也摧毁了将英国和南方捆绑在一起的新殖民主义关系。尽管亨利·克莱的评论被公认有党派之见，但他非常清楚地看到了这一关系，尽管略有夸大："对英国自由贸易来说，"他在1865年写道，"我们要感谢当前的南北战争。"[287] 直到那时，英国都是"不可或缺的国家"。这个前宗主国是外来资金的主要来源、首要的外国市场，以及最后可以依靠的守卫者。英国对棉花的需求支撑着南方的金钱和政治主导权，英国向废奴的转变则削弱了这座大厦的根基。维克多·雨果所说的"内战，那种进步的疾病"迫使双方在1865年后重新考虑它们由来已久的关系。[288]

第二部

现代性与帝国主义

1865—1914

第6章

不均衡发展与帝国扩张

"不安分的大地面临一个崭新的纪元"[1]

许多著名评论家都意识到，在他们身边发生的变化不仅前所未有，还无穷无尽，沃尔特·惠特曼就是其中之一。[2] 他观察到的革命主要将"普通人"自从属地位中解放了出来。其他地方的知名人士都在关注从农业经济向工业经济的转变。还有一些人则在关注王朝国家是如何被改造为民族国家。他们所有人都像惠特曼一样感受到，他们在19世纪下半叶目睹的变化有望覆盖全世界，可能最终像惠特曼所说的那样，形成"全球一心"。这些深层的经济、政治、社会发展可以从一系列不同的视角进行分析。这里采取的角度把这些发展过程视为从早期全球化向现代全球化转型的标志。[3] 延伸来看，在19世纪末达到顶点的帝国扩张可以视为这一过程的衍生物。帝国建设是强制全球化的一种实践。

保守派与改革派之间的对立因法国大革命变为暴力，经过19世纪后又以另一场革命战争达到极点，那便是1914—1918年的战争（一战）。广义来说，这场争斗把土地利益和城市利益各自的代表对立起来。这场古老竞争的新颖之处在于，到1918年，土地利益已经失败了。就像第2章显示的那样，大约在1850年前，欧洲各利益集团互相争斗时，天平始终倾向于土地的一方。法国战争后，军事-财政国家重建起来，进步派的改革运动受到了制约。到19世纪下半叶，推动现代全球化向前发展的力量开始取代财富和权力的传统来源。来自工业、金融和商业服务的收入超过了来自农业的收入。财政统一增加了可供中央政府调配的资源。借款成本降低了，金钱可以用来支持福利支出，将新社会群体融入通常是新成立的国家的新关系网中。投票权的扩大侵蚀了政治权威的现有基础，将议会的控制加于君主偏好之上。甚至到1914年，转型进程依然漫长而不完整。它造成的社会剧变远超出了福利支出增长带来的安抚作用。资本与劳动力的不和，以及城市与乡村的不和，都有可能从内部动摇转型过程。处在不同发展阶段的国家之间的对立关系则从外部造成了威胁。

19世纪下半叶，这种现代性释放出的力量把影响扩散到了全世界。各处的国家、经济和文化都受到了影响，有的还被改变了。由思想和科技共同推进的西方扩张同时采取了和平与强硬的形式。帝国主义是这种"大转型"中的特殊形式，它的实现要么是通过武力，要么是通过减少接受者的选择余地。应运而生的是一种结果上的帝国主义，其实现了19世纪早些时候西方国家的渗透力还较有限时所宣告的意图。在某些情况下，高涨的强硬扩张行动将新领土和旧国家吞并为正式帝国；在另一些情况下，它则带来了非正式影响力，或者说是"软"实力的执行。这两种策略都用来保证现代化转型所需的融合程度，也用来掌控这一过程必然产生的压力。随着西方民族国家将影响力延伸到世界各地，互相勾连的古老与现代的帝国之间与日俱增的紧张关系成为国际冲突的临界点。卫星国被卷入竞争，而那些曾靠孤立来保卫自身独立的政治体也发现，它们已经无处可逃。

从一种全球化转向另一种全球化的过程是不均衡的。正像在经济发展和民族国家形成过程中有领导者也有落后者一样，在帝国中也有先发者和后发者。[4] 英国位于一端，代表了处在先进发展阶段的国家，有着广泛的国际义务，也有强有力的经济动机进行扩张。意大利则处于相反的另一端，代表了后发国家，在欧洲之外鲜少参与国际事务，当务之急是国族建构，这给它的帝国野心蒙上了显著的政治色彩。英国作为当时的超级大国，在国内外都处于引领地位。它的发展计划为其他现代化国家的野心设定了标准，它为自己辩护的意识形态则给潜在的帝国列强提供了规范。它的殖民管理手段成为其他国家羡慕、模仿、改造的蓝图。有观点认为，19世纪晚期的英国在某种程度上正在"衰退"，但这一说法需要修正。它的经济统治受到了挑战但没有被颠覆，到了1914年，没有哪个对手能够在领土帝国的规模或者非正式影响的程度上与它匹敌。

接下来的讨论为第7章、第8章和第9章关于美国新帝国主义的分析做了准备。总体来说，关于美国的学术文献很少提及关于欧洲帝国主义公认的大量研究，研究欧洲的专家同样有所忽略，将1898年美西战争后美国在加勒比海和太平洋吞并的领土排除在外。之后三章阐释的论点则是，目前对当时的美国帝国主义的解释被截短了，未能考虑到合众国在目标和时间线上都和西方帝国主义俱乐部的其他成员一致。

正是在那个年代，"现代主义"和"现代性"这些词汇进入了艺术和社会科学，而19世纪晚期逐渐成形的世界被打上了"现代"的标签。夏尔·波德莱尔在1860年写道，城市生活的匆忙和人为状态激发了现代性，它是"瞬息万变的，稍纵即逝的，偶然不定的"。[5] 沃尔特·惠特曼在南北战争终结时想象了一场更广阔、更进步的运动：

> 现代的岁月！未露峥嵘的岁月！
>
> 你的地平线升起来了，我看见它走去演出更威武的戏剧，
>
> 我看见不仅是美国，不仅是自由的国家，还有别的国家正在
> 准备，
>
> 我看见盛大的进步和退场，新的联合，种族的团结，
>
> 我看见在世界舞台上势不可挡向前进的力量。[6]

"通过佩库尼亚"：走向现代全球化之路[7]

由英国开启的全球发展在1850年后实现了全部潜能。在那之前不久，弗朗索瓦-勒内·德·夏多布里昂已想象了由新的通信手段塑造的未来，那些通信手段"将使距离消失"，到那时"不只是商品在流动，思想也将添上翅膀"。[8] 影响深远的科技和制度创新改变了生产方式、分配方式与毁灭方式，大大扩充了国家的能力。前所未有的贸易和金融流通将西欧的工业中心与专事农产品和矿产品生产的地区相连接。到1900年，亚当·斯密最初提倡的经典分工模式已将世界融合到此前只在想象中的

程度。[9]

工厂生产为工业品创造了大众市场。工业化和城市化产生了新的社会群体及代表它们的新政治组织。人口增长为国内工厂提供了廉价劳动力，也为全球殖民提供了移民。在1815年后的一个世纪中，约有5 000万移民离开欧洲，在海外开始新生活。医疗知识的改进提高了欧洲士兵和移民在热带地区的存活率。铁路、蒸汽船、电报和海底电缆降低了商品、人员和思想流动的成本，国际新闻业的兴起也将"无名之地的新闻"传播到了全世界。[10] 军队的机械化引入了可以迅速、重复、精准开火的武器，削减了胁迫行动的成本。财政统一消灭了地方的世袭财产，为中央政府增加了税收，也标志着从军事-财政国家向能够结合战争与福利的国家的转变。[11] 由政府支持的第一批国际组织在19世纪60年代出现，协调邮政、电报和卫生服务。[12] 到19世纪晚期，西方列强拥有的渗透力已使领土扩张变得比19世纪初更方便而廉价。[13]

1851年在伦敦举办的万国工业博览会是第一场此类真正国际化的大规模活动。此后在1862年举办的另一场博览会吸引了600万访客及36个国家的展品。展品包括查尔斯·巴贝奇（Charles Babbage）的分析机、用生橡胶制造橡胶品的工艺，以及贝塞麦（Bessemer）炼钢法。丁尼生为开幕式所作的诗歌必须算作对全球化最早的颂歌之一：

> 哦，你啊，思考的智者，统治的智者，
>
> 解开了增长的商业身上最新的链锁，
>
> 让美丽的和平使者展开白翼飞翔，
>
> 飞向普天之下的幸福港湾，
>
> 融合四季和金色的时光，
>
> 直到每个人都在所有人那里找到自己的善良，
>
> 所有人都像高贵的兄弟那样工作，
>
> 服从自然的力量进行统治，
>
> 集聚大地上所有的果实，头戴大地上所有的花枝。[14]

19世纪40年代的危机消退了。欧洲经济复苏，民族主义造成的紧张尚未到来。丁尼生在19世纪中叶展现出的那种乐观主义，结合了亚当·斯密的启蒙利己主义与理查德·科布登的自由贸易理想主义，创造出一种对自由世界秩序的愿景，他们认为那将带来繁荣与和平。[15] 卡尔·马克思认为1851年的博览会是商品拜物教（commodity fetishism）的粗鄙例证。丁尼生则认为自己掌握的消息更准确：

> 赞颂隐形而普世的主，
> 是他让各国再次在和平中相遇。

西方对技术的精通使现实世界的不断扩大成为可能，在那之外则是儒勒·凡尔纳《地心游记》（1864）中对火山的开拓和《海底两万里》（1869）中的海底探险。到1873年，凡尔纳能够将足智多谋的英国绅士菲利亚·福格（Phileas Fogg）送去"环游地球八十天"，尽管错误、事故和不友好人士的算计让他的旅程屡遭拖延。自19世纪70年代起，世界博览会成了国际舞台上的常备节目，各主要国家争抢机会宣传它们的科技与商业成就。[16] 标准的展览将现代奇观与"原始"文化对立起来，组织者对这两者的表现还超出了预期的刻板印象。危险和希望并存于这个崛起中的美丽新世界，把政治幻想变成了虚拟现实：塞缪尔·巴特勒在《埃瑞璜》（*Erewhon*，1872）中对技术进步剥夺人性的后果表达了沮丧的看法，威廉·莫里斯则在《乌有乡消息》（1890）中提供了社会主义乌托邦的另一种浪漫想象。[17]

经济学家也加入了1850年后不断增长的乐观情绪中，将疑虑推迟到一战以后。马克思主义者提出了异议，但他们的判断遭到激进派所称的"布尔乔亚"经济学越来越多的挑战。科技进步在1852年将铁路带到了印度，30年后又将冷藏技术带到了新西兰，这也打开了新一代自由主义经济学家的视野，他们质疑了利润率会在长期趋向下降的正统主张。在他们看来，挫败只是商业周期的暂时现象，本身就是这个新的工业化世界不可或缺的一部分。同样，实际工资也不再被当成马尔萨斯人口理论限制中的变量。进步不只是可能的，而是极有可能发生。贫穷存在于富裕的社会中，但不一定会永远存在。

　　乐观主义者的队伍不断扩大，将自由贸易的概念写入法律并给它带来了活力，这一概念的根本原则是，价格应该由不受政府干预的市场力量决定。[18] 这一思想既有力又持久。20世纪80年代，世界银行用"矫正价格"（getting prices right）一词来总结它眼中的自由贸易信条。亚当·斯密已经阐明了分工的好处，大卫·李嘉图发展了比较优势的理论，科布登把概念变为现实政治，将其当作道德准则。英国在废除《谷物法》和其他重商主义限制后，有强烈动机去说服贸易伙伴同意对应的政策。[19] 到19世纪末，当关税改革者攻击正统时，阿尔弗雷德·马歇尔运用新古典主义经济学原则来为自由贸易辩护。[20] 到那时，上帝已和财神分道扬镳了。曾在19世纪上半叶影响巨大的基督教政治经济学被拉下了王位。经济学就像它的拥护者所说的，已经成为一门科学。

　　19世纪五六十年代贸易的扩张创造了条件，助长国际关税水平下降。[21] 随着英国市场出现越来越多机会，其他发展中国家也降低了关税。此外，英国外交部谈判了互惠协议，在欧洲大陆建立了一系列特定商品的贸易协定。[22] 理查德·科布登作为非正式外交官的事业在1860年英国和法国签署《科布登－谢瓦利尔协议》（Cobden-Chevalier Treaty）时达到了最高点，科布登认为这项协议代表和平主义的商业利益集团，打击了支持军事贵族的制度结构。[23] 1867年，英国《改革法案》和美国《重建法案》（Reconstruction Act）成为法律，让大西洋两岸的自由派享受了胜利。[24] 民主似乎可以胜利，高雅文化也可以在不降低标准的条件下传播开来。

　　经济史学家给这些泛泛之论增添了精确性。在困难重重的19世纪40年代之后，扩张又在19世纪五六十年代重新开始。评估1870—1914年间帝国对峙最激烈的时期就可确认，用西欧及美国的GDP来测算，这一时期经历了财富和收入"前所未有"的增长。[25] 如果把殖民地的GDP也加入母国成为"帝国GDP"，那英国经济在1913年在发达国家中名列第一。美国紧随其后，德国、俄国和法国则在稍后的位置。由于欧洲人口因新生儿死亡率下降而出现了可观的增加，GDP的增长意味着生产率（人均产出）也在上升。这一发展伴随着从农业向工业和服务业的大转变，以及经济融合程度的加深。最近的研究也确认了1910年给诺曼·安吉尔（Norman Angell）留下深刻印象的大趋势：交易成本的下降缩小了价格差，移民前往需求中心的行动触发了呼吁实际工资平等化的运动，利率开始协调一致，债券利差下降。现代全球化已经到来了。[26]

综合趋势掩盖了不少地区差异。欧洲西北部的GDP增长超过了南欧（包括法国），南欧又超过了东欧。[27]尽管人均GDP的差异随着时间的推移逐渐减小，但差距仍然不小：1913年，意大利的人均GDP仍然只约为英国的一半。增长率对应了产业变化：从农业转向工业和服务业的先发国家比后发国家表现得更好，主要是因为农业活动的附加值相对较低。[28]在英国，农业在1913年只占用了12%的劳动力，因此英国处于领先，东欧则落在最后。[29]当发展经济学在20世纪40年代成为公认的专门学科时，首先被定为"欠发达"的国家不是在热带，而是在欧洲东南部。

这里展示的趋势回溯并重构了一战前伟大思想家关注的问题。卡尔·马克思提出了著名的现代世界的阶级斗争理论，不过他主要感兴趣的是资产阶级与无产阶级未来的斗争。科布登指出了当时好战的土地贵族与和平的中产阶级之间的战争，赫伯特·斯宾塞则在之后详述了两者的区别，将其置于"适者生存"的背景下。在马克斯·韦伯看来，"适者"便是脱离了"传统"的现代化国家，他们正忙着塑造经过改革的理性官僚国家，这些国家正在他身边出现。加埃塔诺·莫斯卡（Gaetano Mosca）和维尔弗雷多·帕累托关心的是，在长期垄断政治权力的地主阶级把权力和合法性输给更新、更不稳定的精英阶层之时，如何管理韦伯笔下的新国家。罗伯特·米歇尔斯（Robert Michels）在思考新民主时期精英统治的结果时，提出了寡头统治的"铁律"来解决治理问题，他满意于这个理论，认为寡头最终将取代所有选举产生的当权者。不过，韦伯指出的"封建残余"还没有完全消亡。正像约瑟夫·熊彼特所写的那样，他们有能力反击，并且在一战中这么做了。

提出这些全面评估的知识分子关心的是新秩序的负面后果以及它趋向进步的潜质。随着时间的推进，怀疑也与日俱增。就像歌德诗歌中魔法师的弟子那样，大西洋两岸的进步派都意识到，他们帮忙创造了有着自我意志的魔法扫帚（出自歌德《魔法师的弟子》）。改革运动的中心人物约翰·斯图尔特·穆勒称自己被托克维尔"多数人的暴政"可能"比任何暴君更有效"的警告"吓了一跳"。[30] 爱默生也表示同意，托马斯·阿诺德（Thomas Arnold）不需要别人说服就已赞同，詹姆斯·斯蒂芬（James Stephen）认为必须用强迫手段来限制破坏性的力量。19世纪末，布鲁克斯·亚当斯从他在波士顿的据点纵观全美国，他又在生活艰难的城市民众与创造这一群体的"盘剥头脑"面前畏缩了。随着工业化的传播，资本与劳动力的分化加大了。人口的集中使政治动员变得容易，人们的文化素质有所改善，印刷媒体的范围也有所扩大。投票权的扩展则提出了问题：如何控制被解放的"民众"及他们那令人担忧的一阵阵非理性行为。

最终的危险在于，不断增殖的民众可能会冲走将社会维系在一起的制度。没有充分知情的民意可能会威胁言论自由，无知可能会毁灭高雅艺术，作为社会支柱的财产权可能会面临危险。一部分有影响力的西方知识分子为如何逃离这种讨厌的前景提出了建议，也因此而闻名。在英国，托马斯·卡莱尔相信英雄人物可以控制现代社会的混乱，托马斯·阿诺德开始训练新一代基督教绅士以捍卫传统的光辉，威廉·莫里斯（William Morris）和约翰·拉斯金（John Ruskin）试图通过重建哥特式艺术、建筑、文学的中世纪世界来创造另一种文化。同样为这些问题担忧的美国模仿者们再现了哥特式风格，马里兰州的爱好者组织了露天历史剧和中世纪式马上长矛比武大赛。其他知识分子则留在书桌前，想方设法避免他们眼中迫在眉睫的灾难。政治家们殷切地（有时是绝望地）寻找办法，避免快速的社会经济变化毁掉政治稳定与社会特权。[31]

"哦，我的兄弟们，爱你们的国家吧"[32]

国族建构似乎是解决转型问题的很大一部分答案。朱塞佩·马志尼1848年对米兰工人发出祈求，提出了通过民族国家的力量来实现民主原则的期望。欧洲其他地区的名人和政治家也喜欢上了民族性的新思想，即使他们的动机通常更多是出于现实主义而不是理想主义。他们也认为，民族国家可以拉拢在人口增长、工业发展和城市化进程中产生的焦躁不安且通常无根无基的社会力量。民族主义作为工具团结了截然不同的社会成员，不然他们可能会感到被排挤和抛弃。民族主义借助超越阶级、性别、宗教和地区的种族团结感，起到这一作用。种族团结本身并不是什么新现象。但在历史上，它是通过等级（通常是王朝制）的力量得到政治表达。19世纪的革新之处在于，就像邦雅曼·贡斯当1819年观察到的那样，集体认同和不同类型的代议制政府联系了起来。[33] 但自决权并不是一个排他的概念。为种族团体争取的权利与来自普世原则、通过日益高效的通信渠道传播的跨民族团结意识并存，这些权利也从中获益。

旧秩序的一些元素在确证新秩序的过程中仍扮演着重要角色。保守风格的浪漫民族主义更多是看向过去而不是未来。民族工业国家改变了在法国战争后幸存下来的君主制国家，将君主提升到政治之上，这样人们可以看到他们的存在，却更少听到他们的声音；君主也和主流的基督教派结盟，以确保精神支持。这些君主利用新的通信技术，放大了他们在时代动荡中领导天选种族的主张。他们与自由派互相竞争，推动专业的历史研究，以将其推向符合他们目的的历史编订版本。

各个政党发现，他们被迫设计新方法来吸引新近获得选举权的群体，这些人以前不属于长期由特权所划定的选民。大多数观察者（至少在奥地利和俄国之外）认识到，他们无法再回到排他的贵族统治，也回不到穆勒所称的教条和迷信。从上层来看，前进的道路在于让庸众适应精英统治。教育计划旨在缓和民众的物欲本能，将对品德的尊重灌输给他们。[34] 跨越了阶级和地区的问题被抬高成为国家的重要问题。政治外联工作扩大了传统党派的吸引力。保守派把自己塑造为秩序和民族团结的旗手，试图赢得那些害怕社会主义均等政策的选民。自由派则设计了改良的资本主义方案作为回应，在保守主义和激进主义之间画出了一条中庸之道。[35]

不过，在19世纪的最后25年，快速的社会经济变化造成的压力，被一阵阵经济萧条所加强，通过激进政治运动的回潮表现了出来。乡村民粹主义虽然在英国已势头不再，但在法国、德国、俄国、美国、加拿大、澳大利亚和新西兰等仍重度依赖农业出口的国家引发了关注，在各国的激烈程度不一。城市里的活跃分子也留下了痕迹。工会的规模扩大,也更加强硬。马克思主义的影响在德国和法国尤为显著,英国工党在1900年成立,次年美国社会党成立。激进主义完全实现了全球化。"没有国界"的不只是资本:工会跨过国界,交流关于组织、资金和策略等方面的意见。[36] 后来被称为"恐怖分子"的"无政府主义者"建立了网络,使得他们的代表能在世界各地交换信息、技巧和人员。[37]

作为回应,欧洲的当权者建立了自己的对抗组织。英国伦敦警察厅在1883年设立了特别部门,起初是为了应对爱尔兰恐怖主义者,后来则是为了处理其他激进的异议者,包括妇女参政权论者。西奥多·罗斯福总统把早已存在但还处于胚胎期的特勤局纳入新组织,在1908年建立了联邦调查局。随着工会和无政府主义者跨越了国界,新的安全国家也这么做了,它们建立的人员关系后来变成国际刑警组织(Interpol)。[38] 改良措施也伴随着压迫措施。各种补救项目计划为进步派政策创造了国际市场。[39] 美国的进步派从英国借来了城市改革的思想,从法国借来了城镇规划,从德国借来了社会保障,从澳大利亚和新西兰借来了社会福利。[40] 有少数计划变成了政策,大部分则被拒绝了,不过其中一些计划在20世纪30年代重新出现在富兰克林·罗斯福的新政里。虽然右派与左派有不可调和的分歧,但他们共同相信,当前的问题需要更多的政府行动。作为保守派的俾斯麦和作为自由派的乔利蒂对人民权利有着非常不同的见解,但他们都同意政府有必要干预,无论是为了协助企业发展还是为了减少社会贫困。[41] 改革不合一些人的口味,但它被视为优于社会主义的选择,因为后者是许多人不可接受的。

那些想方设法击败社会主义的政治家和意见领袖紧紧抓住种族的概念,它在当时的欧洲、美国及其他白人移居的国家都成了"好主意"。[42] 种族概念的好处不言而喻:它提供了一种巩固民族团结的方法,超越了阶级、地区和宗教(或潜于它们之下),将全国性的民族提升到了所有比较对象之上,特别是那些很快就会被标为"原始"的民族之上。种族属性的理论尽管通常被归为达尔文的学说,但在更早之前就有独立的来源。[43] 流行的"适者生存"理念来自斯宾塞,他强烈反对战争和帝国主义，认为这阻碍了他赞许的"国家的兄弟情谊"。[44] 这一理论采取了不同的形式。一种说法坚持认为，种族是不可改变的，但种族特性却可以调整，在文明世界遭遇原始民族的边疆地带得到检验和磨炼，在被耗尽时仍能恢复。这个"好主意"的另一种说法则坚持认为，种族的等级关系并非在创世时就已固定，可以重新排序，当前占据统治地位的盎格鲁-撒克逊人需要在他们能力所及的时候控制低等民族，利用这一机会恢复他们自己的生命力。

盎格鲁-撒克逊主义是泛国家种族理论中最具支配地位的学说。[45] 盎格鲁-撒克逊种族的概念流传已久，但它的意识形态吸引力的规模在19世纪晚期达到了最高点，其中的假设在英语世界被视为不容置疑的事实，在美国尤其引起了共鸣。根据这一理论，盎格鲁-撒克逊人构成了一个精力充沛、富有创新意识的种族，在遥远得难以被充分研究（或被证伪）的时代起源于条顿人的森林。[46] 天赋异禀、眼光长远的观察者还可以看出盎格鲁-撒克逊人的独特品质，其他弱小种族在进化斗争中落后时，他们仍能繁荣发展。盎格鲁-撒克逊人在身体素质、思维能力和道德正直方面都高人一等。他们本能地支持自由，也拥有组织能力把原则变为行动。这些特质把他们提升到了前所未有的文明程度，使其有资格去改善世界。其他种族有着低劣的特点：俄罗斯人天性倾向于专制统治，德意志人从条顿人的高处坠落下来，滑向了贵族统治，"拉丁"民族则懒惰而腐败。而在欧洲白人之外，所有这些导致衰落的特点也组合起来，使其他种族深受磨难。

盎格鲁-撒克逊版本的种族理论在法理学家和博学之士詹姆斯·布赖斯（后来成为勋爵）的著作中得到了权威的表达，他在1888年出版的题为《美利坚共和国》（*The American Commonwealth*）的两卷厚重著作中提出了他对英美关系的想法。[47] 布赖斯认为，种族把人们分成不同层次，等级则给他们安排了次序。盎格鲁-撒克逊人显然是优等民族，他们中的精英需要统率百姓。当来自中西部的弗雷德里克·杰克逊·特纳打击了东北部城市，宣称在边疆形成的乡村价值观塑造了国家时，布赖斯反驳说，是从大西洋对岸引入的条顿人特质改造了环境。[48] 布赖斯的说教吸引了大西洋两岸的有权有势者，为攻击乡村起义者、城市不满者和政治异议者提供了弹药。像布鲁克斯·亚当斯那样的波士顿传统精英担负起这一理论事业，将其置于文明兴衰的宏大叙事中，最终呼吁英美共同履行拯救世界的使命。[49] 到19世纪末，美国残存的恐英情绪已经融入了著名宪法专家阿尔伯特·戴雪（Albert Dicey）所说的"美国狂热"（Americomania）。[50] 和解精神远远超越了外交界和思想界。当维多利亚女王在1901年去世时，美国公众的哀悼非常普遍，而在几个月后，英国对麦金莱总统遇刺也做出了同样的回应。[51]

但盎格鲁-撒克逊人也担心他们的优越性不会持久。退化的理论在19世纪最后25年被更多人支持和信服。[52] 伪科学基础赋予了它们权威性，它们的预测则激起了人们基本的恐惧。根据"熵定律"，包括盎格鲁-撒克逊在内的所有"文明"注定要失去活力，被更强壮的种族取代。接着，详尽的研究列出了劣等阶级和劣等种族。科学研究宣称，智力低下、犯罪行为、贫穷和整体的懒惰无能等特质，生来就已注定。[53] 城市化正在切断连接乡村社会的纽带，跨种族通婚则冲淡了种族纯洁性。就在道德秩序削弱了那些有责任击退蛮族的人们的力量时，吉本笔下的野蛮游牧部落再次淹没了文明世界。换一种说法，全球化将人们以前所未有的方式相混合，向政治家提出挑战，他们要设计新方法来创造可以与国家相连的认同感。

那些惯于担忧的人们可以转向布鲁克斯·亚当斯、本杰明·基德（Benjamin Kidd）和查尔斯·皮尔逊（Charles Pearson），他们的种族理论在19世纪90年代大受欢迎。布鲁克斯·亚当斯用他晦涩而类似黑格尔式的"宇宙动力学"（cosmic dynamics）概念表达了悲观倾向，追溯了能量从中国转向英国又转向美国的过程，认为美国有义务作为最强的适者引领斗争。[54] 基德认为，避免退化需要全国的努力，他幻想了中国统治世界的前景。如果说他的预言在伦敦引发了担忧，那它则受到了北京方面的欢迎，内外交困的清王朝在北京支持翻译了他的著作。[55] 皮尔逊是英裔澳大利亚人，利用他对美国的渊博知识协助设计了最终被称为"白澳"（white Australia）的政策。[56] 他的意思是，白种人正在输给黄种人和黑人，最终会被取而代之，这在盎格鲁-撒克逊世界引起了共鸣。格莱斯顿对此印象深刻，罗斯福则皈依了他的学说。

人们没有放弃希望。并不是所有理论家都相信盎格鲁-撒克逊人将会失去统治权，而那些相信的理论家则认为这还要等很久才会发生。同时，人们可以努力避免或延缓这种衰退。想要维护优等民族力量的知识分子推广优生学，将其变成一项国际事业。[57] 维多利亚时期的博学者弗朗西斯·高尔顿（Francis Galton）在1883年发明了"优生"这个词，查尔斯·B.达文波特（Charles B. Davenport）成为美国主要的优生学提倡者。达文波特关于需要维持盎格鲁-撒克逊"种质"（germ plasm）纯洁性的观点影响了移民限制联盟（Immigration Restriction League，1894年成立）的活动，也为允许强制绝育的法律提供了学术支持。[58] 如果说科学家可以管控先天条件，那政治家只要得到必要的权力，就可以更方便地控制后天培养。

在已经建立、存在争议以及互相接壤的疆界内培养种族团结的过程，确保了欧洲的国族建构本身就具有坚定性。随着战争变得工业化，参与国际事务也需要大政府和广泛的财政资源，无论这是为了吞并还是为了生存。中央对税收的控制为大规模使用武力打开了道路。被哲学和宗教理由粉饰的战争不仅成了国族建构的手段，也成了民族性的最终表达。意大利独立的驱动力甚至促使作曲家朱塞佩·威尔第用爱国狂热浸没了他习惯性的克制。1848年，当他的剧本作者弗朗切斯科·玛丽亚·皮亚韦催他交逾期的乐谱时，他答道："你竟跟我谈音乐！你这是怎么回事？你认为我现在会拿音乐、拿声音来烦扰自己？在1848年，对意大利人的耳朵来说，没有任何音乐比大炮的音乐更美妙！"[59]

19世纪40年代，马志尼已经区分了爱国主义和民族主义，警告后者存在进攻性的特点。19世纪80年代，尼采用手中充足的证据做出了令人不安的判断，称一切伟大的事物都始于鲜血，并预言民族国家崇拜将会把欧洲推向一种新型的全面战争。[60] 其他人继续把信心寄托于世界主义价值的胜利。1910年，诺曼·安吉尔创作了影响深远的分析著作《大幻想》（*The Great Illusion*），更新了科布登关于自由贸易带来益处的信仰。[61] 安吉尔强调，在20世纪早期，国际金融已高度控制了全球化的世界。金融融合已发展到了战争将会伤害所有人的程度。因此，冲突虽不是不可想象，但已变得不再理性。不久后，这种被熊彼特视为返祖社会力量的不理性元素把欧洲带入了一战。对进步的信仰在战壕中陷落了。科布登曾期待扩大的商贸会带来康德所说的永久和平，但这最终被人忘却。1915年，托马斯·哈代宣称人类的根本价值观将会在"打碎列国"时存活下来，他表达的更多是希望而不是信心：

> 样样农事都照常要做，
> 哪管你王朝变迁。[62] ①

到战争结束时，希望已经退去了。正像伏尔泰的《老实人》用乐观主义换来悲观主义一样，整整一代学者权威预言曾经所谓的文明世界将势不可挡地衰落，给战后的苦难增添苦涩。历史学家、哲学家与普鲁士民族主义者奥斯瓦尔德·斯宾格勒在1918年出版的《西方的没落》中抓住了当时人们的情绪。[63] 西方文明的巅峰已经过去了。推动它前进的种族力量已经消解，它的指南针正指向英灵殿（Valhalla，北欧神话中死去英灵的殿堂）。新的、充满活力的"有色"民族国家将填补空缺。1920年，H. G. 威尔斯反思了这个曾被经济和技术力量紧密连接又被民族主义撕裂的世界。对威尔斯来说，民族主义是一种非理性的力量，和全球化趋势格格不入：它"必须跟着部落的神灵一起走向地狱边境"，或者为一个联邦制的世界政府让路。[64] 这个想法太过遥远："部落的神灵"还留在原位，在20世纪还在继续索取受害者的献祭。

通货大紧缩

西方政治领袖试图创造民族团结意识，将不同种族和地区群体联合在一起，克服或至少减轻正在出现的阶级对立，但在这时经济发展却出现了逆流。19世纪的最后25年，当马克思所说的"商品拜物教"所产生的物质发展脱离了上帝的引导时，经济变化和政治稳定的天平已经失去了稳定。决策者曾打赌自由贸易和金本位制的好处将鼓励发展，提高生活水

---

① 译文摘自飞白译《哈代诗选》。

平，使国家更容易地转型为民族－工业社会。英国在推动国际投资上的独特地位使英镑成为首选的国际货币，为鼓励其他国家采用金本位制提供了有力动机。19世纪70年代，主要的欧洲国家及美国都追随了英国的范例，尽管它们都退出了自由贸易。[65] 到1912年，有40多个国家（包括许多殖民地）加入了金本位制俱乐部。金本位制协助创造了一体化的国际经济秩序。那些同意将自己国家的货币按固定汇率兑换黄金的国家，降低了汇率的波动，改善了它们的信用等级。[66] 良好的资信使它们能够与伦敦资本市场接触，对那些自身资本尚不能满足需求的发展中国家来说，这提供了重要的帮助。

金本位制的准则避免了后来所说的赤字支出，即政府印钞票来资助它青睐的项目或者减少债款。加入金本位制俱乐部可以使外国投资者和商人相信他们的资产安全，相信该国会以健全货币还债，长期开发项目的金融风险也会降到最小。决策者没有预见到，金本位制也会在经济萧条和通货紧缩时显得不够灵活，遵守"游戏规则"可能导致社会贫困和政治不稳定。今天所说的"量化宽松"并不在他们的选项之列。19世纪晚期，一场漫长而时断时续的经济萧条加剧了资本和劳动力、债权人和债务人以及城镇与乡村之间的冲突。尚处胚胎期、半团结的民族国家面临着巨大压力，需要把社会中被疏远且可能属于无政府主义的人群团结起来。19世纪末，帝国主义力量的爆发重塑了世界大部分地区，这个过程戏剧性而强有力地表达了这些恐惧。

现在我们必须比较谨慎地讨论这一案例。历史学家曾提到"1873—1896年大萧条"，仿佛这是一个连贯的时期，其特点是普遍的沮丧和几乎无处排解的悲观情绪。经济史研究则显示出，萧条并不像人们一度以为的那样持续或全面，从当时到1914年的这一漫长时期中，欧洲整体的生活水平得到了提升。[67] 历史学家将这一时期拆解开来，抛弃了它原来的名称；而研究所谓"古典金本位制"的经济学家则给1870—1913年这段时期赋予了统一性，忽略了其他经济表现指数所体现的多样性。[68] 我们需要在更大的背景中来观察不同的专门研究所产生的分类难题。人们仍然普遍同意，在19世纪最后25年中，世界贸易的增长率减缓，西欧和美国在其中一些时期出现了价格下跌、失业率上升、乡村与城市不满情绪增加的现象。[69] 当时的人们毫不怀疑他们正生活在萧条时期。这个词本身就在19世纪最后25年中开始被广泛使用：格兰特总统和海斯总统用这个词来表达对19世纪70年代美国经济健康的担忧；索尔兹伯里勋爵在1885年建立了"贸易与工业萧条皇家委员会"来研究英国的问题；学术和产业期刊频繁对其做出评论；索尔斯坦·凡勃伦则在1904年出版的《企业论》（*Theory of Business Enterprise*）中引入了这一概念。

史学研究的国家传统也掩盖了一些国际关系纽带，而正是这些纽带使这场萧条如此戏剧性地展现了全球化。[70] 欧洲史专家倾向于把1873年维也纳的银行业恐慌作为起点，美国史学家则选了同年杰伊·库克（Jay Cooke）和北太平洋铁路的失败为起点。但从本章的视角来看，需要强调的是这些事件之间的联系。[71] 维也纳的银行业危机发生在新建立的奥匈帝国的土地繁荣崩溃之后。在进口的美国小麦构成竞争后，俄国和中欧从出口得到的收入下降，这与它们无法偿还购地贷款有直接关系。英国作为主要消费国，其进口额激增，对欧洲大陆的生产者造成了尤具破坏性的影响。英格兰银行作为实际上的最后贷款者，提高了贷款利率来应对信用危机。信贷紧缩接着就导致了杰伊·库克及美国其他银行垮台，因为它们放贷是基于对未来出口收入过于乐观的估计。在这一方面，1873年危机和19世纪此前的那些危机很相似。[72] 区别在于，自由贸易和改善的国际关系纽带增加了参与者的数量及它们的活动规模。"非理性繁荣"（irrational exuberance）长久以来就是金融泡沫的一大成分。在19世纪末，它成为全球性现象。

1873—1896年这段时期确实有一项清晰而统一的特点：通货紧缩的时代。[73] 全球的物价下跌，半是因为生产率的提高，半是因为采取金本位制后黄金短缺，限制了货币供给。当时的通货紧缩有一些有益的特点：产出的增加和生产率的提高降低了价格，对消费者有利。但也有恶性后果，那就是一系列金融危机、周期性的经济萧条，以及普遍的债务。一些比较研究提出，尽管有地区差异，但整体来说收益超过了亏损：产出的上升和价格的下跌与19世纪最后25年GDP的实际增长一致。[74]

　　新研究给这场辩论带来了可嘉的严谨性。但是，这一时期通货紧缩"有益"而不是"有害"的结论引来了一些批评。[75] 这一论点承认，当时的欧洲人和美国人确信他们正生活在萧条时期，但该论点提出他们受到了"金钱幻觉"的伤害：工资减少了，但被物价下跌所补偿。如果说这个幻觉持续了20多年，那就需要提问，为什么这么多人花了这么长时间才适应所谓的现实，以至于他们还持续进行普遍的罢工和激进的农村抗议。错误认知有其局限。对价格贸易条件（net barter terms of trade）的评估不足以完全涵盖农民的生活福利情况。即便产出上升了，仍有必要测量成本来估算生产率。[76] 在这一问题上的任何概述都必须考虑到地区特殊性和它们参与国际市场的不同程度。[77]

　　分析还需要考虑另外两个特点：期望值的下降和波动性的加剧。尽管欧洲和美国的GDP在这一时期整体增长了，但增长率较低，增长也不够连贯。在1871—1905年间，欧洲的人均GDP有13年出现了负增长，只有一次正增长持续了5年。[78] 这一记录与19世纪五六十年代截然不同，当时高增长率带来了信心，提高了人们的期望值，大家认为所谓的"改良"将在未来持续下去。在1873—1896年间，不确定性则占主流，期望值的下降带来了一种相对的被剥夺感，它轻而易举地变成了不满情绪，正像期望值下降在18世纪60年代给北美大陆殖民地带来了同样戏剧性的后果一样。

　　波动性造成了突然的危机，随之而来的通常是短期的萧条，这在19世纪的最后25年时有发生。[79] 国际经济的融合意味着这些危机通常带有传染性：1890年，巴林银行危机从阿根廷传到其他拉美国家，随着此后信贷限制的生效，还影响了美国和澳大利亚这样遥远的国家。[80] 短期危机要么源于外国资本流入的减少，要么源于周期性的衰退，通常表现为对出口品的需求降低。价格（有时还有收入）下跌，债务欠款持续存在。接着，降低成本、增加生产率的需求带来了令人痛苦的后果。在短期内，利润下降，失业率则上升。[81]

　　波动性也滋养了债务。债务人面临破产，债权人难以收回还款，尤其是在没有采用金本位制的国家。一项估算指出，17个"边缘或欠发达国家"在19世纪70年代中叶无法偿还外债。[82] 当时的人们注意到了问题的严重性,第一次开始尝试系统性地应对:英国投资者在1868年建立了外国债券持有人委员会(Council of Foreign Bondholders),1881年,一群国际债权人组建了奥斯曼国债管理处(Ottoman Public Debt Administration)。[83] 当时还没有二战后实施的那种国际债务重新安排协议,帝国列强成为当时的收债机构。[84]

有些人认为,新的工业化社会正在进入经济危机,这一观念也给当时正在形成的帝国主义理论提供了灵感。人们第一次尝试为帝国主义设计一种连贯的经济解释,是在1882年占领埃及时;而影响最深远的解释则出现在1899—1902年英国-南非战争之后。[85] 这些评价和它们的许多变体,尽管众所周知,常被讨论,但通常被置于国家背景下来研究。不过当时的分析家认为,西方世界在19世纪最后25年遭遇的问题有着共同起源和全球影响。这一理念半是源于古典经济学带来的普遍假设,即利润增长率会随着时间推移而下降,届时资本将缺少国内投资的机会。1873年后袭来的一系列萧条表明这一时刻已经到来,帝国主义便尝试着寻找新方法,利用"过剩"资本牟利。经验改善了理论。危机的全球性在国内造成了需要注意的压力,当时的知识分子肩负起寻找解决方案来满足国家需求的任务。

受马克思影响的激进派认为,帝国主义是推迟资本主义不可避免的崩溃的一种绝望尝试。但社会主义的前景刺激自由派去创造其他选择方案。在英国,J. A. 霍布森宣称,答案在于重新分配国内购买力,这将在国内重新打开有利可图的机会,消灭帝国主义的一大首要动机。其他有影响力的自由派思想家则认为,帝国主义是解决问题的方案而不是问题本身。德国著名经济学家威廉·罗雪尔强调了殖民地作为市场和移民地区的经济潜力。[86] 在罗雪尔之后则是古斯塔夫·冯·施莫勒,他的主张塑造了国家利益、经济优势和教化使命的形式,使帝国计划得到了尊敬。[87] 在法国,另一位知名经济学家保罗·勒鲁瓦-博利厄代表了自由派观点从世界主义向帝国主义的转变。他著名的《论现代民族的殖民》(De la colonization chez les peoples modernes)第一版出版于1874年,聚焦阿尔及利亚问题，假定殖民主要是白人移民的事务。1882年面世的第二版则采取了尖锐论调，强调投资机会的重要性以及法国扩张所需的空间，论证了文明民族控制"野人"和"蛮人"的权利。[88] 在美国，金融专家查尔斯·亚瑟·科南特（Charles Arthur Conant）则毫不怀疑，"如果要使当前经济秩序的整个构造不被社会革命撼动"，那在必要时通过帝国主义进行海外投资就至关重要。[89]

从国际视角来看，这些回应引人注目的一大特点是，欧洲精英致力把资本主义从显然是它自己导致的困难中解救出来。即使是那些认定帝国主义提供了解决方案的人，也同意霍布森所说的资本主义需要改进。欧洲的自由派创造了福利国家，有时还是和保守派协同行动，美国的进步派也往相同的方向前进，尽管走得没有欧洲那么远。

"通货大紧缩"和随之而来的剧烈波动在19世纪最后25年激起了所谓对全球化的"反击"。[90] 自由贸易把西欧的粮农暴露在破坏性的竞争之下，尤其是来自俄国、美国和加拿大的竞争，并使西欧新生的制造业受到尤其是来自英国的廉价进口品威胁。在通货紧缩时期采用金本位制的国家遭遇了惩罚性的后果：资产流动性降低，失业率上升，关键的商业利益集团负债。除了英国，主要欧洲国家都采取了保护性关税措施来应对它们眼中自由贸易的负面影响，美国则抬高了已经实行的进口关税。[91] 这一趋势开始于19世纪70年代，一直持续到19世纪末，到那时只有少数欧洲国家还在保持经济开放。[92]

被归咎于金本位制的问题更加难对付。打破"游戏规则"的国家容易受到惩罚，无法得到低价信贷，被挤出主要国家的第一梯队。[93] 唯一认真的后备选择是回到19世纪早些时候在欧洲占主流的复本位制。[94] 金银双本位制的支持者认为，这两种金属间的固定汇率加上无限量的法定货币，可以在保障货币稳定性的同时提高资产流动性。尽管这场辩论在技术上相当复杂，但复本位制在19世纪八九十年代在德国、法国、美国甚至英国都成了一项重要政治议题，受到大众关注。这个选项直到世纪之交才被排除，那时新的黄金供给去除了资产流动性的限制，使主要金本位制国家的"黄金迷"（gold bugs）能够击败"白银派"（silverites）。[95]

正如当前所言，关于反击全球化的说法需要得到修正和扩充。当前的论点过于以欧洲为中心。西方列强正在改变全球化的方向，而不只是在限制全球化。欧洲和美国关税保护的崛起帮助它们把工业品出口到世界其他地区，那些地区的政权可能被说服或被强迫遵从自由贸易。最广泛、最激烈的反击并不是发生在西方，而是发生在西方试图融合的全球边疆地带。[96] 如果说19世纪帝国主义本身被视为一股全球化力量，那19世纪末前所未有的扩张就可以被解读为新生或复兴的民族国家试图兼并欧洲之外地区的新一轮冲刺。[97]

西方列强遭遇的反抗相当于一种反对兼并条款的全球抗议。从边疆的另一边来看，"改良"有着沉重的成本。自由贸易伤害了关键商业集团的利益，国家垄断的废除降低了公共收入，危及中央政府的政治控制。对出口农作物和矿物的追求影响了土地和劳动力的权利，工业品的流入造成当地工匠失业。国内的财富分配出现了变动，维持社会秩序的核心价值观遭到了挑战。现代全球化是一个扩张性过程，被它影响到的制度都受到了挤压。当这些制度动摇时，西方列强就予以干涉，恢复"法律与秩序"，作为引入"文明"的前奏。当世界银行在20世纪80年代意识到"矫正价格"的全部后果时，它采取了新的政策，总结来说就是"让政府重新介入"（bringing the state back in）。在19世纪晚期，这一解决方案采取了殖民政府的形式，在非洲和亚洲的新卫星国保证了财政自律。

全球化与"新"帝国主义

对有需要的人来说，帝国主义似乎是带着魔法的子弹，只需一发就能解决迫切的问题。到19世纪20年代，除了大英帝国，欧洲的其他帝国都已瘫痪或被截肢，有的则已被消灭。不过，帝国的抱负和相伴的亚当·斯密所说对"不朽"的追求并未消减。[98] 敦促法国在19世纪30年代"非殖民化"并放弃尝试吞并阿尔及利亚的批评家将会失望。他的建议被无视，他对帝国语汇的重大贡献未能继续传播。1839年，一份官方声明宣布阿尔及利亚将是"永远属于法国的土地"，这个状态一直维持到1962年。[99] 随着扩张性政策占了上风，19世纪30年代的又一项语言学新发明，即"帝国主义"（l'impéralisme），生根固定下来。到19世纪70年代，这个词已被英国化，被支持和批判帝国加速建设的人们广泛使用。[100] 以英国为首的现有帝国主义国家在能力所及的情况下维护它们的属地，在可能的时候增加属地。像德国、意大利、比利时、日本和美国这样的后来者一感觉自己符合资格，就申请加入帝国俱乐部。"非殖民化"直到20世纪50年代末才重新出现，这个词的复活是为了合理化解释法国即将失去不再法国化（française）的阿尔及利亚。[101] 其他西方帝国的权力中心也很快用上了这个词，它成为对20世纪60年代发生的第二次权力大转移的一般性描述。

尽管领土吞并规模庞大，但这只是更宏大的扩张趋势的一部分，在19世纪下半叶，这种扩张趋势覆盖了全世界，其中包含未被正式吞并的国家受到的"非正式影响"。[102] 要计算这种影响并不容易，如果声称非正式"帝国"可以和正式的、宪法批准的帝国相提并论，那就夸大了事实。不过，帝国列强（特别是英国）显然对庞大的奥斯曼帝国、中华帝国以及萎缩的波斯帝国施加了可观的非正式影响，也触及了从拉美诸共和国到暹罗的各种国家，它们保有政治独立，但无力抵抗外界对其主权的侵犯。让科布登和他的各国信徒们失望的是，对世界主义理想的追求和对帝国的长期投入并肩而行，自由贸易与施行武力互相兼容。正式与非正式的统治手段加在一起，使欧洲各帝国在1914年达到了最完全的状态，或者像列宁所说的达到了最高阶段。在那一年，奥匈帝国准备好为塞尔维亚开战，而那正是另一个帝国（奥斯曼帝国）曾经的省份。

当时的人们并不怀疑西方世界在19世纪最后25年的发展与海外扩张及所谓的"新"帝国主义紧密相关，但他们对这种联系的本质意见不一。现代帝国史研究的奠基人约翰·西利（John Seeley）认为，决定吞并那些不适合白人定居的大块地区是一个颇为新鲜的念头。[103] 对西利来说，殖民地是古希腊意义上从本土扩散的人们所组成的，而帝国作为征服的结果，在整体上则不太可靠。[104] 在他看来，印度是个警告的信号而不是希望的灯塔。马克思主义者用"新帝国主义"一词来指代成熟工业资本主义造成的积累危机。新型帝国的支持者则为领土吞并辩护，强调帝国有义务将教化使命延伸到被征服的人民。在20世纪写作的学者详述了他们的立场。激进派更新了资本主义的概念，以涵盖它最新的全球形态。自由派则全面地列出了各种选项，强调特定的原则、政治和人物。[105]

新帝国主义者面临着公开的反对。在英国，科布登派传统虽然被削弱，但依然存活于自由党的格莱斯顿派之中。工人运动期望全世界工人阶级团结起来能战胜民族归属。保守派中的一支认为，和其他种族混合将会削弱英国人的品格。[106] 共和派、人道主义者和社会主义者则在欧洲大陆表达了类似观点。法国社会主义领袖与和平主义者让·饶勒斯从19世纪90年代起动员他的党派反对帝国主义，直到他在1914年去世。敢言的激进派代表保罗·维涅·德·奥克东（Paul Vignè de'Octon）从19世纪90年代到20世纪40年代持续组织运动反对殖民权力的滥用。[107] 反帝国主义同盟（Anti-Imperialist League）1898年在美国成立，领导它的知名人士包括前总统格罗弗·克利夫兰以及马克·吐温，他们以不同方式表达了类似论点。[108] 但异议者无法与民族主义刺耳的呼吁相抗衡，民族主义成功地把帝国主义变成了一项受大众欢迎的事业，将帝国主义和祖国（patrie）的命运联系起来。让·饶勒斯就是被一名法国民族主义者暗杀的，是阿尔萨斯-洛林的割让点燃了这名杀手的狂热。

大众形式的文化表达吸收了这些理论，强调白种人的优越性，加固了民族团结。种族优越性笼统地通过扩大的大众传播渠道散布开来，出现在文学、戏剧、报纸和广告中。[109] 探险家成为名人。古怪的卡尔·彼得斯（Carl Peters）、浪漫的皮埃尔·德·布拉柴（Pierre de Brazza）和爱表演的亨利·莫顿·斯坦利（Henry Morton Stanley）将异国情调带到欧洲，把它做成了大生意。他们离奇的旅行故事伴随着伟大帝国小说的时代，从英国的罗伯特·路易斯·史蒂文森到拉德亚德·吉卜林，在法国的皮埃尔·洛蒂（Pierre Loti）的著作中达到了高潮。[110] 帝国小说家都着迷于科技、商贸和人员传播的全球化影响。他们的著作也追踪了国际关系的变动。直到19世纪70年代，英国的探险故事都被设定在充满异国情调的环境中，其中包括帝国属地，也有远超出帝国之外的地区。[111] 到19世纪90年代，帝国主题的说教色彩更为显著。英国-南非战争后，文学作品更多地为帝国辩护，展现出对间谍和侵略的新兴趣，同时也继续强调这些行动所需的尚武精神。[112]

在平庸但具有巨大影响力的帝国小说中，一大突出的代表是 G. A. 亨蒂（G. A. Henty）的作品，他作为战地记者游历了大英帝国及世界上的许多地区。尽管亨蒂如今已鲜为人知，但他曾化身为一个产业，最终成了一种习俗，在半个世纪中始终是一代代男学生的英雄。[113] 他的122部小说覆盖了世界各地的帝国和军事功绩，在19世纪90年代早期，他的书一年可卖出约20万本。[114] 亨蒂的目标是培养一种基于基督教、责任感和荣誉感的文明爱国主义。他的故事强调了英国"种族"的优越性和帝国的价值，将英帝国刻画为传播进步的载体，认为它维持了机智、活力和勇敢的美德，这些美德支撑了民族的伟大。在美西战争爆发后，美国作家也跟上了帝国潮流，按亨蒂的公式倾泻出爱国情感，不过有些作品的范围大到把盎格鲁–撒克逊的联盟也囊括进胜利的喜庆中。[115]

新的通信手段也为宗教事业提供了有效的渠道。蒸汽船把基督传教团送往帝国扩张的边疆，铁路把他们运过国界，廉价印刷品则把圣言播撒到他们所及的社会。19世纪末的第三场大觉醒运动复苏了福音派的热情，为传教事业注入了十字军的精神，鼓舞西方反击复兴的伊斯兰教。[116] 在1882年授权英国入侵埃及时，格雷斯顿劝自己说这是在批准"一场正直的战争，一场基督教的战争"[117]。在充斥异教徒的英国，卜维廉（William Booth）创立于1865年的布道团在1878年变成了救世军（Salvation Army）。1880年，这支和平的军队也移植到美国，它的教导和对社会福利与日俱增的关注补充了乔赛亚·斯特朗（Josiah Strong）的急切呼吁：拯救灵魂于罪恶，拯救社会于分崩离析。[118]

和外国异教徒的接触再次确认了民族价值观。通过补充失去的能量，帝国主义让白人准备好迎接长时间的世界统治。通往曼德勒之路①把健康的探险和棘手的责任融合起来。异国的边疆塑造了品格，而在"苏伊士运河以东的某地，那里最好的情况就和最糟的情况一样"，人们就在那样

---

① 出自吉卜林的同名诗歌，指前往东方的陌生之地。

难以忍受的环境下履行职责。[119] 强硬帝国主义的各种宣传发扬了强健尚武的理想基督徒形象，他成功克服逆境，将有助于避免或至少延缓那种威胁着白种人的退化倾向。[120] 对非洲的占领擦亮了文明而圣洁的武士形象。这把"喀土穆的戈登"塑造成了悲壮的"烈士"，他在1885年的死亡让他成了名人，激励其他人为基督和帝国服务。[121] 这让历经非洲战事和一战还大难不死的让-巴普蒂斯特·马尔尚（Jean-Baptiste Marchand）成为法国的民族英雄。[122] 在大西洋的另一边，乔治·阿姆斯特朗·卡斯特在1876年死于苏人之手后变成无私而绅士的英雄化身，得到了全国性的地位。[123] 并不是所有英雄都死于战斗。戴维·利文斯通（David Livingstone）在1873年死于疟疾和痢疾，但他坚强勇敢、自我牺牲和积极服务的神话形象被人铭记，鼓舞了此后的数代人。[124] 亨利·莫顿·斯坦利则活了下来，自吹自擂。他们俩都受人赞颂，因为人们认为他们示范了在苦难面前的坚强，以及对超越自身利益的事业的奉献。

欧洲其他帝国列强也和英国一道展示了它们的宗教使命和传教野心的持久力量。法国尤其积极地参与向非洲传播福音的运动。精力充沛、长期任职的夏尔·马夏尔·拉维热里（Charles Martial Lavigerie）大主教在1868年创立了白衣神父会（White Fathers），又在次年创立白衣姐妹会（White Sisters），梦想着在非洲热带地区建立基督教王国。[125] 1851年，他在占领突尼斯的过程中与法军合作，又在1888年发起反奴隶制运动，不知疲倦地努力弥合法国教会与政府的分裂。[126] 到世纪之交，传教团和帝国已经融合到了一起。对教会来说，帝国成为一种制衡反教权主义、联合击败社会主义的方式。[127] 但长期以来的教派分歧和越发凸显的国家归属限制了基督徒之间的合作。英国和美国的新教福音派倾向于把罗马天主教徒视为格外顽固的异教徒。争夺灵魂的竞争随之而来，使基督教的各个分支划分了殖民世界，这与保护主义者试图分割市场和原料颇为类似。在这些情况下，这个基督教联邦无法作为有效的跨国组织而运转。

这并不意味着传教团只是帝国主义的工具。[128] 然而，福音派逐渐把政府（特别是殖民政府）视为一种可以为上帝服务的力量。[129] 教会与政府按天意形成的联盟携手担负起扫除原罪的艰巨任务，而奴隶贸易和奴隶制就是原罪最可怕的表现形式。[130] 到19世纪末，传教团的态度和活动带上了几分种族优越感以及应运而生的家长作风，这都标志着时代的氛围。英国人确信，他们的新教徒帝国是上帝在实现精神和物质进步的战斗中选定的代言人。[131] 1900年，英国向海外传播上帝旨意的新教传教士数量比包括美国在内的其他任何国家还多。[132] 亚瑟·本森（Arthur Benson）在1902年为爱德华·埃尔加"加冕颂"（Coronation Ode）配的词毫无疑问地表明了"希望和荣耀的土地"在哪里，"自由人的母亲"和"真理与正义的守护者"又是谁。凡人尽己所能做出了贡献，但是"上帝将汝变得强大"。

有一个组织在同时维持国际合作和为国家利益服务上取得了显著的成功，那就是童子军（Boy Scouts）和他们的姐妹组成的女童子军（Girl Guides）。[133] 童子军由罗伯特·巴登-鲍威尔（Robert Baden-Powell）创立于1908年，他汲取了自己在非洲殖民地当军官的经历，引入了他所欣赏的祖鲁人战士身上的一些品质。女童子军（起初也用了"Scouts"一词，但被男童子军反对）则在次年成立。[134] 尽管有一些性别差异，但两个组织的目的都是向孩子们灌输将来为国家履行爱国服务的价值观。[135] 他们选择户外活动、团队运动和强烈的基督教精神作为培养纪律、自力更生和道义感等品质的方式，这些品质将捍卫社会秩序，预防种族退化。[136] 这场运动以惊人的速度向全世界传播。1914年，从美国到日本，从沙俄到新西兰，大多数主要国家都成立了童子军。各国分支带上了本地特色：法国童子军（éclaireurs）非常保守，笃信天主教，美国童子军则和全国步枪协会（National Rifle Association，1871年成立）有联系。但在所有这些地方，男女童子军的成功是因为他们可以成为协助国族建构的有力工具。[137] 西奥多·罗斯福就是支持这一运动的众多显赫人物之一，他热情地将它的原则运用到自己的户外探险中，从训练有素的狩猎远征，一直到带领从事军事冒险的莽骑兵（Rough Riders）入侵古巴。虽然史学研究已在国家背景下关注了童军运动，但其他权威人士也注意到了这一运动对全球化进程的长期贡献。建立于1922年的世界童军运动组织（World Organization of the Scout Movement）如今已被指定为国际非政府组织

（International Non-Governmental Organization），因而也符合它那毫无诗意的简称：INGO。

到1914年，英国已把疆界划入非洲的沙漠和森林，从阿富汗到缅甸，跨过喜马拉雅山，穿越了马来半岛的森林，跨过南海到达北婆罗洲和新几内亚，移民定居的边疆伸展到加拿大、南非、澳大利亚和新西兰，由此建立了被非正式网络和宪法纽带捆绑在一起的"大不列颠"。[138] 法国在北非和西非建立了帝国，马达加斯加成为它的属地，印度支那也被吞并。德国、意大利和比利时在非洲获得了殖民地，葡萄牙大大扩张了它在非洲已有的属地。荷兰扩张了它在印度尼西亚的属地，西边有亚齐，东边有新几内亚。日本打败清朝，吞并了朝鲜。俄国东进抵达了中国东北。美国成为岛屿帝国主义的主要典型，吞并或者获取了夏威夷、菲律宾的众多岛屿，以及西班牙帝国在加勒比海的残余土地。北极已被征服，南极洲的企鹅也成为西方领土索求的对象。[139] 即便是对营养不良的饥饿掠夺者来说，留给他们的剩饭也已经不多了。

狮子、豺狼和帝国的争夺[140]

列宁在论证自己的主张时，创造了"豺狼帝国主义"（imperialism of the jackals）的说法，来描述小型列强对国际秩序中狮子留下的残羹剩饭发起进攻。[141] 他的拟人式比喻有贬损之意，但他看出了当时帝国列强的多元特点，这点在如今被忽略，但仍然引人联想。历史学家都同意"新"帝国主义有一系列广泛的成因，但他们对这些成因的相对重要性意见不一。最受尊敬的辨别方法把经济解释和政治解释对立起来，最有影响力的分析则把它们融为一体。从方法上来说，提出这些选项，通常是为了在单一原因的解释与多重原因的解释之间做选择。但前者排除了太多相关因素，而后者则未能像所有历史解释都需要的那样，对不同因素加以筛选。

比较分析在理论上提供了一条解决这些难题的途径。[142] 但在实践中，国别研究继续占据历史文献的主导地位。因此，还不明确是否所有的西方帝国都受到了同样动力的驱使（那它们之间的区别就来自规模的不同），还是说强国的帝国主义与弱国有质的区别。[143] 虽然这个问题太大，无法在这里充分探讨，但我们也可以换一种方式来提出一种分类法，把帝国动机和国家结构关联起来。在这一方法下，就有可能涵盖欧洲之外的国家（包括美国），这样合众国就可以摆脱关于1898年战争及其殖民后果的研究文献中所表现的孤立状态。

欧洲的旧国家、新国家和重建国家经历的转型过程总体类似，但它们转型的速度和结果都不同。衡量这些不同并不容易。民族团结不能用精确计算来衡量。人们的民族认同可以和他们对其他事物的忠诚相兼容，也有可能相冲突。经济增长可以带来分裂，也可以带来融合。对经济发展的宏观测量可以指出领先者和落后者，但经济发展不能直接被解读为帝国主义的成因。[144]

就此而论，财政统一是一个引人思考但被忽略的指标，因为它可以用来衡量政治和经济统一的程度及国家实力。[145] 共同货币、遵守税法、有中央银行功能的国家银行等证据可以引导我们了解中央政府的控制程度、政府收入潜力，以及政府宣战和吞并领土的能力。[146] 诚然，财政统一是一个先决因素而不是必要因素。资源有限的国家或者有充足资源但对帝国扩张没有多少兴趣或机会的国家，也可能达到高度的财政统一。然而，财政统一是测量国家潜力的有用手段，因为它区分了那些即使想要扩张帝国都没有实力采取主要行动的国家，以及那些一旦决定行动就可以动用必要资源的国家。

采用这一测量标准并不是为了展示狮子般的强国有足够财政实力来成功建立帝国，而豺狼般的弱国则不得不争夺残羹剩饭，这样的命题毫无争议；我的目的则是提出这两者有一些不同的动机。经济动力在先发现代化国家中起到了比后发国家更主要的作用。前者更有可能已经实现一定程度的民族团结，已吸收有影响力的制造业、商业和金融利益集团。后者则处在转型早期，缺乏同等的财政实力，把实现政治团结视为更优先的目标，之后的目标才是争取其他地区已经达到的经济发展水平。这两者的区分需要更精细的调整，以考虑不同的后发国各自的特别之处。不过，就算在当前来看，这种分类方法也有利于让人们注意到从早期全球化到现代全球化调整过程的漫长状态，以及帝国建设动机的相应变动。

有一个引人注目但不够受人重视的事实是，大多数在19世纪晚期第一次获取帝国领土的国家都是后发现代化国家，它们在10年时间里通过战争和革命而建立或重建起来。意大利在1861年获得独立；美国虽已正式独立，但直到1861—1865年南北战争后才实现了有效统一；日本在1868年明治维新后重组；德国各邦国在1871年统一起来。[147] 比利时是个特例。它在19世纪80年代第一次加入对海外领土的争夺，但在19世纪30年代就已在新设立的君主立宪制保护下开始推进工业化和政治改革。不过，比利时对帝国主义的参与主要来自国王利奥波德二世的奇思怪想，他受益于大英帝国的善意中立政策。要是英国没有在1870年保证保护比利时以对抗法国和德国的侵略意图，比利时几乎肯定会失去独立，这样利奥波德国王就无力在刚果为自己创立又一个帝国。

一些有着漫长帝国统治历史的大国仍在挣扎着适应政治改革和现代工业，它们发现自己在帝国竞赛中举步维艰。西班牙直到1876年第三次卡洛斯战争结束后才摆脱长时间的动荡，王室成功牵制了内战，在不稳定的政治妥协下维持统治。西班牙经济未能赶上工业大国水平，仍以农业为主。财政统一也被拖延了。西班牙银行（1856年成立）直到1874年才实现垄断纸币的发行，直到1921年才开始固定地充当最终贷款（Last Resort）银行。西班牙从未加入金本位制，起初是因为储备有限，后来是因为政策失败。[148] 美国在1898年吞并了西班牙帝国的剩余领土，而西班牙没有实力在其他地方补回足够的土地。

葡萄牙长期的国内斗争和不安全感延续到了20世纪，1908年国王卡洛斯一世被暗杀后，共和国在1910年宣告建立。就像西班牙一样，葡萄牙仍以农业为主，财政资源有限。葡萄牙银行虽然在1846年就已建立，但在这一时期并未控制纸币发行。葡萄牙在1854年加入了金本位制，但在未能偿还一系列外国贷款后，在1891年放弃了金本位制，直到1902年才恢复了国际借贷。[149] 和西班牙相反的是，葡萄牙得以在19世纪末扩大它在非洲沿岸的殖民地，但它这么做不是因为找到了新的经济动力，而主要是因为它像比利时一样享受着大英帝国的善意中立政策。

荷兰也是一个已有帝国领土的后发国家，直到19世纪最后25年，现

代工业才在这里扎根。[150] 但荷兰有着强大的商业和金融产业，也有在
1863年《银行法案》下真正获得国家性的国家银行，在这些方面领先于
西班牙和葡萄牙。此外，自由派力量在1848年赢得了难得的成功，一群
贵族金融家避免了革命迫近的威胁，颁布改革的君主制宪法，开始把经
济转向现代工业。[151] 在这些情况下，商业利益影响到荷兰政府在这一时
期延伸对印度尼西亚的控制的决定。[152] 不过，荷兰缺乏全球行动的实力。
荷兰在"新帝国主义"中的参与局限在印度尼西亚，它在1824年与英国
达成的势力范围分割协议也起到了支持作用。

另一个有着多民族领土帝国的后发现代化国家是奥地利，它在1867
年启动了重大宪法改革，建立了奥匈帝国。但这项创新与其说是实力增长
的信号，不如说是对1866年被普鲁士击败的回应。即便如此，新宪法为
货币联盟、共同货币和中央银行开辟了道路。[153] 贸易增加了，税收上涨
了。帝国有着足够实力在东南欧追求扩张主义的领土要求，不过和其他欧
洲国家相比，国防在其帝国预算中所占的比例较小。然而，扩张在少数民
族中激起了反抗，帝国既没有资源和没有能力去控制他们。这场"新"帝
国主义的试验最后在1914年弗朗茨·斐迪南大公遇刺时告终。皇帝并不
是完全一头雾水，但他统治的联盟未能把专制的习惯和民主的理想协调
起来。在前往塞尔维亚做那次致命访问的当天早上，斐迪南大公愤怒地
回应一场对他的未遂刺杀："我来访问萨拉热窝，"他评价说，"迎接我的
却是炸弹，这让人忍无可忍。"[154] 正像作家和讽刺者卡尔·克劳斯（Karl
Kraus）评价的那样："在柏林，一切都很严肃，但不会没有希望。在维也
纳，一切都没有希望，但都不够严肃。"[155]

以下三个例子可以详尽地体现出，区分帝国列强的动因时需要做出
哪些调整：英国是独一无二的首先发展的现代化国家，也是帝国建设者中
的狮子；作为后发国家的意大利是"豺狼"之一；法国则处于两者之间。
英国对帝国扩张有着强烈的经济动机，意大利主要是由政治需要驱使，法
国的"金钱"（la monnaie）和"荣耀"（la gloire）并肩而行，但没有建立
完全和谐的伙伴关系。

作为第一个先发的现代化国家和现有的帝国力量，英国走上了一条

进化道路，大大减轻了从军事－财政政权转型的难度。1858年，作为重商主义最后标志的东印度公司破产。宪章运动危机拉响了警报，复活的激进主义和崛起的工会无疑吸引集中了政府人员的精力。但在英国的辩论远没有如欧洲其他地方那样造成分裂。英国各届政府和其他许多国家的不同，不需要在19世纪晚期应对强硬的乡村民粹主义：乡村的贫困已经把失业者赶去了人口过剩的城镇，催促更多人向海外移民，主要是去"白人的"帝国属地和美国。[156] 一系列改革延续了19世纪上半叶实行的政策，进一步扩大了选举权，重组了公务机关、大学、军队和殖民政府，改善了劳动环境，磨平了极端激进主义的锋芒。

　　这并不意味着当时的人们心满意足。19世纪末，一次又一次失业潮和罢工行动产生了重要的政治后果：工党的崛起把有产者推向了保守党，自由党则被迫发起福利改革。强大外国竞争者的出现加大了帝国的吸引力，让人们怀疑"光荣孤立"的适用性，这一说法在1900年更多地意味着孤立而不是光荣。正像这个说法的作者承认的那样，"光荣孤立"的状态可以被迅速终结，也确实很快结束了。[157] 到19世纪90年代，格莱斯顿和布赖特倡导的和平、世界性的国际主义在激烈的帝国言论面前萎缩了，这种言论放大了保守派的吸引力。格莱斯顿党派的青年成员们分裂出来，建立了自由派帝国主义者的团体作为回应，他们的目标是证明他们也可以利用帝国来实现民族团结的事业。大众帝国主义——沙文主义——积累了选票，直到帝国的成本和伤亡让人们冷静下来。[158]

　　民族认同是一项永远处于进行时的工作，就在"约翰牛"的象征意义越发重要之时，不同的利益集团为塑造"约翰牛"的品质展开角逐。[159] 不过，作为规模较小的单一制国家，英国的优势在于，可以利用从17世纪就开始发展，又在18世纪的战争和随后的胜利中大大加强的民族认同意识。[160] 英国的种族进化是通过多层身份的形式，而不是通过标准化的同化过程实现的。"英国性"（Englishness）和它熟悉的代表——英格兰绅士——在英国南部得以发展，苏格兰人和威尔士人则被鼓励加强或发明他们自己的传统。[161] 地区独特性对当地人的志向来说已经足够，可转移激进派的主张，同时也留下空间使"英国性"这个包罗万象的概念把他们团结起来。做一个英国人意味着支持君主制、新教和帝国，采用或尊重有助于维持这些制度的雄性、强健的品质，并且准备好捍卫英国议会制政府漫长传统所象征的独特自由。[162] 威灵顿公爵1852年的去世加快了英国国内由纳尔逊开始的造神进程，接着这一进程在1873年大卫·利文斯通和1885年查尔斯·戈登将军在非洲去世后继续传到海外。爱尔兰人、苏格兰人和英格兰人，无论倾向世俗还是信仰虔诚，都作为英国人走到了米字旗下。[163] 数不清的机构在广大民众中加强了英国认同意识：学校、盛会、雕塑、艺术、报纸和小说都灌输了一种纽带意识，它的力量足以战胜那些在19世纪末考验民族团结的分裂力量。

在认可了这些政治和文化影响之后，我们仍需记住，英国在帝国内外的全球利益主要来自经济考虑。1850年，工业革命已达到了高级阶段。1844年，《银行特许法案》（Bank Charter Act）削弱了地方银行的作用，使英格兰银行控制新纸币发行，加强了财政统一。1866年，英格兰银行得到了作为中央银行的关键功能，成为最终贷款者。[164] 在1846年农作物栽培失去了政府的长期保护后，工业和金融业充分利用了自由贸易传播、金本位制延伸和英镑作为公认全球货币的优势。英国在变成"成熟债权国"：到19世纪末，它的大部分财富和力量都来自它的资本、信贷，以及海军。[165] 瑞士、丹麦等一些后发国家有更高的经济增长率，一些像荷兰这样的国家的对外贸易在GDP中所占比重更大。但经济规模较小的国家无法把它们的经济成功转化为与更大强国竞争所需的政治威力。像德国和法国这样经济规模较大的国家最终成为英国的竞争者，但未能把英国赶下当时无可匹敌的全球大国地位。

英国的福祉依赖对外贸易及投资的程度，远超过其他大国。英国全球义务的规模和这些义务的复杂程度一样大。最终决定国际收支的全球交换网络错综复杂，肯定会牵一发而动全身。因此，英国密切参与"新"帝国主义，无论是保护自己的势力范围不被也可能实行歧视性关税的外部声索国侵扰，还是在那些对外反抗威胁到英国自身直接利益的地区强加"法律与秩序"。有一种熟悉的论点称，英国在19世纪晚期是一个正在衰落的被动大国，但这种论点对英国的工业表现则轻描淡写，也未能完全考虑它作为世界金融家的独特角色。[166] 英国的血管还没有硬化，血液仍在自由流动。现有的能量供给足以避免"宇宙动力"激活"熵定律"。

像复本位制和关税改革等关键政策议题都在关注经济。政策改革的呼吁者集结了不同群体的支持者，但他们有着共同的假设：他们都相信，1846年后英国建立的开放经济不再对英国有利。[167] 在那些希望英国改变国际经济政策的人中，尤其突出的是保守党成员、兰开夏的纺织业代表，甚至还有一小群伦敦城银行家。他们对自由贸易的反对声在当时有着独特的吸引力，因为包括美国和加拿大这样的前殖民地在内的其他发展中国家正转向保护主义，而美国和德国的工业品正在涌入英国。[168] 这在19世纪90年代成为全国的重要问题，与扩大帝国在英国政治经济中作用的计划联系了起来。支持者主张，帝国的优待政策将在帝国内部建立巨大的自由贸易区，并允许在帝国之外实现一定程度的保护主义或"公平贸易"。一个帝国联邦将会加强成员国间的纽带，建立超大政治体，使大英帝国赶上美国、德国等其他大国的进步。[169] 这一运动在1903年达到了高点，约瑟夫·张伯伦辞去了殖民地大臣一职，呼吁创造一个可以将这些想法付诸实践的帝国经济集团。[170] 技术已经战胜了"距离的暴政"，过去亚当·斯密把北美大陆殖民地纳入英国的试探性建议，似乎成了一个现实的提议。[171] 在与越来越多的盎格鲁-撒克逊民族结盟之后，一个重焕青春的帝国将有足够的生命力和实力去驱逐寄居者、野蛮人和不友好的新来者，使英国在适者之中生存下来。

最终，对正统的挑战失败了。在1906年大选的考验下，自由党和自由贸易理念获得了胜利。到那时，对复本位制的支持也消退了。关税改革所疏远的利益集团超过了拉拢的利益集团。除了富人，其他所有人都不赞同对进口食品提高税率，花更多钱购买进口原料的可能性也没有受到一些工业部门的欢迎。建立帝国联邦的计划提出了未能解决的宪法问题，也没有考虑到属地中的民族主义情绪。

但这个结果并不意味着帝国的经济价值正在下降，也不意味着帝国不再是英国民族认同的重要组成部分。在英国的海外投资与服务中，自由贸易和金本位制都是基本道具，而英国在资助全球发展方面发挥了举足轻重的作用。自由贸易之所以占上风，是因为保护主义可能会伤害英国的多边协议体系。英国只能吸收一部分的殖民地出口品，这些出口品也需要其他发达国家中的市场。而金本位制之所以占上风，是因为它让投资者确信，帝国将会维持国内外的财政责任，也会通过稳健货币来偿还债务。

因此，英国的决策者认为包括美国、属地和印度在内的发展中国家也需要设定进口关税，使关税水平能够带来足够的收入来偿还外债。这些关税可能也会保护它们国内的工业品，从而阻碍来自英国的出口品，但那是英国为维持世界金融家地位需要付出的代价。[172] 其中一个后果是，英国的出口工业品被推向容易进入的市场，这也增加了欠发达国家面临的政治压力。帝国联邦仍然未能实现，也无法实现，但持续的扩张使英国到1914年控制的领土超过了其他西方帝国的总和。即便如此，英国的正式帝国依然没有大到足以覆盖英国所有的全球经济利益。

一战前夕，作为第一个"先发"现代化国家，英国不只在欧洲主要经济体中工业化程度最高，也有规模最大的服务业、最多的海外贸易和投资，以及最先进的金融和财政体系。1913年，英国的商品出口价值排在德国之前（尽管只是稍微超过），几乎达到法国的两倍。英国对对外投资的控制不可撼动。1914年，英国在全球对外投资中占据足足42%的比例，这等于英国不少于32%的国家财富。[173] 法国在全球对外投资中占比20%，德国则占比13%。此外，约有90%的英国对外投资位于欧洲之外，而法国和德国对外投资超过半数都是在欧洲大陆内部。1913年，英国对外投资总额中约有一半位于帝国领土中，另有20%位于美国。[174] 仅凭这些事实就可以看出，英国是一个独特的扩张性大国，执着于确保国际秩序以符合它利益的方式顺利发展。

意大利则不安地位居光谱的另一边。早在民族独立、经济现代化之前，它的抱负就随马志尼而出现。[175] 新的意大利作为唯一名正言顺的权利要求者，希望成为新的罗马，但命运女神（fortuna）却选择了不同的道路。[176] 19世纪晚期，意大利仍以农业为主，绝大多数人陷于贫困。[177] 尽管农业会对市场机遇有所回应，但生产力革命尚未发生。同时，尽管婴儿死亡率居高不下，但相当的人口密度保持了高失业率和低生活水平。现代制造业在19世纪90年代开始引人注目，但局限在西北部的少数几个中心地区，特别是米兰、都灵和热那亚。对外贸易和投资规模有限，停留在欧洲和地中海沿岸。农业在19世纪晚期占意大利出口额的80%，制造业占意大利进口额的比重也只超过了50%。外国投资使意大利在不发达的同时增加了它的依赖性。意大利在很大程度上依赖来自海外的资本流入，这些主要由英国投资者提供。经济表现的周期性变化大都被伦敦城的决定所左右，而伦敦城只是把意大利视为世界众多边缘地区之一。[178]

最直接也最迫切的问题是政治问题。意大利王国在1861年建立，但直到1866年威尼斯加入和1870年罗马加入才宣告完整。就像1783年的美国一样，意大利尚未成为民族的国家。它由一系列不同的政治体组合而成，这些政治体都有自己根深蒂固的认同、独特的方言和不同的世界观。意大利统一运动开始于1815年后的反殖民抵抗运动，当时奥地利重新控制了意大利北部，波旁王朝统治则在南部的两西西里王国得到恢复。此后的斗争代表了欧洲保守派和改革派之间更大的冲突。意大利北部和南部的反抗运动并行发展，通过马志尼和加里波第戏剧性的行动闻名世界，此后它们充分联合起来，克服了革命力量在1848年的落败，实现了正式独立。但统一岌岌可危。强大的利益集团反对统一。[179] 南方乡村富裕地主的政治精英既拒绝波旁王朝的专制主义，又反对国家政府内在的集权倾向。[180] 他们有着自己的民族团结理想，但缺乏实现理想的实力。因此，他们配合了新秩序，支持北方利益集团建立的君主立宪制，因为这保护他们免受激进主义伤害。意大利统一运动胜利背后的推力来自皮埃蒙特-萨伏依，这片意大利最先进的地区有足够的资源支持运动，有军队开支所需的财政基础，也有加富尔伯爵卡米洛（Camillo）代表的政治技巧来协调这些资源。[181] 加富尔的影响力开启了财政融合的进程。作为国家货币的里拉在1862年确立，中央银行在1893年成立。但意大利的税基有限，收税工作也缺乏效率。

君主制是除梵蒂冈外唯一可以作为民族团结象征的制度，而梵蒂冈对支持中央集权的世俗权威非常警惕。君主来自意大利遥远的西北部古老的萨伏依家族。第一个在位者是前皮埃蒙特-撒丁国王维托里奥·埃马努埃莱二世，他继承的是地方上的王位，倾向专制统治。新的代议制度象征着正式的统治者，但缺乏有效权威。[182] 国家政府成为派系与地方利益的资源。不同政府的记录里充满了不稳定和腐败，人们对民主的信心淡去了，马志尼的激进期望也消退了。意大利统一运动是一个开始，却以确认狭隘寡头的权力告终。[183] 各种经济问题也与日俱增。政府债务上升，而随着价格下跌，农业在国际市场中竞争失败，农村贫困也从19世纪70年代开始扩大，移民成了意大利最成功的出口品。[184] 1878年后出台的保护主义政策给工业品提供了一点儿刺激，但未能纠正农业生产率低的深层问题。19世纪90年代，城市里的动乱助长了社会主义和无政府主义。

对这些日积月累的问题的政治回应是，进一步加强推行君主制作为民族团结象征。[185] 不幸的是，翁贝托一世（1878—1900年在位）尽管比他父亲更适应变化，但不适合成为当时的首要政治家弗朗切斯科·克里斯皮迫切需要的、符合罗马形象的高贵战士领袖。[186] 克里斯皮的作战方案是用一场短暂、廉价而成功的战争把意大利团结起来，这一策略有许多先例。和法国开战是一个坏主意，在那之后更糟的主意是和德国开战。[187] 人们否决了这两个方案，支持在非洲的帝国扩张。在这一所谓的软选项背后，意大利希望用殖民地来吸引流向美国和拉丁美洲的移民，也希望以大英帝国为模板创立大意大利帝国。[188] 1887年试图吞并埃塞俄比亚的短暂战役失败了，1896年一次更具野心的行动则因供给不足和领导无能，以不光彩的战败告终。意大利的唯一的成功是在英国的默许下于1890年把厄立特里亚变为殖民地。此后，意大利1905年在索马里（贝纳迪尔）和1912年在利比亚（的黎波里塔尼亚）获取殖民地的主要动机是，它需要修复埃塞俄比亚灾难对意大利国家威望造成的伤害。

帝国方案是一个失败。新殖民地缺乏资源，对移民毫无吸引力。即使是这些乏味选择之中最有希望的厄立特里亚，在1914年也只有约4 000名意大利移民和官员。大意大利若是新大陆上全球化的意大利，那才是成功的意大利。新罗马则在遥远非洲"蛮族"和身边意大利无政府主义者的合力下垮台了。克里斯皮丢了权力，翁贝托则丢了威望。不得平息的骚乱让人们把刀锋指向了"恺撒"。1897年，有人试图用匕首刺杀国王未遂；

1900年，有人用更新的武器，开了四枪将其刺杀。意大利的资产阶级并没有在敦促政府获取市场、原料和投资机会中"扮演最重要的角色"。经济动机很少被人注意。少数专门的商业利益集团参与了正在进行的运动，但它们把大部分精力用于以政治支持来换取利润丰厚的军事合约及相关合约。[189] 政治紧要性驱动了意大利帝国主义。意大利至高无上的需求是把这个脆弱的国家团结起来。它选择了强硬外交政策作为手段，预测了富裕而宏伟的未来。垮台之前先是骄傲，而在这两者之前则是幻觉。

在发展轨迹和地理位置上，法国都处于英国和意大利之间。到19世纪70年代，位于里尔和里昂等城镇、马赛和波尔多等港口以及首都巴黎的规模可观的制造业中心，都制造了从纺织品到金属制品等一系列工业化第一阶段的典型商品。[190] 但法国经济的母体仍以农业为主。1870年，约有50%的劳动人口从事农业，从事制造业的约占28%。[191] 这些数字让法国领先于意大利，但远不及英国。法国也发展了规模可观的出口业：1913年，法国出口额是意大利的三倍，不过那仍然只是英国的一半。就像意大利一样，法国产品主要出口到其他欧洲国家，不过法国商品也进入了全球市场。法国的金融机构远比意大利的更先进，支持了不少对外投资，不过这些投资大多流向欧洲国家，特别是俄国、西班牙和意大利。[192] 但法国金融机构的规模、范围和竞争力也都无法与伦敦城匹敌。

法国作为有着漫长帝国历史的后发国家，在1830—1848年经历了多位国王、多个共和国、一位皇帝和多场革命，在1851年发生政变，在1870年败给普鲁士，在那之后才开启了一系列财政改革，作为国家革新计划的一部分。[193] 在这种情况下，改革不需要重大的制度变化：创立于1800年的法国国家银行已在1848年垄断了纸币发行。资本出口增长致使法国在1865年领导建立了拉丁货币同盟（Latin Monetary Union），确保借款者会以稳健货币偿还债务。[194] 这一行动是意大利无力考虑的。但法国同样没有强大到可以维持下去。将法国与英镑和金本位制做一比较就能说明英国在国际金融中的主导地位。1870年后，法国主要通过提高收税效率来实现革新，高效收税把各省纳入国家网络中，使财政收入迅速增长。一旦赔款的巨额账单付清后，大部分财政收入就被用于与教育、公共建设和农业有关的国内福利政策。较小的一部分财政收入则被用于19世纪最后25年支持法国帝国野心的国防预算。

经济和政治发展互相交叉。法国的领导人把自己的国家和德国而不是和意大利相比。1880年后，德国的经济增速超过了法国，人均GDP也是如此。德国人口正在迅速增长，而法国的人口增长率则是欧洲最低的。经济和人口相对水平的改变带来了忧虑，1870年法国军队被普鲁士击败则带来了灾难。拿破仑三世在色当被俘，第二帝国崩溃了。欧洲曾经人口最多、最强大的法国挣扎着克服逆境，一直到1914年及之后。对一群爱国者来说，这场灾难带来了机会，让他们可以对付正在摧毁国家的痼疾；对另一群爱国者来说，这一机会则可以加强民族团结这项尚未完成的事业。这两种立场间的冲突开始于1871年巴黎公社成立，尽管主要局限于首都地区，但这实际上变成了一场内战。公社戏剧性地展现了城市激进主义和乡村保守主义之间的裂痕。这场运动被马克思认可，被梵蒂冈谴责，被大量的杀戮镇压。随着第三共和国的领袖们走出废墟，继续维持国家团结的任务，他们又遭遇了1873年起一系列经济萧条引起的新一批问题。

尽管第三共和国的开端摇晃不稳，但工业家、地主和天主教会组成的"神圣联盟"在动荡的19世纪80年代团结起来，加强对中央政府的政治支持，从而实现了一定程度的稳定。[195] 这些争执不休的群体需要平息乡村和城市的骚乱，避免又一场自下而上革命的灾难性后果，这迫使它们超越各自的利益。各派通过转向保护主义来敲定这场妥协，这一转向开始于19世纪80年代，在1892年《梅利纳关税法》（Méline Tariff）中达到了顶点。[196] 一些没有竞争力的产业赢得了政府支持，农业则得到了庇护，以弥补产品价格低迷和转向金本位制所造成的损失。[197] "铁与小麦"的协议同时给工业和农业提供了保护，是保守派-自由派应对社会主义威胁迫近的核心内容。[198]

法帝国主义在海外对这些国内政策做出了补充。有一支殖民运动力量在19世纪80年代得到动力，在1892年变成政党。殖民党（parti colonial）松散地集合了不总是意见一致的支持者，他们都在议会中颇具影响力，而议会总体上也对殖民事业表示赞同。[199] 该党的历史在20世纪60年代引起了激烈辩论，有人说它是在试图恢复国家威望，也有人说它的主要动机来自经济。[200] 时间的推移和进一步研究完善了这些论点。[201] 在1870年的灾难后，对国家复兴的追求无疑激励了殖民党的许多支持者，其中包括记者、探险家和前军官。他们声称，对"荣耀"的追寻将塑造法国人的品格，避免种族退化。一旦找到了这种荣耀，它将在法国国内恢复自豪感和活力，在海外推进教化使命。[202] 同样，商业利益集团也在积极游说，呼吁人们支持对法国已经吞并或正在声索的地区实行领土扩张和保护性关税措施。[203] 里昂的丝绸业有效推动了对印度支那的控制，马赛商人协助把法国政府带进了西非达荷美，法国在北非和西非扩张计划的背后则是铁路游说集团。[204] 外交部和银行也紧密合作，在奥斯曼帝国等受到法国不少非正式影响的地区保护法国的投资。[205]

当时的政治领袖体现出了这些混合的动机。欧仁·艾蒂安（Eugène Étienne）作为来自奥兰的长期代表和殖民党的首要人物，相信阿尔及利亚的法国移民应该得到巩固，而这个殖民地应该得到发展，用作法兰西帝国向非洲扩张的基地，这些海外领土也将恢复法国的活力和地位。[206] 在1880—1881年担任总理的茹费理把法国革命进步的共和传统与"高等种族"有责任统治其他种族的信仰结合起来，同时也宣称殖民地对经济有利。[207] 另一方面，在19世纪90年代大部分时间都担任外交部部长的加布里埃尔·阿诺托（Gabriel Hanotaux）发展了一种教化使命的概念，直白地否认了帝国建设的经济动机。[208] 他的立场与莫里斯·鲁维埃（Maurice Rouvier）形成了对比，后者是一名来自马赛的商人和银行家，在19世纪八九十年代担任了一系列高级部长职务，在1887年和1905—1906年担任总理。鲁维埃远比阿诺托更赞成殖民地的经济理由，但他也对商业足够了解，对眼前的不同选项采取了务实的看法。

显然，要确定法国扩张的动机比英国和意大利更难。但雅克·马赛的著作提出了如何把互相矛盾的不同动机融合起来。[209] 马赛说明，即便法国的大部分贸易和投资都留在欧洲，法国资本主义仍与当时的法帝国主义相一致。与帝国有关的出口工业和进口加工活动扩大，与法国航运业、商业服务业和银行业一起成为19世纪晚期资本主义的象征。这些群体在议会中得到了充分代表，有能力影响殖民政策，这应该不会令人惊讶。同时，这些利益被不同产业和地区分割，并不等同于国家利益，因为国家利益还需考虑广大农业存在的问题及德国不断增长的力量。

在马赛的研究之外，同样显而易见的是，1870年后法国遭遇的国家危机需要用鼓舞士气的扩张行动来应对，而帝国主义似乎提供了解决方案。如果法国的案例被置于更广泛的欧洲视角中，我们就可以清楚地看到共同点。法国领导人就像在其他国家一样，想方设法地掌控正威胁着吞没他们的大转型进程。他们提出的国内方案和帝国方案结合了对民族团结的呼吁和对缓解经济萧条的保证。"铁与小麦的联盟"是法国独有的，但这一模式的变体可以在其他帝国列强中找到，特别是德国，它的终极目标是保护财产和特权，阻止社会主义的推进。[210]

"这是一个新时代，一个阶层上升不再是封建游戏的时代"[211]

科布登把他关于"新时代"的言论叠加到他对19世纪欧洲争夺统治权的社会力量的洞见之上。19世纪40年代，当他确信不疑地做出这个判断时，争夺主要发生在土地贵族和新生的城市中产阶级之间。19世纪的晚些时候，在工业、贸易和选举权扩大后，"中等阶层"的影响扩大了，竞争变得更为激烈。它也变得更加复杂。到那时，由城市和工业工薪阶层组成的第三股力量已通过工会和罢工为人所知。工人运动受到了一种有强化作用的新意识形态——社会主义——的影响，发声索求政治代表权以挑战现有权力分配。更令人警觉的现象是无政府主义，它运行于宪法限制之外，威胁着要突然且暴力地终结现有秩序。对那些恐惧社会变革的人来说，托克维尔的"民主大多数"无论是否暴戾，都已经把一只脚踏进了暴政之门。

向现代全球化的转型在一系列全国危机中颠簸前进。英国的军事－财政国家机关直到19世纪40年代末才被解散。其他欧洲国家在19世纪下半叶追随了它的脚步。随着英国艰难应对宪章主义和工会，欧洲大陆的国家也在宪法改革、革命与内战间摸索前行。其结果虽然经常被展现为"自由主义的胜利"，但它在模糊不清的政治实践中并没有约翰·斯图尔特·穆勒笔下的原则那样清晰。此外，迅速的工业化加上国族建构的压缩过程，刺激了那些脱离自由派常规的思想。约瑟夫·德·迈斯特（Joseph de Maistre）的天主教政治哲学继续为教权和王权的结合争取支持。弗里德里希·李斯特的政治经济学"国家体系"吸引了后发工业化国家自给自足的理想。[212] 卡尔·马克思为推翻资产阶级资本主义的整个结构提供了政治计划。弗里德里希·尼采提出了一个没有上帝、自由堕落的世界，同时为无政府主义和独裁统治打开了道路。世界上的第一批民族工业政治体兴起于一段激烈而残酷的发展过程。到1914年，它们要么被打造成新的模样以适应现代全球化的需要，要么将会因未能适应而被打倒在地。

孟德斯鸠已经观察到了经济和领土扩张会如何给政治控制造成问题，而现有的政治制度只有通过退回专制统治才能解决这些问题。邦雅曼·贡斯当通过区分"古老"和"现代"的自由来发展他的洞见。贡斯当认为，现代自由虽然有许多好处，但产生了规模、代表权和责任制的问题，这些问题在可以实现直接民主的小国家中不存在。他和科布登都希望结果将是和平的。理查德·科布登和诺曼·安吉尔及其他一些自由派一样失望地发现，国际融合可以和国际战争并存。

民族国家出现了，作为一种机制来管理社会经济迅速变化所带来的紧张关系，遏制随之而来的不和谐性，将这些不和谐转化为国家权力。新生和复兴的民族国家覆盖了多种可能性。它们包括君主制国家和共和国、单一制政府和联邦制政府，其中选举参与的程度不一。它们就像自己的前身那样，利用中央政府的权力扩大国家的军事实力和财政范围。但民族国家在税收上比它们的前身更有效率：它们利用广泛的资源，实行了更高程度的中央管理，在福利上花费更多以培养民族认同，向公民灌输忠诚。[213] 但福利支出并没有阻止政治领袖设计新方法来发动规模更大、更具毁灭性的战争。事实证明，议会监督对非理性或侵略性政策的限制作用是不太稳定的。[214]

尽管先发和后发现代化国家有着不同的优先目标，但它们都在艰难应对各自眼中同样的基本问题：如何控制资本主义的发展，然后如何把它从越发明显的自毁倾向中拯救出来。城市化、工业化和社会主义的威胁都在19世纪下半叶改变了"自由派规划"。新出现的现实情况缓和了理想主义。由拜伦和科苏特所象征的浪漫民族主义让位于对政治改革更现实、更谨慎的考虑。认为自己处于政治灾难边缘的自由派和保守派用政策来应对，这些政策是为了防止劳资冲突，让新的社会群体融入民族国家，并捍卫财产权。民族主义战胜了国际主义，因为它在应对这些造成分裂的问题上处于更有利的位置。

向现代性转型的不均等本质导致的不平衡现象使国际冲突成为可能，而从强国的角度来看，这种冲突甚至是有利可图的。尽管欧洲确实有一些主要国家在1815年后没有互相发起重大战争，但另一个事实是，1815—1914年间的几乎每一年，欧洲大陆的某个地区都会为国族建构的利益陷于战争。更广阔的视角显示出，世界上的冲突正在不断扩大。民族国家和战争在重塑地球的竞争性冒险事业中成为两相情愿的伙伴。帝国扩张在全球范围增加了冲突。在一段漫长的时期中，民族国家与它们的帝国延伸地区之间的敌意逐渐增长，1914—1918年的灾难则是敌意的顶点。英式和平并不代表这个世纪处于和平。

总体来说，帝国主义就是这些国内根源的粗大衍生物。前所未有的迫切需求呼吁新型的国际融合。帝国主义就是一种连接世界的手段，就像支持者宣称的那样，它将在一切处于险境时恢复经济健康和政治稳定，避免种族衰落。1850年后，技术改进使商业扩张和土地占领变得可行而划算。自由贸易的概念就是在那时扩展开来，拥抱了一种传教式使命，向领土界线之外的远方传播"文明"。新帝国主义并不是资本主义或民族主义的最高阶段，这两者更高的巅峰（和更深的低谷）还在前头。但新帝国主义却是西方世界向现代全球化转型过程的顶点。

先发和后发现代化国家之间的区别使我们可以给帝国扩张标上不同的动机。英国的全球主导地位为其他正在现代化的国家设定了界限，这些国家不得不应对英国资本和英国支持自由贸易及金本位制带来的深刻影响。后发国家不得不奋力追赶。它们主要是正忙于国族建构的新生或重建国家。后发国家缺乏与它们的抱负相匹配的手段。财政统一尚未完成，制造业仍在早期阶段，保护性关税保卫了农业、支持了工业。在这些情况下，驱动帝国主义的主要是支持国内国族建构的需求。在有可能的时候，这些国家从冒险的军事投资中得到的主要是民族团结和威望带来的心理收益。从其定义就可看出，弱国很难对英国的影响力设防。即便是强国都不得不做出妥协。如果它们采取了保护性关税措施，那它们也欢迎英国资本流入，加入金本位制，并出口产品到相对比较开放的英国市场。外国关税阻碍了英国工业品的出口，但产生了收入来偿还伦敦城发放的贷款，而伦敦城已经成为国际经济的发电站。

现代全球化的穿透力和持续要求给接受者带来了压力，它们的制度和价值观都需要调整适应。当它们可以在造成最小破坏的情况下实现必要的融合时，这个过程相对不会造成痛苦——除了对土著居民，这在白人定居的殖民地最为明显。在这些案例中，扩张在现实允许的情况下接近了亚当·斯密和理查德·科布登的理想。当需要进行重大制度调整才能融合时，扩张则更有可能变为强硬帝国主义，这通常发生在亚洲、非洲和中东地区。征服和占领鲜少是非正式帝国崩溃的结果，而是压力的产物，这些压力来自建立非正式帝国的尝试。就是在这些大洲出现了反抗强制全球化的最有戏剧性、传播最广泛的证据。军事反抗、游击战争、向外移民和政治反对形成的序列延续了整个殖民时期。一些新殖民地很快就被纳入统治，其他殖民地则在数十年中反抗它们的西方统治者。在一些地区，殖民统治的反对者团结起来，支持旧制度及奴隶制这样被西方判为违法的习俗。在另一些地区，反抗运动则是在抗议帝国新要求的条件以及实行这些新要求的速度。中国的洋务派就像奥斯曼帝国的青年土耳其党一样，承认需要采用西方的改良技术，但希望在此过程中维持将社会团结起来的核心价值观。

从国际视角来看，美国的帝国主义很符合一种普遍模式，这种模式产生于军事-财政国家向民族工业国家转变的种种难题。就像第4章展示的那样，合众国在19世纪上半叶成为英国非正式影响最成功也最受忽略的例子。直到南北战争，美国才加入欧洲大陆国家的行列，经历了向现代全球化的转型，成为帝国力量。这一转型过程将在第7章中讨论，在19世纪晚期留下痕迹的所有"自强"运动中，它是最大也是当时最成功的运动。不过，它也带来了尖锐的矛盾，就像威胁着欧洲国家稳定团结的矛盾一样。这也促使美国向帝国的选项伸出双手，它的动机反映了它对不均衡发展的立场。

1898年，美国的帝国狂热者将西班牙帝国的残余土地装进了口袋，这代表了新帝国主义的一座巅峰。英国完成了对苏丹的吞并，差点为了中非的偏远村庄法绍达与法国开战，它也和法国、俄国和德国一起攫取了中国割让的领土。此前一年，英国占领了贝宁，德国得到了卢旺达，法国吞并了马达加斯加。此后一年，英国卷入了布尔战争，法国巩固了对老挝的控制，中国爆发了义和团运动。

到1914年，亚当·斯密所说的"金色梦想"已经成为现实。[215] 西方列强共同统治或控制了世界大部分地区。1880年，英国占有的土地和人口约为所有西方国家殖民地的90%，得到了"可能史无前例"的支配地位。[216] 1913年，米字旗在三分之二的殖民统治下的土地上飘扬，笼罩着几乎四分之三的殖民地属民，尽管对立的帝国列强发起了有力竞争，殖民统治下的土地总量也大幅增加。[217] 对一个按惯例应该衰落的国家来说，这些战利品令人印象深刻。与之相对的是，1913年，美国的殖民地只占殖民大国统治领土的0.6%，控制的人口仅为1.8%。[218] 不过，合众国已经加入了帝国俱乐部，很快就会取得巨大的份额，促使其维护帝国主义。

和大多数同时代的人们不同，理查德·科布登注意到了美国潜在的全球影响力。早在1835年，他就斥责英国政治家"专注于那些微不足道的国家的政治"，认为他们极少注意到"这个应当比其他国家花更多注意力的国家，甚至激起这个商业国家的担忧情绪"。[219] 30年后，惠特曼看得甚至更远：

> 所有国家都在交谈吗？世界将只有一个心脏吗？
> 人类正在形成一个整体吗？看，暴君们发抖，王冠黯淡，
> 不安分的大地面临一个崭新的纪元，也许是一场全面的圣战，
> 没人知道接下来会发生什么，这样的征兆充斥昼夜。[220]

第 7 章

实现有效独立

"在困惑与痛苦中"[1]

托克维尔在19世纪40年代写作时，可以凭自己的经历对政治动乱的后果做出权威论断。他写道，"国家在其公民的眼中变成了昏暗而可疑的形态"。[2] 在这样的年代，"他们既没有君主制国家中本能的爱国主义，也没有共和国中深思熟虑的爱国主义，他们在困惑与痛苦中僵在了两者之间"。南北战争带来的动荡到1865年还没有解决。联邦被恢复了，但长期以来只存在于期望中的团结，仍然难以捉摸。在那之后，美国便尝试建立稳定的民族国家，这一事业困难重重，历时漫长，但最终取得了成功。

托克维尔关于比较研究的本能意识存留到今天，更多是在专门研究中，而不是在对19世纪晚期的整体概述中。[3] 我们最熟悉的方法是将民族叙事分割成不同阶段，把它们变成南北战争到一战之间的一块块垫脚石。[4] 结果形成的叙事开始于战后重建阶段的希望和失望，接着是镀金时代（Gilded Age）的成功与无度，再变为进步时代（Progressive Era）复兴的理想主义和改革措施，最后止步于1914年。这一连串叙事的本质主要是政治性的，在不同程度上被各种不断变化（且来回往复）的史学研究的子课题所补充。关于发展的研究通常只给经济学家分派或留出很小的位置，而他们普遍会忽略政治考虑。文化史得到了迟来的重视，但它也倾向于留在自己建造的小隔间中。每种专门方向都创造了大量创新的研究文献。但本章讨论的问题需要把这些不同的贡献编织到一起。

托克维尔的视角给人启发，它阐明了美国国内的发展在多大程度上是在本地反映了西欧同时发生的变化。美国是19世纪六七十年代从战争中新建或复苏的西方国家之一，它忙于类似的经济发展和国族建构计划，努力防止破坏这一过程所造成的转型压力。身为转型的预言家，托克维尔认为"当一个民族的旧习俗被改变时，国家历史上有时会出现新的纪元"。[5] 19世纪晚期就是这样一个新纪元。美国的案例所产生的结果就是国家的政治轮廓维持到20世纪中叶，直到非殖民化和民权运动的新时代重塑了在那时已经过时的秩序。美国的独特性在于，它是英国前殖民地中第一个努力克服这些问题的国家。但它并不是独一无二的。正像第6章展示的那样，像德国和意大利这样的欧洲国家也遭受了殖民统治。就像美国一样，它们为了建立强健而独立的民族国家这一同样的目的，而应对同样的问题。在所有这些案例中，向现代全球化的转型都是实现有效非殖民化的必要条件。

在这一时期刚开始时，政治稳定仍是暂时的。新的冲突挫伤了南北战争后的和平协议安排。共和党和民主党为联邦的形态和走向展开了激烈且通常尖锐的争斗，争斗在19世纪90年代达到了顶点，威胁要颠覆政权。迅速的工业化、移民和城市化都创造了新机遇，但也带来了资本和劳动力之间的新冲突，造成了随之而来的社会问题。结构性转型的压力与周期性波动及漫长的通货紧缩等因素汇聚起来，导致了农村骚乱和激进罢工。[6] 地方、产业、种族和阶级分歧继续阻碍美国建立一种反文化来作为民族团结的根本基础。

政治领袖急着为社会经济变化带来的分歧提出解决方案。联邦当局用法律和武力去对抗公共秩序遭遇的直接威胁。共和党人给19世纪90年代一系列绝望的选战画上句号，巩固他们在南北战争期间开始实行的北方国家经济发展计划的优势地位。自然资源的充裕储备使高度的自给自足成为可能。共和党和民主党都进一步加强了灌输民族认同意识的努力，将盎格鲁-撒克逊种族、英格兰-新教价值观和偶然爆发的恐英潮混合起来，凌驾于地区、种族和阶级归属之上。在爱默生提出文学独立宣言的半个世纪后，艺术表达从本土资源吸收灵感，程度之深，使其摆脱了对外国影响的依赖。整体来说，国族建构的过程在本质上是一场团结白种美国人的实践。不符合资格者（主要是美洲土著和前奴隶）则是作为对立面，参与定义了其他人的价值观和优越地位。

到1914年，美国已争取到卷入全球化世界过程中所容许的尽可能多的自主权。它和英国的关系仍保留着尊重，但舍弃了顺从。托克维尔认为，要战胜他在法国观察到的"困惑与痛苦"，最好是把爱国主义和宗教融合到单一种族中。正像本章接下来的部分将展示的那样，1865年后，美国在解决自身危险的不确定性时，就采用了他的建议。

"一切都迷失了，除了职位或者对职位的希望"[7]

詹姆斯·布赖斯自视为现实主义者而不是犬儒主义者，他在19世纪80年代中叶做出如上标题中的评价，是因为他相信南北战争已经解决了自独立以来困扰着合众国的重大原则问题。职位和利益确实是共和党与民主党共同的首要关切。如今美国政治语言中人们相当熟悉的"政治分肥"（pork barrel）一词来自19世纪70年代。不过，人们关注职位分赃与他们追求更大的政治目标并不矛盾，他们希望加固联邦并决定它的未来。旧仇恨解决起来既不容易又不快。经济迅速发展带来的新问题又给依然脆弱的政治体施加了前所未有的压力。布赖斯忽视了这些发展。他动用自己的勤奋和渊博的知识为自己的信念背书，相信教育良好的精英阶层应该把世界当成一片盎格鲁-撒克逊封地那样运营。他在不和谐之处看到了共识。把克劳塞维茨的言论（战争是政治的另一种延续）反转过来就可以说，这一时期的政治可被视为内战的另一种形式的延续。

胜利的北方在南北战争后的和平协议中留下了自己的标记。和战前相反的是，共和党控制了参议院，在1861—1913年间只输了一场总统大选。北方各州也在这段时期占据了最高法院多数的大法官席位以及众议院大部分议长的职位。然而，胜利者并没有垄断职务带来的利益。[8] 因为联邦存活了下来，所以南方也存活了下来。宪法保证前蓄奴州将继续把代表送往国会。这一保障使南方一些势力发起反革命，试图把战败的后果缩减到最小，重新确立州权；不过他们少了蓄奴权。[9]失败者憎恶废奴、中央权力和军事占领，捍卫残余的南方制度和价值观，从中发现了强大的共同事业。南方选民加大了他们对民主党的支持，确保两党在选举中不相上下。众议院的控制权在两党间摇摆。民主党在1875—1881年、1883—1889年和1891—1895年获得了众议院多数席位，他们提名的格罗弗·克利夫兰在1885—1889年和1893—1897年两度成为总统。直到1896年大选，共和党才取胜，结果证明这是决定性的胜利；1900年胜局得到巩固，一直延续到1913年，民主党人伍德罗·威尔逊成为总统为止。[10]

南北战争后共和党与民主党斗争激烈，反映了胜利者与失败者重归于好的难度。从战场归来的邦联士兵发现他们的家乡正处于一种被殖民军队占领的状态。[11]一支来自北方的"解放"军驻扎在南方，监督废奴过程，并参与我们现在所说的国族建构活动。起初，占领军取得了可观的成功，确保正式的废奴运动产生了一批真正自由、可以履行投票权的劳动者。[12]但到19世纪70年代早期，一些邦联部队重组成为"白人联盟"（White League）民兵队，用现在的话来说，他们成为采用恐怖主义手段的叛军。到那时，包括三K党在内的其他自卫组织也出现了，他们反对战后重建。[13]前邦联军准将弗朗西斯·尼科尔斯（Francis Nicholls）在1876年成为路易斯安那州州长，就是南方复兴的例证。他的统治得到了民兵的协助，这些民兵加强了当地人对民主党的支持，镇压该州糖料种植园的劳工抗议。[14]对占领军的武装抵抗与反黑人的暴力行动融合起来，阻挠了废奴主义者，挫伤了其他希望和平协议能给南方带来深远改革的人们。

北方态度的改变也阻碍了战后重建。[15]南北战争后，北方急需合作以恢复政治稳定和经济增长，少有人热衷于对白人同胞开展进一步军事行动。[16]北方的商业利益集团尤其希望恢复棉花供给，让棉花进入新英格兰和曼彻斯特的纺织厂。[17]纽约的银行家有需要保卫的利益：他们持有南方种植园的大部分贷款。[18]共和党把北方的优先目标投射到整个联邦，希望维持保护性关税，回归战时暂停的金本位制。他们的计划需要政治妥协来赢得南方支持或至少默许，并保住中西部的支持。奴隶制的废除使中西部不再恐惧种植园体系的延伸会压倒当地的小农场主。但这也让那里的选民可以自由支持提倡自由贸易和软通货的政策，这使他们倾向于民主党而不是共和党。[19]

1877年达成的妥协同时满足了两派政治精英，确认了他们的特权，赋予他们保卫合法财产权、维持低税率、限制政府过度干预的共同利益。到那时，北方已抛弃了在南方建立自由高效的劳动力大军的最初希望。[20] 在许多北方评论家眼中，被解放的奴隶要么变得"懒惰"，要么变成了更糟糕的政治积极分子，将会加入日益增长的对资本主义体系的批判力量中。改革令人期待，但反对声非但没有赢得选票，还造成了恶意。共和党和民主党达成协议，北方终结了联邦对南方各州政府的控制，以换取南方对联邦的忠诚。抛弃了南方后，共和党就可以自由地把注意力转向正在扩张的中西部，如果他们想要实现北方想象中的联盟，就需要保持对中西部的控制。[21] 国族建构的任务会让胜利者疲于应对，哪怕胜利者已经成为超级大国，美国首先在国内发现了这个道理，后来又在其他地方重新体会。

战后重建的结束造就了一系列基于白人至上主义和军事主义的持久单一政党州。南方各州就像英国属地或者印度土邦一样，继续根据自身的优先目标管理内政。战后南方破碎的制度允许"大人物"（Big Men）建立或扩大当地政府的世袭体系，施与个人恩惠来换取政治忠诚。[22] 尽管南方白人"王侯"的形象比北方同类更为独特，但北方也在南北战争后拓展了种族隔离政策，支持联邦机构征服剩余的美洲土著国家，扫清他们的土地供白人定居。[23] 这些行动为歧视政策的全球化设立了国际标准："白澳"政策和南非的种族隔离制度都参考了南方各州提供的立法案例。[24] 南方大片地区的政治经济情况开始类似于后来被称为"第三世界"的前殖民地国家。[25]

在19世纪最后25年中，盎格鲁-撒克逊种族主义的传播给重新统一的物质基础加上了意识形态辩护。[26] 南方各州通过的立法将种族隔离定为法律，剥夺了非裔美国人的投票权。[27] 这些被称为"吉姆·克劳法"（Jim Crow Laws）的措施出现于19世纪70年代，不过影响最深远的法律是在19世纪90年代通过的。同时，北方的宗教代言人利用自己的影响力把民意从解放黑奴带来的道德改良转向了宽恕带来的民族和解。[28] 救赎取代了惩罚，民族战胜了民众。北方担忧移民增长和城市化会造成不安和潜在的不稳定影响，这种与日俱增的关切和北方对南方民意的改变相融合。人们正在感受到全球化的影响："既得利益者"开始恐惧"未得利益者"的崛起。与南方的和解虽然尚未完成，但给解决共同问题设计共同方案提供了希望。[29] 北方和南方的白人有产者与雇主因为地位联合起来，以避免阶级导致的冲突。

1877年的妥协和更大的挑战相结合，这一挑战在19世纪最后25年中威胁要颠覆刚恢复的联盟。就像在欧洲一样，工业扩张、城市发展、人口增长之后的结构性经济变化在美国造成了新的社会问题。[30] 战后政党体系争着调整政治组织和计划来应对新挑战，这让它们陷于混乱，让政治控制落空。有人发出了不协调的声音。[31] 共和党"骑墙派"（Mugwumps）和"极端保守派"（Bourbon）民主党人这两个分裂团体在19世纪七八十年代享受了片刻的影响力。尽管他们属于不同党派，却有许多共同点。他们都是自由派精英，对过去的怀念不少于对未来的展望，对民粹煽动充满怀疑。他们支持自由贸易、金本位制和财政自律，疏离了政党机器及政党所分配的恩惠。他们都像格莱斯顿那样倾向于世界性的国际主义，而不是咄咄逼人的帝国主义。但他们成功的时刻屈指可数，他们提出的第三党派也从未实现。就像在欧洲一样，吸引并扩大选民群体的时间限制和迫切需要带来了压力，致使主要政党变得越发专业化。在美国，党派"老板"（bosses）所经营的"机器政治"（machine politics）才有未来，这些"老板"把扩大的联邦政府积累的大量收入作为"战利品"分发出去，从而积累选民的忠诚作为政治资本。[32]

南北战争时期，共和党利用在国会的主导权实施了汉密尔顿派发展计划的一大部分内容，该党的发言人长期声称，这是唯一真正全国性的政策，能够确保美国实现有效独立。[33] 1861年的《莫里尔关税法》（Morrill Tariff）赢得了北方制造商和东西海岸造船商的支持，前者得到了更多保护，后者则受益于大笔海军订单。[34] 1862年的《宅地法》（Homestead Act）使小农场主大大增加，尤其是在中西部。政府的支持使第一条横贯大陆的铁路在1869年连接起东西海岸，让更多公民在联邦的成功中得利。共和党人的两眼紧盯着中西部，忍住没有实行不可通融的保护主义政策。[35] 同样，在谈判回归金本位制时，共和党向中西部做出让步，允许白银在1878年重获法定货币的地位，保留了如果无法达成国际协议就实行复本位制的可能性。[36] 这一妥协意在恢复联邦在伦敦城的信誉以及在国际经济中的地位，同时安抚中西部的民意，因为那里的人们担心"稳健货币"会带来通货紧缩。[37] 这是一个艰难的平衡。但在遭受压力时，共和党依然把黄金放在白银之前。[38]

战后继承了杰斐逊派传统的民主党人则更青睐自由贸易和分权政府。[39] 保护性关税给大量民主党选民带来了负面效果。关税抬高了南方和中西部进口的农业机械和消费品的价格，增加了北方的利润率，从而把资本吸引到北方，还促使外国对美国的出口农产品征收报复性关税。关税的反对者认为，这项人为补贴带来了重新分配，进一步强化了联邦中已经不均衡的地区发展局面。[40] 因此，民主党呼吁限制垄断行为，因为乡村投资者憎恶垄断，认为这抬高了铁路运费和工业品价格。民主党也担心，关税税率超过了基本财政需求，国家由此获得的额外收入将会在牺牲各州利益的情况下为"大政府"提供资金，尤其是共和党的大政府。民主党中的一支力量也开始赞同复本位制，准备在必要时采取单边行动。复本位制的吸引力在于，它可以减轻经济萧条对农业和矿业利益集团的影响。被笼统所称的"复本位制论者"把复本位制视为政治独立的标志，认为金本位制象征着持续屈服于外国影响及外国在东北部的金融代理人。他们认为，重新推行银币将增加货币供给，使美元贬值，提振出口，减轻偿还债务的负担。[41] 作为对比，与通货紧缩相连的黄金把财富从债务人转到债权人手中，这在实际操作中意味着财富主要从南方转到北方。

1884年，民主党人格罗弗·克利夫兰当选为总统，使该党在南北战争后第一次有重大机会改变共和党的政策。民主党人还没有完全转向支持复本位制，克利夫兰本人支持金本位制，但他们在关税问题上团结一致。克利夫兰在政府中的大部分年长同僚都是科布登俱乐部（Cobden Club）的成员，这一俱乐部于1866年在英国成立，旨在传播自由贸易的理论和实践。[42] 共和党在南北战争后征收了高关税，主要是为了偿还战乱造成的大笔公债。但到19世纪80年代中叶，联邦政府已经还清了债务，积累了财政盈余，这使共和党遭到指责，即用高关税造成政府权力过大。[43] 民主党人看到机会，推动回归基本的财政关税。但共和党人指控克利夫兰和民主党只是英国利益集团掌控的棋子，克利夫兰在这种批评下艰难挣扎，未能成功。在1888年的选战中，这一议题被付诸表决，共和党人本能地呼吁民族情绪，指责对手缺乏爱国主义，或者就像一名议员所说的那样，称对手试图"把各地的星条旗都变成英国米字旗"。[44] 当克利夫兰输掉连任竞选后，《纽约时报》称，这半是因为人们对他抱有"会向英国影响力投降"的错误看法。[45]

在重获对国会及总统职位的控制权后，共和党人在1890年花掉了盈余收入并提高关税以表庆祝。他们积累的财政收入，有一部分用于建立现代海军，这支海军在1898年被派去对抗西班牙。另一部分收入则给南北战争老兵支付抚恤金。1890年的《受养人抚恤金法》（Dependent Pension Act）依照俾斯麦的路线，被设计成一种赢得选票的措施。[46] 19世纪90年代，《受养人抚恤金法》的支出占联邦政府总支出的比例高达40%，覆盖了约100万公民。[47] 据当时一名分析家所说，这是"有史以来实行过的最浪费的法律"，不过从共和党的视角来看，非常值得花这笔钱。[48]

《麦金莱关税法》（McKinley Tariff）把进口税提到了前所未有的高度。[49] 它的目的是加强对国内制造商的保护，同时帮助降低财政收入的盈余。为了回应批评，众议员威廉·麦金莱加了一项条款，允许进口糖料自由入关，并根据产出给国内甜菜生产者一笔津贴作为补偿。糖料的自由入关既减少了一项最重要的资金来源带来的收入，又有希望降低国内消费者支付的价格。在同事、国务卿和热忱的扩张主义者詹姆斯·G.布莱恩（James G. Blaine）的坚持下，麦金莱也提出了互惠协议，在最后关头试图保住中西部农民的选票。这些协议允许糖浆、咖啡、茶、兽皮和糖自由进入美国，而作为交换，外国也应对美国出口做出相应的让步。麦金莱本不愿接受布莱恩的修正案，但为了政党团结还是同意了。最终的法案维持了保护主义，同时使共和党支持者可以反驳民主党推进的自由贸易主张。

不出所料，科布登俱乐部把《麦金莱关税法》称为"对文明的暴行"，可能会"摧毁英国贸易"，"导致加拿大被吞并"。《泰晤士报》在加拿大的一名通讯员激动地判断说，这些关税等于是无缘无故宣告了一场"对大英帝国的战争"。[50] 格莱斯顿重申了对自由贸易的支持，布莱恩则回应说，英国想保持"上个世纪老旧的殖民观念"，让美国停留在原料生产者的位置。[51] 布莱恩总结说，保护主义已经带来了"可喜而重大的结果"。[52] "在世界历史中，"他断言，"还从未有一个国家像美国这样，有这么多人口享受安逸，获得教育，保障独立。"[53]

麦金莱回应法案的批评者说，民主党正在和英国密谋将自由贸易政策强加给美国，称"它们双方都在为同一个不爱国的目的奋斗，都在对我们的产业发起一场征伐。它们都为同样的胜利欢欣鼓舞，联手对美国劳动者和美国人的薪资开战，阴谋颠覆国家的工业生命，给美利坚共和国一拳重击"。[54] 他含蓄地提及亨利·克莱，重申说："美国体系，或者说保护性关税的政策，已经被证明完全正确。"[55] 民主党予以回击，指控反对者青睐大企业、大政府和外国金融利益，牺牲了消费者的利益。这次，他们的指控奏效了：提高整体关税的决定是一次政治误判，使共和党在1890年失去了在众议院多数席位，又在1892年失去了总统之位，而格罗弗·克利夫兰当选，入主白宫，开始第二任期。

两党也不得不与超出他们控制范围的群众运动相周旋。经济发展在东北部和中西部的北部创造了城镇和产业，国际需求使更多农民面向全球市场出口产品。在19世纪晚期的漫长通货紧缩中，不时会发生经济萧条，这在1873—1878年、1882—1885年、1887—1888年和1893—1894年尤为严重，降低了人们的生活水平和期望。[56] 充满不确定性的世界变得越发危险。就像在欧洲一样，全球化挑战了现存的政治秩序，遭到了民粹主义的回击。"骑墙派"和"极端保守派"从一个正在消失的世界苟活下来。乡村和城镇民众的不满则为未来的政治指出了方向，迫使共和党和民主党在争夺中强化双方的分歧和差异，以囊括并控制异议。

1867年出现的农民协进会（Grange associations）是第一批取得全国地位的农业运动组织，它们表达了联邦各地农民的担忧。[57] 协进会是有多重目的的自助组织，旨在给乡村地区带来社会和教育改良，提高农民的生活水平。它们在19世纪70年代中叶达到顶点，然后被1876年建立的农场主联盟（Farmers' Alliance）取代。[58] 联盟接受了资本主义体系的现实，致力改善联盟成员的议价能力，其方式包括建立合作社、敦促政府控制铁路及其他垄断企业等。联盟协助确保1887年《州际商务法》（Interstate Commerce Act）通过，这使联邦政府有权限推动竞争，不过法案在实践中起到了反作用，庇护了互相勾结的协议。[59] 19世纪80年代末，在公关和游说只起到了有限效果后，农场主联盟直接登上政治舞台，提出了影响深远的计划，呼吁银行业去中心化、限制企业权力、实行复本位制。

"劳动骑士团"（Knights of Labor）作为第一个重要的城市劳工组织，于1869年在费城成立。[60] 就像它的名字暗示的那样，骑士团刻意避开了镀金时代的财阀价值观，其最初的灵感来自杰斐逊理想中健壮、独立的工匠组成的世界。[61] 但骑士团也是现实主义者，试图从他们的工匠基础出发，吸引新兴产业的工人。在1877年组织了铁路大罢工后，骑士团在全国赢得声望，支持者也越来越多。到19世纪80年代晚期，它已吸引了超过100万名成员。[62] 尽管有这些成功，但内部的政治分歧、组织上的弱点，以及来自雇主的反对制约了它的成效。虽然骑士团继续时有斩获，但一个名叫"美国劳工联合会"（American Federation of Labor，简称"劳联"）的新战士在1886年取而代之。[63] 劳联对劳工问题采取了现实手段：就像农场主联盟一样，它接受了工业秩序持久存在的现实，试图在秩序范围内改善劳动条件。[64] 骑士团眼中的"雇佣奴隶制"（wage slavery）变成了"雇佣工作"（wage work），用当时颇具可塑性的话来说，那些诚实劳动的人们理应得到"基本生活工资"（living wage）。[65]

当时成立的其他组织则在特定产业代表了非技术工人。像1890年建立的矿工联合会（United Mine Workers）和1893年建立的美国铁路工会（American Railway Union）这样的新生工会虽愿意和私有企业合作，但也准备为保卫工作和薪资采取激烈行动。另一方面，建立于1877年的社会主义劳工党（Socialist Labour Party）完全反对资本主义，各种无政府主义团体和分裂组织则呼吁用武力推翻现有的政治经济体系。社会主义劳工党尽管在整个19世纪80年代发展艰难，但在1890年丹尼尔·德莱昂（Daniel de Leon）取得领导权后得到了更多成员和动力。[66] 然而，之后这一趋势停步不前，随后消退。社会主义在美国没有取得多少进展。不过，当时缺乏预言家洞察力的政府当局和雇主，只看到这对他们在南北战争后重建的世界造成了日益严重的威胁。其中许多人都知道，他们面临的挑战也是欧洲各国政府遭遇的问题。这场危机是国际性的，对那些天性紧张的人来说，这也是一场全球性的阴谋。[67]

1892年，农业利益集团的相当大一部分力量与劳联势力和骑士团余部联合起来，直接登上了政治舞台。[68] 结果便是创造了平民党（People's Party，又被称为民粹党），试图打破两党体系，跨越职业、种族和地区的差异。[69] 民粹主义最基本的定义是指现有政党之外的运动，民粹主义者不信任精英统治和大企业，追求他们眼中"普通人"的经济正义。[70] 民粹主义者继承了始于安德鲁·杰克逊抵抗东海岸精英政策的"绿色起义"，不过他们的历史可以追溯到18世纪反对殖民统治的抗议者。[71] 19世纪90年代，他们的目标不是抑制经济发展，而是让经济发展符合他们的需求。[72] 他们的出现与当时其他地方类似的抗议运动相得益彰，比如在其他白人定居的国家和欧洲大陆的抗议，以及殖民地世界各处的抵抗运动。全球化收紧了融合的纽带。在19世纪的最后25年，从新罕布什尔到新西兰，人们都感受到了扭伤国际经济的结构性和周期性变化。

平民党在1892年总统大选中的表现给它带来了声誉，它利用自己的新地位与民主党结盟，条件是民主党为它的大多数改革计划背书。[73] 克利夫兰连任总统加剧了共和党圈子的不安，使反对者再度攻击他据称是亲英的政策。[74] 1893年突然爆发了这一时期最严重的经济危机，一直持续到1897年（在1894—1895年间有部分短暂的缓和），鼓舞平民党去相信重大政治变革指日可待。[75] 在这一时刻，他们似乎真的有机会扭转共和党自南北战争以来实行的政策。

不久前在海外发生的事件确认了金融体系容易受到突然震荡的伤害。随着英格兰银行抬高贴现率以抑制国内需求，外国对拉丁美洲贷款的激增之势在19世纪80年代末戛然而止。依赖英国资本推行发展计划的国家立刻感受到了影响。[76] 阿根廷在1890年违约了外债，次年澳大利亚也发生了相似的金融恐慌。[77] 1893年金融危机让人们集中思想，消除了剩余的不确定性。越来越多民主党人考虑到大都来自农业的选民的基础，支持单边实行复本位制。共和党在宣言中把复本位制留作一个选项，只要它能被纳入国际协议。同时，他们继续支持金本位制以回应银行业及其他产业的关键支持者，这些支持者的优先目标是维持美国的国际信誉。

美国几乎是立刻就感受到了这些事件的国际影响，因为它得到的约75%的长期外国资本都来自伦敦城，依赖资本流入来维系收支平衡。[78] 1893年，信心依然脆弱，财政部的储备降到了支持金本位制所需的水平之下。[79] 纽约证交所损失惨重，中西部的乡村银行遭遇了一连串失败。[80] 随着信心的崩溃，投资者变卖了他们的资产。外国投资的退出迫使财政部耗尽黄金储备来保卫美元价值。黄金的损失减少了流通货币的存量，压低了物价，减少了需求，进一步抑制了新投资。储备的流失使美国更有可能被迫让美元贬值，从而抛弃金本位制，降低信用等级，使债权人看到美国有可能拒付债务。[81]

克利夫兰总统作为1893年不幸的在位者，既是民主党人，又是货币保守派。在他的指示下，国会废除了《购银法案》（Silver Purchase Act）。这一法案曾在1890年被共和党通过，当时是试图安抚小企业主和消费者，说服参议院里倾向复本位制的共和党人支持《麦金莱关税法》。[82] 法案授权财政部购买白银以抬高银价，用通货再膨胀刺激经济，同时赢得中西部产银州的选票；1889—1890年，有6个产银州新加入联邦。废除这一法案至关重要，因为银价仍然持续下跌，给财政部日益减少的黄金储备增加了负担。为了补偿党内支持购银的批评者，克利夫兰承诺降低共和党在1890年实行的关税水平。其结果是1894年《威尔逊-戈尔曼法案》（Wilson-Gorman Act）出台，它成功降低的关税并不多。谴责这一政策的共和党用熟悉的语言增加了批评可信度：克利夫兰是一名亲英代理人，进口关税的降低将削弱美国制造业的实力。[83]

银行业危机，加上工业品产出和农产品价格下跌，激发了激进的回应，进一步引起国内外投资者的警惕。在这一时期不时发生的政治暴力行为给美国留下了创伤，说明当权者遭遇了严重挑战，而中产阶级担忧其财产遭到更广泛的攻击。[84] 1877年铁路大罢工和1886年芝加哥干草市场暴乱预演了19世纪90年代将会发生的激烈动荡。1877年，罢工者、警察、民兵和联邦军队数周的对峙导致100多人死亡、大量财产受损。[85] 1886年，一名从德国移民来的马克思主义-无政府主义者组织城市工人抗议，以罢工开始，以一场爆炸、一人死亡和多人受伤告终。[86] 这一事件的消息很快传到欧洲，在那里进一步鼓动了类似的异议运动。这起事件没有重演，但关于它的记忆却流传了下去，增加了人们对国家稳定遭遇威胁的恐慌。

接着，当失业率上涨使劳资冲突加剧到前所未有的程度时，劳联在19世纪90年代早期组织了一系列大罢工和抗议。[87] 1892年，匹兹堡霍姆斯特德炼钢厂的罢工以暴力、州民兵干预和数人死亡告终，破坏了当时最大的工会"钢铁工人联合会"（Amalgamated Association of Iron and Steel Workers），阻碍了工会运动整体的发展。[88] 运动最高点或者最低点是在1894年，煤矿工人发起全国罢工，而芝加哥普尔曼豪华客车公司及其在中西部和加州的子公司的工人罢工，也是那10年中最著名的一场罢工。[89] 联邦政府调用了2万人的军队镇压罢工。美国铁路工会的领袖尤金·德布斯（Eugene Debs）被关押了6个月，他在狱中读了卡尔·马克思的著作，后来成了第一名严肃参与美国总统竞选的社会主义者候选人。

评论家们用军事词汇描述劳资冲突，唤起了关于南北战争以及民族团结遭遇威胁的回忆。[90] 工人领袖对雇主、政府和社会"宣战"，战斗者们"行军"投入"战斗"，英雄行为被记录下来，"胜利"得到了宣告。主流媒体把争议问题描绘成对忠诚的考验。温和派杂志《哈珀周刊》（Harper's Weekly）在普尔曼罢工期间宣告："国家确实在为它自己的生存而战斗，正像它确实在镇压一场伟大叛乱一样。"[91] 媒体呼吁公众在支撑公共秩序的爱国主义和造成不团结的无政府主义之间做出选择。真正的美国人被敦促团结在山姆大叔身边和星条旗下，击退外来侵略。罢工者被描绘为"非美国者"，其中许多人确实不是美国人。正像一名记者毫不隐讳地评论说，合众国正在遭遇"一群散发着恶臭的无政府主义外国垃圾"的攻击。[92] 随着军事语言变得政治化，政治也变得越发两极分化，有理有据的分歧意见的存在空间越来越窄。有产者的利益集团在美国国内倒向"法律与秩序"的一边，在国外也是一样。人们曾认为爱尔兰反叛者在反对殖民统治，为自由而奋斗，但现在对他们的支持消退了。在那之后，美国的外交政策倾向于和激进运动保持距离，转而支持稳定和安全的代表。[93]

但共和党运动的新特点在于，它宣称罢工行动和农业不满情绪驱动的阶级战争将要撕裂联邦。北方的老兵组织考虑到关税给他们带来的福利，有力地支持着共和党的事业。在他们眼中，"无政府主义叛军"在1896年对联邦的威胁就像1861年"脱离联邦的叛军"的威胁一样。[94] 麦金莱本人呼吁邦联老兵站在联邦旗帜的一边。"从现在到永远，让我们记住，"他的语句在现实之上播撒了希望，"我们是美国人，对俄亥俄有好处的东西对弗吉尼亚也有好处。"[95] 颇具影响力的天主教圣保罗大主教则用广为流传的话语指责民主党，对"阶级对抗阶级的战争"以及"可能用共产的骇人火焰点燃国家"的"鲁莽之徒"发出了警告。[96]

舞台已经搭好了，关于美国资本主义未来的两种观点将会发生一场主要甚至可能是决定性的意识形态对抗。幻想破灭的民主党和平民党提名了威廉·詹宁斯·布赖恩为1896年总统大选候选人，他在经济政策上是坚定的改革者。布赖恩的提名使美国的激进派政治无比靠近权力。布赖恩不是马克思主义者，但他诸如"财阀统治在共和国中令人厌恶""没有人能靠诚实赚来100万美元"这样充满警句的言论让健全政府、稳健货币和大笔银行存款的捍卫者感到忧虑，刺激后者采取行动。[97] 在布赖恩的领导下，平民党提出单边复本位制和重新分配财富的计划，代表了对全球化及东海岸银行家与工业家的反击，那些银行家和工业家被视为全球化恶毒的代理人。

1896年选举把布赖恩预言式的激进主义和麦金莱冷静的保守主义对立起来，解决了19世纪最后25年的核心政治争论。[98] 布赖恩的提名促使商业和银行业利益集团以前所未有的巨大规模参与有组织的政治活动。[99] 到19世纪90年代，商业界已有多家大型工业企业，它们有能力影响触及其利益的政策。[100] 全国制造商协会（National Association of

Manufacturers）建立于1895年，以支持麦金莱的关税与互惠计划。[101] 被其中一名成员称为"稳健货币派"的企业精英募集了一笔前所未有的资金，捍卫关税和金本位制。[102] 光是标准石油公司和J. P. 摩根公司给共和党的捐款就超过了整个民主党的竞选资金。[103] 不过，1896年最大的个体捐款人是强大的糖业托拉斯巨头，如今被忽略的亨利·哈夫迈耶（Henry Havemeyer）。[104]

在总统大选的几个月前，当财政部的困难比1895年"还严重"时，约翰·皮尔庞特·摩根把纽约的银行家组织成团，从伦敦城召来增援，通过购买政府债券、阻止黄金外流来支持美元。[105] 金融界为美国的财政情况做出担保，确保借款者有办法用稳健货币偿还债务。[106] 商业利益集团还有一位额外的盟友，即对私有企业需求采取友好态度的最高法院。结果，联邦政府的分量压倒了劳工运动。《反托拉斯法》（Anti-Trust Act）的实施不是为了制服超大企业，而是为了攻击工会。[107]

麦金莱的竞选经理人马克·汉纳（Mark Hanna）自己也是一名富商，他基于和解与民族团结的主题打出了一场极为有效的战役。[108] 两党都声称自己为国家利益代言，直白地唤起南北战争的记忆来证明自己的主张。民主党借杰斐逊派传统强调州权，呼吁实行复本位制以赢得南方和西部的选票。1896年，来自南卡罗来纳州的著名参议员、民主党总统提名候选人本·蒂尔曼（Ben Tillman）对党代表大会的演说用这些话语开头："我来自南方，来自脱离联邦主义的大本营。"接着他呼吁南方与中西部各州的生产者保持团结，与北方企业和金融业的力量抗衡。[109] 共和党做出回应，不只批评了单边复本位制，还声称民主党的策略"邪恶得就像它刻意模仿的那场运动，即1861年的南方叛乱"。[110] 报纸和宣传资料反复提及南北战争，强调以复本位制为伪装的新一波地方主义对政治稳定造成了威胁。

面对阶级冲突和无政府主义将会摧毁联邦的言论，共和党急切地呼吁民族团结，这吸引了足够选票，使共和党赢得了选举。民主党尽管用复本位制和自由贸易吸引选民，但未能在中西部取得足够进展。共和党做出掩饰，重申愿意考虑复本位制的国际协议，但其在保护主义问题上的立场仍然暴露在外。然而，到19世纪90年代，农业一边发生变化，一边开始萎缩。拖拉机正在杰斐逊所称的自耕农的农地上耕耘，高度资本化的农业企业即将出现。在该地区北部成长起来的城镇和工业正被融入东北部的资本和商品市场，使选民在北方的发展计划中得利。西部是用枪支、铁丝网和律师打下来的，但赢得西部人心的则是将它融入国家经济中心地带的商业诱惑。

民主党人虽然在1896年被击败，但并未投降，很快就重新进入竞争。用本杰明·富兰克林的言论（在这个世界上，除了死亡和税收，没什么事情是确定无疑的）引申来说，在美国除了死亡、税收和频繁的选举，就没什么事情是确定无疑的。1898年中期选举给了平民党−民主党联盟又一次赶走共和党的机会。但和克利夫兰不同的是，麦金莱交了好运：经济开始复苏了。[111] 一个著名的银行家在10年后回顾19世纪90年代早期的危机时，认为1897年是"人们最初注意到预示当前繁荣周期的确定信号的一年"。[112] 失败的企业减少，工业生产增加，农产品价格上涨，收支平衡恢复，外国投资者受麦金莱1896年胜利的鼓舞，回归了美国，财政部面临的压力减轻了。失业率在1894年达到顶点，在1898年开始降低。[113] 攻击性的破坏罢工（strikebreak）行动镇压了劳工中的激进分子，农民不满情绪的棱角也被磨去了一些。1897年，庆祝性的《丁利法案》（Dingley Act）为了嘉奖制造商，把进口关税提到了19世纪的最高水平。

麦金莱做出与西班牙开战的决定，解决了问题。民众对军事行动的呼吁胜过了平民党逐渐消退的吸引力。1896年和1898年选举与1860年选举形成了对比，显示出对民族团结的诉求只要实行得当，就能胜过地区和阶级这类与之竞争的纽带。1900年大选确立了共和党的统治。在这一时刻，对立的情形适时地相并列：美国正式采用了金本位制；宣传坚定反帝国主义立场的布赖恩在第二次参选总统时被轻而易举地击败。

麦金莱总统没有多少时间享受他所在党派的胜利：利昂·乔尔戈什（Leon Czolgosz）在1901年刺杀了他。[114] 当时还有多名欧洲领导人被失意到自认为别无选择的人杀害，麦金莱加入了他们的行列。乔尔戈什是一名失业的钢铁工人，在1893年的经济萧条中丢了饭碗。他用绝望的行为表达了对麦金莱和其代表的经济体系的幻灭，同时也表达了对麦金莱批准发动菲律宾战争的愤慨。麦金莱曾在1890年用保护性关税庇护了钢铁业，一年后，心怀感激的钢铁业巨头捐款让他免于个人破产。参与援救总统的富豪之一也批准了破坏罢工的行动，让那个将要杀掉麦金莱的男人失去了工作。

让受害者和刺杀者相遇的这场约会，以微缩的形式体现了这两个处于社会两极的人身边盘绕的更大的国家和国际事件。刺杀是一次绝望的行动，而不是国内进一步"恐怖主义"的序曲，对这起事件的反应给西奥多·罗斯福激进、改良的保守主义铺平了道路。在那之后，阳光继续笼罩在共和党的计划上。开始于1897年的经济复苏虽然被1907年的金融恐慌短暂地打断，但仍延续到1913年。就像在其他地区一样，繁荣软化了美国国内不满情绪的锋芒。对那些希望用激进方案取代共和党民族工业计划的人来说，他们已经输掉了这场游戏。

异议并未随着麦金莱的死亡而消失，但它不再对现存的政治秩序构成直接或潜在的革命性威胁。法庭普遍不同情19世纪90年代的激进运动，将它们控制在法律界限内，纳入常规政治。农业民粹主义和劳工组织向民主党倾斜，民主党扩大了它的纲领，加上了对大企业的制约，推行工业及福利改良措施。[115] 作为回应，大企业加大了对共和党的支持。同样的趋势遍及欧洲，而在美国称为进步派（Progressives）的无组织运动力量也与欧洲不谋而合。进步派（进步运动）同时吸收了共和党和民主党力量，其中包括西奥多·罗斯福、伍德罗·威尔逊那样的知名人士。[116] 进步派就像欧洲的基督教社会主义者和各种"新自由派"一样，旨在推行改良性的改革，避免激进派重新分配财富的威胁。[117] 在扩大的"民族行政国家"（national administrative state）中，联邦层面的立法是一大特色，用焕然一新的道德决心体现了白人民族主义的关系纽带。[118] 罗斯福和威尔逊眼中的目标不再局限于国家，而是推动一种前进的外交政策，要提振堕落者，管控他们的未来，向国内心存怀疑的公众展现伟大领袖引领一个强大、仁慈的国家可以带来的好处。[119]

1901年，罗斯福意外登上总统之位，为立法改革打开了道路。尽管罗斯福是富商的儿子，但他对"拥有大笔财富的罪犯"毫不同情，把"财阀暴政"视为"最不吸引人，也最粗俗"的暴政形式。[120] 即便他的说法暗示着旧富看不起新贵，但这还是促使他采取了行动。罗斯福在1903年建立了商务与劳工部以监督商业竞争，重新启用了几乎处于休眠状态的1890年《谢尔曼反托拉斯法》。[121] 他手刃了一些巨兽：控制了大部分铁路网的北方证券托拉斯在1904年被拆分，标准石油公司和美国烟草公司也在1911年被拆分。然而，成为法律的改革措施是为了维护而不是瓦解主导的政治经济体系。在1896年和1900年共和党压倒性的竞选胜利后，即使是胜利者都承认，有必要做出适当的让步，以防止未来出现激进派主张。

托克维尔把未受教育的民众视为对民主的主要威胁，布赖斯认为把他们团结起来将带来安宁，罗斯福则意识到，林肯的"平凡人"正在被推搡出去。在罗斯福看来，大企业是进化的结果，是现代化不可或缺的突击部队。[122] 他的目标是维护资本主义的实质，在它发展过度时勒住它。如果人民没有得到公平交易，那结果就将是劳资冲突，其规模将再次撕裂国家。正像第8章将展现的那样，与西班牙的战争使民族团结成为定局，国内的温和派改革使社会契约持续下去。

从这一角度来看，进步运动的领袖们可算是预见了艾森豪威尔展望的"公司共和国"（corporate commonwealth）和约翰生的"伟大社会"（Great Society），他们认为企业和政府的家长制联合起来将会遏制国内的社会冲突，并防止冲突在外国出现。[123] 利昂·乔尔戈什在进步主义的转向中扮演了他的角色。正如简·亚当斯在乔尔戈什成名的那起事件后不久反思：

随着总统杀手贫苦生活的细节被揭露出来，这些细节挑战了美国城市里推进社会改良的力量。对所有以解释并抚慰苦难为业的人来说，这难道不是一种控诉吗——一个男孩竟会这样在一座美国城市里长大，无人关心，不被更高的议题所论及，他的生活创伤也未被宗教治愈，以致他第一次听说有办法可以纠正生活的不公，尽管这种方法是无政府主义的暴力行为，但似乎为他指出了解脱之路？[124]

亚当斯是一位富有的共和党银行家和工业家的女儿，也是当时最著名的社会改革家，她象征着自由派对19世纪晚期震动西方世界的危机的回应。[125] 伦敦的汤因比馆（Toynbee Hall）启发她在美国发起睦邻组织（Settlement House）运动。约翰·杜威引导她阐述了一套强调义务而不是权利的哲学。西奥多·罗斯福的国内改革赢得了她的支持，不过她没有支持他狂热的帝国主义。

联邦和州政府的影响范围在南北战争后的几十年中显著扩大，效力明显发展。扩张创造了布赖斯在说出"职位或者对职位的希望"时所想的那种机会。[126] 同时，改革者开启了建立不受个人影响的职业化官僚体系的漫长过程。[127] 军队在美西战争后经历了同样的改良。到19世纪90年代，一个半职业化的"晋升"国家出现了。[128] 就像在其他许多方面一样，美国在这一点上的经历与欧洲国家同时代的经历平行，尤其吸收了英国的经验。在建立具有全球潜力的现代化民族政治体时，职能扩张是基本的构件。这使美国和欧洲国家处在同一位置上，那些欧洲国家把军事财政主义换成了韦伯所说的构成现代国家的要素，从而有能力跨出国家的疆界。[129]

"美丽的信用！那是现代社会的基础"[130]

在1896年、1898年和1900年选举中取得胜利的经济民族主义政策确保了经济发展会留在共和党规划的路线中，直到1933年富兰克林·德拉诺·罗斯福入主白宫，尽管在这段时期民主党也于1912年赢得过选举。再者，到1900年，美国已经实现了远比1783—1861年间程度更高的有效经济独立。正像1899年的一份统计评估所记录的那样，结果便是美国"在一代人的时间内就实现了各国历史上无可匹敌的"发展，这份统计评估是最早的同类研究之一。[131] 近来的研究确认了这一判断的准确性。[132] 到1914年，美国也已成为世界上的经济大国之一。

南北战争中北方的胜利改变了共和党的发展前景。南方代表在战争之初退出国会时让出了道路，让北方长期支持的立法得以通过。[133] 国会把中西部和远西地区的土地分配给小土地持有者，批准了铁路补助金，建立了国家银行体系，重新征收保护性关税。[134] 北方的胜利扫去了联邦未来的不确定性，确保美国将维持单一全国市场，推行了有助于使经济从农业转向制造业的工业发展政策。大政府和市场力量一样塑造了经济机会。[135] 联邦政府的举措鼓励了移民，开放了更多被征收的土地，设计的监管制度相对较少干预企业，同时又避免了各州给州际商贸活动树立壁垒。这些措施促进了国内移民，扩大了全国市场，恢复了外国投资者的信心。[136] 这不是要宣称战争带来了"第二场美国革命"，在此声明，以免这个说法被解读为激进地与过去决裂，因为现有的证据显示，早在冲突爆发前，经济增长就已经开始了。[137] 不过，战争的结果大大加快了经济发展的进程，因为这促进了结构性的变化和经济在量上的增长。[138] 在这一意义上，"市场革命"发生在南北战争之后，而不是在之前。

19世纪下半叶的统计证据足够有力地支持了对经济进步相当精确的测量。从本书的角度来看，关键的进展是美国成功摆脱了对英国的依赖。在1860—1900年间，农业在国民生产总值（GNP）中的比重从35%降到了18%，同时期制造业所占比重从22%上升到了31%，接近美国在20世纪将会达到的最高点。[139] 职业变化也伴随着这些趋势：农业在1800年雇用了约四分之三的劳动力，但在1900年只略超过三分之一。移民的自然增长和激增使总人口从1850年的2 300万扩大到1900年的7 600万，再到1910年的9 200万。铁路建设里程在1860年达到3万英里，在1916年则超过了35万英里。由早期"蒸汽货车"大幅改进的机车把人口送往西部，他们占领了大草原，为农村和城镇的对峙搭好了舞台，这种对峙后来由通称为"西部片"的电影植入了美国的公众神话中。银行业、电报和邮政服务（包括邮购设施）的拓展也有助于市场融合。[140] 尽管人口大幅增长，但生产率的提高使人均消费在1899—1903年超过了1834—1844年的两倍。[141] 到1913年，美国的GDP是英国的两倍多，几乎是德国的两倍，而欧洲整体的人均产出跌到了美国的约一半。[142]

国内市场处于这些发展的中心。[143] 南北战争后，出口在总产出中所占的比例在1890—1913年达到了最高点，但仍然没有超过GNP总量的

6%。即使是在农业方面，出口与产出之比也总体偏低：只有棉花和烟草这样旧"殖民时代"的主要出口物超过了50%。工业品出口基本不到工业品总产出的5%，只有在少数基于资源的产业（例如基于石油和煤炭的产业）中达到了10%。进口工业品占国内消费的比重也在1869—1909年间大幅下跌，平均只占总量的不到10%。美国自给自足的程度令人印象深刻，与欧洲和其他大多数发达国家区分开来，尤其和英国形成了鲜明的对比。

随着经济发展的推进，地区差异也有所扩大。东北部的金融和工业中心一马当先，制造业在中西部的北部散布开来，远西地区自19世纪40年代由金矿起始的繁荣局面，通过一系列其他产品而延续。然而，南部却日益衰落，尽管原棉依然是美国最大的单一出口物。[144] 奴隶主失去了大部分投资，新资本数量稀少。[145] 但许多大地主成功维持了大生产者的地位。[146] 一些人把棉花生产转给土地租用人（tenant farmers）、分成佃农（sharecroppers）和雇佣工人，其他人则转向强制劳动。[147] 尽管一些现代性的元素出现了，例如通信改善、一定的城市扩展、少量纺织厂，甚至有非裔美国人中产阶级出现的迹象，但经济发展仍然绕开了这一地区。在全国经济中，其他地区都蓬勃发展，南方成为一块低薪飞地。到1900年，南方的人均收入远跌到了全国平均值之下，该地区陷入了贫困，一直持续到20世纪。[148]"新南方"的理想被现实拒之门外。[149] 重组经济的机会需要根本的社会政治变革，但当权者不愿考虑这些变革。

对外贸易依然很重要，因为它和国内经济建立的联系是那些把对外贸易和总产出对应起来的数字无法表现的。1877—1900年间，出口额整体翻了一倍。[150] 特别是棉花、小麦和玉米等农产品继续占据出口品清单的主要位置，尽管它们占总出口额的比例从1869—1878年的80%跌到了1904—1913年的53%。海外需求刺激了中西部小麦和玉米生产的扩张，从而扩大了农业机械、运输、银行及保险服务的市场。[151] 棉花生产提高了来自出口的收入，吸引了外汇，增加了货币供应，使利率保持低廉，从而刺激了工业产出。[152] 工业制成品在总出口中的比例从1858—1888年的约15%上升到了1904—1913年的28%。[153] 在1896年钢铁制品产出暴涨后，工业品出口实现了最快的增长。[154] 到1900年，美国已经不再是制成品的净进口国了。[155]

对外贸易仍以欧洲为方向，在1879—1898年间，欧洲占据了美国出口的80%，并在1889—1898年间为美国提供了52%的进口品。[156] 英国仍是合众国的首要贸易伙伴，但在南北战争后，它和这个前殖民地的关系已经大有改变。在1879—1898年间，英国从美国进口的货品数量上升，达到了欧洲从美国进口货品总量的约50%，但它对美国出口所占的比重却大幅下跌，从1849—1858年的42%降到了1889—1898年的21%。这一变化衡量了英国作为工业品出口国的相对衰落，更普遍来说，这显示了美国越发有能力分散贸易纽带，减少对前宗主国的依赖，正像20世纪英国各属地、印度及其他一些前殖民地将做的那样。这个前殖民地也在反击：19世纪八九十年代，不安的英国评论家把来自美国的进口工业品称为"侵略"。[157] 美国穿透了英国门户开放的市场，加上美国在工业世界中征收的进口关税最高，这给英国关于自由贸易和保护主义各自好处的漫长争论加上了有理有据的焦虑因素。[158]

收支平衡问题反映了对外贸易的趋势。[159] 19世纪最后30年出现的出口顺差逆转了商品贸易长期以来的逆差。当前账目上的另一项主要内容是利息支付，它始终处于逆差，自19世纪70年代开始变本加厉。资本输入解决了资本短缺问题，确保美国仍是一个净借款国。这一身份使外国投资者有权得到美国的财富。输入资本在18世纪晚期达到高点，占国内总资本的约13%，但到1900年，尽管国内资本总额扩大了不少，但外国资本的比例却降到了不到2%。就像对外贸易与国内产出的比例一样，这些百分比遮蔽了特定产业和特定时期资本进口的重要性。[160] 南北战争前，外国投资在国家建设中扮演了至关重要的角色，为联邦和州政府机构、铁路、公共设施和教育提供了资金。南北战争后，尤其是在19世纪最后25年中，外国投资者离开政府主导的投资项目，转向了私有产业。铁路继续占投资的大头，直接投资开始出现在化学品、食品和饮料等产业。

英国作为工业品出口国的表现摇摇欲坠，但在服务业和金融业的领头地位则更为长久，这也是它转型成为成熟债权国的一大特点。[161] 英国仍是外国投资的卓越来源，且维持着它对跨大西洋货运和客运业的主导地位。[162] 外国借款在1865年后重新开始，英国很快就占据了大量份额。到19世纪末，英国为美国提供了超过四分之三的长期外国投资，成为默认的最终贷款者。[163] 1853年成立的纽约票据交换所和伦敦城合作，管理英美金融关系中的流动性问题。[164] 接着，这两大金融中心协同捍卫金本位制，反对汇率控制。[165] 19世纪70年代，联邦政府为偿还内战中积累的债务，不得不向伦敦城求援。1895年，J. P. 摩根的财团呼吁伦敦城提供约一半黄金使美国维持金本位制。[166] 随着19世纪的推进，金融融合逐渐发展。两国的长期利率同步变化，尤其是从19世纪70年代起，它们和股票与债券的实际回报率一样开始出现下降趋势，直到19世纪末。消费品价格随之下降。[167] 美元和英镑汇率的波动也减少了，尤其是自19世纪70年代之后，两者的价差也缩小了。[168]

共和党改革助长了金融融合和国际信心。1863—1864年的《国家银行法》（National Bank Act）规定了统一的国家货币，在联邦各地授权建立银行，鼓励发展跨行支付网络。1873年，共和党人废止银币流通，批准回归金本位制，在1879年按战前汇率重新实行。[169] 尽管中央银行还没有建立起来，但联邦财政部将全国银行纳入监管，鼓励负责任的借贷行为。[170] 回归金本位制毫无疑问地证明，共和党人想推翻南北战争期间占上风的软通货政策。[171] 正像我们已经看到的那样，共和党保留了复本位制的选项，但在19世纪晚期的动荡年代，他们在实践中坚持了稳健货币政策。到1900年，财政统一和随之而来的财政自律已经实现。

伦敦城交易了美国企业的一大部分股份，为本地投资者不愿支持的高风险项目提供资金，也投资铁路那样的稳健股票。城市保险公司和苏格兰投资托拉斯也为北美的发展贡献了可观的资金。英国的庞大金融势力使其能影响部分本地企业（特别是铁路企业）的运营。[172] 然而，英国的金融渗透力有政治局限。民众对外国控制美国资源的反感情绪不断上升，以至于到1887年，联邦政府对那些想在联邦领土上拥有土地和矿产的外国人施加了法律限制。到1900年，联邦中有45个州通过了类似法律。[173] 这些措施就像二战后前殖民地国家实行的"本土化法令"（indigenization decrees)一样，旨在防止外国对基本资源的新殖民主义控制。同样像后来的那些法令那样，在对资本的需求超过了本地供应时，投资者找到了规避法令的方法。不过，联邦政府已经暗示，愿意限制那些被认为不利于国家利益的外国投资。

到19世纪末，国会已有能力坚持自己的主张，因为美国金融业已成熟到可以和伦敦城平等相处。南北战争曾揭示了国内资本市场的潜力，当时国内资本成功地为北方几乎所有的战争活动提供了资金。1871年，美国银行家杰伊·库克（Jay Cooke）取代巴林家族，成为美国政府在伦敦的代表，这象征性地体现了联邦复苏后与日俱增的信心。[174] 19世纪90年代，在金融业进一步增长后，J. P. 摩根推动了华尔街各银行的合并与搬迁，从而促进了纽约证交所的扩大。[175] 在1899—1902年的英国-南非战争中，J. P. 摩根的纽约银行为英国提供金融支持，象征着美英两国角色的反转。[176] 但在1907年，英格兰银行被迫支持摩根和纽约的一家银行财团，以拯救美国财政部脱离一位银行家所称的"预示着最可怕的危险的状态"。[177] 然而，1907年恐慌并没有重演19世纪90年代早期的几场恐慌。正像一名银行家解释说："1893年，我们遭遇了拒付债务的威胁，而到1907年，全世界都相信我们有能力用黄金偿还债务。"[178]

尽管有这些发展，但美国的海外投资规模仍然较小，即便其在1897—1914年间已经历了5倍的增长。[179] 投资的地理分布不够多样分散。美国对欧洲、加拿大和墨西哥的投资在1897年占总投资额的79%，在1914年占69%，到那时拉丁美洲和亚洲已加入了被投资者的行列。到这时，金融帝国主义就像制造业帝国主义一样，关系到的是特殊利益而不是国家存亡。

同样，到1907年，联邦预算情况良好，收支平衡情况比19世纪90年代时更为健康，关于复本位制的争论造成的不确定性也已消解。银行业已发展得越来越大、越来越强：总存款在1896—1906年间增长了3倍，但只有21家银行在1907年破产，少于1893年的160家。[180] 不过，众议院银行和货币委员会（House Banking and Currency Committee）在1912年提出，它所说的"金钱托拉斯"把银行业和金融业集中在了少数人手里，依赖几个私人银行家处理国家事务可能会导致金融危机反复发生。改革的提议导致美国联邦储备银行在1913年成立，让私人银行家不再担负国家责任，这家新机构的职责是维持稳定但灵活的金融体系。这次改革来自希望实现金融稳定的民主党和进步派的压力，但也满足了纽约银行家的需要，后者热切希望美元在国际贸易和投资中起到更大的作用。[181] 这家机构后来被称为"美联储"，它的建立象征着美国在伦敦城长期控制的领域取得了金融独立，预示着之后20世纪"万能美元"（almighty dollar）的统治。

国会在1913年同意推行进口税，这进一步的行动彻底确立了美国的财政统一。[182] 1890年，关税仍然贡献了约60%的联邦收入，而这一数字在1920年降到了5%。[183] 民主党人曾试图在1894年推行所得税，但最高法院裁决说这违反了宪法。国会批准所得税后，曾在19世纪创造了大部分联邦收入并因高度政治化引发分歧的进口关税，很快淡出了人们的视野。累进税收取代了军事-财政国家和欠发达的经济所遗留下来的倒退的间接税。这一转变既是概念上的，也是技术上的。累进税建立的原则是，税收应该基于支付能力，而不是基于给低收入人群施压的能力。就像在欧洲一样，这场改革是重塑政治体系运动的一部分，改革使这些体系能够应对工业化的后果和扩大的选民群体的要求。美国的进步派、英国的自由派和德国的保守派都认可，有必要用修改后的社会契约来反制企业的力量，最终维持政治稳定。

到19世纪末，企业力量已创造了时人所说的"财阀统治"（plutocracy）。[184] 林肯用令人惊叹的先见之明已经预见"金钱力量"可能会"毁灭"这个国家。[185] 著名社会科学家威廉·格雷厄姆·萨姆纳在19世纪末写道，他相信财阀统治在"现在和不久的将来都是民主最大的敌人"。[186] 作为赫伯特·斯宾塞的学生，萨姆纳支持企业优胜劣汰并为企业所有者创造巨大财富。但就像斯宾塞一样，萨姆纳也把财阀统治和军事主义联系起来，又把军事主义和帝国主义联系起来，这正是他反对的东西。[187] 现代的研究已经确认，尽管美国大量滋生的分散而多元的企业从未完全受到集中控制，但普遍来看，关于"大企业"崛起的这些印象都非常准确。[188] 艾森豪威尔后来说的"军事-工业复合体"（military-industrial complex）在19世纪晚期就已发源。[189]

人们需要用斯宾塞重量级的权威来对抗这一时代政治斗争中涌现的对财阀统治的批判性评论。1873年，马克·吐温和达德利·沃纳给这一时代一个永久的名称——"镀金时代"，并痛斥了这一时代惊人的过度现象。1879年，亨利·乔治写出了影响广泛的分析著作《进步与贫困》（*Progress and Poverty*），试图解释为什么经济发展加剧了"富裕之家与贫穷之家"间的反差。[190] 索尔斯坦·凡勃伦在1899年补充了乔治的视角，尖锐地分析了由"金钱精英"控制的"有闲阶级"，认为他们习惯于强迫性的"炫耀性消费"（conspicuous consumption）。[191] 为财阀的申辩则从斯宾塞令人安心的进步法则中找到了意识形态的印证。这种论点说，大企业是自由的必要结果，因为它们实现了规模经济。其结果是，效率产生了高薪，或者至少是企业能达到的最高薪资，从而削弱了社会主义的吸引力。[192] 财阀统治的哲学授权支持者采取行动，反对他们眼中民主的过度以及民主过度给企业自由和现有财富分配带来的威胁。在道德层面，这一立场鲜明的理念则支持私人慈善，认为这将治愈资本主义未受监管时造成的最糟糕的不公正现象。在这些方面，市场的运转将会推进社会和谐与民族团结。

"强盗大亨"（robber baron）本身各不相同。除了必要的敬业精神和冷酷无情，他们还有一些共同点：他们几乎都是北方人，他们在美国而不是海外建立起商业帝国，他们的生活方式符合国际新贵的标准，他们在不同程度上都是慈善家。除了这些特点，他们就各不相同了：有些是白手起家，其他人则家底殷实；有些笃信宗教，其他人则不然；大多数人都倾向于共和党，但少有人拥有直接的政治野心；几乎所有人都为得到订单、关税让步和其他特权挥洒金钱。约翰·D. 洛克菲勒在1870年建立了最大的企业之一——标准石油公司，成为那个时代最大的富豪。[193] 19世纪末，安德鲁·梅隆通过投资铝业和焦炭业等一系列新产业发了财。[194] 当时首要的银行家和关键的交易推手约翰·皮尔庞特·摩根合并了几家主要的铁路企业，在1892年协助创立了通用电气公司，在1901年建立了美国钢铁公司，还整合了纽约的银行业。[195]

钢铁产业的先驱安德鲁·卡内基是继约翰·D. 洛克菲勒之后镀金时代最富有的企业家，他凭独特的品质加入了他们的行列。[196] 他于1835年出生在苏格兰邓弗姆林（Dunfermline），家里更熟悉贫穷而不是富有的生活。他的父亲威廉是一名用手工织布机纺织的工人，但纺织业的机械化使他难以维持生计。1848年，威廉和家人移民去了美国，定居在宾夕法尼亚州，在那里继续织布。当地苏格兰社区协助威廉找到工作，让安德鲁开始了职业生涯。1853年，他作为职员加入宾夕法尼亚铁路公司，但很快晋升到高级经理职位；他培养了组织能力，重视削减成本，这两点都帮助他后来取得成功。接着，他转去金融业，又在19世纪70年代进入钢业，收购了几家企业，在1881年通过卡内基兄弟公司把这些企业合并起来，自1892年将其变为卡内基钢铁公司。[197] 卡内基一开始就清楚地表示，他的经理必须满足高标准，得到相应的薪水。他对工人的态度则经历了转变：他一开始倾向于仁慈，但态度却逐渐转硬，最终认为这些工人可有可无。1892年，当他的一家钢厂发生声名狼藉的霍姆斯特德罢工并恶化变成武装冲突时，他就采用了这一原则。[198]

卡内基既是在和工会开战，也是在和自己开战。他冷酷得近乎残忍，但也带有与之不相符的激进价值观，这来自他父亲对宪章运动的支持与他自己儿时的贫困经历。前一个特点驱使他赚钱，后一个特点则敦促他花钱。他在这两方面都做了许多。他在19世纪80年代财富累积时开始投身慈善事业，并在1901年将卡内基钢铁公司卖给J. P. 摩根后全身心地投入进去。从那时到他1919年去世，卡内基几乎把他的巨额财富全都花完了。他在财阀之中不同寻常，自学成才，并且有志成为公共事务评论家。[199] 他创造了一种哲学，宣传其为"财富福音"（Gospel of Wealth），宣称"在富裕中死亡的人是在不光彩中死去"。[200] 他的目标是实现"富人和穷人的和解"，他的方法是用慈善的力量"把普世的人性之树"弯曲"一点点"。[201] 改良措施将会增加机遇，减少不满情绪，抵御社会主义。卡内基相信盎格鲁-撒克逊"种族"的团结，但认为要走向成功不是通过英国的君主制、以阶级为基础的社会政治体系，而是要通过美国的共和主义和民主。[202] 他把教育放在优先位置，确保学术机构和图书馆得到他的大笔善款；他对国际友好的坚持和对帝国主义的反对促使他在1910年建立了卡内基国际和平基金会。作为第一代美国公民，卡内基和他的故乡邓弗姆林保持了联系，他给予经济资助，几乎每年都会去那里访问。1928年由他的遗孀路易丝开设的安德鲁·卡内基出生地博物馆至今仍是该镇的热门景点。

在财阀们镇压罢工者、播撒慈善的同时，他们也引领发展，加宽并加深市场，让消费者在共同的事业中有利可图。大企业通过消除竞争和加强规模经济扩大了消费。[203] 新的百货商店和邮购设施为商品提供了便利的销路。通常与山姆大叔和国旗等国家标志联系在一起的广告诱惑人们从钱包和口袋里掏钱。[204] 南北战争后传遍全国的圣诞节庆在19世纪70年代成了全国消费者的节日，创造了一种共同意识。[205] 圣诞树、贺卡和礼物象征着现代消费世界的到来，以及消费与基督教历和谐而又神圣的结合。这些发展过程教导公民要作为消费者来思考问题，以有助于大众生产和分配的方式来对市场潜力做出反应。[206] 品牌商品的传播有助于创造共有的渴望和共同的身份。[207] 曾激励国父们的古典共和理想退得更远了，让位于科技、工业和大众营销组成的不断前进的世界。[208]

与现代营销技巧联合起来的企业力量重新定义了公民义务的概念，它们推广的理念是，不受约束的消费是一项"不可剥夺的权利"，通过生命、自由和对幸福的追求得到表达。拥有美德的公民已经成为拥有美德的消费者，他们作为买家满足个人欲望，从而为公益做出了贡献。尽管卡内基对世界和平的希望将会被辜负，但他关于消费者忠诚将超越阶级团结的信念似乎得到了印证。1903年，当一名评论家提问说财阀统治之后会出现什么时，另一名评论家给出了答案，它就藏在1922年出版的一本书的标题里：《胜利的财阀统治》(*Triumphant Plutocracy*)。[209]

到1914年，美国已经取得了前所未有的自给自足和经济富裕。合众国经历了19世纪晚期同样伤害了西欧的经济危机，艰难应对政治不满、阶级冲突及其带来的颠覆倾向。物质条件的改善对民族团结事业至关重要，这就是为什么"通货大紧缩"如此令人忧虑，为什么世纪之交经济繁荣的重现如此令人宽慰。没有其他国家拥有像美国一样的资源，很少有国

家在没有经历更严重的国内动荡的情况下成功转型变成现代化的民族工业
国家。

世界性民族主义的文化

南北战争带来的剧变，以及19世纪八九十年代尖锐的阶级冲突动摇
了人们的假设，美国似乎并没有免于欧洲民族国家兴起时标志性的历史进
程。[210] 然而，对依然脆弱的民族团结意识来说，上帝选择合众国履行天
定使命的信仰重要得不能抛弃，尤其是在社会分化给颠覆性政治主张敞开
大门之时。从过去继承下来的各种意识形态成分被重新混合在一起，以适
应镀金时代的挑战。[211] 白人种族主义、复兴的新教主义以及残余的恐英
情绪，共同创造了一种反文化，抵消了遗留的殖民影响，塑造了已被扫清
原罪的团结的美国民族主义。

美国需要提出一种全面、令人安心的新版建国神话，这与19世纪末
社会科学的迅速发展以及形成专业社科组织的过程密切相关。学术思想
中弥漫着一种科学主义，它把旧的真理包裹在一组与个人无关的、看似客
观的主张中，加固了现有秩序，开发出可靠的策略来控制异议的世界观。
盎格鲁-撒克逊种族理论得到了"科学"支持，变成了当时高高在上的智
慧。新教主义得益于新一波激情的注入，这让基督教战士踏上战场，与威
胁"山巅之城"纯洁性的大量邪恶势力斗争。政党借助潜伏的恐英情绪，
妖魔化它们的对手，以证明自己才是国家利益真正的守护人。例外主义的
观念被成功重塑为持久的原则，直到今天仍是外交政策的试金石。

奴隶制问题的分裂性无可挽救，与之相比，19世纪晚期出现的问题
虽然同样艰巨，但更容易得到全国性的回应。移民的迅速增加使同化加入
盎格鲁-撒克逊领土成为必然的优先目标。就像在欧洲一样，工业社会和
相关激进政治要求的发展让有产者团结起来支持保守派政策。失业和城市
贫困启发了"社会福音"（Social Gospel）运动。世俗力量和宗教力量实
现了一定程度的和谐，成为高度有效的促进民族团结的工具。斯宾塞的唯
物主义无疑挑战了基督教神学，尤其让福音派感到不安。不过，不同思想
通过相反两派的对话，创造出一种有说服力的、确定的综合观念。造物带

来了进化，而人类进化进程在美国救世主的角色中达到了顶点——这个国家是被上天选中来救赎他人的。

　　盎格鲁-撒克逊的新教精英对证实他们自身杰出性的种族理论起了兴趣。公共知识分子把美国形容成年轻而精力充沛的西方角斗士，其任务是打倒野蛮人、传播文明。[212] 德国统一的光辉范例似乎标志着黑格尔的影响，也鼓励人们相信，美国应该采用一种条顿社团主义（Teutonic corporatism），把它推向整个世界。这个想法呼唤着汉密尔顿和李斯特传统下的强大政府，而强硬又团结的外交政策则伴其左右。

　　最杰出的公共知识分子之一布鲁克斯·亚当斯就代表了举足轻重的东北部精英对当时紧迫难题的回应。他起初是一名自由派，但1893年金融危机侵蚀了他家族的财富，他由此向右转，把银行家视为恶性势力，认为他们的行为注定要造成文明社会制度的崩溃。[213] 他接着写了两本影响深远的著作。1894年出版的《金本位制》（The Gold Standard）认为转向金本位会催生通货紧缩，造成社会衰落。[214] 次年出版的《文明与衰落的法则》（The Law of Civilization and Decay）为当前的不满情绪提供了全面的历史分析，宣称所有社会都面临熵定律，或者说是能量的消散。[215] 其结果就是一位评论家所说的"宇宙动力学"理论。[216] 亚当斯参考了黑格尔关于力量转移的理念，认为当前力量正从英国转向美国。他利用斯宾塞的学说来说明，社会进化是从军事社会变为工业社会。尽管斯宾塞赞同这一进化过程，但亚当斯认为工业社会缺乏持久力，衰落是一个永久的威胁。他为城市价值观的传播而哀叹，认为这种价值观胆怯、肮脏、腐败，遗憾人们失去了勇气、荣誉和责任这样的尚武品质。[217] 尽管美国已经成为盎格鲁-撒克逊领土的守护者，但无法保证它存储的能量会维持在需要的水平。要给国家重新充电，恢复社会的健康，需要有强大领导力，并伴以物质上的努力。

　　宗教启迪和新科学主义携起手来维护盎格鲁-撒克逊这一优等种族的纯洁性。执着的新教徒和知名生物学家查尔斯·达文波特在19世纪90年代启动了优生优育运动，在1910年建立了影响深远的优生学档案办公室（Eugenics Record Office）。[218] 达文波特把弗朗西斯·高尔顿和卡尔·皮尔逊（Karl Pearson）的理论和孟德尔的基因学联系起来，权威地宣称他提供了一种操纵人类繁殖过程的方法，以确保适者生存、优胜劣汰。[219] 虽然优生学引发了批评，但它的科学来源和相应的政治意味让它得到了一定程度的可信性，一直持续到二战。[220]

19世纪的最后25年中，盎格鲁-撒克逊种族的理念协助定义了美国的民族身份，而在那之前，它的作用是加强英国的非正式影响力。[221] 这一关系的变化半是来自种族理论的更新，半是来自物质资源的发展，前者允许美国作为盎格鲁-撒克逊领土的独立代理人做出行动，后者使这片前殖民地感受到了自身的力量和价值。恐英情绪在19世纪90年代仍因选举而被大肆宣扬，尤其是克利夫兰总统在1895年将它用出了戏剧性的效果，在委内瑞拉和英属圭亚那的领土纠纷中对抗英国，立刻赢得了大量支持。[222] 然而，共和党在1896年那场关键选举中最终赢得激烈的选票争夺后，咄咄逼人的恐英情绪就淡去了。和解精神回到了人们对外国的态度中，不过残余的怀疑和敌意一直徘徊到20世纪。不断生长的共性意识和友谊意识变得明显起来，远远超越了外交界和思想界。[223] 英国人被盎格鲁-撒克逊领土的说法所吸引，因为它带来了前景，即把他们狭小的祖国和海外"大"不列颠人居住的、乐于接纳他们的广阔世界联系起来。在美国，盎格鲁-撒克逊理念的世界主义特质相对不那么重要，它的价值更多的是在白人公民中灌输了一种种族民族主义。[224] 亲英情绪不再标志着顺从或者缺乏爱国精神，而是开放地表达了一种基于平等的关系。

移民为盎格鲁-撒克逊种族理论提出了关键考验。移民的规模如此之大，到1910年，新来者甚至达到了美国总人口的约三分之一。[225] 移民带来了至关重要的新增劳动力，但也带来了融合的问题，威胁着国家统一和盎格鲁-撒克逊的核心统治。此外，增多的求职者压低了薪水，在现有劳动力中造成了不满。1891—1920年间，约有三分之二的移民来自南欧、中欧和东欧，来自亚洲的则少得多（不过他们的新奇面孔更令人担忧）。根据种族理论，这些种族血统要么令人生疑，要么低人一等，这造成了一名备受尊敬的理论家在1896年所说的"来自失败种族的失败者，代表了生存奋斗中最糟糕的失败"。[226] 新移民中很少有人会说英语，许多人是天主教徒和犹太人，一大部分在东北部大城市定居，加剧了这一地区的城市问题。搬到其他地区的人们则与盎格鲁－撒克逊腹地的政治影响分离开来。

把美国视为将多元种族融为一体的"大熔炉"的乌托邦式幻想，经不起历史研究的考验。就像其他大多数民族国家一样，美国的建构是通过同化过程形成了一个主导种族群体。[227] 因此，几乎不加限制地允许移民流入的决定，迫使决策者设计"顺从盎格鲁"的政策，将不然就不够格的新来者同化进来。[228] 同化保证了种族优越性，提供了一条被认可的成功之路。公立学校、外展服务项目及教会、工会、公共组织等非正式影响力量都鼓励移民把他们的名字改成英式，学习英语，采用盎格鲁－撒克逊的价值观和行为模式。[229] 南北战争大大影响了现有的白人至上主义模式，在此后的和平年代推行了北方挥舞国旗的民族主义。[230] 退伍军人组织在一群志同道合的历史学家帮助下，把一剂强有力的浪漫军事主义注入民族主义的概念，洗清战争的恐怖，强调义务、勇气和忠于合众国的价值观。[231] 这一公式不仅治愈了战争的伤痛，也有助于北方和南方、移民和名门望族团结在同一旗帜下。[232]

要设定白人团结的界限，半是要通过排挤那些被视为无法同化的人群。南欧和东欧移民考验了盎格鲁－撒克逊领土的底线，美洲土著在短暂的实验后被放逐，非裔美国人也游离在外。重建时期结束后通过的"吉姆·克劳法"使种族隔离根深蒂固。关于南北战争的论述被用来培养白人的团结，将非裔美国人从叙事中排除出去。战争的起因不再是奴隶制而是州权，做出悲剧英雄壮举的战士都是白人。1896年最高法院对普莱西诉弗格森案（Plessy v. Ferguson）的裁决参考了"科学"种族主义，包括用测颅证据来支持不同种族间隔离但平等发展的原则。[233] 主要权威人士宣称，有必要用种族隔离来防止盎格鲁－撒克逊人因通婚陷入种族退化。正像1902年英国－南非战争结束后南非白人和英国移民团结起来一样，这一决定让南方和北方凝聚到一起。必然的结果是，种族隔离确认了非裔美国人的下等地位，保证他们将成为廉价劳动力的永久来源。私刑的数量迅速上升。[234]

　　白人至上主义原则也适用于美洲土著，只是官方实行的政策对应了中西部和西部平原上的情况，而不是对应南方的前种植园。19世纪下半叶，寻找土地和黄金的移民和矿工侵入了密西西比河以南被统称为"印第安国"（Indian Country）的广大地区。1871年，国会判定将不再视美洲土著部落为独立政治体。这一决定为联邦政府干预此前被视为主权国家内政的事务打开了大门。在白人涌入、争夺资源引发冲突后，政策把美洲土著赶进了保留地，激起了又一轮地区战役，最后以1876年苏人落败告终。接着，1887年的《道斯法案》（Dawes Act）重新分配了部落土地，创设个人的小地块，允许转让土地永久产权。它的目的是创造一群自给自足的自耕农，以及带头的中产阶级个人主义者。[235] 从表面上看，这一规划是更广大的国族建构计划的一部分。但结果却是社会工程的全面失败，削弱了亲属体系及广泛的狩猎政治经济，制造了一群深陷贫困的"班图斯坦人"。[236] 美洲土著失去了大部分土地，被撇开不管，然后就被遗忘。[237]

　　官方报告和新闻评论都把美洲土著刻画成落后的野蛮人，认为他们不配继续管理上天托付的充裕资源。不过，一旦这些"野蛮人"被驯服，有事业心的推销者就能在展览、马戏团和牛仔秀上把他们展示为难逃命运的人种的遗迹，他们的功能是为现代性的时髦代言人开路。[238] 当威廉·科迪（野牛比尔）在1887年把他的马戏团带到伦敦参加维多利亚女王登基60周年庆祝活动时，他的表演既是个人的胜利，又展示了盎格鲁-撒克逊的团结和统治。[239] 在这一场合，女王被逗乐了，也得到了深刻的印象。[240]

　　不加限制地允许移民流入的决定也刺激了本土主义的回应，这发生在害怕失去工作、薪水和地位的盎格鲁-撒克逊人之中。农民协进会和民粹运动表达了农村白种盎格鲁人对新来者的憎恶。劳动骑士团和劳联都要求根据种族和经济标准限制移民。[241] 1894年建立的移民限制联盟呼吁限制那些被视为劣等种族、可能冲淡盎格鲁-撒克逊核心的纯洁与力量的移民。1911年，迪林厄姆委员会（Dillingham Commission）质疑了同化政策的有效性。[242] 但是，共和党人和民主党人都意识到，没有廉价劳动力，经济发展就会陷于停滞。因此，1914年前唯一实行的移民管制是在1883

年和1907年分别对华人和日本人的限制。亚洲人很容易成为攻击对象，因为他们人数较少，也缺乏政治影响力。

也有一些知识分子提出了异议。19世纪90年代的"美国反叛运动"就以打破东北部盎格鲁-撒克逊权贵的文化垄断为目标。[243] 这一运动批评了哲学家乔治·桑塔亚纳（George Santayana）所称的"上流传统"（genteel tradition），这一传统把维多利亚时代道德观和文化民族主义相结合；运动转而呼吁一种世界性的现代主义，能反映美国人口与日俱增的多元性。[244] 桑塔亚纳辩称，精英的文字文化已不再能代表"新式"美国人，这些新人来到美国"不是希望建立上帝的共和国，而是为了在一个无拘无束的国家里繁荣发展"。[245] 但是，官方政策认为同化有助于民族团结，而多元主义则威胁着破坏团结。桑塔亚纳本人无意领导革命。他不信任民主制度，遗憾于工业化给社会带来的改变。他对英裔美国文化的攻击虽然颇具影响，但仍停留在象牙塔中。[246]

关于种族的世俗信条得到了宗教支持。19世纪下半叶出现了被称为"第三次大觉醒"的宗教复兴，与新教及天主教欧洲复苏的信仰相得益彰。第三次大觉醒就像第二次一样，发生在政治动荡和经济快速增长带来显著不稳定的时期。[247] 第三次大觉醒的灵感来自千禧年后论（post-millennial）的神学，这种神学认为只有在人类改革了世界后，基督才会再次降临。很少有人怀疑在改革世界之前首先要在国内开始改革。对那些读得懂神迹的人来说，内战、恶劣的工作条件、广泛的失业、贫困、酗酒和犯罪都是征兆，暗示着人们未能完成上帝的任务以准备基督的降临。治愈国家、应对经济发展产生的社会问题，都需要全面的道德重整计划。

迫切的召唤得到了全心全意的回应。南北战争后，北方的宗教代言人领头改写了道德戒律，帮助南北双方重新会合。1865年，比起对南方做出宣判，更重要的是救赎整个国家。废奴实现了救赎。在那之后，联邦的神圣性超过了其他一切主张。新教领袖们给盎格鲁-撒克逊的联盟赐福，支持种族歧视，听任包容的公民民族主义理想破灭。[248] 南方的"圣经地带"（Bible Belt，保守的福音派主导的地区）得到了更清晰的定义和更多曝光。[249] 19世纪70年代，社会议题走到了前台。新教教会越发注意到，它们在扩大的城镇中正失去影响，而不虔诚的唯物主义和超虔诚的美国天主教取而代之，在1865年后迅速发展。教会领袖认为，这些失败显示了道德衰退和潜在的种族衰落。这两个趋势都需要扭转过来，正如乔赛亚·斯特朗在1885年所说："在上帝与世界上的无知、压迫和罪恶战斗的过程中，美国要成为上帝的右臂。"[250]

19世纪50年代起，出现了一群受欢迎的福音派传教士，他们个个都宣扬道德改革以抵抗现代性在社会上扩散的罪恶。1858年，德怀特·L.穆迪（Dwight L. Moody，1837—1899）开创了主日学校运动，运动从芝加哥扩散到全国其他地区。接着，穆迪成为第一个现代福音派传教士，在19世纪七八十年代在美国和英国的集会上吸引了大批民众。[251] 玛丽·贝克·埃迪（Mary Baker Eddy，1821—1910）在19世纪60年代呼吁精神治疗，在1879年创立了基督教科学派（Christian Science Church）。19世纪80年代开始的学生阅读圣经运动发展成组织，最终成为"耶和华见证人"（Jehovah's Witnesses）团体。1874年卫理公会派教徒创立的妇女禁酒联盟（WCTU）在19世纪八九十年代扩大活动计划，纳入了监狱改革、文化提升、扩大选举权等项目。该组织还采取了有偏见的意识形态，把非裔美国人归为威胁国家力量的天性劣等种族。[252]

第三次大觉醒中建立的最大的盎格鲁-撒克逊组织是基督教青年会（YMCA），它宣称自己是第一个主要的国际非政府组织。[253] 自19世纪初创立，到1855年，基督教青年会已变得足够国际化，为它的众多附属组织达成了一系列同盟原则。1851年，它的伦敦分支启发了一个美国访客，他将运动组织出口到波士顿，接着它就在美国各地传播，还在这一过程中激发了另一个平行运动组织：基督教女青年会（YWCA）。思想、精神和身体健康的创始原则有着广泛的吸引力，也让公众人物产生了共鸣，比如西奥多·罗斯福就想培养新一代阳刚、强壮的基督徒，以防"熵定律"使盎格鲁-撒克逊种族陷于衰退。[254]

兴起于19世纪80年代的社会福音运动涵盖了更小的宗教复兴组织的利益，把改革带进了城镇、国会，以及进步派推行的改良计划中。[255] 运动追求的是让基督教义适应城镇化和移民的挑战。随着野蛮人席卷了罗马，撒旦在本地最新招募的兵员正在诱使那些上帝选定来将其旨意传遍全球的人们堕落。有必要通过改革来维持民族团结。重新投身于基督教义将使支撑社会的道德观重焕活力。如果复兴能重新强调盎格鲁-撒克逊人作为上帝选民的身份，它就能维持盎格鲁-新教徒的同盟，赋予同盟一个值得努力的目标：让那些不那么受上帝青睐的人皈依基督教并同化他们。社会福音派批判资本主义，但不打算颠覆它。该运动推动的改革成为19世纪八九十年代社会冲突的解药，支持能够给民族带来共同目标的消费者精神气质。精神和物质协同行动：在贫困和堕落统治的地方，上帝的工作就不会繁荣发展。

在1886—1898年担任福音派联盟（Evangelical Alliance）秘书长的乔赛亚·斯特朗是社会福音运动最突出的领袖之一。他的众多出版物和演讲让他得到了公共地位以及西奥多·罗斯福那样身居高位的朋友。他出版于1885年的热门著作《我们的国家：它可能的未来及其当前的危机》（*Our Country: Its Possible Future and Its Present Crisis*）抓住了当时人们的忧虑，让读者们团结起来支持基督教改革计划。虽然斯特朗给后人留下了狂热帝国主义的刻板印象，但其实他的人格更加复杂。《我们的国家》的大部分内容关注在国内困扰着美国人的诸多"危险"，最后花大篇幅募求经费来抵抗威胁要扳倒国家的社会衰退现象。[256] 斯特朗主要关心的是在美国国内推行传教活动。移民就像"哥特人和汪达尔人"一样，已经占领了东北部的城镇，正在摧毁盎格鲁-撒克逊的生活方式。在南方和西部，要么天主教正在步步紧逼，要么人们大都还没听说过十诫。[257]

斯特朗是长久的千禧年救赎神学传统中的一员，他将该传统和盎格鲁-撒克逊民族主义融合到一起。[258] 他的著作开头和结尾的华丽辞藻有着广泛的吸引力，因为它们成功展现出了当时的戏剧状态，把外国侵略者和"教宗派"（天主教徒）领导的黑暗力量与光明战士对立起来，领导后者的正是盎格鲁-撒克逊种族精力充沛的美国分支。[259] 斯特朗提出的结果令人宽慰：上帝和进化论选定了盎格鲁-撒克逊人取得胜利——只要他们能保持团结并宣扬基督教的价值观。[260] 斯特朗复兴了"命定扩张"的概念，拓展了其努力的范围。他对海外扩张的观察评论虽然简短而不完整，但为帝国主义者提供了可以雕饰的材料。种族间的"最终竞争"即将来临，盎格鲁－撒克逊的"殖民天才"及美国"尤具进攻性的特点"将决定其结果。[261] 扩张是"上帝对众多劣等民族的黑暗异端问题最终的完全解决方案"。[262] 然而，这场竞赛不是"由武器决定的，而是由活力和文明决定的"。[263] 美国先锋面临的任务是，"驱逐许多弱小种族，同化其他人，塑造剩余的种族，直到……美国把整个人类都盎格鲁－撒克逊化"[264]。斯特朗广阔的愿景对应了他对上帝意志信心满满的理解。义务推动了世界的改革，失败则会引来上帝的惩罚。

美国人相信盎格鲁－撒克逊世界的领导权已被转移到美国，又认定上帝选择他们来救赎世界，这让他们产生了一种新的自信，体现在战后的文化理想中。世界主义的影响依然存在，不过与其说是返祖现象，不如说是在回应越发全球化的文化交流。美国人的声音如今有了足够的广度和音量，可以记录下他们自己的旋律。我们可以在当时的高雅文化中看到这一发展，尤其是在城市中产阶级的形成过程中，他们大都有着类似的品味、习惯和价值观。[265] 这个阶级（特别是它在东北部城镇中自告奋勇的代表）肩负起指出同化之路的责任，设定"文化提升"标准供他人效仿。代表着人生目标的各种社会标志被广泛传播，从婚姻到时尚、从文学到体育，一系列例子都能展示这一点。

"高贵出身"（gentility）象征着一系列文化准则，使那些符合资格的人无论地域如何都能互相认可。社会交流为通婚提供了通路，也能够反映民族文化和国际文化之间的关系。[266] 亨利·亚当斯在1880年出版的讽刺小说中捕捉到了当时的一个文化趋势：那些暴富但尚未变老的人们渴望通过建立显贵的国际联盟（尤其是和英国贵族）来给自己的财富增加地位：

> 你知道谁订婚了吗？维多利亚·戴尔，同一个叫邓伯格勋爵的爱尔兰泥煤田上的贵族。维多利亚说她现在比过去的任何一次订婚时都高兴，并且相信这次是真正的订婚了。她说她每年从美国的穷人手中夺得三万美元，完全可以去救济一个爱尔兰的穷人。你知道她父亲是个律师什么的，据说以骗取委托人的权力发财致富。她简

直疯狂地想当伯爵夫人，打算很快就把邓伯格城堡整修一新，在那里招待我们大家。[267]①

　　到19世纪70年代，观察社交舞台的美国人把和外国贵族结婚视为一种基于平等的接纳，而不是一种对共和原则的背叛。结合的隆重场面满足了双方的需要：渴望社会地位的美国富人能够买到继承来的地位，需要给贵族头衔重新注资的贫穷贵族则乐意提供他们的主要资产。[268] 英国作为美国人首选的国家，提供了最夺人眼球的例子，特别是1874年珍妮·杰罗姆（Jennie Jerome）和伦道夫·丘吉尔（Randolph Churchill）勋爵的联姻及1895年孔苏埃洛·范德比尔特（Consuelo Vanderbilt）和马尔伯勒公爵的联姻。《纽约时报》在1878年报道一起这类事件时注意到"席卷了我们时髦社交圈的一股英国热"，认为这有可能增加"两国间的友好感觉，这种感觉如今幸福地占了上风"。[269] 这一时代的记录者亨利·詹姆斯把这些联姻作为他在19世纪七八十年代小说的主题，给它们注入了他标志性的克制的爱国主义、亲英倾向，以及对马修·阿诺德所称"庸俗之风"（Philistinism）的厌恶。[270] 这些联姻所形成的联系超越了民族国家，变成了对盎格鲁-撒克逊领土事业的献身。[271]

　　时尚趋势进一步显示了这一时期盎格鲁-撒克逊的文化合流。物价和薪资是测量融合程度的标准，随着二者在19世纪下半叶在欧洲和美洲走向一致，男性服装和络腮胡的风格也开始同步，成为此前人们不熟悉的全球化指标。[272] 时尚的共同变化宣传了跨大西洋的和谐。在各种意义上，英国人的胡须在克里米亚战争中蓄长了，美国人的胡须则在南北战争中蓄长了，胡须成为力士参孙式的男性力量、政治领袖和职业能力的象征。林肯总统就处于这种新时尚的最前列，山姆大叔则在1869年蓄了胡子。[273] 在英美两国，胡须的时尚都在19世纪80年代末和90年代初达到了顶峰，没过多久，八字胡就取而代之，成为守纪律的军事象征。

　　明目张胆的离经叛道行为激起了文化压力，让男性着装回归现有界

---

① 译文摘自朱炯强、徐人望译《民主：一部关于美国的小说》。

限。弗朗西丝·霍奇森·伯内特出版于1886年的《方特勒罗伊小爵爷》
（*Little Lord Fauntleroy*）在富裕而引领潮流的阶级中开启了让男孩穿上安
东尼·凡·戴克复兴主义式服装的热潮，他们认为这象征着一种与高贵
精神和道德纯洁相连的男性气概。[274] 但到1898年，时尚裁判们已经认定，
年轻版的公民道德助长了男孩教养过度的柔弱，他们推行了另一套强调粗
犷、户外、军事的价值观。童子军没有穿上天鹅绒。

　　女性时尚也发生了相似的合流。圈环裙的扩张在19世纪60年代达到
了顶峰，裙撑在19世纪七八十年代达到顶点，紧身胸衣则在世纪之交达
到顶点，不过在偏远地区有些延迟：到19世纪90年代，得克萨斯州的女
性还在与裙衬搏斗。诚然，跨大西洋女权运动挑战了外国对美国时尚的
影响及其所暗示的服从，从而表明未来美国将在服饰上取得自由。[275] 但
在19世纪晚期，传统仍然占据主流。时尚就像政治那样，强大的力量削
去了异议的锋芒。消费者文化的扩张把所有公民拉向一致，尽管时尚确
实强调了两性之间的传统区别，但时尚的诱惑甚至蒙蔽了坚定的女权主
义者。[276]

　　通婚和时尚的跨大西洋趋势展现的价值观揭示了美国和英国上流社
会行为模式的相似程度。在19世纪早期，英美共同文化的元素表达的是
美国对前宗主国的持续顺从。到19世纪末，顺从已变成了平等，美国人
从战后的经济发展和增长的政治团结中得到了自信。哈里森总统的顾问们
都蓄着茂密的络腮胡，他们不是在寻求英国文化权威的认可，而是在暗
示，自己正作为平等的一员参与文明人的国际化世界。

　　时尚的趋势也适用于文学。[277] 正如著名英国记者威廉·斯特德（William
Stead）在1904年观察到的那样："美国作家过去听从欧洲批评时那种几
乎可悲的谦虚已经消失了。"[278] 到那时，美国创造的文学颂扬了该国独特
的品质和多元的社会混合。[279] 长期在伦敦定居的亨利·詹姆斯在小说中
反映了这种变化，刚开始在19世纪70年代描述欧洲人是怎么智胜粗野的
美国人的，后来却展现出美国人在新世纪变得多么令人敬畏。[280] 对文化
独立的追寻给这一体裁提供了许多启发，这预示着20世纪在前殖民地世
界中将会变为主流的各种视角。

沃尔特·惠特曼在南北战争后不久发表的宣言《民主远景》（*Democratic Vistas*）中祈求文学独立，就像上一代的爱默生不太成功的尝试一样。惠特曼观察说：

> 我们看到新大陆的儿女对自己的天分一无所知，他们尚未开始创作出本土、普世、贴近生活的作品，依然在进口遥远、片面、死亡的作品。我们在这里看到的是伦敦、巴黎、意大利——不是它们应有的卓越的本来面目——而且是二手的形式，它们不属于这里。我们看到希伯来人、罗马人、希腊人的碎片，但在美国自己的土地上，我们要在哪里看到对美国自己真实、崇高而自豪的表达？[281]

惠特曼在1855年部分解答了自己的问题，他在那年出版了《草叶集》的第一版，这一系列诗歌在主题和风格上都发出了独立的美国声音。惠特曼抛弃了被他称为"封建"文学的司各特、丁尼生、莎士比亚，有力回应了托马斯·卡莱尔和马修·阿诺德等英国批评家对美国文化的攻击，这些人恐惧地目睹了被阿诺德夸张宣称的"平凡和卑贱者的主导地位"[282]。尽管惠特曼的有些观点和阿诺德的精英主义保留意见相一致，但他对人类精神乐观的、狄更斯式的信心使他继续为美国民主辩护，信仰它的潜力。[283] 同时，惠特曼没有把民族国家视为政治生活的终点，而是把它视为国际主义、全球化世界出现前的序章。惠特曼的想象力远超过盎格鲁-撒克逊团结性主题（这种团结主题吸引了亨利·詹姆斯）所划定的界限。[284] 新秩序将是"平凡人"的世纪，他们"勇敢地踏遍陆地海洋"，其"结果还未可知"。[285]

埃米莉·狄金森也发出了独特的声音，不过她内省的风格和惠特曼率直的外向表达形成了对比。[286] 她的诗作就像惠特曼一样，是独特的美国风格。她从自己身边的世界汲取的主题包括：美国民主对单身女性施加的限制、宗教复兴主义的压迫性，以及大众消费主义对个人价值观的影响。她诗集的初版出版于19世纪90年代，引起了批评家的不安。"狄金森小姐显然生来就让书评人感到绝望。"一名为她那离经叛道的文字感到不安的评论家观察说。[287] 她充满想象力地运用半韵、新颖的格律、断句以及偶尔的口语,让那些优良品味的捍卫者感到不悦,引发人们对她作品中内容价值和风格价值的漫长讨论。[288] 到20世纪,当现代性的步伐赶上了她的诗歌后,她最终得到了认可,凭其直接、精炼、画面感和深度受人重视。

马克·吐温给惠特曼所说的"本土、普世、贴近生活"提供了非常不同但依然完全是美国式的表达,在《汤姆·索亚历险记》(1876)和《哈克贝利·费恩历险记》(1884)中,他描述了一个远离东海岸精英(那些人只写他们自己)的世界。莎士比亚用社会底层的人物来平衡他对高层政治的描绘。吐温则选择了来自儿童、失败者、探险家和流浪汉的底层人物,展现出日常生活的底层政治同样要应对普世的道德难题:不平等现象的持续、身份的塑造、歧视的基础、正义的本质。他把惠特曼的"平凡"人置于中西部和南方贫困乡村、黑脸歌舞秀和种族主义社会准则等真实的当地环境中。他让他们自由地用自己的口语描述所在的世界,这在当时许多批评家看来粗鄙得不可接受,有时甚至还很下流。

吐温的声音在各种方面都是独立的。《康州美国佬在亚瑟王朝》(*A Connecticut Yankee in King Arthur's Court*,1889)开始于对英国封建历史的讽刺,说那是"一个不需要头脑的地方",但到结尾却对美国拥抱的那种现代性同样持批判态度,称美国因滥用自己的先进技术而遭到破坏。吐温最早在《镀金时代》(1873)中嘲讽共和党政府及其产生的腐败,随着他对政治世界的观察日积月累,他的幻灭感也越发强烈。到他在1894年出版《傻瓜威尔逊的悲剧》(*The Tragedy of Pudd'nhead Wilson*)时,他的情绪更加灰暗,既反映了白人种族主义的硬化,也反映了不受控制的移民导致的破坏性后果。[289] 不足为怪,吐温的诚实一针见血,以至于那些倾向传统世界观的人们总在试图禁止他最著名的几部作品。[290] 但吐温让弱者变得坚强。他笔下的人物在地理上是美国人,在精神上却是世界人。他们象征着民族性,却避开了民族主义和它延伸出的帝国主义,后两者都是他用犀利的笔锋所反对的。

体育运动也在南北战争后经历了非殖民化过程。有组织的比赛成为团结起各冲突地区的有力工具，灌输了"阳刚"美德，以此塑造白人美国的新形象。这一发展在南方尤为重要，在那里，体育运动在民族团结的框架中维护了地方主义，软化了战败的影响，让重新统一更容易令人接受。邦联老兵们引入了棒球运动，北方的影响力则传播了橄榄球运动。南方进步派战胜了福音派认为体育让身体凌驾于精神的敌对态度，把新的体育比赛和勇气、荣誉和礼貌的旧传统融合起来。橄榄球在南方变得尤为流行，迎合了当地的尚武价值观和打猎运动的文化，为恢复南方的庆典活动创造了机会。[291] 体育运动上的胜利重振了南方人的骄傲，就像大英帝国中的属国在体育比赛中（越来越频繁地）战胜"母国"会提振士气一样。体育运动也沿着社会等级一路向下传播，触及了那些高雅文化达不到的阶层。比如棒球就是典型的民主运动：它需要开放的球场和最少的器械，因此成为南北战争双方军队最喜欢的运动。[292]

英国人几次试图以非正式方式对抗美国在体育运动方面与日俱增的独立。[293] 起源于板球和圆场球的棒球在南北战争前就已流行，在恢复和平后迅速发展。19世纪60年代，评论家们把棒球称为美国的国家运动。1876年，美国建国百年之际，棒球的推广者们成立了第一支全国联盟。英国的板球爱好者做出回应，在美国举办巡回赛事，希望收回这项运动的所有权。这些尝试都失败了，半是因为板球运动在美国主要是英格兰移民参与，这让它得到了一种殖民主义、精英主义的形象。[294] 棒球的支持者在1888—1889年发起攻势，阿尔伯特·斯波尔丁（Albert Spalding）组织了一场世界巡回赛，宣传棒球的好处，培养对"土生土长"的运动项目的民族自豪感。[295] 板球被它的帝国形象"接杀"（caught and bowled）[①]了，它可不是美国新生爱国主义的对手。[296]

美式橄榄球源自现成的大学体育项目，主要是英式足球和（哈佛的）英式橄榄球。美式橄榄球在1876年发表了独立宣言，为庆祝美国宣告政治独立100周年，美式橄榄球的推崇者达成了新规则，建立起联盟。[297] 英国的体育爱好者试图维系足球的生命，像板球支持者一样派球队去美

---

① 板球术语，指击球手击出的球被防守方球员接到而击球手出局。

国巡回比赛。一支业余球员组成的劲旅在1905年在美国巡回比赛，它的队名"朝圣者"可能有点缺乏政治敏感性。[298] 朝圣者队代表的不只是比赛：他们宣传了一系列价值观。巡回赛的领袖们宣称，足球是绅士的运动，而不是"开发男人野蛮一面"的运动。[299] 这支球队在球场上的强硬表现并没有一直展现出组织者宣称的诚实、公正和对传统权威的尊重。不过，这场巡回赛恰巧发生在美式橄榄球赛季死亡和受伤人数突破纪录，遭遇负面宣传的时刻，英国人希望公众能把足球视为更吸引人的选择。但相反，美国官方改革了橄榄球赛，其后盾是热心的橄榄球支持者罗斯福总统。[300] 足球错过了机会。到1914年，橄榄球已和棒球一起成为两大主要的全国运动，新殖民主义的影响力退去了。橄榄球代表了美国人的性情：它是男人的运动而不是绅士的运动。它印证了男性特质，表达了一种超乎身体健康所需的、与生俱来的勇猛。它远超过那些肌肉发达、有时狡猾的英格兰绅士任意做出的暴力举动，那些英国人更多时候是在"玩球"而不是在"做个男人"。

通向文化独立的道路漫长而不平坦。有人领头，也有人落后。当时卓越的美国艺术家詹姆斯·麦克尼尔·惠斯勒和约翰·辛格·萨金特在欧洲度过了人生大部分时光。古典音乐难以逃脱欧洲先祖的影响。[301] 当时领先的作曲家爱德华·麦克道尔（Edward McDowall）在今天几乎无人知晓。1892年，一群富有的纽约人为了专门建立一座美国音乐学院，觉得他们必须引入欧洲人安东宁·德沃夏克。[302] 19世纪晚期的哥特式复兴赞颂了盎格鲁-撒克逊领土，推动美国引入封建秩序的元素，尽管在其他领域美国正在自觉地创造独立的艺术表达形式。[303] 人们正在建造哥特式教堂和大学，不过乔治·A. 富勒（George A. Fuller）也在开发摩天大楼；在世纪之交后不久，"田园学派"（Prairie School）领袖弗兰克·劳埃德·赖特创造了一种引人注目的本国建筑新形式，部分回应了美国引进的中世纪及古典风格。[304] 同样，在麦克道尔艰难地把本地旋律塑造成李斯特和瓦格纳的风格时，无数种类的大众音乐正在高雅艺术提倡者的目光之下蓬勃发展。[305] 创造了阿巴拉契亚式、民谣、乡村、拉格泰姆和灵歌等风格的，大都是那些身处盎格鲁-撒克逊文化世界以外的人们，这些风格都为当今的流行音乐做出了贡献。[306] 上升文化和下降文化之间的争斗象征着同化与多元主义间的紧张关系，这种紧张关系一直持续到20世纪，直到20世纪60年代才被民权运动震撼地化解。

从"联邦"到"美国"

因为美国有着庞大的面积、众多人口和丰富的资源，所以它处于无与伦比的位置，可以实现一定程度的有效独立，远超过包括英国前属地在内其他前殖民地所达到的程度。但是，即使有这些优势，直到19世纪末，合众国才动用它的政治、经济和文化资源，把理想变为现实。

南北战争虽然对保护联邦至关重要，但它建立的是一个政府而不是一个民族国家。建立在共同民族意识上的团结事业仍未完成，正像在德国、意大利和其他新建或刚刚重组的国家一样。当时的政治辩论回击了转向现代全球化所造成的压力。美国两大主要政党的对立纲领实际上提出了不同计划来重新商议国际融合的条件。此后发生的转变紧张而争议重重。共和党和民主党相互争斗，想塑造联邦，让联邦符合它们各自对联邦未来的想象，同时也试着解决重建时期出现的地区问题，处理19世纪八九十年代激进的阶级冲突。农业民粹主义者不满于他们对工业资本主义上升力量的服从，城市工人对他们参与工业资本主义的条件发起争论，有产者则试着寻找方法，在维持公共秩序的同时不破坏国家稳定或打乱经济发展。

直到1896年和1900年至关重要的联邦选举时，这些关键问题才得以解决，这两场选举象征着共和党计划的胜利。与之相比，民主党人资金不足，计策也略逊一等。他们因支持自由贸易而手足受缚，反对者则宣称，自由贸易会继续使美国屈服于如今所谓的"新殖民主义"和它那些心怀恶意的英国代理人。就像在欧洲大陆一样，关税保护迎合了民族主义情绪，它提供的养老金、合同和选票都帮助共和党维持了权力。汉密尔顿的灵魂俯瞰着这项成功，李斯特的经济民族主义则引领着成功的方向。尽管软通货有着普遍的吸引力，但强大的利益集团仍坚持金本位制。好斗的异议力量被压制了，激进的替代方案在全国政治中失去了信誉。南方在1865年后想方设法重申它的价值观和独特性，但再也没敢打破联邦。胜利者们拯救资本主义摆脱了镀金时代的无度，承认他们需要采取一定的改革措施来防止重演19世纪90年代的绝望冲突。到世纪之交，美国的进步派就像欧洲新自由派和保守派中的同类一样，转向中央政府来限制垄断行为并实施福利改革。即使是财阀都看清了，改良比革命更好。

与日俱增的国家独立意识在海内外都得到了表达。1895年，第一次委内瑞拉危机表明美国有足够的自信违抗英国，为门罗主义增添了实据。三年后，共和党派美国海军在加勒比海和太平洋击败了西班牙军队。与西班牙的战争展现了美国已有能力在国际层面采取强硬行动，不再依赖英国皇家海军的防御。由保护性关税资助的海军项目给共和党提供了他们所需的工具。像罗斯福和威尔逊那样的进步派人士相信，美国的国家使命不再受限于国家边界，而是给前进的外交政策赋予了合法性，这种政策把堕落者提升上来，管控他们的未来，向国内心存怀疑的公众展现出伟大领袖引领一个强大、仁慈的国家可以带来的好处。

经济发展支撑了政治民族主义。量化证据显示出，真正的"市场革命"发生在南北战争之后而不是19世纪上半叶。到1900年左右，美国已把自给自足和生活水平的提升融合起来，达到了前所未有的程度，这在1914年已成定局，因此美国被阿尔弗雷德·马歇尔称为"世界上最大的自由贸易区"。[307] 1865年后，共和党对进口商品征收高关税，同时继续向外国资本和移民开放经济。关税至关重要，因为它为政府收入做出了显著贡献，支撑着金本位制，而这也使外国债权人相信，恢复统一的联邦将会偿还债务。和平与黄金的回归吸引了大笔英国资本流入，巩固了北方和中西部金融业、制造业和铁路利益集团建立的盈利商业联盟。美国工业品开始侵入英国市场，英国工业品在渗透美国市场时遭遇了越来越多的困难。英国对美国贸易平衡局面的恶化促使英国出口品进入亚洲和非洲，在那里，政治施压为英国的工业品打开了新市场。到1914年，美国已成为世界上最大的商品制造国和服务提供国，终于摆脱了南北战争前对外贸易中标志性的殖民影响。

和英国商品不同的是，英国金融业在美国经济发展中保留了重要位置。即便如此，英国投资的成功也帮助联邦政府实现了财政统一，帮助私有企业扩大了国内的资本市场。到19世纪90年代，伦敦城和华尔街已经协同行动。1900年后，它们轮流互帮互助。这两方达成了均势，主要是因为北方和中西部联合起来的实力使权力的天平倒向了美国这边。同时，南方仍是一个半殖民化的附庸，为北方扩大的纺织业和南方在曼彻斯特的长期贸易伙伴提供原料。它的经济重要性在整体上减弱了，也反映了英国对美国影响力的相对衰落。1901年，W. T. 斯特德预见了美国对英投资增长后必将发生的角色转换。这个"老旧的国家，"他观察说，"将成为美国殖民者的新家园。"[308] 他还补充道："约翰牛必须聪明起来。"[309]

反文化的元素早在南北战争前就已存在，托克维尔在19世纪40年代评价美国人品质的演变时就已经注意到这些元素，但它们尚未能创造出一种真正的民族认同感。[310] 然而，南北战争的灾难为建立团结纽带提供了有说服力的动机，那就是防止合众国再次内部分裂。以包容的白人盎格鲁-新教徒公民群体为基础的民族团结意识形态可实现这一目标。成为盎格鲁-撒克逊联盟的一员不再像19世纪早期那样受人敬重。理论家们优化了种族学说，授权让合众国作为盎格鲁-撒克逊种族最具活力、最独立的分支做出行动。宗教领袖强调和解而不是报应，吸引全体信众而不是宗派利益团体。第三次大觉醒运动带着这一信条与黑暗力量斗争，那些不道德和分裂的力量都产生于工业资本主义，是人们未曾预见的。到1900年，逐渐成熟的文化独立不只在高雅艺术中有迹可循，也出现在社会关系、公共庆典、通婚、时尚以及体育这类活动中，它传遍各地，吸引了白人社会的各个层面。在19世纪早期，美英文化上的相似反映了美国的顺从。到19世纪末，文化相似性体现出美国在一体化世界中取得的平等地位，而不同之处则表明了它的独立。

用于形容身份演变的语言和符号发生了变化，给国族建构的进步过程提供了指标。作为南北战争的结果，国旗和国歌战胜了对手，赢得了人气。[311] 在1812年战争中发明出来的山姆大叔形象取代了他的竞争者们。到美国独立100周年的1876年，他已得到人们所熟悉的林肯式的瘦削身形，成为无可争辩的民族象征 —— 他显然是白人，拥有强势的男性特征。[312] 到19世纪80年代，"联邦"（Union）一词已等同于在1861年惨败的那种松散、地区性的妥协方案，不再受人欢迎，被降格用来描述新生的劳工组织即"工会"。"美利坚"一词在19世纪90年代取而代之，此后成为永久的表述。[313] 1892年，为庆祝哥伦布纪念日，有人创作了"效忠誓词"（Pledge of Allegiance），当时正是那场如今争议重重的著名登陆行动400周年纪念日。

19世纪90年代，由合众国大军（GAR）、美国革命之子组织（SAR）、美国革命女儿会（DAR）和国旗日协会领导的退伍军人和其他爱国组织把国旗和国歌带进学校、公共活动和私人住宅。[314] 起初作为"北方佬"习俗的感恩节在逐渐变成全国性节日。同样到那时，北方的所有州都庆祝扫墓日（Decoration Day，如今的阵亡将士纪念日），不过这个节日在南方仍被用于重申那项失败事业所象征的价值观。但到1913年，即葛底斯堡战役50年后，这一活动获得了全国的特性。[315] 永远追随那些刚独立的国家的历史学家用他们的权威为民族团结事业做出了贡献。知名学者建构了一种浪漫主义"宏观叙事"，把领袖推上神坛，支持自由和民主的理想，赋予美国历史一种特殊性（它后来被诠释为例外主义），从而证明了这个国家的价值。[316] 1901年，伍德罗·威尔逊感到他可以毫无争议地宣称："在我们国家存在的这个新世纪，我们已经实现了完全的成熟，作为一个民族也实现了完全的自我意识。"[317] 在本章所研究的时段进入尾声时，建立于信仰、家庭和旗帜的稳定组合之上的民族忠诚感，已经和地区及其他归属感安然并存。

历史记录把美国稳稳地归入了19世纪下半叶努力创建民族工业国家的后发国家之列。[318] 这些国家的细节各有不同，但它们的问题实际上是相同的。这一观察理应是老生常谈，但它尚没有得到应有的完全关注。后发国家都参与商议应对历史性转型的过程：经济和政治力量从农业转向了工业。它们都遭遇了快速城市化和阶级斗争引发的问题，这些通常都是有史以来的第一次。它们都努力建立民族认同意识，在同一旗帜下吸引多种多样的种族、地区和宗教忠诚感。它们都足够密切地融入世界，因此会受国际贸易（尤其是19世纪最后25年常见的反复无常和通货紧缩）带来的令人不安的波动的影响。这一时代的思想家就像18世纪的哲学家一样，发展并分享了关于原因、结果和药方的理论。正如孟德斯鸠的洞见指出的那样，当时这些挑战和通常令人绝望的对抗都显示了经济增长和政治控制之间与日俱增的不平衡。换句话说，所有这些国家都参与了向现代全球化转型的过程，试图应对转型导致的强烈反冲。用世界银行后来的话说，这是规模宏大的"结构性调整"（structural adjustment）。

　　有效独立让美国准备好扮演国际角色来表达它不断生长的权力和自信意识。1908年，哈佛大学历史学家阿尔伯特·库利奇（Albert Coolidge）判断说，这个刚刚统一的国家是四个主要的"世界大国"（world powers）之一，他还表示，"世界大国"的说法到最近20年才使用。[319] 到1910年，西奥多·罗斯福可以说"我们这些伟大的文明国家"，心知他的听众很乐意承认美国已经加入其他先进国家之列，达到了政治和经济发展已知的最高阶段。[320] 这一阶段包括要承受各"文明"国家不均等地背负的帝国责任重担。在那一年的欧洲之行中，罗斯福信誓旦旦地提及这一崇高地位带来的"光荣特权"、这一地位牵涉的义务，以及美国的全球视野和永久责任。美国真的已经长大成人了。[321]

第8章

取得一个不例外的帝国

"我们的世界机遇、世界义务和世界荣耀"[1]

到1898年，美国已变成一个令人敬畏、完全独立的国家。同样在那一年，合众国新得到的力量被用于侵略古巴、波多黎各和菲律宾，以及吞并夏威夷。[2] 忽然之间，这个曾经被殖民的共和国以一种非常张扬的方式成了一股帝国力量。以同样的速度和关注度，这些戏剧性的发展过程在之后的一个多世纪中激起了关于因果关系的争论。现有的历史解释富有启发性，尽管通常也互相矛盾。但这些解释很少把美国置于国际背景下，塑造这一背景的是全球化延伸的影响以及它所产生的融合问题。从北美大陆的视角来看，这个国家的历程有着大量令人印象深刻的细节。而更广阔的视角则显示出，美国和欧洲各国一起参与了一项充满竞争的共同冒险，以确保西方列强依然能掌控从旧世界废墟中兴起的新世界秩序。

关于美帝国主义的研究对国际背景考虑有限，这在西班牙问题上显而易见。1898年，西班牙在加勒比海和太平洋剩余的属地被吞并。西班牙在19世纪大部分时候都沉寂得无迹可寻，在19世纪90年代又作为一个被动而衰落的大国突然重新露面。实际上，西班牙就像美国一样，努力应对建立民族工业国家的挑战所带来的压力，这耗时漫长，又造成了分裂。1898年美西战争就是两个强国试图管控转型问题时产生的冲突，这些问题大体相似，尽管背景情况有所不同。

　　对美国获取的各岛屿的历史，标准历史叙事只做了概括性处理，通常局限于此前针对西班牙的数次战争，倾向于把岛民视为大国行动的承受者。当然，我们可以找到不同于这个概括的显著例外，但在大多数情况下，那些例外研究都被局限于美国与某个特定岛屿的关系。从更广阔的视角来看，加勒比海和太平洋的岛屿都在19世纪全球化影响的冲刷下，艰难应对融合带来的前所未有的问题。要完整叙述帝国主义的动机，需要辨别并阐明这一转型尝试所带来的不稳定后果，这将在第9章中专门探讨。

　　本章的目的是解释美帝国主义，把它和第7章分析的为控制合众国并塑造其未来的绝望政治斗争联系起来。回顾过去，1896年总统大选决定性地确立了共和党的发展计划。但同时，不确定性延续到了1898年中期选举，在1900年民主党被碾压前都始终没有完全消失。美西战争就发生在这一忧虑重重的时期。学者们已经为这场冲突整理了一串直接和间接原因。在这一问题上，恶魔不再隐藏在大量细节中，而是藏在论证的不同部分之间的关系中。我们熟悉的基本难题是，如何在普遍和特有的原因间找到有用的联系。这里提供的论述指出，战争的必然原因在于南北战争后工业化进步、移民增加、城市化扩大、地区和社会分歧增长，以及公共骚乱加剧。但这些发展过程不足以解释创建领土帝国的决定，因为它们也可以导致其他结果。决策者提供了充分原因，认为与西班牙的冲突将再次加强共和党人的主导地位，从而确保共和党应对当前国内紧迫问题的计划将占上风。在决定参战后，领土的兼并同时庆贺了选举和军事上的胜利。1898年和1900年的选举都确认，共和党建立一个独立美国的愿景将会成功。在加勒比海和太平洋的战争胜利创造了一种民族团结意识，这种意识在南北战争中已成为可能，但此前一直没有实现。

　　美国的政治策略和19世纪下半叶的西方列强虽然稍有不同，但主旨是一致的：基于农业的军事–财政国家转型为基于工业的民族国家。这一变化带来了令人痛苦的要求，动摇了现有的等级关系，威胁了政治稳定。帝国主义是一种片面的解决方案，适用于个别国家的具体问题。第6章已经论证，转型不均衡使不同的州有各自的优先目标。接下来的评估将会提出，美国作为后发国家，其帝国主义的公开动机主要是政治性的。美西战争无疑事关特定的经济利益，但它的直接目的是加强国家统一。但这个故事并没有到此结束。领头的扩张主义者确信，这个国家和它背后资本主义体系的未来正处于成败的关头，他们自视为带来拯救的上帝使者。外交政策和经济的关系是间接的，受到了选举大事的调节，但仍令人信服。正是这些考虑支撑着参议员阿尔伯特·贝弗里奇在1898年发表激动人心的演讲，敦促听众抓住"世界机遇、世界义务和世界荣耀"。他呼唤的是他的同胞，但他的话语及潜台词也很容易得到欧洲的理解，因为那里类似的扩张主义者也在为同样的目的使用同样的话语。

1898年战争之争

在美西战争后不久写作的那一代历史学家对这个至今仍争议重重的问题提出了主要思路。[3] 进步学派的学者称，帝国主义是长期经济动因的产物，这些动因来自工业资本主义的演变。异议者则坚持称，特定的、意料之外的、非理性的情况也很重要，他们因此强调了1898年各种事件的不可预知性。[4] 在20世纪展开的这场辩论尽管大都是在本领域中自说自话，但也和更多研究欧洲帝国主义的文献的发展并驾齐驱。

进步学派因所谓的经济决定论遭到斥责，他们愿意不加质疑地对各不相同且充满细节的证据提出假设，未能足够重视有其他通常是非物质源头的原因。同样，异议者也因他们的狭隘思想受到批评，被认为是只见树木不见森林。[5] 一些持有这一立场的研究认为，1898年的土地吞并是短暂的，反常地背离了美国历史的公认主题，那就是共和理想与民主价值观的稳定传播。从这一角度看，美国是一个例外国家，1898年的帝国主义不过是一次"大反常"。[6] 类似的"反常"现象恰恰同时也在其他地方发生，所以如果有历史学家要宣称美国在这方面处于例外地位，他们就不得不淡化帝国列强间的共性，那些共性可能被单纯解释为惊人的巧合。

进步派传统在20世纪六七十年代找到了新鲜的声音，威斯康星学派中的新左派复兴了唯物主义立场，质疑所谓美国历史的核心主题是共识而不是冲突的相关说法。[7] 他们的重新表述称，帝国主义并不是一个稳步展开的进步历程中的随机插曲，而是长期经济发展的产物，在19世纪90年代的商业萧条中达到顶点，驱使商业利益去海外寻找新市场。一系列专著为这一论点补充了详细的研究和可信度。结果它们得出了一种大胆而吸引人的诠释，回应了20世纪60年代的氛围，这一时期偏好资本主义的批评者，就像19世纪90年代那样。

重焕活力的经济诠释享受了可观的影响力，直到20世纪80年代。到那时，经济史开始变成找不到市场的商品，少有新人出面回应新左派视角遭受的与日俱增的批评。从概念上来说，各研究文献并非总是对扩张和帝国主义进行系统性的区分，其结果是，用来证明其中一者的证据有时会被用来证明另一者。尽管这两个术语可能是（或可能成为）同义词，但它们之间的关系既不是必要的，也不是排他的。比如，需要区分两种商业扩张：一种扩张试图对关系到企业成功的各个方面施加影响，而另一种扩张的成功则取决于削弱目标国家（在其中开展商业运作）的主权。[8] 常规论点认为商业利益想寻找市场，这是商业扩张的证据。但更具野心的论断则认为，商业利益为了实现这一目的，对接受国的独立性产生了削弱影响，这便是帝国主义的证据。要实现意图，企业只有赢得政府的支持，或者施加庞大非正式影响力，其程度远超过正常的商业运作。

在概念上更进一步的困难在于，最初的历史解释以两种形式出现，这两者从未完全融合到一起。威廉·阿普勒鲍姆·威廉姆斯（William Applebaum Williams）在1959年提出了其中一种解释，强调美国在严重萧条时期需要海外市场来提高工业品销售额。[9] 而在十年后，威廉姆斯阐释了另一种说法，提出中西部农民推进了一种农业帝国主义，因为农产品价格的下跌造成危机，让他们深受其害。[10] 因为城镇和乡村没有形成自然和谐的联盟，所以这两者中哪种利益起主导作用非常重要，一方面可以帮助理解19世纪晚期美国各种社会力量的平衡，一方面也可以为1898年的侵略性帝国主义找到动机。威廉姆斯没有完全调和自己对城市生产商所面临问题的分析和自己对中西部"自耕农"（dirt farmers）的特纳式同情。[11] 他观念中的农业帝国主义虽然带来启发，但仍然缺乏展开，如今则被忽略了。

威斯康星学派的新左派一翼的大多数成员都支持这一论述的工业部

分，沃尔特·拉夫伯（Walter LaFeber）在1963年出版的一部著名研究中对此展开论述。[12] 拉夫伯论述称，在萧条时期寻找新市场的企业把政府推向了与西班牙的战争。他承认西班牙的群岛市场还不发达，但他认为，决策者对市场潜在价值的想象无论被夸大了多少，都影响了他们的决定。[13] 拉夫伯也认为，大量商界人士长期反对交战，因为西班牙与其叛乱属地的持续战争已造成商业破坏，而这有可能雪上加霜。直到最后一刻，北美大陆的企业家才改变主意，施加压力，之后它们主要是想终结危机造成的不确定因素。[14] 不过，拉夫伯宣称，他们的干预发生在关键节点，影响了国会的宣战决定。[15] 但后来的研究削弱了这一论点的可信度。实际上，到1991年，一名备受尊敬的历史学家感觉自己可以报告说，"威斯康星学派对19世纪90年代的看法"已经变成了"过去的古董"。[16]

与威斯康星学派有关的历史解释与其他一系列可能的观点展开了竞争，其他那些解释强调了政治、个人、意外，以及理查德·霍夫施塔特（Richard Hofstadter）所说的集体"精神危机"（psychic crisis）导致的"焦虑的非理性"（anxious irrationality）。[17] 然而，随着文化史的崛起，另一种广泛的诠释吸引了大量支持者，它把种族、性别和认同加入了对19世纪晚期帝国主义的各种解释中。[18] 关于奴隶制、种族隔离及盎格鲁-撒克逊领土的大量文献都证实，长期以来，历史学家承认种族刻板印象在塑造人们对国内外他者的态度中起到了重要作用。[19] 早期研究关注了美国国内形成的种族优越观念是如何投射到海外的。后来的研究则显示出，种族态度不仅被出口到外国，也受到了在帝国边疆与土著互动的影响，这些研究还探索了这样的经历如何被重新利用并影响美国文化的各方面。[20]

对性别的兴趣引发了一组相关研究，解释阳刚和阴柔概念的建构如何影响了人们对帝国的态度和政策，而海外扩张又如何反过来影响了国内的性别议题。一些研究显示出，男子气概的概念主要受到刚健、尚武品质的影响，这种气概在1898年战争中得到表达。其他研究则追溯了新帝国与美国国内女权运动之间的关系。[21] 在这些论述中，与本书最直接相关的研究称，美西战争展示了好斗的男子气概，它本身就回应了职业变化、经济萧条和女权主张对男性自尊造成的打击。[22] 与西班牙短暂而决定性的冲突重新确认了男性特质，在菲律宾漫长而激烈的冲突则威胁要摧毁这些特质。这些互相对立的经历解释了为什么沙文主义的衰落就和其崛起一样快。

我们无须争论这些观念是否存在：在当时的出版物和言论中，种族优越性的强烈观念和重振勇气与荣誉等尚武美德的渴望非常普遍。这些发现无疑需要被嵌入任何关于美国在新帝国主义时代地位的解释之中。一旦用于证明某个假设的证据遭遇了笛卡尔所说的"系统性怀疑的力量"，那就会出现困难。比如说，关于种族优越性的信念确实是驱动扩张的重要推力，但与这些信念相竞争的其他论点也很有力，那就是种族问题也可用来反对那些可能导致非白人群体被纳入美国的政策。[23]

在把言论和决定联系起来时又出现了进一步的问题。[24] 虽然宣传并强化特定男性品质的愿望无疑存在，但它不得不与来自其他价值观的动机相互协调。性别是认同的一部分，但不是它的全部。构成认同的各种元素还有其他源头，比如社会地位、职业、种族和宗教，这只是几个例子，而这些因素也为理解人们的行动做出了贡献。因为1898年的决策者都是男性，所以他们显然是以当时的男性思维来思考。但作为当时的男性，与其考虑需要阻止男性阳刚之气的衰落，他们可能更倾向于像商人、大臣、知识分子和政治家一样思考。此外，男性特质也会呈现为不同形式，可能包括诸如决断、稳重、克制等素质。[25] 战争的主要呼吁者以不同方式解读国家利益：麦金莱用持久而坚定的谈判政策来抵御沙文主义，阿尔伯特·贝弗里奇强调道德复兴而不是男子气概，伍德罗·威尔逊把战争视为政治重生的机会，西奥多·罗斯福则把荣誉和义务捆绑起来。

我们仍有可能宣称，就像第5章提出的那样，男子气概和暴力联合起来在美国历史上占据了特殊位置。[26] 因为战争是人们熟悉且接受的一种解决政治问题的方案，19世纪90年代尚武情感的高涨不是什么新鲜事。因此，当时男子气概言论的增加不应被理解为孤立的表达，而应被视为对经济、社会和政治方面刺激因素的回应。但在这里，文化的研究方法受到了自身专业性的限制，因为它很少触及帝国主义的政治和经济。文化史学家无疑扩大了这一领域，但他们没有提出新的"主导叙事"，即使提出，也难免会被指责是在推行某种文化决定论。

所有理解这些大事件的尝试都有各自的缺点。它们也都有优点可以传承下来，融入后来建立综合解释的努力之中。在19世纪90年代产生作用的那些力量，其独特之处在于，它们此前没有以同样的程度出现过，也没有达到过同样的结果。制定外交政策的不是从抽象概念具体化的实体，而是那一时刻的人物和政治。[27] 海外干预也提出了宪法正当性和政治目标的新问题，这些问题不能用欧洲大陆的先例来回答。同时，如果说"反常"一词是用于形容背离默认标准的现象，那美帝国主义也不算"反常"。它的生命力似乎短暂，但这并不意味着它是个例外。相反，它质疑了历史上"常态"的概念。它的变迁是普遍性的。美国"新帝国主义"的崛起和衰落都与欧洲列强同步。它和后者有着共同的原因，也有不同的特点。

堂吉诃德的最后旅程

在19世纪初的动乱后，南美洲和中美洲的殖民地分裂成了各独立共和国，西班牙帝国就从非专门史学家的视野中消失了。[28] 它偶尔重新出现时保留的形象是，那里的人们渐渐衰退的精力指向了宗教狂热，国家也在与进步力量的接触中落败。[29] 帝国残余属地的历史很少进入对欧洲帝国主义的整体讨论中，而是被留给研究伊比利亚半岛的专家，他们通常把这些地区视为动荡复杂的国家史中微不足道的附属物。[30] 当然，西班牙的经历有着不同的特点，但在应对克服所有西方国家在19世纪都遭遇的国族建构和经济发展问题时，它也颇具代表性。[31] 更确切地说，西班牙恰当地展现了早期全球化向现代全球化转型所导致的痛苦压力。美国获取海外帝国是为了在南北战争后巩固民族团结，平息城市和工业迅速发展造成的压力。西班牙则是在保守派和自由派利益间的权力争斗远没有被解决的时刻，试图利用它曾经广大的帝国的资源，来为伊比利亚半岛上的政治雄心提供资金。

正像此前几章展示的那样，法国战争伤害了欧洲的军事-财政国家，在有些情况下还毁灭了这些国家，但没有用其他稳定的选择取而代之。[32] 在1815年后的时期，保守派和改革派进行了漫长的争斗，试图决定后拿破仑时期国家的形态。西班牙的政治在法国占领时期及美洲革命中已经开始摇摆。不稳定的局面在19世纪持续下去，发生了一系列叛乱、政变和内战，保皇派和共和派在迅速变化的世界中争夺权力。[33] 1814年，西班牙复辟的波旁王朝就像奥匈帝国的哈布斯堡王朝一样，试图重建军事-财政国家，实行专制统治。这一计划的反对者分为两派，一派想建立君主立宪制，另一派则青睐共和国。自由观念及后来的马克思主义越过了比利牛斯山脉；亚当·斯密和约翰·斯图尔特·穆勒渡海而来；民族主义从意大利统一运动中得到了灵感，也从爱尔兰和更遥远的印度的发展中受到激励；无政府主义则在19世纪最后几十年中从意大利被偷运进来。[34] 民主一会儿向前发展，一会儿倒退。成年男性一开始在1812年得到了投票权，几次失去又重新获得，直到1890年投票权才固定下来。

互相竞争的精英和他们的巨头（caciques）网络控制了这个依然以农业为主的社会摇摆不定的政治命运。[35] 无论掌权的是保皇派还是共和派，寡头统治都是政府的标准形式。不过，随着经济发展改变了政治力量的传统基础，在19世纪下半叶的几波改革（尤其在1869—1879年）开始开放政治体系。[36] 虽然政治不确定性持续存在，但农业、工业和外国贸易在规模和价值上都有所增长。国家扩张的速度并不显著，但强健得足以使生活水平跟上人口增长，在1770—1910年，西班牙人口翻了一番。城市人口的翻倍发生在更短的时段内：从1857年总人口的16%上升到1900年的32%。[37] 巴斯克地区和加泰罗尼亚的制造业的增长创造了新的进步派中产阶级，以及与之相辅相成的工人阶级，他们都处于既存的政治网络之外。特别是巴塞罗那作为航运、商贸和对外移民的主要渠道，发展了全球的联系。[38] 在加泰罗尼亚尤具影响的自由派思想希望防止革命和分裂，推动包括废除奴隶制在内的殖民改革。从马德里的视角来看，这些主张代表加泰罗尼亚渴望恢复自己在1714年失去的独立地位。[39]

伊比利亚半岛无疑落后于欧洲的领先国家，但它们在原则上并不存在政治和经济上的"大分流"：西班牙和其他国家目标一致，在19世纪下半叶试图改变军事-财政国家模式，建立现代经济。人们对西班牙的刻板印象是，它的经济陷于停滞，会间歇性地发生不合常规的短暂增长潮，但当前对西班牙经济记录的回顾和修正所揭示的情况，与这种印象恰恰相反。[40] 西班牙相对的经济落后并不是以过度集权和特有的保守主义为标志，而是源于各省份的力量以及它们对当地优先目标的坚持，这些都抑制了财政和市场的融合。[41]

不同政党更改了它们的纲领来应对这些发展。所有观点派系都将民族主义和持续的帝国使命联系了起来。[42] 保守派将自己描绘成国家利益的守护人，希望扩大选民基础，同时尽可能少对大众诉求做出让步。呼吁社会改革和共和政府的自由派则积极寻求大众支持。正如在法国那样，中央与地方省份、天主教徒和世俗主义者之间的冲突增加了这些宽泛立场的复杂性。和欧洲其他地区及美国一样，西班牙19世纪八九十年代的艰难状况对民粹政治有利。激进共和主义迅速发展，要求取代反对派眼中堕落的君主政权，恢复西班牙作为世界大国的地位。[43] 就像在美国一样，1895年古巴起义、"缅因号"的沉没及1898年战争都在西班牙激发了前所未有的大众民族主义的表达。[44] 保守派遭了殃：为了维护祖国完整、驳斥激进派的攻击，他们被迫采取反对古巴叛军和美国的立场。然而，在放大民族主义言论的同时，他们也冒着风险把帝国事业和大众改革诉求相关联。另一方面，激进派珍惜动员广大公众的机会。他们因殖民地每况愈下的情况而指责保守派，将帝国主义和民族主义相融合，把人民和军队团结起来，利用危机来抹黑自1876年开始掌权的复辟王室。19世纪90年代，沙文主义跨越了许多意识形态的边界。

这些发展让伊比利亚半岛和殖民地陷入了一种麻烦重重的婚姻关系，最后以离婚告终。西班牙失去了在南美大陆的大量属地，它的国际声望大打折扣，还失去了曾用来维持大国地位的约五分之二的财政收入。墨西哥在1763年后为西班牙帝国的复兴提供了关键支持，尤其是为西班牙与英法的战争提供了资金。增长的税收和债务首先让法国破产，然后让西班牙破产，造成了普遍的不满情绪，激起了叛乱，导致1821年墨西哥独立。基于比索的广泛货币联盟分崩离析，比索本身不再作为共同的价值标准为人接受，开始了漫长的衰落历程，这一过程在19世纪最后25年加速。[45] 因为债务和军费继续消耗西班牙的大部分国家收入，各届政府始终处于压力之下，需要从剩余的殖民地榨取尽可能多的收入，以弥补它们不情愿地让中美洲和南美洲各国独立所造成的空缺。

相应地，这段历程的帝国维度不应再被解读为不断的衰落，更不应被解读为政府的懈怠。[46] 在1815年欧洲恢复和平后，财政紧迫性和维持世界大国地位的需求确保西班牙坚持努力，以振兴剩余的帝国领土。[47] 西班牙奋力掌控法国大革命释放的政治力量和英国工业革命传播的经济力量，因此"海外西班牙"的面积虽然大为缩减，但得到了重组，为的是给西班牙本土资源做出贡献。起初，马德里希望建立如格伦维尔在18世纪60年代为北美大陆殖民地规划的掠夺性帝国。然而，西班牙的国运不再处于上升趋势。重振帝国需要外国援助（主要来自英国）及掠夺政策，这些行动激起了异议，异议最终膨胀到了革命的程度。再者，马德里未能利用好新出现的国际机遇。两次鸦片战争和苏伊士运河的开通改变了中国沿海和印度洋的贸易和政治局面，但给西班牙带来的竞争远超过大帆船贸易的黄金时代，大大降低了它在这些地区的声势和威望。

失去墨西哥后，马德里给予了剩余领土的总督更多民事和军事权力，他们用其增加税收，镇压奴隶叛乱及其他颠覆运动。严格来说，"帝国"仍然维持着"海外西班牙"（La España Ultramar），但实际上，由公民组成的帝国逐渐变成由属民组成的帝国，这些属民将要被压在底下而不是被抬高。1837年，西班牙诸岛失去了在议会的代表权。1863年，马德里建立了新的海外部（Ministerio de Ultramar）来统筹并集中对殖民地的控制。对应的政策鼓励了对外移民（尤其是去古巴和波多黎各），以降低本土的贫困率并培育新一代殖民地效忠派。随着19世纪的推进，拥有跨大西洋纽带的西班牙家庭越来越多。马德里重申权威，不再打主意通过同化或融合来实现平等。在帝国层面剥夺公民权刺激人们渴望得到更多本地代表权；侵犯现有的公民自由则推动了诸岛萌芽中的民族主义运动。[48]

西班牙自18世纪末起推行奴隶贸易和奴隶制，这为加勒比地区殖民地出口的大幅增长建立了基础。[49] 特别是古巴基于奴隶劳动发展了生机勃勃的资本主义经济，到19世纪中叶成为世界上最大的糖料生产地及优质烟草的主要供应地。[50] 这座岛屿代替墨西哥成为殖民地收入的主要来源，为马德里的财政做出了巨大贡献，满足了母国政治阶级的欲望。西班牙也把古巴附近的波多黎各开发成糖料和咖啡生产地，1861—1865年短暂地重新占领了圣多明各，扩大了此前对遥远的菲律宾的有限控制，菲律宾也成了糖料和马尼拉麻（蕉麻）的出口地。[51]

重商主义政策限制性太强，难以推动殖民地发展，而殖民地发展正是因为转向更自由的贸易才成为可能。如果无法进入其他市场，殖民地将无法通过对外贸易产生收益，为马德里提供财政收入。其根源的问题在于西班牙自身的发展水平：西班牙的工业品没有竞争力，国内市场太小，难以吸收来自殖民地的出口品。奴隶贸易在1789年开放给其他国家，波多黎各在1815年获许进行更自由的贸易，古巴在1818年跟上，菲律宾（马尼拉）则要等到1835年。尽管商业政策随着西班牙的政治风向摇摆不定，但始终趋向于开放贸易，直到西班牙在19世纪60年代中期对古巴和波多黎各实施了关税优惠政策，又在1871年对菲律宾实施了同样的政策。歧视性关税有利于来自西班牙的出口品，但殖民地出口却没有得到互惠的让步。[52] 更自由的贸易并不意味着自由贸易，它增加了外国商业伙伴，但各种歧视行为却为西班牙创造了优惠。

更自由的贸易无疑刺激了殖民地出口，对西班牙的收支平衡做出了越发宝贵的贡献，并锻造了西班牙与殖民地精英的新联盟，因为他们的财富开始依赖于更开放的新贸易体系。[53] 到19世纪20年代，古巴已成了繁荣发展的国际商业网络的一部分，不过这片帝国领土的贸易只有很少一部分是与伊比利亚半岛的贸易。[54] 从某种程度上说，向开放贸易的转变承认了大规模走私的现实，这是英国在1763年后积极推动的。[55] 作为长期的干预者，英国在那之后利用马德里的需求，成为西班牙在国际商贸中完全合法的伙伴。英国的批发商、运输商和银行家都在19世纪扩大了他们在西班牙帝国贸易中的份额，还与西班牙企业合资以规避歧视性关税。[56] 更自由的贸易的长期作用则是把经济和政治分隔开来。殖民地的出口制造商在克里奥尔人（criollos，西裔拉美人）和梅斯蒂索人（mestizos，多指土著和白人的混血儿）的带领下，急于利用帝国之外的机会牟利。另一方面，西班牙需要维持对殖民地的控制，以确保税收收入继续流向伊比利亚半岛。这些发展的矛盾最终变得不可调和。

尽管国际贸易有所扩张，但西班牙的财政情况继续恶化。[57] 内战及殖民地战争耗费的累积，加上为毫无效益的目标而重复使用政府收入，对预算造成的负担越来越重，自19世纪60年代起导致一系列金融危机。19世纪80年代，对收入的追求促使西班牙提出一系列殖民地税收改革办法，加强保护主义政策。在这些改革有效的情况下，它们增加了殖民地属民的税负。在保护主义政策成功的情况下，它对西班牙出口品的好处远远大于对来自殖民地的进口品的好处。这两项措施都扩大了殖民地政府的管辖范围，被管辖者则将其视为不得人心的再殖民行为。

第9章将从岛屿角度探究这些趋势。在这里，只要注意到西班牙殖民地被困于历史学家所说的"转型危机"的全球性陷阱，就已经足够。[58] 国际力量推动着结构性的经济变化，破坏了社会秩序的稳定，挑战了政治合法性。这些压力使西班牙重振的帝国体系在19世纪下半叶开始变形。就像在非洲热带地区一样，加勒比地区转型危机的核心在于，在国际社会限制奴隶贸易后，奴隶劳动将转变为自由劳动。在太平洋地区，动荡涉及大规模移民和获取土地。经济上的不满和政治上的失望把抗议转化为反叛。古巴十年战争（1868—1878）预示着19世纪90年代将要发生的事情，到那时，古巴和菲律宾的大规模叛乱使西班牙帝国在不光彩中落幕。[59]

在太平洋和加勒比地区岛屿出口生产的转型过程中，影响深远的结构调整与19世纪晚期的经济萧条相交错，造成的社会不满情绪伤害了既有的政治秩序，在某些情况下还推翻了秩序。在需求受限的情况下，供给过剩是一个跨越了政治界线的全球性问题。美国中西部的农民和西班牙帝国的糖料生产商面临着相同的问题，尽管他们出口的是截然不同的商品。第9章将会显示出，夏威夷受到的影响和西班牙的殖民领地（特别是菲律宾）大同小异。

糖料价格的下跌超过了大部分其他主要产品价格的下跌：蔗糖的批发价在1885—1906年间下跌了约65%。[60] 19世纪70年代起，随着主要在欧洲种植的甜菜糖进入此前的蔗糖市场，生产商间的竞争愈演愈烈。甜菜糖在世界糖业产出中的份额从1864年的25%上升到了1899年的65%。这一趋势对加勒比地区的出口商产生了破坏性影响。1870年，蔗糖的最大生产地古巴将37%的产出运往欧洲；到1890年，它运往欧洲的产出不到1%。负债增加了，种植园主破产，银行关门。[61] 尽管美国自1897年起开始从萧条中恢复，但产糖岛直到世纪之交才获得重生，到那时，扩大的需求终于转化为更高的产品价格。

在通货紧缩的时代，工业品的成本也降低了，而随着蒸汽船取代帆船，货运价格也有所下跌。[62] 这些变量和贸易条件（terms of trade，亦称进出口交换比率）之间的关系非常复杂，至今仍未得到完全的理解。[63] 当前的分析指出，在19世纪最后25年，主要生产商贸易条件的长期变化趋势，其重要性小于外界导致的价格震荡及其多变的影响，这在糖料和咖啡等商品上尤为显著。供给侧震荡同样存在，特别是在咖啡产业，该产业在疾病面前相当脆弱，对天气变化也非常敏感。波动会带来不稳定，因为它造成了不确定性，驱使农民寻找其他出口品，但也限制了开发这些出口品所需的投资。关于这些趋势及其后果的疑问仍然存在。不过，就像在美国一样，西班牙帝国的广大主要生产者显然也相信，他们的生活水平和生活方式都遭到了威胁。起初，他们的回应是进行创业的调整；而当这些调整失败时，他们就转向了政治行动。

生产率的升高提供了一种保持边际利润的方法，另一种方法则是多种经营。但生产率的提高主要局限在古巴（和夏威夷），这项工作在19世纪90年代经济萧条时并未完成。转向生产咖啡的波多黎各则更加幸运，咖啡到19世纪90年代已成为该国的主要出口品。全球的咖啡价格在1875—1886年间下跌，但在19世纪80年代末和90年代初之间经历了短暂的上涨，接着在1895—1900年再度下跌。[64] 但咖啡业的扩张本身也带来了破坏稳定的后果：它减少了小农的土地、收入，降低了他们的地位，创造了乡村无产阶级，鼓励庄园主向西班牙施压实行自由派经济政策。[65] 菲律宾则通过发展马尼拉麻的出口来适应局势，但到世纪末，马尼拉麻的价格也大幅下跌。

在这里还需要介绍一项额外的考虑因素，那就是银通货的黄金价格

（gold price）下跌。[66] 西班牙持续的预算赤字使其无法效仿其他欧洲国家加入金本位制，要不是殖民地为收支平衡做出的贡献，赤字还会更加严重。[67] 西班牙在1868年实行了复本位制，但在1883年转向了事实上的银本位制。在1874—1898年间，比索对与黄金挂钩的美元的汇率下降了50%。[68] 曾支撑公共开支的外国投资流入也大幅减少。[69]

　　西班牙的出口受益于比索的贬值：运往殖民地的装载货物在总出口量中的占比从1882年的10%上升到了1896年的29%，达到顶点。[70] 重新加强的保护主义体系也促进了这些好处，但受益的是西班牙生产商而不是殖民地消费者。[71] 此外，大部分进入西班牙殖民地市场的工业品相对于出口品的价格越来越贵，因为这些工业品来自美国和英国，结算货币与黄金挂钩。比索价值的下跌也许本可以使殖民地出口商在世界市场保持一定的竞争力，但这丝毫没有保护它们抵御与西班牙帝国内外其他出口商的竞争，因为它们使用的货币仍然与白银挂钩。[72] 在殖民地，需要用更强势货币的债务人不得不更努力地工作以偿还借款。对白银通货信心的减弱增加了信贷的成本，阻碍了外国投资。债务在到期时被重新定价，航运公司也提高费率，来抵消用比索支付的运费的下降。[73]

　　对那些依赖进口的殖民地来说，保持银本位制的坏处似乎已经超过了好处。[74] 到1895年，在菲律宾和波多黎各的不满情绪已具体化为对货币改革的呼声，激起了关于金本位制和银本位制各自优势的争论，呼应了在欧洲和美国发生的争议。西班牙政府在复杂问题面前犹豫不决，但由于古巴和菲律宾爆发的叛乱，它无须立刻做出决定。解决货币难题的任务被交给美国。

　　经济萧条和美国突然改动糖料进口关税，摧毁了西班牙维系帝国团结的微薄机会，也击败了夏威夷政府。在世纪末被纳入美国"保护"之下的领土在压力下产生裂痕，而这些裂痕恰恰存在于连接政府各部分的节点。政治精英群体支离破碎。与日俱增的经济困难增加了政治摩擦，导致了分裂，部分精英和外国利益集团间形成了新的联盟。同时，"拥挤的大众"（huddled masses）[①] 提出了自己的主张。废奴运动给曾经的奴隶制

[①] 原指来到美国的移民，出自美国诗人艾玛·拉扎勒斯的十四行诗《新巨人》。

社会增加了流动性，糖业的持续扩张使劳动力更加多样，规模更大。无产者、分成佃农和土地租用人出现了，来自亚洲的移民不仅去菲律宾和夏威夷，也前往加勒比地区，其中许多人后来加入了抗争，先是对抗西班牙，再是对抗美国。19世纪90年代，精英和底层的部分人走到了一起，在不同地区形成了不同程度的反抗外国统治的人民阵线。对立派系推进了互相竞争的政治计划：西班牙帝国的温和派在帝国内部推动自决或自治，激进派则敦促完全独立。

西班牙的统治者们在整个19世纪奋力遏制保守主义和自由主义的对立力量，还有以越发疏离的加泰罗尼亚为代表的激进地区主义的崛起。[75] 君主制和共和制政府之间，以及掠夺性和发展性殖民政策之间的突然转变，都使向现代全球化的转型变得更为复杂，也引起了海外领地的不安。最终，西班牙失去了对加勒比地区和太平洋地区剩余殖民地的控制，因为它无法掌控从军事财政主义向更开放、更自由的政权的有序转型。经济改革太过局限，政治让步则"太少也太晚"。[76] 这两者激起的期待增加而不是化解了殖民地的不满情绪。西班牙在19世纪90年代的失败让其他西方大国得到了扩张机会。美国作为帝国俱乐部里信心满满的新来者，适时地表明，是时候让旧大陆向新大陆学学了。

拜伦认为塞万提斯"把西班牙的骑士精神笑掉了"。[77] 然而，讽刺并未消灭荣誉感及随之而来的使命感，它们在19世纪被重新包装，以适应民族主义的需要。除了坚持下去期待解脱之外，马德里别无选择，因为作为长期收入来源的殖民地也已经成为西班牙大国身份和地位的核心部分。1898年被称为"灾难"（el desastre）的事件终结了"堂吉诃德"的最后一次旅程，开启了一段漫长而激烈的灵魂反省时期。1918年，诗人费德里科·加西亚·洛尔卡游历被他称为"战士西班牙"（warrior Spain）的卡斯提尔时，很少看到人们的笑容，他记下了这里"沉寂而被遗忘的城市"中"折断的长矛"和"铅色的忧郁"。[78] 弗朗西斯科·佛朗哥将军在1936年的崛起并未解决保守派和进步派之间的争论，但确实使这种争论戛然而止，尽管只是暂时中止。[79] 就在同年，洛尔卡被长枪党成员枪杀。

动用毁灭工具

19世纪的最后25年，一场军备竞赛拉开序幕，将在一战中达到顶峰。德国在19世纪80年代开始建立现代海军，英国在1889年推出了海军"两强标准"（two-power standard）。蒸汽船取代了帆船，钢铁取代了木头，海底电缆则改变了跨海通信。全球化正在迅速消除孤立。一名美国陆军军官在1898年观察说："天才的发明改变了几年前所有的基本状况。时间和空间都在被飞快地毁灭。"[80]

爱国主义、军事经验和尚武价值观的结合是南北战争最重要也最持久的影响之一。[81] 总统本人树立了榜样。1865—1898年间，除了格罗弗·克利夫兰，美国的每一任总统都参加过南北战争，军衔在陆军少校或更高。[82] 然而，在19世纪80年代，美国还无法与西班牙开战，更不会考虑打一场选择性的战争而不是必要性的战争。[83] 1898年，常备军的规模被控制在28 000人以内，人们对联邦专制的传统恐惧感阻碍了所有的扩军尝试。尽管一些军官认为需要一支更大的专业军队，但直到美西战争后军队才出现了显著扩张。[84] 民兵队虽然规模更大，但是设计来为国内服务，不是为了海外作战，而且不管怎么说都是一直在衰落。因此，任何比印第安人战争更艰难的战役都不得不依赖志愿军那不确定的规模和质量。[85] 海军直到1882年才开始把木船改为钢船，甚至到10年后都没有服役中的军舰，在1898年还缺乏现代船只。在战争爆发时，美国尚未开发夏威夷的珍珠港和萨摩亚的帕果-帕果，也还没有在太平洋铺设海底电缆，尽管当时有人施压要求。[86] 海军陆战队则缺乏使命感，士气低落，纪律松散。

虽然商船队在南北战争中大批损毁，但航运利益集团未能说服国会补贴它们的服务，船队此后便衰败凋零。[87] 1900年，在美国注册的船只只承担了该国所有对外贸易运输的10%。[88] 配套服务也同样表现平平。驻外事务处是政治赞助的蓄水池。外交官和领事们不够专业，流动率高，因而缺乏政治连贯性。[89] 商业利益集团在19世纪90年代推动改革，但未能遏制政党分赃制。直到美西战争结束后，1906年才发生变化，国会终于通过了旨在建立职业领事机构的举措。[90]

美国之所以能在1898年考虑与西班牙开战，只是因为海军游说集团已经取得了足够进展，使海上冲突成为可能，而且海军无须应付人们对陆上暴政野心的恐惧。来自1884年成立的海军战争学院的一群军官在国会赢得了对出资建造现代战舰的足够支持。到1898年，美国已拥有了四艘一级战列舰、两艘二级战列舰和几艘巡洋舰。[91] 这个绝对数量并不惊人，但也大到足够使合众国跻身当时主要的海军强国之列。[92] 关于这一时期的标准论述认为，海军战略家阿尔弗雷德·赛耶·马汉为取得这一成果发挥了主要作用。马汉的知名著作《海权对历史的影响》（*The Influence of Sea Power upon History*，1890）无疑影响重大，配得上它长期以来得到的赞誉。马汉倾向于与英国维持紧密关系，对英国皇家海军的成就印象深刻，吸收其经验，在19世纪90年代对美国海军进行规划。[93] 他的思想并非多么新颖，之所以被接受是因为当权者那时正好愿意聆听。西奥多·罗斯福是尤其占据有利条件的一位听众。他自己是海军专家，在1897年被任命为海军部副部长前就已颇具政治影响。这两名海军迷在19世纪90年代与其他扩张主义者合作，建立了一支现代海军。[94] 他们夸大德国的威胁以呼吁国会行动，又把海军宣传为自由的英勇捍卫者来吸引公众的支持。

海军扩张主义者之所以能成功，是因为他们的目标符合共和党的发展政策。物质因素的考虑补充了马汉的战略理念。19世纪80年代末和90年代初，大都是民主党在批评高额进口关税使联邦政府积累的储备金超出了财政收入的需求。[95] 共和党的各种回应则巩固了自身得到的支持。慷慨的养老金政策赢得了退伍军人的选票，扩大的海军计划为东北部和远西地区企业带来了值钱的订单，刺激了就业，扩大了共和党的捐款人名单。

在这批新军舰中最著名的是"缅因号"战列舰（*USS Maine*），它的短暂生涯是展现海军计划的合适案例。"缅因号"是二级战列舰，排水量仅不到7 000吨，以470万美元的造价在纽约建成，1890年下水，1895年开始服役，1898年沉没。在西海岸的加利福尼亚州，以糖用甜菜大亨亨利·奥克斯纳德（Henry Oxnard）之名命名的港口受益于海军订单，而奥克斯纳德在那里的炼糖厂也受益于关税保护。来自关税的收入，使美国不用增税或借款就有了与西班牙作战所需的资金，还能在"缅因号"沉没、两国抢着购买或租借所需的额外舰船时，提出比西班牙更高的价码。[96]

但在1898年，美国对战争还是准备不足。那年7月，"缅因号"沉没的3个月后，当时首要的战略家马汉表达了与西班牙作战的保留意见。[97]不过，相对来看，如果发生战争，胜利的机会将倾向美国一边。西班牙军队未能制服古巴的民族主义者，还在此过程中损失惨重（尽管大都是因为疾病）。战事增加了西班牙的债务，当局在伊比利亚半岛越发不得人心。在马德里，很少有人愿意看到冲突有可能扩大并使美国卷进来。如果西班牙与美洲崛起中的大国开战，它将需要更多稀缺资源，战略家将遭遇如何管理漫长补给线的可怕问题。而且，西班牙没有盟友。[98]欧洲的君主制国家甚至还有法国共和政府，都充满了反美情绪，对西班牙表示同情，不过都没有准备行动。英国作为当时的超级大国，支持的是美国，虽然它没有就此提出正式宣告。西班牙虽然依旧是个移动中的目标，但在陆地和海洋上都不再健步如飞。

美国缺乏准备工作，让人怀疑它是否真的仔细设计了驱逐西班牙并用武力占领群岛的计划。但这一结论并不意味着美国在导致战争的一系列事件中扮演了被动角色，尽管被动角色可能能解释为什么麦金莱坚持使用外交手段。美国选定的策略是，用海军封锁古巴，使那里的起义者纠缠西班牙军队直到将其打败。美国有足够手段来实现这一目的，无须让装备缺乏、训练不足的美国军队冒险在外国领土上参与大战。旧海军也许可以冒着极大风险把军队运往古巴，但它还远远达不到在菲律宾采取行动的要求。现代海军使美国政府有可能考虑进行海战。不过，导致美西战争的，并不是积极的年轻军官们拥护的新舰队。海军心甘情愿地成为国会中前进派的代理人，前进派在海外扩张中看到了一项国家事业，相信这将治愈在19世纪90年代使北美大陆陷入不稳定威胁的分歧。

"那种不可抗拒的扩张倾向……似乎又一次开始起作用了"[99]

共和党的发展政策依靠的是一种由保护性关税和金本位制捍卫的公司资本主义。[100]这一计划是局部的，对某些利益集团（主要在东北部和远西地区）的好处超过其他地区（特别在南方和大平原各州）。各届共和党政府因此需要把它们的方案呈现为国家政策，半是为了安抚南方，更重要的是为了赢得中西部；当国会在19世纪90年代被两党均匀分割时，中西部成为关键战场。两大策略使共和党实现了自己的目标。其一，操纵关税，对相关选区做出让步，又没有毁掉关税根本的保护主义目的。其二，政府拥抱了当时两支最强大的文化力量——盎格鲁-撒克逊种族主义和福音奋兴运动（evangelical revivalism）——来培养一种超越局部物质利益的美国民族主义意识。

要取得选举胜利，需要把东北部的经济实力转化为可以在全国使用的政治资本。[101] 东北部本身就普遍强烈支持共和党，因为该地区大大受益于工业保护政策、使华尔街和外国投资者放心的金本位制，以及联邦收入支持的养老金和订单。这些政策在南方和大平原各州都极不得人心，因为那里的人们感受到的更多是成本而不是利益，但那里的政治领袖也无法提出可以制胜的替代方案；尽管自由贸易和复本位制受人欢迎，那些领袖也在1892年选举中取得了胜利。南北战争后，把本地权力还给南方精英的政治妥协使他们无法对北方的政治经济体系发起根本挑战，而乡村民粹主义的崛起，对"党魁控制"（bossism）、垄断企业以及最终强化保守派倾向的产权制度造成了激进威胁。1893—1897年的民主党总统格罗弗·克利夫兰支持金本位制，注意不去承诺支持自由贸易，不过他保证要削减关税。中西部是关键的摇摆地区，共和党在那里能吸引足够的选票，确保在1896年和1900年得到至关重要的选举胜利。中西部的北部变得越发城市化并融入东北部，远西地区（主要是加州）被大量海军订单吸引。西部部分农业地区则因为期待共和党吹嘘的互惠条约将打开新的出口市场，也表示了支持。[102]

贸易萧条使关税在连接国内政治和海外扩张政策方面扮演了至关重要的角色。[103] 高额进口关税就像《麦金莱关税法》一样，给出口的扩大制造了障碍，因为潜在的贸易伙伴没有利益动机让美国自由进入本国市场。麦金莱为处理这一问题做出让步，保留了保护主义的原则。詹姆斯·布莱恩设想的互惠条约让特定产品自由进入美国，为美国的出口换取相同的让步。糖料和其他进口食品的自由进入是为了吸引国内消费者的选票，在海外打开新市场则吸引了国内窘迫的生产商。这些让步就像关税本身一样，是为了满足、安抚或调和国内的压力集团及摇摆州选民。当局没有考虑到被拉入协议的海外国家会出现什么后果。

互惠协议不是什么新鲜事：1855年美国就和加拿大签订了这样的协议，1876年又和夏威夷签订了协议。19世纪80年代，也有其他互惠协议被提出，又被阻挠。只有到19世纪90年代，互惠才成为共和党国际经济政策的一大关键特点，美国在那时和拉丁美洲及加勒比地区的国家签订（或尝试签订）了一系列双边协议，（在麦金莱任期中）又和欧洲国家签订协议。关于互惠协议的大部分讨论都把它们和生产商在海外获取新市场的需求联系在一起。[104] 这一动机无疑存在，但它是否起到了人们惯常赋予它的因果作用，则值得怀疑。美国签订的互惠协议要么是和直接经济潜力有限的贫困国家，要么是和欧洲国家，把互惠范围限定于总体来看微不足道的产品。不出所料，10年的外交努力只带来了微薄的结果。拉丁美洲和加勒比地区的一些国家可以被诱惑或压迫而签订互惠协议，但此后的贸易规模太小，远远无法对全美国范围的经济萧条产生引人注意的影响。美国和这些国家之间缺乏互补性，这成了无法逾越的障碍。有人设想美国过剩的小麦和牛肉可以在拉美国家找到市场，但这些国家也生产了大量小麦和牛肉，所以这种设想从不现实。也有人认为美国中西部可以劝服中国的百万人口抛弃米饭，改吃小麦，这样的痴人说梦远远超出了关于中国市场最不切实际的幻想。

互惠措施的主要呼吁者是扩张主义者，比如布莱恩，作为政客和宣传家，他的工作内容就包括贩卖质量可疑的灵药。[105] 要检验互惠协议在企业眼中有多重要，不应该看被签署的协议，而是要看没有签署的协议。美国与加拿大和墨西哥的贸易规模超过了它和欧洲之外其他国家的贸易。同样，到19世纪晚期，人们已经放下了此前的吞并这两个国家的希望，更清楚地认识到其中不可逾越的障碍，也承认需要扩张贸易而不是领土。即便如此，19世纪最后25年的谈判虽然认真而漫长，但美国未能和这两个国家达成互惠协议。[106] 各方都没准备好做出足够让步，美国也无法像对待小国一样哄骗加拿大和墨西哥。

从另一角度来看，我们可以说，如果美国企业确信互惠在经济萧条时对它们的生存至关重要，那它们就会更愿意在贸易协定谈判时做出更大的让步。英国在1846年不顾主要利益集团的哀号，实行了自由贸易，因为首相罗伯特·皮尔找不到其他办法应对国家面临的危机。另一方面，美国则不愿充分改变关税体系，不让互惠关系有机会促进对加拿大和墨西哥的出口，尽管这些国家的市场潜力远超过古巴和夏威夷这样的岛屿。

这一评估显示出，互惠协议的目的是维护支撑着共和党权力基础的保护性关税。共和党人通过平息关于高税率会带来过剩收入的批评，宣传互惠协议无需成本就能扩大市场，从而为关税辩护。这些协议是为了特别迎合中西部乡村摇摆州的选民，他们需要为产出找到新市场。著名经济学家弗兰克·W. 陶西格（Frank W. Taussig）密切观察时局，发现《麦金莱关税法》带来的一些变化"简直可以说是试着往农民眼睛里撒灰"。[107] 这一策略刚好能诱骗足够数量的选民，让他们的视力暂时受损，在不相上下的竞选中支持共和党，这最终在1896年导致了共和党的胜利。

在关于美国扩张经济层面的历史辩论中，各方都同意，美国与它获取或吞并的地区的商贸只占总贸易产出的极小一部分。欧洲到这时仍是最重要的市场，即使在19世纪90年代，美国向欧洲的出口额还在增长。美国与1898年吞并地区的贸易仍然微不足道。[108] 要说几座贫困潦倒的岛屿可以终结一场影响全国的经济萧条，这乍一看不合情理。要回应这种反对观点，最主要的论点是，观念比现实更重要，无论决策者的理解有多么夸大其实，但他们确实根据对相关国家的潜在价值的理解做出了行动。[109] 这一反驳虽然有一定的说服力，但没有解决问题。现实也很重要。在英国，就业、利润和收入很大程度上都依赖海外贸易投资，决策者便可以有理有据地宣称帝国政策和国家政策紧密相连。而在美国，这两者间明显的差异则挑战了这一论点的可信度。特殊利益集团一如既往地致力推动它们各自关切的问题，但更广大的商界则仍然怀疑帝国政治宣传者描绘的美景。[110] 这一结论不足以证明商业游说集团的目标是最终导致与西班牙开战的政策，也不足以证明他们实现了这个政策。要解决这个问题，我们也许可以辩称，经济复苏刺激了扩张，但这一论点的代价是，我们不得不退回到一个既宽泛又没什么帮助的观点，即企业在各种情况下都寻求扩张。[111]

在现有的少数详细评估中，有一份研究显示出，主导工业品出口贸易的大企业通过美国内部的并购、价格协定和劳工管理来适应萧条，很少在海外市场要求政府支持。[112] 相对更小的企业在1895年组成了全国制造商协会，把它们的利益摆在决策者面前，有力支持了共和党的关税保护政策。但小企业很少在海外市场进行贸易，据我们目前所知，它们对造就美国海外帝国的广泛政策并没有显著影响。[113] 潜在投资者仍然怀疑夸夸其谈的邀请号召，那些邀请号召听上去更适合斯威夫特的小说里从黄瓜中提取阳光的计划。经济史学家利兰·詹克斯（Leland Jenks）在1928年写道，"对古巴感兴趣的企业家毫无战争热情"，这一评判似乎经受住了时间的考验。[114]

此外，经济萧条在1897年开始消散，那正是美国决定向西班牙宣战的前一年。[115] 美国与优先市场的贸易恢复了。到1898年2月，美国主要股票的均价已接近10年内的最高点。[116] 企业小心谨慎地不去破坏刚来临的繁荣，银行家则担忧战争可能损害美元价值。[117] 现有证据表明，早在商界部分群体姗姗来迟地表示支持之前，宣战决定已经得到了大量支持。商界之所以改变主意，半是因为关于古巴未来的不确定性日益增加，这种不确定性正在伤害贸易；半是因为与该岛贸易的美国企业被说服，认为潜在的战争可能没有他们想象中那么危险：美国手头有资金，主要的欧洲大国表示中立，美国政府则给自己的军事优越性打了包票。[118] 即便如此，商业利益集团直到"缅因号"沉没后才团结到国旗之下，这说明它们并没有迫切想开发一块被战争蹂躏的贫困市场。[119]

但这不是问题的终结。威斯康星学派新左派成员提出的经济解释关注了那些生产出口商品的企业。这一解释几乎没有提到参与进口贸易的企业，尽管原糖是19世纪晚期进入美国的最大（价值最高）的单一进口品，糖料关税占联邦收入的比重高达20%。[120] 和美国生产商不同，制糖厂在那些岛屿（在1898年它们组成美利坚帝国的一部分）上有着直接而可观的利益。

就像其他工业企业一样，制糖厂为了应对当时的经济问题，调整了在美国内部的商业策略。利润的挤压推动了合并进程，这一进程在1887年糖业托拉斯成立时达到顶点，糖业大亨中最强大的亨利·奥斯本·哈夫迈耶对托拉斯实行独裁统治。[121] 到1892年，糖业托拉斯占据了北美大陆制糖量的90%以上，为国内糖料定价，在之后20年中控制着本国市场。[122] 除了掌控糖业托拉斯，哈夫迈耶也是1892年两党的最大单一捐款人，又在1896年的关键选举中成为共和党的第一大捐款人。[123] 政治慈善给了哈夫迈耶强大的关系网：伊莱休·鲁特（Elihu Root）在1899年成为战争部长前，曾是哈夫迈耶的私人律师，也是糖业托拉斯的公司律师。[124] 共和党最资深也最有影响的参议员之一纳尔逊·奥尔德里奇（Nelson Aldrich）曾是哈夫迈耶高薪雇用的在国会的首席"办事人"（fixer），他作为关税立法大操纵家的名声令人生畏。[125]

哈夫迈耶在国会的投资得到了回报。[126] 1890年通过的《麦金莱关税法》帮他收回了对麦金莱竞选基金的大量捐款。同时，哈夫迈耶对克利夫兰选举的金钱支持使糖业托拉斯免受新颁布的反垄断法影响。他的影响使《威尔逊-戈尔曼关税法》在1894年遭到重大改动，并在此过程中对民主党造成破坏性打击。1896年，哈夫迈耶放弃了他的两党策略，转而忠于共和党，给那台让麦金莱上位的政党机器加润滑油。但他对关税政策的积极性并没有轻而易举地转化为对帝国扩张的热情。1893年，在美国决定不吞并夏威夷时，他起到了一些作用，因为他认为兼并将对他的制糖业利益造成不利影响。他对古巴的态度也保持克制，因为他在古巴的首要代理人建议说，他最好的行动方案是支持叛军在西班牙帝国内部寻求自治。[127]

就算哈夫迈耶放下商业考虑，加入当时的"非理性繁荣"，他也无法在1898年控制帝国政策。1894年，哈夫迈耶和奥尔德里奇遭遇重大失败，未能阻止《丁利关税法》（Dingley Tariff）通过，这一法案提高了进口原糖的税率，助长了新生的甜菜业。[128] 种植糖用甜菜的主要是中西部摇摆州。它给处于萧条的农业社群带来了希望，给同样处于萧条的民主党人脸上增添了乐观的光彩。到1896年，这一新生产业已扩散到20个州，在国会得到了足够多的支持者，与哈夫迈耶的影响力相抗衡。[129] 共和党人别无选择，只得适应这一发展，因为在一贯激烈的竞选中，他们输不起中西部。

甜菜业从业者和北美大陆的甘蔗种植者（主要在路易斯安那州）反对向外国竞争者做出关税让步，总体来说也对帝国扩张心怀敌意，害怕这会给兼并打开道路，从而把产糖岛屿纳入用来保护国内生产商的关税屏障之中。因此，甜菜业的游说集团奋力反对把西班牙剩余岛屿转让给美国的《美西巴黎和约》。只有在纳尔逊·奥尔德里奇和他的盟友动用共和党的战争基金，慷慨解囊说服参议员们投票支持自由正义的官方事业后，和约才在1899年被批准。[130] 直到战后，哈夫迈耶才调整商业策略，利用岛屿帝国带来的新机会。一旦联邦政府以牺牲纳税人而不是私有企业利益为代价来保障安全，投资的前景就会转为明朗。[131] 哈夫迈耶并不是积极的帝国主义者，但他是个好商人，一眼就看得出安全的赌注。

我们可能很容易得出结论认为，在导致美国取得海外帝国的决定中，商业利益起到的作用不大。利益最为相关的企业要么对获取海外领土态度矛盾，要么持反对意见。无论相关政党之间是合谋还是竞争，它们更倾向于在国会中就关税问题一决高下，并不认为帝国能解决问题。这一结论就其本身来看虽然准确，但需要延伸。大企业以重要但间接的方式参与了最终导致战争和帝国的进程。直白来说，美国在19世纪90年代面对两种资本主义观念之间的选择：是保护主义与金本位制，还是自由贸易与复本位制。大生产商、主要炼糖厂和华尔街支持了共和党的发展计划。当共和党人发现如果无法"解放"古巴就可能输掉1898年的中期选举时，他们富有的支持者决定，宁可发动一场小规模战争，甚至可能建立一个小帝国，也不应让自由贸易者和复本位制论者控制国家。他们的爱国主义无疑是真心实意的，但他们的帝国主义却是考虑到长期经济利益的政治计算。

"我们是作为治理的天使而来，不是作为暴君"[132]

呼吁实行强硬外交政策的人士都很著名，必然会出现在所有关于美西战争前这场大戏的叙述中。他们的履历、态度、特征和缺点，事无巨细，都被研究过，通常令人印象深刻。[133] 有一些重要问题依然存在，例如如何衡量他们确切的影响力，但这些问题只能非常粗略地回答。[134] 然而，我们还有空间重新评估前进派身处的历史背景。

大多数扩张主义者都来自上流社会，是有着新英格兰背景的精英。他们的特权地位来自成功的资本主义发展，但矛盾的是，他们与这种成功保持距离。他们的使命是拯救资本主义免于各种过度无节制的问题，这些问题已经制造了社会分歧，威胁公共秩序，危害南北战争后的政治妥协。如果任由这些情况自行发展，那他们就无法实现希望，维持理想中美国作为独立国家和潜在世界大国的地位。扩张主义冲动是一种手段，为的是实现在道德上重新武装合众国的更伟大目标。从这一角度来看，扩张主义者是政治保守派，希望重建他们眼中镀金时代之前黄金年代的有机统一。他们回顾了联邦起始的年代，用威尔逊的话说，那时伟大的政治家"沉浸在深思熟虑的政治哲学中"，用教养良好的智慧精神启发国家，管理国事。[135] 海外扩张（尤其是建立帝国）可以重申国父们曾代表的价值观，这种价值观如今已被党魁、政党分赃制、劳工骚乱、城市贫困和无政府主义侵蚀。在大西洋的另一边，欧洲精英们面临的困难大致相当，他们也设计了类似计划方案来达成相应的结果。

西奥多·罗斯福、亨利·卡伯特·洛奇、阿尔伯特·贝弗里奇和阿尔弗雷德·马汉这四位主要领导人物都是共和党人。[136] 前三者是政客，著名海军战略家马汉则半是通过他们介入政治。[137] 罗斯福在1897—1898年这一关键时刻担任海军部副部长。就在那两年，人们为是否开战进行争论，最终美国宣战。洛奇是颇具影响的参议员。而早在1899年3月加入参议院前，贝弗里奇就通过演说成为全国知名人物。他们都不在商界，据目前所知也没有接受商业利益。他们的演说和写作常常提及海外商贸的好处，但都是宏观论述，着眼于加大扩张计划的吸引力。事实上，不受限制的个人主义让他们退避三舍，因为它通过经济快速发展造成城市过度拥挤，并导致了他们眼中的社会败坏。[138]

罗斯福批判社团主义，积极保护环境，推动刚毅、韧性、机敏这样的边疆品质，协助保护了特纳笔下正在消失的大块边疆地区。[139] 洛奇是世纪末共和党上层的典型人物，想要控制民众不可预料的能量，限制移民，提高美国在国际事务中的地位。[140] 这些目标要求汉密尔顿和李斯特式的强有力的联邦政府，以及强硬、统一的外交政策，而他在1898年帮助实行了这些政策。洛奇的帝国主义表达了盎格鲁－撒克逊领土的意识形态，他的民族主义则确保推行这种意识形态的是美国。贝弗里奇是一名熟练的煽动家，看到了机会，用超越直接个人和局部利益的事业来驯服焦躁不安的大众。[141] 他的辞藻把"旗帜的进军"和"自由的号角"与一种民族伟大的概念联系起来，让美国成为上天指定的首要文明代理人。[142] 马汉则是盎格鲁－撒克逊俱乐部的著名成员，也是忠实的基督教徒。[143] 就像他的伙伴们一样，他的思想基于一种半科学的信仰，认为"扩张冲动"对维持生命力必不可少。正如他所作的充满钦佩之情的纳尔逊传记所展现的那样，他也强调勇气、忠诚和为国服务的品质。[144] 他看到迫近的冲突，担心美国失去尚武精神，敦促美国做好军事准备。

其他公众人物身在这个小圈子之外，但也都有许多类似的特质。其中最著名的例子是海约翰，这名外交官在1898年美西战争结束后不久成为国务卿，这才公开参政。[145] 海约翰深受林肯影响，成年后首先是一名改革派，但在1877年的激进铁路罢工后变得越发保守，又在忧虑重重的19世纪90年代变得越发民族主义。他的外交生涯还伴随着写作。他出版了诗歌、一部关于林肯的宏大传记，以及1883年的一部充满愤恨的反工会小说《养家的人：一部社会研究》(*The Bread-Winners: A Social Study*)。他通过婚姻成了一名财阀，向共和党慷慨捐款，认为共和党是资本主义和秩序的最后一道防线。特别是他对麦金莱的忠诚让他在1897年挣得了驻英大使的职位。他把自己酝酿中的民族主义意识和对大英帝国的崇拜结合了起来，在担任国务卿时将其视为自己计划的模板。

衣着考究、文质彬彬的海约翰与亚当斯家族非常亲密，特别是和亨利·布鲁克斯·亚当斯，后者通过继承遗产成为财阀，又通过个人成就成为文豪。[146] 然而，是亨利的弟弟、著名公共知识分子彼得·布鲁克斯·亚当斯（人称布鲁克斯·亚当斯）在1898年转向了帝国主义。布鲁克斯还没加入支持战争的行列，但在美国取得帝国领土后，他对帝国的概念越发起劲。19世纪90年代，他对现实的悲观、对过去的怀念与他对美国肩负西方文明的信心之间发生了矛盾。[147] 他把沃尔特·司各特视为欧洲最后的英雄时代的标志，把狄更斯视为多变而脆弱的新时代的发言人。布鲁克斯·亚当斯宣称，狄更斯用自己雄性、尚武的冲劲吸引了"多半阴柔"的读者。[148] 美西战争给了他调和这些不同观点的契机。[149] 一场与新兴企业合作、由贵族知识分子指引的帝国远征将会在国内外形成不可战胜的联盟。在亚当斯的想象中，沃尔特·司各特和罗斯福的莽骑兵在1898年一道策马前行，不过这种想象肯定不是亲身演绎。

　　扩张主义者们既回头看，又向前看。他们懂得，自己哀叹的变化产生于不可逆转的工业化和移民进程。因此，他们把注意力转向如何运用美国的新力量来实现民族伟大。他们的愿景是，一旦美国的工业威力得到合适的政治指引，美国就可以完成民族统一，实现作为世界领袖的潜力。罗斯福是行动派，洛奇是影响者，贝弗里奇是演说家，亚当斯是思想家，马汉则是战略家，他们都相信美国拥有上天赐予因而不可置疑的使命，于是联合了起来。他们可以独家接触到上天的旨意，知道美国的目标是把盎格鲁-撒克逊文明传播到整个世界，清扫挡路的野蛮人。在海外传播美国价值观和影响力的行动也将在国内展现，并重新确认这些价值观的重要性。"命定扩张"一词在19世纪40年代论证了大陆扩张，如今这个词则将被全球化并重新本地化，以满足国家重生的需求。[150] 战争如果爆发，就将强化民族团结。帝国如果形成，就将成为良善政府的实验室。这两者将共同提升行政者的地位，让总统恢复伟人领导合众国时期的那种权力。最后重要的一点是，知识分子将扮演指引美国走进新世纪的重要角色，重获他们曾一度在哲人总统"宫廷"中享有的地位。

　　其他专业人士、学者和教会领袖的圈子则对占据有利地位的扩张主义者形成的小圈子起到了补充作用。19世纪80年代，海军战争学院开始培养有地缘政治知识和战略知识的军官。到19世纪90年代末，美国海军军官就像在英国和德国一样，他们采用的海权观念超越了国防的有限需求，涵盖了更广泛的战略来推进国家利益。[151] 像马汉这样的中间人确保了国会充分意识到海军越发明显的姿态和越发强硬的立场。

　　国会也了解大学的态度，大学在当时起到了智库的作用，和联邦政府及大企业都有紧密关系。学术界中最显赫的人物都支持海外扩张。[152] 美国历史学会（American Historical Association，1884年成立）称帝国是一支进步与和平的力量。美国经济学会（American Economic Association，1885年成立）将帝国视为公司合并的一种形式，可以在政治上带来商业效率。美国政治和社会科学研究院（American Academy of Political and Social Science，1889年成立）为社会达尔文主义学说祝福。知名人士抬高了支持的声音。历史学家约翰·菲斯克（John Fiske）自称为斯宾塞的朋友，是一名盎格鲁-撒克逊"种族爱国者"，把美国描绘为年轻而精力充沛的西方角斗士，身负击败野蛮人、在世界各地播撒文明的任务。[153] 同样著名的历史学家、美国政治科学的奠基人之一约翰·W. 伯吉斯（John W. Burgess）把种族视为新的政治科学的基础。[154] 黑格尔的理论启发他相信，文明在美国抵达了它的目的地。德国的国族建构先例使他提出，美国应该采取一种条顿社团主义，把它带到世界其他地区。异议者也存在，但总有对付他们的办法。著名经济学家约翰·R. 康芒斯在1898年被逐出雪城大学，因为他的激进观点（包括批评商业与帝国主义的关系）阻碍了筹款行动。[155]

如果说商业利益直到最后一刻才团结到美国旗帜下，那教会领袖则展现出了团结和坚信，协助生成了把国家带向战争的动力。他们以宗教和人道主义原因强烈支持干涉古巴。[156] 上帝的指引让怀疑者战胜了他们的保留态度。长期被排除在西班牙属地之外的新教传教士抓住了天赐的机会，对这些岛屿发起攻势。《前进报》（The Advance）宣称："我们这片土地的教会人，应该做好准备，一旦陆军和海军打开道路，教士就要入侵古巴。"[157] 吵吵闹闹的浸礼会、圣公会、长老会和公理会教徒团结起来成为基督教战士，以履行他们作为新教徒的义务。福音派没有把西班牙帝国的天主教徒视为基督教的兄弟，而是视为对基督教进步的挑战。正像《基督教宣道会》（Christian and Missionary Alliance）所说，一旦这些岛屿从"西班牙压迫的难以忍受的枷锁"中被解放，它们就将向"主耶稣基督的福音"敞开大门。[158]

为了创造一个"期盼已久的世界帝国"，新教"向前进军"。[159] 当时最突出的世俗福音派教徒之一约翰·R. 莫特（John R. Mott）宣称，夏威夷在上帝的计划中占据特殊的位置，因为上帝"在那里种下了一个基督教国家，既是伟大的灯塔，又是全球福音化事业的作战基地"。[160] 夏威夷将是通向中国之路上的补给站，而中国已终于被迫向西方敞开大门，那里无数人的灵魂也向基督教敞开。上帝已经祝福了"命定扩张论"，赐予帝国主义以道德正当性。战争洗净了原罪，让那些已经净化的人们有事可做。此外，这一事业现在是全国性的，而不是局部的。北美大陆上的天主教徒虽然一开始迟疑不决，但还是加入了新教徒的远征。[161] 基督教曾在南北战争期间加固了对立双方的立场，在1898年则把国家联结为一体。在商人处于分裂之时，基督教徒团结了起来。过剩的宗教资本流向了道德需求最大的地区，金融资本则流向了利润最大的地区。传教士们为他们在太平洋和东亚的前景兴奋不已，商人们则不愿把他们的金钱投向充满风险和不确定性的地区。

帝国主义的提倡者遭遇了不少抵抗。[162] 为阻止吞并菲律宾，反帝国主义同盟在1898年成立，吸引了一群显赫的支持者，包括前总统格罗弗·克利夫兰、平民党领袖威廉·詹宁斯·布赖恩、工业大亨安德鲁·卡内基、劳联主席塞缪尔·龚帕斯（Samuel Gompers），还有最著名的马克·吐温。[163] 同盟援引及采用了各种论证，它们反映了人们对新沙文主义的各种反对。[164] 科布登式的自由派坚持世界主义、和平世界的观念。像古怪的百万富翁H. 盖洛德·威尔希尔（H. Gaylord Wilshire）这样的社会主义者同意英国作家J. A. 霍布森的话，认为驱动帝国主义的是想方设法处置过剩资本的新型大企业。[165] 工人领袖反对帝国主义，是因为他们害怕不加限制的亚洲移民将拉低国内的工资。宪政派认为帝国主义将摧毁政府基于同意而运行的共和原则，形成由常备军支持的联邦专制。知识分子以罗马为类比预言了灾难。[166] 极端保守派以种族理由坚持认为帝国是不可接受的。正像参议员本杰明·蒂尔曼［Benjamin Tillman，外号"干草叉本"（Pitchfork Ben）］用他标志性的直率语气说："我们南方人从未承认过黑人和我们平等，也没有承认他们适合或有权参与政府，因此当我们抗议征服菲律宾人并以武力建立军政府统治他们时，我们并不是反复无常，也不是虚情假意。"[167]

反帝国主义者回顾了历史先例与共和理想，也望向欧洲，那里的工业化、经济萧条和收入不平等造成的共同问题也导致了类似的分析。[168] 然而，尽管美国反帝同盟的名单星光灿烂，但它并没有比欧洲的类似组织更成功。同盟的精英主义形象限制了它的人气；同盟的世界主义主张吸引的是老一辈人；而种族主张引起了人们的共鸣，但最终被迁就调和。威廉·詹姆斯和约翰·杜威都试图把爱国主义和公共道德联系起来，从而重获对爱国主义的控制。然而，到那时，爱国主义的另一种形象已经根深蒂固，难以重新转向。战争的形象已经被神圣化、浪漫化，人们认可它是捍卫刚毅与责任的价值观最有效的方法，而这些价值观又是民族认同与团结至关重要的成分。詹姆斯与杜威理智的论据比不上西奥多·罗斯福对种族本能和民族命运的肺腑之言。[169] 在罗斯福看来，战争是必要的，它可以避免国内的堕落，恢复公共义务的核心原则，教化国外的野蛮人。他宣称，反帝国主义者"属于一个过去的时代，他们必须面对当前的事实"[170]。

亲帝国主义的利益集团创造的推力使他们得以胜过反帝同盟及它那不够活泼的支持者。帝国主义的要旨被国会接受，议员们必须评估并衡量选民的观点。起初，民意形态不定，难以轻易衡量。媒体被党派分裂，支持民主党的报纸要求实行解放古巴脱离殖民统治的强硬政策，支持共和党的报纸则提议克制。[171] 优势的天平的动向取决于身在边界的人群，扩张派通过本地运动赢得了动摇的共和党人的支持。根据这一观点，党派政策和组织塑造了民意，而不是民意塑造了党派立场。然而，民意是一支不断发展的力量，不只是被国会木偶大师操纵的傀儡。在1898年2月"缅因号"沉没后，许多示威和请愿得到了越来越多宗教领袖的支持，他们都表达了爱国情绪和报复渴望。[172] 1898年4月初，法国驻华盛顿大使在向巴黎的外交部部长报告时，总结了当时的情绪，说"一种好斗的狂怒攫取了美利坚民族"。[173]

参众两院都有喋喋不休的扩张主义者，他们甚至在"缅因号"沉没前就催促总统采取强硬行动，而在"缅因号"沉没后，他们变得兴奋而吵闹，在宣战前夕让爱国歌曲响彻国会山。[174] 我们无法细致解剖国会议员的动机以得出确切答案，我们做出的推断也可能误入歧途。[175] 两院议员的背景分析显示出，其中相当大一部分人是律师，商业和农业的直接代表则非常有限。[176] 无论职业为何，国会议员整体上教育程度良好，财产殷实。19世纪90年代，国会议员的招募模式保持不变。因此并没有突然涌入格外致力于帝国建构的新议员。甚至在最常讨论关税问题的参议院，外交政策整体上都不是优先议题。两院中很大一部分议员曾在南北战争中担任军官。尽管我们无法判断这一经历会让他们更有可能还是更不可能青睐军事行动，但我们有理由猜测，他们更有可能对爱国诉求及责任召唤做出积极回应。

证据显示，国会为政治好处支持了战争，而这些好处也可以成为国家利益。[177] 共和党人曾用古巴问题让克利夫兰总统难堪，民主党则用同一问题尖锐地刺向麦金莱总统。[178] 虽然共和党在1896年大选中获胜，但民主党仍在参议院颇具影响，希望在1898年中期选举中能有斩获。3月和4月，就在宣战前不久，轮到他们来敲响自由之鼓，指责共和党人更感兴趣的是赚钱而不是推进自由。共和党人的回应则是敦促麦金莱采取行动而不是夸夸其谈。支持帝国的颇具影响的参议员亨利·卡伯特·洛奇宣称，除非总统宣战，不然民主党将在接下来的选举中赢得"自由铸造银币支持者的全面胜利"。[179] 战争部长、受人尊敬的退伍军人拉塞尔·A. 阿尔杰（Russell A. Alger）也批评了麦金莱对外交手段的持续偏爱："他阻挡了人民的愿望，正面临毁掉自己和共和党的危险。"[180] 很快就要取代阿尔杰的伊莱休·鲁特敦促总统在这场他觉得已不可避免的战争中领导国家，不然就有可能毁掉共和党，让"银元民主"上台。[181] 共和党参议员、南北战争老兵克努特·纳尔逊讲得更加直率："要使国家摆脱自由铸造银币问题的噩梦，一场广得人心的战争可能比其他方法更有用。与一场对西班牙的短暂急速的战争相比，布赖恩主义、民粹主义和银币自由铸造的胜利将对这个国家造成更多伤害。"[182]

一种过时的论点认为，总统是个犹豫不决的领袖，被追求刺激的媒体推向战争，但这一论点如今已不再站得住脚。[183] 麦金莱与年轻得多的西奥多·罗斯福不同，毫无鹰派本能。他曾在南北战争这场可怕战争中服役，不愿再目睹另一场战争。[184] 我们也可以不再理会麦金莱被同样来自俄亥俄州的商人、幕后操纵者（eminence grise）马克·汉纳摆布的说法。[185] 麦金莱了解自己的想法，也不会在原地兜圈子。他的优先目标和专长是在国内事务而不是国际事务上。在1896年选举胜利后，他的目标是巩固共和党的统治，并尽可能地将它和国家利益等同起来。他非常清楚外交政策在这一战略中也起到了一定作用，但他也同样清楚，吞并领土是一个分裂性的议题，需要小心处理。他希望给古巴问题找到和平的解决方案，最好是通过仲裁方式，所以他在面临各种相持不下的利益集团（包括本党内的扩张主义者）的压力时，就坚持了这一手段。

麦金莱的谨慎情有可原。[186] 战争是无法预测的。冲突可能会危害刚刚开始的经济复苏。军事上的逆转会伤害掌权的政党。战败的可能性没有被认真考虑，但战败在任何层面上都会是灾难。这场行动可能会分裂而不是团结国家，扳倒共和党。尽管共和党在1896年的宣言宣告支持古巴独立，呼吁吞并夏威夷，重申了门罗主义，但麦金莱知道，干预行动即使在他自己的阵营里都备受争议。但是，在"缅因号"沉没后，采取行动的呼声变得不可抗拒，麦金莱被迫改变了路线。4月，在泪水、扭打、旗帜飘扬与宏大言辞中，国会授权总统进行干涉，并在必要时使用武力。这场冒险的发动更多是出于狂热而不是深思熟虑，这个事实被当时的狂喜掩盖了。

"战争热"席卷了整个国家。总统要求动员12.5万名志愿者，至少有100万人站了出来。[187] 北方和南方在南北战争结束以来第一次有机会展示它们的团结意识。战争把白人民族联合了起来。四支非裔美国人军团被派去"解放"刚得到地方自治权和成年男性选举权的古巴人，但他们的成就不是被政客和媒体略过，就是被贬低到最小。[188] 南方激动地回应了这个机会，在国家事业中展示它被压抑的尚武价值观。数千名得克萨斯人急着加入军队，不过只有少数人目睹了战事，更多人死在了佛罗里达州疾病肆虐的军营里。[189] 罗斯福极为注意，确保他的莽骑兵是从全国各地、各行各业招募而来，不过有种族的限制。[190] 麦金莱精明地任命了四名年逾六十的前邦联将军，让他们在远征军中担任等级相当的职务，并派其中的约瑟夫·惠勒（Joseph Wheeler）少将指挥志愿军的骑兵师。[191] 媒体不仅把战争描绘为对旧大陆腐朽残余的胜利，还把它描绘为民族团结的胜利：一张引人注目的官方照片展现了一名联邦军官和前邦联军官双手相握，背景则是一名从锁链中被解放出来的白皮肤金发姑娘（据称代表的是古巴）。南方不再受到冷落。

终结了战争的和平协议也终结了反对声。参议员乔治·H. 霍尔（George H. Hoar）只好遗憾于美国变成了一个"建立在武力上的粗俗、平庸的帝国"。[192] 社会学家威廉·格雷厄姆·萨姆纳总结说，西班牙才是真正的赢家，因为它把美国拉进了帝国建构的古老欧洲游戏中。[193] 英国人的表现也是出于私利而不是无私："他们怂恿我们踏入困境，首先是因为我们会忙得无力去干预其他地区，其次是因为如果我们遭遇困难就会需要盟友，而他们认为自己会成为我们的第一选择。"[194] 反帝国主义同盟中有一些"神枪手"，但还是输掉了斗争。到一战时，同盟已被边缘化，到1921年解散。民族主义战胜了国际主义，之后也会再一次战胜后者。

这场战争被海约翰大使著称为"辉煌的小战争"（splendid little war），是一次无与伦比的机会，显示出犁可以化为刀剑在海外推进国家利益，同时巩固国内团结。[195] 胜利之后便是庆祝。流行的戏剧、小说、诗歌和歌曲纪念了这场战争，加固了种族刻板印象以备将来使用。[196] 各路作者迅速回应了1898年的戏剧性事件。[197] 西奥多·罗斯福用自己一贯的生动叙述书写出版了《莽骑兵》（The Rough Riders），讲述他在古巴的功绩。[198] 亨利·卡伯特·洛奇把战争塑造为反对偏执和暴政的远征。[199] 一群小说家抓住了时代的心态。主要的少年帝国小说作家埃尔布里奇·S. 布鲁克斯（Elbridge S. Brooks）创作了以西班牙和菲律宾战争为背景的探险故事，其中关于战争的叙述都被净化过。[200] 创立了已知的第一家小说工厂的爱德华·斯特拉特迈耶（Edward Stratemeyer），雇用了成队的作家，把帝国主题融入他们产出的大量通俗小说中。[201] 这两名曾经流行但如今早已被遗忘的作者在为与西班牙的冲突辩护时起到了作用，他们将冲突置于一系列英雄主义先例的末尾，这些先例包括印第安人战争，

图1 北方与南方的团结，1898年

以及从其他西班牙殖民地（特别是墨西哥）获取土地。[202]

一群作曲家也牵动了爱国情感和个人情感。[203] 没有一首歌的人气能比过约翰·菲利普·苏泽（John Philip Sousa）著名的《星条旗永不落》，但《我们国家的呐喊》（"Our Nation's Battle Cry"）及《我们将站在国旗下》（"We'll Stand by the Flag"）还是抓住了时代的精神。尽管《我的甜心和缅因号一起下沉了》（"My Sweetheart Went Down with the Maine"）在战争结束后人气下跌，但莽骑兵们最爱的歌曲《今夜的旧城将有火热时刻》（"There'll be a Hot Time in the Old Town Tonight"）在战后生命力仍然旺盛，而《再见了，多莉·格雷》（"Goodbye, Dolly Gray"）的多愁善感在一战中牵动了更多人的心。联邦如今被团结捆绑在一起。

重量级评论家则增加了权威的声音。麦金莱总统终于能在胜利的臂膀中放松下来。"在共同旗帜下为着正义目标的兵役，"他庄重地说道，"已经加强了民族精神，比以往更密切地巩固了国家每一个群体之间的兄弟情谊。"[204] 在诸多自我褒奖的热情宣言中，有伊利诺伊大学校长1900年的讲话：

> 战争的幸福结果之一，便是它在美国人民之间发展了一种新的团结精神，自从那场关于奴隶制的激烈群体冲突开始以来，没有其他东西实现了这点。当召唤来临，需要人们表现出好战的爱国主义并在外敌面前形成牢不可破的防线之时，北方和南方的旧分歧似乎消失了。上一代人曾互相发起致命战争，如今人们用兄弟般的热情态度并肩作战。他们在制止压迫、帮助他人获得自由的过程中，得到了对彼此的全新依赖，以及对他们共同的国家的全新奉献。[205]

同年，阿尔伯特·贝弗里奇用莎士比亚式的语句挑战了考虑尝试阻止进步行军的胆小鬼：

> 那面旗帜从未停止向前行军。有谁胆敢现在制止它——当下，历史上最重大的事件正在把那面旗帜向前推；当下，我们作为一个民族终于强大到可以面对一切任务，伟大到可以获得命运赋予的一切荣耀吗？在我们的第一个百年终结之时，美国人民被巩固为一个整体，这个过程刚刚完成，伟大的时刻就很快把我们的世界机遇、世界义务和世界荣耀压到我们身上，而只有结合成一个无形民族的人民才能实现或做到这些，这是怎么回事呢？[206]

他的答案显而易见，也无可辩驳："如果一个人没有在如此宏大的事件中看到上帝之手，那他确实是瞎了双眼。"[207]

伍德罗·威尔逊于1901年在特伦顿战役125周年的讲话中，对民族团结的成就做了相同的论述，不过他用的是符合普林斯顿著名教授身份的正式学术语言：

从没有战争像西班牙战争那样改变了我们。从没有哪些年像1898年以来这些年一样发生了如此迅速的变化。我们目睹了一场新革命。我们看到了美国实现的转变。在125年前摆脱英国统治的那一小群州如今已成长为一个强大的大国。那个小小的联盟如今聚集并组织起它的能量。一个联盟变为一个民族。[208]

"命运、上帝和美元！"[209]

我们现在可以重新表述此前的讨论，合并因果关系中的两大主要元素：结构与能动性。结构为做出决定、采取行动提供了背景，能动性则指出了不同利益及个人在创造这些结果时扮演的角色。行动者的动机可以被视为行动的理由（reason）和行动的起因（cause）。理由不一定就是起因：公开宣言可能出错、误导，或者前后矛盾。另外，即便理由和起因互相协调，但起因还是超越了理由，涵盖了从设定行动范围到行动本身的一系列可能性。关于美帝国主义的辩论包含了看似不可调和的主张，半是因为主人公们不会总是考虑如何把一种解释和其他解释联系起来。从理论上来说，没有必要让个人的作用和无可改变的力量互相竞争。这里提出的解释试图把理由和起因统一起来，展现作为决策者的麦金莱如何与他所出色代表的广大政治经济体系互为补充。卡尔·马克思用一句名言表达了这两者的关系："人民创造自己的历史，但他们不是随心所欲地创造（make out of whole cloth），并不是在他们自己选择的条件下创造，而是在直接碰到的、既定的……条件下创造。"[210]

直接碰到的既定条件，来自工业化和国族建构这对孪生进程造成的深切剧变，而这两者是现代全球化的基本要素。当时盎格鲁-撒克逊世界的评论家把1898年战争描绘为旧大陆和新大陆之间的冲突。一个是进步的、充满动力的、现代的，另一个则是保守的、无精打采的、老旧的。这里采取的视角则认为，美国和西班牙正在同整体上相似的转型问题做斗争。两国都在把农业社会改变为近似韦伯所说的现代性国家。两国都在19世纪晚期面临相应的国内压力。西班牙脱离军事财政主义的转型过程尚未完成，展现出欧洲君主派与共和派的漫长冲突。美国在1865年后的转型则是现代国族建构的一个研究案例。在国内维持团结的需要使西班牙完全不惜代价地捍卫海外帝国。然而，在西班牙受到欢迎的政策在殖民地激起了尖锐反对，殖民地挑战了马德里的权威，呼吁自由派改革。同样的必要性促使美国从西班牙那里抢来它的帝国领土。美国夺来加勒比地区的殖民地，为的是确立民族团结、巩固共和党统治。新大陆战胜了旧大陆，不是因为能量已往西跨过了大西洋，而是因为美国在掌控现代性转型时比西班牙更为成功。这些岛屿是夹在两块磨石之间的地盘。它们远没有享受到热带的慵懒，而是试着适应新的、渗透性的全球化形式，它们作为出口生产地被拉进国际经济体系，也被拉进国际主义的世界，成为自由派主张的呼吁者。

塑造这些庞大进程的奋斗力量，在美国通过共和党与民主党之间的竞争而得到政治表达。尽管北方共和党在1865年赢得了战争，但激烈的政治冲突紧随其后，两大主要政党为控制国家议题互相争斗。两党都自称是国家利益的守护者，认为其政策可以保卫国家独立，带来繁荣。这场争斗在19世纪八九十年代愈演愈烈，通货紧缩和经济萧条共同加剧了城镇和乡村的对立，使资本和劳动力的代表越发敌对地互相对峙。

民族国家的发展取决于扩张的边疆和不受控制的移民，它们扩大了经济规模，加固了政治体，也提出了社会团结和政治控制这样令人生畏的问题。经济政策使倾向于把支持制造业、保护主义、金本位制、积极联邦政府的共和党与支持农业、自由贸易、复本位制和政府分权的民主党对立起来。共和党不得不特别关注重要摇摆州的选民，金本位制和保护性关税在那里不得人心。对共和党来说，金本位制不容商量，因为伦敦城对美国政府和企业都是重要的信贷来源。关税支持了制造商，带来订单和就业，但因为限制了对应的进口贸易而阻碍了企业的海外扩张。互惠则是一个灵巧的工具，既能战胜保护主义造成的障碍，又不会摧毁整个系统。互惠协议允许特定国家和商品以优惠条件进入美国，作为回报，相关国家将对美国出口品打开本国市场。互惠的目标是在希望赢得出口市场的特定制造业和农业选区获得选票，同时允许不会对本国生产商构成竞争的商品进入美国，进口这些商品不会同时进口政治成本。

美国发生的冲突和欧洲遥相呼应，在欧洲，经济和政治力量的天平也从农业转向了工业，从乡村转向了城镇，从一些地区转向了另一些地区。[211] 就像在美国一样，要是脆弱、吵闹的欧洲国家想维持统一，那有着不同群体基础的政党就不得不设计能够吸引全国的计划。在各地，关税和货币政策都是可供选择的武器，也是相当必要的武器，因为它们有能力把经济资源变为政治资本。它们是抬高财政收入、保护优先经济活动、重新分配收入、嘉奖支持者的首要手段。在法国，小麦业和铁业的联合形成了保守派同盟，避免国家过于偏向左翼。在德国，黑麦业和铁业的"联姻"带来了类似的结果。[212] 在美国，共和党人为了同一目的建立了相似的联盟。不过，如果经济纲领只包括关税和金本位制，那就过于狭隘，无法得到全国的支持。无论政党是掩饰局部优待还是把这种优待变得更易让人接受，它们都把自身的经济原则与一系列更广大的信仰融合起来，把各种各样的利益集团纳入发展中的民族认同感。

在美国，共和党人坚守宗教性、种族性和自由这三位一体的价值观。宗教和种族是尤其有效的群体团结工具。它们跨越了大量在其他方面都截然不同的地区和职业，塑造了忠诚，其可以通过爱国主义媒介而附属于国家，使治理国家的代表们得以实行一种道德霸权，抹去其他关于地区和阶级的声音。自由是一项更宏大的、包罗万象的原则。它成为官方为与西班牙的战争、此后的菲律宾冲突以及吞并夏威夷辩护的理由。古巴人和菲律宾人将从西班牙的压迫下被解放出来，夏威夷人将从无能和腐败中被解放出来。战争和领土吞并是合理合法的，因为它们都是出自人道主义原因。人们对传说中西班牙统治的无度而感到道德愤慨，这种情感既真诚又有力。但自由则是一个普世概念，只有在加入特定时间和地点后才能获得实质内容。1898年，自由的品牌是在美国制造的，供人购买的型号则是由共和党设计的。

自由是国家的象征，也是国家存在的证明。它是一个宏大的术语，其吸引力可以超越党派政治，跨越国度。古巴危机为扩张主义者提供了机会，让公众的注意力集中在全国而不是局部的事业上。正像一个世纪前废除大西洋奴隶贸易一样，改革者们通过推广一种自由的概念，将它和海外压迫联系起来，从而推行他们在国内的道德武装计划。作为执政党的共和党得以占领道德制高点，带领国家参与一场远征，这场远征可以被呈现为无私和新教徒式的行动。[213] 党内的扩张主义者看向海外，寻找一项事业来展示他们希望在国内重申并复兴的价值观的优越性。自由意味着维持现有的由个人进取创造的财产权，平息威胁要重新分配财富的激进主义，限制国家潜在的压迫力量。这一策略使共和党大获全胜：他们解除了民主党的武装，团结全国支持一个高贵的理想，为自身的政治经济计划赢得了支持。

扩张主义者们在创造历史时就从这一大捆特定的境况条件中裁剪布料①。他们抓住了时机、方法和言辞。就像20世纪90年代的新保守主义者一样，他们也有一个梦想。[214] 他们的大创想是用惊人的方式展现美国的实力，给世界和全国留下深刻印象。在离心力再次开始拖拽美国核心的时刻，他们想借扩张来复兴并巩固国家，重新把自己变为国家大船上的领航员。扩张主义者们想找一个戏剧性且不可抗拒的机会。淹没了西班牙统治的殖民地起义就满足这些要求：加勒比地区的事件距离美国足够近，可以引起人们注意；但也足够远，可以让北美大陆免遭不受欢迎的影响。叛军的目标可以被轻而易举地塑造成捍卫自由、反对西班牙压迫；而一旦战争爆发，美国似乎也能赢得这场战争。

欧内斯特·R. 梅（Ernest R. May）意味深长地探究了他所称的"外交政策精英"（foreign policy elite），总结说，19世纪90年代，一个由世界主义"意见领袖"组成的关键群体内部发生分裂，使帝国主义一翼战胜了孤立主义，实行扩张主义政策。[215] 威廉·格雷厄姆·萨姆纳在1899年对此问题采取了类似的但更狭窄的看法。"战争原本的首要起因是，"他观察说，"它是华盛顿党争中政党策略的一步棋。"[216] 梅列举了一系列常见的原因来解释共识的崩溃，但特别强调英国的影响及英国对世界秩序和发展的观念，因为这个大国拥有一片强大的帝国领土。老一辈外交政策精英的观点受到了科布登和布赖特的影响，通常反对外国干预，新一代则对迪

---

① 参上文马克思语，"随心所欲地创造"（make out of whole cloth）直译就是"裁剪布料"。

尔克和张伯伦标榜的强硬立场印象更为深刻。[217] 梅可能高估了精英们在19世纪90年代分裂前的团结，低估了扩张前景在那些思考外交政策的人们头脑中已经占据的位置。不过，在19世纪90年代，确实有越来越多知识分子和公共评论家相信，大国地位和帝国相辅相成。国家组成的世界就像企业组成的世界一样，似乎正在走向合并。英国作为当时的帝国主义超级大国，似乎为这一论断及其可能带来的好处提供了确凿证据。如果美国想被认可为大国，那华盛顿就必须用帝国来武装国家。

尽管看似不太可能，但查尔斯·比尔德预见了梅的判断。比尔德将永远被人归为经济决定论者，在某些地方还会因此永远被人批判。[218] 比尔德的美国通史确实包含了关于海外扩张的宏观论断，包括对外国市场的渴望。然而，比尔德也注意没有把扩张和帝国主义混为一谈。[219] 他对帝国主义（特别是美西战争后获取领土）动因的详细分析出人意料，还被专家等人忽略。[220] 比尔德不仅否定了马克思主义对帝国主义的解释，也否定了美国商业利益在背后推动战争和领土吞并的说法。相反，他辩称，帝国主义是被一些外交政策精英"激发"的，他们是"造词家"而不是"有着过硬经济经验的人"。[221] 这些语言大师包括海军战略家阿尔弗雷德·赛耶·马汉，他的动机，"无非是一个不敢承担航海和战斗这样艰苦工作的受挫后方军官在论证他的战争热情"。[222] 尽管比尔德讲这句话时更多是出于主观而不是客观，但他用冷静的语言表达了他的主要论点："要让历史记录忠实于事实，就必须把帝国主义扩张的想法主要归于海军军官和政客，而不是商人。"[223]

虽然梅和比尔德在能动性问题上达成了一致，但他们对结构性因素的评估则截然不同。梅认为，1898年战争是对当时事件的情感回应，没有更宏大的帝国目标。美国的"伟大"是被它的疆域和控制之外的力量"强加上来的"。[224] 这一论点削去了帝国主义更大的国内原因，把外交政策缩减为一系列对外界压力的被动反应。[225] 关于国际秩序驱动美国政策的主张，无法轻易得到论证。在19世纪90年代晚期，美国的外交政策尤其免受外界制约。比尔德对因果关系则有更宏大的观点。[226] 他并不怀疑美国掌控着自身命运，本能地相信国内经济和政治发展构成了推动海外扩张的基础。他构想出"汉密尔顿-杰斐逊辩证对立"（Hamiltonian-Jeffersonian dialectic）来体现关于国家利益的对立观念，理解保护主义政策意味着以强硬而不是和平方式扩大贸易，并指出战争可以起到分散人们对国内问题注意力的功能。[227] 尽管有这些洞见，但比尔德眼中扩张行动的宽泛动因和1898年帝国主义爆发的狭隘动机之间存在缺口，他从未填补这一缺口。

自梅和比尔德以来的研究对这一辩论做出了各自重要的贡献，这些研究表明如今可以建立起结构和能动性之间的联系。显然，外交政策精英并非一群孤立的显赫人士（尽管他们仍常常被描绘成这样），而是从国会的大量同情者中得到支持。此外，鹰派人士善于把其他利益集团之间的裂痕转为自己的优势。商界被扩张问题分裂为支持派和反对派，种族主义者也被划分为想把盎格鲁-撒克逊王国旗帜插遍世界的人和决心制止"劣等种族"变成美国公民的人。帝国主义者用超越这些分歧的语言表述他们普遍的诉求呼吁，同时也参与设计详细的让步措施，安抚反对者和怀疑者。保护主义被保留下来：互惠协议提供了打开一些海外新市场的希望，但没有破坏国内重要的商业利益。反对派被阉割了：反帝国主义者成了被孤立的少数派，输掉了操控公众情绪的言辞之战——这也不是他们最后一次落败。帝国主义成为全国的事业。虽然反对者还没有被人视为不爱国，但他们是在捍卫一项已经被抛弃的原则：共和国理念，它基于18世纪对公民道德和普世价值的古典信仰。

党派政治相应地与更大的盘算联系了起来，其最终目标是在追求经济发展和维持政治团结时，控制能够解决两者间紧张关系的手段。这两者在19世纪晚期差点失去了平衡。多年的通货紧缩和间歇性的经济萧条恶化了经济发展的问题，降低了农产品价格，抬高了城市失业率。不满情绪转为政治抗议，其规模可挑战现有的秩序。共和党和民主党争着控制这些力量，用它们来支持两党互相竞争的局部议题。共和党的计划占了上风，从而在国家治理上展现了自己的风格。互惠协议在国内赢得了选票，其代价是在海外制造了破坏，不过这种影响一开始被忽视了。要找到美国国内资本主义发展和1898年战争之间的关系，不应该尝试把商业利益和帝国主义联系起来，而是要把经济发展和政治需求互相连接。

在这方面，美国是帝国建构的欧洲后发国家中的榜样，把政治团结置于经济优势之前。[228] 作为先发国家的英国在海外发展了广泛的经济义务和承诺，将帝国主义和国家利益联系在一起。法国的经济利益虽然局限于地区和群体，但也足够突出，在关于第三共和国帝国主义的解释中能与"荣耀"政治一道占据一席之地。作为后发国家的意大利仍然基本处于欠发达状态，参与帝国扩张主要是为了推动民族团结。美国和意大利一样，主要心怀政治动机。但和意大利不同的是，美国有着可观的制造业和有力的商业游说集团，它们是权力走廊的常客。不过，经济利益对外交政策的直接影响不大。美国的新经济在庞大国内市场提供的机会远多于海外现有市场。同时，致力于海外贸易的企业之间存在分歧，限制了它们游说的效果。因此，在海外代表国家利益，主要采取的是政治形式，不过那是为了维护共和党设计的经济发展道路。

但是，美帝国主义的海外表现在一个重要方面与西欧不同，即在扩张同时追求内部殖民的政策。然而，这一经历并未使美国变得独一无二。相反，正像第5章所说的那样，这和英语世界及法兰西帝国部分地区的类似行动相互补充，在这些地区，白人移民的边疆正在压制并碾压土著社会。南北战争的终结给移民的西进运动带来了新一轮推力。美洲土著不再被当成独立国家的公民，他们的反抗遭到了武力镇压。同时，国会授予南方各州很大程度的地方自治，说服它们融入联邦，并使非裔美国人遭遇新一轮法律和社会歧视。美国的国族建构过程本质上是团结白种美国人的行动。不符合条件者则扮演了反义词的角色，参与定义了其他人的价值观和至上地位。

古巴情况的恶化给美国提供了一个机会，不是在海外建立新市场，而是展示国家在共和党共识下的团结。美西战争巩固了北方的一项局部议题，让它吸引了远超过首要受益者的更多群体。关税保护和金本位制都争议重重，而自由事业则能引起全国的共鸣。麦金莱把自由和责任相连，把责任和爱国主义相连，再把爱国主义和新教相连。这名忠诚的卫理公会教徒在正式决定对西班牙开战前虔诚地祈祷。[229] 作为执着的政客，他在祈祷前做了必要的试探，相信开战的决定受到大众支持，将有利于共和党。1898年，美国加入了盎格鲁-撒克逊的远征军，"开赴战场"，"踏过圣人经过的地方"，把基督教和文明带给世界。[230]

对西班牙和对抗菲律宾解放运动的战争都是选择性的战争。美国故意干预了其他国家的事务，尽管它的关键利益都没有遭遇威胁。英国暗示了它无害的中立立场，秘密提供支持。没有其他大国在加勒比地区挑战美国，也没有大国能真正构成挑战。古巴作为离美国最近的西班牙殖民地，没有也无法威胁美国。相反，古巴有强烈动机和美国合作，无论是作为自治国家还是作为独立国家，因为向北美大陆出口糖料对这座岛屿的福祉至关重要。菲律宾作为距离美国最远的西班牙殖民地，在美国决策者看来几乎不在地图上。美国在那里的利益微乎其微。要是德国或日本在菲律宾群岛取得更大利益，美国将不会有任何损失，还能保住性命和财富。麦金莱确实不愿走向战争。但一旦决定宣战，他也被其他人生起的炉火温暖了。胜利甚至改变了他清醒的头脑。美国必须得到菲律宾，因为它正好可以被取得。决定美国战略的不是必要性，而是它的能力。

这样解释美帝国主义就给分类提出了有趣的问题。基于马克思主义传统的理论称，帝国主义是资本主义特定阶段的强硬表达。另一种源于科布登和斯宾塞、由熊彼特阐述的学说则认为，资本主义在本质上是和平的，帝国主义源于社会中的返祖元素。显然，驱使美国对新帝国主义做出贡献的，不是崛起中的工业中产阶级寻找新市场以解决国内的利润降低和资本过剩问题。另一方面，我们也很难把美国的帝国主义支持者描述为返祖力量的代表。美国热忱的帝国主义者既不是封建秩序的残余，也不是伦敦城的那种绅士资本家。相反，他们是资本主义的富家子弟，通过继承、联姻或赚钱取得财富，因此在各方面都幸运地和资本主义保持距离。经济独立给了他们工具来批判造就他们的世界。他们代表了凡勃伦的有闲阶级理论，他们也有着理论阶级的闲暇时光，能够思考"当前的不满情绪"和治疗良方。他们回顾了一个想象中的时代，那时社会的不同部分在哲人总统的启蒙领导下，在有机统一中紧密相连。但他们的目标不是摆脱资本主义，更不是摧毁资本主义。他们足够现实，懂得自己的特权生活要归功于制造业和金融创造的财富。因此，他们期待改革资本主义的世界，那个世界不再有镀金时代的过度和社会主义的威胁。

帝国主义就是达到这个目的的手段。它保证重申责任、荣誉和勇气这些核心价值的中心地位，去创造一种超越群体和地区分歧的民族认同意识，使教养良好的精英（也就是他们自己）回到他们曾处（或以为自己所处）的地位，即合众国被人尊敬的光荣的哲人守护者。[231] 他们把旧世界的一部分嫁接到新世界中，希望创造一种将能战胜现代性威胁的混合体。他们并不是孤军奋战。"在这个我们自己创造的巨大帝国中，我们将看到那种爱国团结精神的物质象征，这种精神尚未存于我们心中。有些行动把我们当前的政治争论变得恼人又徒劳，我们将把这些行动的一部分转向解决殖民所带来的庞大而丰富的问题。"[232] 这是一名比利时律师在 1904 年提及利奥波德国王治下的刚果时所说的，1898 年的美帝国主义者肯定会认出并支持话中的这些情感。

但是，显然也存在规模大小的区别。比利时并没有一支名副其实的海军。在世纪之交后，美国跻身主要大国之列。1907 年，罗斯福总统将新的美国舰队送往全球。在超过一年的航程中，载有 1.4 万名水手的 16 艘军舰访问了 20 个港口。[233] 尽管这些军舰荷枪实弹，但它们被刷成了白色，这是海军在和平时期的颜色。不过，这次远航向世界发出信号，即美国已成为第一流大国。[234] 无论总统讲话是否温和（他很少讲话温和），现在他无疑拿着一根非常粗的大棒。

第9章

岛民眼中入侵的世界

"现代政治威力的巨轮"[1]

帝国缔造者的言辞满溢着自由、文明和进步的声音，在北美大陆温暖人心，但对那些即将成为美国第一次海外发展与国族建构实验对象的人来说，这种言辞则令人战栗。古巴爱国者何塞·马蒂在去世前不久的1865年写作时，对即将到来的现实发出了警告。他说，在为古巴独立战斗时，他的"责任"是防止美国"横跨西印度群岛，用那额外的重量压在我们美洲的其他土地上"。[2] 马蒂在美国生活了近30年，在他笔下，他"住在怪物身体里"，声称自己"了解它的内脏"。[3] 波多黎各的首要政治人物路易斯·穆尼奥斯·马林则更为温和，更为谨慎，起初也持更欢迎的态度，但到1904年，连他都感到必须表达自己的幻灭感。"在1901年，"他评论说，"我们之中只有少数人不信任美国。如今，所有人都开始意识到，我们被欺骗了。"[4]

太平洋地区的反应则更直白地表达了反对和疏远。一旦菲律宾人看清解放者不会让他们取得独立，他们便拿起武器对抗美国。抵抗运动领导人埃米利奥·法米·阿奎纳多的发言人在1899年告诉一群美国听众，民族主义者正在"参与一场为自由的斗争"，尽管"目前我们还在被现代政治威力的巨轮碾压"。[5] 他继续说："要相信，菲律宾是菲律宾人的……我们从未被过去的压迫者同化，也不太可能被你们同化。"[6] 1897年，"数万"夏威夷人和半夏威夷人（part-Hawaiians）向麦金莱请愿，要求他驳回吞并协议，但他却视若无睹。[7] 次年，刚作为美国海军太平洋基地司令退役的海军少将莱斯特·比尔兹利（Lester Beardslee）写下了他对转让主权的仪式的观察。[8] 他报告说，除了政府官员，少有人在场，那些被指派承担庆典辅助工作的新殖民地属民也明显缺乏热情。

> 夏威夷姑娘们最后一次降下了夏威夷国旗，因为最后一次官方演奏夏威夷国歌（ponoi）的政府乐队不愿降下国旗。乐队拒绝演奏国歌，土著人提供的唯一音乐声便是他们响亮的哭泣声。[9]

加勒比地区和太平洋地区岛屿殖民地属民的反应指出了帝国主义的另一种视角；华盛顿的视角要么只能模糊地体现这种视角，要么就完全无法体现。欧洲帝国主义史专家长久以来都认为，土著社会和白人移民在反抗或促成土地占领时都扮演了重要角色。半个多世纪前，约翰·哈格里夫斯（John Hargreaves）提出调查瓜分非洲中的"遗失元素"：那就是"非洲国家、统治者及人民的作用"。[10] 自那以后，非洲、中东和亚洲史专家都在这一主题上创作了范围惊人、质量非凡的著作。[11] 近年来，最高水平的学术研究也探究了美国统治下各岛屿的历史。但大多数研究关注的只是个别岛屿。少有岛屿研究试图覆盖整个新生的美利坚帝国，而覆盖面广的研究则很少将它们的发现和欧洲帝国主义的海量研究所造成的更广的争论联系起来。[12] 本章在其间做出一些关联的同时，也注意想办法把针对岛屿的专门研究组合起来，将其介绍给那些尚未将其纳入研究范围的大英帝国和法兰西帝国史专家。[13]

美国在1898年美西战争后吞并的岛屿不容易归类。它们被大西洋和太平洋分成了两个区域。三处岛屿长期受西班牙统治，第四处岛屿夏威夷则长期独立。菲律宾是一处相当大的落后群岛；其他岛屿面积较小，其中最小的直到19世纪才被地图绘制员注意到。[14] 仅仅因为这些原因，岛屿帝国在标准美国史中占据篇幅较少便情有可原，它只在美西战争中被提及，几乎不会出现在西方帝国主义的更宽泛的史学论著中。正像人们说的那样，有一个空缺需要填补。此外，岛屿的故事不只是对更大事件的微小补充。岛屿帝国尽管规模不大，但它展现出的多样性使其成为大得多的大英帝国和法兰西帝国的微缩版。那里有白人移民，允许外国设立租界，还利用了当地人的进取心。外国影响力的深入引起了关于种族关系、社会适应和政治控制的问题，这些问题在其他西方帝国中一再重现。正像在其他帝国一样，全球融合越发密切的纽带将美利坚帝国和世界各地的发展连接起来。这些岛屿作为新来的外国统治者的接受者，给予美国独特的机会来展示新大陆不仅和旧大陆不同，还比旧大陆更好。

从史学研究的现状来看，我们有必要强调，美国的帝国主义就和欧洲列强的类似，既是殖民地社会本身力量的产物，也受到了外界影响。如果岛屿视角得到了它们应有的重视，那么关于美国在世纪末获取属地的讨论，将更多地考虑美国控制地区中与日俱增的混乱。"非正式帝国""亚帝国主义""勾结合作"（collaboration）等概念将能早早进入史学研究，现在的研究文献将会充满对"宗主国"（metropolitan）和"边缘"（peripheral）的因果理论各自的优点，以及对帝国建构"不同圆心"（excentric）学说的争论。[15]

接下来的评估将运用前一章的论点，理解美国与海外不同社会接触的边疆地带发生的剧变。[16]导致美西战争及此后吞并行动的决定，来自困扰着欧洲和美国的经济和政治危机，它在19世纪90年代达到了顶点。而这场危机扎根于从农业军事-财政国家向酝酿中的工业民族国家漫长而不稳定的转型过程。它在海外的体现便是向出口农业的不完全转型，在某些情况下则是向矿业转型。19世纪晚期，"国内"和"国外"的互动体现在恶化的经济条件和失落的政治期待中，而马德里对财政收入的紧迫要求和华盛顿在关税政策上的突然转变放大了这些问题。岛民的反对态度很普遍且通常很有力，但最终无济于事。做出关键决定的是华盛顿当局，它第一次在海外尝试了美国式的"教化使命"。帝国主义在这里被称为"强制全球化"（enforced globalization），它就是这一大转型的独断体现。

给药丸加点糖

美国在加勒比地区和太平洋地区的利益处于国际背景下，而塑造国际背景的是全球化扩大的范围及其造成的融合问题。[17]受美国控制的岛屿卷入了一系列深远变革，后来被世界银行称为"结构性调整"。它们的经济艰难地适应出口发展的需求；它们的政治体系压力重重，以至于在尝试过程中濒临不稳定的地步。19世纪晚期，一系列经济萧条影响了整个国际经济体系中的主要生产商，进一步放大了这些困难。到1898年，很快就将落入美国统治的各国正处于瓦解的不同阶段。扩张主义者看到了机会并抓住了它：他们用自由的处方来治疗无序，用武装干预取代了非正式关系。

作为"甜蜜的罪犯"（sweet malefactor），糖为岛屿和北美大陆提供了共同的联系。[18]因为糖料作物主要是一种出口的种植园作物，它吸引了可以调动必要资本与营销关系的侨民。在后来成为美利坚帝国领土的地区，有些美国企业家是移民，其他大多数则是雇用了当地经理的在外地主。在1898年战争前夕，美国移民人数短缺。他们的主要基地在夏威夷，其人数从19世纪中叶的不到2 000人迅速上涨到1900年的2.9万人，主要是因为1875年后糖业的扩张。[19]美国移民在西太平洋的人数更少，所谓的"马尼拉美国人"（Manila Americans）在世纪末达到约5 000人。[20]古巴则是加勒比海中的磁铁。从古巴可以轻松到达北美大陆，那里还有尤其适合种植糖蔗的富饶土地，长期以来吸引着外国投资者。但是，相近的距离和蒸汽船鼓励北美大陆的人们在古巴和波多黎各成为在外地主或短期旅居者，而不是永久移民，关于他们所游览的这些岛屿长远的未来，他们的态度也有所改变。[21]

在后来成为美利坚帝国领土的地区，大部分白人移民都来自西班牙。西班牙关系纽带给了这些岛屿属地不同于其他西方帝国的特色：没有其他西方帝国力量以这种方式获取一个"现成"的帝国。此外，西班牙帝国的长寿也把大部分移民变为本地人，尽管他们都有外国的关系。[22]帝国中的西班牙等级制度演变成一种复杂的种群等级，看似精确，但容易变化，在一定范围内也属主观。主要的身份区别包括作为白人的半岛人

（peninsulares）和克里奥尔人（统称为殖民者，colonistas）、混血的梅斯蒂索人和穆拉托人（mulatos），以及土著或因不是白人而被视为土著的印第安人（indios）、尼格利陀人（negritos）和黑人（negros）。[23] 半岛人生于西班牙，但居住在西班牙殖民地。他们享有高等地位和特权，保留了与祖国的紧密纽带，整体上忠于西班牙。克里奥尔人是半岛人的子女，因为生在美洲所以地位低于半岛人一等。许多克里奥尔人受良好的教育，关心政治。他们对出生地有着强烈的归属感，对限制他们上升机会的法规越发不满。意料之中的是，在19世纪早期，克里奥尔人处于拉美独立斗争活动的前线，对附近加勒比地区的自决运动施加了类似影响。印第安人、尼格利陀人和黑人处于社会底层，但在反抗奴隶制、西班牙和美国的斗争中，也发出了自己异议的声音。

这些种群在西班牙帝国分布得并不均匀。西班牙在中美洲和南美洲的属地大都是征服者（conquistadores）和殖民者取得的，他们把伊比利亚半岛的社会等级移植到新大陆，让其适应当地条件。通过进口奴隶劳动力来发展种植园，这一适应过程改变了加勒比地区的岛屿。加勒比地区的等级划分要加上自由与不自由、白人与黑人的区别。另一方面，菲律宾则仍是一个边疆社会，以马尼拉这座主要的贸易中转站为中心，马尼拉吸引的是商人而不是移民。[24] 征服者和殖民者人数寥寥。半岛人仍在等级制度的顶部，但他们并不能充分替代征服者。在缺乏强大殖民寡头统治的情况下，管理这一边疆的主要是统称为托钵修士（the Friars）的传教士。就像在拉丁美洲一样，菲律宾的克里奥尔人在政治上不太可靠，而且无论如何，他们的人数都少于崛起中的梅斯蒂索人阶层，后者的双亲大都是西班牙人和华人，与伊比利亚半岛的关系微乎其微。这些地区的反差对西班牙统治的特性、殖民社会的本质及殖民经济的结构都意义重大。[25]

混杂的侨民社群实现了自身的全球化，他们的网络把分散的岛屿和出口作物的新兴世界市场连接了起来。最近的学术研究反驳了人们传统上赋予糖料的重要性，强调了烟草、咖啡、马尼拉麻（蕉麻）等其他作物起到的作用。[26] 不过，在19世纪下半叶，糖料仍然是四座岛屿的首要出口品，只有在19世纪90年代被（波多黎各的）咖啡和（菲律宾的）马尼拉麻短暂取代。因此，传统的研究重点仍然重要，糖料一方面是本地区殖民地出口经济的一个代表，一方面也是太平洋地区和加勒比地区帝国建构过程的一大中心主题。

　　就像在欧洲一样，美国的糖料消费在19世纪下半叶迅速增长。到1900年，年度消费量已达到了266万吨，比1866年增长了四倍，原糖占据了全部进口品的12%，成为美国最大的单一进口品。[27] 国内糖料生产远低于需求，在1895年只贡献了总消费量的约19%。[28] 蔗糖生产局限于路易斯安那州的一小块地区，甜菜糖直到世纪之交才有所增长。因此，原糖进口满足了更大比重的国内需求。其必然结果是，产糖诸岛开始依赖美国市场。它们的关系虽然是互相的，但也是不平等的。糖料消费只占美国经济活动的一小部分，而产糖业则占供给国经济非常大的一部分。

　　表2将主要的糖料来源地分为三组：在1870—1906年的某个时候得到了部分或全部关税豁免的海外供给地、支付全额关税的供给地，以及免税的国内供给地。每组中的供给地根据1870—1900年的供给量进行排列，因为美国在这段时期做出了最终导致吞并或占领的决定。糖料供给量（也可以视为代表了消费量）在1870—1906年间增长了四倍。1895年，光是古巴就提供了美国所消费的近一半糖料。其他来源地在重要性上起起落落，对应了华盛顿关税的变化及出口糖料到美国的国家的政治不稳定状况。因为战争中断了生产，古巴和菲律宾的出口在世纪之交受到打击。这些出口的减少使爪哇岛和夏威夷的出口得以增长，也刺激了路易斯安那州的国内供给。[29] 欧洲甜菜糖在19世纪90年代崭露头角，只有在1900年后才受阻，因为战后和谈使古巴糖业复苏，让波多黎各得到了关税豁免。

　　古巴、波多黎各、菲律宾和夏威夷并不是全部被西班牙统治，但它们都在不同程度上被糖料统治。关税政策作为杠杆给了美国影响加勒比地区及太平洋地区国家与经济体的力量。在美国殖民统治时期，来自糖料的财富给这些岛上的政党提供了资金。互惠协议是更改了普遍关税的补充双边协议。它们对美国商贸的数额和方向影响极小，但对受影响的小国而言则关乎存亡。美国关税政策不是为协助这些产糖岛的长期发展而设计的，而是国内政治对立反复无常的结果。当政治操纵的仁慈之手伸来，产糖

表2　美国的糖料供给，1870—1906年

（单位：100万磅）

年份	1870	1875	1880	1885	1890	1895	1900	1903	1906
海外来源地（有关税优惠）									
古巴	801	1 090	1 087	1 115	1 041	1 845	705	2 396	2 782
夏威夷	14	18	61	170	224	274	505	775	712
菲律宾	59	119	133	179	260	69	49	19	69
波多黎各	131	110	84	160	77	56	72	226	410
海外来源地（支付全额关税）									
欧洲（甜菜）				269	601	347	701	87	48
爪哇岛	15	74	23	7	112	280	1 162	892	782
英属西印度群岛	63	37	64	282	291	193	2 001	91	37
巴西	24	71	153	329	74	52	89	74	29
国内来源地（免关税）									
路易斯安那州	99	134	199	211	287	711	329	512	594
甜菜糖					10	45	163	437	672
总数	1 206	1 653	1 804	2 722	2 977	3 872	3 975	5 609	6 135

来源：改编自 F. W. Taussig, "Sugar: A Lesson on Reciprocity and the Tariff," *Atlantic Monthly*, 95 (1908), p. 334。

地突然得以进入一个巨大市场，好的贸易条件让它们比竞争者有显著的优势。接着，它们便争相对农田注入尽可能多的资本和劳动力，以扩大出口生产。其结果是，受影响的出口经济体严重依赖于互惠协议赋予的人为刺激。当优惠条件被解除或被授予对立的产糖地，原来的受益者便坠入了经济萧条，萧条很快就转变为政治动荡。市场被扭曲了：定价的是国会做出的决定，而不是供需关系。关税优惠转移了贸易而不是创造贸易，主要的受益者是得到美国财政部补贴的海外原糖生产者，消费者则获益不多。[30]

19世纪末，不可预测的关税引发的困难被世界市场的暴跌和新糖料

来源地的扩张所放大。在甜菜生产扩大、欧洲对进口物征收保护性关税后，岛上的蔗糖出口商失去了庞大的欧洲市场。美国市场不仅变得重要，还变得生死攸关，保卫市场份额的斗争也变得越发残酷。这些情况在糖料出口国制造了不稳定，带来了美国认为不得不直面的政治问题。国内共和党和民主党的对立通过关税政策投射到了海外，促生了一些环境条件，最终导致新的美利坚帝国的创生。夏威夷预先考虑了美国获取西班牙岛屿后产生的大多数问题以及许多争论。然而，美国与西班牙在古巴的战争才是关键事件，最终也导致夏威夷被正式吞并。因此，我们应该从加勒比地区开始，然后再看向太平洋。

古巴："许多完全没有荣誉感和感激心的堕落之徒"[31]

尽管是基于奴隶劳动，但到19世纪中叶，古巴已发展出充满活力的资本主义经济，在崩溃中的重商主义体系之外建立了贸易关系，成为世界上最大的产糖地，也是高质量烟草的主要供给地。[32] 古巴也出口咖啡，但一系列飓风在19世纪40年代摧毁了作物，促使古巴更专注于产糖，进一步巩固了种植园复合体。[33] 在1816—1867年，近60万名奴隶被运往古巴，比整个大西洋贸易时期抵达美国的奴隶数量还多。[34] 到1846年，奴隶已占总人口的近36%，穆拉托人占了额外的17%。[35] 古巴在19世纪中叶的财富时常被忽视，同样被忽视的还有它对西班牙不断增长的重要性。但是，古巴是拉丁美洲第一个建立蒸汽动力糖厂（1817）、把蒸汽船服务推销到美国（1836）、建造铁路（1837）、安装电报系统（1844）、铺设海峡电缆（1867）的国家。[36] 在一名权威人士的判断中，"古巴在19世纪中叶对西班牙的重要性，可能等于西班牙所有的美洲大陆前殖民地在18世纪末对西班牙的重要性"。[37] 来自古巴的财政收入为西班牙的财政预算做出了关键贡献，给马德里的帝国复兴计划提供了资金。[38] 作为回报，王室和古巴西部一群紧密团结的糖料大种植园主精英建立了"特殊关系"，捍卫他们的利益以免受其他要求者的威胁，包括大多被边缘化的东部烟草农场主。[39]

古巴参与国际贸易尽管历时已久，但相当局限，直到18世纪晚期西班牙波旁王朝改革开放了古巴，使其加入自由贸易，并投资其防御措施，从而刺激了它的经济。[40] 此后不久，古巴的糖料生产就因海地革命（1791—1804）得到增长，因为革命使世界一大主要糖料出口地陷入了混乱。[41] 英国在1807年决定不再参与国际奴隶贸易，在1833年决定在大英帝国废除奴隶制，这也使古巴受益；而法国紧随英国之后，在1814年和1848年实行了类似的政策。[42] 古巴的繁荣是因为市场对奴隶生产的需求仍在持续增加，全球奴隶贸易蓬勃发展，而古巴的奴隶制受到了西班牙的保护。在英国的压力下，西班牙于1817年和1835年签订条约遏制奴隶贸易，但未能执行。古巴对西班牙国库的贡献太过重要，不能受到威胁。直到19世纪60年代，古巴就像美国南方各州一样，属于以奴隶劳动为基础的蓬勃经济体系的一部分。

但是，有利必有弊。古巴的经济成功促使西班牙增加它的税负，这开始于1825年西班牙失去墨西哥，一直持续到1867年西班牙针对财产征收一项6%的新税。征税的时机显示出，马德里已和殖民地的现实脱节了。19世纪四五十年代废奴运动越发强硬，加上人们对奴隶叛乱越发恐惧，促使古巴的大种植园主未雨绸缪，投资机械化，进口契约工（主要是从中国）。[43] 但是，19世纪60年代，生产率的增长还不足以抵消价格贸易条件和收入贸易条件（income terms trade）的衰退。[44] 在种植园主的福利已被挤压的时刻，新的征税又带来了威胁。人们的政治抱负也遭遇了挫败。1837年，西班牙禁止帝国剩余地区在议会得到代表权。地位的丧失促使人们主张下放权力，在行使权力时增加本地代表权。[45] 未来在1867年降临了，西班牙终于同意禁止奴隶贸易。[46] 林肯的《解放黑奴宣言》及南北战争中北方的胜利增加了古巴奴隶叛乱的可能性。马德里选择用废奴来防止古巴步海地的后尘，并保住国库需要的财政收入。

古巴奴隶贸易终结后，西班牙在1868年爆发了"光荣革命"，伊莎贝拉女王被废黜，伊比利亚半岛和帝国各处的自由派受到鼓舞，希望重大改革紧随其后。这些事件推动古巴在1868年爆发起义，导致了后来人们所知的"十年战争"。[47] 煽动这场起义的是一群地主，领导他们的是克里奥尔人卡洛斯·曼努埃尔·塞斯佩德斯（Carlos Manuel Céspedes），他解放了自己的奴隶，提携穆拉托人，集结支持者发起一场以古巴独立为目的的运动。[48] 塞斯佩德斯的基地在古巴东部，那里种植的烟草比糖料更多，种植园数量有限，奴隶人数也相对较少。东部也缺乏降低成本的技术（这种技术主要位于西部），在国际经济环境的逆向发展的情况下尤为脆弱。[49] 古巴中部和西部的半岛人群体组织起来反对革命，那些地区仍然依赖着奴隶生产的糖料。

虽然革命在短期内失败了，但它有着长期后果，为1895年古巴对抗西班牙的起义做出了巨大贡献。这场战争开启了劳动力市场的转变。[50] 古巴东部的奴隶成为自由人（libertos），不过他们要等到新机会到来才能得到真正的自由。1870年的《莫雷特法》（Moret Law）解放了古巴西部和中部主要产糖地区的一些奴隶，但大多数人的状况保持不变，直到西班牙议会在英国的劝诱下于1886年废除了奴隶制。[51] 劳动力因此变得更加灵活，有利于出口发展，但还不足以立刻形成一场社会革命。大多数前奴隶继续作为雇佣劳动者在古巴的大庄园工作，由于缺乏其他工作机会，薪水又因契约工涌入而被压低，他们的上升机会受限。在19世纪下半叶，半自由（或半奴隶）劳动力的买卖成为国际经济的主要特征，也是体现当时全球化力量的一个合适例子。[52] 英国人通过独立行动或者和西班牙公司合资，掌控了庞大的运输业，将越来越多的中国劳工及其他亚洲劳工运往太平洋岛国及更远的加勒比地区。[53]

美国的扩张主义者在整个19世纪都注意着古巴。[54] 特别是许多南方人认为古巴是北美大陆向海洋的延伸，应该被美国开拓利用。如果可以吞并古巴，那将使合众国多一个新的蓄奴州，加强南方在国会的势力。这一前景令人担心，足以使国会其他成员提出反对，他们认为西班牙是旧大陆的遗迹，和新大陆离得太近则令人厌恶；这些反对者无意扩张合众国，吸纳欧洲拉丁国家的罗马天主教徒。最终，各届美国政府选择用外交而不是对峙手段和西班牙接触，美国国内奴隶制的消亡更使吞并的选项失去了吸引力。西班牙只好自己处理帝国事务，它的行为既没有威胁美国的利益，也没有创造足够吸引人的机会让华盛顿冒险打破现状。

因此，美国在古巴的存在被局限在商业领域。1868—1878年战争期间，生产的减少和资本的毁灭让许多古巴种植园主背上债务，使有意冒险的外国投资者得以扩大他们在古巴经济中的份额。美国企业增加了它们的进出口贸易份额，不过并没有完全取代对手。关税保护使西班牙在古巴的对外贸易中保留了显著地位。英国接管了许多此前由古巴人所有的铁路，在19世纪最后25年为煤气、电力和用水等公用事业提供了大量资金。[55] 一份最近的评估总结说，"到1898年，英国人在古巴经济中的地位可能比美国人更强大"[56]。

十年战争提供了注入外国资本的机会，使糖业采用工业生产方法。[57] 但是，真正的动因来自欧洲甜菜糖与日俱增的竞争压力，这促使古巴从19世纪70年代起越发转向美国市场。基于中央工厂和电力驱动工厂的工业化削减了生产成本，提高了生产质量。庄园越建越大，所有权被集中到越来越少的人手中。新一代古巴企业家作为庄园的所有者和经营者以及进出口贸易商人，为这些发展做出了贡献。但是，这一转型还不完整。就像"合法"商贸时期的非洲一样，古巴新的一面和旧的一面携手共进。随着农村无产阶级从奴隶制的废墟中诞生，许多奴隶主仍在继续依靠奴隶劳动经营种植园。[58]

紧要性迫使西班牙在十年战争后提出一些政治让步，但其效果却抬高了期望而不是满足期望。北美大陆上西班牙殖民地得到的独立让古巴的政治阶层关注了三种可能的选项：在西班牙帝国内部取得更大自治权、独立或者并入美国。战争把这些抱负变成了计划。作为和平协议的一部分，西班牙允许古巴组建政党，在马德里的议会中取得代表权。[59] 1878年，古巴的西班牙效忠派建立了宪政联盟党（Partido Unión Constitucional），领导该党的是半岛人，他们大都希望坚持与西班牙的联盟。1883年，一群温和派共同组建了自由自治党（Partido Liberal Autonomista），这是一个基础广泛的民族主义党派，目的是援引加拿大的先例在西班牙帝国内部实现地方自治。[60] 虽然竞选体系对古巴的保守效忠派有利，但自由派得到了更多民众支持。西班牙被夹在了两者之间：既不能无视改革要求，又不能对其屈服。[61]

马德里政府在争执不下的保守派和自由派之间蹒跚前行，但总体来说支持半岛人，因为他们最紧密地追随西班牙的国家利益。在十年战争后不久，古巴的西班牙当局没收财产以增加财政收入，用监禁的刑罚来阻挠可能还在考虑自治或独立的异议者。这些为所欲为的压迫行动过度针对克里奥尔人和无辜者。[62] 西班牙政府代理者还付钱给殖民官员去反对或挫败改革，从而加强了这些举措。这一政策遭遇了广泛的愤恨。它增加了帝国政府的开支，树立的腐败文化一直到西班牙统治时期结束后还延续了很长时间。[63] 它的一个后果是打断了战后重建，另一个后果是鼓励潜在改革者移民去美洲大陆，他们中的许多人在那里采纳了激进方案来解决古巴的问题。西班牙通过支持保守派疏远了温和派，大大缩小了从18世纪摇摇欲坠的政治经济体系实现渐进式转型的可能性。

1886年的黑奴解放触发了当局同样无力控制的又一项重要的政治发展进程：奴隶被解放后，穆拉托人得到了额外的自由。[64] 即便在遥远的马德里，都能听到穆拉托人新发出的声音，他们呼吁的是激进变革。参与战争的是一支多种族解放军；他们让奴隶和穆拉托人变成了军官，把枪送到许多人手中，枪就留了下来。假设的"持枪权"在政治匪徒那里得到了完全的实践，这成为古巴西部的一大特色，那里的准军事部队持续反对西班牙统治，为发展中的民族主义行动提供资金，直到1895年革命爆发。[65]

西班牙应对这些挑战的办法是，尝试把种族变成政治忠诚的决定性因素。西班牙的论点是，古巴要么是西班牙人的，要么是非洲人的，但不能是混血者的。[66] 为了支持这项政策，马德里在19世纪80年代给对外移民提供补贴。到1887年，种族构成已发生了变化：那年的人口普查显示，在160万总人口中，有15万半岛人和95万克里奥尔人。[67] 马德里希望古巴人口中有近70%是西班牙人或生来就与西班牙密切相关，那么这座"永远忠诚的岛屿"就将忠于帝国事业。但当局计算失误了。尽管大部分半岛人继续支持官方政策，但他们已成为规模很小的少数群体。构成白人多数的克里奥尔人已积累了足够人数，能对半岛人凭出生权得到的特权表示不满。古巴民族主义者回应马德里对"种族爱国主义"的呼吁，把种族平等变成了为当地人民建立独特认同的关键元素。这是何塞·马蒂的理论，也是他的实践：他在独立斗争中的两位最亲密的副手胡安·瓜尔韦托·戈麦斯（Juan Gualberto Gómez）和何塞·安东尼奥·马塞奥-格拉哈莱斯（José Antonio Maceó y Grajales）都是非裔古巴人。[68]

政治发展和国际糖料市场的危机产生交集，大大加剧了殖民地的渴望与帝国政策之间的紧张关系。[69] 古巴对西班牙预算的贡献对西班牙太过重要，所以西班牙不敢冒险对其做出激进的让步。至少到1880年，糖业的现代化加上出口量的扩大似乎使古巴能够抵抗糖价的下跌。[70] 但是，19世纪80年代，古巴的经济恶化，严峻的形势发展到绝望的地步。随着古巴在甜菜的竞争中输给了欧洲市场，世界糖价继续下滑。破产增加，失业率上升，西班牙在十年战争后加于古巴的债务变得更加沉重。19世纪90年代，从糖料贸易中得到的收入下降，西班牙自身的财政问题则越来越大。[71] 马德里在1893年和1895年做出回应，对古巴的土地、工业品和消费品加税。连死亡都变得更昂贵了：发给殡仪员的执照的成本在10年中上涨了三到四倍。[72]

就像在美国一样，伊比利亚半岛的强大利益集团支持保护主义政策。[73] 但1890年，在《麦金莱关税法》颁布后，古巴的本地利益集团和美国种植园主都请求西班牙和美国达成互惠协议。[74] 时值詹姆斯·布莱恩担任美国国务卿，美国很快做出了回应。西班牙虽有宗主政府的反对，但还是不情愿地让步了，因为要使古巴继续出口糖料，别无他法。西班牙本身无法吸收古巴的糖料，也不会把甜菜开发为甘蔗的替代品。同时，对进入古巴的外国商品征收的关税限制了进口贸易。1891年的结果便是《福斯特-卡诺瓦斯协议》（Foster-Cánovas Treaty），这允许古巴的原糖自由进入美国，也允许美国的工业品自由进入古巴，降低了运往古巴的美国小麦的关税。

《福斯特-卡诺瓦斯协议》使古巴的糖料出口得到了立竿见影的提振，对美国出口的刺激相对不那么剧烈，但仍然相当明显。[75] 美国在古巴的利益飞涨，古巴对美国市场的依赖也加深了。到1894年，美国吸纳了约90%的古巴出口品，提供了约40%的进口品给古巴。[76] 但在1894年，美国关税的政治再次产生了干扰。《威尔逊-戈尔曼关税法》对来自古巴的进口品征收大量关税，实际上等于撤销了互惠条件。西班牙的回击是取消

《福斯特-卡瓦诺斯协议》，古巴回到了西班牙的帝国关税体系。互惠曾让古巴尽可能地靠近自由贸易，给古巴带来了繁荣，而在西班牙领导下的关税保护似乎肯定会让古巴陷入破产。正像互惠协议曾削去政治不满的锋芒一样，废除互惠加上税率上涨，使好战情绪复苏。到1895年，反对西班牙统治的人们已比1868年时组织更完备、资金更充足，他们达成结论认为，西班牙既缺乏解决古巴经济问题的能力，又缺乏有效捍卫古巴在加勒比地区地位的能力。民族主义者和糖料种植园主加大了对西班牙政府的压力，要求其实行自由贸易，重新谈判古巴的对外义务。被疏远的纳税人开始直接行动。1895年，起义开始，它将大大摧毁古巴脆弱的经济，并推翻西班牙的统治。

同时，各届西班牙政府与古巴的政党进行了漫长的谈判，希望要么"会发生什么事情"，要么可以把问题移交给未来的政府。结果，马德里并没有被赐予米考伯先生的好运。发生的事情是，古巴革命党（Partido Revolucionario Cubano）于1892年成立，领导它的是何塞·马蒂，一名知识分子、诗人、记者、活动家，后来变成了古巴的民族英雄。[77] 马蒂1853年出生于哈瓦那。他是西班牙移民的孩子，是克里奥尔人，继承了激进传统，并用特别突出的表现坚持这种传统。1869年，因支持前一年开始的反对西班牙统治的叛乱，16岁的他被捕入狱。1871年，他被释放，流亡到西班牙，在那里拿到了法律学位。之后，他前往法国，遇见了他的文学偶像，也曾因政治观点遭流放的维克多·雨果。1878年，马蒂在十年战争后暂时回到古巴，不过直到1895年，他的大部分时间都花在了美洲，宣传独立事业，组织佛罗里达和纽约的古巴移民（émigrés），筹款支持他的政治目标：自由古巴（Cuba Libre）。马蒂是1895年登陆古巴行动背后的策划者。满42岁后不久，他在战斗中去世，过早终结了他对古巴未来的贡献，但这也使他成为烈士，在古巴被神化为"自由使徒"（apostle of liberty）。

马蒂的政治观念融合了世界主义思想和本地经验。[78] 他的民族自决激进观念，部分是在欧洲、拉美和美国旅行时得到的，他将这种观念运用到他在西班牙治下古巴的经历中。他的结论是，古巴的未来不在地方自治的妥协，而在完全的独立。为此，他构建了"无种族的民族身份"（raceless nationality）这一意识形态，以克服西班牙在十年战争中利用的歧视性等级体系，以此锻造出一场广受支持而有效的起义运动。[79] 因为就连微小的目标都没能通过谈判实现，马蒂总结认为，要实现雄心壮志，需要更有力的行动。他和其他政治流亡者从十年战争后定居美国的古巴移民那里调集了关键的支持。[80] 一些难民已在佛罗里达建立了烟草工厂，以规避美国对进口雪茄的高关税。[81] 通过这种间接的方式，华盛顿的关税操纵取得了完全意料之外的后果，创造了一个由移民经营的国内产业，他们给反抗西班牙的叛乱提供资金，而美国在1898年决定控制这场叛乱。[82] 关税和美帝国主义被捆在一起，即使它们是在朝不同方向发展。

马蒂死后，事情的进展使竞争中的各党派进一步趋向两极分化。1895年开始的起义挤压了温和中间派的观点，促使保守派重申他们支持继续和西班牙维持统一。地方自治的选项越发吸引西班牙当局，同时却越来越难通过和平手段实现。武力斗争变得越发极端，也变得越发绝望。总督巴莱里亚诺·魏勒尔在1896—1897年制定压迫政策，将数十万古巴人赶进集中营，落下了恶名。起义者的回击是在1897年8月赞助刺杀西班牙首相安东尼奥·卡瓦诺斯·德尔·卡斯蒂略。[83] 取代他的自由派政府召回了魏勒尔，在11月赋予古巴男性以普选权，并使古巴作为西班牙海外领土实行地方自治。激发马德里做出改革新承诺的，是现实紧要性而不是信念。西班牙必须结束战争，必须避免美国可能的干预。古巴的第一届自治政府虽然仍是临时的，但在1898年1月上台，在4月选举中得到了支持。尽管这一行动来得太晚，但西班牙似乎终于决定把古巴变成它在热带的"加拿大"。

1898年2月15日，哈瓦那港的"缅因号"在备受争议的爆炸中沉没，在那之后，古巴作为西班牙属地的地位并没有存续很长时间。[84] 此后的战争持续了不到3个月，最终以西班牙军队的投降告终。超过5 000名美国军人在战争中死去。大多数死于疾病，379人则是战死。[85] 战争在当时吸引了大量宣传，之后又被历史学家和媒体持续关注，他们很快就把西奥多·罗斯福的莽骑兵纳入了民族传奇之中。远没有得到同等关注的更大的

图2 何塞·马蒂，1875年

战争，则发生在古巴解放军和西班牙军队之间。古巴的人员损失远大于美西冲突中的丧生人数。1895—1898年古巴–西班牙战争期间，古巴约有30万居民去世，大都是死于疾病的平民。[86] 数万名西班牙军人也丧生了，同样主要是由于疾病。随着古巴的毁灭之路宣告结束，一支由纳尔逊·A. 迈尔斯（Nelson A. Miles）将军指挥的小部队7月在波多黎各登陆，将这座岛屿纳入美国统治。[87]

波多黎各："就像一场野餐般进入历史"[88]

关于美国在1898年领土征服的叙述通常把波多黎各视为古巴之外的一个次要补充。这一偏见更多是由于人们总对军事大戏更为关注，而不是因为他们对美西战争前夕的这两座岛屿做了比较评估。这两座岛屿处于同一地区，都受西班牙统治。它们都依赖农业出口，在新世纪到来之际有超过100万人口。但和古巴不同，波多黎各没有显著的独立运动和起义。更引人注目的是，当美国军队在1898年到来时，波多黎各人表示欢迎。这一区别的原因来自两座岛屿自19世纪20年代起采取的不同道路，它们起初的相似点在19世纪变成了天壤之别。

就像古巴一样，在西班牙失去北美大陆殖民地后，波多黎各被纳入西班牙重建帝国的计划。马德里希望更自由的贸易将促进波多黎各的出口，抬高收入和税收，让西班牙统治得到新生。[89] 半岛人、克里奥尔人和其他白人移民所有的糖料种植园在规模和数量上都有所增长，奴隶进口则从19世纪20年代起有所增加。[90] 19世纪上半叶，糖料出口繁荣发展，主要用于满足美国增长的需求。[91] 来自古巴的竞争是越来越明显的考虑因素，但其他起到抵消作用的力量使出口保持上涨：英国在1846年实行自由贸易，对外国供应商打开了英国市场，南北战争则削减了美国国内的糖料生产。[92]

但自19世纪70年代起，欧洲的甜菜业增长，大大增加了供给，造成世界原糖价格突然下降。这和另一个趋势产生了交集：1873年，奴隶制正式终结。波多黎各的奴隶制比人们以前认为的更普遍也更严格。[93] 奴隶叛乱时常发生，标准的回应是惩罚性法律和强力镇压。废奴有着各种各样的后果。[94] 波多黎各的种植园主在推动劳动力转型、采用集中榨糖工艺上反应迟缓，即使他们在调整适应劳动成本上升的过程中面临考验。[95] 在无法保证得到足够的低薪外国契约工或无法从时运不济的当地农民那里榨取强制劳动时，他们不得不起用雇佣劳动者。[96] 同时，在一些地区，被解放的奴隶（emancipados）失去了土地，需遵循严格的劳动法，被迫成为临时工。[97] 此外，机会也很有限：波多黎各能够产糖的土地不仅远少于古巴，也不够肥沃。因此，波多黎各的生产成本高于古巴，糖料出口也很快失去了竞争力。到19世纪70年代末，那里的糖料种植园陷入了严重困难。1878年，英国领事报告说，"所有人"都在谈论产业的"毁灭"。[98] 糖料生产在1871—1898年间下降了近50%，糖料出口额占总出口额的比重从1871年的69%降到了1896年的21%。[99] 古巴的糖业被经济萧条撼动了，波多黎各的糖业则几乎被摧毁。

波多黎各的企业家们在其他领域寻求补偿。烟草业在19世纪下半叶发生了转变。[100] 小生产商扩大了一种新品种烟草的生产，依赖雇佣劳动力的工厂则生产用于出口的雪茄，与更著名的古巴雪茄竞争。咖啡业的迅速增长是更为重要的一项发展。[101] 1846—1897年间，咖啡出口总量增加了5倍，直到占据了总出口额的约75%和出口所得收入的65%。[102] 咖啡的扩张把出口生产转移到了波多黎各的中部高地，那里尤其适合种植高质量咖啡豆；也进一步扩大了使用家庭劳动和额外雇工的小农场主的经济作用。咖啡的崛起也影响了波多黎各海外贸易的方向。糖料运往美国，咖啡主要运往西班牙，运往古巴的则略少一些。在没有互惠协议的情况下，进口贸易也留在西班牙人和（作为代理人的）英国人手中。[103] 到1898年，古巴的经济与美国捆绑在一起，而波多黎各在各种意义上都仍是西班牙殖民地。

　　经济差异对政治发展影响重大。波多黎各的种植园产业比古巴小得多，奴隶人数虽然比以前认为的更多，但在总人口中占比更小。废奴进程改变了劳动关系，但不像在古巴那样令人忧虑。[104] 在波多黎各也发生了与演变成十年战争的1868年古巴起义相对应的事件，但波多黎各的起义只涉及几百名激进分子，历时不到24小时。[105] 此外，咖啡价格在19世纪晚期比糖价维持得更好，也从西班牙重商主义关税中享受了额外的保护。[106] 由于咖啡种植园主分散在远离该岛主要都市中心的高地，组织任何类型的群众政治活动都比在古巴更难。在波多黎各当地，贫困很常见，但该岛似乎避免了古巴在19世纪晚期遭受的越来越严重的贫困化趋势。波多黎各的很大一部分地主都是近期来的移民，他们对该岛的忠诚度有限。[107] 因此，除了对西班牙的忠诚，波多黎各的民族意识发育不良。波多黎各的保守派精英指望马德里来平息激进主义的发展，咖啡种植园主们则急于保留他们在西班牙市场享受的特权地位。[108]

　　于是，在波多黎各推动政治行动的经济动机与导致古巴走向起义的动机形成了对比。波多黎各并不缺少由财富、等级、阶级、种族差异引发的不满，但那种不满情绪不会支持人民发起反抗西班牙的起义。[109] 糖料种植园主（主要是半岛人和克里奥尔人）就像古巴的同行一样，在经济萧条中遭受苦难。但其中一些人认为，能拯救他们的不是独立，而是与美国的纽带，这种纽带可能会导致波多黎各被兼并、建州，也可能改善糖料出口的前景。从他们的视角来看，北美大陆既是他们的主要市场，又是进步资本主义的最佳榜样。他们准备拥抱的体制会保护财产权，并把社会分化视为竞争力量运作所带来的公平结果。他们也认为，他们作为白种基督徒的教育、文化和地位将让他们得到和美国同伴们同等的对待。但他们的抱负被内部分裂冲淡了。种族团结的程度有限，资本的代表们也处于分裂状态。法律限制让半岛人在经济和治理上得到优先机会，这让大部分克里奥尔人烦恼不已。[110] 克里奥尔人的愤恨曾使他们在19世纪的早些时候敦促要求自由贸易，他们的持续挫败则在19世纪八九十年代导致了示威活动和时不时的暴力行动。

西班牙在十年战争后做出的让步被延伸到波多黎各，那里的精英成员们开始设定政治计划，组建政党。从本质上说，该岛的高层政治力量分裂成想要地方自治、得到类似加拿大的自治领地位的自治论者（autonomistas），以及想和西班牙建立更紧密关系的效忠派。1870年创立的自由改革党（Partido Liberal Reformista）表达了前一种立场，接替它的联邦改革党（Partido Federal Reformista，1873年创立）和自治波多黎各人党（Partido Autonomista Puertorriqueño，1887年创立）将其发扬光大。支持自治论者的有失意的克里奥尔人、不满的糖料种植园主，以及在糖料市场崩溃后失去工作的城市工人。[111] 保守派在1873年做出回应，建立了无条件西班牙人党（Partido Incondicional Español），代表半岛人、军队、神职人员和一些咖啡生产商的利益。[112] 政治阶层中的一小部分人倾向于并入美国，同样还有一小部分激进分子要求完全独立。

自治波多黎各人党领袖路易斯·穆尼奥斯·里韦拉（Luis Muñoz Rivera）的职业生涯就体现了这一时期波多黎各政治的野心和模糊性。[113] 穆尼奥斯·里韦拉1859年出生在波多黎各。他的祖父是一名半岛人，双亲是中产阶级克里奥尔人。穆尼奥斯·里韦拉的正式教育受到金钱制约和波多黎各机遇欠缺的限制，但他的才干使他成为一名成功的诗人、记者和政治家。在这点上，他的资历就像菲律宾的伊卢斯特拉多（ilustrados，西班牙殖民时期接受西方教育的菲律宾中产阶级）和天赋异禀的古巴人何塞·马蒂。尽管这些西班牙殖民精英的代表们采用了不同的计划，但他们都受到了民族主义抱负的影响，这种抱负在19世纪下半叶笼罩了欧洲，接着又飞向世界各地。穆尼奥斯·里韦拉在1883年加入了联邦改革党，在1887年成为接替的自治波多黎各人党领袖。他判断认为，即便独立令人向往，但波多黎各缺乏独立所需的生命力，这一判断至今仍能引起共鸣。此外，该岛上并没有群众运动在推进政治变革，更别说迫使变革发生。因此，穆尼奥斯·里韦拉辩称，只有通过和西班牙自由派结盟才能取得进步，并以古巴的动乱为例，试图说服马德里相信改革比动乱更好。他的陈述起到了一定作用，1897年，西班牙议会决定赋予波多黎各自治权，一部自由派宪法让该岛的新议会得到了广泛的权力，也让其人民得到了普选权。曾长期反对政治改革的西班牙用一连串政策终结了几个世纪的殖民统治，让波多黎各走在了自称帝国进步领袖的英国和法国的前面。

波多黎各内部发展的微妙性超越了华盛顿决策者的视野。但在1898年，人们对此却理解不足。1898年8月，美国通过一场小型军事行动得到了波多黎各，半是为了在和谈中剥夺西班牙一块讨价还价的筹码，半是为了确保将该岛的战略位置纳入美国控制。但这两个动机都没有强烈到能够解释对波多黎各主权强制而永久的改变。[114] 1898年7月，当迈尔斯将军身负将该岛从西班牙暴政下解放出来的任务，带着3 000名美国士兵在波多黎各登陆时，波多黎各才刚刚建立起首届民主选举产生的自治政府。华盛顿的一些决策者对侵略波多黎各心存疑虑，但当时机到来时，他们并没有害怕前进。

菲律宾："我敬爱的祖国啊，令我忧伤的祖国"[115]

在迈尔斯将军开始横跨波多黎各的跋涉时，在近1万英里之外，为争夺菲律宾控制权的战斗早已发生。1898年5月，海军上将乔治·杜威（George Dewey）在马尼拉湾摧毁了西班牙舰队。到6月底，美军和菲律宾军队已在陆地上取得了优势。马尼拉在8月被攻陷，这时，美国和西班牙决定结束冲突。1898年12月，美国根据《巴黎和约》的条款得到了菲律宾，并支付2 000万美元作为交换，西班牙政府不情愿地接受了。[116] 在太阳本应永远不落的诸帝国中，第一次有帝国的光芒黯淡下来，新的帝国黎明降临美国。华盛顿最新点燃的帝国热情让美国对整座群岛负起责任，这些群岛中包括跨越1 000多英里的数千座小岛，有超过700万居民，他们被许多不同的种族和语言割裂开来。[117]

　　尽管西班牙在1521年就对菲律宾宣告所有权，但直到18世纪末，它才采取认真行动，将正式拥有的状态变为有效控制。[118] 在那之前，西班牙把菲律宾当作用墨西哥银元交换中国丝绸和东南亚香料的补给站。这一以"马尼拉大帆船"（Manila Galleon）为中心的转口贸易丝毫没有影响菲律宾内地大部分地区。[119] 就像第8章提到的那样，种植园发展和西班牙移民都太少，不足以成为殖民统治的基础。[120] 克里奥尔人和梅斯蒂索人中潜在的合作者们只有在捍卫自身利益时才表现出坚定。在马尼拉之外，托钵修士是最常见的西班牙元素。尽管宗教团体得到了大量政府赠地，有潜力开发大庄园（haciendas），但在19世纪对出口的需求发展起来之前，用以维生的粮食和租金都是由所谓的"托钵修士土地"（Friar lands）所出产的。政府虽然也不怎么有力，但实行了一种非正式统治，把托钵修士视为首要代理人，利用土著当局收税、提供劳动力。[121] 尽管西班牙的统治程度有限，但对受其影响的人们来说还是足以形成负担。这激起了大量反抗，从公开叛乱到以本土主义抗拒外国影响，这些反抗中存在有选择的适应和综合性的融合，旨在将殖民者和被殖民者两个世界的一些元素融为一体。[122] 此外，在一片拥有充足土地、茂密森林和险要高地的群岛中，人们也可以选择逃去西班牙官员掌控之外的地区。[123] 所有这些抗议的形式都成形于西班牙统治的最初两个世纪，被延续到19世纪和20世纪，到那时，在历经时间的磨炼之后，这些抗议力量对外国统治做出了强硬的反对。

　　西班牙在16世纪发现并宣告所有权的这片群岛既不是与世隔绝，也不是一成不变。就像印度洋中的葡萄牙人一样，西班牙人闯进了一个多元而生机勃勃的世界，他们既要融入，又要适应。[124] 在那些散乱分布的岛屿上，存在着迥异的居民和政治体。最近的估算称，在西班牙统治前夕的1565年，菲律宾的人口约有150万人。[125] 这一修正抬高了此前人们公认的数字，使人们更相信关于西班牙统治负面后果的论断。到1600年，军事行动和疾病传播令人口减少了不止36%，到1700年，人口则进一步减少了20%。[126] 就像在东南亚其他地区一样，在西班牙统治的这一阶段，死亡人数的升高加剧了各岛上已有的人口不足现象。而人口不足相应地加强了生计种植和半生计种植活动的普遍状态，劳动力短缺则促发了奴隶抓捕和奴隶贸易。[127]

由于当时的技术限制，那里并不存在中央政府，也没有建立中央政府的可能。相反，西班牙和美国将会发现，权力分散使人们形成了强烈的地方忠诚，通常会阻挠来自首都马尼拉的指令，而菲律宾民族主义者将会与这种分散局面做斗争。各种各样的政治体涌现出来。它们包括分散的小规模社会和更大的分立国家或金字塔形国家，其中有些和东亚国家进行了地区和国际贸易。[128] 来自太平洋和南亚的移民把印度文化和伊斯兰文化介绍进来，建立了由王侯（rajahs）和苏丹领导的政治体。西班牙人试图把反宗教改革的前线伸展到亚洲，美国人后来则试图让该地区皈依福音派新教。对他们来说，这是一个充满了异教徒和假神的世界，也是一项挑战，考验那些自认为优越的文明中最出色的代表能否生存下来。

18世纪西班牙政策的首要目的是提高所需的财政收入，用来保护大帆船贸易，为殖民政府买单，并得到支持政府活动（包括在军队服役）所需的劳动力。殖民对手的积累，加上大帆船贸易在世纪末的衰落，都抬高了保护的成本，促使西班牙寻找新办法来资助殖民地。西班牙在1821年失去了墨西哥，这让财政革新势在必行。马德里拓展了国家对烟草和酒的现有垄断，以从消费中征税。马尼拉当局则启动了"大推进"（big rush），扩张殖民统治以覆盖新纳税人。[129] 官方努力开发商品作物，使经济货币化，在这些行动背后都有财政需求。所有这些尝试都伴随着军事活动。[130] 南方的苏丹国被迫后退，奴隶贸易虽没有被消灭但已被减弱，在军队前进的背后则留下了一连串潜伏反抗与公开抗议。政治战线也被划分出来：伊斯兰的南方自认为被天主教的北方所围困，"省区权"成为各省团结反对中央集权的动因，至今仍是如此。

财政需求导致了进一步的政策变化：对外国开放帝国贸易。[131] 马尼拉的海外贸易在1834年被自由化，米沙鄢群岛的海外贸易则在1855年被自由化。重商主义的一些元素保留了下来：国家垄断延续下去，进入西班牙的进口品被征收关税，关税优惠则被保留，以帮助西班牙向殖民地出口。更自由的贸易是一项进步策略，它被用于保守的政治目标——保卫西班牙帝国；它所依赖的假设是，在菲律宾与其他国家贸易增长的同时，西班牙的统治也将维持下去。但是，西班牙并没有身处19世纪经济发展的前沿。[132] 其他国家（特别是英国）有更大的潜力通过提供出口市场、供应工业品、给整个过程提供航运和资金来扩大出口市场。英国和它的亚洲属地主导了菲律宾群岛的对外贸易和外来投资，西班牙位居第二，美国则位居第三。[133] 1883年，法国驻马尼拉领事观察称："无论从哪方面看，菲律宾都是英国的属地。"[134]

这一策略成功开发了糖料、马尼拉麻（蕉麻）和咖啡，这些在19世纪成为主要出口品。[135] 增长发生在扩展边际（extensive margin）①方面，这大都归功于土著在现有家庭结构下表现出的进取、主动。[136] 菲律宾人在适合种植出口作物、便于运输到海岸的地区占用了土地，少数欧洲人和美国人加入了他们。其结果是形成了一系列互相分隔的、变动的边疆（太平洋上的终极西部边疆），这些边疆地区有自己的拓荒者和马车队，甚至还有自己的牛仔和偷牛贼。[137] 这些作物及其他作物的种植和销售造就了所谓的"早期中产阶级"，他们成功地与西班牙企业开展竞争，受到西方教育，并吸收了一些伴随着19世纪进步思想的自由派志向。[138] 也是到19世纪90年代，现代科技开始通过电报（1872）、蒸汽船（1873）、海底电缆（1879）、电话机（1890）和铁路（1892）把菲律宾和更广大的世界连接起来。西班牙的政治控制越发依赖全球化力量，这些力量绕过或无视政府权威，让菲律宾转向了超越马德里和马尼拉官员掌控的方向。

多明戈·罗哈斯（Domingo Roxas）和安东尼奥·德·阿亚拉（Antonio de Ayala）属于新兴中产阶级中最有活力的成员。[139] 他们都是

---

① 指出口产品种类的增加或新市场的开辟，与集约边际（intensive margin）相对，后者指的是同一市场现有出口产品的增长。

克里奥尔人，利用了西班牙朝开放贸易的转向，在1834年建立合伙企业，将其发展为阿亚拉公司，该公司是菲律宾最古老也是最大的本土企业。[140] 这家公司起步于在马尼拉开设的酿酒厂，在19世纪扩张到了地产、金融、建筑和公用事业。该公司在马卡蒂购买了沼泽地（后来成为马尼拉的中心商业区），在1851年参与建立了该国的第一家银行，建造了马尼拉的第一座钢铁桥，将电车和电话机引入了这片群岛。[141] 阿亚拉家族（Casa Ayala）的财运随着时代的动荡起伏不定。多明戈·罗哈斯既批评政府垄断，又是一个政治自由派，他因反对西班牙统治，最终入狱，在1843年死于狱中。他的女儿玛加丽塔（Margarita）接手了公司，后来嫁给了安东尼奥·德·阿亚拉。[142] 女性能得到的机遇已有所开放，刚好能让玛加丽塔运用她那令人敬畏的商业天才将公司的活动扩张到矿业、农业，又进一步进入房地产业。在19世纪90年代的关键10年，玛加丽塔和安东尼奥的孙子费尔南多·安东尼奥·索韦尔·德·阿亚拉（Fernando Antonio Zóbel de Ayala）发挥作用，说服家族支持阿奎纳多和民族主义者反抗西班牙，费尔南多本人后来加入了反抗美国的斗争。[143] 尽管一开始风险重重，但公司成功度过了美国殖民统治时期，在独立后达到了繁荣的新高度。

　　在早期中产阶级中，梅斯蒂索人最多，华裔菲律宾人在其中尤为突出。[144] 在西班牙人到来前，华人移民就已在菲律宾定居，但在贸易机会被打开、此前抑制他们活动的法规被废除后，他们的人数在19世纪又有增长。他们积极扩大糖业，站在菲律宾政治发展的最前线。菲律宾的糖料生产很独特，因为它同时基于种植园和家庭农庄，在那里劳作的有土地租用人、当地及引进的雇佣劳动者，以及分成佃农。[145] 因此，生产者们不用应付解放奴隶并把他们转为合法劳动力这一难题。在政治领域，梅斯蒂索人积极推动菲律宾人身份的概念，在经过种族进化的过程后，这最终为创造菲律宾民族做出了贡献。

　　西班牙试图在鼓励菲律宾发展的同时，继续将来自殖民地的收入最大化，这在19世纪最后25年中遭遇了不可逾越的问题。困难部分来自伊比利亚半岛上持续存在的经济虚弱和政治脆弱。银价的暴跌降低了白银与基于黄金的货币的兑换率，阻碍了马德里殖民发展政策所需的投资。[146] 西班牙长期恶化的财政问题使它受到越发剧烈的压力，从菲律宾压榨收入。尽管殖民预算仍面临赤字，但马德里需要让这片殖民地有能力为西班牙国库做贡献。殖民政府进一步加强努力，从仍受政府垄断的烟草生产中榨取更多收入。[147] 随着税负增加，抵抗行动也更多了，政府的收税成本上升。到19世纪70年代末，垄断已变得不再有利可图，也不再切合实际了。

19世纪80年代，马德里别无选择，只有实行影响深远的税收改革。国内税负从朝贡体系转向了基于财富的征税评估，这在操作中让华人群体面临最高的税率。[148] 烟草垄断企业在1882年被拆解，剩余的资产被私有化并转移到一个新的组织，即1881年在巴塞罗那成立的菲律宾烟草总公司（Compañia General de Tabacos de Filipinas）。[149] 其目的是通过吸引来自伊比利亚半岛的新投资来巩固帝国。其结果是创造了一个私有集团，允许西班牙移民投资大块土地以种植烟草和糖料。菲律宾人把这一发展解释为进一步的证据，证明了西班牙试图设计措施以更有效地加强殖民控制。[150] 西班牙的严密控制扩大了税收收入，但也增加了政府腐败和专断行为的机会。[151] 到19世纪90年代末，菲律宾背负的重担使这个殖民地接近财政上的自给自足，不过其代价是激起对西班牙统治的激进反对。[152]

在西班牙面临财政问题时，一场农业危机在19世纪晚期打击了菲律宾及整个殖民地世界。初级产品价格的下跌减少了糖料和马尼拉麻的利润。长期以来，糖料生产已遭到低产量和低质量的伤害，少有生产者有资本采用削减成本的改进措施，比如集中榨糖。[153] 菲律宾糖业遭受的另一项困难是，刺激了夏威夷和古巴糖业的互惠协议对它产生了负面影响。1891年《福斯特-卡诺瓦斯协议》对菲律宾来说是个尤其糟糕的消息，因为它提振了来自古巴的糖料出口，而古巴生产的糖料质量更高，距离主要需求者也近得多。

即使可以选择多种经营，这也不是一个完美的解决方案。19世纪90年代，马尼拉麻的产出扩大，刚好超过菲律宾出口额的40%。[154] 但在1873年后，当美国需求减弱、来自剑麻的竞争致使市场进一步萧条时，马尼拉麻价格下跌（除了在1880—1882年和1888—1889年短暂增长），在1890—1897年间达到了最低点。[155]

　　国际移民是全球化的经典指标，他们强化了作物价格下降造成的影响。菲律宾的出口增长吸引了主要来自中国和马来亚的大量移民，他们很快成为群岛上的主要人群。[156] 移民让人们更需要适合种植出口作物且向海岸运输成本低到可以盈利的土地。可以预见，土地改革会成为民族主义纲领的中心条目。已在当地扎根的人群也加入了对土地的寻求，他们从西班牙征服的破坏性后果中恢复过来，人数迅速增长，直到19世纪晚期。1818年，菲律宾总人口约为200万人。1903年，人口上涨到了约700万人。[157] 在缺乏其他选择，生产率又没有提高的情况下，农民们试图扩大产出来抵消单价的下跌，这意味着增加种植的土地面积。其结果是，申请获得土地的人和控制了大块最肥沃土地的所有者（尤其是托钵修士）之间的冲突加剧。[158] 大面积占有土地进行扩张的代价是伤害了家庭农场。因此，菲律宾基本粮食（比如大米）出现了短缺，自19世纪70年代起不得不依靠进口。[159] 这些趋势的全部后果目前还没被揭示。但很清楚的是，农村经济的关键产业在19世纪末处于动荡之中。

　　在长期的上升后，人口增长在19世纪最后25年显著减缓，主要是因为疾病的传播，而这又与营养不良有关。[160] 研究这一话题的权威人士称19世纪80年代为菲律宾全境的"死亡十年"，尤其是最密切地参与海外贸易的北部吕宋岛受到了严重影响。[161] 后来的研究显示出，"健康危机"延续到了19世纪90年代，一直到美国统治时期。[162] 疟疾、霍乱、脚气病、痢疾和天花致使人口大批死亡，来自香港和印度支那的牛瘟摧毁了牛群，是农村经济崩溃的一大诱因。关于人们发育迟缓的证据也令人信服：直到20世纪40年代，成年男性的平均身高才回到了19世纪70年代的水平。[163] 全球化将传播疾病的媒介生物连接起来，其效率比连接市场还要高，蒸汽船和增加的移民则助长了这一效应。

　　就像在西班牙帝国其他地区及之外的地区一样，财政和农村问题在19世纪90年代转化为政治行动。警告信号已经出现，但被西班牙当局忽视了。1841年在塔亚巴斯发生的叛乱被武力镇压了，大量人员丧生。1872年甲米地的兵变之后便是接连的死刑。[164] 这两起事件都发生在吕宋这一关键省份，大大疏远了他加禄人的感情。人们认为西班牙募集财政收入的改革造成了不平等，这加剧了他们的憎恶情绪。西班牙又再次尝试延伸殖民政府的司法和压迫权力，这让人们确认，马德里无意对菲律宾做出哪怕是微小的权力下放。和古巴人与波多黎各人不同的是，菲律宾人被认为不够开化，不配得到任何种类的自治权。他们被视为永远的属民而不是潜在的公民。被剥夺感和失望感煽动了抵抗运动的火焰，最终在19世纪90年代导致菲律宾与西班牙决裂。[165]

通常与他加禄人有关系的华裔和菲律宾裔混血梅斯蒂索人构成了菲律宾民族主义领袖的先锋队。[166] 吕宋岛的梅斯蒂索人和出口生产与贸易紧密相连，对土地改革的渴望（尤其是重新分配托钵修士用地）强烈鼓动了他们。[167] 他们憎恶因种族和出生地而得到优越地位的半岛人和克里奥尔人对他们的抱负强加限制。[168] 但梅斯蒂索人的野心不止于自身的经济利益。[169] 19世纪下半叶，他们培育了一批自封的伊卢斯特拉多（"开明人"）精英群体，他们曾在欧洲受教育或去那里旅行，吸收了从自由派改革到无政府主义的一系列政治思想。[170] 大量菲律宾裔教士也支持民族主义运动。有些是受进步派未来愿景鼓舞的伊卢斯特拉多；其他教士则和他们所服务的社区关系密切，对农村和城市穷人的困境感同身受。[171] 就是这些伊卢斯特拉多首先重建了本土的、西班牙统治前的文化，并声称它比西班牙的价值观和习俗更优越。[172] 全球化的关系网将菲律宾的抵抗运动和古巴及欧洲主要中心的运动联系了起来。[173] 其结果通常是相互矛盾的各种抱负混杂在一起。激进无政府主义在西班牙的冷酷无情面前吸引支持，而中产阶级价值观则与和平的自由主义相调和，在这两者之间发生了斗争。

让精英之间的分歧变得复杂化的，是在特权及富裕少数群体之外发展起来的民众运动。对这些运动的支持来自广泛的人群，有城市和农村工人、女性和男性，包括工人、分成佃农和小土地租用人。他们融合了基督教和本土信仰来表达未来的愿景；他们的目标是提高（或至少是改善）人民群众的地位。[174] 他们是绝望时代的绝望人群。低收入、强制劳动的负担、土地短缺、营养不良，以及19世纪八九十年代的一系列毁灭性流行病把他们推向了绝望的解决方案。[175] 随着生活条件在19世纪90年代继续恶化，人们大声表达了政治抗议，匪患、走私和偷牛行为激增。巧合的是，火山活动和地震更加频繁地发生。当来自美国的军队出现时，他们不是被视为自由的代表，而是被视为末日的使者。现有的制度失去了可信度。千禧年运动势头更劲。[176] 在菲律宾教会脱离罗马教廷后，菲律宾独立教会于1902年建立。就像尼日利亚的非洲教会在1901年脱离圣公会一样，菲律宾教会试着在经济不景气和外国侵略重划社会秩序的边界时，保留一块让文化独立生存的空间。[177]

要在这么多各不相同又缺乏联系的岛屿的居民之间建立民族意识，还有另一项障碍，那就是地区多样性。吕宋岛北部的大米生产者向亚洲寻找市场，而糖料出口商则把越来越多的收成运往美国。在位于吕宋岛东南部的比考尔，马尼拉麻生产者主要和美国相连。在更南部的米沙鄢，糖料种植园主则把收成出口到亚洲、美国和西班牙。这些地区及其他地区都有着不同的土地所有制和政权形态，通过重商派精英与更广大的世界建立联系，这些精英在他们各自的地区，而不是在单一的中央集散地来投资开发港口。[178] 从省区角度来看，民族团结的前景使各地面临他加禄人建立统治的威胁。地区自治这个雄心更具吸引力，也更加现实。当菲律宾第一共和国在1898年宣告成立时，米沙鄢人并没有承认它。更遥远的南部的棉兰老岛人则长期追求独立。

早期民族主义力量组成了这一松散而不断变化的临时联盟，它的演变可以体现在运动中的三名领袖人物依次做出的贡献中：何塞·黎刹、安德烈斯·博尼法西奥和埃米利奥·阿奎纳多，随着他们由温和走向激进，他们的职业生涯也紧跟民族主义政策的转变。关于早期菲律宾民族主义的史学研究采取的路线和关于其他前殖民地国家的研究一样。有关民族主义领袖的早期论述倾向于把他们当成圣徒立传，这些已被更具批判性的评价取代。黎刹的形象在美国统治时期被美化，因为强调这名克制而遵守宪法的人物反对西班牙政策，符合当局的需要。[179] 博尼法西奥的地位被民族主义作家们大大抬高，但在如今的一些论述中，他并不能达到人们过去对他的雄心勃勃的要求。[180] 阿奎纳多看似自相矛盾的决定长久以来都让他备受争议，而对其军事和政治领导力的批判性重估也让他的形象受到打击。[181] 但人们对他们从崇拜到责备的转变并不会影响这里的总体论点，即对西班牙殖民统治的反对源于经济发展造成的社会阶级划分，这些领袖的目标是加入而不是逃避现代世界，菲律宾发生的事情也符合范围更大的比较研究背景，这一点通常会被关于单一国家民族主义的专门论述所忽略。

何塞·黎刹（1861—1896）是一名语言学家、小说家、诗人和眼科医师，是第一个知名的政治温和派，不过他也接受在具体情况下应该使用武力。[182] 尽管黎刹的才干独一无二，但他的处境在西班牙政策的反对者中很有代表性。他来自一个富裕的梅斯蒂索人（华人-他加禄人）务农家庭，游历过许多地方，受过高等的教育。他的家人遭受了西班牙世俗与宗教权威施加的伤害。他母亲在1871年被非法关押了两年半，而在1888年，他们一家在抗议多明我会地主抬高租金后被扫地出门，家宅也被烧毁。那起事件中的放火者不是别人，正是巴莱里亚诺·魏勒尔将军，他将把焦土政策带到古巴，造成同样毁灭性且适得其反的结果。尽管受了这些挑衅，但黎刹在1892年创立的菲律宾联盟（Liga Filipina）计划通过和平手段在西班牙帝国内部实现自治。黎刹本人在19世纪80年代早期在马德里读书时吸收了自由派、反教会和启蒙的思想，深受它们的综合影响。[183] 黎刹在西班牙时曾向政府请愿，希望推动同化，允许菲律宾人在议会得到代表权。当他的请求被搁置一边时，他总结认为，只有把菲律宾人动员起来才能实现进步。他回到家乡，将思想转为行动。

黎刹的计划虽然很温和，但还是超越了西班牙当局有限的忍耐范围。1896年，他被逮捕，被判犯下反叛、煽动和阴谋罪，并被处决。[184] 在直面行刑队的前一天晚上，黎刹写下了著名的《永别了，我的祖国》（Último Adiós）。倒数第二节就像他永不褪色的纪念碑一样屹立：

> 我热爱的菲律宾啊，请听我最后的骊歌，
>
> 我敬爱的祖国啊，令我忧伤的祖国，
>
> 我把一切都献给你——我的父母以及我的兄弟，

因为我将去之国，没有暴君也没有奴隶，

那里亲善和睦，一切统于上帝。①

黎刹被处决后，诗歌全文被人偷带出监狱，出版后在西班牙语世界流传，进一步鼓舞了民族主义事业。西班牙当局未能领会到自己协助提供的教育事业以及用来维持教育的印刷文化传播所产生的全部后果，当局的众多误判中，少有能与这一点匹敌的。[185]

反对西班牙的武装叛乱在1896年黎刹去世前不久就已开始，在那之后又得到了推动力。[186] 到那时，温和派改革者已不敌安德烈斯·博尼法西奥领导的一个更激进的组织；这个秘密组织"卡蒂普南"（Katipunan）创立于1892年，支持用暴力手段推翻西班牙统治。[187] 博尼法西奥的目标和方法与同时代的古巴的何塞·马蒂一致，不过马蒂的背景和黎刹更接近。博尼法西奥是一名梅斯蒂索人，代表了社会秩序的另一个部分：他来自城市中产阶级下层，自学成才，温和派在武装起义中财产会受威胁，而他在起义中要做的牺牲则没那么多。[188] 然而，在一系列军事败绩后，博尼法西奥失去了支持，让位于第三名伟大革命领袖埃米利奥·阿奎纳多，后者在1897年接管了运动，将这位对手以叛国罪处决。

阿奎纳多就像黎刹一样，来自一户华人-他加禄人组成的富有的梅斯蒂索家庭。但就像博尼法西奥一样，当西班牙显然不会对温和派以温和方式表达的要求让步时，他就支持武装斗争。[189] 作为民族主义英雄的阿奎纳多做了一些看似不那么英雄主义（或至少是充满争议）的决策。[190] 1897年，在冲突陷入僵局时，他和西班牙当局达成协议，自愿流亡到香港，让其他人留下继续武装斗争。在那时，各通商口岸都处于骚乱中，反清朝的民族主义者正在聚集，日本则刚崛起为东亚的主要大国。在阿奎纳多重新把支持者组织起来时，日本的泛亚主义组织提供了道义上（也可能是金钱上）的支持。[191] 1898年5月，在美西战争爆发后不久，阿奎纳多在美国的鼓励下重新加入斗争，他宣称美国的高级代表要求他支持反抗西

---

① 译文摘自台湾作家东方白译本。

班牙，还说美国人向他保证，美国对菲律宾群岛没有帝国主义图谋。[192]　6月，阿奎纳多发表独立宣言，建立了新政府，即短命的菲律宾第一共和国。就像他在古巴的同类一样，他自信拥有美国的支持。也像他们一样，他的幻想将会破灭。

解放军进展迅速。到7月，他们已收复西班牙军队占领的大部分土地，在首都马尼拉城外安营扎寨。但在这时，美国不再和民族主义者合作了。独立宣言仍然未受承认，马尼拉的投降则是美国和西班牙自行安排的，没有涉及阿奎纳多；《巴黎和约》授权西班牙将土地卖给美国，独立政府却被排除在外。这些挑衅把曾经的盟友变成了仇敌。1899年1月，阿奎纳多成为菲律宾共和国总统，这一行动再次确认了他的政治目标。[193]　2月，美国和新政府之间爆发冲突，这场冲突将变得漫长而大伤元气。[194]

直到最近，争夺菲律宾控制权的几场战争才开始引起与其规模和长度相匹的学术关注。[195] 关于当时美帝国主义的标准论述，集中在古巴冲突上。"缅因号"很容易被铭记，也时常被提起，但发生在马尼拉、奎因瓜（Quingua）、萨波特桥（Zapote Bridge）和提拉德山口（Tirad Pass）的战斗就像在八打雁和萨马岛的残酷战役一样，如今在菲律宾之外鲜为人知。但在菲律宾的军事行动远比在古巴范围更广，耗时也长得多。[196] 在最初的几次交战后，战争发展成为游击队对正规军的战斗，扩散深入到乡村，那里的平民成为"反叛乱"（counter-insurgency）战略的对象。美国起初派了4万名士兵，兵力在最多时达到了7.4万人，而（菲律宾）解放军有8万—10万人，不过其中许多是临时参战，所有人都装备薄弱。美国军队在与西班牙的小型战争中损失了379人，在与菲律宾共和国的更大冲突中损失了4 234人。解放军损失了1.6万—2万人，确切的平民死亡人数不明，但估算人数从最少的20万直到100万不等。就像在古巴一样，大部分平民丧生都是因为疾病，尤其是霍乱和痢疾，这本身也大都源于农村经济受破坏导致的营养不良。[197] 军事策略包括了所有可能的残暴行为。[198] 这些手段包括虐待、集体惩罚平民、"焦土"政策，以及集中营，而美国在古巴正是把这种集中营当作首要例证来谴责西班牙无视文明价值观。[199]

图3 埃米利奥·阿奎纳多将军，1899年

阿奎纳多在1901年被俘，发表了正式投降声明。[200] 但在他退场后，新领袖们继续进行武装抵抗。他的直接继任者米格尔·马尔瓦尔（Miguel Malvar）领导了游击行动，直到他也在1902年4月被迫投降。[201] 这一决定半是因为美国军队，半是因为民族主义者阵营内部的分歧。[202] 温和派怀疑武装反抗美国是否明智，担忧如果好斗分子胜利后可能会发生的激进后果。出口生产者看得出同美国市场建立紧密纽带的好处。民族认同几乎还没有形成，民族团结也遥不可及。阿奎纳多已经承认了地方主义的强势，提出在联邦体系中实行自治，希望这一让步足以吸引吕宋以南的岛屿参与民族事业。1902年7月，在除掉马尔瓦尔后，美国宣告胜利，并留了下来。但冲突继续存在。美国的宣言赦免了参战者，但允许当局把持续的抵抗行动归类为匪患。1904年，马卡里奥·萨凯（Macario Sakay）建立

了他加禄共和国，脱离菲律宾并挑战美国统治，直到他在1907年被出卖，作为土匪被处绞刑。[203] 在更难到达的南部棉兰老各岛，对美国统治的武装反抗持续下去，直到1913年。[204]

美国的共和党政府没有计划对整片群岛负起责任。海军上将杜威在太平洋的行动最初是为了帮助美国赢得加勒比海的战争，后来是为了获取深水港来容纳新建的美国海军。1898年5月底，麦金莱的国务卿威廉·R.戴（William R. Day）准备把群岛还给西班牙，只保留海军通行的权利。6月，参议员亨利·卡伯特·洛奇论证说，应该至少保留北部的吕宋岛，这里有菲律宾的约一半人口，也包括首都马尼拉；洛奇的理由是，放弃已得到的土地是不明智的，因为这将给其他列强（特别是德国和日本）敞开大门。[205] 10月，在表达了外交意见并试探了民意后，麦金莱决定保留整片群岛。11月，在中期选举尘埃落定后，他在巴黎和谈上以更强的自信推动了这一目标。[206] 西班牙试图尽可能地挽回局面，但它缺乏谈判实力，又没有其他列强的外交支持，这使西班牙的帝国走向了终结。在互相指责和关于"灾难"的言论中，马德里的股市在消息传来后上涨了。

1899年2月，随着参议院批准了《巴黎和约》，美国成为得到认可的帝国力量。帝国主义者们把这一新地位视为上帝意志的实现、美国成年的标志，以及继续推进教化使命的指令。菲律宾人则只好反思他们眼中的灾难，他们非但没有得到独立，还面临着适应新一拨外国统治者的挑战，这些统治者讲的不是西班牙语，而是英语。1898年后，菲律宾的主要作家和艺术家面前的任务是，用新统治者的语言进行交流。尽管他们在早期不可避免地鹦鹉学舌，但他们还是确保了那些殖民艺术形式表达的是爱国情感，还有一定程度的讽刺。[207]

> 我们不会停歇，直到我们的旗帜飘舞，
> 高高扬起它的皱褶，
> 与星条旗相遇，
> 那是自由的标志。

夏威夷：“一个很快消逝的民族”[208]

夏威夷在1875年与美国签订了互惠协议，是第一个被拉进关税所创造的特殊关系的产糖岛。[209]（合并）协议是西方渗透夏威夷的漫长历史的最高点，这一历程开始于1778年詹姆斯·库克船长到来。[210]库克所到的这些岛屿上，人员流动，富有创造力，对广大外界保持开放。来自波利尼西亚的移民于13世纪在夏威夷定居，引入了信仰体系、社会阶层、家畜驯养和各种农作物（特别是芋头、甘薯、椰子和甘蔗）。[211]到18世纪晚期，人口上涨已经带来了农业革新、市场交换和社会分化。各小型政治体扩大了规模，争夺领土霸权。[212]独木舟运输把岛屿连接起来，政治对立则分裂了它们。由此产生的各个国家出现了以神圣权利进行统治的酋长、为世俗权力提供宗教认证的神庙网络，还有以等级（caste）和阶级关系为标志的社会阶层。指令性经济从平民那里榨取贡品和劳动力，以支持统治精英的高调消费。这是夏威夷版图上的阴暗面，19世纪后期像赫尔曼·梅尔维尔、罗伯特·路易斯·史蒂文森和马克·吐温这样的著名访客都没有注意到这一点。他们对这些岛屿的报告在无意间助长了它作为热带伊甸园的形象，20世纪的旅游业又放大了这一形象。

英国在18世纪晚期的干预帮助最强大的酋长卡米哈米哈（Kamehameha）在1810年统一了各岛。但是，独立仍然摇摇欲坠：英国在1843年差点吞并了夏威夷，法国在1849年突袭了这里，美国在1853年考虑宣告对这里的所有权。外国传教士在19世纪20年代开始在这里传教，开设学校，把自己的道德准则施加到当地习俗上，获得了足够的政治影响力，以至于在1840年把统治者变成了立宪君主。[213]英国和美国商人在19世纪早期发展了檀香木出口业，从19世纪20年代起推动捕鲸业，还在1850年赢得了购买土地的权利。在1852年宪法下，各种各样的外国移民都得到了参与夏威夷治理的资格，自那以后他们时常担任大臣职务。到19世纪70年代，夏威夷已输掉了有效独立，打败它的是由美国公民领导的外国居民联盟，他们控制了糖料生产，提供了大部分外国投资，运营传教团和教育体系，在政府中身居高位。处于统治地位的酋长尽管在当时被称为国王，但已变成由美国移民控制的傀儡。

西方利益集团的蚕食与夏威夷各政治体内部与日俱增的困难交织在一起。新疾病的传播加上免疫力的缺乏,使人口急剧下降。关于夏威夷土著人口的估算称,18世纪晚期共有约50万人。[214] 这一数字在1840年跌到了约11.6万人,在1890年跌到了约4万人。人口的下降迫使酋长们增加贡品和税收负担,将其强加在人数越来越少的平民身上。到19世纪40年代,指令性经济已处于巨大压力之下,遭遇了本地反抗。[215] 这种经济模式也无法与外国移民引入的农业体系相竞争。在这些越发绝望的情况下,国王在1848年决定推行被称为"马赫里"(Māhele,划分)的重大土地改革。[216] 其目的是维护统治者、酋长及平民的权利,把半封建的土地所有制转变为那些步步推进的西方人会认可并尊重的私有制。其结果对国王和酋长们有利,但对大多数平民不利。然而,两年后,外国买家也可购地,他们买下或租用了大片土地,在19世纪下半叶把它们变为糖料种植园。到1900年,外国人(主要是美国人)拥有或租用了夏威夷大部分的土地。[217] 也是在那年,夏威夷约有3万名白人移民,以及来自亚洲和太平洋地区的近9万名移民工人。夏威夷人在自己的国家变成了少数群体。夏威夷比岛屿帝国中的其他地区更容易受美国移民控制,也比阿尔及利亚、肯尼亚、南非等白人移民人数远低于土著人口的殖民地更容易控制。

到19世纪70年代,夏威夷的经济生命力和政治独立性都令人疑虑。檀香木业和捕鲸业都在衰落,始于19世纪30年代的小型糖业在美国南北战争期间短暂繁荣后再度衰退。财政收入随即下降,大大增加了公债。[218] 这些发展促使美国糖料生产商和传教士建立联盟以保障华盛顿的支持,领导联盟的是美国驻夏威夷公使亨利·皮尔斯(Henry Peirce)。[219] 皮尔斯最初的计划是达成互惠协议,将其与割让珍珠港捆绑起来,因为美国海军急于得到珍珠港,但当地激烈的反对导致这一计划被放弃。不过,当国王卡米哈米哈五世在1872年去世时,联盟策划选择了一名顺从的继任者,他在1874年最终上位,不过此前联盟展现武力镇压了民族主义组织中的反对者。[220] 1875年,卡拉卡瓦(Kalākaua)国王如期签署了与美国的互惠协议,协议在次年生效。[221]

在协议条款下，夏威夷的糖料和大米可以免关税进入美国，作为交换，夏威夷对进口自大陆的商品给予优惠待遇。夏威夷保留了珍珠港，但同意不会把商业或海军特权割让或租借给其他列强。正像格兰特总统的国务卿汉密尔顿·菲什所说的，协议保证了"一个很快消逝的民族有利可图的友谊，这个民族占据了一群富饶的岛屿，我们这个国家的物质或政治利益都不允许这些岛屿被浪费或成为其他大国的附庸" [222]。

与夏威夷的协议以极少的代价实现了有限的目的。它保障了萌芽中的美国殖民开拓活动，维护了美国在太平洋的战略利益，有助于满足美国对糖料不断扩大的需求。此外，让步在这时没有引起国内利益集团的警惕。夏威夷的糖料出口规模很小，运输成本使路易斯安那州（无论如何，它还处于南北战争结束后的混乱中）的糖料在西海岸无力与之竞争，而西海岸正是夏威夷的主要市场。

协议给夏威夷的糖料生产者带来了相当于中头彩的好处。[223] 原糖出口从1875年的1 800万磅增长到1887年的2.24亿磅。外国对糖料种植园的投资从1875年的不到200万美元上升到1890年的超过3 300万美元。灌溉和蒸汽动力榨糖技术带来了当时科技所允许的全部生产力增长。[224] 外国投资中约有一半进入了糖料生产，约三分之二来自美国。美国种植园主生产了近四分之三的夏威夷糖料，美国也吸收了夏威夷几乎全部的出口品。当时已是西海岸最大炼糖商的克劳斯·斯普雷克尔斯（Claus Spreckels）也成了夏威夷最重要的糖料种植商。[225] 到19世纪80年代末，夏威夷的"糖王"斯普雷克尔斯（在非正式场合被称为"尊贵的甜度"）生产了超过半数的夏威夷糖料，也大量投资蒸汽船服务业和银行业。扩大的产出需要大量劳动力输入，这主要来自日本和中国。杰斐逊的农耕边疆已经跨过了太平洋，但它的本质发生了改变。皮尔斯关于美国移民经济的理想是基于大庄园和廉价合同工，这代替了想象中"健壮的自耕农"。[226]

种植园主的大好财运让夏威夷完全依赖为了糖料出口而创造出的人为市场，这使它的经济和社会天翻地覆。[227] 到互惠协议在1883年需要更新时，双方都利益攸关：如果协议失效，种植园主会遭受巨大损失，如果协议被更新，那夏威夷的完全服从地位就将被确认。夏威夷糖业的巨大扩张使更新协议的问题变得极具争议，不仅是在夏威夷本地，在美国也是如此，加利福尼亚州之外的生产商和制糖商都开始担心，来自夏威夷的受补贴的糖料进口正在侵入中西部市场。另一方面，夏威夷的种植园主则急于保护他们膨胀的资本投资，在国际贸易萧条时确保得到庇护。

同时，卡拉卡瓦国王为回应本土夏威夷人的民众情感，下定决心反对更新协议。[228] 就美国本身而言，华盛顿则寻求从夏威夷得到进一步让步，以补偿失去的关税收入。在漫长的谈判后，各种力量取得平衡的结果是更新协议，最终1887年1月参议院批准更新。移民利益集团准备让出更多的夏威夷主权，以换取延长支撑他们投资基础的关税优势。他们因早期民族主义情绪的示威以及夏威夷与日俱增的财政问题而担忧。1886年，国王曾不明智地支持了伦敦城以不利条件提出的一项100万美元贷款。[229] 预算已经面临赤字了，新贷款又给政府收入带来了额外负担，使英国更有可能扩大对夏威夷的影响力。移民之所以胜利，是因为糖料经济的增长已经削弱了民族主义事业。一些本土夏威夷人从出口经济中获利，其他人则没有。正像世界其他地方一样，失败者是原型民族主义反应背后的主要力量。移民们完全控制了王国的预算，自愿为更新互惠协议付出代价：他们让美国获得了在协议有效期间对珍珠港的专有权。

协议的更新非但没有解决争端，还导致危机突然发生。[230] 1887年，当卡拉卡瓦国王拒绝签署新协议时，移民联盟发动了政变。国王被迫接受新内阁及一份修订后的宪法，它既限制了他的权力，又限制了选举权。这些修正为选出亲美政府扫清了道路，在那之后，国王签署了新的互惠协议。这一看似决定性的事件后来变成了夏威夷王国衰亡史最后一幕的序曲。恰如其分的是，美国关税的进一步改革造成了这场大戏的终结。1890年，《麦金莱关税法》在提高整体进口关税的同时允许原糖自由进入，用针对糖料产出的津贴来补偿国内糖料生产商。国会知道这对夏威夷的影响，但仍决定夏威夷必须在开放市场上碰碰运气。[231] 从夏威夷的视角来看，这是一次干净利落（又卑鄙）的"偷梁换柱"行动：美国在没有废除互惠协议的情况下保留了租借的珍珠港，同时有效抵消了糖料出口商以为自己已经稳拿的特权。他们的优势在一夜之间被消灭：糖价大幅下跌，出口额下降，对糖业的投资被降了级。[232]

在接踵而至的混乱中，经济因素迅速转化为政治后果。美国移民们急着订立新协议，同时也将目光瞄准了吞并。因为他们现在控制了政府，所以他们可以批准对珍珠港的永久使用权。夏威夷已在大声反对，1891年利留卡拉尼（Lili'uokalani）女王继承卡拉卡瓦国王之位，坦率地支持夏威夷的立场。[233] 女王拒绝了割让珍珠港的提议，订立新宪法以把权力还给夏威夷人。1893年1月，移民联盟通过自行建立的安全委员会再次进行干预。在这一事件中，委员会（克利夫兰总统后来说，这一委员会应该被称为"吞并委员会"）得到了美国驻夏威夷公使约翰·L. 史蒂文斯（John L. Stevens）的热情支持。[234] 公使是哈里森总统的国务卿，是热忱的扩张主义者詹姆斯·G. 布莱恩的私人朋友和政治盟友，也是被布莱恩任命的。此后教科书般的行动完全就像从英国的帝国行动手册上抄来的。史蒂文斯援引了国际法中对外国干预的经典论证，宣称要"保护美国人的生命财产"，召来了海军。美国海军陆战队的一支小部队占领了关键据点，安全委员会建立了临时政府，女王投降了。

由史蒂文斯支持的新政府立刻请求华盛顿确认吞并夏威夷。[235] 接替布莱恩成为哈里森总统的国务卿的约翰·W. 福斯特准备了合并条约，但被参议院搁置了，接着又被1893年上任的克利夫兰总统否决。[236] 作为古典共和价值观的支持者，克利夫兰不愿支持武力吞并夏威夷，而是希望得到夏威夷的同意。作为盎格鲁-撒克逊人，他在一大批亚洲人并入联邦的前景面前退缩了。作为民主党人，他青睐自由贸易，不怎么同情移民们大都是自作自受而陷入的困境。[237] 克利夫兰的国务卿沃尔特·格雷沙姆加强了他的保留态度，格雷沙姆基于法律和道德原因，坚决反对吞并。[238] 条约被搁置一边，史蒂文斯被召回，夏威夷被留在了政治的混沌之地。君主制没有恢复，临时政府仍处于不确定的地位。

政治摇摆在1894年被部分解决，政变的领导者们单边行动，建立了以桑福德·多尔为总统的夏威夷共和国（引人遐想的是，成立时间被定在7月4日）。那些让移民走上权力之路的力量在新总统身上得到了体现。他的家庭里既有在教育界和政府都有影响力的新教传教士，又有即将把夏

威夷变成世界首要罐装菠萝出口地的企业家。[239] 站在共和王座之后的是
洛林·A. 瑟斯顿（Lorrin A. Thurston），他体现了夏威夷人所说的传教士
"来这里是为了做好事，留在这里是为了做得好"。他的父母是传教士，
他自己则在出版业和糖业获取了大量商业利益。[240] 瑟斯顿起到了重要作
用，促成组织松散的"传教士党"在1887年转变为改革党，以反映当地
商业利益集团与日俱增的重要地位。他任命多尔担任共和国总统，并且领
头为吞并而奋斗，直到1898年从政界退休。正是瑟斯顿建议多尔向1891
年密西西比州立宪会议寻求指导，学习如何压制大量被视为不受欢迎的人
口。[241] 多尔自己则从著名政治学家约翰·W. 伯吉斯那里寻求指点，后者
补充了瑟斯顿的建议，提出国家应该由日耳曼裔的沉稳男性领导，由强大
的行政和司法部门支持，由有限选民群体所巩固。[242] 这些建议符合多尔
的想法，被他采纳了。

新共和国成立的一个月后，美国的关税改革再次冲击了夏威夷的政
治形势。1894年8月，《威尔逊-戈尔曼关税法》修改了《麦金莱税法》，
对原糖征收进口税。[243] 这一好运让夏威夷的竞争者（特别是古巴）处于
相当大的劣势，同时允许夏威夷重获互惠关系所保障的特权。糖料生产在
1894—1900年间几乎翻倍，经济复苏了，新共和国突然重新获得了它曾
失去的生命力。随着政治局势逐渐脱离掌控，殖民政府的反对者们最后一
次尝试推翻政权。1895年，一群民族主义者（保王主义者和共和主义者
组成的联盟）发动了一场失败的政变。[244] 尽管证据存疑，但女王牵涉其
中，被迫正式退位。

在移除了这一宪法障碍后，麦金莱总统在1897年为吞并条约做了准
备。[245] 但在他行动时，始终存在又总是引发争论的关税问题再次插了进
来。夏威夷在互惠协议下的特权挤进了关于《丁利关税法》提案的谈判
中，而这一法案是为了取代（并且大大逆转）《威尔逊-戈尔曼关税法》。
互惠问题可能会破坏或至少令人不快地拖延麦金莱政治议程中更大的议
题，所以麦金莱推进了吞并。[246] 条约的反对者仍然坚持不懈、力量强大，
但次年与西班牙的战争决定性地使这一提案获得了成功。冲突激起了美国
国内的民族主义情绪，把人们的注意力转向夏威夷的战略价值，移民政府

就利用这一战略价值，任美国使用火奴鲁鲁港的设施。[247] 即便如此，这一举措仍然无法在参议院得到必要的三分之二多数票，只是在通过了国会联合决议这一更容易的考验后，才蹒跚地进入了法律。[248] 决议实现了目标。移民们赢得了他们最想要的东西：安全。美国政府对夏威夷公债负起责任，岛上糖料种植园的股价飞涨。吞并派在安心、愉快和自夸的氛围中庆祝了成功。夏威夷人提出了抗议，但被无视了。

实现吞并的困难程度表明了争议双方几乎势均力敌的关系。主要的种植园主紧抓着互惠协议，因为那是他们财富的基础。同时，他们也对吞并感到警惕，因为他们害怕并入美国将使1886年《排华法案》（Chinese Exclusion Act）延伸到夏威夷，终结进口亚洲合同工的做法。没有这一廉价劳动力来源，夏威夷的糖料生产哪怕有互惠协议的支持，仍将失去竞争力。但没有人能保证互惠协议将会被更新。同时，19世纪90年代晚期，加州甜菜糖业的迅速扩张形成了竞争威胁，可能会消灭夏威夷的甘蔗出口。在1898年互惠协议似乎将被撤销之前，双方的胜算都平衡得很好。[249] 在这些情况下，并入联邦是一次值得的冒险，因为它将把夏威夷置于关税墙内，为它的主要产业提供生存的机会。[250] 种植园主们在最后一刻拿定主意，把他们的砝码摆在了吞并的一边。

夏威夷最积极的吞并主义者是有一定地位的移民，他们直接或间接地与糖业建立了密切的关系。[251] 夏威夷的外国移民长期抱怨行政低效和腐败，但他们的担忧自19世纪80年代晚期起越来越重，本土主义者对外国影响的反应使民粹政府更有可能出现，而民粹政府将会加税并重新评估财产权。利留卡拉尼女王试图维护本地权利，这尤其引发批评。因为克利夫兰总统有可能在1893年试着让女王复位，这让新教媒体在夏威夷传教士家庭的鼓动下谴责她为"无赖顾问包围下恶毒、不道德、不负责任的女人"，说她会除掉"捍卫生命、自由和所有权的保障"。[252] 夏威夷政府（特别是在卡拉卡瓦统治下）无疑未能谨慎处理金钱事务，也在多个腐败指控中有罪。[253] 但根本问题是夏威夷经济力量与政治权威之间与日俱增的不平衡。糖业侵蚀了君主制政府的权威，而后者的任务正是保障侨民群体的安全。[254] 白人少数群体通过诽谤土著和他们的代表，把种族偏见变

图4　利留卡拉尼女王，约1877年（1891—1893年在位）

成了他们用来吸引美国盎格鲁-撒克逊同胞的中心元素。

夏威夷群岛的吞并主义者们面临美国国内强大利益集团的反对，他们不是反对互惠或吞并，就是两者都反对。夏威夷的关税优势加上加州扩大的需求，使群岛的糖料出口在19世纪八九十年代经历了迅速而无人预见的增长。[255] 东海岸的炼糖商和路易斯安那州的甘蔗种植者的回应是，联合起来避免吞并，呼吁废除互惠，声称互惠让西海岸的进口商得到了不公平的好处。他们辩称，夏威夷加入联邦将会允许新的海外选民免税运输糖料，鼓励投资海外炼糖厂，从而加剧竞争。

应运而生的联盟把一些重炮瞄准华盛顿。哈夫迈耶的糖业托拉斯一马当先，西海岸的糖用甜菜大亨亨利·T. 奥克斯纳德动用了资金和关系，害怕低薪亚洲工人涌入劳工市场的美国劳联也凭它的庞大体量加入了运动。[256] 斯普雷克尔斯曾在19世纪80年代与糖业托拉斯斗争，但1890年的《麦金莱关税法》向竞争的糖料供应商打开了夏威夷，使他的公司陷入严重困难，糖业托拉斯在1894年买下了这家企业和它的所有者。同时，斯普雷克尔斯曾投资加州的甜菜糖业，半是为了避免伴随着夏威夷甘蔗出口的关税不确定性，这给了他额外动机来反对夏威夷糖料自由进入。联盟耗巨资进行游说以阻止吞并。它的成员们得到了《华盛顿邮报》的支持、一些参议员的欢迎，以及众议院议长托马斯·B. 里德（Thomas B. Reed）这样一位有力的盟友。[257] 资本和劳动力形成了不同寻常的联盟，这股令人生畏的反对力量解释了为什么政府不得不转向"得克萨斯先例"，确保在国会通过联合决议而不是正式条约。[258]

不过，夏威夷的种植园主得以胜过北美大陆的反吞并派联盟，因为他们的目标和其他同一方向的目标联合了起来。吞并主义者们敲响鼓点，向华盛顿和公众警告外国列强所谓的威胁。英国作为他们选择的对手，折射出塑造并刺激了美国民族主义的那些情绪。《华盛顿明星报》在1893年提出问题："我们是要拿下夏威夷，今后自己得到繁荣和壮大，还是要让英国拿下夏威夷，今后削弱并侮辱我们？"这个问题在1898年只允许肯定的回答。[259] 实际上，英国已经低调地保证无意获取夏威夷。正相反，英国人认为美国在太平洋的扩张可以有效地抗衡德国和法国的野心，能把英国的这个前殖民地拉进帝国主义俱乐部，从而让它妥协，调和对帝国建设的反感。[260] 然而，这些外交考虑过于微妙，无法抵抗民族主义刺耳的呼吁，要是夏威夷的吞并主义者们单打独斗，没有英国这个假想敌，他们就不会走得这么远。

日本是另一个问题。日本军队刚刚击败了中国，日出之国已被定位为东方的新"黄祸"。夏威夷有大批日本工人，他们对糖业至关重要。但他们与日俱增的人数形成了威胁，可能带来当时所称的群岛"蒙古化"（Mongolization），消灭这个西方世界英勇但脆弱的前哨站。[261] 正像《夏威夷星报》在1897年干脆写到的那样：如果"日本人在这里得到选举权，那就对西方文明说再见吧"。[262] 1897年日本与美国在夏威夷越发紧张的关系给了吞并主义者一个机会，他们炮制了关于可能开战的骇人谣言，给条约在国会的推进带来了额外刺激。[263]

在麦金莱政府中，至少有一名成员以夸张的语言对这一新闻做出了反应。当时的海军部副部长西奥多·罗斯福在1897年5月写信给海军战略家阿尔弗雷德·马汉，表达了一个差点就迎来巅峰时刻的人的挫败感。

> 要是事情按我的意愿发展，我们明天就会吞并那些岛……我已经尽可能快地把太平洋海岸相关的事情准备好了。我自己的观点是，在两艘新造的日本军舰离开英国之前，我们应该立刻行动。我会……把我们的旗帜升上那座岛，把所有的细节留到行动以后再处理。[264]

在这时，总统加紧控制他已经抓住的东西。"黄祸"正在传过太平洋。需要做出行动。美国不能袖手旁观，"让那些岛屿投向日本"。[265]

选择之战

要理解塑造了美利坚帝国的岛屿革命，我们需要考虑早期全球化向现代全球化转型的广泛背景。美国和西班牙都在尝试从农业社会转向工业社会，同时试着巩固政治团结，推进一种盖过地区和阶级分裂力量的民族认同意识。一种强制的全球化以帝国主义的形式把转型的冲力带进加勒比地区和太平洋地区。作为后发现代化国家，西班牙对其剩余殖民地的政策反映了它与军事财政主义传统的持续斗争。压榨性政策占据主导地位，而对更自由的贸易做出让步的需要，则将商业导向英国和美国手中，最终削弱了马德里对其海外领土的政治控制。美国虽然也是后发现代化国家，但不再被军事-财政国家的残余影响所妨碍，而是朝建立工业民族国家的方向实现了可观的进步。不过，这两个国家在19世纪末都经历了一系列危机，未完成的结构性转变与国际经济中的逆向运动交织在一起。西班牙在国内外挣扎着控制不稳定的力量，这导致它失去了剩余的殖民地。美国更成功地应对了类似困难，将可以取代西班牙。就像帝国主义者们辩称的那样，西班牙理应被彻底击败。它的拉丁、天主教根基和据称腐败、残忍的执政手段让它不配继续统治一个帝国。"西班牙和土耳其，"罗斯福在1898年宣称，"是世界上我最想打碎的两个大国。"[266]无疑，其他地方的人们发出了宽慰的叹息。

正像本章论证的那样，只有囊括土著的（在这一例中是岛屿的）视角，才能完整地解释帝国主义。农业出口和它们的主要决定因素——初级产品的国际定价和主流的关税制度——是19世纪期间各岛和美国大陆之间最重要的普遍纽带。这些原因并不是独有的，在先验理由方面也不是至高无上的。不过，在这一案例中，证据把这些因素放在了关于19世纪晚期帝国主义的解释的中心。诸因素提供了决策发生的背景，通常也提供了对行动的直接刺激。

在这里考察的四个案例中，经济困境和政治行动的关系成为共同的主题。在实际收入下降后，可能也是在不切实际的期望下，对出口生产的坚持导致了不满情绪的上涨。由于受到文化自豪感和欧洲自由派价值观的启发，殖民地精英起到了领导作用。在这一方面，就像在其他许多方面一样，岛屿帝国复现了当时发生在殖民地和半殖民地世界其他地区的运动。但是，普遍的过程需要进行调整，以适应特定案例。古巴和波多黎各的对比显示出，同样的影响可以有不同的后果。古巴的糖料经济被完全暴露在国际形势面前，依赖美国市场和关税政策，直接把经济困难传递到生产者身上。另一方面，波多黎各的咖啡出口受到了帝国保护的庇护。古巴人急于终结西班牙统治，波多黎各则有物质理由保留西班牙统治。

基于经济考虑的差异也需要进行细化，以纳入其他重要的变量，比如移民与土著人口的相对多少，等级、种族和阶级的区别，以及不同岛屿上的政治计划。这些影响有助于解释殖民地社会有多大能力抵抗那些施加给它们的要求，以及有多少抵抗的意愿。夏威夷人较少，已经将对土地的实际控制拱手相让。另一方面，菲律宾人则有人数优势，继续管理政府关键部门的政治网络。夏威夷人被淹没了；菲律宾人的抵抗则像2003—2011年的伊拉克战争一样漫长，彼时美国损失的人数和后来美军损失的人数大致相同。古巴和波多黎各尽管有一些明显的共同点，但它们的态度和结果都各不相同。这半是因为这些岛屿和国际经济的关系就像我们看到的那样有所不同，也是因为古巴的历史孕育了对独立的强硬诉求，而波多黎各的传承则让它谨慎的领导者以地方自治甚至并入美国为目标。

这些观察仍没有回答因果方向的问题。扩张的冲力主要是从美国传来，还是主要来自亚帝国主义的代理者（无论这些代理者是海外的美国公民还是当地的"协作者"）？我们可以明确地提出一个结论。只有夏威夷的主权问题被大大妥协，以至于美国可算是在1898年吞并该岛前就已建立非正式帝国。来自北美大陆的白人移民拥有的少数大企业长期主导夏威夷的出口，并让出口流向美国。也是这群移民接管了政府，通过基督教传教团渗入了夏威夷文化，传播了新教和西方教育。移民代表和美国政府官员在华盛顿也有话语权，他们在那里把自己表现为英勇但处境危险的盎格鲁-撒克逊社群的成员，试图在西方文明的遥远边陲建立一道新的杰斐逊式边疆。美国驻夏威夷公使约翰·L. 史蒂文斯是一名狂热的扩张主义者，用自己的权威在1893年协助同胞使利留卡拉尼女王退位。

不过，身在夏威夷的"现场代表们"（men-on-the-spot）之所以成功，只是因为他们的事业符合美国扩张主义者的目标。[267] 前进派利用亲友的情感和传播基督教与文明的责任来向国会呼吁，通过媒体宣传，并凭自己的影响力通过关税让步为移民提供经济支持。史蒂文斯自己符合"亚帝国主义者"的形象，这是帝国研究文献对当地扩张主义者的称呼。但和更著名的同行塞西尔·罗兹和卡尔·彼得斯（Carl Peters）不同的是，史蒂文斯并不是独立行动，而是作为他的强大支持者、国务卿与热忱的扩张主义者詹姆斯·G. 布莱恩任命的官员而行动。[268] 即便如此，一旦克利夫兰总统在1893年上台，夏威夷帝国主义者的行动就停滞下来，因为克利夫兰留给他们的时间极少。到1898年，在条件最有利的时候，吞并的方案只是因为国家利益问题（特别是日本可能的威胁）打破了平衡，才以略多的票数勉强在国会通过。夏威夷的移民们促成了他们终于确定的解决方案，但他们之所以能这么做，是因为他们的利益和更广大的目标一致。

从另一个角度来看，夏威夷的吞并显示出，合作的崩溃会给正式控制打开道路。非正式影响在夏威夷相当于非正式统治，依靠的是移民能够持续与土著当局合作，通过后者实现目的。在夏威夷的案例中，这一安排运转得足够好，直到19世纪70年代，与日俱增的经济问题带来了互惠协议和珍珠港的租让。美国影响力迅速而明显的增长激起了民族主义回应。民意迫使此前温顺的君主对美国的态度更为强硬。当利留卡拉尼女王登上王位时，合作结束了。于是，正式统治变成了让移民自求多福之外的唯一选择。如果美国与移民脱离关系，那将意味着放弃种族和新教的融合，而这种融合已成为塑造美国民族认同的中心元素。另一方面，支持移民的成本很低，主要是以关税补贴的形式作为掩饰。美国强大的糖料利益集团反对吞并夏威夷，正像他们反对其他类似的要求者。但到最后，夏威夷得以作为特例加入美国，也是唯一最终得到建州权的被合并领土。

如果说获取夏威夷是家务事，需要重组现有的非正式关系，那获取西班牙治下的各岛显然就是破坏家庭、窃取财产。美国对西班牙帝国影响力有限。即使在古巴（美国在那里的利益比在波多黎各和菲律宾更广泛），也很难论证非正式扩张同样意味着广泛的非正式影响，更别提建立非正式帝国了。西班牙维持了对该岛的政治控制，直到1898年前不久，那时它显然已不太可能平息叛乱了。西班牙当局和罗马天主教会一起，阻挠了新教传教团和它们支持的教育设施，从而排除了文化影响的另一个主要来源。在19世纪最后25年，新教在古巴取得了一些进展，半是因为西班牙在十年战争后所承认的改革，半是因为新教对反殖民运动的同情。[269] 不过，美国的影响仍然有限，从文化上来说，它的帝国只是传教狂热分子遥远的想象。[270]

美国的影响力主要通过经济被人感知，特别是在糖料贸易上，因为大陆的炼糖厂在19世纪下半叶开始占主导地位。然而，商业利益来自美国国内互相竞争的企业和政治派系，而不是源于华盛顿为了更宏大的目标而左右古巴事务的协同努力。此外，西班牙和英国在古巴整体的海外商贸中保留了重要利益，英国仍是古巴主要的外国投资者。在古巴的美国企业无疑与华盛顿有着特殊联系。美国在古巴最著名的糖料种植园主爱德华·阿特金斯（Edward Atkins）可以接触到麦金莱政府的高级成员，包括总统本人。[271] 可是，阿特金斯持续建议华盛顿支持古巴在西班牙统治下实现地方自治，认为这是保护美国投资的最佳方法。等他意识到自己估算错误而呼吁美国干预时，美国已经做出了行动的决定。这不是说美国在古巴毫无影响力。《福斯特-卡诺瓦斯协议》清晰体现了华盛顿的力量和马德里的衰弱，但它预示着一个将在1898年之后出现的未来，而不是在那之前就已存在的关系。要是美国和英国协同行动，也许它们本可以让西班牙服从它们的意志，但英国不愿在这一问题上采取主动，西班牙也不愿屈服，这就是为什么战争会打响。

美国驻哈瓦那总领事，陆军上校菲茨休·李（Fitzhugh Lee）曾是邦联军的少将，是对科曼奇人的战争的老兵，也是危机最后阶段的积极代表。[272] 但就像夏威夷的史蒂文斯一样，只有在当地局部地解释华盛顿上级的意图这一有限的层面上，李是一名亚帝国主义者。1898年1月，当保王党在哈瓦那发起示威，反对新当选的自治政府时，李的回应是要求海军保护生命和财产，"缅因号"在不久后就到了。[273] 尽管李行动的意图可能是为了挑衅而不是为了防备，但研究这一问题的主要权威人士没有得出这个结论。[274] 李对叛军少有同情，完全反对自治政府。不过，他和叛军合作，叛军的代表曾要求美国协助他们继续反抗西班牙军队，美国也保证将支持他们完全独立的要求。[275] 李的态度意味着，对叛乱的支持将让美国得到控制古巴的手段，这比地方自治更有利，因为后者肯定会带来相当程度的实际政治独立。李无疑是一名有个性的人物，但他从没有自己所认为或希望成为的那样重要。[276]

另一名直接参与那些导致战争的进程的美国外交官是斯图尔特·L. 伍德福德（Stewart L. Woodford），他对最终决策的影响也不大。[277] 伍德福德是一名内战老兵、纽约律师、共和党人，在1897年被麦金莱任命为驻西班牙特派公使和全权公使。伍德福德的表现和他那令人印象深刻（可能也有点不现实）的头衔并不匹配。他毫无外交经验，不会说西班牙语。他来到马德里，彼时就连经验丰富的观察者都难以跟上那里各种事件进展的速度。伍德福德多少按要求执行了麦金莱的指示。到1898年3月，他已得出结论，解决古巴问题的唯一方案是"美国尽早拥有并占领这座岛屿"。[278] 这个想法并不新鲜，麦金莱长期以来就在考虑它的可能性，他明白随着他对非战争解决方案的希望淡去，占领的可能性正变得越来越大。

在"缅因号"沉没之时，古巴的政治情况被战争的不确定性搅成了一汪浑水。一些学者认为，叛军即将击败西班牙，美国干预是为了避免叛军胜利。[279] 其他学者则称，古巴解放军之所以向美国寻求支持，是因为它无力自行继续推进。[280] 无论采取哪种观点，当时的人们显然明白，西班牙在新大陆的统治时代正在终结。马德里对危机的笨拙反应虽然来自西班牙政治的脆弱性，情有可原，但它促使争端从谈判桌转向了战场。当局未能平息叛乱，试图平乱的金钱和人力代价消耗了西班牙的资源，威胁着其自身的稳定。西班牙只有在外界援助下才能作为殖民大国存活下去。没有其他国家有动机提供它所需的那种施舍。

麦金莱探索了各种选择。他倾向于外交解决古巴"问题"。正像苏厄德在1867年从俄国买下阿拉斯加一样，麦金莱在1897年提出从西班牙买下古巴。[281] 虽然西班牙政府拒绝出售这座岛，但总统直到1898年3月都在坚持这个想法。不过，1897年，早在"缅因号"开进哈瓦那之前，麦金莱也已准备了一份最后通牒，要不是西班牙首相在8月被刺杀改变了政局，那这份最后通牒几乎肯定会导致战争。[282] 同样到那时，美国的官方和公众的意见已经从同情古巴人的苦难转变为感觉古巴人可能还没准备好独立。这些越发不肯妥协的态度与麦金莱不愿追求另一个选择的决定达成一致，那就是支持新当选的古巴政府，尽管领导该政府的是支持在西班牙帝国内部实行地方自治的自由派改革者。

此后的战争助长了人们对古巴人没准备好自治的看法。距离的接近带来的是黑暗而不是光明。美国士兵和官员发现，他们与古巴人的接触证实了已装在他们行囊里的偏见。少将塞缪尔·扬（Samuel Young）在1898年对自己对局势的评判足够自信，毫无保留地表态说："许多叛军都很堕落，完全没有荣誉感和感激心。他们自我治理的能力并没有超过非洲的野蛮人。"[283] 即使古巴解放军协助了美国军队，但它的领袖从未被美国视为盟友。古巴解放军既被排除出标志着西班牙军队投降的正式仪式，又被排除出和平谈判，在1899年被美国军令解散；到那时，解放之战就变成了占领行动。

4月，国会的联合决议宣告，古巴应该得到自由独立。积极的扩张主义者、参议员亨利·特勒（Henry Teller）补充了一份修正案说，美国无意对该岛行使主权。然而，《特勒修正案》的设计是为了安抚反对吞并的游说集团，特别是为了缓和人们对美国可能被古巴国债拖累的恐惧。[284] 这一政策小心地避免了承认自治政府、古巴解放军和应运而生的古巴共和国。因此，它没有承诺美国将把权力交给古巴任何一个可靠的政治组织，也没有定好日期授予古巴主权。[285] 几个月后，特勒解释说，没有打算让修正案无条件或立刻生效，而是要等到古巴人证明自己有能力自治才行。[286] 同时，修正案既让曾为独立而战斗的古巴人放心，又满足麦金莱总统的想法，让他保留权利对古巴发展行使一定程度的控制。麦金莱愿意看着古巴人提出反对西班牙的诉求，但他期望，一旦在战后和解安排中西班牙不再有影响，古巴人能遵从美国的要求。[287]

美国在波多黎各的影响力同样有限。1898年前，政治权威仍在西班牙手中，出口贸易的方向是伊比利亚半岛，新教传教团的存在感非常微弱。在美国军队登陆前不久，美国在该岛的领事报告说，波多黎各人仍然忠于西班牙，对取得自治权心满意足。[288] 波多黎各几乎没有发展出另一种民族意识。该岛被美国军队占领，不是因为"边疆的动荡"，而是作为古巴战争的副产品。侵略军没有遇到什么抵抗，在该岛部分地区还受到了欢迎。然而，岛民回应的是一件已在进行的事，而不是这件事发生的原因。从他们的角度来看，美国象征着自由和进步。他们将会失去刚刚赢得的自治，这点并不是立刻就显而易见。此外，他们还有可能通过进入美国市场来复苏萧条的糖料贸易。穆尼奥斯·里韦拉反映了这些情绪的变化。在侵略后不久，他从支持地方自治转向支持合并。1898年，他宣称："我们必须迅速朝我们同一身份的方向发展。自由党希望波多黎各变得像加利福尼亚州或是内布拉斯加州一样。"[289] 一旦这些潜在的协作者（尽管主要是白人，全是基督教徒）显然被美国视为没有资格胜任自治任务，他们对美国就幻灭了。[290]

菲律宾离美国影响力的距离就如它离美国大陆一样远。就像在古巴和波多黎各一样，西班牙对菲律宾的统治没有受到其他主要大国的挑战，直到19世纪末，岛上的反殖民运动挫伤了现有的"房客"，为饥饿的捕食者创造了机会。美国在菲律宾只有很少的商业利益，只有少数"马尼拉美国人"在那里代表它的利益。尽管美国的新教教会吵嚷着呼吁在菲律宾扩张，但就像在西班牙帝国其他地方一样，罗马天主教会保持着对基督教真理的垄断。[291] 第一批新教传教士直到美国军队在1898年登陆时才来到菲律宾。[292] 华盛顿方面在1898年前对菲律宾的兴趣低得已经几乎无法被低估了。

因为美国是凭最少的非正式影响得到了这片最大的属地，所以对它的解释必须回归到宗主国身上。要解释美国如何吞并了菲律宾，一个重要因素便是加勒比地区战争导致的军事紧要性。海军渴望在太平洋得到基地，从而设计了在那里攻击西班牙殖民地的计划，此后到来的陆军则加入海军的一边，催促政府拿下整片群岛。[293] 不过，海军和陆军都没有让华盛顿的决策者越过他们想要的界限，只有在美国决定对西班牙开战后，军队的行动才得到了推动力。

鹰派言论中早已有把菲律宾视为走向东亚的跳板的想法，但直到马尼拉之战后，这一可能性才进入了美国外交政策。[294] 美国就像在东亚的其他外国列强一样，对中国市场有着巨大的期待。[295] 但回顾来看，中国市场显然更像一个神话而不是现实。美国与中国的贸易在19世纪90年代扩大了，但仍然微不足道。尽管错误的观念可以成为行动的起因，但在这一案例中，观念并未带来很深远的后果。[296] 只有在麦金莱决定吞并菲律宾群岛后，美国企业才利用机会认真地投资菲律宾。[297] 此外，美国在中国的存在感非常有限，也缺少意志和能力去扩大影响。在加勒比地区和夏威夷的义务，以及在菲律宾持续的战事，使华盛顿无法把大量人力和财力资源投向其他地区。扩张主义者称马尼拉港将成为走向东亚的"中转站"，但港口设施不足，直到一战前不久都没有升级。

保护性关税和对中国移民的歧视进一步阻碍了与中国贸易关系的改善。美国出口商宣称，自由贸易是扩大与东亚的商贸往来最有希望的策略，建议仅仅为财政收入的目的，使菲律宾的关税水平保持固定。至少在共和党掌权时，华盛顿都无法听从他们的建议，因为这威胁了整体的保护主义体系。[298] 当国务卿海约翰在1899年和1900年发布他著名（且被过度宣传）的"照会"（note）时，他并不是在宣告新政策。直到美国打开自己的大门之前，都不会有"门户开放"。"照会"只是呼吁外国列强维护中国领土完整，在贸易问题上坚持平等对待原则。它们只是雕饰，用来安抚部分无力削弱保护主义体系的美国企业，重述了现有的英国对华政策，除此之外没有起到其他作用。因为这些"照会"是在英国协助下炮制的，所以这应该不令人意外。[299]

在这一例中，英国人理应得到这些合作。他们利用自己的影响力在欧洲对抗西班牙，通过驻西班牙殖民地的领事们，在西班牙军队投降的谈判中起到了关键作用。英国也为战事提供了实际支持，允许美国海军把香港用作基地，又阻拦一支西班牙海军舰队通过苏伊士运河。[300] 1898年9月，显赫的政治家和殖民地专家查尔斯·迪尔克爵士认为，美国"不可能"把那些刚刚被"解放"的人们"退还"给西班牙。[301] 但是，美国的野心冒失地随着胜利前行。随着西班牙被击败，剩下的欧洲列强给予默许，麦金莱拿走了已经归他所有的东西。胜者得到了战利品——也得到了此后漫长清算中的辛劳。

种族优越性的假定，是帝国主义言辞的重要部分，被用来拒绝承认菲律宾第一共和国，也被用来给继续针对民族主义者的战争做辩护。[302] 1902年，罗斯福总统为美国的行动甚至暴行辩护说，如果文明要胜过"代表着粗野和蛮横的黑暗混乱"力量，那这些行动就是有必要的。[303] 但就像第8章论证的那样，在美国，帝国扩张的种族冲动受到了激烈挑战，有些人认为，吞并非白人居住的领土将危害本土的种族纯洁性。支持帝国主义的论点之所以在一定程度上取得成功，是因为种族是更大的权力概念的一部分，这种概念还包括发展中的民族主义意识和迅速发展的经济力量中的其他特性。

这些更广泛的考虑解释了为什么麦金莱拒绝支持那些建立菲律宾共和国的、受过高等教育的梅斯蒂索人，以及在古巴和波多黎各领导反抗西班牙的克里奥尔人，尽管似乎可以论证这些人很适合把那些未启蒙者引向文明。类似的论点也可以被运用到夏威夷，那里的本土主义抱负与对西方教育的渴望、对平等政治权利和经济机遇的要求联系了起来。加勒比地区和太平洋地区的岛屿改革者们就像奥斯曼帝国的青年土耳其党人和中国的洋务运动人士一样。他们的现代化野心被西班牙和美国强加的约束政策所阻碍，被互惠协议弄得反复无常，又受到了19世纪晚期萧条的严重威胁。他们不是在拒绝全球化，而是在反抗实施全球化的条件。另一方面，自称为文明代理者的人则意志坚决，给他们要求推进的自由施加限制。

此后发生的便是在古巴和菲律宾的选择之战，这些战争既拒绝了独立，又拒绝了地方自治，目标是实现美国统治。把民族主义狂热转为资本的美国扩张主义者需要一场高调的胜利，而随后就实现了对赢弱的西班牙的胜利。在那场成功之外，华盛顿的领袖们还渴求永久宣告大国地位；根据当时的评判标准，只有拥有帝国才算作大国。随着目前强健而自信的合众国带着教化使命的出口版本踏进新世纪，接受者们面临的前景却是倒退回被剥夺公民权的境地，他们本以为自己已经摆脱了那段过去。

中场休息

泰山的现代性之镜

20世纪上半叶，埃德加·赖斯·巴勒斯（1875—1950）是流行小说的最高统帅。[1] 他在1912年出版了《人猿泰山》，然后把第一组探险故事扩展成了24部系列小说，还创作了另外55本书，在有生之年的销量约在3 000万—6 000万本，他在世时就看到他的主人公变成了电影大明星。[2] 到1923年，他已经足够成功，可以成立埃德加·赖斯·巴勒斯股份有限公司。这家公司继续管理他的事务，它在加州的总部所在地只能叫作塔扎纳（Tarzana，泰山纳），也确实叫这个名字。[3]

大众对泰山的印象是他呼啸着在树木间摇荡，这来自好莱坞首先在20世纪30年代对小说的改编。泰山系列电影虽然极为流行，但比原著无趣得多，和原著的距离也变得越来越远。小说本身虽然设定在非洲"丛林"，但那片大陆除了被巴勒斯视为一个非常黑暗的地区，并没有任何有意思的地方被小说展现出来，而巴勒斯自己承认，他对非洲知之甚少。故事情节因机缘巧合而嘎吱作响，人物安心地保留着夸张的漫画式形象，异想天开的大杂烩几近自嘲。巴勒斯对自己的文学才能评价很低，这点颇为新鲜，他也很快承认，自己快速写作逃避现实的冒险故事是为了一个平庸但紧迫的目的：赚钱养家。

不足为怪的是，泰山不是个永远适应时代的男人。不过，他为当时的一些议题提供了意料之外的洞见。这些议题并不是像人们可能以为的那样事关非洲，而是事关联邦的现状。泰山系列小说之所以成功，不仅因为它们在一定程度上不真实的异国情调战胜了对手，还因为它们在读者的头脑中敲响了钟声。[4] 巴勒斯本能地指出了读者在日常生活中面临的难题，用天赋把这些难题以脱离实际的刺激方式表现出来，他也有才华为读者提供安慰、目标甚至鼓舞，以这种方式解决这些难题。

巴勒斯本人就代表了他那主要是白人的庞大读者群，这些读者占据了下层工人阶级和上层知识分子之间广大的社会空间。巴勒斯为自己的盎格鲁-撒克逊血统而骄傲，将其追溯到最初的清教徒航海者（尽管有许多其他祖先与之竞争）。他的种族优越观念来自广义的社会达尔文主义，延伸到了优生学。[5] 他的社会优越概念则来自他的中产阶级出身，这一出身也让他担忧自己可能会失去地位，警惕激进的工人威胁公共秩序。他来自军人家庭，希望在军队谋生，但因健康原因被开除，在1898年申请加入罗斯福的莽骑兵，又在一战中志愿参军。他是一名积极的运动员，呼吁体育锻炼，认为这可以复兴边疆精神，抵消城市生活令人衰弱的影响。他在芝加哥长大，在取得成功前曾在那里遭遇过商业失败。当时，他生活的这座城市不受控制的工业发展，促使厄普顿·辛克莱在1906年将其称为"丛林"（*The Jungle*）；出身可疑的欧洲移民可能造成污染的风险，也是当时热门而争议重重的问题。[6]

泰山系列小说把这些现实表现为幻想。[7] 泰山是格雷斯托克勋爵和夫人的新生儿，在父母死于非洲后被猿猴养大。年轻的泰山从一系列扣人心弦且通常野蛮的遭遇中幸存下来，成为猿猴之王，后来又成为瓦兹里人的酋长，在那时他已偶遇了一群来自美国的船难幸存者，和其中令人称心如意又妩媚动人的简·波特（Jane Porter）相爱。这群人被解救出来，在泰山的陪伴下回到美国。泰山发现了自己真正的出身，但高尚地隐瞒了真相，以免扰乱自己和已得到格雷斯托克头衔的堂弟的关系，也免得打乱简和一名不道德的商人之间临近的婚事。泰山于是出发返回非洲，决心抛弃现代世界各种明显的复杂问题。但是，野性的呼唤无法驱散文明的诱惑。泰山接下去的冒险都充满了暴力，那是锻造精神和身体力量所需的。而在那之后，泰山再次遇见了简，幸运的是她还未婚，离奇的是她再次因船难在非洲上了岸。她的商人追求者被赶出了门外，现在和她订婚的不是别人，正是泰山的堂弟，那个得到格雷斯托克头衔的冒充者。但是，接着发生了更多刺激的冒险，包括在失落的奥泊城发现金锭，以及泰山的堂弟适时死亡，泰山在那之后得以获得社会顶端的位置，成为合法的格雷斯托克勋爵，和简也可以自由结婚。

泰山系列故事是一大中心主题的变体：遗传与环境的相互作用。泰山是优等民族最尊贵的成员，因为他的血液最为高贵——这就是为什么巴勒斯让他属于古老的英国家族。他的基因所遗传的纯洁和强大品质使他战胜黑暗力量，战胜孕育他的野兽世界的吸引力。基因遗传是必要的，但还不够。能级（energy level）就像电池一样会随着时间的流逝而耗竭，如果优等民族要保持统治地位，就需要补充能量。环境挑战使正在衰退的基因重焕活力。泰山的足智多谋是在异国的边疆上养成的，远离城市令人衰弱的影响。他身体的勇猛受到贫困和逆境的滋养，让他能够征服原始而危险的民族。他那天的能级持续在危险地区的刺激冒险中获得补充，使他成为盎格鲁-撒克逊男子气概的符号和救星。就连健美运动员查尔斯·阿特拉斯（Charles Atlas）都不敢踢他一脸沙子。

最适者不仅会生存：他们还会胜利，并且是理所应当地取得胜利。从人猿到酋长，从酋长到贵族，泰山在社会中的上升象征着正在显现的紧迫的进化要求。他与简的婚姻庆祝了一夫一妻制，终结了丛林中蛰伏的杂交危险。他们的联姻是盎格鲁-撒克逊联盟的拟人化表现，通报了一个新的全球超级大国的到来。但是，文明是复杂而昂贵的，即便是泰山在维持他的尊贵地位时，需要的都不只是血统和胆量。来自奥泊的黄金提供了方便的解决方案。泰山的瓦兹里人把金锭搬往海岸，金锭在那里被运往文明世界用于生产。泰山成了帝国主义者，他的创造者巴勒斯则成了财阀。

其他角色则以更直白的刻板形象表现了巴勒斯希望宣扬的价值观。简本人是社会正统的缩影。虽然她后来学会了在树木间摇荡，但她小心翼翼地把这一活动局限在非洲。她的角色是重申保守价值观。她的装饰性形象吸引了泰山，给了他从野蛮中救赎自我的动机。在那之后，她不是跟在她的男人身后，就是站在他身边，听从他的判断，乃至她肯定会惹恼当时的妇女参政权论者。泰山的对立面是简的父亲阿基米德·波特教授，他是个虚弱、装模作样的男人，惯于发表与当前紧迫问题无关的浮夸言论，而且不管怎样他都无法领会那些问题。泰山本人是一长串强壮寡言的男人中的第一个，后来他们的典型代表包括约翰·韦恩（John Wayne）和克林特·伊斯特伍德（Clint Eastwood）。泰山是最初的"苍白骑士"（Pale Rider），他降临，毁灭，然后消失。

信号很明确：事实胜于雄辩，那些无法行动的人只是无足轻重的梦想者。言语寥寥但大有成就的泰山成为美国文化中反智主义分支雄辩的代言人。泰山的堂弟威廉·克莱顿（William Clayton）继承了值得赞赏的特质，但这些特质都萎缩了，因为它们没有通过边疆的诸多挑战，从挑战中提炼补充剂，实现重生。人物表中唯一的商人罗伯特·康莱（Robert Canler）比绅士阶层低了好几个等级。他对轻信的波特教授施加经济压力，卑鄙地试图得到简，但毫不夸张地说，泰山用超强的握力扼制了他。但是，真正的恶棍是外国人：一对俄罗斯人很好地满足了这一目的，他们来自的那片土地满是流氓、间谍和无政府主义者。下层阶级被远远阻隔开来。巴勒斯描绘了简那永远忠诚的非裔美国仆人埃斯梅拉达（Esmeralda），称她是个婴儿般的人物，她的行为就像她偶尔说的话一样低能。大都没有名字的工人们（主要是船员）则展现出无能和背叛，毫不遮掩地体现了他们劣种的血统。

巴勒斯是典型的种族爱国者，是想成为行动派的文人，非常仰慕既能说又能干的西奥多·罗斯福。不过，巴勒斯仅凭言辞就足以达成目标，成为20世纪上半叶作品流传最广的美国作家。他的书反映并强化了塑造美国人性格和身份的特点。他取得成功是因为他配制分发了一种丛林"果汁"，消费者从未听说过这种果汁，拥护盎格鲁-撒克逊领土的知识分子无法抗拒它。布鲁克斯·亚当斯、亨利·卡伯特·洛奇、阿尔弗雷德·马汉和乔赛亚·斯特朗都接近权力却远离人民。而另一方面，巴勒斯却了解小城镇的主街，人们在那里听到泰山的呐喊，又复述呐喊，把它从一个小镇传到另一个小镇（如果不是从一棵树传到另一棵树的话）。就是在那里，麦金莱在新帝国主义的兴奋年代感受到了国家的脉搏，发现它正和他自己的脉搏以同样的节律搏动。泰山在非洲摇荡，却在美国引起了共鸣。未受学校教育也没有学术野心的巴勒斯就是他那个时代的社会学大师。

第三部

帝国与国际失序

1914—1959

第10章

现代帝国主义体系

从征服到崩溃

"美国世纪"?

亨利·鲁宾逊·卢斯提出的"美国世纪"已成了20世纪国际关系研究中最常被引用的词组之一。[1] 它也是最常被误用的词组之一。尽管该领域的专家们非常清楚卢斯文章的背景，但还有其他许多评论家给这个说法添加了卢斯没有想到的范围和内涵。"美国世纪"通常被用来广义地指代整个20世纪，仿佛20世纪和"美国统治"同义。"20世纪属于美国。"一部被广为阅读的著作这样宣称。[2] 实际上，卢斯认为20世纪最初的40年是"一次严重而悲剧性的失望"，因为美国多次未能接受全球领袖的义务，尽管近在眼前的"民主女神"可以为美国的努力赐福。卢斯作为《时代》《财富》《生活》杂志的所有人，以及在华传教士的儿子，把基督徒的狂热运用到世俗的工作上，想将美国的自由和民主思想传播到世界其他地区。1941年2月，在世界大战迅速展开的关键时刻，他发表了著名社论，其明确目标是说服国会抗拒"孤立主义不孕症的病毒"，抓住在上帝旨意下等待着合众国到来的世界领导权。他不是在评论既存的现实情况，而是在呼吁"创造第一个伟大的美国世纪"。

卢斯的宣言和它激起的丰富诠释为这个关于20世纪西方帝国兴衰的故事提供了恰当的切入点。关于西方其他国家衰落的常规解释相宜地衬托了学者们对未来美国伟大的期待。流传下来的、人们最熟悉的正统学说认为，一战是一个分水岭：1914年前的那个世纪属于帝国扩张，此后的半个世纪则属于帝国收缩。那些研究1815—1914年的专家退场，把一战的冲突留给军事史学家。新专家则在1918年到来，为各自不同的目的研究战后时期。学者的注意力从海盗和代理领事的强硬行动转向了民族主义领袖的反叛活动，这些领袖积聚动力，最终带领他们的国家走向独立。随着漫长的撤退拉开帷幕，美国上前一步，将自由的旗帜传遍了世界。

本章采取了另一种立场。从本书的视角来看，一战象征着全球化历史上的一个重要阶段，因为它终结了军事-财政国家与各种竞争对手的漫长斗争。王朝专制国家在19世纪下半叶持续防守以保留权力，但被战争打倒在地。幸存的君主制国家要么取得宪法对君主行动自由的制约，要么延续了宪法制约。工业民族国家变成了在欧洲占主导地位的政治力量。

但是，这些国家仍在坚持帝国事业。那些在战争中保住了帝国领土的国家坚决捍卫帝国，那些没有帝国领土的国家则决心获取或收复帝国领土。从帝国的角度来看，一战标志着帝国时代的延伸，而不是它的消亡。灾难性事件会掩盖长期的持续性，巩固保守倾向，而从后往前看则很容易夸大过去的元素，以符合当今迫切（但也是稍纵即逝）的需求。1918年，当时的人们并不认为伟大帝国的时代即将终结。相反，西方各帝国在一战后达到了它们最庞大的规模，新获取的领土使它们膨胀。教化使命继续鼓动帝国政策。对白人种族优越性的信仰仍然坚定地论证着殖民统治的正当性。正像在1914年前一样，工业民族国家不均衡的发展在1918年后影响着国际上的对立关系。现代全球化将要被延长而不是被取代。帝国将被保留下来，因为它们对这一过程发挥了实效。

如今已经显而易见的是，我们需要修正把"动脉硬化"和英国在19世纪晚期失去工业优越性联系起来的旧观点。[3] 说到底，这一解释依赖的假设是，制造业产出可以代表国家实力。但在1850年后，英国的国际地位越发取决于它对国际金融和商业服务的掌控。[4] 因此，我们需要重整关于衰落的常规理论，以考虑英国作为首个现代"成熟债权国"的全球地位。20世纪20年代，英国尽管在战争中遭遇了损失，但作为新罗马，仍能像"响雷"一样"震慑并塑造地球"。[5] 在二战前夕，欧洲诸帝国仍然完好无损，统治它们的皇帝们也狂热不减。此外，帝国列强参战是为了维护帝国，而不是坐视它们被拆散，盟国为和平做安排则是为了巩固它们的胜利。尽管全球冲突导致了巨大损失，但胜利者们重新激活了帝国使命，期待着无限期地延伸它们的统治。一个合作的英联邦将使不列颠在20世纪的剩余时间甚至更远的未来保持它的"大"字，一个重塑形象的"法兰西联盟"（Union française）将会把法国从代价高昂的胜利中解救出来，使它维持主要大国的地位。从这一视角来看，现代全球化及其对应的帝国主义的时代延伸到了20世纪下半叶，而帝国的终结则来得相当突然。

不过，在20世纪上半叶标志性的帝国延续性中，也包含了一些指向西方领土帝国最终瓦解的标志。二战带来的动荡是一个明显的候选因素。但本章强调的将是20世纪30年代的危机，它侵蚀了帝国力量的经济基础，刺激了民众对帝国主义史无前例的示威。此后的战争则加强了需要用新的世界秩序来维护和平的想法。国际经济的变化改变了西方诸帝国在19世纪创造、在20世纪延续的融合结构。国际价值观的变化削弱了西方的道德权威，抹去了其对帝国合法性的主张。20世纪50年代，非殖民化运动变得迅速而不可逆转。帝国永恒存在的假设被扫到一边，就好像人们从未考虑过它的可能性一样。世界几乎是在不知不觉中进入了一个新时代，那就是后殖民全球化的时代。

1941年后，美国接受了卢斯所称的"命定义务"（manifest duty），充分参与国际事务。但本章的目的不是要为追溯美国作为世界大国崛起的大量现有研究再做出一点儿贡献。本章的目的是为理解合众国自己的领土帝国在20世纪的历史而提供广泛的背景。从这一立场来看，需要把美国置于其他西方帝国组成的矩阵中，尤其是面积最大、影响最大，并且抓住华盛顿眼球的英国。

孤立还是融合？

人们曾以为，卢斯所称的"孤立主义不孕症的病毒"形容的是美国在两场世界大战之间的政策。避免"外国纠缠"的想法起源于开国的国父们，在他们的灌输下，继任者们也厌恶那些需要对其他大国做出长期承诺的正式条约。[6] 在一战后，有几个硕大的标志指向了美国的退缩：美国没有批准《凡尔赛条约》，没有加入国际联盟，也没有参与国际常设法院。美国军队的迅速遣散清晰地表明，华盛顿无意以一种可能需要重大军事行动的方式参与国际事务。[7] 1930年《斯穆特-霍利关税法》（Smoot-Hawley Tariff）竖起的刺眼屏障确认了合众国想要"独自生活"。[8] 另一方面，国会中仍有国际主义观点的代言人，在战时欧洲列强都自顾不暇时，美国的非正式扩张进展迅速。[9] 与新左派有关（有些只是略为相关）的历史学家长期以来认为，这些倾向证明了美国扩张自19世纪以来的延续性，以及商业利益集团在全世界追求"门户开放"的活动中所扮演的中心角色。[10]

　　这些立场并不像它们看似的那样互相对立。孤立和融合的两种思潮在两次大战之间的时期都存在，但它们之间的平衡有所转移。20世纪20年代的政府行动包括决定全球海军力量分配的《华盛顿公约》，以及提供贷款帮助德国偿付赔款的"道威斯计划"。[11] 同样显而易见的是，非正式扩张在战时和战后延续下去，它带来的政治复杂性小于正式扩张。[12] 欧洲列强在战时对战略全神贯注，这给了美国在战场上下检测自身实力的机会。对南美洲支配权的争夺加剧，特别是在阿根廷和巴西，那些地方事关重大，也可以赢得巨大的奖赏。在东亚，在中国争夺影响力的竞争加强了。而在日本，美国在1922年成功终结了英日同盟，让英国遭受挫败。英国人不情愿地同意不再更新与日本的条约，希望从美国得到优惠条件以偿还英国的战争债，但这一希望落空了。[13] 1918年后，美国无疑用新的自信伸展了肌肉。不知道是不是巧合，但就是在20世纪20年代，泰山和查尔斯·阿特拉斯首次达到了人气的顶点，一直持续到20世纪70年代——美元在那时的实际贬值意味着，美国的肌肉发达程度已经达到了最高点。

　　20世纪20年代，美国不仅是世界上主要的工业品生产国，也是首要债权国和潜在执达官。[14] 它与拉丁美洲和亚洲的贸易的增长引人注目，外国直接投资在那10年中翻了一番。1929年，欧洲和加拿大还能收到约71%的美国出口品和44%的美国直接投资，但拉丁美洲和亚洲相加起来为美国提供了44%的进口品，也占了美国直接投资的38%。到20年代末，美国已不再从欧洲进口大部分的工业品，并增加从世界其他地区进口原料和粮食。贸易的地区平衡已经发生了变化：美国对欧洲形成了贸易顺差，有助于平衡它对世界其他地区的逆差。随着美国商贸变得全球化，多边贸易的纽带变得更加复杂，也更加重要。

这些宏大的趋势必须置于历史背景中。美国的经济发展仍然主要来自本土。1929年，英国在外国投资和世界工业品贸易中的份额仍然超过美国，尽管差距不大。[15] 1900—1929年，外国投资在美国总投资中不超过6%，这还比不上同时期仅加州一州的投资增长。[16] 此外，需要把商业扩张和商业帝国主义（或所谓的"金元外交"）区分开来。[17] 以海约翰1899年门户开放"照会"为象征的一支政策意在避免外国歧视美国商品和服务。[18] 另一支政策则归结为1904年西奥多·罗斯福对门罗主义所做的推论，宣告美国有权单边干预拉丁美洲事务。[19] 海约翰希望保持大门开放，罗斯福则想一脚踏进大门，还在必要时使用武力，用以支持来自私有银行的贷款，改革那些被视为未满足"文明"标准的政府。恰如其分的是，这一政策着重参考了美国在古巴的经历，在古巴，《普拉特修正案》（Platt Amendment）似乎提供了一种无须美国正式负责的控制手段。

要对帝国研究文献所称的"非正式帝国主义"进行完全评估，就超越了本书的范围。[20] 正式获取殖民地的做法开始不久，就于1900年基本终结。到那时，美国可触及的大多数符合殖民地资格的地区都已被吞并，所以没有多少增加新领土的余地。此外，帝国游说集团面临强大的反对。民主党人痛斥共和党抛弃了传统共和教义，即海外军事扩张将在国内带来专制统治。国内经济利益集团发起运动，限制美国在殖民地的投资，避免殖民地里的竞争者以优惠条件进入大陆市场。这些担忧和发自内心的种族焦虑融合到一起。如果殖民游说集团获准不受束缚，那他们可能为非白人移民打开大门。尽管这些理由分量可观，但它们并不仅限于美国。限制进一步海外扩张企图的决定性因素，与规模有关。美国占据了一个广阔大洲最富饶的一半土地。如果说边疆在19世纪90年代看似正在关闭，那它在那之后就大大开放了。至少在1945年以前，大陆上的机会远超过了在海外可以创造的机会。最具吸引力的那种殖民形式发生在国内。

　　对"金元外交"的研究已经清晰地指出了这一时期美国海外影响力的规模和有效性。"道威斯计划"是当时金元外交在欧洲最显著的例子,在短期取得了一些成功,但在1929年被"杨格计划"取代,后者因全球经济衰退的爆发而流产。在拒绝变为现实的传说中的中国市场,愿望也比实际成就更为明显。没有多少东西通过"门户开放"进入中国,因为这个国家刚把"军阀"(warlord)一词推向世界,美国的银行在投资中国方面谨慎小心,也因为美国的保护主义政策限制了想进入美国市场的出口商的前景。美国对更小、离美国更近的国家影响力更大,特别是在中美洲。同样毫无疑问的是,美国的金融、商业和文化影响在20世纪20年代渗入了南美洲,不过它们在阿根廷这个能够获利最多的国家几乎没有进展。

　　尽管中美洲的共和国很重要,但即便有墨西哥扩大了这个队伍的规模,它们都几乎算不上举足轻重的世界大国。另一方面,它们之所以有吸引力,是因为作为独立国家,它们没有激起在正式帝国中伤害侨民企业的那种程度的反对声。[21] 但是,美国企业一旦投资它们,就总是要求华盛顿在商业计划不如意时进行干预。1904年,纽约的圣多明各改良公司"改良"了多米尼加共和国,以至于该国濒临破产时,美国控制了该国的财政。[22] 华盛顿在1915年决定占领海地,半是因为忧虑德国和法国可能会在那里设立海军基地,也是因为纽约的国民城市银行(National City Bank)的请求。这家公司大力投资该岛,急于合并且重新安排其债务。[23] 联合果品公司(United Fruit Company,1899年成立)在20年代成为中美洲最大的外国雇主,拉来美国军队支持它在哥斯达黎加、洪都拉斯和危地马拉的经营。[24] 金元外交的主要受益者是几家美国银行和少数大企业与承包商。[25] 同样讽刺的是,华盛顿干预的本意是建立美国至高无上的地位,却帮助了欧洲(特别是英国)的投资者,因为他们无须付钱就得到了保护。[26] 不过,短期的成功终究是昂贵的。由外国商业统治力量和军事力量共同建立起来的"香蕉共和国"(banana republics)并不像它们的名字听上去那样柔顺。[27] 普遍的原型民族主义反应,促使美国从古巴(1921)、多米尼加共和国(1924)、尼加拉瓜(1933)和海地(1934)撤军。[28]

20世纪30年代，美国甚至从这些有限的地位进一步退缩。20年代末，赫伯特·胡佛总统抛弃了与罗斯福、塔夫脱和威尔逊总统相关联的强势政策，叫停了对中美洲的军事侵犯。[29] 1934年，富兰克林·D. 罗斯福总统确认了方向的改变，提出"睦邻"政策，以不同于公然胁迫的方式"赢得朋友、影响他人"。30年代，华盛顿关于共产主义和法西斯主义传播的焦虑使美国更需要让南半球政策更好地回应当地民意。然而，全球萧条大大减少了新政策的物质支持。《斯穆特-霍利关税法》抑制了贸易。[30] 美国失去了在该地区的一些投资，更多资金则在投资者丧失勇气时重回美国。墨西哥抓住机会，从美国企业那里收回了大块土地，使石油产业国有化。[31] 在30年代，美国既失去了胡萝卜，又失去了大棒。

要承认美国在一战期间与之后加大了它对国境之外世界的参与，不是要承认它已经成为"帝国的继承人"。[32] 海约翰的门户开放"照会"宣布了一项新政策，但并未实现它。[33] 罗斯福推论宣告了"在秩序和文明的利益"下"监管"拉美国家的权利，但监管既未保证"秩序"又未保证"文明"。[34] 破门而入的行动打开了少数几扇门，但打理家务却成了一项繁重的事业。如果评估得宽松一些，可能会得出结论认为美国已成为"地区霸主"，不过这个霸主只在南美洲部分地区拥有有限的影响力。一个更广大的非正式帝国还没有成形。亨利·卢斯在1941年宣称美国未能把它的潜在实力转变为完全参与更广大世界的承诺，他说得很对。受益者无法继承财产，因为立遗嘱人还没写下遗嘱。在那一时刻，还只有一个真正的全球大国，那就是大不列颠。[35]

一战与恢复常态

1918年，正像沃伦·哈定在1920年总统选战中所说的那样，胜利的帝国列强开始准备回归"常态"。[36] 战争打破了殖民秩序。英国和德国在非洲为控制自己的殖民地而战，来自英国和法国殖民地的非洲军队第一次目睹了欧洲的战事。[37] 印度作为英国海外最大的兵营提供了近100万军人，在非洲、中东和欧洲服役。商贸被打断了：航运和消费品供应短缺，通货膨胀、罢工和抗议紧随其后。新一代民族主义领袖利用了与日俱增的政治不满情绪。就是在那时，莫汉达斯·甘地、毛泽东、胡志明和埃米尔·哈立德（Emir Khaled）要么吸收了关于殖民统治的激进观点，要么开始根据这些观点采取行动；也是在那时，列宁以思想实践做出了惊人的示范，领导革命推翻了沙皇专制。[38]

剧变的程度巩固了胜利者的保守倾向。广泛来说，回归常态意味着把世界重建成1914年前的样子。尽管地图发生了变化，但从过去继承下来的政策和态度在延续。现有的经济学说继续盛行。种族偏见仍未变化。英国人将战时管制付之庆祝之火，篝火在1918—1921年间烧得正旺。[39] 在官方的坚持而不是在人民热情的驱使下，英国于1925年回归了战前的金本位制，法国在1926年紧随其后。[40] 这两个大国都设计了野心勃勃的计划，使自己的殖民地协助它们赢得和平。[41] 殖民政府被重组，教化使命被重新激活。战争令这两个帝国更加明显可见，也展示了它们提供人力和物资的价值。[42] 帝国宣传穿透了社会各层级，帝国史进入了英国和法国的学校课堂。[43] 新科技协助帝国的主人们超前于试图扳倒他们的人。广播和电影是帝国事业强有力的呼吁者。[44] 在空军实力的支持下，加强的信息采集和监管能力被用来应对动摇者和异议者。[45] 布尔什维克革命挑战了西方正统，刺激了"自由的代言人"去向哀叹末日的人们展示，资本主义不只属于过去，也拥有未来。[46]

1919年的和平协议使世界对胜利者的帝国而言变得安全。英国、法国、比利时、荷兰、意大利、葡萄牙、日本、美国的海外属地仍然完好无损，失败者的王朝制国家被推翻了，德意志帝国、奥匈帝国和奥斯曼帝国被切割。主要大国的抱负远不止于自保。英国和法国获取了德意志帝国和奥斯曼帝国的大片土地，通过新建立的托管制度进行治理。[47] 国际联盟总共以信托方式持有14块托管领土，治理它们的是被任命的受托人。[48] 这些伪装的殖民地被分配给战胜国，让澳大利亚、新西兰、南非等国第一次尝到了自己成为帝国力量的滋味。英国人受胜利鼓舞，甚至制定计划吞并阿比西尼亚，认为它有被白人殖民的潜力。[49] 正像《芝加哥论坛报》在1920年评论的那样，"英国人大功告成了"。"这是大英帝国的黄金时代，它的全盛时代。"[50]

自决权作为和平协议最为知名的原则，保留了纯朴的特质。那是一个受人尊敬的概念，但殖民大国并不想立刻执行，将来也不想执行，除非是在很久很久以后。列宁和托洛茨基首先提出，和平协议应该基于自决权。劳合·乔治采用了这一说法，伍德罗·威尔逊则将它广为传播。[51] 与威尔逊的理想主义相对应的，是他对抗衡布尔什维克宣传的关心。即便如此，威尔逊并不想让原则战胜实用性：在他看来，地区稳定比民族主义抱负更重要。[52] 但是，一旦自决权的说法进入了公共领域，它就会被传遍世界，传播它的是当时的互联网原型：电报、电话和新闻服务，以及公共信息委员会（Committee on Public Information）这一机构。那是威尔逊自己创立的，目的是传播"美国是自由代言人"的观念。尽管威尔逊宣言造成的意外后果很快就让他缩了回来，但后悔并不能抹去他的言论。

决策者采取了现有的模式，把经济发展和政治稳定结合起来。经济计划采用了熟悉的正统学说：标准的进出口经济应该得到扩大而不是受到改变。然而，必要需求让殖民政府扩展了它们的角色，协助农业发展，改善运输设施。官员们开始实施的政治信条将会成为这一时代的标志。英国人把务实转为信念，成为间接统治的传教士；法国人则把信念转为务实，采用相配的"联合"（association）政策。[53] 同化（assimilation）被作为理想保留下来，它是法国政策的终极目标，但达成目标的时间遥远到无法估算。间接统治模式委任当地掌权者成为殖民政府的代表。新一代专家给政策提供了学术可信度。民族志学者们解开了当地错综复杂的习俗和信仰，展示出它们如何形成了连贯而稳定的结构。吕西安·列维-布留尔挖得更深，追寻独特的"原始思维"（primitive mentality）。[54] 间接统治有很多吸引人之处。它既保守，又便宜。它将批评指责从殖民统治者身上转移到酋长、法官（caids）及其他被任命负责收税和提供强制劳动力的人身上。它提供了能够与"自负"而西化的"东方绅士"抗衡的力量，那些"东方绅士"有能力用统治者的语言来批判殖民主义，令人感到不安。

世界经济在战后的短暂繁荣后经历了严重衰退，时间不长但影响严重，而帝国建设者们的计划就取决于世界经济是否能在那之后持续复苏。无论通过直接还是间接的方式，殖民地的命运都依赖外部贸易去创造财政收入，给政府项目提供资金，用于改善交通运输、公用事业、教育和农业，提高收入来嘉奖关键的中间人，在更广大的社会中把生活水平维持在不会引起抗议的程度。在20世纪20年代初，对国际贸易的赌博看似有机会成功。世界经济回到了更稳定的状态，暗示着繁荣即将实现，这磨去了不满言论最尖锐的锋芒，消解了战时在殖民地涌现的许多尚在萌芽的政治组织。回顾来看则会注意到，在这10年结束时，帝国之墙上出现了裂缝。但是，当时的帝国主义者对世界、对自己作为负有帝国责任的受托者角色都抱有积极的看法。他们的任务是通过家长制的教导和坚决的控制力来推进教化使命，并勤奋努力，以履行意在让统治者和被统治者都受益的"双重使命"。[55]

在帝国的漫长历史中，适应变化中的环境并不是什么新鲜事。不够灵活的帝国变得反应迟钝，而只有反应灵活者才可能期待长寿。大英帝国的管理者们积极地回应了20世纪20年代的两大挑战：殖民地民族主义和美国的崛起。一些民族主义者被镇压，其他一些则被提拔。对公共秩序的直接威胁被镇压，温和派的政治组织如果足够强大，则被提拔纳入殖民体系。人们失望于和平的政治结果，持续的不满情绪又火上浇油，因此从埃及、印度到朝鲜的殖民地世界各处发生了一系列叛乱，英国通过展示大量武力镇压了这些叛乱。皇家空军在1918年濒临解散时为自己创造了新角色，成为殖民地叛乱的新毁灭者。[56] 这些炸弹被投到苏丹、阿富汗以及炮火连天的库尔德人聚集地区，很少能精确打击，但它们有强大的效果，展示了白人在蹂躏了自己的同胞之后，也有更大的力量给他人制造混乱。

并不是所有的叛乱都能被轰炸到投降。白人定居者作为当时殖民地民族主义的先锋，完全不能被轰炸。但他们可以被规训。当一名前准将带领一群殖民者试图于1923年在肯尼亚夺取权力时，英国白厅决断地做出了回应。[57] 定居者们的这场阴谋牵涉到绑架肯尼亚总督，让自己的非正式领袖休·德拉米尔（Hugh Delamere）勋爵取而代之，但这计划过于轻率，注定要因自身的不现实而失败。不过，英国殖民部很快就使叛乱者就范，不让他们得到想要的政治控制权。在肯尼亚"快活谷"（Happy Valley）地区，他们可以自由游荡；但在高层政治问题上，他们不得不遵循宪法的游戏规则。作为1922年爱尔兰自由邦成立前奏的爱尔兰起义，则完全是一起更严肃的事件，引发了军事反应，但英国并未空袭平民。不过，在最后阶段，爱尔兰对英国的抵抗力量加强，不是因为看出了帝国的弱点，而是因为害怕英国决意扭转战前权力下放的趋势。[58] 即便如此，自由邦也不是完全自由：它被授予自治领的地位而不是完全独立，它与英国的经济和战略纽带虽然受损，但还是稳固地留存下来。

政治体系内部的反对声音则必须以不同的方式进行处理。在这些案例中，殖民统治者开始适应形势，与民族主义者合作而不是反对他们。白人民族主义者继续起到带头作用。南罗得西亚（津巴布韦旧称）的殖民者在1923年被授予自治权，因为（和肯尼亚不同的是）在这里下放权力符合英国政府的利益。[59] 此前，加拿大、澳大利亚、新西兰、南非等最重要的定居殖民地都被授予了自治领地位，已经建立了先例。这些自治领利用它们对战事的贡献，推进主张，要求加大自主权。英国一直拖延到1926年，《贝尔福报告》（Balfour Report）用极为模糊的字眼做出宣告；这个问题直到1931年制定《威斯敏斯特法令》（Statute of Westminster）时才得到澄清。[60] 其结果是，自治领得到了几乎完全的立法自主权，尽管还没有达到有效独立。

一战后，英国不得不考虑把权力下放原则延伸到并不是白人定居形成的帝国地区。英国的让步抬高了印度民族主义者的地位，这些让步的目的是把他们的注意力从敦促独立行动上转移出去。1919年《印度政府法案》（Government of India Act）中包含的蒙塔古－切姆斯福德（Montagu-Chelmsford）改革措施扩大了选举权，开启了一定程度的内部自治。[61] 但印度的案例是例外而不是常规。20年代，少有其他殖民地发展出了同样囊括大众运动的政党。大多数依照宪法运作的民族主义组织仍是精英主义的，基于城市人群，对殖民统治形成的威胁还很有限。

尽管英国对自治领和印度的让步很重要，但它们没有直接指向独立。自治领中的民族主义与一种当时被称为"种族爱国主义"的有力观念融合起来。这个被大为宣传的概念提出，有希望将两组归属感混合在一起；这两者在当时仍被视为是互相兼容的，甚至在二战后也仍是如此。在印度方面，蒙塔古-切姆斯福德改革被重新诠释为保护英国权力本质而不是将其拱手让人的措施。[62] 正像杰里米·边沁曾观察到的英美之间的持续联系一样，在英国与自治领及印度的关系中，重要的不是正式礼节，而是权力的现实。在这两例中，"结合的纽带"在两场大战之间的年代仍然顽强存在。[63]

美国给英国带来了另一种性质的挑战。这两个国家在19世纪晚期缔结了一个非正式的盎格鲁-撒克逊联盟，在美西战争中成功合作。英国协助美国随后在太平洋和加勒比地区成为新的帝国力量；作为回报，美国则在英国-南非战争中从外交和金钱上帮助了英国。但到一战结束时，美国已开始让其他国家感受到它的分量。在战争的最后阶段，美国军队和资金对协约国的胜利至关重要，而在那时，英国已经欠了这个前殖民地大笔债务。强硬态度伴随着恐英情绪，与安德鲁·卡内基和其他评论家在世纪之交所理想化的美英和睦关系相抵触。[64] 美国的观察者们愉快地将刻板印象、偏见和少量真相混合在一起，给英国制造了一种君主制、贵族制、堕落、阶级分化、帝国主义国家的主导形象。英国人的回应也同样偏离客观。美国人是傲慢、无知、好斗的糊涂虫，他们否认自己是帝国，这种态度尤其令人反感。这最后一项特质在殖民时期让英国外交部（和法国外交部）感到困惑和挫败。从白厅的视角来看，美国显然拥有一个有形的领土帝国。但合众国表现得就像它在国境内外的征服行为从未玷污上天赐予它的纯洁。当美国选择用毫无助益的公开评论给爱尔兰和印度的民族主义火上浇油时，英国的决策者们认为这是一个尤其恼人的矛盾。

1918年，英国试图说服美国加入胜利者的盛会，拿下属于它自己的托管土地。[65] 威尔逊总统觉得自己不得不拒绝这一提议。作为民主党人，威尔逊领导着一个官方立场是反对帝国主义的政党，无意通过高调获取殖民地来激起不团结，特别是如果美国还得接手这些殖民地在国际层面的义务。但帝国的思维仍未改变。[66] 1917年，美国从丹麦手上买下维尔京群岛，这显示出，华盛顿仍认为大国拥有帝国执照就可以买卖财产和人口。威尔逊也确保没有人会匆忙行动，加快岛屿帝国领土走向独立的进程，他支持帝国俱乐部，承认日本对朝鲜的宗主权，以换取日本承认美国对菲律宾的统治和英国对埃及的保护。[67]

　　美国非正式扩张带来了令人生畏的挑战。英国政府的回应是，意志坚定地努力重获在战争中失去的土地。20世纪20年代见证了在三大关键地区争夺主导权的激烈外交与经济斗争：南美洲、中国，以及逃脱了帝国主义者急切吞并野心的中东部分地区。[68]英国在拉美地区的整体商贸规模未能跟上美国，但到20年代末，它在拉美最大的两个市场阿根廷和巴西的地位和美国差得不远。然而在金融上，英国的地位仍未受挑战。1929年，它在阿根廷和巴西的投资额比美国高了三倍。[69]英国在中国表现得更好。尽管它与日本的同盟被迫中断，但正像劳合·乔治所说，英国不愿在中国或准帝国世界的其他地区被美国"踩在脚下"。[70]美国已在教育和传教工作中建立了可观的文化存在感，但在贸易和投资上份额较少，无法与英国的政治影响力抗衡。[71]英国保留了作为经济领域首要外来大国的地位，成功调整外交政策以在民族主义者中培养盟友，作为轰炸之外的另一选择。英国在中东的地位更为强大。[72]它在伊拉克、跨约旦地区和巴勒斯坦得到了托管地，在埃及、沙特阿拉伯和伊朗仍是主导的外来大国。扩张不可避免地引发了有关控制的问题，特别是在巴勒斯坦，但扩张也带来了回报，特别是以石油资源的形式。[73]与之相对的是，美国在该地区的存在依然有限。

"现代史上最大的经济灾难之一"[74]

　　一切都在1929年分崩离析了。在那年股市崩溃后，金融危机于1931年爆发。人们的信心垮塌了；失业率大幅上升；人们捍卫金本位制，之后又抛弃了它。世界股市在1929—1935年间损失了三分之二的市值；外国投资减慢，在某些情况下还停止了。[75]对殖民地产品的需求减少，它们的价格随之下跌。人们的收入萎缩，殖民地的财政收入下降。殖民政府面临着紧迫的难题，即如何偿还它们在更繁荣的时期为发展事业借来的债务。

　　探讨这一转变事件的直接原因超越了本章的范围。[76]对本书当前的目的而言，我们说一战中产生了一系列潜在的灾难性元素，就已足够。和平协议在赔款问题上分裂了欧洲，让解决国际经济问题变得尤为困难。20

世纪20年代晚期，过度借款、货币政策的错误以及中央银行间缺乏合作等问题叠加起来，造成了广泛的恐慌。[77] 随着系统的动摇，曾促进战后复苏的金本位制固定汇率表现出了不灵活性，让做出调整适应衰退变得更为艰难。直到1931年英国和德国退出金本位制，遵循固定汇率所导致的通货紧缩才得以解除。留在金本位制集团的帝国主义国家（特别是美国、法国、比利时和荷兰）面临更大的斗争，去战胜通货紧缩和失业。[78]

我们需要在这里强调一项长期发展趋势，因为它直接影响了20世纪30年代的帝国关系，也是大萧条本身的一大主要先决条件。到20年代晚期，驱动了帝国主义的一种首要的对立关系以初级产品过度供应的形式出现，甚至1929年前的价格下跌就已经体现了这种对立。用亚当·斯密的术语来说，自19世纪晚期起的帝国扩张"打开了"欠发达地区，为它们的"过剩"提供了"排泄口"。各地的生产者迅速回应铁路、蒸汽船和外国投资所助长的价格刺激，让殖民地的原料倾入西方市场。这样一来，帝国主义成功发展了初级产品和工业品之间的经典交换关系，但由此生成的力量可能会让生产者疏离曾经说服他们接受殖民统治的体系。1900年后，当国际经济复苏时，初级生产者们跨越国界，在更开放而不是封闭的全球市场中竞争。而在1929年后，当世界贸易收缩时，他们被迫在帝国集团内部展开竞争，这限制了他们进入其他市场的能力。

与日俱增的专业化使初级生产者更难在不损害自身生活水平的情况下回应市场变动。那些依赖木本作物（比如可可、咖啡、油棕榈和椰子）的生产者所做的长期固定投资，无法随意改变。那些一年生作物（比如落花生和糖料）的生产者在生计农业之外没有其他选择，而就算是生计农业也可能带来问题。这不是要说大萧条产生的影响是一致的，或者灾难性的程度一致。修正主义研究让人们注意到，这起事件在殖民地世界有着互不相同的后果。[79] 少数生产者（特别是金矿企业）从这场影响了他人的混乱中获利。不过总体来说，大部分初级产品的价格仍在1929年后大幅下降，直到1934年才开始恢复，而且就算在那时价格也没有回到战前的水平。虽然工业品的价格也下跌了，但贸易条件的变化对初级生产者不利，他们通过扩大出口量来补偿单位收益的下降，出口量因此在30年代晚期达到了峰值。[80] 这一应对意味着,进一步提高生产率很难实现,也缺乏其他选择。到30年代,大部分现有的生产率提高手段(无论是降低运输成本,还是农业工艺的进步——比如集中压榨)都已经实现目标。生产者们发现,他们仿佛被困在了一个捕猎大象的巨大陷阱中,几乎没有重获自由的希望。

帝国列强以削减开支的方式来回应大萧条。保护主义情绪战胜了仍在英国徘徊的回归自由贸易世界的残余希望。1930年,美国通过了高度保护主义的《斯穆特-霍利关税法》。次年,法国加强了已经包围自身帝国的保护主义政策。1932年,英国以《渥太华协议》(Ottawa Agreements)紧随其后,在帝国内部建立自由贸易,对世界其他地区(通过关税和配额)实行保护主义。这些政策背后的首要动机是捍卫国内的经济利益:支持殖民地符合英国的心意,但那只是次要考虑。尽管有制造业上的进步,但农业工作在英国以外的其他所有帝国主义国家都仍然重要。在英国,农业人口只占劳动力的6%;在法国,约42%的劳动力从事农业;在美国,这一比例约在25%。[81] 因此,农村的选票(比农业劳动力本身多得多)仍对国内政治命运施加了重大影响。不过,英国提出帝国保护主义仍有强烈的国内动机,因为英国需要确保,殖民地生产者能继续偿付他们向伦敦城借的大量债务。[82]

新重商主义政策最明显的后果是,它把越来越多的贸易和投资导向了受保护的帝国商贸与货币集团。[83] 这一趋势的效果是加强了帝国纽带,尽管这发生于一个衰退中的世界市场。法国的帝国纽带发展到了前所未有的程度:1913年,法国将约13%的出口品送往自己的海外帝国,帝国产品则占法国进口的约9%。到1939年,这两个数字分别上升到了40%和37%。[84] 英国走了一条平行但更为平稳的道路:1909—1913年,它将35%的出口品运往自己的帝国领土,而帝国领土提供给英国27%的进口品。1934—1938年,出口和进口的相应比例则都在41%。[85] 在这两个国家,资金流也遵循了类似的路线:指向帝国内部的外国投资比例飞涨。在法国,外资占据的比例从1914年总量的约12%上升到了1939年的约40%;在英国,外资比例从1900—1914年的平均39%上升到了1934—

1938年的86%。[86] 在这两例中，私人投资在20年代出现复苏迹象后，又在30年代出现了戏剧性的收缩。随着政府试图补回缺口（法国成功做到了这点），投资也出现了从私人资本向公共资本的相应转移。

转向政府资金的趋势较早地预示了被补贴和被保护的帝国经济体的出现，英国和法国将在殖民时期的剩余时间里以不同程度展现出这一点。20世纪30年代又是一个转折点。正像雅克·马赛在他如今已成经典的研究中展示的那样，法兰西帝国在1914年前和法国资本主义非常匹配，但在那以后，尤其是自30年代起，这两者开始分道扬镳。[87] 帝国越发成为衰退中的法国产业的庇护所，不然，那些产业的出口在世界市场中就没有竞争力。这一分析是否适用于英国、有多符合英国的情况还不明确，尽管英法存在一些明显的相似点。帝国为英国旧的主要产业提供了安全港，这些产业的竞争力越来越小，在战后将进一步衰退。英镑区也庇护了伦敦城和英镑，但在这一案例中，英镑区协助照顾病患恢复至相当程度的健康。

20世纪30年代严重的经济收缩让一些经济学家把这一时期描述为"去全球化"（deglobalization）的时代。[88] 这一概括有一定道理，因为有些人假设全球化是以19世纪为起点毫无中断地扩张至今，而"去全球化"可以用来检验这一假设。但从另一视角来看，这一描述是狭隘而过分夸大的。除了英国，许多工业大国在30年代前就已经是保护主义了，那10年的关税增长加强而不是改变了现有的贸易和金融流动。[89] 此外，就像本书论证的那样，西方诸帝国本身就是全球化的力量，促进了世界的融合。[90] 帝国的影响是有限的，在30年代进一步被保护主义制约，但在二战后恢复的扩张活动也不再是完全全球性的。冷战创造了两大互相敌对、互相封闭的集团，它们花了40多年争夺霸权，这阻碍了让世界变得更自由的尝试。

更重要的一项限制条件是，全球化囊括的世界比经济学家的世界更为广阔。政治与文化力量在今天被视为当代全球化的关键成分，它们在两次大战之间的时期出现，在二战后得到了延伸。自由主义、共产主义和法西斯主义席卷了世界。[91] 西方大国殖民地的大众民族主义就是从20世纪30年代开始崛起。自决和人权概念首先在这一时期成为流行的奋斗目标，它们激励了这些民族主义运动，后来又被联合国采纳。[92] 就像弗朗索瓦-勒内·德·夏多布里昂在1841年预言的那样，思想是有翅膀的。个人经历无论来自战壕、教育，还是为工作移民，都将不同的思想焊接成了现实。尽管有保护主义，但人们仍然在帝国边界内部和之间方便地移动。新技术促使全球纽带关系复制繁衍。"飞行器"在30年代的发展允许人们在世界各地设立常规的客旅和商旅服务，使诸如自决这样的概念起飞。收音机、电话机、电影院和机动车都有助于缩小世界。在1851年创办于伦敦的路透社正好利用新的通信方式，建立了全球新闻服务。[93]

无论是作为一个理想模式还是作为一个以冲突告终的失败实验，人们传统上对民族国家的强调也遮蔽了关于这一时期超国家组织发展的观察。[94] 备受批判、遭人轻视的国际联盟在培育改革思想方面发挥了重要作用。[95] 国际联盟是后来成为世界卫生组织和联合国教科文组织的那些组织的前身。它在30年代经历了改造，提出的经济和金融合作计划将会影响联合国和布雷顿森林协议。国际联盟的专家团队首先让人们关注了营养和全球食品安全问题，并提出了"基本需求"（basic needs）的概念；二战后的发展经济学家重新发现了这一概念，将其变为普世的福利衡量标准。[96] 英国的决策者推进了英联邦的概念，将其视为一组多元但又互相自由关联的国家，它们将提供不同于共产主义所宣传的普世哲学的另一选择。[97] 官方及私人的组织和网络增加了，跨越了政治界线，在海洋安全、劳工权利、难民、环境保护等事务上达成了全球协议。[98] 这些全球化的推动力并不仅仅从1945年的战后秩序中涌现出来，而且在通常被人们视为全球收缩的时期就已有广泛的起源。

当政治和文化影响同30年代挑战殖民秩序的民族主义运动并肩作战时，这些影响就变得最为强大。这两者的结合来自帝国主义的又一大讽刺：帝国全球化成功融合了世界上大片地区，打开了信息流动的渠道，这不仅传布了帝国的宣传，也传播了以颠覆整个帝国事业为目标的思想。审查机制努力监管信息，正像外汇管制试图限制资本的流动一样。但最终，思想"没有边界"。在殖民政府眼中，它们"像瘟疫一样"传播，用激进的反帝国主义思想感染了所有人，为属民的痛苦提供了容易吸收的药方。

莫汉达斯·甘地就是这些趋势最好的例子。[99] 教育带他去了伦敦，帝国体系内部的机会带他去了南非，1893—1914年，他在那里度过的21年塑造了他的性格。[100] 就是在南非，年轻的甘地经历了种族偏见，构建了非暴力抵抗的思想，他在1894年成立了他的第一个政治组织（纳塔尔印度人大会），首次遭遇了殖民监禁。也是在那里，他思考了世界主义思想，这后来演变成他在印度实践的政治哲学。他在古吉拉特的经历和印度教的信仰融合在一起，加上从柏拉图、托尔斯泰、梭罗、拉斯金等人那里挑拣而来的学说，这不只表明了他坚持原则的政治理念，也证明了全球化对他思想形成的影响。

20世纪30年代殖民地民族主义的新特点在于，亨廷顿在另一个背景下所说的"绿色起义"造成了政治上的转变。[101] 早期殖民地政治大都以城市为基础，具有精英主义和改革主义特点，而绿色起义则把乡村变为政治体系的一项永久特征，通过农村大多数人声音的加入，政治体系改变了特质。尽管绿色的萌芽在30年代前就已存在，但农村激进行动通常会不时发生在现有的政治组织之外。印度是一个特例，在20年代走在了前面，因为它在那时就已达到了相对先进的政治和经济发展阶段。在其他地区，需要用大萧条的冲击来刺激乡村社会，需要用现代通信来战胜距离的障碍，促进在全国范围的政治动员。城镇也有所发展。随着出口经济的扩大，在政府机构、公用事业、港口、制造业和商业的城市雇佣人口也增加了。而随着扩张后发生收缩，城市中的不满情绪被代表了越来越多雇佣劳动力的工会和其他组织用于政治目的，这些条件就使可被称为"棕色起义"的行动成为可能。

全球经济的暴跌打破了各地现有的政治秩序，为新党派动员普罗大众打开了道路。[102] 失业和苦难激起了反复的抗议、罢工和暴力行动。马背上的强人在欧洲、拉丁美洲和亚洲部分地区崛起，引领他们迷失的人民走出混乱，踏进一个据说会更好的新未来。[103] 附庸国的政治也发生了变化，即便政府军队才是唯一获许可的马背上的强人。现有的精英党派被分裂了，不得不重设它们的组织和计划，以跟上它们没有预见的发展。像工会、青年运动、共产党诸分支等新的激进组织出现了，它们要求得到大众的支持。到二战爆发时，我们已经可以辨认出战后殖民地政治的形态。

主要的帝国列强不愿抛弃一些观察者眼中正在沉没的大船。他们对大萧条最初的回应是把主导国内政策的正统理念运用到殖民地。它们的原则是财政紧缩，目标是保持清偿债务的能力。政府削减了开支，殖民地继续偿还债务。但是，经济上的干净带来了政治上的成本。殖民地工作岗位的流失与越发高效的收税手段，让经济衰退带来的艰难处境雪上加霜，给新的激进政党带来了支持者。为了回应挑战，当局压制了"极端分子""煽动分子"及各种各样的暴力行动（他们自己的暴力行动除外），同时进一步加强努力，寻找保守而温和的领袖并与之合作。[104] 在不得不让步的时候，它们做出了让步，只要这不会破坏帝国利益。最显著的例子还是印度，一旦英国保留了对关键政策的控制，且印度国大党的资助者显然也无意支持对私有财产的激进攻击活动，印度就转向了自治。

我们现在明白，印度向殖民地世界展现了未来的样子。但在30年代，像印度这样的国家非常少，却有许多像冈比亚、几内亚这样远没有那么吸引人的国家。它们对（帝国）政策的影响不及南非、阿尔及利亚这样寸步不让的国家所施加的压力；在南非、阿尔及利亚这样的国家里，殖民者与母国的"亲朋好友"有着强有力的联系。不过，我们不应该认为这10年注定只是一段静待二战带来变化的时期。大萧条促使人们在根本上重新思考国内外实行的正统学说。1930年，约翰·梅纳德·凯恩斯已经把世界经济暴跌称为"现代史上最大的经济灾难之一"，呼吁增加公共投资以刺激就业。[105] 接着，他扩展了对传统学问的著名而革新的质疑挑战，不过1945年前，他对政策的影响在美国比在英国更大。[106] 在持续的萧条中，阿诺德·汤因比创作了他那大受宣传、极为悲观的几卷历史研究，（向任何剩余的怀疑者）证明所有文明无论多么强大，都注定要衰落、崩溃。[107] 在这10年的尾声，当脆弱的和平已经让位于一场全球大战时，甚至约瑟夫·熊彼特都总结说，资本主义不再有未来了。[108]

殖民决策者不像汤因比和熊彼特那样相信宿命论，在威斯敏斯特和白厅这些重要地点，他们比凯恩斯更成功地赢得了信徒。[109] 在1935年成为殖民部部长的马尔科姆·麦克唐纳（Malcolm MacDonald），是第一位指引政策转向经济发展和政治改革的殖民部部长。[110] 这一新方向在1936年得到了威廉·麦克米伦（William Macmillan）的《来自西印度群岛的警告》（*Warnings from the West Indies*）和同年出版的黑利勋爵（Lord Hailey）的大部头《非洲概览》（*An African Survey*）的有力支持，前者动摇了所有残余的关于殖民政策的正统自满情绪。[111] 黑利在甘地崛起获得全国知名度期间在印度有着广泛经历，他从中提炼出了警告看法，并建议政府加大发展力度，重新考虑对间接统治的承诺，对民族主义领袖采取更随和的态度。笼统版的凯恩斯主义思想支持了英国殖民地中的一个长期信念，即政府干预是家长制统治在落后社会中的一部分责任。在法国，统制经济（dirigiste）传统被更新调整以适应这段时期的紧迫需要。[112] 这两个国家的专家还更进一步，思考不可想象之事，提出试探计划，鼓励殖民地发展制造业。

与殖民政策有关的难题不在于缺乏改革思想，而在于实施这些思想的难度。所有关于殖民地改革的提议都花费高昂，经济困难的西方政府要么不愿，要么不能提供所需的资金。改革者也在海外面临反对，特别是在移民定居的殖民地中。殖民地制造业被支持者视为让欧洲帝国生存下来的正确一步，但在反对者眼中则走得太远，会损害现有的利益以及连带的整个帝国计划。这些障碍减小了变革的空间。不过，英国政治体系保留了灵活性，推进了没有直接牵涉财政问题的改革。尽管内部存在深刻的分歧，但英国政府在1935年谈判了历史性的宪法协议，《印度政府法案》为这颗"王冠上的珠宝"实现自治铺下了道路。[113]

另一方面，在法国，在1936年上台的人民阵线（Popular Front）与一系列僵化的宪法条款、对殖民地资源的过度乐观和政府自身信心缺乏等问题做了斗争，但未获成功。[114] 此外，无论在法国议会还是在全国，少有人支持进步派政策，这让保守派可以轻而易举地把这种政策描述成一个通向失败的总规划。[115] 经过改动的教化使命保留了作为浮夸宣言的首要地位，殖民契约（pacte colonial）和与其有关的既得利益也仍是行动的基础。[116] 殖民地贫穷得无力拯救法国，而法国则缺乏拯救殖民地的资源。

《印度政府法案》打开了大门，让官员们可以重新评估帝国政策中其他此前不可协商的原则。衰退引起的动荡在1937年特立尼达和1938年牙买加的严重暴乱中达到了顶点，迫使帝国在整体上进行变革。[117] 在加勒比地区，骚乱打破了英国商店的橱窗，让殖民部和外交部警惕起来，它们都想避免给美国的反帝情绪火上浇油。曾指引一代人制定政策的间接统治将被一项更具野心的计划取代，即培养新一代受过教育并且因此被寄予合作希望的殖民地中间人。迄今为止从未改变的自给自足原则将被抛弃，取代它的是政府资助的发展项目。[118] 这一重大变化体现在《殖民地发展与福利法案》（Colonial Development & Welfare Act）中，在战争爆发前该法案就被提出，不过直到1940年才被通过。财政部努力争取保留格莱斯顿派的原则，但遭遇了一次少有的失败。在一名悲观的财政部官员眼中，未来肯定会发生破产，他在思考这个前景时评价说，这一政策将让殖民地"从今往后永远都处于领取救济的位置"。[119] 在二战前夕，政府支持的对外援助及此后与其相配的赤字财政要么已经触手可及，要么也已进入人们的视野，它们将在战后成为发展政策。

打破并重构帝国的战争

紧迫的殖民地问题发生的背景是国际关系越发紧张，这些紧张关系正威胁着摧毁从1919年继承下来的脆弱和平局面，最终也确实摧毁了它。历史学家们通常从国际大国外交的视角去分析导致二战的事件。这当然是一种不可或缺的手段。[120] 但要观察这一时代，还有另一种视角仍能起到补充作用，那就是强调帝国对立在导致战争爆发的过程中起到的特别作用。列宁称一战是一场帝国主义冲突，这引发了关于一战是来自资本主义最高阶段还是民族主义最高阶段的漫长辩论。[121] 如果我们接受修正主义主张，认为帝国主义的推动力在1918年后维持了下去，而不是被列宁特定的论点所束缚，那就可以顺理成章地探究，持续的帝国对立在二战爆发过程中是否有可能扮演重要角色。

经济困难和政治不稳定刺激了马背上的新人和他们的同类，在自身疆域之外的探险行动中寻求民族团结和个人名望。在那之后，便是当代评论家所说的"拥有者"和"没有者"之间的全球斗争。[122] 这一区别并不像人们可能想象的那样区分了富人和穷人，而是区分了拥有殖民地的国家和没有殖民地的国家。殖民地带来了国际地位。殖民地提高了低落的民族自尊心，提供证据来证明殖民者的优越性。它们被认为是给当时紧迫的经济问题带来了药方。"拥有者"管理着帝国，享受被保护的市场的准入权，并关闭这些市场不让他国进入。"没有者"则没有殖民地，要么是在战争中被击败，要么被拒绝分享战利品，而成了和平的输家。其结果是，"没有者"（主要是德国、意大利和日本）希望在受保护的帝国集团之外的国家得到领土或影响力，这引起了越发咄咄逼人的外交和商业斗争。[123]

通向战争之路是由恶意铺就的。德国的侵略在1939年给欧洲带来冲突，通常被视为二战开始的标志。但从帝国主义的视角来看，也可以说世界大战开始于1937年的东亚，日本在那一年（全面）侵略中国。[124] 在这起事件之前，非西方世界的一些其他事件也指向了同样的方向。日本在1931年吞并中国东北，为土地掠夺提供了先例，主要大国要么容忍了这一行动，要么忽视了它。在东北的成功刺激日本采取更大胆的行动，最终导致了第二次中日战争，到那时，西方大国和苏联在制定外交和战略部署时，不得不考虑东亚战争的走向。[125] 同时，意大利在1935年侵略阿比西尼亚，这起事件在殖民地世界回响。这场为1897年意军在阿杜瓦战败进行复仇的行动，不仅在大萧条时期激发了意大利民族的精神，还显示出，帝国野心在1914年后的很长时间里仍是国际事务中一股生机勃勃的力量。[126] 其他帝国列强尽管发出了谴责声明，试图实行制裁，但还是放任这一事件在未受制约的情况下过去了。[127] 这些国家未能遏制意大利的侵略，这在英国和法国殖民地煽起了民族主义情绪，激起美国的非裔美国人社区的示威和骚乱。[128] 意大利得到了短暂而最终昂贵的胜利，国际联盟失去了它残余的公信力，"拥有者"大国的账单上又多了款项，在战后它们将被要求付款。

为了应对"没有者"大国的帝国主张，英国人和法国人采取了争议重重的绥靖政策，帝国承诺在其中占据了重要位置。[129] 帝国长期以来都在英国的战略中起到互惠作用：英国获取帝国领土，大大增强了它抵挡更大的掠夺性欧陆大国的实力；而保卫帝国也要求英国采取灵活的外交政策，在欧洲维持均势。[130] 就像在战争中失败一样，和平年代的外交挫败损害了帝国列强的威望，松懈了它们对帝国内和国际大事的掌握。20世纪30年代，随着意大利和德国越走越近，英国抛弃了它传统的平衡政策，采取了双边策略，意在补偿这些"没有者"大国。1937年，新首相内维尔·张伯伦执掌外交政策，就是在那时发生了向新政策（长期以来被称为"绥靖"）的转型。[131]

绥靖是危机管理的一种帝国主义方式。[132] 帝国思想在一战后毫发无损，尽管实现帝国野心的方式已经减少了。张伯伦理所当然地认为，他有权像索尔兹伯里勋爵一样行动，出于保卫英国及其帝国的目的而处置他人的领土。1935年后，他探究了外交部提出的各种提议，这些提议想给德国提供非洲殖民地，以期在欧洲维持和平。[133] 不过，他坚持不把英国领土让给德国：他的想法是，归还过去的部分德国殖民地，加上被分给比利时和葡萄牙的非洲部分地区。很多人都和张伯伦有着同样的态度和策略。主要的帝国主义者们准备在中欧地区让步，作为强化帝国的代价。[134] 各自治领坚定支持绥靖政策，如果为维护和平的谈判让位给了战争，那英国就需要这些自治领的支持。伦敦城急于维护和平，以保卫它在那些"没有者"国家里的大量金融利益。[135]

张伯伦也考虑到了迫切的经济需要。他花钱买时间，因为他买不起军火。尽管到20世纪30年代中期，民意已对英国的国防实力感到不安，但焦虑感还没达到征税的程度。[136] 在政治和官方圈子里，人们的担忧是，迅速重整军备可能将在高失业率时期刺激通货膨胀或加重税负，从而导致不稳定，并且扩大收支赤字，损害经济。从各个角度来看，这一选项都毫无吸引力。如果那些悲观的预测确实成真，那结果英国可能将失去作为伟大帝国首领的地位。

美国给张伯伦已然沉重的负担加上了自己的重量。随着在欧洲大陆的外交关系恶化，英国被迫转向美国寻求外交支持，希望遏制德国采取进一步侵略行动。美国毫无反应。盎格鲁-撒克逊联盟已经失去了大部分曾一度伴随着国际平等的和谐关系。张伯伦对美国怀有深深的怀疑，不适合去修补关系。罗斯福则把张伯伦视为"狡猾的"政客，"玩着英国人惯常的游戏，不惜代价地维护和平"，并不打算借给他锤子和钉子。[137]

两边的偏见来自重大的政策差异。在英国采取帝国保护政策、建立英镑集团后，美国对英国的敌意增长了。作为与大英帝国贸易最多的外国，美国在1932年后遭到了帝国保护政策的打击。作为金本位制的主要领导者，华盛顿想把英国拉出英镑集团，拉进固定汇率的金元体系。英国不能做出这些让步，除非损害或甚至拆散帝国。如果绥靖成功了，英国人就可以保护帝国，而不用谦恭地去找美国支援。但另一方面，如果领土让步未能满足"没有者"，那英国就将被迫向美国寻求物质支持，这样锤子就握在了罗斯福手中，他就可以用其打破帝国。即使有这一诱人的前景，也无法保证美国将会为支持英国而加入在欧洲的自由事业。一直到1939年2月，罗斯福还认为英国的问题是缺乏意志而不是手段。"英国人当前需要的，"他写道，"是一杯又好又够劲的烈酒，它不仅能激发他们拯救文明的愿望，还能让他们持续相信自己做得到。"[138] 张伯伦当然需要这杯烈酒，哪怕他只是想抹去罗斯福这一轻飘飘的断言：只用思想而不是行动就能解决英国面临的问题。

1939年9月，欧洲战争的爆发确认了绥靖的失败。随着次年法国的陷落，欧洲两大帝国中的一个被打残了，另一个则被递到了美国手中。研究这一问题的主要权威人士坚定地总结说，是1940年标志着美国作为理所当然的继承者开始领取沉重的遗产，而不是1918年。[139] 但从帝国的视角来看，1941年12月7日才是更恰当的日期。那是罗斯福所称的"耻辱"（infamy）之日，作为"没有者"大国之一，在东亚怀有帝国野心的日本轰炸了珍珠港。[140] 这一行动导致美国作为"拥有者"大国终结了孤立政策，宣布开战，起初是为了保卫它自己的殖民地夏威夷。巧合的是，也是在1941年，迪安·艾奇逊作为助理国务卿加入了国务院。他在"创始之时"就已在场，这不仅是战后世界的创始之时，也是一个特别时刻：当时他身在华盛顿雾谷地区的高位，让他能清晰地见证孤立主义的终结、英国向美国移交权力的开端，以及在突然开战的高温中出现的第一个戏剧性的迹象，这个迹象表明大国地位将很快给美国带来负担。[141]

二战的历程广为人知，常常被人描述为盟国用资源和决心争取胜利的编年史。[142] 在关于战略和时机不可避免的争论中，争取胜利的同盟坚持到了最后。但这场冲突也有同样真实但较少被宣传的一面：英国和美国为决定帝国的命运和战后秩序的形态而竞争。在绥靖失败后，英国人在参战时知道，如果他们能从轴心国逼近的威胁中存活下来，保留帝国的生命力，那就需要来自美国的物质支持。在珍珠港灾难后，美国参战主要是为了打败轴心国，但也是为了打破帝国保护和英镑集团，最终把英国殖民地置于国际控制之下。[143]

这两个盟国间的早期谈判跨越了这些分歧的立场，但它们没能得到和解。[144] 1941年3月，英国和美国达成了《租借协议》（Lend-Lease Agreement），美国为英国提供舰船、军火和食物，作为交换，美国可以使用大英帝国的基地，主要是在西印度群岛和纽芬兰。[145] 那些物资对战事至关重要，而英国的让步使美国在附近的英国殖民地得到了立足点。[146] 在冲突的这一阶段，罗斯福还希望，在物质上支援抵抗德国的国家将足以让美国留在战争之外。但丘吉尔持续谋求让美国宣布更强、更直接的支持。8月，两位领导人发表了《大西洋宪章》，尽管美国尚未参战，但宪章提出了原则，这些原则将会主导和平协议。[147] 为了把美国拉向参战国状态，丘吉尔被迫打开了英国帝国堡垒城墙上的裂缝。他支持了自决原则，减少了美国与大英帝国贸易的限制。即便如此，直到12月珍珠港被轰炸，美国国内才对宣战有了足够的支持。

在鼓舞人心的消息之后，很快就是令人沮丧的头条新闻：1942年2月，新加坡沦陷于日本人手中，为日本侵略缅甸和印度打开了道路。再一次，大英帝国看上去似乎难逃一死。唯一留下的问题是，扼住它喉咙的双手是属于它当前的大西洋盟友，还是它的前亚洲盟友。攻击者还有内部辅助。甘地的"退出印度"（Quit India）运动为了追求立即独立，而带来了混乱。苏巴斯·钱德拉·鲍斯的印度国民军发起了游击行动，这成为协助日军主导的侵略的序曲。但是又一次，白厅的逃脱魔术师们让观众震惊了，尽管在这时，他们只能松开枷锁而不是把它扔掉。外交部选择有限，难以改变给美国的商贸保证。其结果是，英国的对外贸易在战争的剩余时间里受到了打击。[148] 但是，丘吉尔展现出了标志性的"敢作敢为"

（chutzpah），给《大西洋宪章》贴上了完全是英国式的诠释，他宣布自决意味着自治而不是独立，适用于被轴心国占领的国家，而不适用于大英帝国。在那之后不久，在许多热诚的祈祷之后，战争的运气转向了英国一边，抬高了它的谈判地位和士气：1942年11月，伯纳德·蒙哥马利中将在北非的阿拉曼战役中击败了德国和意大利军队。

　　同样到那时，罗斯福已经接受了现实：守住对抗法西斯主义的防线需要的不只是一杯"够劲的烈酒"，如果针对大英帝国的攻击压得太紧，就将削弱英国作为战时盟友的力量。在这一情况下，情感加固了战略。尽管在美国始终有一支强硬的恐英力量，但大西洋两边的政治领导人都共享着一种对盎格鲁-撒克逊"种族"天生优越性毫无疑问的信仰。[149] 罗斯福和他的国务卿科德尔·赫尔怀疑殖民地属民还没准备好自治。[150] 个人的承诺和言辞的需要，促使罗斯福在1942年对印度抗议英国统治表达支持；种族预设和紧迫现实则确保美国政策采取了越发谨慎、渐进的态度，来应对殖民地民族主义者的诉求。[151] 罗斯福的克制让英国人能不受约束地镇压"退出印度"运动，他们熟练地将压迫与大规模拘留的手段融合到一起。同时，1944年日军在缅甸被击败后，印度国民军失去了驱动力。[152] 在1945年2月举行的雅尔塔会议上，罗斯福接受了丘吉尔的要求，即盟国应该被允许在战后保留它们的殖民地。

第二次殖民占领

　　在战争结束时，美国崛起为西方首要的经济和军事大国，终于可以按照自身的反帝情绪采取行动，支持战时盟友的需要似乎并没有阻碍这种反帝情绪。罗斯福意料之外的总统继承人哈里·S.杜鲁门和前任一样相信盎格鲁-撒克逊"种族"的天赐使命，同时也急于在盎格鲁-撒克逊部落中建立美国分支的领导权。另一方面，英国遭受了巨大的物资和人员损失。英国对美国和自己的帝国领土都欠了巨额债务；那些帝国领土为战争做出了贡献，作为交换，一旦恢复和平，它们就可以赎回借款。这些借款被称为英镑结存（sterling balances），在1945年比英国的黄金和美元储备高了7倍。[153] 因为英国的外部贸易被缩减到了战前贸易值的不到三分之一，伦敦城也受资金短缺的制约，所以偿还这些债务希望渺茫。[154] 在盎格鲁-撒克逊俱乐部之外，法国的处境则更为糟糕，它曾被打败、占领、劫掠，失去了对印度支那和北非最宝贵的殖民地的控制。英法两国虽然在战争中是胜利者，但在和平时期却是乞求者。

英国希望战时支援能延续下去，但这一希望在1945年8月被浇灭。杜鲁门突然终止了《租借法案》，改为提供贷款，贷款的条件起初把英伦雄狮的尾巴扭了起来，接着又给它打了个结。美国谈判团队副主席威廉·S.克莱顿把这一时机视为"迫使英国人放弃英镑区、抛弃帝国特惠制、消灭配额和外汇管制"的机会。[155] 尽管英国方面有凯恩斯令人敬畏的谈判能力，但最终的协议规定英国要让帝国贸易自由化，打开英镑区。[156] 利奥波德·埃默里（Leopold Emery）作为英伦雄狮毕生的捍卫者，在文字中发出了抗议的吼声："大英帝国是这笔贷款将要撬开的牡蛎。它的每一部分都将被分别吞下，成为美国工业剥削的场地、美国金融的贡品，最终成为美国的附庸。"[157] 他强调说，是时候由英国政府提出自己的独立宣言了。

英国新上台的工党政府感受到了埃默里的痛苦，但无力像他敦促的那样做出回应。从美国大兵到罐头午餐肉、切片面包和"电影"，美国的影响已变得不可抗拒。从原子弹到诺克斯堡的黄金储备，美国的力量也变得无可辩驳。[158] 正是因为1945年后美国在英国及世界各地无处不在的存在感，加拉格尔和鲁宾逊提出了关于非正式帝国的著名理论，不过他们感兴趣的是用它来解释英国在19世纪的扩张，而不是他们自己的时代美国超级大国的出现。[159] 用他们的洞见来看，如果边缘取代中心意味着帝国的终结，那前北美大陆殖民地急切的代表们已经在正确的时间来到了正确的地方。但这一时期的结局出人意料：1945年后，大英帝国经历了人们所说的第二次殖民占领。[160] 同时，法国在海外领土进行了再殖民化。由美国决策者领导、受殖民地民族主义者支持的有意者组成的联盟突然扼杀帝国，这种情况被避免了。非殖民化降临了，它产生于战后世界的种种发展趋势，即使对位置优越的观察者来说，这些发展趋势在1945年都还没有完全显露出来。

　　对于这一出乎意料的转折，部分解释是，英国和法国决心继续掌控它们眼中仍然存在的帝国使命。就像此前的一战一样，二战使大英帝国更加引人注目，强调了它在战事中的价值。即使是在炸弹投向伦敦的时候，白厅的高层官员们也不是在规划要不要重返其亚洲帝国输给日本的部分地区，而是在规划英国将在何时以何种条件回归。[161] 另一方面，法兰西帝国既失去了存在感，又失去了价值，但仍是一个护身符，如果没有了它，那法国就将失去民族自尊心，恢复伟大也将成为不可能之事。英法两国一旦重新得到帝国领土，就将对它们进行翻新，给予它们新生。在英国，已于20世纪30年代走上前台的改革思想，被贝弗里奇和凯恩斯赋予了结构、内容和动力，又被调整以满足帝国目的。[162] 在这时，不再有摧毁战时管制的篝火了。相反，在战时大大扩张的政府机器将重新转向，用于创造一个充分就业、社会福利提高的美丽新世界。这些思想出口后，将会成为殖民地在战后的发展政策。

　　被改革和重塑的殖民帝国概念变得可以操作，因为它得到了广泛的两党支持。1945年在英国掌权的工党政府并不支持过分的领土主张。现有的帝国已经是一项相当大的挑战，特别是因为英国在美国的合作下已收复它在亚洲失去的殖民地，保留此前在非洲和中东被托管的领土。[163] 不过，克莱门特·艾德礼首相和他的同事们接受了管家的职责，在帝国中看到了机会，可以展示他们的发展政策理想具有普世适用性。[164] 情感在这一过程中起到了作用。帝国心态甚至塑造了工党决策者的思想。艾德礼虽然几乎不是军事主义者，但帝国曾是他生命中的一部分，让他感受到了帝国吸引力。新政府很自然地就能把占领德国视为殖民地管理的操练，来自印度的官员被指派推行一种间接统治形式，将教化使命带到欧洲大陆的黑暗之心（指德国），这是显而易见的选择。[165] 战时的共同贡献与共同牺牲加强了对帝国的忠诚，这种忠诚也渗透了社会各阶层和全国各地，建立了团结的纽带，帮助减缓苦求和平的煎熬。[166] 情感和理想主义都有政治基础。[167] 像扬·克里斯蒂安·史末资这样有影响力的人物辩称，帝国与民族国家不同，它已经证明了自己有能力保护少数群体的权利，因此可以在战后秩序中扮演建设性角色。因此，英国人发扬、扩大、宣传了英联邦作为一个全面的超国家组织的理念。[168]

法国的民意显然也倾向于保留帝国。[169] 甚至是在1946—1947年成为政府一部分的法国共产党也把"大法兰西"的理念放在了国际工人阶级大团结的原则之前。1946年，法国人创造了与英联邦相当的"法兰西联盟"（Union française），允许殖民地把它们的从属地位换成"海外领土"（territoires d'outre-mer）这一更有尊严的称号。[170] "大法兰西"（La Plus Grande France）的概念在两场大战之间的时期流传，成为扩充法国安全的手段。[171] 海外领土将在宗主国的4 000万人口之上增加6 000万人，它提供的食品将帮助法国实现自给自足。

这些理念缺乏利他主义的包装，如果没有额外资金就无法被实施。法兰西联盟更新了"大法兰西"的概念，加入平等原则，提供了大量资金。如果说民族国家孕育了导致战争的侵略行为，那么人们就会论证说，包括帝国在内的不同政治体系可能更适合维持和平。然而，帝国必须变得更加包容。它们需要用改革来遏制独立的诉求。属民可能甚至需要变成公民。[172] 在那之后，公民们可能会寻求完全平等，这样同化就会取代联合，集权可能将淹没权力下放的主张。关于英联邦和法兰西联盟结构的考虑由此提出了民族国家和帝国的概念和构造的根本问题，这些问题将在未来的几十年中变得更为繁难。[173]

英国和法国需要各自的帝国领土帮助它们从战争的劫掠中恢复过来。欧洲满目疮痍，没有为紧迫的经济问题提供直接的解决方案。这两个国家都计划利用殖民地来赚取美元，用来偿还它们对美国的债务，英国还要偿还对帝国内部债权国的债务。[174] 保护性关税延伸到了战后时期，英镑区也是如此；在1945年还出现了法郎区。[175] 来自帝国（及更广泛的英镑区）资源的粮食、原料及矿产将会协助国内复苏，在其他市场赚取美元，改善收支平衡，最终把英国和法国从对美国的依赖中解放出来。[176] 如果可以达成这些目标，而且如果帝国能变为以英联邦和法兰西联盟为掩饰的自由联合，那英国和法国就可以把自己重建为国际事务中的可靠力量。[177] 在那之后，它们将有望与美国和苏联在平等的基础上行动，用它们无与伦比的经验来调停并缓和两个对立大国间的关系。这就是从战争废墟中升起的野心。

1948 年，这些前景很有希望实现，足以让英国外交大臣欧内斯特·贝文朝现实主义之外多踏一步。"要是我们继续向前，开发非洲，"他说，"我们就可以让美国依赖我们，在 4—5 年中靠我们的施舍为生。"[178] 不过，有脚踏实地，也有空中楼阁，这些都是英国更长远目标的基础。英国希望重新进入一个自由（或更自由）贸易的世界，在那里，经济增长的可能性几乎无穷无尽，特别是伦敦城将能恢复此前作为国际贸易首要金融家的地位。如果可以有效控制这一转型过程，那英镑就有可能在美元变得无所不能之前将其驱逐出去。但在短期内，这一野心将停留在委员会中，除非英国继续从帝国特惠制中获益，英镑区也被保留以捍卫英镑的价值。

这些野心与美国宣告的政策完全相反。在战争结束时，美国没有停步，来反思自身对保护主义的长期坚持，而是计划建立开放而持久的国际经济体系，以代替在 20 世纪 30 年代末以如此灾难性的结果而分崩离析的封闭、脆弱的体系。1944 年的《布雷顿森林协议》建立了关键机构（国际货币基金组织和世界银行），它们被用来监管一个基于美元的国际货币体系，而美元则以固定汇率与黄金相连。[179] 华盛顿外交的目的是，使用美国的金融资源，撬开世界各地被保护的贸易体制，特别是在欧洲的主要市场。然而，一旦美国看清，欧洲的战胜国和战败国都无法在没有救生臂环的情况下游泳，美国就不得不更正对建立开放贸易的新世界的外交支持政策。

英国在 1947 年确认了美国这一逐渐滋长的认识，在那时，英国试图根据美国 1945 年贷款的条件，允许自由兑换英镑，但这一举措刚开始就以灾难告终。[180] 对美元的需求太大，导致英国的储备在区区几周中被耗尽，这时工党政府被迫重新实行外汇管制。结果，《布雷顿森林协议》没能使美元代替英镑成为国际货币体系兑换分式中的分子。[181] 尽管英镑很脆弱，但它在 1950 年仍承担约半数的国际交易。[182] 正像美国开始领会到的那样，英镑持续的稳定性对布雷顿森林体系的运作至关重要，这给了华盛顿一个重要理由去维持英镑的周转顺畅。

伤脑筋的兑换危机甚至说服了在华盛顿心存怀疑的观察者，让他们相信，当英国宣称帝国保护与英镑区对该国的战后复苏至关重要时，英国终究不是在虚张声势。英国绝望的经济处境所呼唤的政策，要与杜鲁门总统1947年早些时候采取的干预政策互相调和，为受共产主义威胁的欧洲国家提供物质支持。同时，杜鲁门的国务卿乔治·马歇尔宣布了与之互补的计划，提供大量经济援助，帮助世界经济复苏。大部分援助都通过1948年所谓"马歇尔计划"的项目分发，输向欧洲，不过其中相当一部分接着被重新分配给帝国列强的殖民地。[183] 英国作为最大的单一收款国，在1948—1951年得到了总资金中超过25%的份额。

马歇尔计划在本质上是一个循环利用美国大量盈余美元的计划，有两大目标。它的经济目标是促进欧洲的复苏，从而恢复欧洲大陆此前作为美国产品最大外国市场的地位。它的政治目标是保护人们所知的"自由世界"免受共产主义扩散的污染。这一新政策的军事部分在1949年北大西洋公约组织（北约）建立时出台，据北约第一任秘书长伊斯梅（Ismay）勋爵所言，它是为了"排斥俄国，纳入美国，压制德国"。[184] 伊斯梅简要的构想来自他在帝国中应对盟友和敌人的广泛经历。他的职业生涯始于在印度军队担任军官，接着他紧密参与南亚次大陆的事务，直到1947年印度被分治。[185]

这些发展使华盛顿叫停了对受伤的英伦雄狮的追击。如果英国要在对共产主义的新战斗中扮演好有效盟友的角色，那它就必须获准保留帝国。[186] 同样的论点也适用于法国。法国共产党在1947年被赶出政府，在可能的情况下也在殖民地中被压制。[187] 接着，法国参与了大都由美国资助的殖民地战争，以重申对印度支那和阿尔及利亚的控制。[188] 帝国保护、英镑区和法郎区都存活下来。作为交换，美国在欧洲建立了对抗共产主义的防线，得到了全球各地一系列现成的军事基地。通过这些方式，后来被称为"冷战"的那一串大都在意料之外的事件发挥了作用，帮助拯救了欧洲的帝国，让它们免于美国盟友原本为它们规划好的灭亡命运。冷战的到来也打消了自1783年以来就时断时续地扰乱英美关系的恐英情绪。[189] 华盛顿对法国仍然心存怀疑，因为夏尔·戴高乐将军采取独立外交政策，展现出令人不安的迹象。然而，英国人与美国人站成了一排，尽管这不总是像军事事务那么精确。随着英国明显成为"特殊关系"中的低层合作伙伴，美国在它的前领主面前就再也无所畏惧了。

之后的"第二次殖民占领"是以非凡的热忱和信念开启的。大英帝国将复苏，法兰西帝国将起死回生。对于欧洲帝国力量的最后一次爆发，修正主义研究关注了亚洲和撒哈拉以南非洲殖民地做出的贡献。然而，1945年的帝国主义者们视野更大，对英国来说，帝国主义视野包括白人定居的旧殖民地；对法国来说，这包括重要且极为宝贵的阿尔及利亚殖民地。但是，英国的各自治领已得到了自治权，而阿尔及利亚自1848年以来就作为法国不可或缺的一部分受到管辖。为保留法属阿尔及利亚而掀起的血腥冲突广为人知，但在关于这一时期的标准历史论述中，英国收复的帝国领土中旧自治领的地位则长期被低估甚至忽视。[190] 大多数历史学家都认为，到1945年，自治领的故事最好作为新民族国家的故事来讲述，而不是继续被视为帝国成员的故事。[191]

然而，在1945年，旧自治领还未获得有效独立。和殖民地不同的是，它们不能被要求为英国的利益服务，但它们有着热切的私心来维护与仍被称为"母国"的英国之间的纽带。文化亲近性维持了独立于立法和帝国指令的关系。"亲朋好友"的关系仍然强大：1945年，自治领的移民们仍然几乎完全源自英国（部分例外者源自南非）。战后，各届英国政府希望培养和谐关系，派出了吉卜林所称的"你们最优秀的后代"，并给去自治领的移民提供补贴。英国领导的更广大英语世界中的那些成员国家有着大量资源，处于先进的发展阶段，为投资提供了诱人的机遇，它们对英镑区的忠诚（加拿大除外）以及海外贸易持久的纽带，继续让它们偏向英国。甚至在国防事务上，与英国的联系也留存下来，特别是这种联系曾促使澳大利亚和新西兰在战争最黑暗的时期向美国求援。1945年，自治领在英国建立和谐英联邦的宏伟计划中占据了中心位置，在英国的规划中，自由国家将出于本能（无论是通过继承还是通过训练），继续倾向于顺从母国。给战后帝国注入生命的魔术师们就是这么希望的。他们的物质资产不足，但野心绰绰有余：恢复元气的帝国被认定为一种把物质和野心衔接起来的手段。

在英国和欧洲各地，民众也发声了。在多年的贫困后，各国的战后政府都忙于满足人们压抑已久的对增加就业机会和福利救济的要求。在战时大大扩张的政府机器被用于和平的紧迫需要。为了眼前的任务，军事语言被动用起来：将对贫穷发动"战争"，打响食物之"战"。政府制定出全面的激励计划，将殖民地出口经济的产出和生产率提到新高度。大笔公共资金被用于这一目的，更多殖民地管理者与技术人员被训练出来，被派去监督帝国新秩序的建立。发展经济学这门新学科亮相了。[192] 政治改革补充了经济规划。被更新的"双重任务"为殖民地属民提供了更大的政治参与空间，明确认可了自治是政策的最终目标。1945年后，重焕活力的教化使命的未来发展，取决于殖民大国是否有能力调和两大可能会发生碰撞的紧要问题：决心对扩大的政治体系保持中央控制，以及需要把这些体系变得更民主。帝国合法性曾通过枪口强制执行：它是否也能通过民众同意来实现呢？

英国和法国为肯定的回答打了赌，跳进了政治的未知之地。在二战后的近10年中，至少在决策者眼中，双方似乎都有可能满足于新的帝国契约。战争一结束，殖民发展的"大推进"就开始了，伦敦和巴黎仍然期待这种推进意味着原料的出口。1945年，英国更新并大大扩充了1940年《殖民地发展与福利法案》。法国在经济与社会发展投资基金（FIDES）框架下设计了更具野心的政策，这一机构负责在1947—1959年在法属非洲投入更多资本，其投资（按实值计算）超过了此前65年投资的总和。[193] 贷款和补助大都是用来改善交通运输和农业，刺激了经济增长。大量殖民地出口品涌入西方市场。价值最高的产品包括主要的赚钱产品（如橡胶、锡、铝矾土、铜）和省钱产品（如石油、木材，以及各种食品，特别是可可、棕榈油和棕仁、落花生）。补充的机制，特别是销售委员会或稳定局（caisses de stabilisation），使英国和法国得以用低于市场价的价格购买殖民地产品，1949年英镑的贬值进一步刺激了基于英镑的出口。

到20世纪50年代初，出口势头的成功，加上帝国保护和英镑区的熟练管理，使英国缩小了美元缺口，帮助在收支平衡中创造盈余。经济复苏已达到了英国有可能计划拓展海外贸易、为帝国特惠制地区及英镑区之外的地区提供资金的程度。法国的经历则远没有那么乐观。[194] 与帝国领土的贸易增加了，但这主要是因为得到了法国纳税人的大力补贴，纳税人也给海外领土产生的贸易赤字提供了资金。帝国没有吸引来移民和投资者。游客们到来了，然后又离开。最终是由纳税人出资的公共贷款在1945—1958年间提供了80%流向帝国的资本。[195] 法郎区成为一个负担，美元缺口扩大了。帝国的成本加到了法国自己的收支赤字上。

经济领域的大推进意在为政治改革提供补充，而政治改革的目的是让殖民地属民在新帝国中拥有利益。关于把帝国转为英联邦的提议半是浮于表面，旨在平息英国、法国、美国及殖民地内部的反殖民情绪，但它也有实质，即承认通过运用平等原则达成的进步。战后，工党政府的殖民大臣阿瑟·克里奇·琼斯（Arthur Creech Jones）推进政策，让殖民地重新建立基于英国模式的政治制度。[196] 代议制政府模式将被延伸到省级和地方政府，并在一定的时间后延伸到中央政府，决策者以为他们有足够的时间。在1945年后，政府经费中福利方面的很大一部分经费都给了教育。经过改革的帝国需要培养出有能力经营一个现代国家的职业人士和技术官僚。伦敦的期待是，在来自新大学和学院、拥有技能的精英中将产生新一代政治领袖，他们的私利将促使他们在英联邦内部与英国合作。在殖民部眼中，自治现在已不可避免，未来的争论是关于自治时机。在将来，独立是一种可能性，但人们没有把它放在议程的优先位置，也少有决策者有时间在各种紧迫事件的压力下更长远地思考。

法国遵循了大致相似的政策，其起点是1944年戴高乐将军在布拉柴维尔会议上宣布的改革。但是，共和国宪法为任何权力下放政策提出了概念与法律上的难题。法兰西共和国就像美国一样，被确立为"唯一而不可分割"。殖民地是宪法中不太搭配的附加物。"帝国"一词在20世纪40年代前并未被官方使用，直到1946年，第四共和国才把更广泛的帝国愿景加入新的法兰西联盟。[197] 法国海外事务部使用"去殖民化"一词时，指的不是独立，而是在法兰西联盟内部进行改革和现代化。归根结底，如果说主权不可分割，那就必须把进步定义为成功的同化导向融合。但是，同化是一个缓慢而耗费大的过程。此外，公民权对许多属民没有吸引力，而且如果授予他们公民权，他们可能会用它来要求独立。改革的想法开启了改革者无法控制的可能性。[198]

在安静的权力走廊里所做的高高在上的算计也应考虑到殖民地民族主义难以驾驭的力量。绿色起义现象首先在20世纪30年代出现，在1945年后不断扩增。[199] 印度在20世纪二三十年代起了带头作用，东南亚、中东和非洲在40年代紧随其后。抗议不再被限制在特定地区或特定职业时断时续、单一议题的政治事务中，而是被引向了期冀独立的永久党派。帝国政策不得不走一条中间路线，一边是让帝国领土服从宗主国的需要，另一边是拥抱足够的改革来平息国内和美国的反帝情绪，同时对殖民地民族主义者做出让步。

英国自治领的白人移民已经赢得了改革，脱离了从属关系。100万名法国殖民者（colon）则决心让阿尔及利亚留在法国。在战争刚结束的时期，自治领的政治领袖们并不是激进的分离主义者。他们还是老派的"大不列颠人"，没有看出民族和帝国忠诚之间的矛盾。[200] 他们的态度反映了大部分选民的感觉，这些选民支持维护与"旧国"的传统纽带。尽管也能听到异议的声音，特别是在南非，在一定程度上还有加拿大，但白人民族主义者无法脱离他们与英国的联系。1948年，南非通过建立种族隔离（apartheid）的正式结构，展示了它在内政上的独立性，但它仍通过海外贸易、对外国投资的需求以及英镑区的成员地位，与英国保持关联。

处于依赖地位的帝国提出了更大也更具挑战性的问题。1945年，一些殖民地正在反抗，其他殖民地要是想在欧洲的战后复苏中发挥作用，就需要大笔投资。1947年，印度被准予独立（此后是1948年的缅甸和锡兰），这是一次戏剧性的发展，终结了近200年的英国统治。[201] 忠实的帝国主义者们战栗了，少数还留下了暂时的创伤。当时作为保守派议员冉冉升起的陆军准将伊诺克·鲍威尔（Enoch Powell）有着成为总督的野心，他被印度即将独立的消息震惊，以至于有一天夜不能寐，在伦敦街头来回踱步。[202] 但是，印度的独立固然意义重大，却并未开启一段持续衰落的进程，而类似的衰落进程最后以剩余非洲殖民地在20世纪60年代实现非殖民化而告终。退出帝国发生在两个相近的阶段：一阶段包含1947—1948年的印度、缅甸和巴勒斯坦，二阶段包含1957—1963年间的马来亚和非洲最重要的一些国家。

尽管印度长期以来都是大英帝国的中心，但它的独立所采取的形式大致符合英国的利益。战争造成的剧变已经让次大陆变得无法治理，摧毁了殖民统治勉强的合法性。[203] 但伊诺克·鲍威尔的个人失望并没有象征着更广泛的帝国灾难。印度的独立减少了英国国防预算的压力，对英国和美国的反殖民情绪做出让步，恢复了与民族主义者合作而不是对抗的预期。人们拥抱了这一机会，就像在重新建立一段古老的友谊。当1947—1964年在任的印度总理贾瓦哈拉尔·尼赫鲁自称为"最后一个统治印度的英国人"时，他的自嘲口气中包含了一项根本的事实。[204] 就像澳大利亚的罗伯特·孟席斯一样，尼赫鲁属于旧帝国中最后一代对他们想改变的体系抱有尊敬的领袖。尼赫鲁不能被操纵，但在地缘政治问题上，他可以被信任，他将会追求一种合作性中立政策，这在冷战最艰难的岁月中帮助了西方。只要他活着，与英国的联系就还存在。1955年，美国国务院观察美印关系后苦涩地称："英国人比我们有一定的优势，这体现在尼赫鲁先生对英国文明及个人的崇拜上。"[205]

更进一步说，印度独立对英国造成的物质损失是微乎其微的。在战争结束时，英国的两大担忧是，印度将独立于英联邦，还将要求英国提前支付它的英镑借款。而英国对英联邦寄托了帝国新契约的希望。[206] 熟练的谈判解决了这两项问题。双方达成协议，印度将成为英联邦中的一个共和国，并将以不威胁英国财政储备的方式一步步索要英镑余额。到1947年，印度与英国的贸易和投资纽带的历史重要性已经丧失了大半。战后，印度对英国赚取美元的优先目标只做出了有限的贡献。同样到那时，这两国的金融关系也已经改变。战前，印度对英国的负债拖慢了它向自治的进步。到1945年，印度已成为主要债权国。1947年，英国不再担心印度可能不会偿还债务，担忧都在印度这一边，因为英国可能决定违约债务。尽管分治造成了动荡，但1947年达成的协议使帝国的守护者们安抚称，他们是在根据长久以来的托管原则行动。与帝国统治有关的权利通过各项义务得到了正当性，其中包括对进步的总体坚守和投入。加拿大在1867年取得的成果在1947年被印度超越。从伦敦来看，这都在它的总规划之中。

帝国没有在1947年被放弃，但被重新定位了。马来亚、中东和非洲成为改革后帝国－英联邦的关键成员。法兰西帝国也被重新定位了，但那是通过武力。50年代初在巴黎，包括弗朗索瓦·密特朗在内，有一些无人理睬的声音敦促法国退出印度支那，巩固在非洲的地位。但在亚洲的战争在1954年以法国失败告终，到那时，民族威望和法国军队的士气决定了法国必须在阿尔及利亚表明立场，但在阿尔及利亚的又一场失败让戴高乐将军别无选择，只有在1962年做出让步使其独立。[207]这一焦灼的经历影响了戴高乐对撒哈拉以南非洲的法国领土更具安抚性的态度，那些地区在1960年走上了谈判通向独立的道路。[208]

在英国的战后复苏计划中，马来亚、中东和非洲变得更为重要，成为赚取美元和节省美元的关键成员。马来亚生产了橡胶和锡，中东有大量石油储备，非洲则提供了粮食和矿产。[209]英国在这些地区的政策旨在继续推进经济发展，希望殖民地获得的好处足以软化它们对激进宪法变革的要求，留出时间让新一代易受控制的领袖出头。这一策略需要一定程度的精准调整，但这很快就落后于殖民地的现实。1948年马来亚爆发的游击战迫使殖民政府把政治协商改成全面军事行动。热带殖民地的罢工和抗议（特别是尼日利亚1945年的第一场全面罢工和黄金海岸1948年的大规模骚乱）迫使殖民部加快它理想中的宪法改革时间表。在中东，英国在1948年退出了巴勒斯坦的动乱，以保护自己与更广大阿拉伯世界更重要的关系，因为英国优先考虑的是支持守卫着关键石油储备的中东君主。[210]英国人也希望能掌控人们刚开始涌现的对民族主义势力的支持，但这一希望很快就会落空。

在所有这些地区和相关的战略地点（例如新加坡、亚丁、苏伊士运河和马耳他），工党政府用丘吉尔式的决心捍卫了英国利益，这是丘吉尔在1951年复职时亲自支持的政策。英国自1948年起在马来亚动用军事力量，镇压全面游击队起义（起义被错误地称为"紧急事件"），并在埃及维持了一大支部队以确保苏伊士运河的安全，直到1954年。自1952年起，英国在肯尼亚发起大型反叛乱行动，以应对茅茅起义。[211] 军事的选择花费巨大，在美国和帝国其他地区也受到了不利的宣传。和平的替代选择是与民族主义领袖谈判进步派政策，这通常在基本没有定居者的殖民地更为可行。这里的困难在于，与英国自身复苏有关的优先目标把殖民地的需求压在了政策议题的下面。财政部忙于关注可以赚取美元的出口品和可以节省美元的进口品，这胜过了殖民地办公室发展殖民地工业、加大福利支出的计划。[212] 英国工业品的出口得到了推进，从殖民地进口来的通常更便宜的外国商品则受到了限制。到1954年，政府首席经济顾问罗伯特·霍尔（Robert Hall）爵士在思考战后和平安排的成功时，能够表现出可观的满足感。"要是我们原本打算剥削殖民地的话，"他评价说，"我们几乎不会比现在做得更好。"[213] 但即便是在他写作的时候，这种政策在殖民地煽起憎恶带来的政治成本都在不断上涨，很快就会失控。

解放——以殖民的方式

1945年，英国的命运挺顺当。帝国政策反映了两党对保留并发展帝国的共同坚持，人们认为这对国家的战后复苏至关重要。殖民地民族主义虽然正在加速发展，但还没有达到受广泛支持的程度，尚未能对帝国政策施加不可抗拒的影响。出现例外情况时，都以压迫性政策来应对，英国希望这样就可以驯服或消灭"煽动者"和"恐怖分子"。美国意外地抛弃了长期的反殖民立场，为赢得冷战这一目的而支持欧洲的殖民大国。在50年代期间，所有三个变量都被重新排列，使殖民地得到了独立。这一转变具体发生在何时是一个争议重重的问题，只有在特定殖民地的历史记录中才能找到满意的回答。[214] 领先者和落后者同时存在：荷兰在1949年退出了印尼；葡萄牙为了保留大块非洲殖民地一直奋战到1974年，它的努力花费甚巨；许多岛屿和飞地直到今天还是殖民地。不过，现在人们有广泛共识，即英国和法国这最重要的两大西方帝国在50年代来到了转折点。[215] 法国于1954年在印度支那战败，在那之后，摩洛哥和突尼斯在1956年独立，法属西非在1960年独立，阿尔及利亚在1962年独立。英国在1957年承认了马来亚和黄金海岸独立，在1960年承认了尼日利亚独立。到1964年，在几乎所有剩余的非洲殖民地及西印度群岛，英国国旗都被新的色彩取代了。

1951—1963年掌权的保守党政府起初都坚持丘吉尔式的原则，但最终抛弃了它们。[216] 转型引发了大量灵魂拷问、许多悔恨及一些反抗。甚至到今天，在幽灵般的历史复仇中，仍有人在不切实际地标榜大国地位，无论他们的党派归属为何；这对英国和法国政府而言起初都是诱惑，后来又变成了梦魇。[217] 帝国和英镑区的物质力量基础被幻觉中的力量取代了，只留下历史和愿望在脆弱地支持着未来的全球野心。一开始，保守党试图通过减慢向自治的转型来控制变化，直到殖民地能作为独立国家达到当时官方语言所称的"可以存活"的程度。[218] "存活能力"这个词混合了各种条件——这些条件总会脱离民族主义领袖的掌控，也可以在必须迅速退出帝国时完全丧失意义。到1960年，当英国首相哈罗德·麦克米伦在开普敦发表著名的"变革之风"演讲时，一阵大风正在把帝国吹往未经计划的方向。麦克米伦的讲话针对的是南非的种族隔离制度，但英国本身却在风暴前狂奔寻找庇护。

在估算帝国的成本与收益的过程中，一种渐变但深刻的变化侵蚀了帝国野心得到的物质支持。到20世纪50年代中叶，帝国已经完成了它在英国战后重建中被指派的英雄工作。大多数殖民地产品不再短缺了，美元缺口被关上了。随着朝鲜战争造成的涨价在1953年结束，初级农产品的价格开始了长期的下降，降低了殖民地的购买力，减少了它们作为工业品进口国的价值。人们对更广大的英镑区的态度经历了类似的演变。[219] 在50年代，英镑区成员对英国的债权要么被减少，要么逐步终结。伦敦城想解除外汇管制，以利用不受限制的全球商业机会。另一方面，财政部急于监管资本流动，以维持英镑的价值及其作为储备货币的地位，这减少了政府的借款成本。随着时间的推移，这两种利益之间的斗争向伦敦城一边倾斜，其结果是，自由兑换在1958年被恢复。然而，这一结果暴露了英国经济基础的脆弱性。越来越显而易见的是，英国没有足够储备来维持英镑作为主要国际货币的地位，而试图维持英镑地位的成本超过了收益。失败在1967年到来了，英镑不得不贬值，英镑区的几个成员决定不再追随英国的领导。[220] 70年代期间，英镑区缩小、回退，最终消失了。

英国所面对但从未战胜的潜在问题是，它无法创造支持英镑作为储备货币所需的资产。[221] 1956年，首相安东尼·艾登委托进行了一次广泛的政策审查，审查（甚至在苏伊士运河危机前）就总结称，英国已经"在物质层面上不再是一个第一流大国了"。[222] 同年，哈罗德·麦克米伦作为财政大臣，暗示了他愿意考虑在帝国内部"放下我们的一些负担"。[223] 苏伊士运河危机完全暴露了英国的大国地位是个伪装。当美国威胁说，除非英国撤军，否则美国将停止支持英镑时，英国失去了它最后的掩饰；匆忙的撤军是一场公开羞辱，被帝国各地区所目睹。[224] 1957年，新任命为首相的麦克米伦受委托对帝国进行全面审计，审计显示出，再也没有强烈的经济理由迫使英国留在它不受欢迎的地方，选择顺势而动也有好处。[225] 1945年后，英国政府坚持的是能保证完全就业和慷慨供给福利的政策。如果说英国必须在国内优先目标和捍卫正在被视为失败的目标之间做出选择，那帝国就会输，它也确实输了。

不过，麦克米伦决心像他自己所说的那样，成为帝国的"重构者"而不是"清算者"。[226] 因此，英国推进了自治计划，以求在剩余的帝国属地中赢得朋友、影响他人。尽管缺乏物质资源，但麦克米伦希望，英国人仍可以"通过其他方式施加影响"，特别是通过"像我们早些时候那样，靠智谋生活"。[227] 新殖民主义不是在1945年就被规划好的，因为当时人们并没有预见非殖民化。后来，当英国失去了曾在19世纪巩固其非正式存在的物质力量时，新殖民主义思想才得以产生。到60年代，英国的"智谋"已无法再为它提供在国际事务中执行力量所需的资源了。[228]

物质条件的变化本身不足以说服保守党青睐非殖民化。该党的很大一部分人对非殖民化的前景做出了发自内心的回应，无论是考虑到"亲朋好友"的纽带，还是出于坚信"其他种族"不适合独立，这些保守党人都维持了对帝国的传统忠诚。就像在肯尼亚、南罗得西亚、尼亚萨兰那样，当"亲朋好友"认为自己是受围攻的少数群体时，母国政府感到有义务支持他们。在南非，种族纽带被有着南非白人血缘的定居者冲淡，经济和战略考虑又限制了英国对黑人多数派的支持。在花费巨大且越发不得人心的暴力斗争后，白人少数派最终被赶下了台。[229] 但英国无法再承担所需的成本，国防"白皮书"在1957年表达了这一点，英国次年决定放弃计划中的独立核威慑力量，也做出了确认。[230] 此外，在当时众多"紧急事件"中，过度使用军事力量所导致的不利宣传疏远了公众对殖民统治的支持。到1960年，兴起于1945年战时团结的"人民帝国"已经变成了人民的负担，也变成了选举中的累赘而不是资产。[231]

帝国列强可用的选项受到了殖民地民族主义持续发展越来越多的制约。20世纪40年代，中东和非洲的反殖民运动还不确定是要专注"在一个国家"维护民族主义，还是要把它们的努力转向设计更大的泛伊斯兰、泛阿拉伯、泛非洲或其他类型的超国家统一体。在那些想把这两大原则融合起来的人中，克瓦米·恩克鲁玛是一名旗手。甘地和尼赫鲁凭借长期的经验，知道光维持"印度母亲"的团结就有多少困难。随着50年代的推进，政治精英们集中精力应对直接而实用的目标，即根据继承而来的殖民地疆界来为现存的国家赢得独立。他们非常清楚，自己居住在国家而不是在民族中，国族建构是留待未来的项目。大小地区都必须被说服以形成范围更大的忠诚感，侨民和其他超国家的宗教和种族归属必须联结到国家内部的新参照点上。因此，民族主义领袖们以培养国内党派忠诚为预设目标，形成了他们对殖民统治的反对意见，并利用他们的政治组织来消灭当地对手。他们也出于同样的原因反对了殖民大国维持或创造联邦组织的努力，因为那些组织威胁着削弱当地的人民基础，而民族主义者依赖的正是他们的政治支持。

抵抗运动着重在殖民地内部取得独立，这加强了运动的效果。殖民政策则间接助长了它们的进步。二战后的发展工作建立了适合汽车运输的道路网络，提高了识字率，从而帮助单个殖民地内部的不同社群实现融合。改善的通信方式使政党得以延伸它们的影响，"传播消息"使英语和法语成为代表解放的语言的一部分。战后初级农产品价格的回升也起到了帮助作用，不过销售委员会根据政策，在农民本可以获得的价款中扣留了一定比例的金额。贸易条件的改善使钱进了农民的口袋，使他能向当地政党贡献资金，并且可以购买各种产品，其中的收音机和报纸把民族主义信息传到了殖民地更偏远的地带。同样到50年代晚期，强大的示范效应起到了作用。随着越来越多殖民地独立，剩余的殖民地认为，它们本以为渺茫的可能性已变成了触手可及的希望。实际上，有些殖民地甚至催促殖民部延长时间表，以准许自己为独立的责任做好充分准备。1955年召开的万隆会议尤其有效地宣传了新兴的全球秩序。在那里，代表了世界一半人口的29个国家一起表达了对"拥有者"大国持续统治的反对。这场会议的规模，以及自由世界对冷战需求的敏感，确保了一名观察者所称的"人类中的受压迫者"的声音在这次将会吸引人们的注意力。[232]

而在"白人帝国"的其他地方，随着旧自治领开始宁可从自己身上而不是从"母国"那里寻找未来的方向，一种同样重要的非殖民化进程发生了，但这更鲜为人知，甚至历史学家只有在近期才注意到它。[233] 1945年后，让来自英国的移民重新填满定居者帝国的尝试仅取得了有限的成功。接受国面临一个难题：它们可以要么维持与英国的联系以及随之而来的歧视性种族法律，要么接纳不是英国人、可能也不是白人的移民。自治领需要在维持种族纯正性和无穷无尽的多元劳动力带来的经济发展之间做出选择，它们选择了后者。

自治领与英国的商业纽带稳步减弱，以及地区联系增长，也促使它们做出上面的决定。加拿大和美国现存的联系在战后加强了，澳大利亚和新西兰与日本及东南亚发展了新关系。[234] 其结果是戏剧性的：1966年，在进入澳大利亚和加拿大的所有移民中，亚洲人分别占了9%和12%。1986年，这一比例达到了43%和42%。[235] 欧洲经济共同体（下称"欧共体"）的建立是进一步的地区发展，它加快了这些趋势。英国在1961年决定申请加入欧共体，这给自治领带来了意料之外的刺激。英国的申请失败了，但它做出这一决定的事实意味着英国有意解开自己的帝国绳索，也确认了自治领需要做出同样的行动。[236] 同样到那时，最后一批效忠派领导人已让位给新一代领导人，后者的优先目标反映了新的需要。触及公民权和君主制的宪法改革完成了从"旧国"的分离。英国国防预算的削减迫使自治领自我防御，通常是通过和美国协作。联系在一起来看，这些发展动摇了现有的真理：自治领不能再被视为是英国的，而是必须发展它们独特的身份。澳大利亚人所称的"文化自卑"令人印象深刻，但这让位给了创造性自治的新表达。[237] 如今，澳大利亚人再也不畏缩自卑了。

美国作为帝国苍穹中的第三颗星，也在20世纪50年代末改变了立场。[238] 到那时，华盛顿已经承认欧洲诸帝国完成了使命。欧洲各国从战争中复苏后已足够强大，可以在没有帝国支持的情况下捍卫自由世界，战略基地也可以通过谈判或购买来获得，无须提出广泛的领土主张。更重要的是，美国正越来越担心欧洲各帝国无法遏制激进民族主义。1945年，盟国预先考虑到经过改革的进步帝国将会宣传西方生活方式的优点。到50年代中叶，在殖民地战争、"紧急事件"、持续动荡和显著的贫穷之中，帝国的表现远低于预期。这一缺陷事关重大，因为冷战已进入了"竞争共存"的新阶段，这要求自由世界证明西方政治经济体系的优越性。如果要遏制苏联的影响，那西方在各条阵线都需要更大的进步。因此，甚至在苏伊士运河危机之前，英国和美国官员就在1956年同意，非洲殖民地要尽可能快地走向"稳定自治或独立"，"这些政府要愿意并有能力维持它们与西方的经济和政治纽带"。[239] 对英国政策来说，幸运的是，华盛顿的视角符合英国财政部自己评估英国未来利益时提出的新方向。魔法师和他的弟子调换了位置，一同尝试变出一种与帝国剩余成员的新关系。

法国追随了类似的道路，但其条件更为拮据。[240] 就像英国一样，法国希望利用殖民地的资源为战后复苏服务，并作为交换提出了一揽子改革措施，包括增加发展开支、扩大政治参与、改善福利项目。这一政策得到了广泛的政治支持，其目标是加强帝国而不是丢弃帝国。但是，法兰西帝国比大英帝国更小、更穷，帝国领土成为负担而不是利好。[241] 甚至是在美国的资金帮助下，维持海外领土的高成本都对预算造成负担，刺激了皮埃尔·布热德（Pierre Poujade）在50年代领导的民粹主义反税收运动。[242] 帝国协助了英国的战后复苏，却拖延了法国的复苏。法国与德国别扭地缔结了权宜的婚姻，半是因为帝国选项缺乏生命力。英国只有在帝国完成任务后才和它离婚，因此错过了婚礼和派对。它们退出和进入帝国的方式互相对应：法兰西帝国一开始就是豪言壮语与商贸行动的结合体，而"小店主国家"（指英国，语出《国富论》）则敏锐地盯着账本。

这两个国家都用压迫手段对付激进反抗，一开始都得到了美国的支持，后来又被推向移交权力的境地。[243] 法国在1958年经历了自己的"苏伊士运河危机"，那时，美国对巴黎施加金融压力，以减少法国对阿尔及利亚的军事参与。法国遭受的政治后果比英国还要大。[244] 英国人失去了一位首相，法国人则失去了一个政府和一部宪法。美国国务卿约翰·福斯特·杜勒斯明白自己行动的后果，但更愿意和独立思考的夏尔·戴高乐打交道，而不是冒险在北非失去一个被视为对冷战结果至关重要的国家。英法这两个主要帝国力量之间的宪法分歧让帝国退场的动荡雪上加霜。英国可以宣称，向自治和独立的转变符合早在1867年的加拿大就有先例的传统。进化过程容许权力下放。法国宪法则认为进化过程会带来兼并，这让分离变得更加困难。尽管有这些差异，但英法存在动机、时机和后果等共同特点，这意味着两个大国都受到了超越国家界线的力量驱使。因为这一过程也适用于美国，所以最终的因果关系需要纳入全球性而不是国家性的发展进程中。

恋情的终结

1950年，伦敦中部的两座老旧建筑被推倒，让位给更新、更宽敞的殖民部大楼。那两座旧建筑都是在1815年后建造的，那时英国已崛起为首要的全球大国，而如今殖民部则需要更多空间容纳更多员工和扩大的职责。即使在这么晚的时候，在印度的太阳已经落下之后，伦敦当局还确信，新的黎明将照亮帝国的天空。但在20世纪50年代，失望取代了乐观。大楼的地基打好了，但施工在1952年被叫停。1960年后，殖民部已没什么好管理的了，在1966年和联邦关系部合并成为联邦事务部。这个并未发生的事件的历史，象征着殖民帝国在1945年后被复活、改革、重新融合后，在50年代末以意料之外的速度死亡。[245] 在金钱和使命注入帝国的10年后，帝国已回天乏术。没有新的罗马需要建设，也不需要新的罗马人了。

要整体理解20世纪，美国作为全球大国的崛起始终处于中心位置。但从全球视角来看，那并不是20世纪上半叶的首要主题。二战前，美国没有行使它所拥有的力量。合众国确实像卢斯希望的那样加入了战争，并在1945年后成为他眼中"整个世界的好撒玛利亚人（Good Samaritan，见义勇为者）"。[246] 不过，他也清楚地表明，"将引领我们真正创造20世纪——我们的世纪——的愿景"只是刚开始成形，它在很大程度上仍是未完成的工作。

我们很容易夸大英国在一战后的衰落，认为这预示着"帝国继承人"将要进场。实力是相对而不是绝对的，到1918年，英国在欧洲大陆的对手已在可预见的未来被淘汰出局。法国已被战争碾平，德国戴上了和平的枷锁，俄罗斯忙于建立"一国内的社会主义"。另一方面，英国则免于侵略和浩劫。英国的资源已被耗尽，但在冲突结束后，英国的帝国领土不仅完好无损，还有所扩大。帝国的守护者们在道德上得到了重新武装，教化使命则被更新。"巨人"可能"疲惫"，但还是强壮得足以赶超挑战者。[247] 1938年，英国至少控制了西方诸帝国总面积的59%，以及所有被殖民人口的69%，这意味着近5亿属民。[248] 与它最接近的对手法国被远远甩在后面。二战前夕，英国拥有现代最伟大的帝国，作为世界大国享有无与伦比的地位。1914年作为传统的转折点，预示了只有在纷乱的30年代才会开始成形的事件。

20世纪30年代是关键的10年，那时的发展开始改变殖民地版图，将对二战后起到决定性的作用。西方帝国被它们自己创造出的力量削弱了：初级产品的过度生产导致广泛的经济贫困，自由民主言论的过度推销让被剥夺权利的人们产生了希望。这一混合影响把动荡变成了持续的政治行动，让自决权得到了它此前缺乏的生命力。现存政治与经济正统学说的失败，加上殖民地民族主义的挑战，迫使帝国列强重新思考它们继承下来的态度和政策，甚至考虑非殖民化的想法。[249] 二战无疑推进了这些发展，但无论在非洲还是亚洲，它都没有"打碎""殖民地宁静"的时期。[250] 殖民地动荡的另一面是与日俱增的帝国对立。欧洲内部国家间的敌意是冲突的一个非常明显的原因，"拥有者"和"没有者"大国间的竞争则是另一个原因。正是后者让这场冲突可以被视为全球规模的帝国主义战争。

战争尽管以撕裂欧洲各帝国开始，但又以重新拼装帝国而终结。一且美国在1941年加入同盟国，国际力量的平衡就开始变化。但其结果不同于冲突刚开始时人们做出的预言。1945年后不久，自由世界眼中的威胁显然已从法西斯主义转向了共产主义。到那时，美国调整了它的反殖民立场，协助欧洲殖民属地复苏和重建。当时被"四大"强国掌控的联合国也与其保持一致，将独立排除到关于未来全球秩序的议题之外。[251] 帝国列强热情地回应了这一支持，向用来延伸殖民统治的"新政"投入了前所未有的资本和人力。

胜利的盟国计算失误了。它们低估了战争在殖民地制造的社会和政治动荡，以及它所滋养的不满情绪。[252] 抗议的力量在1945年后得到了完整的表达。战争年代的艰难和战争之后的失意，与旨在终结殖民统治的群众运动融合起来。马克思曾称革命来自贫困的增长，托克维尔则称革命来自上升的预期受阻，当他们两人携起手来时，殖民政策就耗尽了选择。起初，由美国支持的帝国列强试图镇压组织激进反殖民运动的"煽动者"和"恐怖分子"。50年代中叶，当欧洲从战争带来的破坏中恢复过来时，政策被改变了。随着殖民地失去它们的一些价值，且违背它们的意愿而维持控制的成本上升，帝国列强感到有必要和民族主义者合作而不是对抗。冷战的发展巩固了这些趋势，迫使美国支持趋向独立的政策。对自由世界的守卫曾始于西方帝国的复兴，但守卫的推进则促使帝国灭亡。政治安乐死让殖民统治走向了不完全和平的匆匆结局，也让所有相关方面松了口气。

从最长远的视角来看，二战后全球融合的本质正在发生一大重要转变，现代帝国体系最后的危机是这一转变的表征。这一转变表现为现代全球化，它以民族国家和工业经济的形式，开始适应新的合并方式，在这里这一转变被概括为后殖民全球化。全球化这第三场危机的结果将在第15章中得到讨论。接下来的四章则将关注眼前的问题，即这里对欧洲帝国的分析是否也符合美国的历史。20世纪上半叶为比较不同帝国的原则和实践提供了独特机会，因为那是美国和英国的帝国作为领土实体并存的唯一时期。接下来的论点提出，两者的共同点远远超过了区别。美国作为帝国力量，对统治的设想和方法都与英国和法国相同。它也走过了相似的轨道。美国在"新"帝国主义顶点的1898年获取了岛屿帝国，在二战后实现了非殖民化。在这一时期，它与其他西方帝国经历了同样的命运波动。这一发现意味着，西方各帝国整体上在20世纪的兴衰存在一种共同的解释。民族特色或例外主义补充了它们的特殊性和不同点，但都没有转移或冲淡超国家力量的影响。

亨利·卢斯的人生恰如其分地跨越了美国岛屿帝国的历史。他出生在1898年，那正是美国获取帝国领土的时刻。他去世于1967年，是在帝国解散后不久。和大多数同时代的人及后来的许多历史学家一样，卢斯对合众国在加勒比地区和太平洋地区的属地知之甚少。[253] 他对复兴美国"命定扩张"的呼吁完全忽略了提及岛屿帝国，尽管它已经充作试验场，被用来传播他如此珍视的民主自由价值观。他关于"第一个伟大的美国世纪"的崇高概念想象了由美国主导的世界，美国的基督教战士们将会击败国外的共产主义，在国内创造国家共识。因此，我们有余地去评估美国这场"以我们认为合适的目标和方式在世界上施加我们的全部影响"的第一次大规模实验。[254] 在卢斯去世时，美国即将在越南战败，反战和民权积极分子正在撕裂这个国家。甚至在1967年，卢斯珍视的"美国世纪"也并非明摆着会实现。

第11章

统治被遗忘的帝国

买家的后悔

> 我们背上了白人的负担，
>
> 那是黑色和棕色的负担，
>
> 那现在可以告诉我们了吗，拉迪亚德，
>
> 我们要怎么把它放下？[1]

拉迪亚德·吉卜林请求美国"背上白人的负担"，反帝国主义者们对此创作了许多讥讽的演绎。[2] 1899年，当吉卜林写下他著名的诗篇时，古巴、波多黎各、夏威夷、菲律宾、关岛和萨摩亚刚刚被归入美国的统治。吉卜林的祈求不是为了说服美国获取更多领土，而是为了鼓励华盛顿的帝国新手们好好管理他们刚积累的土地。[3] 这一任务令人生畏，因此吉卜林敦促合众国"派出你们最优秀的后代"。他的目的是崇高的："为他人的利益而寻求 / 为他人的收获而工作。"他的方法是呼吁克制而不是武力："遮蔽恐怖的威胁 / 克制骄傲的表现。"美国得到的直接奖赏是忘恩负义："你所改善的人们的责怪 / 你所守护的人们的仇恨。"但是，这是一项崇高的事业，美国的奉献将得到无价之宝：责任的履行、男性气概的实现，以及"你们同辈的评判！"。

但是，几乎在帝国契约签订的同时，美国人对眼前任务的热情就烟消云散了。到1900年，美国获取的领土已经完成了使命。在对西班牙的战争中的胜利抬高了民族士气，有助于弥合在动荡的19世纪90年代出现的地区和社会裂痕。那年的选举支持了共和党上台，确保它的发展计划将被作为全国项目而不只是局部项目推进。上天也对胜利者露出微笑：国际经济幸运的复苏磨钝了不满情绪的锋芒，黄金供给的增加扫除了人们对通货紧缩可能延续到新世纪的恐惧。民主党提名者、在1896年和1900年被击败的总统候选人威廉·詹宁斯·布赖恩很清楚，外界条件已转向了不利于他的一面。"共和党的胜利，"他在1900年选举后宣布说，"是因为金钱、战争和好时机。"[4] 他认为，这三者中"最有力的"是"关于繁荣的论证"，这导致选民摈弃了激进变革。

新获取的领土也未能带来帝国狂热者在1898年预报的好消息。美国没有交好运，发现黄金、石油或其他用来铸造美元的矿产，投资机会有限而充满风险，消费品市场是又小又穷。殖民地属民焦躁不安，毫无感激之情，在菲律宾人们还拿起武器反抗恩人。与不知情者预期相反的是，美国军队并没有作为解放者受人欢迎。在菲律宾漫长而残酷的战争既耗费巨大又不得人心。它在美国国内损害了纯洁无瑕的盎格鲁-撒克逊战士形象，给了民主党一张可以在未来选举中兑现的礼券。[5]

随着人们意识到这些现实，主要的帝国主义者要么像阿尔伯特·贝弗里奇一样淡出人们的视野，要么像西奥多·罗斯福那样表现出买家后悔的症状。1907年，安德鲁·卡内基报告说，罗斯福和塔夫脱都急于离开菲律宾，但责任迫使他们留在那里。[6] 卡内基所指的责任之一是要避免美国在第一个海外泥沼里陷得更深，在接下来的这个世纪中，美国还将因海外的许多泥沼而瘫痪。另一个责任则是，美国意识到菲律宾是一片分散而脆弱的属地，难以防卫，可能会沦为日本这另一个崛起中的大国的猎物，这给了政府又一种不祥的预感。罗斯福有所延迟，还是放弃了他曾全力促成的"大政策"。但是，美国无法轻易抛弃它曾快速获取的义务。拉迪亚德无法告诉西奥多如何放下负担，因为帝国政府的任务延伸到了非常遥远而且可能永无止境的未来。

随着对帝国的热情消减，帝国本身也退出了公众的思想。它的存在并未激起新一波创作，来补充曾伴随着美西战争的流行小说、歌曲和狂热评论。如果有人曾为殖民官僚体系写过颂歌，那这些颂歌还没有被人找到。为了努力理解1898年的事件，历史学家们似乎已筋疲力尽，就像当时参加了那些事件的人一样。对美西战争和美菲战争的大量研究以《巴黎和约》为结尾戛然而止。在那之后，历史学家们转回了国家叙事，将其扩大以包括两场世界大战和一场冷战。美利坚帝国虽然是在耀眼的国际宣传下取得的，被吹捧为一种新的"慈善帝国主义"，但它在学者的忽略下走向萎缩。

在关于现代帝国的史学研究中，岛屿帝国在1898年后的消失是前所未有的疏忽。[7]尽管美利坚帝国和英国及法国的帝国比起来相对较小，但它在1940年还是包括了约2 300万属民。[8]应该说，这一数字大得无法忽视，用它来检验"教化使命"的大胆主张也绰绰有余。然而，人们同意早早地把帝国掩埋起来，虽然没有人写出或讲出这种共识，但这一观点既全面又有效：关于美国历史的主要综述、对外交事务的权威研究，以及大学课本都遵循了沉默法则。继续吸引人们注意的，是美帝国主义持续的表现，特别是1898年后在加勒比地区和中美洲发生的掠夺远征、零星的官方干涉，还有与其相配的"金元外交"。此外，从国际关系的角度，也存在关于美国作为世界大国崛起的长期讨论。一些专家研究了他们眼中美帝国主义的持续性，其他专家则追溯了美国从蚕蛹到利维坦或好撒玛利亚人的成长阶段。这两者都没有包括管理正式帝国的历程。

一项少有的例外打开了通向更广阔的世界的窗户。半个世纪前，罗宾·温克斯（Robin Winks）写下了一篇探索性文章，虽然长期默默无闻，但在把美国殖民统治时期与其他帝国的经历联系起来的极少数尝试中，这仍是最具思想性的一篇。[9]温克斯承认现代帝国之间有共同点，但他也注意到了美国不同于他国的"重要区别"。[10]他表示，这些区别中最重要的一项是，美国决策者认为，他们管理的帝国是暂时的而不是永久的。他提出，这一想法解释了为什么执政者们一开始就关注让附庸国为自治做准备；为什么他们因而如此热切地尝试将当地文化变得美国化；为什么延伸来看，美利坚帝国中"当地民族主义运动的强度"低于欧洲列强掌控的殖民地；以及为什么帝国领土最后在1945年后被如此轻易地放弃。[11] 帝国没有起到任何宏大的地缘政治作用，只有边缘的经济重要性，且背离了共和原则，这些都解释了为什么"美国的帝国经历和其他国家只有短暂且有些偶然的可比性，后来则只是在一半的时间里有可比性"。[12] 温克斯用这一判断，为一场还没有开始的讨论摆出了相关要素。

光用一个章节无法填补文献中相当大的缺口。但它可以竖起一些指路牌，协助未来的研究之路。这里展现的评估考虑了美国治下海外领土的历史，在多大程度上和前一章欧洲各帝国的历史相类似，前者又在多大程度上走了自己的道路。这样一来，这里的讨论就为温克斯敏锐提出的问题提供了另一种论述。美利坚帝国无疑拥有独特的面貌，但其他西方帝国也是如此。因为所有帝国政府都认为自己是独一无二的，重要的问题在于，它们的特殊性是否超过了共同点。这里提出的论述是，岛屿属地的独特性不足以让它们走上一条例外的轨道。在获取领土和非殖民化之间，西方帝国受到了类似动因的驱使，以类似的方式发展。因此，美利坚帝国的演变伴随着前一章记录的欧洲帝国的演变。如果这一比较可以得到实证，那未来关于20世纪西方帝国的研究就将能把美国的案例加入现有的实例中。

"一个拥有更高尚命运的、更大的英格兰"[13]

参议员阿尔伯特·贝弗里奇是一名爱国者，他对民族事业的忠诚让他成为在19世纪90年代挥舞国旗者的先锋。[14] 但是，即使是他在想象美国的命运时，他都不得不把英国（或者照他在此时所说的"英格兰"）视为当时公认的新兴大国衡量标准。一个智者所称的"说撒克逊语的国家"之间的紧密关系，加上英国漫长而广为人知的帝国建设经验，确保了美国会向大西洋另一边寻求帝国管理的指导。[15] 舒尔曼委员会（Schurman Commission）对英国殖民机关进行了全面的评估，然后在1900年就管理菲律宾的几项选择做了报告。[16] 这一委员会预示着后来一系列与欧洲帝国列强更广泛的协商活动，那些协商覆盖了热带地区殖民地统治的具体方面，包括民政管理、军事效率、环境保护、健康政策等。美国财政部《世界殖民体系》(*The Colonial Systems of the World*, 1900)的重大调查报告尤其表扬了英国,认为它"在任何可行的情况下,都给了殖民地很大程度的自治权"。[17]

在这方面,这两个国家之间的联系,不只是美国方面因暂时尊敬一个更大的强国而巩固文化归属感的问题。对岛屿帝国领土的获取产生了关于安抚和管理的问题,迫使美国进行模仿,因为这些问题只能容许范围有限的解决方案,而且这些方案已在欧洲帝国中运用。此外,美利坚帝国远不是需要个别分析的孤立特例,它包含了更大的欧洲诸帝国中存在的所有多元因素。随着帝国这个物种的不同微观形式在19世纪末出现或扩大,美国的岛屿属地成为候选的比较研究对象,尽管它们还没有得到这种研究。我们可以在欧洲评论家最初设计的帝国分类法、同化与联合之间的常见区别,以及直接和间接统治方法的广泛运用中,看到比较的可能性。

欧洲列强的众多附庸国在位置、大小、资源上都大不相同,在宪法上属于各种类型,包括自治领、殖民地、领地、被保护国、共管国和托管国等。[18] 需要理解殖民属地这些多元性,不然就会令人困惑,因此引发19世纪晚期的大量讨论,当时西方帝国正以前所未有的速度建立或扩大。"殖民地"的古典概念指代由(白人)移民定居的领土。[19] 这一用法直到19世纪末都保持了影响力。公认把帝国史建立为专业研究学科的约翰·西利(John Seeley)认为,合法帝国就是由英国移民定居的地区。[20] 印度对他来说是一个令人遗憾的附加品,如今无法抛弃,但印度不应作为获取类似殖民地行动的先例。但是,西利著书之后不久,英国以他反对的形式吞并非洲和亚洲大量领土,这迫使人们改变说法。这里采用(并更改)的分类法最终来自当代关于19世纪末"新帝国主义"的辩论。[21] 当时影响最大的分类法是由著名法国经济学家皮埃尔·保罗·勒鲁瓦-博利厄提出的,他区分了定居殖民地(colonies de peuplement)和开发殖民地(colonies d'exploitation),前者主要由白人移民定居,后者则是由外国人拥有的种植园和矿业来领导发展。[22] W. H. 汉考克(W. H. Hancock)后来改良了勒鲁瓦-博利厄的分类法,增加了第三个种类:贸易殖民地(colonies de traite)。[23]

尽管这些分类看似在特质上完全是经济方面的，但它们有着重要的政治和社会联系。定居殖民地由白人移民居住，他们控制了首要的经济资源，掌握政治权力，实行种族隔离。另一方面，在贸易殖民地，土著人口仍掌管包括出口作物在内的生产，白人的存在被局限于管理和批发贸易，种族区分通常不会那么严格地执行。开发殖民地则处于两者之间，侨民要么是在外所有者，要么身在当地作为经理、管理者和商人，但不是作为定居者；外国统治和相关的种族区分也相应地不像在定居殖民地那样明显，但比在贸易殖民地更显著。殖民早期的政治决策造就或者支持了这三种依赖方式的分布情况，决定了治理殖民地的方式，影响了非殖民化的形态。比如，在贸易殖民地，权力转移更有可能是通过协商；而在定居殖民地，权力转移几乎肯定会引起对峙和冲突。

这个三重分类法符合美国的案例，并不需要比其他地方做出更大的修改。夏威夷在其中一端，主要是定居殖民地。菲律宾在另一端，主要是贸易殖民地。波多黎各和古巴是混合体：它们在不同程度上是开发殖民地和贸易殖民地。在宪法上，古巴根本不是殖民地，而是一个独立国家。但在实际情况中，它的地位是被保护国，处于美国的非正式影响范围之中。此外，美国在关岛和萨摩亚占有的地区，与英国在马耳他、亚丁和新加坡以及法国在国际航道上的军事据点（points d'appui）所建立的深水港和补给站遥相呼应。

在美国的案例中，分类法最有趣的一个特点被历史学家们普遍忽略了，那就是美国在殖民时期刚开始时设计的宏伟计划，即创造一个白人定居的帝国。起初，美国就像英国和法国一样，不确定殖民存在会采取什么形式。扩张主义者们急于在夏威夷、古巴，甚至是遥远的菲律宾打开新的海外定居边疆，可以在那里填满来自大陆的移民。波多黎各被排除到考虑范围之外，因为该岛已经人口稠密，合适的土地也供应短缺。通过在海外扩张边疆，帝国派希望杰斐逊派的精神重焕活力，在健壮的自由民概念中得到体现，并用它来制衡他们眼中削弱国内民族精神的工业和城市力量。事实证明，除了在夏威夷以非常有限的程度实现了定居者边疆，新的定居者边疆在别处都未能实现。华盛顿的农业游说集团通过阻碍在其他岛屿

（除了在古巴和一定程度上在波多黎各）的大量土地买卖，降低了对外移民的吸引力。经济复苏强化了政治压力。一旦农业收入在1900年后复苏，内燃机的到来加快了本土边疆的推进，人们就更容易在美国内部得到命运的机会。

同化和联合之间的区别也是由法国思想家用标志性的精确风格阐述的。这两个术语源于定义教化使命以及给殖民地属民分类的需要，这种分类依据的是属民走向社会秩序最高阶段（也就是殖民大国本身占据的地位）的不同潜力。殖民地属民福利的受托人把自己的使命解释为一种义务，要么通过彻底改变土著社会来推动教化使命，要么通过保护"土著的法律和风俗"来推动教化使命，只要它们与"自然正义"的原则一致。进步派政策的目标是同化，意在把属民变为公民，把殖民地变为母国的海外省份。保守派的选择则被法国人称为联合，它提供了通向"文明"的慢车道。没有证据表明法国对这些问题的思考直接影响了华盛顿的考虑，尽管这一方案与美国采用的方案非常类似。英国政策认可了相似的区别，尽管这个区别仍然表现出典型的模糊不清。[24] 英国人认为，同化是一种非正式且个别发生的文化进程。他们并不期待附庸国会演变成为英国的海外省份，公民权仍是名义上的，而不是实质上的。[25] 狂热者野心勃勃地尝试在19世纪晚期把英国和白人帝国融合起来，提出将定居殖民地并入帝国联邦，但到那时，这些地区的多样性已过于根深蒂固，因而这一行动倡议最终萎缩了。

美国的评论家们已在国内区分了同化和联合，并在美西战争后将这两个概念延伸到了新帝国。美式用法区分了同化和美国化，但有时也混淆了两者。[26] 从原则上来说，一个人有可能被美国化但不被同化，但被同化却不被美国化却是不可能的。对"美式生活方式"各种特点的接受涉及一定程度的选择，这些选择要与维持接受者社会的核心价值相一致。但是，同化呼吁的是对美国价值观的全盘接受，这要求将过往的准则放在从属地位，甚至抛弃那些准则。有些社会被视为不适合同化，但仍可以或多或少地被美国化，其他社会则将免于文化适应这一令人不安的过程。

从新殖民时期一开始，扩张主义者们就为麦金莱所说的"仁慈同化"

敲响鼓点,为"教化使命"辩护,并论证美国模式比欧洲列强支持的粗糙版帝国主义更为优越。华盛顿的决策者,以及伦纳德·伍德(Leonard Wood)将军这样有影响力的官员认为,同化这一选择将受人欢迎,特别是在像波多黎各这样欧洲后裔占属民主体的帝国地区。但是,同化遭到了反帝国主义者的强烈反对,他们恐惧这会导致岛屿领土作为州被兼并进入联邦。美国化是可以接受的,其实还是令人向往的,但在他们眼中,没有哪种同化政策能战胜与生俱来的种族差别。最终决定这一问题的,是在夏威夷和古巴建立白人定居的大型新帝国的早期希望落空,以及接受美国政策的地区做出的回应。到20世纪30年代,同化政策无论仁慈与否,都已经被缩减或抛弃了。到那时,甚至帝国狂热者都清楚明白,波多黎各人、古巴人、菲律宾人和夏威夷人不愿失去他们的文化认同。在教化使命宣传的许多自由中,人们最珍惜的是,殖民地属民有权不在1898年被迫割让的独立权利之上,再交出更多的独立。即便在选择有限的情况下,海外领土也选择了一种非正式、渐进、选择性的美国化过程,这看上去似乎和维持它们自身的价值观一致。[27]

在1898年前,让非常不同的群体同化的困难已经变得显而易见了,不过那些掌管海外领土的人似乎还没有注意到这一教训。1887年,《道斯法案》制定了同化政策,意在取代把美洲土著困在保留地的隔离发展制度。[28] 法案的实施使大规模剥夺美洲土著土地、打破土著社群且不提供补偿选择成为可能。美国对岛屿帝国的获取在评估潜在的同化候选者方面带来了更大的问题,因为决策者对他们决定去教化的人知之甚少或一无所知。无知导致官员们依赖从国内种族关系衍生而来的假设,这被新的社会科学学科的领袖们转化为政策建议,受到了公众偏见的支持。[29] 正像官方对西班牙殖民遗产的态度转变所展现的那样,种族刻板印象被更新以满足政府需求的变化,它构成了政策的基础。

在美国殖民早期,西班牙遗产被抹黑,以论证1898年战争的正当性,强调新统治者眼前任务的紧迫性和重要性。同时,美国实力被严重夸大。1900年,舒尔曼委员会宣称,菲律宾人在合适的指引下,将变得"比美国人本身更美国"。[30] 不久后,当菲律宾人激进地证明了他们对美国统治的抵抗时，过度的乐观就消失了。塔夫脱总督对他新的殖民地属民相当友好，但在描述他们时所用的语言仍会让英国小说家G. A. 亨蒂以为出自自己之口：他们是"一大群无知、迷信的人，心地善良，无忧无虑，性格温和，有点残忍，热心家务并热衷家庭，深深依赖天主教会"。[31] 因此，在塔夫脱的判断中，如果没有长时间的准备，就不能将自治权交托给菲律宾人。

后来，在美国驻菲律宾政府采纳了许多西班牙殖民制度，且完全意识到菲律宾人对独立的渴望时，官员们对他们继承的西班牙遗产采取了更宽宏的态度。20世纪30年代，菲律宾副总督约瑟夫·R. 海登（Joseph R. Hayden）反思说，西班牙统治"在许多方面都是腐败而令人泄气的，但在理论上和专业上，西班牙的殖民体系都是良好而令人振奋的"。[32] 此外，"菲律宾在西方政治哲学和政治规则上得到了西班牙长时间的辅导，这给了他们大大超过其他东方民族的优势"。[33] 同样到那时，海登已经领会到，"被武力压迫处于政治从属地位的民族……可以通过非正式和法外程序达成自己的目的"，这些行动把法律限制扭转成了"本地人希望的形态"。[34] 这里的证据表明，随着时间的流逝，学生可以教育他们的老师。

同化和联合的区别非常松散地对应了西方各帝国中殖民政府的不同形式，即直接统治和间接统治。直接统治让殖民官员掌控中央政府，让他们在省级官僚体系中占据关键位置。非正式统治在更大程度上依赖对当地等级关系的维持和改变，有时甚至还有所创造。尽管更早的研究文献认为直接统治是由法国实行的，间接统治是由英国实行的，但现在的历史学家们承认，这两种政府形态在这两个帝国里都存在，而且在实践中，它们之间的区别变模糊了。[35] 卢格德（Lugard）勋爵是间接统治最著名的典型，他从印度吸取了间接统治的经验，将其运用到非洲。他的法国同行，著名的于贝尔·利奥泰元帅将间接统治推行到摩洛哥。[36] 定居殖民地在取得对土著人口的直接统治权方面处于得天独厚的位置。在其他地区，人们选中的执政方式半是由当地条件决定的，半是由当时主流的看法决定的。尽管近来的研究让人们注意到了殖民统治的局限，但无论直接还是间接，新统治者的执政能力仍然远超过大多数被殖民前的政治体。[37] 此外，这一庞然大物并未过时，"大政府"的传统是前殖民地国家当今最具代表性的特点之一。

在美国形成对岛屿属地的政策时，伊莱休·鲁特身处政府关键岗位，他特别注意英国的例子，将其运用到太平洋和加勒比地区。[38] 在美国建立殖民统治后的很长一段时间，人们对英国殖民政府的尊敬仍挥之不去。卢格德勋爵的教诲启发了1933—1945年担任印第安人事务专员的约翰·科利尔（John Collier）放弃已在保留地失败（通常是以灾难性的方式）的直接统治，转而采取间接统治。[39] 他的行动导致了1934年《印第安人重组法》（Indian Reorganization Act）出台，它用多元主义取代了同化。科利尔的目标是，用英国统治黄金海岸的方式来管理美国的印第安人保留地。因此，他扩大了印第安人部门里的美洲土著人数，增加了一批人类学家，对"土著法律和风俗"提供建议。通过采取卢格德的方法，科利尔希望避免前任的错误，他认为，那些前任复现了比利时治下刚果的可怕状况。

美利坚帝国就像它在欧洲的同类一样，基于种族假设和对进化潜能的相关预测，采取了直接与间接统治相混合的方法。[40] 在夏威夷的美国定居者是发展的先锋，菲律宾、波多黎各和古巴的伊卢斯特拉多们拥有潜力，不够先进的社会则缺乏优越种族的能力和精力，将要被保护起来。因此，夏威夷被定为合并领土，在那里的美国移民被授予有效自治权，这让他们有了直接统治群岛的权力。在波多黎各，美国认为有必要通过干预来将"该岛及其人民变为真正的美国模式"，美国总督通过作为殖民地"白人酋长"的互相竞争的政客来实行间接统治。古巴被认为和波多黎各拥有的潜质大致相当，但不能以同等方式受到统治。相反，美国在该岛实行了英国在埃及采用的"道德劝导"，希望非正式影响将让该岛采纳美国价值观和生活方式。[41]

菲律宾是更复杂的一例。在那里，美国总督与教养良好、野心勃勃的伊卢斯特拉多精英往来，就像在波多黎各一样，但他们采取的政策是为了不同的目的。从《道斯法案》改编而来的同化政策将施加于处在受"监护"国家中的"被监护人"。被认为不适合或没准备好同化的居民则获准保留他们的"部落习俗"。[42] 因此，在北部的吕宋岛，决策者着手改变

"西班牙-马来亚"制度,"根除或改变对民主制度的所有障碍"。[43] 在更南方的穆斯林聚居的棉兰老岛,从英治斐济借来的间接手段用于保护本土制度,遏制变化。[44] 美国在关岛和萨摩亚也遵循了类似的保护政策。[45]

现代化使命

各种殖民地分类和统治风格是一项更大使命的一部分。美利坚帝国是美国20世纪在海外发展和国族建构中的第一次冒险。因为其他许多国家在二战后效仿了这一实验,发展政策的专家可能通过重新发掘美国的经历而有所收获。现代发展思想中一些最具影响力的基础就是在19世纪晚期打下的。它们带有英国影响的深深印记,到美西战争时被吸收进美国殖民政策中。英国著名法理学家和法律史学家亨利·梅因爵士在美国决策圈知识分子和专家中享有权威地位,只有赫伯特·斯宾塞能与之匹敌。[46] 梅因的历史研究受到其印度工作经历的强化补充,这让他提出,社会从身份关系进化到了契约关系。这一核心思想此后在美国、英国及欧洲其他地区得到了详尽阐发,尤其是通过马克斯·韦伯的学说。它的影响力在20世纪中叶达到顶峰,构成了后来所说的现代化理论的基础。[47]

梅因自己认为"进步"是例外的而不是正常的,在变革带来破坏却没有带来好处作为补偿时,他就为传统的社会结构和价值观辩护。1857年的印度兵变对英国政策是一个转折点,对梅因也是如此。在梅因眼中,这场大型叛乱就是对早期政策的审判,那些政策曾利用政府主动性来为自由事业服务,将英国统治设想为一种临时托管关系。在梅因眼中,兵变显示出,深层的文化差异导致了早期政策的失败。进步在长期来看仍有可能,但在可预见的未来,传统社会需要帝国持续的监督来保证它们的稳定。[48] 这一结论完成了脱离约翰·斯图尔特·穆勒早已传达的早期功利主义乐观自由思想的转型,将永久殖民统治置于对历史、习俗和人类行为原则的全面解读的基础上。[49] 自由仍是目标,但它必须是"有序的自由",只有在非常漫长的学徒期之后,殖民地才配达到这一阶段。[50]

梅因和斯宾塞提出的广阔观点,给评论家和决策者留下了为适应特定国家利益而加以修饰的空间。在美国,海外扩张的支持者就像其他地区的同类一样，把他们自己的假设和经历嫁接到来自欧洲的舶来品上。梅因和斯宾塞的学说融合起来，令人满意地在知识层面论证了"适者生存"（适者就是他们自己），以及大企业通过进化过程而崛起是正当的，这些企业到19世纪晚期已经控制了商界和政界。同样，根据这种观点，被指定为"适者"的盎格鲁-撒克逊白人有权执掌社会、控制他人。但梅因和斯宾塞都没有解决先天遗传还是后天培养的问题。颅相学为与生俱来的基因差异提供了辅助证据，优生学准备通过消灭先天不足的社会成员来控制基因池。另一方面，进步派和环保主义者相信，统治国既有义务也有实力去改善弱者的命运，就像改善它们自己一样。[51] 它们伸出援助之手的作用是协助进化过程，并通过政府力量，以明显可见的方式做到这一点。

在不同派别的理解中，美国国内种族关系的历史既可以支持相信先天遗传的人，又可以支持相信后天培养的人。根据保守派观点，美洲土著屈服于优越的竞争者，因为他们是更弱小的种族。这一假设构成了建立保留地政策的基础，这些保留地让部落远离会破坏稳定的影响，允许文明的代理人殖民它们周围的土地。非裔美国人的能力也被认为是有限且无法补救的，通过隔离政策以及随着时间推移而产生的其他扩大种族界线的歧视手段，他们遭受了类似的对待。[52] 对非白种美国人的主流态度有力地支持了一些人的观点，即应该把新的岛屿属地中的"劣等"种族牢牢留在自己的位置上。白人至上主义者中具有影响力的一部分人坚持这一立场，甚至反对获取海外领土，恰恰因为他们不希望迎来国外的污染。在那之后，人们根据假定的能力尝试给"新征服的、闷闷不乐的民族"进行分类，这种行为多半要归因于他们与美洲土著和非裔美国人现有关系的影响，且制造了一系列难题，将在半个世纪中影响并搅浑殖民政策。

进步派也心怀当时的种族偏见，远没有达到卢梭对人类自我改善的能力的信念。然而，他们坚持呼吁"效率"和"进步"，把新帝国视为实验室，来试验他们对政府主导的发展政策的信心。在国内受挫的计划可以在海外实施，一旦成功，它们的成功就将照亮美国国内的改革之路，向世界宣传美国"技术诀窍"和价值观的优越性。西奥多·罗斯福总统、伊莱休·鲁特（战争部部长，后任国务卿）和威廉·H.塔夫脱（菲律宾民政总督、战争部部长，后任总统）组成了令人敬畏的三巨头，给殖民政策提供了最初的方向和推力。[53] 崇高的目标激励了他们，新一代"专家"给他们认证，天真的态度则放大了他们的狂热。[54] 伍德罗·威尔逊后来加入了这三名首脑的队伍。他是挤在共和党人中的民主党人，也有进步派理想，但是他用自己阴郁而肯定的语言表达了这种理想，在1901年庄重地说，"我们几乎是意外得到了菲律宾属地"，而"如今被推到我们身上的新义务"提供了一个机会，"教他们建立秩序，作为自由之前的条件；学会自控，作为自治之前的条件"。[55] 印度总督寇松勋爵（Lord Curzon）和英国驻埃及总领事克罗默勋爵（Lord Cromer，伊夫林·巴林）都没法说得比他更好了。[56]

种族问题在国内事务中的重要性，确保它不仅有力影响了岛屿帝国的分类法和各种统治风格，也影响了美国整体的国际政策。[57] 尽管关于帝国的辩论继续充满了对种族特性及其潜能的不同诠释，但观点和政策的天平仍然稳稳偏于支持白人至上主义的一边。这一目标启发了对国际关系的系统性研究，它为白人统治提供了辩护，又没有否认其他人得到发展的可能性。[58] 美西战争加大宣传了非欧洲来源带来种族污染的风险。日本在1905年对俄国的胜利刺激了美国国内的反日情绪，强化了草木皆兵的心态。

一战激起了狂热的反德情绪，这接着发展成了对种族多元性更广泛的攻击。白人的种族多元性已经被侵蚀了：尽管来自德国的美国人比来自欧洲大陆其他地区的美国人更多，但甚至在一战前，德裔美国人的种族意识就已少有，在那之后更是荡然无存。[59] 战争反而巩固了一种在白人盎格鲁-撒克逊新教徒（WASP）领导下的盎格鲁顺从（同化），这固化了种族隔离，否决了试图立法反对私刑行为的努力。[60] 1917年俄国革命加强了这些倾向，唤起人们的恐惧，让人们认为革命不只会挑战资本主义，还会鼓舞非白人形成敌对联盟。在美国，对这些事件的防御反应在1924年《移民法案》中达到顶点，法案以种族为依据限制移民，青睐北欧而不是南欧人，禁止亚洲人移民。[61] 法案将同化政策推向了最极端的程度，要求所有公民遵循白人"种族"中理想的那一部分，从而定义民族身份。著名的"大熔炉"只熔化了白色的成分。直到60年代，在内部殖民无法再维持下去，而正式帝国实现非殖民化之后，其他颜色才被加入熔炉之中。

因此，帝国狂热者必须翻过大部分同胞竖起的反对之墙，这道墙上钉满了冷漠的尖刺。这些狂热者的回应是追求言语上的制高点。美国有着天赐的使命，将美国版的进步传给其他人类，这一观点甚至让反帝国主义者都产生了共鸣。[62] 在西奥多·罗斯福的领导下，扩张支持者重焕了"命定扩张论"的活力，这一理念曾在19世纪早期给西进运动提供正当性；他们用它为大陆疆界之外新活动的爆发做辩护。特纳的边疆就算曾被关闭，也只是关了很短一段时间。根据进步派的发展指南，彰显命定论调的关键在于已将美国推向工业世界前沿的科技进步。1903年，布鲁克斯·亚当斯作为东北部权贵中最显赫的人士之一，表达了这一新兴世界大国刚开始表现出的自信：

> 美国的优越性只有通过应用科学才成为可能。经过一代又一代科学人的努力，我们已经建立起对自然的控制，这使美国创造出新的工业机制，其工序完美超群。在经济和精力上，没有任何东西能与伟大的美国公司匹敌。[63]

对教化使命如此强烈的技术官僚态度半是来自对"启蒙思想家"（philosophe）观点的长期反应——人们认为这些思想家刺激了法国的无神革命；半是来自美国的实践经验，即在19世纪实行机械化以克服劳动力短缺。从这一视角来看，帝国使命主要是一场社会工程的演练。先进技术打开了美国的广大资源，同样的模式也可以在岛屿帝国施展魔力。[64] 同化政策所运用的原则是，殖民地是否能进入现代世界取决于能否将殖民地属民变为美国人。尽管经验暴露了实现必需转变的多重困难，但对总规划的信念在二战后复苏，到那时，美国的统治看上去已经无边无际了。

技术官僚的方式（途径）在现代化理论中得到了最完整的构建，这种理论驱动了20世纪五六十年代的发展项目，而且存在了很长时间，足以受到彻底改造。[65] 这一理论使19世纪晚期的科学至上主义思想得到制度化，并将其运用到使后来所称的第三世界实现现代化的任务中。社会科学家提供了知识上的支持，旨在展示西方发展模式的优越性，而他们忽视了历史。实践者们没有注意到，他们的关键概念——"传统"和"现代"——固化了梅因关于身份和契约的灵活区别。更令人惊讶的是，当时的专家在检验他们理论的普世适用性时，并没有提及岛屿领土，尽管波多黎各的"自力更生行动"（Operation Bootstrap）近在眼前，还作为"大转型"尝试的一例得到了大力宣传。"成为现代"仍意味着把"传统"社会转为由美国代表的模式。[66] 人们并没有从经验中吸取教训。[67]

拥有一个帝国：国会与宪法

言辞很强硬，计划很有雄心，目标很坚定。但是，要让它们成为现实，提倡者们必须集结必要的政治支持，克服难以对付的宪法障碍。教化使命包括全面而长期地坚持推行同化、美国化和当今所称的国族建构。然而，这些目标所处的政治环境大大降低了成功的可能性。国父们在联邦宪法中加入的制衡措施在19世纪期间产生了很容易陷入僵局的政治体系，又让利益集团可以起到重要作用来打破僵局。在1941年成为波多黎各总督的雷克斯福德·G. 特格韦尔（Rexford G. Tugwell）认为："我们的政府不适合殖民统治——国会过去总是发现，将来也一直会发现，自己在很大程度上受到对海外地区不利的利益集团左右，我们无法像应该的那样建立起加勒比地区经济体。"[68]

作为对比，英国有单一制政府、基于多数统治原则的议会体系，以及在1911年被《议会法案》阉割后权力非常有限的上议院。此外，英国的行政部门中配备了职业公务员，而美国的关键高层职位则会在每四年举行的总统大选中发生变化。因为没有必要的比较研究，所以体制差异对帝国政策的重要性仍只是推论，但我们有理由提出，英国的政府体系更适合维持帝国政策的连贯性。当然，这一假说并不意味着英国政策比其他帝国列强的更为优越：连贯性可以巩固好的一面，也可以巩固坏的一面。

显然，不同国家政治体制的区别也只能部分解释帝国政策制定和实施的不同。与此相关的比较并不是和最常见的英国，而是和大都被忽略的法国。法国和美国都有共和政体，它的教化使命和美国宣传的一样野心勃勃乃至更甚，它和美国同样认为自身文化最优越，也有着长期的同化和联合政策。诚然，法国政府是单一制而不是联邦制的，但它的政体远没有保证稳定性，以联盟的变动与特殊利益集团的影响为特点。法国就像美国一样，都理想化地认为海外领土是本土的延伸，也相应地难以界定殖民地的宪法地位，这些殖民地被认为没有特权资格。法国人就像美国人一样使用"海外领土"这一说法，"帝国"一词直到二战时才进入官方词汇。在法国的词典里，同化提供了并入法国的可能性，就像在美国，同化允许领土申请建州一样。在这一方面（如果没有其他相似方面的话），阿尔及利亚就是华盛顿眼中的夏威夷。

尽管美国和法国的政治体制有相似性，但英国和法国在几乎整个殖民时期都能维持帝国事务的两党共同政策，而美国的党派分歧则导致各政策之间互相竞争。在这方面，美国对帝国不同程度的反对声并不意味着美国政策非凡独特，因为英国和法国的左翼政党也是帝国主义突出的批评者。更有说服力的解释是，海外领土对这些国家各自本土的重要性各有不同。美国占据了大块土地空间，附加的帝国领土较少；英国是一个拥有庞大帝国领土的小国；法国虽然比英国更大，但法国和自己帝国领土的关系与英国的大致相同。[69] 一项定量的指标给出了大致的情况：1913年，英国国家总财富的约三分之一都在海外；而在1900—1929年，美国的全部投资中只有约6%流向海外，而其中又只有很小一部分是流向美国的正式帝国领土（就算是把古巴也包括在内）。[70] 无论是在贸易、投资，还是更广大的公众对帝国的认知上，美利坚帝国领土对全国的影响都很小。另一方面，英国和法国的帝国领土则颇为重要，不仅在于以上这些方面，还因为它们在海外与"亲朋好友"有坚固纽带，且具有帝国军队和物资（materiel）供给的价值。

相对性的区别解释了为什么英国和法国对帝国更为坚持。对帝国主义的反对虽然清晰而持久，但被"帝国是国家利益重要组成部分"的信念抵消了。与之对比，美国的政治体系容许互相竞争的利益集团有更大余地去塑造政策，因为它们不需要调整立场来应对国内相反的担忧。正像国务卿伊莱休·鲁特1902年观察到的那样：

> "菲律宾问题"如此紧密地嵌入了这场政治游戏，以至于各种影响的混合带来了最奇特的后果……在真正讨论此事的绅士中，很多人都认为，"怎么做对菲律宾有好处"这个问题是最不重要的一部分问题。[71]

在超过一代人之后，小西奥多·罗斯福总督确认了鲁特的判断。根据自己在波多黎各和菲律宾的经历，罗斯福在1937年写道，他无法"想象美国拥有连贯、长期的殖民政策"，并认为美国将继续"调整对这些岛屿的政策，以适应我们自己国内的政治意见"。[72]

那些"真正讨论此事"的绅士们如果要影响政策，就不得不让国会对他们的观点留下印象。1898年后，当全国对战争和帝国的兴趣消退，帝国政策的方向就被两大主要政党摇摆不定的命运左右，而这些政党是对立利益集团的通道。总体来说，民主党人喜欢扩张但反对帝国主义，他们的目标是让殖民地走向自治，并最终走向独立，这一发展的节奏要符合殖民地的生存能力原则。已经获取帝国的共和党人则认为，他们有责任让帝国取得成功，不过随着他们面临的困难阻碍了进步，他们的热情也降温了。他们的目标是推进同化以让殖民地取得在美国轨道中实现自治的资格；独立是有可能的，但只有在遥远的未来才会实现。共和党人还提出了一项额外的考验：让殖民地实现民主政府建设，得到生存能力。这些目标在原则上非常清晰，但现实情况让它们在实践中变得模糊。就当地实行的政策来说，两党的区别主要是它们预期的殖民地进步时间进度不同。民主党人准备向前推进，共和党人则倾向于有所克制。两党缺乏共识，导致帝国政策变得任性，大大增加了官员、投资者和接受教化使命的殖民地属民已经面临的不确定性。

当共和党人在1900—1913年控制国会时，由罗斯福、塔夫脱和鲁特领导的帝国派得以把帝国嵌入宪法中，完成占领过程，开始推动同化和美国化。即便如此，民主党人有时也能够有效表达他们的反对意见，比如他们在阻挠雄心勃勃的菲律宾发展计划时就这么做了。[73]　1913—1921年，权力转移到了民主党人一边，他们利用这一机会，推进用来延伸自治的政策，加快"一旦可以建立稳定政府"就转移权力的过程。[74]在20年代执政的共和党人开始逆转这些行动，重新对变革的方向与速度进行控制。在1933年重掌权力且一直掌权到二战前不久的民主党人则恢复了原来的政策，准备卸下帝国无用的负担。甚至在1933年民主党上位前，有亲美国倾向的英国著名国际事务专家约翰·惠勒-本内特（John Wheeler-Bennett）就观察到了这些政策摇摆。"菲律宾问题最严峻的特点之一是，"他在1929年写道，"它被美国党派政治左右。对菲律宾的单一美国政策并不存在。"[75]

游说集团和自由

政党标签的背后是一批在国会争夺选票的压力集团，不过评估它们的影响所需的研究仍有待学者关注。最突出的游说集团代表的是宗教和商业利益。上帝和财神有着不同的优先目标，但在一项核心信仰上则保持一致：非欧洲种族的民族属于劣等人种。这一假设激发了教化使命：它巩固了土著需要精神提升和坚定的家长制指引的观念，确保了人们会坚定而持久地反对非白人得到自由加入美国的宪法权利。

美帝国主义的十字军式元素主要是通过基督教传教团来表达的，这些传教团都有白人至上主义的普遍观念，但又承诺致力给"低等民族"带来启蒙。在这一努力中，美国是一场由白人基督徒支持的国际运动的一部分，这场运动在19世纪晚期受到了富有领导魅力的人物的驱动，包括英国的戴维·利文斯通（David Livingstone）、法国的红衣主教夏尔·拉维热里（Charles Lavigerie）和美国的乔赛亚·斯特朗。[76]尽管在1898年新教传教团是帝国扩张主要的提倡者，但它们后来对殖民政策的影响有限。到20世纪20年代，传教的动力开始减弱。[77]被说服皈依者的比例很低，使人沮丧，禁酒运动的结果也令人失望。美国化的物质吸引力（特别是教育、医疗服务、运动和消费品）比它们的精神基础更令人信服。[78]诸如基督教青年会和扶轮社（Rotary Club）这样的组织在20世纪在国际上扩散，也凭借它们提供的物质好处而崭露头角，但它们就像传教团一样，在殖民体系内部活动，既没有意愿也没有力量改变这一体系。

自20世纪60年代新左派全盛时期以来，历史学家大多忽略了美国国内对殖民政策更重要的影响：本土和海外领土的经济联系。诚然，政策本身无法决定殖民地的命运或财富，因为正像前一章展现的那样，殖民地受到了国际力量所传递的更大影响，特别是经济波动和导致战争或和解的决定。然而，经济政策对美利坚帝国的作用远超过其他任何来自本土的压力。要是关于仁慈同化、教化使命和提升堕落民族的这些言论被转为有效行动，那帝国政策就将会保持连贯，并得到足够的资金支持。现实则颇为相反：控制政策的是特格韦尔所说的闪耀着"灵巧光泽"的各种强大经济利益集团，它们之间的对立则确保了政策的不可预料，它们在国会中的声音则让殖民地永远处于资金不足的状态。[79]

糖业托拉斯的君主亨利·奥斯本·哈夫迈耶挑起的进程决定了最关键的事务：岛屿属地的宪法地位。1898年获取的领土带来了紧迫问题，即宪法是否允许美国在不牵涉兼并、建州和公民权的情况下实行统治。[80] 宪法承认了通过同化得到的进步发展——在19世纪期间加入联邦的北美大陆领土就采取了这条路线。然而，宪法没有涉及永久联合的可能性，而管理那些未建州地区的法律先例则指向了其他方向，毫无助益。[81] 在《巴黎和约》签订后的几年中，持续的不确定性导致了大量关于各岛地位的争论。支持吞并的人们表示，美国可以在不提供建州可能性的情况下合法获取领土。他们宣称，已经存在先例，因为联邦政府已经把美洲土著视为属民而不是公民。[82] 反帝国主义者反驳说，这一类比存在缺陷，因为新领土处于海外，不在宪法范围内，而宪法是适用于大陆土地的。帝国主义者回应说，宪法并未区分陆地和海洋，而且指出通信手段的改善使华盛顿在1898年更容易和太平洋岛屿接触，其便利程度超过了50年前加州被吞并时与华盛顿的联系。

如果决定给予岛屿属地与大陆领土同样的地位以及最终加入联邦的权利，这将会产生深远的影响。新来者将会享受在联邦关税体系内部自由贸易的好处，这正是哈夫迈耶这样的炼糖商和岛上生产者所希望的。大陆上的生产者担心竞争可能加剧,本土主义者则恐惧于将所谓的劣等种族并入盎格鲁-撒克逊中心地带。[83] 使共和党得以建立并获得资金的关税体系将分崩离析,未受教化的外人将得到公民权,从政治上来说,世界末日就要到了。而另一方面,如果美国保留这些新领土,拒绝给它们州权,并称其为"殖民地",那美国就要把所有处于道德制高点的主张拱手相让。对美国民族意识形态至关重要的自由原则将会被抛弃。合众国将把自己置于和欧洲各帝国同样的宪法立足点,从而损害它作为共和美德的例外象征的自尊和形象。正像一名前民主党国会议员尖锐地形容的那样,这一结果将需要以正式手段得到承认:"我们行政领袖的头衔应该是美国总统与菲律宾皇帝。"[84]

解决这一难题需要专业人士,带领美国驶过激流暗礁。时势造英雄。美国最高法院在1901—1905年裁决里程碑式的海岛案(Insular Cases)时,达到了所罗门式大智慧的高度,这种司法上的杂技表演只有在毕生的准备和实践后才会成为可能。[85] 在本质上,法院创造了合并领土和非合并领土的区别。前者有建州的可能性,后者则没有。合并领土需要足够发达并适应美国文化,这样才能以与联邦其他州同样的地位加入美国。非合并领土可以被视为附庸国,在关税政策上被视为外国,根据符合它们各自情况的速度为最终的自治做准备。实际上,法院修订了宪法以使获取殖民地的行为得到合法性。它让帝国主义者得到领土,同时安抚了反对者的恐惧。这样一来,裁决也澄清了曾让林肯不安的脱离联邦问题,这个问题曾让保留了南北战争个人记忆的一代人长期感到担忧。如果非合并领土变成了负担,美国就可以放弃它们,如果有必要,还可以在不危害宪法的情况下允许它们独立。[86]

最高法院在海岛案中的裁决允许美国根据估算的重要性和需求度对海外属地划分等级。[87] 夏威夷作为定居殖民地,是新帝国领土中唯一在1900年被授予合并领土地位的部分。在那之后,该岛采取了大陆上领土政府的形式,拥有被任命的总督、选举产生的立法机构,以及尽管遥远但仍存在的建州前景。其余岛屿属地则被定为非合并领土,它们属于美国,但不是美国的一部分,也没有公民权和州权。大部分非合并领土由总统任命的总督管理，拥有一些正式的自治制度。但是，正像在菲律宾实行的那样，宪法条款允许总督行使有殖民性质、有长远效力的权力。波多黎各的处境格外复杂，因为在那里支持和反对合并的利益集团平分秋色。其结果是一直持续至今的宪法乱局。至少，在一开始，波多黎各的自治权就比不上合并领土，独立性比不上被保护国，地位上和殖民地最接近。

在1902年取得了正式独立的古巴处于最高法院的裁决之外。该岛在国际法中被承认为独立的主权国家，在内政问题上维持了自主性。然而，条约把古巴和美国捆绑到一起，这消除了古巴在外交政策上的独立性，在实际管理内政时也不得不避免冒犯它强大的邻国。美国的政府部门把古巴称为"岛屿地区"，以避免殖民主义的污点。在现实中，该岛是一个被保护国。为防条约赋予的权力不够充分，1904年罗斯福的门罗主义推论坚称，只要美国认为它的利益（无论是生命、自由、财产和讨债权）需要军事支持，它就有权在西半球任何地区单边行动。

保护主义者成功对各岛可以获准得到多少土地、选举权和让步措施实行了控制。尽管这些政策没有完全实施，但它们还是制约了美国在新帝国的投资，限制了可能威胁国内利益的发展。代表了"本土"和"海外"的游说集团之间的争斗于是集中在关税上，这决定了党派优势之间的平衡。关税政策将殖民地绑入新重商主义的控制体系中，这影响了农民得到的售价，并时断时续地影响了他们获准运往美国的产品的数量。对糖料的关税尤其重要，因为糖料是将岛屿领土和美国捆绑在一起的商品，迫使这些岛屿为大陆市场的份额互相竞争。其他农产品（尤其是马尼拉麻、菠萝和咖啡）也在故事中扮演了各自的角色，但糖料仍然是殖民时期海外属地最重要的单一出口品。原糖也是20世纪上半叶进入美国的主要进口品，从中得到的关税收入超过了任何其他单一商品。美国在一战和二战之间消耗的糖料中有超过75%来自古巴和各岛屿领土，它们几乎把全部产出运往了大陆（见表3）。国内的甜菜和甘蔗生产商占据了剩余份额，对外国糖料的进口关税确保了潜在竞争者实际上被排除出去。

糖料还有另一项特质：从奴隶贸易时期至今，糖料市场都是世界商品市场中受非法操纵最为严重的市场，尽管还有其他受保护的商品在努力

表3 不同原产国为美国运送的糖料总量（按百分比），1917—1939年

年份	糖料总运送量（千短吨）[①]	美国大陆 甜菜	美国大陆 甘蔗	夏威夷	波多黎各	菲律宾	古巴	其他
1917	4 415.0	21.3	7.0	16.1	11.7	2.0	40.9	1.0
1918	4 189.0	15.1	6.5	12.3	9.5	1.3	53.8	1.5
1919	4 875.0	21.4	3.8	12.7	7.0	1.8	50.8	2.5
1920	4 895.0	11.1	2.0	9.6	8.2	2.8	52.11	4.2
1921	4 922.0	23.1	6.7	11.7	9.1	3.2	45.4	0.8
1922	6 103.0	17.6	5.4	9.1	6.1	4.2	56.7	0.9
1923	5 729.0	18.4	4.5	9.6	5.3	4.1	55.4	2.7
1924	5 818.0	15.3	1.7	10.4	7.1	5.5	58.2	1.8
1925	6 603.0	16.1	2.3	11.6	9.1	7.3	52.8	0.8
1926	6 797.0	15.4	1.3	10.9	8.1	5.5	58.0	0.8
1927	6 348.0	14.8	0.7	12.0	9.1	8.2	55.0	0.2
1928	6 643.0	18.7	2.1	12.3	10.5	8.6	47.10	0.8
1929	6 964.0	14.7	2.7	13.3	6.6	10.4	51.9	0.4
1930	6 710.0	17.0	2.9	12.0	11.6	12.0	43.9	0.6
1931	6 561.0	20.5	3.1	14.8	11.4	12.4	37.2	0.6
1932	6 249.0	21.1	2.6	16.4	14.5	16.7	28.2	0.5
1933	6 316.0	21.6	5.0	15.7	12.5	19.6	25.4	0.2
1934	6 154.0	25.1	4.2	14.4	13.6	18.0	24.6	0.1
1935	6 400.0	22.1	4.9	15.5	12.8	14.0	30.7	–
1936	6 617.0	22.1	6.7	14.0	13.2	14.0	29.8	0.2
1937	6 861.0	18.1	7.2	14.3	13.1	14.5	31.4	1.4
1938	6 619.0	21.9	6.8	13.7	12.3	14.8	29.3	1.2
1939	7 465.0	24.2	7.9	12.9	15.1	13.1	25.9	0.9

来源：Brian Pollitt, "The Cuban Sugar Economy and the Great Depression," *Bulletin of Latin American Research* 23 (1984), p. 8。

[①] 短吨又称美吨，1短吨为0.9公吨。

角逐这一头衔。[88] 一系列关税、补助和津贴长期扭曲了价格，允许人们投入大量时间和金钱来影响政府政策。对进口关税的调整虽然无法影响全球物价，但对帝国的政治经济还是至关重要的。密集游说的结果影响了大陆上财富和权力的分配，并通过改变对生产者的激励机制、不同出口作物的盈利、回报收益的社会分配以及政府收入，而在殖民地各处产生回响余震。这些影响又对社会秩序和殖民政治的本质产生了重大后果。有许多东西都利益攸关：对市场份额的争夺因此非常激烈，有时还很绝望。

对这一时期糖料贸易政治做全面分析，必须有待未来的研究。但整体看来，可以说民主党倾向于对原糖征收低关税，以奖赏东西海岸炼糖商的忠诚；而共和党则支持高额或歧视性关税，以保护中西部的甜菜生产者和路易斯安那州的甘蔗生产者。1900—1913年，共和党统治时期推行了贸易和互惠协议，为新属地如何与大陆整合设立了条件。在对立压力集团漫长的争斗之后，这一整合过程在1909年完成，《佩恩-奥尔德里奇关税法》（Payne-Aldrich Tariff）允许来自菲律宾的糖料在宽宏的配额制度下自由进入美国。这一让步主要是为了鼓励会对美国出口商有利的贸易。这些政策的结果是，美国与其殖民地之间的贸易额显著增长，美国在其帝国领土贸易中的份额也同样增长。同时，初级农产品价格意外的复苏提振了增长，帮助新的统治者在他们的新属地打上权威的标志。

当民主党人在1913年掌权时，他们立刻通过了《安德伍德关税法》（Underwood Tariff），这使进口税自南北战争以来首次显著降低。法案对帝国的首要后果是促进了糖料出口，特别是来自古巴和菲律宾发展中的新地区的糖料。一战摧毁了欧洲的甜菜生产，进一步提振了殖民地的蔗糖业。战争终结时，糖料价格史无前例地上涨，又不可避免地以同样程度的暴跌告终。在1922年重获权力的共和党人发誓保卫美国农民的地位。同年通过的《福德尼-麦坎伯法案》（Fordney-McCumber Act）提高了糖料关税，当时农产品价格正在下降，而糖料供给受到战前及战争期间有利条件的刺激，正在增加。岛上的实际工资下跌，除了最大糖料生产商，所有人得到的利润率都减少了。到这10年终结时，国际经济没有得到持续的复苏，美国需要更有力地防范进口竞争，这种需求来到了关键的投票时刻。共和党人看清了形势，在1930年做出回应，实行了具有高度保护主义的《斯穆特–霍利关税法》。

《斯穆特–霍利关税法》把已经严峻的形势变成了一场灾难。殖民地的生存能力已经存疑；20世纪30年代的困苦蹂躏了殖民地生产者，威胁了政治稳定，招致一种粗糙的民粹主义民主来解决当时的紧迫问题。在1932年重获权力的民主党人通过了《琼斯–科斯蒂根法案》（Jones-Costigan Act），试图通过给岛屿和大陆生产者分配配额来稳定糖料市场。正如表3显示的那样，《斯穆特–霍利关税法》和《琼斯–科斯蒂根法案》都有利于国内拥有完整投票权的甘蔗和甜菜生产者，并通过配额体系给殖民地生产者带来少量支持。这些收益以牺牲古巴为代价，古巴被视为外国，被留在风中飘荡，而这阵风正以暴风的力量袭来。20世纪20年代，古巴提供了美国消耗的所有糖料中53%的份额；30年代，这一数字下降到了30%。其他国家实行的保护主义政策则已经关闭了所有其他市场。

这些措施的后果是长远的。古巴立刻发生了剧变，到1959年革命时仍能感觉到遥远的余震。帝国内部的岛屿也面临激烈挑战。控制夏威夷政府的白人寡头们忧虑地发现，为了决定配额，该岛被视为殖民地而不是合并领土，他们因此不情愿地决定放弃夏威夷现有的地位，申请建州。菲律宾作为不被宠爱且此时也不被需要的竞争者，不得不根据罗斯福总统想尽快摆脱菲律宾的决定，迅速做出调整。菲律宾远没有达到宣传中独立的标准，却将在这种情况下得到它长期盼望的独立，或者说是将被迫独立。到20世纪30年代末，甚至连教化使命的言论都已经蒸发了。剩下的只是挽回脸面的行动，宣称华盛顿的引航员们正在把帝国之船引进港湾，而实际上他们已经将"生存能力"和"民主"这样成为负担的压舱物扔出船外，以尽可能快的速度弃船而去。

糖料利益集团的历史仍然晦暗不明，掌控这些利益集团的内部人士的行为也是如此。从目前所知的情况来看，1898—1941年这段时期可被分为两个互相重叠的阶段。第一阶段是从19世纪90年代到1912年，由美国炼糖公司（简称为糖业托拉斯）控制，领导它的是独裁而狡猾的亨利·哈夫迈耶，直到他在1907年去世。[89] 哈夫迈耶代表了镀金时代发展起来的那种公司资本主义；他的不同之处在于将其延伸到了新帝国。到美西战争时期，哈夫迈耶控制了美国主要的炼糖厂，在1902—1903年获取了大陆上最重要的糖用甜菜业的利益。战后，他的利益扩张到了海外领土的糖料生产，特别是在古巴。哈夫迈耶的策略不是得益于规模经济，而是得益于消灭在政治上反对他控制糖料市场计划的声音。如果说垄断最大的好处是可以过上一种安静的生活（或至少是一种可以预料的生活），那到1903年，哈夫迈耶似乎已经看得到他那动荡的职业生涯将走向平静的终点。巧合的是，他的死亡表现为狄更斯式道德故事的形式：1907年，他在一场尤其丰盛的感恩节晚餐后去世，与之相连的是，糖业托拉斯即将被曝光曾在几十年中大量欺诈。[90]

哈夫迈耶在瓜分帝国赃物这一关键时期的政治影响力需要得到比现有研究更大的关注。[91] 在担任糖业托拉斯的君主之外，哈夫迈耶也是共和党最大的单一捐款者。他所支持的那种规模的政治慈善，打开了通向国会和白宫的大门。他在国会中有强大的盟友：在1899—1909年先后担任战争部部长和国务卿的伊莱休·鲁特，和最资深也最有影响的共和党参议员之一纳尔逊·阿尔德里奇。他们曾在19世纪90年代为他铺平道路，后来也继续这么做。[92] 正是哈夫迈耶挑战美国政府对波多黎各的征税权，最终导致了最高法院对海岛案的著名裁决。[93] 当裁决对他不利时，哈夫迈耶在1902—1903年收购了美国最重要的糖用甜菜利益集团作为应对。通过买下这些企业，他也买下了它们的沉默，让它们在国会中的强大游说集团缴械投降。[94] 接着，他可以利用自己在国会中的关系，为波多黎各谈判自由贸易政策，从而确保原糖可以尽可能便宜地进入他的炼糖厂。1903年，互惠协议让古巴在对美国出口糖料时得到关税让步，哈夫迈耶也是背后的主谋。同时，他加快推进自己已经活跃的水平整合与垂直整合政策，在新的岛屿帝国各地建立糖料种植园，以求抑制来自生产者对手的竞争。他以标志性的掠夺方式规避了波多黎各和菲律宾对土地持有的正式限制，在那里建立了大型产糖庄园，并在古巴东部开辟了新的种植园边疆。哈夫迈耶尤其擅长用斯密那"看不见的手"来为自己谋利，并把它的助手们好好隐藏起来。

1907年哈夫迈耶去世后，糖业托拉斯的力量开始衰落。[95] 根据1912年反垄断法而采取的行动削弱了托拉斯对炼糖业的垄断，扩大的甜菜生产超越了它的控制。到1921年，糖业托拉斯只掌控了美国炼糖产能的约四分之一。同样到那时，甜菜业已扎根于许多州，能重新独立影响参众两院的讨论和投票。[96] 在那之后，代表了国内甜菜和蔗糖业的游说集团占了上风。来自产甜菜州和产糖州的国会议员们主导众议院和参议院在1922年和1930年通过保护性关税，并确保这些关税以及1934年提出的配额是为他们选民的需要量身定做的。在利益之争中，美帝国主义的殖民一派虽然有古巴糖料生产投资作为突出代表，但输给了复苏的国内利益团体。难怪夏威夷会决定争取州权以进入关税区范围，而非合并领土则被留在寒风中，权衡着要如何把持续的经济依赖和政治独立的抱负调和到一起。

"在有力之手指引下的教学过程"[97]

要把扩张主义者言论中的野心转为管理政策，把进步派珍视的技术转为可运转的发展工具，需要华盛顿和帝国边疆的官员的努力。不幸的是，接下来对他们努力的评估只能是暂时的，因为殖民部门的历史记录是美利坚帝国史研究中又一个被忽略的方面。[98] 但是，我们要注意到两大行动：第一是共和党政府在美西战争结束不久后的行动，它建立了殖民统治；第二则是民主党人在20世纪30年代的国际危机中的行动，它为殖民统治的灭亡做好了准备。

美利坚帝国领土的获取不是意外，却也不是事先谋划的。美国既没有殖民部，也没有殖民机关。联邦官僚体系自身发育尚不完全，还充满了"分赃制"的产物。1901年，伍德罗·威尔逊评价说，"权威的分散"造成了"未受训练的官员"，遗憾"我们对专业行政机构几乎一无所知"。[99] 英国人保留了一个小型的格莱斯顿式政府，但自19世纪中叶起就在开展行政改革，白厅得以吸引来自牛津和剑桥以及几家专为公职培养候选者的私立学校的毕业生。殖民部门提供了一条受人尊敬、报酬颇丰的职业道路，让人有机会通过结构完备的官僚等级得到晋升。在殖民部门工作的英格兰绅士们颇受赞赏；于贝尔·利奥泰元帅尤其欣赏他们，在世纪之交后改革了殖民地学校（École coloniale，建立于1888年），以提高法国殖民地的行政水平，向大英帝国看齐。[100] 波多黎各总督特格韦尔说，他在认识了英国殖民官员后，"更懂得了"为什么"殖民体系能持续至今"。[101] "他们所有人都不一样，但又多少有点相似。"[102] 他们都心怀一种"广阔的尊严，这建立在一种被视为亘古不变、坚不可摧的古老传统之上"。[103] 他总结说，他们"被人视为等同于国王本人"，他们借此赋予自己"更多的君主气质，超过了美国人眼中自然或恰当的程度。但是，长期的习惯，让他们在国内不可思议地表现得恰如其分，他们在生活中从未顽固不化"。

迅速从现有资源中组建殖民部门的任务落到了伊莱休·鲁特身上。[104] 紧迫性给行政改革增加了推力，此前，改革曾难以克服长期的反对，因为变革会带来加大中央政府的权力和效力的威胁。到1914年，约有三分之二的联邦公务员是根据才能被任命的，官僚体系自身已变成一种政治力量。[105] 同样到那时，鲁特已成功完成了改革军队这一重要任务，因为美西战争曾暴露出军队准备不足。然而，海外的公职机构却落后于大陆上的发展。直到1924年《外交机构法案》（Foreign Service Act）通过，领事和外交机构才被整合，形成美国的外交部门。[106] 在那之前，外交任命一直主要通过政治关系，新成员仍需要私人资源，因为国会不愿给完全专业化的外交机构出钱。在那之后，候选人则根据才能受到挑选，不过女性和"有色人种"仍然实际上被排除在外。其结果是剧烈的（也是迟来的）变化：1924年，73%的美国外交官曾就读于私立学校；到1936年，这一数字下降到了25%。到30年代，被马克斯·韦伯置于现代国家定义中心的法理型（rational-legal）组织结构多少已经就位了——讽刺的是，那正是美国计划退出帝国的时期。[107]

麦金莱总统曾想在国务院内创立一个殖民事务部，以监管新的海外领土。[108] 但是，国会的帝国热情已经消退，不愿扩大联邦政府的权力。麦金莱和罗斯福接着提出把海外领土置于一个权威部门（最好是战争部）之下，但这一想法也被挫败了。结果达成了一项妥协：创立于1902年的岛屿事务局（Bureau of Insular Affairs）被授予对菲律宾和波多黎各

（1909年）的管辖权，内政部对夏威夷（和阿拉斯加）负起联邦责任，海军则掌控了关岛和萨摩亚这样更小的岛屿。[109] 这一安排奉行分权原则，满足了那些恐惧于专制联邦政府延伸力量的批评者。这也限制了掌控海外领土的不同部门，防止它们组成统一战线对付国会，挫败了任何尝试协调帝国整体政策的行为。岛屿事务局只是战争部中的一个微小机构，而战争部没有充足资源应对战后重建及后来所说的"国族建构"任务所产生的问题。[110]

新建的岛屿事务局吸收了它所模仿的印第安人事务局的观念。1899年，鲁特为政策定下基调，这直到20世纪30年代都始终维持不变。"在我们把自治权完全托付给波多黎各之前，"他在1899年写道，"波多黎各人必须首先学会自控、尊重宪政政府的原则，这需要他们接受政府和平的决定。他们必须缓慢地学好这一课。"不然："如果缺乏有力之手指引下的教学过程，他们将不可避免地失败。"[111] 被认为适用于波多黎各的原则，在应用到被视为不够先进的岛屿帝国其他地区时则更为严苛。直到30年代，岛屿事务局的负责人都是欢迎鲁特观念的美国陆军将领，他们把政府视为军事指挥的一种实践，把他们打击北美土著的经验运用到统治外国民族的工作上。该局的高级殖民官员"地位非常类似住在印度土邦里的英国居民"，他们对自己所管理的人采取了同样家长式的态度。[112]

岛屿事务局通过战争部部长成为国会和殖民政府之间的中间机构。在有人为该局写下历史之前，我们很难说这些利益之间是如何分割权力的。[113] 不过，该局似乎对岛屿领土的行政决定行使了相当多的控制，因为国会对自己曾满怀情感地促成建立的帝国兴趣寥寥，而大多数殖民地总督也会遵循岛屿事务局的指示。

总督一职仍然缺乏改革。担任总督的都是对他们所管理的领土知之甚少的政治任命者。罗斯福在1933年任命的第一位菲律宾总督是弗兰克·墨菲（Frank Murphy），他是一名显赫的民主党人，是底特律市长，因他的政治服务而得到了奖赏。[114] 总统也报答了另一名民主党支持者罗伯特·H.戈尔（Robert H. Gore），在1933年任他为波多黎各总督；他还在1937年除掉了一名潜在对手保罗·麦克纳特（Paul McNutt），派他去菲律宾担任高级专员。[115] 墨菲在菲律宾一直待到了1935年，而戈尔的众多错误决策（包括通过使斗鸡合法化来鼓励旅游业的计划）则导致他在上任仅一年多后就辞职。麦克纳特曾希望在高层职位上得到锻炼，实现他的总统野心，但1940年罗斯福决定前所未有地为第三任期参选，他的野心便被挫败了。

总督任职时间太短，难以得到他们做出独立判断所需的知识。1900—1946年间，美国的15名波多黎各总督平均每人任职3.1年。[116] 他们都来自大陆，只有一人能说流利的西班牙语，大多数人一点儿也不会。[117] 他们的权力有限，耗费了大多数时间在岛屿事务局的指示和当地民族主义者的反对之间小心前行。在总督们遵守官方政策时，岛屿事务局会支持他们抵抗当地批评者，但如果总督们游离在允许的范围之外，岛屿事务局就会除掉他们。1921年，沃伦·哈定总统任命共和党人埃米特·M. 赖利（Emmet M. Reily）担任波多黎各总督，半是为了奖赏他的忠诚，半是为了把他逐出华盛顿。[118] 上任后，赖利推进了强硬的美国化计划，激起民众抗议，令岛屿事务局面临尴尬的问题：它是否有能力控制当地事态。他在任职不到两年后就被召回了。

学者已经对大英帝国和法兰西帝国殖民机关的下层官员做了一定的详细研究，与之对比的是，美国相应官员的历史则鲜为人知。[119] 目前的证据显示，"你们最优秀的后代"并没有回应吉卜林的召唤，而是更愿意留在家里。比如，对菲律宾的殖民统治就开局不利：1902—1903年，17名美国人（包括5名省级财政官）因欺诈入狱。[120] 美国殖民政府缺乏英国及（较小程度上）法国的殖民政府享有的声望。由于缺乏两党共有的帝国政策，民主党又声称要终结帝国统治，殖民工作的金钱激励并不吸引人，职业前景也不确定。[121] 被任命的民主党人弗朗西斯·哈里森（Francis Harrison）在1913—1921年间大幅削减了菲律宾殖民部门的美方人员，试图加快非殖民化进程。[122] 他的继任者是一名共和党人，又试着扭转哈里森的政策。责任在召唤，但它的口气却不那么确定。如果说行政管理的目的是让帝国领土准备好迅速向独立转型，那在漫长职业生涯中接连晋升就希望渺茫。同时，行政机关在不为人知、毫无吸引力的地区的苦差事不太可能吸引那些拥有吉卜林所宣传的才能的新人。正像接连担任波多黎各总督和菲律宾总督的小西奥多·D. 罗斯福在1937年反思的那样："我们没有殖民部门，也没有发展出这样的部门。"[123]

伊莱休·鲁特刚上任时，希望将美国的民主共和原则与英国殖民实践融合起来。结果，比起实现目标，他在创造政策手段上更加成功。随着这一事业的困难越发明显，鲁特采取了不那么有野心的策略，将广泛的权力委托给行政官员，希望他们实行的政策能不受美国政治和民族主义诉求所造成的不可预知的压力影响。他在这一目标上也失望了。[124] 美国作为帝国力量，发现自己受制于无法控制的国际影响，也受到了宪法的约束，因为宪法给对立的利益集团留下可观的空间去影响殖民政策。

权力的委托让华盛顿在殖民地的代表得到了权威。但这些受托者人数寥寥，对当地文化和语言的掌握也颇为有限。在这些情况下，就有必要进行间接统治。殖民当局通过当地强人进行统治，这些强人的关系网延伸到了官方视野之外的内陆地区。[125] 殖民统治变成了一连串中间人之间的讨价还价。强人们承诺维护公共秩序，要求得到政府合同及相关特权作为回报。侨民公司为当地政治组织出资，作为交换，则要求在获取土地使用权、控制劳动力上得到协助。各政府加强了它们的势力，建立警察队伍和准军事力量，创立情报机构，形成间谍网络。这些"教化使命"的辅助措施不仅是金元外交的一大特征，也存在于海外领土各地。[126] 在这一问题上，美国遵循了既有做法。英国的帝国警察起源于东印度公司，不断演变发展，以至于巴勒斯坦警察中的英国成员认为自己等同于法国外籍军团。[127] 法国的帝国警察则来自拿破仑的欧洲征战，建立在法国大革命后推行的机构制度的基础上，尤其是在国家宪兵（Gendarmerie nationale，1791年成立）的基础上。[128] 殖民地中发展出的控制手段被输出用来对付母国的异议分子。[129] 在菲律宾的经验有助于控制美国20世纪20年代的劳工骚乱，英国的殖民警察则在20世纪60年代就如何应对颠覆活动为母国警察提供建议。[130] 殖民政府是控制技术的开创者，因为它们缺乏合法性，这迫使它们设计新手段来确保公民服从。殖民统治的普世遗产之一，就是安全国家的机制，它被传给了后来的独立政府。

20世纪30年代的经济危机迫使所有殖民列强重新评估指引它们经济政策的正统学说。但是，没有哪个国家像美国这样迅速或热情，正因为美国缺乏两党共识，所以这打开了变革的大门。当富兰克林·D. 罗斯福在1933年入主白宫时，他带上了自己的智囊团成员及相关的新政支持者，他们急于抓住这个在20年代失之交臂的机会，用进步派思想来改革国内和帝国中的资本主义。有些进步派在1898年支持获取海外属地，是因为他们在帝国中看到了实践他们的社会工程及经济发展理念的机会。他们的继承人在30年代崭露头角，除了一些著名的例外，他们都是民主党人，不像前一代共和党人表现的那样对帝国充满热情。他们既有自己的改革理念，又敏锐地注意到，需要改进他们所继承的令人失望的殖民统治履历。作为民主党人，他们肩负帝国的重担，没有帝国主义者的热切，但有着受托人的坚持，希望用改良来把独立变成切实可行的展望。

罗斯福的首要制度改革是于1934年在内政部中建立领土和岛屿属地司（Division of Territories and Island Possessions），并关闭岛屿事务局，后者在1939年结束运转。领土和岛屿属地司在1934年得到了对夏威夷、波多黎各、阿拉斯加和维尔京群岛的管辖权，在1939年得到了对菲律宾的管辖权，开启了集中管理分散岛屿帝国的进程，这一进程后来显得非常漫长。[131] 海军仍负责管理关岛、萨摩亚及一些更小的岛屿，这是出于成本原因，而不是人们可能以为的出于国防原因：1931年，海军部部长宣告说，这两座岛都没有战略价值。[132] 该司也更优先考虑经济和社会问题，岛屿事务局此前因忽视这些问题而遭到批评。[133]

然而，尽管岛屿事务局的军事思路被认定不适合处理这些问题，但美国并没有制订计划，设立专业的殖民部门。此外，领土和岛屿属地司就像它的前身一样，在决策圈缺乏分量。[134] 1941—1946年管理波多黎各的特格韦尔判断说，这仍是"一个在职人员几乎无法超过书记员和秘书级别的组织，没有专家，没有技术人员——自然，除了与领土政府保持信息上的沟通，就没有其他任何目标了"。[135] 决定政策的仍然是国会时有时无的行动、压力集团持续的要求，以及信念坚定的个人偶然的干预。[136] 二战的爆发甚至搁置了当时正在发生的最细微的制度改革。美国此前调整政策以满足民事上的优先目标，却在战争期间和之后发现，它在岛屿帝国领土中最大的利益是战略上的利益，且再一次是军事上的利益。帝国通常会在其皇帝的计划中作梗，无论这些计划是否周全，美国在这一法则上并不是个例外。

当时最重要的革新措施来自被罗斯福提拔到权威地位的个人改革者。总统的"新官们"几乎完全来自政治和军事领域之外的官员，这是头一回。他们对殖民政府抱有全新态度，同情殖民地民族主义者的抱负，并给政策以新的方向。他们关于帝国的计划正是20世纪50年代起被应用到更广大的第三世界的政策的前身，在发展理论的历史上，理应得到比当前更显著的地位。他们采用了在自己成长时期占主流的进步派观点，致力让资本主义摆脱非法积累（特别是垄断企业），并且都相信规划的好处，无论这种规划是通过政府干预还是通过团体行动来实行。

罗斯福任命的三位官员哈罗德·L. 伊克斯（Harold L. Ickes）、欧内斯特·格里宁（Ernest Gruening）和雷克斯福德·G. 特格韦尔值得在这里讨论，不过也应该提及其他几位人物。其中之一是约瑟夫·R. 海登，他是密歇根大学政治学教授和菲律宾问题专家，在1933—1935年担任这个殖民地的副总督，并根据他的经历创作了一部主要著作：《菲律宾：一部国家发展研究》（*The Philippines: A Study in National Development*）。[137] 另一人是小西奥多·罗斯福，和他父亲一样是一名进步派共和党人，与伊克斯、格里宁和特格韦尔有颇多共同点，但小西奥多和他的叔叔富兰克林①是政治对手。当民主党人在1933年掌权时，西奥多辞去了菲律宾总督一职。[138] 在那之后不久，他写出了一部对美国海外属地的调查，毫无保留地批评殖民政府缺乏结构和体系。[139]

哈罗德·伊克斯是一名政治家，尽管并不出名，但在1933年被富兰克林·罗斯福选为内政部部长。[140] 这一任命不是为了奖励他已经做出的服务，而是寄希望于他将来能做出的服务，特别是为了确保民主党人能在内阁中吸纳一名进步派共和党人。无论是有意还是无意，这一部门对伊克

---

① 西奥多·罗斯福总统为富兰克林·罗斯福的远房堂兄，两人为叔侄关系实属大众误解。

斯的意义就像他对这个部门一样：两者都在美国国内和殖民政策的制定中扮演了中心角色，直到1946年杜鲁门总统撤换了他。到那时，伊克斯已成了美国历史上任职时间最长的内政部部长。伊克斯是一名自由派，在国内支持民权，在国外支持殖民地独立。在任期开始时，他负责实行罗斯福新政的大部分内容。在任期结束时，他作为官方代表出席联合国的创建大会，带去了自己的反殖民立场。伊克斯激起了保守右派的愤慨。据说，克莱尔·布思·卢斯（Clare Boothe Luce）曾称，伊克斯有着"人民委员的头脑和切肉斧的灵魂"。[141] 但是，伊克斯颇能自我保护，也很少错过以牙还牙的机会。就像小西奥多·罗斯福一样，他对美国的殖民历程持高度批判的态度。他在30年代写作时，哀叹了波多黎各"普遍的苦难和穷困"。[142] 在1946年离任后不久，他出版了一部令人震惊的批判著作，批评海军治下关岛和萨摩亚的历史。[143]

伊克斯创造的条件让其他志同道合的官员有机会塑造殖民政策。少有人经历了像欧内斯特·H. 格里宁那样离经叛道的职业道路：他从哈佛大学毕业，成为医生，然后转向新闻业，皈依了罗斯福的新政政策，在1934年被任命为新开设的领土与岛屿属地司第一任司长。[144] 格里宁试图根据能减轻贫穷、推进独立的进步派原则来塑造殖民政策。就像前人一样，他在波多黎各试验了自己的理念，希望波多黎各能成为整个拉丁美洲的展示橱窗。30年代的环境暴露了现有政策的不足，也让其他选择方案的成功变得问题重重。格里宁在波多黎各遭遇反对，未能与温和民族主义者形成建设性关系。他后来失去了伊克斯的支持，最终因国际政策问题与富兰克林·罗斯福反目。他在1939年辞职，被重新指派为阿拉斯加总督，这一地区被称为"内政部的西伯利亚"。

但是，格里宁的职业生涯并没有在这时结束，而是刚刚开始。他担任阿拉斯加总督直到1953年，在1959年阿拉斯加建州时成了该州的第一任参议员。格里宁认为阿拉斯加是一块需要发展和解放的殖民地，便做了许多工作以达成这两个目标。[145] 在这一过程中，他也遭遇了正在印度和非洲发生的分歧，和印第安人事务专员约翰·科利尔就"土著"政策发生了冲突。格里宁急于同化阿留申人和因纽特人，科利尔作为另一名因伊克斯的影响力而得到官职的改革者，则呼吁间接统治和保护政策。格里宁恪守原则，认为妥协很困难。最后他反对越南战争的立场让他不受欢迎，在某些地方还遭到了嘲笑。他是自己眼中的真理的宣扬者，更多的是因为自身的正直而不是因为自己的国家而受人尊敬，他的正直如今仍是历史记录的一部分。

雷克斯福德·G. 特格韦尔之所以得到公众声望，是因为他是罗斯福智囊团的关键成员，并为后来发展为罗斯福新政的想法做出了主要贡献。[146] 特格韦尔是纽约哥伦比亚大学的一名经济学家，也是斯科特·尼尔林的曾经的门徒，尼尔林正是资本主义与帝国主义的著名激进批评者。他是韦斯利·米切尔和约翰·康芒斯一派的制度主义者，兴趣涉及从城镇规划到农业经济的一系列内容。作为罗斯福政府的一员，他在1933年协助创立了联邦紧急救援署（Federal Emergency Relief Administration），在1935年成了农业调整项目（Agricultural Adjustment Program）主任及重新安置管理局（Resettlement Administration）局长。他在任时支持了格里宁在波多黎各监管的衍生项目。就像格里宁一样，特格韦尔在试图把计划付诸实践时激起了大量反对。他的干预政策导致他被打上了"红色君王"的污点，他在1936年辞职时，批评者认为大家可以从苏联集体主义中侥幸逃脱了。和格里宁一样，特格韦尔的努力远没有终结。1941年，罗斯福任命他为波多黎各总督，他在任时与该岛的主要民族主义者密切合作，制定了新的发展计划，将该岛引向了更大程度的有效独立。他的主要研究著作《受灾的土地：波多黎各的故事》（*The Stricken Land: The Story of Puerto Rico*，1947）的标题指出了该岛困境的紧迫性。1946年，特格韦尔协助确保他的继任者是波多黎各人，未来的总督将被选出而不是被指派。三年后，他被众议院非美活动委员会调查。

"我们成功的河流中鲜有失败的涟漪"[147]

西奥多·罗斯福在1909年的这一自信断言，指的是正处于和平的波多黎各。他无所畏惧地对菲律宾做出了类似的断言，在那里，抵抗美国统治的漫长战争虽然通过行政命令在形式上结束，但还未终结。

> 我相信我的话具有历史性的准确和公正：美国对待菲律宾人民的方式和态度结合了不带私利的道德目标和健全的常识，标志着美国在强大种族理智而恰当地对待弱小种族的道路上，向前迈出了新的一大步，超越了迄今跨过的每一步。[148]

在帝国事务上，距离和主从关系共同削弱了责任，因此帝国事务的言论和现实存在前所未有的鸿沟。但宏大的断言仍然值得研究，特别是在美国的案例中，关于例外主义的假设在民族心理中占据了特殊的位置。

温克斯对美帝国主义深思熟虑的评估虽然远远超越了单纯的例外主义，但他还是总结说，美利坚帝国与欧洲帝国不同，主要是因为美国自身是有着共和传统的前殖民地大国。[149] 美国的这种经历和原则叠加起来，创造了基于"以独立或建州为目标"这一假定的殖民体系。[150] 美国没有宏观设计，因为它没有长远目标。相反，美国有着"极快"的美国化过程，以确保能在最短的时间里实现建州或独立。殖民统治的短暂性解释了为什么美国没有永久的海外公职机构，以及为什么"当地民族主义运动的烈度较低"。有了这些原因，"美国的帝国经历与其他国家只有短暂且有些偶然的可比性，后来则只是在一半的时间里有可比性"。[151]

我们需要修正这些促人思考又带有猜测性的结论，以考虑本章中提出的论点。美国曾是殖民地的事实并没有防止它运用帝国的标准工具——军火和金融——来获取自己的殖民地。就算在原则上不一定如此，但在实践中，共和主义并不是帝国建设的阻碍。不然，法国人就不会在非洲、亚洲和太平洋建立海外领土。在这方面，美国和其他殖民大国一致而不是相反。美国的反殖民运动组织完备、善于表达，但君主制的英国和共和制的法国也有这样的运动。美国的反殖民传统虽然享有声誉、历史悠久，但没有阻止北美土著的土地被没收，没有阻止从墨西哥吞并领土，也无法阻止1898年岛屿帝国的扩张。

并不只有美国认为，殖民统治的目的是创造条件以带来独立或州权。英国设想了通过各种自治阶段来实现独立的前景；法国和美国一样，认为同化将通过合并带来宪法平等。各殖民大国在这方面的主要区别在于转型的时间。尽管美国一开始认为,权力转移将很容易快速实现,但现实很快就打败了希望。在1901年上任成为菲律宾民政总督(civil governor)后的大约一年内,威廉·塔夫脱估算称,实现这一目标需要两到三代人的时间,他在1904年担任战争部部长时重申了这一预测。他的预测最终被证明是准确的。此外,要说美国引导了岛屿领土为合并或自治做准备,这一论点也很难站得住脚。夏威夷在30年代申请建州,虽然长期以来都符合准入要求,但都被拒绝,直到1959年。菲律宾在1934年开始了向正式独立的转型进程,但直到1946年才完成独立。非殖民化的动机几乎完全与共和传统无关,而是完全来自当时的压力。其中的一大诱因是,美国需要抛弃被视为帝国负担的地区,以安抚国内的各种压力集团,这远远不符合共和理想和西奥多·罗斯福的崇高宣言。另一诱因则出现于二战后,即需要重新调整殖民政策和国内政策,以满足冷战的战略及意识形态要求。如果说非殖民化还有公民道德的因素,那这未免藏得太深。

和温克斯的说法相反的是,美国确实有"宏观设计"。美国宣称的目标是以"仁慈同化"的形式,通过创新而优越的手段来传播"教化使命"。美利坚帝国将是一个例外的帝国,因为它将是仁慈的而不是剥削性的,宣传自由而不是压制自由,并将很快松开它对殖民统治微弱的掌控,其速度让其他帝国可望而不可即。这项事业一旦成功,就将向全世界展示,特别是向旧殖民大国展示,美国有远见和专业技巧来成功实现它们曾经失败的事业。

美国的这些野心并不像它们的呼吁者以为的那样独特。所有西方殖民列强都相信自己是仁慈而不是专制的,也认为它们的统治方式比其他比较对象更优越。它们预设了本民族的美德和精湛技巧,这令它们宽慰地得出了这一结论,并因为始终避开相反的证据,而维持着对真理的掌握。实际上,美国化"极快"的过程最终被证明缓慢得令人痛苦。国会通常对殖民地的需要漠不关心,但为了避免政府的扩大,时不时会打起精神。国会拒绝投票出资支持那些它曾正式同意的政策,也阻碍了所有试图培养必需人手的努力。我们应该认可美国在传播教育和医疗服务上的成功。但我们也应该承认,教育政策激起了当地人的反击,在西班牙的各个前海外属地都巩固了西班牙文化和语言的地位，刺激了殖民地民族主义。20世纪30年代，美国化失去了它在殖民政策里的中心地位，并且在罗斯福新政所促发的短暂政策实验后，被实用性原则所取代，这一原则在那艰难的时期指引了所有殖民列强，那就是：得过且过。

同样可以说，美国没有殖民部，这并不能作为"最清晰的证据"来证明美利坚帝国将会稍纵即逝，只是说明了国会的僵局。[152] 两党对岛屿领土的未来缺乏共识，这使反帝国主义者得以阻碍本可以更有效推进教化使命的努力。殖民政策在国会选举后的突然变化截断了政策的连贯性，而这种连贯性对雄心勃勃的发展计划的成功不可或缺。填补政策真空的是互相竞争的特殊利益集团，它们首先考虑自身的利益，其次（如果还考虑其他的话）才考虑"仁慈同化"的接受者。另一方面，在英国和法国，即便存在多重矛盾，在政府高位存在反殖民情绪，它们也可以维持对各自帝国领土的通用政策。它们还发展了永久、专业的殖民行政部门，吸取并传播了关于它们统治下的国家的语言、社会结构和政治的集体知识。当然，英国和法国也有特殊利益集团：商会、银行家以及法国的殖民党（parti colonial）都尝试影响政策。这两个国家同样从来没有足够的资金来满足政策需求。然而，英法与美国的宏观区别仍然存在，不过这种区别对政策结果的全部影响还不明确。

预　期

温克斯在60年代未能探索岛屿帝国展现的一些独有特征，这对当今的历史学家来说仍是机会。在这些特征中，最重要的可能是他短暂提及的西班牙影响，不过这在比较视角中并未得到多少关注。[153] 18世纪，帝国列强之间理所当然地互换岛屿，但到19世纪，美国的独特之处在于，它几乎所有的帝国新领土都是从另一个西方大国继承而来的。欧洲各帝国政府通过当地权威及来自本国的定居者进行统治，美国的四块主要新获领土中，则有三块通过源于西班牙的中间人进行统治。这个新的殖民大国一开始强调了它对西班牙的优越性，以及它对新的进步发展计划的决心。但结果却是，（西班牙）帝国的历史惯性一直延伸到了20世纪。比如在菲律宾，继承自西班牙的遗产对行政结构、法律体系、种族态度，以及通过教育、语言和宗教而形成的思维习惯产生了颇多影响。[154] 目前我们还不能判断，来自西班牙的影响让美国在推进"教化使命"时占了多少先机，又在多大程度上对同化和美国化形成了障碍。但很清楚的是，除了夏威夷，美利坚帝国领土起码是一个"更大的西班牙"，就如它是"更大的美国"一样。

这些考虑表明，种族是政策中非常重要的一部分，温克斯在他的短文中绕过了这一话题。所有西方帝国都展现出了同样的种族偏见，这来自相似的思想和"科学"根源，在殖民政策中也产生了类似的效果。但美国是西方帝国列强中唯一在国内长期存在"种族问题"的国家，而不是只在海外遭遇（并创造）这一问题。种族考虑在美国的反殖民运动中尤其强烈，影响持久，本土主义对移民和解放的反对使这些运动的立场更加强硬。反殖民的种族主义者恐惧山姆大叔可能向非白人移民敞开大门，也恐惧海外实行的进步政策可能也将在大陆实行。这一恐惧有据可依，不过直到20世纪60年代才化为现实。岛屿属地政策所表达的种族偏见加固了美利坚帝国的反殖民情绪，帝国的许多属民不仅是白人，还自认为是欧洲文化在海外的代表。就像在其他白人定居的地区一样，欧洲渊源按当地情况受到调整，在某些方面也得到加强，以防殖民者的领袖们"入乡随俗"。西班牙帝国的前公民因失去他们曾在1898年从西班牙政府手中抢来的选举及其他改革机会而表示抗议。他们为再次成为殖民地属民感到愤慨，抵制同化。这样一来，符合大陆利益的政策就疏远了那些本应从教化使命中获益的人们。

温克斯注意到但并未探索的另一项区别是，美利坚帝国领土在本质上完全是岛屿，这和大英帝国及法兰西帝国广大的领土属地形成了对比。但我不确定这一不容争辩的事实有多么重要。这一事实提出了非常吸引人的问题，即殖民地大小与殖民统治本质之间有何关系，但根据目前掌握的知识，这些问题是无法回答的。在美国这一案例中，我们可以说的是，拥有岛屿似乎对殖民政策的制定没有任何影响，或者说影响寥寥。正像我们已经看到的那样，岛屿之间的不同使它们可以体现出更大的领土帝国里所有的殖民类别——从直接和间接统治，到同化和联合。在这一方面，这些岛屿不是有限的特例，而是大得多的大英帝国与法兰西帝国的缩影。这些岛屿属地虽然互相分散，但也不是孤立的闭塞之地。除了和美国大陆的关系，它们还有多重联系。菲律宾移民和其他亚洲移民占了夏威夷糖料种植园劳动力的大多数。华人移民多在菲律宾定居，更少的一部分定居到了古巴。波多黎各人散布在加勒比地区各处，也来到美国大陆。在太平洋与加勒比地区讲西班牙语的岛屿间，流传着包括自决在内的进步派思想，这给予殖民统治者的政敌们一种共同目标感。夏威夷将五旬节信仰传到波多黎各和古巴，并把资本输出到菲律宾。这些岛屿不仅仅是全球化微不足道的接受者，而且是积极散布全球化影响的代表。

美国与欧洲帝国之间有些所谓的区别并不重要，甚至只是虚幻的，其他区别则可算是独有的。但这些独有的特点都没有强大到能让美利坚帝国走上一条独一无二的轨道。美国在19世纪末得到岛屿领土时，正是德国、意大利、日本等"后发"帝国列强寻求海外属地的时候，现有的帝国列强也正在增加它们的属地。美利坚帝国在20世纪四五十年代终结，正是其他西方帝国列强也抛弃殖民统治的时候。在这两段时期之间，所有西方帝国的命运都以同样的方向发展。美国宣称了它的例外性，但起到主导作用的仍是常规性。

在所有的情况下，殖民统治变成了关于国际贸易能否持续成功的一场赌博。西方在亚洲、非洲、加勒比地区和太平洋地区的殖民地依靠初级产品出口来产生财政收入，这些收入可维持超越生计线的生活水平，为政府项目出资（例如交通、公用事业、教育、农业改良等），并收入政府的保险箱中。美利坚帝国中的生产者和欧洲各帝国内外的原料出口者身处同样的框架，都面临限制和机会。他们的命运最终取决于他们的产出价格所体现的国际需求，在眼下则取决于殖民政策，特别是调整关税的政策。他们也被迫互相竞争，抢夺同类产品或替代产品的市场份额。在殖民时期，国际经济的显著波动在全世界引发震荡，表明生产专门化既带来了竞争优势，又使人们容易在外界导致的需求变化下受到伤害。

这一动态关系并不是殖民帝国中唯一决定事件走向的因素。殖民政策，以及人们对殖民政策的态度，也取决于其他根源。不过，证据显示，经济因素对塑造政策、影响殖民地属民的反应至关重要。证据进一步指出，岛屿帝国的历史与更著名的大英帝国和法兰西帝国历史相互对应，因为它们的命运都受到了同一动因的驱使。未来的研究可能会修正这些主张。但目前来看，这些主张将为接下来第12章和第13章的案例研究起到指路作用。主要论点适用于这两章，我在这里做一总结，以避免之后的重复。

1900—1913年间，出口价格的恢复使世界各地的殖民地经济得到增长，帮助新的统治者把控从获取殖民地到占领殖民地的转型。尽管菲律宾以及非洲和南亚部分地区都仍有激进抵抗行动，但财政收入和人均收入的复苏协助刚起步的政府得到资金，扩大出口作物生产，并让关键的利益集团接受了服从的新时代。一战破坏了市场和航运，但也增加了对大多数初级产品的需求。结果产生的震荡导致了战后的繁荣和暴跌。前者创造了尼日利亚所谓的"蘑菇绅士"（mushroom gentlemen），后者则吞噬了他们。战争年代的破坏、工业品的短缺以及许多殖民地属民的死亡，也产生了显著的政治影响。幻灭情绪四处传播，民众抗议和民族主义主张在西方帝国领土各处考验着殖民统治。就是在这时，甘地赢得了声望，毛泽东开始崭露头角，奎松和奥斯梅尼亚加强呼吁菲律宾独立，一名叫作阿尔维苏·坎波斯的年轻波多黎各民族主义者转向激进手段来解决殖民地"问题"。在夏威夷，糖料种植园里有一半劳动者罢工以争取提高工资。在古巴，政治不稳定则促使美国重新占领了这座岛屿。

20世纪20年代标志着美利坚帝国的高潮，可以说这也适用于欧洲帝国。英国和法国在与它们的帝国领土发生冲突后完好无损，恢复了重申控制属地的决心，这些属地在陷入围困和贫穷时证明了自己的价值。经济状况在20年代回归稳定，磨去了最尖锐的不满言论的锋芒，解散了许多在战争期间涌现的新生政治组织。英国的政策对印度同时实行压迫和让步，搁置了在中国的炮舰外交，开始与圣雄甘地及蒋介石这样重要的民族主义者合作。共和党在美国重获权力，目标是恢复教化使命。激进派在可能的情况下被移出政治体系；温和派得到了温和的鼓励。在菲律宾，伍德将军紧紧抓住坚决监护的政策，同时谨慎地与奎松及奥斯梅尼亚这样的温和派合作。在古巴，美国支持了另一名温和派，赫拉尔多·马查多总统，希望他能控制激进民族主义者，带来稳定。在波多黎各，激进分子过于分裂，无法对温和力量造成严重威胁。在夏威夷，白人移民认为自己足够安全，可以通过镇压来应对零星的罢工行动。在这时，大多数殖民地民族主义者都以改革而不是革命为目标，也还没有覆盖更广大的民众。印度国大党是个例外，但在20年代，即使是草根运动也不一定能发展壮大到引发绿色起义。

　　20世纪30年代标志性的全球大萧条打破了殖民经济，刺激了激进民族主义，让统治大国和它们温和的殖民地盟友面临的选择变得两极分化。初级农产品价格的崩塌降低了生活水平，增加了失业率。殖民地民族主义呈现出更新而更具威胁的特性：绿色（及棕色）起义把农民和城市工人带上了政治舞台，来自所谓青年运动的新一代领导人崛起，指引着这些人的力量。殖民统治者们忙着设法维护政治稳定，以应对民众示威、罢工、公共暴力及激进政党主张。尽管有相反的提法，但美利坚帝国中"当地民族主义运动的烈度"并不低于欧洲各帝国。[155] 在夏威夷，新建立的激进跨种族工会削弱了定居者寡头的权力。在菲律宾，民众的不满情绪加上激进的萨克达尔党（Sakdalista）运动的影响，驱使温和派领导人以远超过他们心意的速度走向独立。在波多黎各，以法律与秩序为名的官方暴力造成反弹，导致总督被刺杀未遂。在古巴，广泛的困苦导致了内战，这场内战摧毁了旧的政治体系，让巴蒂斯塔中士变成了代表人民的新声音。

　　到30年代末，各地的殖民当局已经学会去接受变革的需求。英国和法国制定了殖民地发展政策，包括让政府得到更大权力，计划培养新一代受过教育的殖民地中间人。罗斯福新政的支持者也开始将类似的想法运用到岛屿领土。英国设计的改革是为了维持一个值得保住的帝国；罗斯福的改革则是一次迟来的尝试，为摆脱这群麻烦重重、不得人心的岛屿做好准备。随着人们看清对抗贫穷的战争将是一场花费大而结果不定的消耗战，他们更愿意逃走而不是迎战。

　　长期以来人们认为，二战在打开殖民统治的封闭容器方面起到了决定性的作用，但如今，二战看起来就像处于一个进程末尾的破坏性事件，在30年代，这一进程中的关键变革元素就已被组合调动起来。战争本身对西方帝国产生了差异性影响。欧洲在亚洲和非洲的大块殖民地被抢夺并占领，其他殖民地（特别是印度和各自治领）深深卷入战事，但并未成为战区。同样的对比也发生在美利坚帝国中：夏威夷被轰炸，关岛被侵略，菲律宾成为主要战场，而古巴和波多黎各就像英国的西印度群岛一样，相对而言未受多少打扰。战争打乱了世界各地的运势：夏威夷从珍珠港的灾难中恢复过来的速度，比它从此后的军事统治中恢复过来的速度还快；菲律宾在日本占领及随之而来的游击战中遭遇了极大伤害；对当地出口的需求则推动波多黎各和古巴从30年代的苦难中恢复过来。尽管这些经历各不相同，但在1945年，整个殖民地世界的属民都坚决地认定，他们不应该回到自己曾协助削弱的战前秩序，也都雄心勃勃地希望用不同且更好的选择来取而代之。这次，不会再有战前秩序的恢复、管制的篝火，也不会有浮夸得会飞向虚无的关于自决权的许诺了。

第12章

加勒比狂欢节

极乐岛

不可思议的是，加勒比地区长期以来都是奴隶制的大本营，但它却成功得到了充满阳光、狂欢节、卡利普索民歌和无忧无虑的当地人的形象。艺术胜过了人造物，这是 20 世纪的一大特色，在太平洋也是一样，这主要是旅游业的成果，又受到了音乐界的有力支持。但在 19 世纪与 20 世纪的交界点，美国在古巴和波多黎各并没有看到多少阳光，也很少看到无忧无虑的当地人。1900 年，古巴军事总督伦纳德·伍德少将为一次漫长而艰难的任务做了准备："我们对付的那个种族已经在 100 年中每况愈下，我们将给其注入新的生命、新的原则和新的行事方式。"[1] 战争部部长伊莱休·鲁特对波多黎各采取了类似的看法。该岛的大部分人口都是白人，这一事实并没有抵消该岛受到的拉丁文化和罗马天主教的影响，也没有改变参议员阿尔伯特·贝弗里奇所说的"西班牙那虚弱、腐败、残酷又多变的统治"带来的削弱性影响。[2] 在鲁特看来，美国被迫成为该岛居民仁慈但坚定的守护人，这些居民需要"在有力之手指引下的教学过程"。[3]

古巴形象的改变开始于 20 世纪 20 年代，那时，人们虽然还记得"缅因号"，但它已不再搅起战争的激情。禁酒令和地理距离的接近让哈瓦那成为国际高端生活的中心，一个包含赌博和卖淫的"鸡尾酒天堂"。[4] 大陆对这座岛屿的重新发现之旅以音乐、舞蹈和狂欢节为标志，这放大了古巴作为永久放纵之地的形象。该岛文化的大众化表现形式被挪用、改变，以供大陆消费，菲律宾和夏威夷的形象也是一样。[5] 哈瓦那赌场乐团在1930年把歌曲《花生小贩》("El Manisero")带去了美国，赢得了第一次大成功。歌词陈腐得令人宽慰：

> 要是你没有香蕉，不要忧愁
> 小袋子里的花生正在召唤着你。[6]

波多黎各的艺术表现从未达到古巴的那种奢侈程度，半是因为它作为非合并领土实行的控制措施不适用于独立国家；半是因为它已经避开了极端动荡，这种动荡曾在19世纪晚期松懈了对古巴社会的控制。不过，波多黎各还是从到访的名人那里得到了"时髦的神秘性"，它自己独特的文化表达形式为它作为热带港湾的光环做出了贡献。[7]

但是，有一点超出了外国接受者和游客的掌握与理解：就像在太平洋地区一样，原创风格在加勒比地区保持了独立和活力。后来被统称为"拉美风"的舞蹈包含了来自不同地区源头的元素。伦巴和萨尔萨舞在波多黎各和古巴受到欢迎，不只是作为社交的表现形式，也是作为解放的表达。[8] 波多黎各通过希巴罗音乐（jíbaro）和普兰那音乐（plena）保持了长久的音乐表达形式。前者起初是"乡村"音乐；后者则在20世纪早期兴起，作为一种"歌曲式的报纸"，为膨胀的城市劳动力服务。[9] 希巴罗音乐把受到侵略势力威胁的乡村纯朴美德进行理想化、赞颂和重申：

> 我知道爱是什么
> 对一个在土地上的人来说
> 当他拥抱了爱的喜悦
> 辛劳让眉间渗出汗水。
> 因为我知道怎么去珍惜它
> 我知道怎样赢，怎样输
> 但我不想堕落

> 我也希望你能保持动力
> 因为在这首希巴罗乐曲里存活着
> 过去的习俗。[10]

　　文化风格创造性地回应了殖民影响带来的变化。古巴的民族英雄何塞·马蒂死于1895年对西班牙的战争中，但他的精神在古巴对美国的批评中，以及古巴对真正平等的持续希望中存活下来。马蒂本人对大陆的物质进步印象深刻，但为他眼中"美国粗鄙、不均衡、堕落的本性，以及那里持续存在的所有暴力、不协调、不道德和无秩序，被怪罪到西属美洲人民头上"感到惊骇。[11] 马蒂希望遏制美国影响力的传播，这没有成功，但他代表的无私爱国主义却给古巴发展中的民族认同意识带来了不可磨灭的贡献。他的人生、价值观和诗作启发了古巴最著名的歌曲《关塔纳梅拉》（"Guantanamera"）的歌词：

> 我与大地上苦难的人们同患难
> 我与大地上苦难的人们共命运
> 因为比起大海，我更中意山间的清泉。[12]

　　波多黎各朴素而精英主义的形象掩盖了它生机勃勃的文坛景象，其中的讨论事关一项持久的主题：如何把传统与现代结合起来。埃米利奥·德尔加多（Emilio Delgado）在1929年用混杂着怀旧和异议的情感捕捉到了正在逐渐展开的故事：

> 今天你伤心了，岛啊
> 农民们眼看着你离开，垂头丧气地
> 在糖厂喷出的烟雾中
> 在山姆大叔的资产阶级烟斗中。[13]

　　殖民者和被殖民者以无法互相理解的眼光看待现实。用朗费罗的话说，他们就像黑夜中擦肩而过的船只，顶多发出一个简短的信号或遥远的声音来表示认可对方。塑造现实本身的是更大的力量，这些力量改变了文化表达的背景，从而改变了它们的内容。本章将说明，这一背景是全球和当地影响互动的产物。殖民地政治是非正式统治和非正式影响的手段与波多黎各及古巴政治精英的野心混合起来的结果。殖民地经济来自有关分配土地权利、打开海外市场、发展基于糖业的单作经营的决定。殖民地文化则产生于尝试教化那些自认为已达到文明的人的行动。在这些共同点背后，是来自西班牙统治、西班牙移民、罗马天主教和非洲奴隶的共同遗产。

但是，与共同特点并存的是由来已久的对比，这些对比在19世纪扩大，在1898年后因美国侵略的不同影响而变得更为复杂。波多黎各和古巴在面积、资源和宪法地位上都有所不同。波多黎各既小又人口过剩，缺乏富饶的自然资源，是美国管辖下的一片非合并领土。古巴比波多黎各大得多，有充裕而富饶的资源，取得了正式独立。[14] 它们的共同点有助于解释为什么这些岛屿能并存于一个广泛的帝国框架中。它们的不同点则有助于解释为什么它们发展出了不同的身份。

波多黎各："管理我们岛屿属地最佳方法的实例"[15]

"这座岛被管得这么好，关于它的法规效果也这么好，以至于这些优秀之处让我们大多数人都忘了这座岛。"[16] 这是西奥多·罗斯福总统在1902年做出的自信（虽然也不成熟）的判断。一代人以后，他的儿子作为总督在1929年抵达波多黎各，他记下了不同的印象："四处都是贫困，饥饿很常见，几乎造成死亡，而且这座岛始终疾病肆虐。"[17] 让老罗斯福留下深刻印象的，是在西班牙统治迅速结束后，无处不在且永远精力旺盛的伍德将军用军事的彻底性擦亮了政府的工具。另一方面，小西奥多·罗斯福反思的，则是30年来试图把"教化使命"转为现实的民事努力。他在大萧条影响到该岛之前留下的这一印象，与布鲁金斯学会在1930年的报告呼应："岛上民众的生存条件仍然恶劣。"[18]

要了解美国加入西方帝国建设者之列的决心，没有比波多黎各更贴

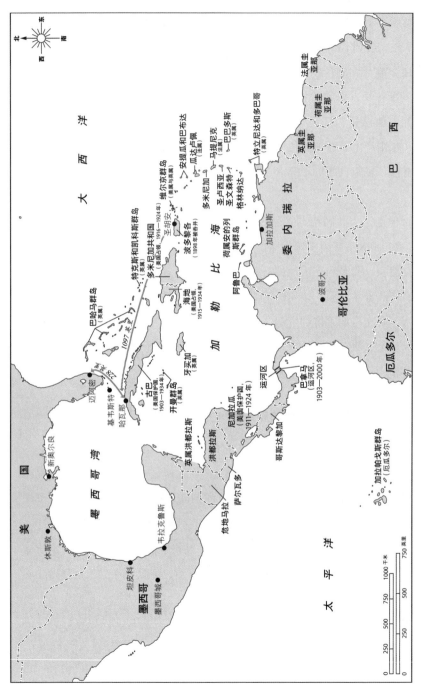

地图 4 美国统治时期的加勒比岛屿

切的案例了。该岛作为古巴战争的副产品被美国获取。它既没有对大陆形成威胁，又没有战略必要，它的经济重要性和潜力都很有限。然而，波多黎各在美帝国主义的官方思想中占据了特殊位置。战争部部长伊莱休·鲁特表达了一种由来已久的看法，认为该岛是一个用来测试美版教化使命优越性的案例，也是向整个拉丁美洲展示自由与民主价值的橱窗。[19] 菲律宾受猖獗的叛乱困扰，已经损害了扩张主义者在美国国内的事业。火焰已在吕宋岛燃起，但理想中文明与进步的灯塔在那里几乎没有闪光，更没有照亮东南亚那不可测的深渊。波多黎各离美国更近、面积更小，看上去也更易控制，菲律宾拒绝给帝国提供的正当性，都将由波多黎各来提供。

虽然华盛顿的专家们在世纪之交发表了贬损言论，但他们展望未来时都带着一定的乐观情绪。波多黎各发展出的自治能力，与已被登记为合并领土的夏威夷相当。规模颇大且多是白人的地主阶级和受过教育的精英阶层已在19世纪成长起来。[20] 一部分精英人士（主要为克里奥尔人）曾作为政治难民从南美大陆的动乱中逃到这里，另一部分（半岛人）则是在19世纪下半叶从西班牙移民而来。[21] 广泛来说，这两个群体都是保守的效忠派，不像古巴人那样会拿起武器对抗母国。他们大部分人都在两座主要城市定居。圣胡安是行政与文化中心，也是主要港口。庞塞是一个繁荣的商业与金融中心，有着现代公用事业（包括电力）、受过教育且富有的中产阶级，通过海底电缆与更广大的世界联系。这些特征并不足以说服鲁特偏离他此前为1898年从西班牙那里得来的其他领土所制定的政策。光有白人身份，要得到更优越地位还不够格，而半白人则可以说是一个污点。决策者强烈地相信，拉丁"种族"缺乏盎格鲁-撒克逊的特征，而且认为罗马天主教添加了一些只有新教才能去除的讨厌特质。不过，美国人的专门知识、精力和指导还是能够成功达成西班牙在几个世纪的统治中未能实现的目标。

1900年通过的《福勒克法案》（Foraker Act）让波多黎各作为美国的非合并领土得到了第一部宪法。[22] 接着，法案的合法性受到了最高法院的检验，最高法院确认美国可以在不进行合并、不提供公民权的情况下行使权威。[23] 这一判决让波多黎各陷入了宪法的不确定状态，直到1952年，

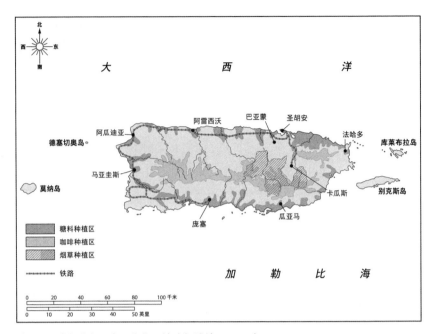

地图5　波多黎各：出口作物、铁路与城镇，1920年

美国授予该岛自治邦（Commonwealth）的地位，随之而来的是完全不确定的因素。[24] 1901年，波多黎各的首要政治人物路易斯·穆尼奥斯·里韦拉总结了该岛的矛盾状态，这将标志着它在整个20世纪的处境："我们既是美国的一部分，又不是美国的一部分。我们既是外国，又不是外国。我们既是美国公民，又不是美国公民。宪法覆盖了我们，又没有覆盖我们。"[25] 穆尼奥斯·里韦拉自己的立场也反映了这些模糊性。1897年，他主张地方自治。1898美国军队到来后，他希望波多黎各被并入美国。到1901年，他再次呼吁自治，不过这次是脱离美国而不是脱离西班牙。

依据《福勒克法案》，并在最高法院裁决的支持下，决策者们建立的政府机构融合了来自大陆的领土统治要素，以及从特立尼达这个英国殖民地借来的经验。特立尼达的经济发展、教育和卫生水平被认为远超波多黎各。[26] 因此，一名由总统挑选的总督被指派到该岛，一个行政委员会被任命管理该岛，有限的选民群体则选出了代表议院。然而，立法权需要总督的批准，最终还要面临华盛顿国会拥有的否决权。警察部门、高级法院、政府财政及教育方面的关键岗位都由美国公民任职。这些规定让波多黎各的权力小于大陆上的领土政府，也没有像提议中那样为自治提供多少训练空间。新宪法也向后退了一步。在西班牙统治下，波多黎各曾变成西班牙的一个省，它的居民都是西班牙公民，派代表前往西班牙议会。[27] 鲁特"指引的有力之手"确实存在，但假设中必经的"教学过程"则基本缺席。

不过，不管指引之手多么有力，它都需要当地代理人的帮助。就像在菲律宾一样，美国发现，政府只有通过利用并嘉奖大人物才能运转，优秀善良者虽然也有用，但并不是必需的。也像在菲律宾一样，秘密警察行动使政治活动永远处于监视之下，这强化了双方的合作安排。[28] 波多黎各的政治活动家一开始希望美国能确认他们已成功从西班牙手中赢得自治。但信使传来了幻灭的消息。到1904年，穆尼奥斯·里韦拉和其他政治领袖不再期待美国的存在会带来自由、平等或自治。相反，就像在古巴和菲律宾的同类一样，他们被迫在岩石和艰险中寻找自己的道路。与美国进行一定程度的合作是有必要的，但完全合作将会伤害哪怕是最微小的民族主义目标。两大主要政党适应了新的殖民秩序。共和党（Partido Republicano，1899年成立）以建州为目标；联盟党（Partido Unión，1904年从联邦党演变而来）则希望取得独立，或者如果无法实现独立的话，就取得某种形式的自治权。

但不久后，它们就明显看出，美国无意让波多黎各建州或独立。1917年《琼斯法案》成为法律，它的支持者们将其视为进步政策，这将让波多黎各人成为美国公民，建立民选参议院以扩大政治程序。[29] 但在现实中，设计该法案是为了确保美国将永远控制该岛，这就是为什么穆尼奥斯·里韦拉和议院对法案提出反对。[30] 不出意料的是，法案对政治现实影响有限。选民群体的延伸丝毫没有打破否决权，总督和国会继续利用否决权来阻挠被视为不可接受的提案。[31] 从这一角度来看，公民权是一项不受欢迎的安慰奖，是美国因为不愿给予该岛以州地位或显著扩大的自治权而做的补偿。最高法院在1922年支持了民族主义者的判断，确认该岛将保持非合并领土的地位。《琼斯法案》也受到了时代需求的驱使，这些需求与自由民主的崇高理想相去甚远：威尔逊总统希望，万一美国被拉入欧洲战争，公民权能让波多黎各产生忠诚感。公民特权最初的结果之一便是，波多黎各人有资格在军队服役。到一战结束时，已约有2万人被征入伍。

一旦美国将关键的宪法问题排除到严肃考虑范围之外，各政党就会被迫集中精力关注它们能施加一定影响的有限事务。在扩大的选民体系中，获得政治赞助的机会更大，这种和平的战利品成为政治竞争的焦点。波多黎各自身还有一种动机来限制政治争论的范围，其巩固了这一趋势。两大主要政党都代表了有产者的利益。共和党为大量糖业利益集团发声，联盟党则吸收了糖料及咖啡生产者和商人的支持。[32] 这两党都不愿冒险支持激进主张。它们都很清楚，西班牙所称的"魔幻之岛"包含着不稳定因素，需要降温而不是加热到沸点。出口业在19世纪下半叶的迅速发展、废奴、乡村的持续贫困、土匪的不断出现，以及半岛人的涌入，组成了可能爆炸的混合因素。[33] 人们高度渴望政治进步，更希望捍卫财产。警告信号在一战期间出现，当时的大规模罢工和农村骚乱表明了人们对新殖民秩序的不满程度。

《福勒克法案》同时提出了经济问题和宪法问题。麦金莱和鲁特起初计划，允许波多黎各的糖料自由进入美国。这一让步背离了共和党的保护主义原则，但这是为了应对该岛的紧迫需要。1899年，一场飓风摧毁了80%的咖啡作物，而咖啡正是当时首要的出口品，这加剧了美西战争造成的混乱。[34] 美国在波多黎各建立的新政府仍充满不确定性，急切地呼吁补救行动。作为回应，麦金莱提议允许波多黎各的出口糖料和烟草自由进入美国。波多黎各咖啡已经在自由准入的名单上，但很难和更廉价的巴西咖啡竞争。[35] 由糖业托拉斯领导的强大利益集团立刻对他的这一提议给予热烈支持。[36]

哈夫迈耶和糖业托拉斯为麦金莱的提议兴高采烈。如果在关税方面把波多黎各视为合并领土，那原糖就可以免关税进入美国及糖业托拉斯的炼糖厂。[37] 但另一方面，尽管来自该岛直接竞争的威胁微乎其微，但大陆上甘蔗、甜菜和烟草的生产者，以及保护主义者整体都感到失望。反对者辩称，如果将关税让步授予波多黎各，那古巴和菲律宾就会要求类似的措施。[38] 面对玩火自焚的可能性，麦金莱放弃了原来的计划，改为在《福勒克法案》中做出妥协，对波多黎各出口品（主要是糖料、咖啡和烟草）征收的关税被减到现行税率的15%。即便如此，美国的甜菜和甘蔗利益集团仍然担心关税将无法抑制波多黎各的糖料出口。游说集团迅速做出最后的斡旋，旨在遏制该岛发展出高效的大型种植园，他们在《福勒克法案》中增加了一项条款，限制公司最多只能拥有500英亩土地。[39] 这一事件建立了一项关键原则，即美国无须兼并就可以为波多黎各立法，延伸来说也可为其他属地立法。这也确认了，就算经济和政治条件都足够有利，美国国内的经济利益和本土主义情绪始终固执地反对为岛屿领土（除夏威夷外）提供机会，以免其作为合并州加入美国。

但这还不是结束。1902年，国会允许波多黎各与美国进行完全自由的贸易。这一让步主要是为了支撑岌岌可危的波多黎各经济，支持美国在那里新建立的行政机关，但这一让步主要是通过糖业托拉斯的行动赢得的，它在1900年后勤奋工作，通过收购必要数量的甜菜企业来抵消保护主义的利益。[40] 在美利坚帝国中，自由贸易是帝国特惠制的温和说法：它刺激了美国投资，支撑了公司资本主义，助长了垄断倾向。还有一些政策措施规定只有美国船只能往返大陆，避免波多黎各协商谈判商业协议或调整关税水平；有些政策还将比索改换为美元。它们都为美国利益提供了额外支持。[41]

1901年，南波多黎各糖业公司作为糖业托拉斯少数重要但短暂的竞争者，开始在南方沿海小镇瓜尼卡建设世界上最大的榨糖中心之一。[42] 该公司召来路易斯安那和巴巴多斯的农艺专家，从纽约得到资金，雇用来自加勒比地区的劳动力，在它那像大教堂似的巨大糖厂周围建设了一片相当大而自给自足的综合体。[43] 类似的是，烟草托拉斯扩大了它在该岛的势力，以控制烟草作物的处理和销售，不过烟草生产仍由小生产者负责。[44] 这些发展体现了新兴跨国企业逐渐集中的力量。互相竞争的群体之间曾经的差别变模糊了，甜菜生产商和炼糖商合并，炼糖商自己变为海外生产商，刚刚扩大的生产商扩散到加勒比地区的不同岛屿，纽约各银行则为这些昂贵的发展提供了越来越大份额的所需资本。这一整合过程在战时糖业繁荣中达到了顶点，1916年，亨利的儿子霍拉斯·哈夫迈耶加入了南波多黎各糖业公司的董事会。[45]

　　围绕《福勒克法案》艰深而隐秘的谈判改变了波多黎各的未来。19世纪90年代，美国在波多黎各经济中的利益渐增，但仍然不算大。1898年后，合众国跟随其他西方帝国中的潮流，上升到了统治地位。到1930年，波多黎各近95%的海外贸易都是和美国关联的。[46]咖啡曾在19世纪90年代占据该岛出口额的约四分之三，这在1920年跌落到7%，在那之后进一步减少。原糖取而代之：19世纪90年代，糖料占波多黎各总出口的约21%，到1920年，这一数字则上升到了72%。[47]这一转变表明，当教化使命的理想穿过特殊利益的滤网后，将会发生什么。一旦咖啡业失去西班牙市场的关税支持，又不得不克服美国关税，它便失去了活力，进口和批发巴西咖啡的现有利益集团牢牢地将关税控制在原位。[48]尽管有大陆的种植者持续反对，但波多黎各的糖料生产激增，因为它享有东海岸炼糖商和纽约投资者的支持，吸引他们的，是在那里有可能规避对外方所持有财产规模的正式限制，建立种植园。贸易既紧随旗帜，又紧随关税，决定关税的是特殊利益集团之间的殊死搏斗，影响这些利益集团的则是国内政治利益优势的考虑以及永远紧迫的当前需求。

　　1898年后发生的显著经济变化，不应视为美国将资本主义带给波多黎各的证据。这一过程在1898年前就已经开始，那时出口作物生产就在增长，农村差异的扩大导致土地所有权集中化，没有土地的农村劳动力也有所增加。[49]美国所做的，是把出口经济从咖啡业手中夺走，将它推向糖料生产，并用政治杠杆来扩大新投资的机会。其结果无疑是让波多黎各经济踏进了资本主义扩张的新阶段，但这不是因为波多黎各实现了自身潜在的比较优势，而是由于人为操纵关税。该岛的经济开始依赖大笔补助，从而依赖外国控制者摇摆不定的政治倾向。到1935年，甘蔗田占据了该岛所有耕地的约三分之一，高度资本化的新工厂散布其间。经济和社会分层已变得明显：30年代中叶，四家所有者不在本地的美国企业持有的糖业用地是所有糖业用地的约四分之一，处理的糖料是该岛糖料总产出的约一半。约6 000名甘蔗种植者为这些企业提供了甘蔗，10—12万名流动工人提供了必要的体力劳动。[50]半是受到人口增长的拖累，当地工资仍然较低，失业率则仍居高不下。移民去大陆及更远的地方（甚至远及夏威夷）成为那些求职者的出路。

即便如此，如果总结说外国企业摧毁了当地创业者，那就误入歧途了。近来的研究已开始揭示，应该更复杂地理解殖民时代早期的农业秩序。[51] 佃农（colonos）占据了糖业用地的约一半，生产了约三分之一压榨用的甘蔗。波多黎各人拥有的糖厂（centrales）则处理了近一半从该岛出口的糖料。小农回应市场刺激，人数有所增长，不过他们所持土地的平均面积缩小了。土地短缺成为该岛经济的特点，失去土地的现象虽然普遍，但各地情况并非一致。因此，在没有激进征用行动的情况下，美国治下的发展建立在现有的土地所有制体系上，也顺应了体系的要求，就像在菲律宾吕宋岛的产糖地区一样。另一方面，古巴在这个问题上则与内格罗斯岛类似，那里的边疆更为开放，问题不是土地是否足够，而是劳动力短缺。波多黎各的发展模式足够集中，可以让少数大企业（无论是侨民开办还是本地人开办、所有者在外还是在当地）得到体系内的大量利益，以及随之而来的存在感和政治影响。同时，出口生产也足够差异化，可以包括更小的农场主，他们的代表有能力在需要时为他们发声。比如烟草农场主主要是自住业主，他们组织完备，在华盛顿维持了积极的游说集团，从殖民当局那里争取了宝贵的让步。[52]

美国化作为美帝国主义的文化力量，应用了一系列普世原则，很少考虑到新帝国的多元性。教育作为现代性的最佳介质，引领了通向文化适应的道路。官员们以提高识字率、将英语引入学校课程的大力行动开启了殖民统治的新时代。识字率从1899年的约20%上升到了1935年声称的65%，不过测量方法非常不完善。[53] 尽管数字夸大了现实，但这是一项可观的成就，因为该岛人口在1899—1935年间几乎翻倍，达到了172.4万人。不过，这些结果远低于政策宣称的目标。一项在20世纪30年代末完成的全面调查记录道，5—17岁的孩子上学的不到一半，设施和设备严重不足，资金也远少于确保改善情况所需的水平。[54]

文化适应的进展很小。教育计划未能达成目标，即把英语变为与西班牙语势均力敌的第二语言。1935年，甚至在学龄人口中也有三分之二的人不会说这门第二语言。识字率的增加主要是更多人熟练使用西班牙语。从决策者的视角来看，情况更糟糕，文化同化已变得适得其反。学校课本推行盎格鲁-撒克逊价值观，贬低或忽略当地文化，美国还试图用强力对付那些抵抗引进英语的行动，这都激起了人们的憎恶。[55] 波多黎各人对美国化项目的反应促使西班牙语被确立为民族身份的语言，而"西班牙主义"（Hispanism）则是不同于美国的另一种文化指向。[56] 教师作为现代性指定的工具，就是反文化最有效的代理人之一。[57]

新教传教团在1898年曾急于在海外获取新阵地，但发现它们播撒的种子也掉到了石质地面上。各种礼让协议使该岛被互相竞争的教派割裂，这些教派提供人们急需的医疗服务、学校以及教堂，借此给当地社区留下了持久的印象。但是，皈依率却没能满足期望。罗马天主教逐渐适应了新的殖民秩序，就算它从未真正成为被压迫者的代表，但也变成了新兴民族认同意识的长期参照点。讽刺的是，新教只有在20世纪接近尾声时才取得了明显的进步，那时大部分外国传教团已经离开，新教表现为五旬节派的形式，这并不是以往那些传教团支持的路子。道德革新的世俗代表们也未能达成他们曾期待的结果。殖民地官员鼓励公证婚姻及与其相对的离婚，以试图减少自愿结合的数量及随之而来的私生子现象。[58] 他们的努力几乎没有增加结婚率，却在很大程度上刺激了离婚率。这样一来，起初旨在促进社会稳定的政策最终推动了女性的解放。影响婚姻的改革措施给发展中的女权运动增加了分量，领导这些运动的是想加入工会的烟草工人和想得到投票权的精英女性。这两项结果都远远脱离了制定初始政策的男性的意图。

这些发展对波多黎各人民族认同意识的演变产生了深刻的影响。[59] 19世纪争取自治和独立的运动已经证明，人们意识到波多黎各的独特性，这种意识正在生长，尽管这种独特性仍是在拉美文化的背景下。美国的兼并让事情变得更复杂了。在那之后，政治家和知识分子要艰难应对的问题是，如何定义新兴的波多黎各人身份，又不被来自大陆的新影响裹挟。其中的模糊性很多，又不可避免。一些评论家把波多黎各社会的根源追溯到西班牙文化中神话般的黄金时代，另一些人则批判西班牙让波多黎各保持着服从和贫困。一派思想被自决概念、甘地崛起、墨西哥和俄国革命所强化，批判美国阻碍了通向独立的进步之路。那些希望从大陆关系提供的机会中获利的人们则提出另一种观点，承认有需要与主导的殖民大国合作。种族是所有这些视角中的尴尬元素。在精英评论家中，很少有人想把波多黎各黑人纳入他们的民族故事版本中。一种解决方案是忽略他们，另一种方案则是将种族的正式界线模糊化，这样黑人问题就可以被逐出人们的视野，或者在一定程度上消失。[60]

　　一种波多黎各的身份意识就在这些前后错乱和自相矛盾中缓慢发展起来。自尊心驱使人们在殖民统治框架下寻求独立的领域。同样到20世纪30年代，殖民当局已承认，美国化的原初形式已经失败了。就是在这时，"伊比利亚的潘乔"（Ibero Pancho）这个流行的组合词成为将西班牙源头和当地特色融合起来的文学符号。[61] 政治和经济服从看上去越来越无法逃避，但文化独立可以被培养起来作为替代选择，为未来可能的成就奏响序曲。

　　不过，憎恶情绪还是在物质层面得到表达，从而强化了文化关系协助培养的团结纽带。一战开启了一场短暂但令人兴奋的繁荣，欧洲甜菜产出的中断为其他地区的糖料生产者创造了机会。此后的战后暴跌让一些人破产，也让许多人陷入贫困。在20年代剩余的时间里，出现了局部而不稳定的复苏，1929年，一场卷土重来的严重经济萧条开始，打断了复苏过程。[62] 在战争期间出现的激进运动失去了动力。[63] 它们被内部分歧伤了元气；它们的想法则转向脑力辩论而不是政治行动。[64]

　　20世纪30年代解决了这些不确定性。海外贸易的绝对水平下降，外国投资干涸了，贸易条件变得对波多黎各不利，因为它近一半的食品是从美国进口的。但和古巴不同的是，美国不能抛弃波多黎各，因为波多黎各人作为美国公民可能会移民去大陆。[65] 此外，同样与古巴形成对比的是，波多黎各的糖业与大陆上的炼糖业被整合到一起，如果波多黎各失去保护，那糖业将受到直接伤害。因此，该岛的糖业被囊括在美国的自由贸易区内，根据1934年《琼斯-科斯蒂根法案》得到保证配额，从而免遭那场正在打破世界的暴风的完全威力，不过在30年代的剩余时间，波多黎各得到的补助都低于产出（1935年除外）。大部分大型制糖企业仍有利可图，但失业率仍然增长，那些仍有工作的人的生活水平也降低了。糖业无法肩负起被分给它的重担，咖啡业已被消灭，烟草业急剧衰落，作为该岛主要手工产业的缝纫业也因需求降低而受影响。1929年，波多黎各的国家级作曲家拉斐尔·埃尔南德斯·马林（Rafael Hernández Marín）在他的《波多黎各哀歌》（"Lamento Borincano"）中捕捉到已在乡村弥漫的荒凉氛围，这首歌曲的流行程度也无可匹敌：

> 一切，
> 一切都被遗弃了
> 这小镇已经死于贫困
> 死于贫困。
> 我们可以听到哀号
> 到处都是
> 在我这个被上帝遗弃的波多黎各。[66]

随着30年代的推进，形势进一步恶化。1936年，内政部长哈罗德·L. 伊克斯在私人评论中注意到："在波多黎各的历史中，从未有痛苦和穷困像现在这样普遍，也从未有失业者像现在这样多。"[67] 1940年，工程振兴局将波多黎各40%的家庭定为"贫困"家庭。[68]

经济贫困造就了激进行动，而行动相应地带来了政治变革。各行各业的罢工行动急剧增加，变得更加暴力。[69] 1933年，7 000名主要是女性的烟草工人罢工。同样由女性主导的缝纫业经历了一系列类似的罢工和抗议。1934年，糖业工人发起了大型总罢工，暴力在1935年进一步达到高潮，在次年警察总长遇刺事件中达到顶点。[70] 1937年，警察相当暴力地打散了一场民族主义示威活动：这场被称为"庞塞大屠杀"的事件造成20人死亡、200多人受伤。[71] 1938年，一场主要码头的罢工使国际航运中断了一个多月。那年晚些时候，发生了暗杀总督未遂事件。1939年约发生了45场罢工，涵盖3.1万名工人。早在那之前就很明显的是，"魔幻之岛"

的魔法和"管理我们岛屿属地的最佳方法"都无法避免国际经济混乱的
传播。

这些事件把关于波多黎各宪法地位的讨论与关于紧迫的物质条件的
争论联系了起来。不满情绪引起的绿色起义让农村选民及城市工人登上
了政治舞台。自1898年以来掌控政局的精英党派被分割并重塑。1932年
的选举扳倒了自由党(此前是联盟党),让社会党和共和党组成的联盟上
台,并让民族党(Partido Nacionalista)得到了自1922年建立以来就缺
乏的全国声望。自由派的很大一部分在路易斯·穆尼奥斯·马林(路易
斯·穆尼奥斯·里韦拉之子)的领导下重组,在1938年变为人民民主党
(Partido Popular Democrático),在那之后掌控政治,直到60年代。民族
主义者得到了更多知名度而不是选票,他们越发选择激进行动,这些行动
导致他们的领袖佩德罗·阿尔维苏·坎波斯在经过可疑的司法程序后被长
期监禁。

穆尼奥斯·马林(1898—1980)和阿尔维苏·坎波斯(1891—
1965)是在美国统治下成长起来的第一代波多黎各爱国者。[72]他们都来自
有着优越社会关系的家庭(特别是穆尼奥斯·马林),都在美国接受了教
育,都想看到波多黎各得到独立,都认可让大多数公民融入政治进程的重
要性。然后,这两名领袖就分道扬镳了。穆尼奥斯·马林同意,有必要在
美国建立的宪法框架下工作。这样一来,他就和菲律宾及英、法帝国部分
地区的民族主义领袖一致,他们的适应策略调和了他们的激进野心。[73]阿
尔维苏·坎波斯则坚持独立的目标,他的政治活动超越了殖民者忍耐的限
度,他拒绝弯曲自己的原则。这两名领导人在一座小岛上赢得了名望,但
他们采取的不同道路让他们成为各自身处的殖民时代的全球化代表。

穆尼奥斯·马林是一名现实主义者,从他父亲那里学会了熟练管理
政治关系与政治平衡。他的技能在于把异常的情况变为资产。他的党派人
民民主党主要是世俗党派,但有效地利用了宗教语言。他吸引了农村选
民,但追随了工业化政策。他宣传独立,但目标越发倾向于自治权。通过
跨越差异,他使自己的政党成为波多黎各和美国之间唯一的中间人。另一
方面,阿尔维苏·坎波斯则是一名理想主义者,极为热情地拥抱了自决这

图 5 路易斯·穆尼奥斯·马林，约 图 6 佩德罗·阿尔维苏·坎波斯，1936 年
1957 年

一概念，甚至超过了概念的提出者伍德罗·威尔逊曾预料或希望的程度。
他在哈佛和埃蒙·德·瓦莱拉和苏巴斯·钱德拉·鲍斯为伍，都希望自己
这一代将见证殖民主义的垮台，也都认同殖民统治的终结会证明取得独立
的方式的合法性。还要补充一个相关事实，穆尼奥斯·马林被官方归为白
人；阿尔维苏·坎波斯则是非裔波多黎各人，一战时作为志愿军在美国军
队服役时，以及后来作为哈佛学生时，都遭遇过歧视。现实主义者变成了
波多黎各总督，理想主义者的后半生则大都在监狱中度过。

　　1933 年在美国上台的民主党将压迫和希望融合到一起，回应了经
济危机。富兰克林·D.罗斯福总统任命布兰顿·C. 温希普（Blanton C.
Winship）将军在 1934 年担任总督，这证明华盛顿决心重新控制该岛不断
恶化的局势。温希普是美西战争和一战的老兵，在政府任务中采用了军事
手段。他的亲密助手弗朗西斯·E. 里格斯（Francis E. Riggs）也是一名
老兵，在波多黎各初来乍到，成为警察总长。温希普和里格斯以或公开或
隐秘的方式控制罢工和示威，在有可能的情况下避免它们发生，诽谤且最
终摧毁激进的民族主义运动。他们最大的成功是阿尔维苏·坎波斯的定罪
和入狱。但是，他们未能消除不满情绪和激进行动。里格斯在 1936 年遇

刺，温希普在1938年被召回。威权统治意料之外的后果是，让人民团结起来支持穆尼奥斯·马林的人民民主党，它在1940年选举中赢得了决定性胜利。

伴随着压迫手段的希望则来自罗斯福新政，这让新一批决策者和执政者得到声望，并且短暂地得到权力。他们的原则是普世的，他们的关注点则是选择性的。波多黎各引起了他们的注意。它的处境尤为糟糕，可能也会走向灾难，但它较小的规模意味着，用合适的政策及相应的资源也许可以控制它的问题。该岛与大陆的距离之近，也让它得到注目以及菲律宾等地所缺乏的亲近感。移民到东海岸的群体确保了该岛的需求在政治圈中得到充分的代表。尽管有些挫败，但波多黎各仍保留了伊莱休·鲁特曾总结的外交吸引力。富兰克林·罗斯福很快就接受了该岛可以扮演特别的角色，即向整个拉丁美洲推销他的睦邻政策的有益效果。[74]

在新提拔的影响最大的决策者中，欧内斯特·H. 格里宁和雷克斯福德·G. 特格韦尔两人的职位使他们能够在20世纪30年代影响波多黎各的发展。[75]格里宁在1935—1937年管理波多黎各重建局（PRRA），特格韦尔在1933—1936年任美国农业部副部长，在1941—1946年任波多黎各总督。格里宁和特格韦尔都是进步派，希望推行改革来提升波多黎各人的生活水平。但是，格里宁缺乏政治敏感性，和上级及该岛的主要民族主义者发生争执，在上任不到两年后从重建局辞职。[76]另一方面，特格韦尔则和穆尼奥斯·马林领导的波多黎各温和民族主义者形成了建设性关系，与他们合作设计政策，重组该岛经济。[77]

格里宁和特格韦尔支持并扩大了著名农学家卡洛斯·沙尔东（Carlos Chardón）在1934年主管波多黎各重建局时制定的激进计划。[78]这三名官员推行的革新想法反映了20世纪30年代的绝望形势，以及形势所激发的新思路。他们提出了一种有计划的结构性调整，为公共建设出资，改革农业并使其多样化，增加该岛的基本粮食供应，鼓励制造业。要达成这些目标，需要强制限定企业有权拥有的土地数量，授权官方购买公司土地和工厂，激励当地炼糖厂和小资本家企业，保护新生工业。

新殖民政策未能在30年代改变该岛的经济，尽管它确实在之后带来了重要影响。[79] 无论这些改革的优点如何，它们遭遇了两大障碍：资金不足，以及激起了现存利益集团愤愤而坚决的回应。[80] 侨民公司和大陆炼糖商谴责了它们眼中对私有企业的攻击，调动它们在国会的盟友以挫败被它们标为"社会主义"的政策。面对其政策遭遇的顽固反对，特格韦尔在 1937 年从罗斯福政府中辞职。[81] 这一直接后果是政治上的而不是经济上的。罗斯福新政派和保守利益集团之间发生冲突时，恰巧是民族党活动的鼎盛时期，这一时期，警察总长里格斯在 1936 年遇刺。关于该岛未来的不确定性，以及看似难对付的问题带来的挫败感，给不同政党创造了机会，去提出波多黎各应该被准予独立。[82] 财政保守派（及里格斯的私人朋友）、参议员米勒德·泰丁斯（Millard Tydings）提出的议案就带有这一意味，因为他想制止罗斯福新政的挥霍以及进入美国的移民，他认为就像在菲律宾一样，"我们最好离开这个地方"。[83]

议案因波多黎各的反对声造成的复杂情况而流产。曾把职业生涯建立在独立事业之上的政治领袖们拒绝了这一议案，因为它（在几乎没有事先通知的情况下）提出撤销关税及其他使该岛保持资金周转的让步措施。不过，这一凭冲动构想出来、可能造成灾难性后果的议案还是让人们的思想集中到穆尼奥斯·马林所说的"毁灭与饥饿的威胁"的现实上。[84] 立即独立的前景突然变成了冒险，它表明人们需要为未来找到另一条道路。就在那时，穆尼奥斯·马林和他的党派转向了一种联合政策，这种联合最终造就了波多黎各自治邦。

从这一利益调整中产生的联盟和穆尼奥斯·马林一样，决心重塑经济，把独立变为现实（哪怕是遥远的）的前景，符合罗斯福在加勒比地区对可靠盟友的需要。[85] 在民主党主导的华盛顿，穆尼奥斯·马林改革资本主义的计划比阿尔维苏·坎波斯对资本主义的激进攻击要容易接受得多。战略考量巩固了政治谋划。20 世纪 30 年代末欧洲加剧的紧张局势使该岛的港口设施变得更为重要。独立不再提上议程。相反，罗斯福选择支持将会强化温和民族主义者地位的改革，尽管他的计划不可避免地遭到了美国现有商业利益的反对。

这样一来，二战促使穆尼奥斯·马林和人民民主党开启了变革进程，这一进程将在1945年后加速。新政策的提出和执行都得到了雷克斯福德·特格韦尔的配合，他于1941年返回波多黎各担任总督。一家工业发展公司和一家发展银行为新的制造业项目提供了设施和资金，在1941年通过的一部《土地法》则旨在重新安置没有土地的家庭，把他们变为工人。[86] 新经济政策的工业倾向使人民民主党赢得了工人运动的支持，这些运动在30年代末的一系列激进罢工后已扩大了规模，在组织上也有所改善。向大陆移民的人数增加，以满足战争生产的需要，又有约6.5万志愿兵和应征者加入军队，这些都缓解了失业现象。[87] 虽然对外移民提供了相当大的出口，但严重贫困还在延续，"毁灭和饥饿"的威胁仍然伺机而动。到1940年，没有土地的家庭数量以及工作人口的失业率都逼近了灾难性的程度。[88]

战争本身只是略微影响了波多黎各。塞瓦和附近的别克斯岛上建造的军事设施发展成后来世界上最大的海军基地之一，带来了美国海军的购买力和一些本地就业岗位。[89] 军队也带来了统治大国的强硬干预和随之而来的种族偏见。不过，战争风云对波多黎各远比对菲律宾和夏威夷更为仁慈，其结果也将影响它们在战后各自选择的道路。

古巴："那个炼狱般的小共和国"[90]

古巴引人注目，又顽强地保持独立，是最惹华盛顿恼火的岛屿。该岛在19世纪大部分时候都曾是西班牙帝国的中心，也是西班牙和美国军队在1898年的主要战场。在那之后，古巴不再被视为"永远忠诚"，而是"永远令人恼怒"。该岛有点不伦不类：既没有被正式吞并，又没有完全独立。它是未受承认的被保护国，美国可以侵犯它的主权，但无法消灭它。但是，华盛顿眼中有限的权力在哈瓦那眼中却很过分。以"仁慈同化"为精神制定的政策为合作创造了机会，但也深深冒犯了这个理论上的主权国家的民族主义情绪。宪法的不确定性确保了两国既无法互相理解，关系又不平等。罗斯福总统早在1906年就表达了他对古巴的挫败感，他在一个可算是非理性繁荣的时刻提出，要"把古巴人民从地球上抹去"。[91] 数十年后，在同化政策失败、仁慈态度早已消失后，不断重复的分歧产生的刻板印象已变成了不容置疑的政策假定。1946年，美国大使亨利·诺韦布（Henry Norweb）对"西班牙和黑人文化那不幸的融合和互相渗透——懒惰、残忍、反复无常、不负责任和天生的不诚实"连连摇头。[92] 这一判断还不是表面上的最低点：美国和古巴的关系将在未来的岁月里进一步恶化。

关于古巴在1898—1959年间的标准历史记述反映了现代殖民主义史学研究中常见的刻板印象。[93] 但是，古巴的案例有特殊之处，因为过去半个世纪的史学写作被1959年革命深深影响了，有时似乎还被革命迷惑了。美国国内的官方观点把古巴视为"邪恶帝国"可怕的代理人，裁剪它的历史，以贴合一种事先裁定的魔鬼般的图样。从华盛顿的视角看，美国政策是善良而进步的，古巴的回应则蛮横无理、忘恩负义。[94] 该岛犯下的不可饶恕之罪是拒绝了美国价值观，它活该得到一部刚愎自用和顽固不化的历史，被迫陷于威权和落后。未经悔改的罪过需要被惩罚——在古巴的例子中，它也确实被惩罚了。

直到最近，古巴的观点才在古巴之外受人注意，这一视角把美国描述为新殖民大国，用征服代替解放，以剥夺该岛资源获得利益。1959年后，古巴民族主义者加强了他们对帝国主义者及其恶意的谴责，认为是具体的力量（通常指国际资本主义）让古巴人沦为了不幸的受害者。古巴的历史被重新整理，评判它的过去取决于过去是协助还是阻碍了1959年告终的"漫长革命"。以此为标准，在1902—1953年间管理第一共和国和第二共和国的是通敌者，他们背叛了古巴人民，也背叛了19世纪民族主义者的理想。

这两种视角虽然相去甚远，但都对古巴的殖民地历史采取了宿命论观点，认为它指向了失败。对一种论述来说，古巴历史讲的是它得到了解放的可能性却拒绝了它，接着就陷入了黑暗。对另一种论述来说，古巴历史讲的是外来和国内力量的邪恶联盟造成了堕落，这一联盟的诡计只能通过革命手段制止。被夹在这些顽固的磨石之间的，则是古巴1898—1959年历史中的许多复杂因素。但是，近来的研究已经质疑了对可称作古巴历史中"被遗忘的时代"的模式化解读，开始揭露刻板印象所掩盖的多元性。[95] 修正主义视角也使学者有可能将古巴历史的特有面貌置于更广泛的帝国背景下。古巴命运受到的两大主要影响也塑造了美利坚帝国的其余地区：1898 年战争后政治和解安排的性质，以及作为该岛主要收入来源的出口作物的情况。

塑造政治和解的是四大主要立法手段。1902 年生效的古巴宪法建立了以美国为模板的共和政治体系，包括两院制的国会、民选总统，以及独立的行政及司法分支。[96] 尽管这些形式为自治政府打下了基础，但它们被三项影响深远的限制措施束缚住了：国会在 1898 年通过的《特勒修正案》、1899 年紧随其后的《福勒克修正案》，以及在 1901 年大功告成的《普拉特修正案》。这些国会决定缓慢地显示出，在这一决定和平协议的关键时刻，帝国主义和反帝国主义力量如何为战利品互相角力。[97]

参议员亨利·特勒的修正案宣告称，美国无意对古巴行使"主权、司法权或控制"："政府以及对该岛的控制"将被留给"它的人民"。[98] 这一毫不含糊的声明为美国占得了道德制高点。欧洲帝国列强可能会搜刮物质财富，但就传播进步和文明来说，美国会在理想主义的旗帜下前进。特勒已经踏出了不同寻常的一步，从共和党转而效忠民主党。他依据自己新政党的政策反对吞并。他也依照科罗拉多州的选民的需求，支持新生的甜菜业，因为该州希望能用甜菜来弥补 19 世纪 90 年代小麦价格的崩溃。这两种利益愉快地达成了一致：如果古巴仍是外国，那它对美国的出口将被迫支付进口税，从而为甜菜业提供一定的保护。[99]

要避免古巴被并入美国，特勒不得不达成妥协以让国会的不同派系接受。大陆的糖料生产者不想让古巴糖料自由进入美国，华盛顿则不希望被西班牙加于该岛的债务拖累，因为如果古巴主权被移交给美国，它的债务也会被转到美国。[100] 特勒的方案保留了古巴独立的前景，但没有要求美国将权力转交给古巴国内任何可靠的政治组织，也没有要求美国决定授予古巴主权的日期。[101] 只有在古巴人展示出他们有能力管理自己的事务时，他们才能得到独立。[102] 修正案让麦金莱总统和他的政府得到保证，他们保留了对古巴发展实行一定控制的权利，同时又给予古巴民族主义者希望，让他们觉得独立还触手可及。

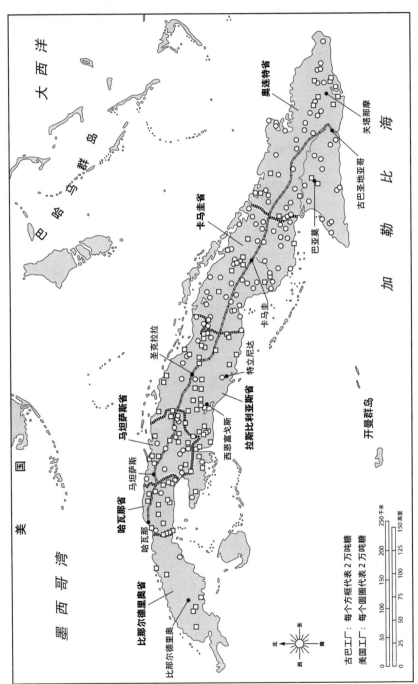

大 西 洋

墨 西 哥 湾

美 国

巴 哈 马 群 岛

加 勒 比 海

开曼群岛

奥连特省
关塔那摩
古巴圣地亚哥

卡马圭省
巴亚莫
卡马圭

拉斯比利亚斯省
特立尼达
西恩富戈斯
圣克拉拉

马坦萨斯省
马坦萨斯

哈那省
哈瓦那

比那尔德里奥省
比那尔德里奥

北
西 东
南

古巴工厂：每个方框代表 2 万吨糖
美国工厂：每个圆圈代表 2 万吨糖

0   50   100 150 200 250千米
0   25 50 75 100 125 150英里

地图 6 古巴：糖料生产（按省份）、城镇和铁路，1924 年但是，美国在对西班牙的短暂战争中获胜，改变了官方通告的口吻。麦金莱总统在1899年12月提交的年度报告中称，美国如今"为未来良好的古巴政府"担负起了"重大责任，该政府需要以非凡的亲密和力量与我们捆绑在一起"。[103] 同时，麦金莱也注意到，无论在古巴还是在美国，对占领的反对声正在加强。不管用成本理由还是用战略需求，都越来越难以证明美国驻扎的正当性，因为过去没有哪个外来大国曾表现出热衷于背起这种特定的帝国重担。总统和他的政党仍然决心控制该岛的事务，但他们也需要想办法脱离加勒比地区的这片潜在泥沼，而不是像在菲律宾那样被吸入无底深渊。

麦金莱通过非正式手段控制古巴的计划包括向大陆投资者提供特许权。[104] 但是，一旦吞并的反对者知道了这一计划，他们就在1899年通过了《福勒克修正案》来阻挠这一行动。该法规禁止特许权、经销权和财产授予，理由是美国在古巴的大量投资将把暂时占领变为永久责任。尽管福勒克的行动看似解决了问题，但这造成了意料之外的后果。在1900年建立古巴公司以获取该岛特许权的一群富有东海岸投资者开始转败为胜。他们得到了积极的兼并主义者、总督伍德少将的有力协助，也赢得了古巴革命党的合作。古巴公司和它的盟友们通过推动独立，绕开了《福勒克修正案》，而古巴民族主义者也得以达成他们的主要目标。大陆上的甜菜利益集团欢迎了这一结果。

剩下的问题是，如何在独立国家保障外国投资，《普拉特修正案》解决了这一问题，把"亲密和力量"转变为钢铁的纽带。[105]《普拉特修正案》设计于1901年，在1902年被加入古巴宪法，在1903年得到了《古巴–美国条约》的背书。在1934年被废除前，它始终是两国关系的首要决定因素。虽然这一修正案是参议员奥维尔·普拉特（Orville Platt）在国会提出的，但它的起草者是战争部长伊莱休·鲁特，它确保了古巴的独立地位将被大大限制。[106] 在制定修正案条款时，鲁特从帝国外交的老师傅——英国人——那里吸取了直接的启迪。在1882年占领埃及后，英国曾设计秘密计划，用鲁特的话说，这让英国"退出但仍保留它的道德控制"。[107] 普拉特的修正案达成了类似的结果。它禁止古巴和其他外来大国达成可能损害自身独立的条约，也禁止古巴产生无法通过常规财政收入偿还的债务。同时，修正案给了美国权利，能以有关"保护古巴独立"的各种理由干预古巴事务。国会对古巴做出了一项让步使其挽回颜面，即限制外国公司在该岛有资格拥有的土地数量。这项修正案尽管被表述成一个供谈判的问题，但其实是一个最后通牒。古巴制宪会议反对这项政策，但为了终结军事占领，获取关税让步，为急需的贷款打开大门，它还是被迫接受了政策作为代价。这是古巴第一次体验"金元外交"，但不是它的最后一次。古巴共和国就这样受到了约束，它的民族主义抱负也被粉碎，蹒跚进入了被高度限制独立的第一阶段。

但是，美国政府未能达成它的首要目标，即把修正案和一项互惠协议结合起来。有一项提案在1901年被提出，但被正统的保护主义者和反帝国主义者组成的联盟扼杀于国会。[108] 直到1903年12月，在国会的混乱景象中，古巴和美国才通过条约而不是议案达成互惠，因为罗斯福总统知道，互惠议案过不了众议院这关。[109] 这场迟来的胜利在很大程度上要归功于糖业托拉斯的君主亨利·哈夫迈耶，他对确保古巴糖料以优惠条件进入美国有着热切兴趣。[110] 互惠条约允许古巴的出口糖料的关税比美国对进口品征收的全部关税低20%，美国运往古巴的出口品的关税相较古巴征收的进口税则优惠20%—40%。美国国内的甜菜和甘蔗游说集团被击败了，原糖提炼商和古巴生产者从降低的成本中获益。古巴需要这一让步来支持它的战后经济复苏，这一复苏加固了政治稳定。美国的糖料进口商和炼糖商则与战争部部长伊莱休·鲁特联合起来，也为自己的目的朝同一目标努力。

用帝国史专家的术语来说，"现场代表"在这些漫长的谈判中扮演了活跃的角色。军事总督伍德少将用他可观的分量支持吞并。他曾指挥莽骑兵，和他的朋友及兄弟军官西奥多·罗斯福一道作为"主战派"的积极分子广为人知。在马蒂去世后成为古巴革命党领袖的托马斯·埃斯特拉达·帕尔马在1898年解散了该党，削弱了反对伍德计划的政治力量。伍德的前任约翰·布鲁克（John Brooke）少将则在1899年解除了古巴解放军的武装并解散了他们，得到300万美元的现金作为交换，并给该岛的7

个省份指派了军事行政长官，从而消灭了潜在的军事抵抗。于是伍德可以自由延伸美国的控制，尤其是创立白人主导的政治经济，就像在南北战争后南方出现的那样。

伍德的政治策略旨在提拔他所称的古巴人的"较好阶级"，认为这些人的私利将使他们与美国合作。[111] 他的乐观找错了对象：大多数古巴人既不想加入美国，又不想屈从于它。1900 年举行的市政选举让古巴民族党大获成功，当年晚些时候的古巴宪法会议竞选产生了伍德所说的"该岛最糟糕的政治元素"，尽管为了产生有利的结果，选举权被限定在约三分之一成年男性人口之中。[112] 古巴可能落入"无知的大众、不听话的暴民和捣乱者"手中，这一前景让伍德总结认为该岛没有准备好独立。因此，他支持了《普拉特修正案》和互惠条约，它们通过强制来达成控制。即便如此，伍德仍对吞并古巴恋恋不舍。"当然，在《普拉特修正案》下，古巴已经没什么独立了，"他在 1901 年给罗斯福写道，"更理智的古巴人明白这点，认为现在唯一可做的相应行动就是寻求合并。"[113] 伍德对吞并的追求延续到他对托马斯·埃斯特拉达·帕尔马担任古巴共和国第一任总统的支持。[114] 埃斯特拉达·帕尔马是一名亲美的流亡者及居住在纽约的美国公民，没有离开大陆就在 1901 年赢得了一场无人竞争的选举。他的对手为了抗议竞选被操纵而退出选举，之后他被一波大众的漠然态度推上了职位。伍德的民主理念确实来自美国，但这个理念是从政治组织坦慕尼协会（Tammany Hall）的实践中衍生而来的，而不是来自国父们的原则。[115]

伍德也坚持了一项野心勃勃的长期移民定居古巴的计划。[116] 人们现在几乎已经忘记了古巴在当时被定为潜在的定居殖民地，可以实现把南方延伸到加勒比地区这个由来已久的梦想。伍德的目标是让来自大陆的农业家庭住满古巴东部的边疆土地。他的想法是，用殖民者填满空白的地区，然后他们将向国会请愿加入联邦。在外交手段失败的地方，细心安排的移民的民主手段可能会取得成功。约瑟夫·张伯伦在 19 世纪 90 年代曾酝酿了类似的计划，希望德兰士瓦越来越多的外侨（uitlander）能把克留格尔选下台。但是，古巴并没有比岛屿帝国的其他地区吸引到更多来自大陆的定居者：1907 年，古巴只有 6 713 名美国公民。虽然这一数字到 1919 年已

经翻倍，但在 1920 年的战后衰退之后急剧下降，再也没有恢复。[117] 伍德
的政策就像张伯伦的政策一样失败了。在古巴，定居者的边疆萎缩了。在
德兰士瓦，边疆也仍在南非白人的手中。

伍德的策略是，赶在他被迫将权力移交给独立的古巴政府之前，在
短时间内把尽可能多的美国企业和外国投资装进古巴。当有人问他什么算
是稳定政府时，他用军队的简练语气回答说："贷款利率在 6%。"[118] 换句
话说，他的模式是自信加机会。《普拉特修正案》提供了自信，机会则伴
随互惠而来。伍德精力充沛地努力把立法变得可行。古巴东部的前景（就
像菲律宾的内格罗斯岛一样）极有希望。在那里可以不费吹灰之力得到大
块适合种植甘蔗的土地，在波多黎各和菲律宾吕宋岛的大部分地区则不
然，因为当地农民已地位稳固，所有权复杂，土地价格也相对较高。在伍
德的积极支持下，以及古巴政治友好人士的合作下，两家巨型企业通过规
避《福勒克修正案》对外国企业提出的法律限制，打开了这一地区。古巴
公司（Cuba Company）成了古巴主要的侨民企业之一，在 1902 年修筑完
成了连接哈瓦那和圣地亚哥的 350 英里铁路，这是该岛最大一笔单一投资
项目。[119] 在这一时期，50 多家美国公司获取了数十万英亩土地用作糖料
种植园（主要在东部），其中领头的是哈夫迈耶的糖业托拉斯，它已经在
离岸的松树岛这一最佳地段买下了大部分土地。[120] 当文官政府在 1902 年
取代了军政府后，糖业托拉斯发现，自己需要坚持为那些曾经违法的投资
的合法性背书。

在 1898 年的和谈后，机会和安全联合起来，使古巴的外国投资大幅
增加，同时该岛的对外贸易也有所扩大。[121] 1894 年，美国在古巴投资的
金额为 5 000 万美元；1906 年，达到了 2 亿美元；到 1929 年，超过了 10
亿美元。到 20 年代中期，美国在古巴的投资超过了它在墨西哥的总投资，
和美国在整个拉丁美洲的总投资差距也不大。尽管如此，美国远不是唯
一影响古巴的金融力量。直到 1914 年，英国对该岛的投资都与美国相当，
只有在 1914 年后才缓步让位。[122] 西班牙投资虽然更少，但还是继续做出
了重要贡献。如果加上古巴企业家吸纳的国内外资本，那我们就能看到一
幅引人注目的景象：从人均来看，在 20 世纪最初 30 年，古巴是非工业世

界中最大的外资接受者之一。

吸引外国资本的主要是该岛无与伦比、格外适合种植糖蔗的土地储备。因此，大多数外资进入了出口业，主要是糖料种植园、榨糖工厂及相关企业，例如铁路和公用事业。[123] 糖料产量受到总体有利的价格刺激，从1902年的不到100万（短）吨上升到1929年近600万吨的顶点。从古巴出口的糖料总是超过岛屿帝国其他主要成员（夏威夷、菲律宾和波多黎各）产出的总和，古巴在1900—1930年间供应了美国消费的约一半糖料。在1919年的最高点，古巴糖料占了该岛出口的90%以及全球产量的约25%。如果说罗伯特·路易斯·史蒂文森的《金银岛》就像传说中那样是以古巴为原型，那他的选择很明智，不过该岛真正的财富是来自糖业的发展，远超过了朗·约翰·西尔弗（Long John Silver）和他的海盗船员所贪婪追求的黄金宝藏的价值。[124]

糖业在1900年后的发展让古巴的出口经济决定性地转向了美国。1904年，美国公司拥有12%的古巴糖厂，生产了总产出的18%。1913年，这两个相应的比例分别是23%和37%。1924年，美国公司拥有60%的糖料作物；1928年，这一数字上升到了76%。伴随着这一趋势的是集中化的加强，工厂数量越来越少，但产能越来越大。1925年，超过半数的糖料作物是由12座榨厂生产的，拥有这些榨厂的是美国东北部银行业、炼糖业和商业利益控制的公司。

合并加强的证据早就被用在了关于出口发展是有益还是有害的辩论中。近期的研究发现了许多复杂情况，意味着这两种立场都需要纠正。在1898年前，土地所有权的合并，以及向集中化工厂的转变就已经开始了，并不是美国控制的结果。甚至是在1898年后，美国也是逐步取得主导地位，而不是一蹴而就。最显著的进步发生在20世纪20年代，在一战减少了欧洲对手的竞争，战后衰退将许多古巴生产者推向破产之后。也只有到那时，美国银行才开始支配金融业。进口业也可以说发生了类似的情况。美国在1909—1914年供应了古巴约一半的进口品，在20年代加大了份额，但从未达到它控制古巴出口品的那种程度。在这一方面，互惠条约并未像一些支持者宣称的那样会迅速刺激美国出口。[125] 美国的生产商更关心保护广大的国内市场，而不是计划打开古巴市场，这就是为什么他们反对古巴谈判者提出的自由贸易提议。

尽管古巴人受到1898年战后和平协议条款的极大制约，但他们创新和创业的强大传统确保了他们仍能继续在该岛的经济发展中起到作用。1898年战后的经济复苏既来自美国企业的努力，又是古巴和西班牙企业的杰作。1914年，本地农民仍然生产了超过60%的古巴糖料，直到20年代末，这一数字才降低到约25%。此外，惯常对出口贸易的强调掩盖了国内经济的重要发展，国内经济不仅在1900年后有所扩张，结构也发生了改变，其中包括进口替代制造业。随着出口经济复苏，而当地创业者投资新型企业来回应复苏，人们对从服装到建筑的制造品的需求也增加了。关税政策协助了创新。互惠条约并未防止古巴修改关税。在这一方面，古巴有着岛屿帝国其他成员得不到的一定程度的独立。1903年，古巴的通用关税翻了一倍。其目的是提高收入，其效果则是保护新生工业。这一模式在经济发展史中相当常见，可以被追溯到18世纪，那时的另一农业经济体英国为了同样的理由抬高了关税，也得到了相似的结果。[126]

古巴生产者的运气也因地点和时间而不同。独立农民在该岛西部生存下来，那里早已确立的土地所有制体系保护家庭免受想建立大庄园的外国投资者的影响。[127] 另一方面，东部的开放土地则有利于建立定居者的边疆。[128] 那里的发展极快，到20世纪20年代中期，该岛两大东部省份的产糖就占了古巴全部出口糖料的50%多。1920年前的繁荣年代以及尤其是东部地区的增长动力吸引了大量移民，到1930年，他们占据了古巴400万人口的20%多。大部分新来者都来自西班牙，而不是像罗斯福和鲁特曾希望的那样来自美国。外国所有的大型种植园着重依赖来自波多黎各和其他加勒比地区（特别是牙买加和巴巴多斯）的季节性劳动力。但是，即使在东部，廉价的被殖民者仍有工作空间，他们要么作为独立农民，要么作为佃农，产出了一大部分进入外国所有的大型榨厂的甘蔗。

企业在社会各个层面都无处不在。最突出的例子是政客，就像在美国一样，他们确实从政治中赚钱，但他们也利用政治来扩大自己现有的商业利益。这些所谓的"资本家考迪罗"通常是退伍军人，有着长期商业活动及军役的经历。[129] 马里奥·加西亚·梅诺卡尔是战争英雄，在1913—1921年间任共和国总统，成功融合了政治、商业这两种活动。在从政之前，他于1899年开始在古巴东部建造世界上最大的糖厂。在成为总统后，他造了第二座大型糖厂，在1920年糖料市场崩溃前不久把它卖给了一家美国公司。梅诺卡尔的首要政敌奥雷斯特斯·费拉拉（Orestes Ferrara）上校是一名富商，也是律师、作家和前无政府主义者。[130] 他和另一位前总统何塞·米格尔·戈麦斯联合建立了维加糖料公司，发了财，不知是凭运气还是凭决断，在战后衰退摧毁糖料市场前刚巧卖掉了这家公司。另一名退伍将军赫拉尔多·马查多－莫拉莱斯在与父亲一起赶牛时第一次体验了经商的滋味，接着一路进步，直到他拥有了一座大糖厂，在哈瓦那的公用事业中也得到了重要份额，然后在1925年成为总统。[131] 其他没有被深入研究的人物，无论是平民还是退伍军人，也都利用繁荣年代进入了银行业、印刷业、出版业、房地产业及其他许多商业行业。

曼努埃尔·里翁达（Manuel Rionda）是当时最著名的古巴商人，他代表了古巴企业的国际性，这是这个半殖民地体系的一大显著特色。[132] 里翁达于1854年出生于西班牙，在15岁时移民去古巴，加入他叔叔的生意。在那之后，他去美国接受进一步教育并获取商业经验。1891年，他在古巴投资了一座糖厂，在5年后加入了嘉利高－麦克杜格尔（Czarnikow-MacDougall）公司，这是总部在伦敦的世界最大糖料经纪公司的纽约分支。1909年，他变成了这家美国公司的总裁，搬到了纽约，在这时该公司改名为嘉利高－里翁达。同时，他在1899年利用和平协议建立了弗朗西斯科糖料公司，在古巴中部新开放的土地上发展糖料生产。到1914年，里翁达的成功和巨大财富鼓励他进一步扩张。他在1915年建立了古巴蔗糖公司，它成了古巴领先的糖料公司，据我们的判断，这家公司也可算是世界领先。[133] 在区区几年后，这家新公司控制了古巴约四分之一的糖料产出，而嘉利高－里翁达则卖出了该岛糖料总出口的约40%。战后衰退，加上美国对进口糖料征收高度保护性的关税，破坏了里翁达和其他人的生意。1929年，当下一场经济危机来袭时，里翁达已经75岁，华年已逝。古巴蔗糖公司在30年代举步维艰，在1938年被解散。同时，嘉利高-里翁达公司也失去了美国领先糖料经纪商的地位。[134]

正式来说，嘉利高-里翁达是一家美国公司。但里翁达自己则有着国际性的关系，与他广泛的商业利益相匹配。他出生时是西班牙公民，后来娶了美国人，在纽约有住所，但自认为是古巴人。他在古巴拥有房产，对该岛了如指掌，在那里维系了紧密的家庭纽带。他的兄弟和侄子们管理了他的几家公司，住在古巴，完全认同该岛的命运和未来。里翁达家族的例子指出，我们很难就所有权和民族身份做出毫不含糊的断言。这也强调了处于战略位置的岛屿作为全球化的先驱扮演了关键角色，而不只是全球化的接受者。

身份问题也令美国大为担忧。尽管华盛顿并不像在岛屿帝国的其他地区那样对古巴内政拥有正式控制，但它的官方与非官方代理人仍决心使该岛美国化。[135]"距离的暴政"在加勒比地区并没有像在菲律宾那样占主导地位，菲律宾被美国渗透的程度更小，特别是因为它距离美国有7 000多英里远。[136]古巴与大陆则只有约100英里的距离，地理位置的邻近确保美国对古巴有普遍的影响。

古巴很快就展现出了美式生活方式的许多特点。英语变成了现代性的媒介。[137]尽管英语从未取代西班牙语，但它成为特权少数群体的第二语言，也被认可为通向进步的钥匙之一。在把当地居民拉向大陆主流英语文明的种种努力中，新教传教团是最重要的单一影响力量。1902年，互相竞争的教派根据在波多黎各和菲律宾的先例，达成了礼让协议，实际上把古巴分割成了几个互不竞争的地区。在那之后，各传教团便积极建造教堂和礼拜堂，提供宝贵的医疗和教育设施。英语也伴随着它们的影响力一起传播。大种植园和公司市镇成为与传教团意气相投的工作伙伴，常常给它们提供资金。公司文化与公司商店相连，体现在了公司思维中，这种思维所重视的训练方式旨在培养遵守纪律的工人、反应积极的消费者，以及正直守法的公民。

在大城市涌现的百货公司引入新的商品和时尚，成了模仿和传播的中心。旅游业带来了来自大陆的游客，让该岛接触到新的价值观、时尚和行为方式。对少数特权者来说，金银岛变成了享乐岛。[138]正如我们看到的那样，在20世纪20年代，哈瓦那得到了特别的恶名，被视为一个在大陆难寻的娱乐中心。[139] 游客们跳着风格化的伦巴在哈瓦那度过"一夜狂欢"后，可以观看或参与已在该岛扎根的多种新的运动项目，以恢复元气。棒球早在19世纪60年代就被引入古巴，在1900年后成为国球。[140] 球队联盟建立起来，人才被培养出来，观赛人数也一路飞涨。大量女性在1898年后得到了更多参与公共事务的机会，她们也加入了支持者的行列。

古巴人在一定程度上被美国化了，但没有被同化。做一个古巴人意味着参与一系列起伏不定的谈判与选择。在这方面，古巴自身生活方式的演变来自一些选择，这些选择在原则上也适用于从尼日利亚到新西兰的其他殖民和半殖民社会。起初，就像在波多黎各一样，古巴人希望美国打开通向现代性的大门。民族主义领袖们早就总结认为，西班牙象征过去，而美国代表未来。古巴人模仿美国消费者的品味和价值观，因为这些代表一个充满机会的诱人世界，远远超越了西班牙保守而重商主义的体系。1898年后，古巴开始改掉西班牙的符号和图像，换成古巴-美国式的街名、节日和英雄。[141] 人们拥抱了棒球，因为它很现代；他们摒弃了斗牛，因为它太原始。[142]

然而，文化同化并不全是一个单向的过程。古巴也以多种多样的方式影响了美国。古巴的音乐（特别是舞蹈）在20世纪20年代传遍美国各地，此后经历了多次复兴。非裔古巴人加入了非裔美国人，创造了世界主义的移民社群，同时又没有失去他们自己仍在发展中的古巴身份意识。[143] 古巴移民改变了迈阿密，影响了美国对古巴的政策，特别是在1959年后。古巴出现在许多好莱坞电影和电视剧里，尽管形象并不总是正面。电影《红男绿女》（*Guys and Dolls*）对古巴的呈现就像《西区故事》（*West Side Story*）对波多黎各的呈现一样。幸好对这两个国家的形象来说，前者中放荡堕落的赌徒和后者中无法无天的帮派还没有被结合起来，形成一部宏大的胶片史诗。

伴随着提升的是下沉。一旦言辞和现实之间的沟壑开始出现，古巴人也像波多黎各人一样，对美国影响力采取了更开明有据、更具辨别能力的看法。棒球之所以吸引人，半是因为它培养了一定程度的社会团结，这最终成了古巴民族认同的一部分。就像大英帝国的板球一样，通过体育成就，棒球为古巴提供了赢得与统治大国平等的机会。人们非常享受战胜主导种族的经历，这样的记忆进入了民族传奇之中。随着西班牙作为殖民主义标志的形象退去，而人们对美国的幻灭感加强，西班牙语便重新确立了它作为民族主义语言的角色。西班牙语吸收了英语的元素，乃至人们可以吃着"el 三明治"（el 为西班牙语中的冠词）开"el 员工大会"讨论"el 专业知识"，但西班牙语仍是人们习惯并选择的语言。

新教传教团受到欢迎，更多是因为它们提供的物质设施，而不是因为它们给予的精神食粮。尽管在古巴的皈依率超过了拉丁美洲其他地区，但到20世纪50年代，新教徒只占人口的约7%。[144] 神学始终与民族性紧密相连。传教团也有着当时的种族偏见，尽管本地牧师在1898年前就已开拓并引领了该岛上的新教发展，但传教团不愿指派古巴人担任高级神职，对激进民族主义也存有敌意。[145] 美国传教团从20世纪40年代开始提拔古巴人，但给他们的工资一直远低于美国同僚，激起了不满。同时，即使西班牙不再是统治的殖民大国，罗马天主教会仍被视为外来机构。教会就像过去几个世纪一样坚持任命西班牙神父，把信仰传入该岛发展中的省份的速度很慢，对民族主义理想也少有同情。[146]

类似这样的观念让古巴人把美国代表的现代性和美国的影响、实力的现实分离开来。美国的进步模式鼓励古巴模仿，但美国的政策则似乎阻碍了这种抱负。种族优越性的主流观念挫败了古巴人试图赢得尊重和平等的努力。[147] 从本地视角来看，古巴的经济命运看似是被华盛顿的压力集团左右，这些压力集团对该岛的福祉没有多少兴趣。不满情绪与日俱增，牢骚抱怨也逐渐积累。20世纪30年代，被忽视的大多数人找到了他们的声音，通过激进要求政治变革来表达他们不断加强的不公平感。

20世纪30年代的激进主义既有本地根源，也有国际因素。[148]《普拉特修正案》和互惠条约没有让古巴准备好独立，而是让其准备好继续服从和接受可能的兼并。和平协议为干预行动敞开大门，扩大并扭曲了古巴的政治事务。古巴的大卫必须试着想办法把它那全能的邻国转变为本地的优势，从而应对华盛顿的歌利亚巨人。新生的共和国尚未形成团结的政治精英，这让挑战变得更为艰巨。西班牙统治下政治机会的缺乏，加上"自由古巴"事业下长期的武装斗争和社会动荡，令新生的政治阶级始终处于分裂状态。在这些情况下，19世纪兴起、将农村地区和政府中央机构联系起来的考迪罗网络在1898年后继续运作，但它们的联系仍主要是地区性的。更广泛的关切造就的是临时的联盟，而不是真正全国性的政党。与其最接近的帝国类比案例是菲律宾，那里的地方酋长网络表现出类似程度的延续性。古巴政治在20世纪30年代前的独特之处在于，退伍军人持续保有声望，旧的指挥结构也始终存在。[149] 在菲律宾，美国战胜了武装抵抗，处决、流放或阉割了其领袖。波多黎各没有考迪罗，因为那里几乎或完全没有武装抵抗。在古巴，军队是被收买而不是被打败，它的组织结构存留下来，形成了1898年后政治动员的基础。考迪罗作为民族事业的代表（有时还是英雄）享受了很大的威望。无论是作为领导人、盟友还是竞争者，他们的影响力给20世纪最初几十年控制古巴政治的脆弱寡头阶级增加了一些纪律性。

古巴战后的情况几乎对稳定的文官政府毫无助益。[150] 战争蹂躏了这个国家。庄园和基础设施的毁灭让经济陷入混乱。人口的流失、贫困的增加、持续的匪患削弱了社会凝聚力。5万名复员的退伍军人焦躁地等待就业。女性尤其受到了伤害，下一代古巴人也是——这些孩子的生活是由毁灭和贫困塑造的。特权没有保证豁免。一些种植园精英的财富在19世纪90年代的经济困难中已经减少，他们被迫在战后将自己的庄园卖给外国债权人。简而言之，整个古巴社会受到了伤害，这在后来的高级政治委婉语的时代被称为"附带伤害"（collateral damage）。在这些情况下，古巴在1898年实现政治稳定的概率，就和伊拉克在2003年被侵略后实现稳定的概率差不多。因此，难题不在于解释为什么古巴未能成为民族自决、自由和民主的典范，而在于这个政治体如何像现实中那样保持统一并表现出色。

政治精英不得不在美国设定的框架内解决这些紧迫问题。这样一来，他们重新定义了民族利益的概念。何塞·马蒂理想中的国家是一个民族在自由中生活，这一理想就像一颗被追随的恒星，被带进了新的时代，种族平等的原则也仍然扎根于民族主义言论中。然而，在抵抗西班牙的斗争中形成的跨种族联盟从未完全确立，在19世纪90年代的战争后，这个政治体始终面临失去团结的可能性。在一个仍充满不确定性的新时代中，眼下的实际情况确保了安全是首要的优先目标。美国投资者和古巴有产者都要求得到保护，抵御那些难以驾驭又可能造成不稳定的因素。这一由来已久的关切在新时代得到了印证。现代性的观念从大陆传来，20世纪之初在古巴受到了大量讨论。这种观念采取了进化的形态，容许根据文化同化的程度和阶级的高低进行社会分化。[151] 这些区别打断了种族团结的理想，让那些得到西式教育和训练的人得到接纳和地位，并将平等观念与漫长的准备过程联系在一起。这一发展让古巴白人精英的优越地位得到了合法性，让美国放心地认为，这个独立共和国不会对种族平等的理想做影响深远的实用性考验。

这一关于进步的构想并不只存在于美国：长期以来，英国人就把抓紧时间的训诫缓慢地应用于自己的帝国。这样一来，通常被视为不可模仿的古巴政治思想和实践就符合更广大的殖民地世界的发展情况，也与岛屿帝国的其他地区一致。古巴、波多黎各和菲律宾的政治领袖降低了他们的期待，提高了谈判能力。就像真正的买办一样，他们的生存和未来成功，取决于他们能否灵活地在一个主要外来大国的要求和他们国内选民的紧迫需要之间取得平衡。

民族主义运动的残余力量重新整合，形成了两个政党：由托马斯·埃斯特拉达·帕尔马领导，倾向自治的保守党；以及由何塞·米格尔·戈麦斯领导，坚持独立目标的自由党。[152] 广泛来说，保守党吸引了回国的流亡者以及更富有的白人平民，他们在官僚机构中人数众多，该党也和海外侨民的糖业公司培养了关系。自由党靠的则是退伍军人、城市工人及主要在乡村的农民选民。华盛顿的决策者们根据自己不断变化的优先目标来对待这两大政党。1902年后，自由的旗帜被降下，不那么鲜亮的、象征稳定的旗帜飘扬起来。转型让美国倾向于保守党，尽管保守党愿意冒着制造混乱的风险维系党派支持，这让该党充满了不确定性，有时还颇为鲁莽。

古巴的权力争斗很激烈，通常也充满暴力。党派间的意识形态分歧虽然实际上没有表述中那么大，但这是最明显的导致冲突的原因。在幕后，争夺职位的斗争与赢得赞助的能力直接有关，这带来了工作岗位、合约订单，以及赞助人所希望的党派忠诚。[153] 古巴宪法让所有成年男性不论种族都能得到选举权，抬高了竞选的赌注。[154] 这一规定比其他岛屿领土超前了一步，因为在其他地区，美国有权不让伍德总督曾称的"无知的大众"得到投票权。尽管一些古巴领导人与他观点一致，但他们以完全现代化的手段适应了新的准民主：他们越来越多地许诺提供就业机会以匹配扩大的选民群体，并操纵投票程序以努力达到想要的结果。

在殖民早期政治中标志性的时断时续的动乱中，这些发展得到了激进的表达。第一次这样的动乱来自关于1905年竞选结果正当性的争议，这场竞选让保守党重获权力。[155] 自由党和退伍军人盟友的大声反对演变成叛乱，促使美国在1906年为"保护生命和财产"进行干预。美国并不想抓住这一时机。罗斯福总统对帝国的热情已经耗尽，既不想激起那种在菲律宾使美国受挫的反抗行动，又不想在竞选中给民主党提供免费的弹药。[156] 但是，古巴的保守党认为，他们可以在与自由党打交道时越界，因为他们正确地估算出，如果公共秩序崩溃，美国肯定会支持保守党。这一事件体现了殖民史中常见的主题：外部大国是如何在不经意和不情愿中介入当地政治，从属国又是如何诱使它的导师为自身目的服务。

对古巴的占领一直持续到1909年，到那时，美国的代表们已经推出了选举改革，授权建立常备军以防止未来对政治体系的挑战。[157] 观察者们认为，那一年举行的选举很公平，尽管在这方面起到作用的可能不是新规则，而是美国持续干预的威胁。[158] 上台的何塞·米格尔·戈麦斯和自由党人尽可能地利用自己的胜利，扩大公共投资，为他们的支持者创造工作岗位，在这些支持者中有许多失业者和不满的退伍军人。这一策略造成了第二场危机，因为它忽略了非裔古巴人，他们遭受了双重不利，既面临高失业率，又面临种族偏见。[159] 随着何塞·马蒂关于古巴团结的梦想开始褪色，非裔古巴人开始组织起来。1908年，他们建立了有色独立党（Partido Independiente de Color），这被自由党迅速禁止，从而驱使非裔古巴人的运动从公共政治转向武装叛乱。1912年叛乱被新的常备军镇压，其代价是几千条生命，但这为政治之外的行动设定了先例，在未来的年代中，这种情况将在不时发生的罢工和示威中出现。

进一步的混乱也成了战争年代和战后不久的特点。[160] 一战的爆发破坏了欧洲的糖用甜菜田，抬高了对糖料的需求，助长了古巴的主要出口。上升的糖价重新填满了古巴国库，扩大了赞助规模，提高了竞选赌注。糖料供应变得更加重要，这促使华盛顿想办法不去刺激可能威胁出口流动的抵抗运动，在此情况下加大对古巴的控制。1916年引发争议的总统选举激起自由党异议分子反叛，他们拒绝承认执政的保守派马里奥·加西亚·梅诺卡尔，他赢得了第二任期。[161] 双方为谁能获得美国的支持打了个赌。保守党赢了：美国海军陆战队在1917年登陆，梅诺卡尔被安排上台，古巴军队中有影响力的自由党军官被清洗出去。[162] 战后和谈迫使古巴接受对糖料价格和糖料运输的控制，以确保该岛能得到它所依赖的粮食。

战争年代造成了困难，也带来了一些财运，这受到大力宣传。出口法规加上进口商品的短缺与高价激起了示威和罢工。1919年，伍德罗·威尔逊总统害怕美国利益遭到进一步伤害，派遣了私人代表伊诺克·H. 克劳德（Enoch H. Crowder）少将，命令他在1920年总统选举期间防止公共骚乱，避免需要美国继续军事占领。[163] 正像埃及的克罗默勋爵一样，克劳德的首要目标是保护债权人的利益，坚持预算监管并削减公共部门岗位和工资以换来贷款，保护古巴财政部和美国投资者免遭可能的违约。这笔交易暴露出了金元外交的局限。1920年的竞选让阿尔弗雷多·萨亚斯（由梅诺卡尔提名）成为总统，这场选举就像此前几届一样弄虚作假。抗议随之而来。随着糖业繁荣在1920年崩溃，紧缩政策在权力走廊里和街头都造成了不满。银行破产了，财富流失，债权人无法收回债务。严格来说，古巴政府自己也破产了。[164] 民族主义的言辞重焕生机，《普拉特修正案》作为服从的标志则被丑化。[165] 这一反应迫使美国撤退。海军陆战队在1922年离开了古巴。克劳德继续担任大使，但他抬高的地位所包含的权力，远低于他担任私人代表这一非正式又模棱两可的职位时享有的权力。自决以一种激进的形式来到古巴,威尔逊总统无意鼓励这种形式,但要纠正它则超出了华盛顿的能力。

古巴的命运仍与糖料出口捆绑在一起,而糖料出口继续取决于全球需求和美国关税政策。到1922年,全球需求已从战后衰退中恢复过来。出口贸易恢复了繁荣,政府财政也脱离了危难状态。古巴还受益于民主党在1913年赢得国会控制权时提出的《安德伍德关税法》(Underwood Tariff)。这些有利条件使古巴得以扩大它在美国市场的份额:1922年,该岛的供给占大陆消耗糖料的三分之二。[166] 对生产者不利的是,糖料种植园上空的蓝天很快就乌云密布。1920年大选让共和党控制了国会和白宫。两年后,《福德尼-麦坎伯关税法》(Fordney-McCumber Tariff)将进口原糖的关税提高了约75%,旨在保护国内甜菜和甘蔗生产者。[167] 此外,糖价在1925年后开始下跌,到1929年已跌到了生产成本之下。[168] 古巴的生产者们没有多少回旋的空间,因为他们已高度依赖大陆市场。到20年代,该岛已创造了热带世界中一种最先进的农业产业。[169] 集中压榨法作为生产流程的首要技术创新,在19世纪晚期就被引入,到20世纪20年代早期已得到完全应用。不受限的移民压低了用工成本。从旧式大庄园(latifundia)到现代农业综合经营(agribusiness)的转型也相当超前。

糖业的扩大造成了远超过农业的结构性变化。长期以来,古巴就是加勒比岛屿中最先进的,到20世纪20年代中叶时,看上去"已准备好成为西半球最富有的国家之一"。[170] 漫长的出口繁荣抬高了收入水平(尽管这种抬高是不均衡的),也刺激了对其他活动(从进口替代制造业到房地产业)的投资。[171] 公共部门也扩大了:政府雇员的人数在1902—1924年间翻了一番,识字且善于表达的公民人数也增加了,不过两者的增幅不太相称。[172] 古巴拥有拉丁美洲的第一套现代电话体系、第一座国际机场,古巴电车轨道也属于拉美第一批,人均机动车的数量也超过了南美洲的大多数近邻。[173] 经济变化也开始改变政治版图。[174] 新一代商人和专业人士出现了,他们与19世纪90年代的战争没有多少或完全没有直接联系。城市劳动力也在增长,其中包括越来越多女性。[175] 这些群体发出的呼声不同,但他们的主张从保护本地制造业到工人最低工资,共同挑战了已在美国糖业公司面前节节败退的旧地主寡头阶级。

赫拉尔多·马查多争议重重的总统任期展现了一名保守势力的领袖人物是如何与这些不同的新力量交手的。马查多是最后一名爬上古巴政治之树顶端的退伍将军。他在1924年成为自由党提名的总统候选人，在1925—1933年任职。马查多同时拥有军事和商业经验，回应了主要由美国企业代表的新秩序的需要，同时把自己包装为国家利益的捍卫者。[176] 1926年，随着糖价下跌、人们对美国保护主义的憎恶上升，马查多的政府通过了《贝尔德哈法案》（Verdeja Act），限制糖料产出以期抬高价格，提出政策保护佃农和其他小农。[177] 次年，随着国内经济衰退，古巴制造商强烈要求获得支持，政府通过了保护性关税措施，提高对进口工业品的关税，降低对进口原料的关税。[178]《贝尔德哈法案》未能让出口商得到更高的价格，保护性关税也未能带来立竿见影的效果。不过，这两项政策都明确表明了经济民族主义的高涨，这种民族主义的目标是加强对农业出口的限制，使经济变得多元化。[179]

当全球萧条在1929年袭来时，古巴经济已经举步维艰了。原糖的全球价格从1927年的每磅2.78美元下降到1932年的每磅0.78美元。它在1937年恢复到每磅1美元，但直到1945年才重新回到1927年的水平。[180] 糖料的主要消耗国的保护主义加强，进一步挫伤了市场。《福德尼-麦坎伯关税法》已经削减了古巴出口商的利润率，1930年通过的《斯穆特-霍利关税法》则给行业带来了近乎致命的打击。[181] 新关税并不像人们通常以为的那样是大萧条的结果：共和党人在1928年选战中就已宣告了提高关税的意图。[182] 他们的策略是对美国农民普遍贫困做出的回应，这些农民已经遭受了农产品价格下跌的危害。双眼紧盯着连任的立法者专注于如何赢得农民选票，尤其高度重视国内糖业。[183] 到20世纪20年代，生产糖用甜菜的地区已远远超出中西部，甘蔗在路易斯安那州和佛罗里达州则仍然重要。选战一开始，糖业游说集团就得益于政治上的"相互吹捧"（log-rolling）：随着加强保护政策的期望在政治议程中不断攀升，制造业集团等其他利益集团也报以支持。这一策略成功了：1929年，赫伯特·胡佛入主白宫，共和党人控制了国会。国会坚持了修改关税这一竞选承诺，这对古巴是不幸的结果。来自犹他州的参议员里德·斯穆特推动立法在争议中通过。[184] 斯穆特是一名长期忠诚的保护主义者，糖用甜菜农民是他重要的选民基础，他需要保卫他们的利益，这加强了他的商业原则。关税给他带来了短期的名望——以及持久的恶名。

1930年生效的《斯穆特-霍利关税法》对古巴经济造成了灾难性影响。尽管国会知道这会对古巴带来严峻后果，但在选民和非选民的利益间做出选择时，立法机构决定允许该岛得到一种含糊的自由——古巴有权自己想办法解决关税造成的问题。[185] 与1898年帝国主义者联系在一起的短暂理想主义冲动早已退却，教化使命甚至不再出现在话语中。新关税将进口原糖的关税提高到每磅2美分，这在1930年比纽约的糖价还高。[186] 古巴被困住了。该岛超过80%的出口都是糖料，其中超过70%的目的地都是美国。[187] 美国市场几乎关闭，欧洲国家不是已经陷入保护主义，就是在很快往那个方向发展。糖用甜菜生产已从一战造成的毁灭中恢复过来，岛屿帝国内外互相竞争的甘蔗生产商则加剧了全球市场的过量供应。

大英帝国和法兰西帝国的热带出口生产者以扩大产出来应对价格下跌。古巴则不可能做出同样的选择。要是糖料市场具有竞争性，那古巴的地位就无人能敌。有利的种植条件以及极为高效的农业经济，确保了该岛的生产成本比美利坚帝国其他地区及大陆本身普遍的生产成本要低40%—70%。[188] 不受美国正式管辖的古巴遭受了惩罚，这对波多黎各和菲律宾这两个高成本生产国而言是意外之财，使它们在美国糖业市场中扩大了份额。

数据格外清晰地说明了一切。[189] 在1929—1933年间，古巴糖料出口的价值下降了53%，出口收入下降了83%，糖料生产从540万（短）吨下降到了210万（短）吨。从更长远的角度来看，古巴1930—1934年间的总出口额实际上低于1904—1909年的总出口额。进口额也下降了，经济整体发生了收缩。外侨及古巴人都受到了影响。甚至代表了古巴糖料种植园的美国所有者的强大游说集团，都无法扳回偏向于国内糖业利益集团的天平。[190] 破产的圣塞西莉亚糖业公司的董事长自己是美国公民，在1933

年用明显的苦涩语气总结道："关税打出的一拳杀死了古巴，拳头背后的
人是斯穆特，而胡佛总统袖手旁观，没有做出反对的手势，也没有说出后
悔的话，纵容了此事发生。"[191] 其后果是立竿见影、深远而全面的。圣塞
西莉亚只是众多破产的企业之一，幸存者的盈利能力大大降低，外国投资
被撤回，公共财政严重削减，失业率急剧上升，保住工作的人们的工资被
砍了足足50%，甘蔗收割者的工资甚至降低了更多。到1933年，估计有
60%的古巴人收入"在标准之下"。[192]

　　这些趋势的后果有代表性地展现了经济力量对政治发展的直接影响。
经济困难造成不满情绪爆发，威胁着公共秩序，最终摧毁了它。马查多
试图通过借款来摆脱困难，这让政府只能通过紧缩政策来偿还费用，增
加了古巴公民的负担。[193] 1930年11月，美国大使哈里·古根海姆（Harry
Guggenheim）报告了"源于这座岛的苦难"且"由踌躇满志的政治家孕
育的""……革命运动"。[194] 一周后，他确认说，运动的"基本原因是贫
穷"。[195] 不可避免之事在一系列民众示威、罢工和乡村抗议中展露了身
影。[196] 共产党在城镇中赢取支持，1930年的总罢工带来了约20万抗议
者。农村的行动则伴随着戏剧性和暴力。乡村确确实实地陷入了火海：佃
农在自己的农田中放火，迫使工厂榨制更多糖；农场工人也采取了类似行
动，试图改善工作条件；法治败坏变成了匪患。[197] 古巴在1930年几乎处
于戒严法的控制下，次年则陷入了公开战争。马查多越发苦恼的政治轨迹
反映了这些发展。随着经济恶化、公共秩序崩溃，马查多加强了与美国的
纽带，坚定地与法律和秩序的力量站在一起，采取高压政策控制古巴的异
见人士。人们对马查多政策的回应造成了不同派系的权力争斗，这一直持
续到1933年，一场军事政变让富尔亨西奥·巴蒂斯塔中士成为军队首领
及古巴的实际统治者。[198]

　　导致马查多倒台、巴蒂斯塔崛起的众多戏剧性事件已经启发了大量
研究。[199] 但就当前的目的来说，对此事的评估可以被限定为此事揭示了
殖民秩序演变的哪些情况。从这一视角来看，古巴就不再是例外，而是
一个标准案例。该岛在20世纪30年代的历史与美利坚帝国其他部分的历
史步调一致，也符合更大的大英帝国及法兰西帝国的趋势。巴蒂斯塔标

志着战后新一代"平民出身者"（man of the people）的出现。他来自甘蔗工人家庭，被归为穆拉托人，不过这一名词掩盖了他的非洲、华人和印第安人血脉的丰富多样性。他的得势过程标志着糖业和军事利益的脆弱寡头统治的终结，他们在大萧条中失去了信誉，而新一代民族民粹主义者出现，将在30年代赢得西方各帝国的支持。[200] 一战期间，城市和乡村抗议活动已经涌现，但它们缺乏永久的组织，政府镇压也使它们无法进一步发展。[201] 但到1930年，经济危机刺激关键利益集团建立工会、合作社及自助组织等长期机构，吸引各个种族，接纳大量女性，以扩大它们的基础。[202]

这些事态发展在这里被概括为政界的"绿色起义"，它们成为古巴史和殖民史的转折点，尽管抓住方向盘的手太多，难以顺畅地转弯。[203] 军队想得到秩序，但不确定是通过军事还是民事手段达成目标；自由派想通过民主程序实现改革。巴蒂斯塔代表了军队和"无裤党"（sans-culottes，无套裤汉）。自由派领袖拉蒙·格劳·圣马丁则代表了古巴的新兴专业人士阶层。与他立场相符的是，他来自富裕的烟草农场主家庭，在从政前取得了行医资格。[204] 在时局的混乱中，格劳站了出来，在1933—1934年短暂担任总统。[205] 他的临时政府上台时宣告建立"古巴人的古巴"，提出了一系列对应的计划提议：解散现有政党，让女性得到投票权，设定最低工资，建立移民管制以保护古巴人的工作机会，废除招来骂声的《普拉特修正案》。激进民族主义者认为格劳的计划太过胆怯，保守派则认为这过于极端。曾将临时政府推举上台的军队在此后不久又将其扳倒。格劳的临时助手巴蒂斯塔中士在1934年策划了总统的辞职，取得了对政府的实际控制，很快就将自己提拔为上校。[206]

美国难以跟上这些迅速的变化。古巴国内互相对立的组织对美国的干预既害怕又欢迎，美国则在这两种选择间游移不定。[207] 华盛顿一开始在20世纪20年代晚期谨慎地支持了马查多的改革，在公共骚乱威胁将打破该岛的稳定时为他的高压策略撑腰。到那时，旧式干预已经失宠了。克劳德的存在适得其反，刺激了民族主义者的愤恨情绪。罗斯福在1933年当选，确认了美国不会在古巴挥舞大棒。长期以来，民主党人就在追求

图7　富尔亨西奥·巴蒂斯塔和拉蒙·格劳·圣马丁，1933年

扩张主义政策的同时采取了反帝国主义立场，他们在1928年的竞选纲领中包括承诺立刻给予菲律宾独立。1933年后，他们的目标是推行"睦邻"政策，在拉丁美洲笼络人心。这个庞大的好邻居仍能自由干预其他国家的内政。萨姆纳·韦尔斯（Sumner Welles）大使就是贴切的一例，在马查多失去关键利益集团的信任后协助推翻了马查多，接着又推翻了格劳，因为他认为格劳计划将该岛的美国投资收归国有。[208]韦尔斯的做法是，在总统的支持者中搅起不满，威胁将使用武力，但并不准备召来海军陆战队。马查多以惊人的速度离开了，带了"五把手枪、七袋黄金，以及五个穿着睡衣的朋友"，乘着"装满子弹"的飞机，首先到拿骚，然后又到迈

阿密，反思自己这段充实但并不总是顺利的人生。[209] 在那之后，美国在古巴支持了一个符合自身利益的政府，该政府倾向于稳定，把宣传中的自由民主事业留给了后人。

公司利益在这些事件中扮演的角色要么被人遗漏，要么未经探究。但是，美国与外国电力公司（AFP）的行动让人们可以少有地深入了解这一尤其动荡的时期中商业与政治的关系。[210] AFP 在 1923 年建立，作为通用电气（1892 年创立）的子公司，在世界各地开发建设电力设施。该公司较早展现了第二次工业革命通过大型公司实体在全球传布的过程，这些公司给国会不愿支持的殖民发展活动提供了资金。到 1932 年，AFP 已投资了 1 亿多美元，在古巴发电、输电、售卖电器产品。该公司也大力投资政治：它在 1924 年为马查多的竞选活动贡献了 50 万美元，也为其他高层政治人物提供金钱支持。作为回报，各届古巴政府通过鼓励外资、向主要来自牙买加和海地的契约劳动力敞开大门、推行压迫性的劳工法律，协助把该公司嵌入该国的经济中。[211]

AFP 的行动引发了反击。包括机械化在内的现代管理手段减少了工作岗位；在古巴东部购买土地迫使小农场主离开家园；高电价收入需用来支付巨额政治补贴，而高电价则疏远了消费者。包括 1930—1931 年的全国抵制行动在内，对 AFP 的抗议助长了 20 世纪 20 年代末因不断恶化的经济情况积累起来的不满情绪。1929—1933 年间，该公司将劳动力缩减了一半，削减了剩余雇员的工资。此后的抵制迫使格劳总统在 1933 年强制大幅降低电价，允许工会在次年接管 AFP。在卡洛斯·门迭塔取代拉蒙·格劳后，该公司重新得到了运营控制权，作为回报，它接受了工会关于改善工作条件的要求。但是，它没能恢复正常营业：AFP 花了数十年时间，才从世界贸易的衰退中恢复过来，到那时，它的工厂和财产在古巴革命后被充公。[212] 想通过美国化来改变世界的企业改革家们发现，至少在古巴，更有可能发生的情况是，他们自己被世界改变了。

巴蒂斯塔在 1934—1940 年担任总统时，在美国的认可和古巴军队的支持下进行统治。军队已成为一支高度可见且有效的力量。它已从 1910 年的 1 万人扩大到了 1930 年的 3 万人，既指导了文官统治，又是文官的助手。[213] 军队完全有能力镇压反抗，当1933—1934年的一系列示威和罢工发展为约有50万人参加的总罢工时，军队也确实在1935年进行了全面镇压。[214] 因为罢工者的目标包括坚定要求让文官控制军队，所以军队以意料之中的压倒性强力做出了反应。幸运者被流放了，不幸者被送进监狱，难逃一死者则加入了消失者的行列。

不过，我们不应该认为巴蒂斯塔只是拉丁美洲微不足道的独裁者之一，在睦邻政策的纵容下进行统治。他的政权既没有退回旧式寡头统治，又没有对美国无条件地屈从。巴蒂斯塔足够敏锐地意识到了凭枪杆子统治的局限，抓住了将新社会力量融入古巴民族民粹主义的政治可能性，而这种民粹主义在他退场后长期存留。[215] 美国也意识到，游戏规则已经改变，有必要对民族主义做出一些让步，保持该岛稳定并照常运转。因此，华盛顿支持巴蒂斯塔而不是他的竞争者，比如格劳的改革自由主义就有可能威胁美国在古巴的利益。巴蒂斯塔本人用政府主导的改良政策补充了军事统治，从1934年（在美国的合作下）废除《普拉特修正案》开始，接着又改革农业、卫生、福利、教育和政治实践，尤其是让女性得到投票权。[216]

到1940年，巴蒂斯塔觉得自己的地位足够稳固，可以允许自由选举。四分之三的古巴选民投票选他成为总统，让他的民主社会联盟（Democratic Socialist Coalition）取得参议院多数席位，他们也让拉蒙·格劳领导的反对联盟成为众议院的多数党。[217] 两党合作提出了在同年生效的新宪法。这一"后罗斯福新政时代的文件"将格劳领导的自由民族主义者早前提出的许多社会改革措施写入了法律，但将它们置于负责授权的监护型政府之下。[218] 如果说巴蒂斯塔有自己的政治哲学，那他的政治哲学设想了威权规训和父权指导的时代，这将最终通往一种有机的民主形式，这种民主依赖民族纽带抵消阶级和地区的分隔。前者是西班牙与美国统治的遗产；后者则来自当代政府干预的实验，涵盖了从苏联计划经济到国家社会主义的范围，以及在这两者之间的罗斯福新政。

巴蒂斯塔也试图将古巴重要的糖业拉出深重的萧条。通过《贝尔德哈法案》和《查德博恩计划》（Chadbourne Plan）控制产出的实验已经显示出，即便是古巴这样的主要生产国都无法影响全球价格。[219] 因此，巴蒂斯塔回到了古巴现有的政策，寻求改善在美国市场的贸易条件。他的行动与罗斯福新政相交，包括一揽子旨在稳定农业价格的贸易改革。罗斯福已准备好修改《斯穆特-霍利关税法》，不是因为它破坏了古巴经济，而是因为它让国内利益集团和选民失望了。[220] 尽管关税已保护大陆糖料生产者免于古巴的竞争，但它未能抬高农产品价格，还刺激了来自菲律宾和波多黎各的进口，因为它们在美国市场中享有关税优惠。《琼斯-科斯蒂根法案》（1934）的目标是通过对海外供应商制订配额，让大陆生产者得到更多保护。古巴受到的伤害尤其大，因为该岛的配额反映的是《贝尔德哈法案》和《查德博恩计划》限制产出的时期的额度。不过，在当时的严酷条件下，古巴政府认为法案提供的可预料性比美国关税的任性波动更为有利。为了更好地包装政策，罗斯福降低了《斯穆特-霍利关税法》在1930年设定的关税，不过他也从古巴那里得到了有利于美国出口商的关税让步。[221]

《琼斯-科斯蒂根法案》达成了目标。大陆生产者们明显增加了它们在大陆市场的份额：糖用甜菜在1925—1929年占市场的16%，在1935—1939年则占22%，同期甘蔗的市场份额从不到2%上升到近7%。[222] 各岛屿领土也改善了它们的处境。为了使这些获利可能实现，古巴的利益被牺牲了。配额刚好足以允许古巴从1934年的最低点向上爬升，但配额约束性过强，让该岛无法达到当年在美国市场无可匹敌的主导地位。由于大陆利益得到了优先考虑，美国在古巴的投资也遭受了影响。降低《斯穆特-霍利关税法》所征收的关税，这虽然意在帮助美国在古巴的糖业公司，但不足以修复已经造成的伤害。已经在糖料生产与出口上取得领先地位的美国公司开始撤退，其中许多公司仍在挣扎着生存。[223]

必然的结果是，古巴糖业开始回到古巴人手中，这在历史文献中没有得到应有的关注。[224] 随着美国人减少投资，古巴人增加了投资。古巴人拥有的工厂在1929年榨了37%的糖料作物，这一份额在1939年增加到43%。在1933年革命后，佃农们成立了古巴甘蔗种植者协会，这一高效的游说集团表达了他们的不满，提出了他们的补救办法。巴蒂斯塔更愿意让佃农成为盟友而不是焚烧甘蔗的反叛者，便欢迎他们变成自己的竞选资产。佃农成为古巴官方认可的健壮自耕农，是国内稳定的支柱，也站在反抗外国与帝国主义利益的民族斗争前线。在这场斗争中，他们得到了一系列政策的支持，这些政策在1937年《糖业协调法》（Sugar Coordination Law）中成了法律。[225]

如果说佃农和军队是1933年革命的主要受益者，那劳工也从保护工会、改善福利供应、提高工资、限制工作时间的法律中得到了好处。美国出于国内原因而强加的保护主义大大刺激了古巴的保护主义。这样一来，华盛顿便在不知不觉中促使古巴形成了一定程度的民族主义抵抗力量，这将在未来的岁月中困扰各届美国政府。巴蒂斯塔在1940年无须操纵选举就成为总统：到那时，他已成功融合了关键的利益集团，赢得了它们的支持。作为一个资本家考迪罗，巴蒂斯塔是30年代艰苦条件的真实代表，这些艰苦条件孕育了世界各地的民族民粹主义和威权统治。

就像波多黎各一样，古巴经历了一场相对"有益"的战争。[226] 一战中世界其他地区糖料供应的中断大大改善了古巴的商业前景。在美国取消糖料配额后，古巴的产出在1941—1944年间几乎翻倍，糖料出口额几乎是原来的三倍。但是，古巴并没有像一战期间那样出现"百万美元大狂舞"（dance of the millions）。古巴被迫按美国设定的条件售卖糖料，无法从全额市场价中获益。这一交易并不完全是单向的。作为交换，美国同意在战争结束后提高古巴糖料在大陆市场的地位。尽管糖价固定，但出口繁荣带来的收益大大减轻了30年代的压力，有助于让巴蒂斯塔和他的关键支持者们保住权力。古巴的进口工业品和粮食出现了一定的短缺，但总体来说，美国可以提供运输和货品，使糖料贸易保持畅通。战争在商业和外交层面都加强了两国间的关系。古巴为美国空军提供了两座大型空军基地，美国也大大扩张了它在关塔那摩湾的海军基地。[227]

"如今，我们不能再袖手旁观了"[228]

威廉·麦金莱总统认为，建立一个海外帝国，宣告了让美国成为世界进步先锋的种种趋势"自然而不可避免地圆满达成"。[229] 加勒比群岛的普遍形象支持了他的判断，岛民被刻画为需要教化影响的人，而只有一个优越大国才能提供这种教化。真实经历让统治者和被统治者都幻灭了，形成了更生硬的刻板印象。1868年洛拉·罗德里格斯·德·蒂奥（Lola Rodríguez de Tió）为《波多黎各之歌》（"La Borinqueña"）所作的歌词得到了新的时代关联，反映了殖民时期晚期的对立性政治：

> 现在，我们不能再
> 袖手旁观了
> 现在，我们不想胆怯地
> 放任他们征服我们。

从理论上来说，美国对波多黎各实行了直接统治，对古巴施加了非正式影响。在实践中，就像在其他西方帝国中一样，这两者的区别被政治现实缩小了，尽管没有被消灭。在波多黎各，弱小的美国殖民政府被迫与该岛的统治寡头合作，这些寡头的关系网和赞助人是推行政策不可或缺的渠道。随着波多黎各的直接统治变得不那么直接，它也更接近调节美国与统治古巴的考迪罗之间关系的非正式合作。在这两例中，美国政策都在它追求的行动和可能实现的行动之间做出了妥协。管理体系在波多黎各运转得比古巴更为有效，因为古巴可以对外国干预发起军事反抗。不过，我们还是可以在关键时刻看出相似性。一战中，这两座岛上都产生了激进的反殖民抗议，这些抗议在20世纪30年代再次出现，改变了政治格局。政治舞台扩大了，不只是纳入了越来越多小农场主，也囊括了新兴中产阶级和迅速发展的城市劳动力。这一发展象征着旧寡头统治的覆灭（或者至少是变形），以及民粹民族主义的出现，后者将成为战后年代的特征。

在波多黎各和古巴的"现场代表"对政策走向的影响有限，主要是作为传达华盛顿决策的渠道。伍德少将是首要的例外，他在形势格外不确定的时刻作为军事总督施行了权威。在决策的最高层，这两座岛的宪法差异产生了不同的结果。罗斯福总统的"新政支持者"之所以有可能在30年代在波多黎各采用实验性发展政策，只是因为华盛顿有权批准。不过，这是一次少有的行动，产生于绝望的环境。在多数时候，国会对波多黎各和古巴都少有持久兴趣。殖民政策存在时，也是根据大陆上两大政党竞选运势的波动，不可预料地在不同的可能性之间摇摆。但国会坚持确保，岛屿事务局和接替它的领土与岛屿属地司都没有足够的资金和人员来实施1898年帝国主义者们宣传的扩大主张。[230]

官方权威受到的限制使私人利益得以影响甚至塑造政策。最明显的便是华盛顿决定对来自岛屿的进口品征收关税的水平。关税是一种把经济利益转化为政治资本的工具。在殖民时期开始时，东海岸炼糖商和中西部糖用甜菜种植者之间发生主要斗争，前者想对原糖进口保持低关税，后者则呼吁保护主义。在20世纪二三十年代，这些利益团体走到了一起：到那时，公司合并已让大陆炼糖商和甜菜种植者形成了一定程度的勾结，留下岛上的生产者成为低关税的主要呼吁者。当经济危机在30年代来袭时，国内农业赢得了保护，海外生产者则做出了牺牲。波多黎各作为非合并领土得到了一些支持，但这不足以改善席卷整座岛屿的艰难状况。曾因关税让步建立起来的糖业在国际市场中从来没有竞争力，也少有提升生产率的空间。正式独立的古巴被与美国划清了界限，只好自求多福。该岛的糖业在生产率上世界领先，但被保护性关税排除到所有主要市场之外。来自糖料出口的收入对这两座岛的福祉都至关重要。经济困难损害了波多黎各和古巴的政治稳定，加强了民族主义不满情绪，创造了首先重塑殖民统治后来又使其垮台的条件。加勒比地区的殖民政策就像在太平洋地区一样，象征了那句"所有政治都是地方政治"的格言，在这一情况下，地方政治发生在大陆选民所居住的各选区，而不是在国会讨论中无法发声的岛屿。

当美国势力在1898年到来时，加勒比岛屿上已经建立了资本主义。来自大陆的非正式影响虽然存在，但很有限，只有在与西班牙的战争后才有所扩大，让外国投资可以安全进入这些岛屿。在这一例中，贸易紧跟在旗帜之后，而不是冲在它前面。接着，美国引入了一种新重商资本主义，抑制了自由市场。殖民发展的讽刺之处在于，古巴人想要自由贸易，进入美国市场，同时坚持政治独立；而美国则想保留贸易保护，同时继续对该岛实行政治控制。另一方面，波多黎各则被关税操纵因素推向了糖料生产，它的福祉在那以后就依赖保护政策和配额制度。从完全经济学的视角看，美国取得该岛是亏钱的，只给那些参与糖业的人创造了利益，这解释了为什么20世纪30年代关于放下帝国重担的提议在华盛顿流传。同样到那时，教化使命实际上已经被抛弃了。"美国化"需要的资金不会马上到来，它的精力也已被耗尽。布鲁克斯·亚当斯的"熵定律"以一种他和新殖民者从未设想过的方式，体现在这些新殖民者身上。

这些发展过程进入了当时的文化评论中。外国人继续采用并改编土著的文化表达形式。但是，被殖民的文化并没有脱离它的创造者。当地的习语不仅继续存在，还因创造反文化的需求而重焕活力，这种反文化将有助于建立民族认同意识。[231] 这些习语被出口到海外后，成为维系越发深入大陆的加勒比移民社群的纽带。[232] 延伸的关系网逐步灌输了一种归属感，时不时地召唤侨民回家，就像朝圣者一样重新确认他们与各岛的关系。[233] 即使岛民们吸收了美国文化的一些元素，但他们仍以这些方式加强了自己的民族意识。

歌声哀悼着在进步中失去的往昔，提醒听众，他们需要保护那些留存下来的东西的本质：

> 今天，当我歌唱时，我会告诉你，
> 我感到灵魂中有一种空虚，
> 因为他们已经把我的小屋变成了
> 水泥建造的房子。[234]

20世纪30年代，经济负担重重拖累了这些岛屿，对负担的抗议刺激人们设计另一种未来：

> 黑人
> 在甘蔗田里
> 北方佬
> 在甘蔗田里
> 大地

在甘蔗田下

我们的鲜血

从我们的身体里流干！[235]

　　与加勒比各岛有关的证据证明了第 11 章提出的论点，即在 20 世纪 30
年代，对殖民统治普遍而有组织的反抗，挑战了所有西方帝国。正像下一
章将展示的那样，二战前夕，太平洋中的美利坚帝国领土也陷于混乱。拜
伦所说的"那尴尬的、被拒绝的一群"正在前进。[236] 没有完成的使命濒
临被抛弃的边缘。

第13章

太平洋里的天堂

"那里的蓝天在召唤着我" [1]

美国作为新的帝国力量出现，给西方长期流传的关于太平洋的神话和事实的丰富传统加上了一层新鲜印象。美国对夏威夷的印象在19世纪90年代成形，之后被更新，但未被大幅修改。[2] 夏威夷大岛及其土著人口的规模小得足以满足西方关于热带伊甸园的理念。外国观察者们很快就同意，夏威夷人的形象是单纯的原始人，缺乏开发自身丰富资源的技能。旅游业在20世纪拓展了这一主题，但让其更偏向商业利益而不是政府利益。夏威夷形象转向了自然环境，当地居民在岛屿的故事中被模式化地分配了感性而刻板的角色。从土著文化改编而来的"夏威夷之歌"在一战期间在大陆流行，它的人气维持了很长时间，甚至在1942年启发了一部音乐喜剧的标题，该剧演员贝蒂·格拉布尔（Betty Grable）理所当然地穿上了草裙。歌词也为这一目的做了调整：[3]

> 夏威夷之岛
> 那里的蓝天在召唤着我
> 那里温暖的空气和金色的月光
> 爱抚着怀基基舞动的手掌

太平洋西端的菲律宾就不能被这么轻松地归类。这片群岛包括7 000

多座岛屿，延绵1 100多英里，在1903年约有700多万人口。威廉·H. 塔夫脱总督起初把菲律宾人形容为我们的"棕色小兄弟"，认为需要对几代人进行严格的家长式指导，才能确保他们吸收在现代世界成功所需的那些盎格鲁–撒克逊品质。当民族主义者为反抗美国拿起武器时，这一放任但又居高临下的形象就改变了。长时间的家长式统治变得更有必要，但它暗指的家庭关系则被放弃了。菲律宾人变成了野蛮人，而不是感性的原始人，他们的进化潜能也被质疑。1900年，参议员阿尔伯特·贝弗里奇怀疑"这个经受过西班牙方法和思想的教育的马来野蛮之子种族"有多少能力，并问道"怎样的炼金术才能改变他们血液中的东方特质，将美国人独立自治的血流注入他们马来人的血管？"[4] 他们的血液从没有变成蓝色，甚至没有变成盎格鲁–撒克逊式，菲律宾的沙地也没有变成金色。[5] 菲律宾离美国太远，无法得到大型旅游业闪闪发光的装点。但是，一旦抵抗运动被镇压，紧要之事还是改善了菲律宾人的形象。美国官员发现，没有关键的菲律宾中间人和助手的合作，他们无法实现治理，这些当地人的地位便通过联合而显著提高，尤其是因为他们的受教育程度通常比统治者更高。[6]

对于这些刻板印象的学术批评，如今就像这些刻板印象本身一样耳熟能详。近年来，文化史学家大大扩充了关于这一话题的现有知识，揭开了殖民统治时期编造的对非洲和亚洲社会的错误印象。更困难的任务则是要展现出激进抵抗结束后，殖民地社会如何微妙地做出"反击"以保护自身传统和自尊，关注这一点的历史学家更少。比如夏威夷的草裙舞（hula）虽然被美国人挪用，但并没有被抹去。[7] 虽然草裙舞被剥离了它的源头，被打碎并重新包装用于游客消费，但这一艺术形式的原初构想，即舞动的诗歌，保留了下来；与它相伴的咏唱也继续把夏威夷人与自己的土地和价值观联系在一起：[8]

> 抓紧你们的传统，拒绝和它们分开，哦，这片土地的孩子
> 捍卫并保护你们的生活方式
> 珍惜它们，因为有一天你们的传统

　　将被夺去

　　在对西班牙统治的漫长抵抗中，菲律宾已经发展出了令人敬畏的文化抵抗形式，它们在1898年后被重新利用，以应对美国施加的新帝国主义。[9] 被称为"艾维特"（awit）的大众他加禄诗歌歌曲和被称为"克里多"（corrido）的韵文传奇故事存留下来并被改编。一些艺术表现形式保留了下来，人们没有对内容做出多少改动，因为无论殖民掌权者的国籍为何，艺术的中心主题之一，"自由"（kalayaan），都可以作为理想被保存并被赞颂。[10]

　　　　欢愉之日属于过去
　　　　人们盼望的是未来
　　　　到那时奴隶将变成自由人
　　　　在自己的故土之外，还能在哪里找到这些呢？

　　这些二元对比以文学形式抓住了帝国主义和民族主义视角的根本分歧，这一分歧构成了现代殖民时期史学研究的核心。接下来的分析试图将两者融合到一起，将其与第11章提出的笼统论点结合起来。诚然，这里提出的帝国史和当地史的关系是临时的，半是为了宣告需要进一步研究的主题。[11] 不过，我们还是有可能在教化使命的宏大言论以及西方对太平洋不现实的想象背后，辨识出一些现实情况。美国殖民统治的经历远没有达到它的倡导者野心勃勃的要求主张：它的表现最多也不好于其他西方殖民列强。国会对此漠不关心，通常还很任性，它只在一个方面一以贯之：没能给发展和福利项目提供资金。就像在其他西方帝国一样，殖民地属民作为政策的接受者，在可以的时候驯服、骚扰或无视外来统治。比起殖民地领事或殖民地属民，国际经济政治关系对太平洋帝国的命运影响更大。20世纪30年代袭来的危机就像在波多黎各、古巴和殖民地世界其他地区一样，震动了太平洋诸岛。契约的双方"骑上了"现代全球化的"虎背"，但都未能驯服它。

"夏威夷：在一座和平之岛上的幸福世界"[12]

在此处关于太平洋上美利坚帝国领土的探讨中，夏威夷占据了领先位置，尽管它的面积和人口规模比这项研究中的其他三座岛屿都小得多，它的海外贸易额虽然接近波多黎各的水平，但远低于菲律宾和古巴。然而，夏威夷可以凭宪法和实质原因宣告领先地位。作为定居殖民地，它是岛屿属地中唯一被授予合并领土这一特权地位的属地。夏威夷也开了一个物质先例，在1875年的互惠条约后成为首先被实际（尽管不是正式）并入大陆的岛屿属地。扩张主义者把夏威夷先例作为他们19世纪90年代野心主张的重要部分，他们的反对者则说夏威夷代表着拐错了弯的外交政策。"蓝天"召来了拥有各种信仰的评论家。

夏威夷远离美利坚帝国的其他地区以及美国大陆。这一分隔半是地理上的：夏威夷群岛距离加利福尼亚有2 500英里，距离菲律宾有5 500英里，距离加勒比地区则更远。它们的文化距离甚至更大。和美利坚帝国其他地区不同的是，夏威夷并不是从西班牙买来或兼并来的：西班牙语不是精英阶层的语言，天主教也不是当地采用的基督教版本。[13]研究美利坚帝国的历史学家遵循的专门化模式也反映了这些特点。大部分史学研究关注的是前西班牙领土：其中一支负责太平洋地区，另一支负责加勒比地区。但研究太平洋地区的学者完全忙于庞大而复杂的菲律宾群岛，极少涵盖夏威夷；而研究加勒比地区的专家则觉得自己没有义务关注夏威夷，这种想法可能情有可原。这一安排让研究夏威夷的学者几乎要凭一己之力记录这片群岛的特点，也导致夏威夷在更大帝国中的地位被轻描淡写，有时甚至丝毫都不被提及。[14]

然而，关于帝国主义的研究文献应该认可并包括夏威夷，将其完全视为定居殖民地的例子，尽管它的面积和人口规模都远小于加拿大、澳大利亚、南非和阿尔及利亚这样的大型政治体。夏威夷是塑造美国核心的最初的移民定居活动在海外的延伸。杰斐逊推行、杰克逊捍卫的农耕理想虽然在大陆上日益被现代制造业的增长所取代，但在夏威夷重焕活力。夏威夷被空想的帝国主义者们设想为一座岛状的阿卡迪亚（古希腊的世外桃

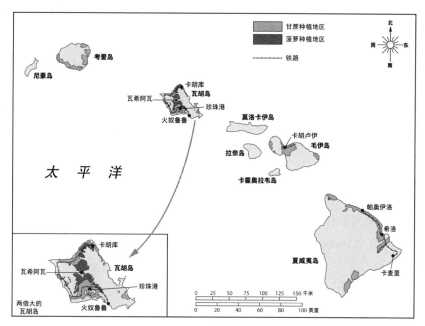

地图7　夏威夷：两次大战之间的出口作物与城镇

源），远离正在国内侵蚀乡村秩序的影响力。无论它是否真是阿卡迪亚，夏威夷都是被白人寡头统治，他们控制了最有价值的土地，管理大量种植园，管控屈从于他们的劳动力，操纵种族分歧以维护权力。从这一角度来看，获取夏威夷既是南方在南北战争中战败后取得的成功，又是北方为了确立合众国统一做出的让步。

　　夏威夷尽管很小，但在定居殖民地中独树一帜，因为美国移民大大补充并改造了岛上的人口。其他定居殖民地要么像南非、肯尼亚和阿尔及利亚那样，由白人少数群体统治往往很多的土著人口，要么像美国、加拿大、澳大利亚和拉丁美洲一样，白人移民接连涌入，人数最终超过了土著。在夏威夷，白人移民始终是少数群体，夏威夷土著卡纳卡人（Kanaka Maoli）在总人口中的比重也不大，还在不断减少。剩下的人口大多是来自亚洲及太平洋其他地区的进口劳工。

　　1900年，夏威夷的总人口只有15.4万，其中2.7万（18%）是白人，4万（26%）是夏威夷人或半夏威夷人，8.7万（56%）是来自亚洲和太平洋的移民。[15] 1950年，在半个世纪的殖民统治后，总人口已上升到50万，白人上升到11.5万（23%），夏威夷人和半夏威夷人有8.6万（17%），来自亚洲和太平洋的人口则达到27.8万（56%）。白人在总人口中的比重稍有增加，而夏威夷人的比重则下降了。但这一数据引人注目的一点是，在统计的这段时期中，来自亚洲和太平洋其他地区的移民超过了总人口的一半。官方定义的人口构成对殖民事业的结构与运行都极为重要：它决定了劳动力的规模和特点，建立了管理种族关系的法则，在殖民时期的大部分时间都定义了政治体系的基础。

夏威夷在1900年作为自治领土被并入美国，是1898年获取的领土中唯一有希望建州的。[16] 国会授予它这一专门特权，是因为夏威夷被归类为定居殖民地，与美国的大陆领土相似，尽管它被一大片海洋隔开。合并确认了夏威夷由移民主导政府的现有秩序，提供了加固其权威的合法性。群岛采取了一种标准的领土管理形式，有一名直接由华盛顿任命的总督，以及由参议院和众议院组成的民选立法机构。宪法中的一条规定要求总督职位须由一位夏威夷公民担任，这确保白人精英成员将继续主导政府。[17] 然而，这里没有冒险的民主实验：自由由统治的寡头阶层定义，他们掌控着政治舞台、劳工市场、法律体系和教育。在正规程序背后，从夏威夷的君主们那里继承下来的世袭政府体系继续留存，被调整以服务于新统治者的利益。[18] 这些安排带来了很大程度上的自治，不过美国保留了对移民、关税、国防以及外交政策的控制。[19] 夏威夷作为合并领土的宪法地位让它处于殖民地之上，但又在自治领之下。

起初，选举权局限于一小群有英语或夏威夷语读写能力的成年男性，构成大部分人口的大量亚洲和太平洋契约工不符合投票资格。这些法规将有资格投票的选民限制在总人口的不到8%，让权力留在白人移民（haole）手中，他们在1903—1954年通过共和党控制了立法机关。新成立的地方自治党（Home Rule Party）昙花一现，动员夏威夷人投票，赢得了1900年举行的第一批选举。但是，它没能处理好自己的成功，在当地共和党机器的金钱及组织力量下溃败，在1912年被解散。乔纳·库希奥·卡拉尼阿那欧里（Jonah Kūhiō Kalaniana'ole）王子的职业生涯就是该党短暂历史的象征，他是一名积极的民族主义者，也是自治的主要提倡者之一。他在1902年背弃党派，加入共和党，在1903年成为他们（没有投票权）的国会代表，直到1922年去世。[20] 他的领导力和人际关系影响重大，将夏威夷选票引向共和党的一边。[21] 1900年建立的民主党取得的成功甚至还不及地方自治党：它未能建立选民基础，一直被边缘化，直到殖民时代结束。

在政治层面，夏威夷人成为国家的旁观者，这个国家曾属于他们。他们被降级，也因而成为独特的下层阶级，这种阶级产生在殖民社会以人数或火力压倒土著社会的地方。在20世纪，土著夏威夷人加入了种族受害者名单，与之并列的有美国的美洲土著、加拿大的因纽特人和因努人、澳大利亚的土著、新西兰的毛利人、北极圈的萨米人以及其他许多族群。这些群体饱受经济贫困、监禁、酗酒、病痛、教育程度低下及相应的就业前景不佳之苦。[22]

尽管有这些困难，但夏威夷人继续捍卫他们的身份意识。本地风俗在王室家族及一些较小的岛上留存了下来。[23] 人们艰难地努力保住夏威夷语和克里奥尔语言，尽管官方政策在推广英语。[24] 同时，夏威夷人把岛上的美国化过程转为对自己有利，希望选择性地接受外国风俗将不会影响本地价值观的维护。高识字率支撑了积极的媒体，它们始终把主权问题摆在公众面前。皈依基督教半是为了赢得尊重，在与美国打交道时得到议价能力。群岛作为合并领土的历史的另一面，便是它服从的历史，以及它为避免夏威夷社会被吞没所做的努力。这些在殖民统治的史学研究中没有得到一席之地，也没有给夏威夷作为游客天堂的阳光灿烂的形象蒙上阴影。直到20世纪下半叶，夏威夷土著才像加拿大的先住民族一样，人数增加，找到了自己的声音，也得到了听众。

合并给殖民地带来了信心，吸引了投资，并刺激了经济扩张。就像美利坚帝国的其他成员一样，夏威夷的发展和福利依赖农业出口，特别是糖料，也依赖母国政府提供关税让步，对它的生命力做出政治保障。就像阿拉斯加一样，夏威夷在关税上自动变成了美国的一部分，得到了等同于联邦其他州的贸易平等地位。糖料出口迅速回应了这一期盼已久的激励。糖料生产从1900年的29万（短）吨上升到1932年最高的105.7万吨，接着略有下降，回落到1950年的96.1万吨。[25] 在30年代的顶峰时期，糖料生产集中在夏威夷岛上，那里有近45%的糖料种植地，剩余的大部分则几乎平均分布在考爱岛、毛伊岛和瓦胡岛上。[26] 种植园雇工的人数从1900年的36 050人上升到1928年56 630人的高点，然后下降到1950年的19 340人（主要是由于生产率提高）。[27] 在整个殖民时期，糖料都是首要的出口品，糖业也是最重要的单一雇主，紧随其后的是在一战后迅速扩张的菠萝业。[28] 1939年，糖业（收入）占据了夏威夷个人总收入的36%，菠萝业则占21%。[29]

掌控这一巨大增长势头的，是被称为"五大"（Big Five）的一小群公司。[30] 这些公司起源于19世纪，在19世纪90年代末敦促合并，并处于有利位置，能从合并提供的机会中获利。1900年后，"五大"变得更大了：同代人认为，它们规模的扩大进一步展现了美国国内公司主义崛起所代表的进化法则。这些公司横向拓展了它们的影响，获取、合并额外的土地（包括此前克劳斯·斯普雷克尔斯拥有的种植园），其结果是，到20世纪30年代，它们控制了夏威夷约95%的糖料产出。[31] 同时，它们也在纵向扩张，进入银行业、加工业和航运业。它们单独或共同拥有的企业包括：夏威夷银行（1893年）；位于加州的一家炼糖厂（1905年购买），后变成世界最大的炼糖厂之一；以及马特森航运公司，到30年代它已垄断了前往西海岸的航线。[32] 这些发展造成了典型的殖民后果，进一步加强了夏威夷与美国之间的纽带，在殖民时代，美国很快就占据了这片群岛超过90%的进出口贸易。[33]

菠萝业起初是在"五大"的轨道之外发展起来的，不过它的创始人詹姆斯·D. 多尔（James D. Dole）来自主要的移民家族之一：他的堂亲桑福德·B. 多尔（Sanford B. Dole）曾任夏威夷共和国总统（1894—1898），也是新领土的第一任总督（1900—1903）。[34] 夏威夷的优惠关税的地位保护创业者免于潜在的外国竞争，激励多尔将自己的技术眼光运用到罐头制造业的发展上。他在1901年建立了夏威夷菠萝公司，到20年代几乎已完全控制了美国市场，公司在那时也已成为世界上最大的生产商。[35] 该公司在小小的拉奈岛上达到了发展的最高阶段，多尔于1922年在那里建立了1.4万英亩的种植园。但是，帝国过度延伸既会影响政府，又会影响公司。大笔投资让多尔在1929年经济危机中措手不及；他又不明智地试图打破马特森航运公司的垄断，这加剧了他面临的问题。1932年，"五大"介入，替换了多尔，接手他的公司并将其改名为"菠萝生产者公司"。[36] 在那之后，菠萝生产主要转移到瓦胡岛和毛伊岛，到30年代晚期，两岛的菠萝种植分别占菠萝种植总面积的约55%和31%。[37]

在收购夏威夷菠萝公司后，"五大"对群岛经济的影响力达到了顶峰。它们的成功取决于它们控制三大关键要素的能力：土地、劳动力和选民；资本则来自对过去的利润的再投资。[38] 移民占据的大多数土地都是基于最初从夏威夷王室得到的低价租约。1898年的政治和解安排确认了租赁人已经持有的土地，但也试图控制他们的扩张野心。联邦政策旨在将"高山和山谷变成百万善良美国公民的家园"，或者用西奥多·罗斯福总统标志性的强健风格说，要把群岛留给"白人小地主"，劝阻种植园主"带入各种各样的亚洲人，帮助自己赚得一时的财富，但会导致自己的血脉必在未来被消灭"。[39]

从现有移民的视角来看，这些前景令人不安，威胁着他们繁荣生活的基础，同时也预示着独立自耕农的到来，这些自耕农可能会给群岛带来过度的实用民主。因此，领土政府开始阻碍提案。它叫停了土地改革，抵御了联邦政府使农业变得多样化的尝试，规避了对1 000英亩以上土地的限制，这一限制政策在1900年生效，在1921年被废除。[40] 到1908年，联邦农业部已经放弃了通过开放更多家庭农场来吸引白人移民的尝试。接着，联邦政府转而依靠把夏威夷人变成替代自耕农的计划。然而，1921年《夏威夷家园委员会法案》(Hawaiian Homes Commission Act) 旨在为这一目标留出公共用地，对移民的好处却超过了对原住居民的好处。[41] 移民们成功保留了最好的公共土地，继续用于糖料生产，这使土著夏威夷人难以确立自己应得的权益，又把符合资格者推向了边缘土地。罗斯福对杰斐逊愿景的构想在夏威夷失败了，它也将在菲律宾和古巴失败。

理想主义曾激励了罗斯福、鲁特、塔夫脱这样的帝国主义者，但到

1921年，它已在殖民地现实的礁石上摔得粉碎。照理说，国会已准备批准一定程度的社会工程行动，总体上也相信技术方案可以带来当时流行的所谓"效率"。同时，国会深深地怀疑"社会主义"政策，也不愿为那些没有联邦投票权的海外属地花钱。[42] 然而，政治意愿的缺乏只是部分原因。夏威夷的生产条件刺激了资本密集型技术，这要求对压榨、灌溉、肥料和研究做大笔投资，也倾向于高度整合。[43] 夏威夷的单位成本比古巴高得多，而太平洋诸岛之所以能保持竞争性，只是因为它们能达到非常高的产出，并且在美国关税的庇护下运行。[44] 菠萝已经成为糖料之外唯一成功的替代作物，同样也由种植园生产。

种植园主面临的另一个关键问题是劳动力供给。由于土著人口很少，大陆上的美国人又不愿以当时普遍的工资水平搬去夏威夷，唯一的解决方案就是推动来自美国之外地区的移民。然而，合同工遭到了宪法上的反对，而由于大陆上的本土主义情绪加上对廉价劳动力竞争的恐惧，从中国和日本招徕移民分别在1886年和1907年被叫停，1924年来自这两地的移民都彻底被禁。[45] 夏威夷当局的应对方法是，在可以的时候协商让步，在难以执行的时候规避限制政策，在别无选择的情况下表示服从。在1900年后短期的不确定形势之后，劳动力又继续流入了。种植园主们想要持续的供给和稳定的劳动力，但也想一定程度的种族多元性，从而阻碍劳工间形成团结，避免亚洲人掌控政治。[46]

他们得到的大批移民来自日本，这些移民在1900年已成为当地最大的种族群体，在整个殖民时期都处于主导地位。到1924年移民被进一步禁止时，夏威夷的日裔群体已达到了18万人，是该岛的出口业所不可或缺的。[47] 如今在商业圈中被称为"搅乱并烧毁"（Churn and burn）①的做法，在一个世纪前就在夏威夷实践了。人员流动率很高。一些移民回国了，其他人则离开了种植园，在夏威夷从事其他工作。[48] 那些留在种植园的劳工生活在无处不在的家长制管辖下，雇主用拥挤的棚屋作为他们的住处，也给了他们一定程度的社会福利。[49] 尽管夏威夷糖料种植园的工资比

---

① 美国企业反工会的一种做法，"搅乱"指的是在雇佣时只录用反工会的工人，从而降低工人对工会的支持率，最终"烧毁"（消灭）工会。

美国其他产糖岛的工资高，但也没有高到足以避免不满情绪的地步，也未能缓和持续的种族歧视所造成的愤恨。[50]

一战触及了夏威夷群岛，但没有留下伤疤。夏威夷继续出口糖料，不过那是通过和美国食品管理局的协议，而不是在开放市场上售卖。它唯一值得记录的胜利不用流一滴血：德国公司拥有的财产被充公，以半价卖给了"五大"公司，这些公司从而加强了对群岛经济的控制。[51]美国军队到来并建造了基地，但军队存在的主要后果是社会性的而不是军事性的。各种肤色的美国士兵们体验了一种新型的种族关系。在夏威夷，白人和优越性依然联系在一起，但群岛上非白人面孔的数量和多样确保了这里的流动性比大陆上更强。令人始料未及的是，军人也成了最早的游客，他们把对夏威夷的印象带回家去，这些将在二战后成为一笔大生意。到二战后，夏威夷的形象已被牢牢固定在公众的想象中，这种形象不仅在两次大战之间时期的严峻条件下幸存——"蓝天"和"温暖的空气"是那时对物质困难的微薄补偿，也从战争本身之中幸存。[52]

这座"岛屿天堂"的黑暗面在一系列有关工作条件、工资和歧视的罢工中显现出来，这些行动成为殖民时期历史的标志。第一场糖料种植园大罢工发生在1909年，7 000名日本工人为提高工资罢工了四个月。[53]作为雇主联盟的夏威夷糖料种植者协会破坏了罢工，成功让其领导者因阴谋罪入狱。雇主们也对罢工者的一些要求做出让步，同时又安排从菲律宾雇用更廉价、更顺从的工人。下一次大中断发生在1920年，糖料种植园几乎一半的劳动力罢工，呼吁提高工资以抵消一战后的通货膨胀。[54]这场罢工又是由日本工人领导的，不过这次有菲律宾工人参与，历时超过六个月。就像1909年一样，破坏这场罢工的是坚决的残酷行动，换一种说法就是法律的全部力量，但也像1909年一样，雇主们做出了让步，并再次寻找更廉价、更顺从的工人。这次，他们把目光投向了英国殖民官员所说的"勤劳而狡诈的中国佬"，以代替越发挑衅、参与政治的日本人。然而，国会遵从了有广泛基础的大陆反移民联盟（其中包括工会和退伍军人组织）代表的意见，通过了限制性的《1924年移民法案》（Immigration Act of 1924）。[55]种植园主们接着求助于帝国内部的人员转移，来填补劳动力空缺。但是，进一步引入菲律宾工人带来了新问题：1924年，处于劳工市场最底层的菲律宾人举行罢工，抗议微薄的薪水和糟糕的工作条件。[56] 数千名工人出门罢工，历时八个月，但他们被打败了，死伤众多，领袖入狱。[57] 在驱散罢工后，种植园主们采用了此前的策略，启动改革以防止未来的劳工纠纷。[58]

亚洲移民（特别是广大日裔群体）对定居者组成的寡头阶层提出了更严峻的挑战。第一代日本移民（一世，issei）没有投票权，但出生在夏威夷的第二代移民（二世，nisei）根据领土合并的条款，被包括在选民范围内。但是，民主的到来是顺便的而不是规划好的。在吞并夏威夷时，这些条款的目的是让岛上住满来自大陆的白人小土地持有者。这些小农场主没有出现，于是当地的定居者不得不适应现实，即他们将和可能不友好的选民共处。多尔总统在1902年预见了这一问题，启动了同化政策。[59] 但其目的不是将各个种族融合起来，而是让亚洲移民通过基于英语的教育体系变成美国人。在那之后，有关日语学校、佛教寺庙和授予双重国籍的漫长斗争就开始了，这些都取决于一个问题：必须要求移民抛弃自己的文化到什么程度，才能满足同化的标准。[60] 一个内在矛盾成为政策的瑕疵：同化预设的是平等，但白人定居者呼应大陆上的民意，把亚洲人视为劣等人种。[61] 就像在巴厘岛一样，夏威夷的"岛屿天堂"是一个被巧妙建构出来的假象。[62]

20世纪20年代，夏威夷就像世界其他地区一样，挣扎着在一战的动乱后回归正常。但30年代的事件扰乱了1900年后建立的脆弱平衡。开始于1929年的国际经济危机持续于30年代的大部分时间，降低了夏威夷出口品的盈利，助长了种植园和城市工人的不满。一系列抗议在两次大罢工中达到顶点。1937年，毛伊岛上糖料种植园的菲律宾雇工停止工作三个月。他们的主张包括呼吁"把这里变成工人的天堂"，实际上就意味着颠覆定居者的秩序。[63] 次年，夏威夷岛希洛市的码头工人罢工七个月，在动用了大量武力后，他们的罢工才被破坏。[64]

1937年在毛伊岛的罢工是最后一起由单一种族支持的此类重大事件。此后的希洛罢工则由组织完备的工会策划，由不论种族或民族的各种工人支持。[65] 这起事件第一次清晰地显示出，人们已经在克服曾被"五大"鼓励以便维持统治的种族分隔。尽管夏威夷在20年代就出现了工会，但1934年的加利福尼亚港口工人罢工改变了它们。大陆上的罢工者组建了一个新工会，即国际码头与仓库工人工会（ILWU），它在1937年将准则和组织形式出口到了夏威夷。[66] 到30年代末，这一新的劳工运动正在变成一支令人畏惧的力量。

来自大陆的不利发展加剧了"五大"面临的内部困难。1933年，罗斯福的新政府向夏威夷投去了批判的目光。[67] 内政部长哈罗德·L. 伊克斯准备更密切地控制领土政府，任命不是当地居民的人员担任夏威夷的高层职位。1935年，国会通过了《瓦格纳法案》（Wagner Act），将加入工会的权利合法化。夏威夷政府成功抵挡了宪法上的挑战，因一项将农业工人排除到《瓦格纳法案》条款之外的让步措施而受益。不过，不祥之兆即便还没写在墙上，也已被写成了草稿。

1934年，不祥随着《琼斯-科斯蒂根法案》到来了，法案降低了夏威夷获准出口到美国的原糖和精糖数量。[68] 法案的目的是通过限制来自离岸和外国供应商的进口，在萧条时期保护大陆生产者。夏威夷遭遇的震荡不仅在于它失去了约10%的对美国的糖料出口，也在于它受到了和波多黎各和菲律宾一样的非合并领土的对待。[69] 在1934年前，"五大"曾反对建州，因为领土地位让它们既能以优惠条件进入美国市场，又能保持本土自治。1934年后，它们转变立场，推动夏威夷作为新州加入联邦。作为合并州，夏威夷将拥有不可改变的权利，确保与联邦中其他州的贸易平等，也有能力通过有投票权的国会议员代表其利益。另一方面，建州将授予夏威夷公民平等投票权，加大管控选民的难度。到30年代，第二代亚洲移民已占了有权投票者中相当大的比重，建州将让非白人成为多数派，并出现一名普选产生的州长。

但是，绝望的处境要求相应的解决方案。"五大"选择了建州，也就是说选择了终结殖民地地位，并不是因为它们急于实现自由民主的理想，而是因为它们认为，这是它们保留吞并后所赢得的特权地位的唯一机会。尽管国会的调查委员会对建州的论辩印象深刻，但夏威夷的申请在

1935年被驳回，因为人们担心日本在太平洋的野心以及在夏威夷的影响力。[70] 美国和日本的关系在30年代恶化，暴露了夏威夷和菲律宾两地的脆弱性。国会不愿让一片拥有大量日裔人口的领土建州，他们认为这些人的忠诚是分裂的。关于建州的谈判被暂停，直到1959年才得以解决。

1941年，当日本袭击珍珠港时，战争突然降临夏威夷。一夜之间，群岛失去了曾庇护它们免受大陆严肃监视的隐形衣，立刻被分配了一个战事中的突出角色。[71] 华盛顿已经认定菲律宾无法防御，珍珠港将成为太平洋舰队的基地。夏威夷的居民突然意识到，并入美国让他们在完全意外的情况下被暴露在外国侵略下。群岛很快就进入戒严。[72] 军政府（所谓的"将军们"）建立了一个在20世纪美国史上前所未有的威权政府。新政府暂停了人身保护令（habeus corpus），建立军事法庭，授权"预防性拘留"（preventive detention），实行审查，限制人员流动，将群岛笼罩在灯火管制下。随着将军们控制了生产、物价和海外贸易及航运，推翻了劳工法律，冻结了工资，新的指令性经济应运而生。

这些政策带来了一系列互成反差的震荡。[73] 军队的扩张创造了经济繁荣。在军事人员和平民辅助人员接连涌入后，群岛人口在1940—1944年间翻了一倍。约40万美国士兵（包括约3万名非裔美国人）观察到了夏威夷种族关系的流动性，将这一信号带回了大陆。[74] 对劳动力的需求（特别是建筑业）将失业率降低到零，并把大量女性和儿童拉进劳动力队伍。糖和菠萝这两大主要出口物被归为优先配给食品。当地消费者人数的迅速增长，出人意料地为那些产品提供了庞大的当地市场，不然它们就会因民用航运短缺而无法进入大陆。因此，主要的农产品避免了其他许多殖民地出口国家面临的市场准入难题：1945年，夏威夷糖料和菠萝的产量并不比1941年低多少。

另一方面，军政府实行的管制激起了广泛的不满，特别是1942年日本海军在中途岛被打败后，许多军事限制措施在大陆被放开，但在夏威夷持续下去，直到1944年。[75] 在其他行业因劳动力短缺而有了更多工作机会和更高收入的时候，种植园工人的工资和流动性被冻结，这让他们感到不满。由国际码头与仓库工人工会领导的各个工会曾宣誓在战时不举行罢工，但它们在这个间隙积极活动，成功增加了成员。此外，它们不再只吸引没有专业技能、不识字的工人，而是吸引了新一代的"二世"，他们到1941年已占据了日裔群体的四分之三。[76] 这一代人得到了教育，其中那些能说会道的代表已充分准备好表达他们的志向。夏威夷日裔群体的杰出战绩抹去了一切对他们忠诚的怀疑，极大助长了他们的主张。美国曾考虑在夏威夷实行日裔拘留（internment）政策，但因认为这不现实而排除了这一选择，不过这一政策在大陆上执行了。[77] 大量日裔志愿兵自告奋勇服役，取得了出色成绩：第442步兵团和它的第100步兵营成为美国陆军史上获得荣誉（相对于它们的规模）最多的部队。[78] 到1945年，新一代人已留下了印记，决心给二等公民身份画上句号。

与之相对的是，在军队接管了所有重要的经济和政治活动后，定居者的寡头阶层立刻失去了权力和地位，尽管种植园作物的市场繁荣，工人工资固定，也没有罢工。精英突然变成了平民，无法再拥有他人的尊敬，这种尊敬曾长期有助于支撑其权威。精英的家庭主妇们也失去了地位：因为缺少佣人，她们甚至不得不自己做家务。[79] 夏威夷的力量天平已经转向了，它最终会倒向哪边，直到战后才可以看清。

菲律宾："用公平正义的温和影响代替专横统治"[80]

美国陆军的将军们曾协助将西班牙赶出菲律宾，后来又压制了民族主义运动，他们和此后的文官当局一样，几乎完全不懂自己所面对的任务。[81] 据说，麦金莱总统无法在地图上指出菲律宾群岛的位置，在菲律宾的第一批总统代表对这片庞大而分散的群岛及其众多而多元的居民一无所知。报告和建议都是根据当时的需求迅速做出的。舒尔曼委员会在1899年做了调查、评估和发布，又一个委员会在1900年提议建立某种形式的政府。威廉·H.塔夫脱在1901年被任命为第一位民政总督。1905年，美国对群岛完成了一次人口普查。[82]

某种低劣的知识填补了空白，它塑造的原则将会指引新的殖民政府。菲律宾人被分为两类："文明"和"野蛮"。[83] 不知是幸运还是不幸，大多数人被宣布为"文明"，不过就像舒尔曼委员会总结的那样，他们仍然

"完全没准备好"自治，需要大量的进一步指导。该委员会判断称，西班牙已开始了传播西方文明的进程，但那是一个长期处于衰落的大国，因此无力完成它的任务。指挥棒如今被转交给一个更年轻、更健壮的国家，它将会完成使命。菲律宾在世界历史中被分配了一个位置：它的角色是实现美国所阐释的西方的天命，总有一天它会成为一座自由民主的灯塔，照亮亚洲最黑暗的角落。

殖民地官员们带着这些任务，开始划分殖民地属民，一种人会推动进步的事业，另一种人则有可能形成阻碍。伊卢斯特拉多（或者其中一些人）自荐为现代性最够格的代表。[84] 顾名思义，他们已经接受了西式教育。其中一些人会讲英语，这让他们真的可以被美国官员理解，因为那些美国官员几乎不懂西班牙语，也完全不会众多土著语言中的任何一门。[85] 许多伊卢斯特拉多是梅斯蒂索人，这让他们处于种族等级的高位，使他们在这场寻求美国认可的新比赛中占得先机。这场新比赛改编自旧比赛。在贬低了西班牙统治后，美国怀着"改天换地"的想法进入菲律宾，但很快就意识到，现有的制度不仅可以维持下去，还具有可观的行政价值。[86] 新统治者们采用了西班牙引入的社会和种族等级制度，继承了支撑等级制度的法律体系。天主教会与殖民当局达成和解，保留了自身的许多传统权威，尽管它的国教地位被废除，但它依旧是社会稳定的支柱。[87] 在世纪之交的混乱中生存下来的"大人物"们发现，他们在扩大的美国行政管理下比以前有更多机会。警卫换了班，但还存在一些惊人的连续性。

要给反对派归类则更难。人民大众既不能被轻易地接触到，也不易被理解。他们尽管并不是愚昧无知，但显然如此远离美国的生活方式，以至于需要家长的指引。用麦金莱著名的说法，"仁慈同化"旨在传播文化的提升，灌输美国价值观，消解对殖民统治的反对。真正"未开化者"人数很少，在政治上并不重要。然而，棉兰老岛的穆斯林提出的问题不能被忽视，尽管他们地处南方，远离作为主岛的吕宋岛。他们符合被归入"文明"殖民地属民的条件，因为他们已经发展出了组织完备的政治体，拥护一种宗教——伊斯兰教，这让他们比异教徒高了几个等级。另一方面，他们的政治认同意识孕育了一种对独立的迟钝信念，而他们的宗教并不能

地图8 美国统治下的菲律宾

轻易地被西方宗教概念同化。

仁慈同化政策有三个组成部分：民主培训、经济发展和文化适应。殖民统治者假设认为，民主这个笼统概念可以被等同于"美国人"（Americanus）这个物种。舒尔曼委员会曾积极看待英国的殖民政府手段，即把任命总督的权威和"真正地方自治的承诺和潜力"融合起来。[88] 但最终，委员会推荐了符合美国宪法的美式领土体系，让菲律宾当局远离更明显的殖民统治形式，这种体系也被认为比英国体系更有效地带来了自治。从英国人的角度，他们则认为，美国强调迅速实现自治是在逃避责任，而不是在践行原则。[89] 但来自英国的不满批评丝毫没有阻止"旗帜的进军"。菲律宾很快得到了从美国引进、被视为适合非合并领土的制度：由华盛顿提名的总督，以及某种形式的国会，这个议会有任命产生的上议院和选举产生的下议院，在1907年开始运转。总督保留了否决权，以防有不如意的政策成功通过，送进他的办公室。选民被限制在不到3%的人口，穆斯林和其他非基督徒被排除在外。

这些条款中有一些符合美国的宪法原则，但它们也是让菲律宾人接受又一次外国统治的必要手段。美国的决策者此前没有预料到他们遭遇到如此深广、如此顽强的反对。尽管1901年埃米利奥·阿奎纳多被捕，这个主要的反对派人物被铲除，但在1902年美国宣布战争结束后，对付民族主义者的战争还在继续。美国的止战宣言宽恕了参战者，同时批准当局将延续下去的反抗行动归为匪患。1904年，马卡里奥·萨凯建立了他加禄共和国，脱离当局，挑战美国统治，直到1907年他被出卖，被作为"土匪"绞死。[90] 对美国统治的武装反抗在更难以到达的南部岛屿棉兰老岛持续下去，直到1913年。[91]

这场以解放民族主义者为目标的斗争漫长、费钱、令人难堪、矛盾重重，对美国政策有着长远的影响。它让包括西奥多·罗斯福在内的华盛顿帝国主义者感到幻灭，送给民主党人一系列论据来反对共和党的外交政策。对殖民统治的激烈反对，以及再次发生反抗的可能性，也影响了在当地的政策。官员们意识到，如果他们要将新的政府机器与广大人民成功相连，他们需要至少赢得最重要的群体的"人心"。因此，他们迅速行动，达成政治交易，将关键利益集团从独立运动中分离出来，与这些利益集团的首要代表们建立起合作纽带。[92] 妥协并不属于教化使命的话语，但它很快就成为菲律宾殖民统治的一个公理，就像长期以来在欧洲各帝国中那样。

政府追寻的解决方案包括可能从英属马来亚引进间接统治的技巧。[93] 这一想法被抛弃了，因为除了最南部马京达瑙和苏禄这两个古老的苏丹国，菲律宾少有王侯和苏丹，这两国既带来了障碍，又带来了机遇。这一地区在1903年变成了莫罗省。在这里，美国基本是在不经意间重演了在其他西方帝国常见的戏码，那些帝国的统治者们早已辩论了直接和间接统治的各自优势，以及"土著法律和风俗"在多大程度上和引进的文明一致。

当经验不足遭遇新奇状况时，结果便是前后矛盾。1899年，约翰·C. 贝茨（John C. Bates）准将达成协议，苏丹国承认美国的统治权，作为交换，苏丹将得到美国发的工资，包括奴隶制和多配偶制在内的"土著风俗"也将被美国接受。[94] 1904年，美国否认了贝茨"条约"的效力，授权该省的新总督伦纳德·伍德推行直接统治。伍德和他的继任者们延伸了戒严令，往往用非常残忍的行动镇压反对派，并提出了教化改革。长期以来，军事研究遮蔽了这项政策的民事部分，在伍德看来，这项政策是一个向全世界展现美国价值观和行为方式优越性的机会。就像他的朋友西奥多·罗斯福一样，伍德是一个"武装进步派"。[95] 他作为武力倡导者的资格无可挑剔：他曾参加过"印第安人"战争，在古巴指挥过莽骑兵。他把莫罗省视为一个机会，可以抹掉过去重新开始，建立某种形式的同化，就算这缺乏仁慈，也会造就一个文明的社会。伍德剥夺了苏丹的世俗权力，推动经济发展，直面奴隶制，引入了美式教育。伊斯兰教将被容许，但也会被驯服，这样它最终将以某种说不清的形式与西方文明融合起来。其结果是社会剧变，最终产生了一群新的协作者，他们主要来自地方贵族（datus），在美国统治中看到了机会，可以赢得保护，抵御来自信仰基督教的北方的传统敌人。

在吕宋岛以及地处其影响力边缘的米沙鄢群岛，殖民政府转向了两个支持来源：伊卢斯特拉多中的关键人物，以及与其有重叠的群体——在省份中施加影响力的酋长，或者说是当地"大人物"。[96] 伊卢斯特拉多在 19 世纪西班牙统治下得到了显赫地位，但他们的地位更多来自经济和文化成就，而不是来自政治服务，他们的政治影响并不像美国官员以为的那样，延伸到了可以毫不费力地控制不为人知（尽管远远不沉默）的大多数的程度。[97] 酋长们在革命的军事阶段提高了地位，但就在政治权威似乎触手可及时，眼看着美国将权力从他们手中夺去。西班牙曾大力依靠托钵修士来补充它那人手不足的政府，但美国当局剥夺了托钵修士的准政治功能。因此，新的殖民政府不得不迅速行动，寻找替代的代理人。伊卢斯特拉多近在咫尺，并自我表现为他们的首要发言人曼努埃尔·奎松在 1908 年所说的"指导阶级"。[98] 同时，议会经选举产生，让他们有希望得到资源和赞助。在这时，伊卢斯特拉多和他们的副手们已经可以期待把政治权力加入他们的其他影响力之中。

政府别无选择，只有与这些群体达成交易。新的统治者们与其说是在利用传统，还不如说是在创造传统：通过"大交易"达成的协作关系持续了整个殖民时期，在这期间，总督塔夫脱和他的继任者们授予伊卢斯特拉多一定程度的政治权威，亦即他们在西班牙统治下未曾享受到的合法性。此外，这一协定是通过谈判而不是强制达成的：美国是自己属民的统治者，但又是自己殖民地的囚徒。美国国内的反政府传统阻止建立强大的中央权威，杰斐逊派的理想则积极鼓励分权。[99] 国务卿伊莱休·鲁特很快就被迫承认，不可能通过中央指导或民主原则来建立殖民政策，必须回归将广泛的权力委托给菲律宾行政部门的想法。[100] 政治现实也制约了这项策略。曾负责菲律宾行政机构的威廉·H. 塔夫脱 1908 年当选为美国总统，他对行政部门培养大众自治的能力提出了高度保留的意见，害怕政策可能会陷入妥协，只会"等待组建一个有能力管理政府的菲律宾寡头或贵族的阶层，然后将群岛转交给他们"。[101] 塔夫脱不是一名一心一意的帝国主义者，但他在本能上是一名家长主义者，认为如果要推进文明的话，就需要外部监督。[102]

美国的代表们既人手不足，又缺乏知识。美国努力想建立以功绩为基础的官僚体系，将有关殖民统治正当性的辩论从道德问题转向技术事务。[103] 进步派改革者希望用新的海外殖民地来展示他们建立开明而高效的政府的计划非常优越，但他们的乐观态度很快就消退了。[104] 自这项事业开始，他们就很难从美国招到有能力的公务员，并且从未克服这个困难。加入殖民机关的激励机制不足，对殖民统治持久性的怀疑阻碍了招募行动，人员流动速度很快。因此，决策者无法建立强大而持久的中央官僚机构，被迫在比原计划早得多的阶段用菲律宾员工填满政府。这一趋势在民主党任命的弗朗西斯·哈里森担任总督时大大加快，他将菲律宾殖民机关中美国人的人数从1913年的2 632人减少到1921年的614人，将菲律宾人的人数从6 363人增加到13 240人。[105] 这一变化扩大了伊卢斯特拉多和地方酋长奖励追随者的空间，允许地方省份向中心地区殖民，与美国的意图截然相反。塔夫脱一开始希望植入一种与仍在美国流行的"分赃制"不同的制度，但最后他在菲律宾重新创造了一台运转顺畅的本国机器（domestic machinery），它成了菲律宾在20世纪政治积累的首要资源。

萌芽中的寡头阶层兴奋地接受了他们继承的权利。[106] 曾在西班牙统治下开始组织起来的政党迅速适应了第二次殖民占领。塔夫脱总督助了一臂之力，鼓励建立亲美而呼吁同化和建州的联邦党（Federalistas）。但在1907年，民族党（Nacionalistas）兴起，争取"在美国保护下"取得独立。它们的竞争与其说事关不同的计划，不如说事关相反的协作模式，其结果是，民族党在组建新议会的选举中赢得了胜利。美国人泰然接受了这个结果。联邦党的政治影响力被局限在马尼拉。民族党则有着更光明的未来。他们的领袖塞尔希奥·奥斯梅尼亚娶了一名富有的华裔梅斯蒂索人，在宿务省和马尼拉都有权力基础。[107] 难怪未来将成为总督的高级官员威廉·C. 福布斯（William C. Forbes）在他的日记中写道，他是多么高兴地看到"他非常好的朋友"的成功，因为这将赋予他"和议会以很大的权力"。[108] 显然，这两边达成的共识跨越了他们完全相反的公开立场。

共识产生于共同利益，维护利益安全的正是监视和管制的新手段。[109] 当塔夫脱宣告他致力在菲律宾建立民主时，他也铺设了情报网络，用于除去异议分子的武装，并在必要的时候摧毁他们。只有考虑到奥斯梅尼亚已被拉入塔夫脱建立的情报体系这项证据，才能完全理解福布斯为什么会对"他非常好的朋友"的成功表达快意。没有人比福布斯更了解这件事，因为作为菲律宾警察部队长官，他曾创建了间谍、告密者和造谣者的网络，这些人提供了控制的手段。这不是孤例。奎松在政治生涯的早期曾是一名卧底密探；作为回报，警方压制了那些可能妨碍这位菲律宾最著名的民族主义领袖一路前进的消息。[110] 并不总是掩饰自身偏见的福布斯在后来提及奎松时不恰当地表示，他是"我所知的对外界影响反应最灵敏的小东西"。[111]

福布斯的经营成果延续了下去。当菲律宾自治邦在1934年成立时，奎松采用了福布斯的管控网络，想来是对此颇为满意。后来，该网络被大规模利用，在50年代协助击败虎克军叛乱，并在费迪南德·马科斯总统的统治下完全成熟。它的出口版本也发展得很好。美国采纳了福布斯的体系，在20世纪20年代用它镇压罢工者和异议者。到那时，菲律宾的警察监视已变成了一个重要的服务行业，其与犯罪分子发展出的联系助长了腐败。塔夫脱无疑怀着好心，但他选择的道路侵蚀了他希望见证建立的民主，转而指向了警察国家的方向。

殖民统治者和政治精英的联盟在1916年得到了巩固，在那一年，《琼斯法案》给了菲律宾寡头阶层机会来扩大其政治活动规模。[112] 法案扩大了选举权，开放参议院选举，并保证"一旦可以建立起稳定政府"就给予菲律宾独立地位。[113] 在表面上，这标志着一个启蒙大国超越人们的预期，在创纪录的时间里实现了这点。现实则颇为不同。在美国，曾发誓终结帝国冒险的民主党人在1912年伍德罗·威尔逊被选为总统时扳倒了共和党人，掌控国会直到1920年。即便如此，法案也只是在漫长的斗争后才在国会通过。塔夫脱和共和党人反对法案，在菲律宾的美国商业利益集团及罗马天主教会也表示反对，担心群岛将陷入"野蛮而无信仰"的状态。[114] 塔夫脱既考虑原则，又考虑时机：在他看来，菲律宾要支持人民民主，有能力抵御"寡头或贵族"统治，还需要一两代人的时间。[115] 曾是头号帝国主义者的西奥多·罗斯福倾向于退出菲律宾，理由是群岛造成了军事负担。[116] 美国国内的糖料生产商支持菲律宾独立，因为他们希望

图8　塞尔希奥·奥斯梅尼亚、弗朗西斯·哈里森总督和曼努埃尔·奎松，1918年

这将终结菲律宾享受的优惠关税。奥斯梅尼亚和奎松希望独立，但也希望美国保证支持菲律宾对抗可能的日本侵略。[117] 自决问题上的先知威尔逊步履缓慢。1916年的选举让奥斯梅尼亚成为下议院多数党领袖、奎松成为参议院领袖，在这个实际上成为一党制的政府中，民族党几乎得到了永久的统治权。

　　到1916年，"文明"还没有战胜"野蛮"，民主也还没有胜利。被视为不可接受的"土著法律和风俗"还没有被根除。1922年，扩大的选民只占人口的7%，选举舞弊和内定现象司空见惯。《琼斯法案》兑现了自1898年来就成为党派政治要素的一项承诺，该承诺在1912年选举周期中成为一个实际的可能之事。法案中的关键内容是关于"稳定"政府的说法：目标变成了政府的生命力，民主则位于未指明的未来。到1916年，大陆上两个政党的政客都对帝国负担带来的成本和冲突感到疲惫。那些曾一度急于负起重担的人们如今迫切地想要摆脱重担。毫无根据的乐观情绪后面紧随着有根有据的绝望，这个过程将在这个新的世纪以及之后的时间里在其他地方一再重演。

经济政策为殖民官员和伊卢斯特拉多-酋长精英的阶层的政治契约做了担保，尽可能确保新政府的稳定。殖民地被要求自担开支，而不是直接让国会和美国纳税人买单。同时，官员们被禁止对菲律宾的富裕有产者征收相应水平的税金，因为这些富人的支持对殖民统治的存续至关重要。塔夫脱总督曾希望通过吸引美国私有投资和亚洲移民来解决资金问题。但是，国会对那些希望在菲律宾获取自然资源的外国公司施加了严格的制约，限制殖民政府募集发展贷款，以免债务的上升破坏自给自足原则，并且只是偶尔用联邦拨款来补充殖民地的财政收入。[118]

政府收入自然而然地依赖海关关税和一系列人头税及消费税。[119] 这一模式融合了继承自西班牙的做法（包括强制劳动）以及借自英国的原则，英帝国的"自给自足"长期以来都是殖民政府的公认准则。然而在1909年菲律宾和美国建立自由贸易关系后，殖民政府只能对与外国的商贸征收关税。自那以后，与大陆的贸易通过抬高或降低国内购买力来影响对消费的税收，从而间接地影响了政府收入。[120] 随着美国增加了它与菲律宾的外贸份额，关税税基缩水了。殖民地的财政收入面临压力，发展计划受到制约。马尼拉的政府被迫增加国内税收作为补偿，因而在经济困难的时期不得人心。

政府开支也遵循了殖民统治标志性的优先目标，主要将资金分配给军队和行政机关，很少留出余地，用殖民地资源来为发展出资。[121] 就像在英国和法国殖民地一样，微薄的剩余资金要么延续西班牙的政策，被分配给基础设施和公用事业；要么根据英国的殖民经验，被分配给改善农业、保护森林的措施（其结果也像英国那样有些含糊不清）。[122] 但是，殖民政策确实在提高农业生产力上取得了总体上出乎意料的成功，乃至到20世纪20年代，菲律宾已在大米生产上自给自足，而大米长期以来是一种主要进口品。[123] 不幸的是，因为缺乏资金和受过训练的人手，这一行动自20世纪中叶开始止步不前，大米产量开始缓慢下降，一直持续了半个世纪。1931年，德怀特·戴维斯（Dwight Davis）总督在东南亚旅行时发现，菲律宾的人均财政收入和支出低于荷属印尼和暹罗，还只有马来联邦的八分之一，他本不应对此感到震惊。[124]

发展政策的成功取决于国际经济的表现，而这超出了殖民政策的掌控。不过，政策还是在这一过程中扮演了重要角色，因为它将货币体系转为了金本位制，把菲律宾比索和实际上的美元汇兑本位制联系起来，并从华盛顿得到了关税让步。比索通过和美元相关联而得到了力量和稳定性，让外国投资者对菲律宾经济和政府有了信心。[125] 关税优惠对维持糖料和椰子出口的生命力至关重要，在有限程度上也影响了马尼拉麻的出口。[126] 但是，这三种产品都受制于国会的任性，而国会反映了美国选举政治的多变。实际上，发展政策赌的是出口收入将继续为政府创造税收，为关键利益集团创造收益，为贫困而没有选举权的大多数人创造工作岗位。

塔夫脱总督敦促降低关税以协助战后的经济复苏，并将糖料种植者和民族主义者分离开来。然而，起初大陆上的甜菜游说集团强大得足以对抗他的努力。1902年，菲律宾赢得了比常规关税优惠25%的税率，但直到1909年糖料托拉斯接管了主要甜菜企业后，《佩恩－奥尔德里奇关税法》才得以顺利在两国间确立配额宽松的自由贸易。[127] 最终，《安德伍德关税法》在1913年降低了整体关税，也废除了对来自菲律宾的进口品的配额。[128] 在这一例中，保护主义者不得不为一项更高的利益做出妥协：新殖民帝国的生存。关税让步实际上是美国纳税人为了换取特权——拥有一个帝国——而支付的补贴。主要的受益者是大规模的糖料种植者和榨糖者，他们不断增长的财富为他们的挥霍生活和政治野心提供了资金，最终让他们能够与殖民政府为控制国家展开竞争。[129]

新世纪的最初20年，出口经历了长时间的繁荣。[130] 初级产品的价格从19世纪晚期的暴跌中恢复过来，帝国特惠制则让菲律宾以特殊待遇进入广大的美国市场。[131] 三大主要出口品——糖料、椰子和马尼拉麻——的数量大幅增长，出口额在1908—1912年和1933—1937年之间增加了两倍。在1900—1940年间，三大主要产品稳稳占据了全部出口的85%，不过它们各自的份额在这一时期中有所变化：糖料登上了出口清单的榜首，椰子保持原位，马尼拉麻则在外国竞争下有所下降。1934年是达到顶峰的一年，糖料出口产生了约40%的政府收入和30%的国民收入。

就像在岛屿帝国的其他地区一样，在菲律宾的贸易是跟随旗帜推进的。1898年前，英国、香港、新加坡和西班牙等国家与地区主导了它的出口贸易。美国吞并菲律宾，使美国能够战胜竞争者。从菲律宾运往美国的出口品所占比例从20世纪最初10年的30%—40%，上升到10年代的50%—60%，再到二三十年代的70%—80%。来自美国的进口品也走过了类似的道路，从20世纪最初10年的10%，上升到10年代的40%—60%，再到二三十年代的60%—65%。菲律宾受益于整体有利的贸易条件，也维持了持续而可观的贸易盈余，这通过航运、利息和分红返回了美国。这一交换模式也是其他几个殖民地的特征，尤其是印度，就是由于同样原因在英国的国际收支中占据了中心位置。

根据这里采用的术语，菲律宾变成了"贸易殖民地"而不是（白人）定居的殖民地。[132] 一直到1939年，群岛上都只有约8 000名美国公民。其中大多数都在政府或军队，约一半人住在马尼拉。[133] 人称"马尼拉美国人"的美国商业利益集团，远远落后于掌管夏威夷的"五大"公司。[134] 尽管他们的呼声一致，特别是支持继续实行殖民统治，但华盛顿几乎听不到他们的声音。来自西班牙的人数在战后迅速下降，但在和平协议后缓慢回升，在1939年达到约5 000人。[135] 西班牙在菲律宾的贸易和投资在1898年后都增长了。起初，这个前殖民大国的代表们受益于《巴黎和约》的一项条件，该条件保证西班牙可以在10年中与美国企业享有同样的贸易条件。[136] 1908年后，即使菲律宾的出口经济被调转向美国，但西班牙与菲律宾的商贸还在继续扩大。[137] 西班牙企业在美国保护主义体系下成功运作，同时也丢掉了作为殖民统治直接代理人的污点。与之相似的是，在1882年英国占领埃及后，法国利益集团也从中获益，不过是以非正式而不是正式的途径。

整体来说，尽管有美国统治提供保障，但菲律宾对大陆投资者并无吸引力。虽然美国在1937年提供了菲律宾约一半的私有投资，但这一数字只占美国所有对外投资的约1%。直接投资（主要是在公共事业上）占了主要位置，证券投资主要是在政府债券上。美国人取代英国人获得金融主导地位的尝试失败了。1938年，美国资本控制着群岛上不到10%的银行资源。在1916年建立的菲律宾国家银行，一定程度上是为了推进美国利益，它很快变成了当地糖业大亨即银行创始者的工具。[138] 战时繁荣刺激了过度借款，此后的暴跌则导致企业倒闭，将国家银行置于严重困难之中。责任被归咎于菲律宾员工的管理不当和腐败，银行行长贝南西奥·康塞普西翁（Venancio Concepción）被判欺诈罪。[139] 但是，真正的问题出在美国官员身上，他们滥用了银行的货币储备，还有其他一系列的财务违规行为。[140]

　　大笔外国投资面临的主要障碍是殖民地土地政策。[141] 塔夫脱总督在寻求财政收入和盟友时，希望通过允许大型外国公司购买"托钵修士土地"，鼓励中国劳工进入，来将群岛的自然资源开放给私有企业。[142] 他的计划遭遇了美国甜菜业和美国本土主义者的抵抗，前者恐惧潜在的竞争，后者则反对任何可能允许非白人进入大陆的计划。在漫长的争论后，国会在1902年通过了《公共土地法案》（Public Land Act），将外国公司拥有的土地限制在约2 500英亩。这一限定遏制了潜在的种植园主，因为这些土地不足以产生显著的规模经济。相反，美国政府从罗马天主教托钵修士那里购买了约44.5万英亩优质土地，将其卖给现有的佃农和富有的当地投资者。[143] 糖业巨头亨利·哈夫迈耶在1909年成功绕开了法律，在民都洛岛买下了约4.4万英亩地，但菲律宾立法机关采取行动，制止了其他这种规模的售卖行为。1926年，当哈维·S. 费尔斯通（Harvey S. Firestone）申请在菲律宾建立大型橡胶种植园时，他被拒绝了。[144] 几个美国人在棉兰老岛建设了养牛场，但他们的努力并不成功。[145] 新世纪初英国人在西非遵循了类似的政策，当时殖民部拒绝批准肥皂巨头 W. H. 利华（W. H. Lever）在那里的英国属地建设油棕榈种植园。[146] 费尔斯通去了利比里亚，在那里得到了更热情的欢迎。利华则将他的提案转交给比利时治下的刚果，那里的殖民政府对在热带阳光底下寻求大片土地的外侨企业家采取了更为纵容的态度。

互相抵消的影响导致美国这座20世纪资本主义的发电站挫败了它的一些最强大代表的要求。鼓励获取宅地定居下来的希望无论多么不现实，都不利于费尔斯通和其他人推动宏大的项目。来自糖用甜菜和甘蔗游说集团的代表怀疑一切在海外领土发展大规模农业的计划，这也对费尔斯通不利。但是，政治考量是土地政策中更重要的决定因素。在1898年后的10年中，美国急切地想要拉拢伊卢斯特拉多、酋长和他们的追随者。鼓励协作关系的一种理想手段就是制定有利于当地利益集团的土地政策。因此，出口生产仍属于当地农民。小农场主占了主导地位，但一些比较大的庄园也发展起来，农村企业家利用美国吞并所创造的机会，扩大了他们在西班牙统治时期就已开始的活动。

邦板牙和内格罗斯岛作为两个最大的产糖地区，展现了生产结构的多元性，尤其和古巴东西部的差异遥相呼应。[147] 邦板牙位于北方的吕宋岛，那里早就发展出定居点、土地占有（land-tenure）制及恩庇-侍从关系。主导糖料生产的是在分散的农场中劳作的佃农，在1910年，这些农场平均面积不超过约90英亩。[148] 土地持有者主要是梅斯蒂索人，他们提供信贷，负责加工农作物。另一方面，偏僻的内格罗斯岛远在南方，那里的定居点稀疏，土地很容易获取，现有的所有权也未受认可。在那里的边疆发展让人想到了美国西部和南部。来自菲律宾其他地区的移民取代了土著和小农场主，要么夺取了土地，要么以非常低廉的价格买下了土地。就是在这里，通常与糖料生产相关联的大规模企业在19世纪下半叶崛起。到1896年，即美国统治开始前不久，12个家族控制了13万英亩糖料用地中的近三分之一，雇用当地和外来雇工、自给自足的大农场已成为当地风景的一部分。[149] 尽管在生产结构和位置上有所不同，但邦板牙和内格罗斯岛都孕育了糖业精英，他们构成了这两个地区间社会和政治上的纽带。所谓的糖业大亨们积累了大笔财富，投资高层政治和上层生活，将他们的未来抵押给与美国的关系及它所带来的关税优惠。[150] 当1907年新议会召开时，他们都得到了充分的代表，在整个美国统治时期维持了主导地位。

椰业和糖业不同，仍有待历史学家注意，尽管实际上菲律宾变成了世界最大的椰产品生产国和出口国。[151] 椰业在西班牙统治下发展起来，在1898年菲律宾得以进入巨大的美国市场后迅速扩张。椰子没有受益于和糖料同等程度的关税让步，但椰业还是在1922年美国授予椰油优惠准入条件时得到提振。效果立竿见影：椰油成为最重要的椰类出口品，曾占主导地位的椰干（椰"肉"）落到了第二名。[152] 这一产业的扩张来自土著企业对价格激励的回应，其方式（和时间）和西非热带地区农民回应落花生、可可、棕榈油和果仁生产的新机会差不多。椰子主要是一种小农作物：在生产上少有规模经济，在加工的最初阶段也保持分散状态。20世纪60年代，在菲律宾独立后很长时间，椰子农场的平均大小仍然只有约10英亩，100英亩或更大的农场只占这一作物用地的10%。[153] 大多数椰子农场都由其所有者劳作打理，尽管土地所有权足够多元化，容许佃农和雇工也参与进来。椰子在菲律宾的许多地区都容易生长，但它们传播的过程仍有待学者讲述。就当前的目的来说，这里要提的论点是，出口业拉动越来越多的土地和菲律宾人去依赖殖民统治所打开的出口市场。

第三项主要出口物马尼拉麻（也被称为蕉麻）也有着同样漫长的出口生产史。[154] 马尼拉麻属芭蕉科，是菲律宾的本地作物，在群岛各处都能看到。直到1916年，菲律宾出口的马尼拉麻，有超过一半是吕宋岛东南部的卡比科兰生产的。自那以后，米沙鄢群岛和棉兰老岛成为首要的生产中心，到30年代，卡比科兰的份额降到了25%。[155] 马尼拉麻和椰子一样主要由小农种植，他们使用的是家庭劳动力、雇佣劳动力和分成佃农。虽然菲律宾是世界主要的蕉麻生产国，但随着制造绳索和纸张的替代手段的发展对生产价格造成了下行压力，马尼拉麻在20世纪面临的困难越来越多。菲律宾生产商不仅在世界市场竞争，也互相竞争。卡比科兰尤其遭到了棉兰老岛马尼拉麻种植园发展的打击，定居者们在棉兰老岛推进边疆，占有了一些相对较大的土地。[156] 日本殖民者尤其突出地建立了既生产马尼拉麻又生产椰子的庄园。这些企业有足够的资本提高生产率、改善质量并使用相当多的雇佣劳动力。棉兰老岛的主要港口达沃市自20世纪初开始迅速扩张，很快就发展为国际性城市，将日本和基督教影响置于穆斯林主导的背景环境中。成功的日本庄园主逐渐跻身崛起中的基于糖业的国家精英行列。他们也理解影响力政治的重要性，用它来保护财产和利益，并在30年代末国际形势恶化时保护自己。

教化使命的文化部分致力实行同化政策。[157] 如果属民就像种族假设所说的那样居于劣等，那政府的任务就是提升他们。然而，难解的困境阻碍了提升改良。失败将会摧毁帝国的正当性，成功则将使帝国变得冗余。此外，成功不能以建州告终——夏威夷已得到这个可能性；成功只能有一个结果：独立。菲律宾人于是就必须被训练变成美国人，同时也被教育要摆脱美国人。不出所料的是，实现独立的时间表变成了争议问题。如果受训者有不耐烦的倾向，那美国的教师们就倾向于小心前进，以确保他们对未来的愿景不会在实现前就已黯淡下去。而且，因为菲律宾实际上处于间接统治下，所以政策在实行时大体上由菲律宾人掌握，他们尽可能以自己的目标为导向，来解读并运用教化使命。同化政策导致了一系列不完美的妥协，美国的理想经过菲律宾现实的过滤后，以未曾预见的混合形式出现在人们面前。

菲律宾是一座实验室，让进步派进行他们在美国呼吁但效果有限的改革实验。改革项目不仅没有和持续的种族歧视发生冲突，还依赖种族歧视。[158] 在与菲律宾民族主义者交战时，美国用同质化的语言描述菲律宾人，视其为堕落而野蛮的敌人。而在建立和平时，美国需要重排种族等级次序，以区分那些与美国协作的精英以及那些不那么有希望的人。拉美裔或半拉美裔基督徒被视为理性者，可以被承认，其他人则根据他们和理想状态之间的差距各居其位。民族志调查提供了"科学"依据来支持种族分类，巩固一系列持久的刻板印象。住在吕宋岛北部山脉的卡兰古亚人（Kalanguya）被认为不够先进，无法被正式分类，因此难以获得政府资源。这一地区的女性被归为"家佣"，被剥夺了财产权。[159] 在其他西方帝国中也有许多有类似遭遇的群体，尼日利亚中部高地的蒂夫人（Tiv）就是其一。[160]

传教事业的本意是通过使菲律宾人改信新教来促进同化，这方面进展不大。在吞并后不久，各新教传教团分割了群岛。卫理公会被分派到吕宋岛北部和马尼拉人口众多的地区，长老会得到了吕宋岛南部和米沙鄢群岛西部，浸礼会占领了米沙鄢群岛中部和东部，最大的挑战留给了公理会：信伊斯兰教的棉兰老岛。除了棉兰老岛（包括苏禄），菲律宾的大部分地区都已经正式信仰基督教了，但各新教传教团认为罗马天主教是一种文明的异教，对真正的信仰造成了特别的挑战，尽管新教中也存在几种互相竞争的形态。罗马天主教会不会被它的新教对手们轻易打败，这些新教徒和殖民政府中的同胞有着同样的种族偏见，甚至会批评殖民政府未能达成其宣称的理想。[161]

1898年第一位抵达菲律宾群岛的浸礼会传教士查尔斯·布里格斯（Charles Briggs）把菲律宾人看作容易受骗的孩子，他们支持叛乱者反抗美国陆军，这种说法可以代表紧随其后来到菲律宾的大多数人的态度。此外，布里格斯也给予了用水酷刑（如今被称为水刑）以精神认可，认为这是"人道，公正且有效的"。[162] 他确信，美国正在履行一项神圣的责任，反叛者则挡在了他们的大多数同胞面前，这些同胞被认为是迫切期待得到美国化。[163] 在一个世纪的传教努力后，到20世纪末，只有不到10%的菲律宾人可以被算作新教徒。[164]

进步派改革者们取得了一些成功。他们在遏制（至少是转移）鸦片贸易上起到了重要作用，支持废除奴隶制的政策。[165] 但是，废奴本身也造成了问题。比如说，反对国内奴隶制的长期斗争不仅牵涉了一场针对摩洛人的漫长破坏性军事行动，也强化了美国国内的反帝力量，方便了《琼斯法案》的通过，正是这一法案开启了将美国从它那麻烦的殖民地解脱出来的进程。[166]

教育是传播文化提升的首要手段，它在菲律宾的代理人不是传教团，而是政府。教育局监督主持了一场大规模的教育人民的行动。[167] 一个引人注目的小学和中学网络出现了，高等教育机构建立起来，菲律宾大学在1908年成立。入学率增加了，识字率显著提升。[168] 但这些成就很有限。殖民政府准备将英语变成首要语言，但未能替代西班牙语，后者作为抵抗美国统治的语言而受益。[169]

1925年，一项关于公共教育的全面调查批评了教学水平、高辍学率、学校教案中的不当内容，以及资金的缺乏。[170] 一些项目要么是存在误解，要么是方向错误。此前教化并同化美洲土著的尝试大都失败了，从中继承下来的假设观念又被教育家带进在菲律宾的工作中。[171] 他们的宗旨是，土著文化是原始的，要通过采用美国价值观来走向进步。[172] 正像英国人把华兹华斯盛开的"水仙花"（《咏水仙》）带到了没听说过水仙花的热带一样，美国人把朗费罗的"海华沙"介绍给菲律宾，（我们可以猜到）那里的接受者同样困惑不解。伴随着这些陌生新事物的，是一项关于工业化教育的庞大努力，旨在将"原始"人带上进步阶梯的第一级。[173] 一项倡议引发了一场把玉米种在不适合也不需要玉米的地区的行动，另一项倡议则产生了一大堆没人要的编织篮。非正式影响力——特别是引入美国流行的体育运动——补充了官方政策，但这些影响力即使再成功，也像在古巴一样，变成了反抗情绪而不是同化的表达。[174]

一战让菲律宾毫发无伤。被视为主要潜在威胁的日本在冲突一开始就加入了盟军，在战争期间留在了这个阵营。德国在这一地区只有有限的海军势力。对主要出口作物的需求仍在上扬，不过航运运力的短缺使菲律宾无法加入古巴生机勃勃的"百万美元大狂舞"。首要斗争是在政治上而不是在军事上。当民主党人在1912年掌控了国会和白宫时，他们终于有机会根据自己长期表达的反对占领菲律宾的态度，行动起来。围绕着《琼斯法案》以及哈里森总督将行政部门职位转给菲律宾人的激进计划所引发的争议，大家展开辩论。[175] 对这些事件，战争起到了重要但可能间接的作用。威尔逊总统的自决原则宣言被大力宣传，在全世界回响，其方式是他从未预见也无法控制的。奎松和奥斯梅尼亚的回应是，加大他们对独立的呼吁。发展中的民族意识为这一诉求加上了民众的声音，它以多种方式得到表达，远远超出了政治舞台——从何塞·内波穆塞诺（José Nepomuceno）的电影，到他加禄语作为独立的语言得到传播。[176]

在1921年重得权力并在此后10年中掌控国会的共和党人开始扭转这些趋势。[177] 新当选的共和党政府利用了折磨着菲律宾国家银行的危机，制止了民主党人提拔菲律宾人的政策。沃伦·哈定总统在1921年将坚定的保守派伦纳德·伍德将军任命为总督，其任务是恢复鲁特和塔夫脱构想的政策，即需要经过长时间的指导才能把独立变成实际可行的提议。伍德与温和派民族主义者塞尔希奥·奥斯梅尼亚建立了非正式联盟，阻止了未来独立的宣言，并避免了一次关于这一问题的公民投票。[178] 哈定的继任者卡尔文·柯立芝延续了他的政策。柯立芝曾称独立是"迟早"的可能之事，但他在1924年采取的观点是，"没感觉到那个时刻已经到来"。[179] 1927年，伍德在任内去世，替代他担任总督的是亨利·L. 斯廷森（Henry L. Stimson），他追随了相同的政策，不过更为巧妙。就像在大英帝国和法兰西帝国一样，20年代是一段殖民管制收紧而不是放开的时期。

出口业的发展与这些趋势相辅相成。1913年实现对糖料的优惠关税，加上一战和战后重建促使需求上升，提振了出口，这些加强了菲律宾对美国市场的依赖。出口的扩张产生了国内影响，不过这些还没被完全纳入这一时期的政治史研究中。糖业姗姗来迟地追随夏威夷和古巴，采用集中压榨法，提高生产率，改善质量。[180] 此前大量出口到中国的未精炼黑砂糖让位给美国所需的白糖，但白糖需要更多加工。随着这一产业的资本变得越来越密集，经济力量也越发集中。到20世纪30年代中叶，七个菲律宾家族（主要是梅斯蒂索人）控制了各中央榨糖厂一半到三分之二的产出，其余产出的则在美国和西班牙公司手中。[181] 新的潜在冲突线出现了，这条线一方面划分了新的"超级榨厂主"与无力再压榨自己所产糖料的种植园主，另一方面划分了从黑砂糖向白糖艰难转型的小农与站在他们头顶的榨厂主种植园主。古巴的佃农也在一战后挣扎于类似的发展中。

互相矛盾的美国政策以及菲律宾内部与日俱增的紧张态势在20世纪30年代达到了临界点，1929年开始的经济危机迫使殖民政策受到根本性的修正。美国增长的失业率刺激了对保护主义的呼声。在联邦超过一半的州中，各甜菜和蔗糖生产商团结到一起，要求改变关税让步措施，这些让步曾使菲律宾糖料在美国进口糖料中的份额从1921年的8%提高到1933年的24%。[182] 棉业和乳业利益集团也加入其中，因为椰油在肥皂生产中与棉籽油发生了竞争，又作为人造奶油产品的成分，与黄油发生了竞争。[183] 美国劳联加强呼吁将菲律宾移民排挤出美国，其依据是，菲律宾正从美国公民手中抢走无需特殊技能的工作。作为殖民地属民，菲律宾人有权来到美国，因此被排除出《1924年移民法》的限制范围。[184] 但是，经济紧要性造成了声势浩大的行动，有人要取消他们的准入权。尽管这一行动在短期内没有成功，但它助长了美国国内关于允许菲律宾独立的运动，又在菲律宾造成不满，并加强了所有人对美国政策走向的不确定感。

相辅相成的各种动机加强了经济利益集团施加的压力。种族主义煽动让大众支持排他主义，优生学运动则给排他主义带来了伪科学的体面。[185] 工作岗位濒临险境，评论家们声称，种族纯洁性和生命力也命悬一线。战略考量也在20世纪30年代早期来到前台，决策者们越发警惕日本的扩张主义野心。在美西战争后不久，西奥多·罗斯福意识到，获取菲律宾造成了一个内部弱点，而不是形成了对外防御。在30年代，战略家们也同意这一点。在1932—1933年担任菲律宾总督的小西奥多·罗斯福评论说，促使美国转向菲律宾独立的"影响最大的一个动机"，是美国想摆脱"一项可能意味着战争的责任"。[186] 要捍卫菲律宾抵御外界打击是很困难的，甚至是不可能的，这么做也代价高昂。在经济危机开始前，国会就未能给群岛的防御出资，在经济危机来袭后，国会更不愿这么做。

这些不同的力量汇聚起来，形成了一个单一结论：帝国的负担太重，因此美国的利益在于尽可能早地抛下这些负担。[187] 用来衡量殖民政策是否成功的官方标准——存活能力和民主——被扔到一边。菲律宾将得到它的领袖们曾公开疾呼但私下否认的独立。[188] 甚至在富兰克林·D.罗斯福在1933年就任总统前，国会就已说明了这点。1932年通过的《黑尔-霍斯-卡廷法案》（Hare-Hawes-Cutting Act）允许菲律宾在10年的过渡期后取得独立。胡佛总统认为这一政策还不成熟，否决了法案，但国会在1933年重申了法案，这次拒绝接受法案的是菲律宾参议院。[189] 法案的两项关键条款显示出国内游说集团战胜了反对者，这些反对者主要是"马尼拉美国人"和美国投资者，前者在华盛顿缺乏影响力，后者则被菲律宾国内机会受到的种种限制所阻碍。[190] 一项条款逐步取消了菲律宾出口在美国市场享受的关税优惠，同时确保来自美国的进口品可以免关税进入菲律宾；另一项条款则阻止了潜在的菲律宾移民进入美国。[191] 对其他亚洲国家的出口也受到了伤害，因为以固定汇率与美元相连的菲律宾比索的价值实际上被高估了，而亚洲地区其他地方的货币要么贬值，要么被低估了。[192]

　　罗斯福得益于其党派对国会的控制，迅速恢复了将带来独立的立法。"让我们摆脱菲律宾吧，" 1934年他在与国会领袖的一场私人会议上宣布说，"那才是重要的事情。"[193] 权宜之计愉快地加入了民主党的政策，很快就在《泰丁斯–麦克达菲法案》(Tydings-McDuffie Act) 中实现，该法案在1934年3月在国会通过，次年在菲律宾得到批准。《泰丁斯–麦克达菲法案》在很多方面都和1932年通过的《黑尔–霍斯–卡廷法案》相同。新法案建立了一个被称为"菲律宾自治邦"的过渡实体，以监督独立之前的地方自治的最终阶段，独立的日期则定在1946年7月4日。从菲律宾到美国的移民几乎被叫停了。作为交换，美国放弃了此前对保留群岛上军事基地的坚持主张。1934年5月，国会通过了一项补充政策《琼斯–科斯蒂根法案》，对进口糖料建立配额制度，在1940—1946年间分阶段逐步取消与菲律宾的自由贸易。[194]

　　菲律宾的政治领袖们不愿饮下这杯苦酒。他们希望得到有效自治，同时保留与美国的有利关系。他们意识到，完全的独立可能会把文件里的胜利变为物质上的灾难。但是，独立是一个用于展示的护身符，可以团结政治支持力量，在萧条的当下变出一个更美好的未来。奎松和奥斯梅尼亚向前推进，因为他们无法回头。民众的不满迫使他们坚持自己扛起的任务，内部的政治对立则确保他们在这场谁能首先抢得奖品的比赛中进入了冒险的最高阶段。1936年穆尼奥斯·马林在面对一个同样毫无吸引力的提议时，转向了新政策，旨在让波多黎各得到充实的物质基础来建立有效独立。

　　在这个时期，经济困难孕育着政治骚动。马尼拉和吕宋岛的其他城镇组织起工会。[195] 共产党在1930年建立，在次年被定为非法组织，其影响力被转移给1932年建立的社会党。在这10年中，罢工、动荡和暴力持续发生，在1939—1941年达到顶点。[196] 就像在印度和热带非洲部分地区一样，一些乡村地区通过退回生计农业来应对经济衰退。[197] 在其他地区，千禧年主义和农民运动在规模和气势上都有所增长。[198] 1933年以"没有主人，只有人民"为口号建立起来的萨克达尔党要求激进的土地和税收改革。[199] 1935年，这一运动动员了6万名农民，反抗菲律宾寡头阶层和刚得到认可的独立条件。虽然叛乱被武力镇压，致使人员丧生，但它震动了政治建制派，迫使伊卢斯特拉多-酋长精英们反思如何把群众运动带进现有的政治舞台，同时不向他们的激进要求妥协。对精英们而言，这些运动的领导者认为自己现在已足够强大，可以在宪法范围内成功行动。[200]

1935年总统大选也出现了大规模的抗议性投票。埃米利奥·法米·阿奎纳多将军并没有实质上的政治组织，但得到老兵们的支持，从退休中复出参加竞选。格雷戈里奥·阿格里佩（Gregorio Aglipay）主教作为退伍军人、异见分子和菲律宾独立教会的首脑，代表了教会中的150万名成员。奎松则第一次能够招揽菲律宾警察部队支持他的事业。竞选面临着干扰，骚乱则被镇压。[201] 不出意料的是，选举确认了奎松担任新自治邦的总统。两位反对他的候选人吸引了约三分之一的投票，对他提出抗议，暴力事件紧随其后。有传言说有人密谋刺杀奎松，奎松的回应是研究是否有可能除掉阿奎纳多。最终结果仍处于宪法的限定范围内。[202] 不过，随着1898年的旧民族主义者终于让位给协作和赞助关系所形成的新力量，这场选举还戏剧性地象征了卫兵的换班。

奎松赢得了竞选，因为他为独立采取的冒险策略得到了回报：好运、熟练的管理者以及友好的政府代理人。奎松和奥斯梅尼亚是朋友，但也是会陷入激烈对立的对手。他们在1922年发生争吵，在两年后和好，建立了国民党，在1934年再次决裂，次年在奥斯梅尼亚被选为副总统时重归于好。[203] 奎松曾在1932年反对《黑尔-霍斯-卡廷法案》，半是希望得到更好的条件，半是为了避免奥斯梅尼亚得到功劳。两年后，他支持了《泰丁斯-麦克达菲法案》，尽管它没有提供重大让步，因为他意识到美国无意提出更好的条件，而且接受法案将能够让他而不是奥斯梅尼亚在1935年的大选中将法案作为奖品呈送给菲律宾人民。

奎松一被选为总统，就开始强化美国曾强加给他的弱势立场。首先，他需要让糖业的富人和马尼拉的大企业放心，这都是他的首要支持者。[204] 这些群体对独立的态度谨慎，有些还反对独立，而憎恶糖厂崛起的小农场主则希望独立能让他们恢复一些曾经的主导地位。为了走出一条能吸引这两组利益团体的道路，奎松试图让追随者放心，同时又不从独立的目标前退缩，称独立是不可避免且值得向往的。菲律宾糖业协会作为代表进行谈判，把糖料配额维持在合理的水平；现有的关税让步虽然将会被逐步取消，但还是让菲律宾能以超出国际价格的水平售卖糖料。这些成绩几乎不能算胜利，但在当时的情况下，它们"可能暂时避免了出口糖业的消亡"。[205] 新的条件提供了奖赏追随者、惩罚异议者的手段，为未来设定了道路。作为总统，奎松在关税谈判、分配糖料种植者的配额、分发菲律宾国家银行资源中扮演了关键角色。他也利用自己的行政权威，代表糖业利益集团镇压罢工，推迟工作条件上的改革。

关于国防的担忧和对经济的焦虑互相对应。来自日本的威胁扩大了，正好美国给防卫殖民地的承诺投入设了限制。奎松的回应是，探索其他方式来保证群岛的安全。他曾提出以自治领的地位加入英联邦，这尽管现在看来令人惊奇，却是他最认真的提议。[206] 这一想法在1935—1937年间受到了讨论，它的吸引力在于它在理论上提供了两项好处：比美国所愿意提供的更好的防御保障，以及比《泰丁斯-麦克达菲法案》所提供的更大的政治独立。在法案要求下，美国保留了对菲律宾的主权，直到1946年过渡期结束。然而，法案也允许美国拒绝被视为在资金上不利或结果对外交关系有害的政策措施。[207] 奎松想着加拿大的例子，认为自治领地位提供的有效独立将超过"自治邦"称号所允许的程度。虽然这一提议被否决，但高级专员保罗·麦克纳特在没有支持奎松提议的情况下也有着和他一样的考虑。[208] 麦克纳特是民主党人，持有一些引人注目的亲共和党观点，尽管有了《泰丁斯-麦克达菲法案》，但他还想保留菲律宾，敦促美国保障对群岛的防御。

这是一种惩罚性的独立。菲律宾不仅将被抛进麻烦的海洋，还会被丢在气旋的路径上。面对日本的军事扩张主义，这个国家实际上手无寸铁。出口经济在准备不足的情况下，被要求适应即将失去主要市场的现实。1934年，菲律宾人被重新归类为外国人，被排除在美国给予的种种机会之外。[209] 他们在国内遭受了失业率上升的伤害，在国外则面临种族歧视的侮辱。一名受人尊敬的美国评论家感觉自己必须怀着明显的遗憾之情总结称："把独立扔给菲律宾的法律，几乎没有显示出任何政治家的风度，更是毫无慷慨。"[210] 教化使命几乎连小目标都没达到。用财政健康度来衡量存活能力时，只有通过可疑的记账技巧才能达成满意的结果。[211] 即便在1934年自治邦建立后，以选民群体扩张来衡量的民主也只触及了潜在选民群体的约14%。[212] 这一比例还小于1935年《印度政府法案》出台后印度的相应数据。菲律宾被保证将得到独立，但这还没有实现。在奎松和麦克纳特寻找替代方案时，国际事态正威胁着摧毁非殖民化的道路。

就在1941年12月轰炸珍珠港的几小时后，日本袭击了菲律宾。但是，夏威夷躲开了侵略，而菲律宾则遭遇了一场破坏性的陆上战争，接着是三年半的日本统治。日本在菲律宾的经济利益自一战起就在增长，尤其在航运和马尼拉麻生产方面格外突出。1934年后，当美国发出有意退出群岛的信号时，日本采取行动，加强了在当地的非正式势力。[213] 然而，也是在这一时刻，日本的外交政策正从和平扩张转向强硬扩张。[214] 没有人及时读懂信号，这对菲律宾是个不幸。到1940年9月，还有消息灵通的记者宣称，"很多人相信"，"自治邦的安全在不久的未来不会受到威胁"。[215] 数十年的政治冷漠加上系统性的资金不足，以及军事机关内部变化不定的职责，让菲律宾毫无防备。

美国和菲律宾军队在1942年被击败了。[216] 奎松逃去美国，在那里建立了流亡政府。[217] 就在菲律宾人再一次规划独立时，他们遭到了50年中第三个殖民大国的统治。日本人支持了一个由菲律宾精英成员组成的新实体——菲律宾共和国——来掩饰日本的军事势力。然而，人民对占领军的抵抗限制了傀儡政府的效力。约有25万菲律宾人积极参加游击行动，牵制了日本军队，挫败了日本利用群岛资源的计划。[218] 这一非凡的事业就像侵略本身一样付出了高昂的代价：普遍的毁灭、严峻的食物短缺，以惊人的死亡人数。有50万—100万菲律宾军人与平民在日据时期去世。为生存的战斗对独立运动起到了深远的影响。共同的痛苦和团结一致的反抗强化了兴起中的民族团结意识。经历二战后，菲律宾再也回不了头，甚至是奎松这样的操纵大师都无法认真考虑在既定日期实现完全独立之外的其他选择。[219] 战争也留下了更黑暗的遗产：一个武装起来而且势必会无法无天的社会。1945年，在独立前夕，菲律宾似乎不得不再次从头开始，正像50年前在阿奎纳多领导下尝试的那样。

这场战争的菲律宾视角很少进入美国的公共意识。即便到今天，菲律宾的故事仍然是通过专门研究而不是更广泛的综述来讲述的。战争通过有计划的方式来描述，以重申美国价值观，加强公众决心。从《得克萨斯到巴丹》(*Texas to Bataan*，1942)、《菲律宾浴血战》(*They Were Expendable*，1945)到《反攻巴丹岛》(*Back to Bataan*，1945)的好莱坞电影只是把西部片换了个舞台。[220] 它们的主旨很常见，带有持久的白人种族优越性、献身精神和科技魔法，但它们把"印第安人"搬到了遥远而毫无威胁感的地点。菲律宾人仍被描绘为需要父亲指导的孩子，或者必须被控制的野蛮人。1939年发行但时间设定在1906年的《真实的荣誉》(*The Real Glory*)，已经展现了足智多谋的美国陆军军官（由加里·库珀和大卫·尼文扮演）如何训练野蛮的菲律宾新兵，保护村庄免受可怕的摩洛人和他们恶魔般的首领的攻击。新兵的质量毫无指望，但美国军官的质量确保了训练项目的成功。[221] 好莱坞持续给人们留下的印象是，仗全是美国来的军队打的。菲律宾人则分到了劣等、沉默的角色，尽管菲律宾国内的抵抗运动其实引人注目又规模浩大。

《反攻巴丹岛》是一个意味深长的例外。约翰·韦恩扮演了他熟悉的领衔角色，但在这部影片中，一名菲律宾人被赋予了突出的角色。[222] 但是，这个角色不是由菲律宾人扮演的，而是由安东尼·奎因扮演的，他演的是安德烈斯·博尼法西奥上尉——那位民族英雄的孙子。不幸的是，他的祖先血脉已随着时间的流逝而被冲淡了。这位家族的后裔意志消沉、摇摆不定，是美国人的领导激励他重新加入了抵抗行动。1945年，当美国的旗帜再次在马尼拉升起时，解放被牢牢地和独立结合在一起。

"我们不会停歇，直到我们的旗帜飘扬"[223]

"怀基基舞动的手掌"为夏威夷草裙舞提供了合适的背景，塔夫脱想象中的"棕色小兄弟"则在菲律宾热带的暖意中表演了传统的传奇故事。"原始"人一旦被征服，就被改变得如孩童般天真；根据不同情况，有时被当成永恒真理的守护者，有时则被描绘为因为不够精明而被误导，反对文明的前进。无论如何，他们都需要父亲式的引导。艺术形式变成了论证殖民统治正当性的象征，也持续表达了被殖民社会的核心价值观，这些价值观在表演中又得到了重申。那些文化形象，殖民当局认为印证了其统治，而从土著的立场来看，则是他们在包围式服从状态下的独立声明。通过这些对共同文化特色的不同解读，我们可以将殖民统治的经历总结为不同思想的一次擦肩而过。

夏威夷让美国第一次在太平洋中得到了坚实的立足点。美国可以从那里大步走向菲律宾，再到中国。定居者的边疆可以延伸到太平洋其他地区，将这一地区的人们纳入现代世界中。然而，由来自大陆的定居者维系的"大美利坚"从未化为现实。糖料生产的规模经济让正在消失且不再"健壮"的自耕农难以在海外的新属地策划一场复兴。美国的不同利益集团恐惧来自低成本的公地自耕农的竞争，它们一起采取反对行动，确保了自耕农的潜在威胁从不会发展壮大。群岛上严重的劳动力短缺迫使作为少数派的定居者从亚洲及太平洋其他地区进口契约工，在那以后就得冒险看他们是否一直有能力控制其政治和社会后果。建立全新社会的实验让夏威夷在全球化历史上得到了特殊的地位。其他定居者社群都统治了大大小小的土著人口。夏威夷则是一个极少数不同的例子，那里的定居者社会造就了远多于白人移民的进口劳工群体。这样一来，夏威夷就成了一个世界主义社会的先驱，将向北美大陆"展现未来的面孔"。这一行动起初为寡头统治阶层的财富打下了基础，接着又逆转了寡头的命运，因为随着没有公民权的人们得到权利，他们能够挑战那些不具代表性的少数派的合法性。在1900年，夏威夷是南方的延伸。到2000年，在殖民统治消亡后，南方有朝一日可能会变成夏威夷的延伸。

菲律宾的独特之处在于它分散的规模、大量且多元的社群以及与亚洲其他地区的长期联系。在美国的代表们带着把菲律宾开放给现代世界的使命到来之前，这片群岛在几个世纪中已起到了太平洋入口的作用。大陆扩张主义者设想的美国人定居的新边疆最终流产了。自耕农不会马上就到来，大陆的游说集团则阻挠发展由美国人所有的大型种植园。用这里采用的术语来说，菲律宾主要是一片贸易殖民地，而不是盎格鲁人的定居殖民地，也没有希望获得建州权。定居者确实存在，不过他们最初是来自亚洲和西班牙。大多数人不再是第一代新来者，而是已通过风俗、通婚和时间的流逝而本土化。他们是吕宋主岛及内格罗斯岛这样发展中的南部地区的关键人物，推动出口经济，协助管理新的殖民地政治体。从殖民视角来看，他们扮演了中间人的角色，或者用帝国研究者如今已过时的话来说，扮演了"协作者"的角色。但从土著的视角来看，他们是现有的当地"大人物"，随着美国开始依赖他们的网络、经验和友善，他们在殖民时期得到了全国性的重要地位。聚焦精英的研究还没有和自下而上的历史结合起来。[224] 需要完整地理解伊卢斯特拉多、酋长及乡村和城镇中遥远声音之间的关系，才有可能对这一时期做出更有代表性的评估。

不过很清楚的是，群岛的土著努力坚持他们自己的价值观，尽管他们遭遇了以进步为名的不幸。来自往昔的证明支撑着他们当下的生活，对未来的希望则缓和了殖民服从的耻辱。语言经过调整，给那些统治者无法理解的含义加上了大众的声音。在夏威夷，草裙舞的歌曲形式（hula-ku'i）被用来表达反抗的歌词内容：[225]

> 夏威夷的孩子们出了名地
> 忠于他们的土地，
> 即便有不怀好意的信使到来
> 带着他那贪婪的勒索文件。

菲律宾的作曲家们在20世纪早期改编了传统他加禄浪漫歌曲（kundiman），创造出一种融入西方作曲规范的爱国音乐混合体裁。[226] 30年代，一首半伪装的爱国主义小夜曲《我的祖国》（"Bayan Ko"）变成了非官方的国歌：[227]

> 我亲爱的祖国，菲律宾，
> 黄金与鲜花之地。

　　爱就在她的手掌中

　　献出美丽和辉煌。

　　她的优雅和美貌，

　　诱惑着外国人。

　　我亲爱的祖国，你被奴役了，

　　深陷于苦难之境。

副歌回应道：

　　我所珍爱的菲律宾，

　　我的眼泪和痛苦的摇篮，

　　我的理想是，

　　看你得到真正的自由！

回顾岛屿帝国

　　尽管本章和前一章讨论的四座岛国显然各不相同，不过它们可以被分为两类。菲律宾和古巴对殖民大国的态度类似，不过它们的宪法地位非常不同。菲律宾人和古巴人都曾抵抗过西班牙和美国，都没有经历过大量的西方殖民，人口规模都可以制约美国化进程，也有资源可以支持成功的独立运动。另一方面，夏威夷和波多黎各的处境则弱势得多。夏威夷对外国渗透的抵抗受到了多重限制，包括人口较少且不断减少、白人定居者势力同时控制着政府和出口经济，以及大规模亚洲移民产生了复杂情况。波多黎各缺乏菲律宾和古巴标志性的激进传统，太小也太穷，无力抵挡美国，也无法使独立变成可行的选择。

　　不过，这两个类别都处于超越了它们的差异的更广大背景中。它们被一种共同的命运捆绑在一起：它们是美国在20世纪对海外世界发动的最早发展计划的对象。之后几代实践者已经忘记了这一场有关结构性调整、社会工程和国族建构的早期实验的重要性，而如果我们可以辨识出"历史教训"的话，这种教训也早已消失在被抛弃的知识之中。然而，群岛领土为发展专家提供了关于两种最普遍的殖民发展模式的长期研究案例：一种是基于种植园的飞地，另一种则基于家庭农业和庄园农业的混合体。[228] 但是，它们的结构性差异都要遵从一种共同的驱动力：经过关税政策筛子过滤后对初级产品的国际需求。这些决定性因素解释了这两组岛屿在20世纪上半叶的轨迹：它们经济命运的波动、社会骚动的范围，以及它们向挑战了旧式殖民统治的民族民粹主义的转变。

在所有这些方面，群岛属地都为第11章提出的普遍论点提供了具体的说明，这也因而融入了第10章概述的西方帝国兴衰更宏大的叙事里。影响着美利坚帝国走向的趋势和在20世纪塑造了其他西方帝国的趋势相同。如果这一说法可以得到支持，那这些目前被美国史专家忽略或极简略地讨论的岛屿，就应该被纳入西方殖民统治史，在关于现代全球化的更广大研究中得到一席之地。

要全面分析当时所谓"教化使命"的美国发展计划，需要与其重要性相匹配的单独研究和文字篇幅。这里做出的观察仅限于当前讨论的话题，即美国的经历是否像一些评论家提出的那样，在这方面比其他西方帝国列强更加优越。[229] 这场论争并不是发生在帝国话语的西方鼓吹者之间，因为这种话语在所有案例中都达到了相当的高度；这场论争也不需要评估那些呼唤帝国的人们各有多少诚意。重要的是结果，而当前的证据让我们很难论证说，美国式的帝国统治与其他西方殖民大国有着显著不同。一种与之相关的论点称，任何失败都可以被归咎于接受者而不是计划本身，这个论点依靠的是对"传统"社会的刻板描绘，早已被研究英国和法国殖民地的历史学家否定。[230] 但是，这个结论就像它所挑战的论点一样，需要被谨慎对待。殖民统治的成本和收益无法被简单研究，而在美利坚帝国的案例研究中，这一话题很少被提出，更别说完整研究了。[231]

这里呈现的证据支持了这一问题上的三点观察。第一，很清楚的是，美国并没有把资本主义引入它所掌控的那些群岛。通过西班牙的作用、夏威夷定居者的主动行动，以及土著的努力，早在19世纪末帝国主义洪流到来前，各种形态的资本主义企业已经存在。从这一视角来看，可以说贸易在旗帜之前就已到。但是，就与美国的商贸来说，贸易大都还是跟在旗帜之后。1898年前，美国在它后来控制的岛屿上所占的外贸和投资份额还很有限。只有到1898年后，合众国才开始占据主导地位，而且即使是这一迟来的成功，都是直到20世纪20年代才站稳脚跟。即便如此，胜利的不是自由市场资本主义，而是一种新重商主义，它确保投资者、种植园主和商人得到政治安全和经济补贴，支持前者的是军事力量，支持后者的则是关税让步。如果说殖民地属民可以从他们关于美国企业的经验中学到什么的话，那就是要强调为了管理市场而动用政治关系是很重要的，而不是证明价格激励、竞争和效率的好处。

教化使命中的经济元素建立在一个悖论之上：殖民地的生产者希望美国开放准入，大陆的农业及制造业利益集团则坚定支持保护主义。这场竞争是单边的：胜利的是有选票分量和有国会游说能力的一边。殖民地面临的首要劣势不是出口依赖——因为大多数国家在发展过程中都经历了这一状态，而是销售这些出口品的条件。决定价格的半是超越国家控制的国际形势，半是国会决定的关税。关税的抬高和降低不是根据殖民地发展的需要，而是要奖赏或安抚国内游说集团。不确定性让投资处于不利地位，关税水平的变动以无法预测的方式打开或关闭了大陆市场。国内保护主义的不利后果在20世纪30年代尤为突出，那时降低的生活水平和升高的失业率导致的不满情绪激起了反殖民民族主义。

第二个观察是，殖民使命的政治因素也远达不到预期。宣传中的自治培养计划从一开始就受到了损害。有效政治独立和持续的经济依赖并不相容。华盛顿似乎并没有意识到这个悖论，除了在殖民时期接近尾声之时，到那时也只是一小群负责协调那些互不相容的力量的人接受了这个悖论。美国需要和当地"大人物"合作，无论他们的民主资质如何，这确保美国更多是在根据当地情况调整自己的影响力，而不是改变当地情况以符合美国的自治蓝图。这些当地情况包括西班牙的殖民传统，美国采用并改变了这些传统，以维持行政秩序。殖民地总督有权把民选代表的决策限制在官方许可的范围内。因此，直到20世纪30年代的事件动摇了殖民体系之前，政治辩论都要避开有着长期全国重要性的议题，转而关注诸如赞助这样的事务，这成了党派对立的一个中心特点。

最后的观察关系到美国化和同化政策，它们意在协助通向自治的进步过程。这些政策也让它们的倡导者失望了，到20世纪30年代它们则大都被遗弃。到那时，曾激励西奥多·罗斯福那代帝国主义者的理想主义和乐观主义早已褪色。大多数国会成员都倾向于不去考虑群岛属地。当他们考虑这些属地时，不外乎是和进口关税有关的问题，因为这关系到他们大陆选民的利益。当美国在1934年准予菲律宾独立时，这个殖民地既没有生存能力又不民主。在全球经济衰退中，美国的目的是抛下一项经济和政治责任，从而让合众国摆脱累赘的军事和金融义务。这样的命令并不是局限于美国。不过，这一决定几乎不算是标志着任务已经成功完成，更没有表现出西方价值观和制度传播的胜利。

二战迫使美国加强投入群岛属地，因为它们突然获得了战略重要性。随着和平在1945年回归，华盛顿面临着一项难题：是保留它对海外属地的新兴趣，还是推进它长期以来让属民得到独立的许诺。在这时，国际上的发展促使决策者考虑设计一种妥协策略，即放弃正式主权，保留实际控制。如果推测能变成政策，那约翰·韦恩也许还可以在塑造战后秩序时扮演角色，只要他能够在拿着枪的同时"轻声细语"。

第14章

"困惑的殖民主义的黄昏"[1]

"放弃权威，保留责任"[2]

雷克斯福德·特格韦尔对波多黎各的印象，成了领土帝国最后几年的墓志铭。"打败占领者的，"他总结称，"是他们自己的笨拙，和被占领者永久的自我利益及私密知识。权威的外壳里空空如也。"[3]特格韦尔这样的人极其稀少：作为1941—1946年波多黎各的总督，他对殖民事务有着出色的理解；作为反帝国主义者，他决心让该岛得到独立，使其可以在没有美国支持的情况下生存下去。小罗斯福作为地位相同但意见不那么激进的权威人士，也认为困惑混乱已经吞没了理想。1934年，他观察美国决定将在1946年准予菲律宾独立时，评价称："我们犯下了最高的政府暴行，放弃了权威，又保留了责任。"[4]

到二战袭来之时，"占领者"在各岛屿属地都身处困境。民主还没有到来，当地的发展仍通过关税优惠，高度依赖帝国补贴。美国迫切地想把自己从殖民地解放出来，塔夫脱的"棕色小兄弟"已经表明他们急于帮助促进这一进程。贫穷而激进的波多黎各已经发生了警察局长遇刺案及总督遇刺未遂案。古巴已经被美国牺牲，以帮助其他岛屿领土从全球萧条最糟糕的后果中存活下来。夏威夷一开始被轰炸，到战争结束时已变成了一座要塞。菲律宾已经被日本军队踩躏。从逻辑上来看，美国自封为首要反帝力量，将会在二战后迅速行动，放下帝国的负担。但到1946年，国家利益的考量已发生了转变。一系列新情况鼓励美国保留对殖民地的控制，并在可能的情况下将影响力拓展到殖民地之外。

第10章从欧洲战胜国的视角观察了战后发展，这些国家重申了它们对帝国使命的坚持，希望让殖民地属民接受殖民统治的新时代。延伸的殖民主义阶段持续了约十年，殖民主义在这段时期的主要行动，是试图镇压那些无法被驯服的激进派，并恳求温和反对派遵从它们。从大约20世纪50年代中期起，进步派影响开始改变帝国政策的方向，殖民地民族主义者加强了他们的影响力和驱动力。在那之后就出现了一波退出帝国的潮流，以正式殖民统治的结束而告终。到60年代中期，大多数殖民地国家已经独立了，不过就像此前的美国一样，依赖的纽带关系仍是国际新秩序的一大特点。到70年代，领土帝国要么变得不切实际，要么已和新兴的世界秩序无关。现代全球化已让位给这里所称的后殖民全球化。

这一章节对美国在这一时期的政策提供了修正主义的论述，把几乎鲜为人知的美利坚岛屿帝国终结的故事拼合起来，将它纳入主要的西方帝国描述的非殖民化轨道之中。历史学家在看待1945年后的地缘政治事件时，通常追随华盛顿决策者的步伐，主要考虑冷战的因素。他们关注高层政治的复杂性，在较小的程度上也注意到了通常是低层政策的后果。对草根互动的研究仍然不足。主流的研究手段关注的是战后欧洲，倾向于将世界其他地区视为西方问题的延伸。关于帝国的问题通常被置于从属地位，而不是首要地位，只有在特别与冷战主题有关时，它才与庞大的冷战研究连接起来。虽然这一模式有许多可取之处，但它还是呼应了早前关于西方崛起（及其他地区的衰落）的叙述，这一叙述的标题则被改成了符合战后时代情况的说法：西方的复苏（及对其他地区的操纵）。

本章提出要重新平衡这些优先事项。冷战需要置于非殖民化的研究中，而不是相反；非殖民化则需要放在战后时期全球力量、利益及价值观转变的更广大背景之中。[5] 关于非殖民化的传统研究集中于在非洲和亚洲改变了西方各帝国的那些戏剧性变化。但是，确认或重申国家主权的运动甚至远远超出了这片广阔的舞台。对非殖民化更大的构想囊括了从中国到澳大利亚这一系列目前被忽略的国家，也包括内部殖民主义的清晰案例，美国就是其中首要的典型。

要宣称非殖民化是一个远远超越了正式殖民地的全球进程，需要同样宽泛的解释。这里提出的论点是，非殖民化来自本书提出的第三场主要危机：从现代全球化向后殖民全球化的转变。从20世纪中叶的某个时刻开始，曾支撑伟大西方领土帝国的条件开始瓦解。工业品和原材料的"经典"殖民交换关系失去了长期以来在国际经济中占据的中心地位，基于跨产业贸易的经济一体化让发达经济体走到了一起。同时，曾为帝国主义辩护、促进殖民统治的白人至上主义信仰也开始动摇。伴随着自决行动的是自信心，前帝国领土以新的方式开始"反击"，旧秩序迟迟才注意到多种族社会提出的挑战，并进行处理。21世纪触手可及。

全球背景

美国和苏联之间的国际竞争，并非过于简化的说法所长期坚称的那样是善与恶的竞争，而是两种对立现代性观念之间的竞争，这两者归根结底都来自启蒙运动，都宣称有普世适用性，都希望让世界转向它们特定版本的全球化。[6] 在这些意识形态对比下存在着重要的结构相似性。两国都有着漫长的大陆扩张历史，以及在遥远边疆彰显的强烈使命感。它们都假设自身更优越，并以此来设计教化使命。[7] 它们都毫无疑问地相信自己天赐的例外主义，并通过自卖自夸的暗语得意地将其展现了出来。它们都拥有领土帝国，同时否认自己是帝国力量。[8] 它们都善于操纵帝国政策以符合变化中的地缘政治考量，同时强调自己投身于不同的自由构想。

战后非殖民化的历程通常以1947年印度独立开始，但完全可以从中国摆脱对外国列强的从属的漫长斗争、二战期间及之后东亚的剧变开始。[9] 随着日本帝国在1945年被击败以及中国革命在1949年成功，民族主义斗争赢得了胜利，它反抗的是殖民和新殖民影响力及与之结盟的政治派系。美国恐惧于中国的扩张将给印度支那注入共产主义，同时破坏法国在欧洲成为美国实际盟友的可能性，为了应对这种恐惧，美国试图在印度支那掌控一场相关的民族主义起义，这演变成了灾难性的介入行动。[10] 朝鲜也发生了相似的情况，随着日本被驱逐出去，朝鲜被强硬地分割，这些既挑动了民族主义情绪，又使其受挫。类似的考虑让华盛顿首先支持荷兰统治印尼，然后又取而代之，也让美国与英国合作在马来亚"坚守阵线"。[11]

在中东争夺统治权的斗争虽然与石油资源与日俱增的重要性有关，但需要被置于更大的背景下，即奥斯曼帝国在一战中崩溃，以及此后有人尝试在它的废墟上集合起诸附庸国。由此产生的政治体是生拼硬凑的，不甚稳定，它们的特点是有活跃且通常互相竞争的民族忠诚感、泛阿拉伯和泛伊斯兰忠诚感，也有一定的团结意识；这种团结意识虽不完整，但还是从对外国干预日积月累的憎恶情绪中汲取了力量。[12] 这些国家既不是完全的殖民地，又没有完全独立。但是，它们的结构生来就不稳定，外国列强试图通过支持保守且通常是威权主义的政治力量来控制这种不稳定性。

在非洲，美国落后于英国和法国，英法都在支持恢复殖民使命的计划，不过"绿色起义"已经抵达非洲大陆，有群众基础的政党的目标不只是改革，而是独立。拉丁美洲也能被纳入这个更大的历程。在那里，实现有效独立的斗争也早在二战前就已发生。全球的衰退让20世纪30年代的民族主义运动更加激进，在1946年造就了胡安·庇隆激昂的民粹主义。这些发展让美国产生警觉，促使美国干预拉丁美洲的共和国，以支持志趣相投的保守派代理人，这远远早于古巴革命在1959年激起的彻底恐慌。[13]

这里总结了这些著名事件，是为了笼统地表明冷战是一个更宏大主题的一部分：西方帝国在二战后尝试的复苏和最终的瓦解。[14] 尽管这个历程中不断变动的元素需要一定时间才能尘埃落定，但当时的一些敏锐人士在未来显现之前就有了先见之明。1948年，美国中央情报局（下称"中情局"）已经把崩塌中的殖民地世界置于其分析的中心：

> 因此，美国面临着一个严重的难题。一方面，美国对殖民地自决和经济发展的鼓励本身可能会让美国遭到帝国主义指控，让美国面临疏远殖民列强的风险。另一方面，如果美国在殖民事务上的政策受殖民列强的左右，美国可能无法承受其后果，因为美国对盟国的支持通常会疏远处于从属地位的民族及其他非欧洲国家，为未来

的破坏打下基础，并长期削弱美国和西欧国家对苏联的力量均势。[15]

中情局提出的困境牵扯着此后各届政府的精力，它们发现自己骑虎难下，而且这只老虎有着自己的意志。不过，在信念和缺乏选择的驱使下，它们坚持了下去。正像哈里·杜鲁门评价自己的总统职位所说的那样："一个男人必须继续骑在（老虎）身上，不然就会被一口吞下。"[16]

正像当前的研究文献显示的那样，关于帝国背景环境的奇怪之处在于美利坚帝国本身被忽略了。确实存在关于美国和非殖民化的可嘉研究，但它们几乎全部指的是华盛顿对大英帝国和法兰西帝国的政策。[17]对这一侧重有一个明显的合理解释：大英帝国和法兰西帝国都很大，也有着毋庸置疑的地缘政治和经济重要性，美利坚帝国领土则很小，在宏大的地缘政治考量中的地位也很低微。然而，岛屿属地在非殖民化故事中扮演的角色比它们的面积要大得多。比如古巴并不比田纳西州大，但它的邻近和独立都放大了它在美国决策者眼中的重要性，乃至它几乎受到了等同于一个大洲那样的关注。

坚持下去

1945年后，"拥有者"大国必须被支撑着重新站起来，"没有者"国家则需要起死回生。为了这一目的，大政府打着安全国家与军队的幌子，在战后被保留下来，而且还扩大了，以至于德怀特·D.艾森豪威尔总统在1961年对军事-工业复合体的力量提出了担忧。哈里·S.杜鲁门总统那戴着护甲的拳头在遏制政策中体现出来，在这一政策中，美国承诺通过协助英国和法国重建海外帝国来加强它们在欧洲的力量。虽然德国和日本的翅膀要被剪断，但它们必须重建，以抵挡苏联并阻止中国影响力的传播。尽管决策者在1945年忙于欧洲事务，但实际上争取独立的漫长斗争在全球范围内显现，很快就迫使美国注意起来。

保守派利益集团认为，胜利准许它们巩固从二战中存活下来的社会政治秩序。英国和法国的目标是重申它们对庞大帝国的控制，以协助它们的经济复苏，恢复已经遍体鳞伤的大国威望。美国也有相似的目标，但动机却不同。华盛顿的决策者们有两大优先考虑：在符合新的长距离战斗条件的地区加强美国的外围防御，并保护大陆免受苏联共产主义及后来殖民地民族主义带来的深远而令人不安的意识形态挑战。岛屿领土尽管事关特定利益集团的财富，但对大陆的经济重要性不大，对这个新兴超级大国的的威望也无所助益，因为威望取决于美国国内经济的力量和军事机器的威力。但是，战略考量推翻了在战前居主流的冷淡甚至否定的态度，抬高了这些岛屿在华盛顿决策者眼中的重要性，这成为美国保留它们而不是离开它们的最高动机。根本假定曾驱动了对殖民地世界的政策，这种假定在试图抹去它的尝试中得以幸存：决策者们想当然地把大众民族主义当成了共产主义，并将其归咎于莫斯科的阴谋。[18]

冷战起到的另一个作用是，在人们用政治主张表达对现有秩序的激进批判之时，巩固国家团结；而此前现有秩序在20世纪30年代大萧条中被挑拨，又被二战造成的破坏所撼动。[19]如果可以把爱国和对现有秩序的捍卫联系起来，那异议分子就可以被归为颠覆者及不爱国者。自由可以被视为等同于随大流，民主则可以被重新定义为一种把变革控制在可接受的狭小范围内的策略。宗教（特别是新教）可以用来反抗苏联无神论，从而确认美国文化的价值与美德。[20]邪恶可以被杀死，文明可以被拯救。这样一来，很容易被等同于共产主义的殖民地民族主义，就被视为对政治秩序的威胁，必须被遏制，并且在可能的情况下被铲除。

太平洋战争终于震动了国会，促使其为外围的堡垒出资，堡垒作用正是1898年吞并夏威夷和菲律宾的公开理由之一。在二战即将结束时，国防利益促使华盛顿拓展了在太平洋的岛屿帝国。美国占领并控制了冲绳及密克罗西尼亚的众多小岛，后者在联合国管辖下成为托管领土（根据更新后的指令）。[21]加勒比地区躲开了战争的直接后果，但被认为离大陆太近，不能不受监管。在1940年后英国忙于其他事务时，美国就在这片地区扩展了影响力，而且无意撤离，特别是因为周围的英国殖民地正在蠢蠢欲动。[22]如果一号计划是协助英国复苏它的帝国使命，那二号计划就是在复苏失败或变得不可能时，代表英国做出行动。

关于群岛政策在国内影响的研究，还没有跨出关于这一时期的国际关系研究中的一个专门分支领域。民主党人哈里·杜鲁门总统和继任的共和党人德怀特·D.艾森豪威尔在国内外都遵循了大体相似的政策。他们的倾向在大部分事务上都和国会保持协调，不过在地缘政治考虑更重要时，他们会走在国会之前。罗斯福新政的影响留存下来。民权问题被关注，但还没有得到主张，尽管杜鲁门比艾森豪威尔更关心这一问题。除了1947—1949年和1953—1955年，民主党在1945—1961年间主导了国会。民主党的选票以南方为根基，仍然坚持那些执行种族隔离、维持机会不平等的政策。就像在南非一样，"隔离发展"政策在美国夸夸其谈而实效甚微，这可以解释它对支持者持续的吸引力。共和党没有像民主党那样在种族问题上不肯让步，但完全坚持反共产主义。当这两项事务合并时，国会就形成了一个不可撼动的联盟。

　　岛屿领土对大陆上的社会政治秩序造成了潜在威胁，尤其是在南方，因为大众民族主义自20世纪30年代起就已取得进展，其计划是突出政治自由和社会平等的目标。1945年后，大批非裔美国军人从各岛（特别是夏威夷）回到大陆，他们已经意识到歧视既不是普世又不是永恒的人类状态。相对来说，夏威夷实行的歧视在程度上没有大陆上那么明显，也没有那么顽固。[23] 要解决这个可能会引起动荡的问题，方法之一是让岛屿领土得到独立，从而赢得美国甜菜和甘蔗生产者的赞同。这个想法在30年代就被宣传，在二战后被南方各州的大量民意所青睐。但到那时，岛屿领土无法再被抛弃了，因为它们已获得了不可抗拒的战略重要性。因此，民族主义运动必须被控制，并在必要情况下被镇压。遏制政策不仅适用于苏联，也适用于岛屿领土，实际上还适用于大陆。

　　1945年后的国际发展让改革者看到了希望——同时也削弱了他们的期待。西方大国承认，必须做出适当的姿态，以满足战时做出的承诺，而且越发重要的是，要以此回击苏联的宣传。1945年建立的联合国提供了一个讨论国际事务的论坛。同年开始的纽伦堡审判为国际合作处理关乎人权的事务铺平了道路。[24] 接着，《世界人权宣言》在1948年颁布；《防止及惩治灭绝种族罪公约》在1948年正式通过，自1951年起开始施行；起草于1950年的《欧洲人权公约》则在1953年生效。这些政策成为根本性的原则声明，最终协助确证了世界各地的反殖民运动的主张。但在短期来看，它们缺乏政治分量。它们是理想的宣言，而不是行动的蓝图。

"所有者"大国注意保护它们的核心利益，尤其是避免外界干预它们自身内部事务。[25] 在逐渐被称为"自由世界"的地区的决策者脑中，联合国的目标就像此前的国际联盟一样，是要保护西方的利益。[26] 简·克里斯蒂安·斯穆茨的引导之手画了一条延续线，连起了这两个组织，不过和1919年不同的是，美国在1945年加入联合国，给保守利益集团增加了实质支持。因此，联合国宪章宣传了发展与内部自治的长期目标，但避免就非殖民化和人权做出承诺。[27] 起草了《世界人权宣言》的委员会的领导者埃莉诺·罗斯福确保了最终文件中没有包括强制性义务。[28] 同样，英国人自认协助起草《欧洲人权公约》有功，但确保公约不适用于英国自己的殖民地。[29] 这也无妨，因为用来进行冷战的公开和秘密手段大大增加了对人权的侵犯。[30] 真正的平等将会击沉帝国，象征性的平等则有助于让帝国浮在水面上。[31]

呼吁改革的国内压力也在1945年后变得越发迫切。如果贡纳尔·默达尔（Gunnar Myrdal）在他经典研究中所说的"黑人问题"被重新定义为所谓"内部殖民"的一个例子，那它和其他西方帝国中反殖民运动的类比就变得显而易见了。[32] 最早的非裔美国人政治组织，全国有色人种协进会（NAACP，下称"协进会"），建立于1909年，它作为中产阶级且主要是城市改革者的运动组织起步，在宪法范围内运作，大都是通过法院。在这些方面，协进会和印度及非洲的早期反殖民运动非常类似。在20世纪30年代，依旧像其他地区的殖民地解放组织一样，协进会向城市工人伸出双手，政治行动主义得到加强。40年代，该组织将议题拓展到民权问题之外，试图把人权这个广泛得多的概念作为待遇平等的标准。[33] 到40年代中叶，协进会已有近50万成员的巨大支持基础，也已建立国际影响力。[34] 1947年，它向联合国提交关于美国种族歧视问题的请愿，并继续在阻止南非吞并西南非（纳米比亚旧称）的计划以及支持非洲其他地区自决的运动中扮演重要角色。[35]

协进会希望温和的手段足以让它实现扩大的目标。然而，它未能改变歧视的政治，这在1946年为一个更激进的组织——有同情共产党倾向的民权委员会（CRC）——打开了道路。民权委员会挑战了美国资本主义民主的根基，在国际上宣传它的观点，其坚决的态度引起了华盛顿当局的警惕。比如在1951年，民权委员会向联合国请求，要将种族歧视和种族屠杀联系起来，这在欧洲引起了轰动，在美国则造成了惊愕。[36]

华盛顿对这些发展的反应是，尽可能少地做出让步，同时试图让激进批判者丧失信誉和武器。杜鲁门虽然和他那一代人有着同样的种族主义假设，但意识到需要采取行动来改善美国在外国政府眼中的形象。[37]1948年，在做出战时保证后不久，他发布行政令，终止了军队里的种族隔离和联邦公务机关的种族歧视。[38]但是，参议院持续阻挠一切试图影响整个社会的改革，并且坚定地拒绝控制卷土重来的三K党，也拒绝将私刑定为非法。虽然杜鲁门需要黑人的选票，但他更需要南方的白人。在1948年当选后，他关于艰难奋斗改革人权的承诺在国会不愿妥协的情况下黯淡下去。[39]在国际上，美国就像英国一样，对支持南非在1948年后的种族隔离体系、认可它的激进反共产主义立场并购买它的铀资源并没有多少疑虑。[40]

随着"红色恐慌"（Red Scare）在50年代早期达到了发狂的地步，民权方面哪怕是微薄的进步都陷入了停滞。打败共产主义变得比结束种族主义更加重要。南方民主党人带头指控民权组织密谋推进共产主义。联邦调查局在J. 埃德加·胡佛的狂热领导下，打碎了一切对现有秩序的挑战。联邦调查局骚扰了民权委员会，逮捕了它的领导人，并使它在1955年加速解散。[41]协进会有目共睹的温和履历不足以保护它免于众议院非美活动委员会的审视，直到麦卡锡年代结束之前它实际上都处于关闭状态。[42]为美国国内变革而努力的势力仍然存在并积极行动，但在战后的10年中，它们都被政府机器打败了。W. E. B. 杜波依斯在1947年做出的深刻评论要真正实现还有待时日："俄罗斯对美国的威胁，还比不上密西西比州对美国的威胁。"[43]与此同时，私刑还在继续。

美国印第安人就如其他长期抗议政府干涉的先住民族一样，也受到了鼓舞：1945年后民权和人权得到国际认可。[44]他们特定的担忧来自被称为"终止"（termination）的政策，该政策在40年代晚期提出，在1953年正式被国会采纳。30年代，卢格德勋爵在大英帝国的先例曾启发1933—1945年担任印第安人事务专员的约翰·科利尔将同化改为间接统治。[45] 终止政策拒绝了文化多元主义，恢复了同化，尽管过去的同化都失败了。然而，政策的目标并不是达成完全的融合，比如认可通婚原则，而是将"隔离但平等"（separate but equal）发展的概念运用到美国印第安人身上。[46] 政策旨在通过制止分隔的各社区的发展来强制推行社会整合，因为在当时的情况下，这些社区发展很容易被表述为原始共产主义。如果终止政策成功的话，那它也将扫除保留地中极度明显的持续不平等及贫困的证据，消灭一个会受国际批评的潜在源头。加速发展的方法是把部落土地开放给私有企业，这还有一项额外的优势，那就是允许联邦政府降低在保留地的公共开支。

美国印第安人在1944年做出回应，成立了美国印第安人全国代表大会（NCAI，下称"代表大会"），旨在代表所有那些数量众多、多元而分散的部落。[47] 代表大会行动谨慎。它向国会游说，待在法律范围之内，避开公共抗议。它为未来的泛印第安人政治行动打下了组织基础，但缺乏实现显著改革所需的影响力。因为美国印第安人只占选民群体的不到0.5%，而且分散在多个州，所以国会能够实行新政策，无须对接受者做出让步。美国化虽然在殖民地被抛弃，但将会在国内得到最后的胜利。

太平洋中的保护

大部分关于美国1945年后国际关系的概览都从华盛顿向外看。边缘地区的视角则较少受到关注，岛屿的视角通常被忽略了。我们需要调整传统的焦点，以放大岛屿属地为各自命运做出的贡献，并把对美国政策的分析和对其他西方帝国非殖民化的研究联系起来，后一种研究长期以来已经吸纳了土著的视角。[48] 接下去的论述虽然必定是初步的，但还是提出，各岛上独立运动的特性和在英国及法国殖民地中一样，美国决策者的反应也遵循了与之相似所以颇为常见的模式。

夏威夷虽然又小又远，但在战后引起了国会的注意，因为它是一块有建州主张的合并领土。自1898年起，来自大陆的定居者们就通过"五大"公司控制了夏威夷经济，又通过共和党控制了领土政府。1933年，夏威夷政府开始为建州而活动，以使该岛的糖料出口获得自由进入美国的权利。二战的开始推迟了美国对其申请的考虑，也改变了争论的条件。1945年后，华盛顿受到了更多准予夏威夷完全合并的压力。夏威夷受军事威权统治的经历起到了决定性作用，这种经历能动员公众支持一项政策，其提出者希望该政策将会保护民权。[49] 工会工人的崛起建立在30年代的绝望时期所打下的基础上，让一支强大的主张建州的新力量脱颖而出。

到1945年，已从西海岸扩散到夏威夷的国际码头与仓库工人工会已经战胜了种族分歧，将夏威夷糖业、菠萝业及码头的工人团结起来，创造了夏威夷第一场跨种族的工人阶级群众运动。[50] 战后几年，由于军队的撤离和主要出口产业的迟缓发展，夏威夷经济受到了伤害，工会成员的人数就在这时迅速扩大。工会发起了一系列大罢工，让"五大"遭遇了20世纪的第一次大败，从而使工会宣传了自己的新力量。[51] 1946年使糖业陷入瘫痪的罢工是一个关键的转折时刻：它把经济不满变为了政治行动，让岛上几乎奄奄一息的民主党重获新生。激进行动继续下去，在1949年达到了顶点，当时一场历时六个月的码头大罢工让夏威夷几乎陷入了围困状态。工会活动尽管关注的是工资和工作条件等常规的工会事务，但也加上了使种族歧视非法化的直接诉求。大陆的观察者把这个主张视为特洛伊木马，认为如果允许它进入大陆，它就会把在南方各州支撑着特权和权力的歧视行为踩在脚下。

并不是夏威夷的所有人群都对建州的前景充满热情。白人群体的一些成员恐惧于联邦政府的监管将会削弱他们自己的力量，提振民主党，并增加民主党在国会的代表权。夏威夷土著认为，建州将会增加来自大陆的新来者，进一步压低他们已经低微的生活状态。另一方面，庞大的日裔群体强烈支持建州申请。最初的日裔移民曾在糖田里劳作，第二代和第三代移民则接受了教育，野心勃勃，认为建州可以让他们作为美国公民得到完全的平等。[52] 最强大的白人利益集团也确信，建州是夏威夷最好的选择。

这将让夏威夷的主要产业——糖业——得到维持生意所需的支持，也将鼓励新投资；如果夏威夷想多元生产，发展更有前途的其他产业，那投资就至关重要。[53] 虽然夏威夷糖业的效率很高，但它比不上亚洲和古巴的低成本生产商。扩大产出的空间有限，利润率在20世纪50年代缩减了，更进一步提高生产率则通过机械化来实现，这减少了夏威夷不断增长的人口的就业机会。[54] 菠萝业经历了类似的问题：1945年，它占了全球菠萝生产的75%；到1958年，这一数字已降到了57%。[55]

一个由夏威夷和大陆的支持者组成的联盟，为授予州地位提出了有力的例证。夏威夷已经满足了完全合并的正式标准，其中包括人口规模、收入水平、财政责任及对建州提议的多数支持。1945年后，呼吁者们又用按照战后情况量身定制的论据补充了这些资格条件。他们宣称，让夏威夷建州将给美国正在进行的冷战提供无法估量的价值。如果夏威夷被纳入合众国，那华盛顿将会展现出它对种族平等的支持，赢得难以捉摸的人心，并加强在亚洲的影响力。[56] 这些论点的吸引力很大。它们说服了杜鲁门和艾森豪威尔总统，因为夏威夷的半殖民地位使其进入了极引人注目的联合国非自治领土名单，让两位总统感到尴尬。[57] 支持建州的游说集团也在众议院和广大民众间得到了支持者。1946年，60%的大陆人已经被建州的好处说服了。到1953年，这一数字已超过70%。[58]

不过，反对建州的参议员将类似奥斯卡·王尔德笔下"对理智的暗算"（hitting below the intellect，语出《道林·格雷的画像》，指野蛮粗暴的逻辑）的那种本能呼吁和对国会程序的熟练操纵结合起来，得以阻挠夏威夷的申请获批。最具说服力的论点团结了选民大军来维护白人种族的完整性和优越性，这尤其让南方民主党人产生了共鸣。夏威夷的支持者们越是赞美它的多种族社会和越来越多的种族通婚所取得的成功，建州的反对者们就越坚定地磨尖他们的刀剑，以捍卫合众国的纯洁。德鲁·L. 史密斯的《夏威夷建州之威胁》（*The Menace of Hawaiian Statehood*，1957）这类出版物有很多，它们夸大其词地总结了有关白人男性新教徒内在优越性及他们有特别天赋进行民主统治的长久信仰。[59] 南方民主党人认为，支持夏威夷的投票也将是支持民权的投票。州地位将使夏威夷在参议院中得到两个席位，任职的代表几乎肯定会对南方价值观怀有敌意。[60] 因为民主党人无法保证可以在参议院得到多数席位，所以他们不得不周旋、讨价还价并进行调整，以吸引必要的共和党支持。正因如此，他们把夏威夷加入联邦和阿拉斯加的加入联系起来，认为阿拉斯加会更支持他们的事业。

反共主义从互相独立的渠道汲取了动力。基督教士兵准备好在必要的时候"仿佛去打仗一样"进军，资本家则可以说是要捍卫自由市场，尽管其方式可能不那么直接。种族至上主义者也加入了军团。在他们看来，劣等民族趋向于堕落，这距离离经叛道只有一步之遥，而那将导致不忠和颠覆——最后以共产主义告终。[61] 因此，反共主义的吸引力有着广泛的基础，这有助于解释为什么南方民主党人可以拉拢足够的共和党人支持他们。[62] 有阴谋论思维的决策者长期以来都想象，共产主义信条将有助于形成一个"有色"种族的联盟，然后它们将会追求推翻盎格鲁-撒克逊世界秩序。[63] 这种怀疑在战前就给夏威夷的日裔群体打上了污点，并被利用来推迟对建州问题的考虑。在1945年后，这种怀疑再次被用来推迟建州，尽管日裔夏威夷军人在战时已经展现出了坚定的忠诚和非凡的勇气。国际码头与仓库工人工会提供了一个更便于攻击的靶子，因为夏威夷工人通过罢工高调展现的团结，可以很容易被表述为是受了共产主义启发。[64] 建州的反对者们抓牢了这个所谓的联系，将其形容为可怕的威胁。"五大"公司虽然支持建州，但也试着用"红色恐慌"削弱工会。这些断言缺乏实质证据，但在战后早期，它们足以令人忧虑，使参议院的投票倒向了反对建州的一边。

华盛顿在西太平洋面临着不同且更艰难的问题。1945年，美国历史学会为战争部准备了题为"菲律宾未来会面临什么？"的小册子。[65] 不出所料，答案是不确定。但即便在当时，美国也显然在准备给这个满目疮痍的国家提供大量军事保护，以面对未知情况。[66] 小册子里说，美国在菲律宾仍有"责任"，美国人在那里以"信守诺言"闻名。[67] 小册子称，美国的责任是需要保卫开明统治曾保证且将会提供的独立。小册子没有提及菲律宾为独立的准备不足、民众在30年代对美国统治表达了广泛不满、允许菲律宾"单干"背后的真实动因，以及战争在多大程度上摧毁了顺畅转型的前景。到1946年，传说已经超越了现实：准予菲律宾独立的决策，标志着一个仔细安排的培养民主与生存能力的计划大功告成，这个传说已经牢牢扎根。这个传说至今还出现在美国总统的演讲，以及关于美国独特国际角色的评论中。

历史学会的小册子也遗漏了使菲律宾在1946年得到独立这一巨大讽刺：美国曾在30年代尽力抛弃这个殖民地，到战后则忙于留住它。正式的再殖民化是不可能的。菲律宾人不仅是为了抵抗日本人而战斗，也是为了自己的独立而战斗。他们认为这个问题已经尘埃落定，即便他们的领导人在未来的难题面前瑟瑟发抖。同时，战略考量得到新的优先地位，这给美国对菲律宾的政策赋予了新的目标感。华盛顿的目标是在西太平洋建立军事基地，以服务于它在东亚的地缘政治需要。虽然互相竞争的政治利益集团及对立的政府部门就相关问题争论不休，但国会在菲律宾未来的问题上从来不像它在夏威夷问题上那样分裂。菲律宾没有大量白人定居者可以动员起大陆上的亲友，也没有关于建州的辩论，因为这从来都不是一个选择。其他派别——特别是商业游说集团——在讨论中也发出了声音，但那既不够响亮，又不够协调，无法影响驱动美国政策的战略考量。[68]

美国在二战后保留的影响力让历史学家把菲律宾标为新殖民主义的首要案例。[69]菲律宾群岛似乎无法纠正两国间长期的政治不平衡。在连年战争后，群岛正处于绝望的状态。约有100万名菲律宾人丧生，数不清的农场被破坏，马尼拉被摧毁，大规模的饥荒近在咫尺，公共秩序已经崩溃。这些紧迫的现实让菲律宾议会的一名议员在1946年宣告了他对美国提出的一揽子政策的支持："我投赞成票，因为我们完全破产了，饥肠辘辘，无家可归，穷困潦倒。"[70]然而，如果权力结构被修复，它们之间的关系就可以受到操纵。[71]很快就显而易见的是，当美国在1946年开始控制它的前殖民地时，新殖民主义服务了美国未曾预料到的利益。

战后和解只有在大量的强迫行动、一些可疑的交易和广泛的选举舞弊后才为人接受。[72]在1946年通过的《美国-菲律宾贸易法案》（U.S.-Philippine Trade Act，《贝尔法案》）拯救了菲律宾出口业，其允许糖料和马尼拉麻免关税进入美国并保障配额，直到1954年，从而延长了原定将在独立时失效的殖民让步措施。作为回报，法案为美国资本提供了一定程度的保障，让美国公司得到和菲律宾公司同等的在群岛上获取自然资源的权利，固定了菲律宾比索和美元的兑换率。同年通过的《菲律宾复兴法案》（Philippine Rehabilitation Act）补偿了私有财产遭遇的战时损失，并提供资金来恢复公共事业。1947年签订的防务协议则不尽人意。新独立的菲律宾政府被迫接受军事援助，不是为了在海外服役，而是为了确保国内的公共秩序，并为庞大的陆军和海军基地提供物资，其中最大的军事基地——克拉克空军基地——在马尼拉以北占据了过于辽阔的250平方英里土地。

1946—1947年批准的政策把菲律宾确立为美国在太平洋的外围堡垒。基地虽然忙于武装建设，但在国内政治的不稳定面前仍然脆弱。因此，华盛顿尝试着恢复殖民时期的协作关系，让那些有能力保障公共秩序的盟友上台。[73] 正因如此，在标志着菲律宾从自治邦向共和国转型的1946年选举中，美国有力支持了曼纽埃尔·阿库尼亚·罗哈斯。流亡总统曼纽埃尔·路易斯·奎松已在1944年去世，继任的是他的副总统塞尔希奥·奥斯梅尼亚，他和道格拉斯·麦克阿瑟将军同年返回了菲律宾。尽管奥斯梅尼亚是民族党的当然继承人，但该党的政治垄断已被战争摧毁。同样到那时，这名候选人自己也失去了年轻的能量。此外，罗哈斯也是麦克阿瑟及高级专员保罗·麦克纳特选定的人物。

不出所料的是，在一场以暴力、腐败及其他许多事情而闻名的选战后，奥斯梅尼亚输掉了选举。他得到的支持来自一个新的党派——代表小农场主和城市工人的民主联盟，但它造成的阻碍可能超过了它带来的帮助。联盟的激进改革计划让犹豫不决的地主们转向了新成立的自由党，巩固了华盛顿对该党领袖曼纽埃尔·罗哈斯的支持，于是罗哈斯按预期成为独立共和国的第一任总统。就算民族党和自由党之间的分歧可以被辨识出来，这种分歧也是微不足道的。两党都代表了精英利益，都支持通过双边关系继续依赖美国，都回避了减少经济不平等、实现有效政治独立等令人生畏的问题。

罗哈斯的成功让人们注意到了美利坚帝国殖民与新殖民管理中一个

未受重视的特点：美国政府的高层人物在多大程度上嵌入了他们所治理领土的政治之中。这不是说他们成了批评家描述中英国人在印度变成的那种"亚洲暴君"，他们更没有抛弃西方思维方式入乡随俗。然而，麦克阿瑟和麦克纳特都积累了超越他们职业要求的承诺义务，以至于影响了他们的行为和建议。[74] 麦克阿瑟曾在战时和罗哈斯建立了紧密的私人友谊，强烈支持他成为管理和平局面的候选人。罗哈斯曾在抵抗军中服役，被日本人俘虏，然后又作为战时协作政府的成员重新出现。罗斯福曾要求官员们把协作行为视为犯罪，麦克阿瑟则确保罗哈斯免于所有指控。他的干预在1948年导致了一场大赦，让其他富有的精英成员得到自由，而这些精英也与包括麦克阿瑟本人在内的美国陆军高层军官有着个人和经济联系。[75] 麦克纳特和政治阶层的民间关系则让他在1947年从大使职位退休后，在菲律宾得到了多个有利可图的商业机会。华盛顿的代理人显然不只是美国的代表。他们也起到买办的作用，把官方政策解释给当地精英听，而当地精英则统领着深入群岛最边缘地区的各种网络。操纵、互利和误解都有着无限的空间。

双方至少在一个问题上毫无误解，完全处于合作状态：那就是需要摧毁以人民抗日军（Hukbalahap）为名聚集起来的激进运动，这被大众称为"虎克军"。[76] 动荡的20世纪30年代曾在各西方帝国掀起激进民族主义运动。在菲律宾，农村民粹主义在萨克达尔运动中得到了表达，这一运动促成了人民抗日军的建立，这支军队在1942年团结起来反抗日本人。虎克军（战后建立的"虎克军"指"人民解放军"）领袖无疑受到了马克思主义意识形态和共产主义组织形式的影响，但用这些来服务于更大的目标。[77] 虎克军是民族主义者，希望把自己的国家从所有外国控制中拯救出来；他们也是激进派，想进行根本性的土地改革；他们还是党派主义者，想在《复兴法案》授权的战争破坏补偿金中分一杯羹。[78] 虎克军从他们在吕宋岛农业中心的基地起步，和周围城镇（特别是马尼拉）的劳工组织建立联系，通过吸纳女性（其中有些人指挥了游击部队）来推进平等原则。[79] 虽然数字有出入，但参与运动的人数估算显示出，虎克军的成员人数在1950年达到了顶点，有约2万名游击队员和10万名积极支持者。

虎克军正面挑战了地主精英，也挑战了华盛顿恢复战前合作统治体系的计划。[80] 那个体系在30年代就已面临困难，在战争中崩溃，而战时的紧要性和机会让虎克军能够在他们控制的地区废止地租，重新分配土地，建立地方政府。其结果是1946年的一系列大罢工，以及在吕宋岛中部对土地秩序前所未有的攻击，这导致了内战。这些事件显示出恩庇－侍从的关系已变得多么微弱。体系崩溃的原因可以追溯到19世纪，因为当时农业出口的扩张开始改变土地关系。虎克军叛乱显示出，政治体系不再被容纳在熟悉的空间内，而是延伸到了阶级和暴力的非个人关系中。对虎克军的让步将会改变菲律宾的财富和权力基础。罗哈斯无意当那只投票支持圣诞节的火鸡（作茧自缚），甚至不愿当那个投票支持自由贸易的罗伯特·皮尔。名不副实的自由党首先做出的反应是，采用不合宪法的手段来阻碍虎克军通过民主联盟推进计划。在那时，虎克军就回到了山丘中，重新开始打游击战。

接着，罗哈斯和他的盟友们采用军事力量来镇压叛军。此后漫长而破坏性的斗争在1950年达到顶点，虎克军一场大攻势，打到了马尼拉门前。到那时，菲律宾已濒临破产，并且正像迪安·艾奇逊警告杜鲁门那样，面临"完全崩溃"的危险。[81] 此时，美国带着额外的经济和军事援助介入了。战争以来的经历让华盛顿不愿按需发放昂贵的食品包，但在1950年，无须强迫，华盛顿就提供了食品。中国的革命、朝鲜战争的开始、法国在印度支那地位的恶化，以及英国在马来亚的游击战，一同形成逆流，让整个杜鲁门政府颤抖了。这些事件加强了菲律宾的战略重要性，它在地缘政治上已变得大而不能倒。[82] 最终，虎克军在武装力量、宏大保证和微小让步的混合作用下回头了，到1954年已不再对中央权威形成威胁。不过，"正常服务"没有继续下去。传统的恩庇－侍从关系无法轻易恢复，在这个看似正在倒退的未来，民主站得太远了。

在加勒比地区的强迫与合作

在战争结束时，雷克斯福德·特格韦尔总督反思称，波多黎各尽管现在已"完全脱险"，但"也在政治和经济意义上完全迷失了，建州、独立甚至是成为自治邦都不是触手可及的选择"。[83] 美国曾在1936年考虑过准予波多黎各独立,不是因为它已经完成了教化使命,而是像米勒德·泰丁斯参议员说的那样,因为"我们最好离开这个地方"[84]。这个提案在1945年复生,但很快就被抛弃。波多黎各的领袖们希望在独立的同时继续得到经济支持,而在这样一个单向的协议中,美国看不出任何好处,只看出了许多困难。但是,如果没有外界支持,波多黎各的经济甚至难以让它增长的人口维生,这些人已经遭受了高失业率、低工资和技能长期短缺的影响。海外贸易几乎完全与美国有关。出口经济极为依赖糖料得到的关税让步,进口品中则包含很大份额的关键粮食。1945年,6—18岁的波多黎各人中只有约一半在上学。[85] 同样,波多黎各的实际收入只是密西西比州实际收入的约一半,而密西西比州是北美大陆上最贫穷的州。[86] 在近半个世纪的努力之后,"教化使命"显然还处于准备期。

政治独立的理想和经济依赖的意识在战后互相作用,改变了特格韦尔观察到的难题,但并未解决它们。[87] 就像在岛屿帝国的其他地区一样,考虑到殖民地民族主义积累中的力量,美国被迫调整对波多黎各的政策,同时设计策略来补充新出现的冷战需要。到1945年,波多黎各的库莱布拉岛和别克斯岛上有世界上最大的海军设施之一。该岛再也不能和美国脱钩了,以免它落入敌对势力手中。帝国政策的目标是在维持统治的同时试图赢得人心。被归类为"极端主义者"的民族主义者将被镇压,推进温和派计划的合作人士则将被给予有限的鼓励。

意料之中的是,拒绝授予独立的决定刺激了佩德罗·阿尔维苏·坎波斯领导的激进民族主义者。坎波斯是波多黎各民族党主席,该党在30年代的萧条时期崭露了头角。民族党从战争年代中幸存,在1945年成为独立运动中坚定不移的声音。阿尔维苏·坎波斯符合激进政治人物的一切条件:执着,勇敢,坚持到底甚至顽固,鼓舞他的是不切实际的期待。[88] 1947年,在被监禁了近10年后,他重新出现,组织旨在赢得独立的运动。波多黎各当局在1948年做出回应,通过了第53号法令,俗称为"限言论法令"(Gag Law),禁止一切民族主义情绪的表达,包括禁止提及独立。这一举措让联邦调查局和该岛的秘密警察有权追捕任何表现出异议倾向的人员。[89] 它也坚定了激进者的决心。1950年，民族党在五座主要城市发起武装起义，包括试图在首都圣胡安发动政变，并且命令刺杀杜鲁门总统和该岛首要政党人民民主党（PPD）的党首穆尼奥斯·马林。政变和刺杀企图都失败了，但包括圣胡安市长在内的28人被杀，49人受伤。阿尔维苏·坎波斯回到了监狱。但是，民族主义者们还没有被了结。1954年，四名波多黎各人在华盛顿的众议院周围扫射，打伤了五名议员。阿尔维苏·坎波斯没有直接卷入其中，尽管枪击案发生时他已被赦免出狱。不过，当局还是尽可能地利用了这个机会：他被逮捕并再次送进了监狱，于1965年死于狱中。

激进民族主义者面临的根本问题不是官方压迫，而是缺乏大众支持。民族党的计划有着广泛的吸引力：它攻击了国内外的财阀，呼吁土地改革，并提议改善雇佣劳动者的条件，但它还不至于提出社会主义的解决方案；它的社会政策是受了罗马天主教教义的启发。这些政策和人民民主党的政策非常相似——当然除了在独立问题上的根本分歧。然而，民族党甚至在萧条的20世纪30年代都未能得到大比例的选票，也无法从1945年后在其他地区成功的反殖民运动中得到力量。该岛从未去除的主要障碍是，选民们普遍认为，政治独立将会带来经济灾难。[90] 穆尼奥斯·马林和人民民主党在30年代和40年代早期曾与这个问题努力斗争，后来在1946年总结称，独立必须是一个长期目标而不是短期目标。[91] 在黄金海岸的不同情况下，克瓦米·恩克鲁玛提出了他对圣经训诫的著名改编："你们要先求政治的国"，期待着"一切东西都要加给你们"（化用《马太福音》6：33）。穆尼奥斯·马林逆转了这个原则：他的好主意是首先创造经济条件，这些条件将最终允许政治独立变成现实政治。

华盛顿与穆尼奥斯·马林的改革而多元的资本主义愿景进行合作，理由和它在菲律宾支持曼纽埃尔·罗哈斯一样：这两名领导人都保证允许美国使用在他们国家的军事基地，实行反共政策，并反对激进民族主义运动。在波多黎各的例子中，美国政策指引人民民主党远离独立，倾向地方自治。[92] 从穆尼奥斯·马林的角度看，他选择了一种协商自治，希望这将像在菲律宾一样最终带来独立。阿尔维苏·坎波斯和民族党起到了不同于他们本意的作用：通过迫使美国向穆尼奥斯·马林及人民民主党做出让步，他们抽干了人们对他们自身激进计划的支持。人民民主党在1944年举行的选举中吸引了近三分之二的投票，在1948年也得到了差不多的选票，穆尼奥斯·马林在这场选举中成为首位被选为总督的波多黎各人。人民民主党有着优越的组织结构，能吸引城市工会、农村佃农和农场工人，同时安抚大企业，这让它走在了对手前面。土地改革的争议问题得到了解决，其结果是外侨企业可以不受干扰地运营大部分种植园，国内也有足够的土地被分配给家庭住房，这为该党赢得选票。[93] 同时，人民民主党得到了新角色，成为外国的制造业新投资的守门人，从而得到了丰富的赞助资源，巩固了它的政治主导地位。

穆尼奥斯·马林被选为总督是向前的一步，1949年当局决定放弃失败的美国化计划则是向前的另一步。这两起事件是互相联系的：如果穆尼奥斯·马林和人民民主党要让选民倾向地方自治而不是独立，那他们就需要切断民族和身份地位的历史纽带。华盛顿接受了西班牙语作为教育语言和民众语言的现实，这有助于人民民主党推广一种不同于该岛宪法地位的波多黎各身份意识。[94] 在此后的1952年，把波多黎各变为自治邦的安排是一份大奖。"自治邦"一词的确切含义在当时还不明确，到如今仍然不确定。[95] 但从根本上来说，该岛得到了内部自治，同时作为非合并领土保留了与美国的关联。部分主权让波多黎各处于殖民地和领地之间，这意味着它在一些领域缺乏自主权，特别是外交事务、国防政策以及与美国之间的关税安排。[96] 国会也去掉了宪法提案中本将囊括《联合国人权宣言》有关生活水平、教育、医疗保险和儿童福利等元素的一部分内容。众议院共和党领袖给他的同僚们提出了一个他们迫切想要拒绝的选择："如果你投票支持这些东西中的一部分的话，你最好准备在国内也投票支持它们，不然你最好准备解释一下为什么你投票支持了它们。"[97] 他的意思无须重复。

古巴是唯一未经美国许可就逃脱的岛屿。[98] 正像我们已经看到的那样，古巴人有着激进抵抗外国统治的漫长传统，也从未被完全置于美国控制之下。这个独立共和国虽然实际上是一个深受美国影响的被保护国，但它实行的自治超过了非合并领土可以实现的程度，在民族主义情绪的政治表达方面也处于更有利的位置。虽然有这些区别，但古巴进行政治变革的深层原因和岛屿帝国的其他地区类似，尽管古巴取得的结果很独特，推行了革命性而不是渐进式的变革。诚然，在1959年革命后出现的有影响力的史学研究声称，此前几十年古巴都没有发生过经济或政治进步，这成了这些研究的一大特色。但是，近来的研究修正了这一叙事，使我们有可能重塑革命前的历史，也指出了重新评估革命本身的不同方式。

在整个20世纪，古巴的福祉仍和糖料出口捆绑在一起。当古巴在30年代失去在美国市场的关税优势后，其结果是全面而破坏性的。[99] 虽然古巴得到了配额作为代替，但设定的配额水平远低于古巴的潜在产出。配额在二战期间被暂停，全球供给的中断抬高了对糖料的需求，让古巴的出口贸易重归繁荣。出口生产继续从美国企业转向其他生产者：到1955年，古巴种植者们贡献了该岛55%的糖料产出。[100] 同样到那时，一场经济繁荣已让古巴的人均收入接近拉丁美洲的最高排名。根据收音机、电视机和机动车人均数量来衡量消费水平，则古巴处于拉美的榜首。婴儿死亡率比拉美其他地区都低得多，平均寿命则高得多。[101] 单纯的平均值确实掩盖了收益分配明显不平等的事实，也完全没有提到非裔古巴人遭受的持续种族歧视。不过，历史记录清晰地显示出，当糖料出口表现出色时，古巴也过得不错。

经济的复苏提供了环境，有利于20世纪30年代曾宣传的民主原则。正是巴蒂斯塔总统——当时是一名年轻的改革者——召集了议会，在1940年起草了新的进步派宪法。1944年和1948年的选举总体来说自由而公平，新闻报道也不受审查。1944年，巴蒂斯塔从总统之位退休，尽管他还希望继续影响古巴政治。但是，1944年选举让巴蒂斯塔的长期对手拉蒙·格劳·圣马丁成为总统，他在1933年是改革者，也是真正党（Partido Auténtico）党首。在1948年的下一次选举中，格劳的继任者卡洛斯·普里奥·索卡拉斯（Carlos Prío Socarrás）获胜，将真正党的统治延长到1952年，直到巴蒂斯塔在军事政变之后重夺权力。

这两名真正党领袖共同积累了一些善意：他们尝试实施1933年的改革计划，该计划提出减小大型糖料种植园的规模，将土地下放给小农场主，并使经济多元化。[102] 然而，他们的民主自由主义面临着后来会变得不可逾越的问题。到40年代末，战时的糖料需求已被全球过剩代替。杜鲁门政府不愿支持古巴政府领导的经济多元化计划。而在冷战的时刻，该岛并没有被排在很高的优先地位。[103] 此外，随着时间的流逝，30年代的年轻激进派不是变得软弱，就是变得强硬。格劳·圣马丁和普里奥·索卡拉斯变得软弱了，作为平衡，巴蒂斯塔则变成了像磐石般坚定的威权主义者。两名自由派在反对声面前退缩了，无力控制军队及其私有企业同伙的活动，即当地所谓的"匪盗活动"（gangsterism）。相反，格劳·圣马丁和普里奥·索卡拉斯诉诸购买支持者来进行统治，这包括自己收下大笔金钱。[104] 建立于30年代并在之后维持下来的政府机构，其恩庇和腐败的可能性大大增加。[105]

到40年代末，真正党的统治被它自作自受的过度行为和日积月累的无效率所拖累，开始逐渐陷落。最终，它被古巴由来已久的天谴淹没了：糖料市场。1948年，真正党因未能增加糖料配额而担责；当配额在1951年被削减时，不满情绪蔓延演变为公共秩序的崩溃。该党剩下的支持者寻找新的拯救者：商业利益集团想要效率，军队想要强大的政府。当富尔亨西奥·巴蒂斯塔在一群年轻军官的帮助下绕过选举流程在1952年夺权时，这两个群体都得到了自己想要的一些东西。

政变出人意料，发生在公共支持还处于休眠的时候。促使巴蒂斯塔重得总统之位的，是人们对当前形势的幻灭，而不是他们对替代选择的热情。然而，巴蒂斯塔在一开始就有军队、商业及工会关键利益集团的支持。中产阶级随着形势的推进加入了他们，教会的统治集团虽然犹豫不决，但还是团结到他这边。[106] 公开的反对声主要来自哈瓦那的学生，他们在遭遇新统治者时展现出了年轻理想主义者自发的勇气。[107] 华盛顿留意着古巴的情况，以防民族主义言论变为社会主义，但华盛顿也准备好支持那些会降低政治不稳定的可能性、协助保卫美国利益的改革。巴蒂斯塔保证了稳定和财政自律，并重新宣传了他敌对共产主义的漫长履历。华盛顿迅速行动，承认新政权，希望变革能带来改善。

巴蒂斯塔的再次降临远没有实现奇迹。他曾自愿在美国流亡，分别在纽约和佛罗里达州居住，那些岁月让他体验到了美好生活，他将这种生活升级为挥霍。当他回到古巴时，很快就显而易见，他已经和以前大相径庭了：那个充满激情的年轻改革者已变质为一个一心一意的中年盗贼统治者。他暂停了进步的1940年宪法，削弱公民自由，实行审查制度，扩充秘密警察，并与黑手党发展了有利可图的紧密关系。此后的热带"恐怖统治"使巴蒂斯塔积累了个人财富，他向他的首要支持者们赠予相应的奖赏。同样，在一段时期内，古巴当局有能力用强力来压住不满的升腾。

翻　篇

到大约50年代中叶，战后殖民时期激进主义中最咄咄逼人的表达要么已被驯服，要么已被镇压。对内部殖民的挑战似乎已经被遏制，夏威夷的建州申请被阻挠，虎克军在菲律宾被打败，波多黎各最强硬的民族主义者们不是陷于混乱就是被关在狱中，永远"麻烦"的古巴正处于富尔亨西奥·巴蒂斯塔的铁锁和钥匙统治下。但是，孕育着不满和异议的潜在力量依然有其生命力。美国国内和海外领土的政治形势仍然多变。政局也开始以华盛顿无法控制的速度，向华盛顿无法预测的方向变动。

此前未曾预见的国际发展给美国政策造成了令人不安的后果。随着约瑟夫·斯大林在1953年去世，莫斯科调整了它的外交政策，形成了后来所谓的"和平共处"（peaceful coexistence）战略，加大了苏联通过贸易、援助和宣传来影响第三世界国家的潜力。有些国家被认为可能会受到克里姆林宫花衣吹笛手诱惑，其中就有美国长期以来所认为处于自己势力范围的加勒比国家和拉丁美洲国家。[108] 同样到50年代中叶，美国正在东亚陷入多个泥潭。[109] 1949年的中国革命已经标志了美国在该地区遭受了一大主要挫折。到1950年，杜鲁门总统已决定在印度支那支持法国。法军于1954年在奠边府战败后，杜鲁门的继任者艾森豪威尔总统认为，美国有必要扩大投入，支持很快就将失败的法国殖民主义事业。中国的崛起也令美国加强对东亚地区主要盟友日本的防卫，因为日本在二战后被禁止重建军队。

朝鲜战争开始于1950年，在1953年以平局收场，其加强了中国政府的实力，诱使美国支持蒋介石及台湾这座近海岛屿而陷入了死胡同。朝鲜战争以不那么戏剧性但同样有效的方式指向了未来的发展：10万名在朝鲜参战的非裔美国军人第一次被融入了美国陆军，1953年签订的停战协议则是由印度这个前殖民地安排调停。虽然美国本身的失败还要等到未来在越南的毁灭，但在50年代末就很明显的是，自由世界已经在东亚失去了很多土地、影响力和威望。

印度和中国也在1955年不结盟国家举行的万隆会议上扮演了突出角色。[110] 政府（和非政府）国际组织的扩散是1945年后全球化世界的一个显著特点。[111] 但是，通常是"拥有者"大国在采取主动。万隆会议则是一项新的发展，因为它是由前殖民地和其他"没有者"国家支持的会议。参加会议的美国非裔活动家理查德·怀特（Richard Wright）将会议的成员们称为"被鄙视的、被侮辱的、被伤害的、被剥夺的——简而言之，就是人类中的受压迫者"。[112] "这场被拒绝者的会议，"他总结说，"本身就是一种对西方世界的判决！"[113] 此后的宣传和外交倡议让自决、种族平等和不结盟的原则在国际舞台上获得了新声音。同样到50年代中期，一些前殖民地国家已成为联合国成员，还有50个新国家在1955—1965年加入该组织。联合国的创始国如今可以在联合国大会上输掉投票，尽管它们还保留着对安全理事会的控制。民主曾在19世纪开始改变西方民族国家政治，如今则开始改变世界上的国际组织。

虽然我们难以精确评估由此产生的众多决议和宣言的实际效果，但很清楚的是，万隆会议国家在国际舞台上出现，让"所有者"大国处于防守位置。数量和种类越来越多的国家形成了第三世界，尽管这种概括的同一性会有误导，但这些国家挫败了两个超级大国建立坚实支持阵营的尝试，而建立阵营所需的努力又迫使这两个大国对潜在盟友（甚至还有被标为卫星国的国家）做出让步。[114] 作为伍德罗·威尔逊麻烦遗产的自决原则得到了额外的宣传，迫使美国重新看待自身属地的地位。像克瓦米·恩克鲁玛、贾瓦哈拉尔·尼赫鲁、贾迈勒·阿卜杜勒·纳赛尔这样的领袖人物出现在世界舞台上（有的还是刚离开监狱），象征着人们对种族歧视问题的意识和关注在加强，这直接挑战了关于上天赐予盎格鲁-撒克逊人以优越性及遗产的现有假设。[115]

赢取"人心"的战斗在根本上是一场关于西方统治合法性的冲突。合法性授予了威望，允许"拥有者"大国占据确信无疑的道德制高点，又施展魔法，让那些自认为是追随者或被归为劣等的国家变得可以接纳忍受。但是，从前殖民地国家的视角来看，最好听的旋律有太长时间都被魔鬼演奏了。到50年代，曾一度被迷住的听众得以在世界各地传递他们自己创作的乐曲。一些乐曲富有原创性，宣传本土文化的创造力和灵活性，其他乐曲则强调自由和平等原则，把西方的声音以最大的音量回放给西方听。[116] 同样到那时，大多数通信科技已经被民主化了。"所有者"大国不再牢牢掌握着国际传媒：报纸、广播、电话和电影已经流入了其他人手中，讲述了不同的故事。曾经鲜为人知或被掩盖的事件可以被摆到光天化日之下，殖民的床单可以在大庭广众下清洗了。

"所有者"大国无法逃避这些影响深远的发展的后果。一个国家的力量越大，潜在的危险就越大；它的国际角色越重要，就越暴露在负面评论之下。自称为自由和民主先驱的美国别无选择，只有处理它自己的殖民问题——不仅在国外，也在国内。由此产生的研究文献建立了一种惯例，将内部殖民划分为两个互相独立的部分。一部分关系到非裔美国人，将他们的抗争与民权运动等同起来；另一部分则事关美国印第安人的历史，但没有将其和美国境外的自决斗争整合起来。这一惯例无疑有数字的支持。60年代，美国有约2 000万非裔美国人，只有约40万美国印第安人。但从非殖民化的视角来看，如果把美国国内的民权运动视为一个整体，将其与终结了西方帝国的全球趋势联系起来，就可以得到许多收获。

1954年，最高法院决定把教育领域的种族隔离定为非法，这通常被正确地视为是民权进步的一座"里程碑"。不过，各届总统考虑到南方的投票，与法院的裁决保持了距离，这一裁决始终未能有效执行，直到70年代。[117] 此外，裁决在短期内刺激了隔离主义者以及他们的反对者，增加了种族暴力的发生率。[118] 1955年，一名叫埃米特·蒂尔（Emmett Till）的14岁非裔美国男孩在密西西比三角洲一座荒凉小镇（被不恰当地命名为"金钱镇"）中被私刑处死，其情节尤其惨烈。[119] 反私刑运动的颂歌

《奇异的果实》（"Strange Fruit"）迅速得到了新一批扩大的听众：[120]

> 南方的树上结着一种奇异的果实，
> 树叶上是血，树根上是血，
> 黑人的身体在南方的微风中摇晃，
> 奇异的果实被吊在杨树上。

鲍勃·迪伦受到启发，贡献了一曲纪念，并做出呼吁：[121]

> 如果你不能出声抗议这种事，一起
> 如此不公的罪行，
> 你的眼睛必定是被亡灵的污秽遮蔽，你的思想里必定
> 塞满了尘土。
> 你的手臂和双腿，它们必须被镣铐和铁链锁住，而
> 你的血液必须停止流动，
> 因为你让人类堕落到了如此可怕的深渊！

但是，人类还有一段路要走。1957年，奥瓦尔·福伯斯州长动员了国民警卫队，阻止堪萨斯州小石城的种族融合行动。艾森豪威尔总统被迫派遣联邦伞兵部队重建和平。结果引发的冲突引起了美国及世界各地媒体的注意。此后发生的类似事件确保美国这片"自由之地"顽固的种族问题留在新闻头条，对美国外交造成了深深的尴尬。小石城的危机促使国务卿约翰·福斯特·杜勒斯向艾森豪威尔总统送去了紧急而朴实的信息："这个情况正在毁掉我们的外交政策。"他补充说，种族问题在亚洲和非洲产生的效果，"对我们来说将比匈牙利问题对俄国人的效果更糟糕"。[122] 这两个超级大国似乎都更容易刮破木桶的底部，而不是达到他们信誓旦旦地宣传的政治优越性的高度。

艾森豪威尔在观察民权运动时毫无热情，但因为他需要在国内重申联邦政府的控制，在国外又面临重获信任的压力，所以他不能坐视不

管。[123] 当时，他的背后还没有吹起"变革之风"，不过有一些草秆已经在往那个方向摆动了。民权运动大都与其更宽泛的人权议题相分离，被框定在更有限的国内选择之中。这些目标仍然野心勃勃，肯定会遭遇令人生畏的反对，但它们提供了一些改革的可能，而关于住房、卫生和就业的权利的狂言则容易被谴责是摧毁美国自由、强加社会主义的阴谋。也有迹象显示，战后一代的美国公民在种族态度上正变得更加灵活。公众对夏威夷建州加入美国的赞同观点是一个标志，改变中的投票行为（特别是在北方和远西地区）则是另一个标志。到20世纪50年代晚期，顽固不化的南方民主党人正在失去宝贵的党派支持。共和党人开始把民权元素融入他们的计划，以此谨慎利用种族问题在选举上的可能性。[124] 在1954年成为参议院多数党领袖的林登·约翰生意识到，民主党人必须追上潮流，不然就会搁浅。在他狡黠而有力的指引下，该党不情愿地接受了一份改革不算剧烈的民权法案，作为避免更激进改革的代价，不过民主党希望法案的实际效果可以被冲淡或转移。大操纵家已经偷走了共和党人的新装，在与苏联的意识形态竞争中记下了一笔相当大的宣传胜利。

1957年《民权法案》是重建时代以来第一次这种类型的改革，它开启了一个迟迟才会收尾的进程。在60年代，互相竞争的两党在国会、法庭和大街上争斗。大众的参与度提高了，国内外的宣传规模也有了与之相当的增长。这是暴力的十年，死亡同时降临到强者和弱者身上。肯尼迪总统在1963年被刺杀，他的弟弟罗伯特在1968年遭遇了同样的命运，马丁·路德·金也在1968年遇刺。考虑到南方的投票，肯尼迪总统的本能是急事缓办。但是，示威的规模之大和法律秩序遭受的挑战之强迫使他动手，而赢得黑人投票的前景则因为可以在竞选中带来奖赏，所以值得培养。1963年，在遇刺前不久，肯尼迪倡导了一项更新也更全面的《民权法案》，他的继任者林登·约翰生在1964年看着它在国会通过。《投票权法案》在1965年紧随其后，最高法院在60年代中期做出的一系列补充裁决将公共权利延伸到司法方面，保护人们免遭法律滥用的伤害。

民权的延伸朝着瓦解歧视性法律和惯例的方向迈了一大步，正是这些法律和惯例支撑着内部殖民主义结构。那些支持者希望1964年的法案将开启一系列覆盖广泛人权议题的立法,然而他们失望了。[125] 改革运动在60年代末发生了分裂。由马尔科姆·艾克斯(Malcolm X)、斯托克利·卡迈克尔(Stokely Carmichael)和黑豹党领导的年轻一代激进派发表了激烈言论,呼吁彻底的社会经济变革。像惠特尼·扬(Whitney Young)这样轻声细语、留在委员会里发言的温和派则失去了信任。[126] 马丁·路德·金受到了圣雄甘地的消极抵抗哲学的极大影响。黑豹党则受了弗朗茨·法农的暴力革命学说鼓舞,尽管他们和金一样,相信美国的种族和不平等问题是所有殖民地社会中普遍存在的现象。

然而,试图概括这场斗争,最终只会适得其反。更广大的公众认为,新立法降低了进一步改革的需要,他们对那些很容易被表述为给共产主义开道的激进主张产生了警惕。大众的支持消退了,不久之后,激进派要么被镇压,要么被边缘化了。[127] 同时,对越南战争与日俱增的反对转移了人们对国内改革的注意力。约翰生总统"伟大社会"的计划受到惠特尼·扬的影响,试图对付更大的贫困、卫生和教育的议题,但美国对越南的投入越来越多,消耗了精力和金钱,70年代保守派的应对办法,则是开始缩小政府在这些领域的角色。[128] 变革被局限在民权方面,激进分子们集中精力,等着立法在这一更有限的领域得到实施。

到60年代,美国印第安人推进的自决和收复土地权利的主张,也在引起华盛顿的注意。就像在世界各地一样,对政府入侵的长期抗议在二战后得到了推力。[129] 从毛利人到因纽特人的各地土著越发坚持要求得到在1945年后获得国际认可的民权和人权。美国印第安人就像其他先住民族一样,从这个发展中得到了启发。他们也把自己视为国际非殖民化运动的一部分,旨在恢复主权,获得经济独立,并重振他们的文化。[130] 就像非裔美国人一样,他们辩称,在冷战中争取人心的战斗应该从国内开始。1953年后实行的"终止"政策有着深远的影响。1953—1964年间,约有100个部落失去了附属于保留地的主权,覆盖于受保护的土地上的权利被撤销,投入印第安人卫生和教育事业的资金被减少,美国印第安人被劝说移民,搬去城镇。

这些事态发展激起了人们坚决的回应,其代替了美国印第安人全国代表大会的克制路线。一个更激进的组织"全国印第安人青年委员会"（National Indian Youth Council）在1961年分离出去，推动反对终止政策，而在1968年，"美国印第安人运动"组织（American Indian Movement，AIM）建立，对抵抗运动进行协调并提高它的关注度。一系列大受宣传的示威紧随其后。1969—1971年，抗议者们登上曾属于美国印第安人的阿尔卡特拉斯岛，占领了被废弃的监狱，长达19个月之久。[131] 1972年，一个大型车队从西海岸驶向华盛顿，其行进路线后来被称为"被毁条约的追究之路"（Trail of Broken Treaties）。到达华盛顿后，一小群示威者占领（并拆毁）了不得人心的印第安人事务局总部。次年，曾在1890年发生拉科塔大屠杀的翁迪德尼（伤膝河）镇被控制并占领了两个月。这些事件以及其他许多事件在国内外闻名，同时也吸引了人们对美国印第安人运动的支持。

华盛顿起初的回应就像在非裔美国人权利运动中一样，把美国印第安人运动归为"极端"组织，利用反叛乱手段镇压激进异议。[132] 然而，压制很快就让位给和解。随着约翰生总统的"向贫困宣战"把新资金和新思想注入了保留地，对美国印第安人的政策已经从60年代中期开始改变。[133] 虽然这个计划存在不足，但它成功抬高了接受者的期望，有助于推进自决运动。1968年，约翰生宣布，"终止"政策自身将被终止，国会在同年晚些时候通过了《印第安人民权法案》（Indian Civil Rights Act）。伴随着阿尔卡特拉斯岛占领事件的负面新闻迫使尼克松总统在约翰生示意的道路上更进一步，1975年，国会通过了《印第安人自决与教育法案》（Indian Self-Determination and Education Act）。这一政策本身为进一步谈判及持续至今的大量诉讼拉开了帷幕。[134] 从当前研究的视角来看，法案标志着漫长的殖民指导时期的终结，那段时期与其他殖民大国的经历有着惊人的相似。国会在30年代批准了间接统治，那时卢格德勋爵的政策正处于影响力的高峰；而在50年代，国会转向了同化政策，那时英国和法国也在寻找新办法管理属民。接着，在旧欧洲帝国将殖民统治转为独立的同时，美国选择了让美国印第安人得到自决权。

在太平洋地区的进步？

美国国内对改革不情愿而不全面的和解，与太平洋地区的对应发展发生了相互作用。有两项考虑指引着美国对远西地区边疆的政策：东亚地区越发令人绝望的形势抬高了夏威夷和菲律宾的战略与政治重要性；而一旦激进分子被控制住，美国就需要确保合作而可靠的盟友依然在掌权。

正像我们看到的那样，国会直到20世纪50年代晚期都在阻挠夏威夷的建州申请，直到利益的天平倒向接受夏威夷的一边。[135] 但是，最终决定不只是对国会政治交易的回应。夏威夷内部的发展决定性地推动了事态演进。1954年，重焕新生的民主党赢得了历史性选举：共和党自1898年以来第一次被赶下台，他们的继任者将在此后40年中掌握权力。民主党人的胜利不只是从一个党派向另一个党派的转变：它是一种新型进步民粹主义的胜利，也是"五大"公司及它们代表的保守白人群体的失败。数字非常重要：到1945年，超过85%的夏威夷人口（主要是第一代亚洲移民在夏威夷出生的孩子）是美国公民，在领土选举中有投票权。[136] 夏威夷的民主党就像"民主"概念本身一样，和美国的民主党没有多少关系。夏威夷的民主党人代表了夏威夷多文化的特点，表达了非白人多数群体的意愿。另一方面，大陆上的民主党人则阻碍夏威夷建州，以保护各州权利，维护种族隔离。

考虑到美利坚帝国的宪法框架，夏威夷可以选择的不是独立，而是平等，因此殖民地民族主义的目标是建州，夏威夷的民主党人便用技巧和决心为之呼吁。支持他们战略的经济论点，到50年代晚期已变得更加坚决。州地位将允许夏威夷在国会得到代表权，代表们会大大加强夏威夷的能力来捍卫麻烦重重的糖业利益，吸引经济多样化所需要的新投资。同时，夏威夷为联邦财政做出的贡献超过了其他许多州。"无代表，不交税"的呼声就像在18世纪一样击中了要害。在大陆，对日裔夏威夷人忠诚度的怀疑不再可信，因为接连的全民表决和领土选举提供了一贯的证据，显示出他们渴望建州。所谓的共产主义威胁虽然被传播和鼓吹，但也不再可信，尽管美国的决策者依然在广大世界里执着于此。另外，夏威夷成为太平洋中越发重要的军事基地：群岛上的美军人数虽然在1945年被缩减，但在50年代再度上涨。扩大夏威夷战略地位的决策给群岛投下了信任票，打消了关于其忠诚度和共产主义倾向的怀疑。正面论点也开始进入辩论：有前瞻性的评论家意识到，夏威夷的多种族社会可以成为美国对抗苏联宣传时的资本。[137]

授予夏威夷州地位的法案在1959年被通过，这距离国会委员会报告称夏威夷满足了所有建州条件已过去了22年。与此同时，作为一项复杂交易的一部分，阿拉斯加作为第49个州加入美国，夏威夷成为第50个州。1953年联合国第742号决议命令成员国准许属国在改变地位时自由选择，包括选择独立。[138] 虽然夏威夷人无疑倾向于成为一个州而不是留在属地的位置，但美国没有给出其他选项，只是通知联合国称，已经把州地位授予了夏威夷。这一事件表明联合国已开始展现它自己的想法，华盛顿和联合国渐行渐远。

共和党人过去支持夏威夷建州，半是为了得到可以打击民主党的大棒，不过艾森豪威尔个人支持夏威夷完全合并，因为他知道并尊重夏威夷在二战中的显著贡献。1957年《民权法案》打开了大门，但夏威夷群岛的建州申请是一个理想，而不只是约翰生在国会娴熟斡旋的结果。在1959年作为众议员进入国会、在1963年成为夏威夷第一任参议员的丹尼尔·K. 井上（Daniel K. Inouye）后来观察称，已提出的建州法案是"一份纯粹而简单的民权法案"，而反对者完全是出于种族主义："正像一个参议员说的：'你愿意坐在一个名叫山本的家伙身边吗？'"[139] 1957年批准法案是一项温和的行动，民权反对者们希望将其变为对自己有利。夏威夷在1959年加入美国，给大陆上围绕着种族隔离的城墙打开了一个不可修复的破洞。此后在1964年通过的新《民权法案》摧毁了它的防御，不过在那之后的最后一搏是激烈而漫长的。

丹尼尔·井上恰如其分地站在了建州之战的最前线。他是来到夏威夷的日本移民所生的第二代（二世）孩子。他在二战时曾在著名的日裔夏威夷人第442步兵团服役，战功显赫，后来被授予荣誉勋章。井上在国会代表的不只是一群选民：他象征着1945年后出现的一种世界新秩序，它将会终结基于种族优越性教义的殖民统治时代。

50年代中期也见证了美菲关系重大转变的开端。[140] 菲律宾经济形势持续不稳定，加上华盛顿对该国战略重要性的估值提高，强化了菲律宾政府的谈判能力。马尼拉的政治精英致力于从美国政府榨取尽可能多的金钱，美国则为了确保菲律宾仍是一个忠诚而稳定的盟友，准备好慷慨解囊。曼纽埃尔·罗哈斯和他的继任者埃尔皮迪奥·里韦拉·基里诺已经劝说美国放宽了与贸易和援助计划相连的条件。在1953年取代基里诺成为总统并任职到1957年的拉蒙·德尔菲耶罗·麦格赛赛更进一步。麦格赛赛是华盛顿青睐的总统候选人。就像罗哈斯一样，他在战时赢得了麦克阿瑟的认可。他此后镇压虎克军的行动展现了他激进的亲美立场，让他赢得了中情局的支持；中情局通过玩弄洗钱、纵火和恐吓的黑暗艺术支持他的选战。[141] 麦格赛赛当选后，《时代》杂志给了他一份有贬损意味的赞美，称他为"美国的男孩"。[142]

但是，事情并不完全是表面上看起来那样。麦格赛赛就像他的前任们一样，执行着双重计划。他明显急于满足美国，但更迫切地想要巩固他自己的权力基础，这依靠的是和糖料种植者、椰农、制造商和罗马天主教会等各种群体达成交易。政治成功靠的是从美国取得援助和其他让步，将它们转为订单、补贴和可以被分配给支持者的一片片"肥肉"。菲律宾的"大人物们"实际上解决了新殖民主义版本的马克思的转型问题：如何创造剩余价值，并把它以合理的兑换率转变为政治资本。在这种兑换率下，这是给忠诚者的合理奖赏。成功的政治领袖们在没有安全网的情况下走着钢丝：他们像坚定的冷战盟友那样支持军事基地的租约，同时也要吸引很容易被煽起反美情绪的广大公众。

虽然虎克军落败，菲律宾消灭了最激进的政治异议，但对中央政府的强烈反对仍是威胁。不满的源头根深蒂固，大众政治也已成为政治局势的永久且不断扩大的特点。[143] 1959年，选民人数是1940年时的3.5倍。各政党不得不越过精英网络，赢取全国各地农民和城市工人的支持。因为现有的恩庇-侍从关系没有延伸得那么远，所以马尼拉的政治掮客们不得不和边远地区的酋长们达成协议。麦格赛赛通过现代通信方式直接呼吁大众的支持，从而扩充了发展中的政治外展计划。结果产生了准国家政治体系，其特点是多组不稳定的联盟构成所谓的"酋长民主"（cacique democracy）。[144]

麦格赛赛是一名空中飞人兼魔术师，他的职业生涯正如其名字，即他加禄语中的"讲个故事"。[145] 他远不只是"美国的男孩"，而是在互相竞争的利益集团间维持平衡，同时让每个利益集团都感觉到，他对他们事业的支持高于其他一切。他的倾向就像他的操控一样，并没有延伸到土地改革、向富人征税或收复被租给美国的基地方面。然而，他的操纵技巧使他可以将潜在的反美情绪转为对庞大华人群体的敌意，从而满足了种族偏见，又没有冒犯该国的首要金主。麦格赛赛的建设性成功大大扩展了他的前任们所赢得的让步。当艾森豪威尔在1954年削减了对菲律宾的援助时，麦格赛赛敲响民族主义的战鼓，拒绝签署延长军事基地租约的新协议，由此抬高了自己的人气。这一行动迫使美国屈服了。1955年，麦格赛赛谈判了一项新协议，该协议延长授予糖料出口商运货到美国时享有的特权，给予菲律宾对美国进口品征收高关税的权利，并确认了该国在财政和货币事务上对美国的依赖。[146] 美国国内强大的游说集团反对这些让步，但被打败了。[147]

麦格赛赛最重要的倡议是通过推动现代工业，开始使殖民地出口经济变得多元化。[148] 菲律宾的制造业不是城市中产阶级崛起所创造的，而是一种在保守政治体系中维系既有利益的方式。地主寡头阶层发起了这一政策，认为这样可以保护他们的财富和政治力量。[149] 对糖、椰子和马尼拉麻的未来的长期担忧是动机之一，为迅速增长的人口提供就业机会所引起的忧虑则是另一个动机。制造业如果被保护得当，就会有额外的好处，让现有的精英阶层能走在华人社群中的竞争者之前，并避免大型美国企业控制当地市场。美国背离了新殖民大国的刻板形象，完全支持新的发展计划。华盛顿考虑认为，成功的发展将会提高生活水平，减少不满情绪，增加当地的财政收入来源，从而让越发不情愿的国会感到其不得不授权的援助负担得以减轻。作为回报，麦格赛赛提供了一系列进口和外汇管制、免税期和政府投资。他起初关注的是进口替代的消费品，不过与美国合资的企业又加入了诸如医药品和机动车这样更复杂的产品。美国希望用持续的支持换来自由派改革的实行,这些改革措施不被统治的寡头阶层所接受,因此被搁置一边。

1957年去世的麦格赛赛此前设立了一种让继任者心怀感激地接受的模式。[150] 卡洛斯·波利斯蒂科·加西亚总统和同年得到权力的民族党对美国采取了更强硬的态度。随着菲律宾在50年代末开始被与日俱增的赤字淹没,民族党人增加了对美国提出的要求。加西亚于1958年发起的"菲律宾第一"(Filipino First)运动是一股有着民族主义诉求的勒索势力。它扩大了麦格赛赛的工业计划,把华人竞争者排除到该产业之外,并迫使美国公司在几个难以接受的选项之间抉择:合资企业、变相的国有化,还是离开菲律宾。1959年,只有在华盛顿承诺抬高糖料配额并提供额外金融支持后,美菲两国才就租借军事基地达成了新协议。美国企业发出了抗议,但华盛顿对它们的抱怨充耳不闻。

中情局继续暗中努力,内定"民主"选举,但在事实上并无效果。政治机器大吞美国补贴,被大量赞助所润滑,滚滚向前包围了整片半岛,在1965年开始漫长总统生涯的费迪南德·马科斯高调的威权主义下达到了最高点。在这一案例中,发展学家所称的"裙带资本主义"(crony capitalism)现象,并不是一种更纯洁的美国资本主义版本的私生子,而是冷战的病态伴随者,其确立并深化了殖民统治时代产生的关系。[151] 反共事业就以这些方式限制了强国的力量,提升了附庸国的力量。

加勒比地区的对比

加勒比地区在美国的战略考虑中也有着重要地位,但它的角色和菲律宾及夏威夷被分到的角色非常不同。距离之远允许太平洋属地成为美国在亚洲延伸利益的基地。距离之近则确保美国在保障加勒比岛屿的稳定与合作方面有着永久利益,华盛顿长期以来都认为这些岛屿"自然"处于自己的轨道中。

1952年波多黎各自治邦的建立以及激进分子的落败允许人民民主党维持权力,直到1968年。四分之三的选民认可了宪法改革,尽管支持的程度显示出，唯一的替代方案是保持该岛的殖民地地位，因为建州和独立都不在选择之列。宪法安排也使联合国在1953年将该岛从非自治领土的名单上移除，从而允许美国擦亮它作为自由世界领袖的形象。[152] 不过，联合国的这种做法表明，它已经开始超越自己的创始国了。虽然26个成员国投票支持提议，但有16个国家反对，包括苏联阵营之外的几个国家。异议者也确保由联合国而不是由殖民大国来保留权利判断殖民地何时实现自决。结果并不是美国所期待的绝对支持。

在那以后，美国和波多黎各集中开展一项联合行动，旨在达成"和平革命"，向拉丁美洲和更广大的世界展现如何成功移植"美国之路"。穆尼奥斯·马林原本于1948年启动以"自力更生行动"为代号的经济战略，它是这一方案的核心，补充了1952年达成的政治交易。[153] 这一政策起源于30年代的不利情况，参考了由罗斯福新政支持者提出的思想，其中包括1941—1946年担任波多黎各总督的雷克斯福德·特格韦尔。[154] 政策目标是使经济多样化，发展制造业，从而创造就业机会，抬高生活水平。波多黎各的主要出口品——糖料——正遭遇全球范围的生产过剩，该岛主要的工业品——纺织品——本身也是贫穷的产物。这两者都没有潜力应对该岛人口的迅速增长；人口从1900年的98.6万上升到1950年的221.8万，主要是因为婴儿死亡率降低。在40年代早期推进国有产业、实施土地改革的尝试遭遇了来自国会和大型糖料利益集团的反对，成果有限。[155] 但在1948年，穆尼奥斯·马林能够利用自己作为该岛首任民选总督的权威，推行原政策的修改版本。

白宫和国务院支持"自力更生运动"，将其视为冷战中的资本。国会也表示同意，因为修改的计划将主动权从政府转向了私有产业。雷克斯（"红人"）·特格韦尔曾为公共企业辩护，反对由"国会委员会飘忽不定的闪念"管理殖民地，认为这会导致"充满无计划干涉的统治体系"。[156] 他羡慕英国的《殖民地发展与福利法案》（1940），认为它"和我们自己的无精打采和漠不关心形成了令人苦恼的对比"。[157] 另一方面，穆尼奥斯·马林和他的亲密助手何塞·特奥多罗·莫斯科索（José Teodoro Moscoso）则愿意让国内外企业在他们的发展计划中扮演主角，该计划聚焦于用出口带动工业化。[158] 他们选择这一策略,是因为它允许波多黎各出口商利用美国市场关税让步的优势。另一种可选的起点是进口替代措施,但它不那么有吸引力,因为波多黎各(和古巴不同)缺乏对从大陆进口的商品加收关税的权力。[159]

20世纪50年代,波多黎各消灭贫困的"大推进"行动紧随其后。[160] 在低薪经济的助推和宪法安排的保证下,一大批关税让步、免税期和补贴吸引了大量外国资本流入,主要是来自美国,形式主要是直接投资。慷慨的激励措施使范围广泛的当地制造业发展起来,从食品和服装起步,接着上升到资本密集行业,例如医药、化工、机械和电子行业。在廉价航空服务的助力下,旅游业也起飞了:50年代晚期,每年有25万美国游客游览波多黎各,到70年代,这一数字达到了100万。[161] 其结果是殖民地经济的巨大变化:1956年,制造业创造的收入在波多黎各历史上首次超过了农业;到1965年,受雇于非农业岗位的人数比农业雇工人数多了5倍。[162] 失业率降低,平均生活水平提高了。人均实际收入在1940—1953年间增加了75%,在1950—1956年的短暂时期里又增长了30%。[163] 与"自力更生行动"有关的公共投资大大改善了卫生服务,使人均预期寿命发生了戏剧性增长,从1940年的46岁上升到1980年的73岁。[164] 识字率虽然很难精确量化,但也从1940年的69%提高到了1980年的91%。

"自力更生行动"在当时得到了广泛而有利的宣传,在殖民主义晚期不断变化的世界中成为其他地区发展的榜样。[165] 华盛顿和媒体将该岛标榜为自由派资本主义进步的灯塔,将会照亮中美洲和南美洲其他地区。到访的专家们未被此前的失败所吓阻,在此应用现代化理论的原则,并确证了这些原则。从艾森豪威尔总统(他在那里打高尔夫球)到肯尼迪总统(他得到了车队的欢迎),当时的主要人物纷纷访问该岛,以证实它进行中的"和平革命",将其与邻国古巴正在发生的激烈动荡进行对比。[166]

然而,"自力更生行动"令人印象深刻的成就很短暂。波多黎各的"加勒比奇迹"并没有带来当时专家们设想的"自给自足的起飞"。[167] "自力更生行动"远没有为有效独立创造基础,而是把波多黎各和美国更紧密地绑在一起，牢固确立大型外国企业在经济中的地位，并迫使位于圣胡安的政府为了确保外国公司将资本留在该岛，而将税收和关税让步延长到原本预想的时效之外。即便如此，制造业的新工作岗位也无法补足糖业和纺织业失去的岗位。失业率之所以在1964年下降到11%的低点，半是因为主要前往大陆的对外移民，这类移民在50年代达到了顶点，那时约有50万波多黎各人离开了该岛。[168] 虽然人均收入上升了，但生活水平依然偏低，城镇和乡村中都持续存在大量贫困群体。波多黎各的实验，如今所谓"外包"（outsourcing），不只依赖于廉价劳动力，也依赖于大量补贴。1973年爆发的全球石油危机阻碍了整个事业。随着美国经济发生衰退，波多黎各也萎缩了。贸易和服务上的逆差变成了常态，失业率上升，罢工行动加剧，贫困增加。国会努力摆脱波多黎各，但还是无法逃离。最终，美国不得不保留波多黎各，以维护美国在拉丁美洲的信誉。难怪前总督特格韦尔会在1958年的写作中如此高度评价穆尼奥斯·马林的成就："他最终剥削了剥削者，并让国会喜欢上这种剥削。"[169]

在附近的古巴，巴蒂斯塔的威权统治在50年代中叶前都维持了和平，不过面对的困难越来越多。专横统治的过度在该岛各地激起了一系列反应。1955年出现大规模学生示威；当年年底该岛又面临50万糖业工人罢工的威胁；异议军官在1956年试图发动政变；总统府在1957年被袭击；1958年人们又发起一场总罢工。由于政权对教会财产权和信仰自由的干预，教会也不断被疏远。人们曾长期相信，革命几乎完全来自从马埃斯特腊山偏僻的基地发起攻击的一小群游击队员，这种说法如今已被修正。[170] 在最初阶段领导反对巴蒂斯塔的势力的，是来自城市的中产阶级专业人士，支持他们的则是提供武器和金钱的流亡者。然而，巴蒂斯塔拒绝与温和改革者谈判。[171] 在1958年4月总罢工失败后，行动转向了山地。即便如此，菲德尔·亚历杭德罗·卡斯特罗·鲁斯仍是几名领袖之一，他的主导地位是由革命确认的，而不是在革命前确立的。农村游击队在1956年开始活动，到1958年采取主动时，反抗已演变成了一场内战。到那年年末，反抗军已打败了政府军，成功迫使巴蒂斯塔带着他的大部分财产流亡海外，取道多米尼加进入葡萄牙。[172] 在短暂的过渡期后，菲德尔·卡斯特罗在1959年成为总理,又在1976年取得了共和国主席这一额外职位。

革命是一场通过代理人进行的殖民地起义。巴蒂斯塔开始被视为美帝国主义的首要协作者,因此,他又被视为古巴遭遇的种种厄运的化身。菲德尔·卡斯特罗则是他的反面:象征解脱的代表人。[173] 卡斯特罗诉诸世俗权威,他的支持者们则授予他一种革命行动的神圣权利。他凭借社会主义原理预测未来,但从古巴最伟大的英雄何塞·马蒂的理想和事迹中汲取精神灵感。卡斯特罗的意识形态在确立下来之前飘忽不定。他最亲密的助手,弟弟劳尔(Raúl)和埃内斯托·"切"·格瓦拉,是坚定的共产主义者,而菲德尔这时还在搭建一种连贯的政治哲学,这直到革命之后仍是"进行中的工作"。不过,界定菲德尔·卡斯特罗立场的是一些特定的固定点:他是古巴民族主义者,是帝国主义的敌人,也是激进分子,相信暴政让革命得到了正当性。这些情感让古巴人产生了共鸣。它们跨越了社会界线,解释了人们的不满,并提供了解决方案。它们复苏了那些曾被过往经历碾碎,却因为人们对更美好未来的希望而始终存在的激情。它们和那些激励着1776年革命者的情感相差并不远。

1959年革命的大众支持虽然很容易被证实,但还可以通过一个不太可能的源头得到进一步说明:哈瓦那"糖王"胡里奥·洛沃-奥拉瓦里亚(Julio Lobo y Olavarría)。[174] 胡里奥·洛沃1898年出生于委内瑞拉,但在儿时和父母搬到了古巴。他在哈瓦那长大,当时美国对古巴事务的干预非常明显,他开始致力于民族主义理想,坚持了一生。在美国读书后,洛沃加入了家族糖料生意,不断前进,乃至他的糖料种植园和炼糖厂生产了古巴每年糖料总产出的一半之多。根据刻板印象来看,洛沃本该是忠实于政治建制的资产阶级支持者。然而,资产阶级并没有以马克思和恩格斯始终预料的方式"扮演最革命的角色"。洛沃支持了巴蒂斯塔的政变,因为他相信这和卡洛斯·普里奥·索卡拉斯的腐败政权相比将有所改善。而当巴蒂斯塔背离了1940年宪法纳入的理想之后,洛沃抛弃了这名总统。洛沃的民族主义来自何塞·马蒂,他对革命行动蕴含潜力的意识,则来自如菲德尔·卡斯特罗一样对拿破仑·波拿巴的崇拜。他为反对巴蒂斯塔提供了金钱支持，这与他的这种情感相对应。

与此同时，洛沃仍是一名积极而成功的商人。虽然糖业是他的核心关切，但到50年代，他已涉猎银行业和旅游业，并在古巴整体的经济中取得了很大的份额。他支持巴蒂斯塔，半是因为他认为总统将会保卫糖业；而当这种看法似乎不再成立时，他则反对了巴蒂斯塔。他的大错误发生在后来菲德尔·卡斯特罗掌权之时。我们不清楚是不是洛沃的爱国主义让他的情感冲昏了他的头脑，他是否认为美国会行动起来遏制革命，是否又相信他能对事态的发展施加足够影响来保护他的商业利益。1960年，切·格瓦拉提出，任命洛沃担任一个付薪水的职务 —— 古巴糖业的负责人，作为交换，他的炼糖厂和庄园将被国有化。

洛沃震惊得无法立刻回复，但在不久后他决定离开古巴。他抛弃了自己的庄园、宅邸、精美的艺术收藏，以及所保存的拿破仑的文件和遗物，据说他离开时只带了一个小行李箱和一把牙刷。虽然古巴最富有的人失去了他的财富，但他的记忆还完好无损。在鼎盛时期，洛沃曾和琼·芳登和贝蒂·戴维斯这样的著名影星约会，据说还曾将香水注入自己的一个游泳池，以欢迎好莱坞的游泳明星埃丝特·威廉斯。她在水里大概没睁开过眼睛。在告别了这些荣耀时刻之后，洛沃低调地住在马德里。当他在1983年去世时，按他的要求，他的遗体被包裹在古巴国旗里。就像雅典的泰门（莎士比亚的悲剧人物）一样，他的哀悼者寥寥。

胡里奥·洛沃的职业生涯暗示了古巴革命起因的复杂性。一种初步的明显解释是，巴蒂斯塔越来越不得人心，而反抗军吸引了广泛支持，任何超越这些解释的尝试都会遭遇争议。大部分学者把经济论据放到一边，因为总体来说，糖料出口在50年代晚期表现很好。[175] 延伸来说，也有人提出，1959年前古巴的种种革命运动发生在其繁荣时期。[176] 其他学者则给标准的政治论据加上限定条件，宣称古巴民族主义在这时并没有强烈地反美。[177] 这一论点的放大版试图将反帝主义和反美主义区分开来。[178] 这些分析都很有价值，不只是因为分析本身，也是因为它们迫使未来的评论者在解释1959年的动荡时对标准学说保持谨慎。

在讨论这一关联时，常规使用的经济表现指标是糖料出口的数量和价格。20世纪50年代晚期的出口量超过了三四十年代，但并没有高于20年代下半期的出口量。与之相似的是，原糖的国际价格在50年代也高于三四十年代，但没有达到1915—1921年繁荣年代的高峰。但是，这些数据本身不足以衡量繁荣度。如果不知道有关贸易条件、生产率和生产过程中收益的分配情况，假定数量和价格升高意味着更大的繁荣就是不理智的想法。我们可以说的是，50年代的出口量被卡在古巴潜在出口量的约一半，当时糖业的生产率提高得很少，收益的分配更倾向于大型糖料种植商和出口商，而不是工人，因为来自加勒比其他地区的进口劳动力拉低了后者的工资。此外，古巴人口在这个世纪中巨幅增长，自1930年以来翻倍，在1960年总数达到了700万人。

普通的甘蔗收割者可能并不完全了解这些事实，但这对大企业及其投资者来说却是一个担忧的根源。居于有利位置的观察者们也注意到，50年代糖料市场的高涨是由偶发事件维持的，特别是朝鲜战争时的繁荣和苏伊士运河危机。然而，潜在的趋势会引起悲观。人口的增长创造了对工作岗位和福利的需求，而现有出口的收入无法满足这些需求。在战后重现的生产竞争者增加了全球糖料过剩的可能性，让人们对该产业的长期未来心生疑虑。古巴的处境尤其危险，因为它如此严重地依赖美国市场，而在调整糖料关税及配额时依赖于国会无法预测的行动。

这些恐惧在40年代晚期滋生，在50年代变成了现实。[179] 最重要的糖料利益集团曾在1952年支持巴蒂斯塔政变，因为他们相信他将创造有利于商业的条件。[180] 他们的直接担忧是，1953年的产出会大大超越配额限制，拉低糖价。[181] 他们的判断在短期是正确的。在上台后，巴蒂斯塔把近200万吨的糖料撤出市场，以回报他的支持者们。他的行动阻止了价格的崩塌，尽管高悬的库存产生了拉低糖价的作用；直到1955年糖价开始提高，一直到50年代末。

然而到那时，一个严重得多的问题已经出现了：美国国内保护主义情绪的上升使古巴的配额多次被修正，而这决定着古巴在大陆市场的份额。当配额制度在战后重新实行时，古巴发现自己被困在美国国务院和农业部中间，前者恐惧经济困难将再次制造"混乱"，"强化"该岛上据说"25 000名活跃的共产党员的势力";后者则代表大陆甜菜和甘蔗生产商的利益。[182] 当民主党在1955年控制国会,兑现承诺,给大陆生产商提供更多支持时,国内游说集团占了上风。古巴的配额在1951年已被压低,但在1956年被明显削减了。寻找替代市场的可能性微乎其微。古巴是世界上成本最低的高质量糖料生产国,但各国政府和大型糖料利益集团一同操纵了市场,还宣称自己是自由企业资本主义的捍卫者。1953年签订的《国际糖协定》(International Sugar Agreement)将配额体系拓展到所有糖料生产国。古巴被困住了。

古巴糖料配额的削减有着深远的后果。每年近200万吨的预计损失占现有配额的近三分之一。在1956年后,古巴无法售卖足够的糖料以维持在1947年达到的生活水平。一项预测估算称,新配额将会把古巴1960年的国内生产总值削减约6%。[183] 这些前景限制了美国资本在古巴的利润,减少了新投资的激励因素,制约了可以用于经济多样化及福利措施的资金。由于投资者预测配额复审将会大大增加与该岛贸易的风险,与古巴有关的糖料公司的股价早在1954年就开始下跌;而在1956年后,当投资者的恐惧得到印证后,股价跌得更低了。巴蒂斯塔的那些参与糖业复合体的商业支持者们开始寻找替代他的领袖和政策。同时,他们敦促美国国务院劝说古巴政府相信,它需要进行重大的政治和经济改革。[184] 然而,1958年,美国在古巴的商业利益集团总结认为,该政权再也没有未来可言。与糖业利益有金钱联系的军队已经开始撤回它的支持。[185] 1958年经济的短期改善来得太晚,没能拯救总统:就像他在1952年飞快地重新出山一样,巴蒂斯塔飞快地消失了。

这些发展的政治后果远超过了政权更迭的狭窄范围。古巴人已选择性地采用了美国化措施,起初是为了表达针对西班牙的反殖民主义,后来则是作为通向现代化的道路。[186] 到了50年代,幻灭感早已取代了乐观情绪。人们依然高度珍视来自大陆的物质追求,但美国对巴蒂斯塔腐败威权主义的支持向古巴人表明,华盛顿愿意拿它所谓的自由民主理想与不那么崇高的地缘政治考虑做交换。美国决策者在做出这一决定时,也在表达对古巴人能力的贬低估计。在50年代,美国依然以优越大国的态度看待古巴，认为自己有着"天然"的控制权。[187] 华盛顿的决策者们继续把古巴人视为带着异国情调的劣等民族，"半是魔鬼，半是孩童"，缺乏更高层次的政治生活所需的素质。[188] 尽管革命一开始并不是"反对美国侵犯古巴灵魂的一场古巴文化的火山爆发"，但它还是基于触及古巴主权核心的有关政治与经济关系的争论。[189] 就是从这个意义上来讲，革命是一场全国性事件，而作为考迪罗和浪漫主义者的菲德尔·卡斯特罗就是古巴的加里波第。

菲德尔·卡斯特罗是受自我驱动，但驱使他的也有美国的政策。[190] 华盛顿对古巴的政策从来都不太可能带来思想认识的相通。当卡斯特罗在革命后不久访问美国时，艾森豪威尔对他视若无睹，尼克松则对他居高临下。在那一时刻，美国既有动机又有机会与古巴达成协议。它的动机来自抵抗莫斯科和平共处新战略的需要，机会的出现则是因为苏联尚未在古巴建立据点。[191] 华盛顿的反应就像在越南一样，对反殖民民族主义采取了敌对态度。在1959年初，国务院拒绝做出理所当然的让步来增加古巴糖料的配额。[192] 5月，卡斯特罗推进了重新分配美国投资者所有的糖料种植园的提议。华盛顿的回应是鼓励大陆上的反卡斯特罗势力以武力颠覆革命。尽管有这些挑衅，但到当年年末，中情局还相信古巴没有与苏联联手，华盛顿也还没决定采取直接行动除掉卡斯特罗。[193] 在这一阶段，政策的首要目标是对古巴政府施加压力，让它放弃损害了美国利益的土地改革。但在1960年，两国关系迅速恶化。卡斯特罗推进了土地改革，在糖料售卖上与苏联达成了一项协议，并将外国企业国有化。作为报复，艾森豪威尔取消了古巴的糖料配额，对该岛实施贸易禁运。[194] 到当年中期，两国关系已经到达了不归点。

卡斯特罗就像胡志明一样，在成为共产党之前首先是激进的民族主义者。胡加入共产党是为了推进独立事业，卡斯特罗转向共产主义是为了巩固一场已经发生的革命。地缘政治和意识形态动机把美国拖进了越南。同样的动机也出现在古巴，这个动机又因两国距离的接近而加强。区别在于，在古巴，美国投资也面临风险。革命让古巴和越南摆脱了美国，生存则使它们依赖了与"自由之地"为敌的盟友。[195]

结论："美国之道摆在整个地球面前的一个闪闪发光的范例"[196]

在殖民时代的末期，言辞与现实的距离就像在殖民时代开始时一样悬殊。西奥多·罗斯福对美国教化使命的宣言把夸张手法拉到了过度的新水平，德怀特·艾森豪威尔支持夏威夷申请建州时所说的"闪闪发光的范例"则紧随其后。问题不是这些及类似的宣言是否真诚，而是它们有多少价值来带领我们理解过去。夏威夷申请完全合并与其说是有关进步的"闪闪发光的范例"，不如说是进步的一个动因。夏威夷这种受各国文化影响的社会得到州地位，无疑在大陆上打开了大门，但"整个地球"接受多元文化主义，则是其他许多有着不同独立来源的影响力造成的结果。美国的这种言辞并不是独一无二的。欧洲殖民列强做出了相似的宏大断言，有利于吸引国内的听众，但列强不用被要求在殖民地里负责，因为那里的属民和公民都没有在母国影响选举的力量。

现实也同样相似。在美利坚帝国，政策背后的假设总体上与欧洲各帝国的主流假设一模一样。在整个殖民统治时期，美利坚帝国的轨道都与欧洲各帝国紧密相随。我们无法精确衡量政策的结果以支持确切的比较分析，因此（也因为一些其他原因）需要一部单独的研究。但从这里提供的信息来看，美国的经历似乎和欧洲帝国列强的经历没有多少区别。

所有西方帝国的政策都来自种族优越性这一共同的思想根基。美国统治的独特性在于，种族隔离对殖民政策的影响尤其明显。大陆上的种族歧视带有足够的政治分量，可防止岛屿领土成为合并州，夏威夷除外，因为那里的白人定居者被视为"亲朋好友"。即便如此，那里的白人少数群体管理着种族混合的亚裔夏威夷人，这个事实足以阻止夏威夷申请建州，直到1959年，殖民地民粹主义、冷战需求以及大陆上民主党和共和党的竞争结合起来，最终迫使国会采取行动。欧洲各帝国和美国一样，都极难在有白人定居者的地区终结殖民统治。在这一方面，在美国终结种族隔离，与在阿尔及利亚、南非和其他地区扳倒白人统治就是属于同一个故事中的章节，尽管文献通常会把它们归入不同的书中。[197] 这也适用于南方种族隔离的输出模式，它促成了南非种族隔离制度以及"白澳"政策。[198]

美利坚帝国的轨道证实了独特并不意味着例外。战争加剧了保守派和进步派势力间的竞争。就像在1918年后一样，1945年后，胜利的帝国列强坚决地努力维持它们的帝国，而改革者和异议者则加强了对变革的要求。英国和法国重新控制了它们在冲突中失去的领土，着手进行"第二次殖民占领"。激进民族主义者被镇压了，让步措施被包装起来以支持温和派领袖，并维系他们对开始被称为"自由世界"的阵营的效忠。美国在制服国内激进派、镇压菲律宾虎克军及波多黎各革命民族主义者，并试图败坏夏威夷工会的名声时，采取了相似的行动。战争期间及之后繁荣态势的回归制约了古巴激进派的力量，但也创造了允许富尔亨西奥·巴蒂斯塔在1952年夺权的条件。

从50年代中叶起，殖民政策不得不做出进一步调整：坚持下去再也不够了；离开帝国不可避免。与广泛的人权主张相连的自决问题变成了全球议题，不只局限于当地，和平但竞争性的共处使继续进步变得必不可少。殖民列强加强了它们赢取人心的努力。在1952年批准波多黎各自治邦地位的美国加大了对穆尼奥斯·马林和人民民主党的支持。慷慨的补贴帮助拉蒙·麦格赛赛在菲律宾维持统治。夏威夷在1959年得到了州地位。在古巴，巴蒂斯塔则得到了美国完完全全的支持，直到最后一刻。林肯的首要优先目标曾是拯救联邦而不是废除奴隶制，肯尼迪的首要目标则是拯救美国摆脱南方的顽固，而不是完成林肯开启的解放进程。这两名总统最终实现的东西，都超过了他们的预料。

这一分析提出了一种看待非殖民化和冷战关系的全新方式。本章提出的论点是，需要大幅扩大讨论的背景，以战胜自从这一话题首先进入国际关系研究时就定下方向的欧洲中心论。关于美国外交政策动机与冷战时间线的漫长讨论仍然有效。[199]但是，研究文献的欧洲偏向不利于研究世界其他地区的发展。"冷战"一词本身完全不适用于朝鲜和越南这样的国家，它们遭遇的热战足以烫伤战争触及的每一个人；也不适用于从中国到非洲的许多地区，这些地区在20世纪40年代到70年代间发生了毁灭性的内战。这里做出的论证并不只是说，需要把非殖民化纳入现有研究文献中；还表明，对西方帝国覆灭的研究本身需要与全球化进程联系起来。从这一视角来看，岛屿帝国的最后几十年暗示了一种时间划分法，把冷战和非殖民化对应了起来，又把非殖民化和全球化从一个阶段向另一个阶段的转型对应了起来。

20世纪30年代的经济危机带来了贫困，世界大战则带来了毁灭。这两者相加，摧毁了一度"现代"的西方帝国的合法性，暴露出民族-工业国家造就的殖民秩序的局限。此后，西方失去了对世界大块地区的权威，新的群众民族主义运动又令人忧虑地出现，这两个现实使两个互相争斗的超级大国卷入其中，把冷战扩展到欧洲之外，将其变成了一场全球事件。接着，美国和苏联的对立导致各国试图在国内以及卫星国和殖民地控制变革。在这时，冷战的进行拖慢了非殖民化。但从50年代中叶开始，争夺人心的战斗迫使"拥有者"大国做出让步，以在不同程度上适应理查德·怀特所谓"人类中的受压迫者"的抱负。[200] 曾确证了殖民统治的种族优越性概念被侵蚀了；对自决的呼声高涨了，将自尊转为政治诉求；对新的经济协议的压力则加剧了，将野心带到了殖民体系之外。认识到现实的帝国列强便宣传了"非殖民化"一词，将自己表现为非殖民化的首要推动者，从而为道德裁军做好了准备。[201] 历史的进程无法再被更改，但列强还有可能站在未来正确的一边。在这时，冷战起到的作用是刺激了进步派变革，而变革就以非殖民化告终。

非殖民化与冷战不断变动的关系也有助于解释新殖民主义柔韧的特性。如今显而易见的是，民族主义领袖们利用自己的优势从美国榨取让步，就像从其他殖民列强榨取让步一样。美国并不是第一个被自己的行动困住，不得不以远超预期或意愿的程度去补贴一个卫星国的帝国主义国家。同样，波多黎各和菲律宾也不是唯一认定有补贴的依赖关系好于在贫困中独立的前殖民地国家。[202] 如今，波多黎各与美国融合的程度已比殖民时期的更大：在大陆上的波多黎各公民比在该岛上的波多黎各公民还多，纽约被称为波多黎各最大的城市。

古巴是一个例外。该岛的经历意味着宪法地位很重要。它作为被保护国的地位限制了它和华盛顿的纽带，这也与它强大的独立传统保持一致。美国对殖民地的控制大于它对被保护国和独立国家的控制，这意味着不能太轻易地抹去正式帝国与非正式帝国之间的区别。一旦古巴在美国市场中的特权被削减以支持大陆及其他岛屿的生产商，古巴在配合华盛顿的优先目标上就得不到什么好处了。作为回应，美国确保让古巴为坚持主权付出了高昂的代价。

"人们观察到，"约翰·昆西·亚当斯在1793年写道，"最偏爱自由的国家并不总是友好对待其他国家的自由。"[203] 亚当斯指的是英国试图迫使大陆殖民地屈服，但这句箴言也适用于美国，美国崛起达到的高度使它害怕坠落，让它夸大估计了全球秩序中其他国家的威胁，这其中包括一些最无关紧要的国家，也包括那些本来倾向于合作而不是对抗的国家。

结果：后殖民全球化

第15章

后殖民时代的统治与衰落

"我们对历史的一大责任就是去重写历史"[1]

奥斯卡·王尔德标志性的自信指示适用于像他这样的技艺大师，而不适合技工和学徒。不过，所有历史学家的目标都是在自己著作中实现一定程度的新意。如果按照这里采用的假设，即历史研究是通过侧重点的变化而不是通过事实的揭露实现进步的，那这部研究中提供的阐释就和相对适中的可能性是一致的。本书提出的最重要的调整是，把美国历史置于国际背景下。这一视角并不是无人知晓，但至少在有关20世纪前的历史中，这一视角的表现形式通常刻板或零散。本书有关西欧的三个重要章节以英国为重点，更新并扩充了历史叙事中的这个维度，为美国历史中常见的主题提供了新鲜看法。由这一立场衍生而来的论点把发生在美国的关键发展和那些同样正在塑造欧洲历史事件的发展联系起来。合众国无疑在许多方面都与众不同，但它并不像大众所说的那样得到了幸运的"例外"。但本书的目的并不是要放下美国，而是要把它置于主流西方历史中。这样一来，这里概述的更广大背景也揭示了那些曾被忽略或轻视的例子，它们能体现出美国的独特性。

本章的开头要总结20世纪中叶之前的历史发展，直到现代全球化的帝国部分遭遇非殖民化力量，陷入最后的危机。本章的总结则将让我们考虑事情的结果，即这里所称的后殖民全球化。这一短语发端于二战后并持续至今，我们无法在当前这部研究中做详细考察，但这里所写的足以显示出全球力量变化的特性，以及这对美国及其前殖民领土造成的一些后果。

二战后，美国在施加影响和投入军事力量时所面临的环境，允许它实行一定程度的霸权，但让它不再可能建立起前几个世纪的那种帝国。美国作为世界大国的地位因此和它的欧洲诸帝国前辈有着显著差异。甚至是在1945—1975年美国影响力的鼎盛时期，它都难以用自己的强大力量和众多努力去达到成功的结果。在20世纪的最后25年中，华盛顿的全球野心面临了越来越多的障碍，不过90年代苏联"帝国"的意外崩溃掩盖了这些事实。这些趋势并不意味着美国不再是一个大国。然而，它们提出了一个问题，在这个不再适合帝国的世界里，"让美国再次伟大"（唐纳德·特朗普2016年的竞选口号）意味着什么，并且它们提出，"伟大"有可能被用来象征某些内涵，它们不同于外在表现的军事与经济力量。

全球化与帝国

对作者显而易见的东西，读者通常难以理解。作者们花了那么长时间和他们选定的主题关在一起，乃至他们曾一度认为需要清晰阐明的新问题现在已经烂熟于心，让他们觉得理所当然。像本书这样庞大的综合性著作在内容的组织和呈现上提出了特定的难题。加入各种补充和限定内容会满足不同群体的专家，但会让其他读者感到困惑或无聊，这样一来，史学阐释就很容易被淹没。另一方面，如果削减了证据，那论点就会变得极为明显，但专家们可能会感觉论点的表述过于薄弱，不足以令人信服，而希望把这一主题介绍给新一代学生和研究者的学者们，可能会找不到他们所需的信息。显然，我们需要取得平衡。同样，显然没有哪种平衡会满足所有读者，他们会带着各不相同的预期和思想来源来看待这个文本。这里所达成的平衡，其缺点在于过于谨慎，很少把任何东西视为理所当然。那些能够跟随本书论点抵达这一章的读者们可能会发现，接下去的总结陈词令人安心甚至过于熟悉。那些感觉被抛弃在文字丛林中的读者们则有可能得到他们应得的清晰表述，不过这已经是最后一刻了。

这部研究中展现的阐释依赖于三个命题：全球化的历史可以被分为

不同阶段以供分析；从全球化的一个阶段向另一个阶段的转型来自一个辩证过程；领土帝国是全球化在18世纪到20世纪中叶最有力的代表。[2]这里描述的国际背景借取了西欧（特别是英国）的经历，以此来重新评估美国自18世纪以来的历史。本书的论证试着表明，这两个地区都在这一时期经历了三大阶段，每个阶段都和全球化性质的变化互相对应，也都以变革性的危机告终。

18世纪的军事-财政国家标志着早期全球化的高点。这一时期在一系列重大革命中达到高潮，接着在19世纪发生了保守派和进步派之间持久且往往暴力的斗争，前者试图逆转革命剧变的激进后果，后者则旨在再次肯定这些后果。孟德斯鸠关于国家大小和结构之间关系的观点，让我们能洞察把全球化的一个阶段转向另一阶段的动态过程。英国先进的军事-财政国家模式将触角延伸到北美和亚洲，与加勒比岛屿及大陆殖民地建立了蓬勃发展的关系。对北美大陆的成功殖民促进了定居点的扩张，提升了生活水平，抬高了期望值。然而，英国政府无法控制它曾协助刺激的发展势头。当时的技术水平限制了中央管控。唾手可得的土地把定居者们从海岸吸引过去，让他们脱离了英国的监管。

美国革命是一次不情愿的脱离行为，发起革命的殖民者们感到，母国政府阻碍了他们开发"开放"土地的事业以及他们总体保守的政治理想。然而，英国政府的财政需要和它繁重的义务（包括在公共产品上的大量开支）制约了双方妥协的空间。跨越北美大陆的不受控制的扩张将让定居者离开殖民收税机器的掌控，增加与北美土著及其他欧洲大国发生费钱战争的可能性。欧洲各地都感知到的财政需求是不容协商的。这些需求对维持国家的稳定及农业统治精英的主导地位至关重要。扩张的速度超过了结构的扩大。发展允许海外省份坚持自己的主张，距离则让母国政府遭遇了超越其能力的控制难题。这种现象在大陆殖民地造成的后果，与在欧洲其他地区及新大陆的接连革命相互呼应。

令英国的美洲帝国走向终结的军事-财政国家危机让独立的美利坚合众国建立起来。但是，1783年的独立是正式层面上的，并不是有效独立。来自帝国史立场的观察提出，在不断膨胀的、主导了此后共和国历史的国家叙事之外，还有另一种叙事方式。常规阐释中的首要主题——自由和民主——需要被削弱，让出空间给那些推动了所有刚独立的国家的紧要之事：对稳定和发展的追寻。把这两者结合起来的尝试在1861年大败，脆弱的国家崩溃并陷入内战，其他许多前殖民地国家将在20世纪经历同样的命运。到那时，由英国支持的大陆扩张已在美国创造了一道不断变化的定居者边疆，后来许多新的欧洲附庸国也会出现类似的发展过程。[3] 领土的获取在各地都造成了与土著的敌对。在美国，这也造成互相对立的定居者利益集团间的冲突。内部对立让政治体失去稳定，以内战告终。不过，这一灾难仍然创造了条件，最终使合众国能推进国家统一。

关于独立后时期的标准论述只是很有限地注意到了外部关系的作用。但是，美国远不是自力更生，而是在1783年后感受到了英国不断扩大的非正式影响，包括经济发展、政治选择和文化表达形式。在19世纪大部分时间，美国都是一个前殖民地国家，互相竞争的利益集团用不同的方式争取实质独立，互相争斗以控制这个政治体。北美洲发生的这场竞争远不是独一无二的。它根本的问题就和欧洲保守派与进步派在同时期的战斗中所表达的问题一样。美国在这一时期真正的独特之处在于，它如何预见到其他那些前殖民地国家在试图把正式独立变为有效独立时所面临的困境，这个问题至今都未得到探索。新的合众国提供了第一个有关正式殖民大国如何施加非正式影响的重要案例。1783年，英国的美洲帝国更多是改变了形式，而不是改变了实质。

第二阶段现代全球化的标志是"国族建构"、电力驱动的机器的增多、大规模生产、金融服务，以及城镇的扩张，它们都在19世纪期间开始改变国家和社会。这一时期整体来说属于不均衡发展，这种发展在19世纪下半叶加速了。尽管革命和战争带来了震荡，但军事-财政国家在19世纪坚持活了很长时间。农业和制造业利益集团为控制政府机器互相竞争，代表了资本和劳动力利益的新社会力量为主导工作场所的权力互相争斗。在19世纪末发生的下一场全球化危机表明，现有的政府结构无法遏制力量从农村向城市中心的历史性转移。这些挑战未能完全得到解决，它们通过民族国家的渠道激起了包括强硬帝国主义在内的一系列回应。新生的、被翻新的或者扩大的民族国家加入了分割世界的竞争。这一分析提供了一种公式，把欧洲和美国发展的不均衡性与经济、政治目标对"新"殖民主义产生的不同影响联系起来。

美国在1865年后的国族建构加入了同时期在欧洲大陆发生的进程。就像在欧洲一样，工业化在美国挑战了传统的土地力量，造成了城市化和失业的问题，威胁打破国家的稳定。"新"帝国主义戏剧性地回应了影响着美国及其他西方大国的福利危机与秩序危机。在"新"帝国主义的高潮阶段，1898年与西班牙的战争表达了一种全新的民族团结、力量和目标意识。殖民地的获取使合众国成为帝国主义俱乐部的一名成员，由此合众国也宣告了民族团结和国家主权的实现。

领土帝国呈现出的现代全球化进程在1900年后得到了殖民统治的巩固，接着就进入了一场漫长的危机，再也没有完全恢复过来。没有殖民地的发达国家和希望推翻殖民统治的属民一样，挑战了领土大规模重新分配所产生的后果。30年代日用品价格的暴跌和二战造成的中断摧毁了殖民力量脆弱的协作根基，为统治者和属民之间的激烈冲突搭好了舞台。来自西方的自由主义理想被城市精英吸收，导致殖民地世界呼吁签订新的协议，而这种协议是帝国列强既无法承受又无法摧毁的。又一次，现有的结构无法控制它们曾孕育的膨胀趋势。现代全球化的危机以非殖民化收场，这在二战后扫清了领土帝国。其结果——半是原因，半是后果——是一个新阶段：后殖民全球化。

1898年后，关于美国的研究文献经历了惊人的变化。战争本身是数不清的研究的主题，此后的殖民统治时期在标准文本中却毫无立足之地。然而，1898年建立起来的帝国虽然无疑面积很小，但还是一个多元的领土帝国，可以与当时的其他西方帝国相比。这里的比较表明，美国国内的各届政府远不是例外的，在对待殖民统治时带有与欧洲帝国同样的假设，并采取了同样的管理方式，特别是从英国借鉴颇多。在两次世界大战和全球衰退期间，美利坚帝国经历了同样的命运摇摆，并在30年代及之后对民族主义"煽动者"采取了相似的政策。它的非殖民化发生在二战之后，时间和原因都和欧洲各帝国一样。不过，还要等到正式帝国被瓦解时，

"帝国"的标签才会打在美国身上，用于形容它作为超级大国的地位。正如此处所论证的那样，这一说法是用词不当。1945年后，曾维系了领土帝国的条件不再适用。美国虽然是一个大国，但它是一个在后殖民世界行动的踌躇满志的霸权国。评论家要是想寻找塑造了美国关于前殖民地国家的政策的历史先例，完全可以把希腊和罗马换成菲律宾、夏威夷、波多黎各和古巴。

后殖民全球化

后殖民全球化是现在依然在进行的第三阶段，在50年代人们开始感觉到它的存在。国际秩序通过种种改变了现有商贸和地区一体化模式的方式而发生变化，质疑了民族国家的主权，并让国际舆论反对帝国统治。领土帝国要么变得多余，要么变得不切实际。"后殖民全球化"的说法在这里被用于正式殖民统治结束后的时期。[4]"后帝国"是一种可能的替代说法，但它可能会暗示所有种类的帝国主义都已被消灭。这一断言将会排除对新殖民主义的考虑，"新殖民主义"的说法通常被用于指代西方领土帝国在非殖民化后持续的非正式统治。"后工业"是另一种可能，无疑反映出一些发达经济体中新出现的趋势，但它不能代表二战后转型的本质。这个标签通常和金融及商业服务的崛起相联系，但它既不适用于英国（英国的投资、分配和保险长期以来都和帝国相互关联），也不适用于美国（美国是当前世界首要的工业品出口国）。此外，殖民地希望模仿它们的导师：它们想建立民族国家，把经济从农业转向工业。"后殖民"就像一切笼统术语一样存在瑕疵，但它还是能满足当前讨论的目的。

我们现在可以融合和拓展在第10章和第14章出现的后殖民新秩序的一些元素。随着帝国列强把获取原料、恢复制造能力作为优先事务，二战后的10年见证了旧殖民经济体的复苏。但是，欧洲和日本的复苏之快超过了预期。到50年代晚期，战后重建的繁荣已改变了国际经济的前景。此前在1945年被炸成废墟的市场在10年后呈现出新的机会。因战时负债遗留下来的欧洲"美元缺口"已被大大缩小，并且在英国已经完全消失。石油和战略矿产的市场仍然坚挺，但随着需求放缓，合成替代品的使用提供了不同于棉花及橡胶等产品的其他选择，其他许多初级产品的价格也降低了。这些发展过程相应地降低了殖民地的进口购买力，减小了它们作为欧洲传统出口工业品市场的吸引力。这一趋势并不足以让帝国列强抛弃它们的殖民地，但还是压低了非殖民化的门槛，允许其他考虑因素引起更多注意。[5]

随着50年代的推进，这些考虑因素不断增加。在民族主义反抗力量面前维持殖民统治的成本给主要帝国列强的预算增加了负担。英国和法国夹在了互相冲突的义务中间：一方面，它们保证要在二战后改善国内的福利措施；另一方面，它们也需要增加军事开支，以捍卫帝国遗产。财政需求迫使两国都削减了海外国防开支。在英国，成本的增加，加上在肯尼亚及其他殖民地暴行的新闻所引起的负面宣传，侵蚀了公众对帝国的支持。在法国，好斗的反殖民激进主义和反税收民粹主义联合起来，迫使各届政府放下在亚洲的帝国重担，让给美国这个令人畏惧的代理人，同时试着在阿尔及利亚坚守战线，因为那里将永远属于法国。冷战中的发展影响了这些地缘政治决定。到50年代末，美国判断认为，西方帝国已不再是自由世界的堡垒，而是开始有利于苏联的宣传。曾在1945年建立起来以代表胜利盟国利益的联合国，正在被前殖民地国家填满。在1955年的万隆会议上，由中国和印度牵头的一组新的不结盟国家就外交政策发出了独立宣言。争夺人心的战斗让战略思考转向了非殖民化。帝国列强开始规划一个后殖民的未来，它们将和民族主义者合作，而不是与其对抗。

殖民地则从不同角度看待同样的问题。在二战后，民族主义领袖们把推进制造业作为他们的大众吸引力的关键要素。制造业比农业更有潜力，它使经济增值，减少失业，抬高生活水平。现代工业成为当时的护身符。它标志着一笔一旦实现非殖民化就能实施的"新交易"。它的道路通向完全独立以及美好生活，那是殖民统治曾宣传但未能带来的。新的多样化经济的指导权仍掌握在政府手中。20世纪30年代的困难曾鼓励了官方干预，战争年代曾造就了指令性经济。支持它们的那些制度和假设被延续到战后时期。如果要赢得对贫穷的"战争"，弱小国家（指许多亚洲和非洲殖民地）就需要得到强化。[6]只有强大的国家——实际上它们成了大政府——才有必要的资源和权威，为那些被解放的人民规划一个新的未来。乌托邦式的愿景将人们的预期抬高到了超越现实可能的程度。激励独立运动所需要的言辞伴随的是实现目标后的幻灭，这已经不是第一次了。

民族主义领袖们将这些野心埋藏于有关自决及（有选择性的）人权的语言中。[7]在某种意义上，这是一套旧式词汇。自决事业在19世纪就已被宣扬，之后在一战结束时得到了全球关注。人权来自启蒙运动，在法国、美国革命以及废奴这样的和平改革运动中得到了政治表达。二战后的新现象在于，这些思想在全球范围被采纳并应用。[8]一群颇有影响力的国际评论家为人权原则背书，宣布它们是普世的，首要的国际组织联合国则将它们转为政策。此前因种族、信仰、性别或贫穷被排除在人权和民权之外的大量人群被授予了平等权利。基于种族优越性假设的道德霸权再也无法捍卫帝国了。当然，在理论和实践之间还存在巨大的缺口，但这场辩论让民族主义领袖们拿到了一把利剑，他们可以援引那些统治者宣称能证明其帝国使命的自由派理想，来攻击殖民统治。

殖民列强发现，它们回旋的余地越发受限了。如果它们认可自己代表的价值观也适用于殖民地，那就是在非殖民化进程中报了名。如果它们否认这些价值观，那就会面临风险，可能刺激激进民族主义的进一步爆发，将它们的属民推向苏联热情的怀抱。这个难题造成了不同的结果。在定居殖民地，"亲朋好友"的政治呼吁迫使帝国政府坚持压迫政策，即便成功的可能性正在缩小。在其他地区，殖民列强则支持那些可能在独立后成为合作伙伴的"温和派"民族主义者。新殖民主义是一个渴望变成战略的迟来想法。一个新的非正式帝国并不是在1945年规划的，因为首要的帝国列强还没有把非殖民化加进议程。

正像第14章论证的那样，岛屿帝国应该被纳入这个战后的叙事中。当然，欧洲帝国列强和美国的经历之间存在差异。岛屿帝国很小，对美国经济的贡献微不足道。与美国拥有的庞大资源相比，管理群岛的成本也同样微小。因为利害影响很小，所以美国愿意让菲律宾根据1934年达成的协议在1946年得到独立，并且也考虑了让波多黎各独立。后来政策改变了，不是因为这些岛屿对资本主义的需求至关重要，而是因为它们在冷战的兴起过程中得到了地缘政治和意识形态上的重要性。在那以后，美国和欧洲帝国列强遵循了同样的道路，先是镇压了菲律宾的虎克军和波多黎各的阿尔维苏·坎波斯所代表的那种激进民族主义运动，接着又支持了拉蒙·麦格赛赛、穆尼奥斯·马林和富尔亨西奥·巴蒂斯塔这样的领袖，华盛顿方面认为他们是冷战中可靠的盟友。

但是，新殖民主义的意愿很少能带来预期的结果。小人国的居民们再怎么小，都能把格列佛钉在地上，利用他的力量实现自己的目的。菲律宾的领导人为加入冷战开出了高价。波多黎各为了"自力更生行动"从美国资源中得到了资金，这场行动是战后早期最具野心（如今也是最受忽略）的殖民地发展计划之一。扳倒岛屿帝国的，是经济不满、预期受挫，和那些用来维持种族优越教义的手段所造成的意识形态赤字。在肯尼亚和阿尔及利亚发生的残忍行为与小石城的事件遥相呼应，后者尤其丢脸，因为它发生在美国国内。美国此后的政治回应是允许夏威夷成为一个合并州。无法被打败又无法被收买的被保护国古巴则被放逐到遥远的黑暗之中。

目前提供的评估与帝国过度扩张的说法整体相符，这种说法在上升的开支和此后伟大帝国的衰落之间建立了因果关系。[9]它的基本理念采取的形式是依据会计原则的成本效益分析，但这种分析可以被扩大以囊括例如这里提到的心理或道德考虑。这些也存在贷款和赤字。大国受益于它们占据的"道德制高点"，而它们在落后于时代变化的音调时则失去了信誉。美国是一个有着庞大资源的微小帝国力量，但它不得不加入欧洲各国，终结在岛屿帝国的殖民统治，结束在自己国境以内的种族歧视现象，以应对冷战造成的越来越大的道德赤字。而后来，随着取得全球霸权的尝试变得越来越难以负担，关于成本的考虑被记入账本。本书把美国加入非殖民化大国的传统名单中，强调了需要保证完全在全球范围内评估西方帝国的终结。非殖民化并不局限于亚洲和非洲的正式帝国，而是包括中国这样的半殖民地，以及加拿大、澳大利亚和新西兰这样此时也取得了很大程度的有效独立的自治领。[10]同样，冷战并不像人们通常研究的那样是这一时期历史中的孤立事件，而是这里提出的更广阔的非殖民化进程的一部分。[11] 从现代全球化向后殖民全球化的转型是一个足够宽泛的主题，可以容纳这两个主题。

尽管"过度扩张"的理念有许多优点，但局限于调整账户收支差额的分析则存在局限。特别是它未能捕捉到孟德斯鸠提出的那种关键结构转型，而这正是本书提出的分析的核心要素。发生在二战后的变化不只是在一个特定结构中的左右摇摆，而是展现出了即将改变结构的新力量。正像前面的讨论指出的那样，我们可以在 50 年代辨识出这些发展，不过它们的全部范围在 20 世纪后来的时间中才变得更加明显。然而，到 1964 年，著名经济学家戈特弗里德·哈伯勒已可以描述二战后开始的"第三波全球一体化与增长"，他使用的语言在今天可以用全球化的术语来表达。[12]

我们最好用长期数量级来总结最重要的商贸发展，以避免数据自带的分类及相关问题。[13] 在 20 世纪下半叶，全球贸易以前所未有的速度增长，尽管在 1973—1974 年和 1979—1980 年的石油危机后受到了一些阻碍。伴随着商品贸易增长的，是世界服务业贸易值的迅速膨胀，这在1980—1995 年间上升了近 3 倍。[14] 随着需求从出口农产品和原料（石油除外）转向工业品，"大膨胀"带来了一个多世纪以来第一次贸易结构的重大变化。粮食和原料出口在世界商品总出口中的份额从 1950 年的 57% 降到了 1995 年的 26%，而工业品的份额在同期从 43% 上升到了 74%。[15] 这些标志显示出，（价格）贸易条件也不利于一系列重要的出口农产品，这一趋势开始于 60 年代，从 70 年代开始加速。[16]

聚合的数据掩盖了这些趋势的完整重要性。自 50 年代起，领先经济体中行业间和区域内贸易的增长是一项值得注意的发展。先进技术、专业化的增长，以及上升的收入，让西欧、北美和日本的经济体更紧密地联合在一起，成为所谓的富裕地区"三巨头"。一项相关的发展是跨国公司的增长，它们从 70 年代起崭露头角。大公司首先利用了欧洲的复苏，它们可以在那里实现规模经济，并运用垂直和水平整合的策略。此后，它们扩散到前殖民地和半殖民地国家，那里新独立的政府去除了帝国限制，使它们的外国贸易伙伴变得多样化。外国直接投资迅速增长，特别是在亚洲，通常是为了涉足新的制造企业。在鼎立的三巨头中，贸易结构发生了改变，传统消费品让位给资本产品（特别是工程产品）以及促成复杂最终产品（比如机动车）的中间产品。1968年启动的"买英国货"（Buy British）运动在开始后不久就崩溃了，它的支持者们惊讶地发现，甚至在那时，在他们希望保护的主要工业品中，就很少有完全在国内生产的。人们发现，这一运动所用的T恤衫是在葡萄牙制造的。

进一步的区别是来自前殖民地和半殖民地（特别是亚洲）工业品出口的增长，这从1960年后开始上升，在1980—2011年间的（当前）价值翻了一倍。到2015年，在加上了中国庞大的贡献后，亚洲整体上在全世界的有形贸易中占了近三分之一的份额。同样到那时，金砖国家已经加入了"三巨头"，"金砖"是一群后发（或者对俄罗斯来说是重新发展）国家的缩写，它们和"三巨头"贸易，但保持独立。[17] 多样化、改善的交通通信手段，以及劳动力需求的增长使移民潮发生了戏剧化的逆转。19世纪中叶以来，国际移民的主要方向是从欧洲到世界各地的种种"新欧洲"。在二战后，这一模式也很快继续下去。但从1960年左右起，潮流转向了相反的方向：从前殖民地和半殖民地流向欧洲和美国。无论是永久移民还是临时移民，合法还是非法，新来者的势力以很少被预料的方式影响了东道主社区，这只有在新来者站稳脚跟后才变得明显。早在帝国开始反击之前，帝国就已经回归了。

这些发展对全球收支平衡造成了重要后果。到20世纪末，亚洲和中东的有形贸易账目上已经有了顺差，而美国则有着不断增长的庞大逆差。先进经济体继续掌控隐性贸易（主要是商业服务和来自外国投资的收入），而且除了美国这个显著例外，大多数都在这方面积累了盈余。然而，资本市场在主要发展中国家迅速增长，资本出口也紧随其后。2015年，金砖国家建立了新开发银行，总部设在上海。新银行在21世纪对世界经济发展的意义，就像万隆会议在半个世纪前对国际政治的意义一样。

经济变化和深远的政治发展产生了相互作用。影响全球化本质的最突出的革新是国际和区域机构的迅速兴起。当代政府与非政府国际组织的起源可以追溯到19世纪甚至更早，但只有在二战后，它们才在数量和规模上显著扩大，并取得了持久性、关注度和影响力。[18] 联合国作为首要的机构建立了许多重要附属机构，它们都有可能侵扰国家主权。英联邦和法兰西联邦试图自我更新，将一定程度的平等带入古老的帝国结构。发起于布雷顿森林会议的机构旨在重建世界经济秩序，使其从伴随着两场世界大战和其间世界衰退的种种灾难中恢复过来。国际货币基金组织担保了战后货币体系参与者之间的临时收支差额，这一体系根据美元支持的黄金而使汇率保持固定。成为世界银行一部分的国际复兴与开发银行为发展活动提供了贷款，起初是为了协助西欧的复苏，后来则以前所未有的规模提供了对外援助。

许多区域组织也涌现出来，回应战后秩序需求的变化。其中最大也最具野心的是今天所说的欧洲联盟（下称"欧盟"）。1952年创始时它主要是鼓励经济一体化的机构。到2015年，已有其他22个国家加入了6个创始国的行列，该组织的目标也有所扩大，包括建立更紧密的政治联盟。除了鼓励商贸、人员和资本的自由流动，欧盟也催生了欧洲议会、欧盟委员会、欧洲法院、欧洲中央银行、共同货币，以及欧洲公民身份。它是第一个近似于后现代国家理念的区域机构，目前也是唯一的这类机构。

其他区域组织虽然有更多局限，但还是脱离了此前的国家主权概念。1967年建立的东南亚国家联盟（下称"东盟"）创始时的议程覆盖了地区安全及经济一体化。10个成员国如今支持了与中国、韩国、日本、澳大利亚和新西兰的自由贸易协定，也启动了推行地区认同意识的运动。另一方面，1994年签署的《北美自由贸易协定》（下称《北美自贸协定》）忠实于它有限的使命，即降低三个成员国——美国、加拿大和墨西哥——之间的贸易和投资壁垒。不过，跨境商贸协定对国家主权也有影响。正像《北美自贸协定》的经历显示的那样，跨国企业可能会以增加成本和对贸易造成不公平阻碍为理由，挑战诸如保护环境或提供公共服务的国家立法。[19]

国际组织、跨国企业和来自不同文化的移民的存在，让国籍的概念出现了混乱，给立国种族的最高权威打上了问号。在一些情况中，部分当地人重新确立了对地方的忠诚，以此抵抗本国政府鼓励或未能控制的外国影响。[20] 但是，这些趋势不只是单向的。[21] 区域组织也可以推进主要成员的国家利益，可以说，欧盟就发生了这样的情况。跨国组织可以和国家政府协调合作，助长后者的力量，人们认为美国就是这样。对失去主权的焦虑可能会刺激民族主义的复兴，这也在美国和西欧许多国家相当明显。民族国家并没有死去，可能也并没有奄奄一息。我们可以说，19世纪的全球化和民族国家是互相支持的，而如今的后殖民全球化则对主权提出挑战，将会改变国籍的概念，重新定义国家利益，并在这些方面改变政府本身的性质。

这些趋势对前殖民地国家产生了深远的影响。反殖民运动的领袖们立志创建自己的民族国家，并且在大多数情况下是在他们继承而来的国界范围内成功建国。印度的分治以及此后巴基斯坦的分裂是相当大的例外，但对国家团结最大的障碍来自内部的地区与种族分化，这些在殖民大国离开后变得更加突出。例如泛阿拉伯主义和泛伊斯兰主义这样替代的从属关系，使在往往随意而争议重重的国界内部进行国族建构的过程变得更加复杂。因此，新国家很难建立起一个被普遍接受且尊重的公共领域。政府本身变成了一种出产合同和工作岗位的资源；政治变成了一种艺术，目的是获取那些被中央垄断的资源再分配。同样不可避免的是，随着此前被归因于殖民统治的问题在独立后延续，在某些情况下还有所加剧，人们抬高的期望值发生了断崖式下跌。曾依赖农业出口的国家尤其面临难题，因为它们的贸易条件恶化，产品也在发达世界遭遇了关税壁垒。[22]

跨国公司的存在是另一项复杂因素。多样化总会要求外国资本和技能的投入。然而，外国公司的活动终究充满了争议。一些批评家指出，与"本土化"政策有关的合资企业带来了腐败的机会。其他批评家则指责跨国公司剥削当地劳动力，通过把利润送回已经富有的地区而助长了财富以新方式从穷国"流失"。从这一角度来看，政治独立使经济依赖延续下去，评论家们将其称为"新殖民主义"。

各个新国家政府的回应是，采用坚决的政策来确立中央权威。在一些国家，民政当局和军队紧密相连；在另一些国家，民政当局则被枪口指着离开了岗位。其结果是，在前殖民地世界的许多地区都出现了转向独裁统治的趋势。认为人权主要属于个人的约翰·洛克传统，在签订社会契约时转向了不同的方向，政府变成了公民行使权利的监护人和仲裁者。在殖民地独立后，前帝国列强已丢弃与帝国有关的污点，开始向它们的前附庸国问责，称其未能坚持它们一度宣称的自由民主价值。在通常被称为"自由帝国主义"的新型西方侵略中，讽刺感不言自明。[23] 反对干预的接受者宣称，这样的行为只是为新殖民主义掩护。难题悬而未决：如果确实有普世价值（尽管并不是所有方面都支持这一命题），那当外来大国和国际组织在干预主权国家事务、确保这些价值得到维护时，又有多少正当性呢？

正像"第三世界"这个一度无处不在的标签的历史所展示的那样，这里简述的经济、政治和文化发展过程以蹒跚而不均衡的方式不断演变。这个术语发明于冷战期间，用来描述既不隶属于美国又不隶属于苏联的国家，后来变为指代欠发达或发展中国家。如今，它已不能再有效地描述发展中国家的多样性（这是这些国家最大的一个特点），正在退出人们的视野。[24] 比如亚洲的一些地区处在发展阶梯的高处，而非洲大部分地区连脚跟都难以站稳，这就是为什么发展经济学家越发关注非洲大陆的"底层10亿人"。[25]

现在，帝国时代和接替它的后殖民世界之间的差异应该已经很明显了。殖民地原料和基本消费品的"经典"交换关系不再主导国际贸易。[26] 制造业已经扩散到前殖民地世界的一些地区，新的金融中心出现在欧洲和美国之外。区域一体化取代了那些曾把附庸国和帝国中心捆绑起来的殖民纽带关系。移民把来自前殖民地和半殖民地的定居者带到了旧帝国的本土。自决确立了新的民族国家，人权的呼吁者确立了平等原则。种族优越性的教义不再给帝国及其他形式的政治控制提供合法性。在21世纪将世界融合起来的复杂纽带越发受到国际政府组织和跨国企业的管控，前者的成员不再仅限于西方国家，后者也可能发源于欧洲和美国之外。

其结果是，全球秩序发生了引人注目的变化。主要西方大国变得依赖于特别是来自亚洲的海外资本流入，尤其是来自中国。实际上（即便这不一定是本意），中国提供的信贷成了美国全球领导力的主要支持来源，也间接支持了与美国有关的军事干预。曾是最伟大领土帝国的英国尤为戏剧性地丧失了独立，因为它的前殖民地和半殖民地施展了各自的非正式影响，这开始于二战后的美国，又通过中国和印度延续至今。

位于威尔士小镇塔尔波特港的欧洲最大钢铁厂之一预计将在2016年关闭，这为帝国的衰亡提供了一则寓言。该厂的所有者塔塔集团于1868年创立于孟买，创始者是曾在英属印度政府垂青下兴盛起来的一个帕西人家族。到2015年，该集团在世界各地都有分支，涉猎了范围广泛的制造业活动，成为世界最大的钢铁生产商之一。然而，在国际需求的下降和来自中国的竞争（中国在2015年生产了不少于一半的世界钢铁产出）面前，它的利润变成了亏损。19世纪中叶，英国作为当时最大的工业品生产国，曾迫使中国向"自由贸易"打开国门。一个半世纪之后，轮到英国政府来大声抱怨中国钢铁的"不公平倾销"让一家位于威尔士的印度公司雇用的数千名工人失去了工作。[27]

亚当·斯密和卡尔·马克思都可以宣称自己的预测是准确的，不过他们几乎肯定会把结果归功于不同的原因。对斯密来说，国际专业化是生产率提高的关键。对马克思来说，资本主义的动力通过帝国主义表现出来，这种动力首先会踩躏落后社会，接着会带来进步。如今，孟德斯鸠可以给他自己的著作增加一个章节，展现经济生活的全球化如何使现有的政治结构面临压力。民族国家艰难地适应，新的全球和区域机构仍在建设中。尽管这里的猜想超越了文献允许的范围，但这三名思想家可能都会同意，到21世纪初，一场漫长的转型正在发生，一次大合流指日可待。黑格尔在19世纪20年代写作时，把现代性和他所说的"世界精神"等同起来，认为这种精神从东方传到西方，悬在"日耳曼民族上空"。[28] 在19世纪末，深受德国思想传统影响的美国评论家们相信，进步的精神已经越过了大西洋。如今，这种精神似乎正在完成它的环球之旅，到达早期崇拜者们所称的"华夏"（Cathay）。如果是这样的话，那"天命"并没有被遗失，只是一直在等待更新而已。

美国：踌躇满志的霸主

当代的观察者们倾向于放大他们自己时代的重要性，压缩历史事件。有些评论家对美国的全球影响力及令人生畏的力量印象深刻，把20世纪称为"美国世纪",这情有可原,他们就标志着这一倾向。然而,正像我们所见的那样,美国"世纪"直到二战才开始,也没有人能判断,美国在2050年是否会比它在1950年更占主导地位。[29] 但是,我们有可能试着判断美国在20世纪下半叶在多大程度上成功行使了霸权。大多数研究这一时期的专家同意,美国在1945年后的30年中达到了相对于其对手的"力量顶峰",这也是此处将主要考虑的时期。要完整论述,则将需要考察世界银行及其附属机构的作用,评估运用现代化理论的后果,并观察跨国公司的经历。[30] 这些问题确实重要,但它们也涵盖了关于经济发展的更宽泛问题,超越了当前这部研究的范围。[31] 不过,忽略这些存在争议的非正式帝国主义事例,并不影响我们集中关注20世纪70年代中期之前而不是之后的时期,因为在那之后,美国国内外的发展使其更难实现自己的外交政策目标。

二战造成了广泛破坏和大量人员死亡。欧洲大部分地区被打翻。中东和亚洲的大片地区遭受了战争或贫困的肆虐,或者同时遭到这两者的重创。日本被单列出来,遭到了原子弹的特殊对待。美国已经为盟国的胜利做出了关键贡献,同时也避开了侵略。作为世界领先的军事大国、首要的债权国和最大的工业品制造国,美国处于尤其有利的位置,成为战后时期最突出的西方大国。[32] 美国的机构迅速行动,建立起把愿景变为现实的渠道。美国向世界各地的基地派遣的军队,显眼地提醒人们它有强大的军事实力,美国又禁止其他国家签订被视为潜在不利的条约,对其他主权国家的外交政策施加了制约。[33] 在1944年布雷顿森林协议后组建的机构为与美元相连的货币提供了安全的基础。签订于1947年的《关税与贸易总协定》(下称"关贸总协定")开启了贸易自由化的漫长进程。马歇尔计划在1948—1952年间分发了金融援助。1949年,北大西洋公约组织(下称"北约")将12个国家团结到美国的领导下,对可能的苏联侵略进行联合防御。世界银行及其附属机构提供了金融援助,以换取接受国调整政策。

不过,即便在这一时期,潜在大国与实际大国之间的差异始终悬殊。华盛顿概念中的新欧洲将是一体化的,但将对世界开放,发展互补的出口经济,并且变得足够美国化,以形成忠实的消费者而不是政治异议者,这一愿景从未完全实现。应运而生的超国家结构和美国在战争结束时所构想的非常不同。欧洲大陆上的国家谨慎地走向一体化，对新的超国家组织只做出了有限的主权让步。它们的目标不是满足美国，而是复苏并加固民族国家。[34] 通过协助西欧复苏，美国得以循环利用它那巨大的美元储备，为自己的出口品创造市场。但在很短的时间里，复苏就让欧洲有了自己的政治声音，使它恢复的产业能渗透美国市场。虽然华盛顿的力量在理论上势不可挡，但在冷战中保住可靠而有效的盟友这一需求高于一切，抑制了美国的力量。[35]

虽然华盛顿把英国人视为一群立场不定的盟友中的效忠派，但他们却第一个让美国失望了。英国不愿像美国所希望的那样领头建立一个一体化的新欧洲，因为英国的野心仍在帝国和英镑上。[36] 接着，英国拆除了新加坡的海军基地，拒绝派兵到越南，这一决定被美国视为"负面、失败主义、虚伪"。[37]

华盛顿甚至在德国都被迫妥协，尽管美国在德国行使的力量几乎没有受到任何抵抗。最初美国计划降低德国的工业生产能力，将其变成一个农牧业经济体，但这些计划不得不被抛弃，改为一项大规模重建计划。[38] "非亲善"（non-fraternization）法令和惩罚性的"非纳粹化"（denazification）政策被抛弃了，纳粹同情者重新回到具有影响力的岗位上。被判犯有战争罪入狱12年的阿尔弗雷德·克虏伯（Alfred Krupp）在1951年被释放，复职成为他那庞大家族集团的负责人。

法国有些强硬的表现掩饰了它在战后几年的脆弱地位。[39] 在戴高乐将军的领导下，法国人常常阻碍华盛顿对西欧的计划。戴高乐无意为一个超国家的欧洲政府做出贡献。这位总统轻蔑地评论称，但丁、歌德和夏多布里昂"如果脱离国家，或者如果以某种整合的世界语或沃拉普克语思考、写作，他们就不会给欧洲带来那么多好处"。[40] 戴高乐认为，英国人缺乏真正的欧洲精神，可能会充当美国的代理人，这就是为什么要牵制住英国人。这一洞见犀利的准确性确认了戴高乐并不受伦敦欢迎。

戴高乐的野心是由法国在德国的协作下管理欧洲；德国将得到救赎，但肯定只是一个地位较低的搭档。根据戴高乐将军在1946年实行的莫内计划（Monnet Plan），法国得到了鲁尔区很大一块钢铁与煤炭资源，把萨尔地区作为被保护地，尽管莫内计划半是由美国出资的，而德国失去萨尔与华盛顿为德国准备的发展计划有所冲突。[41] 1954年，法国否决了欧洲防务共同体的提议，美国曾支持这一计划，希望以此降低在欧洲大陆驻军的成本。对美国军事影响力的持续担忧促使法国在1959—1966年间分阶段将其军队撤出北约，和德国在防务问题上达成协定，并发展了自己独立的核威慑力量，在1960年做了第一次核弹试验。法国也在1963年和1967年拒绝了英国加入欧共体的申请，从而挫败了华盛顿关于确保英国在欧洲起到领头作用的长期希望。[42] 此后，欧共体开始制定独立的外交政策，通过培养与社会主义阵营国家的关系，协助解冻冷战局面。[43]

美国在1945年后采取的其他主动行动也被稀释或限制了。马歇尔计划并没有像人们一度以为的那样有效刺激了经济复苏，它产生的效果就像它所涵盖的国家那样各不相同。[44] 接受国把收到的一部分援助挪用于华盛顿指定范围之外的目的，非洲和亚洲前殖民地国家也将追随这个潮流。[45] 在1947年主要由美国最初削减贸易壁垒后，关贸总协定的贸易自由化努力陷入了停滞。[46] 下一轮重要的削减措施出现在60年代的肯尼迪回合谈判中，不过到那时，欧共体已经强大到足以代表所有成员进行谈判，从美国赢得了进一步让步。[47] 同样到60年代，欧共体内部的积极行动已经降低了成员国之间的贸易壁垒，给经济复苏增加了动力。1960年，英国、法国和联邦德国共占据了世界有形出口价值的38%，美国则占28%。[48] 美国在世界工业品出口中的份额从1953年的29%下跌到了1976年的13%。西欧也主导了商业服务中的国际贸易，在1980年其价值是美国提供的商业服务价值的五倍。[49]

面对经济趋势和持续的政治障碍，美国从重新设计欧洲的最初理想中退了回来。[50] 在国务卿亨利·基辛格称之为"欧洲之年"的1973年，英国终于加入了欧共体，但这将希望转变为幻灭。[51] 由法国领导的欧共体抵抗了美国对欧洲应该增加北约防务支出份额的要求。[52] 第四次中东战争和石油输出国组织（下称"欧佩克"）实行的石油禁运引发了国际紧张局势，加大了欧洲和美国之间的分歧。英国选择支持美国，以加强它的"特殊关系"。欧洲大陆则通过提倡"莱茵"版资本主义而不是"盎格鲁"版资本主义（跟随美国模式，寻求将政府的作用降到最小）来追寻自己的进步之路。[53] 甚至在1973年加入欧共体以后，英国发现，跨越英吉利海峡两岸的分歧比跨越大西洋两岸的分歧要难得多。

华盛顿在全力克服欧洲政治陌生的错综复杂局面，同时在东亚也陷入了更加难以捉摸的局势中。中国从半殖民地的服从地位到1949年实现有效独立的"长征"改变了华盛顿在整个地区的地缘政治谋划。在中国革命意外成功、国民党人匆忙撤退台湾之后，美国仓促阻止共产主义影响在该地区进一步扩张。[54]

这些发展巩固了日本作为西方堡垒的新角色。就像德国一样，日本已被夷为平地，失去了维持基本生活的手段，除了遵从美国占领大军的要求，别无选择。[55] 美国启动了一系列政治革新：1947年生效的新宪法保留了天皇但让他服从议会，废除了世袭贵族制，给予女性投票权，让日本承诺和平的外交政策。与之配合的政策将西方自由原则引入教育之中，宣传了基督教。[56] 经济战略一开始提出降低日本的工业生产能力，但到1948年已像在德国一样调转路线，拥抱发展计划。如果没有发展，日本将继续需要昂贵的食物援助，无法应付它大量的贸易赤字，也无法在冷战中起到顽强盟友的作用。[57] 1950年朝鲜战争的开始加速了日本复苏进程。赔款实际上被取消了。一项新的工业政策鼓励煤矿开采、钢铁生产、石油化工、电力和航运。[58] 激进的土地改革旨在通过分割大地产、创造一大批成为产权人而不是佃农的小农来抬高产出。1952年，当美国占领结束时，日本的复苏已经在进行，将要到来的经济"奇迹"指日可待。

这些成就值得注意。然而，它们之所以成为可能，是因为重建并调整了现有的政府机构，并得到日本关键利益集团的合作。[59] 由天皇领导的一个非正式保守派联盟建立起来，以同时制约右翼军事主义者和左翼共产主义者。原本计划中在占领之始就要被解散的大型家族所有集团（被称为"财阀"）得到了领导新发展政策的任务。财阀转而经营了自由民主党（下称"自民党"），该党在20世纪剩下的几十年中把持权力。与其名称不同的是，自民党代表了保守派寡头阶层的利益，它的选票优势来自大企业、公司雇员和新一代小农。就像在菲律宾一样，领导层善于利用对共产主义的恐惧来从美国榨取政治补贴。[60] 50年代，日本政府同意了一项国内重新武装的计划，以换得进一步的金融援助，并就美国市场准入权进行谈判，同时保留了日本对进口商品的限制。在封锁了与中国的贸易后，美国不得不打开大门，支持日本以出口为主导的发展计划。[61] 日本心甘情愿地吸收了美国消费文化的一些元素，但还是保留并强化了自己的核心价值。传统社会习俗得到了重新确认，基督教进展微小。公司资本主义作为日本版的莱茵资本主义，压倒了美式个人主义。1947年宪法也足够"非美国"，包含了教育、福利和工作的权利。

在混乱的开始后，日本的前殖民地朝鲜以类似的方式得到了重塑。[62] 日本战败带来非殖民化之后，便是民族主义者之间的内战，他们对重建本国1 000多年来的统一抱有不同的看法。作为回应，盟国在1945年将朝鲜分割为两个军事区，将它们置于托管之下。失去统一和独立，这激起了反对军事统治的群众抗议，但抗议未能阻止该国在1948年被正式分割为北方和南方。在南方，伴随着分割的是对激进分子的清洗，以及1948年极其保守的总统李承晚上台，他也是自由党领袖。朝鲜战争巩固了李承晚的威权本能。就像日本的财阀一样，韩国财阀（chaebol）在本国恢复了显赫地位。这些家族所有的垄断企业和韩国的执政党密切合作，后者则和华盛顿有着紧密关系。[63] 自由党的名称是一种奥威尔式的命名不当：李承晚通过压迫进行统治，不时清除异议者，这保护了他自己的地位，同时也满足了美国在冷战中的优先目标。作为回报，李承晚得到了大量美国援助，他用其巩固了一种威权统治模式，用经济发展代替了民主。[64]

当李承晚在1960年被推翻后，继任的将军们在1961—1988年间采用了同样的手段统治这个国家。美国市场的贸易让步鼓励了出口。当华盛顿在1969—1971年开始限制韩国和日本纺织品进入时，韩国的应对是发展重工业。[65] "汉江奇迹"主要基于本地机构，包含强烈的中央计划元素，追随了德国和日本的路线。[66]

在其他地区，美国施加了影响力，但结果混杂不一。正像第10章和

第14章详述的那样，美国在二战结束时对其主要盟友做出的最重要让步之一是支持它们重建帝国。这不是战时的目标，但它变成了和平年代的必要行动。1945年后，英国和法国政府惊讶而宽慰地发现，它们再也不用设计新方法来捍卫帝国使命了。它们的优先目标是在自由世界建立国家联盟以抵御苏联扩张，这超越了解放和自决的理想。冷战的紧要性确保了帝国特惠制和英镑区获许继续存在，这与美国的战时意愿背道而驰。法国曾在其海外领土确立的保护主义措施被恢复并拓展了，一个新的法郎区建立起来，以协助重建经济，保存稀缺的硬通货。

荷兰在试图重建对印尼的控制时，也受益于美国的支持。然而，当荷兰军队显然很有可能被民族主义军队打败时，华盛顿威胁称，如果海牙不同意放弃权力，美国就将实施金融制裁。[67] 在重新确立殖民地位后不久，荷兰就终结了它殖民统治的漫长历史。1949年，印尼共和国作为独立国家而建立，其总统是印尼最著名的民族主义者苏加诺。

苏加诺一开始领导的是一个脆弱的代议制政府，局限于在1957年听上去有些不祥的"引导民主"（guided democracy）。这一发展并没有困扰美国，但苏加诺越发坦率地反对帝国主义，转向共产党以制衡军队，转向苏联和中国以获取援助，这使华盛顿越发担忧；而他在1964年实行的"国有化热潮"促使国会呼吁行动。[68] 中情局在1957年和1958年支持了叛乱，在1965年则成功激起共产党和军队产生冲突，最后以一场对共产党支持者的大屠杀和次年对苏加诺的实际免职告终。[69] 苏加诺的继任者苏哈托将军坚定地敌视共产主义，反对议会民主。在他严苛的命令下，军事现代化更成功地确立了军队的地位，而不是使国家现代化。[70]

当美国决定支持法国在印度支那的统治时，法兰西帝国成了冷战中最重大的干预行动的发生地。[71] 朝鲜战争把遏制战略带到亚洲，越南战争则将其带往了自我毁灭。二战后，美国选择支持法国收回印度支那的野心，而不是支持胡志明；这位民族主义者在那一阶段的主要目标是自决和民主改革。为了赢得他所需要的支持，胡志明转向了苏联和中国。美国做出回应，加大了自己在竞争中的赌注，最终陷入了泥潭。在1954年法国战败后，各届美国政府选择"全押"。在1969年的顶峰期，美国在越南有

50多万军人，到1975年，美国空军已向该国投掷了1 000万枚炸弹。[72] 近6万名美国军人在战争中被杀，更多人受伤。近350万越南平民和士兵丧生，更多数不清的人则落下残疾，流离失所。

到1973年，美国已被击败了。两年后，越南共和国向北方投降。据估算，华盛顿花费1 500亿美元打了这场战争，既没有推进资本主义事业，又没有捍卫一座有任何重要性的战略基地。这场战争是一次以国家安全为原则的巨大投资，它把对外国影响力的长期恐惧和从源头上控制外国影响的新雄心结合起来。[73] 尽管战争留下了深远的后果，但这些后果并没有演变为美国在南亚建立帝国，也没有带来华盛顿希望的霸权影响力。

当亲帝国政策不再在冷战中带来优势时，美国面临的前景是，需要让一系列无法抑制反帝情绪或处于动乱不同阶段（或者两者皆有）的殖民地和卫星国稳定下来。来自中东、非洲、拉美和美国自身前殖民地的例子显示出，"守住阵线"是它可以期待的最佳结果了。胜利曾一度被信心满满地期待，如今这种野心已不再现实。

当两大主角在50年代进入中东地区时，这一地区也加入了不情愿的冷战参与者之列。1953年，美国以一场戏剧性的正式干预行动宣告自己到来，当时，中情局组织铲除了伊朗民选首相穆罕默德·摩萨台，他刚刚通过将石油业国有化而抬高了国内的支持率。[74] 政变有利于美国石油利益集团，它的非正式影响力已随着阿拉伯-美国石油公司（下称阿美石油公司）的崛起而有所增长。[75] 在华盛顿的支持下，阿美石油公司得以削弱英国在该地区石油储备中的主导地位。[76]

这个例子虽然引人注目，但发出了误导信号：实际上，美国并不是即将在中东取得支配地位。华盛顿的影响力主要局限于伊朗和沙特阿拉伯，但就算在这些国家，美国也远没有大功告成。伊朗虽然一开始是遵从美国政策的代理人，但很快变成了一个麻烦。在摩萨台被赶下台后控制政府的伊朗国王穆罕默德·礼萨·巴列维是一名野心勃勃的民族主义者，利用石油收入使他的国家现代化。[77] 当美国在1973年中东战争中支持以色列时，欧佩克以涨价来回应，当时恰逢美国第一次成为石油的大规模进口国。[78] 只要上升的油价能允许伊朗武装起一支庞大的现代军队，这就符合华盛顿的战略目标。[79] 问题在于，一路走高的价格对伊朗国王更有利，因为这扩大了他独立行动的余地。1977年，在伊朗国王拒绝降低油价的请求后，美国沮丧地转向沙特阿拉伯。沙特人欢迎这个可以挫伤他们在该地区主要对手的机会，策划了降价，这促成了伊朗国王在1979年的下台。[80] 美国政策的结果是，促使一个敌对政府在伊朗上台，同时迫使华盛顿与沙特阿拉伯的政权结盟，而后者几乎不能被宣传为自由和民主的范例。中情局在1954年用"反冲"（blowback）一词来形容摩萨台下台的可能结果。[81] 华盛顿显然认为，"下次就会不一样了"。

在中东地区的其他地方，美国的影响力不是有限，就是遭遇了抵消的力量。无论美国的理由多么符合原则，它决定承认以色列建国，又在1967年六日战争后公开支持以色列，都令它疏远了阿拉伯世界。在那以后，美国不可能再在该地区赢得人心。[82] 相反，华盛顿不得不诉诸人们的钱包，希望当地对利益优势的考虑会带来一定程度的有限合作。同样从60年代晚期起，石油巨头不得不适应欧佩克的崛起，以及它们与华盛顿在优先目标上的分歧。[83] 70年代，石油业的实际国有化迫使外国公司与地区政府合作。对赢得冷战的重视让战略压在了经济之上，削弱了美国政府与商业利益之间的联系。因为华盛顿在该地区需要支持，所以这也使决策者鼓励英国留下而不是离开。这一邀请符合英国有所降低但持续存在的野心，即重新调整目标，聚焦于海湾国家。[84] 然而，如果说英美这两个大国有着共同利益，那这个假设只是部分正确。它们在对以色列的支持，以及对沙特关于阿拉伯半岛沿海国家的政策上都有所分歧。[85] 同时，华盛顿将金钱注入以色列和埃及，却未能控制这两国的外交政策。即便是美国在中东的势力最庞大的时候，它都远没有达到霸权的程度。

美国和苏联迟迟才来到非洲。[86] 美国以一次标志性的宣言让人们感受到了它的存在：1960年，在刚果从比利时独立后不久，中情局策划推翻并谋杀了刚果民选总理帕特里斯·卢蒙巴。[87] 卢蒙巴的继任者蒙博托·塞塞·赛科建立了军事独裁统治，和美国形成了紧密的联盟关系，直到1997年被迫流亡。尽管保留意见不断增多，但华盛顿也感到，自己不得不为法国提供金融援助，帮助它努力维持控制阿尔及利亚，以保护这个盟友在欧洲的稳定。[88] 在阿尔及利亚于1962年赢得独立前不久，美国政策改变了，但到那时，阿尔及利亚已经倾向莫斯科而不是华盛顿。[89] 其他或秘密或公开的干预行动紧随其后。最大规模的一次是在70年代支持安哥拉的亲西方政党。这一决定疏远了其他民族主义组织，它们转向苏联、中国和古巴寻求支持。[90] 来自双方的军事援助将混乱带到该国，致使许多居民丧生。美国的政策失败了：华盛顿青睐的候选人被击败，国会在1975年叫停了进一步军事支持。强硬政策在其他地区也没有更加成功。一场以人道主义干预为名在1992年开始的对索马里的行动，最后在次年以政治纠缠及美国撤军告终。[91]

美国对非洲的政策缺乏连贯性。共和党人和民主党人对这个大洲的态度不同，总统方面的观点则随着白宫住户的更换而摇摆不定。[92] 因为华盛顿在亚洲承担了大量义务，所以它不得不允许英国和法国有更大余地在非洲管理自由世界的事务。[93] 这一许可符合这两个帝国力量的诉求，因为它们在这个大洲有持续的计划。1956年的苏伊士运河危机并没有像人们通常以为的那样确立美国至高无上的地位。法国对曝光和羞辱感到愤怒，作为回应，它加强了自己在撒哈拉以南非洲的地位。[94] 英国也做出了类似的回应，设计新方法保持影响力，并试图操纵美国对这个大洲的政策。[95] 操纵并不总是必需的。英美两国有着共同利益和态度，让它们在一些重大问题上团结到一起，包括其中最大的问题：南非。种族亲近性的感觉、保护巨额投资（特别是矿产）的共同愿望，以及对共产主义的同样敌意，确保英国和美国支持这个种族隔离政府，几乎直到它的最后一刻。1986年，国会终于通过了《全面反对种族隔离法案》（Comprehensive Anti-Apartheid Act），英国也自发得出了同样的结论。[96] 但是，这两个大国在幕后引导事务，因而在非洲丧失了信誉，不得不设计新方法，在后殖民世界赢得朋友，影响他人。

拉丁美洲的情况很独特，因为美国长期以来宣称，自己在种族中心主义评论家所称的"后院"拥有特殊权利。[97] 和美国在亚洲及非洲的地位不同，华盛顿的决策者们在西奥多·罗斯福对门罗主义的推论中给自己的行为找到了外交掩饰。[98] 古巴戏剧化的事件刺激了美国政策。1959

年古巴革命的成功警告了华盛顿，也在拉美各地激发了激进运动。1961年，约翰·F. 肯尼迪总统做出回应，启动"争取进步联盟"（Alliance for Progress），旨在通过结合金融援助与美国的专业知识，将发展和民主带到这一地区。这一替代古巴愿景的方案参考了波多黎各的发展计划"自力更生行动"，在精神上属于拉美，在实质上属于资本主义。美国通过政治和军事手段公开或秘密参与拉美各共和国事务，强化了联盟的和平特质。在中美洲和加勒比地区，美国复兴了早在19世纪50年代就有的"私人武装干涉"传统。代表亲美政党进行直接外国干涉的行为后来变成了里根主义，这在50年代到80年代造成了许多军事介入的事例，尼加拉瓜、萨尔瓦多和危地马拉这样较小的共和国遭遇了大国对立的毁灭性后果。[99] 在南美洲更大的共和国的军事行动虽然更加有限，但还是体现在中情局的秘密支持上；中情局协助在1963年罢免了巴西的左翼总统若昂·古拉特，并在1973年除掉了智利的马克思主义民选总统萨尔瓦多·阿连德。[100]

"争取进步联盟"成果寥寥，在1973年停止运转。[101] 拉丁美洲所面临的发展问题的规模和复杂性远超过了现有的援助，这些援助主要有利于大型美国企业。就国族建构的任务而言，美国的"专业知识"也没有比在20世纪早期的岛屿帝国中有用多少。各种军事干预成功除掉了被华盛顿视为不友好的一系列政府，但也造成了未曾预见的不利后果。[102] 军事援助被当地政治利益集团用来建立威权政府，这些政府为大型外国企业提供了合适的环境，但对推进民主毫无兴趣。[103] 这一发展最终造成民族主义者的回应，激起反美情绪，强化人权呼吁者的地位，协助颠覆军事统治。[104] 在21世纪到来时，一些评论家注意到，有些拉美国家正在和美国、世界银行及国际货币基金组织提倡的政策拉开距离。[105] 另一些评论家则好奇，美国是否正在"失去"拉丁美洲。[106] 自我反省和全球化不太能互相兼容。

美国也不得不让自己的前殖民领土和冷战需求达成一致。正像前一章提出的那样，有四座主要岛屿在1945年后迫使美国给予关注，因为它们都是重要的军事基地。夏威夷作为美国太平洋舰队的大本营，被合并为联邦的一个州，从而得到了保障。随着夏威夷被拉进美国，古巴则被推出美国，而且尽可能地被孤立起来，尽管美国保留了对关塔那摩湾海军基地那争议重重的租约。波多黎各得到了自治邦地位以及慷慨的金融援助，美国以此换取它的持续忠诚，以及美国在库莱布拉岛和别克斯岛的基地的使用权。同时，波多黎各和古巴的距离之近，增加了华盛顿对共产主义传播的紧张情绪，促使联邦调查局对波多黎各民族主义者发起广泛行动。菲律宾在中国1949年革命后得到了意外的战略重要性，为广阔的克拉克空军基地提供了地皮，以交换商业和金融让步。

随着冷战的结束，在当地激进分子的大量施压下，位于夏威夷卡霍奥拉韦岛的轰炸靶场在1990年被关闭，又被转为自然保护区。波多黎各的别克斯岛在2003年遵循了同样的路线，美国在附近塞瓦的海军基地则在2004年被转由佛罗里达州管辖。[107] 1991年，菲律宾政府拒绝续签克拉克空军基地的租约，它便不再是美军基地了。[108] 导致这些地方关闭的运动表达了当地的民族主义情绪，这在夏威夷尤其明显，因为土著群体从其他地区先住民族取得的进步中汲取了灵感。[109] 夏威夷文艺复兴在20世纪70年代开始于重申土著的文化表达形式，到20世纪末已发展为在美国国内获取政治自治的运动。[110]

在其他事务上，这些岛屿反映了其他地区的西方前殖民地的共同特点和多样性。最重要的共同点是初级产品（特别是糖料）价格和利润率的下跌，这从20世纪70年代起影响了所有岛屿的出口收入。[111] 像菠萝和马尼拉麻这样的其他主要农作物也受到了类似的影响。作为石油进口国，这些岛屿也不得不努力应对70年代起的石油迅速涨价。它们之间的首要区别则在于它们的应对不同。1959年，夏威夷的运势正在上升。它作为州被合并，提供了投资者需要的政治安全性。同时，经济机会也以廉价航空运输的形式出现，这改变了夏威夷的前景。其结果是奠基了一个属于后殖民时代的伟大产业：旅游业。[112] 随着夏威夷经济变得多样化，它也变成了一个次级金融中心，为太平洋其他地区的企业提供资金。

另一方面，菲律宾则挣扎着适应后殖民世界。这片群岛在1946年独立时政治脆弱，信仰伊斯兰教的南部的激进分离主义运动又进一步考验了它，因为南部反对信仰基督教的北部中央政府所推行的国族建构计划的同化本质。[113] 此后1972年的军事管制刺激叛乱者加大努力。经济多样化只取得了有限的成功，人口增长造成了高失业率，于是菲律宾人就移民到国外包括太平洋其他地区（包括夏威夷），以应对这一问题。[114] 罗斯福和塔夫脱曾高调地宣告"教化使命"将要改变菲律宾，这种自信早已消失。菲律宾少有的成就被殖民遗产的其他特点抵消：威权政府的扩张、寡头政治的延续，以及在费迪南德·马科斯统治下向放纵盗贼统治的堕落。

古巴的命运主要是被1959年革命决定的。古巴已经有了充满潜力的旅游业，但在革命后，美国对该岛贸易实行禁运，消灭了旅游业。在那之后，糖业通过苏联的补助和委内瑞拉的帮助存活下来，但前者在90年代中止，后者则在2015年随油价变化遭到了削减。尽管有这些不利因素，古巴还是为教育、福利和医疗服务设立了标准，允许输出这些服务，为该国的收支平衡做出重大贡献。[115] 伴随着这些发展的威权政治体系没有苏加诺"引导民主"那样的压迫性，但在解决内部经济问题上也没有比波多黎各的半自由市场更为成功。如果美国恢复商贸关系，那古巴的经济前景将会更加光明，但1959年实行的惩罚要达到效果还有待时日，获取减刑的努力直到目前也并不成功。[116]

古巴的邻居波多黎各也通过多样化发展进入了旅游业，但继续遭遇长期失业和地方贫困。该岛之所以免于破产，靠的是在美国工作的波多黎各人的汇款，以及来自联邦政府的巨额补助。但在2016年，船沉了：波多黎各违约了近10亿美元的公债。[117] 该岛的窘境与夏威夷的繁荣产生了显著的对比，这使波多黎各无法成为合并州，也把对完全独立的支持局限于一小群政治激进分子之间。

毫无疑问，美国是这一时期影响力最大的单一世界大国。有充足的例子来体现它的军事干预、经济施压行为，以及文化影响的传播。在开始于华盛顿（且通常停留在华盛顿）的政策研究中，有一种漫长的传统强调了美国的全球影响力的包围特质。一种同样令人生畏的反帝国主义传统则把后殖民时期的困难归咎于外界干预。这两种立场都有优点，但需要调整以考虑那些会限定政策目标及结果的条件。

华盛顿的优先目标是，制定一系列安全条约以遏制苏联。支持自决、民主和发展的浮夸宣言虽然通常带着好意，但需要服从于击败共产主义的意识形态承诺。为了这一目的，美国在二战后参加战争，安排叛乱，发起了文化转变的运动。胜利难以捉摸，政治干预通常只赢得了短期成功，文化进军带来的结果也很有限。[118] 在行使非正式统治时，美国不得不做出大量让步，以保住盟友的忠诚。对美国政策接受国历史的研究，已经揭示出弱者如何操纵强者：为了换取军事基地和与其一致的外国政策，华盛顿被迫提供金融大援助和贸易让步，接受者就用这些来加强它们的政治地位。结果形成的模式是，美国协助下的发展过程与威权统治携手同行。"军事现代化"的优先目标是稳定而不是民主。对朋友做出的让步，加上为击败敌人付出的代价，消耗了美国的资源，最终大大削弱了它的权威。

同样很重要的是，我们要记住世界的大块地区从未等着服从于美国。如果要制作一张1945年后美利坚"帝国"的地图，那它将必须忽略西欧、苏联、东方阵营、中国及印度，而这只是最毫无疑问的实例中最大的几个；其他地区也要画上大大的问号，因为美国在那里的影响力有限，难以取得控制。如果判断说，在冷战结束时，"美国享受着远超过乔治·华盛顿最大胆的梦想的霸权"，那这种结论是不可信的。[119] 无论对手多么强大，对手的死亡并不会自动把胜利者转变为实际的霸主。美国仍是一个超级大国，但它的霸权在时间和空间上都受到了限制。如果说它统治的程度有限，那它的衰落也就不那么剧烈了。换言之，就算我们假设单极格局不只存在于短暂的时期，国际关系中的单极现象也很罕见。因此，关于大国统治和衰落的判断要求我们对多极的程度进行评估，这也要求我们在由相对性而不是由绝对性主导的各种关系之间达到平衡。

美国队长：未完待续？

曾在20世纪40年代与轴心国战斗的爱国英雄美国队长一直活着。[120] 他作为纽约一名瘦骨嶙峋的艺术学生开始了人生故事，在1941年申请加入美国陆军，但因健康原因被拒绝。和泰山（他的基因优越性确保他最终成功）或查尔斯·阿特拉斯（他的超人体格是在健身房里塑造出来的）不同的是，美国队长是科学进步的产物：一种实验性血清加上"生命射线"的疗法把他变成了"超级士兵"。在二战的胜利后，美国队长和他的"复仇者们"适应了战后秩序的复杂性，立下了更多功劳。他以"队长"之名为人所知，超越了党派政治。[121] 总统批准给他的任务是，捍卫自由和民主的美国根本价值观，抵御一系列敌人，包括尤其令人害怕的"宇宙实体"。为了履行职责，他在世界各地运用了惊人的军事实力，为追求全球自由的事业而造成了广泛的破坏。这是一个含有寓意的神话：美国继续承担着拯救世界的特殊使命，美国价值观的纯朴特质被邪恶的阴谋威胁，战争是为保护自由而付出的不可避免的代价。

从20世纪70年代起，美国在一个自1945年起大大改变的世界中运转。[122] 欧洲和日本的复苏减少了它们对美国的依赖，增加了它们在国际贸易中的竞争力。在朝鲜和越南的费钱战争以及野心勃勃的外国援助项目拖累了美国财政部。六七十年代，随着独立的前殖民地国家迅速增多，华盛顿被迫放弃了在世界各地从源头上实施遏制政策的想法。随着美国与苏联和中国的关系解冻，商业竞争变得比军事对峙更为重要。美国变得越发依赖外国贸易。1970年，商品和服务的进出口只占国内生产总值的不到11%；到2000年，这一比例已上升到了26%。[123] 同时，美国失去了它在1945年享受的比较优势。[124] 1971年，华盛顿被迫放弃在布雷顿森林开启的固定汇率体系，使美元贬值。然而，这一动作几乎没有促进出口。美国在世界工业品贸易中的份额降低了，外国商品渗透了国内市场，大量石油进口头一次开始出现在贸易差额中。生产率的增长太慢，难以阻止这些趋势。从70年代起，美国出现了经常账户赤字，一直持续到世纪末，要通过海外借款来弥补。[125]

这些发展的后果存在争议，无论如何都需要正确对待。从某种程度上来说，随着其他大国从战争带来的破坏中恢复过来，它们与美国之间的差距注定要缩小。同样，国际收支逆差并不是紧迫的问题，因为尽管1971年发生了贬值，美元还保留着它作为领先储备货币的地位。用美元来处理国际付款的需求吸引了外国资本，为华盛顿提供了花钱的渠道，以超越税收及其他经常性收入所设的限制。因此，美国可以通过印刷美元满足外部需求来面对潜在的国际收支危机。这一"嚣张特权"有助于为华盛顿的地缘政治战略提供资金，其中包括它在世界各地庞大的军事势力。[126]

不过，人们的感知在估算国际地位时很重要，从20世纪70年代起，评论家们开始担心美国正在卷土重来的外国对手面前节节败退。80年代出现了一批悲观评论，讨论人们认定的这个霸权国是如何及为什么变成了一个摇摇晃晃的巨人。占星家们读出了信号：美国被一个已变得保守而僵化的工业结构拖累了，国债给纳税人造成了沉重的负担，在冷战需要政府的强大和韧性时削弱了政府的力量。高失业率、广泛贫困以及种族歧视引起了令人泄气、难以对付的社会问题。国际关系的理论家们思考着，霸权国在提供昂贵的公共产品（主要通过军事保护的形式）时展现的利他主义，正在讽刺地引领霸权国走向没落。随着太阳在西方落下，它会在东方升起。日本被视为当时的麻烦和未来的大国：廉价的日本进口品对美国制造商发出了警报，日本投资的涌入被认为削弱了企业和政府的独立。转向末世思想的评论家们宣称厄运即将降临：历史力量似乎让断崖式的坠落变得不可避免。[127]美国世纪即将被突然提前打断，一个新的太平洋世界指日可待。[128]

几乎是在一夜之间，美国即将失去恩宠或者至少失去支配地位的预测被两项完全未曾预见的事态发展推翻了：日本经济的危机和停滞，以及苏联帝国的崩溃。当日本的势头回落时，太平洋世纪退潮了。当柏林墙倒塌时，美国作为唯一的超级大国从瓦砾中崛起。90年代，贱金属被转变为不同形式的硅，它们将道琼斯指数拉到了破纪录的水平。所谓的"衰落论"迅速被狂喜取代。在美国富有影响力的意见人士迷上了一种说法，即自由世界赢得处于冷战核心的那场意识形态斗争，就预示着"历史的终结"。[129]评论家们把美国抬到了更高的新地位：超级大国。这一术语虽然从未被精确定义，但人们总体上承认其意指美国已占据如此强大的支配地位，以至于它可以单边行动。与联合国这样的国际组织合作已不再必要。以美国为象征的民族国家可以在全球施加影响，正如在伟大西方帝国的时代那样。[130]一批胜利主义的著作宣传了旨在使"单极时刻"永久化的政策。"新美国世纪计划"（Project for the New American Century，1997—2006）推进了巩固美国军事统治、在中东建立西式自由民主的计划。[131]

胜利主义的情绪几乎没有持续超过10年。2001年9月11日，双子塔的毁灭打破了美国轻松维持霸权的幻觉，但也提供了机会，让美国展现用军事力量重组世界的能力，并表明在必要情况下会做出"先发制人的攻击"。[132] 这一宏大的目标被宣布为"反恐战争"，得到了对应的宏大论证，即将黑暗力量和光明力量对立起来。军事外交的野心首先体现在2003年对伊拉克的侵略中，但随着伤亡人数的增加而消亡。美国陆军举步维艰地经历了被遗忘的前辈们一个世纪前在菲律宾经历的同样的过程。与现实的对峙展现出了意料之外的复杂性，一步步揭示出，军队被要求执行的任务不可能完成。在多年的努力、广泛破坏、死亡和不幸（这些同样延伸到阿富汗）之后，美国降低了抱负，宣告胜利并撤了出来。[133] 未完成的任务留下了深深的创口，以毫无终结迹象的政治动荡感染了这两个地区。"非理性繁荣"在外交政策中比在银行业中还要更加危险。

评论家们正确地感受到了在伊拉克遭遇的"震惊和惊叹"。侵略伊拉克的决定引发了一场激烈辩论，即美国是否已经是或者正在变成一个帝国，以及如果确实如此的话，确认它至高无上的地位是表达了它将自由和民主带给世界的天赋使命，还是在错误的时代将西方帝国主义最糟糕的特点强加于世界。关于这一话题的书籍迅速出现，"帝国"成了书名必须采用的词。然而，很少有作者注意到，开始于2003年的辩论重演了在1898年以同样热情提出的论点。在那时，就像一个世纪后一样，一小群共和党保守派加大压力，最终导致了战争。同样在那时，他们能利用民族主义对一场与外国代理者有关的危机的反应。"缅因号"的沉没之于美西战争，就像双子塔的毁灭之于侵略伊拉克一样。在这两例中，前进派都得以从国内的不满及对未来的不确定情绪中汲取支持。民粹主义、劳资冲突和失业让19世纪90年代成了忧虑重重的十年。外国购买国家资产、中美洲移民涌入、外包造成失业，以及那些仍有工作的人失去安全感和福利，则是20世纪90年代标志性的焦虑因素。[134] 同样在这两例中，人民团结在了国旗、信仰和家庭的爱国三元素背后。

但是，在这两例中有一个决定性的差异：国际背景已在20世纪改变了。19世纪晚期的帝国主义表达了从农业国家向工业民族国家转型的创伤。主要参与者们正试着将一个新兴的秩序从他们眼中的祭杀中拯救出来。他们获取了遥远的土地以促成转型，无论是通过强化尚不完整的民族意识，还是通过达成经济目标。此外，西方各帝国也是现代全球化的充满动力的中介。另一方面，到2003年，工业资本主义和民族国家虽然已发展健全，但受到了这里所总结的后殖民全球化的挑战。帝国解决方案不再合适，也不再可行了。华盛顿对"9·11"事件的回应显示出，决策者们未能理解领土帝国的时代已经过去，民主和发展都不能在枪口下实现。再一次，复仇女神紧随着傲慢自大，不过此后发生的悲剧背离了希腊传统，让后果发生在承受者而不是始作俑者身上。

随着死亡、破坏和债务不断增加，美国公众转而反对占领伊拉克。到2004年，大部分人都认为这场冒险是个错误。到2007年，民众情绪倾向于撤军。到2011年，美国军队就离开了。在外交政策失败的现实开始显现时，一场强大的金融海啸在2008年淹没了世界。就像在欧洲一样，美国当局曾协助启动了借款潮，如今它们失去了对借款潮的控制。经济放缓了，失业率加快上升。在这些令人沮丧的事件之外，还加上了第三个新现象：中国作为有着全球政治影响力的经济大国迅速崛起。随着中国的工业品大批涌入美国市场，中国购买美国国债而避免了一场国际收支危机。前景在2015年进一步发生了变化，由中国和印度牵头的金砖国家创立了新开发银行。这一事件引起了华盛顿的惊恐。[135] 这家新银行旨在绕过国际货币基金组织和世界银行，向发展中国家提供金融支持。美元不再是首选储备货币的可能性稍稍迫近了一些。经济学家们越发关注联邦债务的规模，以及华盛顿是否有能力继续吸引来自海外的资金，来弥补美国的国际收支逆差。[136]

这些发展震惊了世界，引起了美国评论家和政治家的忧虑，也让人们怀疑"美国世纪"是否能走完它的路途。对这些新现象最直接的反应是"衰落论"的复活，它随着2008年的经济危机而重现，并持续占据评论家和决策者的思路。[137] 它的论点很常见，只需在这里稍加提及。乐观主义者指出，美国拥有在绝对价值上不断增长的庞大经济，尽管这相对于后发对手来说不一定在增长。美国仍是世界领先的军事大国，有着大量所谓

"软"实力的储备，并受益于一个开放而富有创造力的社会。[138] 悲观主义者则认为，中国将很快在经济实力上与美国抗衡。中国正在扩大军事实力，延伸软实力，而它的成功建立在商业活力的基础上，这种活力远远早于西方的崛起。[139] 华盛顿的决策者们在思考这一前景时，也注意到，中国宣传了一种不同于美国主流的道路。中国道路、莱茵资本主义等共同确保了"意识形态的终结"还未发生，而且可能将再一次延后——也许会被无限期推迟。[140]

金融危机加快了两个起源于20世纪晚期的趋势：收入不平等加剧，以及反全球化的反应。详尽的研究已经显示出，美国后50%雇佣劳动者的平均税前收入在1974—2014年间几乎没有提高，而前10%的雇佣劳动者则享受了231%的增长。[141] 随着美国梦的褪色，基于愤恨的政治出现了。全球化变成了威胁而不是承诺。外国移民、外国资本和外国商品被视为在摧毁东道主社会的工作机会，侵蚀它的价值观。由于政治悲观缺乏持久力，这种变化中的情绪激起了一种新的希望宣言。2016年，唐纳德·J. 特朗普凭着民族主义纲领和"让美国再次伟大"的保证当选为总统。

这场总统选举戏剧性地展现了这部研究最重要的主题。发生在美国的事件很独特，但并非独一无二：同样的力量也在欧洲行动。2008年袭来的经济危机展现了后殖民世界的秩序，即驱动世界经济的首要影响力是金融而不是工业。英国在2016年决定脱离欧盟，原因和唐纳德·特朗普进入白宫一样。这两起事件都是民粹主义对新自由主义经济政策以及被视为受益者的精英阶层的回应。英国脱欧可以被解读为是在请求让英国变得再次伟大。[142] 这两个大国都希望，恢复过往那些或真实或想象的荣耀将会抹去当前这些不受欢迎的现象。[143] 美国推进了一种夸大了它此前支配地位的形象。它也怀有恢复"光荣孤立"状态的野心，这并不符合将美国与世界其他地区捆绑起来的看似不可逆转的一体化程度。英国怀有的幻想远超过它萎缩中的力量基础。"特殊关系"让伦敦动心，但华盛顿不为所动。在半个多世纪前，哈罗德·麦克米伦就知道游戏已经结束了。在1960年巴黎峰会的失败后，他意识到，"英国一点儿也不重要"。[144] 英国脱欧意味着，英国对美国的依赖将会增加而不是减少。对霸权的怀旧本身就表达了怀旧情绪的霸权地位。

当历史遭遇现今，人们期望社会科学家做出预测，而历史学家则不由得想要加入他们。但在这里，我们有必要回想但丁把地狱中属于欺诈者的第八圈中的第四断层留给了"预言家、占卜者、占星术士和先知"，他们永远"被迫倒着走路"，"脸被扭向身后"，以惩罚他们试着去看不可预见的未来。[145] 令人遗憾的是，所有这些预测可能都有缺陷或过于轻率。[146] 社会科学家普遍会从不久前的过去挑选一些符合当前短期情况的要点进行推算。历史学家对当前则采取了更长的视角，但这样一来他们提供的一系列可能性就脱离了社会科学家力求的、政治家需要的"简约解释"。尽管过往的预言成功极少，但它持续蓬勃发展。人们强烈地需要在一个不确定的世界中得到确定性，以至于让哪怕是不受欢迎的预言都得到了信任。其实，今天的预测通常会被明天的事件搅乱，但这只意味着占卜者们决心在未来更努力地尝试。新的预言不断被宣告，人们对它们的信心伴随着种种用来总结复杂世界的简单理论。我们最好记住，万灵药可以装在许多不同的瓶子里，而我们至今还没能找到能让我们在水上行走的良方。[147]

尽管历史不适合用来预言，但历史学家还是可以利用过去来为当前提供一种观察。这部研究开头就出现了孟德斯鸠对规模和结构的观察，这在结尾仍有意义。如果把21世纪早期的大问题放在最长的时间线中观察，它们就可以被视为源自后殖民全球化的持续转型过程。技术的进步，加上各种形式的放松管制的行动，以前所未有的程度把世界整合了起来。全球的贸易、投资、人员和思想的流动已经超越了现有政治体制的掌控。正如我们所发现的，甚至是超级强国都无法在后殖民世界为所欲为。从帝国覆灭中存活的民族国家，或者是在帝国兴衰过程中建立的民族国家，尚未创造出能有效应对超国家问题的协调机制。欧盟作为目前最先进的后现代政府体系还发展不足，未能有效应对2008年袭来的经济危机，也无法解决叙利亚内战后重新安置难民的问题。经过43年含糊不定的努力，英国于2016年决定取消其欧盟成员国身份，在这之后欧盟是否能发展为一支有凝聚力的政治力量，还有待观察。

美国在观念上仍然坚定地以国家为中心，对包括联合国在内的国际组织心怀警惕。然而，它也挣扎着处理涌入的国际影响，无论是"叛乱者"和"恐怖分子"、非法移民、外国投资，还是气候变化的后果。两党都假设美国是马德琳·奥尔布赖特声称的"不可或缺的国家"（这个称号现在很有名），它无可匹敌的力量是在为一个独一无二、上天赐予的目标服务，这种假设并不适合超国家的考虑。[148] 决策者和他们的学术顾问坚持的正统信仰仍然是，美国通过泛化而倾向明确的自由主义观念所表达的价值观，就是需要被普遍认可的全球价值观。[149] 1937年，波多黎各前总督和菲律宾前总督小西奥多·罗斯福所总结的态度仍能引起共鸣："我们有一项与包括英国人在内的许多民族共有的积重难返的原罪。我们认为自己比其他民族更加优越。任何以不同于我们的方式行事的人们要么很可笑，要么很愚蠢。我们认为，做一个外国人在本质上意味着道德品质有缺陷。"[150] 与美国之外的价值体系的相遇，继续造成不解、焦虑和敌对的回应。[151] 这样的回应巩固了民族神话，而不是推进国际理解，并且使其他国家更有可能被描绘成问题的煽动者；这些问题有全球性的起因和全球规模。

"美国队长"系列中的最新电影《美国队长：内战》（*Captain America: Civil War*，2016）开篇就是一项充满争议的提议：联合国应该管控复仇者，以控制他们在世界各地造成的混乱。服从于一个国际组织的可能性是如此令人不快，以至于它在这个此前团结的队伍中激起了内战。美国队长坚持个人进取的、反对政府监管的原则，钢铁侠则青睐立法。战斗开始了，战争继续下去。美国队长是会坚持用军事力量来推进自由和民主，还是采用某种巧妙外交的手段，基于对全球不满情绪的根本原因的理解，认识到有不同的方式来实现美好生活？复仇者联盟和华盛顿面临着同样的问题。美国队长可能会在这部英雄传说的下一章节面世时给出他的答案。但是，没有人能预知华盛顿的回答是会对应幻想还是符合现实。

尾　声

解放的教训

伊拉克，2003—2011

美国士兵的幽灵

深夜徘徊在巴拉德的街上，

精疲力竭，找不到回家的路，

沙漠之风将垃圾

吹进窄窄的峡谷，一个声音

从光塔响起，一声深情的召唤

提醒着他们是多么孤独

多么迷茫。而死去的伊拉克人，

他们从屋顶上静静地凝望

海枣树的影子勾勒出海岸，

在晨风吹拂之时，朝麦加倾倒。

　　　　——布莱恩·特纳，《鬼魂》（"Ashbah"）[1]

我们是自由的民族。我们不接受任何人到来

控制我们。美国人应该自己离开。

他们来占领我们，而我们从未接受

这点。他们想成为一个帝国，但我们不这样

看待此事。他们是一个新国家，少有文化，

却有一支大军。利用你的威力去打小国家，

这个行为不属于帝国，只属于恶霸。[2]

——奥马尔·达尔维什（Omar Darwish），

被称为穆赫塔尔·奥马尔（Mukhtar Omar，镇长，库特人，

他的父亲在1916年曾参加库特围城战），

2003年11月的讲话

虽然我们无法确定，但马克·叶夫宁（Mark Evnin）下士应该不太可能听说过查尔斯·汤森德少将。就算他听说过，我们似乎也可以安全地假设，当2003年4月3日早上叶夫宁的悍马开进库特时，他脑子里没有在想汤森德。[3]叶夫宁是美国海军陆战队第四军团第三营一支狙击部队的成员。他的口号是专注和准确。进入库特的过程充满了不确定性，特别是这次经历非常新奇。叶夫宁在佛蒙特州伯灵顿市成长时就想从军了。[4]他的家人支持他的野心，但没有把他推往那个方向。马克尤其亲近他的母亲，担任理疗医师的明迪·叶夫宁（Mindy Evnin）；以及他的外祖父马克斯·沃尔（Max Wall），一名曾在二战中担任随军牧师的知名犹太教拉比。马克是一名迷人而受欢迎的学生，因外向的性格和慷慨的精神而出名。他喜欢运动，擅长技术问题，特别是在计算机方面。2000年，高中毕业后不久，他加入了海军陆战队，更多是为了寻找自己，而不是为了探索世界。他给家人的书信记录了他在确定人生长期目标上的进展。在他驶入库特的两周前，对伊拉克的侵略刚刚开始，这是他第一次经历战斗。"伊拉克自由行动"（Operation Iraqi Freedom）已经开始。"震惊和惊叹"即将降临到汤森德所知的美索不达米亚。

在叶夫宁和第三营抵达库特的时候，战争的迷雾已经同时笼罩了策划者和军队。他们原本期待，解放大军将得到热烈的欢迎，但这这种期待在距离库特西南部约100英里的幼发拉底河边的城市纳西里耶受挫了，部队在那里遭遇了激烈的反抗，首次出现伤亡。同样变得明显的是，伊拉克士兵通常和平民难以区别。那些从作为被攻击目标的城镇逃离的家庭堵住了道路，危及了原本能让侵略军在极短时间内攻到巴格达城下的闪电战战

略。互相矛盾的目标使伊拉克人遭受了官方通报中越发频繁提及的"附带伤害"。[5] 难怪海军陆战队第一师的军团指挥官约瑟夫·D. 道迪（Joseph D. Dowdy）上校对过于迅速地进入未知地区而心存疑虑。[6] 汤森德会理解他的保留意见。道迪的上级詹姆斯·"疯狗"·马蒂斯（James "Mad Dog" Mattis）对整个师有指挥权，他则采取了不同观点，命令道迪保持行军的势头。[7] 因此，道迪在 3 月 25 日夜晚带领军团穿过纳西里耶。当他第二天出城时，他发现自己卷入了一场"正在美索不达米亚泥沼中发生的枪战"，不得不一路杀往库特。[8] 这也没有写在侵略计划中。

还有其他令人烦恼的不确定因素。库特已是约 37.5 万人口的大城市，它位于通向巴格达的 7 号公路边，也控制着附近的一座空军基地。情报报告指出，守卫这座城市的是令人生畏的伊拉克军队巴格达师，掌握化学武器，并且准备使用它们。3 月 27 日，道迪在离库特约 50 英里的地方停下了，这次他有了上级的批准。此时的计划是让军团起到诱饵作用，牵制住伊拉克军队，同时由远征军的其他部队迅速攻向巴格达。[9] 然而，马蒂斯将军修改了命令。有消息称，当地村民欢迎了海军陆战队，这让他认为很少有人反击。道迪受命进军到库特，以了解军团是否可以直接穿过这座城市，节省时间以抵达巴格达。道迪一到，就判断认为，因为存在反抗的可能性，所以这样尝试是不明智的，他转而推荐绕道前进。马蒂斯将军驳回了他的提议。4 月 3 日，道迪的两个营开始攻击库特。[10] 自汤森德的第六师最初占领这座城市起，已经过去 88 年了。

海军陆战队第四军团的第三营投入了行动。营长布赖恩·P. 麦科伊（Bryan P. McCoy）陆军中校完全接受了上级要求的速度及其必然结果：战斗。他的目标是建立他所称的"暴力霸权"，以此表明在伊拉克有了"新的大男子汉"。[11] 该营的 1 500 名士兵接受过沙漠战斗的训练，配备了 30 辆艾布拉姆斯坦克及 60 辆装甲突击车，还有大炮和飞机的支持。此后的战斗很激烈，却是单方面的。[12] 除了国防部长唐纳德·拉姆斯菲尔德所说的"已知的未知"，还有已知的信息（或信念）也出了差错。[13] 美军情报以为，共和国卫队的巴格达师还在库特，但其实它在几天前就已撤出了。[14] 在接下去的几天中，随着海军陆战队迅速向巴格达推进，几千名伊拉克军人被追上并被俘。共和国卫队的其他成员选择了逃跑，一些人活了下来，以待未来再战。那些在库特反抗美国陆军的伊拉克士兵只有有限而劣质的装备，这确保了大部分战斗都是近距离的。[15] 随军记者及前海军陆战队员约翰·库普曼（John Koopman）形容了当时的场景：

> 黎明时分，155毫米榴弹炮震动了大地。它们将高爆弹射向库特郊外。这一营向城市进发，紧跟着另一个军团走过的路线。到处都是死亡和毁灭。路边横躺着一具具尸体，他们的外套盖住了脸颊。伊拉克的战车是冒着烟的废墟。一群绵羊无声地躺着，被机关枪的扫射打倒在地……有很长一段时间，我都没看见活着的伊拉克人。路上和周围的田野中有装甲车、坦克和大炮。海军陆战队的坦克打穿了一切东西。只是以防万一。[16]

此时，叶夫宁的悍马在一支接近市中心的车队中，紧跟着一辆坦克。[17] 车队中的大部分车辆都顺利通过，没有遭受严重的抵抗。然而，包括麦科伊中校在内的尾端却遭到了埋伏。叶夫宁和他的战友们突然发现，距离道路不远的一小片棕榈林中有机关枪和火箭发射器在开火，而他们位于错误的一端。海军陆战队做出回击并呼叫求援。库普曼记录了震耳欲聋的噪声："小树林里充满了枪炮的烟雾。你几乎什么也看不清。车队的最后两辆坦克还近得可以开火。它们将高爆弹直接射进小树林里。爆炸把棕榈树拦腰截断。我唯一能想到的是：上帝保佑那些在爆炸里的人。"[18] 叶夫宁躲在悍马前面的水陆两用车后面，抓起他的枪榴弹发射器向棕榈林开火，然后退后重装弹药。[19] 当他再次出来时，他被机关枪打中了。两颗子弹穿透了他的大腿上部及防弹衣下面的腹部。库普曼就在现场："看上去并不严重。没有流很多血。我转头不去看伤口。叶夫宁醒着，仍然保持警觉。医护兵试着帮他。一辆悍马呼啸着停在了他们身边的路上。（军士长）戴维·豪厄尔（David Howell）低头看着马克，微笑道：'嘿，叶夫宁。想想好的一面。你不用再和我乘一辆车了。'"[20]

悍马疾驰到库特郊外的医疗站，在那里恰巧有另一名记者彼得·马斯（Peter Maass）接着故事讲了下去。[21]"一名身体就像布娃娃一样下垂的海军陆战队员被拖了出来，放上担架。一名海军陆战队医生和几名卫生员围住了他。他的衣服被剥了下来，针和检测器被放在他的身上和身体里，接着团队里就开始战地医学的对话，他们在试着拯救战友生命的时候，每个人背上都挂着自己的M-16步枪。"对话继续下去，这次是和病人交谈："继续跟我们讲话。你从哪里来？""雷蒙。"他嘟哝着。"哪里？你从哪里来？""佛尔蒙。"（指佛蒙特州）叶夫宁在挣扎。军营牧师鲍勃·格罗夫（Bob Grove）开始朗读《诗篇》第23篇，这时叶夫宁说："牧师，我不会死的。"一架支奴干直升机在距离他们50码的地方降落了。"叶夫宁的担架被人从沥青地上抬起，被疾步送往直升机。在升空不久后，叶夫宁进入了休克状态，然后去世了。"他差一点儿就能过上22岁生日。

在穿过库特以后，第三营沿着6号公路迅速北上，在4月5日抵达巴格达郊外。[22]进军在迪亚拉桥被拖住了，这座桥把守着进城的主要路线之一，但第三营一路打了过去，后来只遭遇了零零星星的抵抗。[23]预计中的浴血奋战从未化为现实。4月9日，第三营进入了天堂广场，协助推倒了萨达姆·侯赛因的巨型雕像，这一刻成为被传往世界各地的"硫黄岛时刻"。[24]随着雕像倒塌，政权也垮台了。正像还在城中的联合国大使所说的那样："游戏结束了。"[25]此时距离侵略开始才过去了三个星期。

然而，使命远远没有完成。在几天之内，海军陆战队被分配的任务是，处理伊拉克平民遭遇的不幸。"这与他们的一贯行动相去甚远，"库普曼观察道，"他们更适应砸碎、击打、毁灭各种东西。我没办法委婉地粉饰。他们战斗，他们杀人。现在他们被要求去示好、帮助平民。"[26]"砸碎和击打"曾毁灭了道路、机场和医院，打断了电力、水和石油的供应。[27]政府崩溃了。食物短缺。银行、博物馆、图书馆和办公室被劫掠。教学被中断了。麦科伊中校预言了将会发生的事情："我们将从英雄的解放者变为被鄙视的占领者。"[28]至少这个预测是正确的。莫德将军在1917年所称的"陌生人的暴政"将会重新来到伊拉克。[29]

其他自信满满的断言则大错特错。并没有大规模杀伤性武器。也没有战后计划。五角大楼曾错误地假设伊拉克人将会欢迎他们的解放者，而萨达姆·侯赛因的倒台则将足以让伊拉克转向被指定的民主目的地。然而，在萨达姆·侯赛因雕像被摧毁的两周年纪念日，巴格达发生了反对美国占领的大型示威。[30]"叛乱"正在发生。到美国在2011年撤军时，已有4 488名士兵被杀，3.2万名士兵受伤。这场行动的成本正在逼近3万亿美元。远超过10万名伊拉克人失去了生命，更多数不清的伊拉克人受了伤，甚至还有更多人变成了难民。稳定消失了，民主则尚未到来。[31]用伊拉克诗人法迪勒·阿扎维（Fadhil al-Azzawi）的话说，"每天早晨，战争都从睡梦中醒来"[32]。

＊　＊　＊

在1915年开始的库特围城战和2003年经过库特的侵略军之间，显然有一些相同之处。[33] 最著名的是，英国和美国都宣称自己是作为解放者而不是作为占领者到来的。[34] 接着，它们安顿下来的方式却使它们无法早早撤离。侵略者们毫无疑问地相信自己价值观的优越性，对他们将征服并控制的人民则了解有限。伴随着军事胜利的是对战后秩序规划的欠缺。占领所激起的反抗被人误解，也被错误应对。这两支军队都没有接受过如何应对"叛军"的训练。[35] 民事和军事当局之间的沟通常常欠缺，有时还出现失调。这两个大国都没有撤军策略，又都被害怕丢脸的心理所强烈地驱使。大国都自我肯定，感觉自己比其他国家更优越，这点不足为奇。自信和无知混合起来驱动了武断，从而造成了规划的缺陷，汤森德和叶夫宁都以各自不同的方式明白了这点。战事甚至搅乱了最完善的规划。预测中的短暂战争轻而易举地变成了泥潭。毁灭既简单又迅速，建设则费力、复杂而代价高昂。[36] 当地社会远比对它们的刻板形象复杂。每一次发生侵略时，这些事实都会被当成新鲜事被人重新发现。

评论家们援引了这些及其他相似事例，来支持有关英国和美国在世界历史中的地位的宏大断言。美国被视为"帝国的继承人"，这两个大国都被拿来和罗马相比。对西方各帝国做全面排序是为了预测。此前的帝国最终都衰落了，有些则突然覆灭。英国从罗马身上学到的东西，美国可能也会从英国身上学到。如果将历史分析和当今专业知识结合起来，决策者们可能就可以避免衰退，巩固主导地位。

然而，在这里，明智的做法是暂停一下。这种程度的比较需要足够程度的相似性，这样才能识别个别的差异。比较史学最早也最著名的实践者之一伊本·赫勒敦明白，在不同研究对象间建立联系时需要小心。他写于1377年的著名作品《历史绪论》（*Muqaddimah*）将历史展现为一种系统性研究，关注的是经济及政治力量的互相作用，以及它们对社会和国家兴衰的影响。[37] 他认为，比较的好处在于既让人发现相似性，又让人发现区别。他也注意到，意识形态的企图可能会歪曲这一做法，方法的错误也可能会产生误导，导致错误的类比和灾难性的政策。伊本·赫勒敦的规诫强调，在比较对象的不同点可能更重要的时候，寻找它们之间的相似性会带来许多危险。

英国和美国都是主要大国，都表现出了一些共同特点，其中有些刚刚已经列举。但是，其中许多相似性不仅确实存在，也是老生常谈，除了这两个被选中比较的国家，也适用于一系列其他国家。此外，如果说这些共同特点就能论证英国和美国都是帝国，那就有误导之嫌，除非对"帝国"一词采用非常笼统的解释，用其指代所有控制着种族核心之外地区的国家。然而，这样的说法带来的是蒙昧而不是启迪。罗马、威尼斯和美国的共同点可能不如它们之间的区别那样重要。

甚至在英国和美国之间，这些比较也不能成立，尽管它们是同时存在的工业民族国家，继承了共同遗产，也被认可为世界大国。正像全书论证的那样，英国和美国身处的全球背景在三个世纪中发生了大幅改变。英式和平所运作的时代要么偏好要么要求领土控制，而在美式和平发生的时代，吞并要么不现实，要么毫无必要。比较研究的潜力存在于20世纪上半叶，美国在那时获取并管理着一个领土帝国，但这一可能性被人忽略了，因为学者们长期以来把岛屿属地扔在默默无闻的幽暗之地。矛盾的是，比较研究在20世纪下半叶美国成为世界大国和潜在霸权国时激增，不过事实是国际环境已经发生了变化，岛屿帝国已经瓦解，比较的基础已经被深刻地改变了。

在英国占主导地位时，帝国不只是国际舞台常见的一部分，也被视为国际声望的一个衡量标准。美国则在后殖民时代运转，这个时代对帝国主义和帝国都充满敌意。大英帝国在其历史的大部分时间里，都在对付原型民族主义抗议，而不是在应对完全成形、组织完备的大众运动。美国不得不在一个由独立国家组成、建立于自决原则之上的世界里寻找自己的道路。1915年对伊拉克的侵略是民族国家间战争的一部分，英国可以通过动员印度军队来保卫帝国领土。美国则是在与超国家的运动组织相战斗，依赖的是由国家公民组成的志愿军。英国人遭遇的抵抗无法超越当地的攻击范围。美国则面对着大规模杀伤性武器从地球任何地区进行打击的可能性。后殖民发展使毁灭手段民主化的速度，比使生活水平民主化的速度更快。

如果无视或低估历史背景，可疑的论点就会得到可信度。不同国家的经济力量和军事威力方面常常被比较，仿佛可以不顾时间的流逝。如果这样估算，在比较美国和此前的大国时，就会得出美国是超级大国，甚至是"超级帝国"的结论。然而，绝对尺度所忽略的事实是，国际关系中的实力也是相对的。恰当的比较方法是把一个国家的实力和它所面临的问题联系起来。这样算来，美国拥有的庞大军事威力在运用于被标为"叛乱"的运动时是不合适的，通常还适得其反。此外，"9·11"事件显示出，一次小规模行动可以造成大规模后果。如果大卫用弹弓和石头就能打倒你的话，那你就算是歌利亚也没有任何优势。

与其说问题在于集体性健忘，不如说问题在于选择性记忆。就像其他大国一样，所谓的"健忘症合众国"（United States of Amnesia）传承了有利于当权者的历史元素，同时抛弃了可能会挑战主流正统的其他元素。[38] 因此，"解放的教训"常常不为人知或被人忽略。接着，傲慢就向着天谴发展，这在英国一例中来自过度扩张，在美国一例中则来自过度自信。这个问题没有简单的解决方案。实际上，可能根本没有解决方案。大国可能无法克服它们过往的胜利所施加的限制。只有在回溯过去时，替代政策才开始受人赞同，但这已经太晚了，无法转为有效行动。[39] 正像2009—2010年驻阿富汗联军司令斯坦利·麦克里斯特尔（Stanley McChrystal）承认的那样："我们曾经懂得不够，现在也仍然懂得不够。

我们中的大多数人——包括我自己——对现状和历史的理解都非常肤浅，而且我们对近年的历史——过去50年的历史——所持有观念简单得令人恐惧。"[40] 这些观察很有代表性，可能也格外诚实。麦克里斯特尔是在2011年说出这些话的，那时他已经在两场海湾战争中服过役。但是，在2003年侵略伊拉克之前，他所缺乏的那些知识就已经存在了。研究殖民统治和非殖民化的专家都清楚，一切都会以泪水终结。泪水依然在流淌。

1401年，伊本·赫勒敦作为与埃及政府关系密切的显赫大法官，不得不跟随马穆鲁克王朝苏丹纳西尔·法拉杰（al-Nasir Faraj）领导的军事行动。[41] 这场违背伊本·赫勒敦建议的远征规划不足，而当埃及军队的大部分力量从战场中撤下时，已输得无可挽回。此时，69岁的伊本·赫勒敦发现自己被可怕的征服者帖木儿围困在大马士革。此外，和陆军少将汤森德不同的是，他毫无获得增援的希望。绝望的情况需要绝望的解决方案：伊本·赫勒敦安排好别人用绳子将自己沿着城墙降下来，这样便可以和敌人谈判。在七个星期里，他用自己的博学给帖木儿留下了非常深刻的印象，乃至他得以为自己和手下争取到安全通行权，不过为了达成协议，他不得不向俘获自己的对手提交一份关于北非的详尽情报的报告。[42]

伊拉克泥潭很快就诱人上钩，然后缓慢地淹没了他们，这再次确认了伊本·赫勒敦的智慧，即历史是（或者应该是）一门"取得优秀统治"所需的实用艺术。[43] 尽管"历史教训"存在争议，但我们仍然可以争论它们的价值和缺陷，以确保政策至少是在接受证据而不是在不顾证据的情况下制定的。如今，历史学家不用为了自己国家的政府而被迫将自己置于人身危险之中，尤其是因为不同于伊本·赫勒敦，他们现在远离了权力的走廊。但是，考虑到知识缺陷和政策缺陷之间的关系，这一行业仍需要准备好在必要的时刻用绳子将它的代表们沿着城墙降下来，以确保它的声音能被强权者帐篷里的人听到。

注 释

序 章

1　吉卜林的诗歌于1917年7月11日同时在《晨邮报》（伦敦）和《纽约时报》发表，诗歌六节中的前四节表达了他对这场战争过程的愤慨，尤其提及了库特围城战。吉卜林起初积极支持这场战争，并且利用自己的影响力，确保他那有视力缺陷的儿子约翰加入军队。约翰在1915年9月的卢斯战役中阵亡，那时距离他的18岁生日才刚过去六周。吉卜林为此再也无法原谅自己。

2　Arnold Talbot Wilson, *Mesopotamia, 1917–20: A Clash of Loyalties* (London, 1931), p. 254. 威尔逊（1884—1940）起初在印度工作，后来在1917年成为美索不达米亚地区副民事专员，在1918—1920年担任代理民事专员。在英国的占领引发起义后，他在1920年被召回。1939年，他志愿在英国皇家空军服役，立下战功，但1940年在行动中阵亡，时年56岁。关于他的生平有一部史料翔实的传记：John Marlowe, *Late Victorian: The Life of Sir Arnold Wilson* (London, 1967)。

3　乔治·汤森德（1724—1807），1764年继承子爵爵位，1787年成为侯爵，他是查尔斯·汤森德的高祖父。查尔斯毕业于克兰利公立学校和桑赫斯特的皇家军事学院。

4　N. S. Nash, *Chitrál Charlie: the Rise and Fall of Major General Charles Townshend* (Barnsley, 2010), chs. 12–14记述了美索不达米亚战役。

5　这一主题在James Renton, "Changing Languages of Empire and the Orient: Britain and the Invention of the Middle East, 1917–1918," *Historical Journal*, 50 (2007), pp. 645–67中得到充分讨论。

6　约翰·埃克尔斯·尼克松（1857—1921）在印度军队中度过了他的职业生涯，在1915年成为高级指挥官。

7　参见威尔逊在Wilson, *Loyalties,* pp. 226–7中的评价。陆军部只安排美索不达米亚地区发挥防守作用，没有打算把军队束缚在这个仅处于主要战事边缘的地区。

8　对美索不达米亚战役的研究自2003年起重焕活力，尤其可见Charles Townshend（与文中的汤森德无关），*Desert Hell: The British Invasion of Mesopotamia* (Cambridge, MA, 2011)。起始点是A. J. Barker, *The Neglected War: The Mesopotamian Campaign, 1915–1918* (London, 1967)。同样可见Paul

K. Davis, *Ends and Means: The British Mesopotamian Campaign and Commission* (Rutherford, 1994)，这本书应配合 Paul Rich 的书评一起阅读：www.h-net.org/reviews/showrev.cgi?path (January 1995)。

9　这里是直线距离，当今的行车距离约 250 英里。汤森德的补给线已经竭尽全力了。在围城战时，库特的平民人口估算约有 6 000 人。"库特"的名字来自印地语的"堡垒"（kot）。

10　在这里，直线距离和旅行距离（主要为水路旅行）相近。尼克松身体不适，在 1916 年 1 月被将军珀西·莱克（Percy Lake，1855—1940）爵士取代。美索不达米亚地区委员会的《报告》（1917）批评了尼克松的行为，终结了他的职业生涯。

11　Major-General Sir Charles V. F. Townshend, *My Campaign in Mesopotamia* (London, 1920), pp. 168–9.

12　在第一次世界大战前，陆军元帅威廉·利奥波德·科尔马·冯·德·戈尔茨男爵（1843—1916）为实现土耳其军队现代化起到了重要作用。在汤森德投降的 10 天前，他在 4 月 19 日死于伤寒。汤森德把他视为"欧洲领先的战略家"（*My Campaign*, p. 246）。

13　Jan Morris, *Farewell the Trumpets* (Harmondsworth, 1979) 在第 171 页称之为"最卑贱的投降"。但二战中英军在新加坡的投降超越了所有先例。除了注释 4 和注释 7 给出的文献，其他不同的评价可以参见 Patrick Crowley, *Kut 1916: Courage and Failure in Iraq* (Stroud, 2009) 和 Nikolas Gardner, *The Siege of Kut-al-Amara: At War in Mesopotamia, 1915–1916* (Bloomington, 2014)。此外还有 Robert F. Jones, "Kut," *Quarterly Journal of Military History*, 4 (1992), pp. 58–68; Edwin Latter, "The Indian Army in Mesopotamia, 1914–18," *Journal of the Society for Army Historical Research*, 72 (1994), pp. 92–102 and 160–79。

14　尽管底格里斯河上的库特和幼发拉底河上的纳西里耶通过运河连接，但河道每年有 6 个月处于干涸状态，很长一段"被沼泽和灌溉渠遮蔽"，对敌军价值不大。参见 Wilson, *Loyalties*, pp. 51, 79, 192。

15　David French, "The Dardanelles, Mecca and Kut: Prestige as a Factor in British Eastern Strategy," *War & Society*, 5 (1987), pp. 45–61.

16　Townshend, *My Campaign*, p. 216，该书 219—221 页记载了他此前的计划。汤森德是在绝望中做出这个计划的，因为库特处于河流急弯处，几乎是一座进出受限的岛屿。

17　Nikolas Gardner, "British Prestige and the Mesopotamian Campaign, 1914–1916," *Historian*, 77 (2015), pp. 269–89.

18　营养不良导致的坏血病成了尤为突出的问题。Mark Harrison, "The Fight Against Disease in the Mesopotamia Campaign," in Hugh Cecil and Peter Liddle, eds., *Facing Armageddon: The First World War Experienced* (London, 1996), pp. 475–89.

19　此段引言与下面的一段引言均来自 Robert Palmer, "Letters for Mesopotamia," Project Gutenberg Book No. 17584, released January 23, 2006 at www.informotions.com/etexts/gutenberg/dirs/1/7/5/8/17584/htm。古腾堡计划要求做出以下声明："这本电子书供任何地方的任何人免费试用，几乎没有任何限制。你可以根据此电子书中及 www.gutenberg.org 网站上古腾堡计划许可证的要求，对其进行复制、分发或重新利用。"

20　罗伯特·斯塔福德·亚瑟·帕尔默（1888—1916）是威廉·沃尔德格雷

夫·帕尔默（William Waldegrave Palmer）的第二个儿子，后者是第二任塞尔伯恩伯爵（1859—1942），曾任海军大臣（1900—1905）和驻南非高级专员（1905—1910）。

21 汤森德在 *My Campaign*, chs. 12–18 的自述。还有一些其他第一手记录，例如 Major E.W.C. Sandes, *In Kut and Captivity with the Sixth Indian Division* (London, 1919), chs. 9–15. Wilson, *Loyalties* 一书总结了战后出现的一些对汤森德的批评，尤其是在围城战中的管理失败，以及当时和后来汤森德出版的回忆录中的夸大表述。

22 Sandes, *In Kut*, p. 162.

23 Nikolas Gardner, "Sepoys and the Siege of Kut-al-Amara, December 1915–April 1916," *War in History*, 11 (2004), pp. 307–26 探究了印度军人拒绝吃马肉的重要性。

24 Townshend, *My Campaign*, p. 245, 以及他在 1 月 26 日向士兵们发布的公报中不明智地披露了一些消息，他自己也承认了这点，pp. 264—266。

25 哈利勒·帕夏（1864—1923）是巴格达省总督，也是土耳其第六军的指挥官。

26 Reeva Spector Simon and Eleanor H. Tejirian, eds., *The Creation of Iraq, 1914– 1921* (New York, 2004), p. 11. 不同的史料给出了不同的估算。这里和之后一句给出的数字是近似值。围城战时库特城内的军人数量（9 000 人）与被俘人数（13 000 人）的明显差异是因为后者包含了辅助人员。

27 库特的灾难引起了议会质询和此后的多次评估。参见 "Report of the Commission to Enquire into the Operations of War in Mesopotamia," Cd. 8610 (1917)。被批评最多的两人是印度总督哈丁勋爵和约翰·尼克松爵士将军。参见 Douglas Goold, "Lord Hardinge and the Mesopotamia Expedition and Inquiry," *Historical Journal*, 19 (1976), pp. 919–45. 行政上的失误则记载在 John S. Galbraith, "No Man's Child: The Campaign in Mesopotamia, 1914–16," *International History Review*, 6 (1984), pp. 358–85。

28 汤森德是一名勇敢而能干的军官，但他的事业却"被他的傲慢、自大、野心和对例行士兵工作的强烈抵触所玷污"。T. R. Moreman, "Sir Charles Vere Townshend," *Oxford Dictionary of National Biography*, at www.oxforddnb.com. 但在这一例中，汤森德是被他的上级置于不可能成功的处境中，这些上级就像自古以来那样，大大低估了远征军面临的困难。

29 （弗雷德里克·）斯坦利·莫德爵士（1864—1917）像汤森德一样来自军人家族，他的家族长久以来在大英帝国内外功勋累累。他父亲在克里米亚战争中赢得了维多利亚十字勋章。莫德指挥的军队人数在不同史料中有着显著的差异。我所依据的是 Wilson, *Loyalties*, p. 209。

30 V. H. Rothwell, "Mesopotamia in British War Aims," *Historical Journal*, 13 (1970), pp. 273–94 描绘了英国在该地区的扩张野心。

31 威廉·雷因·马歇尔爵士（1865—1939）参与了夺回库特的行动与此后攻陷巴格达的行动。

32 James D. Scudieri, "Iraq, 2003–04 and Mesopotamia, 1914–18: A Comparative Analysis in Ends and Means," in Williamson Murray, ed., *A Nation at War in an Era of Strategic Change* (Carlisle Barracks, 2004), p. 101. 这一数字与埃里克·新关（Eric Shinseki）将军 2003 年给出的伊拉克所需士兵人数相近，新关在 1999—2003 年担任美国陆军参谋长。他的言论使国防部长唐纳德·拉姆斯菲尔德失去了对他的好感。参见 Matthew Engel, "Scorned General's Tactics

Proved Right," *Guardian*, March 29, 2003。

33 全文被记录在 Wilson, *Loyalties*, pp. 237–8。

34 Marlowe, *Late Victorian*, ch. 9 对威尔逊政策遭遇的批评进行了全面而平衡的叙述。

35 Ian Rutledge, *Enemy on the Euphrates: The British Occupation of Iraq and the Great Arab Revolt, 1914–1921* (London, 2014), chs. 21–34. 也可见 Charles Tripp, *A History of Iraq* (Cambridge, 2nd ed. 2000), pp. 40–45; Simon and Tejirian, *Creation of Iraq*, 尤其是第一章到第三章；Marlowe, *Late Victorian*, ch. 11。

36 阿诺德·威尔逊在 *Loyalties* 一书中完整叙述了这些事件，也可见 Marlowe, *Late Victorian*, ch. 12。

37 T. E. Lawrence, "A Report on Mesopotamia," *Sunday Times*, August 22, 1920. 也可见 Timothy J. Paris, "British Middle East Policy-Making after the First World War: The Lawrentian and Wilsonian Schools," *Historical Journal*, 41 (1998), pp. 773–93。

38 国王费萨尔一世（1885—1933）。尽管英国人推动了移权过程，但英国人并未完全掌控全局。参见 Efraim Karsh, "Reactive Imperialism: Britain, the Hashemites, and the Creation of Modern Iraq," *Journal of Imperial and Commonwealth History*, 30 (2002), pp. 55–70; 以及 Susan Pedersen, "Getting Out of Iraq in 1932: The League of Nations and the Road to Normative Statehood," *American Historical Review*, 115 (2010), pp. 975–1000 对正式独立的讨论。

39 Wilson, *Loyalties*, pp. 237–8。

40 维柯和此前的伊本·赫勒敦也都提出，每个时代都充满了惊奇，预测未来更多的是一种艺术而不是科学。关于汤因比的观点，参见 Cornelia Navari, "Arnold Toynbee (1889–1975): Prophecy and Civilization," *Review of International Studies*, 26 (2000), pp. 289–307。

41 J. A. Hobson, *Imperialism: A Study* (3rd ed., London, 1938), p. 9.

42 Francis Fukuyama, *The End of History and the Last Man* (London, 1992). 这一标题间接地指出了书中论点，即苏联的崩溃意味着世界的意识形态大分裂宣告终结，西方自由主义民主制度获得胜利。

43 Kenneth Burke, *Permanence and Change* (Berkeley and Los Angeles, 1984), pp. 7–11, 其中探讨了被法国人颇为优雅地称为"专业的变形"（la déformation professionelle）的现象。

44 奥德修斯也得到了智慧与战争女神雅典娜的帮助。

第1章

1 Peter Winch, *The Idea of a Social Science and Its Relation to Philosophy* (London, 1958; 1990) 是一部卓越、清晰但如今已被遗忘的作品。

2 对于这些如今已规模庞大的学术文献，要初步了解其中的不同特点，可参见：Kevin H. O'Rourke and Jeffrey G. Williamson, *Globalization and History: The Evolution of a Nineteenth-Century Atlantic Economy* (Cambridge, MA, 1999); A. G. Hopkins, ed., *Globalisation in World History* (London and New York, 2002); Jürgen Osterhammel and Niels P. Petersson, *Globalization: A Short History* (Princeton, NJ, 2003): Patrick Manning, *Navigating World History: Historians*

Create a Global Past (New York, 2003); Patrick Manning, ed., *World History: Global and Local Interactions* (Princeton, NJ, 2005); A. G. Hopkins, ed., *Global History: Interactions Between the Universal and the Local* (Basingstoke, Hants, 2006) 提出当地社会如何对全球性冲力做出反应和重塑；Laurent Testot, ed., *Histoire globale: Un autre regard sur le monde* (Auxerre, 2008) 提供了简明但广泛的概述；Philippe Beaujard et al., eds., *Histoire globale: mondialisations et capitalisme* (Paris, 2009) 提供了12篇多方面的论文；Pierre-Yves Saunier, *Transnational History* (New York, 2013) 考虑了超越这里所说的超国家联系；Jürgen Osterhammel, *The Transformation of the World: A Global History of the Nineteenth Century* (Princeton, NJ, 2014) 为19世纪各种变化提供了最完整的论述；Dominic Saschsenmaier, *Global Perspectives on Global History: Theories and Approaches in a Connected World* (Cambridge, 2011) 追溯了这一课题在美国、德国和中国的演变过程；James Belich, John Darwin, Margret Frenz, and Chris Wickham, eds., *The Prospect of Global History* (Oxford, 2016) 价值尤其重大，注意到了被忽略的全球化早期阶段。

3   Paul Kramer, "Power and Connection: Imperial Histories of the United States in the World," *American Historical Review*, 116 (2011), pp. 1348–91 就近期的相关文献提供了完整而易于理解的介绍。

4   Oscar Wilde, "The Decay of Lying," *Intentions* (London, 1891), p. 44.

5   Christopher Bayly, "History and World History," in Ulinka Rublack, ed., *A Concise Companion to History* (Oxford, 2001), ch. 1.

6   因此我们应该感谢从不同视角探索了这些可能性的学者，他们这样做，为研究过去开辟了新道路。做出贡献的著作包括但不仅限于：Frank Ninkovich, *The United States and Empire* (Oxford, 2001); Thomas Bender, ed., *Rethinking American History in a Global Age* (Berkeley, 2002); Niall Ferguson, *Colossus: The Rise and Fall of the American Empire* (London, 2004); Thomas Bender, *A Nation among Nations: America's Place in World History* (New York, 2006); Charles Maier, *Among Empires: American Ascendancy and its Predecessors* (Cambridge, MA, 2006); Ian Tyrrell, *Transnational Nation: United States in Global Perspective since 1789* (New York, 2007); Michael Hunt, *The American Ascendancy: How the United States Gained and Wielded Global Dominance* (Chapel Hill, 2007); Kathleen Burke, *Old World, New World: Great Britain and America from the Beginning* (New York, 2007); Julian Go, *Patterns of Empire: The British and American Empires, 1688 to the Present* (Cambridge, 2011). Nicolas Barreryre, Michael Heale, Stephen Tuck, and Cécile Vidal, eds., *Historians Across Borders: Writing American History in a Global Age* (Berkeley and Los Angeles, 2014).

7   Louis A. Pérez, Jr., "We Are the World: Internationalizing the National, Nationalizing the International," *Journal of American History*, 89 (2010), pp. 558–66 对这些主题做出了缜密的思考。

8   对于历史和其他社会科学之间可能的交汇点，其中一项议题可参见 Hopkins, *Globalisation in World History*, ch. 1。

9   要了解学术态度的变化，最近的研究之一可参见 Kenneth Lipartito, "Reassembling the Economic: New Departures in Historical Materialism," *American Historical Review*, 121 (2016), pp. 101–39。

10   这一观察来自我自己从20世纪60年代以来参与区域研究的经历。

11 其中一例可参见 Sujit Sivasundaram, *Islanded: Britain, Sri Lanka and the Bounds of an Indian Ocean Colony* (Chicago, 2013)。

12 Pérez, "We are the World" 证明，将国家历史国际化可以 "展现出占用的行为"（pp. 65–66）。Jay Sexton, "The Global View of the United States," *Historical Journal*, 48 (2005), pp. 261–76 观察称，"跨国史通常反而强化了美国的独特性"（p.275）。因此，澳大利亚顶尖的美国史专家 Ian Tyrrell 独特的研究 *Transnational Nation*（已在注释6中提及）尤其需要得到称赞。

13 Daniel Immerwahr, "The Greater United States: Territory and Empire in U.S. History," *Diplomatic History*, 40 (2016), pp. 373–91, at p. 377. Immerwahr博士属于少数认识到这一被忽视课题的重要性的历史学家。

14 Dorothy Ross, *The Origins of American Social Science* (Cambridge, 1991), p. xiv. 尽管这里只是简略引用，但我从这部博学而思考深入的著作中得到的收获远不止于此。

15 对这一概念的讨论可以填满许多大部头著作，不了解这方面讨论的读者应该能从以下作品中得到帮助：Ian Tyrrell, "American Exceptionalism in an Age of International History," *American Historical Review*, 96 (1991), pp. 1031– 55; Michael Kammen, "The Problem of American Exceptionalism: A Reconsideration," *American Quarterly*, 45 (1993), pp. 1–43; Deborah L. Madsen, *American Exceptionalism* (Jackson, 1998); Donald E. Pease, "Anglo-American Exceptionalisms," *American Quarterly*, 60 (2014), pp. 197–209。关于1945年后这一概念被推广为 "国家幻想"（state fantasy），参见 Donald E. Pease, *The New American Exceptionalism* (Minneapolis, 2009)。Elizabeth Glaser and Hermann Wellenreuther, eds., *Bridging the Atlantic: The Question of American Exceptionalism in Perspective* (Cambridge, 2002)则提供了一些国际视角，尽管他们搭建的桥梁并未完全抵达对岸。

16 正如 Michael Kammen 在2003年写道，"那些接受美国史训练成长起来的比较研究实践者们写出的主要出色著作屈指可数"。Michael Kammen, "Clio, Columbia, and the Cosmopolitans: Beyond American Exceptionalism and the Nation-State," *History & Theory*, 42 (2003), p. 106.

17 该文起初出版于1928年，之后从法文译成英文，发表题目为 "Toward a Comparative History of European Societies," in Frederick C. Lane and Jelle C. Riemersma, eds., *Enterprise and Secular Change: Readings in Economic History* (Homewood, 1953), pp. 494–521。最佳的分析文章是 William H. Sewell, "Marc Bloch and the Logic of Comparative History," *History & Theory*, 6 (1967), pp. 208–18。比较史的其他困难和可能性则可参见 Raymond Grew, "The Case for Comparing Histories," *American Historical Review*, 85 (1980), pp. 763–78; 以及 Chris Lorenz, "Comparative Historiography: Problems and Perspectives," *History & Theory*, 38 (1999), pp. 25–39。

18 最近的讨论可参见 Vladimir Putin, "A Plea for Caution from Russia," *New York Times*, September 11, 2013 以及随之而来的例外主义辩驳。"The Divine Purposes of America and Russia," *Economist*, February 27, 2015 则试图取得平衡。

19 Oscar A. Haac, "La Révolution comme religion: Jules Michelet," *Romanticisme*, 15 (1985), pp. 75–82.

20 Jacques Lafon, "Langue et pouvoir: aux origines de l'exception culturelle française," *Revue Historique*, 292 (1994), pp. 393–419; Dino Costantini, *Mission*

civilisatrice: la rôle de l'histoire coloniale dans la construction de l'identité politique française (Paris, 2008).

21　直到2002年，还有一些知名法国企业家因宣称"法国例外"的终结而引发了法国人的愤慨。参见 Jean-Pierre Dormois, *The French Economy in the Twentieth Century* (Cambridge, 2004), ch. 1。

22　Peter Bergmann, "American Exceptionalism and Germany: *Sonderweg* in Tandem," *International History Review*, 23 (2001), pp. 505–34.

23　我无法找到这句话的来源，不幸的是，这意味着这句话理应是真的，但也有可能不是真的。

24　尤其是 Thomas Bender, *A Nation Among Nations* 勇敢地开创了先河。同样可参见 Bender, ed., *Rethinking American History* 以及注释6提及的著作。之后的章节会在相关处指出为这些分支领域做出贡献的著作。

25　对于"共识学派"，参见这篇富于启发的论文：Michael Kazin, "Hofstadter Lives: Political Culture and Temperament in the Work of an American Historian," *Reviews in American History*, 27 (1999), pp. 334–48。Kazin 指出了理查德·霍夫施塔特作品中颠覆性的元素，并提醒读者，霍夫施塔特正如路易斯·赫兹（Louis Hertz）与查尔斯·比尔德一样，影响力远超过了学术界。霍夫施塔特篇幅最长的作品 *Anti-Intellectualism in American Life* (New York, 1963) 对美国社会最独特的一大特点提出了无法超越的洞见。

26　最关键的作品是 William Appleman Williams, *The Tragedy of American Diplomacy* (New York, 1959)。同样可参见 Lloyd C. Gardner, ed., *Redefining the Past: Essays in Diplomatic History in Honor of William Appleman Williams* (New York, 1986)。纪念 Williams 的特别专刊见 *Diplomatic History*, 25, 2 (2001) 和 Walter LaFeber, 28, 5 (2004)。James G. Morgan, *Into New Territory: American Historians and the Concept of US Imperialism* (Madison, 2014) 则提供了最新的指引。

27　Richard Van Alstyne 采取了独立而实际的立场，将美国扩张追溯到18世纪，但他也相信1898年后的时期是"巩固期"：*The Rising American Empire* (New York, 1960; 2nd ed. 1974)。

28　Howard Zinn, *A People's History of the United States* (New York, 1980, 2005). 同样可参见 Robert Cohen, "The Second Worst History Book in Print? Rethinking a People's History of the United States," *Reviews in American History*, 42 (2014), pp. 197–206。

29　"无论历史学家对此做什么还是不做什么，美国的民族文化中将永远包括一种半官方的民族叙事。" David Hollinger, "National Culture and Communities of Descent," *Reviews in American History*, 26 (1998), p. 326.

30　Charles McLean Andrews, "Present-Day Thoughts on the American Revolution," *Bulletin of the University of Georgia*, 19 (1919), p. 4.

31　David Waldstreicher, "Founders' Chic as Culture War," *Radical History Review*, 84 (2002), pp. 191–2; H. W. Brands, "Founders Chic," *Atlantic Monthly* (September, 2003), pp. 101–10.

32　Thomas Carlyle, *On Heroes, Hero-Worship, and the Heroic in History* (London, 1841). 卡莱尔庞大的案例研究此后以6卷本的形式面世，见 *The History of Friedrich II of Prussia, Known as Frederick the Great* (1858–1865)。

33　尤为显著的是 Geir Lundestad, *The American "Empire"* (Oxford, 1990)。这一主

题的变体包括："'Empire by Invitation' in the American Century," *Diplomatic History*, 23 (1999), pp. 189–217; *"Empire" by Integration: The United States and European Integration, 1945–1997* (New York, 1998); *The Rise and Decline of the American "Empire": Power and Its Limits in Comparative Perspective* (Oxford, 2012)。

34　George Liska, *Career of Empire: America and Imperial Expansion over Land and Sea* (Baltimore, 1978). 他的最新观点可参见 *Twilight of Hegemony: The Late Career of Imperial America* (Dallas, 2003)。

35　关于进攻性现实主义，参见 John J. Mearsheimer, *The Tragedy of Great Power Politics* (New York, 2001)。

36　Emily S. Rosenberg, "'The Empire' Strikes Back: Three Faces of Imperialism," *Reviews in American History*, 16 (1988), p. 586.

37　"有效独立"的概念将在本书的第 4 章进行讨论。

38　这一说法之所以闻名，是因为 Samuel Flagg Bemis, *A Diplomatic History of the United States* (New York, 1936)，书中第 6 章标题为"1898 年的大反常"。

39　应该要感谢 Julian Go，他的著作将菲律宾和波多黎各联系了起来（他的 *Patterns of Empire* 一书中提出了联系，被本书第 11 章和第 12 章引用）。

40　读者若是发现这些言论夸大其词，可以从一位公认的权威人士的评价中确认他们的感觉：Emily S. Rosenberg, "World War I, Wilsonianism, and Challenges to the U.S. Empire," *Diplomatic History*, 38 (2014), pp. 853–63。

41　这些引语来自 Whitney T. Perkins, *Denial of Empire: The United States and Its Dependencies* (Leyden, 1962), p. 10. 对于"赎罪学说"，参见 Stanley Karnow, *In Our Image: America's Empire in the Philippines* (New York, 1989)，该书在 1990 年赢得了普利策奖，它是唯一在狭隘的专家群体之外广泛流行的、关于美利坚帝国的综述性著作（尽管它全局限于菲律宾）。书中从原罪到救赎的说法受到了 Michael Salman, "In Our Orientalist Imagination: Historiography and the Culture of Colonialism in the United States," *Radical History Review*, 50 (1991), pp. 221–32; Reynaldo C. Ileto, *Knowing America's Colony: A Hundred Years from the Philippine War* (Manoa, 1999), pp. 41–65 两篇文章的激烈的批评。

42　Ian Tyrrell 展现了世界主义主题是如何让位于民族成见的，"Making Nations/ Making States: American Historians in the Context of Empire," *Journal of American History*, 86 (1999), pp. 1015–1044。

43　*Imperialism and World Politics* (New York, 1926), pp. 525, 396–7, 422, 561.

44　Julius W. Pratt, *America's Colonial Experiment: How the United States Gained, Governed, and in Part Gave Away a Colonial Empire* (New York, 1951), p. 3.

45　Perkins, *Denial of Empire*. 此书在国外（荷兰）出版，因而没有获得多少关注。也许正因如此，书中存在几处误印，引起了少数评论者的注意。

46　Scott Nearing and Joseph Freeman, *Dollar Diplomacy: A Study in American Imperialism* (New York, 1925). 尼尔林（1883—1983）是一名激进派经济学家（1909 年获博士学位），1915 年因社会激进活动被宾夕法尼亚大学沃顿商学院开除（1973 年尼尔林 90 岁时，这一决定被撤回）。他也是一名和平主义者，1917 年加入社会党，1927 年加入共产党。他的相关研究如今已鲜为人知：*The American Empire* (New York, 1921); *The Twilight of Empire: An Economic Interpretation of Imperial Cycles* (New York, 1930); *The Tragedy of Empire* (New York, 1945)。关于他的最新传记为 John A. Saltmarsh, *Scott Nearing: An*

Intellectual Biography (Philadelphia, 1991)。Emily S. Rosenberg, "Revisiting Dollar Diplomacy," *Diplomatic History*, 22 (1998), pp. 155–76 则引入后现代主义和性别研究，扩充了尼尔林的唯物主义立场。

47　Nearing, *Dollar Diplomacy*, p. 220.

48　Leland H. Jenks, *Our Cuban Colony: A Study in Sugar* (New York, 1928).

49　Jenks, *Our Cuban Colony*, p. 6.

50　有许多例子，其一为 Eliot A. Cohen, "History and the Hyperpower," *Foreign Affairs*, 83 (2004), p. 62。

51　在这里，我要感谢 Huw V. Bowen, "British Conceptions of Global Empire," *Journal of Imperial and Commonwealth History*, 26 (1998), pp. 1–27 和 Brian P. Levack, "Britain's First Global Century: England, Scotland and Empire, 1603–1707," *Britain and the World*, 6 (2013), pp. 101–18。

52　Levack, "Britain's First Global Century," pp. 115–16.

53　John Gallagher and Ronald Robinson, "The Imperialism of Free Trade," *Economic History Review*, 2nd series, 6 (1953), pp. 1–15.

54　P. J. Cain and A. G. Hopkins, *British Imperialism, 1688–2015* (London, 3rd ed. 2016), p. 66, n. 8. 进一步提及这场辩论。

55　James Kurth, "Migration and the Dynamics of Empire," *National Interest*, 71 (2003), p. 5.

56　Philip Zelikow, "The Transformation of National Security," *National Interest*, 71 (2003), p. 19.

57　Snyder, "Imperial Temptations," *National Interest*, 71 (2003), pp.29–40; Rosen, "An Empire, If You Can Keep It," *National Interest*, 71 (2003), pp. 51–61.

58　这些新专家也没有引用关键的史学著作。尽管意识形态对新保守派的思想非常重要，但很少有评论家引用 Michael H. Hunt 和 Anders Stephanson 影响深远的研究成果，只留待 Andrew J. Bacevich 来重新介绍 William Appleman Williams 的著作。参见 Hunt, *Ideology and American Foreign Policy* (New Haven, 1987); Stephanson, *Manifest Destiny: American Expansion and the Empire of Right* (New York, 1995); Bacevich, *American Empire: The Realities and Consequences of U.S. Diplomacy* (Cambridge, MA, 2002)。

59　Niall Ferguson, *Colossus: The Price of America's Empire* (New York, 2004); Ferguson, "The Unconscious Colossus: Limits of (& Alternatives to) American Empire," *Daedalus* 134 (2005), pp. 18–33; Bernard Porter, *Empire and Superempire: Britain, America, and the World* (New Haven, 2006).

60　Porter, *Empire*, p. 162.

61　John Lewis Gaddis, *We Now Know: Rethinking Cold War History* (Oxford, 2001), p. 27.

62　Emily Eakin, "It Takes an Empire," *New York Times*, April 2, 2002; Paul Kennedy, "The Greatest Superpower Ever," *New Perspectives Quarterly*, 19 (2002); Kennedy, "Mission Impossible," *New York Review of Books*, 51 (2004).

63　Arthur Schlesinger, "The American Empire? Not So Fast," *World Policy Journal*, 22 (2005), p. 45, 此言引用了政治学家 John Ikenberry 的论述。

64　Anthony Pagden, "Imperialism, Liberalism, and the Quest for Perpetual Peace," *Daedalus*, 134 (2005), pp. 46–57.

65　Hunt, *The American Ascendancy*, pp. 308–24; Hunt, "Empire, Hegemony, and the

U.S. Policy Mess," *History News Network*, May 21, 2007, p. 4 更充分地利用了"帝国"一词。

66　Charles S. Maier, *American Ascendancy and Its Predecessors* (Cambridge, MA, 2006), p. 3. 同样参见 pp. 7, 31, 109。

67　Dane Kennedy, "On the American Empire from a British Imperial Perspective," *International History Review*, 29 (2007), pp. 84–108.

68　Evelyn Baring, First Earl of Cromer, *Ancient and Modern Imperialism* (London, 1910); C. A. Hagerman, *Britain's Imperial Muse: The Classics, Imperialism, and the Indian Empire, 1783–1914* (Basingstoke, Hants, 2013).

69　Duncan Bell, *The Idea of Greater Britain: Empire and the Future of World Order, 1860– 1900* (Princeton, NJ, 2007), ch. 8. Bell 也表示，这一类比最终不如人意，因为希腊和罗马的衰落与维多利亚时期的进步观念格格不入。美国作为更新、更有希望的选择，成了新的类比对象。我要感谢 Bell 博士对此及相关主题的宝贵探讨。同样可见 Daniel Deudney, "Greater Britain or Greater Synthesis? Seeley, Mackinder and Wells on Britain in the Global Industrial Era," *Review of International Studies*, 27 (2001), pp. 187–208。

70　梅因 1875 年的里德讲座稿重新发表在他的 *Village Communities* (London, 4th ed. 1881), p. 238。

71　Sohui Lee, "Manifest Empire: Anglo-American Rivalry and the Shaping of U.S. Manifest Destiny," in Jeffrey Cass and Larry Parr, eds., *Romantic Border Crossings* (Aldershot, 2008), ch. 14.

72　关于合适与不合适的类比，参见 Cullen Murphy, *Are We Rome? The Fall of an Empire and the Fate of America* (New York, 2007)。

73　有许多例子，其一是 Robert Kaplan, *Warrior Politics: Why Leadership Demands a Pagan Ethos* (New York, 2002)。

74　关于帝国的学术文献在进行比较时很少注意到这些研究。可读性较强的概论包括 Richard Hingley, *Globalizing Roman Culture* (London, 2005); Barbara Goff ed., *Classics and Colonialism* (London, 2005); Henry Hurst and Sara Owen, eds., *Ancient Colonizations: Analogy, Similarity and Difference* (London, 2005)。

75　Anthony Pagden, *Lords of All World: Ideologies of Empire in Spain, Britain and France, c. 1500–c. 1800* (New Haven, 1995), ch. 1; Pagden, "Fellow Citizens and Imperial Subjects: Conquest and Sovereignty in Europe's Overseas Empires," *History & Theory*, 44 (2005), pp. 28–46 表现出我们可以认可帝国间的不同，但同时可以把这些不同联系起来，形成连贯的分类法。同样可见 James Muldoon 广泛而深刻的著作 *Empire and Order: The Concept of Empire, 800–1800* (New York, 1999)。

76　J. A. Hobson, *Imperialism: A Study* (3rd ed., London, 1938), pp. 207–8.

77　相关讨论可参见 Michael W. Doyle, *Empires* (Ithaca, 1986), pp. 12, 20–21, 30–40, 81; Herfried Münckler, *Empires: The Logic of World Domination from Ancient Rome to the United States* (Cambridge, 2007), pp. 4–8。

78　参见本章的注释 2。

79　David Held, Antony McGrew, David Globlatt, and Jonathan Perraton, *Global Transformations: Politics, Economics and Culture* (Cambridge, 1999); Held et al., *Globalisation: Key Concepts* (London, 1999) 提供了完整的介绍。

80　Kevin H. O'Rourke and Jeffrey G. Williamson, "When Did Globalisation Begin?"

European Review of Economic History, 6 (2002), pp. 23–50. Jan de Vries 则对更早的时期提出了引人入胜的评价："The Limits of Globalisation in the Early Modern Period," *Economic History Review*, 63 (2010), pp. 710–33。

81　Michael Lang, "Globalization and Its History," *Journal of Modern History*, 78 (2006), pp. 899–931.

82　并不是所有作者都看得出或者接受这种区别。不同立场可以 Jeanne Morefield, *Empires Without Imperialism: Anglo-American Decline and the Politics of Deflection* (New York, 2014) 为例。

83　这当然不是宣称民族国家消除了多文化和地区纽带。融合与多元这两大共生的主题贯穿了 Susan E. Alcock, Terence N. D'Altroy, Kathleen D. Morrison, and Carla M. Sinopoli, eds., *Empires: Perspectives from Archaeology and History* (Cambridge, 2001)。

84　George Steinmetz, "Return to Empire: The New U.S. Imperialism in Comparative Perspective," *Sociological Theory*, 23 (2005), pp. 339–67 帮我理清了这一说法。

85　M. I. Finlay, "Colonies—An Attempt at a Typology," *Transactions of the Royal Historical Society*, 26 (1976), pp. 167–88.

86　有价值的讨论包括 Robert Keohane, *After Hegemony*; "The United States and the Postwar Order: Empire or Hegemony?" *Journal of Peace Research*, 28 (1991), pp. 435–9; Michael Walzer, "Is There an American Empire?" *Dissent*, Fall (2003), pp. 27–31; G. John Ikenberry, "Illusions of Empire: Defining the New American Order," *Foreign Affairs*, 83 (2004), pp. 144–54; Alexander J. Motyl, "Empire Falls," *Foreign Affairs*, 85 (2006), pp. 190–94; Doyle, *Empire*, 12–13, 40–44, 81; Münckler, *Empires*, pp. 6–7, 40–46; Patrick Karl O'Brien and Armand Clesse, eds., *Two Hegemonies: Britain, 1846–1914 and the United States, 1941–2001* (Aldershot, Hants, 2002)。Michael Cox 在 "September 11th and US Hegemony," *International Studies Perspective*, 3 (2002), pp. 63–7 中为 "霸权国" 一词做出了平衡而坚定的辩护。Joseph Nye 则在 *The Paradox of American Power* (Oxford, 2002), pp. 12–16 中提出了更为审慎的见解。John A. Thompson, *A Sense of Power: The Roots of America's Global Role* (Ithaca, 2015), pp. 1–24 则对相关文献做了便于理解的总结。

87　霸权的概念起源于著名经济史学家 Charles Kindleberger，他解释说，20 世纪 30 年代的不稳定来自英国 "首要地位"（primacy）的崩溃。参见 *The World in Depression, 1929–1939* (Berkeley, 1973)。O'Brien, *Two Hegemonies*, pp. 1–56 提供了卓越的介绍。但我们也需要注意到这些作者运用这一术语的不同方式。John Agnew, *Hegemony: The New Shape of Global Power* (Philadelphia, 2005) 从历史地理学的角度提出了一种视角。

88　霸权稳定理论（hegemonic stability theory）的主要提倡者是 Robert Gilpin, *U.S. Power and the Multinational Corporation: The Political Economy of Foreign Direct Investment* (New York, 1975)。同样参见 Gilpin, *War and Change in the International System* (Cambridge, 1981); Gilpin, *The Political Economy of International Relations* (Princeton, NJ, 1987)。

89　Arthur A. Stein, "The Hegemon's Dilemma: Great Britain, the United States and the International Economic Order," *International Organization*, 38 (1984), pp. 355–86.

90　在这里我要感谢 Doyle, *Empires*, pp. 26–30, 125–7, 233–4 中的讨论。

91　现实主义和新现实主义的批评者们论证了制度、主动性和偏好的作用，包括Keohane, *After Hegemony*; Ronald Rogowski, *Commerce and Coalitions* (Princeton, NJ, 1989); Robert O. Keohane and Helen V. Milner, eds., *Internationalization and Domestic Politics* Cambridge, 1996); Helen Milner, *Interest, Institutions and Information: Domestic Politics and International Relations* (Princeton, NJ, 1997); Jack Snyder, *Myths of Empire: Domestic Politics and International Ambition* (Ithaca, 1991); Simon Reich and Richard Ned Lebow, *Good-Bye Hegemony! Power and Influence in the Global System* (Princeton, NJ, 2014)。

92　尤其参见Daniel Garst, "Thucydides and Neorealism," *International Studies Quarterly*, 33 (1989), pp. 3–27; David Bedford and Thom Workman, "The Tragic Reading of the Thucydidean Tragedy," *Review of International Studies*, 27 (2001), pp. 51–67; Richard Ned Lebow and Robert Kelly, "Thucydides and Hegemony: Athens and the United States," *Review of International Studies*, 27 (2001), pp. 593–609; Lebow and Kelly, *The Tragic Vision of Politics: Ethics, Interests and Orders* (Cambridge, 2003), chs. 3–4。

93　参见Helen Milner, "The Assumption of Anarchy in International Relations," *Review of International Studies*, 17 (1991), pp. 67–85; Robert Powell, "Anarchy in International Relations," *International Organization*, 48 (1994), pp. 329–34。还有"英格兰学派"的理论家：Andrew Linklater and Hidemi Suganami, *The English School of International Relations* (Cambridge, 2006)。

94　最佳的比较评估是O'Brien and Clesse, *Two Hegemonies*。

95　John M. Hobson, "Two Hegemonies or One? A Historical-Sociological Critique of Hegemonic Stability Theory," in O'Brien and Clesse, *Two Hegemonies*, ch. 15.

96　Mearsheimer, *The Tragedy of Great Power Politics*; Richard N. Rosecrance, "War and Peace," *World Politics*, 55 (2002), pp. 137–66.

97　Isabelle Grunberg有力的分析揭露了理论中潜在的古老比喻："Exploring the 'Myth' of Hegemonic Stability Theory," *International Organization*, 44 (1990), pp. 431–77。

98　Susan Strange, *States and Markets* (London, 1988; 2nd ed. 1994), ch. 2区分了结构性权力（structural power）和关系性权力（relational power）。A. G. Hopkins, "Informal Empire in Argentina: An Alternative View," *Journal of Latin American Studies*, 26 (1994), pp. 469–84将这一区别运用到了特定的案例中。

99　在这方面，我从Doyle, *Empires*, pp. 12–13, 40, 129–30汲取了收获。

100　在这方面，与我一致的包括Yale H. Ferguson, "Approaches to Defining 'Empire' and Characterizing United States Influence in the Contemporary World," *International Studies Perspectives*, 9 (2008), pp. 272–80; Hendrick Spruyt, " 'American Empire' as an Analytical Question or a Rhetorical Move?" *International Studies Perspectives* 9 (2008), pp. 290–99; Daniel H. Nexon, "What's This, Then? 'Romanes Eunt Domus'?" *International Studies Perspectives* 9 (2008), pp. 300–308; Paul K. MacDonald, "Those Who Forget Historiography Are Doomed to Republish It: Empire Imperialism and Contemporary Debates about American Power," *Review of International Studies*, 35 (2009), pp. 45–67。

101　Hopkins, *Globalisation in World History*; Hopkins, *Global History*, 以及前文注释2给出的文献。

102　Hopkins, *Globalisation in World History*, chs. 1–2. Cain and Hopkins, *British Imperialism, 1688–2015* (3rd ed. London, 2016), pp. 706–25详细地描绘了英国的案例。

103　夏尔-路易·德·塞孔达，拉布列德及孟德斯鸠男爵（1689–1755）。David W. Carrithers, Michael A. Mosher, and Paul A. Rahe, eds., *Montesquieu's Science of Politics: Essays on the Science of the Laws* (Lanham, MD, 2001)中包括一组多方面的论文。Werner Stark, *Montesquieu: Pioneer of the Sociology of Knowledge* (London, 1960) 至今仍有其价值。对于这里的讨论，尤其可参见该书的第3章、第7章、第15章。Jacob T. Levy, "Beyond Publius: Montesquieu, Liberal Republicanism and the Small-Republic Thesis," *History of Political Thought*, 27 (2006), pp. 50–90.

104　Michael A. Mosher, "Montesquieu on Empire and Enlightenment," in Sankar Muthu, ed., *Empire and Modern Political Thought* (Cambridge, 2012), ch. 5. Daniel Deudney, *Bounding Power: Republican Security Theory from the Polis to the Global Village* (Princeton, NJ, 2007)将孟德斯鸠的思想与修正主义学者眼中的现实主义国际关系联系了起来。

105　Robert Howse, "Montesquieu on Commerce, Conquest, War, and Peace," *Brooklyn Journal of International Law*, 31 (2006), pp. 1–16. 考虑到篇幅限制，我不得不对孟德斯鸠言论中的一些模糊之处忽略不计。

106　Anne M. Cohler, *Montesquieu's Comparative Politics and the Spirit of American Constitutionalism* (Lawrence, 1988); Daniel Walker Howe, "Why the Scottish Enlightenment Was Useful to the Framers of the American Constitution," *Comparative Studies in Society & History*, 31 (1989), pp. 572–87.

107　Stephen J. Rowe, "Commerce, Power and Justice: Montesquieu on International Politics," *Review of Politics*, 46 (1984), pp. 346–66.

108　Manjeet Kauer Ramgotra, "Republic and Empire in Montesquieu's Spirit of the Laws," *Millennium*, 42 (2014), pp. 790–816.《联邦党人文集》中有大量对这些议题的讨论：Terence Ball, ed., Alexander Hamilton, James Madison, and John Jay, *The Federalist with Letters of "Brutus"* (Cambridge, 2003)。

109　Catherine Larrère, "Montesquieu on Economics and Commerce," in Carrithers, Mosher, and Rahe, *Montesquieu's Science of Politics*, pp. 335–73.

110　正如欧洲殖民地独立时一样，术语是敏感（而且不断变化）的问题。我在本书第1章到第14章使用了"美洲土著"（Native American），因为研究二战前时期的历史学家广泛采用了这一说法。但研究1945年后的专家更倾向用"美国印第安人"（American Indian），这一术语出现在本书第15章。

111　我用"后殖民"一词表达的含义是研究帝国与帝国主义的历史学家所熟悉的，即用这个词来表示正式殖民统治结束后的时期。后现代主义改变了这个词的意义，用它来涵盖从一开始的整个殖民经历，这忽略了"殖民"和"后殖民"的区别，也无助于本书的研究。

112　Alexander Pope, "An Essay on Criticism" (1711)，这句话摘自前文引述的更长内容。

113　每一章内容相伴的大量注释，都是为了表达我对学者们的感激之情，是他们使这本书成为可能。

第2章

1　其中一大明显的例外是 P. J. Marshall, *Remaking the British Atlantic: The United States and the British Empire after American Independence* (Oxford, 2012)，该书证明了这条定律，尽管它研究的时间段到1790年为止。

2　在这里需要向 Frank Thistlethwaite, *The Anglo-American Connection in the Early Nineteenth Century* (Philadelphia, 1959) 的先驱研究表达迟来的敬意，该书预言了许多现象，它们最近才因人们对全球化产生兴趣而被重新发现。

3　Jeremy Adelman, "An Age of Imperial Revolutions," *American Historical Review*, 113 (2008), pp. 319–40; David Armitage and Sanjay Subrahmanyam, eds., *The Age of Revolutions in Global Context, c. 1760–1840* (Basingstoke, Hants, 2010); Richard Bessel, Nicholas Guyatt, and Jane Rendall, eds., *War, Empire and Slavery, 1770–1830* (Basingstoke, 2010).

4　John Stuart Mill, *Principles of Political Economy* (London, 1848; 1909), vol. 3, ch. 25, para. 17. 穆勒认为，帝国内部的对外贸易不是外国贸易，而是长距离间城市与乡村之间的贸易。

5　在当前背景下，参见 Geoffrey Parker, *The Military Revolution: Military Innovation and the Rise of the West, 1500–1800* (Cambridge, 1988)。将这一术语运用到18世纪英国的关键著作是 John W. Brewer, *The Sinews of Power: War, Money and the English State (1688–1783)* (Cambridge, 1989)。Christopher Storrs, "Introduction: The Fiscal-Military State in the 'Long' Eighteenth Century," in Storrs, ed., *The Fiscal-Military State in Eighteenth-Century Europe: Essays in Honour of P. G. M. Dickson* (Farnham, 2008) 则对近期的相关作品做了极好的概述。

6　Miguel de Cervantes, *The Ingenious Gentleman Don Quixote of La Mancha* (Madrid, 1605; Newark, 2007), ch. 38.

7　Edward Gibbon, *The Decline and Fall of the Roman Empire*, Vol.1, David Womersley, ed. (London, 1776; 1994), p. 68.

8　相关介绍参见 Richard Bonney, ed., *The Rise of the Fiscal State in Europe, c. 1200–1815* (Oxford, 1999); Mark Ormrod, Margaret Bonney, and Richard Bonney, eds., *Crises, Revolutions and Self-Sustained Growth: Essays in European Fiscal History, 1130–1830* (Donington, 2000); Storrs, *The Fiscal-Military State in Eighteenth-Century Europe*. See also Jan Glete, *War and the State in Early Modern Europe: Spain, the Dutch Republic and Sweden as Fiscal-Military States* (Hoboken, 2002)。

9　有许多例子使用了新兴的全球角度，包括 C. A. Bayly, *The Birth of the Modern World, 1780–1914: Global Connections and Comparisons* (Oxford, 2004); Armitage and Subrahmanyam, eds., *The Age of Revolutions*; Bessell, Guyatt, and Rendall, eds., *War, Empire and Slavery*; Dominic Sachsenmaier, *Global Perspectives on Global History: Theories and Approaches in a Connected World* (Cambridge, 2011); Bartolomé Yun-Casalilla and Patrick K. O'Brien, eds., *The Rise of Fiscal States: A Global History, 1500–1914* (Cambridge, 2012)。研究北美大陆殖民地的历史学家如今越过大西洋，把视线投向了太平洋。参见 Peter A. Coclanis, "Atlantic World or Atlantic/World?" *William & Mary Quarterly*, 63 (2006), pp. 725–42; Eliga H. Gould, "Entangled Histories, Entangled Worlds: The

English-Speaking Atlantic as a Spanish Periphery," *American Historical Review*, 112 (2007), pp. 764–86; Trevor Burnard, "Placing British Settlements in the Americas in Comparative Perspective," in H. V. Bowen, Elizabeth Mancke, 以及 John G. Reid, eds., *Britain's Oceanic Empire: Atlantic and Indian Ocean Worlds, 1550–1850* (Cambridge, 2012), ch. 15。

10 Dennis O. Flynn and Arturo Giráldez, *China and the Birth of Globalisation in the Sixteenth Century* (Farnham, 2010); Matt K. Matsuda, *Pacific Worlds: A History of Seas, Peoples, and Cultures* (Cambridge, 2012); A. G. Hopkins, ed., *Globalization in World History* (New York, 2002).

11 Victor Lieberman, *Strange Parallels: Southeast Asia in Global Context, c. 800–1830*, vol. 2: *Mainland Mirrors, Europe, China, South Asia and the Islands* (Cambridge, 2009). 一些学者宣称，欧洲和亚洲在经济福利、科学知识和制度可比性上都平起平坐，这种说法颇具争议。比如可参见 Prasannan Parthasarathi, *Why Europe Grew Rich and Asia Did Not: Global Economic Divergence, 1600–1850* (Cambridge, 2011)。

12 Jack A. Goldstone, *Revolution and Rebellion in the Early Modern World* (Berkeley, 1991).

13 Bayly, *The Birth of the Modern World*.

14 Armitage and Subrahmanyam, *The Age of Revolutions*, p. xxiii.

15 要追踪这一主题的大量学术文献，可参见 Kenneth Pomeranz, *The Great Divergence: China, Europe, and the Making of the Modern World Economy* (Princeton, NJ, 2000) 以及此后对其著作的讨论，尤其是提出反驳的 Ricardo Duchesne, *The Uniqueness of Western Civilisation* (Leiden, 2011); 和 Peer Vries, *State, Economy and the Great Divergence: Great Britain and China, 1680s to 1850s* (London, 2015)。

16 Jack A. Goldstone, "Efflorescences and Economic Growth in World History: Rethinking the 'Rise of the West' and the Industrial Revolution," *Journal of World History*, 13 (2002), pp. 323–89; Goldstone, *Why Europe? The Rise of the West in World History, 1500–1850* (New York, 2008). 关于能源的重要性，参见 E. A. Wrigley, *Continuity, Chance, and Change: The Character of the Industrial Revolution in England* (Cambridge, 1988)。

17 参见 Randolph Starn 吸引人的评论："The Early Modern Muddle," *Journal of Early Modern History*, 6 (2002), pp. 296–307。

18 Paolo Malanima, "Energy Crisis and Growth, 1650–1850: The European Deviation in a Comparative Perspective," *Journal of Global History*, 1 (2006), pp. 101–21. 关于生态的论点着重参考了 Wrigley, *Continuity, Chance, and Change*。

19 在这方面，参见 Pomeranz, *The Great Divergence*。

20 专家会注意到，我在这个问题上的观点与 Peer H. H. Vries 相近："Governing Growth: A Comparative Analysis of the Role of the State in the Rise of the West," *Journal of World History*, 13 (2002), pp. 67–138; Vries, "The California School and Beyond: How to Study the Great Divergence?" *History Compass*, 8 (2010), pp. 730–51; Vries, *Escaping Poverty: The Origins of Modern Economic Growth* (Vienna, 2013); Vries, *State, Economy and the Great Divergence*。Vries 强调了强大的发展型国家的重要性，这与本书的一大主题相呼应。

21 Vries, *State, Economy and the Great Divergence* 是决定性的研究。Wenkai He,

Paths Toward the Modern Fiscal State: England, Japan, and China (Cambridge, MA, 2013) 达成了相似的结论。

22　Stephen R. Halsey, "Money, Power, and the State: The Origin of the Military-Fiscal State in Modern China," *Journal of the Economic & Social History of the Orient*, 56 (2013), p. 393, n.2. 对于久远的先例，参见 William Guanglin Liu, "The Making of a Fiscal State in Song China, 960–1279," *Economic History Review*, 68 (2015), pp. 48–78。

23　Halsey, "Money, Power, and the State."

24　其原因可参见 Steven Wilkinson, *Army and Nation: The Military and Indian Democracy since Independence* (Cambridge, MA, 2015)。

25　对此有许多批评，其一为 Kelly de Vries, "Gunpowder Weaponry and the Rise of the Modern State," *War in History*, 5 (1998), pp. 127–45。

26　Richard Bonney, "Absolutism: What's in a Name?" *French History*, 1 (1987), pp. 93–117.

27　Rafael Torres Sánchez, ed., *War, State and Development: Fiscal-Military States in the Eighteenth Century* (Pamplona, 2007); Stephen Conway and Raphael Torres Sánchez, eds., *The Spending of States: Military Expenditure during the Long Eighteenth Century* (Saarbrucken, 2011); Yun-Casalilla and O'Brien, eds., *The Rise of Fiscal States*.

28　Glete, *War and the State in Early Modern Europe*.

29　Richard Bonney, "France and the First European Paper Money Experiment," *French History*, 15 (2001), pp. 254–72. Claude C. Sturgill, "Considerations sur le budget de la guerre, 1720–1729," *Revue Historique des Armées*, 1 (1986), pp. 99–108 估算称，当时皇家预算中约有40%被提供给军队。

30　Javier Cuenca-Esteban, "Statistics of Spain's Colonial Trade, 1747–1820: New Estimates and Comparisons with Great Britain," *Revista de Historia Económica*, 26 (2008), pp. 324–54; Regina Grafe, *Distant Tyranny: Markets, Power, and Backwardness in Spain, 1650–1800* (Princeton, NJ, 2012); Rafael Torres Sánchez, *Constructing a Fiscal-Military State in Eighteenth-Century Spain* (London, 2015).

31　Michael Kwas, *Privilege and the Politics of Taxation in Eighteenth-Century France: Liberté, Egalité, Fiscalité* (Cambridge, 2000). 关于法国国内对公债的辩论，参见 Michael Senescher, *Before the Deluge: Public Debt, Inequality and the Intellectual Origins of the French Revolution* (Princeton, NJ, 2007)。

32　关于波旁王朝改革，参见 John H. Elliott, *Empires of the Atlantic World: Britain and Spain in America, 1492–1830* (New Haven, 2007), chs. 10–12。

33　西班牙在固有偏见中被视为落后国家，但现在有一些著作提出了值得赞赏的修正，尽管这些修正主义学者内部对他们提出的一些改动存在分歧。参见 Carlos Marichal, *Bankruptcy of Empire: Mexican Silver and the Wars between Spain, Britain, France, 1760–1810* (Cambridge, 2007); Regina Grafe and Maria Alejandra Irigoin, "A Stakeholder Empire: The Political Economy of Spanish Imperial Rule in America," *Economic History Review*, 65 (2012), pp. 609–51。

34　José Jurado Sánchez, "Military Expenditure, Spending Capacity and Budget Constraints in Eighteenth-Century Spain and Britain," *Revista de Historia Económica*, 27 (2009), pp. 141–74 将西班牙落后的金融制度与英国做了对比。

35　法国支持北美殖民者的立场广为人知，但人们通常低估了西班牙和荷兰的付出。

36　下文论点的部分内容可参见 P. J. Cain and A. G. Hopkins, *British Imperialism, 1688–2000* (London, 1993; 3rd ed. 2016), chs. 1–2。

37　关键著作是 Brewer, *The Sinews of Power*。但这里也要向 E. James Ferguson 致敬，他的贡献并不总是受人认可：*The Power of the Purse: A History of American Public Finance, 1776–1790* (Durham, 1965); "The Nationalists of 1781–1783 and the Economic Interpretation of the Constitution," *Journal of American History*, 56 (1969), pp. 241–61; "Political Economy, Public Liberty, and the Formation of the Constitution," *William & Mary Quarterly*, 40 (1983), pp. 389–412。

38　除了 Vries（前述注释15和注释20），还可参见本章下一部分援引的 Patrick Karl O'Brien 一系列有力的重述。在最近的著作中，Jack A. Goldstone 似乎在转向"传统"立场，尽管他依然重视支持英国与其他国家的大分化。参见 "Divergence in Cultural Trajectories: The Power of the Traditional in the Early Modern," in David Porter, ed., *Comparative Early Modernities, 1100–1800* (Basingstoke, 2012), pp. 165–94。

39　论证这点的有 David Stasavage, *States of Credit: Size, Power and the Development of European Polities* (Princeton, NJ, 2011)。

40　Richard Bonney, "The Rise of the Fiscal State in France, 1500–1914," in Yun-Casalilla and O'Brien, *The Rise of Fiscal States*, ch. 4.

41　François Marie Arouet de Voltaire, *Lettres sur les Anglais* (Rouen, 1731; London, 1933), 8, "On the Parliament."

42　引用自 J. H. M. Salmon, "Liberty by Degrees: Raynal and Diderot on the British Constitution," *History of Political Economy*, 20 (1999), p. 101。

43　引用自 Julian Hoppit, "The Nation, the State, and the First Industrial Revolution," *Journal of British Studies*, 50 (2011), p. 300。同样可见 Carl Philip Moritz, *Journeys of a German in England* (London, 1783; 1965), p. 57 赞许的评价。

44　Leandro Prados de la Escosura, ed., *Exceptionalism and Industrialisation: Britain and Its European Rivals, 1688–1815* (Cambridge, 2004) 对这些问题做出了宝贵的评估，也恰如其分地致敬了 Patrick O'Brien 做出的杰出学术贡献。

45　Stephen Broadberry, Bruce M. S. Campbell, and Bas van Leeuwen, "When Did Britain Industrialise? The Sectoral Distribution of the Labor Force and Labor Productivity in Britain, 1381–1851," *Explorations in Economic History*, 50 (2013), pp. 20, 22–23.

46　N. A. M. Rodger, "From the 'Military Revolution' to the 'Fiscal-Naval State,'" *Journal for Maritime Research*, 12 (2011), pp. 119–28. 同样可见 Rodger, "War as an Economic Activity in the 'Long' Eighteenth Century." *International Journal of Maritime History*, 22 (2010), pp. 1–18。

47　关于这点及盟友的海军情况，参见 N. A. M. Rodger, *The Command of the Ocean: A Naval History of Britain, 2, 1649–1815* (London, 2004); Daniel Baugh, *The Global Seven Years' War* (Harlow, 2011). Patrick Karl O'Brien and Xavier Duran, "Total Factor Productivity for the Royal Navy from Victory at Toxal (1653) to Triumph at Trafalgar (1805)," in Richard W. Ungar, ed., *Shipping and Economic Growth, 1350–1850* (Leiden, 2010), ch. 12.

48　Roger Morriss, *The Foundations of British Maritime Supremacy: Resources,*

Logistics, and the State, 1755–1815 (Cambridge, 2011) 探究了皇家海军与商船队、私有商人、承包商、补给船，以及茁壮成长的政府官僚体系之间广泛的联系。

49　John R. Hale, *Lords of the Sea: The Epic Story of the Athenian Navy and the Birth of Democracy* (New York, 2009).

50　Tim Harris, *The Great Crisis of the British Monarchy, 1685–1720* (London, 2006) 在全面的论述中重提了部分旧式观点。

51　J. C. D. Clark, *English Society, 1660–1832: Religion, Politics and Society During the Ancien Régime* (2nd ed., Cambridge, 2000); 以及评论文章 Joanna Innes, "Social History and England's 'Ancien Régime,'" *Past & Present*, 115 (1987), pp. 295–311。

52　主要受到了 J. G. A. Pocock 作品的启发，尤其是 *The Machiavellian Moment: Florentine Political Thought and the Atlantic Republican Tradition* (Princeton, NJ, 1975; 2003). Pocock 的著作激起了大量讨论，要简要了解这些讨论的现状，参见 William Walker, "J. G. A. Pocock and the History of British Political Thought: Assessing the State of the Art," *Eighteenth-Century Life*, 33 (2009), pp. 83–96。

53　自 Dickson 的学说发表以来，研究表明，财政改革早在 1688 年前就已经开始。Henry Roseveare, *The Financial Revolution, 1660–1760* (London, 1991); Anne L. Murphy, *The Origins of English Financial Markets: Investment and Speculation before the South Sea Bubble* (Cambridge, 2009)。

54　Steve Pincus, *1688: The First Modern Revolution* (New Haven, 2009). *British Scholar*, 2 (2010), pp. 295–338 为本书激发的讨论提供了代表性的例子。

55　Paul W. Schroeder, *The Transformation of European Politics, 1763–1848* (Oxford, 1994), p. vii 提出，18 世纪欧洲的战场上死亡的人数超过了 19 世纪。关于这一时期是否见证了"全面战争"的出现，参见 Roger Chickering and Stig Förster, eds., *War in an Age of Revolution, 1775–1815* (Cambridge, 2010)。

56　Rodger, "War as an Economic Activity."

57　Andrew Jackson O'Shaughnessy," 'If Others Will Not Be Active, I Must Drive': George III and the American Revolution," *Early American Studies*, 2 (2004), pp. 1–47.

58　Patrick K. O'Brien, "Inseparable Connections: Trade, Economy, Fiscal State, and the Expansion of Empire, 1688–1815," in P. J. Marshall, ed., *Oxford History of the British Empire*, vol. 2 (Oxford, 1998), ch. 3 提供了权威的概述。

59　Ralph Davis, "The Rise of Protection in England, 1689–1786," *Economic History Review* 19 (1966), pp. 306–17 和 D. C. Coleman, "Mercantilism Revisited," *Historical Journal*, 23 (1980), pp. 773–91，它们背离了更古老的研究，仍是重要的观点。本章中 17 世纪的历史背景来自 Robert Brenner, *Merchants and Revolution: Commercial Change, Political Conflict, and London's Overseas Traders 1550–1653* (Princeton, NJ, 1993), chs. 12, 13, and postscript。

60　Robert B. Ekelund and Robert D. Tollison, *Mercantilism as a Rent-Seeking Society: Economic Regulation in Historical Perspective* (Austin, 1981).

61　A. W. Coats, "Adam Smith and the Mercantile System," in Andrew S. Skinner and Thomas Wilson, eds., *Essays on Adam Smith* (Oxford, 1975), pp. 218–36.

62　S. D. Smith, "Prices and Value of English Exports in the Eighteenth Century: Evidence from the North American Colonial Trade," *Economic History Review*, 48 (1995), pp. 575–90.

63　本段中的数据主要来自 R. P. Thomas and D. N. McCloskey, "Overseas Trade and Empire, 1700–1820," in Roderick Floud and D. N. McCloskey, eds., *Cambridge Economic History of Modern Britain*, Vol. 1 (Cambridge, 1981), ch. 4; C. Knick Harley, "Trade, Discovery, Mercantilism and Technology," in Roderick Floud and Paul Johnson, eds., *Cambridge Economic History of Modern Britain*, Vol. 1 (Cambridge, 2004), ch. 5。

64　Jacob M. Price, "The Imperial Economy, 1700–1776," in P. J. Marshall, ed., *The Oxford History of the British Empire*, Vol. 2 (Oxford, 1998), p.101.

65　O'Brien and Duran, "Total Factor Productivity for the Royal Navy."

66　Patrick K. O'Brien and Philip A. Hunt, "England, 1485–1815," in Bonney, *The Rise of the Fiscal State in Europe*, pp. 53–100.

67　Patrick Karl O'Brien, "The Triumph and Denouement of the British Fiscal State: Taxation for the Wars Against Revolutionary and Napoleonic France, 1793–1815," in Storrs, *The Fiscal-Military State*, pp. 162–200; O'Brien, "The Nature and Historical Evolution of the Exceptional Fiscal State and Its Significance for the Precocious Commercialisation and Industrialisation of the British Economy from Cromwell to Nelson," *Economic History Review*, 64 (2011), pp. 428–31.

68　Richard Cooper, "William Pitt, Taxation, and the Needs of War," *Journal of British Studies*, 22 (1982), pp. 94–103. 关于 1799 年征收收入税，参见 S. J. Thompson, "The First Income Tax, Political Arithmetic, and the Measurement of Economic Growth," *Economic History Review*, 66 (2013), pp. 873–94。

69　引用自 O'Brien, "The Triumph and Denouement of the British Fiscal State," p. 174。

70　Cain and Hopkins, *British Imperialism*, ch. 1.

71　这一庞大的概念充满了模糊性，也很容易和意识形态捆绑起来。不幸的是，尚没有出现毫无污点的替代概念。这一概念的标准用法是指宪政制度的成长、民族国家的形成、机械驱动的制造工艺的发展，以及足以激励商业、科研、政治言论等方面创新的一定程度的个人自由。关于英国"例外主义"的一种设想将英国与现代化等同起来，给现代化进程及它的扩散带来英雄化的色彩。这种设想给英国赋予了领袖和优越的特质，可以用来论证帝国建设，也将殖民统治呈现为一种必要而有益的阶段，这后来被称为"教化使命"。

72　近来，有两位研究这一时期的权威人士采取了这一立场。参见 Joel Mokyr, *The Enlightened Economy: An Economic History of Britain, 1700–1850* (New Haven, 2009); Patrick O'Brien, "Historical Foundations for a Global Perspective on the Emergence of a Western European Regime for the Discovery, Development, and Diffusion of Useful and Reliable Knowledge," *Journal of Global History*, 8 (2013), pp. 1–24。

73　Jan de Vries and Ad van der Woude, *The First Modern Economy: Success, Failure, and Perseverance of the Dutch Economy, 1500–1815* (Cambridge, 1997). 荷兰共和国的衰落是相对的而不是绝对的。在这一世纪中，荷兰共和国放弃了成为主要大国的雄心，但成功发展出了财政-金融复合体，直到 18 世纪 90 年代的法国战争摧毁了它的经济。

74　尤其可参见 Joseph M. Bryant, "The West and the Rest Revisited: Debating Capitalist Origins, European Colonialism, and the Advent of Modernity," *Canadian Journal of Sociology*, 31 (2006), pp. 403–44 以及 *Canadian Journal of Sociology*,

33 (2008), issue 1 中的讨论；Bryant, "A New Sociology for a New History? Further Critical Thoughts on the Eurasian Similarity and Great Divergence Theses," *Canadian Journal of Sociology*, 31 (2008), pp. 149–67。

75　这些主张可以令人信服，参见 O'Brien, "The Nature and Historical Evolution of the Exceptional Fiscal State."。

76　S. D. Smith, "British Exports to Colonial North America and the Mercantilist Fallacy," *Business History*, 37 (1995), pp. 45–63.

77　在 18 世纪的最后 20 年，印度在这方面变得尤为重要。Javier Cuenca-Esteban, "The British Balance of Payments, 1772–1820: Indian Transfers and War Finance," *Economic History Review*, 54 (2001), pp. 58–86; Cuenca-Esteban, "Comparative Patterns of Colonial Trade: Britain and Its Rivals," in Leandro Prados de la Escosura, ed., *Exceptionalism and Industrialisation: Britain and Its Industrial Rivals, 1688–1815* (Cambridge, 2004), ch. 2; Cuenca-Esteban, "India's Contribution to the British Balance of Payments, 1757–1812," *Explorations in Economic History*, 44 (2007), pp. 154–76.

78　Jeremy Black, *The Continental Commitment: Britain, Hanover and Interventionism, 1714–1793* (Abingdon, 2005) 提供了便于理解的概述，Stephen Conway, *Britain, Ireland, and Continental Europe in the Eighteenth Century: Similarities, Connections, Identities* (Oxford, 2011) 则超越了高层政治，强调了英国与欧洲强有力的联系。

79　这些更广泛的考虑参见 Tim Harris and Stephen Taylor, eds., *The Final Crisis of the Scottish Monarchy: The Revolutions of 1688–91 in Their British, Atlantic, and European Contexts* (Woodbridge, 2013)。

80　最关键的著作仍然是 P. G. M. Dickson, *The Financial Revolution in England: A Study in the Development of Public Credit, 1688–1756* (London, 1967)。尽管制度变化的一些后果要过一段时间才会出现，但这些观点依然成立。参见 See Yishay Yafeh, "Institutional Reforms, Financial Development, and Sovereign Debt: Britain, 1690–1790," *Journal of Economic History*, 66 (2006), pp. 906–35。

81　关于伦敦与其竞争最激烈的对手之间的关系，参见 Larry Neal, "Amsterdam and London as Financial Centres in the Eighteenth Century," *Financial History Review*, 18 (2011), pp. 21–46。

82　Paul Langford, *A Polite and Commercial People: England, 1727–1783* (Oxford, 1989), ch. 1 对这一称号做了审慎的解释。

83　Nicholas Rogers, *Whigs and Cities: Popular Politics in the Age of Walpole and Pitt* (Oxford, 1989); Rogers, *Crowds, Culture and Politics in Georgian Britain* (Oxford, 1998); Rogers, *Mayhem: Post-War Crime and Violence in Britain, 1748–53* (New Haven, 2012); Bob Harris, *Politics and the Nation: Britain in the Mid-Eighteenth Century* (Oxford, 2002); Adrian Randall, *Riotous Assemblies: Popular Protest in Hanoverian England* (Oxford, 2006) 是最新观点的代表性著作。

84　Brewer, *The Sinews of Power*.

85　Daniel Carey and Christopher J. Finlay, eds., *The Empire of Credit: The Financial Revolution in the British Atlantic World, 1688–1815* (Dublin, 2011). Hoppit, "The Nation, the State, and the First Industrial Revolution," 显示出，军事－财政国家模式是英格兰的专属，在外地的受欢迎程度不及在伦敦周边地区。

86　Hamish Scott, "The Seven Years' War and Europe's Ancien Régime," *War in*

History, 18 (2011), pp. 319–55; Jan Eloranta and Jeremy Land, "Hollow Victory? Britain's Public Debt and the Seven Year's War," *Essays in Economic & Business History*, 29 (2011), pp. 101–18.

87 Julian Hoppit, *Risk and Failure in English Business, 1700–1800* (Cambridge, 1987)详细追溯了这一发展。Hoppit, "Attitudes to Credit in Britain, 1680–1790," *Historical Journal*, 33 (1990), pp. 305–22.

88 Alexander Dick, "New Work on Money," *Eighteenth-Century Life*, 34 (2010), pp. 105–13.

89 John Brewer, *Party Ideology and Popular Politics at the Accession of George III* (Cambridge, 1976).

90 Linda Colley 就是这样描述保守党在辉格党居支配地位时期的情况：*In Defiance of Oligarchy: The Tory Party, 1714–60* (Cambridge, 1982)。J. D. Clark 则为非专业人士提供了清晰的介绍，不过那些千变万化的联盟关系仍然令人困惑："A General Theory of Party, Opposition and Government, 1688–1832," *Historical Journal*, 23 (1980), pp. 295–325。

91 Henry Horwitz, "The East India Trade, the Politicians, and the Constitution, 1889–1702," *Journal of British Studies*, 17 (1978), pp. 1–18.

92 要确认辉格党与伦敦城的纽带，参见 David Stasavage, "Partisan Politics and Public Debt: The Importance of the Whig Supremacy for Britain's Financial Revolution," *European Review of Economic History*, 11 (2007), pp. 123–53。

93 Søren Mentz, *The English Gentleman Merchant at Work: Madras and the City of London, 1660–1740* (Copenhagen, 2005).

94 Colin Lees, "What Is the Problem About Corruption?" *Journal of Modern African Studies*, 3 (1965), pp. 215–30. 评论家所说的腐败出现在所有欠发达国家和许多发达国家，尽管人们都知道它有许多缺陷，但它依然为发展做出了贡献。至于腐败和更广泛的寻租行为是否符合道德，当然就另当别论了。

95 这发生在 1678—1751 年。对此的先驱性研究是 Caroline Robbins, *The Eighteenth-Century Commonwealth Men* (1959; 2004)。同样参见 Isaac Kramnick, *Bolingbroke and His Circle: The Politics of Nostalgia in the Age of Walpole* (Ithaca, 1992)。

96 David Armitage, "A Patriot for Whom? The Afterlives of Bolingbroke's Patriot King," *Journal of British Studies*, 36 (1997), pp. 397–418.

97 Paul Langford, *The Excise Crisis: Society and Politics in the Age of Walpole* (Oxford, 1975).

98 Daniel Carey and Christopher J. Finlay, eds., *The Empire of Credit: The Financial Revolution in the British Atlantic World, 1688–1815* (Dublin, 2011).

99 Hoppit, *Risk and Failure in English Business* 详细追溯了这一发展。Hoppit, "Attitudes to Credit in Britain, 1680–1790," *Historical Journal*, 33 (1990), pp. 305–22.

100 Richard Harding, *The Emergence of Britain's Global Supremacy: The War of 1739–1748* (Woodbridge, Suffolk, 2010).

101 P. J. Marshall and Glyndwr Williams, *The Great Map of Mankind: Perceptions of New Worlds in the Age of Enlightenment* (Cambridge, MA, 1982); Armitage and Subrahmanyam, *The Age of Revolutions.*

102 其中包括 1750 年后越来越多的地形图：J. E. Crowley, *Imperial Landscapes:*

Britain's Global Visual Culture, 1745–1820 (New Haven, 2011)。

103 Anthony Pagden, *Enlightenment: And Why It Matters* (Oxford, 2013); Caroline Winterer, *American Enlightenments: Pursuing Happiness in the Age of Reason* (New Haven, 2017).

104 Peter Lake and Steve Pincus, "Rethinking the Public Sphere in Early Modern England," *Journal of British Studies*, 45 (2006), pp. 270–92; James Van Horne Melton, *The Rise of the Public in Enlightenment Europe* (Cambridge, 2001) 对英格兰、法国和德国做了有价值的比较研究，强调了个人倡议的作用。

105 David Hancock, *Citizens of the World: London Merchants and the Integration of the British Atlantic Community, 1735–65* (Cambridge, 1995); Huw Bowen, *Elites, Enterprise, and the Making of the British Overseas Empire, 1688–1775* (London, 1996), ch. 7.

106 Bowen, "Perceptions from the Periphery," pp. 295–6.

107 Hancock, *Citizens of the World*; Sheryllynne Haggerty, *The British-Atlantic Trading Community, 1760–1810: Men, Women and the Distribution of Goods* (Leiden, 2006) 指出了女性在私人海外关系网中扮演的重要角色。

108 David Armitage, "Globalizing Jeremy Bentham," *History of Political Thought*, 32 (2011), pp. 63–82.

109 Emma Rothschild 在这一问题上的洞见具有代表性："Global Commerce and the Question of Sovereignty in the Eighteenth-Century Provinces," *Modern Intellectual History*, 1 (2004), pp. 3–25。

110 Huw V. Bowen, "British Conceptions of Global Empire," *Journal of Imperial and Commonwealth History*, 26 (1998), pp. 1–27; Brian P. Levack, "Britain's First Global Century: England, Scotland and Empire, 1603–1707," *Britain and the World*, 6 (2013), pp. 101–18.

111 Lauren Benton, *A Search for Sovereignty: Law and Geography in European Empires, 1400–1900* (Cambridge, 2010) 探索了这一问题。Anthony Pagden, "Fellow Citizens and Imperial Subjects: Conquest and Sovereignty in Europe's Overseas Empires," *History & Theory*, 44 (2005) 则提供了简要而多方面的评估。

112 Alison L. LaCroix, *The Ideological Origins of the American Federalism* (Cambridge, MA, 2010).

113 这一问题是 Jack P. Greene 著作中的持久主题。尤其可参见 *Peripheries and Center: Constitutional Development in the Extended Polities of the British Empire and the United States, 1607–1788* (Athens, 1986); Greene, *Negotiated Authorities: Essays in Colonial and Constitutional History* (Charlottesville, 1994)。

114 关于这点及其他更多方面，参见 Stewart J. Brown, ed., *William Robertson and the Expansion of Empire* (Cambridge, 1997)。

115 Sankar Muthu, *Enlightenment against Empire* (Princeton, NJ, 2003).

116 尽管近来人们对多元文化主义的兴趣提高了这一主题的影响，但也需要感谢前一代学者，他们的著作如今很少有人问津。例如可参见 Lawrence Henry Gipson, *The British Empire before the Revolution*, Vol. 1 (Caldwell, 1936)。

117 对此决定性的研究是 Richard Bourke, *Empire and Revolution: The Political Life of Edmund Burke* (Princeton, 2015)。关于爱尔兰地位的讨论，参见 John Gibney, "Early Modern Ireland: A British Atlantic Colony?" *History Compass*, 6 (2008), pp. 172–82; Stephen Howe, "Questioning the (Bad) Question: Was Ireland

a Colony?" *Irish Historical Studies*, 36 (2008), pp. 138–52。

118　David Armitage, "Making the Empire British: Scotland in the Atlantic World, 1542– 1707," *Past & Present*, 155 (1997), pp. 34–63. 篇幅限制使我无法考虑被忽略的威尔士，关于威尔士可参见这部先驱性的著作：Huw Bowen, ed., *Wales and the British Overseas Empire: Interactions and Influences, 1650–1830* (Manchester, 2012)。

119　这些被输出的影响力有一个鲜为人知的特点，参见 Myron C. Noonkester, "The Third British Empire: Transplanting the English Shire to Wales, Scotland, Ireland and America," *Journal of British Studies*, 36 (1997), pp. 251–85。

120　Michael Fry, *The Scottish Empire* (Edinburgh, 2001); T. M. Devine, *Scotland's Empire, 1600–1815* (London, 2003); Devine, *To the Ends of the Earth: Scotland's Global Diaspora, 1750–2010* (London, 2012); John M. MacKenzie, "Irish, Scottish, Welsh and English Worlds? A Four-Nation Approach to the History of the British Empire," *History Compass*, 6 (2008), pp. 1244–63; John M. MacKenzie and T. M. Devine, eds., *Scotland and the British Empire* (Oxford, 2011).

121　关于合并前夕苏格兰经济健康度的不同观点，可参见 Christopher A. Whatley with Derek J. Patrick, *The Scots and the Union* (Edinburgh, 2006); Alan J. Macinnes, *Union and Empire: The Making of the United Kingdom in 1707* (Cambridge, 2007)。同样参见 Bob Harris, "The Anglo-Scottish Treaty of Union, 1707 in 2007: Defending the Revolution, Defeating the Jacobites," *Journal of British Studies*, 49 (2010), pp. 28–46; Alvin Jackson, *The Two Unions: Ireland, Scotland, and the Survival of the United Kingdom, 1707–2007* (Oxford, 2011)。

122　G. E. Bannerman, "The Nabob of the North: Sir Lawrence Dundas as Government Contractor," *Historical Research*, 83 (2010), pp. 102–23. 劳伦斯·邓达斯和亨利·邓达斯之间没有关系。

123　Andrew Mackillop, "A Union for Empire? Scotland, the East India Company, and the British Union," *Scottish Historical Review*, 87 (2008), Supplement, pp. 116–34; George K. McGilvany, *East India Company Patronage and the British State: The Scottish Elite and Politics in the Eighteenth Century* (London, 2008).

124　John M. Mackenzie, "Empire and National Identities: The Case of Scotland," *Transactions of the Royal Historical Society*, 8 (1998), pp. 215–31.

125　Bob Harris and Christopher Whatley, " 'To Solemnize His Majesty's Birthday': New Perspectives on Loyalism in George II's Britain," *History*, 83 (1998), pp. 397–420.

126　John M. MacKenzie, "Essay and Reflection: On Scotland and the Empire," *International History Review*, 15 (1993), pp. 714–39.

127　起初这在苏格兰引发了争议：Matthew P. Dziennik, "Hierarchy, Authority and Jurisdiction in the Mid-Eighteenth-Century Recruitment of the Highland Regiments," *Historical Research*, 85 (2012), pp. 89–104。

128　Andrew Mackillop, "The Political Culture of the Scottish Highlands from Culloden to Waterloo," *Historical Journal*, 46 (2003), pp. 511–32 记录了 1746—1815 年间英格兰和苏格兰是如何发展互相支持的关系的。

129　这些描述要感谢 Emma Rothschild 精妙的重构：*The Inner Life of Empires: An Eighteenth-Century History* (Princeton, NJ, 2011)。

130　Rothschild, *The Inner Life of Empires*, p. 15.

131 "Nabob" 一词是 "nawab" 的变体（后者指的是莫卧儿帝国的地方总督），这个词自17世纪晚期开始使用，形容在印度（以及后来帝国其他地区）发财的英国富豪。Nabob的简称是 "nob"。

132 *Theory of Moral Sentiments*, pp. 183–4. 引用自 Rothschild, *Inner Life of Empires*, p. 13。

133 在了解他们的成功故事时，也应该读读失败者的故事。参见 Linda Colley, *Captives: Britain, Empire and the World, 1600–1850* (London, 2002)。

134 先例可参见 James Scott Walker, *Cromwell in Ireland* (New York, 1999); Micheal Ó. Siochrú, "Atrocity, Codes of Conduct, and the Irish in the British Civil Wars, 1641–1653," *Past & Present*, 195 (2007), pp. 55–86; 更宽泛的论述参见 Nicholas Canny, *Making Ireland British, 1580–1650* (Oxford, 2001); Kevin Kenny, ed., *Ireland and the British Empire* (Oxford, 2004), chs. 2–3。

135 要了解之后双方是如何达成一致的，参见 Oliver P. Rafferty, "The Catholic Church, Ireland, and the British Empire, 1800–1921," *Historical Research*, 84 (2011), pp. 288–309。

136 Patrick A. Walsh, *The Making of the Irish Protestant Ascendancy: The Life of William Conolly, 1662–1729* (Woodstock, 2010). 同样可见前述注释122。

137 Patrick A. Walsh, "The Fiscal State in Ireland, 1691–1769," *Historical Journal*, 56 (2013), pp. 629–56. 在1769年前驻军约1.2万人，之后驻军约1.5万人。同上，p.633。

138 Alvin Jackson, *Home Rule: An Irish History, 1800–2000* (Oxford, 2003) 为之后的时期提供了出色的介绍，他关于苏格兰的研究（注释122）也是如此。

139 Jackson, *The Two Unions*.

140 当然，这不是要否认爱尔兰人也有他们自己的帝国网络：Craig Bailey, "Metropole and Colony: Irish Networks and Patronage in the Eighteenth-Century Empire," *Immigrants & Minorities*, 23 (2005), pp. 161–81。

141 这只是宽泛的概括，其实还有一些重要的例外，尤其是 Michael R. Broers, *Europe under Napoleon, 1799–1815* (London, 1996)。还可参见 Michael Broers, Peter Hicks, and Agustín Guimerá, eds., *The Napoleonic Empire and the New European Political Culture* (New York, 2012)。我也得益于 Stuart Woolf, *Napoleon's Integration of Europe* (London, 1991); Woolf, "Napoleon and Europe Revisited," *Modern & Contemporary France*, 8 (2004), pp. 469–78; Philip G. Dwyer, ed., *Napoleon and Europe* (London, 2001); Philip G. Dwyer and Alan Forest, eds., *Napoleon and His Empire: Europe, 1804–1814* (Basingstoke, Hants, 2007)。

142 Stephen A. Kippur, *Jules Michelet: A Study of Mind and Sensibility* (New York, 1981), ch. 12. 关于英国和法国扩张的不同描述，参见 Emma Rothschild, "Language and Empire, c. 1800," *Historical Research*, 78 (2005), pp. 208–29。

143 Michael Broers, "Cultural Imperialism in a European Context? Political Culture and Cultural Politics in Napoleonic Italy," *Past & Present*, 170 (2001), pp. 152–80.

144 拿破仑的帝国警察体系来自法国大革命建立的制度。国家宪兵（Gendarmerie Nationale）建立于1791年。"起义者"（insurgent）一词在18世纪下半叶从法国传播到欧洲其他地区。

145 Suzanne Dean, Lynn Hunt, and William Max Nelson, eds., *The French Revolution in Global Perspective* (Ithaca, 2013).

146 T.C.W. Blanning, *The French Revolution in Germany: Occupation and Resistance in the Rhineland, 1792–1802* (New York, 1983).

147 Byron, "The Isles of Greece," in *Don Juan* (1819), Canto 3.

148 Percy Bysshe Shelley (1792–1822), "Ode to Liberty" (1820).

149 Enrico Dal Lago, *William Lloyd Garrison and Giuseppe Mazzini: Abolition, Democracy, and Radical Reform* (Baton Rouge, 2013).

150 加里森（1805—1879）是延续了拜伦、拉法耶特和科布登精神的改革者，就像他们一样，他是世界主义者，但仍以自己的国家为根基。参见 W. Caleb McDaniel, *The Problem of Democracy in the Age of Slavery: Garrisonian Abolitionists and Transatlantic Reform* (Baton Rouge, 2013)。

151 Yonatan Eyal, *The Young America Movement and the Transformation of the Democratic Party, 1828–1861* (Cambridge, 2012), pp. 107–10. 科苏特（1802—1894）在1851年末到1852年初访问美国时备受推崇。到科苏特离开美国时，他引发的狂热情绪已经消退，他从未得到他所寻求的官方支持。

152 Richard Carwardine and Jay Sexton, eds., *The Global Lincoln* (Oxford, 2011).

153 Victor Hugo, *Les Misérables* (Paris, 1862; Adelaide, 2014), vol. 2, book 1, ch. 17.

154 Author's "Introduction"（写于1842年）to *La Comédie humaine* (Paris, 1855), pp.23–4.

155 Brendan Simms, "Reform in Britain and Prussia, 1797–1815: (Confessional) Military-Fiscal State and Military-Agrarian Complex," *Proceedings of the British Academy*, 85 (1999), pp. 79–100.

156 尽管加泰罗尼亚叛乱持续到了1848年，但它总体的保守特性使它没有加入比利牛斯山脉以北地区革命运动的行列。

157 R. J. W. Evans and Harmut Pogge von Strandmann, eds., *The Revolutions in Europe, 1848–1849: From Reform to Reaction* (Oxford, 2000).

158 Dieter Dowe, Heinz-Gerhard Haupt, Dieter Langewiesche, and Jonathan Sperber, eds., *Europe in 1848: Revolution and Reform* (New York, 2001).

159 参见 Miles Taylor 引人启发的文章："The 1848 Revolutions and the British Empire," *Past & Present*, 166 (2000), pp. 146–80。

160 Taylor, "The 1848 Revolutions"; C. A. Bayly, "The First Age of Global Imperialism, c. 1760–1830," *Journal of Imperial and Commonwealth History*, 26 (1998), pp. 28–47.

161 Timothy Mason Roberts, *Distant Revolutions: 1848 and the Challenge of American Exceptionalism* (Charlottesville, 2009).

162 Andre M. Fleche, *The Revolution of 1861: The American Civil War in the Age of Nationalist Conflict* (Chapel Hill, 2012).

163 Roberts, *Distant Revolutions*, p. 185 提出，正是这种担心促成了共和党的建立。

164 Betsy Erkkila, "Lincoln in International Memory," in Shirley Samuels, ed., *The Cambridge Companion to Abraham Lincoln* (Cambridge, 2012), pp. 157–9.

165 埃德蒙·伯克语，引自 Daniel E. Ritchie, *Edmund Burke: Appraisals and Applications* (London, 1990), p. 247。

166 Canning to Hookham Frere, January 8, 1825. 引自 E. M. Lloyd, "Canning and Spanish America," *Transactions of the Royal Historical Society*, 18 (1904), p. 77。该信的背景是墨西哥独立，坎宁认为这是英国"溜进"两者之间的好机会。

167 Joseph Eaton, *The Anglo-American Paper War: Debates About the New Republic,*

1800– 1825 (Basingstoke, Hants, 2012), pp. 49, 103, 106, 114, 121–2.

168　Beatrice de Graaf, "Second Tier Diplomacy: Hans von Gagern and William I in their Quest for an Alternative European Order, 1813–1818," *Journal of Modern European History*, 12 (2014), pp. 546–66; de Graaf, "Bringing Sense and Sensibility to the Continent— Vienna, 1815 Revisited," *Modern European History*, 13 (2015), pp. 447–57.

169　Kim Oosterlinck, Loredana Ureche-Rangau, and Jacques-Marie Vaslin, "Baring, Wellington, and the Resurrection of French Public Finances Following Waterloo," *Journal of Economic History*, 74 (2014), pp. 1072–1102. 我要感谢伦敦国王学院的 David Todd 博士提醒了我这起事件。

170　罗伯特·班克斯·詹金森（1770—1827），利物浦勋爵。1801—1804年任外交大臣，1804—1805年任内务大臣，1809—1812年任陆军大臣，1812—1827年任首相，在英国历史上任期最长。

171　引用自 Peter Mandler, *Aristocratic Government in the Age of Reform: Whigs and Liberals, 1830–1852* (Oxford, 1990), p. 28。

172　David Todd, *L'identité économique de la France: libre-échange et protectionnisme, 1814–1851* (Paris, 2008); Alain Clément, "Libéralisme et anti-colonialisme: La pensée économique française et l'e ondrement du premier empire colonial (1789–1830)," *Revue Économique*, 63 (2012), pp. 5–26 加入了 Say 和 Sismondi 的声音。

173　Boyd Hilton, *The Age of Atonement: The Influence of Evangelicals on Social and Economic Thought, 1785–1865* (Oxford, 1986); 覆盖范围更广的著作是同作者的 *A Mad, Bad, and Dangerous People? England, 1783–1846* (Oxford, 2006)。

174　Herbert Schlossberg, *The Silent Revolution and the Making of Victorian England* (Columbus, 2000). 英国和美国的福音派保持了密切的接触。参见 Thistlethwaite, *The Anglo-American Connection*), ch. 3。

175　David W. Bebbington, *Evangelicalism in Modern Britain: A History from the 1730s to the 1980s* (London, 1989), pp. 107–9.

176　Victor G. Kiernan, *Poets, Politics, and the People* (London, 1989), p. 65.

177　Hilton, *The Age of Atonement*, p. 6.

178　引用自 Robert Browning, "The Lost Leader," 该诗写于1843年，批评了华兹华斯越发增长的保守主义。

179　这方面的介绍包括 Arthur Burns and Joanna Innes, eds., *Rethinking the Age of Reform: Britain, 1780–1850* (Cambridge, 2003)。比较视角则可参见 Joanna Innes and Mark Philp, eds., *Re-Imagining Democracy in the Age of Revolution: America, France, Britain, Ireland 1750–1850* (New York, 2013)。

180　J. E. Cookson, *The British Armed Nation, 1793–1815* (Oxford,1997); Jennifer Mori, "Languages of Loyalism: Patriotism, Nationhood and the State in the 1790s," *English Historical Review*, 118 (2003), pp. 33–58; Mark Philp, *Resisting Napoleon: the British Response to the Threat of Invasion, 1797–1815* (Ashgate, 2006).

181　Katrina Navickas 在她那细腻而引人启发的研究中展现了这点：*Loyalism and Radicalism in Lancashire 1798–1915* (Oxford, 2009)。Nicholas Rogers 则在著作中做出了补充，展现了人们对君主的支持，与粮食暴动及反对强征的抗议形成了对比："Burning Tom Paine: Loyalism and Counter-Revolution Britain, 1792–1793," *Social History*, 32 (1999), pp. 139–71。

182 Robert Saunders, "God and the Great Reform Act: Preaching against Reform," *Journal of British Studies*, 52 (2014), pp. 378–99.

183 Miles Taylor, "Empire and Parliamentary Reform: The 1832 Reform Act Revisited," in Arthur Burns and Joanna Innes, eds., *Rethinking the Age of Reform, 1780–1850* (Cambridge, 2003), ch. 13.

184 Nicholas Draper, *The Price of Emancipation: Slave-Ownership, Compensation, and British Society at the End of Slavery* (Cambridge, 2010). 人们提交了约 4.6 万份索赔要求，其中约 25% 由女性提出。

185 Duke of Wellington to Croker, March 6, 1833. 引自 John A. Phillips and Charles Wetherell, "The Great Reform Act of 1832 and the Political Modernization of England," *American Historical Review*, 100 (1995), p. 434。

186 David F. Krein, "The Great Landowners in the House of Commons, 1833–85," *Parliamentary History*, 32 (2013), pp. 460–76 展现了 1867 年《改革法案》带来的重要变化。

187 目前的学术研究倾向于比一段时期以来更重视"大"改革法案。参见 Bruce Morrison, "Channeling the Restless Spirit of Innovation: Elite Concessions and Institutional Change in the British Reform Act of 1832," *World Politics*, 63 (2011), pp. 678–710; Phillips and Wetherell, "The Great Reform Act."。

188 Arthur Burns and Joanna Innes, eds., *Rethinking the Age of Reform, 1780–1850* (London, 2003); Joanna Innes and François-Joseph Ruggiu, "La réforme dans la vie publique anglaise: les fortunes d'un mot," *Annales*, 24 (2005), pp. 63–88.

189 Miles Taylor, *The Decline of British Radicalism, 1847–1860* (Oxford, 1995); Krein, "The Great Landowners in the House of Commons."

190 Peter J. Stanlis, ed., *Edmund Burke, Selected Writings and Speeches* (New York, 1963; New Brunswick, 2009), p. 263. 这些引文在伯克的观点中具有代表性，不过它们都是在更具体的历史背景下引用的。

191 这一段和 Cain and Hopkins, *British Imperialism*, ch. 3 中的主要论点一致，并在需要处做了修订。

192 O'Brien, "The Nature and Historical Evolution of the Exceptional Fiscal State," p. 430.

193 Giovanni Federico, "The Corn Laws in Continental Perspective," *European Review of Economic History*, 16 (2012), pp. 166–87 展现出，其他欧洲国家为支持现有的地主利益也做出了类似的行动。

194 Paul Sharp, "1846 and All That: The Rise and Fall of British Wheat Protection in the Nineteenth Century," *Agricultural History Review*, 58 (2010), pp. 76–94 评估了 1815 年后保护主义的有效程度。

195 卓越但被轻视的历史学家 C.R. Fay 的著作依然是不可或缺的来源：*Huskisson and His Age* (London, 1951)。

196 要了解关于这一主题规模可观的研究，起始点可包括：Hilton, *The Age of Atonement*; Anthony Howe, *Free Trade and Liberal England, 1846–1946* (New York, 1997); Anna Gambles, *Protection and Politics: Conservative Economic Discourse, 1815–1852* (Woodbridge, 1999); Cheryl Schonhardt-Bailey, *From the Corn Laws to Free Trade: Interests, Ideas and Institutions in Historical Perspective* (Cambridge, MA, 2006)。关于《航海法案》，参见 Sara Palmer, *Politics, Shipping and the Repeal of the Navigation Laws* (Manchester, 1990).

Gambles, *Protection and Politics*。

197　Cain and Hopkins, *British Imperialism*, pp. 80–87.

198　Gareth Steadman Jones, Daniel Argeles, and Philippe Minard, "Repenser le Chartisme," *Revue d'Histoire Moderne et Contemporaine*, 54 (2007), pp. 7–68.

199　Cain and Hopkins, *British Imperialism*, pp. 612–13.

200　Boyd Hilton, "Peel: A Reappraisal," *Historical Journal*, 22 (1979), pp. 601–2.

201　Paul A. Pickering and Alex Tyrrell, *The People's Bread: A History of the Anti-Corn Law League* (Leicester, 2000). 关于"科布登研究"的最新介绍参见 Anthony Howe and Simon Morgan, eds., *Rethinking Nineteenth-Century Liberalism: Richard Cobden Bicentenary Essays* (Aldershot, 2006)。

202　Danilo Raponi, "An 'Anti-Catholicism of Free Trade?' Religion and the Anglo-Italian Negotiations of 1863," *European History Quarterly*, 39 (2009), pp. 633–52 就新教试图进入天主教腹地的过程提供了引人入胜的例子。Frank Trentmann, *Free Trade Nation: Commerce, Consumption, and Civil Society in Modern Britain* (Oxford, 2008) 则追溯了商业的神圣化。

203　Palmer, *Politics, Shipping and the Repeal of the Navigation Laws*.

204　Michael J. Turner, *Independent Radicalism in Early Victorian Britain* (Westport, 2004), pp. 64–73.

205　Simon Morgan, "The Anti-Corn Law League and British Anti-Slavery in Trans-Atlantic Perspective, 1838–1846," *Historical Journal*, 52 (2009), pp. 87–107.

206　Schonhardt-Bailey, *From the Corn Laws to Free Trade* 提供了完整的细节。Kevin H. O'Rourke, "British Trade Policy in the Nineteenth Century: A Review Article," *European Journal of Political Economy*, 16 (2000), pp. 829–42 就文献提供了清晰的回顾，现有研究通常会忽略自由贸易对外国投资的作用。

207　Henry Miller, "Popular Petitioning and the Corn Laws, 1823–46," *English Historical Review*, 127 (2012), pp. 882–919. 科布登在无数场合使用了这个词语及其变体。

208　Schonhardt-Bailey, *From the Corn Laws to Free Trade*, p. 228.

209　Philip Harling and Peter Mandler, "From 'Fiscal-Military' State to Laissez-Faire State, 1760–1850," *Journal of British Studies*, 32 (1993), pp. 44–70; Philip Harling, *The Waning of "Old Corruption": The Politics of Economical Reform in Britain, 1779–1846* (New York, 1996); David Cannadine, "The Context, Performance and Meaning of Ritual: The British Monarchy and the 'Invention of Tradition,'" in Eric Hobsbawm and Terence Ranger, eds., *The Invention of Tradition* (Cambridge, 1983), pp. 101–64; Duncan Bell, "The Idea of a Patriot Queen? The Monarchy, the Constitution, and the Iconographic Order of Greater Britain, 1860–1900," *Journal of Imperial & Commonwealth History*, 34 (2006), pp. 3–21.

210　Peter Mandler, *The English National Character* (New Haven, 2007) 指出，改革者推行了一种共同民族认同意识，以此建立平等权利。

211　Anthony Webster, *The Twilight of the East India Company: The Evolution of Anglo-Asian Commerce and Politics, 1790–1860* (Woodbridge, 2009), ch. 3. 东印度公司在1858年失去了政府功能，在1874年被解散。

212　Richard Huzzey, *Freedom Burning: Anti-Slavery and Empire in Victorian Britain* (Ithaca, 2012) 追溯了1833年后废奴主义情绪的历史。

213　引用自 Brendan Simms, "The Connection Between Foreign Policy and Domestic

Politics in Eighteenth-Century Britain," *Historical Journal*, 49 (2006), pp. 605–25, at p. 620。这一说法有着古典起源，是从当时的西班牙语说法中借用而来的。马戛尔尼（第一任伯爵，1737—1806）是外交官和殖民地官员，1775 年任英属西印度群岛总督，1781—1785 年任马德拉斯总督，1796 年任开普敦殖民地总督，1792 年任赴中国特使。

214 Simms, "The Connection Between Foreign Policy and Domestic Politics," p. 620.

215 O'Brien and Duran, "Total Factor Productivity for the Royal Navy." David Killingray, Margarette Lincoln, and Nigel Rigby, eds., *Maritime Empires: Britain's Imperial Maritime Trade in the Nineteenth Century* (Woodbridge, 2004) 对被忽视的主题做了多方面的论述。Barry Gough, *Pax Britannica: Ruling the Waves and Keeping the Peace Before Armageddon* (London, 2014) 则提供了权威的概述。

216 Schroeder, *The Transformation of European Politics* 以及在 *International History Review*, 16 (1994), issue 2 的进一步讨论，此外还有 Peter Kruger and Paul W. Schroeder, eds., *The Transformation of European Politics, 1763–1848: Episode or Model in Modern History?* (Munster, 2002)。

217 Todd Shepard, *The Invention of Decolonization: The Algerian War and the Remaking of France* (Ithaca, 2006), ch. 1.

218 巴西宣告独立是在 1822 年。

219 Adam Smith, *The Wealth of Nations* (New York, 1937), pp. 781–2.

220 参见 François Crouzet 的权威判断："Mercantilism, War and the Rise of British Power," in Patrick Karl O'Brien and Armand Clesse, eds., *Two Hegemonies: Britain, 1846–1914 and the United States, 1941–2001* (Aldershot, 2002), pp. 80–81。

221 在这里，我遵循了 Marshall, *Remaking the British Atlantic* 提出的一般论点。

222 Kevin O'Rourke, "The Worldwide Economic Impact of the French Revolutionary and Napoleonic Wars, 1793–1815," *Journal of Global History*, 1 (2006), pp. 123–49.

223 同上, pp. 148–9。

224 Karl Patrick O'Brien, "The Contributions of Warfare with Revolutionary and Napoleonic France to the Consolidation and Progress of the British Industrial Revolution," *LSE Working Paper*, no. 150/11 (2011). 我要感谢 O'Brien 教授允许我引用这篇论文。

225 A. G. Hopkins, "The 'New International Order' in the Nineteenth Century: Britain's First Development Plan for Africa," in Robin Law, ed., *From Slave Trade to Legitimate Commerce: The Commercial Transition in Nineteenth-Century West Africa* (Cambridge, 1995), pp. 240–64.

226 引用自 James R. Fichter, *So Great a Profit: How the East Indies Trade Transformed Anglo-American Capitalism* (Cambridge, MA, 2010), pp. 56, 67, 73。亨利·邓达斯（1742—1811），第一任梅尔维尔子爵，1794—1801 年任陆军大臣。

227 笼统来看，可参见 James Belich, *Replenishing the Earth: The Settler Revolution and the Rise of the Anglo-World, 1783–1939* (Oxford, 2009)。Albert Schrauwers 展示了上加拿大的金融寡头如何在 1837 年起义之前塑造了他们的经济和政治，他们的方式和英国同类人的行动相得益彰："The Gentlemanly Order and the Politics of Production in the Transition to Capitalism in the Home District, Upper Canada," *Labour/Le Travail*, 65 (2010), pp. 9–45.

228 Anthony Webster, *The Twilight of the East India Company: The Evolution of Anglo-Asian Commerce and Politics, 1790–1860* (Woodbridge, 2009), ch. 3.

229 Fichter, *So Great a Profit*, pp. 74–6.

230 Bernard Semmel, *The Liberal Ideal and the Demons of Empire* (Baltimore, 1993), pp. 27–33. 关于对韦克菲尔德计划的怀疑，参见 Ged Martin, *Edward Gibbon Wakefield: Abductor and Mystagogue* (Edinburgh, 1997)。

231 引用自 Semmel, *The Liberal Ideal*, p. 29。

232 托马斯·巴宾顿·麦考莱（1800—1859）。这句引言及之后的引言都来自 "The Government of India," Speech to the House of Commons, July 10, 1833, in Thomas Babington Macaulay, *Miscellaneous Writings and Speeches*, vol. 4 (London, 1889), at http://www.gutenberg.org/etext/2170。

233 Herman Merivale, *Lectures on Colonisation and Colonies* (London, 1841; New York, 1967). 梅里韦尔于1837—1842年任牛津大学政治经济学教授，1848—1860年任殖民部常务副部长，对他的研究现在还不够。

234 Merivale, *Lectures*, p. vi.

235 同上，p. 159。

236 引用自 Semmel, *The Liberal Ideal*, p. 72。

237 Seymour Drescher, *Abolition: A History of Slavery and Anti-Slavery* (Cambridge, 2009); Drescher, "Capitalism and Abolitionism," *History & Theory*, 32 (1993), pp. 311– 29. 废奴运动和大英帝国的关系通常令人忧虑：Morgan, "The Anti-Corn Law League."。

238 学者们应该向 Christopher L. Brown, *Moral Capital: Foundations of British Abolitionism* (Chapel Hill, 2006)的原创性致敬。Young Hwi Yoon, "The Rise of Abolitionism during the Revolutionary Period, 1770–1800," *East Asian Journal of British History*, 3 (2013), pp. 1–25 也提供了有价值的补充。

239 Philip Harling, "Robert Southey and the Language of Social Discipline," *Albion*, 30 (1998), pp. 630–55 展示了罗伯特·骚塞是如何抛弃激进反对保守派家长制的立场的。

240 Richard R. Follett, "After Emancipation: Thomas Fowell Buxton and Evangelical Politics in the 1830s," *Parliamentary History*, 27 (2008), pp. 119–29.

241 Clare Midgley, *Women Against Slavery: The British Campaigns, 1780–1870* (London, 1992); Seymour Drescher, "Whose Abolition? Popular Pressure and the Ending of the British Slave Trade," *Past & Present*, 143 (1994), pp. 136–65; J. R. Oldfield, *Popular Politics and British Anti-Slavery: The Mobilisation of Public Opinion against the Slave Trade, 1787–1807* (London, 1998).

242 Christer Petly, " 'Devoted Islands' and 'That Madman Wilberforce': British Proslavery Patriotism during the Age of Abolition," *Journal of Imperial & Commonwealth History*, 39 (2011), pp. 393–415.

243 W. Caleb McDaniel, *The Problem of Democracy in the Age of Slavery: Garrisonian Abolitionists and Transatlantic Reform* (Baton Rouge, 2013); Thistlethwaite, *The Anglo-American Connection*, chs. 3–4.

244 关于反蓄奴运动和废除《谷物法》行动之间的复杂关系，参见 "The Anti-Corn Law League," pp. 87–107。

245 Rowan Strong 在 *Anglicanism and the British Empire, c. 1700–1850* (Oxford, 2007)中展现了圣公会对帝国的持久承诺和它在此问题上一贯的态度。

246 引自 Allan McPhee, *The Economic Revolution in British West Africa* (London, 1926; 1971), p. 31。

247 约翰·宝宁（1792—1872），博学多才，曾任议员和外交官，也是坚定的自由贸易支持者。参见 David Todd, "Sir John Bowring and the Global Dissemination of Free Trade," *Historical Journal*, 51 (2008), pp. 373–97。

248 现在可参见 Gough, *Pax Britannica*, especially chs. 7, 10, 11。

249 Douglas M. Peers, *Between Mars and Mammon: Colonial Armies and the Garrison State in India, 1819–1835* (London, 1995)强调了军队在英国殖民统治中的重要性，也注意到了军官在收集并交流此前基本未知地区的信息时起到了作用。这些军官就这样加入了启蒙运动原则和被视为未启蒙社会之间的辩论。

250 Muthu, *Enlightenment Against Empire*.

251 Jennifer Pitts, *A Turn to Empire: The Rise of Liberal Imperialism in Britain and France* (Princeton, 2005).

252 Eileen P. Sullivan, "Liberalism and Imperialism: J. S. Mill's Defence of the British Empire," *Journal of the History of Ideas*, 44 (1983), pp. 5, 99–617; Lynn Zastoupil, *John Stuart Mill and India* (Stanford, 1994); Beate Jahn, "Barbarian Thoughts: Imperialism in the Philosophy of John Stuart Mill," *Review of International Studies*, 31 (2005), pp. 599–618. John Stuart Mill, *On Liberty* (1859), ch. 1.

253 同上。

254 Jennifer Pitts, ed., *Alexis de Tocqueville, Writings on Slavery and Empire* (Baltimore, 2001). 关于邦雅曼·贡斯当（1767—1830）的自由世界主义，参见 Helena Rosenblatt, "Why Constant? A Critical Overview of the Constant Revival," *Modern Intellectual History*, 1 (2004), pp. 439–54。

255 Smith, *Wealth of Nations*, p. 899.

256 同上，p. 900。

257 塞缪尔·泰勒·柯勒律治语，引自 Harold Bloom, ed., *Samuel Taylor Coleridge* (New York 2010), p. 117。柯勒律治（1772—1834）和华兹华斯一样，是浪漫主义运动的开创人之一，尤其吸收了骚塞、伯克和康德的理想主义。

258 R. R. Palmer, *The Age of Democratic Revolution* (Princeton, NJ, 1969); Eric Hobsbawm, *Industry and Empire: From 1750 to the Present Day* (London, 1968; 1999).

259 Edmund Burke, "Reflections on the Revolution in France," in *Works*, vol. 3 (Boston, 1904), p. 315.

260 这里参考了如今已成经典的 Geoffrey Blainey, *Tyranny of Distance: How Distance Shaped Australian History* (1966; 1982)。

261 Antonio Pablo Pebrer, *Taxation, Revenue, Expenditure, Power, Statistics, and Debt of the Whole British Empire* (London, 1833), p. v. Pebrer 也向西班牙女王称赞了英国的财政制度。

第3章

1 下面的故事之所以能公之于众，要感谢 Cassandra Pybus 的杰出研究："Washington's Revolution," *Atlantic Studies*, 3 (2006), pp. 183–99; Pybus, *Black Founders: The Unknown Story of Australia's First Black Settlers* (Sydney, 2006),

这本书应该超越18世纪研究的专门范围，被更多人知晓。

2　约翰·莫里（John Murray），第四任邓莫尔勋爵（1730—1809），曾在1770—1771年担任纽约总督，在1771—1776年担任弗吉尼亚总督，1787—1796年担任巴哈马总督。

3　盖伊·卡尔顿爵士（1724—1808）是一名职业军人，来自一个英格兰-爱尔兰新教徒家庭，他在1782—1783年担任英国驻北美军总司令，1786年成为第一任多切斯特男爵，1786—1796年担任英属北美总督。

4　Cassandra Pybus, "Jefferson's Faulty Math: The Question of Slave Defections in the American Revolution," *William & Mary Quarterly*, 62 (2005), pp. 243–64是迄今最全面的估算。

5　关于这一话题全面而便于理解的叙述参见Simon Schama, *Rough Crossings: Britain, the Slaves, and the American Revolution* (New York, 2006)。

6　对此最近的研究是Maya Jasano , *Liberty's Exiles: American Loyalists in the Revolutionary World* (New York, 2011)。

7　克拉克森的弟弟约翰（1764—1828）是皇家海军上尉，曾在西印度群岛服役，他主导组织了来自新斯科舍的队伍，成为定居点的第一任总督。

8　Bruce Mouser, "Rebellion, Marronage and *Jihad*: Strategies of Resistance to Slavery on the Sierra Leone Coast, c. 1783–1796," *Journal of African History*, 48 (2007), pp. 27–44. 我要感谢Mouser博士解答了我对麦考利态度的一些疑惑。

9　对这一时期最好的修正论述是Alan Taylor著名的*American Colonies: The Settling of North America* (New York, 2001)以及他扩展后的著作*American Revolutions: A Continental History, 1750–1804* (New York, 2016)。Bernard Bailyn做出了令人印象最深刻、最完善、最有影响力的"民族"诠释。对他著作的完整参考可见James A. Henretta, Michael Kammen, and Stanley N. Katz, eds., *The Transformation of Early American History* (New York, 1991)。要了解对其简明而犀利的评价，参见Alan Taylor, "The Exceptionalist," *New Republic*, June 9, 2001, pp. 33–7。

10　正像第1章明确指出的那样，本书不打算尝试涵盖整个美国历史。

11　不同的例子包括：Jeremy Adelman, "An Age of Imperial Revolutions," *American Historical Review*, 113 (2008), pp. 319–40; Peter A. Coclanis, "Atlantic World or Atlantic/World?" *William & Mary Quarterly*, 63 (2006), pp. 725–42; Eliga H. Gould, "Entangled Histories, Entangled Worlds: The English-Speaking Atlantic as a Spanish Periphery," *American Historical Review*, 112 (2007), pp. 764–86; Trevor Burnard, "Placing British Settlements in the Americas in Comparative Perspective," in H. V. Bowen, Elizabeth Mancke, and John G. Reid, eds., *Britain's Oceanic Empire: Atlantic and Indian Ocean Worlds, 1550–1850* (Cambridge, 2012), ch. 15; David Armitage, *The Declaration of Independence: A Global History* (Cambridge, MA, 2008); Linda Colley, "Empires of Writing: Britain, America, and Constitutions, 1776–1848," *Law & History Review*, 32 (2014), pp. 237–66。

12　Carlos Marichal, *Bankruptcy of Empire: Mexican Silver and the Wars between Spain, Britain, France, 1760–1810* (Cambridge, 2007), pp. 100, 152.

13　Mouser, "Rebellion, Marronage and *Jihad*," p. 41. 扎卡里·麦考莱（1768—1838），废奴主义者、福音派、托马斯·麦考莱的父亲，在1792—1793年间担任塞拉利昂公司的委员会成员，在1794—1795年和1796—1799年任弗里敦总督。Iain Whyte出色的传记纠正了人们对他的一些长期偏见：*Zachary*

Macaulay, 1768–1838: The Steadfast Scot in the British Anti-Slavery Movement (Liverpool, 2011)。

14 "新殖民体系的第一线曙光在格伦维尔先生的领导下出现了。" Edmund Burke, Speech in Parliament, April 19, 1774.

15 这段话与本书第2章的讨论相连，并拓展其范围来考虑18世纪中叶战争的国内外影响。

16 预算于1764年在伦敦发表，现在在网上可查。

17 Richard Harding, The Emergence of Britain's Global Supremacy: The War of 1739–1748 (Woodbridge, Suffolk, 2010).

18 Fred Anderson, Crucible of War: The Seven Years' War and the Fate of Empire in British North America, 1754–1766 (New York, 2000).

19 James M. Vaughn, The Politics of Empire at the Accession of George III: The East India Company and the Crisis and Transformation of Britain's Imperial State (New Haven, 2018), ch. 1. 我要极力感谢 Vaughn 博士允许我阅读并使用原稿，它后来出版成书，篇幅更长。Bob Harris, " 'American Idols': War and the Middling Ranks in Mid-Eighteenth-Century Britain," Past & Present, 150 (1996), pp. 111–42; Marie Peters, "Early Hanoverian Consciousness of Empire or Europe?" English Historical Review, 122 (2007), pp. 632–88.

20 Harris, "American Idols"; Peters, "Early Hanoverian Consciousness of Empire."

21 J. E. Cookson, "Britain's Domestication of the Soldiery, 1750–1850: The Edinburgh Manifestations," War & Society, 28 (2009), pp. 1–28.

22 Miles Taylor, "John Bull and the Iconography of Public Opinion in England, c. 1712–1929," Past & Present, 134 (1992), pp. 93–128.

23 Harris, "American Idols."

24 Marie Peters, Pitt and Popularity: The Patriot Minister and Popular Opinion During the Seven Years' War (New York, 1981).

25 Marie Peters, "The Myth of William Pitt, Earl of Chatham, Great Imperialist: Part One, Pitt and Imperial Expansion, 1738–1763," Journal of Imperial & Commonwealth History, 21 (1993), pp. 31–74.

26 Vaughn, The Politics of Empire, ch. 2.

27 关于皮特职业生涯的这一阶段，参见 Marie Peters, "The Myth of William Pitt, Earl of Chatham, Great Imperialist: Part Two, Chatham and Imperial Reorganization, 1763–78," Journal of Imperial & Commonwealth History, 22 (1994), pp. 393–432。

28 Brewer, Sinews of Power, p. 114; Jan Eloranta and Jeremy Land, "Britain's Public Debt and the Seven Years' War," Essays in Economic & Business History, 29 (2011), pp. 101–18.

29 Eliga H. Gould, The Persistence of Empire: British Political Culture in the Age of the American Revolution (Chapel Hill, 2000), p. 108.

30 John J. McCusker, "British Mercantilist Policies and the American Colonies," in Stanley L. Engerman and Robert E. Gallman, eds., The Cambridge Economic History of the United States, Vol. 1 (Cambridge, 1996), pp. 358–62.

31 Arthur H. Cash, John Wilkes: The Scandalous Father of Civil Liberty (New Haven, 2006) 是一本严谨的政治传记。John Sainsbury, "John Wilkes, Debt, and Patriotism," Journal of British Studies, 34 (1995), pp. 165–95 则加入了金融的

角度。

32　Franklin to Priestley, June 7, 1782, 引自 Verner W. Crane, "The Club of Honest Whigs: Friends, Science and Liberty," *William & Mary Quarterly*, 23 (1966), pp. 210–33, at p. 233。

33　Miles Taylor, "The 1848 Revolutions and the British Empire," *Past & Present*, 166 (2000), pp. 146–80.

34　我要极力感谢 Justin DuRivage 博士慷慨地允许我阅读他重要的博士论文，"Taxing Empire: Political Economy and the Ideological Origins of the American Revolution, 1747–1776" (Ph.D., dissertation, Yale University, 2013)。在税收问题上，参见第4—5页和第129—133页。关于殖民税收的大量文献收于 Alvin Rabushka, *Taxation in Colonial America* (Princeton, NJ, 2008)，他确认了殖民者身上背负着人们公认的重担。在这一主题上更广泛的论述参见 Fred Anderson, *Crucible of War: The Seven Years' War and the Fate of Empire in British North America, 1754–1766* (New York, 2000)。

35　参见注释14。

36　DuRivage, "Taxing Empire," ch. 4.

37　亨利·西摩·康韦（1721—1795），职业军人和议员，加入了罗金厄姆辉格党，激烈反对格伦维尔改革、汤森关税和对殖民者使用武力，1782—1793年任英军总司令。

38　James E. Bradley, *Popular Politics and the American Revolution in England: Petitions, the Crown, and Public Opinion* (Macon, 1986) 称，之后爆发的战争在英格兰并不受欢迎。

39　Nicholas Phillipson, "Providence and Progress: An Introduction to the Historical Thought of William Robertson," in Stewart J. Brown, ed., *William Robertson and the Expansion of Empire* (Cambridge, 1997), p. 73.

40　William E. Todd, ed. David Hume, *History of England* (1778 edition; Indianapolis, 1983), vol. 5, pp. 146–8.

41　引用自 Nicholas Capaldi and Donald W. Livingston, eds., *Liberty in Hume's History of England* (Dordrecht, 1990), p. 113。

42　引用自 John Y. T. Grieg, ed., David Hume, *The Letters of David Hume* (Oxford, 1932; 2011), vol. 2, p. 510。

43　同上。

44　第一卷出版于1776年，第二卷和第三卷出版于1781年，第四卷到第六卷出版于1788—1789年。参见 Eran Shalev, *Rome Reborn on Western Shores: Historical Imagination and the Creation of the American Republic* (Charlottesville, 2009); P. J. Marshall, "Empire and Authority in the Later Eighteenth Century," *Journal of Imperial & Commonwealth History*, 15 (1987), pp. 105–22。

45　William Playfair (1759–1823), *An Inquiry into the Permanent Causes of the Decline and Fall of Powerful and Wealthy Nations Designed to Shew how the Prosperity of the British Empire may be Prolonged* (London, 1805)，如今在网上可查。

46　Francis Hutcheson, *A System of Moral Philosophy* (1755), II, book 3. 引自 Caroline Robbins, " 'When it is that Colonies may Turn Independent': An Analysis of the Environment and Politics of Francis Hutcheson (1694–1746)," in Robbins, *Absolute Liberty* (Hamden, 1982), pp. 133–67。

47　Nigel Leask, "Thomas Muir and the Telegraph: Radical Cosmopolitanism in 1790s Scotland," *History Workshop*, 63 (2007), pp. 48–69. 1793年，缪尔被运往澳大利亚，他在那里把改革变成了一项国际事业。他被一名强硬的保守党法官判刑，这名法官在苏格兰的法律体系下工作，受1707年《联合法案》保护。

48　东印度公司的这个俗名起始于19世纪，被Holden Furber用在他先驱性的著作中：*John Company at Work: A Study of European Expansion in the Late Eighteenth Century* (Cambridge, MA, 1948)。

49　Tirthankar Roy, "Rethinking the Origins of British India: State-Formation and Military-Fiscal Undertakings in an Eighteenth-Century World Region," *Modern Asian Studies*, 47 (2013), pp. 1125–56.

50　Philip J. Stern, *The Company State: Corporate Sovereignty and the Early Modern Foundations of the British Empire in India* (Oxford, 2011).

51　Robert Travers, "Ideology and British Expansion in Bengal, 1757–72," *Journal of Commonwealth & Imperial History*, 33 (2005), pp. 7–27.

52　Guido Abbattista, "Empire, Liberty and the Rule of Difference: European Debates on British Colonialism in Asia at the End of the Eighteenth Century," *European Review of History*, 13 (2006), pp. 473–96.

53　Sanjay Subrahmanyam做了出色的案例研究，显示出东印度公司的需求加剧了印度一邦的财政和政治困难："The Politics of Fiscal Decline: A Reconsideration of Maratha Tanjavur," *Indian Economic & Social History Review*, 32 (1995), pp. 177–217。

54　要读到典型的博学而平衡的论述，参见P. J. Marshall, "The Rise of British Power in Eighteenth-Century India," *Journal of South Asian Studies*, 19 (1996), pp. 71–6; Marshall, "Britain and the World in the Eighteenth Century. III, Britain and India," *Transactions of the Royal Historical Society*, 10 (2000), pp. 1–16; Roy, "Rethinking the Origins of British India."。

55　Vaughn, *The Politics of Empire*, ch. 3.

56　James W. Frey, "The Indian Saltpetre Trade, the Military Revolution, and the Rise of Britain as a Global Superpower," *Historian*, 71 (2009), pp. 507–54.

57　Spencer A. Leonard, " 'A Theatre of Disputes': The East India Company Election of 1764 as the Founding of British India," *Journal of Imperial & Commonwealth History*, 42 (2014), pp. 593–624.

58　P. J. Marshall, "British Society in India under the East India Company," *Modern Asian Studies*, 31 (1997), p. 91.

59　John Adolphus, *The History of England from the Accession of George III to the Conclusion of the Peace in the Year 1783*, vol. 1 (London, 1801), p. 342.

60　Travers, "Ideology and British Expansion," pp. 15–16.

61　Hartley, *The Budget* 及其他文献揭露了在他们看来不可靠的记账方法。

62　引自James C. Davies, ed., *When Men Revolt and Why* (New Brunswick, NJ, 1971; 1997), p. 96。

63　同上。

64　James C. Davies, "Toward a Theory of Revolution," *American Sociological Review*, 27 (1962), pp. 5–19.

65　托克维尔语，引自Davies, *When Men Revolt*, p. 96。

66　Drew R. McCoy, *The Elusive Republic: Political Economy in Jeffersonian America*

(Chapel Hill, 1980).

67　James L. Huston, "The American Revolutionaries, the Political Economy of Aristocracy, and the American Concept of the Distribution of Wealth, 1765–1900," *American Historical Review*, 98 (1994), pp. 1079–1105; Lee J. Alston and Morton Owen Schapiro, "Inheritance Laws across Colonies: Causes and Consequences," *Journal of Economic History*, 44 (1984), pp. 277–87.

68　Jon Butler, "Enthusiasm Described and Decried: The Great Awakening as Interpretive Fiction," *Journal of American History*, 69 (1982), pp. 305–25.

69　Frank Lambert, *"Pedlar in Divinity": George Whitefield and the Transatlantic Revivals* (Princeton, NJ, 1994) 强调了扩大消费的营销技巧。W. R. Ward, *The Protestant Evangelical Awakening* (Cambridge, 1992) 把大觉醒运动视为一场欧洲运动的延伸，Thomas S. Kidd, *The Great Awakening: The Roots of Evangelical Christianity in Colonial America* (New Haven, 2007) 则把它视为启发人心的福音主义。

70　Frank Lambert, *The Founding Fathers and the Place of Religion in America* (Princeton, 2003). 比这里更强的论证参见 Thomas S. Kidd, *Religion and the American Revolution* (New York, 2010)。

71　James P. Byrd, *Sacred Scripture, Sacred War: The Bible and the American Revolution* (Oxford, 2013).

72　在这里我要感谢 John Murrin 视角犀利的学术贡献："No Awakening, No Revolution?" *Reviews in American History*, 11 (1983), pp. 161–71。

73　在这一点上我要归功于 Nicholas Guyatt, *Providence and the Invention of the United States, 1607–1876* (Cambridge, 2007)。

74　应该特别提及先驱性的著作 John J. McCusker and Russell R. Menard, *The Economy of British America, 1607–1789* (Chapel Hill, 1985)，关于这本书，可参见 Peter A. Coclanis 这篇充满活力的论文 "In Retrospect: McCusker and Menard's *Economy of British America*," *Reviews in American History*, 30 (2002), pp. 183–97。Coclanis 指出了进一步研究的道路，但也评论说，已经很少有经济学家能这么做了。也可参见 Ronald Hoffman, ed., *The Economy of Early America: The Revolutionary Period, 1763–1790* (Charlottesville, 1988); Marc Egnal, *New World Economies: The Growth of the Thirteen Colonies and Early Canada* (New York, 1998); Stanley L. Engerman and Robert E. Gallman, eds., *The Cambridge Economic History of the United States*, Vol. 1 (Cambridge, 1996); John J. McCusker and Kenneth Morgan, eds., *The Early Modern Atlantic Economy* (Cambridge, 2000); Cathy Matson, ed., *The Economy of Early America: Historical Perspectives and New Directions* (University Park, 2006)。

75　David W. Galenson, "The Settlement and Growth of the Colonies," in Engerman and Gallman, *Cambridge Economic History*, pp. 170–73. 在同一时期，黑人人口从13.7万人上升到了89万人。

76　在这一问题上，所有权威人士都达成了一致：McCusker and Menard, *Economy of British America*; Gallman, "Settlement and Growth of Population."。

77　Jacob M. Price, "The Imperial Economy, 1700–1776," in P. J. Marshall, ed., *Oxford History of the British Empire*, Vol. 2 (Oxford, 1998), p. 103.

78　Edwin Cannan, ed., Adam Smith, *The Wealth of Nations* (1776; 1937), p. 393.

79　同上。

80　同上，p. 540。

81　Gallman, "Settlement and Growth of the Colonies," pp. 190–93.

82　Peter H. Lindert and Jeffrey G. Williamson, *Unequal Gains: American Growth and Inequality Since 1700* (Princeton, NJ, 2016), pp. 39–42.

83　John Komlos, "On the Biological Standard of Living of Eighteenth-Century Americans: Taller, Richer, Healthier," *Research in Economic History*, 20 (2001), pp. 223–48.

84　Cary Carson, Ronald Ho man, and Peter J. Albert, eds., *Of Consumer Interests: The Style of Life in the Eighteenth Century* (Charlottesville, 1994); T. H. Breen, *The Market Place of Revolution: How Consumer Politics Shaped American Independence* (New York, 2004).

85　Eric P. Kaufmann, *The Rise and Fall of Anglo-America* (Cambridge, MA, 2004), p. 13. 从本质上来说，这些数字无非是近似值，其他文献给出的百分比多少有些不同。

86　Bernard Bailyn, *The Peopling of British North America: An Introduction* (London, 1986).

87　关于人们对市场不同的忠诚度，参见 Allan Kuliko , *The Agrarian Origins of American Capitalism* (Charlottesville, 1992); Kuliko , *From British Peasants to Colonial American Farmers* (Chapel Hill, 2000)。关于财富分配，参见这些决定性的著作：Alice H. Jones, *Wealth of a Nation to Be: The American Colonies on the Eve of the Revolution* (New York, 1980); Lee Soltow, *The Distribution of Wealth in the United States in 1798* (Pittsburgh, 1989)。

88　Julie M. Flavell, "The 'School for Modesty and Humility': Colonial American Youth in London and their Parents, 1755–1775," *Historical Journal*, 42 (1999), pp. 377–403; John E. Crowley, *The Pursuit of Comfort: The Modern and the Material in the Early Modern British Atlantic World* (Baltimore, 2001).

89　引自 James Belich, *Replenishing the Earth: The Settler Revolution and the Rise of the Anglo-World*, 1783–1939 (Oxford, 2009), p. 147。

90　John Grenier, *The First Way of War: American War-Making on the Frontier, 1607–1814* (Cambridge, 2005).

91　Lindert and Williamson, *Unequal Gains*, ch. 2; Christopher Clark, "Reshaping Society: American Social History from Revolution to Reconstruction," in Melvyn Stokes, ed., *The State of US History* (New York, 2002), p. 48.

92　引自 R. A. Burchell, "The Role of the Upper Class in the Formation of American Culture, 1780–1840," in Burchell, ed., *The End of Anglo-America: Historical Essays in the Study of Cultural Divergence* (Manchester, 1991), p. 196。

93　Malcolm Gaskill, *Between Two Worlds: How the English Became Americans* (Oxford, 2014) 出色地覆盖了 17 世纪的历史，尽管书名指的是北美大陆殖民地的英格兰人如何变成美洲人，但该书表明这一过程其实相当迟缓。同样可参见 Richard L. Bushman, *The Refinement of America: Persons, Houses, Cities* (New York, 1992); Cornelia D. Hughes, *Women before the Bar: Gender Law and Society in Connecticut, 1639–1789* (Chapel Hill, 1995)。

94　引自 Carl Louis Becker, *The Eve of the Revolution* (New Haven, 1918), p. 11。

95　1760 年 1 月 3 日。引自 H. V. Bowen, "Perceptions from the Periphery: Colonial American Views of Britain's Asiatic Empire, 1756–1783," in Christine Daniels and Michael V. Kennedy, eds., *Negotiated Empires: Centers and Peripheries in the Americas, 1500–1820* (London, 2002), pp. 283–300 at p. 285。

96　Richard S. Dunn, "The Glorious Revolution and America," in Nicholas Canny, ed., *The Oxford History of the British Empire*, Vol. 1 (Oxford, 1998), ch. 20.

97　引自 Paul Langford, *A Polite and Commercial People: England, 1727–1783* (Oxford, 1989), p. 172。

98　Edmund Burke, *Works*, Vol. 1 (London, 1834), p. 186.

99　James A. Henretta, *"Salutary Neglect": Colonial Administration under the Duke of Newcastle* (Princeton, NJ, 1972); Alison G. Olson, *Making the Empire Work: London and American Interest Groups, 1690–1790* (Cambridge, MA, 1992).

100　T. H. Breen, "Ideology and Nationalism on the Eve of the American Revolution: Revisions Once More in Need of Revising," *Journal of American History*, 84 (1997), pp. 13–39.

101　引用自 Olive Branch Petition, July 8, 1775: www.ahpgatec.edu/olive_branch_1775. html。

102　Larry Sawyers, "The Navigation Acts Revisited," *Economic History Review*, 45 (1992), pp. 262–84 估算了成本和受益，并且更为强调前者。

103　John W. Tyler, *Smugglers and Patriots: Boston Merchants and the Advent of the American Revolution* (Boston, 1986); Benjamin L. Carp, *Defiance of the Patriots: The Boston Tea Party and the Making of America* (New Haven, 2010); Carp, "Did Dutch Smuggling Provoke the Boston Tea Party?" *Early American Studies*, 10 (2012), pp. 335–69.

104　在这里我联系起了两本著作：John E. Crowley, *The Privileges of Independence: Neomercantilism and the American Revolution* (Baltimore, 1993); Margaret Ellen Newell, *From Dependency to Independence: Economic Revolution in Colonial New England* (Ithaca, 1998)。

105　关于商业扩张影响下公共道德的演变，参见 Bruce H. Mann, *Republic of Debtors: Bankruptcy in the Age of American Independence* (Cambridge, MA, 2003)。

106　引自 Breen, *The Market Place of Revolution*, p. 117。汉考克（1737—1793），1775—1777 年担任第二届大陆会议主席，1776 年成为《独立宣言》的首位签署者，1780—1785 年和 1787—1793 年分别担任马萨诸塞州第一任和第三任州长。一直以来都有人讨论汉考克参与波士顿走私活动，参见他最新的传记 Harlow Giles Unger, *John Hancock: Merchant King and American Patriot* (New York, 2000), p. 114。

107　Tyler, *Smugglers and Patriots.*

108　T. H. Breen, *The Market Place Revolution.*

109　Jill Lepore, *The Whites of their Eyes: The Boston Tea Party's Revolution and the Battle over American History* (Princeton, NJ, 2010) 强调，这起事件通常的 "民族主义" 解释背后存在着内部冲突。

110　Merrill Jensen, *The Founding of a Nation: A History of the American Revolution, 1763–1776* (New York, 1968), ch. 14 依然是这一问题上很有价值的参考。

111　Gary Nash, *The Urban Crucible: Political Consciousness and the Origins of the American Revolution* (Cambridge, 1979); Alfred F. Young, *The Shoemaker and the Tea Party: Memory and the American Revolution* (Boston, 1999).

112　Breen, "Ideology and Nationalism on the Eve of the American Revolution," 在这点上具有说服力。

113　Jacob M. Price, *Capital and Credit in British Overseas Trade: The View from the Chesapeake, 1770–1776* (Cambridge, MA, 1980); T. H. Breen, *Tobacco Culture: The Mentality of the Great Tidewater Planters on the Eve of the Revolution* (Princeton, NJ, 1985); Alan Kuliko, *Tobacco and Slaves: The Development of Southern Cultures in the Chesapeake, 1680–1800* (Chapel Hill, 1986).

114　这里依据的权威判断是Lorena S. Walsh, *Motives of Honor, Pleasure, and Profit: Plantation Management in the Colonial Chesapeake, 1607–1763* (Chapel Hill, 2010), p. 6。

115　Adolphus, *The History of England*, Vol. 3 (London, 1802; 3rd ed. 1810), p. 136. Adolphus的评论中包括了马里兰州和南卡罗来纳州。

116　在这里我尤其受教于Bruce A. Ragsdale, *A Planter's Republic: The Search for Economic Independence in Revolutionary Virginia* (Madison, 1996) 和Walsh, *Motives of Honor*。

117　T. M. Devine, *The Tobacco Lords: A Study of the Tobacco Merchants of Glasgow and their Trading Activities, c. 1740–1790* (Edinburgh, 1975). 他们事业的一部分是开发烟草的再出口贸易，以满足法国增长的需求。

118　Richard B. Sheridan, "The British Credit Crisis of 1772 and the American Colonies," *Journal of Economic History*, 20 (1960), pp. 161–86.

119　Joseph A. Ernst, *Money and Politics in America, 1755–1775: A Study in the Currency Act of 1774 and the Political Economy of the Revolution* (Chapel Hill, 1973). 但也可参见Jacob M. Price, "The Money Question?" *Reviews in American History*, 2 (1974), pp. 364–73。

120　Woody Holton, *Forced Founders: Indians, Debtors, Slaves and the Making of the American Revolution in Virginia* (Chapel Hill, 1999).

121　Ben Baack, "British Versus American Interests in Land and the War of American Independence," *Journal of European Economic History*, 117 (2004), pp. 519–54.

122　Gregory Evans Dowd, *War under Heaven: Pontiac, the Indian Nations and the British Empire* (Baltimore, 2002); Dowd, *A Spirited Resistance: The North American Indian Struggle for Unity, 1745–1815* (Baltimore, 1992).

123　Holton, "The Ohio Indians" 再次确认了公告线在引发美国革命上的重要性。

124　关于七年战争期间及之后不断发展的边境冲突，参见Patrick Griffin, *American Leviathan: Empire, Nation, and Revolutionary Frontier* (New York, 2007)。

125　盖奇（1719—1787），职业军人，在北美战争中经验丰富，在1763—1776年担任总司令。

126　本书还不足以对McDonnell, *The Politics of War* 和Holton, *Forced Founders* 等新进步主义历史学家的结论做出评判，这些历史学家认为，人们表达的不满可以被视为阶级的分裂。在这里，将不满视为利益不同即可。

127　Holton, *Forced Founders*, ch. 5; Robert A. Olwell, "Domestick Enemies: Slavery and Political Independence in South Carolina, May 1775–March 1776," *Journal of Southern History*, 55 (1989), pp. 21–48.

128　Michael A. McDonnell and Woody Holton, "Patriot vs Patriot: Social Conflict in Virginia and the Origins of the American Revolution," *Journal of American Studies*, 34 (2000), pp. 231–56.

129   Stephen Conway, *The War of American Independence* (London, 1995).

130   Maya Jasano , *Liberty's Exiles*, "Appendix: Measuring the Exodus," pp. 351–8.

131   Ruma Chopra, *Unnatural Rebellion: Loyalists in New York City during the Rebellion* (Charlottesville, 2011). 威廉·富兰克林（1730—1814）得到了律师资格，因为其父亲在伦敦的政治影响力而被任命为新泽西总督（1763—1776）。父子俩再也没有和解。

132   John C. Weaver, *The Great Land Rush and the Making of the Modern World* (Montreal, 2006).

133   Andrew Jackson O'Shaughnessy, *An Empire Divided: The American Revolution and the British Caribbean* (Philadelphia, 2000).

134   整理自 Simon D. Smith 极为认真的研究：*Slavery, Family and Gentry Capitalism in the British Atlantic: The World of the Lascelles, 1648–1834* (Cambridge, 2006)。

135   Trevor Burnard, "Harvest Years? Reconfigurations of Empire in Jamaica, 1756–1807," *Journal of Imperial & Commonwealth History*, 49 (2012), pp. 533–55.

136   持续反对战争的罗金厄姆辉格党人是议会中主要的异议者。也可参见 P. J. Marshall, "Empire and Authority in the Later Eighteenth Century."。

137   Bernard Donoughue, *British Politics and the American Revolution: The Path to War, 1773–75* (London, 1964), pp. 151–6, 289.

138   请愿书参见 www.ahpgatec.edu/olive_branch_1775.html。

139   1776年7月20日。引用自 DuRivage, "Taxing Empire," p. 378。关于富兰克林的转变，参见 *The Making of a Patriot: Benjamin Franklin at the Cockpit* (New York, 2013), 不过她的论述似乎夸大了她笔下事件的重要性。

140   George Washington, "Circular Letter to the Governors of the States," June 8, 1783, in John C. Fitzpatrick, ed., *The Writings of George Washington from the Original Manuscript Sources*, Vol. 26 (Washington, DC, 1938), pp. 484–5. 这一参考文献要感谢得克萨斯大学奥斯汀分校的 George Forgie 博士。

141   战争造成的破坏详见 Richard Buel, *In Irons: Britain's Naval Supremacy and the American Revolutionary Economy* (New Haven, 1998)。

142   Holton, *Unruly Americans*, pp. 29, 131.

143   Lindert and Williamson, *Unequal Gains*, ch. 4.

144   关于1786—1787年的谢司起义，参见 Leonard L. Richards, *Shays's Rebellion: The American Revolution's Final Battle* (Philadelphia, 2002); Woody Holton, "'From the Labors of Others': The War Bonds Controversy and the Origins of the Constitution in New England," *William & Mary Quarterly*, 61 (2004), pp. 271–316。

145   Carl L. Becker, *The History of Political Parties in the Province of New York, 1760–1776* (Madison, 1909), p. 22. 该书是 Becker 的博士论文，在 Frederick Jackson Turner 的指导下于1907年完成。如果当今所有的博士论文都必须达到这样的水准，那取得历史学博士学位的人数就将迅速下降。*William & Mary Quarterly*, 64 (2007) 的一期特刊对贝克尔提出的话题进行了给人启发的讨论。

146   Becker, *The History of Political Parties*, p. 276.

147   到1790年，13州全都签署了宪法。它们妥协过程的详细情况参见 David Robertson, *The Original Compromise: What the Constitution's Framers Were Really Thinking* (Oxford, 2013)。Pauline Maier, *Ratification: The People Debate the Constitution* (New York, 2010) 以及作为补充的 Akhil Reed Amar, *America's*

Constitution: A Biography (New York, 2005)探究了公众在讨论中的参与程度。

148　这也催生了大量研究文献，其中一些会在之后的注释中引用。我特别参考了David Hendrickson, *Peace Pact: The Lost World of the American Founding* (Lawrence, 2003); Max M. Edling, *A Revolution in Favor of Government: Origins of the U.S. Constitution and the Making of the American State* (New York, 2003)。出色的综述则可见Gary J. Kornblith and John M. Murrin, "The Dilemmas of Ruling Elites in Revolutionary America," in Steve Fraser and Gary Gerstle, eds., *Ruling America: A History of Wealth and Power in a Democracy* (Cambridge, MA, 2005), ch. 1。

149　英国各总督提出的协调管理北美大陆殖民地的方案可能也对美国的联邦制起到了作用，这些方案可能参考了英国对易洛魁人联盟的了解。参见Drew R. McCoy, *The Elusive Republic: Political Economy in Jeffersonian America* (Chapel Hill, 1980); Alison, E. LaCroix, *The Ideological Origins of American Federalism* (Cambridge, MA, 2010)。

150　同样参见约翰·杰伊在1787年11月10日《联邦党人文集》第5篇中使用的这一短语。引自Terence Ball, ed., James Madison, Alexander Hamilton, and John Jay, *The Federalist, With the Letters of "Brutus"* (Cambridge, 2003), p. 16。

151　Anne M. Cohler, *Montesquieu's Comparative Politics and the Spirit of American Constitutionalism* (Lawrence, 1988); Daniel Walker Howe, "Why the Scottish Enlightenment Was Useful to the Framers of the American Constitution," *Comparative Studies in Society & History*, 31 (1989), pp. 572–87.

152　Robert Howse, "Montesquieu on Commerce, Conquest, War, and Peace," *Brooklyn Journal of International Law*, 31 (2006), pp. 1–16. 为求篇幅简短，我不得不忽略孟德斯鸠提法中存在的模糊性。

153　Madison, "Federalist," No. 10, in Ball, ed., *Hamilton, Madison, and Jay*, pp. 40–46.

154　要了解两种互相对立的观点，参见Gordon S. Wood, *The Radicalism of the American Revolution* (New York, 1992); Wood, *Empire of Liberty*和Holton, *Unruly Americans*。

155　Hendrickson, *Peace Pact* (Lawrence, 2003). 同样可参见Tom Cutterham, "The International Dimension of the Federal Constitution," *Journal of American Studies*, 48 (2014), pp. 501–15。

156　Carroll Smith-Rosenberg, *This Violent Empire: The Birth of an American Identity* (Chapel Hill, 2010).

157　Roger H. Brown, *Redeeming the Republic: Federalists, Taxation, and the Origins of the Constitution* (Baltimore, 1993).

158　Holton, *Unruly Americans*尤其重视这一目的。

159　最完整且最近的表态是Max M. Edling, *A Revolution in Favor of Government: Origins of the U.S. Constitution and the Making of the American State* (New York, 2003)。这里也应该提及较早的研究，特别是William Appleman Williams, "The Age of Mercantilism: An Interpretation of the American Political Economy, 1763–1828," *William & Mary Quarterly*, 15 (1958), pp. 419–37及E. James Ferguson, *The Power of the Purse: A History of American Public Finance, 1776–1790* (Durham, 1965); Ferguson, "The Nationalists of 1781–1783 and the Economic Interpretation of the Constitution," *Journal of American History*, 56 (1969), pp.

241–61; Ferguson, "Political Economy, Public Liberty, and the Formation of the Constitution," *William & Mary Quarterly*, 40 (1983), pp. 389–412。

160　引用自 Peter James Stanlis, *Edmund Burke: The Enlightenment and Revolution* (London, 1991), p. 233。

161　美国《权利法案》是宪法 10 条修正案的合称，这些修正案由国会通过，以打消反联邦党人的恐慌，在 1791 年生效。

162　Mark G. Spencer, "Hume and Madison on Faction," *William & Mary Quarterly*, 59 (2002), pp. 869–96.

163　J.G.A. Pocock, "Virtue and Commerce in the Eighteenth Century," *Journal of Interdisciplinary History*, 3 (1972), pp. 119–34; David Armitage, "A Patriot King for Whom? The Afterlives of Bolingbroke's Patriot King," *Journal of British Studies*, 36 (1997), pp. 397–418.

164　在实践中，尽管有多人尝试过更长的任期，但没有总统任职超过两届，直到 1940 年富兰克林·罗斯福再次连任才破纪录。1951 年，总统任期被正式限定为不超过两届。

165　Simon Newman, "Principles or Men? George Washington and the Political Culture of National Leadership," *Journal of the Early Republic*, 12 (1994), pp. 477–507; Frank Prochaska, *The Eagle and the Crown: Americans and the British Monarchy* (New Haven, 2008).

166　Zelinsky, *Nation into State*, pp. 56–62 书中称这一说法是 Douglas Brinkley 提出的。

167　引用自 Alan Houston, *Benjamin Franklin and the Politics of Improvement* (New Haven, 2008), p. 189。德·孔多塞侯爵（1743—1794），启蒙运动时期著名的数学家和哲学家。

168　Lawrence D. Cress, *Citizens in Arms: The Army and Militia in American Society to the War of 1812* (Chapel Hill, 1982).

169　Max Edling, *A Hercules in the Cradle: War, Money and the American State, 1783–1867* (Chicago, 2014), p. 237.

170　同上，p. 13。

171　同上，chs. 1–3。在这一阶段，银行没有垄断纸币的发行，它对州立银行的控制也很有限。不过，这标志着协调全国财政和货币政策的重要一步。

172　Thomas P. Slaughter, *The Whiskey Rebellion: Frontier Epilogue to the Revolution* (New York, 1986).

173　Robin L. Einhorn, *American Taxation, American Slavery* (Chicago, 2006).

174　Peter Zavodnyik, *The Age of Strict Construction: A History of the Growth of Federal Power, 1789–1861* (Washington, DC, 2007) 全面讨论了这一问题。

175　当时"几乎联邦里的每个州都陆续宣布了自己的主权"。Arthur Meier Schlesinger, "The State Rights Fetish," in Schlesinger, *New Viewpoints in American History* (New York, 1922), p. 222.

176　Kornblith and Murrin, "Dilemmas of Ruling Elites," p.43. 我注意到了当时所有前殖民地之间的差异超过了它们的共同意识，把其中一些称为"南方"不合时宜。然而，即使在今天，关注范围越窄，就越难对南方（或北方）的团结做出概括。在这里，"南方"一词用于指代马里兰以南的殖民地（马里兰是否包括在内要取决于具体比较的内容）。

177　但要参见 Earl M. Maltz, "The Idea of the Proslavery Constitution," *Journal of the*

Early Republic, 17 (1997), pp. 37–59，该文质疑了宪法偏向南方的说法。扩大的奴隶贸易必须借助外国船只，不过正式的法律限制并没有减少进入美国的奴隶人口。

178 James Madison, in Hamilton, Madison, and Jay, *The Federalist Papers*, No. 10, p. 44.

179 Max M. Edling and Mark D. Kaplano , "Alexander Hamilton's Fiscal Reform: Transforming the Structure of Taxation in the Early Republic," *William & Mary Quarterly*, 61 (2004), p. 743.

180 Paul Douglas Newman, *Fries's Rebellion: the Enduring Struggle for the American Revolution* (Philadelphia, 2004).

181 Seth Cotlar, *Tom Paine's America: The Rise and Fall of Transatlantic Radicalism in the Early Republic* (Charlottesville, 2011)探讨了这一时期的非正式政治。Andrew Shankman, *Crucible of American Democracy: The Struggle to Fuse Egalitarianism and Capitalism in Jeffersonian Pennsylvania* (Lawrence, 2004)则为探讨资本主义与民主制度间的联系提供了案例研究。

182 引自 Ferguson, "Political Economy, Public Liberty," p. 389。

183 正像很多人一样，比尔德在这一问题上的立场在漫长的职业生涯和大量著作中发生了转变。对此可参见以下令人启发的介绍：Clyde W. Barrow, *More than a Historian: The Political and Economic Thought of Charles Austin Beard* (New Brunswick, 2000)。

184 Karl-Friedrich Walling, *Republican Empire: Alexander Hamilton on War and Free Government* (Lawrence, 1999).

185 在1789—1795年成为财政部部长前，汉密尔顿是华盛顿最重要的顾问之一。他最完整的传记是 Ron Chernow, *Alexander Hamilton* (New York, 2004)。

186 Ferguson, "Political Economy, Public Liberty"; Peter L. Rousseau and Richard Sylla, "Emerging Financial Markets and Early US Growth," *Explorations in Economic History*, 42 (2005), pp. 1–26; Richard Sylla, "The Transition to a Monetary Union in the United States, 1787–1795," *Financial History Review*, 13 (2006), pp. 73–95; Robert E. Wright易于理解的总结进一步给汉密尔顿赋予了英雄地位：*One Nation under Debt: Hamilton, Jefferson and the History of What We Owe* (New York, 2008); Douglas A. Irwin and Richard Sylla, eds., *Founding Choices: American Economic Policy in the 1790s* (Chicago, 2011)。其他金融服务随之形成：Sharon A. Murphy, *Investing in Life: Insurance in Antebellum America* (Baltimore, 2010)。汉密尔顿的政策建立在罗伯特·莫里斯（Robert Morris，1734—1806）杰出贡献的基础上，莫里斯在为美国革命提供资金和补给方面的付出无可匹敌，他提出的计划后来被汉密尔顿发展并实行。参见Ferguson, "The Nationalists of 1781–1783"; Charles Rappeleye, *Robert Morris, Financier of the American Revolution* (New York, 2010)。但莫里斯并没有从他的贡献中得到多少收益。他的房地产投资失败了，在1797年宣告破产，在1798—1801年因债务入狱，作为贫民死去。西班牙银圆是13个殖民地中最常见的流通货币，记账使用的币种有很长一段时间则依然是英镑、先令和便士，直到19世纪。

187 Douglas A. Irwin, "The Aftermath of Hamilton's 'Report on Manufactures,' " *Journal of Economic History*, 64 (2004), pp. 800–821.

188 引用自 Ferguson, "Political Economy, Public Liberty," p. 411。约翰·泰勒（1753—1824），人称"加罗林的泰勒"（加罗林是弗吉尼亚的一个县），他

是州权的有力倡导者，尤其为自由意志论传统做出了贡献。参见 Robert E. Shalhope, *John Taylor of Caroline: Pastoral Republican* (Columbia, 1980)。

189　Brian Schoen, "Calculating the Price of Union: Republican Economic Nationalism and the Origins of Southern Sectionalism, 1790–1818," *Journal of the Early Republic*, 23 (2003), pp. 173–208. 在早期，该党被称为民主共和党或杰斐逊共和党。

190　亨利·圣约翰（Henry St. John, 1678—1751），第一任博林布鲁克子爵。参见 Isaac Kramnick, *Bolingbroke and His Circle: The Politics of Nostalgia in the Age of Walpole* (Cambridge, MA, 1968; 2nd ed. 1992); Michael Durey, *Transatlantic Radicals and the Early Republic* (Lawrence, 1997) 以及本书第 2 章的讨论。

191　这两种立场都允许存在一定的多样性。比如参见 Saul Cornell, *The Other Founders: Anti-Federalists and the Dissenting Tradition in America, 1788– 1828* (Chapel Hill, 1999)。

192　Drew R. McCoy, *The Elusive Republic: Political Economy in Jeffersonian America* (Chapel Hill, 1980).

193　John Murrin, "The Jeffersonian Triumph and American Exceptionalism," *Journal of the Early Republic*, 20 (2000), pp. 1–25.

194　Drew R. McCoy, *The Last of the Fathers: James Madison and the Republican Legacy* (New York, 1989), pp. 173–92; Andrew Shankman, " 'A New Thing on Earth': Alexander Hamilton, Pro-Manufacturing Republicans, and the Democratization of the American Political Economy," *Journal of the Early Republic*, 23 (2003), pp. 323–52.

195　Colleen A. Sheehan, *James Madison and the Spirit of Republican Self-Government* (Cambridge, 2009).

196　尤其参见 Donald Ratcliffe 重要的新研究："The Right to Vote and the Rise of Democracy, 1787–1828," *Journal of the Early Republic*, 3 (2013), pp. 230, 232; Jeffrey L. Pasley, *The First Presidential Contest: 1796 and the Founding of American Democracy* (Lawrence, 2013)。

197　Ratcliffe, "The Right to Vote," p. 221.

198　Albert O. Hirschman, *Exit, Voice, and Loyalty: Reponses to Decline in Firms, Organizations, and States* (Cambridge, MA, 1970).

199　Stanley L. Engerman and Kenneth L. Sokolo , "The Evolution of Suffrage Institutions in the New World," *Journal of Economic History*, 65 (2005), pp. 891–921; Peter Temin, "Free Land and Federalism: A Synoptic View of American Economic History," *Journal of Interdisciplinary History*, 21 (1991), pp. 371–89 对南北战争后的时期做出了相似的论断。

200　Engerman and Sokolo , "The Evolution of Suffrage Institutions," pp. 898, 901–5, 907–8, 916.

201　David Waldstreicher, *In the Midst of Perpetual Fetes: The Making of American Nationalism, 1776–1820* (Chapel Hill, 1997); Simon P. Newman, *Parades and the Politics of the Street: Festive Culture in Early American Republic* (Philadelphia, 1997); Jeffrey L. Pasley, Andrew W. Robertson, and David Waldstreicher, eds., *Beyond the Founders: New Approaches to the Political History of the Early United States* (Chapel Hill, 2004). Gary B. Nash, *The Urban Crucible: Social Change, Political Consciousness, and the Origins of the American Revolution*

(Cambridge, MA, 1979); Joyce Appleby, *Capitalism and a New Social Order: The Republican Vision of the 1790s* (New York, 1984) 一书称这10年脱离了以往的情况。Peter S. Onuf 则认为，古典的美德概念和新的自由意志理想之间出现了融合：*Jefferson's Empire: The Language of American Nationhood* (Charlottesville, 2000)。

202　Ronald P. Formisano, *Reform and Reaction: For the People: American Populist Movements from the Revolution to the 1850s* (Chapel Hill, 2007); Michael Kazin, *The Populist Persuasion: An American History* (New York, 1995). 关于民粹主义的反精英特点，参见 Margaret Canovan, *Populism* (London, 1981)。

203　正如 Linda Colley 所说，宪法这种文件既有控制性，又有解放性："Writing Constitutions and Writing World History," in James Belich, John Darwin, Margret Frenz, and Chris Wickham, eds., *The Prospect of Global History* (Oxford, 2016), p. 170。

204　Madison, "Federalist No. 14," in Hamilton, Madison, and Jay, *The Federalist*, p. 69. See also Federalist No. 10.

205　J. G. A. Pocock, "The Classical Theory of Deference," *American Historical Review*, 81 (1976), pp. 516–23. 对约翰·亚当斯来说，杰斐逊的解决方案带来了问题。亚当斯接受自然贵族的兴起，但认为这需要受到控制。

206　引用自 Lloyd S. Kramer, "The French Revolution and the Creation of American Political Culture," in Joseph Klaits and Michael H. Haltzel, eds., *The Global Ramifications of the French Revolution* (Cambridge, 1994), p. 32。

207　同上，p.31。

208　Paul Langford, "Old Whigs, Old Tories and the American Revolution," in Peter Marshall and Glyn Williams, eds., *The British Atlantic Empire Before the American Revolution* (London, 1980), pp. 106–30; Thomas Philip Schofield, "Conservative Political Thought in Britain in Response to the French Revolution," *Historical Journal*, 29, 1986, pp. 601– 22; Seth Cotlar, "The Federalists' Transatlantic Cultural Offensive of 1798 and the Moderation of American Democratic Discourse," in Pasley, Robertson, and Waldstreicher, *Beyond the Founders*, pp. 274–99; Terry Bouton, *Taming Democracy: "The People," the Founders, and the Troubled Ending of the American Revolution* (New York, 2004).

209　德·孔多塞侯爵，人称尼古拉·德·孔多塞。孔多塞自己（温和）的见解没有得到1793年在法国夺得权力的极端分子的赞同。他被宣判为叛徒并在次年死于狱中。参见 Max M. Mintz, "Condorcet's Reconsideration of America as a Model for Europe," *Journal of the Early Republic*, 11 (1991), pp. 493–506; 范围更广的著作是 David Williams, *Condorcet and Modernity* (Cambridge, 2004)。

210　威廉·科贝特（William Cobbett）1819年带着潘恩的遗骨回到英格兰，但没能将其体面地下葬。参见 David A. Wilson, *Paine and Cobbett: The Transatlantic Connection* (Kingston and Montreal, 1998)。潘恩的自然神论给他的政治激进主义带来了麻烦。他在美国一直没有得到公共纪念，直到1850年纽约终于竖起了他的纪念碑。

211　Young, *The Shoemaker and the Tea Party*.

212　Adam Smith, *Wealth of Nations*, p. 899.

213　同上。

214　同上，p.900。这是斯密书中的最后一句话。

215　斯密更认同的解决方案是让北美大陆殖民地加入英国，给它们议会代表权，也由此使税收获得殖民地认可的宪法依据。

216　对此表达遗憾的著作之一是James L. Huston, "Economic Landscapes Yet to Be Discovered," *Journal of the Early Republic*, 24 (2004), pp. 219–31。

217　Anne M. Cohler et al., eds., *Montesquieu: The Spirit of the Laws* (Cambridge, 1989), pp. 224–5.

218　皮特也警告说征服北美洲是不可能的。然而，当谈判破裂、战争开始后，他以爱国为由反对殖民地独立。

219　Matthew, 6:33.

220　Jack P. Greene, *Peripheries and Center*, pp. 162–3在这点上表达了权威观点。要了解对这场"尚未到来的革命"的开创性批评，参见John M. Murrin, "The Myths of Colonial Democracy and Royal Decline in Eighteenth-Century America: A Review Essay," *Cithara*, 5 (1965), pp. 53–69。

221　关于革命的大众基础，参见Nash, *The Unknown American Revolution*和T. H. Breen, *American Insurgents, American Patriots: The Revolution of the People* (New York, 2010)。

222　Michael McDonnell, "National Identity and the American War for Independence Reconsidered," *Australasian Journal of American Studies*, 20 (2001), pp. 3–17; John M. Murrin and David S. Silverman, "The Quest for America: Reflections on Distinctiveness, Pluralism and Public Life," *Journal of Interdisciplinary Studies*, 33 (2002), pp. 235–46; Michael Zuckerman, "Regionalism," in Daniel Vickers, ed., *A Companion to Colonial America* (Oxford, 2003), ch. 13; Jack D. Greene, "Early Southeastern North America and the Broader Atlantic and American Worlds," *Journal of Southern History*, 73 (2007), pp. 1–14.

223　其正式的名称是尼德兰七省联合共和国。参见J. W. Schulte Nordholt, "The Example of the Dutch Republic for American Federalism," *Low Countries Historical Review*, 94 (1979), pp. 437–49。

224　法裔加拿大人虽然没有和大英帝国及英王室和解，但还是无法逃避与它们的关系，最终达成了妥协。

225　这一说法出现在*Common Sense* (Philadelphia, 1776)及他的其他众多著作中。

226　19世纪和20世纪帝国主义研究专家会发现，我把Robinson对合作的理念运用到了对更早时期的猜想中：Ronald Robinson, "Non-European Foundations of European Imperialism: Sketch for a Theory of Collaboration," in E.R.J. Owen and R. B. Sutcliffe, eds., *Studies in the Theory of Imperialism* (London, 1972), ch. 5。

227　Burke, Speech in Parliament, February 27, 1775.

228　同上。

第4章

1　Salman Rushdie, *Midnight's Children* (London, 1980)追踪了出生在印度独立时的萨利姆·赛奈（Saleem Sinai）的生涯。

2　尼赫鲁（1889—1964），"Speech on the Granting of Independence" August 14, 1947, *Internet Modern History Sourcebook*, www.fordham.edu/halsall/mod/1947nehru1.html。尼赫鲁在1947—1964年担任印度总理。

3　John Quincy Adams, "Oration", on the anniversary of American independence, July 4, 1793, Collection of 4 July Speeches; Special Collections, Ellish Library, University of Missouri, Columbia. 亚当斯在1817—1825年担任国务卿，在1825—1829年担任总统。

4　这包括在其他方面都可圈可点的《牛津美国历史》，也包括 Charles Sellers, *The Market Revolution: Jacksonian America, 1815–1846* (New York, 1991)。

5　Kathleen Burk, *Old World, New World: Great Britain and America from the Beginning* (London, 2007), ch. 5，在这一概括的许多例外中，尤其应该提到这部著作。其他参考文献则会在下面的注释中指出。

6　Susan Strange, *States and Markets* (London, 1988; 2nd ed. 1994), ch. 2，这一章探讨了结构性实力和关系性实力之间的区别。同样参见 A. G. Hopkins, "Informal Empire in Argentina: An Alternative View," *Journal of Latin American Studies*, 26 (1994), pp. 469–84。

7　Ephraim Kleiman, "Trade and the Decline of Colonialism," *Economic Journal*, 86 (1976), pp. 459–80; Lance Davis, "The Late Nineteenth-Century Imperialist: Specification, Quantification and Controlled Conjectures," in Raymond E. Dumett, ed., *Gentlemanly Capitalism and British Imperialism: The New Debate on Empire* (Harlow, 1999), pp. 82–4. 我要感谢 Davis 博士促使我更深入地思考这些问题。参见 P. J. Cain and A. G. Hopkins, "The Theory and Practice of British Imperialism," in Dumett, *Gentlemanly Capitalism*, pp. 202–10。

8　Strange, *States and Markets*, ch. 2.

9　参议员 William L. Marcy 在1828年提出了这一说法来形容杰克逊派民主党人的选举胜利。

10　Sellers, *The Market Revolution*.

11　这一术语出现在许多不同的背景中。在这里，它的用法与民族主义研究的主要权威之一 Anthony D. Smith 的一致。尤其参见 *Theories of Nationalism* (1983); *Nationalism* (2nd ed., Cambridge, 2010)。

12　*New York Times, February 10, 1853.* 引用自 Stuart Ward, "The European Provenance of Decolonization," *Past & Present*, 230 (2016), pp. 227–60, at p. 232.

13　Matthew, 6:33.

14　本书第3章对这些立场做了更完整的阐述。

15　Peter S. Onuf, " 'The Strongest Government on Earth': Jefferson's Republicanism, the Expansion of the Union, and the New Nation's Destiny," in Sanford Levinson and Bartholomew H. Sparrow, eds., *The Louisiana Purchase and American Expansion, 1803– 1898* (Lanham, 2005), ch. 2.

16　这正像 Max M. Edling 在他重要的著作中清晰展示的一样：*A Hercules in the Cradle: War, Money, and the American State, 1783–1867* (Chicago, 2014)。

17　我要感谢的包括 William J. Novak, "The Myth of the 'Weak' American State," *American Historical Review*, 113 (2008), pp. 752–72 以及在 *American Historical Review* 115 (2010) 中的讨论; Richard R. John, *Spreading the News: The American Postal System from Franklin to Morse* (Cambridge, MA, 1995); John Lauritz Larson, *Internal Improvement: National Public Works and the Promise of Popular Government in the Early United States* (Chapel Hill, 2001); Peter Zavodnyik, *The Age of Strict Construction: A History of the Growth of Federal Power, 1789–1861* (Washington, DC, 2007); Brian Balogh, *A Government Out of Sight: The Mystery of National Authority in Nineteenth-Century America* (Cambridge, 2009); Edling, *Hercules in the Cradle.*

18   John C. Weaver, *The Great Land Rush and the Making of the Modern World, 1650–1900* (Montreal, 2003), p. 191 及第 5—7 章都出色阐释了这一庞大的主题。

19   Don E. Fehrenbacher with Ward M. McAfee, *The Slaveholding Republic: An Account of the U.S. Government's Relations to Slavery* (Oxford, 2001).

20   Fehrenbacher, *The Slaveholding Republic*, p.111; David Ericson, *Slavery in the American Republic: Developing the Federal Government, 1791–1861* (Lawrence, 2011).

21   在这里我要感谢 Gary Gerstle, *Liberty and Coercion: The Paradox of American Government from the Founding to the Present* (Princeton, NJ, 2015), chs. 1–2。我也要感谢 John Joseph Wallis，他的著作出现在下面的注释 22 和注释 23 中。

22   Richard Sylla, John B. Legler, and John J. Wallis, "Banks and Public Finance in the New Republic: The United States, 1790–1860," *Journal of Economic History*, 47 (1987), pp. 391–403; John Joseph Wallis, "The Property Tax as a Coordinating Device: Financing Indiana's Mammoth Internal Improvement System, 1835–1842," *Explorations in Economic History*, 40 (2003), pp. 223–50; Wallis, "Constitutions, Corporations, and Corruption: American States and Constitutional Change, 1842–1852," *Journal of Economic History*, 65 (2005), pp. 211–56; John Joseph Wallis and Barry R. Weingast, "Equilibrium Impotence: Why the States and Not the American National Government Financed Economic Development in the Antebellum Era," NBER *Working Paper*, 11397 (2005).

23   John Joseph Wallis, "The Other Foundings: Federalism and the Constitutional Structure of American Government," in Douglas A. Irwin and Richard Sylla, eds., *Founding Choices: American Economic Policy in the 1790s* (Chicago, 2011), pp. 177–213; Edling, " 'A Mongrel Kind of Government': The U.S. Constitution, the Federal Union, and the Origins of the American State," in Peter S. Onuf and Peter Thompson, eds., *State and Citizen: British America and the Early United States* (Charlottesville, 2013), pp. 150–77.

24   杰斐逊对扩张的态度发生过变化。在 18 世纪 80 年代，他更倾向于限制政府规模：Reginald Horsman, "Thomas Jefferson and the Ordinance of 1784," *Illinois Historical Journal*, 79 (1986), pp. 99–112。

25   Onuf, " 'The Strongest Government on Earth,' " pp. 43–8.

26   "绿色起义"一词的流行是因为 Samuel P. Huntington, *Political Order in Changing Societies* (New Haven, 1968), ch. 7。

27   所有历史学家都应该感谢这部杰出的研究：Leonard L. Richards, *The Slave Power: The Free North and Southern Domination, 1780–1860* (Baton Rouge, 2000)。Philip H. Burch, *Elites in American History*, Vol. 1 (New York, 1981) 指出，直到 1861 年，占据顾问团和外交岗位的南方人人数与他们应有的人口比例不相符。

28   James McPherson, *The War that Forged a Nation: Why the Civil War Still Matters* (Oxford, 2015), p. 7.

29   对这一主题的有趣讨论可参见 James Oakes, "The Ages of Jackson and the Rise of American Democracies," *Journal of the Historical Society*, 6 (2006), pp. 491–500。更广泛的视角则参见 Joanna Innes and Mark Philp, eds., *Re-Imagining*

Democracy in the Age of Revolutions: America, France, Britain, and Ireland, 1850–1950 (Oxford, 2013)。

30　参见本书第3章。

31　Alexander Keyssar, *The Right to Vote: The Contested History of Democracy in the United States* (New York, 2000; 2009), chs. 1–3.

32　John Ashworth, *"Agrarians" and "Aristocrats": Party Political Ideology in the United States, 1837–1846* (New York, 1987); Harry L. Watson, *Liberty and Power: The Politics of Jacksonian America* (New York, 1990).

33　Richards, *The Slave Power*, p. 49.

34　关于1800年大选，参见 Jeffrey L. Pasley, "Politics and the Misadventures of Thomas Jefferson's Modern Reputation: A Review Essay," *Journal of Southern History*, 72 (2006), pp. 871–908。

35　Robert P. Forbes, *The Missouri Compromise and Its Aftermath: Slavery and the Meaning of America* (Chapel Hill, 2007); Matthew H. Crocker, "The Missouri Compromise, the Monroe Doctrine, and the Southern Strategy," *Journal of the West*, 43 (2004), pp. 45–52; Adam Rothman, "Slavery and National Expansion in the United States," *OAH Magazine of History*, 23 (2009), pp. 23–9.

36　Levinson and Sparrow, *The Louisiana Purchase*, pp. 3, 6–7.

37　对待这一问题的不同角度，有许多可能的例子，其中可参见 Joyce Appleby, *Capitalism and a New Social Order: The Republican Vision of the 1790s* (New York, 1984); Gordon Wood, *The Radicalism of the American Revolution* (New York, 1992); Pasley, "1800 as a Revolution in Political Culture."。

38　杰斐逊（1743—1826），1801—1809年担任合众国第三任总统。

39　Edling, *Hercules in the Cradle*, ch. 4.

40　Forrest McDonald, *The Presidency of Thomas Jefferson* (Lawrence, 1976), pp. 79, 115–17, 163.

41　杰斐逊对商业的矛盾态度参见 Doron S. Ben-Atar, *The Origins of Jeffersonian Commercial Policy and Diplomacy* (New York, 1993)。

42　Burton Spivak, *Jefferson's English Crisis: Commerce, Embargo, and the Republican Revolution* (Charlottesville, 1979).

43　本书第5章对战争做了更广泛的讨论。

44　詹姆斯·麦迪逊（1751—1836），1809—1817担任第四任总统。这一话题参见 Edling, *Hercules in the Cradle*, ch. 4。

45　Edling, *Hercules in the Cradle*, ch. 4.

46　约翰·昆西·亚当斯（1767—1848），第二任总统约翰·亚当斯的儿子，1825—1829年担任第六任总统。参见 Leonard L. Richards, *The Life and Times of Congressman John Quincy Adams* (New York, 1986); William Earl Weeks, *John Quincy Adams and American Global Empire* (Lexington, 1992)。

47　Weeks, *John Quincy Adams* 追踪了他漫长职业生涯中的矛盾性。

48　杰克逊（1767—1845）是无数传记的主角。其中完整而易读的是 H. W. Brands, *Andrew Jackson: His Life and Times* (New York, 2005)。

49　Donald J. Ratcliffe, "Popular Preferences in the Presidential Election of 1824," *Journal of the Early Republic*, 34 (2014), pp. 45–77 修正了对这场选举的标准解读。Joel H. Sibley, *Martin Van Buren and the Emergence of American Popular Politics* (Lanham, 2002) 覆盖了范布伦（1782—1862）的人生及他在1837—

1841年担任第八任总统的时期。

50   Herbert E. Sloan, *Principle and Interest: Thomas Jefferson and the Problem of Debt* (New York, 1995).

51   Ashworth, *"Agrarians" and "Aristocrats"*; Harry L. Watson, *Liberty and Power: The Politics of Jacksonian America* (New York, 1990); Christopher Clark, *Social Change in America: From the French Revolution Through the Civil War* (Chicago, 2006).

52   这里将对立的历史解释描述得过于简单化了，关于这些辩论的知名著作有：Sellers, *The Market Revolution*; Sean Wilentz, *The Rise of American Democracy: Jefferson to Lincoln* (New York, 2005); and Daniel Walker Howe, *What Hath God Wrought: The Transformation of America, 1815–1848* (Oxford, 2007)。

53   Donald J. Ratcliffe 在这点上提出了令人信服的观点："The Right to Vote and the Rise of Democracy, 1787–1828," *Journal of the Early Republic*, 33 (2013), pp. 219–54。同样参见 John L. Brooke, " 'King George has Issued too Many Patents for Us': Property and Democracy in Jeffersonian New York," *Journal of the Early Republic*, 33 (2013), pp. 187–217，不过 Brooke 没有考虑到 Ratcliffe 的修正，后者追溯了18世纪90年代甚至更早时期选民群体的扩张。

54   John Lynch, *Argentine Caudillo: Juan Manuel de Rosas* (Oxford, 1981; 2001); Lynch, Caudillos in Spanish America, 1800–1850 (Oxford, 1992). 罗萨斯（1793—1877）在1829—1832年和1835—1852年担任新兴的阿根廷邦联的实际统治者。派斯（1790—1873）在1830—1835、1839—1842、1861—1863年担任委内瑞拉总统。可想而知，美国和拉丁美洲之间有着重要的区别，正如 Weaver 在 *The Great Land Rush*, pp. 12–18 中敏锐观察到的一样。不过，我们对它们的比较研究的可能性还探索得不够。振奋人心的一大例外是 Charles A. Jones, *American Civilization* (London, 2007)。

55   关于"考迪罗法则"（code codello），参见 Bertram Wyatt-Brown, "Andrew Jackson's Honor," *Journal of the Early Republic*, 17 (1997), pp. 1–36。

56   Harvey M. Watterson to William Brent, *Charge d'Affaires*, Buenos Aires, April 22, 1844. 引用自 William Dusenberry, "Juan Manuel de Rosas as Viewed by Contemporary American Diplomats," *Hispanic American Historical Review*, 41 (1961), p. 500。我要感谢 Jay Saxton 博士提供了这句引文。

57   Eugene R. Sheridan, "Thomas Jefferson and the American Presidency: From Patriot King to Popular Leader," *Amerikastudien*, 41 (1996), pp. 17–31.

58   Richard E. Ellis, *The Union at Risk: Jacksonian Democracy, States' Rights and the Nullification Crisis* (New York, 1987) 提供了详尽的介绍。Donald J. Ratcliffe, "The Nullification Crisis, Southern Discontents and the American Political Process," *American Nineteenth-Century History*, 1 (2000), pp. 1–30 提出了有说服力的修正主义诠释。

59   Irwin, "Antebellum Tariff Politics: Coalitions and Shifting Economic Interests," *Journal of Law and Politics*, 51 (2008), p. 723. 在这里我需要感谢 Irwin 博士对19世纪关税的宝贵研究。本章其他注释中还有进一步的引文。

60   Ratcliffe, "The Nullification Crisis"; Howe, *What Hath God Wrought*, pp. 395–410.

61   Ellis, *The Union at Risk* 一反惯常的观点，认为尽管杰克逊有力捍卫了中央权威，但其结果并没有带来联邦权力的胜利。

62   Irwin, "Antebellum Tariff Politics."

63　Alfred Marshall, *Industry and Trade* (New York, 1919; 3rd ed. 1920), p. 486.

64　Larson, *Internal Improvement*, p. 111.

65　Howe, *What Hath God Wrought*, pp. 357–61; Pamela L. Baker, "The Washington National Road Bill and the Struggle to Adopt a Federal System of Internal Improvement," *Journal of the Early Republic*, 22 (2002), pp. 437–64.

66　C. Knick Harley, "The Antebellum American Tariff: Food Exports and Manufacturing," *Explorations in Economic History*, 29 (1992), pp. 375–400; Irwin, "Antebellum Tariff Politics," p. 716.

67　Howe, *What Hath God Wrought*, pp. 359–61.

68　Jane Knodell, "Rethinking the Jacksonian Economy: The Impact of the 1832 Bank Veto on Commercial Banking," *Journal of Economic History*, 66 (2003), pp. 541–74.

69　Howe, *What Hath God Wrought*, pp. 373–83同样指出，杰克逊对亨利·克莱（关税提出者）和尼古拉斯·比德尔（Nicholas Biddle，第二合众国银行行长）的态度和敌意中，有着相当个人化的成分。

70　Edward J. Green, "Economic Perspective on the Political History of the Second Bank of the United States," *Federal Reserve Bank of Chicago Economic Perspectives*, 27 (2003), pp. 59–67. Green承认他的论点是初步的，需要进一步历史研究。

71　更有力的论述参见Larry Schweinart, "Jacksonian Ideology, Currency Control and Central Banking: A Reappraisal," *Historian*, 51 (1988), pp. 87–102。

72　J. Lawrence Broz, "The Origins of Central Banking: Solutions to the Free-Rider Problem," *International Organization*, 52 (1998), pp. 234–68在这方面被忽视了。

73　Jane Knodell, "The Demise of Central Banking and the Domestic Exchanges: Evidence from Antebellum Ohio," *Journal of Economic History*, 58 (1998), pp. 714–31; Knodell, "Rethinking the Jacksonian Economy"; Wilson, "The 'Country' versus the 'Court.' "

74　1837年经济恐慌使范布伦总统敦促为政府资金寻找独立的储蓄方式。《独立国库法》（Independent Treasury Act）在1837年通过，在1841年废除，1846年被波尔克总统重新实行。

75　Irwin, "Antebellum Tariff Politics," p. 739.

76　Sven Beckert, "Merchants and Manufacturers in the Antebellum North," in Steve Fraser and Gary Gerstle, eds., *Ruling America: A History of Wealth and Power in a Democracy* (Cambridge, MA, 2005), ch. 3.

77　Sean Wilentz, "Jeffersonian Democracy and the Origins of Political Anti-Slavery in the United States: The Missouri Compromise Revisited," *Journal of the Historical Society*, 4 (2004), pp. 375–401.

78　James L. Huston, *The British Gentry, The Southern Planter, and the Northern Family Farmer: Agriculture and Sectional Antagonism in North America* (Baton Rouge, 2015).

79　美国辉格党沿用了18世纪70年代美国爱国者们使用的一个称号，而这个称号则来自英国辉格党改革派。Howe, *What Hath God Wrought*, p. 390; Major L. Wilson, "The 'Country' Versus the 'Court': A Republican Consensus and Party Debate in the Bank War," *Journal of the Early Republic*, 15 (1995), pp. 619–47。

80　其基点为William E. Gienapp, *The Origins of the Republican Party, 1852–1856*

(New York, 1987)，还有 Michael F. Holt, *The Rise and Fall of the American Whig Party: Jacksonian Politics and the Onset of the Civil War* (New York, 1999)。

81　如今，历史学家认可了自由土壤党对改革的努力。参见 Jonathan Halperin Earle, *Jacksonian Anti-Slavery and the Politics of Free Soil, 1824–1854* (Chapel Hill, 2004); Richard S. Newman, *The Transformation of American Abolitionism: Fighting Slavery in the Early Republic* (Chapel Hill, 2002)。

82　Thomas Brown, "The Southern Whigs and Economic Development," *Southern Studies*, 20 (1981), pp. 20–38; Edward L. Widmer, *Young America: The Flowering of Democracy in New York* (New York, 1998).

83　Yonatan Eyal, *The Young America Movement and the Transformation of the Democratic Party, 1828–1861* (Cambridge, 2007)在这点上引人启发。

84　比如参见 *Cambridge Economic History of the United States*, Vols. 1 and 2 (Cambridge, 1996; 2000)。

85　关于18世纪90年代对这个新国家设定发展道路带来的重要影响，参见 Douglas Irwin and Richard Sylla, eds., *Founding Choices: American Economic Policy in the 1790s* (Chicago, 2011); also Edling, *A Hercules in the Cradle*, chs. 1–3。

86　William Appleman Williams, "The Age of Mercantilism: An Interpretation of the American Political Economy, 1763–1828," *William & Mary Quarterly*, 15 (1958), pp. 420–37强调了麦迪逊而不是汉密尔顿的作用。

87　汉密尔顿的思想可以和约翰·戈特利布·费希特做一比较，后者在经济发展史中被严重忽视。费希特自18世纪90年代初提出的观点被整合在一部很少被人引用的著作中：*The Closed Commercial State* (1800)。关于他的一些研究包括 Stan Standaert, "Fichte as a Development Economist," *Cultures et développement*, 14 (1982), pp. 681–94; Richard T. Gray, "Economic Romanticism: Monetary Nationalism in Johann Gottlieb Fichte and Adam Muller," *Eighteenth-Century Studies*, 36 (2003), pp. 535–57。

88　1913年华盛顿再版。同样参见 Peter McNamara, *Political Economy and Statesmanship: Smith, Hamilton and the Foundation of the Commercial Republic* (DeKalb, 1998)。Douglas A. Irwin, "The Aftermath of Hamilton's 'Report on Manufactures,'" *Journal of Economic History*, 64 (2004), pp. 800–821显示，汉密尔顿的关税提案（但不是他关于补贴的提案）一反常规的思想，在1792年被国会采用。至今仍被低估的李斯特（1789—1846）在1825—1831年间住在美国，写作了 *Outlines of American Political Economy* in 1827 (New York, 1996)，提倡克莱的"美国体系"，并在1841年创作了他最重要的著作《政治经济学的国民体系》(*The National System of Political Economy*)。他为什么会在1828年大选中支持杰克逊，至今仍是个谜。也可参见 Andreas Etges, "Discovering and Promoting Economic Nationalism: Friedrich List in the United States," *Yearbook of German-American Studies*, 32 (1997), pp. 63–71。

89　Hamilton, *Report on Manufactures*, p. 3.

90　同上，p.35。

91　同上，pp. 34–5。

92　同上，p.33。

93　George C. Herring, *From Colony to Superpower: U.S. Foreign Relations since 1776* (Oxford, 2008), pp. 73–81.

94 Todd Estes, *The Jay Treaty Debate: Public Opinion and the Evolution of Early American Political Culture* (Amherst, 2006)罗列了更多参考文献。这份条约在英国也备受争议。

95 引自Peter J. Cain, "Bentham and the Development of the British Critique of Colonialism," *Utilitas*, 23 (2011), p. 8。

96 Bradford Perkins, *The Cambridge History of American Foreign Relations*, Vol. 1 (Cambridge, 1993), pp. 203–4; Barry Gough, *Pax Britannica: Ruling the Waves and Keeping the Peace before Armageddon* (Basingstoke, 2014), ch. 5以英国控制海权为框架（通过纽芬兰和西印度群岛，尤其是以百慕大为基地，在北美洲行使海权），探究了英美海军的竞争。

97 引自David C. Hendrickson, *Union, Nation, or Empire: The American Debate over International Relations, 1789–1941* (Lawrence, 2009), p. 86。

98 克莱（1777—1852），在1811—1825年几乎连续担任众议员，在1806—1807、1810—1811、1831—1842和1849—1852年担任参议员，在1825—1829年担任国务卿，辉格党创始人，在1824、1832、1844年参选总统。关于克莱有大量研究著作。我认为以下几部尤其有帮助：Maurice G. Baxter, *Henry Clay and the American System* (Lexington, 1995); John R. VanAtta, "Western Lands and the Political Economy of Henry Clay's American System, 1819–1832," *Journal of the Early Republic*, 21 (2001), pp. 633–65; Stephen Minicucci, "The 'Cement of Interest': Interest-Based Models of Nation-Building in the Early Republic," *Social Science History*, 25 (2001), pp. 247–74。较少被引用的Bernard Semmel, *The Liberal Ideal and the Demons of Empire* (Baltimore, 1993), pp. 73–83同样值得一提。

99 Lawrence A. Peskin, *Manufacturing Revolution: The Intellectual Origins of Early American Industry* (Baltimore, 2004).

100 Kinley Brauer, "The United States and British Imperial Expansion, 1815–60," *Diplomatic History*, 12 (1988), p. 24. Brauer充满创新性的论文走在了时代之前，至今仍等待着后人的欣赏和追赶。

101 Henry Clay, *In Defence of the American System: Against the British Colonial System* (Washington, DC, 1832).

102 同上，p. 11。

103 马修·凯里（1760—1839）。参见Stephen Meardon, "A Reciprocity of Advantages: Carey, Hamilton, and the American Protective Doctrine," *Early American Studies*, 11 (2013), pp. 431–54。

104 亨利·查尔斯·凯里（1793—1879）。参见Rodney J. Morrison, *Henry C. Carey and American Economic Development* (Philadelphia, 1986); Stephen Meardon, "Reciprocity and Henry C. Carey's Traverses on the Road to Perfect Freedom of Trade," *Journal of the History of Economic Thought*, 33 (2011), pp. 307–33。

105 Henry C. Carey, *The Way to Outdo England Without Fighting Her* (Philadelphia, 1865), pp. 24, 27.

106 同上，p. 77。

107 同上，pp. 32, 65。

108 同上，p. 49。

109 同上，p. 125。

110 William D. Grampp, "On Manufacturing and Development," *Economic*

Development & Cultural Change, 18 (1970), pp. 451–63. 关于杰斐逊自己的种植园里奴隶和生产的关系，参见 Stephen B. Hodin, "The Mechanisms of Monticello: Saving Labor in Jefferson's America," *Journal of the Early Republic*, 26 (2006), pp. 377–418。

111 杰斐逊与重农主义的联系可参见 Manuela Albertone, "John de Crèvecoeur's Agrarian Myth," *History of European Ideas*, 32 (2006), pp. 28–57，他的农耕资本主义可参见 Joyce Appleby, "Commercial Farming and the 'Agrarian Myth' in the Early Republic," *Journal of American History*, 68 (1982), pp. 833–49。

112 Drew R. McCoy, *The Last of the Fathers: James Madison and the Republican Legacy* (New York, 1989), pp. 173–92. 杰斐逊的个人债务影响了他对银行和信贷机构的敌意。参见 Herbert E. Sloan, *Principle and Interest: Thomas Jefferson and the Problem of Debt* (New York, 1995)。

113 引自 Andrew Shankman, " 'A New Thing on Earth': Alexander Hamilton, Pro-Manufacturing Republicans, and the Democratization of American Political Economy," *Journal of the Early Republic*, 23 (2003), pp. 323–52, at p. 338.《曙光女神报》是一份反联邦党人报纸。Shankman 驳斥了所谓杰斐逊派反对一切制造业的普遍观点。

114 引自 Irwin, "The Aftermath of Hamilton's 'Report on Manufactures,' " pp. 819–20。

115 关于南方反对1828年关税所导致的政治危机，参见 Howe, *What Hath God Wrought*, pp. 395–410。

116 Joseph J. Persky, *The Burden of Dependency: Colonial Themes in Southern Economic Thought* (Baltimore, 1992).

117 Irwin, "Antebellum Tariff Politics." 不过，关税增加了美国棉产业的竞争力。参见 C. Knick Harley, "International Competitiveness of the Antebellum American Cotton Textile Industry," *Journal of Economic History*, 52 (1992), pp. 559–84。

118 Douglas A. Irwin, "New Estimates of the Average Tariff of the United States, 1790–1820," *Journal of Economic History*, 63 (2002), pp. 506–13. 对此富有启发性的一部案例研究是 Carl E. Prince and Seth Taylor, "Daniel Webster, the Boston Associates, and the U.S. Government's Role in the Industrialising Process, 1815–1830," *Journal of the Early Republic*, 2 (1982), pp. 283–99。关税争议参见 Robert E. Lipsey, "U.S. Foreign Trade and the Balance of Payments, 1800–1913," in Engerman and Gallman, *Cambridge Economic History*, pp. 725–6。

119 目前权威的研究是 Edling, *A Hercules in the Cradle*, pp. 13, 242。第三大资金来源是土地售卖带来的收入。

120 Gene Dattel, *Cotton and Race in the Making of America: The Human Costs of Economic Power* (Chicago, 2009). 关于国际背景的权威叙述参见 Sven Beckert, *Empire of Cotton: A New History of Global Capitalism* (London, 2014)。

121 Douglas A. Irwin, "The Optimal Tax on Antebellum Cotton Exports," *Journal of International Economics*, 60 (2003), pp. 275–91, at p. 277.

122 引自 Irwin, "Antebellum Tariff Politics," p. 734。

123 Brauer, "The United States and British Imperial Expansion," pp. 25–9.

124 同上，p. 28。罗伯特·斯图尔特（1769—1822），卡斯尔雷勋爵，1821年成为第二任伦敦德里侯爵，1812—1822年担任外交大臣。

125 Lipsey, "U.S. Foreign Trade and the Balance of Payments," pp. 712–14, 722–3.

126　Memorial of the Boston Board of Trade addressed to Congress (on behalf of the American Shipping Company). 引用自 *North American Review*, 205 (October 1864), p. 484。

127　Kenneth Morgan, "Business Networks in the British Export Trade to North America, 1750–1800," in John J. McCusker and Kenneth Morgan, eds., *The Early Modern Atlantic Economy* (Cambridge, 2000), pp. 52–3, 61–2.

128　Edwin J. Perkins, *Financing Anglo-American Trade: The House of Brown, 1800–1880* (Cambridge, MA, 1975) 依然是一部权威研究。

129　参见本书第3章"期望不断下降导致的革命"部分。

130　Cain and Hopkins, *British Imperialism*, chs. 5, 8. 近期的例子可参见 Andrew Smith, *British Businessmen and Canadian Confederation* (Montreal, 2008).

131　Howard Bodenhorn, *A History of Banking in Antebellum America: Financial Markets and Economic Development in an Era of Nation-Building* (New York, 2000), ch. 5; Robert E. Wright, *The Wealth of Nations Rediscovered: Integration and Expansion in American Financial Markets, 1780–1850* (Cambridge, 2002).

132　Jay Sexton, "Anglophobia in Nineteenth-Century Elections, Politics and Diplomacy," in Gareth Davies and Julian E. Zelizer, eds., *America at the Ballot Box: Elections and Political History* (Philadelphia, 2015), pp. 98–117 显示，当时人们还害怕英国的力量。后来，对英国的焦虑消退后，恐英情绪仍是选举政治中的一大因素，但这种情绪开始脱离英美关系的其他方面，英美关系变得越发友好。

133　本段主要参考的是 Lipsey, "U.S. Foreign Trade and the Balance of Payments"; Davis and Cull, "International Capital Movements"; and Mira Wilkins, *The History of Foreign Investment in the United States to 1914* (Cambridge, MA, 1989).

134　因篇幅限制，我们无法考虑风险资本，但 Lance E. Davis and Robert J. Cull, *International Capital Markets and American Economic Growth, 1820–1914* (New York, 1994) 展现了伦敦城比纽约更愿意投资西部偏远地区的小型投机企业。

135　外国持有的美国国债在1803年达到顶峰，当时56%的联邦债务被外国持有，其中大都在英国。Lance E. Davis and Robert E. Cull, "International Capital Movements, Domestic Capital Markets, and American Economic Growth, 1820–1914," in Engerman and Gallman, *Cambridge Economic History*, pp. 741, 745.

136　Ralph W. Hidy, *The House of Baring in American Trade and Finance* (Cambridge, MA, 1949) 涵盖了这一过程。弗朗西斯的父亲约翰是来自不来梅的移民，在埃克塞特成为成功的商人。同样参见 Jay Sexton, *Debtor Diplomacy: Finance and American Foreign Relations in the Civil War Era, 1837–1873* (Oxford, 2005), ch. 1。

137　关于他们的亚洲分支，参见 James R. Fichter, *So Great a Profit: How the East Indies Trade Transformed Anglo-American Capitalism* (Cambridge, MA, 2010), pp. 141–8。

138　Levinson and Sparrow, *The Louisiana Purchase* 对这次购地案做了超乎寻常的详尽考察。

139　Sexton, *Debtor Diplomacy*, pp. 53–61.

140　Washington's "Farewell Address," 1796; Jefferson's "Inaugural Address," 1801.

141　Irwin, "The Optimal Tax on Antebellum U.S. Cotton Exports." 正像 Irwin 指出的那样，不能保证当时从出口税得到的收入会惠及生产者。

142 关于难得的一次尝试（尽管最终失败了），参见 Dattel, *Cotton and Race*, pp. 67–69。

143 Mette Ejrnaes, Karl Gunnar Persson, and Søren Rich, "Feeding the British: Convergence and Market Efficiency in the Nineteenth-Century Grain Trade," International Economics, University of Copenhagen, *Discussion Paper*, 28 (2004).

144 Kariann Akemi Yokota, *Unbecoming British: How Revolutionary America Became a Postcolonial Nation* (Oxford, 2011), pp. 102–5. 这部详细的研究在这一主题上提供了广泛证据。

145 Robert E. Gallman and John Joseph Willis, eds., *American Economic Growth and Standards of Living Before the Civil War* (Chicago, 1992) 为这一时期提供了相关的指标。

146 Kevin H. O'Rourke, "The Worldwide Economic Impact of the French Revolutionary and Napoleonic Wars, 1793–1815," *Journal of Global History*, 1 (2006), pp. 123–49.

147 同上，p. 147。

148 Clyde A. Haulman, *Virginia and the Panic of 1819: America's First Great Depression and the Commonwealth* (London, 2008) 在第1章、第2章和第7章讨论了弗吉尼亚之外的地区。同样参见 Murray Rothbard, *The Panic of 1819: Reactions and Policies* (New York, 1962), ch. 1。"恐慌"（panic）一词在19世纪通常用来形容金融危机。

149 Jay Sexton, *Debtor Diplomacy*; Alasdair Roberts, *America's First Great Depression: Economic Crisis and Political Disorder after the Panic of 1837* (Ithaca, 2012). Jessica M. Lepler, *The Many Panics of 1837: People, Politics, and the Creation of a Transatlantic Financial Crisis* (Cambridge, 2013) 强调了这场危机的国际层面和个人层面。Namsuk Kim and John J. Wallis, "The Market for American State Bonds in Britain and the United States, 1830–43," *Economic History Review*, 58 (2005), pp. 736–64 提供了不同的视角。Wallis 也提出了1837年和1839年的区别，尽管这两者间仍有联系："What Caused the Crisis of 1839," NBER *Historical Working Paper*, 133 (2001); John J. Wallis, Richard E. Sylla, and Arthur Grinath, "Sovereign Debt and Repudiation: The Emerging Market Debt Crisis in the U.S. States, 1839–1843," NBER Working Paper, 10753 (2004)。

150 *The National System of Political Economy* (1844; New York, 1966), p. 365.

151 哈里森（1773—1841），弗吉尼亚人，1812年战争中的英雄，在他所定居的俄亥俄州有漫长的政治生涯。他在1836年和1840年成为辉格党总统候选人。

152 Edward P. Crapol, *John Tyler: The Accidental President* (Chapel Hill, 2006). 泰勒（1790—1862）是弗吉尼亚人，起初是民主党人，但和杰克逊发生争执，在1840年采了辉格党纲领。他在1841年被逐出辉格党，重新成为杰斐逊派扩张主义者。

153 克莱同意这一举措，因为他认为这最终会带来保护主义。

154 关于美墨战争的描述见本书第5章"美国知道怎么摧毁，也知道怎么扩张"部分。

155 Sexton, *Debtor Diplomacy*, pp. 40–45.

156 Mira Wilkins, "Foreign Investment in the U.S. Economy before 1914," *Annals of the American Academy of Political and Social Science*, 516 (1991), pp. 18–19.

157 Scott C. James and David H. Lake, "The American Walker Tariff of 1846," *International Organization*, 43 (1989), pp. 1–29; Irwin, "Antebellum Tariff Politics."

158 James L. Huston, *The Panic of 1857 and the Coming of the Civil War* (Baton Rouge, 1987). Charles W. Calomiris and Larry Schweikart, "The Panic of 1857: Origins, Transmission, and Containment," *Journal of Economic History*, 51 (1991), pp. 807–34 则提供了基于内部因素的解释（将在第5章中提及）。

159 Sellers, *The Market Revolution*; Melvyn Stokes and Stephen Conway, eds., *The Market Revolution in America: Social, Political and Religious Expressions, 1800–1880* (Charlottesville, 1996). 目前最好的概述是John Lauritz Larson, *The Market Revolution in America: Liberty, Ambition, and the Eclipse of the Common Good* (Cambridge, 2010)。

160 Robert E. Gallman and John Joseph Wallas, eds., *American Economic Growth and Standards of Living before the Civil War* (Chicago, 1992); Stanley L. Engerman and Robert E. Gallman, eds., *The Cambridge Economic History of the United States*, Vol. 2 (Cambridge, 2000), pp. 7–9, 21–3, 49, 369, 373–6, 377, 379. Peter H. Lindert and Jeffrey G. Williamson, "America's Revolution: Economic Disaster, Development, and Equality," *Vox EU*, July 15, 2011; Lindert and Williamson, *Unequal Gains: American Growth and Inequality Since 1700* (Princeton, NJ, 2016), ch. 5.

161 Lindert and Williamson, *Unequal Gains*, p. 103.

162 John Komlos, "A Three-Decade History of the Antebellum Puzzle: Explaining the Shrinking of the U.S. Population at the Onset of Modern Economic Growth," *Journal of the Historical Society*, 12 (2012), pp. 395–445.

163 对Sellers, *Market Revolution*的批评集中于他对杰斐逊思想和政策的诠释。比如可参见Larsen, *The Market Revolution*; William E. Gienapp, "The Myth of Class in Jacksonian America," *Journal of Policy History*, 6 (1994), pp. 232–59。

164 Christopher Clark, *The Roots of Rural Capitalism: Western Massachusetts, 1780–1860* (Ithaca, 1990); Clark, *Social Change in America: From the French Revolution Through the Civil War* (Chicago, 2006); Alan Kuliko, *The Agrarian Origins of American Capitalism* (Charlottesville, 1992); Kuliko, *From British Peasants to Colonial American Farmers* (Chapel Hill, 2000); Winfred B. Rothenberg, *From Market Place to a Market Economy: The Transformation of Rural Massachusetts, 1750–1850* (Chicago, 1992); James Henretta, *The Origins of American Capitalism: Collected Essays* (Boston, 1991). 显然，这些作者对市场和交换有着不同的概念，对美国转型进入资本主义的时间点也提出了不同观点。

165 1860年，美国约有80%的人口还住在乡村地区。甚至在北方各州，平均比例也近75%。Huston, *The British Gentry*, tables 4.1 and 4.2, pp. 76–7. 同样参见Huston, *Securing the Fruits of Labor: The American Concept of Wealth Distribution, 1765–1900* (Baton Rouge, 1998)。在这里，应当感谢Huston博士在过去30年中对美国农业史做出的杰出贡献。同样参见Adam Wesley Dean, *An Agrarian Republic: Farming, Anti-Slavery Politics, and Nature Parks in the Civil War Era* (Chapel Hill, 2015)。

166 这一说法是针对新泽西州中部，参见Pierre Gervais: *Les origins de la révolution industrielle aux États-Unis: entre économie marchande et capitalisme industriel,*

1800–1850 (Paris, 2004)。

167 Howard Bodenhorn, *State Banking in Early America: A New Economic History* (Oxford, 2003).

168 Engerman and Gallman, *Cambridge Economic History*, p. 380; also pp. 21–3, 49–50; Robert J. Gordon, *The Rise and Fall of American Growth: The U.S. Standard of Living since the Civil War* (Princeton, NJ, 2016), pp. 1–2 and ch. 1.

169 Smith, *Theories of Nationalism* (1983); *Nationalism* (2nd ed.; Cambridge, 2010).

170 David M. Smith, "The American Melting Pot: A National Myth in Public and Popular Discourse," *National Identities*, 14 (2012), pp. 387–402. 奇怪的是，移民迅速融入新民族这一理念，是法国移民赫克托·圣约翰·德·克雷夫科尔在1782年开始传播的。这一观念已融入了美国的民族传奇中。人们也相应地忽略了克雷夫科尔对美国革命的反对和他之后逃往英格兰及法国的经历。参见 Alan Taylor, "The American Beginning," *New Republic*, July 18, 2013。

171 Jon Butler, *Becoming America* (2001) 催生了重要的重新评估，即 John M. Murrin and David S. Silverman, "The Quest for America: Reflections on Distinctiveness, Pluralism and Public Life," *Journal of Interdisciplinary History*, 33 (2002), pp. 235–46。完整的论述可参见 Malcolm Gaskill, *Between Two Worlds: How the English Became Americans* (Oxford, 2014)。

172 Jack P. Greene, "Early Modern Southeastern North America and the Broader Atlantic and American Worlds," *Journal of Southern History*, 73 (2007), pp. 525–38; Armitage and Braddick, *British Atlantic World*; James D. Drake, "Appropriating a Continent: Geographical Categories, Scienti c Metaphors, and the Construction of Nationalism in British North America and Mexico," *Journal of World History*, 15 (2004), pp. 323–57; Gregory E. Dowd, *War Under Heaven: Pontiac, the Indian Nations, and the British Empire* (Baltimore, 2002).

173 Nicholas Onuf and Peter Onuf, *Nations, Markets and War: Modern History and the American Civil War* (Charlottesville, 2006), ch. 7.

174 Eric Kaufman, "American Exceptionalism Reconsidered: Anglo-Saxon Ethnogenesis in the 'Universal' Nation, 1776–1850," *Journal of American Studies*, 33 (1999), pp. 437–53; Kaufman, "Ethnic or Civic Nation? Theorizing the American Case," *Canadian Review of Studies in Nationalism*, 27 (2000), pp. 133–54.

175 Anthony D. Smith, *The Ethnic Origins of Nationalism* (Oxford, 1986). 我也想感谢 Reginald Horsman, *Race and Manifest Destiny: The Origins of American Racial Anglo-Saxonism* (Cambridge, MA, 1981); Rogers M. Smith, *Civic Ideals: Conflicting Visions of Citizenship in U.S. History* (New Haven, 1997); Eric Kaufmann, *The Rise and Fall of Anglo-America* (Cambridge, MA, 2004)。

176 Kaufmann, "Ethnic or Civic Nation?" p. 440.

177 Jill Lapore, *The Name of War: King Philip's War and the Origins of American Identity* (New York, 1999) 追溯了殖民者与阿尔冈昆人在1675年走向战争的过程。

178 François Furstenberg, *In the Name of the Father: Washington's Legacy, Slavery and the Making of a Nation* (New York, 2007).

179 这也发生在苏格兰、威尔士和爱尔兰。Vivian Beckford-Smith, "Revisiting Anglicisation in the Nineteenth-Century Cape Colony," *Journal of Imperial &*

Commonwealth History, 31 (2003), pp. 82–95 以 1982 年 James Sturgis 先驱性的论文为基础，重新审视了这一主题。

180　Nell Irvin Painter, "Ralph Waldo Emerson's Saxons," *Journal of American History*, (2009), pp. 977–85.

181　Frederic Cople Jaher, *The Urban Establishment: Upper Class Status in Boston, New York, Charleston, Chicago and Los Angeles* (Urbana, 1982).

182　Kaufman, *Rise and Fall of Anglo-America*, pp. 16–19.

183　Ritchie Devon Watson, *Normans and Saxons: Southern Race Mythology and the Intellectual History of the American Civil War* (Baton Rouge, 2008); Christopher Hanlon, " 'The Old Race Are All Gone': Transatlantic Bloodlines and 'English Traits,' " *American Literary History*, 18 (2007), pp. 800–823.

184　James M. McPherson, " 'Two Irreconcilable Peoples': Ethnic Nationalism in the Confederacy," in David T. Gleeson and Simon Lewis, eds., *The Civil War as Global Conflict* (Columbia, 2014), pp. 85–97 和本书的区别在于，它清晰地区分了北方（公民）民族主义和南方（种族）民族主义。

185　在此问题上，一个清晰的起点为 Andrew Preston, "Bridging the Gap between the Sacred and the Secular in the History of American Foreign Relations," *Diplomatic History*, 30 (2006), pp. 783–812。

186　Frank Lambert, *Inventing the "Great Awakening"* (Princeton, NJ, 1999).

187　Nathan O. Hatch, *The Democratization of American Christianity* (New Haven, 1989), p. 3.

188　Laurence R. Iannaccone, "Introduction to the Economics of Religion," *Journal of Economic Literature*, 36 (1998), 1465–98. 需要注意的是，在殖民时期加入教会的标准比 19 世纪和 20 世纪更高。

189　Michael P. Young, "Confessional Protests: The Religious Birth of US National Social Movements," *American Sociological Review*, 67 (2002), pp. 660–95. 但也同时参见 Thistlethwaite, *The Anglo-American Connection*, chs. 3–5.

190　Nicholas Guyatt, *Providence and the Invention of the United States, 1607–1876* (Cambridge, 2007). 我从该书广博而富有启发性的研究中得到的收获，远远无法在这里表达。

191　Ruth Miller Elson, *Guardians of Tradition: American Schoolbooks of the Nineteenth Century* (Lincoln, 1964).

192　Joyce Appleby, *Inheriting the Revolution: The First Generation of Americans* (Cambridge, MA, 2000), p. 199.

193　Jeffrey L. Pasley, Andrew W. Robertson, and David Waldstreicher, eds., *Beyond the Founders: New Approaches to the Political History of the Early United States* (Chapel Hill, 2004) 在这一主题上富有启发性。

194　Michael O'Brien, *Conjectures of Order: Intellectual Life and the American South, 1810–1860*, 2 vols. (Chapel Hill, 2004) 提出，当时南方的知识分子思想具有多样性和创造性，它来源于保守主义传统，尤其是受伯克影响，但同时也受卡莱尔影响，后者的浪漫主义、对德国理想主义的支持，以及对奴隶制的辩护在南方人听来就如同旋律优美的和弦。

195　尤其参见 Sellers, *Market Revolution* 和 Howe, *What Hath God Wrought* 之间的差异。

196　Lloyd S. Kramer, "The French Revolution and the Creation of American Political

Culture," in Joseph Klaits and Michael H. Haltzel, eds., *The Global Ramifications of the French Revolution* (Cambridge, 1994), pp. 26–54在这一主题上尤其富有启发性。

197 引用自Kramer, "The French Revolution," p. 51。罗伯特·古德洛·哈珀（1765—1825）在1795—1801年间在众议院代表南卡罗来纳州。

198 Seth Cotlar, *Tom Paine's America: The Rise and Fall of Transatlantic Radicalism in the Early Republic* (Charlottesville, 2011).

199 Joyce Appleby, *Inheriting the Revolution*, pp. 250–59; Mark Noll, *America's God: From Jonathan Edwards to Abraham Lincoln* (New York, 2002).

200 Andrew Shankman, *Crucible of American Democracy: The Struggle to Fuse Egalitarianism and Capitalism in Jeffersonian Pennsylvania* (Lawrence, 2004).

201 Paul E. Johnson, *A Shopkeeper's Millennium: Society and Revivals in Rochester, New York, 1815–1837* (New York, 1978)显示，宗教复兴使北方中产阶级得以融合，也给劳动者提供了改善地位的机会。

202 至少这是Sellers, *The Market Revolution* 中提出的论点。

203 Elisa Tamarkin, *Anglophilia: Deference, Devotion, and Antebellum America* (Chicago, 2008).

204 同上，p. 30。

205 Ian Radforth, *Royal Spectacle: The 1830 Visit of the Prince of Wales to Canada and the United States* (Toronto, 2004).

206 *The Times*, April 27, 1865.

207 Ralph Waldo Emerson, *Essays and English Traits* (Danbury, 1909; 1980), p. 332.

208 Yokota, *Unbecoming British*, pp. 264–5.

209 Tamarkin, *Anglophilia*, ch. 4.

210 "提升"的概念延续至今，在非裔美国人关于"种族提升"的讨论及科幻小说中继续出现。"生物提升"概念由优秀的考德维那·史密斯（Cordwainer Smith，1913—1966）发明，运用于 *The Underpeople* (New York, 1966)，作为先进文明改善另一个物种的方法。

211 Lawrence Levine, *Highbrow/Lowbrow: The Emergence of Cultural Hierarchy in America* (Cambridge, MA, 1988).

212 Caroline Winterer, *The Culture of Classicism: Ancient Greece and Rome in American Intellectual Life, 1780–1910* (Baltimore, 2002).

213 C. Dallett Hemphill, *Bowing to Necessities: A History of Manners in America, 1620–1860* (New York, 1999). R. A. Burchell, "The Role of the Upper Class in the Formation of American Culture," in Burchell, ed., *The End of Anglo-America: Historical Essays in the Study of Cultural Divergence* (Manchester, 1991), pp. 184–212. 这对先驱性著作做出了修正：Stow Parsons, *The Decline of American Gentility* (New York, 1973); Richard L. Bushman, *The Refinement of America: Persons, Houses, Cities* (New York, 1992)。在难得的比较研究中，Linda Young 关注了英语世界中产阶级的崛起：*Middle Class Culture in the Nineteenth Century: America, Australia, and Britain* (New York, 2003)。

214 韦伯斯特是一名立场坚定的联邦党人，他对建立美国人身份的渴望与他对等级制度的尊敬和对民主的怀疑相互结合。参见Jill Lepore, *The Story of America: Essays on Origins* (Princeton, NJ, 2012), ch. 7。

215 诺亚·韦伯斯特（1758—1843），校长、律师、记者、词典编纂家，生于康涅狄格州，并在那里度过了大部分人生。有许多关于他的通俗而易于理解的传记。比如参见 Joshua Kendall, *The Forgotten Founding Father: Noah Webster's Obsession and the Creation of American Culture* (New York, 2011)。

216 Richard M. Rollins, *The Long Journey of Noah Webster* (Philadelphia, 1980); Kenneth Cmiel, " 'A Broad Fluid Language of Democracy': Discovering the American Idiom," *Journal of American History*, 79 (1992), pp. 913–36.

217 Tamarkin, *Anglophilia*, pp.290–91. 韦伯斯特的《词典》始终无法与之匹敌，直到1864年《韦氏词典》新版在经过大幅扩充后面世。

218 拉尔夫·沃尔多·爱默生（1803—1882）。Leonard Tennenhouse, *The Importance of Feeling English: American Literature and the British Diaspora, 1750–1850* (Princeton, NJ, 2007) 在博学的积累及令人耳目一新的文学选段中，对其进行了概括。

219 Ralph Waldo Emerson, "The American Scholar" (Cambridge, MA, 1837), at http://www.emersoncentral.com/amscholar.htm.

220 爱默生的朋友老奥利弗·温德尔·霍姆斯修订了原文，并给它起了现在的这个野心勃勃的标题。

221 Alexis de Tocqueville, *Democracy in America*, ed. J. P. Mayer (New York, 1969), Vol. 2, p. 477.

222 詹姆斯·拉塞尔·洛威尔（James Russell Lowell，1819—1891）在19世纪40年代记录了纯正的方言，对马克·吐温产生了影响，但他并没有呼吁建立新的民族文学。

223 Martin Griffin, "Emerson's Crossing: English Traits and the Politics of 'Politics,' " *Modern Intellectual History*, 5 (2008), 271–3.

224 Andrew H. Debanco, *Melville: His World and Work* (New York, 2005); Andrew Lawson, "Moby Dick and the American Empire," *Comparative American Studies*, 10 (2012), pp. 45–62. 纳撒尼尔·霍桑出版于19世纪50年代的作品则更容易读懂，受到更多人欢迎。

225 Alan Taylor, "Fennimore Cooper's America," *History Today*, 46 (1996), pp. 21–7; Taylor, *William Cooper's Town: Power and Persuasion on the Frontier of the Early American Republic* (New York, 1995) 提醒道，美国革命不只是关于土地投机，也事关意识形态。

226 关于这一信念的家庭起因，参见 Taylor, *William Cooper's Town*。

227 Barrett Wendell, *A Literary History of America* (New York, 1901), p. 187.

228 Alan Trachtenberg, *Shades of Hiawatha: Staging Indians, Making Americans, 1880– 1930* (New York, 2004), ch. 1; Robert A. Ferguson, "Longfellow's Political Fears: Civic Authority and the Role of the Artist in 'Hiawatha': and 'Miles Standish,' " *American Literature*, 50 (1978), pp. 187–215. 惠特曼忽视了朗费罗参与创造一种真正美国式文学的野心，在这点上朗费罗预见了爱默生的理想。

229 Tamara Plakins Thornton, *Cultivating Gentlemen: The Meaning of Country Life Among the Boston Elite, 1785–1860* (New Haven, 1989).

230 在对本杰明的研究中，关于这里提及的主题探讨得还不够。Kenneth Hafertepe and James F. O'Gorman, eds., *American Architects and Their Books* (Boston, 2001) 提供了一些背景信息。

231 Alexander O. Boulton, "From the Greek," *American Heritage*, 41 (1990), pp. 80–87.

232 Wilbur Zelinsky, "Classical Town Names in the United States: The Historical Geography of an American Idea," *Geographical Review*, 57 (1967), pp. 463–95; Zelinsky, *Nation into State*, pp. 119–43, 208–13.

233 Kelley N. Seay, "Jousting and the Evolution of Southernness in Maryland," *Maryland Historical Magazine*, 99 (2004), pp. 50–79. 地处南北之间的马里兰州在内战中陷于分裂，将长矛比武固化为一种加强南方价值观的方式。

234 Robert C. Toll, *Blacking Up: The Minstrel Show in Nineteenth-Century America* (New York, 1974).

235 在这一问题上，我要感谢我的前同事Karl Miller博士给予的指导。

236 Karl Hagstrom Miller, "The Sound of Antebellum Reform," *Reviews in American History*, 36 (2008), pp. 374–81.

237 Alexis de Tocqueville, *Democracy in America*, ed. Isaac Kramnick (London, 2003), pp.11, 622–3.

238 这一段其余部分引文所表达的情绪遍布于Tocqueville, *Democracy in America*, ed. J. P. Mayer, Vol. 2。尤其参见pt. 1, chs. 2, 11; pt. 2, chs. 10, 11, pt.3, ch.16。

239 Lloyd S. Kramer, *Nationalism: Political Cultures in Europe and America, 1775–1865* (New York, 2011)就这一主题做了展开。

240 Thistlethwaite, *The Anglo-American Connection*.

241 英国人以正面形象出现在学校教科书里，是因为教科书想把美国人描绘为英国人的后代。Elson, *Guardians of Tradition*.

242 Nathan O. Hatch, *The Democratization of American Christianity* (New Haven, 1989).

243 William R. Hutchison, *Religious Pluralism in America: The Contentious History of a Founding Ideal* (New Haven, 2003).

244 对南方资本主义的支持自19世纪30年代开始增长：John Patrick Daly, *When Slavery Was Called Freedom: Evangelicalism, Proslavery, and the Causes of the Civil War* (Lexington, 2002)。

245 Rogers M. Smith, *Civic Ideals: Conflicting Visions of Citizenship in U.S. History* (New Haven, 1997), pp. 72–86.

246 Kaufmann在这一问题上的观点（参见 *The Rise and Fall of Anglo-America*）比这里的更为乐观。

247 Michael R. Haines, "The Population of the United States, 1790–1920," in Engerman and Gallman, eds., *Cambridge Economic History of the United States*, pp. 153–4.

248 O'Brien, *Conjectures of Order*, I, pp. 286–7.

249 同上，ch. 2; Bruce Levine, "Conservatism, Nativism, and Slavery: Thomas R. Whitney and the Origins of the Know-Northing Party," *Journal of American History*, 88 (2001), pp. 455–88. 该党有过好几个名称，最终在1855年决定定名为"美国党"。但到那时，它的俗称"一无所知党"（Know-Nothing Party，得名于该党章程的秘密性）已经深入人心了。

250 Bonner, *Mastering America*, citing David Potter's insight, p. xvii.

251 Samuel F. B. Morse (1791–1872), *Letters and Journals*, II (New York, 1914), p. 85.

252 Henry David Thoreau (1817–62), *Walden* (Boston, 1854), www.thoreau.eserver.org /walden00.html, ch. 1, section D 9.

253　John Adams, "Oration," on the tenth anniversary of American Independence, July 4, 1793, Collection of 4 July Speeches; Special Collections, Ellish Library, University of Missouri, Columbia.

254　Howe, *What Hath God Wrought* 就1815—1848年这段时期提供了广博而清晰的叙述。

255　应当感谢Williams（"The Age of Mercantilism"），他发现，新生共和国意在建立独立的重商主义国家。他认为，随着自由贸易和杰克逊派个人主义崛起，这一实验在1828年宣告终结。

256　Sam W. Haynes, *Unfinished Revolution: The Early American Republic in a British World* (Charlottesville, 2010); Joseph Eaton, *The Anglo-American Paper War: Debates about the New Republic, 1800–1825* (Basingstoke, Hants, 2012).

257　Ambrose G. Bierce, *The Devil's Dictionary* (New York, 1906; 2000)，这是他在1881年后创作的文集。

258　James Belich, *Replenishing the Earth: The Settler Revolution and the Rise of the Anglo-World* (Oxford, 2009)是一个显著的例外。也可参见本书第5章。

259　Craig Calhoun, *The Roots of Radicalism: Tradition, the Public Sphere, and Early Nineteenth-Century Social Movements* (Chicago, 2012), ch. 9.

260　Mark W. Summers, *The Plundering Generation: Corruption and the Crisis of the Union, 1849–1861* (Oxford, 1987).

261　对本章论点的初步阐释见于A. G. Hopkins, "The United States, 1783–1861: Britain's Honorary Dominion?" *Britain and the World*, 4 (2011), pp. 232–46。

262　尽管这篇演说因为华盛顿关于避免"外国纠缠"的建议而经常被人引用，但整体来看，演说罗列了可能造成联邦失败的许多原因。

263　这正像阿历克西·德·托克维尔1856年在 *The Old Regime and the Revolution* (New York, 1955)中观察法国一样，也如同Edward Hallett Carr, *The Bolshevik Revolution, 1917–1923*, 3 vols. (New York, 1951–53)对俄罗斯的观察。

第5章

1　John L. O'Sullivan, "The Great Nation of Futurity," *United States Democratic Review*, 6 (1839), pp. 426–430.

2　这一说法通常认为是奥苏利文提出的，他在1845年使其广为流传。Robert D. Sampson, *John L. O'Sullivan and His Times* (Kent, 2004)揭示了，尽管人们后来因这个著名的说法对奥苏利文抱有成见，但他也有世界主义、进步主义的一面。Linda S. Hudson则称，这一说法的提出者是简·迈克马纳斯（Jane McMannus），她是一名南方扩张主义者、土地投机者和记者：*Mistress of Manifest Destiny: A Biography of Jane McManus Storm Cazneau* (Austin, 2001), pp. 60–62。

3　从不同视角做研究的学者都支持了这一说法。比如参见 Fred Anderson and Andrew Cayton, *The Dominance of War: Empire and Liberty in North America, 1500–2000* (New York, 2005); Robert Kagan, *Dangerous Nation: America and the World, 1600–1898* (London, 2006); Thomas R. Hietala, *Manifest Design: American Exceptionalism and Empire* (Ithaca, 1985; 2003)。

4　如果有读者认为这只是随口一提，他们可以参考 Andrew J. Bacevich, *The New*

American Militarism (Oxford, 2005)。该书显示，在越南战争后，是平民而不是军人把军事实力塑造成了美国民族伟大的真正标准。

5　详尽涵盖了当前研究趋势的包括 William Earl Weeks, "New Directions in the Study of Early American Foreign Relations," in Michael J. Hogan, ed., *Paths to Power: The Historiography of American Foreign Relations to 1941* (Cambridge, 2000), ch. 2; Kinley Brauer, "The Great American Desert Revisited: Recent Literature and Prospects for the Study of American Foreign Relations, 1815–1861," in Hogan, ch. 3; Jay Sexton, "Towards a Synthesis of Foreign Relations in the Civil War Era, 1848–77," *American Nineteenth-Century History*, 5 (2004), pp. 50–73。

6　参见本书第3章。Brauer, "The Great American Desert"; Michael J. Hogan, "Introduction, in Hogan, *Paths to Power*, p. 2. 其中引用了乔纳森·达尔（Jonathan Dull）的话。

7　以下两本著作强调了不同的内容：Felix Gilbert, *To the Farewell Address: Ideas of Early American Foreign Policy* (Princeton, 1961); James H. Hutson, *John Adams and the Diplomacy of the American Revolution* (Lexington, 1980)。

8　George Washington, "Farewell Address," 1796. 汉密尔顿修改了演说草稿，增加了其中的现实主义。

9　这里只是隐晦提及了这一过程，尤其需要感谢 Reginald Horsman, "The Dimension of an 'Empire of Liberty': Expansion and Republicanism, 1775–1825," *Journal of the Early Republic*, 9 (1989), pp. 1–20; John M. Murrin, "The Jeffersonian Triumph and American Exceptionalism," *Journal of the Early Republic*, 20 (2000), pp. 1–25。

10　David C. Hendrickson, *Peace Pact: The Lost World of the American Founding* (Lawrence, 2003); Hendrickson, *Union, Nation, or Empire: The American Debate over International Relations, 1789–1941* (Lawrence, 2009).

11　两大主要研究帮助我们了解这一问题：John C. Weaver, *The Great Land Rush and the Making of the Modern World, 1650–1900* (Montreal, 2003); and James Belich, *Replenishing the Earth: The Settler Revolution and the Rise of the Anglo-World* (Oxford, 2009)。

12　在本章中，我把英帝国的自治移民国家称为属地，因有些国家在当时还没有正式获得自治领的地位。这种不合历史的表达避免了在目前背景下可能显得累赘而不必要的法律区别。

13　来自"大英帝国旧属地"的历史学家们对这一主题做了先驱性研究：Donald Denoon, *Settler Capitalism: The Dynamics of Development in the Southern Hemisphere* (Oxford, 1983); Weaver, *The Great Land Rush*; Ian Tyrrell, *Transnational Nation: United States History since 1789* (Basingstoke, 2007); Belich, *Replenishing the Earth*. Christopher Lloyd, Jacob Metzer, and Richard Sutch eds., *Settler Economies in World History* (Leiden, 2013)的三名编辑中，有一名来自美国。另一名美国历史学家 Walter L. Hixson 则提供了一些简要的历史比较：*American Settler Colonialism: A History* (New York, 2013), pp. 7–13。

14　Ambrose Bierce, The Devil's Dictionary (New York, 1906; 2000). 比尔斯（1842—c.1914）在美国中西部长大，在南北战争期间为联邦军作战，此后成为记者和批评家，尤其在旧金山成为威廉·R. 赫斯特（William R. Hearst）最直言不讳的员工之一。

15　英美之间的这种想法是互相的。David C. Hendrickson, *Union, Nation, or*

Empire, pp. 86–9.

16　参见 Peter J. Cain, "Bentham and the Development of the British Critique of Colonialism," *Utilitas*, 23 (2011), pp. 1–24。

17　Hector St. John Crèvecoeur, *Letters from an American Farmer* (London, 1782). 引自 Alan Taylor, "The American Beginning," *New Republic*, July 18, 2013。这里的小标题和此后一段中的引语来自同一文献。Taylor 的文章可喜地纠正了人们对克雷夫科尔的刻板印象。

18　特纳的文章多次重印，很容易找到。John Mack Faragher, ed., *Re-Reading Frederick Jackson Turner* (New Haven, 1994), ch. 2同样重印了特纳其他一些经常被忽略的作品，包括两篇关于"地区与民族"的有趣文章。

19　这样的比较如今更难找到了。难得的一个例子是 Dane Kennedy, "The Frontier in South African History," *Journal of the West*, 34 (1995), pp. 23–31。

20　这一说法来自 Alfred W. Crosby: *Ecological Imperialism: The Biological Expansion of Europe, 900–1900* (Cambridge, 1986)。我要感谢 Belich, *Replenishing the Earth* 比这里更深入地探究了西进扩张和国家建构。

21　Marilyn Lake, "The White Man Under Siege: New Histories of Race in the Nineteenth Century and the Advent of White Australia," *History Workshop Journal*, 58 (2004), pp. 41–62; Matthew Guterl and Christine Skwiot, "Atlantic and Pacific Crossings: Race, Empire, and the Labour Problem in the Late Nineteenth Century," *Radical History Review*, 91 (2005), pp. 40–61.

22　对此最初的表达参见 Russell Ward, *The Australian Legend* (Melbourne, 1958); Richard Waterhouse, "Australian Legends: Representations of the Bush, 1813–1913," *Australian Historical Studies*, 31 (2000), pp. 201–21 则对此做了回顾。

23　*To a New World or Among the Gold Fields of Australia* (Philadelphia, 1893). 毫无疑问，威尔金斯·米考伯是查尔斯·狄更斯笔下最著名的人物之一（*David Copperfield*, 1850）。

24　*The Call of the Wild* (New York, 1903). 伦敦充满想象力地把一只名叫"巴克"的狗作为主角，让它离开加利福尼亚州的舒适生活，来到遥远北方的艰苦荒野中。故事的核心更为生动：矛盾冲突造就了人物。它与泰山（参见下文的"中场休息"）的比较给人启发。

25　比如参见 Marilyn Lake, "The Inviolable Woman: Feminist Conceptions of Citizenship in Australia, 1900–1945," *Gender & History*, 8 (1996), pp. 197–211。

26　在这里我要感谢 John Markoff, "Where and When Was Democracy Invented?" *Comparative Studies in Society & History*, 41 (1999), pp. 660–90; Markoff, *The Great Waves of Democracy in Historical Perspective* (Ithaca, 1994)。

27　Donald J. Ratcliffe, "The Right to Vote and the Rise of Democracy, 1787–1828," *Journal of the Early Republic*, 33 (2013), p. 248.

28　Richard F. Bensel, *The American Ballot Box in the Mid-Nineteenth Century* (Cambridge, 2004).

29　《印第安人公民身份法案》（Indian Citizenship Act）允许了双重公民身份：美洲土著在成为美国公民时不需要放弃自己的部落归属。

30　Patricia Grimshaw, "Settler Anxieties, Indigenous Peoples and Women's Suffrage in the Colonies of Australia, New Zealand and Hawai'i, 1888–1902," *Pacific Historical Review*, 69 (2000), pp. 553–72.

31　David Goodman, "Gold Fields/Golden Fields: The Language of Agrarianism and the Victorian Gold Rush," *Australian Historical Studies*, 23 (1988), pp. 19–41 显示，19 世纪 50 年代的 "淘金热" 损害了农耕理想。

32　Weaver, *The Great Land Rush* 在第五章到第七章探索了旧式财产权和新式财产权的多样性，以及从土地赠予到市场及其他分配方式的重要变化。

33　Bruce Buchan, "Traffick of Empire: Trade, Treaty and 'Terra Nullius' in Australia and North America, 1750–1800," *History Compass*, 5 (2007), pp. 386–405; Merete Borch, "Rethinking the Origins of 'Terra Nullius,' " *Australian Historical Studies*, 32 (2001), pp. 222–39.

34　Edward R. Kittrell, "Wakefield's Scheme of Systematic Colonization and Classical Economics" *American Journal of Economics & Sociology*, 32 (1973), pp. 87–111.

35　Edward Gibbon Wakefield, *England and America*, Vol. 2 (London, 1833), pp. 1–46; John R. VanAtta, "Western Lands and the Political Economy of Henry Clay's American System," *Journal of the Early Republic*, 21 (2004), pp. 633–65.

36　麦克唐纳（1815—1891），"加拿大联邦之父"，加拿大第一任总理（1867—1873，1878—1891）。

37　Devon A. Mihesuah, ed., *Natives and Academics: Researching and Writing about American Indians* (1998). Richard White, *The Middle Ground: Indians, Empires and Republics in the Great Lakes Region, 1650–1815* (New York, 1991) 是公认的突破性作品。应该感谢 Victor G. Kiernan, *America: the New Imperialism: From White Settlement to World Hegemony* (London, 1978), pt. 1, ch. 3, pt. 2, ch. 4, and pt. 3, ch. 1 在其他帝国史学家之前提出了这一主题。

38　Timothy J. Shannon, *Iroquois Diplomacy on the Early American Frontier* (New York, 2008); Pekka Hamalainen, *The Comanche Empire* (New Haven, 2008). 易洛魁邦联或易洛魁联盟也被称为帝国。

39　比如可参见 Brian DeLay, *War of a Thousand Deserts: Indian Raids and the U.S.-Mexican War* (New Haven, 2008)，要了解不同的视角，可参见 Ned Blackhawk 关于犹特人、派尤特人及西肖肖尼人之间关系的著作：*Violence Over the Land: Indians and Empires in the Early American West* (Cambridge, MA, 2007)。也可参见 Gary C. Anderson, *Sitting Bull and the Paradox of Lakota Nationhood* (New York, 2nd ed. 2007)。

40　Ivor Wilks, *Asante in the Nineteenth Century: The Structure and Evolution of a Political Order* (Cambridge, 1975); R.C.C. Law, *The Oyo Empire, c. 1600–1836* (London, 1977) 仍然是最高水准的模范研究。

41　关于人口统计的辩论充满了不确定性，也受到不同强烈观念的影响。David Henige, *Numbers from Nowhere: The American Indian Contact Population Debate* (Norman, 1998) 指出了一些学者仍未能注意到的警告信号。

42　有许多可能的例子，其中之一可参见 Hixson, *American Settler Colonialism*，他援引了脍炙人口的 Charles C. Mann, *1491: New Revelations on the Americas* (New York, 2005), p. 23。

43　在美国方面，参见 White, *The Middle Ground*; Jane T. Merritt, *At the Crossroads: Indians and Empires on a Mid-Atlantic Frontier, 1700–1763* (Chapel Hill, 2003), chs. 3–4。

44　Katherine Ellinghaus, "Strategies of Elimination: Exempted Aborigines, Competent Indians, and Twentieth-Century Assimilation Policies in Australia and the United States," *Journal of the Canadian Historical Association*, 18 (2007), pp. 202–25.

45 南非是个部分的例外。荷兰在开普敦的定居点历史悠久（在1652年就已建立），但它向内陆的扩张直到19世纪30年代才开始大幅推进。

46 到1800年，这已经是老生常谈了。参见 Alan Taylor, *American Colonies: The Settling of North America* (New York, 2001)。

47 Gregory Evans Dowd, *A Spirited Resistance: The North American Indian Struggle for Unity, 1745–1815* (Baltimore, 1992).

48 关于暴力行为的普遍性，参见 James H. Merrell, *Into the American Woods: Negotiators and the Pennsylvania Frontier* (New York, 1999), pp. 221, 250; Patrick Griffin, *American Leviathan: Empire, Nation, and Revolutionary Frontier* (New York, 2007), pp. 97, 178。

49 François Furstenberg, "The Significance of the Trans-Appalachian Frontier in Atlantic History," *American Historical Review*, 113 (2008), pp. 647–77.

50 William S. Belko, ed., *America's Hundred Years' War: U.S. Expansion to the Gulf Coast and the Fate of the Seminole, 1763–1858* (Gainesville, 2011)强调了东南部的发展，代表了近来的研究趋势。

51 关于杰斐逊决心为白人移民获取土地（以及他对美洲土著的矛盾态度），参见 Anthony F. C. Wallace, *Jefferson and the Indians: The Tragic Fate of the First Americans* (Cambridge, MA, 1999)。

52 Weaver, *The Great Land Rush*, p. 190. 切罗基人、克里克人、肖尼人及大部分易洛魁人是英国最重要的盟友。

53 估算的迁移人数在1.5万—2万不等，约有4 000—5 000人死亡。这些数字（及其他数字）应被视为极为粗略的估计。对于迁移的结果，最系统化的叙述是 Matthew T. Gregg and David M. Wishart, "The Price of Cherokee Removal," *Explorations in Economic History*, 49 (2012), pp. 423–42。

54 Bruce Vandervort, *Indian Wars of Canada, Mexico, and the United States, 1812–1900* (New York, 2006).

55 受勋者是二等兵奥斯卡·伯卡德（Oscar R. Burkard），他在医疗队中服役，因在1898年在糖角之战（Battle of Sugar Point，又称水蛭湖之战）中表现出了非凡的勇气而赢得了勋章。

56 Joseph M. Prince and Richard H. Steckel, "Nutritional Success on the Great Plains: Nineteenth-Century Equestrian Nomads," *Journal of Interdisciplinary History*, 33 (2003), pp. 353–84.

57 Hendrickson, *Union, Nation, or Empire*, pp. 252–3.

58 这条修正案确认了1866年《民权法案》。

59 法定权力的扩展在1903年宣告完成，当时国会获得了对土著土地、法律和政府的全部权利：Blue Clark, *Lone Wolf v Hitchcock: Treaty Rights and Indian Law at the End of the Nineteenth Century* (Lincoln, 1995)。

60 Rose Stremlau, "To Domesticate and Civilise Wild Indians: Allotment and the Campaign to Reform Indian Families, 1875–1887," *Journal of Family History*, 30 (2005), pp. 265–86.

61 Leonard A. Carlson, *Indians, Bureaucrats and Land: The Dawes Act and the Decline of Indian Farming* (Westport, 1981); Frederick E. Hoxie, *A Final Promise: The Campaign to Assimilate the Indians, 1880–1922* (Lincoln, 1984; 2001). 有许多详细的例子，其中之一参见 William T. Hagan, *Taking Indian Lands: The Cherokee (Jerome) Commission, 1889–1893* (Norman, 2003)。

62　Nancy Shoemaker, *American Indian Population Recovery in the Twentieth Century* (Albuquerque, 1999). "消失中的印第安人"在20世纪变成了"找回中的印第安人"。到2000年，约有200万人认同自己是"美洲土著"。

63　Peter J. Stanlis, ed., *Edmund Burke: Selected Writings and Speeches* (New Brunswick, 1963; 2009), p. 197.

64　关于联邦政府对边疆的支持，参见 William H. Bergmann, *The American National State and the Early West* (Cambridge, 2012)，它覆盖了1775—1815年间的俄亥俄山谷和五大湖区。

65　不用说，对第二修正案的解释仍然争议重重。正像一些国父承认的那样，书面宪法虽然吸引人，但也有缺点。Saul Cornell, *A Well-Regulated Militia: The Founding Fathers and the Origins of Gun Control in America* (New York, 2006) 对此提供了学术介绍。

66　Amy S. Greenberg, *Manifest Manhood and the Antebellum American Empire* (Cambridge, 2005), ch.1.

67　引自 Walter L. Williams, "United States Indian Policy and the Debate over Philippine Annexation: Implications for the Origins of American Imperialism," *Journal of American History*, 66 (1980), pp. 815–16。

68　"The Revenge of Rain-in-the-Face," in *Birds of Passage: Flight the Fifth* (New York, 1878).

69　Robert W. Rydell, *All the World's a Fair: Visions of Empire at American International Expositions, 1876–1916* (Chicago, 1985)，另一个角度则是 L. G. Moses, *Wild West Shows and the Images of American Indians, 1883–1933* (Albuquerque, 1996); Janet M. Davis, "Instruct the Minds of all Classes: Celebrations of Empire at the American Circus, 1898–1910," *European Contributions to American Studies*, 51 (2004), pp. 58–68。

70　Stephen G. Hyslop, "How the West Was Spun," *American History*, 43 (2008), pp. 26–33; Louis S. Warren, *Buffalo Bill's America: William Cody and the Wild West Show* (New York, 2005). 同样参见 Robert M. Utley, *The Lance and the Shield: The Life and Times of Sitting Bull* (New York, 1993)。

71　Brian W. Dippie, *Custer's Last Stand: The Anatomy of an American Myth* (Lincoln, 1976; 1997) 是非常有价值的一本介绍。许多诸如基特·卡森（Kit Carson）那样的英雄人物都已威风不再。卡森的功绩之一是采取焦土政策，在1863—1864年把纳瓦霍人驱离故土，关进博斯基雷东多（Bosque Redondo，位于后来的新墨西哥）的死亡营。卡森（1809—1868）从英雄变成了恶棍，目前被置于居中的位置。参见 Tom Dunlay, *Kit Carson and the Indians* (Lincoln, 2000)。

72　"From Far Dakota's Canyons" (1876).

73　Henry Cabot Lodge and Theodore Roosevelt, *Hero Tales from American History* (New York, 1895), p. ix.

74　自1912年起，好莱坞制作了许多版本的卡斯特的故事。

75　安东尼·奎因（1915—2001）的父亲是爱尔兰-墨西哥裔，母亲是墨西哥-阿兹特克裔，完美满足了角色要求。他看上去足够陌生，与众不同，但也没有陌生得令人害怕。从因纽特人到阿拉伯人，从菲律宾人到夏威夷人，他扮演了好莱坞所知的所有种类的外国人。

76　Frederick J. Turner, "The Significance of the Frontier in American History," in John M. Faragher, ed., *Rereading Frederick Jackson Turner* (New Haven, 1994), ch. 2. Richard Slotkin, *The Fatal Environment: The Myth of the Frontier in the Age of Industrialization, 1880–1890* (New York, 1985) 提供了与之抗衡的论述。

77   David, M. Wrobel, *The End of American Exceptionalism: Frontier Anxiety From the Old West to the New Deal* (Lawrence, 1993), ch. 2. Wrobel 的书必须算作边疆研究浩瀚文献中最具洞察力的著作之一。

78   Wroble, *The End of American Exceptionalism*, ch. 3.

79   参见本书第8章和第9章。

80   Robert E. May, *Manifest Destiny's Underworld: Filibustering in Antebellum America* (Chapel Hill, 2002); Greenberg, *Manifest Manhood*, ch. 4.

81   Russell Roth, *Muddy Glory: America's "Indian" Wars in the Philippines, 1899–1935* (West Hanover, 1981).

82   Williams, "United States Indian Policy," p. 828.

83   同上，p. 826。

84   同上，p. 827。

85   Theodore Roosevelt, 1899, 同上，p. 826 也有引用。

86   一项比较美国和加拿大的令人兴奋的研究提出，两国经济发展的区别部分可以归因于等级制社会和开放社会之间的区别。但是，关于其他社会的研究则显示，经济发展也与等级结构相互兼容。不然，英国就不会开始第一次工业革命。参见 Marc Egnal, *Divergent Paths: How Culture and Institutions Have Shaped North American Growth* (New York, 1996)。

87   Gavin Wright, "The Origins of American Industrial Success," American Economic Review, 80 (1990), pp. 651–68. David M. Potter 最初在 *People of Plenty: Economic Abundance and the American Character* (New York, 1954) 中的论述把资源与民主、平等这样的政治特征联系了起来，其方式在现在看来令人难以信服。

88   Robert E. Gallman, "Economic Growth and Structural Change in the Long Nineteenth Century," in Engerman and Gallman, *Cambridge Economic History of the United States*, II, pp. 4, 19.

89   Mary Ellen Rowe, *Bulwark of the Republic: The American Militia in the Antebellum West* (Westport, 2003).

90   Walter A. McDougall, *Promised Land, Crusader State: The American Encounter with the World since 1776* (Boston, 1977). McDougall 辩称，应许之地的概念早于远征国家的概念，可以说，这两者是齐头并进的。

91   John A. Moses, "The Rise and Decline of Christian Militarism in Prussia-Germany from Hegel to Bonhoeffer: The End Effect of the Fallacy of Sacred Violence," *War & Society*, 23 (2005), pp. 21–40.

92   关于加拿大边疆相对和平的推进过程，参见 Weaver, *The Great Land Rush*, pp. 250–56。一项少有的比较研究则是 Hanna Samek, *The Blackfoot Confederacy, 1880–1920: A Comparative Study of Canadian and U.S. Indian Policy* (Albuquerque, 1987)。

93   David B. Kopel, *The Samurai, the Mounties, and the Cowboy: Should America Adopt the Gun Controls of Other Democracies?* (1992), chs. 4, 9. Kopel 提出了另外两个比较国家——日本和瑞士——来证明，决定能多大程度使用枪支的关键因素是社会和经济管控而不是法律。Kopel, chs. 2, 8. 但是也应注意，这两个国家长期都有严格的控枪法律。

94 这一对比成立，但就像Kopel指出的那样，西部的野蛮程度很容易被夸大：
The Samurai, the Mounties, ch. 9。

95 Craig Wilcox, "Did Australia Sustain an Armed Citizenry? Graeme Davison and the Gun Debate," *Australian Historical Studies*, 31 (2000), pp. 331–4.

96 Christopher Adamson, "God's Continent Divided: Politics and Religion in Upper Canada and the Northern and Western United States, 1775–1841," *Comparative Studies in Society & History*, 36 (1994), pp. 417–46; Stephen A. Chavara and Ian Tregenza, "A Political History of the Secular in Australia, 1788–1945," in Tim Stanley, ed., *Religion after Secularization in Australia* (New York, 2015), ch. 1.

97 正像Howe报告的那样：*What Hath God Wrought*, p. 71, 以及George C. Herring, *From Colony to Superpower: U.S. Foreign Relations since 1776* (Oxford, 2008), pp. 131–3。关于这一话题及相关的爱国口号及图片，参见 Donald R. Hickey, ed., *The War of 1812: Writings from America's Second War of Independence* (New York, 2013)。

98 南北战争两百周年纪念刺激了学术生产。一项权威介绍是J.C.A. Stagg, *The War of 1812: Conflict for a Continent* (Cambridge, 2012)。Alan Taylor, *The Civil War of 1812: American Citizens, British Subjects, Irish Rebels and Indian Allies* (New York, 2010)超越了军事史，覆盖了在他眼中包罗万象的内战涉及的所有方面。

99 Troy Bickham, *The Weight of Vengeance: The United States, the British Empire, and the War of 1812* (New York, 2012), p. 276.

100 Richard W. Maass, " 'Difficult to Relinquish Territory which Had Been Conquered': Expansionism and the War of 1812," *Diplomatic History*, 39 (2015), pp. 90–92.

101 Richard Buel强调了国内政治在走向战争过程中的作用，但赋予了联邦党人的诡计更多权重：*America on the Brink: How the Political Struggle over the War of 1812 Almost Destroyed the Young Republic* (New York, 2005)。

102 Burton Spivak, *Jefferson's English Crisis: Commerce, Embargo, and the Republican Revolution* (Charlottesville, 1979).

103 Maass, "Difficult to Relinquish Territory which Had Been Conquered."

104 Lawrence A. Peskin, "Conspiratorial Anglophobia and the War of 1812," *Journal of American History*, 98 (2011), pp. 647–69; Joseph Eaton, *The Anglo-American Paper War: Debates about the New Republic, 1880–1825* (Basingstoke, Hants, 2012).

105 比如参见 Donald R. Hickey, *An American Perspective on the War of 1812: A Forgotten Conflict* (Urbana, 1989; 2012); Bickham, *The Weight of Vengeance*。

106 参见 Andrew Lambert, *The Challenge: Britain against America in the Naval War of 1812* (London, 2012)。

107 尤其参见 Taylor, *The Civil War of 1812*, ch. 15。

108 Perkins, *Cambridge History of Foreign Relations*, pp. 207–8.

109 完全覆盖这一问题的是Sexton, *Debtor Diplomacy*, ch. 1。关于巴林家族，参见本书第4章。

110 尽管谈判组织混乱。参见 Howard Jones, *To the Webster-Ashburton Treaty: A Study in Anglo-American Relatons, 1783–1843* (Chapel Hill, 1977)。

111 Michael Golay, *The Tide of Empire: America's March to the Pacific* (New York,

2003).

112　Paul F. Sharp, "When Our West Moved North," *American Historical Review*, 55 (1950), pp. 286–300，为外交官在地图上敲定西部边疆后边疆持续的流动性提供了可嘉的说明。

113　参见本书第四章。同样参见 Eaton, *The Anglo-American Paper War*; Samuel W. Hayes, *Unfinished Revolution: The Early American Republic in a British World* (Charlottesville, 2010).

114　Hendrickson, *Union, Nation or Empire*, pp. 87–8 引用了 Alexander H. Everett 的书（1827）和 Canning 关于这两个大国间新特殊关系的溢美之词。

115　Anthony F. C. Wallace, *Jefferson and the Indians: The Tragic Fate of the First Americans* (Cambridge, MA, 1999); J. C. A. Stagg, *Borderlines in Borderlands: James Madison and the Spanish-American Frontier, 1776–1821* (Cambridge, 2009).

116　Alan Taylor 在关于罗伯特·"国王"·卡特（Robert "King" Carter）在弗吉尼亚的庄园的研究中追溯了这一过程：*The Internal Enemy: Slavery and War in Virginia, 1772–1832* (New York, 2013)。同样参见 Gene Allen Smith, *The Slaves' Gamble: Choosing Sides in the War of 1812* (New York, 2013)。

117　Nicole Eustace, *1812: War and the Passions of Patriotism* (Philadelphia, 2012), p. 218.

118　美国殖民协会（American Colonization Society）于1817年由一群白人领袖创建（其中包括亨利·克莱），让自由黑人和前奴隶重新到后来（1847年独立）的利比里亚定居。协会一直延续到1964年。参见 Amos J. Beyan, *The American Colonization Society and the Creation of the Liberian State: A Historical Perspective, 1822–1900* (Lanham, 1991); Marie Tyler-McGraw, *An African Republic: Black and White Virginians in the Making of Liberia* (Chapel Hill, 2007)。一项精细的重新诠释则是 Nicholas Guyatt, *Bind Us Apart: How Enlightened Americans Invented Racial Segregation* (New York, 2016)。

119　Brian Shoen, "Calculating the Price of Union: Republican Economic Nationalism and the Origins of Southern Sectionalism, 1790–1828," *Journal of the Early Republic*, 23 (2003), pp. 173–206. Buel 强调了国内政治在走向战争过程中的作用：*America on the Brink*; Lipsey, "U.S. Foreign Trade," pp. 724–6。

120　Lipsey, "U.S. Foreign Trade," in Stanley L. Engerman and Robert E. Gallman, *Cambridge Economic History of the United States*, 2 (Cambridge, 2000), pp. 724–6.

121　"Goldwyn Smith," *North American Review*, 99 (1864), p. 523. 这一注解要感谢得克萨斯大学奥斯汀分校的 George Forgie 博士。

122　同上。

123　同上。同样参见 Thomas W. Higginson, *The New World and the New Book* (New York, 1891), p. 63。

124　Herring, *From Colony to Superpower*, p. 156. 这一说法直到19世纪晚些时候才变成了"主义"。最佳的介绍是 Jay Sexton, *The Monroe Doctrine: Empire and Nation in Nineteenth-Century America* (New York, 2011)。

125　"Transcript of the Monroe Doctrine (1823)," 可在网上找到：http://www.ourdocuments.gov/doc.php?doc=23 &page=transcript。

126　Herring, *From Colony to Superpower*, p. 151.

127　Bradford Perkins, *The Cambridge History of American Foreign Relations*, Vol. 1

(Cambridge, 1993), pp. 165–9; Sexton, *The Monroe Doctrine*, pp. 243–7.

128 引自 Hendrickson, *Union, Nation, or Empire*, p. 85。

129 Kinley Brauer, "The United States and British Imperial Expansion,1815–60," *Diplomatic History*, 12 (1988), pp. 19–20, 23–5, 31. 英国（和美国）都在1822年承认了拉丁美洲的5个新国家。

130 James E. Lewis, *The American Union and the Problem of Neighborhood: The United States and the Collapse of the Spanish Empire, 1783–1829* (Chapel Hill, 1998).

131 David M. Pletcher, *The Diplomacy of Annexation: Texas, Oregon, and the Mexican War* (Columbia, 1973) 展示了这些问题是如何互相联系的，以及美国的大陆扩张是如何不得不考虑外国列强（尤其是英国）的利益。确认这一点的有 Howard Jones and Donald A. Rakestraw, *Prologue to Manifest Destiny: Anglo-American Relations in the 1840s* (Wilmington, 1997)。

132 Matthew H. Crocker, "The Missouri Compromise, the Monroe Doctrine, and the Southern Strategy," *Journal of the West*, 43 (2004), pp. 45–52.

133 Walt Whitman, Brooklyn Eagle, May 11, 1846. 引用自 Archie P. McDonald, ed., *The Mexican War: Crisis for American Democracy* (Lexington, 1969), p. 47。

134 引用自 Matthew Arnold, *Civilization in the United States* (Boston, 1888), p. 15。这句引言有不同的版本。

135 同上。

136 从事专门研究的学者会发现，我强调了一些著名历史学家质疑过的地方偏见。比如参见 Joel H. Silbey, *Storm over Texas: The Annexation Controversy and the Road to War* (New York, 2005)，他认为在1844年前，主导政治的是党派而不是地方主义。从某种程度上来说，这一分歧来自视角和重点的不同。我希望接下去的注解将会显示出，本书采取的视角也得到了近期研究的支持。

137 Adam Rothman, *Slave Country: American Expansion and the Origins of the Deep South* (Cambridge, MA, 2005) 覆盖了早期阶段。

138 废奴运动在19世纪30年代得到了更多支持，国内的奴隶贸易不再受益于明确的法律保护。参见 David L. Lightner, *Slavery and the Commerce Power: How the Struggle Against the Interstate Slave Trade Led to the Civil War* (New Haven, 2006)。

139 James Oakes, *Freedom National: The Destruction of Slavery in the United States, 1861– 1865* (New York, 2013).

140 Robert E. May, *Slavery, Race and Conquest in the Tropics: Lincoln, Douglas, and the Future of Latin America* (Cambridge, 2013); Hietala, *Manifest Design*, ch. 4; Matthew Karp, *The Vast Southern Empire: Slaveholders at the Helm of American Foreign Policy* (Cambridge, MA, 2016) 也强调了扩张主义冲动，但认为它是防御性的，而不是坚决强硬的。

141 充分探索了这些问题背后复杂政治的著作有 Silby, *Storm over Texas*; and Michael A. Morrison, "Westward the Curse of Empire: Texas Annexation and the American Whig Party," *Journal of the Early Republic*, 10 (1990), pp. 221–49。

142 Ron Hunka, "The Financial Folly of the Republic of Texas," *Financial History*, 95 (2009), pp. 32–5.

143 比如 Silbey, *Storm over Texas*。

144 Edward B. Rugemer, *The Problem of Emancipation: The Caribbean Roots of the*

American Civil War (Baton Rouge, 2008).

145 Morrison, "Westward the Curse of Empire," pp. 221–49.

146 Lelia M. Roeckell, "British Opposition to the Annexation of Texas," *Journal of the Early Republic*, 19 (1999), pp. 257–78 在这一问题上是必读之作。

147 Norman A. Graebner, "The Mexican War: A Study in Causation," *Pacific Historical Review*, 49 (1980), pp. 405–26.

148 引自 Roeckell, "British Opposition," p. 257。

149 同上，pp. 264—265。

150 James Hamilton to Aberdeen, "Memorandum," Autumn 1841, FO 75/2, ff. 41–70. 此处引用要感谢 Graham Earles，他的剑桥大学博士论文 "The Role of International Law in the Relationship between the Governments of Britain and the United States, 1837–1856" (forthcoming) 将会进一步讲明这些问题。

151 Richard C. K. Burdekin, "Bondholder Gains from the Annexation of Texas and Implications of the U.S. Bailout," *Explorations in Economic History*, 43 (2006), pp. 646–66.

152 最终支付的金额约是每1美元的投资会得到约77美分的回报，与之相比，在1845年每1美元的投资只能得到低达约3美分的回报。Burdekin, "Bondholder Gains."

153 Sexton, *Debtor Diplomacy*, pp. 45–7.

154 波尔克想要避免双线作战，所以与英国就西北争议疆界问题达成了妥协。《俄勒冈条约》签订于1846年6月，正是美国对墨西哥宣战的一个月后。参见 Herring, *From Colony to Superpower*, pp. 188–94。更完整的论述参见 David M. Pletcher, *The Diplomacy of Annexation: Texas, Oregon, and the Mexican War* (Columbia, 1973)，Howard Jones and Donald A. Rakestraw, *Prologue to Manifest Destiny: Anglo-American Relations in the 1840s* (Wilmington, 1997) 确认了他的论述。

155 Robert W. Merry, *A Country of Vast Designs: James K. Polk, the Mexican War and the Conquest of the American Continent* (New York, 2009) 为波尔克提供了有力的辩护，称他富有远见，在墨西哥腐败独裁统治的面前追求国家利益。Amy S. Greenberg, *A Wicked War: Polk, Clay, Lincoln, and the 1846 Invasion of Mexico* (New York, 2012) 提出了同样有力的一组批评。要一瞥这场辩论，比较 Merry 在 *Wall Street Journal*, November 2, 2014 对 Greenberg 的书评和 McPherson 在 *New York Review of Books*, February 7, 2013 的书评。

156 Allan Peskin, *Winfield Scott and the Profession of Arms* (Kent, 2003). 斯科特（1786—1866）是1812年战争和此后"印第安人"战争的老兵。尽管他是弗吉尼亚人，但他对联邦产生了强烈的依附感，在1852年被提名为辉格党总统候选人。

157 DeLay, *War of a Thousand Deserts*.

158 Paul Foos, A Short, *Offhand Killing Affair: Soldiers and Social Conflict during the Mexican-American War* (Chapel Hill, 2002) 的优点是，"自下而上"而不是按传统的"自上而下"讲述了这个故事。

159 William Henry Seward, Speech in Rochester, New York, October 25, 1858. 引用自 Eric H. Walther, *The Shattering of the Union: America in the 1850s* (Wilmington, 2003), p. 158。苏厄德（1801—1872）是知名的共和党人，曾任纽约州长（1839—1842）、参议员（1849—1861）和国务卿（1861—1869）。

160 Aaron Sheehan-Dean 创作了如今已经不可或缺的介绍之作：*A Companion to the U.S. Civil War*, 2 Vols. (Chichester, Sussex, 2014)。标准著作是 James McPherson, *Battle Cry of Freedom: The Civil War Era* (Oxford, 1988; 2003 with an Afterword)。最近一部清晰的著作是 Adam I. P. Smith, *The American Civil War* (New York, 2007)。

161 Walt Whitman, *Leaves of Grass* (New York, 4th ed., 1867). 惠特曼曾在军队医院里担任志愿护士。他在 *November Boughs* (New York, 1888) 里强调了南北战争对他诗歌的改变作用。

162 Oscar Wilde, 1882. 引自 Kathryn Stelmach Artuso, *Transatlantic Renaissances: Literature of Ireland and the American South* (Newark, 2013), p. xvi. 最近这一阵对国际角度的兴趣包括：Andre M. Fleche, *The Revolution of 1861: The American Civil War in the Age of Nationalist Conflict* (Chapel Hill, 2012); Don H. Doyle, *The Cause of All Nations: An International History of the Civil War* (New York, 2013); Richard Carwardine and Jay Sexton, eds., *The Global Lincoln* (Oxford, 2011); David T. Gleeson and Simon Lewis, eds., *The Civil War as Global Conflict* (Columbia, 2014)。过去几代历史学家则无须提醒就注意到了这场战争更广泛的特征：参见 David M. Potter, "The Civil War in the History of the Modern World: A Comparative View," in Potter, *The South and the Sectional Conflict* (Baton Rouge, 1968), ch. 11, 以及卡尔·马克思和弗里德里希·恩格斯的大量通信，参见 Richard Enmale, ed., *The Civil War in the United States* (New York, 1937)。

163 Timothy Mason Roberts, *Distant Revolutions: 1848 and the Challenge of American Exceptionalism* (Charlottesville, 2009) 提出，1848年的大部分革命都确认，美国正踏上一条"例外主义"的道路。英国人对他们自己的改革运动也有同样想法。

164 Lacy K. Ford, *Deliver Us from Evil: The Slavery Question in the Old South* (New York, 2009).

165 Robert E. Bonner, *Mastering America: Southern Slave-Holders and the Crisis of American Nationhood* (Cambridge, 2009).

166 Ritchie Devon Watson, *Normans and Saxons: Southern Race Mythology and the Intellectual History of the American Civil War* (Baton Rouge, 2008). 以及 Christopher Hanlon, " 'The Old Race Are All Gone': Transatlantic Bloodlines and 'English Traits,' " *American Literary History*, 18 (2007), pp. 800–823; James M. McPherson, " 'Two Irreconcilable Peoples': Ethnic Nationalism in the Confederacy," in David T. Gleeson and Simon Lewis, eds., *The Civil War as Global Conflict* (Columbia, 2014), pp. 85–97, 这和本章及第4章的分析不同，假定了北方（公共）民族主义和南方（种族）民族主义之间存在清楚的差别。

167 George C. Rable, *Damn Yankees: Demonization and Defiance in the Confederate South* (Baton Rouge, 2015).

168 杞人忧天的包括 Samuel F. B. Morse，他的著作 *Foreign Conspiracy against the Liberties of the United States* (New York, 1835) 表达了恶毒的反天主教情绪，这来自他执着的加尔文主义。

169 Manisha Sinha, *The Slave's Cause: A History of Abolition* (New Haven, 2016).

170 George C. Rable, *God's Almost Chosen People: A Religious History of the American Civil War* (Chapel Hill, 2010).

171 Rable, *Damn Yankees*.

172 Hendrickson, *Union, Nation, or Empire*, chs. 13–15 对此提供了许多生动的说明。

173 卡尔霍恩（1782—1850）在1817—1850年担任过一系列高级职务，要么是参议员，要么是内阁成员。在关于他的诸多传记中，John Niven, *John C. Calhoun and the Price of Union: A Biography* (Baton Rouge, 1988)仍有价值。

174 引自 Samuel P. Huntingdon, *Who Are We? The Challenges to America's National Identity* (New York, 2004), p. 114。

175 Dorothy Ross, "Lincoln and the Ethics of Emancipation: Universalism, Nationalism, Exceptionalism," *Journal of American History*, 96 (2009), pp. 379–99; Rable, *God's Chosen People*.

176 Bruce Laurie, *Beyond Garrison: Anti-Slavery and Social Reform* (Cambridge, 2005). Frank Thistlethwaite, *The Anglo-American Connection in the Early Nineteenth Century* (Philadelphia, 1959)仍是起点。

177 Richard Carwardine, "Lincoln's Horizons: The Nationalist as Universalist," in Carwardine and Sexton, *The Global Lincoln*, p. 38.

178 Richard Carwardine, *Lincoln: A Life of Purpose and Power* (London, 2003).

179 Susan-Mary Grant, *North over South: Northern Nationalism and American Identity in the Antebellum Era* (Lawrence, 2000).

180 正像在英国内战的经典讽刺作品中概括的那样：W. C. Sellar and R. J. Yeatman, *1066 and All That* (London, 1930), p. 75。

181 Sven Beckert的详尽研究如今把南方棉花业放在了国际背景下：*Empire of Cotton: A New History of Global Capitalism* (London, 2014)。David Ericson 关注了联邦政府捍卫奴隶制的各种方法：*Slavery in the American Republic: Developing the Federal Government, 1791–1861* (Lawrence, 2011)。

182 James Oakes, "Capitalism and Slavery and the Civil War," *International Labour and Working Class History*, 89 (2016), pp. 195–220强调了南方经济持续的优势。

183 关于蓄奴的多样性，参见 James Oakes, *The Ruling Race: A History of American Slaveholders* (New York, 1982)。

184 Joseph P. Reidy, *From Slavery to Agrarian Capitalism in the Cotton South: Central Georgia, 1800–1880* (Chapel Hill, 1992), pp. 56–7.

185 Matthew Karp, "King Cotton, Emperor Slavery: Antebellum Slave-holders and the World Economy," in Gleeson and Lewis, *The Civil War as Global Conflict*, pp. 36–55.

186 Edward B. Rugemer, "Why Civil War? The Politics of Slavery in Comparative Perspective: The United States, Cuba, and Brazil," in Gleeson and Lewis, *The Civil War as a Global Conflict*, pp. 21–23. Enrico dal Lago, *American Slavery, Atlantic Slavery and Beyond: The U.S. "Peculiar Institution" in International Perspective* (Boulder, 2012)甚至对19世纪的"二次奴隶制"时代做出了更广泛的解释，不过他的论述存在将不同种类的奴隶劳动和非自由劳动混为一谈的风险。

187 May, *Slavery, Race, and Conquest*.

188 Dal Lago, *American Slavery*.

189 Bonner, *Mastering America*.

190 近期的一个例子是 Brian Schoen, *The Fragile Fabric of the Union: Cotton, Federal Politics and the Global Origins of the Civil War* (Baltimore, 2009)，它在其他方面都值得赞叹，但几乎把市场和现代性等同了起来。而 Nicholas Onuf 和 Peter Onuf 则认为，"要是北方和南方不是现代国家，它们就不会开

战"。*Nations, Markets, and War: Modern History and the American Civil War* (Charlottesville, 2006), p. 18。

191 Marc Egnal, *Clash of Extremes: The Economic Origins of the Civil War* (New York, 2009) 提供了宝贵的证据，支持原先由 Charles 和 Mary Beard 提出的观点。同样参见 John Ashworth, "Towards a Bourgeois Revolution: Explaining the American Civil War," *Historical Materialism*, 19 (2011), 193–205 及那里的进一步参考文献，尤其是他自己的重要著作。这不是要否认在南方也可找到"市场革命"的例子。比如参见这部关于北卡罗来纳州两个地区的研究：Tom Downey, *Planting a Capitalist South: Masters, Merchants, and Manufactures in the Southern Interior, 1790–1860* (Baton Rouge, 2006)。

192 Hla Myint, *Economic Theory and the Underdeveloped Countries* (Oxford, 1971) 用标志性的清晰提出了这一点，书中提到了 20 世纪雇用低薪移民工人的种植园经济体。

193 Peter H. Conclanis, "Tracking the Economic Divergence of the North and the South," *Southern Cultures*, 6 (2000), pp. 82–103 恰到好处地总结了南北方经济差异的长期原因。

194 Susanna Delfino and Michele Gillespie, eds., *Technology, Innovation and Southern Industrialization* (Columbia, 2008).

195 正像本书第 4 章 "依赖型发展的困境" 部分所论证的那样。

196 要重新确认这时北方本质上的农业特征，参见 James L. Huston, *The British Gentry, The Southern Planter, and the Northern Farmer: Agriculture and Sectional Antagonism in North America* (Baton Rouge, 2015)。

197 Edward E. Baptist, *The Half Has Never Been Told: Slavery and the Making of American Capitalism* (New York, 2014).

198 这是 Huston, *The British Gentry* 中的关键论点，它建立于 Roger L. Ransom, *Conflict and Compromise: The Political Economy of Slavery, Emancipation and the American Civil War* (Cambridge, 1989) 的基本洞见之上。

199 关于这点及更多的内容，参见 Elizabeth R. Varon, *Disunion! The Coming of the American Civil War* (Chapel Hill, 2010)。

200 Don E. Fehrenbacher with Ward M. McAfee, *The Slaveholding Republic: An Account of the U.S. Government's Relations to Slavery* (Oxford, 2001); Ericson, *Slavery in the American Republic*.

201 关于林肯对奴隶制态度的演变，参见 Eric Foner, *The Fiery Trial: Abraham Lincoln and American Slavery* (New York, 2010)。

202 关于这段时期主要的经济发展，参见本书第 4 章 "依赖型发展的困境" 部分。

203 我要大大感谢 Ransom, *Conflict and Compromise;* Roger Ransom and Richard Sutch, "Conflicting Visions: The Civil War as a Revolutionary Event," *Research in Economic History*, 20 (2001), pp. 249–301；James L. Huston, *Calculating the Value of the Union: Slavery, Property Rights, and the Economic Origins of the Civil War* (Chapel Hill, 2003). McPherson, *Battle Cry of Freedom*, ch. 6 加上了了有价值的细节。

204 James L. Huston, *The Panic of 1857 and the Coming of the Civil War* (Baton Rouge, 1987).

205 Charles W. Calomiris and Larry Schweikart, "The Panic of 1857: Origins, Transmission, and Containment," *Journal of Economic History*, 51 (1991), pp.

807–34.

206　Huston, *The British Gentry*, ch. 9.

207　布坎南（1791—1868。1856—1860年任总统）是同情南方和奴隶制的北方民主党人（来自宾夕法尼亚州）。

208　1860年选举后的第37届国会直到1861年才开始开会。民主党人支持建造铁路通向远西地区，但反对将更紧密地连接北方和中西部的路线。

209　Leonard L. Richards, *The California Gold Rush and the Coming of the Civil War* (New York, 2007).

210　Fehrenbacher, *The Slaveholding Republic*, pp. 292–4.

211　May, *Slavery, Race and Conquest in the Tropics* 强调了这一野心勃勃的"南方"策略的重要性。

212　Lightner, *Slavery and Commerce Power*; Steven Doyle, *Carry Me Back: The Domestic Slave Trade in American Life* (Oxford, 2005).

213　他们的回应包括强加"闭嘴规定"（gag rules），1836—1844年在众议院阻止提交废奴主义请愿。

214　James L. Huston, "How the Secession Movement of 1850–51 Made Secession in 1861 Inevitable," forthcoming in Frank Towers, ed., *Secessions: From the Revolution to the Civil War* (Morgantown, forthcoming). 我要大大感谢 Huston 博士允许我在他的论文出版前进行引用。

215　Earl M. Maltz, *Dred Scott and the Politics of Slavery* (Lawrence, 2007) 清晰介绍了一个普遍接受的观点，即这起案件被错判了。

216　加利福尼亚州在1850年成为"自由"州，同样的结果，明尼苏达州在1858年、俄勒冈州在1859年和堪萨斯州在1861年实现。

217　Varon, *Disunion*, ch. 8 涵盖了被称为"堪萨斯内战"的事件。

218　参见本书第4章。

219　Tyler Anbinder, *The Northern Know Nothings and the Politics of the 1850s* (New York, 1992) 质疑了移民和文化问题导致分裂的修正主义观点，重新确认了对奴隶制问题的传统强调。

220　James Oakes, *The Scorpion's Sting: Anti-Slavery and the Coming of the Civil War* (New York, 2014).

221　这场选举及之后1860年的总统大选，也使联邦的影响和赞助有可能被拓展到南方各州。参见 Peter Zavodnyik, *The Age of Strict Construction: A History of the Growth of Federal Power, 1789–1861* (Washington, DC, 2007), ch. 5。

222　A. James Fuller, ed., *The Election of 1860 Reconsidered* (Kent, 2013).

223　Eric H. Walther, *The Shattering of the Union: America in the 1850s* (Wilmington, 2003); Walther, "The Fire-Easters and Seward Lincoln," *Journal of the Abraham Lincoln Association*, 32 (2011), pp. 18–32.

224　要了解如何强调偶发事件才算恰当，参见 Michael F. Holt, *The Political Crisis of the 1850s* (New York, 1978); Holt, *Political Parties and American Political Development from the Age of Jackson to the Age of Lincoln* (Baton Rouge, 1992); 以及 Holt, *The Fate of Their Country: Politicians, Slavery Extension, and the Coming of the Civil War* (New York, 2005) 中更短、更犀利的论述。

225　Henry Timrod, "Ethnogenesis" (1861). 蒂姆罗德（1829—1867）是德裔后代，出生于查尔斯顿。他父亲曾作为军官在塞米诺尔战争中作战，但在1838年死于肺结核，家庭陷入贫困。亨利在一名赞助人的帮助下从佐治亚大学毕业，成为一名作家和教师。他在1862年入伍，但因健康原因退伍（他自己得了肺结核），在贫困中死去。

226　参见本书第2章。

227　J. David Hacker在一篇做出主要贡献的论文中展示了这点："A Census-Based Count of Civil War Dead," *Civil War History*, 57 (2011), pp. 307–48。同样参见 Stig Föster and Jörg Nadler, eds., *On the Road to Total War: The American Civil War and the German Wars of Unification, 1861–1871* (Cambridge, 1997)。

228　Hacker, "A Census-Based Count," 表明，这一数字是不同估算的中间点，估算数值可以上下浮动20%。

229　同上，p. 348。

230　我在这里总结了我认为是此问题专门研究者的共识。这一判断不是要否认罗伯特·E. 李这样的个人的才华。亚伯拉罕·林肯被视为优于杰弗逊·菲尼斯·戴维斯（Jefferson Finis Davis，1808—1889）。戴维斯来自肯塔基州，是一名棉花种植园主和蓄奴者，在密西西比州定居，在国会参众两院都代表过该州。他是一名积极的扩张主义者，支持波尔克和墨西哥战争，希望吞并古巴。

231　James M. McPherson, *For Cause and Comrades: Why Men Fought in the Civil War* (New York, 1997). Gary W. Gallagher, *The Union War* (Cambridge, MA, 2012) 在此问题上确认了其他近来的判断。

232　Douglas B. Ball, *Financial Failure and Confederate Defeat* (Urbana, 1991) 强调了负责邦联资金的人们能力不足。

233　厄兰格贷款（Erlanger Loan）在1863年3月推出，但成果有限：Richard I. Lester, "An Aspect of Confederate Finance During the American Civil War: The Erlanger Loan and the Plan of 1864," *Business History*, 16 (1974), pp. 130–44。

234　Marc Weidenmier, "Gunboats, Reputation, and Sovereign Repayment: Lessons from the Southern Confederacy," NBER Working Paper 10960 (2004). 战前，邦联总统杰弗逊·戴维斯呼吁各州拒绝履行债务。

235　David G. Surdam, *Northern Naval Supremacy and the Economics of the American Civil War* (Columbia, 2001).

236　Paul Quigley, *Shifting Grounds: Nationalism and the American South, 1848–65* (New York, 2011) 是一部关于南方种族演变的完整叙述。

237　Walter Johnson, *River of Dark Dreams: Slavery and Empire in the Cotton Kingdom* (Cambridge, MA, 2013) 关注了被他所称的密西西比河下游地区。"南方腹地"已经成了棉花和糖料最重要的中心。关于商业精英，参见 Vicki Vaughn Johnson, *The Men and the Vision of the Southern Commercial Conventions, 1845–1871* (London, 1992)。

238　W. Steven Deyle, *Carry Me Back: The Domestic Slave Trade in American Life* (Oxford, 2005), p. 14. 同样参见 William Kaufman Scarborough, *Masters of the Big House: Elite Slaveholders of the Mid-Nineteenth Century* (Baton Rouge, 2003)。

239　Stephanie McCurry, *Confederate Reckoning*.

240　James Oakes, "From Republicanism to Liberalism: Ideological Change and the Crisis of the Old South," *American Quarterly*, 37 (1985), pp. 551–71.

241　Deyle, *Carry Me Back*.

242　McCurry, *Confederate Reckoning*, p. 136. 同样参见 Victoria E. Bynum, *The Long*

Shadow of the Civil War: Southern Dissent and Its Legacies (Chapel Hill, 2010)，它关注的是北卡罗来纳州、密西西比州和得克萨斯州东部。R. Douglas Hurt, *Agriculture and the Confederacy: Policy, Productivity, and Power in the Civil War* (Chapel Hill, 2015) 追踪了食物供应产出的下降和价格的提高。

243 McCurry, *Confederate Reckoning.* 一项与之一致的论点称，南方是因为恐惧黑奴叛乱而被迫继续作战的。

244 Steven Hahn, *A Nation Under Our Feet: Black Political Struggles in the Rural South from Slavery to the Great Migration* (Cambridge, MA, 2003).

245 Gary Pecquet, George Davis, and Bryce Kanago, "The Emancipation Proclamation, Confederate Expectations, and the Price of Southern Banknotes," *Southern Economic Journal*, 70 (2004), pp. 616–30; Lester, "An Aspect of Confederate Finance," p. 139. 更确切地说，这一趋势开始于1862年11月，国会选举的结果确保了宣言将成为法律。

246 Marc D. Weidenmier and Kim Oosterlinck, "Victory or Repudiation? The Probability of the Southern Confederacy Winning the Civil War," NBER Working Paper, 13567 (2007). 这些数字来自对阿姆斯特丹黄金债券市场相关数据的巧妙运用。

247 Gary Gallagher, *The Confederate War: How Popular Will, Nationalism, and Military Strategy Could Not Stave off Defeat* (Cambridge, MA, 1997); McPherson, *For Cause and Comrades* 为战争双方军队的执着提供了雄辩的证据。

248 Lord John Russell, Speech in House of Commons, May 2, 1861. 这句引文，以及之后一段来自同一篇演讲的引文，都来自Richard Dean Burns, Joseph M. Siracusa, and Jason C. Flanagan, eds., *American Foreign Relations Since Independence* (Santa Barbara, 2013), p. 75. 罗素（1792—1878），第一任罗素勋爵（1861），辉格党及自由党（1868年后）政治家。曾任首相（1846—1852，1865—1866）和外交大臣（1859—1865）。作为贝德福德公爵的小儿子，罗素的头衔是礼节性的，他不得在上议院任职，直到1861年他被封为贵族。在那之前，他在下议院担任伦敦城代表。

249 Howard Jones, *Blue and Gray: A History of Union and Confederate Foreign Relations* (Chapel Hill, 2010), ch. 3.

250 这给了我感谢Howard Jones 的机会，尤其是他关于这一问题的三部不可或缺的著作：*Union in Peril: The Crisis over British Intervention in the Civil War* (Chapel Hill, 1992); *Abraham Lincoln and a New Birth of Freedom: The Union and Slavery in the Diplomacy of the Civil War* (Lincoln, 1999); *Blue and Gray Diplomacy.* 专门研究者会注意到，这里强调的内容在两点上有所不同：帕默斯顿对废奴的坚持，以及英美间开战的渺茫可能。

251 Donald Bellows, "A Study of British Conservative Reaction to the American Civil War," *Journal of Southern History*, 51 (1985), pp. 505–26.

252 关于这一被大量讨论的话题，参见Beckert, *Empire of Cotton*, ch. 9。

253 Marc-William Palen, "The Civil War's Forgotten Transatlantic Tariff Debate and the Confederacy's Diplomacy of Free Trade," *Journal of the Civil War Era*, 3 (2013), pp. 35–61.

254 这当然是帕默斯顿在1861年的观点。Jasper Ridley, *Lord Palmerston* (London, 1970), p. 552.

255 这一事件被Doyle, *The Cause of All Nations*, chs. 1, 9详尽地论述。

256　Surdam, *Northern Naval Superiority*. 封锁在1861年7月开始实施。

257　在这时，加里波第赞许地给林肯写信，称赞其为"大解放者"。

258　1865年12月，批准修正案的州数达到了要求。

259　Jones, *Union in Peril*, pp. 179–80, 225–6.

260　同上，pp. 2–9。刘易斯（1806—1863）是内政大臣（1859—1861）、战争大臣（1861—1863）、语言学家、社会理论家，也是托克维尔及其他知名人士的朋友，他是一位令人敬畏的人物，不过对他的研究不够充分，他的作用也未受充分注意。

261　Richard Little, "Intervention and Non-Intervention in International Society: Britain's Responses to the American and Spanish Civil Wars," *Review of International Studies* (2013), pp. 111–29.

262　欧洲志愿军也加入了邦联军，但规模小得多。

263　"因此我认为，要把这个国家或那个国家定为英格兰永远的盟友或持久的敌人，那项政策太过狭隘。我们没有永远的盟友，也没有持久的敌人。我们的利益是永恒而持久的，我们的职责是追随那些利益。"Speech in the House of Commons, March 1, 1848, Hansard, HC Debates, 97, cc. 66–123. 在读这整篇演讲时，我们不可能不会好奇，当今许多外交部部长在对国际事务的掌握上是否比得过帕默斯顿。

264　Lawrence Goldman, " 'A Total Misrepresentation': Lincoln, the Civil War and the British," in Carwardine and Sexton, *The Global Lincoln*, ch. 6.

265　StephenMeardon,"Richard Cobden's American Quandary: Negotiating Peace, Free Trade and Anti-Slavery," in Anthony Howe and Simon Morgan, eds., *Rethinking Nineteenth-Century Liberalism: Richard Cobden Bicentenary Essays* (Aldershot, 2006), ch. 12.

266　Hugh Dubrulle, "We Are Threatened with Anarchy and Ruin: Fear of Americanization and the Emergence of an Anglo-Saxon Confederacy in England during the American Civil War," *Albion*, 33 (2001), pp. 583–613.

267　标准著作是R.J.M. Blackett, *Divided Hearts: Britain and the American Civil War* (Baton Rouge, 2001)。如果需要确认这一问题的复杂性，参见Mark Bennett, "Confederate Supporters in the West Riding, 1861–1865: Cranks of the Worst English Species," *Northern History*, 51 (2014), pp. 211–29。

268　Thomas E. Schneider, "J. S. Mill and Fitzjames Stephen on the American Civil War," *History of Political Thought*, 28 (2007), pp. 290–304.

269　T. Peter Park, "John Stuart Mill, Thomas Carlyle, and the U.S. Civil War," *Historian*, 54 (1991), pp. 93–106; quotation (1866) at p. 104.

270　关于这一问题，参见Douglas Farnie的著作，他是真正的学者中的学者，但在当时被低估了：D. A. Farnie, *The English Cotton Industry and the World Market, 1815–1896* (Oxford, 1979), pp. 144–67。

271　Jay Sexton可嘉的著作*Debtor Diplomacy: Finance and American Foreign Relations in the Civil War Era, 1837–1873* (Oxford, 2005) 是一个起点，应该鼓励关于这一问题的进一步研究。英国投资在美国北方、中西部和南方之间分成了份额未知的几份。巴林银行就是在南方有着大量投入的伦敦城银行之一。

272　Niels Eichhorn, "North Atlantic Trade in the Mid-Nineteenth Century," *Civil War History*, 61 (2015), pp. 138–72. 我要感谢Eichhorn博士在这一问题上的通信对我的帮助。

273 关于英美关系的改善，参见 Phillip E. Myers, *Caution and Cooperation: The American Civil War in British-American Relations* (Kent, 2008)。

274 Brian Holden Reid, "Power, Sovereignty, and the Great Republic: Anglo-American Diplomatic Relations in the Era of the Civil War," *Diplomacy & Statecraft*, 14 (2003), pp. 45–76; Niels Eichhorn, "The Intervention Crisis of 1862: A British Diplomatic Dilemma?" *American Nineteenth-Century History*, 15 (2014), pp. 287–310.

275 关于墨西哥保守派，参见 Brian Hamnett, "Mexican Conservatives, Clericals and Soldiers: The 'Traitor' Tomás Mejía Through Reform and Empire, 1855–67," *Bulletin of Latin American Research*, 20 (2001), pp. 187–110; Erika Pani, "Dreaming of a Mexican Empire: The Political Projects of the Imperialistas," *Hispanic American Historical Review*, 82 (2002), pp. 1–31。

276 Cobden to Gladstone, January 1, 1864, in Anthony Howe and Simon Morgan, eds., *The Letters of Richard Cobden, Vol. 4, 1860–1865* (Oxford, 2015), p. 456.

277 Cobden to Mallet, December 6, 1863, in Howe and Morgan, *Letters of Richard Cobden*, p. 438.

278 比如参见 Don H. Doyle, "How the Civil War Changed the World," *New York Times*, May 19, 2015，它总结了他可嘉的书作 *The Cause of All Nations* 中的相关部分，还有 Brent E. Kinser, *The American Civil War and the Shaping of British Democracy* (Burlington, 2011)。

279 两位主要权威人士在这点上达成了一致：Robert Saunders, *Democracy and the Vote in British Politics, 1848–1867: The Making of the Second Reform Act* (Burlington, 2011); Michael J. Turner, *Liberty and Liberticide: The Role of America in Nineteenth-Century British Radicalism* (Lanham, 2014)。

280 John Stuart Mill, *On Liberty* (London, 1859; 1985), chs. 3, 13. 穆勒和他朋友阿历克西·德·托克维尔共同的担忧是，社会鼓励人们像他说的那样如绵羊一样行动，尽管（他希望）人们并不是绵羊，而这样会危害自由。

281 James Madison, "The Utility of the Union as a Safeguard Against Domestic Faction and Insurrection," Federalist 10, *Daily Advertiser*, November 22, 1787.

282 Mark G. Spencer, "Hume and Madison on Faction," *William & Mary Quarterly*, 59 (2002), pp. 869–96.

283 这一点与 Michael A. Bellesiles, *Arming America: The Origins of a National Gun Culture* (New York, 2000; 2nd ed. 2003 with a new Introduction) 引起的争议无关。比如可以参见 Alexander DeConda, *Gun Violence in America: The Struggle for Control* (Boston, 2003), ch. 6; Saul Cornell, *A Well Regulated Militia: The Founding Fathers and the Origins of Gun Control in America* (New York, 2006), ch. 6。

284 Paul S. Holbo 甚至（可能稍有夸张地）辩称，购地相关的腐败指控引起的公众反应破坏了扩张主义者获取古巴、夏威夷和萨摩亚的计划：*Tarnished Expansion: The Alaska Scandal, the Press, and Congress, 1867–1871* (Knoxville, 1983)。

285 George Feifer, *Breaking Open Japan: Commodore Perry, Lord Abe, and American Imperialism in 1853* (New York, 2006).

286 这一引文来自 LaFeber 的 *New Empire* 一书第一章第一页的标题。

287 Henry C. Carey, *The Way to Outdo England Without Fighting Her* (Philadelphia,

1865), p. 53.

288 Victor Hugo, *Les Misérables* (Paris, 1862), vol. 5, book 1, ch. 20.

第6章

1 Walt Whitman (1819–1892), "Years of the Modern," in *Leaves of Grass* (New York, 1855– 1891; 1900). 该诗相关部分出现在本章末尾。《草叶集》历经数版，其中许多诗歌的版本略有不同。

2 关于惠特曼的研究文献汗牛充栋。Ed Folsom, "Talking Back to Walt Whitman," in Jim Perrlman, Ed Folsom, and Dan Campion, eds., *Walt Whitman: The Measure of His Song* (Duluth, 2nd ed., 1998), ch. 1 提供了宝贵的介绍。

3 这些术语在本书第1章得到了讨论。

4 专门研究者会发现，这一区别（非常零散地）来自 Alexander Gerschenkron, *Economic Backwardness in Historical Perspective* (Cambridge, MA, 1962), chs. 1–3; 以及 A. G. Hopkins, "Afterword: Towards a Cosmopolitan History of Imperialism," in Olivier Pétré-Grenouilleau, ed., *From Slave Trade to Empire: Europe and the Colonisation of Black Africa, 1780–1880s* (London, 2004), pp. 231–43。

5 Charles Pierre Baudelaire, "The Painter of Modern Life," in Baudelaire, *Selected Writings on Arts and Artists*, translated and edited by P. E. Charvet (London, 1972), p. 403. "现代性"（modernité）一词通常被视为是波德莱尔发明的。

6 Whitman, "Years of the Modern," in *Leaves of Grass*. 该诗最初是在 1865 年写成出版，不过它参考了 1856 年来的笔记，直到 1871 年才最终定下了标题。我要大大感谢 Ed Folsom 教授为我澄清了这一事实。

7 Mark Twain and Charles Dudley Warner, *The Gilded Age: A Tale of Today* (New York, 1873), ch. 7. 这一说法来自 Ben Johnson 的讽刺作品 *The Staple of News* (1625)，它的中心人物是广受欢迎的奥里莉亚·佩库尼亚（Aurelia Pecunia）女士，她象征着当时被视为资本主义的新精神。

8 引用自 Emma Rothschild, "Globalization and the Return of History," *Foreign Policy* (Summer 1999), p. 107。夏多布里昂（1768—1848）是政治家、外交家、作家、保皇党人和浪漫主义者，他在 1841 年写下了这些文字。

9 尤其参见 Timothy J. Hatton and Jeffrey G. Williamson, *The Age of Mass Migration: Causes and Economic Impact* (New York, 1998); Kevin O'Rourke and Jeffrey G. Williamson, *Globalization and History: the Evolution of a Nineteenth-Century Atlantic Economy* (Cambridge, MA, 1999)。

10 Simon J. Potter, *News and the British World: The Emergence of an Imperial Press System, 1876–1922* (Oxford, 2003).

11 本章后文将对此展开。这一发展标志着军事-财政国家的消亡，但历史学家还没有给它应有的充分考虑。我尤其要感谢 Mark Dincecco, *Political Transformations and Public Finances: Europe, 1650–1913* (Cambridge, 2013); Dincecco, "The Rise of Effective States in Europe," *Journal of Economic History*, 75 (2015), pp. 901–18; Dincecco and Gabriel Katz, "State Capacity and Long-Run Economic Performance," *Economic Journal*, 126 (2016), pp. 189–218。

12 Akira Iriye, *Global Community: The Role of International Organizations in the*

Making of the Contemporary World (Berkeley, 2002), ch. 1.

13　Daniel R. Headrick 对相关文献做了颇可读的介绍：*The Tools of Empire: Technology and European Imperialism in the Nineteenth Century* (Oxford, 1981); *The Tentacles of Progress: Technology Transfer in the Age of Imperialism, 1850–1940* (Oxford, 1988); *The Invisible Weapon: Telecommunications and International Politics, 1851–1945* (Oxford, 1991)。Michael Adas 在 *Dominance by Design: Technological Imperatives and America's Civilizing Mission* (Cambridge, MA, 2006) 中专门关注了美国。

14　节选自 "Ode to the Opening of the International Exhibition, 1862," in David Rogers, ed., *The Collected Poems of Alfred Lord Tennyson* (Ware, Hertfordshire, 1994), p. 556。

15　Wolfram Kaiser, "Cultural Transfer of Free Trade at the World Exhibitions, 1851–1862," *Journal of Modern History*, 77 (2005), pp. 563–90.

16　Paul Greenhalgh, *Ephemeral Vistas: The Expositions Universelles, Great Exhibitions and World's Fairs, 1851–1939* (Manchester, 1988).

17　Erewhon 由 Nowhere（乌有乡）的字母倒序排列而来。

18　Anthony Howe, *Free Trade and Liberal England, 1846–1846* (Oxford, 1998)。专家们对英国政策的独特性进行了辩论。John V. C. Nye 提出了刺激性的反驳，但它不出所料地引起了争议：*War, Wine and Taxes: The Political Economy of Anglo-French Trade, 1689–1900* (Princeton, 2007)。参见 Douglas A. Irwin, "Free Trade and Protection in Nineteenth-Century Britain and France Revisited: A Comment on Nye," *Journal of Economic History*, 53 (1993), pp. 146–52。

19　Marc-William Palen, *The "Conspiracy" of Free Trade: The Anglo-American Struggle over Empire and Economic Globalisation 1846–1896* (Cambridge, 2016), ch. 1.

20　Alfred Marshall, *Industry and Trade* (London, 1919; 3rd ed. 1920), appendix E. 马歇尔就像 J. S. 穆勒一样，认为保护性关税有理论依据，但认为这在实践中会导致寻租行为及其他市场扭曲。同样参见 Douglas A. Irwin, "Challenges to Free Trade," *Journal of Economic Perspectives*, 5 (1991), pp. 201–8。

21　关于全球关税，参见 Antonio Tena-Junguito, Markus Lampe, and Felipe Tâmega Fernandes, "How Much Trade Liberalization Was There in the World Before and After Cobden-Chevalier?" *Journal of Economic History*, 72 (2012), pp. 708–40。

22　Marcus Lampe, "Explaining Nineteenth-Century Bilateralism: Economic and Political Determinants of the Cobden-Chevalier Network," *Economic History Review*, 64 (2011), p. 645.

23　David Todd, "A French Imperial Meridian, 1814–70," *Past & Present*, 210 (2011), pp. 155–86 追溯了法国自由贸易支持派的重新涌现。讽刺的是，在科布登的"胜利"之后不久，保护主义又复活了。参见 Olivier Accominotti and Marc Flandreau, "Bilateral Treaties and the Most-Favoured-Nation Clause: The Myth of Trade Liberalization in the Nineteenth Century," *World Politics*, 60 (2008), pp. 147–88。

24　Louis Menand, *The Metaphysical Club* (New York, 2001); Gerlach Murney, *British Liberalism and the United States: Political and Social Thought in the Late Victorian Age* (New York, 2001); Leslie Butler, *Critical Americans: Victorian Intellectuals and Transatlantic Liberal Reform* (Chapel Hill, 2007), chs. 4, 5, 6;

Tamara Plakins Thornton, "New Perspectives, Liberally Applied," *Reviews in American History*, 36 (2008), pp. 60–67.

25 Albert Carreras and Camilla Josephson, "Aggregate Growth, 1870–1914: Growing at the Production Frontier," in Stephen Broadberry and Kevin H. O'Rourke, eds., *Cambridge Economic History of Modern Europe*, Vol. 2. *1870 to the Present* (Cambridge, 2010), ch. 2, and p. 34.

26 关于现代全球化起点的讨论，参见Kevin O'Rourke and Jeffrey G. Williamson, "When Did Globalization Begin?" *European Review of Economic History*, 6 (2002), pp. 23–50。

27 Ivan T. Berend, *History Derailed: Central and Eastern Europe in the Long Nineteenth Century* (Berkeley, 2003)关注了两个最受忽视的地区。

28 丹麦提供了（少有的）修正案例。

29 Stephen Broadberry, Giovanni Federico, and Alexander Klein, "Sectoral Developments, 1870–1914," in Broadberry and O'Rourke, *Cambridge Economic History*, p. 61.

30 引自David D. Hall, "The Victorian Connection," *American Quarterly*, 27 (1975), pp. 568–9。

31 不知道是不是巧合，占卜板在1890年拿到了专利。

32 Giuseppe Mazzini, "Speech to Workers," Milan, July 25, 1848. 引用自Martin Collier, *Italian Unification, 1820–71* (Oxford, 2003), p. 103。

33 这来自一份如今读来恍如昨日的著名演讲词："The Liberty of the Ancients Compared to that of the Moderns" (Paris, 1819)。同样参见Lloyd S. Kramer 富有洞察力的研究*Nationalism in Europe and America: Politics, Cultures and Identities since 1775* (Chapel Hill, 2011)。

34 A. J. Marcham, "Educating Our Masters: Political Parties and Elementary Education, 1867 to 1870," *British Journal of Educational Studies*, 21 (1973), pp. 180–91.

35 Jose Harris, "Political Thought and the Welfare State, 1870–1940: An Intellectual Framework for British Social Policy," *Past & Present*, 135 (1992), pp. 116–41; James T. Kloppenberg, *Uncertain Victory: Social Democracy and Progressivism in European and American Thought, 1870–1920* (Oxford, 1986) 关注了狄尔泰、格林、西奇威克、富耶（Fouillée）、杜威和詹姆斯。

36 Neville Kirk, "Peculiarities Versus Exceptions: The Shaping of the American Federation of Labor's Politics during the 1890s and 1900s," *International Review of Social History*, 45 (2000), pp. 25–50; Howell Harris, "Between Convergence and Exceptionalism: Americans and the British Model of Labor Relations, 1867–1920," *Labor History*, 48 (2007), pp. 141–73. David Brian Robertson具有说服力地论证说，美国劳动力的"例外"不是在19世纪晚期，而是在之后：*Capital, Labor, and the State: The Battle for American Labor Markets from the Civil War to the New Deal* (Lanham, 2000)。

37 Richard B. Jensen, *The Battle against Anarchist Terrorism: An International History, 1878–1934* (Cambridge, 2014) 把欧洲尝试协调回应和美国采取单边行动进行了对比。同样参见David Peal, "The Politics of Populism: Germany and the American South in the 1890s," *Comparative Studies in Society & History*, 31 (1989), pp. 340–62; Richard B. Bach, "Dagger, Rifles and Dynamite: Anarchist

Terrorism in Nineteenth-Century Europe," *Terrorism & Political Violence*, 16 (2004), pp. 116–53; Davide Turcato, "Italian Anarchism as a Transnational Movement, 1885–1915," *International Review of Social History*, 52 (2007), pp. 407–44; Pietro DiPaola, "The Spies Who Came in from the Heat: The International Surveillance of the Anarchists in London," *European History Quarterly*, 37 (2007), pp. 189–215 关注了 1870—1914 年这段时期。

38　正像 Robert David Whitaker 在他可嘉的博士论文中展示的那样："Policing Globalization: The Imperial Origins of International Police Co-operation," Ph.D. dissertation, University of Texas at Austin (2014), ch. 1。

39　Thomas Adam, "Transatlantic Trading: The Transfer of Philanthropic Models between European and North American Cities during the Nineteenth and Early Twentieth Centuries," *Journal of Urban History*, 28 (2002), pp. 328–52; Seth Koven and Sonya Michel, "Womanly Duties: Politics and the Origins of Welfare States in France, Germany, Great Britain, and the United States, 1880–1920," *American Historical Review*, 95 (1990), pp. 1076–1109.

40　Peter J. Coleman, *Progressivism and the World of Reform: New Zealand and the Origins of the American Welfare State* (Lawrence, 1987); Daniel T. Rodgers, *Atlantic Crossings: Social Politics in a Progressive Age* (Cambridge, 1998); Larry Frohman, "The Break-Up of the Poor Laws—German Style: Progressivism and the Origins of the Welfare State, 1900–1918," *Comparative Studies in Society & History*, 50 (2008), pp. 981–1009 关注了德国进步派。

41　E. P. Hennock 少有而珍贵的比较研究指出了两者动机的区别：*The Origins of the Welfare State in England and Germany, 1850–1914: Social Policies Compared* (Cambridge, 2007)。

42　德国的例子也已被充分研究：Richard Weikart, "The Origins of Social Darwinism in Germany," *Journal of the History of Ideas*, 54 (1993), pp. 469–88; Weikart, "Progress Through Racial Extermination: Darwinism, Eugenics and Pacifism in Germany, 1860–1918," *German Studies Review*, 26 (2003), pp. 273–94。欧洲种族理论也传到了亚洲，参见 Cemil Aydin, *The Politics of Anti-Westernism in Asia: Visions of World Order in Pan-Islamic and Pan-Asian Thought* (New York, 2007)。

43　Paul Crook, Darwinism, *War and History: The Debate over the Biology of War from the "Origin of Species" to the First World War* (Cambridge, 1994); Crook, "Social Darwinism: The Concept," *History of European Ideas*, 22 (1996), pp. 261–74; Crook, "Historical Monkey Business: The Myth of a Darwinised British Imperial Discourse," *History*, 843 (1999), pp. 633–57; Joseph-Arthur de Gobineau 是一名神创论者而不是进化论者：*Essai sur l'inégalité des races humaines*, 4 vols. (Paris, 1853–55)。

44　Duncan Bell and Caspar Sylvest, "International Society in Victorian Political Thought: T. H. Green, Herbert Spencer, and Henry Sidgwick," *Modern Intellectual History*, 3 (2006), pp. 22–7.

45　Frank Prochaska, *Eminent Victorians on American Democracy* (New York, 2012) 探索了盎格鲁-撒克逊团结的观念及民主提倡者和批评者的思想差异之间的关系。

46　Katherine A. Bradshaw, "The Misunderstood Public Opinion of James Bryce," *Journalism History*, 28 (2002), pp. 16–25.

47　布赖斯如今受到的研究不足，尽管我们幸运地有 Hugh Tulloch 的研究 *James Bryce's American Commonwealth: The Anglo-American Background* (Woodbridge, 1988)。

48　H. A. Tulloch, "Changing British Attitudes Towards the United States in the 1880s," *Historical Journal*, 20 (1977), p. 828.

49　Peter Brooks Adams, *The Law of Civilization and Decay: An Essay on History* (London, 1895; 1896).

50　Tulloch, "Changing British Attitudes," p. 835.

51　Paul J. Wolf, "Special Relationships: Anglo-American Love Affairs, Courtships and Marriages in Fiction, 1821–1914," Ph.D. thesis, University of Birmingham (2007), p. 277.

52　Daniel Pick, *Faces of Degeneration: A European Disorder, 1848–1918* (Cambridge, 1989).

53　意大利犯罪学家切萨雷·龙勃罗梭（1835—1909）在19世纪晚期取得了国际影响力，推动了据称可以识别与犯罪行为有关的遗传体征的理论。参见 Peter D'Agostino, "Craniums, Criminals and the 'Cursed Race': Italian Anthropology in American Racial Thought, 1861–1824," *Comparative Studies in Society & History*, 44 (2002), pp. 319–43。

54　这一说法来自 F. H. Giddings, *Studies in the Theory of Human Society* (New York, 1922), 引自 Charles A. Beard, "Introduction" to Brooks Adams, *The Law of Civilization and Decay* (New York, 1896; 1943), p. 50。

55　关于基德（1858—1916），参见 *Social Evolution* (London, 1894); D. P. Crook, *Benjamin Kidd: Portrait of a Social Darwinist* (New York, 1984)。

56　Charles H. Pearson, *National Life and Character: A Forecast* (London, 1894); Marilyn Lake, "The White Man under Siege: New Histories of Race in the Nineteenth Century and the Advent of White Australia," *History Workshop Journal*, 58 (2004), pp. 41–62; Peter Cain, "Democracy, Globalization and the Decline of Empire: A View from the 1890s," in Falola and Brownell, *Africa, Empire and Globalization*, ch. 23.

57　Robert A. Nye, "The Rise and Fall of the Eugenics Empire: Recent Perspectives on the Impact of Biomedical Thoughts in Modern Society," *Historical Journal*, 36 (1993), pp. 687–700.

58　Edwin Black, *War Against the Weak: Eugenics and America's Campaign to Create a Master Race* (New York, 2003). Paul A. Lombardo 提供了进一步细节，介绍了曾给6万多名"精神病"人节育的行动，令人震惊的是，这一行动一直持续到了20世纪70年代：*A Century of Eugenics in America: From the Indiana Experiment to the Human Genome Era* (Bloomington, 2010)。

59　Verdito Piave, April 21, 1848. 引自 Scott L. Balthazar, ed., *The Cambridge Companion to Verdi* (Cambridge, 2004), p. 32。

60　Jean-François Drolet, "Nietzsche, Kant, the Democratic State, and War," *Review of International Studies*, 39 (2013), pp. 25–47.

61　Norman Angell, *The Great Illusion: A Study of the Relation of Military Power in Nations to their Economic and Social Advantage* (New York, 1910). 安吉尔（1872—1967）是一名多产且具影响力的记者、作家和公众人物。他是工党议员（1929—1931），取得了骑士爵位（1931），被授予诺贝尔和平奖（1933）。

Martin Ceadel, *Living the Great Illusion: Sir Norman Angell 1872–1967* (Oxford, 2009) 提供了决定性且修正性的传记。同样参见 J.D.B. Miller, *Norman Angell and the Futility of War* (1986)。

62 Thomas Hardy (1840–1928), "The Breaking of Nations," in John Wain, ed., *The Oxford Library of English Poetry*, Vol. 3 (Oxford, 1986), p. 224.

63 斯宾格勒（1880—1936）在战前不久开始写作此书，在1922年出版了第二卷。

64 H. G. Wells, *Outline of History* (London, 1920), p. 1290; Wells, *The Salvaging of Civilization* (London, 1921) 也记录了他对威尔逊总统和国际联盟的期望的幻灭。

65 Marc Flandreau, *The Glitter of Gold: France, Bimetallism, and the Emergence of the International Gold Standard, 1848–1873* (New York, 2004), ch. 8 and pp. 212–13 有力地提出，复本位制在1848—1873年支持了国际货币体系的存续，但法德合作被1870年普法战争摧毁。在这一观点中，法国决定采取金本位制，以及德国有能力采取金本位制，都是政治事件的产物，而不纯粹是经济力量的后果。

66 关于理论和现实之间的区别，有大量研究文献。参见 Tamin Bayoumi, Barry J. Eichengreen, and Mark P. Taylor, eds., *Modern Perspectives on the Gold Standard* (Cambridge, 1996); Barry J. Eichengreen and Marc Flandreau, eds., *The Gold Standard in Theory and History* (New York, 1997); Marc Flandreau and Frederic Zumer, *The Making of Global Finance, 1880–1913* (Paris, 2004)。这时的管理职能大都是政治性的。英格兰银行并没有足够的黄金储备来成为最后贷款者。不过，英国管控了这一体系，它也运行得足够好。参见 Michael D. Bordo and Ronald MacDonald, "Interest Rate Interactions in the Classical Gold Standard, 1880–1914: Was There Any Monetary Independence?" *Journal of Monetary Economics*, 52 (2005), pp. 307–27; Maurice Obstfeld and Alan M. Taylor, "Sovereign Risk, Credibility and the Gold Standard, 1870–1913, Versus 1925–31," *Economic Journal*, 113 (2007), pp. 241–75。

67 这是根据 S. B. Saul, *The Myth of the Great Depression* (London, 1969)。我要感谢我的前同事 Mark Metzler 在这一问题上提供了建议。他对19世纪晚期大萧条的重述令人期待已久，将对那一时期的国际史做出重大贡献。

68 最近一项关于1870年后的权威经济史研究丝毫没有探讨所谓1873—1896年"大萧条"的话题，几乎也没有提起它：Broadberry and O'Rourke, *Cambridge Economic History*, pp. 64, 88。

69 Forrest Capie and Geoffrey Wood, *Money Over Two Centuries: Selected Topics in Monetary History* (Oxford, 2012) 重印了关于这一问题的一些重要文件。W. Arthur Lewis, *Growth and Fluctuations, 1870–1913* (London, 1978) 作为参考文献依然重要，但现在常被忽略。

70 这一指责不适用于经济学家，但他们的分析通常会超越历史学家的需求。Lewis, *Growth and Fluctuations*, chs. 7–8 为"后发"国家面临的选择提供了富有洞见的分类法。

71 我要感谢 Scott Reynolds Nelson, "A Storm of Cheap Goods: New American Commodities and the Panic of 1873," *Journal of the Gilded Age & Progressive Era*, 10 (2011), pp. 447–53 及这期特刊中的其他文章。同样参见 Nelson, *A Nation of Deadbeats: An Uncommon History of America's Financial Disasters* (New

York, 2012），既富于启发又有娱乐性。

72　参见本书第4章。

73　Forrest Capie and Geoffrey Wood, "Deflation in the British Economy, 1870–1939," *Journal of European Economic History*, 32 (2003), pp. 277–305. Michael D. Bordo, John Landon-Lane, and Angela Redish, "Good Versus Bad Deflation: Lessons from the Gold Standard Era," in David E. Altig and Ed Nosal, eds., *Monetary Policy in Low-Inflation Economies* (Cambridge, 2009), pp. 127–74; Altig and Nosal, "Deflation, Productivity Shocks and Gold: Evidence from the 1880–1914 Period," *Open Economy Review*, 21 (2010), pp. 515–46.

74　Bordo et al., "Good Versus Bad Deflation," 比较了美国、英国和德国。

75　在19世纪最后25年的一些时期，美国非农场工人的实际工资有所下降，半是因为移民增加了劳动力供给：Robert A. Margo, "The Labor Force in the Nineteenth Century," in Stanley L. Engerman and Robert E. Gallman, *Cambridge Economic History of the United States*, II (Cambridge, 2000), p. 223。同样参见Robert A. McGuire关于美国北方16州的研究："Economic Causes of Late Nineteenth-Century Unrest: New Evidence," *Journal of Economic History*, 41 (1981), pp. 835–52 (and subsequent discussion); Ayers, *The Promise of the New South*, ch. 10表明南方的民粹主义不只和种族主义密切相关，也和战后社会经济变化引发的冲突有关。

76　应该补充的是，在这一背景下被广泛引用的Angus Maddison的先驱著作对1879—1896年人均收入增长的估算有些夸张：*Monitoring the World Economy* (Paris, 1995)。

77　比如参见Jeremy Atack, Fred Bateman, and William N. Parker, "The Farm, the Farmer and the Market," in Engerman and Gallman, *Cambridge Economic History*, II, pp. 280–82中讨论的复杂性。

78　Carreras and Josephson, "Aggregate Growth, 1870–1914," pp. 37–8.

79　Michael D. Bordo and Chris M. Meissner, "Foreign Capital, Financial Crises and Incomes in the First Era of Globalization," *European Review of Economic History*, 15 (2011), pp. 61–91.

80　Larry Neal and Marc D. Weidenmier, "Crises in the Global Economy from Tulips to Today: Contagion and Consequences," in Michael D. Bordo, Alan M. Taylor, and Jeffrey Williamson, eds., *Globalization in Historical Perspective* (Chicago, 2003), pp. 473–514.

81　Michael D. Bordo and Joseph G. Haubrich, "Credit Crises, Money and Contractions: An Historical View," *Journal of Monetary Economics*, 57 (2010), pp. 1–18.

82　Christian Suter and Hanspeter Stamm, "Coping with Global Debt Crises: Debt Settlements, 1820–1986," *Comparative Studies in Society & History*, 34 (1992), p. 645.

83　Marc Flandreau, "Sovereign States, Bondholders' Committees and the London Stock Exchange in the Nineteenth Century (1827–1868): New Facts and Old Fictions," *Oxford Review of Economic Policy*, 29 (2013), pp. 668–96通过伦敦证交所在1868年的一系列行动，追溯了这一发展此前的历史。

84　帝国也有效地完成了它们的工作：Kris James Mitchener and Marc D. Weidenmier, "Supersanctions and Sovereign Debt Repayment," *Journal of*

International Money and Finance, 29 (2010), pp. 19–36。

85　前者参见A. G. Hopkins, "The Victorians and Egypt: A Reconsideration of the Occupation of Egypt, 1882," *Journal of African History*, 27 (1986), pp. 363–91，后者（主要便是J. A. Hobson的著作），参见这部权威研究：P. J. Cain, *Hobson and Imperialism: Radicalism, New Liberalism, and Finance, 1887–1938* (Oxford, 2002)。

86　Matthew P. Fitzpatrick, *Liberal Imperialism in Germany: Expansion and Nationalism, 1848–1884* (New York, 2008), pp. 5–7.

87　Eric Grimmer-Solem, "The Professor's Africa: Economists, the Elections of 1907, and the Legitimation of German Imperialism," *German History*, 25 (2007), pp. 313–47.

88　Alain Clément, "L'analyse économique de la question coloniale en France (1870–1914)," *Review d'Économie Politique*, 123 (2013), pp. 51–82.

89　Charles A. Conant, "The Economic Basis of Imperialism," *North American Review* (September 1898), p. 326.

90　Guillaume Daudin, Matthias Morys, and Kevin H. O'Rourke, "Globalization, 1870–1914," in Broadberry and O'Rourke, *Cambridge Economic History*, 2, pp. 26–29.

91　关于自由贸易（英国）和保护主义（欧洲大陆）不同的后果，参见Kevin H. O'Rourke, "The European Grain Invasion, 1870–1913," *Journal of Economic History*, 57 (1997), pp. 775–801。

92　主要在荷兰、丹麦和比利时。

93　Christopher M. Meissner, "A New World Order: Explaining the International Diffusion of the Gold Standard, 1870–1913," *Journal of International Economics*, 66 (2006), pp. 385–406注意到了发展中国家借款成本走低的重要性。

94　两种不同的论述可参见Angela Redish, *Bimetallism: An Economic and Historical Analysis* (Cambridge, 2000)和Ted Wilson, *Battles for the Standard: Bimetallism and the Spread of the Gold Standard in the Nineteenth Century* (Aldershot, 2001), ch. 6. Flandreau, *The Glitter of Gold*展示了这一体系可以存活下来。

95　这些术语在1896年关键的美国大选中流传。

96　近来有许多案例研究，其中两项可参见Gregory A. Barton and Brett M. Bennett, "A Case Study in the Environmental History of Gentlemanly Capitalism: The Battle between Gentlemen Teak Merchants and State Foresters in Burma and Siam, 1827–1901," in Falola and Brownell, *Africa, Empire and Decolonization*, ch. 16; Mark Metzler, "Revisiting the General Crisis of the Late Nineteenth Century: West Africa and the World Depression," in Falola and Brownell, *Africa, Empire and Decolonization*, ch. 16。

97　A. G. Hopkins, "Back to the Future: From National History to Imperial History," *Past & Present*, 164 (1999), pp. 198–243.

98　Adam Smith, *The Wealth of Nations* (New York, 1937), pp. 781–2.

99　引自Todd Shepard, *The Invention of Decolonization: The Algerian War and the Remaking of France* (Ithaca, 2006), p. 20。

100　Richard Koebner and Helmut Schmidt, *Imperialism: The Story and Significance of a Political Word* (Cambridge, 1964); Mark F. Proudman, "Words for Scholars: The Semantics of 'Imperialism,'" *Journal of the Historical Society*, 8 (2008), pp.

395–433.

101　Shepard, *Invention of Decolonization*, ch. 2.

102　J. Gallagher and R. E. Robinson, "The Imperialism of Free Trade," *Economic History Review*, 2nd ser., 6 (1953), pp. 1–15.

103　约翰·西利爵士（1834—1895），1869—1895年担任剑桥大学历史学钦定讲座教授。他最著名的著作 *The Expansion of England* (1883)对英国获取印度表示遗憾，但还是坚持认为，英国对印度的统治带来了仁慈而进步的影响。

104　关于这一问题及更多，参见 Duncan Bell, *The Idea of Greater Britain: Empire and the Future of World Order, 1860–1900* (Princeton, 2007), ch. 7。

105　回顾这些辩论的包括 Roger Owen and Bob Sutcliffe, eds., *Studies in the Theory of Imperialism* (London, 1972); Wm. Roger Louis, ed., *Imperialism: The Gallagher and Robinson Controversy* (New York, 1976); Gregory A. Barton, *Informal Empire and the Rise of One World Culture* (Basingstoke, 2014); Anthony Webster, *The Debate on the Rise of the British Empire* (Manchester, 2006)。

106　关于这一时期英国反帝国主义的最佳研究仍然是 Bernard Porter, Critics of Empire: *British Radical Attitudes to Colonialism in Africa, 1895–1914* (London, 1968); John W. Crangle, "The Economics of British Anti-Imperialism: Victorian Dissent Against India," Studies in History & Society, 6 (1975), pp. 60–76则强调了以成本、垄断力及人员丧生为理由的反对意见。Jonathan Parry, *The Politics of Patriotism: English Liberalism, National Identity and Europe, 1830–1886* (Cambridge, 2004)展示了欧洲大陆的政治发展是如何让英国政治领袖担忧外国影响可能对英国价值观和品格带来不利影响。

107　Henri Brunschwig, "Vigné d'Octon and Anti-Colonialism under the Third Republic," *Journal of Imperial & Commonwealth History*, 3 (1974), pp. 140–72.

108　参见本书第7章。

109　John M. MacKenzie, *Propaganda and Empire* (Manchester, 1984); John M. MacKenzie, ed., *Imperialism and Popular Culture* (Manchester, 1986); William H. Schneider, *An Empire for the Masses: The French Popular Image of Africa, 1870–1900* (Westport, 1982). 尽管 Bernard Porter挑战了帝国形象和信息蔓延于整个英国社会的观点，但他同意这在19世纪晚期确实如此：*Absent-Minded Imperialists: What the British Really Thought about Empire* (Oxford, 2005)。

110　不幸的是，国家传统限制了跨国比较研究。洛蒂（1850—1923）的真名是朱利安·维奥（Julien Viaud），他是一名多产的作家，他作品的质量也助他在1892年加入法兰西学院。最近"洛蒂研究"的潮流削弱了他作为殖民小说家的角色，突出了他对个人关系和性关系富有洞见的探索。

111　Robert Irvine注意了R. M. 巴兰坦小说的帝国背景，他最著名的小说是1857年出版的《珊瑚岛》："Separate Accounts: Class and Colonization in the Early Stories of R. M. Ballantyne," *Journal of Victorian Culture*, 12 (2007), pp. 238–61。巴兰坦（1825—1894）写了关于在遥远之地历经磨难的人物的故事，预见了后来小说家采用的许多主题。他的崇拜者中包括罗伯特·路易斯·史蒂文森，他不吝溢美之词，称赞了巴兰坦对他小说的影响。

112　Patrick A. Dunae, "Boys' Literature and the Idea of Empire, 1870–1914," *Victorian Studies*, 24 (1980), pp. 105–21。

113　Guy Arnold, *Held Fast for England: G. A. Henty, Imperialist Boys' Writer* (London, 1980) 为关于亨蒂的大量研究提供了易读而简洁的介绍。更广泛的论述也可

参见MacKenzie, *Propaganda and Empire*; Jeffrey Richards, ed., *Imperialism and Juvenile Literature* (Manchester, 1989); Laurence Kitzan, *Victorian Writers and the Image of Empire: The Rose-Colored Vision* (Westport, 2001).

114 亨蒂的故事在美国非常有名，受欢迎的时间之长甚至超过了在英国。(Arnold, *Held Fast for England*, p. 19)

115 Trumbull White, *Our New Possessions: Four Books in One* (Philadelphia,1898); James C. Fernald, *The Imperial Republic* (New York, 1899)，同样参见本书第 7 章。

116 一组比较研究可参见 Mark A. Noll, David W. Bebbington, and George A. Rawlyk, eds., *Evangelicalism: Comparative Studies of Popular Protestantism in North America, the British Isles, and Beyond, 1700–1900* (New York, 1994)。

117 引用自 Hopkins, "The Victorians and Africa," p. 384。

118 Pamela Walker, *Pulling the Devil's Kingdom Down: The Salvation Army in Victorian Britain* (Berkeley, 2001); Harald Fischer-Tine, "Global Civil Society and the Forces of Empire: The Salvation Army, British Imperialism, and the Prehistory of NGOs (ca. 1880–1920)"; in Sebastian Conrad and Dominic Sachsenmaier, eds., *Competing Visions of World Order: Global Moments and Movements, 1880s–1930s* (New York, 2007), pp. 29–67.

119 Rudyard Kipling, "Mandalay." 关于这一话题参见 P. J. Cain, "Empire and the Languages of Character and Virtue in Later Victorian and Edwardian Britain," *Modern Intellectual History*, 4 (2007), pp. 249–73。

120 关于团队运动、基督教、骑士精神和帝国之间的关系，如今有了不少研究文献。尤其参见J. A. Mangan, The Games Ethic and Imperialism: Aspects of the Diffusion of an Ideal (New York, 1986)，近期的研究可见J. A. Mangan 和 Callum McKenzie在 *International Journal of the History of Sport*, 25 (2008), pp. 1080–1273特刊中的系列文章。D. L. LeMahieu提供了比较视角："The History of British and American Sport: A Review Article," *Comparative Studies in Society & History*, 32 (1990), pp. 838–44。

121 Douglas H. Johnson, "The Death of Gordon: A Victorian Myth," *Journal of Imperial & Commonwealth History*, 10 (1982), pp. 285–310. Olive Anderson, "The Growth of Christian Militarism in Mid-Victorian England," *English Historical Review*, 86 (1971), pp. 46–72把"圣人士兵"的来源追溯到克里米亚战争和印度兵变。

122 Berny Sèbe, Heroic Imperialists in Africa: The Promotion of British and French Colonial Heroes, 1870–1939 (Manchester, 2013), ch. 6. 在Sèbe出色的研究中尤其有价值的是他的比较维度。

123 同样参见本书第5章。

124 Andrew C. Ross, *David Livingstone: Mission and Empire* (London, 2002), ch. 15.

125 François Renault, *Le Cardinal Lavigerie, 1825–1892: L'Eglise, l'Afrique, et la France* (Paris, 1992) 是公认的优秀的著作。拉维热里作为迦太基和阿尔及尔大主教，在1882年成为红衣主教。

126 Daniel Laqua, "The Tensions of Internationalism: Transnational Anti-Slavery in the 1880s and 1890s," *International History Review*, 33 (2011), pp. 705–26.

127 J. P. Daughton, An Empire Divided: Religion, Republicanism, and the Making of French Colonialism, 1880–1914 (Oxford, 2007).

128 Andrew Porter, *Religion Versus Empire? British Protestant Missionaries and Overseas Expansion, 1700–1914* (Manchester, 2004) 详述了传教团与帝国关系中重要的微妙性，这是本书的概述中关注不到的。同样参见 Norman Etherington, ed., *Missions and Empire* (Oxford, 2007) 中的各种案例研究。

129 David Bebbington, *Victorian Nonconformity* (Lutterworth, 2011).

130 David Bebbington, "Atonement, Sin and Empire, 1880–1914," in Andrew Porter, ed., *The Imperial Horizons of British Protestant Missions* (Grand Rapids, 2003), pp. 14– 31; Richard Huzzey, *Freedom Burning: Anti-Slavery and Empire in Victorian Britain* (Ithaca, 2012).

131 关于英国对宗教的持续执着，参见 Hugh McLeod, *Religion and Society in Nineteenth-Century England, 1850–1914* (New York, 1996)。

132 Tyrrell, *Transnational Nation*, p. 103 提供了一项估算：英国有 5 393 人，美国有 3 478 人。

133 人们远没有同样注意童子军的前身，建立于 1883 年的"童子旅"（Boy's Brigade）。参见 John Springhall, Brian Fraser, and Michael Hoare, eds., *Sure and Steadfast: A History of the Boys' Brigade, 1883–1983* (London, 1983)。

134 Tammy M. Proctor, *Scouting for Girls: A Century of Girl Guides and Girl Scouts* (Santa Barbara, 2009) 提供了概要。

135 Agnes Baden-Powell 和 Robert Baden-Powell 在 1912 年给女童子军制作了手册，题为 *The Handbook for Girl Guides or How Girls Can Help Build Up the Empire*。同样参见 Richard A. Voltz, "The Antidote to 'Khaki Fever': The Expansion of the British Girl Guides During the First World War," *Journal of Contemporary History*, 27 (1992), pp. 627–38。

136 Cain, "Empire and Languages of Character and Virtue."

137 Sam Pryke, "The Popularity of Nationalism in the Early British Boy Scout Movement," *Social History*, 23 (1998), pp. 309–24. 人们对童子军运动军事主义的程度进行了辩论，参见 John Springhall, "Baden-Powell and the Scout Movement before 1920: Citizen Training or Soldiers of the Future," *English Historical Review*, 102 (1987), pp. 934–42 以及那里进一步提供的参考文献。

138 James Belich, *Replenishing the Earth: The Settler Revolution and the Rise of the Anglo-World, 1783–1939* (Oxford, 2009); Gary Magee and Andrew Thompson, *Empire and Globalisation: Networks of People, Goods and Capital in the British World, c. 1850–1914* (Cambridge, 2010).

139 David Day, *Antarctica: A Biography* (Oxford, 2013), chs. 5–8.

140 William Gervase Clarence-Smith, "The Imperialism of the Jackals: Economic Dynamics Driving Less Developed Powers in the Nineteenth and Twentieth Centuries," paper presented to the Global Economic History Conference, Istanbul, 2005. 我要感谢 Clarence-Smith 教授允许我引用他的论文，并对他提出的这些问题做出了宝贵的点评。

141 Clarence-Smith, "The Imperialism of the Jackals." 原文引自 V. I. Lenin, *Kommunist*, 1–2 (1915)。

142 对这一主题的一些初步想法参见 Hopkins, "Towards a Cosmopolitan History of Imperialism."。

143 它们是"小叫花子"，这是 Guiseppe Maione 在提及 20 世纪 30 年代意大利时对它们的称呼：*L'imperialismo straccione* (Bologna, 1979)。

144 Lars Magnussen, *Nation, State, and the Industrial Revolution: The Visible Hand* (London, 2009) 提供的分类法把现代国家结构的发展和工业化联系在一起。

145 Dincecco, *Political Transformations and Public Finances.* 同样参见上文注释11。

146 参见 Jose Luis Cardosa and Pedro Lains, eds., *Paying for the Liberal State: The Rise of Public Finance in Nineteenth-Century Europe* (Cambridge, 2010).

147 Michael Geyer 和 Charles Bright 在一篇难以匹敌的文章中出色地指出了这些的可比之处，强调了战争的作用："Global Violence and Nationalising Wars in Eurasia and America: The Geopolitics of War in the Mid-Nineteenth Century," *Comparative Studies in Society & History*, 38 (1996), pp. 619–57。

148 Pablo-Martín Aneña, Elena Martínez-Ruiz, and Pilar Nogues-Marco, "Floating Against the Tide: Spanish Monetary Policy, 1870–1931," W*orking Papers in Economic History*, Universidad Carlos III de Madrid, WP 11–10 (2011).

149 Pedro Lains, "The Power of Peripheral Government: Coping with the 1891 Financial Crisis in Portugal," *Historical Research*, 81 (2008), pp. 485–506.

150 关于后者的讨论，参见 Joel Mokyr, "The Industrial Revolution and the Netherlands: Why Did It Not Happen?" *De Economist*, 148 (2000), pp. 503–20。

151 Albert Schrauwers, " 'Regenten' (Gentlemanly) Capitalism: Saint-Simonian Technocracy and the Emergence of the 'Industrialist Great Club' in the Mid-Nineteenth Century Netherlands," *Enterprise & Society*, 11 (2010), pp. 753–83.

152 Maarten Kuitenbrouwer, "Capitalism and Imperialism: Britain and the Netherlands," *Itinerario*, 18 (1994), pp. 105–16; Kuitenbrouwer, *The Netherlands and the Rise of Modern Capitalism: Colonies and Foreign Policy 1870–1902* (Oxford, 1991).

153 Marc Flandreau, "The Logic of Compromise: Monetary Bargaining in Austria-Hungary, 1867–1913," *European Review of Economic History*, 10 (2006), pp. 3–33.

154 引用自 Rodney P. Carlisle and Joe H. Kirchberger, *World War I* (New York, 2009), p. 1。这句引言有多个版本。

155 我遵从了人们普遍接受的出处，尽管类似的说法可能在1914年前就已经流传。维也纳对奥匈帝国面临的问题的态度，很有可能使得他人评论政府无法看清现实。

156 到1885年，建立于1879年的农民联盟已在英国失去了它仅有的一点影响力。

157 1896年，乔治·乔基姆·戈申（George Joachim Goschen，1831—1907），担任海军大臣（1895—1900），被授予第一任戈申子爵的爵位（1900），他创造了这一说法。英国在1904年与法国签订了友好协议。

158 总是善于发明的 J. A. Hobson 在 *The Psychology of Jingoism* (London, 1901) 中提供了先驱性分析。

159 Miles Taylor, "John Bull and the Iconography of Public Opinion in England, c.1712–1929," *Past & Present*, 134 (1992), pp. 93–128; Taylor, "Imperium et Libertas? Rethinking the Radical Critique of Imperialism during the Nineteenth Century," *Journal of Imperial & Commonwealth History*, 19 (1991), pp. 1–23 展示了对帝国主义的激进批判来自人们对它的宪法后果及更大国内后果的担忧。

160 Linda Colley, *Britons: Forging a Nation, 1707–1837* (New Haven,1992); Stephen Conway, "War and National Identity in the Mid-Eighteenth-Century British Isles," *English Historical Review*, 116 (2001), pp. 863–93.

161 关于外国观察者眼中英格兰人的特色，参见 Paul Langford, *Englishness*

Identified: Manners and Character, 1650–1850 (Oxford, 2000); Paul Readman, "The Place of the Past in English Culture, 1890–1914," *Past & Present*, 186 (2005), pp. 147–99。海外组织表达并强化了地方归属感。比如参见 Tanja Buelltmann and Donald M. MacRaild, "Globalizing St. George: English Associations in the Anglo-World to the 1930s," *Journal of Global History*, 7 (2012), pp. 79–105。

162　Paul Ward, *Britishness since 1870* (London, 2004) 是一部易读的介绍。

163　关于英国性及英语世界，参见 Carl Bridge and Kent Fedorowich, eds., *The British World: Diaspora, Culture, and Identity* (London, 2003); Belich, *Replenishing the Earth*; Kent Fedorowich and Andrew S. Thompson, eds., *Empire, Migration and Identity in the British World* (Manchester, 2013)。

164　这一变化发生在当时领先的贴现公司奥弗伦与格尼公司（Overend, Gurney & Co.）破产后，它曾大量参与国际交易。参见 Marc Flandreau and Stefan Ugolini, "Where It All Began: Lending of Last Resort and the Bank of England during the Overend Gurney Panic of 1866," *C.P.E.R. Discussion Paper*, 8362 (2011)。"格莱斯顿式财政"确保税收与公共支出在 GDP 中的占比在 19 世纪最后 25 年前都有所下降，但 GDP 本身增加了，纳税遵从程度也仍然很高。

165　Robert Gilpin 用"成熟债权国"一说发展了不同的论点，参见 *U.S. Power and the Multinational Corporation: The Political Economy of Foreign Direct Investment* (New York, 1975), p. 53。

166　第一点参见 Broadberry et al., "Sectoral Developments," p. 72。关于英国的金融优越性，参见 Cain and Hopkins, *British Imperialism*, chs. 5–6。

167　这里的立场在 Cain and Hopkins, *British Imperialism*, pp. 137–45 中以更大篇幅做了解释。

168　Edmund Rogers, "The United States and the Fiscal Debate in Britain, 1873–1913," *Historical Journal*, 50 (2007), pp. 593–622 显示了美国的保护主义与美国对英国出口的扩张共同促进了英国国内对帝国特惠制的支持。Marc-William Palen 提供了案例研究："Protection, Federation and Union: The Global Impact of the McKinley Tariff upon the British Empire, 1890– 94," *Journal of Imperial & Commonwealth History*, 38 (2010), pp. 395–418。

169　Sir Charles Dilke, *Greater Britain* (London, 1868) 在当时对人们的想法起到了重要作用。

170　Cain and Hopkins, *British Imperialism*, ch.7; Andrew S.Thompson, "Tariff Reform: An Imperial Strategy, 1903–1913," *Historical Journal*, 40 (1997), pp. 1033–54; Roger Mason, "Robert Giffen and the Tariff Reform Campaign, 1865–1910," *Journal of European Economic History*, 25 (1996), pp. 171–88.

171　但是，它的政治模式将借自美国而不是罗马。参见 Duncan Bell, "From Ancient to Modern in Victorian Thought," *Historical Journal*, 49 (2006), pp. 735–59。关于这一主题更广泛的著作是 Bell, *The Idea of Greater Britain*。

172　这是 Cain and Hopkins, *British Imperialism* 中的一大主题。Kevin O'Rourke, "British Trade Policy in the Nineteenth Century: A Review Article," *Journal of Political Economy*, 16 (2000), pp. 829–42 则讨论了自由贸易的其他后果。

173　Daudin, Morys, and O'Rourke, "Globalization, 1870–1914," pp. 9–13.

174　William N. Goertzman and Urdrey D. Ukhor, "British Investment Overseas, 1870–1913: A Modern Portfolio Theory Approach," *NBER Working Paper,* 11266 (2005), p. 12 and table 3, p. 40. 这些数字指的是公开投资的资本。

175 但在拿破仑统治覆灭后，移居海外的移民就早已提出了这种理想。参见 Maurizio Isabella, *Risorgimento in Exile: Italian Émigrés and the Liberal International in the Post-Napoleonic Era* (Oxford, 2009)。

176 Mariella Rigotti Colin, "L'idée de Rome et l'idéologie impérialiste dans l'Italie libérale de 1870 à 1900," *Mondiales et Conflits Contemporains*, 41 (1991), pp. 3–19.

177 这一段试图整合并总结两部有价值的研究中的材料：Vera Zamagni, *The Economic History of Italy, 1860-1990* (Oxford, 1993); and Stefano Fenoaltea, *The Reinterpretation of Italy's Economic History: From Unification to the Great War* (Cambridge, 2011)。

178 关于对外贸易在意大利经济发展中的重要作用，参见 Giovanni Federico and Nikolaus Wolf, "Italy's Comparative Advantage: A Comparative Perspective," C.E.P.R. Discussion Paper, 8758 (2012)。

179 Simon Sarlin, "The Anti-Risorgimento as a Transnational Experience," *Modern Italy*, 18 (2014), pp. 81–92.

180 Enrico Dal Lago, *Agrarian Elites: American Slaveholders and Southern Italian Landowners, 1815-1861* (Baton Rouge, 2005).

181 Mark Dincecco, Giovanni Federico, and Andrea Vindigni, "Warfare, Taxation and Political Change: Evidence from the Italian Risorgimento," *Journal of Economic History*, 71 (2011), pp. 887–914. 卡米洛·本索，加富尔伯爵（1810—1861），曾任皮埃蒙特–撒丁王国首相（1852—1861）和意大利王国首相（1861）。

182 1870年，不到3%的意大利人在下议院选举中有选举权。普选权（仅限男性）直到1913年才推行。

183 Maurizio Isabella, "Rethinking Italy's Nation-Building 150 Years Afterwards: The New Risorgimento Historiography," *Past & Present*, 217 (2012), pp. 247–68.

184 Mark Choate, *Emigrant Nation: The Making of Italy Abroad* (Cambridge, 2008).

185 Catherine Brice, *Monarchie et identité nationale en Italie (1861–1900)* (Paris, 2010); Brice, "Monarchy and Nation at the End of the Nineteenth Century: A Unique Form of Politicisation?" *European History Quarterly*, 43 (2013), pp. 53–72.

186 克里斯皮（1818—1901）曾在1887—1891年、1893—1896年担任首相。参见 Christopher Duggan, *Francesco Crispi, 1818–1901: From Nation to Nationalism* (Oxford, 2002)。

187 Christopher Duggan, "Francesco Crispi and Italy's Pursuit of War Against France, 1887– 9," *Australian Journal of Politics and History*, 50 (2004), pp. 315–29.

188 Mark Choate, "From Territorial to Ethnographic Colonies and Back Again: The Politics of Italian Expansion, 1890–1912," *Modern Italy*, 8 (2003), pp. 65–75; Christopher Duggan, "Francesco Crispi's Relationship with Britain: From Colonisation to Disillusionment," *Modern Italy*, 16 (2011), pp. 427–36.

189 比如参见 Romain H. Romero 关于贝纳迪尔公司的研究："An Imperialism with no Economic Basis: The Case of Italy, 1869-1939," in Pétré-Grenouilleau, *From Slave Trade to Empire*, pp. 91–6。关于 Richard A. Webster 试图在 *Industrial Imperialism in Italy, 1890–1915* (Los Angeles, 1975) 一书中宣传军工复合体的活动，参见 Clive Trebilcock 犀利的文章 "Economic Backwardness and Military Forwardness," *Historical Journal*, 20 (1977), pp. 751–60。

190 法国在1870年把阿尔萨斯－洛林输给了德国，失去了一个包含主要制造业中心的地区。

191 本段及之后一段提供的数据主要来自 Broadberry and O'Rourke, *Cambridge Economic History*, pp. 35–36, 44, 61, 72, 82–3。

192 René Girault, *Emprunts russes et investissements français en Russie, 1887–1914* (Paris, 1973).

193 我尤其要感谢巴黎美国大学的 Stephen W. Sawyer 博士，他允许我引用关于这一问题的重要著作，其中一些内容现在已能找到："A Fiscal Revolution: Statecraft in France's Early Third Republic," *American Historical Review*, 121 (2016), pp. 1141–66。

194 Marc Flandreau, "The Economics and Politics of Monetary Unions: A Reassessment of the Latin Monetary Union, 1865–71," *Financial History Review*, 7 (2000), pp. 25–43. 同盟成员包括法国、比利时、瑞士和意大利。

195 Herman Lebovics, *The Alliance of Iron and Wheat in the Third French Republic, 1860–1914: Origins of the New Conservatism* (Baton Rouge, 1988); David M. Gordon, *Liberalism and Social Reform: Industrial Growth and "Progressiste" Politics in France, 1880–1914* (Westport, 1996). Gordon 强调了成功的工业家在促进妥协、把福利国家作为社会主义的替代方案中起到的作用。

196 Michael S. Smith, *Tariff Reform in France, 1860–1900: the Politics of Economic Interest* (Ithaca, 1980); Smith, "The Méline Tariff as Social Protection: Rhetoric or Reality?" *International Review of Social History*, 37 (1992), pp. 230–43; Rita Aldenhoff-Hübinger, "Deux pays, deux politiques agricoles? Le protectionnisme en France et Allemagne (1880–1914)," *Histoire Sociales et Rurales*, 23 (2005), pp. 65–87.

197 Jonathan J. Liebowitz, "Rural Support for Protection: Evidence from the Parliamentary Enquiry of 1884," *French History*, 7 (1993), pp. 163–82; O'Rourke, "The European Grain Invasion," pp. 783, 786, 798.

198 Lebovics, *The Alliance of Iron and Wheat*.

199 Stuart M. Persell, *The French Colonial Lobby, 1889–1938* (Stanford, 1983), ch. 4.

200 下面是从大量研究文献中挑选出的几例：Henri Brunschwig, *Mythes et réalités de l'impérialisme colonial français* (Paris, 1960); C. M. Andrew and A. S. Kanya-Forstner, "The French 'Colonial Party': Its Composition, Aims and Influence, 1885–1914," *Historical Journal*, 14 (1971), pp. 99–128; L. Abrams and D. J. Miller, "Who Were the French Colonialists? A Reassessment of the Parti Colonial, 1890–1914," *Historical Journal*, 19 (1976), pp. 685–725; Persell, *The French Colonial Lobby*。

201 Persell, *The French Colonial Lobby*.

202 Alice, L. Conklin, *A Mission to Civilize: The Republican Idea of Empire in France and West Africa, 1895–1930* (Stanford, 1997) 显示，随着征服转变为控制，这一使命发生了演变。

203 Hubert Bonin, Catherine Hodir, and Jean-François Klein, eds., *L'esprit économique impérial (1830–1970): Groupes de pression et réseaux du patronat colonial en France et dans l'empire* (Paris, 2008) 集结了大量研究，展现出了各种动机和结果。

204 John F. Laffey, "Municipal Imperialism in Nineteenth-Century France," *Historical*

Reflections, 1 (1974), pp. 81–114; Jean-François Klein, "Réseaux d'influences et stratégie coloniale: le cas des marchands de soie Lyonnais en mer de Chine, 1843–1906," *Outre-Mers*, 93 (2005), pp. 221–56; Xavier Daumalin, "Commercial Presence, Colonial Penetra- tion: Marseille Traders in West Africa in the Nineteenth Century," in Pétré-Grenouilleau, *From Slave Trade to Empire*, ch. 11; T. W. Roberts, "The Trans-Saharan Railway and the Politics of Imperial Expansion, 1890–1900," *Journal of Imperial & Commonwealth History*, 43 (2015), pp. 438–62.

205 Jacques Thobie, *Intérêts et impérialisme français dans l'Empire ottoman, 1895–1914* (Paris, 1977).

206 Stuart M. Persell, "The Parliamentary Career of Eugène Étienne, 1881–1914," *Proceedings of the Annual Meeting of the Western Society for French History*, 4 (1976), pp. 402–9.

207 François Manchuelle, "Origines républicaines de la politique d'expansion coloniale de Jules Ferry (1838–1865)," *Revue Française d'Histoire d'Outre-Mer*, 75 (1988), pp. 185– 206.

208 Peter Grupp, "Gabriel Hanotaux: Le personage et ses idées sur l'expansion coloniale," *Revue Française d'Histoire d'Outre-Mer*, 58 (1971), pp. 383–405.

209 Jacques Marseille, *Empire colonial et capitalisme français: histoire d'un divorce* (Paris, 1984). 作者同时疏远了政治左翼和右翼的批评家，得到了鲜有的成功。这本书是20世纪出版的关于法兰西帝国的重要研究之一，甚至可能是最重要的研究，很可惜它从未被译成英文。

210 在德国的案例中则是"铁与黑麦"。参见Cornelius Torp, "The Coalition of 'Iron and Rye' under the Pressure of Globalization: A Reinterpretation of Germany's Political Economy before 1914," *Central European History*, 43 (2010), pp. 401–27。这里把德国排除在外只是因为篇幅限制。不同于"德国特殊道路"的老旧文献的出发点是David Blackbourn and Geoff Eley, *The Peculiarities of German History: Bourgeois Society and Politics in Nineteenth-Century Germany* (Oxford, 1984)。

211 Richard Cobden, Speech, March 13, 1845. 引自Michael Lusztig, *Risking Free Trade: The Politics of Trade in Britain, Canada, Mexico and the United States* (Pittsburgh, 1996), p. 38。

212 关于这对加拿大、美国和澳大利亚的影响，参见Palen, The "Conspiracy" of Free Trade, pp.149–52, 172–9, 221–2。富于启发的案例研究参见Mark Metzler, "The Cosmopolitanism of National Economics: Friedrich List in a Japanese Mirror," in Hopkins, *Global History*, ch. 4。

213 Peter H. Lindert, "The Rise of Social Spending," *Explorations in Economic History*, 31 (1994), pp. 1–37.

214 对于议会监督，Dincecco, *Political Transformations and Public Finances*采取了比历史记录能够佐证的更乐观的看法。

215 Smith, *Wealth of Nations*, p. 900.

216 Bouda Etemad, *Possessing the World: Taking the Measurements of Colonisation from the Eighteenth to the Twentieth Century* (New York, 2007), p. 130.

217 Etemad, *Possessing the World*, pp. 130–32, 165. 1880—1913年间，处于殖民统治的土地占比增长了约45%。离英国最近的对手法国在1913年占据了总面积

的约18%，但它统治的殖民地属民只占约9%。

218　Etemad, *Possessing the World*, p. 131.

219　Richard Cobden, *England, Ireland and America* (2nd ed. 1835), p. 101.

220　Whitman, "Years of the Modern." 参见注释1。

第7章

1　Alexis de Tocqueville, *Democracy in America*, ed. Phillips Bradley (New York, 1947), Book 1, ch. 14, p. 252.

2　同上。

3　这一观念促使 Byron Shafer 和 Anthony Badger 出版了文集，试图解决这个问题：*Contesting Democracy: Substance and Structure in American Political History, 1775–2000* (Lawrence, 2001)。这里也应该提及 Richard F. Bensel 的三部著作：*Sectionalism and American Political Development, 1880–1980* (Madison, 1984); *Yankee Leviathan: The Origins of Central State Authority in America, 1859–1877* (New York, 1991); *The Political Economy of American Industrialization, 1877–1900* (New York, 2000)，因为历史学家还没有对他的大量贡献做出足够的认可。有许多可能的专门案例，其中之一参见 Heather Cox Richardson 关于中产阶级崛起的研究 *West From Appomattox: The Reconstruction of America after the Civil War* (New Haven, 2007)。

4　它们有各自的子类别。比如参见 Richard Schneirov, "Thoughts on Pe- riodizing the Gilded Age: Capital Accumulation, Society and Politics, 1873–1898," *Journal of the Gilded Age & Progressive Era*, 5 (2003), pp. 189–224. Rebecca Edwards, *New Spirits: Americans in the Gilded Age, 1865–1905* (New York, 2006)提供了具有想象力的主题研究，跨越了常规的时间划分，但同时也让人难以看清这一时期连贯的整体性，尽管她提出这是"漫长的进步时代"，p. 7。

5　正像本书第6章概述的那样。

6　本书第6章"通货大紧缩"部分讨论了作为全球现象的通货紧缩。

7　James Bryce, *The American Commonwealth*, 2 (London, 1888; 1941 ed.), p. 699.

8　Bensel, *Political Economy*, pp. 357–66提供了更多细节。

9　Gary Gerstle, *Liberty and Coercion: The Paradox of American Government* (Princeton, 2015), chs. 3–5.

10　Eric Rauchway, "William McKinley and Us," *Journal of the Gilded Age & Progressive Era*, 4 (2005), pp. 234–53讨论了1896年选举在多大程度上带来了持久的共和党重组。

11　Gregory P. Downs, *After Appomattox: Military Occupation and the Ends of War* (Cambridge, MA, 2015) 提供了最有系统性的论述，同时也强调了从战争向和平转型过程的漫长。

12　Heather Cox, *The Death of Reconstruction: Race, Labour and Politics in the Post-Civil War North, 1865–1901* (Cambridge, MA, 2001)强调了自由劳动在北方态度和政治中的重要性。

13　三K党在1865年由邦联老兵在田纳西州建立。Elaine Frantz Parsons 在 "Midnight Rangers: Costume and Performance in the Reconstruction-Era Ku Klux Klan," *Journal of American History*, 92 (2005), pp. 811–36中探究了它的戏剧性。

14　James C. Hogue, *Uncivil War: Five New Orleans Street Battles and the Rise and Fall of Reconstruction* (Baton Rouge, 2006). 尼科尔斯（1834—1912）在1876—1880年和1888—1892年担任州长。

15　对此标准的论述是Eric Foner, *Reconstruction: America's Unfinished Revolution, 1863–1877* (New York, 1989)。

16　Vincent P. de Santis, "Rutherford B. Hayes and the Removal of the Troops and the End of Reconstruction," in Morgan Kousser and James McPherson, eds., *Region, Race, and Reconstruction* (New York, 1982), pp. 417–50.

17　关于南方棉花业中的北方利益，参见Harold D. Woodman, *King Cotton and His Retainers: Financing and Marketing the Cotton Crop of the South, 1800–1925* (Columbia, 1990); Gene Dattel, *Cotton and Race in the Making of America: The Human Costs of Economic Power* (Chicago, 2009), ch. 23。

18　Elizabeth Lee Thompson展示了《1867年破产法》如何稳定了南方企业利益集团，从而阻碍该地区改革：*The Reconstruction of Southern Debtors: Bankruptcy after the Civil War* (Athens, 2004)。

19　这里我要感谢Nicolas Barreyre, *Gold and Reconstruction: The Political Economy of Reconstruction* (Charlottesville, 2016)。

20　Richardson, *West from Appomattox.*

21　这是Barreyre令人兴奋的研究 *Gold and Reconstruction* 中最重要的主题之一。

22　Gregory P. Downs, *Declarations of Dependence: The Long Reconstruction of Popular Politics in the South, 1861–1908* (Chapel Hill, 2011). Downs用了"恩庇主义"（patronalism）一词，从北卡罗来纳州找寻证据。"大人物"这一拟人化的说法最初是由Marshall Sahlins传播的，它也是在这一背景下值得探寻的另一种选择。

23　Desmond King and Stephen Tuck, "De-Centering the South: America's Nationwide White Supremacist Order after Reconstruction," *Past & Present*, 194 (2007), pp. 213–52.

24　应该归功于John Cell先驱性的比较研究：*The Highest Stage of White Supremacy: The Origins of Segregation in South Africa and the American South* (Cambridge, 1982)。

25　Hogue, *Uncivil War*将南方和拉丁美洲的共和国做了对比。

26　Frank Ninkovich注意到了东北部精英是如何习惯外部世界并利用自由派假设的：*Global Dawn: The Cultural Foundations of American Internationalism, 1865–1890* (Cambridge, MA, 2009)。不过，自由派也可以是种族主义者，盎格鲁-撒克逊思想中的种族成分仍然占主要位置。

27　Edward L. Ayers, *The Promise of the New South: Life After Reconstruction* (New York, 1992) 显示出，南方的种族隔离是在19世纪80—90年代建构出来的，而不只是从战前继承下来的。

28　Edward J. Blum, *Reforging the White Republic: Race, Religion, and American Nationalism, 1865–1898* (Baton Rouge, 2005).

29　Nina Silber, *The Romance of Reunion: Northerners and the South, 1865–1900* (Chapel Hill, 1993); David Blight, *Race and Reunion: The Civil War in American Memory* (Cambridge, MA, 2001); Caroline E. Janney, *Remembering the Civil War: Reunion and the Limits of Reconstruction* (Chapel Hill, 2013).

30　正像本书第6章讨论的那样。Douglas Steeples and David O. Whitten,

Democracy in Desperation: The Depression of 1893 (Westport, 1999) 介绍了美国相关的研究文献。

31 Marc-William Palen, The "Conspiracy" of Free Trade: The Anglo-American Struggle over Empire and Economic Globalisation, 1846–1896 (Cambridge, 2016), ch. 4. 我要大大感谢 Palen 的著作，它澄清了复本位制和关税问题背后政治的重要特征，这些特征是我原本不太理解的。

32 Bryce, *American Commonwealth*, 2 在第 53—75 章为这些话题提供了大量信息。

33 *The "Conspiracy" of Free Trade*, chs. 4–5.

34 Peter Trubowitz, *Defining the National Interest: Conflict and Change in American Foreign Policy* (Chicago, 1998) 在这一问题上尤其富于启发。同样参见 Bensel, *Political Economy*, chs. 3, 7。Marc-William Palen, "The Civil War's Forgotten Transatlantic Tariff Debate and the Confederacy's Diplomacy of Free Trade," *Journal of the Civil War Era*, 3 (2013), pp. 35–61 探索了关税的外交后果。

35 共和党中也有科布登集团，他们在19世纪80年代前还没有完全皈依保护主义。Palen, *The "Conspiracy" of Free Trade*, chs. 3–4.

36 在《布兰德–艾利森法案》（1878）下，财政部被迫购买白银，将其铸成硬币。法案可能赢得了选票，但它成了联邦预算背负的"白银十字架"。

37 Elmus Wicker, *Banking Panics of the Gilded Age* (Cambridge, 2000), ch. 2.

38 正像在1873年危机中，白银的非货币化加上重大银行危机导致银价下跌，农产品价格加快下降。绿币党敦促联邦政府保护债务人和工人的利益，但他们在《布兰德–艾利森法案》中得到的回应并不完美。Matthew Hild, *Greenbackers, Knights of Labor, and Populists: Farmer-Labor Insurgency in the Late-Nineteenth-Century South* (Athens, 2007) 强调了亚拉巴马州、阿肯色州和得克萨斯州农民和工人之间的大量合作。

39 Palen, *The "Conspiracy" of Free Trade*. 民主党人对自由贸易的支持在1888年大选后更为坚定：Joanne Reitano, *The Tariff Question in the Gilded Age: The Great Debate of 1888* (University Park, 1994)。

40 Bensel, *Political Economy*, pp. 191–2.

41 Gretchen Ritter, *Goldbugs and Greenbacks: The Antimonopoly Tradition and the Politics of Finance in America, 1865–1896* (New York, 1997), ch. 5 强调了复本位制支持者论据的有力。Jeffrey A. Frieden 表示，"复本位制论者"的主要目标是，通过货币贬值而不是确保债务免除来提高产品价格："Monetary Populism in Nineteenth-Century America: An Open Economy Interpretation," *Journal of Economic History*, 57 (1997), pp. 367–95。

42 Palen, *The "Conspiracy" of Free Trade*, ch. 5 及许多参考指数。

43 同上，chs. 7–8。关于高关税会减少进口的理论，参见 Douglas A. Irwin, "Higher Tariffs, Lower Revenues? Analyzing the Fiscal Aspects of the Great Tariff Debate of 1888," *Journal of Economic History*, 58 (1998), pp. 59–72。盈余也在管理债券市场和货币供给中制造了技术性难题。参见 Taussig, "The McKinley Tariff," p. 344。

44 一名生于爱尔兰的新泽西州议员 William McAdoo, *Washington Post*, May 9, 1888。引自 Marc-William Palen, "Foreign Relations in the Gilded Age: A British Free-Trade Conspiracy?" *Diplomatic History*, 37 (2013), p. 236。Joanne Reitano 在 *The Tariff Debate* 中追溯了1888年大选中的意识形态问题。

45 Palen, "Foreign Relations in the Gilded Age," p. 239.

46 民主党人拒绝在1887年推行一项相似的提案。Patrick J. Kelly, Creating a National Home: Building the Veterans' Welfare State, 1860–1900 (Cambridge, MA, 1997)就一个往往被军事史学家忽略的问题做了引人入胜的论述：战后老兵面临的危险。

47 William H. Glasson, "The National Pension System as Applied to the Civil War and the War with Spain," *Annals of the American Academic of Political and Social Science*, 19 (1902), pp. 204–26.

48 同上，p. 214。John Bright 在为自由贸易辩护时，宣称保护主义通过制造"大量盈余收入"，促进了"其他国家无可匹敌的腐败体制"。引自 *New York Times*, May 15, 1887。

49 参见 F. W. Taussig, "The McKinley Tariff Act," *Economic Journal*, 1 (1891), p. 326; Thomas E. Terrill, *The Tariff, Politics, and American Foreign Policy, 1874–1901* (Westport, 1973); Edward P. Crapol, *America for Americans: Economic Nationalism and Anglophobia in the Late Nineteenth Century* (Westport, 1973) 以及深刻的评论：Lewis L. Gould, "Tariffs and Markets in the Gilded Age," *Reviews in American History*, 2 (1974), pp. 266–71。还有 Paul Wolman, *Most Favored Nation: The Republican Revisionists and U.S. Tariff Policy, 1897–1912* (Chapel Hill, 1992)。

50 Palen, *The "Conspiracy" of Free Trade*, p. 213.

51 W. E. Gladstone et al., *Both Sides of the Tariff Question by the World's Leading Men* (New York, 1890), pp. 64, 72.

52 同上。

53 同上。

54 *Times*, February 14, 1891.

55 1891年发表的演说：William McKinley, *Speeches and Addresses* (New York,1893), p. 562。

56 本书第6章题为"通货大紧缩"的部分探讨了漫长通货紧缩的全球维度。这对生活水平的影响很复杂。参见 Jeremy Atack, Fred Bateman, and William N. Parker, "The Farm, the Farmer and the Market," in Engerman and Gallman, *Cambridge Economic History*, 2, pp. 280–82。在19世纪的最后25年，非农业工人的实际工资在几段时期内下降，半是因为移民增加了劳动力供给：Robert A. Margo, "The Labor Force in the Nineteenth Century," in Engerman and Gallman, *Cambridge Economic History*, 2, p. 223。同样参见 Robert A. McGuire 关于北方16州的研究："Economic Causes of Late Nineteenth-Century Unrest: New Evidence," *Journal of Economic History*, 41 (1981), pp. 835–52 (and the subsequent discussion); Ayers, *The Promise of the New South*, ch. 10 展示了南方的民粹主义不只和种族主义密切相关，也和战后社会经济变化引发的冲突有关。

57 自20世纪60年代以来，少有对这一问题的持续研究。Thomas A. Wood, *Knights of the Plow: Oliver H. Kelley and the Origins of the Grange in Republican Ideology* (Ames, 1991) 为这一运动物质层面的综合分析留下了空间，而 Robert C. McMath, *American Populism: A Social History, 1877–1898* (New York, 1993) 更广泛地覆盖了这一问题。

58 Robert C. McMath, *Populist Vanguard: A History of the Southern Farmers' Alliance* (Chapel Hill, 1975); McMath, *American Populism*, chs. 1–4.

59 George W. Hilton, "The Consistency of the Interstate Commerce Act," *Journal of Law & Economics*, 9 (1966), pp. 87–113.

60 Kim Voss, *The Making of American Exceptionalism: The Knights of Labor and Class Formation in the Nineteenth Century* (Ithaca, 1994).

61 Robert E. Weir, *Beyond Labor's Veil: The Culture of the Knights of Labor* (University Park, 1996) 研究了 "兄弟小屋"（fraternal lodges）的意识形态与文化特色。

62 Daniel R. Ernst, "Free Labor, the Consumer Interest, and the Law of Industrial Disputes, 1885–1900," *American Journal of Legal History*, 36 (1992), pp. 19–37; Voss, *The Making of American Exceptionalism*; Jason Kaufman, "Rise and Fall of a Nation of Joiners: The Knights of Labor Revisited," *Journal of Interdisciplinary History*, 31 (2001), pp. 553–79.

63 Julie Green, *Pure and Simple Politics: The American Federation of Labor and Political Activism, 1881–1914* (New York, 1998).

64 Victoria C. Hattam, *Labor Visions and State Power: The Origins of Business Unionism in the United States* (Princeton, NJ, 1993). Gerald N. Grob, "The Knights of Labor and the Trade Unions, 1878–1886," *Journal of Economic History*, 18 (1958), pp. 176–92 提出了中心论点。

65 Helga Kristin Hallgrimsdottir and Cecilia Benoit, "From Wage Slaves to Wage Workers: Cultural Opportunity Structures and the Evolution of Wage Demands of the Knights of Labor and the American Federation of Labor, 1880–1900," *Social Forces*, 85 (2007), pp. 1393–1411.

66 L. Glen Seretan, *Daniel DeLeon: The Odyssey of an American Marxist* (Cambridge, MA, 1979) 仍有价值，尽管它带有当时的心理史印记。

67 劳工组织有着紧密且明显的国际联系：Neville Kirk, "Peculiarities and Exceptions: The Shaping of the American Federation of Labor's Politics during the 1880s and 1890s," *International Review of Social History*, 45 (2000), pp. 25– 50; Steven Parfitt, "Brotherhood from a Distance: Americanization and the Internationalism of the Knights of Labor," *International Review of Social History*, 58 (2013), pp. 463–91。

68 劳联领袖塞缪尔·龚帕斯（Samuel Gompers）不愿使劳工运动屈从于某个政党，重要矿业和铁路工会的领袖们则观点不同。

69 McMath, *American Populism*; Joseph Gerteis, *Class and the Color Line: Interracial Class Coalition in the Knights of Labor and the Populist Movement* (Durham, 2007); Charles Postel, *The Populist Vision* (New York, 2007) 强调了支持的多元性，这种支持既来自城镇又来自乡村，尤其以女性为特色。

70 尽管有不足之处，但我融合了以下这些富于启发又相当不同的角度：Margaret Canovan, *Populism* (New York, 1981); Paul Taggart, *Populism* (Bucking- ham, 2000); Yves Meny and Yves Suri, eds., *Democracies and the Populist Challenge* (New York, 2001); Cas Mudde, "The Populist Zeitgeist," *Government and Opposition*, 39 (2004), pp. 542–63。

71 正像 Ronald P. Formisano 几乎是独自论证的那样：*For the People: American Populist Movements from the Revolution to the 1850s* (Chapel Hill, 2007)。关于 "绿色起义"，参见本书第4章。

72 Postel, *The Populist Vision* 将各种文献集结起来，修正了 Hofstadter 关于平民党

渴望农村和谐黄金时代的说法。

73　Elizabeth Sanders, *Roots of Reform: Farmers, Workers, and the American State, 1877– 1917* (Chicago, 1999).

74　Steeples and Whitten, *Democracy in Desperation*, pp. 445, 59–60. 其中一例参见 P. Cudmore 直率的指控：*Cleveland's Administration: Free Trade, Protection and Reciprocity* (New York, 1896)。

75　最完整也最近的概述是 Steeples and Whitten, *Democracy in Desperation*; also Hugh Rokoff, "Banking and Finance," in Engerman and Gallman, *Cambridge Economic History*, 2, ch. 14; Clifford F. Thies 在 "Gold Bonds and Silver Agitation," *Quarterly Journal of Austrian Economics*, 8 (2005), pp. 67–86 中把政治事件和债券市场联系起来。

76　Michael D. Bordo, "Sudden Stops, Financial Crises and Original Sin in Emerging Countries: Deja Vu?" Paper prepared for the Conference on Global Imbalances and Risk Management (Madrid, 2006); Luis Catao, "Sudden Stops and Currency Drops: A Historical Look," in Sebastian Edwards et al., *The Decline of Latin America: Economies, Institutions and Crises* (Chicago, 2007), pp. 243–90.

77　P. J. Cain and A. G. Hopkins, *British Imperialism, 1688–2015* (London, 3rd ed., 2016), pp. 125–6, 139–41, 145–8, 216–28. 阿根廷的危机也传到了巴西：Gail D. Triner and Kirsten Wandschneider, "The Baring Crisis and the Brazilian Encilhamento, 1889–1891," *Financial History Review*, 12 (2005), pp. 199–225。

78　Robert E. Lipsey, "U.S. Foreign Trade and the Balance of Payments, 1800–1913," in Engerman and Gallman, *Cambridge Economic History*, 2, p. 698.

79　《麦金莱关税法》成功降低了财政收入，《谢尔曼白银法案》（1890）要求财政部购买更多白银，甚至超过了《布兰德-艾利森法案》（1878），以确保刚刚加入联邦的5个"白银州"的忠诚。参见 François R. Velde, "Following the Yellow Brick Road: How the United States Adopted the Gold Standard," *Federal Reserve Bank of Chicago Economic Perspectives*, (April, 2002), pp. 42–58。

80　这些我不得不将其重叠在一起的事件之间的联系，在 Wicker, *Banking Panics*, ch. 4 中得到了仔细的探讨。

81　Steeples and Whitten, *Democracy in Desperation*, ch. 4. 到1893年底，已有至少160家银行破产。Charles W. Calomiris, "Greenback Resumption and Silver Risk: The Economics and Politics of Monetary Regime Change in the United States, 1862– 1900," NBER Working Paper, 4166 (1992) 强调的是短期可兑换性，而不是立刻从黄金转向白银的风险。

82　Lawrence H. Officer, "The Remarkable Efficiency of the Dollar-Sterling Gold Standard, 1890–1906," *Journal of Economic History*, 49 (1989), pp. 24–5.

83　Palen, "Foreign Relations in the Gilden Age," pp. 240–41.

84　詹姆斯·加菲尔德总统在1881年遇刺，这里没有提及，是因为射杀他的是一名求职失意者，而不是政治革命的代表。

85　Troy Rondinone, " 'History Repeats Itself': The Civil War and the Meaning of Labor Conflict in the Late Nineteenth Century," *American Quarterly*, 59 (2007), pp. 397–419. 关于这一问题更详尽的论述，参见 Rondinone, *The Great Industrial War: Framing Class Conflict in the Media, 1865–1950* (New Brunswick, 2010)。

86　James Green, "The Globalization of a Memory: The Enduring Remembrance of the Haymarket Martyrs Around the World," *Labor: Studies in the Working Class*

History of the Americas, 2 (2005), pp. 11–23.

87　Susan B. Carter, Richard Sutch, and Stanley Lebergott, "The Great Depression of the 1890s: New Suggestive Estimates of the Unemployment Rate, 1890–1905," *Research in Economic History*, 14 (1992), pp. 347–76.

88　Paul Krause, *The Battle for Homestead, 1880–1892* (Pittsburgh, 1992).

89　现在的起点是 Richard Schneirov, Shelton Stromquist, and Nick Salvatore, eds., *The Pullman Strike and the Crisis of the 1890s: Essays on Labor and Politics* (Chicago, 1999)。

90　这一段是基于 Rondinone, "History RepeatsItself"; Rondinone, "Guarding the Switch: Cultivating Nationalism during the Pullman Strike," *Journal of the Gilded Age and Progressive Era*, 8 (2009), pp. 83–109; Rondinone, *The Great Industrial War*。

91　引自 Rondinone, "Guarding the Switch," p. 108。

92　Harper's Weekly, 引自同上，p. 87。

93　M. J. Sewell, "Rebels or Revolutionaries? Irish-American Nationalism and American Diplomacy, 1865–1885," *Historical Journal*, 29 (1986), pp. 723–33.

94　Rondinone, "Guarding the Switch," p. 271.

95　同上，p. 265。

96　同上，p. 269。看得出的人会发现，这里指的是1871年的巴黎公社。

97　这些引言来自 Michael McGerr, *A Fierce Discontent: The Rise and Fall of the Progressive Movement in America, 1870–1920* (New York, 2003), p. 176 和 William Jennings Bryan and Mary Baird Bryan, *Speeches of William Jennings Bryan* (New York, 1909), vol. 2, p. 342。布赖恩没有阶级斗争的概念。他是一名维多利亚时代的工业家，相信宗教的提升力量，以及他所说的"民主"的政治效果。参见 Michael Kazin, *A Godly Hero: The Life of William Jennings Bryan* (New York, 2006); Richard F. Bensel, *Passion and Preference: William Jennings Bryan and the 1896 Democratic National Convention* (Cambridge, 2008)。

98　人们已经质疑了1896年大选作为转折点的地位，但狭义来看，这并不影响这里提出的广泛论点。参考 Rauchway, "William McKinley and Us," pp. 234–53, notes 31, 32。

99　David Nasaw, "Gilded Age Gospels," in Steve Fraser and Gary Gerstle, eds., *Ruling America: A History of Wealth and Power in a Democracy* (Cambridge, MA, 2005), pp. 146–8; Alan Dawley, "The Abortive Rule of Big Money," in Fraser and Gerstle, *Ruling America*, pp. 149–58; Howell John Harris, "The Making of a 'Business Community,' 1880–1930: Definitions and Ingredients of a Collective Identity," *European Contributions to American Studies*, 47 (2000), pp. 123–39.

100　反垄断法律防止了比如在德国发展的那种卡特尔，但这样也鼓励美国的企业合并，从而助长了大企业的崛起。David Brian Roberston, *Capital, Labor and State: The Battle for American Labor Markets from the Civil War to the New Deal* (Lanham, 2000)强调了20世纪初企业在应对工人运动时的力量和成功。

101　我们对全国制造商协会这个组织缺乏研究。关于它有一本老旧的书：Albert K. Steigerwalt, *The National Association of Manufacturers, 1895–1914: A Study in Business Leadership* (East Lansing, 1964)。同样参见 Philip H. Burch, "The NAM as an Interest Group," *Politics and Society*, 4 (1973), pp. 97–30; Cathie Jo Martin, "Sectional Parties, Divided Business," *Studies in American Political Development*,

20 (2006), pp. 160–84。

102　詹姆斯·希尔（James Hill），他是铁路大亨和民主党人，支持克利夫兰倾向于金本位制的政策。参见Patrick J. Kelly, "The Election of 1896 and the Restructuring of Civil War Memory," *Civil War History*, 49 (2003), pp. 260–61, Chandler D. Aaron, "A Short Note on the Expenditures of the McKinley Campaign of 1898," *Presidential Studies Quarterly*, 28 (1998), pp. 88–91。

103　Kelly, "Election of 1896," p. 261.

104　Luzviminda B. Francisco and Jonathan S. Fast, *Conspiracy for Empire: Big Business, Corruption, and the Politics of Imperialism in America, 1876–1907* (Quezon City, 1985), pp. 67, 151. 耐人寻味的是，哈夫迈耶在1892年是两大政党最大的单一捐款人，他在1896年则把所有的支持给了共和党。

105　Matthew Simon, "The Hot Money Movement and the Private Exchange Pool Proposal of 1896," *Journal of Economic History*, 20 (1960), pp. 31–50, quoting the *New York Herald*, June 27, 1896, pp. 47–8; Bensel, *Political Economy*, ch. 6. Barry Eichengreen显示出，美国和欧洲银行之间的非正式合作对当时金本位制的运作至关重要："Central Bank Co-operation and Exchange Rate Commitments: The Classical and Interwar Gold Standards Compared," *Financial History Review*, 2 (1995), pp. 99–117。

106　正像在属地中一样：Cain and Hopkins, *British Imperialism*, ch. 8。

107　Harvey Gresham Hudspeth, "The Rise and Fall of the 'Greene' Doctrine: The Sherman Act, Howell Jackson, and the Interpretation of 'Interstate Commerce,' 1890–1941," *Essays in Economic & Business History*, 20 (2002), pp. 97–112; Hattam, *Labor Visions and State Power*显示出法官们如何使用犯罪预谋的概念来防止工会扩大力量。在英国，法律对工会给予了更大保护。法案及之后判决的法律复杂性无法简单地概括。参见Peter C. Carstensen, "Dubious Dichotomies and Blurred Vistas: The Corporate Reconstruction of American Capitalism," *Reviews in American History,* 17 (1989), pp. 404–11。

108　接下去的两段要大大感谢Kelly的重要文章："The Election of 1896"。关于汉纳并没有完整的现代研究。近期有一部著作警告不要高估他在这一时期的影响力。参见Richard F. Hamilton, President McKinley, War and Empire, 2 vols. (New Brunswick, 2006, 2007)中全面的索引。汉纳在1896年选举中的作用则在上书，vol. 1, ch. 2中得到讨论。

109　Kelly, "Election of 1896," p. 259, and pp. 260–61.

110　同上，p. 255，引用了共和党参议员威廉·钱德勒（William Chandler）的话。

111　Steeples and Whitten, *Democracy in Desperation*, ch. 5.

112　Myron T. Herrick, "The Panic of 1907 and Some of Its Lessons," *Annals of the American Academy of Political and Social Science*, 31 (1908), p. 11. Herrick是俄亥俄州克利夫兰市储蓄协会的董事会主席。

113　Susan B. Carter and Richard Sutch, "The Great Depression of the 1890s: New Suggestive Estimates of the Unemployment Rate, 1890–1905," *Research in Economic History*, 14 (1992), pp. 347–76.

114　Eric Rauchway, *Murdering McKinley: The Making of Theodore Roosevelt's America* (New York, 2003). 乔尔戈什是波兰－俄罗斯移民的孩子，半是受到了加埃塔诺·布雷西（Gaetano Bresci）的启发，后者是意大利移民，在1900年回到意大利刺杀了极端保守的翁贝托一世国王。

115 Julie Greene, *Pure and Simple Politics: The American Federation of Labor and Political Activism, 1881–1917* (New York, 1998); Elizabeth Sanders, *Roots of Reform: Farmers, Workers, and the American State, 1877–1917* (Chicago, 1999).

116 进步派包括知识分子和工匠、自耕农和城市人，灵感来源既有世俗方面也有精神方面。参见 Rodgers, *Atlantic Crossings; Elizabeth Sanders, Peasants, Pitchforks, and the (Found) Promise of Progressivism* (Chicago, 1999); Robert D. Johnston, *The Radical Middle Class: Populist Democracy and the Question of Capitalism in Progressive Era Portland, Oregon* (Princeton, NJ, 2003)。

117 James T. Kloppenberg, *Uncertain Victory: Social Democracy and Progressivism in European and American Political Thought* (Oxford, 1986); Michael McGerr, *A Fierce Discontent: The Rise and Fall of the Progressive Movement in America, 1870–1920* (New York, 2003); Thomas F. Jorsch, "Modernized Republicanism: The Radical Agenda of Socialists in Manitowoc, Wisconsin, 1905–1917," *Historian*, 70 (2008), pp. 716–31 把资本和劳动力代表之间的争斗置于古典共和主义辩论的背景之下。

118 Jerry M. Mashaw, "Federal Administration and Administrative Law in the Golden Age," *Yale Law Journal*, 119 (2010), pp. 1362–72; Eldon J. Eisenach, *The Lost Promise of Progressivism* (Lawrence, 1994).

119 Alan Dawley, *Changing the World: American Progressives in War and Revolution* (Princeton, NJ, 2003) 提出了新教主义中救世的元素。

120 引自 Matthew Josephson, *The Robber Barons: The Great American Capitalists, 1861–1901* (New Brunswick, 1934; 2011), p. 448。

121 该部门的主要机构是公司管理局，它在 1915 年加入了联邦贸易委员会。William Murphey, "Theodore Roosevelt and the Bureau of Corporations: Executive-Corporate Cooperation and the Advancement of the Regulatory State," *American Nineteenth-Century History*, 14 (2013), pp. 73–111; Jonathan Chausovsky, "From Bureau to Trade Commission: Agency Reputation in the State-Building Enterprise," *Journal of the Gilded Age and Progressive Era*, 12 (2013), pp. 343–78.

122 同样参见 Bruce Bringhurst, *Antitrust and the Oil Monopoly: The Standard Oil Cases, 1890–1911* (Westport, 1979); Richard Sylla, "Experimental Federalism: The Economics of American Government, 1789–1914," in Engerman and Gallman, *Cambridge Economic History*, 2, p. 540。

123 Robert Griffith, "Dwight D. Eisenhower and the Corporate Commonwealth," *American Historical Review*, 87 (1982), pp. 87–122.

124 Jane Addams, *Twenty Years at Hull House* (New York, 1910; 1938), pp. 409–10. 以历史学家汤因比命名的汤因比馆建立于1884年，芝加哥的赫尔馆（Hull House）则建立于1889年。

125 有多部传记，参见 Louise W. Knight, *Citizen: Jane Addams and the Struggle for Democracy* (Chicago, 2005); Knight, *Jane Addams: Spirit in Action* (New York, 2005)。

126 Bryce, *The American Commonwealth*, 2, p. 699.

127 Ari Hoogenboom, *Outlawing the Spoils: A History of the Civil Service Reform Movement, 1865–1883* (Urbana, 1961); Ronald N. Johnson and Gary D. Libecap, *The Federal Civil Service System and the Problem of Bureaucracy: The Economics*

and Politics of Institutional Change (Chicago, 1994); Daniel P. Carpenter, The Forging of Bureaucratic Autonomy: Networks, Reputations, and Policy Innovation in Executive Agencies, 1862–1928 (Princeton, 2001); Sean M. Theriault, "Patronage, the Pendleton Act, and the Power of the People," Journal of Politics, 65 (2003), pp. 50–68强调了1883年法案通过时公共压力的影响。

128　Emily Rosenberg, Spreading the American Dream: American Economic and Cultural Expansion, 1890–1945 (New York, 1982), ch. 3.

129　Stephen Skowronek, Building a New American State: The Expansion of National Administrative Capacities, 1877–1920 (New York, 1982); Bensel, Yankee Leviathan; Brian Balogh, A Government Out of Sight: The Mystery of National Authority in Nineteenth-Century America (Cambridge, 2009), chs. 7–8; Morton Keller, Regulating a New Economy: Public Policy and Economic Change in America, 1900–1933 (Cambridge, MA, 1990).

130　Twain and Warner, The Gilded Age, p. 193.

131　Michael G. Mulhall, "The Growth of American Industries and Wealth," in Josiah Strong, The United States and the Future of the Anglo-Saxon Race (London, 1889), p. 57.

132　Peter H. Lindert and Jeffrey Williamson, Unequal Gains: American Growth and Inequality Since 1700 (Princeton, NJ, 2016), ch. 7.

133　Heather Cox Richardson 在 The Greatest Nation on Earth: Republican Economic Policies during the Civil War (Cambridge, MA, 1997) 中提供了清晰的叙述。

134　《宅地法》（1862）既有象征意义，又有实际重要性，显示了自由、雇佣劳动的"北方体制"对奴隶制的优越性。法案对西部各州的发展模式产生了深远的影响：到1900年，超过8 000万亩土地被分发给约60万户人家。

135　Richard R. John, "Ruling Passions: Political Economy in Nineteenth-Century America," Journal of Policy History, 18 (2006), pp. 2, 10.

136　普遍来说，外国投资者在南北战争期间避开了美国。法国的埃米尔·埃朗热（Emile Erlanger）公司在1863年（为邦联）募集了一小笔外国贷款。Sexton, Debtor Diplomacy, pp. 164–74.

137　Roger L. Ransom, "Fact and Counterfact: The 'Second American Revolution' Revisited," Civil War History, 45 (1999), pp. 28–60总结了关于"进步派"历史学家查尔斯·比尔德和玛丽·比尔德提出的解释引起的争议。

138　正像Roger L. Ransom and Richard Sutch, "Conflicting Visions: The American Civil War as a Revolutionary Event," Research in Economic History, 20 (2001), pp. 249–301中具有说服力的论证那样。

139　Gallman, "Economic Growth and Structural Change," pp.21–3, 30–33, 49–50. GDP计量了国家内的收入，GNP则增加了来自外国的总收入。

140　Richard B. Duboff, "The Telegraph and the Structure of Markets in the United States, 1845–1890," Research in Economic History, 8 (1982), pp. 253–77; David M. Henkin, The Postal Age: The Emergence of Modern Communications in Nineteenth-Century America (Chicago, 2006).

141　Stephen Broadberry and Kevin O'Rourke, eds., The Cambridge Economic History of Europe, 2 (Cambridge, 2010), pp. 23, 30–33.

142　同上，pp. 33, 39。

143　这一段就像这部分的其他许多段落一样，非常依靠不可或缺的Engerman and

Gallman, *Economic History of the United States*, 特别是 Lipsey, "U.S. Foreign Trade"; Gallman, "Economic Growth and Structural Change."。

144　Gene Dattel, *Cotton and Race in the Making of America* (Chicago, 2009), chs. 17–19; Bensel, *Political Economy*, ch. 2.

145　Heather Cox Richardson, "A Marshall Plan for the South? The Failure of Republican and Democrat Ideology during Reconstruction," *Civil War History*, 51 (2005), pp. 378–87.

146　Joseph P. Reidy, *From Slavery to Agrarian Capitalism in the Cotton South: Central Georgia, 1800–1880* (Chapel Hill, 1992).

147　David L. Carlton and Peter A. Coclanis, *The South, the Nation, and the World: Perspectives on Southern Development* (Charlottesville, 2003); Douglas A. Blackmon, *Slavery by Another Name: The Enslavement of Black Americans from the Civil War to World War II* (New York, 2008) 主要关注的是佐治亚州和亚拉巴马州，但显示美国钢铁公司也利用了监狱劳动力。

148　Gallman, "Economic Growth and Structural Change," p. 54; Lindert and Williamson, *Unequal Gains*, p. 147.

149　Gavin Wright, *Old South, New South: Revolutions in the Southern Economy since the Civil War* (New York, 1986); Carlton and Coclanis, *The South, the Nation and the World*.

150　Lipsey, "U.S. Foreign Trade."

151　欧洲需求的高度价格弹性也意味着，产出在增长时可以不造成生产商获得金额的减少。

152　Joseph H. Davis, Christopher Hanes, and Paul W. Rhode, "Harvest and Business Cycles in Nineteenth-Century America," National Bureau of Economic Research, *Working Paper*, 14686 (2009) 解释了这些影响为什么尤其和棉花有关，而不是小麦或玉米。

153　Stanley Engerman and Kenneth Sokoloff, "Technology and Industrialization, 1790–1914," in Engerman and Gallman, *Economic History*, p. 381.

154　Lewis, *Growth and Fluctuations*, p. 60; Douglas A. Irwin, "Explaining America's Surge in Manufactured Exports, 1880–1913," *Review of Economics and Statistics*, 85 (2003), pp. 364–76确认了 Gavin Wright 的论点称，这一出色表现主要归功于自然资源的丰富。

155　Lipsey, "U. S. Foreign Trade," p. 703.

156　同上。

157　David E. Novack and Matthew Simon, "Commercial Responses to the American Import Invasion, 1871–1914: An Essay in Attitudinal History," *Explorations in Entrepreneurial History*, 3 (1966), pp. 121–47.

158　Engerman and Sokoloff, "Technology and Industrialization," p. 399; Edmund Rogers, "The United States and the Fiscal Debate in Britain, 1873–1913," *Historical Journal*, 50 (2007), pp. 593–622.

159　Rockoff, "Banking and Finance"; Lipsey, "U.S. Foreign Trade"; Davis and Cull, "International Capital Movements."

160　Lance E. Davis and Robert J. Cull, *International Capital Markets and American Economic Growth, 1820–1914* (New York, 1994).

161　Davis, "Late Nineteenth-Century British Imperialism," pp. 86–8.

162 正像蒸汽船在19世纪40年代崛起一样。参见 "Ocean Steam Navigation," *North American Review*, 99 (1864), pp. 483–523。

163 但是，长期趋势是英国的份额会减少。英国在19世纪60年代提供了90%的外国资本，到1914年则降到了60%。Davis and Gull, "International Capital Movements," pp. 746–8.

164 关于这一准中央银行成功的不同观点，参见 Wicker, *Banking Panics*; John A. James and David F. Weiman, "The National Banking Acts and the Transformation of New York City Banking during the Civil War Era," *Journal of Economic History*, 71 (2011), pp. 338–62; John R. Moen and Ellis W. Tallman, "Liquidity Creation without a Central Bank: Clearing House Loan Certificates in the Banking Panic of 1907," *Journal of Financial Stability*, 8 (2012), pp. 277–91。

165 Bensel, *Political Economy*, p. 77; Cain and Hopkins, *British Imperialism*, chs. 3–7.

166 摩根的财团共提供了价值6 500万美金的黄金以支持一种债券的发行，并恢复财政部的储备回到金本位所需的水平。

167 Jeremy J. Siegel, "The Real Rate of Interest from 1800–1990: A Study of the U.S. and the UK," *Journal of Monetary Economics*, 29 (1992), pp. 227–52, especially figs. 1–5. 可以从中找到1850年后的生活水平（消费品价格）指数。

168 Lawrence Officer, *Between the Dollar-Sterling Gold Points: Rates, Parity, and Market Behaviour* (Cambridge, 1996).

169 美国在1792—1862年间实际上实行了复本位制，南北战争时期则发行了不可兑换的法定货币（绿币），其在1879年被取消。Velde, "Following the Yellow Brick Road," 提供了简要的概述。

170 J. Lawrence Broz, "The Origins of the Federal Reserve System: International Incentives and the Domestic Free-Rider Problem," *International Organization*, 53 (1999), pp. 39–70.

171 Michael D. Bordo and Hugh Rockoff, "The Gold Standard as a 'Good Housekeeping Seal of Approval,'" *Journal of Economic History*, 56 (1996), pp. 389–428. 但是，哈里森总统青睐复本位制，这直到1892年都是共和党人的官方选择。

172 Bensel, *Political Economy*, pp. 85–6; Davis and Cull, "International Capital Movements," pp. 750–55列举了英国影响的例子。

173 这一问题在 Davis and Cull, *International Capital Markets*, ch. 3中得到了讨论。

174 Jay Sexton, *Debtor Diplomacy: Finance and American Diplomacy in the Civil War Era, 1848–1877* (Oxford, 2005), pp. 251–2.

175 查尔斯·道在1889年创办了《华尔街日报》以照顾金融界增长的需求，在此后不久设计了道琼斯指数。

176 Kathleen Burk, "Finance, Foreign Policy and the Anglo-American Bank: The House of Morgan, 1900–31," *Historical Research*, 61 (1988), pp. 199–211.

177 Herrick, "The Panic of 1907," p. 9; Wicker, *Banking Panics*, ch. 5.

178 Herrick, "The Panic of 1907," pp. 13.

179 Davis and Cull, "International Capital Movements," pp. 787–8.

180 Herrick, "The Panic of 1907," pp. 10, 12–16.

181 Broz, "The Origins of the Federal Reserve System," pp. 56–7; Gyung-Ho Jeong, Gary J. Miller, and Andrew C. Sobel 则对相关方面达成的妥协做了精确的分析："Political Compromise and Bureaucratic Structure: The Political Origins of the

Federal Reserve System," *Journal of Law, Economics and Organization*, 25 (2008), pp. 472–98。Elmus Wicker, *The Great Debate on Banking Reform: Nelson Aldrich and the Origins of the Fed* (Columbus, 2005) 评估了现有的解释。

182　Ajay K. Mehrotra, *Making the Modern American Fiscal State: Law, Politics, and the Rise of Progressive Taxation, 1877–1929* (Cambridge, 2013).

183　同上，p. 7。

184　比如参见 Thomas M. Norwood, *Plutocracy or American White Slavery* (New York, 1888); Milford W. Howard, *The American Plutocracy* (New York, 1895); John C. Reed, *The New Plutocracy* (New York, 1903)。

185　引用自 Howard, *The American Plutocracy*, pp. 8–9。

186　William Graham Sumner, *The Conquest of the United States by Spain* (Boston, 1899), p. 25.

187　Sven Beckert, *The Monied Metropolis: New York City and the Consolidation of the American Bourgeoisie, 1850–1896* (New York, 2001); Thomas Kessner, *Capital City: New York City and the Men Behind America's Rise to Dominance, 1860–1900* (New York, 2003); Dawley, "The Abortive Rule of Big Money."

188　Anthony P. O'Brien, "Factory Size, Economies of Scale, and the Great Merger Wave of 1898–1902," *Journal of Economic History*, 48 (1988), pp. 639–49 显示，1869—1929 年间大部分制造业企业规模在 1889 年前就已经出现增长。关于更广泛的趋势，参见 Beckert, "Merchants and Manufacturers"; Dawley, "The Abortive Rule of Big Money"; Nasaw, "Gilded Age Gospels," p. 140。一部先驱性的著作则是 Martin J. Sklar, *The Corporate Reconstruction of American Capitalism, 1890–1916: The Market, the Law, and Politics* (New York, 1988)。

189　B. Franklin Cooling, *Gray Steel and Blue Water Navy: The Formative Years of the Military-Industrial Complex, 1881–1917* (New York, 1979); Ben Baack and Edward J. Ray, "Special Interests and the Nineteenth-Century Roots of the U.S. Military-Industrial Complex," *Research in Economic History*, 11 (1988), pp. 153–69; Kurt Hackemer, *The U.S. Navy and the Origins of the Military-Industrial Complex, 1847–1883* (Annapolis, 2001) 探索了先例。

190　Henry George, *Progress and Poverty: An Inquiry into the Cause of Industrial Depressions and of Increase of Want with Increase of Wealth* (New York, 1879; 1912), p. 10.

191　Thorstein Veblen, *The Theory of the Leisure Class* (Chicago, 1899); Veblen, *The Theory of Business Enterprise* (New Brunswick, 1904), ch. 10. Stephen Edgell, *Veblen in Perspective: His Life and Thought* (Armonk, 2001) 纠正了关于凡勃伦的性格及这对其作品的影响的普遍误解。

192　Richard J. Jensen, "Democracy, Republicanism and Efficiency: The Values of American Politics, 1885–1930," in Shafer and Badger, *Contesting Democracy: Substance and Structure in American Political History, 1775–2000*, ch. 6.

193　Ron Chernow, *Titan: The Life of John D. Rockefeller, Sr.* (New York, 1998); Grant Segall, *John D. Rockefeller: Anointed with Oil* (Oxford, 2001).

194　David Cannadine, *Mellon: An American Life* (New York, 2006).

195　Vincent P. Carosso, *The Morgans: Private International Bankers, 1854–1913* (Cambridge, MA, 1987); Jean Strouse, *Morgan: American Financier* (New York, 1999).

196 David Nasaw, *Andrew Carnegie* (New York, 2006) 是最近的一部传记。Joseph Frazier Wall, *Andrew Carnegie* (New York, 1970; 1989) 仍有其价值。

197 Harold C. Livesay, *Andrew Carnegie and the Rise of Big Business* (Boston, 1975).

198 参见本章"美丽的信用!"部分。

199 卡内基受到了斯宾塞学说的启发,希望斯宾塞能认可他的著作,但在这一点上却失望了。

200 Andrew Carnegie, *The Gospel of Wealth* (1889), p. 18.

201 同上,pp. 12, 18。

202 Andrew Carnegie, *Triumphant Democracy: Or 50 Years' March of the Republic* (London, 1886) 做了详述,对此参见 A. S. Eisenstadt, *Carnegie's Model Republic: Triumphant Democracy and the British American Relationship* (Albany, 2007)。卡内基关于两国联合的愿景很快被贬低,一名批评家称其为"梦境"。H. A. Tulloch, "Changing British Attitudes Towards the United States in the 1880s," *Historical Journal*, 20 (1977), p. 835.

203 正像 O'Brien, "Factory Size, Economies of Scale, and the Great Merger Wave." 强调的那样。

204 William Leach, *Land of Desire: Merchants, Power and the Rise of a New American Culture* (New York, 1993); Charles F. McGovern, *Sold American: Consumption and Citizenship, 1889–1945* (Chapel Hill, 2006).

205 Penne L. Restad, *Christmas in America: A History* (New York, 1995).

206 Alan Trachtenberg, *The Incorporation of America* (New York, 1982) 以及 *American Literary History*, 15, 4 (2003) 特刊中的讨论。

207 Gary Cross, *An All-Consuming Country: Why Consumerism Won in Modern America* (New York, 2000) 称,这在迅速变革的时代提供了慰藉。

208 Carl J. Richard, *The Golden Age of the Classics in America: Greece, Rome and the Antebellum United States* (Cambridge, MA, 2009), pp. 204–11.

209 Reed, *The New Plutocracy*, book 3, ch. 10; Richard Franklin Pettigrew, *Triumphant Plutocracy: The Story of American Public Life from 1870 to 1920* (New York, 1921; 2010).

210 当时的理论家很难设计出那种能够接纳新兴的多种族特性的社会模式: Dorothy Ross, "Are We a Nation? The Conjuncture of Nationhood and Race in the United States, 1850–1876," *Modern Intellectual History*, 2 (2005), pp. 327–60。

211 不可或缺的介绍是 Dorothy Ross, *The Origins of American Social Science* (Cambridge, 1991)。

212 Bluford Adams, "World Conquerors or a Dying People? Racial Theory, Regional Anxiety, and the Brahmin Anglo-Saxonists," *Journal of the Gilded Age & Progressive Era*, 8 (2009), pp. 189–215.

213 Brooks Adams, *The New Empire* (New York, 1902); LeFeber, *The New Empire*, pp. 80– 85. 亚当斯和他的哥哥亨利投资西部土地,在繁荣突然崩溃时措手不及。

214 *A Historical Study* (Boston, 1894).

215 Brooks Adams, *The Law of Civilization and Decay* (New York, 1896; 1943). 1943 年出版的版本中有 Charles A. Beard 写的重要引言,反映了两位作者的思考。我们很容易混淆人称布鲁克斯·亚当斯的彼得·沙尔东·布鲁克斯·亚当斯(Peter Chardon Brooks Adams, 1848—1927)与人称亨利·亚当斯的亨利·布鲁克斯·亚当斯(Henry Brooks Adams, 1938—1918),因为他们两

都参考了对方的著作。布鲁克斯·亚当斯表达的一些元素后来被亨利提升为一种由热力学第二定律（非常粗略地）衍生出的熵定律。Keith R. Burich, "Henry Adams, the Second Law of Thermodynamics, and the Course of History," *Journal of the History of Ideas*, 48 (1987), pp. 467–82. 兄弟俩有着高贵血统，是第二任总统约翰·亚当斯（1735—1826）的曾孙。关于他们家族的历史，参见 Richard Brookliser, *America's First Dynasty: The Adamses, 1735–1918* (New York, 2002)。

216 F. H. Giddings, *Studies in the Theory of Human Society* (New York, 1922), 引用自 Charles A. Beard, "Introduction" to Adams, *Law of Civilization*, p. 50。

217 关于"自耕农"在"放高利贷者"手中的损失，参见 Brooks Adams, *Law of Civilization*, pp. 347–51。

218 查尔斯·贝内迪克特·达文波特（1866—1944）。关于他的影响，Jan A. Witowski and John R. Inglis, eds., *Davenport's Dream: 21st Century Reflections on Heredity and Eugenics* (New York, 2008) 提供了相当局限的观点。

219 Garland E. Allen, "The Misuse of Biological Hierarchies: The American Eugenics Movement, 1900–1940," *History & Philosophy of the Life Sciences*, 5 (1983), pp. 105–28; Jonathan P. Spiro, *Defending the Master Race: Conservation, Eugenics and the Legacy of Madison Grant* (Lebanon, 2009). 孟德尔在19世纪60年代的研究在1900年被重新发现。

220 在20世纪50年代，这还进入了大学教材和学校课本。参见 Steven Selden, *Inheriting Shame: The Story of Eugenics and Racism in America* (New York, 1999)。

221 正像本书第4章讨论的那样。

222 参见本章"一切都迷失了，除了职位或者对职位的希望"部分中关于19世纪90年代选战的讨论。Stephen Tuffnell 在 "Uncle Sam Is to Be Sacrificed: Anglophobia in Late Nineteenth-Century Politics and Culture," *American Nineteenth-Century History*, 12 (2011), pp. 77–99 中重新审视了这一问题。关于委内瑞拉危机，参见 George C. Herring, *From Colony to Superpower: U.S. Foreign Relations since 1776* (Oxford, 2008), pp. 307–8。

223 Frank Prochaska, *Eminent Victorians on American Democracy* (New York, 2012), ch. 6.

224 Nina Silber, *The Romance of Reunion: Northerners and the South, 1865–1900* (Chapel Hill, 1993); Cecilia Elizabeth O'Leary, *To Die For: The Paradox of American Patriotism* (Princeton, 1999); David Blight, *Race and Reunion: the Civil War in American Memory* (Cambridge, MA, 2001).

225 Michael Haines, "The Population of the United States, 1790–1920," in Engerman and Gallman, eds., *Cambridge Economic History of the United States*, 2, pp. 154–203; Herbert S. Klein, *A Population History of the United States* (Cambridge, 2004), pp. 127–30.

226 引用自 Bluford Adams, "World Conquerors or a Dying People? Racial Theory, Regional Anxiety, and the Brahmin Anglo-Saxonists," *Journal of the Gilded Age & Progressive Era*, 8 (2009), p. 209。

227 Rogers M. Smith, *Civic Ideals: Conflicting Visions of Citizenship in U.S. History* (New Haven, 1997); Eric P. Kaufmann, *The Rise and Fall of Anglo-America* (Cambridge, 2004). Matthew F. Jacobson 的三部曲探究了这一过程中大众文

化、帝国战争和外国人的作用：*Special Sorrows: The Diasporic Imagination of Irish, Polish, and Jewish Immigrants in the United States* (1995); *Whiteness of a Different Color: European Immigrants and the Alchemy of Race* (1998); *Barbarian Virtues: The United States Encounters Foreign Peoples at Home and Abroad, 1876–1917* (New York, 2000)。

228 这一短语来自 Milton M. Gordon, *Assimilation in American Life: The Role of Race, Religion and National Origins* (New York, 1965), p. 85。

229 Jeffrey E. Mirel, *Patriotic Pluralism: Americanization, Education and European Immigrants* (London, 2010); James R. Barrett, "Americanization from the Bottom Up: Immigration and the Remaking of the Working Class in the United States, 1880–1930," *Journal of American History*, 79 (1992), pp. 996–1020.

230 Melinda Lawson, *Patriot Fires: Forging a New American Nationalism in the Civil War North* (Lawrence, 2002).

231 O'Leary, *To Die For.*

232 Blight, *Race and Reunion.*

233 Charles A. Lofgren, *The Plessy Case: A Legal-Historical Interpretation* (NewYork,1987).

234 南方 12 州的（不完全）记录显示出，1877—1950 年间约发生了 4 000 起私刑行为。阿肯色州、路易斯安那州和密西西比州占居前列，在 19 世纪 80—90 年代达到了顶点。*Report of the Equal Justice Initiative* (Montgom- ery, 2015)，引自 *New York Times*, February 9, 2015。

235 Rose Stremlau, "To Domesticate and Civilise Wild Indians: Allotment and the Campaign to Reform Indian Families, 1875–1887," *Journal of Family History*, 30 (2005), pp. 265–86.

236 James O. Gump 在 *The Dust Rose Like Smoke: The Subjugation of the Zulu and the Sioux* (Lincoln, 1994) 中提供了难得的比较。

237 Frederick E. Hoxie, *A Final Promise: The Campaign to Assimilate the Indians, 1880– 1922* (Lincoln, 1984; 2001). 有许多详细的例子，其中之一是 William T. Hagan, *Taking Indian Lands: The Cherokee (Jerome) Commission, 1889–1893* (Norman, 2003)。

238 Robert W. Rydell, *All the World's a Fair: Visions of Empire at American International Expositions, 1876–1916* (Chicago, 1895)，同样参见 L. G. Moses, *Wild West Shows and the Images of American Indians, 1883–1933* (Albuquerque, 1996) 的另一观点；Janet M. Davis, "Instruct the Minds of All Classes: Celebrations of Empire at the American Circus, 1898–1910," *European Contributions to American Studies*, 51 (2004), pp. 58–68。

239 Robert R. Rydell and Rob Kroes, *Buffalo Bill in Bologna: The Americanization of the World, 1869–1922* (Chicago, 2005); Louis S. Warren, *Buffalo Bill's America: William Cody and the Wild West Show* (New York, 2005); Stephen G. Hyslop, "How the West Was Spun," *American History*, 43 (2008), pp. 26–33.

240 *New York Times*, June 25, 1887.

241 Catherine Camp, "Unions, Civics, and National Identity: Organized Labor's Reaction to Immigration, 1881–1897," *Labor History*, 29 (1998), pp. 450–74.

242 这一委员会的 41 卷文件等待着更细致的史学检验。目前，只有一部简要的研究：Robert F. Zeidel, *Immigrants, Progressives, and Exclusion Politics: The*

Dillingham Commission, 1900–1927 (DeKalb, 2004)。

243　Kaufmann, *The Rise and Fall of Anglo-America*.

244　Robert Davidoff, *The Genteel Tradition and the Sacred Rage: High Culture vs. Democracy in Adams, James and Santayana* (Chapel Hill, 1992).

245　引用自 Shira Wolosky, "Santayana and Harvard Formalism," *Raritan*, 18(1999), p.66。

246　桑塔亚纳的多文化主义来自他自己的西班牙血统和美式教育。他被视为美国作家，但他从未成为美国公民，在欧洲度过了漫长人生（1863—1952）的后半部分。参见 John McCormick, *George Santayana: A Biography* (New York, 1988)。

247　要定义这些"觉醒"，难度众所周知。不过，仍然令人惊讶的是，19世纪下半叶的宗教复兴被忽视了，甚至关于这一时期的许多标准著作省略了这块内容。乔赛亚·斯特朗对这一问题尤其了解，他在呼吁"第四次大觉醒"时指出了"第三次大觉醒"：*The Next Great Awakening* (New York, 1902), ch. 2。Robert W. Fogel 用严谨的论述确认了"第三次大觉醒"，但称其开始于19世纪90年代：*The Fourth Great Awakening and the Future of Egalitarianism* (Chicago, 2000)。

248　Edward J. Blum, *Reforging the White Republic: Race, Religion and American Nationalism, 1865–1898* (Baton Rouge, 2005).

249　Gaines M. Foster, *Moral Reconstruction: Christian Lobbyists and the Federal Legislation of Morality, 1865–1920* (Chapel Hill, 2002).

250　*Our Country: Its Possible Future and Its Present Crisis* (New York, 1885; 1891), p. 263.

251　Bruce J. Evanson, *God's Man for the Great Awakening: D. L. Moody and the Rise of Modern Mass Evangelism* (Oxford, 2003).

252　Alison M. Parker, *Purifying America: Women, Cultural Reform, and Pro-Censorship Activism, 1873–1933* (Champaign, 1997); Francesca Morgan, *Women and Patriotism in Jim Crow America* (Chapel Hill, 2005). WCTU 也把新来的移民和罗马天主教徒视为对国家的危险，从而冲淡了它亲白人的偏见。

253　David I. Macleod, *Building Character in the American Boy: The Boy Scouts, YMCA, and their Forerunners, 1870–1920* (Madison, 1983); Thomas Winter, *Making Men, Making Class: The YMCA and Workingmen, 1877–1920* (Chicago, 2002).

254　Clifford Putney, *Muscular Christianity: Manhood and Sports in Protestant America, 1880–1920* (Cambridge, MA, 2001).

255　Susan Curtis, *A Consuming Faith: The Social Gospel and Modern American Culture* (Baltimore, 1991).

256　Strong, *Our Country*, chs. 4–11 (inclusive) 讨论了（向城市移民导致的）危险，ch. 15 则提出需要募集资金为上帝服务。

257　Strong, *Our Country*, pp. 45, 89–91. 斯特朗来自中西部，在"印第安国"担任传教士，开始了职业生涯。

258　Ernest L. Tuveson, *Redeemer Nation: The Idea of America's Millennial Role* (Chicago, 1968); Anders Stephanson, *Manifest Destiny and the Empire of Right* (New York, 1995), pp. 79–80.

259　斯特朗提供的数据显示，美国分支比它的英格兰兄弟分支更为适合这一目标。他后来的著作则不再那么自信。

260 Stephanson, *Manifest Destiny*, pp. 79–80.

261 Strong, *Our Country*, pp. 221–2.

262 同上，p. 80。

263 同上，p. 223。

264 Josiah Strong, *The United States and the Future of the Anglo-Saxon Race* (London, 1889), p. 53.

265 Harvey Levenstein, *Revolution at the Table: The Transformation of the American Diet* (Oxford, 1988); Christopher Mulvey, *Transatlantic Manners: Social Patterns in Nineteenth-Century Anglo-American Travel Literature* (Cambridge, 1990); John F. Kasson, *Rudeness and Civility: Manners in Nineteenth-Century Urban America* (New York, 1990); Linda Young, *Middle Class Culture in the Nineteenth Century: America, Australia, and Britain* (New York, 2003).

266 Kathleen Burk, *Old World, New World: Great Britain and America from the Beginning* (London, 2007), ch. 7 对这一问题提供了大量信息。

267 Henry Adams, *Democracy: An American Novel* (New York, 1880, 1981), pp. 245–6. 亚当斯1867年开始写此书，后匿名出版。直到他1918年去世后，他的作者身份才被发现。

268 Burk, *Old World, New World*, pp. 529–48. 1870—1914年，约有450名美国女性嫁给了欧洲贵族：Woolf, "Special Relationships," p. 160。Gail MacColl and Carol McD. Wallace, *To Marry an English Lord or How Anglomania Really Got Started* (New York, 1989) 对这一问题提供了更轻松的看法。

269 *New York Times*, July 30, 1878.

270 讽刺的是，马修·阿诺德的女儿露西嫁给了他到美国巡回演讲时她认识的一个纽约人。

271 Sara Blair, *Henry James and the Writing of Race and Nation* (Cambridge, 1996).

272 Dwight E. Robinson, "Fashions in Shaving and Trimming of the Beard: The Men of the 'Illustrated London News,' 1842–1972," *American Journal of Sociology*, 81 (1976), pp. 1133–41; Christopher Oldstone-Martin, "The Beard Movement in Victorian Britain," *Victorian Studies*, 48 (2005), pp. 7–34; Gerald Carson, "Hair Today, Gone Tomorrow," *American Heritage*, 17 (1966), pp. 42–7; James Hughes, "Those Who Passed Through: Unusual Visits to Unlikely Places," *New York History*, 87 (2006), pp. 378–82; Lucinda Hawksley, *Moustaches, Whiskers and Beards* (London, 2014).

273 留着胡子的山姆大叔的第一张图片出现在 *Harper's Weekly*, February 6, 1869。

274 Katherine L. Carlson, "Little Lord Fauntleroy and the Evolution of American Boyhood," *Journal of the History of Childhood and Youth*, 3 (2010), pp. 39–64.

275 William R. Leach, *True Love and Perfect Union: The Feminist Reform of Sex and Society* (New York, 1980), ch. 9.

276 William R. Leach, *Land of Desire: Merchants, Power, and the Rise of a New American Culture* (New York, 1994).

277 Robert Weisbuch, *Atlantic Double-Cross: American Literature and British Influence in the Age of Emerson* (Chicago, 1987) 追溯了美国文学作为后殖民文学的兴起。

278 William T. Stead, *The Americanization of the World* (London, 1901), p. 277.

279 Ben Railton, *Contesting the Past, Reconstructing the Nation: American Literature*

and Culture in the Gilded Age (Tuscaloon, 2007).

280　Priscilla Roberts, "Henry James and British Power," in Wm. Roger Louis, ed., *Resurgent Adventures with Britannia* (New York, 2011), ch. 4.

281　Walt Whitman, *Democratic Vistas and Other Papers* (London, 1888), p. 63.《民主远景》首先出版于1870年，尽管版权标记写的是1871年，后面这个日期如今被广为承认。

282　Matthew Arnold, *Civilization in the United States: First and Last Impressions of America* (Boston, 1888), p. 191.

283　Walt Whitman, "For You, O Democracy," in *Leaves of Grass* (1855); Jason Frank, "Aesthetic Democracy: Walt Whitman and the Poetry of the People," *Review of Politics*, 69 (2007), pp. 402–30.

284　应该补充的是，亨利·詹姆斯最后的几部小说如今被视为早于时代的现代主义小说。

285　Whitman, "Years of the Modern," in *Leaves of Grass*.

286　Emily Dickinson, *Collected Poems* (New York, 1924; 1993). 直到1955年，她所有的诗歌才被出版；只有到1998年，它们才根据原有的断句和拼写而出版。

287　引用自 Marietta Messmer, "The Politics of Dickinson's Critical Reception During the 1890s," *American Studies*, 45 (2000), p. 372。

288　Christanne Miller, *Reading in Time: Emily Dickinson in the Nineteenth Century* (Amherst, 2012) 把狄金森置于美国的抒情传统之中，同时也强调了她的独创性。

289　Christopher Gair, "Whitewashed Exteriors: Mark Twain's Imitation Whites," *Journal of American Studies*, 39 (2005), pp. 187–205. 正像 Stephen Railton, "The Tragedy of Mark Twain, by Pudd'nhead Wilson," *Nineteenth-Century Literature*, 56 (2002), pp. 518–44 提出的那样，吐温对自己处理种族问题的方式有些不安。

290　Herbert N. Foerstel, *Banned in the U.S.A.: A Reference Guide to Book Censorship in Schools and Public Libraries* (2nd ed., Westport, 2002).

291　Patrick B. Miller, ed., *The Sporting World of the Modern South* (Urbana, 2002).

292　George B. Kirsch, *Baseball in Blue and Grey: The National Pastime during the Civil War* (Princeton, NJ, 2003).

293　关于体育在英国及其帝国的作用，参见 Patrick F. McDevitt, *May the Best Man Win: Sport, Masculinity, and Nationalism in Great Britain and the Empire, 1880–1935* (London, 2004)。

294　George B. Kirsch, *The Creation of American Team Sports: Baseball and Cricket, 1838–72* (Urbana, 1989).

295　Thomas W. Zeiler, *Ambassadors in Pinstripes: The Spalding World Tour and the Birth of the American Empire* (Lanham, 2006).

296　Boria Majumdar and Sean Brown, "Why Baseball, Why Cricket? Differing National- isms, Differing Challenges," *International Journal of the History of Sport*, 24 (2007), pp. 139–56.

297　Sam Whitsitt, "Soccer: The Game America Refuses to Play," *Raritan*, 14(1994), pp.58–69.

298　Ying Wu, "The Pilgrims Come to America: A Failed Mission of British Cultural Imperialism," *Sport History Review*, 29 (1998), pp. 212–24.

299　巡回赛的英国主办人厄内斯特·科克伦（Ernest Cochrane）所言，引用自同上，p. 217。

300 Tony Collins, "Unexceptional Exceptionalism: The Origins of American Football in a Transnational Context," *Journal of Global History*, 8 (2013), pp. 209–30.

301 Richard Cranford, *America's Musical Life: A History* (New York, 2001), ch. 19.

302 Michael B. Beckerman, *New Worlds of Dvorak: Searching in America for the Composer's Inner Life* (New York, 2003) 强调了朗费罗《海华沙之歌》(chs. 2–5, 12) 和 "黑人旋律" 的影响 (ch. 9)。

303 Michael D. Clark, "Ralph Adams Cram and the Americanization of the Middle Ages," *Journal of American Studies*, 23 (1989), pp. 195–213.

304 H. Allen Brooks, *The Prairie School* (New York, 2006).

305 在欧洲学习的麦克道尔（1860—1908）从未访问过北美土著社群，也很少考虑非裔美国人音乐。

306 关于南方布鲁斯、爵士和灵歌的起源，参见 Ayers, *Promise of the New South*, ch. 14。

307 引自 Rogers, "The United States and the Fiscal Debate in Britain," p. 605。

308 Stead, *Americanisation of the World*, p. 358.

309 同上，p. 359。

310 本书第4章 "文化延续性" 部分讨论了反文化的概念。

311 Zelinski, *Nation into State*, pp. 172–3, 202.

312 Alton Ketchum, "The Search for Uncle Sam," *History Today*, 40 (1990), pp. 20–26.

313 Rogan Kersh, *Dreams of a More Perfect Union* (Ithaca, 2001), ch. 6. 同样参见 Thomas Bender, "What Is Americanism?" *Reviews in American History*, 35 (2007), p. 2。

314 Scott M. Guenther, *The American Flag, 1777–1924* (London, 1990), ch. 5; Marc Leepson, *Flag: An American Biography* (New York, 2005). 美国海军在1889年认可国歌在官方场合使用。

315 David W. Blight, "Decoration Days: The Origins of Memorial Day in North and South," in Alice Fahs and Joan Waugh, eds., *The Memory of the Civil War in American Culture* (Chapel Hill, 2004), pp. 94–129.

316 Dorothy Ross, "Grand Narrative in American Historical Writing: From Romance to Uncertainty," *American Historical Review*, 100 (1995), pp. 651–6.

317 Woodrow Wilson, "The Ideals of America," *Atlantic Monthly*, 90 (1902), pp. 721–34.

318 本书第6章详述了这点。

319 Albert C. Coolidge, *The United States as a World Power* (New York, 1908; 1923), ch. 1.

320 Theodore Roosevelt, "Biological Analogies in History," in Roosevelt, *African and European Addresses* (New York, 1910).

321 同上。

第8章

1 "In Support of an American Empire," Speech to the Senate, *Record*, vol. 33, 56th Congress, 1st Session, January 1900, pp. 704–12.

2 美国还取得了几处额外的小片领土：关岛（1898年由西班牙割让）、萨摩亚东部的较小部分（1899年与德国分割）、巴拿马运河区（1903年）和维尔京群岛（1917年从丹麦购得）。

3　John Offner, "United States Politics and the 1898 War over Cuba," in Angel Smith and Emma Davila-Cox, eds., *The Crisis of 1898: Colonial Redistribution and Nationalist Mobilization* (New York, 1999), ch. 2 和 "McKinley and the Spanish-American War," *Presidential Studies Quarterly*, 34 (2004), pp. 50–61 提供了简要而审慎的概述。

4　Richard Hofstadter, *The Paranoid Style in American Politics* (New York, 1964) 把这种现象称为"精神危机"造成的"焦虑的非理性"。

5　Louis A. Pérez, Jr., *The War of 1898: The United States and Cuba in History and Historiography* (Chapel Hill, 1998), ch. 2 对长久以来未受挑战的观点提出了激烈的批评。

6　这一著名的说法来自 Samuel Flagg Bemis, *A Diplomatic History of the United States* (New York, 5th ed., 1965), p. 463。应该注意的是，Bemis 指的是他所称的美国在获取菲律宾时表现出"少年的不负责任"。他著名的"大反常"一说是后来总结的。

7　"威斯康星学派"常被等同于新左派思想，但其实并非如此。参见 James G. Morgan, *Into New Territory: American Historians and the Concept of U.S. Imperialism* (Madison, 2014), chs. 2–3。但新左派确实非常有影响。参见 Lloyd C. Gardner, ed., *Redefining the Past: Essays in Honor of William Appleman Williams* (Corvallis, 1986); Lloyd C. Gardner and Thomas J. McCormick, "Walter LaFeber: The Making of a Wisconsin School Revisionist," *Diplomatic History*, 28 (2004), pp. 613–24; William A. Williams, *The Tragedy of American Diplomacy* (1959, 1972; New York, 2009) with contributions by Lloyd C. Gardner, Andrew Bacevich, and Bradford Perkins; William A. Williams, *The Roots of Modern American Empire* (New York, 1969)。Binoy Kampmark 在 "Historiographical Review: William A. Williams's Tragedy Fifty Years On," *Historical Journal*, 53 (2010), pp. 783–94 提供了令人耳目一新的独立研究。

8　D.C.M. Platt, ed., *Business Imperialism, 1840–1930: An Inquiry Based on British Experience in Latin America* (Oxford, 1977).

9　Williams, *Tragedy*; Walter LaFeber, *The New Empire: An Interpretation of American Expansion, 1860–1898* (Ithaca, 1963; 1998); LaFeber, *Cambridge History of American Foreign Relations: II. The American Search for Opportunity, 1865–1913* (Cambridge, 1993).

10　Williams, *Roots*.

11　同上，pp. xx–xxiii。Williams 本人来自艾奥瓦州。

12　LaFeber, *New Empire*. 30 年后，LaFeber 提供了重述，总体来说再次确认了他原来的论点。LaFeber, *The American Search for Opportunity*, pp. 79, 93.

13　LaFeber, *New Empire*, pp. xxvii–xxviii.

14　同上，pp. 385–92; LaFeber, *American Search for Opportunity*, pp. 141–5; 在这里和 Julius W. Pratt, *Expansionists of 1898: The Acquisition of Hawai'i and the Spanish Islands* (Baltimore, 1936), p. 246 一致。

15　LaFeber, *New Empire*, pp. 384–417.

16　Ernest R. May, *American Imperialism: A Speculative Essay* (Chicago, 1967; 2nd ed. 1991), p. xxxi.

17　Hofstadter, *The Paranoid Style*.

18　参见 Ann Laura Stoler, "Tense and Tender Ties: The Politics of Comparison in North American History and (Post) Colonial Studies," *Journal of American History*, 88 (2001), pp. 829–65, 以及 Robert J. McMahon, "Cultures of Empire," *Journal of American History*, 88 (2001), pp. 888–92 敏锐的评论。

19　有趣的一例是 Gary H. Darden, "The New Empire in the 'New South': Jim Crow in the Global Frontier of High Imperialism and Decolonization," *Southern Quarterly*, 46 (2009), pp. 8–25。

20　对此有许多研究，参见 Paul A. Kramer, *The Blood of Government: Race, Empire, the United States, and the Philippines* (Chapel Hill, 2006); Amy Kaplan and Donald Pease, eds., *Cultures of United States Imperialism* (Durham, 1993); Laura Wexler, *Tender Violence: Domestic Visions in an Age of U.S. Imperialism* (Chapel Hill, 2000); Matthew F. Jacobson, *Barbarian Virtues: The United States Encounters Foreign Peoples at Home and Abroad, 1876–1917* (New York, 2000); Ann Laura Stoler, *Haunted by Empire: Geographies of Intimacy in North American History* (Durham, 2006); McMahon, "Cultures of Empire," pp. 888–92。

21　例如：Gail Bederman, *Manliness and Civilization: A Cultural History of the United States, 1880–1917* (Chicago, 1995); John Pettigrew, *Brutes in Suits: Male Sensibility in America, 1890–1920* (Baltimore, 2007); Allison L. Sneider, *Suffragists in an Imperial Age: U.S. Expansion and the Woman Question, 1870–1929* (New York, 2008)。

22　Kristin L. Hoganson, *Fighting for American Manhood: How Gender Politics Provoked the Spanish-American and Philippine-American Wars* (New Haven, 1998).

23　Eric T. Love, *Race over Empire: Racism and U.S. Imperialism, 1865–1900* (Chapel Hill, 2004) 在这方面属于最重要的著作。

24　正像 Hoganson 在 *Fighting for American Manhood*, p. 3 承认的那样。但也要参见 Frank Ninkovich, "Cuba, the Philippines, and the Hundred Years' War," Reviews in American History, 27 (1999), pp. 444–51 这篇具有洞察力的文章。

25　正像 Amy Greenberg, *Manifest Manhood and the Antebellum American Empire* (New York, 2005) 指出的那样。

26　这也是一个经久不衰的主题：参见 Andrew J. Bacevich, *The New American Militarism: How Americans Are Seduced by War* (New York, 2013)。

27　对此有许多出色的研究，比如参见 Lewis L. Gould, *The Presidency of William McKinley* (Lawrence, 1980); John Offner, *An Unwanted War: The Diplomacy of the United States and Spain* (Chapel Hill, 1992)。最近的评估是 Richard F. Hamilton, *President McKinley, War and Empire*, 2 vols. (New Brunswick, 2006, 2007)。

28　Gabriel Paquette, "Historiographical Reviews: The Dissolution of the Spanish Atlantic Monarchy," *Historical Journal*, 52 (2009), pp. 175–212 提供了简要的概述。

29　Richard L. Kagan, "Prescott's Paradigm: American Historical Scholarship and the Decline of Spain," *American Historical Review*, 101 (1996), pp. 423–46; Kagan, ed., *Spain in America: The Origins of Hispanism in the United States* (Urbana and Chicago, 2002), ch. 1, esp. pp. 9–10. 同样参见 Christopher Schmidt-Nowara, *The Conquest of History: Spanish Colonialism and National Histories in the Nineteenth*

Century (Pittsburgh, 2006)。

30　Mónica Burguera and Christopher Schmidt-Nowara, "Backwardness and Its Discontents," *Social History* 29 (2004), p. 282: "殖民战争、非殖民化，以及在现代保卫并扩大残余帝国的努力所产生的影响，人们还缺乏了解。"他们的文章（pp. 279–83）介绍了这一问题的一个特殊问题。同样参见 Christopher Schmidt-Nowara, "A History of Disasters: Spanish Colonialism in the Age of Empire," *History Compass*, 5 (2007), pp. 943–54。

31　参见本书第6章。

32　参见本书第2章和第6章。

33　Florencia Peyrou, "A Great Family of Sovereign Men: Democratic Discourse in Nineteenth-Century Spain," *European History Quarterly*, 43 (2013), pp. 235–56.

34　比如 Robert Sidney Smith, "English Economic Thought in Spain, 1776–1848," *South Atlantic Quarterly*, 67 (1968), pp. 306–37; Jose-Luis Ramos, "John Stuart Mill and Nineteenth-Century Spain," *Journal of the History of Economic Thought*, 33 (2011), pp. 507–26; Julian Casanova, "Terror and Violence: The Dark Face of Spanish Anarchism," *International Labor & Working-Class History*, 67 (2005), pp. 79–99; 以及更笼统的 Guy Thomson, *The Birth of Modern Politics in Spain: Democracy, Association and Revolution, 1854–1875* (Basingstoke, 2009)。

35　Angel Smith, "The People and the Nation: Nationalist Mobilization and the Crisis of 1895–98 in Spain," in Angel Smith and Emma Davila-Cox, eds., *The Crisis of 1898: Colonial Redistribution and Nationalist Mobilization* (London, 1999), pp. 152–79. 西班牙人用"酋长"一词来指代当地领袖或"大人物"及他们在西班牙帝国的关系网，后来又用它指代西班牙的政治领袖，这个词来自哥伦布到来之前加勒比地区的泰诺语（Taino）。关于菲律宾的"体制"，参见 Juan Antonio Inarejos Muñoz, "Reclutar caciques: la selección de las elites coloniales filipinas a finales del siglo XIX," *Hispania: Revista Española de Historia*, 71 (2011), pp. 741–61。

36　关于贵族的没落，参见 Isabel Burdiel, "Myths of Failure, Myths of Success: Perspectives on Nineteenth-Century Spanish Liberalism," *Journal of Modern History*, 70 (1998), pp. 892–912; Gabriel Paquette, "Liberalism in the Early Nineteenth-Century Iberian World," *History of European Ideas*, 41 (2015), pp. 153–65 介绍了这一期中其他关于这一主题的文章。

37　Smith, "The People and the Nation," p. 158.

38　César Yáñez, "Los negocios ultramarinos de una burguesía cosmopolita. Los catalanes en las primeras fases de la globalización, 1750–1914," *Revista de Indias*, 66 (2006), pp. 679–710.

39　Josep María Fradera, *Cultura nacional en una sociedad dividida: Cataluña 1838–1868* (Madrid, 2002).

40　Gabriel Tortella, *The Development of Modern Spain: An Economic History of the Nineteenth and Twentieth Centuries* (Cambridge, 1994; 2000) 提供了不那么积极的评估。

41　David Ringrose, *Spain, Europe and the "Spanish Miracle," 1700–1900* (Cambridge,1996); Regina Graf, *Distant Tyranny: Markets, Power and Backwardness in Spain, 1650–1800* (Princeton, NJ, 2012).

42　Christopher Schmidt-Nowara, "La España Ultramarina: Colonialism and Nation-

Building in Nineteenth-Century Spain" *European History Quarterly*, 34 (2004), pp. 191–214.

43　关于君主制的难以捉摸的本质，参见Isabel Burdiel, "The Queen, the Woman, and the Middle Class: The Symbolic Failure of Isabel II of Spain," *Social History*, 29 (2004), pp. 301–19。

44　Smith, "The People and the Nation," pp. 163–73.

45　Maria Alejandra Irigoin, "Gresham on Horseback: The Monetary Roots of Spanish American Political Fragmentation in the Nineteenth Century," *Economic History Review*, 62 (2009), pp. 551–75 以及 *Hispanic American Historical Review*, 88 (2008), issue 2 对这些问题的讨论。

46　Matthew Restall, "The Decline and Fall of the Spanish Empire?" *William & Mary Quarterly*, 64 (2007), pp. 1–8 提出了敏锐的评价，紧跟先驱性的修正主义文章 Henry Kamen, "The Decline of Spain: A Myth?" *Past & Present*, 81 (1978), pp. 24–50。

47　权威研究是Josep M. Fradera, *Colonias para después de un imperio* (Barcelona, 2005)，还有Francisco A. Scarano, "Liberal Pacts and Hierarchies of Rule: Approaching the Imperial Transition in Cuba and Puerto Rico," *Hispanic American Historical Review*, 78 (1998), pp. 583–601。

48　Vanessa M. Ziegler, "The Revolt of the 'Ever-Faithful Isle': The Ten Years War in Cuba, 1868–1878," Ph.D. dissertation, University of California (2007), pp. 8–10.

49　Elena Schneider, "African Slavery and Spanish Empire," *Journal of Early American History*, 5 (2015), pp. 8–29.

50　W. G. Clarence-Smith, "The Economic Dynamics of Spanish Colonialism in the Nineteenth and Twentieth Centuries," *Itinerario*, 15 (1991), p. 72. 同样参见 Christopher Schmid-Nowara and Josep M. Fradera, eds., *Slavery and Anti-Slavery in Spain's Atlantic Empire* (New York, 2013)。

51　Clarence-Smith, "The Economic Dynamics," pp. 74–5 提供了西班牙扩张主义野心的进一步例证。马尼拉麻（蕉麻）在当时主要用于制绳索，但也因可制作高品质纸张闻名。

52　Clarence-Smith, "Spain, Europe and the 'Spanish Miracle,' " pp. 76–9.

53　同上；Scarano, "Liberal Pacts and Hierarchies of Rule."

54　Jonathan Curry-Machado, *Cuban Sugar Industry: Transnational Networks and Engineering Migrants in Mid-Nineteenth-Century Cuba* (New York, 2011), pp. 1–23; Ringrose, *Spain, Europe, and the Spanish "Miracle,"* ch. 6.

55　Adrian J. Pearce, *British Trade and Spanish America, 1763–1808* (Liverpool, 2007).

56　其中一例参见Jesús M. Valdaliso, "Trade, Colonies and Navigation Laws: The Flag, Differential Duty and the International Competitiveness of Spanish Shipping in the Nineteenth Century," *International Journal of Maritime History*, 17 (2005), pp. 31–60。

57　Pablo Martin-Acena, Angeles Pons, and María Concepción Betrán, "Financial Crises and Financial Reforms in Spain: What Have We Learned?" Universidad Carlos III de Madrid, *Working Papers in Economic History*, WP 10-01 (2010).

58　这一辩论开始于对热带非洲的评估。最近的论述参见Toyin Falola and Emily Brownell, eds., *Africa, Empire, and Globalization: Essays in Honor of A. G.*

Hopkins (Durham, 2011), chs. 2–7; A. G. Hopkins, "Asante and the Historians: Transition and Partition on the Gold Coast," in Roy Bridges, ed., *Imperialism, Decolonisation and Africa: Historical Essays in Honour of John Hargreaves* (Macmillan, 2000), pp. 25–64。

59 Louis A. Pérez, Jr., *Cuba: Between Reform and Revolution* (New York, 1988; 3rd ed. Oxford, 2006). 这一主题在本书第9章中讨论。

60 Albert and Graves, *Crisis and Change*, pp. 1–3; John A. Larkin, *Sugar and the Origins of Modern Philippine Society* (Berkeley, 1993), pp. 49–50, 52; Benito J. Legarda, *After the Galleons: Foreign Trade, Economic Change and Entrepreneurship in the Nineteenth-Century Philippines* (Madison, 1999), pp. 120–23; Roy A. Ballinger, "A History of Sugar Marketing Through 1874," U.S. Department of Agriculture Economic Report, AER 382 (Washington, DC, 1978) 简要概述了当时这一产业。

61 Pérez, *Cuba: Between Reform and Revolution*, pp. 98–100.

62 Saif I. Shah Mohammed and Jeffrey Williamson, "Freight Rates and Productivity Gains in the British Tramp Shipping, 1869–1950," *Explorations in Economic History*, 41 (2004), pp. 172–203.

63 最全面的评估是 Christopher Blattman, Jason Hwang, and Jeffrey Williamson, "Winners and Losers in the Commodity Lottery: The Impact of Terms of Trade Growth and Volatility in the Periphery, 1870–1939," *Journal of Development Economics*, 82 (2007), pp. 156–79; Yael S. Hadass and Jeffrey G. Williamson, "Terms of Trade Shocks and Economic Performance, 1870–1940: Prebisch and Singer Revisited," *Economic Development & Cultural Change*, 51 (2003), pp. 629–56; Jeffrey Williamson, "Globalization and the Great Divergence: Terms of Trade Booms, Volatility and the Poor Periphery, 1782–1913," *European Review of Economic History*, 12 (2008), pp. 355–91。

64 测算价格的复杂性意味着，不同史料提供的日期并不一致：Bergquist, *Coffee and Conflict*, pp. 21–3; William Gervase Clarence-Smith, "The Coffee Crisis in Asia, Africa, and the Pacific, 1870–1914," in Clarence-Smith and Steven Topik, eds., *The Global Coffee Economy in Africa, Asia, and Latin America, 1500–1989* (Cambridge, 2003), p. 101。

65 Laird W. Bergad, *Coffee and the Growth of Agrarian Capitalism in Nineteenth-Century Puerto Rico* (Princeton, NJ, 1983); César J. Ayala and Rafael Bernabe, *Puerto Rico in the American Century* (Chapel Hill, 2007), pp. 18–20, 45–6.

66 此后便是对一个仍然未得完全理解的主题的推测性探讨。有三篇探索性的论文，参见 Maria Serena I. Diokno, "The Political Aspect of the Monetary Crisis in the 1880s," *Philippine Journal of Third World Studies*, 14 (1998), pp. 21–36; David J. St. Clair, "American Trade Dollars in Nineteenth-Century China," in Dennis O. Flynn, Lionel Frost, and A.J.H. Latham, eds., *Pacific Centuries: Pacific and Pacific Rim Economic History since the Sixteenth Century* (London, 1998), ch. 7; Allan E. S. Lumba, "Philippine Colonial Money and the Futures of the Spanish Empire," in Chia Yin Hsu, Thomas M. Luckett, and Erika Vause, eds., *The Cultural History of Money and Credit: A Global Perspective* (Lanham, 2016), ch. 7。

67 Marcela Sabaté, María Dolores Gadea, and Regina Escario, "Does Fiscal Policy Influence Monetary Policy? The Case of Spain, 1874–1935," *Explorations in*

Economic History, 43 (2006), pp. 309–31.

68　Onofre D. Corpuz, *An Economic History of the Philippines* (Quezon City, 1997), pp. 180–82.

69　Pablo Martín-Aceña, "Spain during the Classical Gold Standard Years," in Michael D. Bordo and Forrest Capie, eds., *Monetary Regimes in Transition* (Cambridge, 1993), pp. 135–72.

70　Clarence-Smith, "Economic Dynamics of Spanish Colonialism," pp. 78–9.

71　同上。

72　至少在菲律宾的例子中，这一时期的出口更多是受1869年苏伊士运河开通这样的外界因素影响，而不是受汇率影响：Corpuz, *Economic History*, p. 184; Legarda, *After the Galleons*, pp. 335–6。

73　Diokno, "Political Aspect of the Monetary Crisis," p. 28.

74　这一分析符合Kris James Mitchener and Hans-Joachim Voth, "Trading Silver for Gold: Nineteenth-Century Asian Exports and the Political Economy of Currency Unions," in Robert J. Barro and Jong-Wha Lee, eds., *Costs and Benefits of Economic Integration in Asia* (New York, 2011), pp. 126–56里更广泛的分析。然而，在我们得到关于不同行业和种族命运的详细论述之前，这一结论必然是暂时的结论。

75　Angel Smith, *The Origins of Catalan Nationalism, 1770–1898* (Basingstoke, 2014) 展示了这一地区在19世纪最后25年中失去了和西班牙的匹配兼容关系。

76　Rafael E. Tarragó, "Too Late? Social, Economic and Political Reform in Spanish Cuba, 1878–1898," *Colonial Latin American Review*, 5 (1996), pp. 299–314给这一问题提供了新鲜的视角，María Dolores Elizalde Pérez-Grueso, "Emilio Terrero y Perinat, un reformista al frente del gobierno general de Filipinas (1885–1888)," *Hispanoamericana*, 6 (2016), digital publication online的补充研究也是如此。

77　Byron, Don Juan, Canto 13, Stanza 11:
塞万提斯把西班牙的骑士风
笑掉了，一笑而把本国的元气
摧毁无疑，自从那以后，西班牙
很少英雄了。
（译文摘自查良铮译《唐璜》）

78　Federico García Lorca, "Meditation," in *Impresiones y paisajes* (Granada, 1918; trans. Peter Bush, Sketches of Spain: Impressions and Landscapes (London, 2013). Lorca想论证一件事：他的"印象"是进步派的。

79　Sebastian Balfour, *The End of the Spanish Empire, 1898–1923* (New York, 1997).

80　引用自Edward Coffman, "The Duality of the American Military Tradition: A Commentary," *Journal of Military History*, 64 (2000), p. 976。

81　我在这里要尤其感谢Cecilia E. O'Leary, *To Die For: The Paradox of American Patriotism* (Princeton, 1999); Jonathan M. Hansen, *The Lost Promise of Patriotism: Debating American Identity, 1890–1920* (Chicago, 2003)，以及富有洞见的论文 Claire B. Potter, "Nation and Reunification," *Reviews in American History*, 28 (2000), pp. 55–62。

82　克利夫兰（1885—1889年、1893—1897年任总统）付给别人150美元，让其代替他服役。安德鲁·约翰生（1865—1869年任总统）以准将军衔任田纳西州军政长官。麦金莱有少校军衔，其余的总统在战争结束时都有准将或以上的军衔，最高到（尤利塞斯·S. 格兰特）总司令。

83　Mark R. Shulman, *Navalism and the Emergence of American Sea Power, 1882–1893* (Annapolis, 1995).

84　Coffman, "The Duality of the American Military Tradition," pp. 975–7.

85　同上，pp. 976–80，以及更长的论述 Coffman, *The Old Army: A Portrait of the American Army in Peacetime, 1784–1898* (New York, 1986)。

86　James A. Field, "American Imperialism: The Worst Chapter in Almost any Book," *American Historical Review*, 83 (1987), pp. 658–9, 662–3.

87　Paul S. Holbo, "Economics, Emotion, and Expansion: An Emerging Foreign Policy," in H. Wayne Morgan, ed., *The Golden Age* (Syracuse, 1963), pp. 199–21, 211–12; Field, "American Imperialism," pp. 654–7.

88　Holbo, "Economics, Emotion, and Expansion," p. 211. 伊莱休·鲁特在1899—1904年间任战争部部长，他提出了主要改革措施。

89　Thomas G. Peterson, "American Businessmen and Consular Reform, 1890s to 1906," *Business History Review*, 40 (1966), pp. 91–4; Richard H. Werking, *The Master Architects: Building the United States Foreign Service, 1890–1913* (Lexington, 1977).

90　Werking, *The Master Architects* 指出，改革到来时，推动它的是官僚而不是商人。同样参见 Charles S. Kennedy, *The American Consul: A History of the United States Consular Service, 1776–1914* (Westport, 1990)。

91　Joseph Smith, *The Spanish-American War: Conflict in the Caribbean and the Pacific* (London, 1994) 出色地论述了这两个大国的战备情况。

92　到1914年，美国海军已经扩张为仅次于英国海军的世界第二大海军，不过它的扩张大部分都发生在1898年后。

93　Dirk Bonker, "Admiration, Enmity, and Cooperation: U.S. Navalism and the British and German Empires before the Great War," *Journal of Colonialism & Colonial History*, 2 (2001), n.p.

94　Peter Karsten, "The Nature of 'Influence': Roosevelt, Mahan and the Concept of Sea Power," *American Quarterly*, 23 (1971), pp. 585–600. 这两者间更严重的分歧发生在1900年后：Richard W. Turk, *The Ambiguous Relationship: Theodore Roosevelt and Alfred Thayer Mahan* (New York, 1987)。

95　Peter Trubowitz, *Defining the National Interest: Conflict and Change in American Foreign Policy* (Chicago, 1998), pp. 37–48. 同样参见本书第7章。

96　Offner, *An Unwanted War*, pp. 129–30.

97　David L. T. Knudson, "A Note on Walter LaFeber, Captain Mahan, and the Use of Historical Sources," *Pacific Historical Review*, 40 (1971), pp. 520–21.

98　起始点仍旧是 Ernest R. May, *Imperial Democracy: The Emergence of America as a Great Power* (New York, 1961), chs. 14–15。同样参见 Sylvia L. Hilton and Steve J. S. Ickringill, eds., *European Perceptions of the Spanish-American War of 1898* (Berne, 1999)。

99　Charles A. Conant, "The Economic Basis of Imperialism," *North American Review*, 167 (1898), p. 326. 科南特（Conant，1861—1915）是一名金融新闻记者，在19世纪90年代赢得名声，在菲律宾就金融改革给政府出谋划策。他相信帝国主义将给"过剩"资本提供出口，将文明带给"堕落的"民族。

100　Marc William Palen, *The "Conspiracy" of Free Trade: The Anglo-American Struggle over Empire and Economic Globalisation, 1846–1896* (Cambridge, 2016)，它打消了人们残存的任何关于镀金时代采取自由放任政策的假设。

101　接下去的讨论涉及在第7章中考虑了国内层面的问题的国际层面，尽管这两者间不可避免地存在重合。

102　正像本书第5章讨论的那样。关键的文献是 Richard F. Bensel, *Sectionalism and American Political Development, 1880–1980* (Cambridge, 1984); Bensel, *Yankee Leviathan: The Origins of Central State Authority in America, 1859–1877* (Cambridge, 1991); Bensel, *The Political Economy of American Industrialization, 1877–1900* (Cambridge, 2000); Trubowitz, *Defining the National Interest*. See also Marc-William Palen, "The Imperialism of Economic Nationalism, 1890–1913," *Diplomatic History*, 39 (2015), pp. 157–85。

103　本书第6章讨论了关税的国内政治后果。关于国际层面的最佳宏观论述是 David M. Pletcher, *The Diplomacy of Trade and Investment: American Economic Expansion in the Hemisphere, 1865–1900* (Columbia, 1998)。

104　LaFeber, *New Empire*, pp. 176–85。

105　David M. Pletcher 完整而谨慎的评估让这一论点打消了所有合理怀疑：*The Diplomacy of Involvement: American Economic Expansion Across the Pacific, 1784–1900* (Columbia, 2001), p. 315; Pletcher, *Diplomacy of Trade and Investment*。

106　Pletcher, *Diplomacy of Trade and Investment*, chs. 2–3.

107　F. W. Taussig, "The McKinley Tariff Act," *Economic Journal*, 1 (1891), p. 347.

108　这一时期对欧洲的"侵略"大大受益于英国对自由贸易的顽固坚持。参见 Mathew Simon and David E. Novack, "Some Dimensions of the American Commercial Invasion of Europe, 1871–1914: An Introductory Essay," *Journal of Economic History*, 24 (1964), pp. 591–605。

109　LaFeber, *New Empire*, pp. xxvii–xxviii。

110　令人惊叹的是，这一问题上最权威的著作依然是 Pratt, *Expansionists of 1898*。尽管这是对 Pratt 的赞扬（他作为历史学家应该得到的赞誉远超过他得到的认可），但这也表明人们对经济史兴趣减弱。同样，我们依然难以对多元的商界进行概括，虽然 Robert H. Wiebe 在半个世纪前已经让人们注意到了这一问题：*Businessmen and Reform: A Study of the Progressive Movement* (Cambridge, 1962)。

111　Williams, *Roots*, pp. 42, 413–6; LaFeber, *New Empire*, pp. 370–74; LaFeber, *American Search for Opportunity*, pp. 141, 236.

112　William H. Becker, The Dynamics of Business-Government Relations: Industry and Exports, 1893–1921 (Chicago, 1982). 1913年，67家大企业提供了近80%的美国出口工业品。

113　Albert K. Steigerwalt, *The National Association of Manufacturers, 1895–1914: A Study in Business Leadership* (Ann Arbor, 1964). 同样参见 Offner, "United States Politics," p. 27 及 Cathie Jo Martin, "Sectional Parties, Divided Business," *Studies in American Political Development*, 20 (2006), pp. 160–84。这是另一个需要全面重估的话题。

114　Leland H. Jenks, *Our Cuban Colony: A Study in Sugar* (New York, 1928), p. 55.

115　Pratt, *Expansionists of 1898*, pp. 237–9 在提出这点上展现出了标志性的敏锐，

后来的历史学家通常忽略了这点。Thomas Schoonover称萧条的"第三个低谷期"发生在"1893—1898年",模糊了其中的界限:*Uncle Sam's War of 1898 and the Origins of Globalization* (Lexington, 2003), p. 5以及p. 65。

116 Pratt, *Expansionists of 1898*, pp. 237–43.

117 同样参见本书第5章中关于经济复苏的讨论。LaFeber, *New Empire*, p. 390注意到了这点但没有解决问题。

118 LaFeber, *New Empire*, pp. 400–406.

119 不过需要注意的是,Lewis L. Gould指出,在1898年3月向麦金莱保证"大企业"支持的赖克电报并不像人们长期以来认为的那么重要:"The Reick Telegram and the Spanish-American War: A Reappraisal," *Diplomatic History*, 3 (1979), pp. 193–200。

120 Francisco and Shephard, *Conspiracy for Empire*, pp. 2, 15–16, 232. LaFeber, *New Empire*并没有包括糖业托拉斯和它的控制者亨利·哈夫迈耶。本书第11章进一步讨论了两者。

121 哈夫迈耶(1847—1907)。Richard O. Zerbe, "The American Sugar Refinery Company, 1887–1914: The Story of a Monopoly," *Journal of Law & Economics*, 12 (1969), pp. 339–75. Francisco and Shephard, *Conspiracy for Empire*, pp. 16–17, 29–32. 这家新公司在1891年变成了美国炼糖公司,但人们仍然称其为糖业托拉斯。

122 Francisco and Shephard, *Conspiracy for Empire*, p. 50.

123 同上,pp. 67, 151。

124 同上,pp. 207–9。

125 Jerome L. Sternstein, "Corruption in the Gilded Age: Nelson W. Aldrich and the Sugar Trust," *Capitol Studies*, 6 (1978), pp. 13–37.

126 Francisco and Shephard, *Conspiracy for Empire*, pp. 45, 68, 73–6, 83, 91.

127 Christopher Harris, "Edwin F. Atkins and the Evolution of United States Cuba Policy, 1894–1902," *New England Quarterly*, 78 (2005), pp. 202–31.

128 Francisco and Shephard, *Conspiracy for Empire*, ch. 13.

129 同上,pp. 110–16。

130 同上,ch. 20。

131 Richard C. K. Burdekin and Leroy O. Lancy, "Financial Market Reactions to the Overthrow and Annexation of the Hawaiian Kingdom: Evidence from London, Honolulu and New York," *Cliometrica*, 2 (2008), pp. 120–21, 127, 137.

132 克努特·纳尔逊(Knute Nelson)参议员在支持1898年签订的《巴黎和约》时所言。引自Stephen W. Stathis, ed., *Landmark Debates in Congress: From the Declaration of Independence to the War in Iraq* (Washington, DC, 2009), p. 234。

133 具有代表性的研究是Warren Zimmermann, *First Great Triumph: How Five Americans Made Their Country a World Power* (New York, 2002)。关于自由派精英如何靠世界性的资源来构想并争论"全球文明"的理念,Frank Ninkovich, *Global Dawn: The Cultural Foundations of American Internationalism, 1865–1890* (Cambridge, 2009) 做了宝贵的论述。

134 关于怀疑者的立场及反对派的观点,参见Hamilton, *President McKinley*, vol. 2, ch. 2。

135 Woodrow Wilson, "The Ideals of America," *Atlantic Monthly*, 90 (1902), pp. 733–4.

136 同样参见本书第7章。

137 这一名单可以再做延伸。Warren Zimmerman, *First Great Triumph* 忽略了贝弗里奇，但包括了海约翰和伊莱休·鲁特。这一名单反映出他的兴趣超过了 1898 年。海约翰在 1898 年 9 月至 1905 年任国务卿，鲁特则在 1905—1909 年继任。

138 马汉、洛奇和罗斯福都来自富足人家，只有贝弗里奇是"白手起家"，在参政前是一名律师。

139 Gary Gerstle, "Theodore Roosevelt and the Divided Character of American Nationalism," *Journal of American History*, 86 (1999), pp. 1280–1307 探索了这一过于模式化的人物的其他复杂之处。

140 William C. Widenor, *Henry Cabot Lodge and the Search for an American Foreign Policy* (Berkeley, 1980).

141 John Braeman, *Albert Beveridge: American Nationalist* (Chicago, 1971).

142 Albert J. Beveridge, *The Meaning of the Times and Other Speeches* (Indianapolis, 1908). 他两篇最著名的演讲很容易找到："The March of the Flag" (1898) at http://www.historytools.org/sources/beveridge.html; and "In Support of an American Empire" (1900), at http://www.mtholyoke.edu/acad/intrel/ajb72.htm。

143 Paul Kramer, "Empires, Exceptions, and Anglo-Saxons: Race and Rule between the British and United States Empires, 1880–1910," *Journal of American History*, 88 (2002), pp. 1315–53.

144 *Life of Nelson: The Embodiment of the Sea Power of Great Britain* (Boston,1897). 关于把马汉的复杂思想简单化是多么困难，参见 Robert Seager, *Alfred Thayer Mahan: The Man and His Letters* (Annapolis, 1977), p. xi。其他扩张主义者也大都如此。

145 Kenton J. Clymer, *John Hay: The Gentleman as Diplomat* (Ann Arbor, 1975); 最近的一项研究则是 John Taliaferro, *All the Great Prizes: The Life of John Hay, From Lincoln to Roosevelt* (New York, 2013)。

146 Gary Wills, *Henry Adams and the Making of America* (New York, 2005) 对作为历史学家的詹姆斯提出了赞扬的评价。

147 布鲁克斯·亚当斯和他的哥哥亨利都有许多共同的特点，包括对世界的看法很悲观。

148 Brooks Adams, *America's Economic Supremacy* (London, 1900) 在"文学中的自然选择"一章比较了这两名作者，pp. 86–141。这一引文来自 p. 135。

149 Gary Marotta, "The Economics of American Empire: The View of Brooks Adams and Charles Arthur Conant," *American Economist*, 19 (1975), pp. 34–7, 它在这点上令人启发。Robert Vitalis, "The Noble American Science of Imperial Relations and Its Laws of Race Development," *Comparative Studies in Society & History*, 52 (2010), pp. 909–38 也是如此。

150 Paul T. McCartney, *Power and Progress: American National Identity, the War of 1898, and the Rise of American Imperialism* (Baton Rouge, 2006), pp. 191–8.

151 Rolf Hobson, *Imperialism at Sea: Naval Strategic Thought, the Ideology of Sea Power, and the Tirpitz Plan, 18975–1914* (Boston, 2002); Jan Ruger, *The Great Naval Game: Britain and Germany in the Age of Empire* (Cambridge, 2007); Bonker, "Admiration, Enmity, and Cooperation."

152 Gary Marotta, "The Academic Mind and the Rise of U.S. Imperialism," *American Journal of Economics & Sociology*, 42 (1983), pp. 217–34. 这一宝贵的研究被不

公地忽视了。

153　Bluford Adams, "World Conquerors or a Dying People? Racial Theory, Regional Anxiety, and the Brahmin Anglo-Saxonists," *Journal of the Gilded Age & Progressive Era*, 8 (2009), pp. 189–215.

154　Wilfred M. McClay, "John W. Burgess and the Search for Cohesion in American Political Thought," *Polity*, 26 (1993), pp. 51–73; Vitalis, "The Noble American Science," pp. 917– 25追溯了伯吉斯帝国思想的演变。

155　Marotta, "The Academic Mind," p. 225.

156　Pratt, *Expansionists of 1898*, ch. 8.

157　引自同上，p. 300。《前进报》是一份教会报纸。

158　引自同上，p. 287。

159　引自同上，p. 281。Pratt著作中第8章"正义的帝国主义"仍旧是这一问题上的权威论述。

160　Pratt, Expansionists of 1898, p. 282引用了1897年莫特所言。约翰·莫特（1865—1955）在1895年创办了世界基督教学生同盟（World Student Christian Federation），并担任基督教青年会秘书长。

161　同上，p. 312。教友派和唯一神教派站出来反对战争。Benjamin Wetzel, "A Church Divided: Roman Catholicism, Americanization, and the Spanish-American War," *Journal of the Gilded Age & Progressive Era*, 14 (2015), pp. 348–66也关注了反战的天主教徒。

162　Michael P. Cullinane, *Liberty and American Anti-Imperialism, 1898–1909* (New York, 2012) 让同盟脱离了长期的忽视。

163　其他著名的支持者包括简·亚当斯、约翰·杜威、亨利·詹姆斯、威廉·詹姆斯、托马斯·B.里德和威廉·格雷厄姆·萨姆纳。

164　Carl P. Parrini and Martin J. Sklar, "New Thinking about the Market, 1896–1904: Some American Economists on Investment and the Theory of Surplus Capital," *Journal of Economic History*, 43 (1983), pp. 559–78; Peter J. Cain, "Hobson, Wilshire, and the Capitalist Theory of Capitalist Imperialism," *History of Political Economy*, 17 (1985), pp. 455– 60. 威尔希尔的特别之处在于，他也是个百万富翁，但在去世时已经失去了财富，成了贫苦大众的一员。

165　查尔斯·A.科南特接受了这一分析，但得出了不同的结论。参见Conant, "The Economic Basis of Imperialism," *North American Review*, 167 (September 1898), pp. 326–40以及Carl Parrini, "Charles A. Conant, "Economic Crises and Foreign Policy, 1896–1903," in Thomas J. McCormick and Walter LaFeber, eds., *Behind the Throne: Servants of Power to Imperial Presidents, 1898–1968* (Madison, 1993), pp. 21–52。

166　Kristofer Allerfeldt, "Rome, Race, and the Republic: Progressive America and the Fall of the Roman Empire, 1890–1920," *Journal of the Gilded Age & Progressive Era*, 7 (2008), pp. 297–323.

167　"Causes of Southern Opposition to Imperialism," *North American Review*, 171 (1900), pp. 439–46 at p. 445. 蒂尔曼（1847—1918）曾任南卡罗来纳州州长（1890—1894）、参议员（1895—1918），是著名的白人至上主义者和煽动家。

168　Cullinane, *Liberty and American Anti-Imperialism*, ch. 4.

169　Gerstle, "Theodore Roosevelt,"探讨了基于公民自由的民族主义和基于种族区别的民族主义之间的紧张关系。

170　引自 Stuart Creighton Miller, *Benevolent Assimilation: The American Conquest of the Philippines, 1899–1903* (New Haven, 1982), p. 117。

171　关于媒体研究最完整的评估是 Hamilton, *President McKinley*, vol. 2, chs. 5, 6, 7。

172　McCartney, *Power and Progress*, pp. 87, 99, 149–50; May, *Imperial Democracy*, pp. 139–47.

173　Jules-Martin Cambon to Gabriel Hanotaux, April 1, 1898. 引自 May, *Imperial Democracy,* p. 143。

174　Offner, *An Unwanted War*, p. 190.

175　Howard W. Allen and Roger Slagter, "Congress in Crisis: Changes in Personnel and the Legislative Agenda in the U.S. Congress in the 1890s," *Social Science History*, 16 (1992), pp. 401–20. 这篇论文还没有把1898年决定是否宣战的争论置于重要位置。同样参见 Hamilton, *President McKinley*, vol. 1, ch. 7。

176　律师受商人的影响并不是前所未有的，但他们的关系需要得到展现而不是仅仅做出假设。

177　Offner, *An Unwanted War*. 要对商界影响的本质和程度做出决定性论述，需要重唤人们对这一问题的兴趣，因为上一次全面研究虽然仍然宝贵，但出版于近50年前：LaFeber, *The New Empire*. David M. Pletcher, *Diplomacy of Trade and Investment*, ch. 1 对截至1998年的研究文献做出了平衡的总结。

178　Offner, *An Unwanted War*, pp. 231–3.

179　同上，p. 153。

180　引用自同上。阿尔杰因缺乏军事准备而背负了大多数责任，但他在 *The Spanish-American War* (New York, 1901) 为自己做了有力的辩护。

181　同上。

182　同上。

183　正像 Lewis L. Gould 决定性的研究清晰展示的那样：*The Spanish-American War and President McKinley (Lawrence, 1982)*。关于媒体，参见 W. Joseph Campbell, *Yellow Journalism: Puncturing the Myths, Defining the Legacies* (Westport, 2001); Hamilton, *President McKinley*, vol. 1, chs. 5–6; John Maxwell Hamilton, et al., "An Enabling Environment: A Reconsideration of the Press and the Spanish-American War," *Journalism Studies*, 7 (2006), pp. 78–93 表明媒体的大量报道和反西班牙情绪促成了基于其他原因做出的决定。

184　Nick Kapur, "William McKinley's Values and the Origins of the Spanish-American War: A Reinterpretation," *Presidential Studies Quarterly*, 41 (2011), p. 26.

185　Hamilton, *President McKinley*, vol. 2, pp. 46–7, 50–8, 94–5, 226–7. William T. Horner, *Ohio's Kingmaker: Mark Hanna, Man, and Myth* (Athens, 2010) 讲述了类似的故事。

186　这一段讨论的事情在 Gould, *President McKinley*; Offner, *An Unwanted War*; Paul S. Holbo, "Presidential Leadership in Foreign Affairs: William McKinley and the Turpie-Foraker Amendment," *American Historical Review*, 72 (1967), pp. 1321–35 得到了详尽的论述。

187　Smith, *The Spanish-American War*, pp. 100–102.

188　Willard B. Gatewood, *Black Arms and the White Man's Burden, 1898–1903* (Urbana-Champagne, 1975), pp. 23–9. 布克·T. 华盛顿（Booker T. Washington）敦促美国黑人入伍，因为他相信，展示忠诚将会让他们获得公民权的提升。这一希望永远存在，半是因为它一次又一次地落空。美国的史料也淡化了古

巴起义者协助美军的重要贡献。参见 Pérez, *The War of 1898*, p. 86。

189　John L. Leffler, "The Paradox of Patriotism: Texans in the Spanish-American War," *Hayes Historical Journal*, 8 (1989), pp. 24–48; Scott Marshall, "East Texas and the Coming of the Spanish-American War: An Examination of Regional Values," *East Texas Historical Journal*, 37 (1999), pp. 44–52; James M. McCaffrey, "Texans in the Spanish- American War," *Southwestern Historical Quarterly*, 106 (2002), pp. 254–79.

190　Theodore Roosevelt, "The Reunited People," in Roosevelt, *American Problems* (New York, 1926), p. 27.

191　还有马修·G. 巴特勒（Matthew G. Butler, 1836—1909）、托马斯·L. 罗塞（Thomas L. Rosser, 1836—1910）和时任美国驻哈瓦那领事菲茨休·李（Fitzhugh Lee, 1836—1905）。

192　引用自 Beisner, *Twelve Against Empire*, p. 152。霍尔（1826—1904）是马萨诸塞州参议员（1872—1904），是自由派共和党人，坦率地批评帝国主义和种族歧视。

193　William Graham Sumner, *The Conquest of the United States by Spain* (Boston, 1899).

194　同上，p. 27。后来会发现，他是正确的：Geoffrey Seed, "British Views of American Policy in the Philippines Reflected in Journals of Opinion, 1898–1907," *Journal of American Studies*, 2 (1968), pp. 49–64。

195　John Hay to Theodore Roosevelt, July 27, 1898, in William R. Taylor, *The Life and Letters of John Hay*, vol. 2 (Boston, 1915), p. 337.

196　McCartney, *Power and Progress*, pp. 163–73.

197　Trumbull White, *Our New Possessions: Four Books in One* (Philadelphia, 1898); James C. Fernald, *The Imperial Republic* (New York, 1899).

198　Theodore Roosevelt, *The Rough Riders* (New York, 1899).

199　Henry Cabot Lodge, *The War with Spain* (New York, 1899).

200　*In Defense of the Flag: A Boy's Adventures in Spain and the West Indies during the Battle Year of Our War with Spain* (Boston, 1900); *With Lawton and Roberts: A Boy's Adventures in the Philippines and the Transvaal* (Boston, 1900).

201　*Under Dewey at Manila, or the War Fortunes of a Castaway* (Boston, 1898); *Under Otis in the Philippines, or a Young Officer in the Tropics* (Boston, 1899); *A Young Volunteer in Cuba, or Fighting for the Single Star (1900); Under MacArthur in Luzon or Last Battles in the Philippines* (Boston, 1904). 同样参见 Carol Bellman, *The Secret of the Stratemeyer Syndicate: Mary Drew, the Hardy Boys, and the Million Dollar Fiction Factory* (New York, 1986)。在斯特拉特迈耶 1930 年去世时，他已出版了 700 多部著作，卖掉了约 3 亿本书。

202　Jesse Aleman and Shelley Streeby, eds., *Empire and the Literature of Sensation* (New Brunswick, 2007); Andrew Hebard, "Romantic Sovereignty: Popular Romances and the American Imperial State in the Philippines," *American Quarterly*, 57 (2005), pp. 805–30.

203　Robert W. Rydell, "Soundtracks of Empire: The 'White Man's Burden,' the War in the Philippines, the 'Ideals of America,' and Tin Pan Alley," *European Journal of American Studies*, 7 (2012), pp. 1–14.

204　President William McKinley, "State of the Union Address," December 5, 1898.

205　Andrew S. Draper, *The Rescue of Cuba: An Episode in the Growth of Free Government* (New York, 1899), p. 177.

206　"In Support of an American Empire," Speech to the Senate, Record, vol. 33, 56th Congress, 1st Session, January 1900, pp. 704–12.

207　同上。

208　"The Ideals of America," *Atlantic Monthly*, 90 (1902), pp. 721–34.

209　这一说法来自威廉·詹宁斯·布赖恩，他将它用作标题，解释共和党人在菲律宾的新"殖民政策"："The Election of 1900," *North American Review*, 171 (1900), p. 795。

210　Karl Marx, *The Eighteenth Brumaire of Louis Bonaparte* (New York, 1897; 1913), p. 9.

211　正像本书第5章讨论的那样。这里尤其要认可 Peter Gourevitch 先驱性的文章 "International Trade, Domestic Coalitions, and Liberty: Comparative Responses to the Crisis of 1873–1896," *Journal of Interdisciplinary History*, 8 (1977), pp. 281–313 以及他重要书作 *Politics in Hard Times: Comparative Responses to International Crises* (Ithaca, 1986), ch. 3 做的扩充。

212　Cornelius Trop, "The Coalition of Rye and Iron under the Pressure of Globalisation: A Reinterpretation of Germany's Political Economy before 1914," *Central European History*, 43 (2010), pp. 401–27.

213　关于对上帝的祈求，参见 McCartney, *Power and Progress*, pp. 99–106。

214　关于引起2003年入侵伊拉克的事态发展的观点，参见 A. G. Hopkins, "Capitalism, Nationalism and the New American Empire," *Journal of Imperial & Commonwealth History*, 35 (2007), pp. 95–117。

215　Ernest R. May, *American Imperialism: A Speculative Essay* (Chicago, 1967; 1991). 出版于1991年的版本包括一篇令人启发的前言（pp. v–xxxii）。同样参见 Alan Dawley, *Changing the World: American Progressives in War and Peace* (Princeton, NJ, 2003); and Priscilla Roberts, "The Transatlantic American Foreign Policy Elite: Its Evolution in Generational Perspective," *Journal of Transatlantic Studies*, 7 (2009), pp. 163–83. Ninkovich, *Global Dawn*。

216　*The Conquest of the United States by Spain* (Boston, 1899), p. 4. Offner 在他的权威著作 *An Unwanted War*, pp. ix, 234 中也采取了这一立场。

217　反帝国主义同盟中高级成员的平均年龄远超过60岁。马汉以外的主要帝国主义者则都是40多岁：Goran Rystad, *Ambiguous Imperialism: American Foreign Policy and Domestic Politics at the Turn of the Century* (Stockholm, 1975), p. 56。

218　Clyde W. Barrow, *More than a Historian: The Political and Economic Thought of Charles A. Beard* (New Brunswick, 2000), ch. 6 提供了令人钦佩的介绍。我要感谢 Barrow 教授对我关于这一话题的问题做出了耐心的回答。

219　Charles and Mary Beard, *The Rise of American Civilization* (New York, 1937), pp. 370, 374, 480, 491–5.

220　Charles A. Beard, *The Idea of National Interest* (New York, 1934); pp. 60–84; Beard, *Giddy Minds and Foreign Quarrels* (New York, 1939); Beard, *A Foreign Policy for America* (New York, 1940).

221　Beard, *Giddy Minds*, p. 16.

222　Beard, *A Foreign Policy*, p. 47.

223　同上，p. 72。

224　Ernest R. May, *Imperial Democracy: The Emergence of America as a Great Power* (New York, 1961), p. 270.

225　Brooks Adams 在 "The Spanish War and the Equilibrium of the World," *The Forum* (August, 1898), p. 650 中采取了同样的观点："人们说要远离纠缠是徒劳的。自然无所不能，国家必须随波逐流。"

226　William Appleman Williams, "A Note on Charles Austin Beard's Search for a General Theory of Causation," *American Historical Review*, 62 (1956), pp. 59–80 仍然是最具洞察力的论述。

227　Barrow, *More than a Historian*, p. 195.

228　第 6 章对不同动机做出了分类。

229　我们没有理由怀疑麦金莱的虔诚是否真诚：Andrew Preston, *Sword of the Spirit, Shield of the Faith: Religion in American War and Diplomacy* (New York, 2012), pp. 156–7。

230　萨拜因·巴林-古尔德（Sabine Baring-Gould）牧师在 1865 年写下了颂歌《向前吧，基督教战士们》的歌词，他的同胞亚瑟·苏利文（Arthur Sullivan）爵士在 1871 年写下了配乐。

231　在表达核心价值观方面，没有人能超过 Theodore Roosevelt, *American Ideals, the Strenuous Life, Realizable Ideals* (New York, 1926)。

232　Maurice Duvivier, 引用自 Vincent Viaene, "King Leopold's Imperialism and the Origins of the Belgian Colonial Party, 1860–1905," *Journal of Modern History*, 80 (2008), p. 778。

233　James R. Reckner, *Teddy Roosevelt's Great White Fleet: The World Cruise of the American Battlefleet, 1907–1909* (Annapolis, 1988).

234　这一问题上的权威 Barry Gough 把 1898 年视为海军力量均势的转折点：到 1907 年，新的方向已变得清楚了。参见 *Pax Britannica: Ruling the Waves and Keeping the Peace before Armageddon* (Basingstoke, 2014), ch. 13。

第 9 章

1　A Filipino, "Aguinaldo's Case against the United States," *North American Review*, September 1899, p. 427.

2　Martí to Manuel Mercado, 18 May 1895. 引用自 Philip S. Foner, ed., *Political Parties and Elections in the United States* (Philadelphia, 1988) 的开头。

3　同上。关于 Martí 对美国的评论，参见 Philip S. Foner, ed., *Inside the Monster* (New York, 1975)。

4　引自 James L. Dietz, *Economic History of Puerto Rico: Institutional Change and Capitalist Development* (Princeton, 1986), p. 94。

5　A Filipino, "Aguinaldo's Case," p. 427.

6　同上，p. 432。

7　Maia Lichtenstein, "The Paradox of Hawaiian National Identity and Resistance to United States Annexation," *Penn History Review*, 16 (2008), pp. 50–51.

8　8 月 12 日。Lester A. Beardsley, "Pilikias," *North American Review*, 167 (1898), pp. 473–80.

9　同上，p. 475。夏威夷国歌（由政府的乐队指挥亨利·贝格尔上尉配上卡拉卡瓦国王的歌词作曲）在1874年首度演出，在1967年成为该州的官方州歌。

10　John D. Hargreaves, "Towards a History of the Partition of Africa," *Journal of African History*, 1 (1960), p. 7.

11　开始于 Ronald Robinson and John Gallagher with Alice Denny, *Africa and the Victorians: The Official Mind of Imperialism* (London, 1961; 2nd ed. 1981) 的先驱性研究。

12　Alfred W. McCoy and Francisco A. Scarano, eds., *Colonial Crucible: Empire in the Making of the Modern American State* (Madison, 2009) 是一部宏大而宝贵的文集（且包括少有的大量索引），为未来的研究提出了议题。也应感谢 Julian Go 根据"宏观比较历史社会学传统"写作的 *Patterns of Empire: The British and American Empires, 1688 to the Present* (Cambridge, 2011)。

13　Walter LaFeber, *The New Empire: An Interpretation of American Expansion, 1860–1898* (Ithaca, 1963; 2nd ed. 1998), p. xxix.

14　这里应该重申，本书只覆盖了菲律宾、夏威夷、古巴和波多黎各。本书省略了关岛和美属萨摩亚，它们都值得属于各自的研究，而不是被附加在关于更大的岛屿和19世纪海军在太平洋取得的大量环礁的长篇大论之中。

15　关于这些主题的文献太多，无法在这里列举。概述包括 Robin W. Winks, ed., *The Oxford History of the British Empire*, Vol. 5, *Historiography* (Oxford, 1999); P. J. Cain and A. G. Hopkins, *British Imperialism, 1688–2000* (London, 3rd ed. 2016), ch. 1. 同样参见现在已成经典的 John Gallagher and Ronald Robinson, "The Imperialism of Free Trade," *Economic History Review*, 2nd ser. 6 (1953), pp. 1–15; Ronald Robinson, "Non-European Foundations of European Imperialism: Sketch for a Theory of Collaboration," in Roger Owen and Bob Sutcliffe, eds., *Studies in the Theory of Imperialism* (London, 1972), pp. 117–42.

16　具有奠基意义的著作是 John S. Galbraith, "The 'Turbulent Frontier' as a Factor in British Expansion," *Comparative Studies in Society & History*, 2 (1960), pp. 150–68.

17　正像本书第6章讨论的那样。

18　Wallace R. Aykroyd, *Sweet Malefactor: Sugar, Slavery and Human Society* (London, 1967).

19　Eleanor C. Nordyke, The Peopling of Hawai'i (Honolulu, 2nd ed. 1989), table 3.4, pp. 178–81. 我要感谢加州大学河滨分校的 David A. Swanson 教授，他提供了这一参考文献，也提供了夏威夷的人口史宝贵的额外信息。

20　Lewis E. Gleeck, *The Manila Americans, 1901–1964* (Manila, 1975), pp. 39, 136.

21　"短期旅居者"一词主要通过关于亚洲的著作进入研究文献。比如参见 Anthony Reid, ed., *Sojourners and Settlers: Histories of Southeast Asia and the Chinese* (Honolulu, 2001)。

22　西班牙女性和梅斯蒂索女性可能比男性更容易适应当地环境，后者则对"土著化"的可能性更为担忧。参见 Christine Doran, "Spanish and Mestizo Women of Manila," *Philippine Studies*, 41 (1993), pp. 269–86。

23　梅斯蒂索人（主要是欧洲人＋南美土著，或菲律宾的他加禄人＋华人），穆拉托人（主要是欧洲人＋加勒比地区的非洲人），印第安人（主要是南美洲的土著），尼格利陀人（主要是菲律宾土著），黑人（主要是加勒比地区的非洲奴隶）。

24　"托钵修士"是菲律宾研究中的一个统称，主要指的是多明我会、奥古斯丁会、方济各会、重整奥古斯丁会和加尔默罗会的修士。

25 Juan Antonio Inarejos Muñoz, "Caciques con sotana: control social e injerencia electoral de los eclesiásticos en las Filipinas españolas," *Historia Social*, 75 (2013), pp. 23–40探索了托钵修士和其他政治利益集团之间的复杂关系。

26 William A. Morgan, "Cuban Tobacco Slavery: Life, Labor and Freedom in Pinar del Río," Ph.D. dissertation, University of Texas at Austin (2013), ch. 1回顾了关于"糖业中心"论点的文献。我要感谢Morgan博士不仅允许我阅读并引用他这部重要的博士论文，还大方地回答了我关于19世纪古巴历史的大问题。

27 Luzviminda Bartolome Francisco and Jonathan Shepard Fast, *Conspiracy for Empire: Big Business, Corruption and the Politics of Imperialism in America, 1876–1907* (Quezon City, 1985), p. 232.

28 计算得自F. W. Taussig, "Sugar: A Lesson in Reciprocity," *Atlantic Monthly*, 95 (1908), p. 334。Roy A. Ballinger, *A History of Sugar Marketing* (Washington, DC, 1971), p. 10针对1896年给出了14%的数字。

29 19世纪80年代，爪哇岛成为世界上最有效率的产业地之一：Willem G. Wolters, "Sugar Production in Java and in the Philippines during the Nineteenth Century," *Philippine Studies*, 40 (1992), pp. 411–34, at p. 413。

30 Taussig, "Sugar," p. 336论述称，消费者并没有受益。Sumner LaCroix and Christopher Gandy, "The Political Instability of Reciprocal Trade and the Overthrow of the Hawaiian Kingdom," *Journal of Economic History*, 57 (1997), pp. 170–72确认了他的说法。同样参见F. W. Taussig, *Some Aspects of the Tariff Question* (Cambridge, MA, 1915), ch. 5和Richard O. Zerbe, "The American Sugar Refinery Company, 1887–1914: The Story of a Monopoly," *Journal of Law & Economics*, 12 (1969), pp. 339–75。

31 General Samuel B. M. Young, 1898. 引自Louis A. Pérez, Jr., *Cuba in the American Imagination: Metaphor and the Imperial Ethos* (Chapel Hill, 2008), p. 179。

32 1840—1868年间，糖料出口增长了6.5倍，这时古巴占据了全球产出的30%。参见Vanessa M. Ziegler, "The Revolt of the 'Ever- Faithful Isle': The Ten Years' War in Cuba, 1868–1878," Ph.D. dissertation, University of California (2007), p. 5。还有W. G. Clarence Smith, "The Economic Dynamics of Spanish Colonialism in the Nineteenth and Twentieth Centuries," *Itinerario*, 15 (1991), p. 72。关于烟草，参见Morgan, "Cuban Tobacco Slavery."。在这里需要感谢Franklin W. Knight先驱性的研究：*Slave Society in Cuba during the Nineteenth Century* (Madison, 1970)。

33 Louis A. Pérez, Jr., *Winds of Change: Hurricanes and the Transformation of Nineteenth-Century Cuba* (Chapel Hill, 2001)为标准的历史研究加入了新维度。同样参见William C. Van Norman, *Shade-Grown Slavery: The Lives of Slaves on Coffee Plantations in Cuba* (Nashville, 2012)。

34 Ada Ferrer, *Insurgent Cuba: Race, Nation, and Revolution, 1868–1898* (Chapel Hill, 1999), p. 2.

35 Ziegler, "The Revolt of the 'Ever-Faithful Isle.' "

36 Jonathan Curry-Machado, " 'Rich Flames and Hired Tears': Sugar, Sub-Imperial Agents, and the Cuban Phoenix of Empire," *Journal of Global History*, 4 (2009), pp. 33–56.

37 Clarence Smith, "Economic Dynamics, p. 72.

38　Inés Roldán de Montaud, "España y Cuba: Cien años de relaciones financieras," *Studia Historica: Historia Contemopránea*, 15 (1997), pp. 35–69.

39　Dominique Concalvès, *Le planteur et le roi: L'aristocratie havanise et la couronne d'Espagne* (1763–1838) (Madrid, 2008).

40　Sherry Johnson, *The Social Transformation of Eighteenth-Century Cuba* (Gainesville, 2001).

41　Ada Ferrer, *Freedom's Mirror: Cuba and Haiti in the Age of Revolution* (New York, 2015). 古巴的种植园主甚至在海地的生产被打断后，从那里进口了奴隶和机械。

42　在1814年达成的协议在1819年启用，不过法国对此的支持并不热情。

43　Manuel Moreno Fraginals, *The Sugarmill: The Socioeconomic Complex of Sugar in Cuba, 1760–1860* (New York, 1978); Rebecca J. Scott, *Slave Emancipation in Cuba: The Transition to Free Labor, 1860–1899* (Princeton, 1986); Christian Schnakenbourg, "From Sugar Estate to Central Factory: The Industrial Revolution in the Caribbean (1840–1905)," in Bill Albert and Adrian Graves, eds., *Crisis and Change in the International Sugar Economy, 1860–1914* (Norwich, 1984), pp. 83–91 提供了简明的概述。César J. Ayala, "Social and Economic Aspects of Sugar Production in Cuba, 1880–1930," *Latin American Research Review*, 30 (1995), pp. 95–124; Christopher Nowara-Schmidt, "The End of Slavery and the End of Empire: Slave Emancipation in Cuba and Puerto Rico," *Slavery & Abolition*, 21 (2000), pp. 188–207. 关于奴隶起义，参见 Manuel Barcia, *Seeds of Insurrection: Domination and Resistance in Western Cuba, 1808–1848* (Baton Rouge, 2008); Barcia, *The Great African Slave Revolt of 1825: Cuba and the Fight for Freedom in Matanzas* (Baton Rouge, 2012). Lisa Yun, *The Coolie Speaks: Chinese Indentured Laborers and African Slaves in Cuba* (Philadelphia, 2008); 而 Kathleen López, *Chinese Cubans: A Transnational History* (Chapel Hill, 2013) 在恰当的全球背景下提供了可嘉的论述。

44　关于古巴的数据尤其不错。参见 Linda K Salucci and Richard J. Salucci, "Cuba and the Latin American Terms of Trade: Old Theories, New Evidence," *Journal of Interdisciplinary History*, 31 (2000), pp. 202–6; Ziegler, "The Revolt of the 'Ever-Faithful Isle,'" pp. 13, 252–3。

45　Julia Solla Sastre, "Cuando las provincias de allende los mares sean llamadas por la Constitución (acerca del estatus constitucional de Cuba, Puerto Rico y Filipinas, 1837–1898)," *Giornale di Storia Costituzionale*, 25 (2013), pp. 61–78.

46　David R. Murray, *Odious Commerce: Britain, Spain, and the Abolition of the Cuban Slave Trade* (Cambridge, 1981) 提供了完整的论述；Murray, "The Slave Trade, Slavery, and Cuban Independence," *Slavery & Abolition*, 20 (1999), pp. 106–26 则提及了此后的研究。

47　Louis A. Pérez, Jr., *Cuba: Between Reform and Revolution* (New York, 1988; 3rd ed. Oxford, 2006).

48　塞斯佩德斯·德尔·卡斯蒂略（1819—1874）在战争中被杀。

49　Ziegler, "The Revolt of the 'Ever-Faithful Isle,'" pp. 14, 22.

50　Scott, *Slave Emancipation in Cuba*; César J. Ayala, *American Sugar Kingdom: The Plantation Economy of the Spanish Caribbean, 1898–1934* (Chapel Hill, 1999), pp. 153–6; Nowara-Schmidt, "The End of Slavery and the End of Empire."

51　Scott, *Slave Emancipation in Cuba*, chs. 2–3.

52　Yun, *The Coolie Speaks*; López, *Chinese Cubans*.

53　Lisa Yun and Ricardo Rene Laremont, "Chinese Coolies and African Slaves in Cuba, 1847–74," *Journal of Asian American Studies*, 4 (2001), pp. 99–122; Jesús M. Valdaliso, "Trade, Colonies and Navigation Laws: The Flag, Differential Duty, and the International Competitiveness of Spanish Shipping in the Nineteenth Century," *International Journal of Maritime History*, 167 (2005), pp. 31–60.

54　Luis Fernández-Martínez, *Torn Between Empires: Economy, Society, and Patterns of Political Thought in the Hispanic Caribbean, 1840–1878* (Athens, 1994) 把这一主题置于古巴、波多黎各和多米尼加共和国的背景下。

55　Oscar Zanetti and Alejandro Garcia, *Sugar and Railroads: A Cuban History, 1837–1959* (Chapel Hill, 1998) 完整论述了这一问题。

56　B. J. C. McKercher and S. Enjamio, " 'Brighter Futures and Better Times': Britain, the Empire, and Anglo-American Economic Competition in Cuba, 1898–1920," *Diplomacy & Statecraft*, 18 (2007), p. 668.

57　Fraginals, *The Sugarmill*; Schnakenbourg, "From Sugar Estate to Central Factory"; César J. Ayala, "Social and Economic Aspects of Sugar Production in Cuba, 1880–1930," *Latin American Research Review*, 30 (1995), pp. 95–124.

58　Scott, *Slave Emancipation in Cuba*, pp. 26, 166–72.

59　Rafael E. Tarragó, "Too Late? Social, Economic and Political Reform in Spanish Cuba, 1878–1898," *Colonial Latin American Review*, 5 (1996), pp. 301–5; Susan J. Fernandez, *Encumbered Cuba: Capital Markets and Revolt, 1878–1895* (Gainesville, 2009) 指出了党派支持的社会经济基础。

60　J. C. M. Ogelsby, "The Cuban Autonomista Movement's Perception of Canada, 1865–1898," *The Americas*, 48 (1992), pp. 445–61.

61　Schmidt-Nowara, *Empire and Slavery* 权威地论述了这些主题。

62　Alfonso W. Quiroz, "Loyalist Overkill: The Socio-Economic Costs of 'Repressing' the Separatist Insurrection in Cuba," *Hispanic American Historical Review*, 78 (1998), pp. 295–6, 300, 303–5.

63　Alfonso W. Quiroz, "Implicit Costs of Empire: Bureaucratic Corruption in Nineteenth-Century Cuba," *Journal of Latin American Studies*, 35 (2003), pp. 473–511.

64　Karen Robert, "Slavery and Freedom in the Ten Years' War: Cuba, 1868–1878," *Slavery & Abolition*, 13 (1992), pp. 184–200.

65　Rosalie Schwartz, *Lawless Liberators: Political Banditry and Cuban Independence* (Durham, 1989). Louis A. Pérez, Jr., *Lords of the Mountain: Social Banditry and Peasant Protest in Cuba, 1878–1918* (Pittsburgh, 1989) 提供了不同的视角。

66　这是 Ferrer, *Insurgent Cuba* 中的一个重要主题。

67　Joseph Smith, *The Spanish-American War: Conflict in the Caribbean and the Pacific, 1895–1902* (London, 1994), pp. 2–3.

68　戈麦斯（1854—1933），马塞奥（1845—1897）。

69　Louis A. Pérez, Jr., "Towards Dependency and Revolution: The Political Economy of Cuba between Wars, 1878–1895," *Latin American Research Review*, 18 (1983), pp. 127–42; Ogelsby, "The Cuban Autonomista Movement's Perception of Canada," pp. 449–50.

70　Linda K. Salvucci and Richard J. Salvucci, "Cuba and Latin American Terms of Trade: Old Theories, New Evidence," *Journal of Interdisciplinary History*, 31 (2000), pp. 201–12, 217.

71　Fernandez, *Encumbered Cuba*, pp. 144–5. 我要大大感谢Fernandez博士花时间解释了我不太理解的这一复杂问题。Inés Roldán de Montaud, "Guerra y finanzas en la crisis de fin de siglo: 1895–1899," *Hispania: Revista Española de Historia*, 57 (1997), pp. 611–65讨论了西班牙越来越绝望的财政状况。Antonio Santamaría García, "Precios y salarios reales en Cuba, 1872–1914," *Revista de Historia Económica*, 18 (2000), pp. 339–76提供了提示性的证据，表明实际收入在1883年后出现了下降。

72　Fernandez, *Encumbered Cuba*, pp. 152–3.

73　比如参见Inés Roldán de Montaud, "Spanish Fiscal Policies and Cuban Tobacco during the Nineteenth Century," *Cuban Studies*, 33 (2002), pp. 48–70。

74　Christopher Harris, "Edwin F. Atkins and the Evolution of United States Cuba Policy, 1894–1902," *New England Quarterly*, 78 (2005), pp. 207–8; Tarragó, "Too Late? Social, Economic and Political Reform in Spanish Cuba," pp. 301–3.

75　Louis A. Pérez, *Cuba between Empires, 1878–1902* (Pittsburg, 1983), pp. 30–31; David M. Pletcher, *The Diplomacy of Trade and Investment: American Economic Expansion in the Hemisphere, 1865–1900* (Columbia, 1998), pp. 265–6.

76　Pérez, "Towards Dependency and Revolution," p. 136; Ayala, *American Sugar Kingdom*, pp. 57–8.

77　有大量关于马蒂的著作。Christopher Abel and Nissa Torrents, eds., *José Martí: Revolutionary Democrat* (London, 1986)是一部实用的文集。Lillian Guerra, *The Myth of José Martí: Conflicting Nationalism in Early Twentieth-Century Cuba* (Chapel Hill, 2005)追溯了他作为民族英雄的演变。Amando García de la Torre. *José Martí and the Global Origins of Cuban Independence* (Kingston, Jamaica, 2015)研究了他思想中的世界性特质，其中包括印度教和泛非主义的来源。

78　Armando García de la Torre, "The Contradictions of Late Nineteenth-Century Nationalist Doctrines: Three Keys to the 'Globalism' of José Martí's Nationalism," *Journal of Global History*, 3 (2008), pp. 67–88.

79　Ferrer, *Insurgent Cuba*使用了这一短语。关于这一概念引发争议的概述，参见Alejandro de la Fuente, "Myths of Racial Democracy: Cuba 1900–1912," *Latin American Research Review*, 34 (1999), pp. 39–73以及Rebecca J. Scott, "Race, Labor, and Citizenship in Cuba: A View from the Sugar District of Cienfuegos, 1886–1909," *Hispanic American Historical Review*, 78 (1998), pp. 687–729.

80　Louis A. Pérez, Jr., *Cuba and the United States: Ties of Singular Intimacy* (Athens,Georgia, 1990; 3rd ed. 2003), pp. 55–81.

81　Harris, "Edward F. Atkins," p. 210; Louis A. Pérez, Jr., ed., *José Martí in the United States: The Florida Experience* (Tempe, 1995).

82　雪茄制造者联盟是一大关键的支持来源：LaFeber, *The New Empire*, pp. 286–7。

83　安东尼奥·卡瓦诺斯·德尔·卡斯蒂略（1828—1897）是执着的君主制主义者，在西班牙和古巴采用了最极端的压迫政策。他任命特内里费侯爵、巴莱里亚诺·魏勒尔-尼古劳（1838—1930）将军在1896年担任古巴总督。魏勒尔在华盛顿担任武官时观察到威廉·舍曼将军在南北战争中的"焦土"政策，在1888—1892年担任菲律宾总督时采用了这一手段。

84 这一著名事件长期以来被大量研究、猜测，不过其中不少都是老调重弹。爆炸原因仍然未知。Hyman G. Rickover, *How the Battleship Maine Was Destroyed* (Washington, DC, 1976) 和 Peggy Samuels and Harold Samuels, *Remember the Maine* (Washington, DC, 1995) 代表了不同的观点。同样参见 Hugh Thomas 关于里科弗（Rickover）海军上将报告的犀利评论（*Cuba*, pp. 1039–40）。

85 黄热病尤其引人担忧，在北美大陆也是如此。参见 Mariola Espinosa, "The Threat from Havana: Southern Public Health, Yellow Fever, and the U.S. Intervention in the Cuban Struggle for Independence," *Journal of Southern History*, 72 (2006), pp. 541–68。

86 Matthew Smallman-Raynor and Andrew D. Cliff, "The Spatial Dynamics of Epidemic Diseases in War and Peace: Cuba and the Insurrection against Spain, 1895–98," *Transactions of the Institute of British Geographers*, 24 (1999), p. 332.

87 迈尔斯（1839—1925），在1861年任联盟军志愿兵，1874—1890年参加印第安人战争，1895—1903年任美国陆军总司令。Robert Wooster, *Nelson A. Miles and the Twilight of the Frontier Army* (Lincoln, 1993) 和 Peter R. DeMontravel, *A Hero to His Fighting Men: Nelson A. Miles, 1839–1925* (Kent, 1998) 都认为，他是一名令人敬畏的士兵，但是个糟糕的政治家。

88 Richard H. Davis, *The Cuban and Puerto Rican Campaigns* (New York, 1898), pp. 296– 300. 引用自 Davila-Cox, "Puerto Rico in the Hispanic-Cuban-American War," p. 98. Dietz, *Economic History of Puerto Rico*, pp. 16–20。

89 Dietz, *Economic History of Puerto Rico*, pp. 16–20.

90 Joseph C. Dorsey, *Slave Traffic in the Age of Abolition: Puerto Rico, West Africa, and the Non-Hispanic Caribbean, 1815–1859* (Gainesville, 2003) 显示出，波多黎各的奴隶贸易比人们以前认为的大得多。

91 Luis A. Figueroa, *Sugar, Slavery and Freedom in Nineteenth-Century Puerto Rico* (Chapel Hill, 2005) 就瓜亚马市做了案例研究。Ricardo R. Camuñas Madera, *Hacendados y comerciantes en Puerto Rico en torno a la década revolucionaria de 1860* (Mayagüez, Puerto Rico, 1993) 追溯了19世纪60年代古巴西部的发展，它影响了加泰罗尼亚和法国殖民者。

92 关于英国贸易，参见 Emma Aurora Davila-Cox, *This Immense Commerce: The Trade Between Puerto Rico and Great Britain, 1844–1898* (San Juan, 1993)。

93 Guillermo A. Baralt, *Slave Revolts in Puerto Rico: Conspiracies and Uprisings, 1795– 1873* (San Juan, 1981; trans. Princeton, NJ, 2007).

94 这也引发了争议。参见 Tom Brass, "Free and Unfree Labour in Puerto Rico during the Nineteenth Century," *Journal of Latin American Studies*, 18 (1986), pp. 181–93。

95 Christopher Schmidt-Nowara, *Empire and Slavery: Spain, Cuba, and Puerto Rico, 1833–1874* (Pittsburgh, 1999), pp. 169–73; Andrés Ramos Mattei, Luz Arrieta-Longworth, and Patrick Bryan, "The Plantations of the Southern Coast of Puerto Rico, 1880 to 1910," *Social & Economic Studies*, 37 (1988), pp. 365–404.

96 Laird W. Bergad, *Coffee and the Growth of Agrarian Capitalism in Nineteenth-Century Puerto Rico* (Princeton, 1983) 追溯了雇佣劳动在咖啡业的兴起。

97 Figueroa, *Sugar, Slavery and Freedom*, ch. 5; Rosa E. Carrasquillo, *Our Landless Patria: Marginal Citizenship in Caguas, Puerto Rico, 1880–1910* (Lincoln, 2006).

98 引自 Emma Davila-Cox, "Puerto Rico in the Hispanic-Cuban-American War:

Reassessing the 'Picnic,' " in Angel Smith and Emma Davila-Cox, eds., *The Crisis of 1898: Colonial Redistribution and Nationalist Mobilization* (London, 1999), p. 108。

99   Dietz, *Economic History of Puerto Rico*, pp. 25–8; Davila-Cox, "Puerto Rico in the Hispanic-Cuban-American War," p. 109.

100   Juan José Baldrich, "From Handcrafted Tobacco to Machine-Made Cigarettes: The Transformation and Americanization of Puerto Rican Tobacco, 1847–1903," *Centro Journal*, 17 (2005), pp. 144–69.

101   Bergad, *Coffee and the Growth of Agrarian Capitalism* 是主要的史料。

102   Dietz, *Economic History of Puerto Rico*, pp. 25–8; Davila-Cox, "Puerto Rico in the Hispanic-Cuban-American War," p. 109; Bergad, *Coffee and the Growth of Agrarian Capitalism*, p. 86认为，1897年咖啡出口额的百分比为70%。

103   Davila-Cox, "Puerto Rico in the Hispanic-Cuban-American War," p. 110.

104   Luis Martínez-Fernández, *Frontiers, Plantations and Walled Cities* (Princeton, NJ, 2010), pp. 31–2; Dietz, *Economic History*, pp. 35–40.

105   Olga Jiménez de Wagenheim, *Puerto Rico's Revolt for Independence: El Grito de Lares* (Boulder, 1985).

106   Davila-Cox, "Puerto Rico in the Hispanic-Cuban-American War," pp. 116–18.

107   Luis Martínez-Fernández, *Frontiers, Plantations and Walled Cities*, p. 28.

108   Astrid Cubano, "El café y la política colonial en Puerto Rico a fines del siglo XIX. Dominación mercantil en el Puerto de Arecibo," *Revista de Historia Económica*, 8 (1990), 95–103.

109   关于种族平等的迷思，参见Jay Kinsbruner, *Free People of Color and Racial Prejudice in Nineteenth-Century Puerto Rico* (Durham, 1996)。

110   Dietz, *Economic History of Puerto Rico*, pp. 53–9, 63–6.

111   Astrid Cubano Iguina, "Política radical y autonomismo en Puerto Rico: Conflictos de intereses en la formación del Partido Autonomista Puertorriqueño (1887)," *Anuario de Estudios Americanos*, 51 (1994), pp. 155–73; Cubano Iguina, "Political Culture and Male Mass Party Formation in Late Nineteenth-Century Puerto Rico," *Hispanic American Historical Review*, 78 (1998), pp. 631–63; Bergad, *Coffee and the Growth of Agrarian Capitalism* 追溯了这一时期咖啡与政治的关系。

112   José Trías Monge, *Puerto Rico: The Trials of the Oldest Colony in the World* (New Haven, 1997), pp. 10–13.

113   César J. Ayala and Rafael Bernabe, *Puerto Rico in the American Century* (Chapel Hill, 2007).

114   Davila-Cox, "Puerto Rico in the Hispanic-Cuban-American War," pp. 102–3.

115   何塞·黎刹著名的《永别了，我的祖国》的第一句。见本节下文。

116   到那时，西班牙也已经准备好卖掉古巴，但《特勒修正案》排除了吞并的可能。

117   1903年人口普查记录称，有760万居民。

118   幸运的是，历史学家可以充分应用关于这一话题的两项宝贵概述：John A. Larkin, "Philippine Social History Reconsidered: A Socioeconomic Perspective," *American Historical Review*, 87 (1982), pp. 595–628; Josep M. Fradera, "The Historical Origins of the Philippine Economy: A Survey of Recent Research of the Spanish Colonial Era," *Australian Economic History Review*, 44 (2004), pp.

307–20。我要感谢Fradera博士的工作，这对本章及本书第13章都尤有帮助。

119 Benito J. Legarda, *After the Galleons: Foreign Trade, Economic Change and Entrepreneurship in the Nineteenth-Century Philippines* (Madison, 1999), ch. 2.

120 我要尤其感谢Josep M. Fradera, "Reform or Leave: A Re-Reading of the So-Called 'Secret Report' by Sinibald de Mars About the Philippines," *Bulletin of Portuguese-Japanese Studies*, 16 (2008), pp. 83–99。

121 Greg Bankoff, "Big Fish in Small Ponds: The Exercise of Power in a Nineteenth-Century Philippine Municipality," *Modern Asian Studies*, 26 (1992), pp. 679–700; Juan Antonio Inarejos Muñoz, *Los (últimos) caciques de Filipinas: Las elites coloniales antes del 98* (Granada, 2015), chs. 1, 4, 5追溯了菲律宾神职人员将托钵修士、政府和税收联系起来的作用。

122 根本的著作是Reynaldo Ileto, *Pasyon and Revolution: Popular Movements in the Philippines, 1840–1910* (Quezon City, 1979)。同样参见Bruce Cruikshank, "Gaming the System: The Tribute System in the Spanish Philippines, 1565–1884," academia.edu at https://sites.google.com/site/dbcresearchinstitute/ (2014)。也要感谢作者授权引用的未发表论文Damon L. Woods, "Counting Time and Marking Time from the Precolonial to the Contemporary Tagalog World," *Philippine Studies*, 59 (2011)，它为这一话题打开了新思路。关于1745年他加禄叛乱，参见Larkin, "Philippine Social History," pp. 609–10。

123 Larkin, "Philippine Social History," pp. 603–6.

124 Katherine Bjork, "The Link that Kept the Philippines Spanish: Mexican Merchant Interests and the Manila Trade, 1571–1815," *Journal of World History*, 9 (1998), pp. 25–50.

125 参见Linda A. Newson的杰出研究*Conquest and Pestilence in the Early Spanish Philippines* (Honolulu, 2009)。

126 菲律宾人的回应也造成了这样的破坏。Francisco Mallari, "Muslim Raids in Bicol, 1580–1792," *Philippine Studies*, 34 (1986), pp. 257–86。

127 James Francis Warren, "The Structure of Slavery in the Sulu Zone in the Late Eighteenth and Nineteenth Centuries," *Slavery & Abolition*, 24 (2003), pp. 111–28; Warren, "Saltwater Slavers and Captives in the Sulu Zone, 1768–1878," *Slavery & Abolition*, 31 (2010), pp. 429–49; Henry M. Schwalbenberg, "The Economics of Pre-Hispanic Visayan Slave-Raiding," *Philippine Studies*, 42 (1994), pp. 376–84。葡萄牙人的贡献在于从南亚进口了奴隶：Tatiana Seijas, "The Portuguese Slave Trade to Spanish Manila, 1580–1640," *Itinerario*, 32 (2008), pp. 19–38。

128 专门研究者会认可我主要用这些术语来表现政府体系的多元性。正像在非洲和亚洲一样，菲律宾在西班牙统治前的各个政府的定义引起了争论。我要感谢Eduardo Ugarte博士提醒我需要在这方面"小心行事"。

129 Larkin, "Philippine Social History," pp. 610–12; Fradera, "Historical Origins of the Philippine Economy," pp. 308–9.

130 Josep M. Fradera, "De la periferia al centro (Cuba, Puerto Rico y Filipinas en la crisis del Imperio español)," *Anuario de Estudios Americanos*, 61 (2004), pp. 161–99强调了军队在19世纪保留这些岛屿方面起到的作用。

131 参见本书第8章"堂吉诃德的最后旅程"部分。同样参见Larkin, "Philippine Social History," pp. 611–17.

132 本书第2章和第6章概述了这点。

133　Maria Dolores Elizalde, "1898: The Coordinates of the Spanish Crisis in the Pacific," in Angel Smith and Emma Davila-Cox, eds., *The Crisis of 1898: Colonial Redistribution and Nationalist Mobilization* (New York, 1999), pp. 136–7; Norman G. Owen, "Abaca in Kabikolan: Prosperity without Progress," in Alfred W. McCoy and Edilberto C. de Jesus, eds., *Global Trade and Local Transformation* (Quezon City, 1982), p. 197; Ifor B. Powell, "The Nineteenth Century and the Years of Transition: The Origins of the Firms," *Bulletin of the American Historical Collection*, 9 (1981), pp. 7–25; Powell, "The Banks," *Bulletin of the American Historical Collection*, 9 (1981), pp. 39–52; Powell, "The Brokers," *Bulletin of the American Historical Collection*, 10 (1982), pp. 60–81.

134　Norman G. Owen, *Prosperity Without Progress: Manila Hemp and Material Life in the Colonial Philippines* (Berkeley and Los Angeles, 1984), p. 69.

135　Legarda, *After the Galleons*, chs. 4, 5, 6; John A. Larkin, *Sugar and the Origins of Modern Philippine Society*, chs. 2–3.

136　Owen, *Prosperity without Progress*.

137　Larkin, "Philippine Social History," pp. 615–17. Larkin, S*ugar and the Origins of Modern Philippine Society*, ch. 3记述了打开内格罗斯岛上糖料边疆的过程。

138　Larkin, "Philippine Social History," pp. 617–20; Fradera, "Historical Origins of the Philippine Economy," p. 311.

139　Domingo Roxas y Ureta (1782–1843); Antonio de Ayala (1804–76).罗哈斯的家庭来自安达卢西亚，但在来到菲律宾前首先移民去了墨西哥。阿亚拉的家族来自巴斯克地区。

140　Eduardo Lachica, *Ayala: The Philippine*s' O*ldest Business House* (Makati, Philippines, 1984).尽管Lachica的书很有价值，但阿亚拉公司还有新的研究空间，因为它的建立时间尤其长，活动规模可观。

141　银行以"伊莎贝尔二世西班牙–菲律宾银行"（El Banco Español-Filipino de Isabel II）为名，由西班牙总督建立，在1912年成为菲律宾群岛银行。

142　1826—1869年。

143　Marciano R. de Borja, *Basques in the Philippines* (Reno, 2005), pp. 124–7.

144　先驱性的著作是Edgar Wickberg, *Chinese in Philippine Life, 1850–1898* (New Haven, 1965)。同样参见Andrew Wilson, *Ambition and Identity: Chinese Merchant Elites in Colonial Manila, 1880–1916* (Honolulu, 2004); Richard Chu, *Chinese and Chinese Mestizos of Manila: Family, Identity and Culture, 1860s–1930s* (Leiden, 2010)。

145　Larkin, *Sugar and the Origins of Modern Philippine Society*, ch.3; Wickberg, *Chinese in Philippine Life*.

146　Allan E. S. Lumba, "Philippine Colonial Money and the Future of the Spanish Empire," in Chia Yin Hsu, Thomas M. Luckett, and Erika Vause, eds., *The Cultural History of Money and Credit: A Global Perspective* (Lanham, 2016), ch. 7.

147　Edilberto C. de Jesús, *The Tobacco Monopoly in the Philippines: Bureaucratic Enterprise and Social Change, 1766–1880* (Quezon City, 1980).起初，垄断适用于西班牙在新大陆的所有殖民地。参见Susan Deans-Smith, *Bureaucrats, Planters and Workers in the Making of the Tobacco Monopoly in Bourbon Mexico* (Cambridge, 1992)。

148　Legarda, *After the Galleons*, pp. 193–206.

149 Fradera, "Historical Origins," pp. 314–15.

150 菲律宾烟草总公司很快适应了新的殖民统治者在1898年的到来，并在整个殖民时期始终承担主要的商业活动。

151 在这一问题上的决定性著作是Greg Bankoff, *Crime, Society & the State in the Nineteenth-Century Philippines* (Manila, 1995)。

152 Bankoff, *Crime, Society & the State*; Elizalde, "1898: The Coordinates of the Spanish Crisis in the Pacific," pp. 132–3.

153 Larkin, *Sugar and the Origins of Modern Philippine Society*, pp. 53–6. 低级糖料被持续运往作为传统出口市场的中国，但19世纪下半叶糖料生产的暴涨是回应欧洲和美国扩大的需求，它们要求得到高级糖料。因此，在世纪末，中国市场无法让菲律宾免于甘蔗全球价格下跌的影响。

154 Larkin, *Sugar and the Origins of Modern Philippine Society*, pp. 49–50.

155 Norman G. Owen, *Prosperity without Progress*, pp. 52–62.

156 Fradera, "The Historical Origins of the Philippine Economy," pp. 314–17.

157 Larkin, "Philippine Social History," p. 620.

158 María Dolores Elizalde and Xavier Huetz de Lemps, "Poder, religión y control en Filipinas. Colaboración y conflicto entre el Estado y las órdenes religiosas, 1868–1898," *Ayer: Revista de Historia Contemporánea*, 100 (2015), pp. 151–76. 托钵修士拥有约40万英亩地，其中25万位于马尼拉周围的称心地区。参见Fradera, "Historical Origins of the Philippines Economy," pp. 314–17。

159 Legarda, *After the Galleons*, pp. 156–7.

160 先驱性著作是Peter C. Smith, "Crisis Mortality in the Nineteenth-Century Philippines: Data from Parish Records," *Journal of Asian Studies*, 38 (1978), pp. 51–76。同样参见Ken De Bevoise, *Agents of Apocalypse: Epidemic Disease in the Colonial Philippines* (Princeton, NJ, 1995), pp. 8–12。

161 Smith, "Crisis Mortality," p. 68.

162 De Bevoise将这一说法作为*Agents of Apocalypse*的中心主题。

163 Jean-Pascal Bassino, Marion Dovis, and John Komlos, "Biological Well-Being in Late Nineteenth-Century Philippines," National Bureau of Economic Research, *Working Paper*, 21410 (2015).

164 David Sweet, "John N. Schumacher, The Cavite Mutiny: Towards a Definitive History," *Philippine Studies*, 59 (2011), pp. 55–81.

165 同上，pp. 78–9。

166 John N. Schumacher, *The Making of a Nation: Essays on Nineteenth-Century Filipino Nationalism* (Quezon City, 1991); Reynaldo C. Ileto, *Filipinos and Their Revolution: Event, Discourse and History* (Quezon City, 1998) 是可嘉的切入点。

167 在这时，"菲律宾人"（Filipino）一词用于指代住在菲律宾的西班牙人及在那里出生的西裔梅斯蒂索人。"菲律宾人"一词在20世纪传播，最终无论来源地，适用于整个菲律宾人口。

168 Christine Doran 在 "Spanish and Mestizo Women of Manila," *Philippine Studies*, 41 (1993), pp. 269–86中强调了这些区分的社会重要性，并强调了女性对活跃服务做出的贡献。同样参见Owen, *Prosperity and Progress*, pp. 192–7。

169 Fradera, "Historical Origins of the Philippine Economy," pp. 314–17.

170 Caroline Sy Hau, " 'Patria é intereses': Reflections on the Origins and Changing Meanings of Ilustrado," *Philippine Studies*, 59 (2011), pp. 3–54.

171　John N. Schumacher, *Revolutionary Clergy: The Filipino Clergy and the Nationalist Movement, 1850–1905* (Quezon City, 1981) 也估算称，在1903年，约有60%的菲律宾教士反对美国统治（p. 275）。

172　Megan C. Thomas, *Orientalists, Propagandists and Ilustrados: Filipino Scholarship and the End of Spanish Colonialism* (Minneapolis, 2012).

173　Benedict Anderson, *Under Three Flags: Anarchism and the Anti-Colonial Imagination* (London, 2005) 关注了何塞·黎刹、马里亚诺·庞塞（Mariano Ponce）和伊萨贝罗·德·罗斯·雷耶斯（Isabelo de los Reyes）。Armando García de la Torre, "The Contradictions of Late Nineteenth-Century Nationalist Doctrines."

174　Ileto, *Pasyon and Revolution* 发展了这一主题，尤其提及了对"卡蒂普南"含义的不同诠释。

175　Bankoff, *Crime, Society, and the State.*

176　Larkin, "Philippine Social History," pp. 621–3.

177　独立教会的第一任负责人格雷戈里奥·阿格里佩伊·克鲁斯-拉瓦延（Gregorio Aglipay Cruz y Labayan，1860—1940）主教是天主教会的助理神父，以及游击队领袖。

178　例子包括：Violetta Lopez-Gonzaga, "The Roots of Agrarian Unrest in Negros, 1850–90," *Philippine Studies*, 36 (1988), pp. 151–65; Violetta Lopez-Gonzaga and Michelle Decena, "Negros in Transition, 1899–1905," *Philippine Studies*, 38 (1990), pp. 103– 14; Volker Schult, "Revolution and War in Mindoro, 1898–1903," *Philippine Studies*, 41 (1993), pp. 76–90; Josélito N. Fornier, "Economic Developments in Antique Province, 1850–1900," *Philippine Studies*, 47 (1999), pp. 147–80。

179　有许多传记。比如参见 Léon M. Guerrero, *The First Filipino: A Biography of José Rizal* (Manila, 1963). Floro C. Quibuyen, *A Nation Aborted: Rizal, American Hegemony, and Philippine Nationalism* (Quezon City, 1999) 提供了修正主义叙述。黎刹的哥哥帕恰诺（Paciano，1851—1930）所做的贡献通常被非专业的论述忽略。帕恰诺是一名积极的改革者，影响了黎刹的政见并协助为他的研究提供了资金。在弟弟被处决后，帕恰诺作为高级指挥官加入了阿奎纳多的队伍，抵抗西班牙和美国。他在1900年被俘，但在此后不久被释放，回去务农。

180　应该感谢 Glen A. May, *Inventing a Hero: The Posthumous Re-Creation of Andrés Bonifacio* (Madison, 1996) 开启了对其神话的学术重估。"卡蒂普南"网站中有对此事及相关问题的讨论：http://kasaysayan-kkk.info/。

181　Glen A. May, "Why the United States Won the Philippine-American War, 1899–1902," *Pacific Historical Review*, 52 (1983), pp. 353–77; René Escalante, "Collapse of the Malolos Republic," *Philippine Studies*, 46 (1998), pp. 452–76记录了一系列失败。

182　Manuel Sarkisyanz, *Rizal and Republican Spain and Other Rizalist Essays* (Manila, 1995) 在这里与之有关。

183　Raul Bonoan, "The Enlightenment, Deism, and Rizal," *Philippine Studies*, 40 (1992), pp. 53–67.

184　Miguel A. Bernad, "The Trial of Rizal," *Philippine Studies*, 46 (1998), pp. 46–72.

185　Smita Lahiri, "Rhetorical Indios: Propagandists and Their Publics in the Spanish

Philippines," *Comparative Studies in Society & History*, 49 (2007), pp. 243–75.

186 Milagros Guerrero and John N. Schumacher, *Kasaysayan: The Story of the Filipino People,* Vol. 5: *Reform and Revolution* (Hong Kong, 1998); Angel Velasco Shaw and Luis H. Francia, eds., *Vestiges of War: The Philippine-American War and the Aftermath of an Imperial Dream, 1899–1999* (New York, 2002) 突出了战争的长期影响。

187 博尼法西奥是"卡蒂普南"的创始人之一。这一名字来自他加禄语词，意为协会或集会。尤其参见 May, *Inventing a Hero* 及 José S. Arcilla 的评论 "Who Is Andrés Bonifacio?" *Philippine Studies*, 45 (1997), pp. 570–77。

188 May, *Inventing a Hero.*

189 *Historical Bulletin*, 3 (1959) 特刊中的系列文章仍有价值。

190 最大的争议在于，他在二战期间决定与日本占领军合作。

191 Sven Saaler and Christopher W. A. Szpilman, eds., *Pan-Asianism*, I (Lanham, 2012), p. 24.

192 Emilio Aguinaldo, *True Version of the Philippine Revolution* (Tarlak, Philippines, 1899). 美国驻香港领事鼓动阿奎纳多重新加入抵抗西班牙的战斗。阿奎纳多自己宣称，海军上将乔治·杜威向他保证，美国无意吞并菲律宾群岛。这一事件引起了不同的诠释。关于当时美国人对阿奎纳多说法的支持，参见曾在美西战争中服役、在1881—1889年任纽约民主党议员的佩里·贝尔蒙特（Perry Belmont，1851—1947）的 "The President and the Philippines," *North American Review*, 169 (1899), pp. 894–911。

193 也被称为菲律宾第一共和国或马洛洛斯共和国，马洛洛斯（位于马尼拉以北约25英里处）是其首都。

194 Benito J. Lagarda, *The Hills of Sampaloc: The Opening Actions of the Philippine-American War* (Makati City, 2001) 评估了关于谁应对发起战争负责的争议。

195 Matthew F. Jacobson, "Imperial Amnesia: Teddy Roosevelt, the Philippines, and the Modern Art of Forgetting," *Radical History Review*, 73 (1999), pp. 116–27. Shaw and Francia, *Vestiges of War* 强调了战争的长期影响。主要参与关于这一问题的辩论的，是高度批判美国陆军历史的 Stuart C. Miller 以及为美军辩护的 John M. Gates 和 Brian M. Linn。尤其参见 Miller, *Benevolent Assimilation: The American Conquest of the Philippines, 1899–1903* (New Haven, 1982); Linn, *The U.S. Army and Counterinsurgency in the Philippine War, 1899–1902* (Chapel Hill, 1989); Linn, *The Philippine War, 1899–1902* (Lawrence, 2000)。Gates 把他的主要贡献放在了网上，它们在那里可以得到更新：http://www3.wooster.edu/history/jgates/book-contents.html。对这些问题的平衡评价，参见 Kenton J. Clymer, "Not So Benevolent Assimilation: The Philippine-American War," *Reviews in American History*, 11 (1983), pp. 547–52。

196 Linn, *The U.S. Army and Counter-Insurgency*; Linn, *The Philippine War, 1899–1902* 提供了细节。John M. Gates, "War-Related Deaths in the Philippines, 1899–1902," *Pacific Historical Review*, 53 (1984), pp. 367–78 概述了数据的问题。David J. Sibley, *A War of Frontier and Empire: The Philippine-American War, 1899–1902* (New York, 2007) 提供了最新的论述，以迎合军事史书籍的大片市场。这些研究从美国视角处理了这一问题，菲律宾的视角虽然存在，但被轻描淡写。

197 根据 De Bevoise, *Apocalypse*, p. 13，美国–菲律宾战争"直接或间接"导致了

700万基本人口中超过100万人死亡。

198 其中一例参见 Volker Schult, "Revolution and War in Mindoro, 1898–1903," *Philippine Studies*, 41 (1993), pp. 76–90。

199 Frank Schumacher, " 'Marked Severities': The Debate over Torture during America's Conquest of the Philippines, 1899–1902," *Amerikastudien*, 51 (2006), pp. 475–98. Iain R. Smith and Andreas Stucki, "The Colonial Development of Concentration Camps (1868–1902)," *Journal of Imperial & Commonwealth History*, 39 (2011), pp. 417–37 分析了 "集中营" 一词的含义, Jonathan Hyslop, "The Invention of the Concentration Camp: Cuba, Southern Africa, and the Philippines," *South African Historical Journal*, 63 (2011), pp. 251–76 也是如此。

200 阿奎纳多（1859—1964）被放出监狱，活到了可以观察1946年独立及第一代后殖民领导人活动的时候。

201 关于马尔瓦尔（1865—1911），参见 Glenn A. May, *Battle for Batangas: A Philippine Province at War* (New Haven, 1991)。

202 May, "Why the United States Won the Philippine-American War," pp. 353–77; Escalante, "The Collapse of the Malolos Republic"; Larkin, *Sugar and the Origins of Modern Philippine Society*, pp. 116–21.

203 马卡里奥·萨凯-德·莱昂（1870—1907）是缺乏研究的领导人，是安德烈斯·博尼法西奥的亲密助手。共和国在1902年宣告成立，但直到1904年才被有效组织起来。

204 Andrew Bacevich, "Disagreeable Work: Pacifying the Moros, 1903–1906," *Military Review*, 62 (1982), pp. 49–61; Joshua Gedacht, " 'Mohammedan Religion Made It Necessary to Fire': Massacres on the American Imperial Frontier from South Dakota to the Southern Philippines," in McCoy and Scarano, eds., *Colonial Crucible*, pp. 397–409.

205 Richard H. Werking, "Senator Henry Cabot Lodge and the Philippines: A Note on American Territorial Expansion," *Pacific Historical Review*, 42 (1973), pp. 234–40. 形势对总是投机的利奥波德二世国王而言也很不确定，以至于他无法考虑为了他的比利时非洲公司的利益来申请统治群岛的特许令。

206 John L. Offner, "Imperialism by International Consensus: The United States and the Philippine Islands," in Daniele Rossini, *From Theodore Roosevelt to FDR: Internationalism and Isolationism in American Foreign Policy* (Edinburgh, 1995), pp. 45–54. 共和党人在众议院失去了席位，在赢得总统选举后的第一次中期选举中，总统所在的党派通常会在众议院失去席位，但共和党仍然是主导党派。

207 Santiago Sevilla, "My Dream" (1911), 引自 Gémino H. Abad, *Our Scene So Far: Filipino Poetry in English, 1905 to 1955* (Quezón City, 2008), p. 48。

208 Hamilton Fish, Secretary of State, 20 March 1875. 引用自 Rigby, "American Expansion in Hawai'i," p. 363.

209 夏威夷包括一系列岛屿，（面积）最大的6座岛为夏威夷岛、瓦胡岛、毛伊岛、考爱岛、莫洛卡伊岛和拉奈岛。首都火奴鲁鲁和主要港口珍珠港都位于瓦胡岛。

210 在一场小争执升级以至于瓦胡岛的首要酋长介入后，库克于1779年在夏威夷被杀。

211 应该在这里（及注释212、214、215）特别感谢 Patrick V. Kirch, *How Chiefs Became Kings: Divine Kinship and the Rise of Archaic States in Ancient Hawai'i*

(Berkeley, 2010) 做出的先驱性贡献。关于 "古旧" 国家，同样参见 A. G. Hopkins, ed., *Globalization in World History* (New York, 2002), chs. 1–3。芋头作为根茎类蔬菜，是主要的基本作物，直到它在 19 世纪和 20 世纪几乎被甘蔗种植的扩大所消灭。如今，它正在重新流行。

212 Patrick V. Kirch, *How Chiefs Became Kings; Kirch, A Shark Going Inland Is My Chief: The Inland Civilization of Ancient Hawai'i* (Berkeley, 2012) 以及 Mark D. McCoy and Michael W. Graves, "The Role of Agricultural Innovation on Pacific Islands: A Case Study from Hawai'i Island," *World Archaeology*, 42 (2010), pp. 90–107.

213 Carol A. MacLennan, *Sovereign Sugar: Industry and Environment in Hawai'i* (Honolulu, 2014), ch. 3. 所有学者都要感谢 MacLennan 博士提供了关于夏威夷主要产业的历史，这是大家长期以来都需求的研究。同样参见 Noenoe K. Silva, "He Kanawai Hoʻopau i na Hula Kuolo Hawaiʻi: The Political Economy of Banning the Hula," *Hawaiian Journal of History*, 34 (2000), pp. 29–48; Jennifer Fish Kashay, "Agents of Imperialism: Missionaries and Merchants in Early-Nineteenth-Century Hawaiʻi," *New England Quarterly*, 80 (2007), pp. 280–98。

214 Patrick V. Kirch and Jean-Louis Rallu, eds., *The Growth and Collapse of Pacific Island Societies* (Honolulu, 2007), 尤其是 chs. 1, 4–7, 16; Seth Archer, "Remedial Agents: Missionary Physicians and the Depopulation of Hawaiʻi," *Pacific Historical Review*, 79 (2010), pp. 513–44 提供了一项微妙的案例研究。我也要感谢加利福尼亚大学河滨分校的 David A. Swanson 教授允许我引用他未出版的论文 "A New Estimate of the Hawaiian Population for 1778, the Year of First European Contact," 也要感谢他在此后的通信中远 "超过职务要求" 的进一步帮助。

215 关于这些事务，Marshall Sahlins, *Anahulu: The Anthropology of History in the Kingdom of Hawaiʻi*, Vol. 1 (Chicago, 1992) 和 Patrick V. Kirch and Marshall Sahlins, *Anahulu*: Vol. 2 (Chicago, 1992) 提供了许多信息。

216 MacLennan, *Sovereign Sugar*, pp. 46–47 以及更笼统的 Stuart Banner, *Possessing the Pacific: Land, Settlers, and Indigenous People from Australia to Alaska* (Cambridge, MA, 2007)。

217 Richard Hawkins, "The Impact of Sugar Cane Cultivation on the Economy and Society of Hawaiʻi, 1835–1900," *Iles i Imperis*, 9 (2006), pp. 59–77; Barry Rigby, "American Expansion in Hawaiʻi: The Contribution of Henry A. Peirce," *Diplomatic History*, 4 (1980), p. 355.

218 Rigby, "American Expansion in Hawaiʻi," p. 363.

219 皮尔斯（1808—1885）对糖料种植园做了大笔投资。

220 卡米哈米哈五世（1830—1872）在 1863—1872 年掌权。

221 卡拉卡瓦（1836—1891）在 1874—1891 年掌权。

222 1875 年 3 月 20 日。引用自 Rigby, "American Expansion in Hawaiʻi," p. 365。

223 LaCroix and Grandy, "Political Instability of Reciprocal Trade"; Hawkins, "The Impact of Sugar Cane Cultivation"; Carol A. MacLennan, "Hawaiʻi Turns to Sugar: The Rise of Plantation Centers, 1860–1880," *Hawaiian Journal of History*, 31 (1997), pp. 97–125.

224 MacLennan, *Sovereign Sugar*, chs. 6–7.

225 Francisco and Fast, *Conspiracy for Empire*, pp. 2–6, 38–9, 74–5; Richard D.

Weigle, "Sugar and the Hawaiian Revolution," *Pacific Historical Review*, 16 (1947), pp. 48–9; Richard P. Tucker, *Insatiable Appetite: The United States and the Ecological Degradation of the World* (Berkeley, 2000), pp. 79–82. 公认的优秀著作依然是 Jacob Adler, *Claus Spreckels: The Sugar King in Hawai'i* (Honolulu, 1966)。

226　皮尔斯自己来自波士顿。他的继任者约翰·L. 史蒂文斯来自缅因州，该州对夏威夷起到了特别的宗教和商业影响。参见 Paul T. Burlin, *Imperial Maine and Hawai'i: Interpretive Essays in the History of Nineteenth-Century American Expansion* (Lanham, 2006)。

227　这些事件已被其他历史学家大量论述。这里给出的总结尤其依靠 LaCroix and Grandy, "Political Instability of Reciprocal Trade"; Hawkins, "The Impact of Sugar Cane Cultivation"; Alfred L. Castle, "U.S. Commercial Policy and Hawai'i, 1890–1894," *Hawaiian Journal of History*, 33 (1999), pp. 69–82 和 MacLennan, *Sovereign Sugar*, ch. 10。

228　如今的起始点是 Jonathan K. K. Osorio, *Dismembering Lahui: A History of the Hawaiian Nation to 1887* (Honolulu, 2002) 可嘉的研究。参见 Noenoe K. Silva, *Aloha Betrayed: Native Hawaiian Resistance to American Colonialism* (Durham, 2004) 和 Kenneth R. Conklin 的激烈批判："Noenoe Silva, Aloha Betrayed: Native Hawaiian Resistance to American Colonialism," at http://www.angelfire. com/hi2/Hawaiiansovereignty/noen oealhoabetrayed.html (2005)。

229　Richard C. K. Burdekin and Leroy O. Lancy, "Financial Market Reactions to the Overthrow and Annexation of the Hawaiian Kingdom: Evidence from London, Honolulu and New York," *Cliometrica*, 2 (2008), pp. 123–5.

230　此后发生的事件是夏威夷历史上记载最详尽、讨论最多的事件之一。公认的优秀著作是 Ralph S. Kuykendall, *The Hawaiian Kingdom, 1874–1893: The Kalākaua Dynasty* (Honolulu, 1967)。专门研究包括 Pratt, *Hawaiian Revolution; Sylvester K. Stevens, American Expansion in Hawai'i, 1842–1898* (Harrisburg, 1945); Merze Tate, *Hawai'i: Reciprocity of Annexation* (East Lansing, 1968); William A. Russ, *The Hawaiian Revolution, 1893–4* (Selinsgrove, 1959); Russ, *The Hawaiian Republic, 1893–98* (Selinsgrove, 1961)。这些研究提醒我们，前一代学者在表述和研究上都达到了高标准。

231　LaCroix and Grandy, "Political Instability of Reciprocal Trade," pp. 182–3.

232　Hawkins, "Impact of Sugar Cane," p. 71 警告我们不要夸大《麦金莱关税法》对夏威夷的影响。

233　利留卡拉尼（1838—1917）在1891—1893年掌权。

234　President Grover Cleveland, "Message to the Senate and House of Representatives," 18 December 1893, at http://www.Hawai'i-nation.org/cleveland.html.

235　哈里森总统在国务卿詹姆斯·布莱恩的领头下，已试着在1890年建立保护关系，但谈判破裂了，因此美国转向了吞并。

236　Michael J. Devine, *John W. Foster: Politics and Diplomacy in the Imperial Era, 1873–1917* (Athens, 1981). 福斯特（1836—1917）在1892年6月接替了生病的布莱恩，他和前任在扩张问题上观点一致。据说他确实克服了哈里森总统"一些不便的顾虑"，因为哈里森希望得到民众对吞并条约提议的支持。Julius W. Pratt, *Expansionists of 1898: The Acquisition of Hawai'i and the Spanish Islands* (Baltimore, 1936), pp. 19–20.

237　关于克利夫兰对夏威夷态度中的种族因素，参见 Eric T. L. Love, *Race over Empire: Racism and U.S. Imperialism, 1865–1900* (Chapel Hill, 2004), pp. 113–14。

238　Charles W. Calhoun, "Morality, and Spite: Walter Q. Gresham and U.S. Relations with Hawai'i," *Pacific Historical Review*, 53 (1983), pp. 292–311; Alfred L. Castle, "Tentative Empire: Walter Q. Gresham, U.S. Foreign Policy, and Hawai'i, 1893–1895," *Hawaiian Journal of History*, 29 (1995), pp. 83–96. 格雷沙姆（1832—1895）是一名前共和党人，个人强烈抵触哈里森及其政策。

239　MacLennan, *Sovereign Sugar*, ch. 4 做了关于早期种植园主的出色论述。

240　关于瑟斯顿（1858—1931）的信息，参见 Russ, *Hawaiian Revolution* 和 Russ, *Hawaiian Republic* 的完整索引。

241　William A. Russ, "The Role of Sugar in Hawaiian Annexation," *Pacific Historical Review*, 12 (1943), p. 349.

242　Alfred L. Castle, "Advice for Hawai'i: The Dole-Burgess Letters," *Hawaiian Journal of History*, 15 (1981), pp. 24–30. 伯吉斯（1844—1931）到德国在威廉·罗雪尔和特奥多尔·蒙森门下学习，成为美国政治学的创始人之一。

243　亚瑟·皮尤·戈尔曼（Arthur Pue Gorman，1839—1906）是来自马里兰州的参议员（1881—1889年、1903—1906年在任），他的动机至少有一部分是想保护他所在州的制糖厂，其中包括一些他自己的投资。Castle, "U.S. Commercial Policy," p. 79.

244　Russ, *Hawaiian Republic*, ch. 2. 罗伯特·威廉·卡拉尼夏波·威尔科克斯（Robert William Kalanihiapo Wilcox，1855—1903）是主要的独立民族主义者，他组织了几场反对定居者接管夏威夷的叛乱，但他也批评了王室。参见 Ernest Andrade, *Unconquerable Rebel: Robert W. Wilcox and Hawaiian Politics, 1880–1903* (Boulder, 1996)。

245　关于这些最后的事件，参见 Pletcher, *The Diplomacy of Involvement*, pp. 272–5 审慎的总结。

246　Stevens, *American Expansion in Hawai'i*, pp. 284–6.

247　Julius W. Pratt, *America's Colonial Experiment* (New York, 1950), pp. 74–6. Paul S. Holbo 认为夏威夷的战略价值超过了阿留申群岛，这一说法仍然具有说服力："Anti-Imperialism, Allegations, and the Aleutians: Debates over the Annexation of Hawai'i," *Reviews in American History*, 10 (1982), 377–8。

248　Russ, *Hawaiian Republic*, chs. 9–10 提供了完整的叙述。

249　这一点由 Pratt, *Expansionists of 1898* 提出，得到了 Weigle, "Sugar and the Hawaiian Revolution" 的证实，并被后来的大多数学者接受。

250　Tate, *Hawai'i*, pp. 251–2.

251　Weigle, "Sugar and the Hawaiian Revolution," pp. 48–50, 57 宣称，他们的动机并不是直接来自糖料生产或贸易。Francisco and Fast, *Conspiracy for Empire*, ch. 9 and p. 346, n. 51 批评了这一观点。MacLennan, *Sovereign Sugar*, pp. 235–8 提供了审慎的评估。

252　*The Congregationalist*, 引用自 Stevens, *American Expansion*, p. 254。

253　Colin Newbury, "Patronage and Bureaucracy in the Hawaiian Kingdom, 1840–1893," *Pacific Studies*, 24 (2001), pp. 1–38.

254　Stevens, *American Expansion*, pp. 148–53; Tate, *Hawai'i*, pp. 242–5.

255　关于当时西海岸（被低估）的发展，参见 David Igler, "The Industrial Far West in the Late Nineteenth Century," *Pacific Historical Review*, 69 (2000), pp. 159–93。

256 Francisco and Fast, *Conspiracy for Empire*, pp. 72–5; LaFeber, *New Empire*, p. 363; *New York Times*, 17 June 1911. 奥克斯纳德发迹于纽约，在那里拥有一座制糖厂，然后搬去了加州，在那里投资甜菜，用他的名字命名了奥克斯纳德港。他也在路易斯安那州的甘蔗生产中获取了利益。

257 Tate, *Hawai'i*, pp. 251–4. 里德（1839—1902）虽是西奥多·罗斯福和亨利·卡伯特·洛奇的朋友，但反对与西班牙的战争，也在麦金莱就这一问题改变主意后与其产生了分歧。

258 需要获得简单多数票的共同决议体现了吞并条约中的条款，并写明了"国会应该为这样的岛屿提供政府管理"之前要实行的条件。Tate, *Hawai'i*, p. 254; Pratt, *Expansionists of 1898*, ch. 9. 夏威夷民族主义运动如今宣称吞并是非法的，因为"得克萨斯先例"不应该适用于对外国的强制获取。

259 1893年2月1日。引自Stevens, *American Expansion*, p. 232。

260 正像Sumner敏锐地提出一样：*The Conquest of the United States by Spain*, p. 27; Merze Tate, "Great Britain and the Sovereignty of Hawai'i," *Pacific Historical Review*, 31 (1962), pp. 327–48; LaFeber, *New Empire*, p. 207。

261 Russ, *Hawaiian Republic*, pp. 375–6; Weigle, "Sugar and the Hawaiian Revolution," pp. 42–4让Russ的论点更为精确，指出对亚洲劳动力的恐惧产生于1893年革命之后而不是之前。

262 引自Russ, *Hawaiian Republic*, p. 376。

263 Pratt, *Expansionists of 1898*, pp. 217–18; Stevens, *American Expansion in Hawai'i*, pp. 282, 286–8.

264 引自Pratt, *Expansionists of 1898*, p. 218。最完整的论述是William M. Morgan, *Hawai'i in U.S. Strategy and Politics* (Annapolis, 2011)。

265 引自Eric Love, "White Is the Color of Empire: The Annexation of Hawai'i in 1898," in James T. Campbell, Matthew Pratt Gould, and Robert G. Lee, eds., *Race, Nation, and Empire in American History* (Chapel Hill, 2007), pp. 96–7。

266 引自Joseph L. Grabill, *Protestant Diplomacy and the Near East: Missionary Influence on American Policy, 1810–1927* (Minneapolis, 1971), p. 45。

267 Rigby, "The Origins of American Expansion," pp. 234–7达到了合适的平衡。

268 Edward P. Crapol, *James G. Blaine: Architect of Empire* (Wilmington, 2000) 提供了简短的介绍。

269 Luis Martínez-Fernández, *Protestantism and Political Conflict in the Nineteenth-Century Hispanic Caribbean* (New Brunswick, 2002).

270 Thomas O. Ott, "The Corbitts, the HAHR, and United States-Cuban Intellectual Relations," *Hispanic American Historical Review*, 59 (1979), pp. 108–9.

271 Harris, "Edwin F. Atkins and the Evolution of United States Cuba Policy," pp. 202–31; 关于他的种植园，参见Rebecca J. Scott, "A Cuban Connection: Edwin F. Atkins, Charles Francis Adams, Jr., and the Former Slaves of Soledad Plantation," *Massachusetts Historical Review*, 9 (2007), pp. 7–34; Jason M. Colby, "Race, Empire and New England Capital in the Caribbean, 1890–1930," *Massachusetts Historical Review*, 11 (2009), pp. 1–25。阿特金斯（1850—1926）撰写了一部完整的回忆录，其中显示他对叛乱的理解有限：*My Sixty Years in Cuba* (Cambridge, MA, 1926).

272 菲茨休·李（1835—1905）是罗伯特·E.李的侄子，曾任弗吉尼亚州州长（1866—1890），是一名支持复本位制的共和党人，后来成为民主党人。他在

1896年被克利夫兰总统指派在哈瓦那担任这一职务。

273 Rafael E. Tarragó, "Cuba and Cubans through the Pages of the *New York Times* in 1898," *Jahbuch für Geschichte Lateinamerikas*, 39 (2002), pp. 356–9, 368–9.

274 John L. Offner, *An Unwanted War: The Diplomacy of the United States and Spain Over Cuba, 1895–1898* (Chapel Hill, 1992), pp. 94–100.

275 Tarragó, "Cuba and Cubans," pp. 347–8.

276 Gerald G. Eggert, "Our Man in Havana: Fitzhugh Lee," *American Historical Review*, 47 (1967), pp. 463–85.

277 伍德福德（1835—1913）在1898年宣战时离开了西班牙。

278 引自Offner, *An Unwanted War*, p. 171。

279 Pérez, *Cuba Between Empires*, pp. 135, 175; Pérez, *The War of 1898*, p. 10.

280 John Lawrence Tone, *War and Genocide in Cuba, 1895–1898* (Chapel Hill, 2006) 仔细论证了反对传统民族主义视角的观点。同样参见Tarragó, "Cuba and Cubans," pp. 347–8。

281 Pérez, *Cuba Between Empires*, pp. 172–3.

282 John L. Offner, "McKinley and the Spanish-American War," *Presidential Studies Quarterly*, 34 (2004), pp. 54–5.

283 引自Tarragó, "Cuba and Cubans," p. 362。

284 Paul S. Holbo, "The Convergence of Moods and the Cuban-Bond 'Conspiracy' of 1898," *Journal of American History*, 55 (1968), p. 69.

285 Pérez, *Cuba Between Empires*, p. 187; Tarragó, "Cuba and Cubans," pp. 353–4.

286 Pratt, *Expansionists of 1898*, p. 354.

287 Offner, *An Unwanted War*, p. 234.

288 Davila-Cox, "Puerto Rico in the Hispanic-Cuban-American War," pp. 116–17.

289 引用自Martínez-Fernández, *Frontiers, Plantations, and Walled Cities*, p. 118。

290 Dietz, *Economic History of Puerto Rico*, p. 93.

291 Santiago Petchen, "The Training and Background of the Spanish Hierarchy in the Nineteenth Century," *Philippine Studies*, 22 (1974), pp. 93–116强调了等级制度的保存，以及等级制度在维持现有财产权方面的相关利益。

292 Kenton J. Clymer, *Protestant Missionaries in the Philippines, 1898–1916: An Inquiry into the American Colonial Mentality* (Urbana, 1986) 仍是最好的研究。

293 John A. S. Grenville, "Diplomacy and War Plans in the United States, 1890–1917," *Transactions of the Royal Historical Society*, 8 (1961), p. 4.

294 同上，pp. 1–21。

295 Thomas J. McCormick, *The China Market: America's Quest for Informal Empire, 1893–1901* (Chicago, 1967); James J. Lorence, "Organized Business and the Myth of the China Market: The American Asiatic Association, 1898–1937," *Transactions of the American Philosophical Society*, 71 (1981), pp. 5–30.

296 Marilyn B. Young, *The Rhetoric of Empire: American China Policy, 1895–1901* (Cambridge, MA, 1958); Paul A. Varg, *The Making of a Myth: The United States and China, 1879–1912* (East Lansing, 1968); David Healy, *U.S. Expansionism: The Imperialist Urge in the 1890s* (Madison, 1970).

297 Elizalde, "1898: The Coordinates of the Spanish Crisis," p. 138.

298 Pletcher, *The Diplomacy of Involvement*, pp. 276–83; Lorence, *Organized Business*, pp. 20–21.

299 关于这一话题的更多内容，参见 Michael H. Hunt, *The Making of a Special Relationship: The United States and China to 1914* (New York, 1983), pp. 143–68; Pletcher, *The Diplomacy of Involvement*, pp. 293–301; Cain and Hopkins, *British Imperialism*, ch. 13; George C. Herring, *From Colony to Superpower: U.S. Foreign Relations since 1776* (Oxford, 2008), pp. 329–35。

300 D. A. Farnie, *East and West of Suez: The Suez Canal in History, 1854–1956* (Oxford,1969), pp. 458–61; Wojciech, Rojek, "The Suez Theme in the 1898 Spanish-American War," *American Studies*, 16 (1998), pp. 67–77.

301 Sir Charles W. Dilke, "The Problem of the Philippines," *North American Review*, 167 (1898), p. 17.

302 Kramer, "Race-Making and Colonial Violence," p. 178. 完整论述是 Paul A. Kramer, *The Blood of Government: Race, Empire, the United States, and the Philippines* (Chapel Hill, 2006)。

303 说于 1902 年 5 月 4 日。引自 Paul A. Kramer, "Race-Making and Colonial Violence," p. 169。

中场休息

1 可以通过 John Taliaferro, *Tarzan Forever: The Life of Edgar Rice Burroughs* (New York, 1999); John F. Kasson, *Houdini, Tarzan, and the Perfect Man: The White Male Body and the Challenge of Modernity in America* (New York, 2001) 来了解关于泰山的浩瀚文献。

2 Taliaferro, *Tarzan Forever*, p. 13. 另一种估算称，巴勒斯的所有小说总共售出了超过 1 亿册。参见 Bruce Watson, "Tarzan the Eternal," *Smithsonian*, 31 (2001), p. 62。

3 不过现在这只是以温和的方式体现所有权，因为大部分产权被卖给了华特·迪士尼公司。参见 Jeffrey Gentleman, "Tarzan Swings Without Tarzana," *Los Angeles Times*, 4 June 1999。

4 不出意料的是，巴勒斯也写了科幻小说。

5 William Gleason, "Of Sequels and Sons: Tarzan and the Problem of Paternity," *Journal of American & Comparative Cultures*, 23 (2000), pp. 41–52 曾提出，泰山在文明与原始生活之间的摇摆是重演论（斯宾塞提倡的进化论的替代品）的一例。

6 辛克莱担心的不是移民带来的威胁，而是他们在资本家手中遭到的剥削。关于这一主题，参见 Catherine Jurca, "Tarzan, Lord of the Suburbs," *Modern Language Quarterly*, 57 (1996), pp. 479–504; and James R. Barrett, "Remembering the Jungle (1906)," *Labor: Studies in Working Class History of the Americas*, 3 (2006), pp. 7–12。

7 这里提出的解释主要是基于最早两本起到定型作用的小说：*Tarzan of the Apes* (1912; London, 2008) 和 *Return of Tarzan* (1913; London, 2008)。Gail Bederman, *Manliness and Civilization: A Cultural History of Gender and Race in the United States, 1880–1917* (Chicago, 1995) 对第一部泰山小说里出现的男性气概做了可嘉的评估（pp. 217–32）。

第 10 章

1 Henry R. Luce, "The American Century," *Life*, 17 February 1941, reprinted in

Michael J. Hogan, ed., *The Ambiguous Century: U.S. Foreign Relations in the "American Century"* (Cambridge, 1999), pp. 11–28. 卢斯（1898—1967）直到1964年都是那些影响重大的杂志的所有者和主编。在关于他的众多传记中，最优秀的是 Alan Brinkley, *The Publisher: Henry Luce and His American Century* (New York, 2010)，该书指出了卢斯很容易被模式化的世界观中有许多复杂之处。Andrew J. Bacevich, ed., *The Short American Century: A Postmortem* (Cambridge, MA, 2012) 考虑了卢斯梦想的延伸后果。

2　Harold Evans, *The American Century* (New York, 1998), p. xiv. 这句引言的结论是："（20世纪之所以属于美国，）是因为它坚信建国时关于政治和经济自由的思想，从而取得了胜利。" 在这一方面，这部受人欢迎、非常流行的著作是许多类似著作中的典型。

3　John Darwin, "Imperialism in Decline? Tendencies in British Imperial Policy between the Wars," *Historical Journal*, 23 (1980), pp. 657–79 提出了这一论点，并将其置于更广泛的背景下。John Gallagher (ed. Anil Seal), *The Decline, Revival and Fall of the British Empire* (Cambridge, 1982) 专门提及印度来进行论证。P. J. Cain and A. G. Hopkins, *British Imperialism, 1688–2015* (London, 3rd. ed. 2016) 进一步拓展了分析。

4　这种说法和情感来自 Ronald Robinson and John Gallagher, *Africa and the Victorians: The Official Mind of Imperialism* (London, 1962; 1982)。

5　克里奥帕特拉提及马克·安东尼时所言，*Antony and Cleopatra*, Act 5, Scene 2。

6　关于直接的先例，参见 Christopher McKnight Nichols, *Promise and Peril: America at the Dawn of a Global Age* (Cambridge, MA, 2011)。

7　一战后，国会将常备军的规模缩小到了14万人，让海军规模与英国保持对等：George C. Herring, *From Colony to Superpower: U.S. Foreign Relations since 1776* (Oxford, 2008), p. 439。

8　John M. Cooper, *Breaking the Heart of the World: Woodrow Wilson and the Fight for the League of Nations* (New York, 2001); Thomas N. Guinsberg, *The Pursuit of Isolationism in the United States from Versailles to Pearl Harbor* (New York, 1982).

9　Warren F. Kuehl and Lynne K Dunn, *Keeping the Covenant: Internationalists and the League of Nations, 1920–1939* (Kent, 1997); Cooper, *Breaking the Heart of the World; Herring, From Colony to Superpower*, pp. 427–35.

10　William Appleman Williams, "The Legend of Isolationism in the 1920s," *Science & Society*, 18 (1954), pp. 1–20 提出了经典的论证，在那之后被更详尽地阐释。但是，这种思路在更早的时候起源于进步派历史学家和激进分子，比如多产而极为独特的斯科特·尼尔林，他和约瑟夫·弗里曼合著了 *Dollar Diplomacy: A Study in American Imperialism* (New York, 1925)。尼尔林的观点让他在1915年被宾夕法尼亚大学沃顿商学院解雇。半个多世纪后，他在1973年被重新聘任。

11　Frank Costigliola, *Awkward Dominion: American Political, Economic, and Cultural Relations with Europe, 1919–1933* (London, 1984) 仍然具有价值。

12　Herring, *From Colony to Superpower*, pp. 427–35; Emily S. Rosenberg, *Financial Missionaries to the World: The Politics and Culture of Dollar Diplomacy, 1900–1930* (Cambridge, MA, 1999) 提供了完整的论述。

13　Cain and Hopkins, *British Imperialism*, pp. 453, 601 以及其中给出的进一步引用。

14　统计数据来自CQ Research Online, "Foreign Trade of the United States," November 1, 1930, at library.cqpress.com; and Alfred E. Eckes, Jr. and Thomas W. Zeiler, *Globalization and the American Century* (Cambridge, 2003), chs. 3–4以及 pp. 261–69的表格。应该声明的是，不同史料中的数字有所不同。不过，这些数据可以被视为指出了主要趋势。

15　Roderick Floud and Paul Johnson, eds., *Cambridge Economic History of Modern Britain*, Vol. 2 (Cambridge, 2003), table 4.7, p. 83; Cain and Hopkins, *British Imperialism*, p. 440.

16　Stanley Lebergott, "The Returns to U.S. Imperialism, 1890–1929," *Journal of Economic History*, 40 (1980), pp. 230–31. Lebergott被人遗忘的论文提出了早应得到进一步研究的重要问题。

17　正如本书第8章所论证的那样。Emily S. Rosenberg不应该因为她关于这一问题的先驱性著作，只得到压缩的致敬词：*Spreading the American Dream: American Economic and Cultural Expansion, 1890–1945* (New York, 1982); Rosenberg, *Financial Missionaries*。Adam Tooze, *The Deluge: The Great War, America, and the Remaking of the Global Order, 1916–1931* (New York, 1914) 尤其关注1916—1925年，详尽探究了金融的主题，对美国作为世界大国的崛起，提出了比这里更积极的观点。

18　Yoneyuki Sugita, "The Rise of an American Principle in China: A Reinterpretation of the First Open Door Notes Towards China," in Richard Jensen, Jon Davidson, and Yoneyuki Sugita, eds., *Trans-Pacific Relations: America, Europe, and Asia in the Twentieth Century* (Westport, 2003), ch. 1.

19　Jay Sexton, *The Monroe Doctrine: Empire and Nation in Nineteenth-Century America* (New York, 2011), pp. 228–39. 关于（来自委内瑞拉危机的）直接诱因，参见Matthias Maass, "Catalyst for the Roosevelt Corollary: Arbitrating the 1902–1903 Venezuela Crisis and Its Impact on the Development of the Roosevelt Corollary to the Monroe Doctrine," *Diplomacy & Statecraft*, 20 (2009), pp. 383–402。

20　Noel Maurer对这一话题的贡献最为重要：*The Empire Trap: The Rise and Fall of U.S. Intervention to Protect American Property Rights Overseas, 1893–2013* (Princeton, NJ, 2013)。

21　这是Maurer在*The Empire Trap*中的核心论点之一。

22　Cyrus Veeser, *A World Safe for Capitalism: Dollar Diplomacy and America's Rise to Global Power* (New York, 2002).

23　Peter James Hudson, "The National City Bank of New York, and Haiti, 1909–1922," *Radical History Review*, 115 (2013), pp. 91–114.

24　Jason M. Colby, *The Business of Empire: United Fruit, Race, and U.S. Expansion in Central America* (Ithaca, 2011).

25　Chris James Mitchener and Marc Weidenmier, "Empire, Public Goods and the Roosevelt Corollary," *Journal of Economic History*, 65 (2005), pp. 658–92显示出，在美国干预后，投资者的信心增强，政府债券的价格上升，不过他们对更广泛后果的看法可以说是太过乐观。

26　这也让过度延伸的英国皇家海军得到解脱，以在其他地方履行职责：Sexton, *Monroe Doctrine*, pp. 237–38。

27　"香蕉共和国"一词由欧·亨利创造，最早出现在《白菜与国王》（*Cabbages*

and Kings，1904）中，基于他1896—1897年在洪都拉斯的经历。

28　Alan McPherson, *The Invaded: How Latin Americans and Their Allies Fought and Ended U.S. Occupations* (New York, 2014) 强调了本地和地区要求从越发集权的政府取得自治的重要性，以及美国外交官和军队之间的缺乏协调。

29　赫伯特·胡佛（1874—1964），1929—1933年担任总统，那是在关于门罗主义的《克拉克备忘录》（Clarke Memorandum，1928）发布以后。Alan McPherson, "Herbert Hoover, Occupation Withdrawal, and the Good Neighbor Policy," *Presidential Studies Quarterly*, 44 (2014), pp. 623–39.

30　Paul A. Varg, "The Economic Side of the Good Neighbor Policy: The Reciprocal Trade Program and South America," *Pacific Historical Review*, 45 (1976), pp. 47–71解释了这一项目的失败。更广泛的论述参见Cain and Hopkins, *British Imperialism*。关于中国和门户开放，参见本书第9章。

31　John J. Dwyer, *The Agrarian Dispute: The Expropriation of American-Owned Rural Land in Postrevolutionary Mexico* (Durham, 2008).

32　Carl P. Parrini, *Heir to Empire: United States Economic Diplomacy, 1916–1923* (Pittsburgh, 1969); 同样参见Margaret Macmillan, *Paris 1919: Six Months that Changed the World* (New York, 2003), pp. 15–16。

33　关于这一问题的更多论述，参见Michael H. Hunt, *The Making of a Special Relationship: The United States and China to 1914* (New York, 1983), pp. 143–68; David M. Pletcher, *The Diplomacy of Involvement: American Economic Expansion Across the Pacific, 1784–1900* (Columbia, 2001), pp. 293–301。Gregory Moore, *Defining and Defending the Open Door Policy: Theodore Roosevelt and China, 1901–1909* (Lanham, 2015) 确认了"说帖"中的保证并不是承诺。Cain and Hopkins, *British Imperialism*, ch.13; *Herring, From Colony to Superpower*, pp. 329–35.

34　Sexton, *The Monroe Doctrine*, pp. 228–39. 引言在230页。

35　B.J.C. McKercher, *Transition of Power: Britain's Loss of Global Pre-Eminence to the United States, 1930–1945* (Cambridge, 1999), pp. 339–43; John Darwin, *The Empire Project: The Rise and Fall of the British World System, 1830–1970* (Cambridge, 2009), pp. 474–6.

36　Warren G. Harding, "Return to Normalcy," Boston, 14 May 1920.

37　Edward Paice, *World War I: The African Front* (New York, 2008); DeWitt C. Ellinwood and S. D. Pradhan, eds., *India and World War I* (Columbia, 1978); Roy Kaushik, ed., *The Indian Army in Two World Wars* (Leiden, 2011).

38　Michael Adas, "Assault on the Civilizing Mission Ideology," *Journal of World History*, 15 (2004), pp. 31–63.

39　R. H. Tawney, "The Abolition of Economic Controls, 1918–21," Economic History Review, 13 (1940), pp. 7–17. 但在法国，战时管制延长到了和平时代。

40　Cain and Hopkins, *British Imperialism*, ch. 19在英美对立的背景下探讨了更广泛的问题。同样参见W. Max Corden, *Too Sensational: On the Choice of Exchange Rate Regimes* (Cambridge, MA, 2004), pp. 12–13。

41　Martin Thomas, "Albert Sarraut, French Colonial Development, and the Communist Threat, 1919–1930," *Journal of Modern History*, 77 (2005), pp. 917–55.

42　Marc Michel, *L'appel à l'Afrique: contributions et réactions à l'effort de guerre en AOF, 1914–1919* (Paris, 1982) 以及更广泛的研究 Richard S. Fogarty, *Race and War in France: Colonial Subjects in the French Army, 1914–1918* (Baltimore, 2008); Paice, *World War I: The African Front*。

43　我要借此机会说，在发展现代帝国的文化史研究方面，没有学者做得比 John MacKenzie 更多了。参见 *Propaganda and Empire: Manipulation of British Public Opinion, 1880–1956* (Manchester, 1986); "Passion or Indifference? Popular Imperialism in Britain: Continuities and Discontinuities over Two Centuries," in MacKenzie, ed., *European Empires and the People: Popular Responses to Imperialism in France, Britain, The Netherlands, Belgium, Germany and Italy* (Manchester, 2011), pp. 57–89。以及 Berny Sèbe, "Existing Imperial Grandeur: the French Empire and Its Metropolitan Public," in MacKenzie, ed., *European Empires and the People*, pp. 35–42。Martin Thomas, *The French Empire Between the Wars: Imperialism, Politics and Society* (Manchester, 2005), ch. 6 采取了更谨慎的观点。

44　Philip M. Taylor, *The Projection of Britain: British Overseas Publicity and Propaganda, 1919–1939* (Cambridge, 1981); Jeffrey Richards, "Patriotism with Profit: British Imperial Cinema in the 1930s," in James Curran and Victor Porter, eds., *British Cinema History* (1983), pp. 245–56.

45　Martin Thomas, *Empires of Intelligence: Security Services and Colonial Disorder after 1914* (Berkeley and Los Angeles, 2008).

46　特别是 Oswald Spengler, *The Decline of the West*（Vols. 1 and 2, 首先于1918年和1923年出版德文本，接着于1926年和1928年出版了英文版）。

47　如今有了一部完整研究：Susan Pedersen, *The Guardians: The League of Nations and the Crisis of Empire* (Oxford, 2015)。

48　关于对殖民政府问责的效果，参见 Véronique Dimier, "L'internationalisation du debat colonial: rivalités Franco-Britanniques autour de la Commission Permanente des Mandats," *Outre-Mers: Revue d'Histoire*, 89 (2002), pp. 333–60。

49　Peter J. Yearwood, "Great Britain and the Repartition of Africa, 1914–19," *Journal of Imperial & Commonwealth History*, 18 (1990), pp. 316–41.

50　1920年1月4日。引自 Scott Nearing, *The American Empire* (New York, 1921), p. 200。

51　Erez Manela, *The Wilsonian Moment: Self-Determination and the International Origins of Anticolonial Nationalism* (Oxford, 2007), pp. 6, 215, 218–19. 关于威尔逊外交政策的研究文献非常多。要得到具有洞见的概述，参见 David Steigerwald, "The Reclamation of Woodrow Wilson," in Michael J. Hogan, ed., *Paths to Power: The Historiography of American Foreign Relations to 1941* (Cambridge, 2000), pp. 148–75. 要得到时间更长的观察，参见 Frank Ninkovich, *The Wilsonian Century: U.S. Foreign Policy since 1900* (Chicago, 1999)。

52　Allen Lynch, "Woodrow Wilson and the Principle of 'National Self-Determination': A Reconsideration," *Review of International Studies*, 28 (2002), pp. 419–36; Emily S. Rosenberg, "World War I, Wilsonianism, and Challenges to the U.S. Empire," *Diplomatic History*, 38 (2014), pp. 853–63. 关于这一术语的模糊性，参见 Brad Simpson, "The United States and the Curious History of Self-Determination," *Diplomatic History*, 36 (2012), pp. 175–94。

53　John W. Cell, "Colonial Rule," in Judith M. Brown and Wm. Roger Louis, eds., *The Oxford History of the British Empire*, Vol. 4 (Oxford, 1999), ch. 10; Alice Conklin, *A Mission to Civilize: The Republican Idea in France and West Africa, 1895–1930* (Stanford, 1997)。关于这些原则在法国的思想基础，参见 Eric Savarese, *L'Ordre colonial et sa légitimation en France métropolitaine* (Paris, 1998)。

54　列维-布留尔（1857—1939）是一名先驱性的人类学家，因 *Les fonctions mentales dans les sociétés inférieures* (Paris, 1910; translated as *How Natives Think*, 1926) 和 *La mentalité primitive* (Paris, 1922; translated as *Primitive Mentality*, 1923) 闻名。这不是要证明人类学家只是殖民主义的代理人。关于这一问题，参见 Adam Kuper, *Anthropology and Anthropologists: The Modern British School* (London, 1983)。

55　这一时代的使命宣言是 Frederick John Dealtry Lugard, *The Dual Mandate in British Tropical Africa* (London, 1922)。

56　Jaffna L. Cox, "A Splendid Training Ground: The Importance to the Royal Air Force of Its Role in Iraq, 1919–32," *Journal of Imperial & Commonwealth History*, 13 (1985), pp. 157–84; Michael Paris, "Air Power and Imperial Defence, 1880–1919," *Journal of Contemporary History*, 24 (1989), pp. 209–25; 更全面的著作是 David Omissi, *Air Power and Colonial Control* (Manchester, 1990)。

57　C.J.D. Duder, "The Settler Response to the Indian Crisis of 1923 in Kenya: Brigadier General Philip Wheatley and Direct Action," *Journal of Imperial & Commonwealth History*, 17 (1989), pp. 349–73.

58　Darwin, *The Empire Project*, p. 357.

59　Ian Phimister, *An Economic and Social History of Zimbabwe, 1890–1948* (London,1988), chs. 2–3.

60　Darwin, *The Empire Project*, pp. 443–5.

61　Philip Woods, *Roots of Parliamentary Democracy in India: Montagu Chelmsford Reforms, 1917–1923* (Delhi, 1996).

62　Judith M. Brown, "India," in Judith M. Brown and Wm. Roger Louis, eds., *The Oxford History of the British Empire* (Oxford, 1999), p. 430 总结了关于这一问题的大量研究。

63　Peter J. Cain, "Bentham and the Development of the British Critique of Colonialism," *Utilitas*, 23 (2011), pp. 1–24.

64　John E. Moser, *Twisting the Lion's Tail: Anglophobia and the United States, 1921–48* (Basingstoke, Hants., 1999).

65　Wm. Roger Louis, "The United States and the African Peace Settlement of 1919: The Pilgrimage of George Louis Beer," *Journal of African History*, 4 (1963), pp. 413–33 探究了这一时期的外交斡旋。

66　Emily S. Rosenberg, "World War I, Wilsonianism, and Challenges to U.S. Empire," *Diplomatic History*, 38 (2014), pp. 852–63.

67　同上，p. 860。

68　Cain and Hopkins, *British Imperialism*, chs. 22, 25.

69　在阿根廷是 3—5 倍。Cain and Hopkins, *British Imperialism*, ch. 22; Alan Knight, "Latin America," in Brown and Louis, *Oxford History of the British Empire*, Vol. 4, ch. 27. Knight 的观点没有 Cain 和 Hopkins 那么乐观，主要是因为他强调了可见

的贸易而不是投资的作用。

70　劳合·乔治1921年语。引自 Cain and Hopkins, *British Imperialism*, p. 601。

71　Cain and Hopkins, *British Imperialism*, ch. 25; Jürgen Osterhammel, "China," in Brown and Louis, *Oxford History of the British Empire*, Vol. 4, pp. 643–4, 653–4. Akira Iriye, *Cambridge History of American Foreign Relations*, Vol. 3 (Cambridge, 1993), ch. 7强调了扩张的文化特征。

72　John Darwin, "An Undeclared Empire: The British in the Middle East, 1918–39," *Journal of Imperial & Commonwealth History*, 27 (1999), pp. 159–76.

73　Darwin, *The Empire Project*, pp. 375–85, 469–74.

74　John Maynard Keynes, "The Great Slump of 1930," The Nation & Atheneum, 20 December 1930, p. 1, 被重制为谷登堡计划加拿大版电子书，No. 197。

75　James Foreman-Peck, *A History of the World Economy: International Economic Relations since 1850* (Totowa, 1983), p. 215（以金元计算）。

76　要切入关于这一话题的庞大文献，起始点是 Barry Eichengreen, *Golden Fetters: The Gold Standard and the Great Depression, 1919–1939* (Oxford, 1992)。要得到更广阔的视角，参见 Charles P. Kindleberger, *Manias, Panics and Crashes* (Basingstoke, Hants, 2001) 和 Marc Flandreau, Carl-Ludwig Holtfrerich, and Harold James, eds., *International Financial History in the Twentieth Century: System and Anarchy* (Cambridge, 2003)。

77　这里的总结反映了近期研究中对危机中货币方面的重视。更完整的论述需要将政治考虑融入其中，正如 Kenneth Moure, *The Gold Standard Illusion: France, the Bank of France, and the International Gold Standard, 1914–1939* (Oxford, 2002)。同样参见 Barry Eichengreen and Kris Mitchener, "The Great Depression as a Credit Boom Gone Wrong," *Research in Economic History*, 22 (2004), pp. 183–237; Barry Eichengreen and Douglas A. Irwin, "The Slide to Protectionism in the Great Depression: Who Succumbed and Why?" *Journal of Economic History*, 70 (2010), pp. 871–97。

78　Moure, *The Gold Standard Illusion* 的可嘉论述把经济与政治连接了起来。特别是法国坚持金本位制一直到1936年，后来发现贬值并没有带来期待中的好处。

79　参见由 Ian Brown 编辑的先驱性的论文集，*The Economies of Africa and Asia in the Inter-war Depression* (London, 1989)。以及 Dietmar Rothermund, *The Global Impact of the Great Depression, 1929–1939* (London, 1996)。

80　Foreman-Peck, *A History of the World Economy*, pp. 198–204.

81　Harold James, *The End of Globalization: Lessons from the Great Depression* (Cambridge, MA, 2001), p. 111.

82　Cain and Hopkins, *British Imperialism*, chs. 17–20. 难点在于，英国市场规模有限，再出口则被其他地区的保护主义政策阻碍。

83　我的说法反映了 Barry Eichengreen 和 Douglas A. Irwin 提出的观点，即保护性贸易是建立在现有非正式联系的基础上："Trade Blocs, Currency Blocs and the Reorientation of World Trade in the 1930s," *Journal of International History*, 38 (1995), pp. 1–24。

84　Thomas, *The French Empire Between the Wars*, pp. 102–4. 关于这一话题的根本著作是 Jacques Marseille, *Empire colonial et capitalism français:* l' h*istoire d'un divorce* (Paris, 1984)。

85　Cain and Hopkins, *British Imperialism*, pp. 431–3.

86 Marseille, *Empire colonial*, pp. 95–119; Cain and Hopkins, *British Imperialism*, pp. 437–40.

87 Marseille, *Empire colonial*.

88 Ronald Findlay and Kevin H. O'Rourke, *Power and Plenty: Trade, War and the World Economy in the Second Millennium* (Princeton, NJ, 2007); James, *The End of Globalization*.

89 即使是英国也在1914年后开始使用选择性的保护政策。

90 同样参见 Hopkins, "Back to the Future."。

91 比如参见 Federico Finchelstein, *Transatlantic Fascism: Ideology, Violence, and the Sacred in Italy and Argentina* (Durham, 2010)。

92 Bruno Cabanes, *The Great War and the Origins of Humanitarianism, 1918–24* (New York, 2014)，尽管"起源"远远早于1918—1924年。

93 Tomoko Akami, *Japan's News Propaganda and Reuter's New Empire in Asia, 1870– 1914* (Dordrecht, 2012) 探究了路透社和日本新闻社之间的竞争。

94 应该大大感谢 Akira Iriye 在这一话题上的先驱性研究：*Global Community: The Role of International Organizations in the Making of the Contemporary World* (Berkeley, 2003), chs. 1–2。

95 Patricia Clavin, *Securing the World Economy: The Reinvention of the League of Nations, 1919–1946* (Oxford, 2013) 完整叙述了这些发展。

96 Sunil Amrith and Patricia Clavin, "Feeding the World: Connecting Europe and Asia, 1930–1945," *Past & Present*, Supplement (2013), pp. 29–50. 应该感谢领头研究这一问题的 Douglas Rimmer, " 'Basic Needs' and the Origins of the Development Ethos," *Journal of Developing Areas*, 15 (1981), pp. 215–38。

97 Daniel Wold, "The Commonwealth: Internationalism and Imperialism, 1919–1939," University of Texas, Ph.D. dissertation (2012).

98 Cabanes, *The Great War*.

99 关于甘地（1869—1948）的研究文献，一部可读且最新的指引是 Judith M. Brown and Anthony Parel, eds., *The Cambridge Companion to Gandhi* (Cambridge, 2011)。

100 Surendra Bhana and Goolam Vahed, The Making of a Political Reformer: Gandhi in South Africa, 1893–1914 (New Delhi, 2005) 以及 Bill Freund 在 *Transformations*, 59 (2005), pp. 122–3 敏锐的评论。

101 Samuel P. Huntington, *Political Order in Changing Societies* (New Haven, 1968), pp. 74–8. 关于"杰克逊时代"这一概念的应用，参见本书第4章。

102 Alan de Bromhead, Barry Eichengreen, and Kevin H. O'Rourke, "Right-Wing Political Extremism in the Great Depression," *NBER Working Paper*, 178781 (2012).

103 经典研究是 Samuel E. Finer, *The Man on Horseback: The Role of the Military in Politics* (Boulder, 1966). 希特勒更青睐机动车。

104 Martin Thomas, *Violence and Political Order: Police, Workers and Protest in the European Colonial Empires, 1918–1940* (New York, 2012).

105 John Maynard Keynes, "The Great Slump of 1930," *The Nation & Atheneum*, December 20, 1930, p. 1, 被重制为谷登堡计划加拿大版电子书，No. 197; Robert Skidelsky, *John Maynard Keynes: The Economist as Saviour, 1920–1937* (London, 1994) 则是权威论著。

106 Patricia Clavin, "Reparations in the Long Run," *Diplomacy & Statecraft*, 16 (2005), pp. 515–30.

107 Arnold J. Toynbee, *A Study of History*, 12 vols. (London, 1934–61).

108 Joseph A. Schumpeter, *Capitalism, Socialism, and Democracy* (New York, 1942).

109 R. D. Pearce, *The Turning Point in Africa: British Colonial Policy, 1938–48* (London, 1982) 将这一主题带进了战争年代。

110 Clyde Sanger, *Malcolm MacDonald: Bringing an End to Empire* (New York, 1995). 马尔科姆·约翰·麦克唐纳（1901—1981）是拉姆齐·麦克唐纳的儿子，后者在1929—1931年任工党政府首相、1931—1935年任国民联合政府首相，马尔科姆在1935年任殖民部部长，在1935—1938年任自治领事务部部长，在1938—1940年任联合部门部长。接着，马尔科姆在1941—1946年任加拿大高级专员，在1947—1948年任马来亚总督，在1955—1960年任印度高级专员，在1963—1964年任肯尼亚总督。

111 *Warning from the West Indies: A Tract for Africa and the Empire* (London, 1936). 该书被引用时，通常会略去副标题，这清晰地表明，麦克米伦是利用西印度群岛在非洲及（热带）帝国领土整体推进改革。有一部令人着迷的回忆录：Mona Macmillan, "The Making of Warning from the West Indies," *Journal of Imperial & Commonwealth History*, 18 (1980), pp. 207–19; William Malcolm Hailey, *An African Survey: A Study of Problems Arising in Africa South of the Sahara* (London, 1939; 1957)。黑利（1872—1969）是第一任黑利男爵（1936），在1924—1928年任旁遮普总督，在1928—1934年任联合省总督。John W. Cell, *Hailey: A Study in British Imperialism, 1872–1969* (Cambridge, 1992).

112 Martin Thomas, "French Empire Elites and the Politics of Economic Obligation in the Interwar Years," *Historical Journal*, 52 (2009), pp. 1–28 展现了1921年的萨罗计划（Sarraut Plan）如何被修正，此后又如何主要因定居者的反对而被抛弃。

113 Darwin, *The Empire Project*, pp. 445–9, 462–9.

114 Thomas, *The French Empire Between the Wars*, ch. 9; Thomas, "French Empire Elites"; Tony Chafer and Amanda Sackur, eds., *French Colonial Empire and the Popular Front: Hope and Disillusion* (London, 1990).

115 Thomas, *The French Empire Between the Wars*, ch. 9.

116 Alice Conklin, *A Mission to Civilize: The Republican Idea of Empire in France and West Africa 1895–1930* (Stanford, 1997), chs. 6–7.

117 Howard Johnson, "Oil, Imperial Policy and the Trinidad Disturbances, 1937," *Journal of Imperial and Commonwealth History*, 4 (1975), pp. 29–54; Johnson, "The Political Uses of Commissions of Enquiry (1): The Imperial Colonial West Indies Context, the Foster and Moyne Commissions," *Social & Economic Studies*, 27 (1978), pp. 256–83; Sahadeo Basdeo, "The 'Radical' Movement Towards Decolonization in the British Caribbean in the Thirties," *Canadian Journal of Latin American & Caribbean Studies*, 44 (1997), pp. 127–46.

118 Cain and Hopkins, *British Imperialism*, pp. 588–90.

119 引自 Jane H. Bowden, "Development and Control in British Colonial Policy with Reference to Nigeria and the Gold Coast," Ph.D. dissertation, University of Birmingham, 1981, p. 103。

120 对此的关键评估是 McKercher, *Transition of Power*。比如，更旧的心理-社会

学论述认为是政治家的错误行动削弱了领导力，但未能意识到如果有强人掌权，那他们手里仍然是一手烂牌。然而，一个后修正主义学派称，张伯伦本可以也本应该采取绥靖之外的政策。尤其参见R.A.C. Parker, *Chamberlain and Appeasement: British Policy and the Coming of the Second World War* (London, 1993); Parker, *Churchill and Appeasement* (London, 2000)。

121　关于后者，参见Christopher M. Andrew and A. S. Kanya-Forstner, *France Overseas: The Great War and the Climax of French Imperial Expansion* (London, 1981)。关于当时的辩论，参见P. J. Cain, "Capitalism, Aristocracy and Empire: Some 'Classical' Theories of Imperialism Revisited," *Journal of Imperial & Commonwealth History*, 35 (2007), pp. 25–47。

122　Douglas Rimmer, "Have-Not Nations: The Prototype," *Economic Development & Cultural Change*, 27 (1979), pp. 307–25. 当时流行的论述可参见Norman Angell, *This Have and Have Not Business: Political Fantasy and Economic Fact* (London, 1936)。

123　Antony Best, "Economic Appeasement or Economic Nationalism? A Political Perspective on the British Empire, Japan and the Rise of Intra-Asian Trade, 1933–37," *Journal of Imperial & Commonwealth History*, 30 (2002), pp. 77–101详述了英国和日本纺织品出口商为争夺亚洲未经分配的市场产生的冲突。

124　Rana Mitter, *China's War with Japan, 1937–45: The Struggle for Survival* (London, 2013); Florentino Rodao, "Japan and the Axis, 1937–38: Recognition of the Franco Regime and Manchukuo," *Journal of Contemporary History*, 44 (2009), pp. 431–47探究了东西方冲突之间的联系。

125　Rana Mitter and Aaron W. Moore, "China in World War II, 1937–1945: Experience, Memory and Legacy," *Modern Asian Studies*, 45 (2011), pp. 225–40; Sandra Wilson, "Containing the Crisis: Japan's Diplomatic Offensive in the West, 1931–33," *Modern Asian Studies*, 29 (1995), pp. 337–72; Tae Jin Park, "Guiding Public Opinion on the Far Eastern Crisis, 1931–1941," *Diplomacy & Statecraft*, 22 (2011), pp. 388–407.

126　Paul Corner, "Italian Fascism: Organization, Enthusiasm, Opinion," *Journal of Modern Italian Studies*, 15 (2010), pp. 378–89; Alexander de Grand, "Mussolini's Follies: Fascism in Its Imperial and Racist Phase, 1935–1940," *Contemporary European History*, 13 (2004), pp. 127–47.

127　Bruce G. Strang, " 'The Worst of All Worlds': Oil Sanctions and Italy's Invasion of Abyssinia, 1935–1936," *Diplomacy & Statecraft*, 19 (2008), pp. 210–35.

128　S.K.B. Asante, "The Italo-Ethiopian Conflict: A Case Study in British West African Responses to Crisis Diplomacy in the 1930s," *Journal of African History*, 15 (1974), pp. 291–302.

129　Martin Thomas, *Britain, France, and Appeasement: Anglo-French Relations in the Popular Front Era* (Oxford, 1996); Thomas, "Appeasement in the Late Third Republic," *Diplomacy & Statecraft*, 19 (2008), pp. 566–607和Richard Davis, "Le débat sur l'appeasement britannique et français dans les années 1930: les crises d'Éthiopie et de Rhénanie," *Revue d'histoire moderne et contemporaine*, 45 (1998), pp. 822–36跟踪了两个大国间纠缠且通常不和的关系。

130　B.J.C. McKercher, "National Security and Imperial Defence: British Grand Strategy and Appeasement, 1930–1939," *Diplomacy & Statecraft*, 19 (2008), pp.

391–442.

131　B.J.C. McKercher, "Austen Chamberlain and the Continental Balance of Power: Strategy, Stability, and the League of Nations, 1924–29," *Diplomacy & Statecraft*, 14 (2003), pp. 207–36; McKercher, "The Last Old Diplomat: Sir Robert Vansittart and the Verities of British Foreign Policy, 1903–30," *Diplomacy & Statecraft*, 6 (1995), pp. 1–38; McKercher, "The Foreign Office, 1930–39: Strategy, Permanent Interests and National Security," *Contemporary British History*, 18 (2004), pp. 87–109.

132　参见Cain and Hopkins, *British Imperialism*, pp. 479–83, 486–7以及那里给出的进一步参考。

133　Andrew J. Crozier, *Appeasement and Germany's Last Bid for Colonies* (Basingstoke, 1988); Chantal Metzger, "D'une puissance coloniale à un pays sans colonies: L'Allemagne et la question coloniale, 1914–1945," *Revue d'Allemagne*, 38 (2006), pp. 555–69提供了德国的视角。

134　Richard S. Grayson, "Leo Amery's Imperialist Alternative to Appeasement in the 1930s," *Twentieth-Century British History*, 17 (2006), pp. 489–515.

135　Scott Newton, "The 'Anglo-German Connection' and the Political Economy of Appeasement," *Diplomacy & Statecraft*, 2 (1991), pp. 178–207.

136　Catherine Krull and B.J.C. McKercher, "Public Opinion, Arms Limitation, and Government Policy in Britain, 1932–34: Some Preliminary Considerations," *Diplomacy & Statecraft*, 13 (2002), pp. 103–37.

137　引自Moser, *Twisting the Lion's Tail*, p. 112。

138　引自同上，p. 115。

139　McKercher, *Transition of Power*, pp. 339–43; Darwin, *The Empire Project*, pp. 511–13.

140　Emily S. Rosenberg, *A Day Which Will Live: Pearl Harbor in American Memory* (Durham, 2003) 跟踪了关于这一事件持续的迷思和一些现实情况。

141　Dean Acheson, *Present at the Creation: My Years in the State Department* (New York, 1969). 艾奇逊（1893—1971）于1949—1953年任国务卿。尽管艾奇逊的大书中大部分内容是关于1945年以后的时期，但第一章"亚洲内战"和"美国对中国的观念"等部分从1941年开始讲述。对艾奇逊如何建构出新的自由派干预性的国际主义战略，Robert J. McMahon, *Dean Acheson and the Creation of an American World Order* (Washington, DC, 2009) 提供了权威论述。

142　关于帝国参与战争的完整论述，参见Ashley Jackson, *The British Empire and the Second World War* (London, 2006)。

143　Warren F. Kimbell, "Lend-Lease and the Open Door: The Temptation of British Opulence, 1937–1942," *Political Science Quarterly*, 86 (1971), pp. 232–59.

144　David Reynolds, *The Creation of the Anglo-American Alliance, 1937–1941: A Study in Competitive Co-operation* (London, 1981) 充分覆盖了这一时期。

145　英国是主要的接受方，但也有大量援助流向苏联和法国，更小的部分流向中国、拉丁美洲和沙特阿拉伯。参见Warren F. Kimball, *The Most Unsordid Act: Lend-Lease, 1939–1941* (Baltimore, 1969); Alan P. Dobson, *U.S. Wartime Aid to Britain, 1940–1946* (London, 1986); Dobson, *The Politics of the Anglo-American Economic Special Relationship* (Brighton, 1988)。

146　对于它的一些可能后果，参见Charlie Whitham, "On Dealing with Gangsters:

The Limits of British 'Generosity' in the Leasing of Bases to the United States, 1940–41," *Diplomacy & Statecraft*, 7 (1996), pp. 589–630; Steven High, "The Racial Politics of Criminal Jurisdiction in the Aftermath of the Anglo-American 'Destroyers-for-Bases' Deal, 1940–50," *Journal of Imperial & Commonwealth History*, 32 (2004), pp. 77–105。

147　Douglas G. Brinkley and David R. Facey-Crowther, eds., *The Atlantic Charter* (New York, 1994).

148　Alan P. Dobson, "The Export White Paper, 10 September 1941," *Economic History Review*, 39 (1986), pp. 59–76.

149　Moser, *Twisting the Lion's Tail*, pp. 148, 169–70.

150　科德尔·赫尔（1871—1955），民主党人、自由贸易者、美西战争老兵，也是联合国的主要设计师之一。他在1907—1921年、1923—1931年代表田纳西州担任众议院议员，在1930—1933年任参议员，在1933—1944年任国务卿。

151　Eric D. Pullin, " 'Noise and Flatter': American Propaganda Strategy and Operation in India during World War II," *Diplomatic History*, 34 (2010), pp. 275–98; 更笼统的叙述是Kenton J. Clymer, *Quest for Freedom: The United States and India's Independence* (New York, 1995)。

152　Peter W. Fay, *The Forgotten Army: India's Armed Struggle for Independence, 1942–1945* (Ann Arbor, 1993).

153　Cain and Hopkins, *British Imperialism*, p. 623.

154　Darwin, *Empire Project*, p. 518 and p. 765, n.5, 引用了W. K. Hancock and M. Gowing, *British War Economy* (London, 1949), p. 354。

155　引自Alan Bullock, *The Life and Times of Ernest Bevin*, Vol. 3 (London, 1983), p. 122。威廉（"威尔"）·克莱顿（1897—1966）在1945—1947年任负责经济事务的副国务卿。

156　Robert Skidelski, *John Maynard Keynes*, Vol. 3 (New York, 2000) 探讨了凯恩斯作为战时谈判官令人敬畏的努力。

157　引自Inderjeet Parmar, *Special Interests, the State and the Anglo-American Alliance, 1939–1945* (London, 1995), p. 171。埃默里写于1950年。同样参见Wm. Roger Louis, *"In the Name of God, Go!" Leo Amery and the British Empire in the Age of Churchill* (New York, 1992)。

158　Richard Pells, *Not Like Us: How Europeans Have Loved, Hated and Transformed American Culture since World War II* (New York, 1997).

159　John Gallagher and Ronald Robinson, "The Imperialism of Free Trade," *Economic History Review*, 2nd ser., 6 (1953), pp. 1–25.

160　D. A. Low and John Lonsdale, "Introduction: Towards the New Order, 1945–1963," in D. A. Low and Alison Smith, eds., *Oxford History of East Africa*, 3 (Oxford, 1976), p. 13.

161　A. J. Stockwell, "Colonial Planning during World War II: The Case of Malaya," *Journal of Imperial & Commonwealth History*, 2 (1974), pp. 333–51.

162　J. M. Lee and Martin Petter, *The Colonial Office, War and Development Policy: Organisation and the Planning of a Metropolitan Initiative, 1939–1945* (London, 1982); L. J. Butler, "Reconstruction, Development and the Entrepreneurial State: The British Colonial Model, 1939–51," *Contemporary British History*, 13 (1999), pp. 29–55.

163 Wm. Roger Louis, *Imperialism at Bay, 1941–1945: The United States and the Decolonization of the British Empire* (Oxford, 1977) , pp. 212, 464. 丘吉尔想通过吞并暹罗来增加领土。当这一计划失败时，他转向了其他选择，延伸了英国对利比亚的控制，利比亚成为联合国管理下的托管领土。同上，pp. 555–62。

164 D. K. Fieldhouse, "The Labour Governments and the Empire-Commonwealth, 1945– 51," in Ritchie Ovendale, ed., *The Foreign Policies of the British Labour Governments, 1945–1951* (Leicester, 1984), pp. 83–120; R. M. Douglass, *The Labour Party, Nationalism and Internationalism, 1939–2004* (London, 2004), chs. 4–6以及更笼统的Stephen Howe, *Anticolonialism in British Politics: The Left and the End of Empire, 1918–1964* (Oxford, 1993)。

165 Noel Annan 在 *Changing Enemies: The Defeat and Regeneration of Germany* (London, 1995), ch. 8, "Britain's New Colony"中提供了第一手论述。

166 Wendy Webster, *Englishness and Empire, 1939–1965* (Oxford, 2005); 关于平民生活，参见 David Kynaston, *Austerity Britain, 1945–51* (London, 2007)。

167 Scott Newton, "Britain, the Sterling Area and European Integration, 1945–50," *Journal of Imperial & Commonwealth History*, 13 (1985), pp. 163–82.

168 我要借此机会感谢 W. David McIntyre，在其他历史学家（包括我本人）疏忽时，他几乎是只身将对大英帝国的宪法史研究维持了数十年。在这一背景下，参见 "The Admission of Small States to the Commonwealth," *Journal of Imperial & Commonwealth History*, 24 (1996), pp. 244–77; "The Strange Death of Dominion Status," *Journal of Imperial & Commonwealth History*, 27 (1999), pp. 193–212; "The Unofficial Commonwealth Relations Conferences, 1933–59: Precursors of the Tri-Sector Commonwealth," *Journal of Imperial & Commonwealth History*, 36 (2008), pp. 591–614。

169 Robert Aldrich, *Greater France: A History of French Overseas Expansion* (Houndmills, 1996), p. 283.

170 Bernard Droz, "L'evolution de l'Union française," *Historiens et géographes*, 89 (1998), pp. 259–70.

171 Gary Wilder, *The French Imperial Nation-State: Negritude and Colonial Humanism between the Two World Wars* (Chicago, 2005). 创造这一短语的是 Henry Vast, *La Plus Grande France: Bilan de la France colonial* (Paris, 1909)。参见 Kate Marsh, *Narratives of the French Empire: Fiction, Nostalgia, and Imperial Rivalries from 1784 to the Present* (Lanham, 2013), p. 17, n. 46。

172 Jonathan K. Gosnell, *The Politics of Frenchness in Colonial Algeria, 1930–1954* (Rochester, 2002) 出色地阐释了概念上的模糊性和此后的政治仇恨。

173 Frederick Cooper, *Citizenship between Empire and Nation: Remaking France and French Africa, 1945–1960* (Princeton, NJ, 2014) 对这些问题提出了完整的讨论。Gary Wilder, *Freedom Time: Negritude, Decolonization, and the Future of the World* (Durham, 2015) 以艾梅·塞泽尔和利奥波德·塞达尔·桑戈尔为例阐释了这一点。同样参见 Michael Collins, "Decolonisation and the Federal Moment," *Diplomacy & Statecraft*, 24 (2013), pp. 21–40; Véronique Dimier, "For a Republic 'Diverse and Indivisible'? France's Experience from the Colonial Past," *Contemporary European History*, 13 (2004), pp. 45–66。

174 Gerold Krozewski, *Money and the End of Empire: British International Policy and the Colonies, 1947–58* (London, 2001) 和 Allister Hinds, *Britain's Sterling*

Colonial Policy and Decolonization, 1939–1958 (London, 2001)提供了相得益彰的评估。

175 法郎区比英镑区小得多，而且主要被限制在西非和中非说法语的领土。它的最初目标是限制战后法郎贬值对殖民地造成的伤害。

176 Cain and Hopkins, *British Imperialism*, ch. 26提供了众多论述之一。

177 Geoffrey Warner, "The Anglo-American Special Relationship," *Diplomatic History*, 13 (1989), pp. 479–99.

178 引用自 R. D. Pearce, *The Turning Point in Africa: British Colonial Policy, 1938–1948* (London, 1982), pp. 95–6。

179 这些制度在本书第15章有进一步讨论。

180 Michael J. Hogan, *The Marshall Plan: America, Britain and the Reconstruction of Western Europe, 1947–1952* (Cambridge, 1987), ch. 6.

181 Catherine R. Schenk, *The Decline of Sterling: Managing the Retreat of an International Currency, 1945–1992* (Cambridge, 2010), ch. 1. 关于20世纪30年代末美元和英镑的相对低位，参见 Livia Chitu, Barry Eichengreen, and Arnaud Mehl, "When Did the Dollar Overtake Sterling as the Leading International Currency? Evidence from the Bond Markets," *European Central Bank Working Paper*, 1433 (2012)。

182 Judd Polk, *Sterling: Its Meaning in World Finance* (London, 1956), p. 3.

183 关于这一问题的研究文献如今已颇为庞大。三部关键著作提供了不同的诠释，仍是不可或缺的读物: Hogan, *The Marshall Plan*; Alan S. Milward, *The Reconstruction of Western Europe, 1945–51* (London, 1984; 2006); Milward, *European Rescue of the Nation-State* (Berkeley, 1992)。

184 这一引语有几个不同版本。这里我遵循的是 David Reynolds, ed., *The Origins of the Cold War in Europe: International Perspectives* (New Haven, 1994), p. 13。

185 黑斯廷斯·L·伊斯梅将军（1887—1965），第一任伊斯梅男爵，二战期间温斯顿·丘吉尔的首席军事助理，1952—1957年任北约秘书长。

186 David Ryan, "By Way of Introduction: The United States, Decolonization and the World System," in David Ryan and Victor Pungong, eds., *The United States and Decolonization* (Basingstoke, 2000), pp. 1–23提供了易懂的研究文献总结。

187 Alexander Keese, "A Culture of Panic: 'Communist' Scapegoats and Decolonization in French West Africa and French Polynesia, 1945–1957," *French Colonial History*, 9 (2008), pp. 131–45.

188 参见 Elizabeth Schmidt, *Cold War and Decolonization in Guinea, 1946–1958* (Athens, 2007), ch. 1; Irwin Wall, "France in the Cold War," *Journal of European Studies*, 38 (2008), pp. 121–39。荷兰恢复了对印尼的控制，但在1949年被赶了出去。最近的一份总结参见 Nicholas J. White, "Reconstructing Europe through Rejuvenating Empire: The British, French, and Dutch Experiences Compared," *Past & Present*, Supplement 6 (2011), pp. 211–36。

189 Moser, *Twisting the Lion's Tail*, p. 188.

190 在关于阿尔及利亚的许多研究中，参见 Todd Shepard, *The Invention of Decolonization: The Algerian War and the Remaking of France* (Ithaca, 2006), chs. 1–3。

191 接下去的内容来自 A. G. Hopkins, "Rethinking Decolonisation," *Past & Present*, 200 (2008), pp. 211–47。同样参见 Cain and Hopkins, British Imperialism, chs.

21, 26。"自治领"一词在20世纪50年代逐渐停止使用。在这里，我对此后的时代也使用了这一词，以简便地指代通常被认为是"白人定居"的英联邦国家，排除了印度这样的新自治领。

192 作为先驱之一的 W. Arthur Lewis 的 *The Theory of Economic Growth* (London, 1955) 以一定的清晰笔法首先做了总结，这也为后人设定了标准。恰如其分的是，Lewis（1915—1991）本人是（来自西印度群岛的）殖民地属民，他40年代在殖民部担任顾问时充满创意以至于令人困扰，此后他又担任加纳的克瓦米·恩克鲁玛的经济顾问。Robert L. Tignor 提供了一部令人赞叹的传记：*W. Arthur Lewis and the Beginning of Development Economics* (Princeton, NJ, 2006)。

193 经济与社会发展投资基金。Marseille, *Empire colonial et capitalisme français*, pp. 103–6, 128–49; François Pacquement, "Le système d'aide au développement de la France et du Royaume-Uni," *Revue Internationale de Politique et Développement*, 1 (2010), pp. 55–80 提供了宝贵的长期比较。

194 Jean-Pierre Dormais, *The French Economy in the Twentieth Century* (Cambridge, 2004), pp. 36–39.

195 同上，p. 37。案例研究参见 Martin René Atangana, "Mythes et réalités de l'investissement privé en Afrique noire française: le case du Cameroun dan les années 1940 et 1950," *Canadian Journal of African Studies*, 35 (2001), pp. 1–31。

196 亚瑟·克里奇·琼斯（1891—1964），于1945—1946年任殖民部副部长，1946—1950年任殖民部部长。John W. Cell, "On the Eve of Decolonisation: The Colonial Office's Plans for the Transfer of Power in Africa, 1947," *Journal of Imperial & Commonwealth History*, 8 (1980), pp. 235–57; Pearce, *The Turning Point in Africa*, ch. 5.

197 参见 Emmanuelle Saada, *Empire's Children: Race, Filiation, and Citizenship in the French Colonies* (Chicago, 2007) 做出的给人启发的贡献。

198 Cooper, *Citizenship between Empire and Nation* 完整覆盖了这一问题。

199 对"绿色起义"的探讨与第四章前两个小节对安德鲁·杰克逊的探讨有关，本章"现代史上最大的经济灾难之一"小节中指的是20世纪20—30年代的印度。

200 Hopkins, "Rethinking Decolonisation" 为把"旧自治领"纳入二战后非殖民化的研究做出了论证。

201 印度独立的到来是大量研究文献的主题，缅甸的独立则相对被忽略。关于前者，参见 R. J. Moore, *Escape from Empire: The Attlee Government and the Indian Problem* (Oxford, 1983) 以及 Judith Brown and Wm. Roger Louis, eds., *The Oxford History of the British Empire*, Vol. 4 (Oxford, 1999), ch. 18 中更近的参考；Robin W. Winks and Alaine Low, eds., *The Oxford History of the British Empire*, Vol. 5 (Oxford, 1999); Douglas M. Peers and Nandini Gosptu, eds., *India and the British Empire* (Oxford, 2012), ch. 3。关于缅甸，参见 Balwant Singh, *Independence and Democracy in Burma, 1945–52: The Turbulent Years* (Ann Arbor, 1993); Ian Brown, "British Firms and the End of Empire in Burma," *Asian Affairs*, 40 (2009), pp. 15–33 显示出，英国从缅甸的撤退主要是因为在日本占领后重建国家的努力结果无利可图。

202 Robert Shepherd, *Enoch Powell: A Biography* (London, 1997), p. 308.

203 Christopher Bayly and Tim Harper, *Forgotten Wars: The End of Britain's Asian Empire* (London, 2007).

204　引自 Paul M. McGarr, "After Nehru, What? Britain, the United States, and the Other Transfer of Power in India, 1960–64," *International History Review*, 33 (2011), p. 117。

205　同上，p. 124。此外，英国的影响至少一直延续到60年代。同上，p. 138, no. 79。

206　B. R. Tomlinson, "Indo-British Relations in the Post-colonial Era: The Sterling Balances Negotiations, 1947–49," *Journal of Imperial & Commonwealth History*, 13 (1985), pp. 142–62. Krozewski, *Money and the End of Empire*; Hinds, *Britain's Sterling Colonial Policy*; Schenk, *The Decline of Sterling* 彻底评估了英镑结余在英国外交和帝国政策中的作用。

207　Geoffrey Barei, "The Algerian War of Independence and the Coming to Power of General Charles de Gaulle: British Reactions," *Maghreb Review*, 37 (2012), pp. 259–83.

208　Berny Sèbe, "In the Shadow of the Algerian War: The United States and the Common Organisation of Saharan Regions (OCRS), 1957–62," *Journal of Imperial & Commonwealth History*, 38 (2010), pp. 202–22.

209　钻和铀的发现大大加强了非洲在新的原子时代的重要性。参见 Raymond E. Dumett, *Imperialism, Economic Development and Social Change in West Africa* (Durham, 2013), ch. 20。

210　Steven G. Galpern, *Money, Oil and Empire in the Middle East: Sterling and Postwar Imperialism* (Cambridge, 2008) 称，石油的出口和再出口增加了英镑的储备。Ellen Jenny Ravndal, "Exit Britain: British Withdrawal from the Palestine Mandate in the Early Cold War, 1947–1948," *Diplomacy & Statecraft*, 21 (2010), pp. 416–33（反对标准的观点）辩称，英国的退出并不代表英国作为帝国力量的衰退。

211　Richard Stubbs, *Hearts and Minds in Guerrilla Warfare: The Malayan Emergency, 1948–1960* (Singapore, 1989); David Anderson, *Histories of the Hanged: The Dirty War in Kenya and the End of Empire* (New York, 2005); Daniel Branch, *Defeating Mau Mau, Creating Kenya: Counterinsurgency, Civil War and Decolonization* (Cambridge, 2009); Wm. Roger Louis, *The British Empire in the Middle East, 1945–1961* (Oxford, 1984). 马来亚"紧急事件"之所以得名，是因为如果它被称为"战争"，那英国种植园和矿业财产将会失去它们的保险保障。

212　关于这些主题，参见 L. J. Butler, *Industrialisation and the British Colonial State: West Africa, 1939–1951* (London, 1997)。

213　Minute, 12 November 1954, 引自 Morgan, *A Reassessment of British Aid*, p. 57。Kit Jones 的一部传记重现了霍尔的一些敏锐的备忘录：*An Economist among Mandarins: A Biography of Robert Hall, 1901–88* (Cambridge, 1994)。

214　Ronald Hyam, *Britain's Declining Empire: The Road to Decolonisation, 1918–68* (Cambridge, 2006) 完整叙述了这一过程。

215　参见 Martin Lynn, ed., *The British Empire in the 1950s: Retreat or Revival?* (London, 2005) 的详尽研究。还有 David Goldsworthy, "Keeping Change within Bounds: Aspects of Colonial Policy during the Churchill and Eden Governments, 1951–57," *Journal of Imperial & Commonwealth History*, 18 (1990), pp. 81–108; Marseille, *Empire colonial et capitalisme français*; Tony Chafer, *The End of Empire in French West Africa: France's Successful Decolonisation* (London,

2002)。

216 权威研究是 Philip Murphy, *Party Politics and Decolonisation: The Conservative Party and British Colonial Policy in Tropical Africa, 1951–1964* (Oxford, 1995)。

217 Ashley Jackson, "Empire and Beyond: The Pursuit of Overseas National Interests in the Late Twentieth Century," *English Historical Review*, 122 (2007), pp. 1350–66; 以及 Daniel Lefeuvre, *Pour en finir avec la repentance coloniale* (Paris, 2006) 刺激的生动辩论；Catherine Coquery-Vidrovitch, "Colonisation, racisme, et roman national en France," *Canadian Journal of African Studies*, 45 (2011), pp. 17–44。

218 Goldsworthy, "Keeping Change within Bounds."

219 Krozewski, *Money and the End of Empire*; Hinds, *Britain's Sterling Colonial Policy*; Schenk, *The Decline of Sterling*. 我希望这里给出的总结符合这些作者间的分歧。

220 Scott Newton, "The Sterling Devaluation of 1967, the International Economy and Post-War Democracy," *English Historical Review*, 125 (2010), pp. 912–45.

221 覆盖了对英国这一时期经济表现的辩论的著作有：Jim Tomlinson, "Inventing 'Decline': The Falling Behind of the British Economy in the Postwar Years," *Economic History Review*, 49 (1996), pp. 731–57; Tomlinson, "The British 'Productivity Problem' in the 1960s," *Past & Present*, 175 (2002), pp. 188–210。

222 David Goldsworthy, ed., *Conservative Government and the End of Empire, 1951–1957* (London, 1994), part 1, p. 78.

223 引自 Morgan, *Guidance Towards Self-Government*, p. 90。

224 关于苏伊士危机的大量研究，起到指引作用的著作包括：Wm. Roger Louis and Roger Owen, eds., *Suez 1956: The Crisis and Its Consequences* (Oxford, 1989); Simon C. Smith, ed., *Reassessing Suez, 1956: New Perspectives on the Crisis and Its Aftermath* (Aldershot, 2008); Wm. Roger Louis, *Ends of British Imperialism: The Scramble for Empire, Suez, and Decolonization* (London, 2006)。Diane Kunz, *The Economic Diplomacy of the Suez Crisis* (Chapel Hill, 1991) 很好地覆盖了经济的维度。

225 A. G. Hopkins, "Macmillan's Audit of Empire, 1957," in Peter Clarke and Clive Trebilcock, eds., *Understanding Decline. Perceptions and Realities: Essays in Honour of Barry Supple* (Cambridge, 1997), pp. 234–60.

226 Harold Macmillan, *Riding the Storm, 1956–1959* (London, 1971), p. 200.

227 同上。

228 Minute, 12 November 1954, 引自 Morgan, *A Reassessment of British Aid*, p. 57。财政部仍然确信："英镑区及体系总体来说给我们带来了好处。" Sir Leslie Rowan, Minute 31 December 1957, BoE, OV 44/65。

229 R. F. Holland, ed., *Emergencies and Disorders in the Euro-Empires after 1945* (London, 1994); Richard Stubbs, *Hearts and Minds in Guerilla Warfare: The Malayan Emergency, 1948–1960* (Singapore, 2004); Philip Murphy, "A Police State? The Nyasaland Emergency and Colonial Intelligence," *Journal of Southern African Studies*, 36 (2010), pp. 765–80.

230 Wyn Rees, "The 1957 Sandys White Paper: New Priorities in Britain's Defence Policy," *Journal of Strategic Studies*, 12 (1989), pp. 215–29.

231 Wendy Webster, *Englishness and Empire, 1939–1965* (Oxford, 2005).

232 理查德·怀特语，他是一名非裔美国人激进分子，引自 Martin Evans, "Whatever Happened to the Non-Aligned Movement?" *History Today*, 57 (2007), p. 49。

233 Hopkins, "Rethinking Decolonisation." 但先驱性的研究应该要归功于 Stuart Ward，特别是 *Australia and the British Embrace: The Demise of the Imperial Idea* (Melbourne, 2001); 以及 Philip Buckner, ed., *Canada and the British Empire* (Oxford, 2008)。

234 Hopkins, "Rethinking Decolonisation" 总结了数据，提供了进一步参考文献。

235 这一趋势延续了下去。新西兰的数据尤其引人注目：2013 年，亚洲人（主要来自中国和印度）占据了该国出生于海外的人口的约三分之一，或者说是总人口的约 12%。

236 英国直到 1973 年才得到了成员地位。Andrea Benvenuti, *Anglo-Australian Relations and the "Turn to Europe," 1961–1972* (Woodbridge, UK, 2008) 跟踪了这一过程，直到它完成。

237 要了解这一术语的创造者对它的历史做出的评估，参见 A. A. Phillips, *A. A. Phillips on the Cultural Cringe* (Melbourne, 2006)。

238 Wm. Roger Louis and Ronald Robinson, "The Imperialism of Decolonization," *Journal of Imperial & Commonwealth History*, 22 (1994), pp. 462–511 辩称，美国的影响力比这里所说的更强，不过区别在于重点的不同。同样参见 Martin Thomas, "France's North African Crisis, 1945–1955: Cold War and Colonial Imperatives," *History*, 92 (2007), pp. 207–34; Thomas, "Innocent Abroad? Decolonisation and U.S. Engagement with French West Africa, 1945–56," *Journal of Imperial & Commonwealth History*, 36 (2008), pp. 47–73。

239 Agreed U.S.-U.K. Paper, "Means of Combatting Communist Influence in Tropical Africa," 13 March 1957, *Foreign Relations of the United States, 1955–57*, 27; 引用自 Louis and Robinson, "Imperialism of Decolonisation," p. 487。

240 尽管有着长期的学术吸引力，但比较研究的难度抑制了其发展。应该认可 R. F. Holland 先驱性的著作 *European Decolonization, 1918–1981: An Introductory Survey* (London, 1985)。对于有限的研究文献，值得欢迎的现有补充包括：Martin Shipway, *Decolonisation and Its Impact: A Comparative Approach to the End of Colonial Empires* (Oxford, 2008); Martin Thomas, Bob Moore, and L. J. Butler, eds., *Crises of Empire: Decolonisation and Europe's Imperial States, 1918–1975* (London, 2008); Miguel Bandeira Jerónimo and António Costa Pinto, eds., *The Ends of European Colonial Empires: Cases and Comparisons* (Houndmills, 2015)。

241 正像 Daniel Lefeuvre, *Chère Algérie: La France et sa colonie, 1930–1962* (Paris, 2005) 中论证的那样。

242 布热德（1920—2003）是地方、乡村、保守派法国的发言人，支持帝国。同时，颇有影响的评论家雷蒙·卡蒂埃（Raymond Cartier，1904—1975）推进了反殖民的论点（被总结为"卡蒂埃主义"），宣称海外领土拖累了宗主国。

243 Marseille, *L'Empire colonial français*. 关于冷战逐渐演变的影响，参见 Martin Thomas, "France's North African Crisis, 1945–1955: Cold War and Colonial Imperatives," *History*, 92 (2007), pp. 207–34; Thomas, "Innocent Abroad?"

244 Matthew Connelly, "The French-American Conflict over North Africa and the Fall of the Fourth Republic," *Revue française d'histoire d'outre-mer*, 84 (1997), pp.

9–27; Irwin M. Wall, *France, the United States, and the Algerian War* (Berkeley, 2001).

245　这一决定在巴黎有着象征意义上的对应事件。法国海外事务部在1946年建立，用于管理与新"联盟"的关系，在1958年被废除。用来培训殖民地行政人员的首要学校"海外法国国立学校"（École Nationale de la France d'Outre-Mer）在1956年关闭。Armelle Enders, "L'École National de la France d'Outre-Mer et la formation des administrateurs coloniaux," *Revue d'histoire moderne et contemporaine*, 40 (1993), pp. 272–88.

246　Luce, "American Century," in Hogan, *The Ambiguous Century*, p. 28.

247　Aaron L. Friedberg, *The Weary Titan: Britain and the Experience of Relative Decline, 1895–1905* (Princeton, NJ, 1988) 提供了关于衰退表现和评估的辩论的宝贵论述，但可能受到了20世纪80年代美国类似辩论的过度影响。只有大国会担心衰落，因为只有它们达到了很高的高度。Phillips O'Brien, "The Titan Refreshed: Imperial Overstretch and the British Navy before the First World War," *Past & Present*, 172 (2001), pp. 146–69 进行了修正。一种修正主义论点称，英国的全球地位甚至延伸到了非殖民化之后：Jackson, "Empire and Beyond."。

248　Bouda Etemad, *Possessing the World: Taking the Measurements of Colonisation from the 18th to the 20th Century* (New York, 2007), pp. 167, 186, 222, 225–6.

249　Stuart Ward, "The European Provenance of Decolonization," *Past & Present*, 230 (2016), pp. 227–60.

250　正如Michael Crowder提出的那样："The Second World War: Prelude to Decolonisation in Africa," in Crowder, ed., *The Cambridge History of Africa*, Vol. 8 (Cambridge, 1984), p. 20。

251　Mark Mazower, *No Enchanted Palace: The End of Empire and the Ideological Origins of the United Nations* (Princeton, NJ, 2009).

252　正如Christopher Bayly和Tim Harper在*Forgotten Armies: The Fall of British Asia, 1941–1945* (London, 2004) 和*Forgotten Wars: The End of Britain's Asian Empire* (London, 2007) 中表明的那样。

253　关于卢斯对中国格外的痴迷，参见Michael H. Hunt, "East Asia in Henry Luce's 'American Century,'" in Hogan, *The Ambiguous Legacy*, ch. 7。

254　Luce, "The American Century."

第11章

1　佚名，发表于*New York World*, 15 July 1899。引自H. Wayne Morgan, *America's Road to Empire: The War with Spain and Overseas Expansion* (New York, 1965), p. 111。

2　关于吉卜林的评论很多，把他刻板描绘成粗鲁帝国主义者形象的作品也很多。Denis Judd, "Diamonds Are Forever? Kipling's Imperialism," *History Today*, 47 (1987), pp. 37–44 提供了简明的修正。同样参见Susan K. Harris, *God's Arbiters: Americans and the Philippines, 1898–1902* (Oxford, 2011), ch. 5。Thomas Pinney, "Rudyard Kipling and America," in Wm. Roger Louis, ed., *Resurgent Adventures with Britannia* (New York, 2011), ch. 2可嘉地勾勒了吉卜林对美国的喜爱和敌意。大多数文学批评家都不赞同吉卜林写此诗本意是为了讽刺的说法。

3　更精确地说，该诗是在1899年2月在美国三份报纸上同时发表的，意在促使参议院批准《巴黎和约》。很少有人引用它的副标题："美国与菲律宾群岛"。吉卜林诗歌中关于指导的内容，参见 Susan K. Harris, "Kipling's 'The White Man's Burden' and the British Newspaper Context, 1898–1899," *Comparative American Studies*, 5 (2005), pp. 243–63。

4　William Jennings Bryan, "The Election of 1900," *North American Review*, 171, (1900), pp. 789, 790, 798, 801.

5　正如 Kristin L. Hoganson, *Fighting for American Manhood: How Gender Politics Provoked the Spanish-American and Philippine-American Wars* (New Haven, 1998) 论证的那样。

6　Whitney T. Perkins, *Denial of Empire: The United States and Its Dependencies* (Leiden, 1962), p. 207; David Traxel, *1898: The Birth of the American Century* (New York, 1998), pp. 315–17.

7　本书第1章提出了相关的史学史。

8　包括作为被保护国的古巴。Daniel Immerwahr, "The Greater United States: Territory and Empire in U.S. History," *Diplomatic History*, 40 (2016), p. 377; Bouda Etemad, *Possessing the World: Taking the Measurements of Colonisation from the 18th to the 20th Century* (New York, 2007), p. 184.

9　Robin W. Winks, "Imperialism," in C. Vann Woodward, ed., *The Comparative Approach to American History* (New York, 1968), ch. 18. 同样参见 Winks, "The American Struggle with 'Imperialism': How Words Frighten," in Rob Kroes, ed., *The American Identity: Fusion and Fragmentation* (Amsterdam, 1980), ch. 7 中深思熟虑的史学思考。

10　Winks, "Imperialism," p. 258. 我对这些进行了总结和排序，希望忠实于 Winks 的本意，但省略了他列举的一些我认为不那么重要或者更复杂的区别。

11　Winks, "Imperialism," p. 258.

12　同上，p. 268。

13　Speech delivered by Senator Albert Beveridge, 16 September 1898, at www.historytools.org/sources/ beveridge.html.

14　本书第8章讨论了贝弗里奇和前进派的其他成员。

15　Frank Schumacher, "Lessons of Empire: The United States, the Quest for Colonial Expertise and the British Example, 1898–1917," in Ursula Lehmkuhl and Gustav Schmidt, eds., *Anglo-American Relations in the 19th and 20th Centuries* (Augsburg, 2005), pp. 71– 98; Schumacher, "The American Way of Empire: The United States and the Search for Colonial Order in the Philippines," *Journal of Global History and Comparative Social Studies*, 19 (2009), pp. 53–70.

16　也被称为"菲律宾第一委员会"，得名于其主席、康奈尔大学校长雅各布·G. 舒尔曼博士。

17　引自 Frank Schumacher, "On the Frontier of Civilization: Deliberations of Exceptionalism and Environmental Determinism in the Creation of America's Tropical Empire, 1890–1910," in Sylvia Hilton and Cornelis van Minnen, eds., *Frontiers and Boundaries in U.S. History* (Amsterdam, 2004), p. 13。

18　共管（condominium）是国际法中的术语，指被两个或以上大国共同且平等统治的领土。比如：俄勒冈，1810—1846年（英国和美国）；萨摩亚，1889—1899年（英国、美国、德国）；苏丹，1899—1956年（英国和埃及）；新赫布里底群岛，1906—1980年（英国和法国）。

19　Moses I. Finley, "Colonies: An Attempt at a Typology," *Transactions of the Royal Historical Society*, 26 (1976), pp. 167–88. 关于古典类比的误用，参见 Henry Hurst and Sara Owen, eds., *Ancient Colonizations: Analogy, Similarity, and Difference* (London, 2005) 中出色的论文。

20　约翰·西利（1834—1895）在1869年被任命为剑桥大学现代史钦定讲座教授，最著名的著作是 *The Expansion of England: Two Courses of Lectures* (London, 1883)。参见 Peter Burroughs, "John Robert Seeley and British Imperial History," *Journal of Imperial & Commonwealth History*, 1 (1973), pp. 191–211; 以及 Deborah Wormell, *Sir John Seeley and the Uses of History* (Cambridge, 1980)。

21　Norbert Dodille, *Introduction au discours coloniaux* (Paris, 2011).

22　Pierre Paul Leroy-Beaulieu, *De la colonisation chez les peuples modernes* (Paris, 1874). 在出版于1882年的该书第二版中，他完全展开了他的分类法和他对帝国扩张的热情。Exploitation 被翻译成"开发"而不是"租借"，但后者符合勒鲁瓦-博利厄所指的活动。勒鲁瓦-博利厄（1843—1916）是一个显赫家族的成员：他的哥哥亨利·让（Henri Jean, 1842—1912）是著名的俄国史专家，他的儿子皮埃尔（1871—1915）则是一名多产的国际事务方面的作者。

23　在他丰碑式的著作 *Survey of British Commonwealth Affairs, 1918–1939*, Vol. 2, Part 1 (Oxford, 1942), ch. 1 中。尤其参见 pp. 19–20。

24　Daniel Gorman, *Imperial Citizenship: Empire and the Question of Belonging* (Manchester, 2006).

25　Rieko Karatani, *Defining British Citizenship: Empire, Commonwealth and Modern Britain* (London, 2003) 显示出，"公民"和"属民"的概念在英国有多么复杂，在1981年《英国国籍法》（British Nationality Act）之前始终未能得到充分的定义。

26　关于这两个术语有着大量研究文献。参见 Russell A. Kazal, *Becoming Old Stock: The Paradox of German-American Identity* (Princeton, NJ, 2004); Kazal, "Revisiting Assimilation: The Rise, Fall and Reappraisal of a Concept in American Ethnic History," *American Historical Review*, 95 (1995), pp. 437–71; Rob Kroes, "Americanisation: What Are We Talking About?" *European Contributions to American Studies*, 25 (1993), pp. 302–18; Richard Kuisel, "Americanization for Historians," *Diplomatic History*, 24 (2000), pp. 509–16; Volker R. Berghahn, "The Debate on 'Americanization' among Economic and Cultural Historians," *Cold War History*, 10 (2010), pp. 107–30。

27　当然，这一过程并没有局限于岛屿领土。参见 Robert W. Rydell and Rob Kroes, *Buffalo Bill in Bologna: The Americanization of the World, 1896–1922* (Chicago, 2005)。

28　Janet A. McDonnell, *The Dispossession of the American Indian, 1887–1934* (Bloomington, 1991). 同样参见本书第5章。

29　Robert Vitalis, "The Noble American Science of Imperial Relations and Its Laws of Race Relations," *Comparative Studies in Society & History*, 52 (2010), pp. 909–38.

30　*Report of the Philippine Commission*, 1, p. 184. 引自 Perkins, *Denial of Empire*, p. 200。

31　Henry F. Pringle, *The Life and Times of William Howard Taft* (New York, 1939), Vol. 1, p. 173. 引自 Perkins, *Denial of Empire*, p. 202。

32　Joseph R. Hayden, *The Philippines: A Study in National Development* (New York, 1945), p. 29.

33　同上，p. 30。

34　同上，pp. 34–5。

35　政治学家 Véronique Dimier 在 *Le gouvernement des colonies: regards croisés franco-britanniques* (Brussels, 2004) 中重新审视了这场辩论，该书比较了这两者，特别是从 20 世纪 30 年代开始。

36　弗雷德里克·J. D. 卢格德爵士（后来成为勋爵）在 *The Dual Mandate in British Tropical Africa* (London, 1922) 中详细解释了他关于托管和间接统治的哲学。关于利奥泰的权威著作是 Daniel Rivet, *Lyautey et l'institution du protectorat français au Maroc 1912–1925*, 3 vols. (Paris, 1988)。

37　Ronald Hyam, "The British Empire in the Edwardian Era," in Wm. Roger Louis, ed., *Oxford History of the British Empire*, Vol. 4 (Oxford, 1999), pp. 58–61.

38　伊莱休·鲁特（1845—1937），1899—1904 年任战争部部长，1905—1909 年任国务卿。

39　Kenneth R. Philp, *John Collier's Crusade for Indian Reform, 1920–1954* (Tucson, 1977); Laurence M. Hauptman, "Africa View: John Collier, the British Colonial Service, and American Indian Policy, 1933–1945," *Historian*, 48 (1986), pp. 559–74.

40　Lanny Thompson 犀利的论文 "The Imperial Republic: A Comparison of the Insular Territories under U.S. Dominion after 1898," *Pacific Historical Review*, 71 (2002), pp. 535–74 表明，美国政策认识到了它的属民之间存在的大量区别（从而批评了萨义德关于同质化的"他者"的概念）。现在可以在 *Imperial Archipelago: Representation and Rule in the Insular Territories under Dominion after 1898* (Honolulu, 2010) 中参考他的论点的扩大版。

41　Louis A. Pérez, *Cuba under the Platt Amendment, 1902–1934* (Pittsburgh, 1987), p. 46.

42　Walter L. Williams, "United States Indian Policy and the Debate over Philippine Annexation: Implications for the Origins of American Imperialism," *Journal of American History*, 66 (1980), pp. 810–31 at p. 830.

43　引言来自当时的史料，引用自 Julian Go, "The Provinciality of American Empire: 'Liberal Exceptionalism' and U.S. Colonial Rule, 1898–1912," *Comparative Studies in Society and History*, 49 (2007), pp. 80, 83。

44　同上，p. 100。

45　同上，pp. 83–5。

46　亨利·詹姆斯·萨姆纳·梅因（1822—1888）。尤其参见 *Ancient Law: Its Connection with the Early History of Society and Its Relation to Modern Ideas* (London, 1861)。在众多研究中，最近的是 Karuna Mantena, *Alibis of Empire: Sir Henry Maine and the Ends of Liberalism* (Princeton, NJ, 2010)。关于梅因的思想在美国的传播，参见 David M. Raban, "From Maine to Maitland via America," *Cambridge Law Journal*, 68 (2009), pp. 410–35。

47　David Ekbladh, *The Great American Mission: Modernization and the Construction of an American World Order* (Princeton, 2010) 在第一章到第二章探讨了此前的历史。

48　关于这一演变近期的论述，参见 Theodore Koditschek, *Liberalism, Imperialism, and the Historical Imagination: Nineteenth-Century Visions of a Greater Britain* (Cambridge, 2011)。

49　关于穆勒，参见Eileen P. Sullivan, "Liberalism and Imperialism: J. S. Mill's Defence of the British Empire," *Journal of the History of Ideas*, 44 (1983), pp. 599–617; Lynn Zastoupil, *John Stuart Mill and India* (Stanford, 1994); Beate Jahn, "Barbarian Thoughts: Imperialism in the Philosophy of John Stuart Mill," *Review of International Studies*, 31 (2005), pp. 599–618。

50　Peter J. Cain已清晰地表明了这点："Character, 'Ordered Liberty,' and the Mission to Civilise: British Moral Justification of Empire, 1870–1914," *Journal of Imperial & Commonwealth History*, 40 (2012), pp. 557–78。

51　Cain, "Character, 'Ordered Liberty,' and the Mission to Civilise."

52　参见本书第7章。

53　罗斯福（1858—1919），1901—1909年任总统；鲁特（1845—1937），1899—1904年任战争部部长，1905—1909年任国务卿；塔夫脱（1857—1930），1901—1903年任菲律宾民政总督，1904—1908年任战争部部长，1909—1913年任总统。

54　Vitalis, "The Noble American Science of Imperial Relations."

55　Woodrow Wilson, "Democracy and Efficiency," *Atlantic Monthly*,87 (1901), pp. 292, 298.

56　关于这一背景下的克罗默和寇松，参见Cain, "Character, 'Ordered Liberty,' and the Mission to Civilise," pp. 559, 568。

57　Gerald Horne, "Race from Power: U.S. Foreign Policy and the General Crisis of 'White Supremacy,' " *Diplomatic History*, 23 (1999), pp. 437–62.

58　Robert Vitalis, *White World Order, Black Power Politics: The Birth of American International Relations* (Ithaca, 2015).

59　Kazal, *Becoming Old Stock*, p. 1.

60　Desmond King, *Making Americans: Immigration, Race, and the Origins of the Diverse Democracy* (Cambridge, MA, 2000), pp. 153, 158, 163, 224; Kazal, *Becoming Old Stock*, p. 261. "白人盎格鲁-撒克逊新教徒"一词在20世纪50年代流行起来，用来形容有着这些特点的精英阶层长期的主导地位。

61　Matthew Frye Jacobson, *Whiteness of a Different Color: European Immigrants and the Alchemy of Race* (Cambridge, MA, 1998); Gary Gerstle, *American Crucible: Race and Nation in the Twentieth Century* (Princeton, NJ, 2001).

62　Michael Hawkins, "Imperial Historicism and American Military Rule in the Philippines' Muslim South," *Journal of Southeast Asian Studies*, 39 (2008), pp. 411–29. 这篇论文不起眼的标题掩盖了它更大的重要性。

63　Brooks Adams, *The New Empire* (New York, 1903), p. xi.

64　Michael Adas, *Machines as the Measure of Men: Science, Technology and Ideologies of Western Dominance* (Ithaca, 1989).

65　Michael E. Latham, *Modernization as Ideology: American Social Science and "Nation Building" in the Kennedy Era* (Chapel Hill, 2000); 及其补充Latham, *The Right Kind of Revolution: Modernization, Development and United States Foreign Policy from the Cold War to the Present* (Ithaca, 2011)。Ekbladh, *The Great American Mission*.

66　Alex Inkeles, *Becoming Modern: Individual Change in Six Developing Countries*

(Cambridge, MA, 1974).

67　Nick Cullather 卓越的研究 *The Hungry World: America's Cold War Battle against Poverty in Asia* (Cambridge, MA, 2010) 中探讨了一些长期后果。

68　Tugwell, *Stricken Land*, p. 112.

69　Etemad, *Possessing the World*, pp. 219–27.

70　Michael Edelstein, "Foreign Investment, Accumulation, and Empire, 1860–1914," in Roderick Floud and Paul Johnson, eds., *The Cambridge Economic History of Modern Britain*, Vol. 3 (Cambridge, 2004), p. 193; Stanley Lebergott, "The Returns to U.S. Imperialism, 1890–1929," *Journal of Economic History*, 40 (1980), pp. 230, 251.

71　引用自 Perkins, *Denial of Empire*, p. 204。

72　Theodore Roosevelt, Jr., *Colonial Policies of the United States* (New York, 1937), pp. 195–7.

73　Frank H. Golay, "The Search for Revenues," in Peter W. Stanley, ed., *Reappraising an Empire: New Perspectives on Philippine-American History* (Cambridge, MA, 1984), pp. 236–9.

74　Woodrow Wilson, "Policy Statement," November 1912. 引自 J. W. Wheeler-Bennett, "Thirty Years of American-Filipino Relations, 1899–1929," *Journal of the Royal Institute of International Affairs*, 8 (1929), p. 507。

75　J. W. Wheeler-Bennett, "Thirty Years of American-Filipino Relations," pp. 507–8.

76　近来的研究让人们注意到女传教士扮演的重要角色。参见 Barbara Reeves-Ellington, Kathryn Kish Sklar, and Connie A. Shemo, eds., *Competing Kingdoms: Women, Mission, Nation, and the American Protestant Empire, 1812–1960* (Durham, 2010)。不巧的是（对本书的需要来说），该书只有（关于1902—1930年菲律宾的）一个章节是关于美利坚帝国的。

77　Ian Tyrrell, *Reforming the World: The Creation of America's Moral Empire* (Princeton, 2010), 特别是 pp. 1–10, 229, 235, 227–9。需要尤其感谢 Tyrrell，将这一叙事带进了20世纪。

78　Gerald R. Gems, *The Athletic Crusade: Sport and American Cultural Imperialism* (Lincoln, 2006).

79　Tugwell, *Stricken Land*, p. 236; 以及 p. 343.

80　关于这一问题有大量研究文献。重要的起点包括：Christina Duffy Burnett and Burke Marshall, eds., *Foreign in a Domestic Sense: Puerto Rico, American Expansion, and the Constitution* (Durham, 2001); 及 Bartholomew H. Sparrow, *The Insular Cases and the Emergence of American Empire* (Lawrence, 2006)。

81　Perkins, *Denial of Empire*, ch. 1.

82　Kazal, *Becoming Old Stock*, pp. 817–21.

83　April Merleaux, "The Political Culture of Sugar Tariffs: Immigration, Race, and Empire, 1898–1930," *International Labor and Working Class History*, 81 (2012), pp. 28–48 通过南方参议员弗朗西斯·G. 纽兰兹（Francis G. Newlands）的双眼，对种族和保护的关系做了案例研究。

84　Perry Belmont, "Congress, the President and the Philippines," *North American Review*, 169 (1899), p. 901. 贝尔蒙特（Belmont，1851—1947）在1881—1889年任纽约州众议员，在1889年任驻西班牙大使。

85　Sparrow, *The Insular Cases*.

86   Julius W. Pratt, *America's Colonial Experiment* (New York, 1951), pp. 161–4.

87   这里总结的殖民统治的宪法特点在 Pratt, *America's Colonial Experiment*, chs. 5–6中得到了更大篇幅的概述，在Perkins, *Denial of Empire*, chs. 3–8中则表述得更为充分。Go, "Provinciality of American Empire," pp. 74–108; Julian Go, *American Empire and the Politics of Meaning* (Durham, 2008). Go 主要是从文化的视角，对美国政策的不同结果进行了难得的比较评估。

88   参见Jose Alvarez and Leo C. Polopolus, "History of U.S. Sugar Protection," *University of Florida IFAS Extension Publication*, SC 019 (2002)。

89   关于哈夫迈耶，也可参见本书第8章。

90   Luzviminda Bartolome Francisco and Jonathan Shepard Fast, *Conspiracy for Empire: Big Business, Corruption and the Politics of Imperialism in America, 1876–1907* (Quezon City, 1985), pp. 273–9.

91   接下去的内容使用的首要史料是Francisco and Fast, *Conspiracy for Empire*, chs. 27, 28, 30。

92   参见本书第8章。

93   Francisco and Fast, *Conspiracy for Empire*, pp. 213, 242–3.

94   同上，ch. 27和pp. 227–8。

95   要进行完整的分析，将需要考虑垂直整合与水平整合在多大程度上跨越了不同阵线，因为一些炼糖厂转向了海外的甘蔗生产，另一些则转向了大陆的甜菜业。

96   Kathleen Mapes, *Sweet Tyranny: Migrant Labour, Industrial Agriculture, and Imperial Politics* (Urbana, 2009) 对密歇根州的甜菜业提供了宝贵的论述，第8章探讨了这一行业的帝国纽带。

97   战争部部长伊莱休·鲁特，引自Truman R. Clark, " 'Educating the Natives in Self-Government': Puerto Rico and the United States, 1900–1933," *Pacific Historical Review*, 42 (1973), p. 220。

98   难得（也必然不完整）的例外是Cathleen Cahill, *Federal Fathers and Mothers: A Social History of the United States Indian Service, 1869–1933* (Chapel Hill, 2011)。

99   Woodrow Wilson, "Democracy and Efficiency," *Atlantic Monthly*, 87 (1901), p. 296.

100   Armelle Enders, "L'École nationale de la France d'Outre-Mer et la formation des administrateurs coloniaux," *Revue d'Histoire Moderne et Contemporaine*, 40 (1993), pp. 272–88.

101   Tugwell, *Stricken Land*, p. 114.

102   同上，pp. 114–15。

103   这一引言和本段之后的引言都来自同上，p. 115。

104   Richard H. Werking, *The Master Architects: Building the United States Foreign Service, 1890–1913* (Lexington, 1977).

105   Daniel P. Carpenter, *The Forging of Bureaucratic Autonomy: Reputations, Networks, and Policy Innovation in Executive Agencies, 1862–1928* (Princeton, 2001).

106   Robert D. Schulzinger, *The Making of the Diplomatic Mind: The Training, Outlook and Style of the United States Foreign Service Officers, 1908–1931* (Middletown, 1975).

107   Max (Maximilian Carl Emil) Weber, *Economy and Society* (Berlin, 1922; Los

Angeles, 1978). 韦伯（1864—1920）有着格外不同常规的人生"轨道"，要是他在今天申请终身教职，将会成为一名靠不住的候选人：他直到40岁时才出版了第一本书，他的其他许多作品都是由讲稿和论文编撰成书，在他去世后才出版。

108 Earl S. Pomeroy, "The American Colonial Office," *Mississippi Valley Historical Review*, 30 (1944), p. 524. 要了解关于这一问题的"最新"研究，需要回到1944年，这显示出人们对此的认知还很欠缺。

109 参见 Perkins, *Denial of Empire*, pp. 205, 349。

110 Nadia Schadlow, "Root's Rules: Lessons from America's Colonial Office," *American Interest*, 2 (2007), pp. 92–102.

111 引用自 Clark, "Educating the Natives in Self-Government," p. 220。

112 阿尔伯特·布什内尔·哈特（Albert Bushnell Hart）1899年语，引用自 Williams, "United States Indian Policy," p. 830。哈特是著名历史学家，也是西奥多·罗斯福的同学和终生的朋友。

113 Louis A. Pérez, Jr. 在30多年前让人们注意到了这一课题的重要性和潜力，尽管他在对古巴的研究 "Cuba Materials in the Bureau of Insular Affairs Library," *Latin American Research Review*, 13, (1978), pp. 182–8 中使用事务局档案，起到了榜样作用，但学术研究仍存在空缺。Peter C. Stuart, *Planting the American Flag: Twelve Men who Expanded the U.S. Overseas* (Jefferson, 2007) 是一个可喜的起点，尽管他强调的是获取帝国而不是管理帝国的人们。

114 菲律宾的高级殖民执政官在1901—1906年的头衔是民政总督，但在1906—1935年改回了西班牙统治时期的头衔"总督"。

115 我们非常需要的传记如今已经面世，尽管（可以理解的是，）它的焦点主要在麦克纳特在美国的活动：Dean J. Kotlowski, *Paul V. McNutt and the Age of FDR* (Bloomington, 2015)。

116 Truman R. Clark, *Puerto Rico and the United States, 1917–1975* (Pittsburgh, 1975), pp. 167–73.

117 例外是詹姆斯·R. 贝弗利（James R. Beverley, 1894—1967），一名在波多黎各执业的得克萨斯州律师，在1932—1933年（刚好）够格担任代理总督。小西奥多·罗斯福（1929—1932年任波多黎各总督）是第一位在一些正式场合试图讲这门语言的总督。

118 Clark, "Educating the Natives in Self-Government," pp. 232–3.

119 仅关于非洲的研究文献就有很多：Louis H. Gann 和 Peter Duignan 的众多共同著作覆盖了1870—1914年间的英国、法国、德国和比利时。Anthony Kirk-Greene, *Britain's Imperial Administrators, 1858–1966* (Basingstoke, Hants, 2000). 同样参见 William B. Cohen, *Rulers of Empire: French Colonial Services in Africa* (Stanford, 1971)。

120 Paul D. Hutchcroft, "Colonial Masters, National Politicos, and Provincial Lords: Central Authority and Local Autonomy in the American Philippines, 1900–1913," *Journal of Asian Studies*, 59 (2000), p. 293.

121 同上，p. 289。

122 这些事件及其他许多内容被记录在 Francis Burton Harrison 的回忆录 *The Corner-Stone of Philippine Independence: A Narrative of Seven Years* (New York, 1922) 里。

123 Roosevelt, *Colonial Policies of the United States*, p. 99.

124 Perkins, *Denial of Empire*, p. 202.

125 在夏威夷一例中，"强人"是那些定居者，他们主要为了控制劳工骚乱而建立了安全国家机制。

126 Ellen D. Tillman, "Militarizing Dollar Diplomacy in the Early Twentieth-Century Dominican Republic: Centralization and Resistance," *Hispanic American Historical Review*, 95 (2015), pp. 269–97.

127 两部先驱性著作是David M. Anderson and David Killingray, eds., *Policing the Empire: Government, Authority, and Control, 1830–1940* (Manchester, 1991); Anderson and Killingray, *Policing and Decolonisation: Nationalism, Politics and the Police, 1917– 65* (Manchester, 1992); Matthew Hughes, "A British Foreign Legion? The British Police in Mandate Palestine," *Middle Eastern Studies*, 49 (2013), pp. 696–711。

128 Michael Broers, "The Police and the Padroni: Italian Notabili, French Gendarmes and the Origins of the Centralised State in Napoleonic Italy," *European History Quarterly*, 26 (1996), pp. 331–53; Martin Thomas, "The Gendarmerie, Information Collection, and Colonial Violence in French North Africa Between the Wars," *Historical Reflections*, 36 (2010), pp. 76–96.

129 参见这一问题上的先驱之一Clive Emsley, "Policing the Empire, Policing the Metropole: Some Thoughts on Models and Types," *Crime, histoire et sociétés*, 18 (2014), pp. 5–25。

130 参见Alfred W. McCoy卓越的研究*Policing America's Empire: The United States, the Philippines, and the Rise of the Surveillance State* (Madison, 2009)。以及Georgina Sinclair and Chris A. Williams, "Home and Away: The Cross-Fertilization between 'Colonial' and 'British' Policing, 1921–85," *Journal of Imperial & Commonwealth History*, 35 (2007), pp. 221–38。

131 这一部门在1950年被改名为领土办公室，在1971年被废除，在1973年被改建为领土事务办公室。参见Ruth G. van Cleve, *The Office of Territorial Affairs* (New York, 1973)。

132 Pomeroy, "The American Colonial Office," p. 528.

133 同上，p. 527。

134 同上，pp. 530–31。

135 Tugwell, *Stricken Land*, p. 71.

136 Perkins, *Denial of Empire*, p. 132.

137 纽约，1942年。海登（1897—1945）的众多出版物不仅提供了关于菲律宾的信息，也让人们了解了他自己对这些岛屿及其人民的理解的演变。他收集了20世纪上半叶关于菲律宾的文件，将它们存放在密歇根大学，从而帮了学者的大忙。同样参见Ronald K. Edgerton, "Joseph Ralston Hayden: The Education of a Colonialist," in Owen, *Compadre Colonialism*, pp. 195–226。

138 西奥多·罗斯福的大儿子（1887—1944）。他在美国大陆的政治事业在20世纪20年代陷入了停滞，接着他在1929—1932年担任波多黎各总督，在1932—1933年担任菲律宾总督。他在两场大战中都留下了显赫的记录。

139 Roosevelt, *Colonial Policies of the United States.*

140 (1874–1952). 参见Graham White and John Maze, *Harold Ickes of the New Deal: Private Life and Public Career* (Cambridge, MA, 1985); Jeanne N. Clarke, *Roosevelt's Warrior: Harold L. Ickes and the New Deal* (Baltimore, 1996); T. H.

Watkins, *Righteous Pilgrim: The Life and Times of Harold L. Ickes, 1874–1952* (New York, 1990) 提供了大量信息，但要研究伊克斯在监管殖民地中扮演的角色，仍存在空间。

141 Ruth Sarles, *A Story of America First* (Westport, 2003), p. 108. 这一引言有各种各样的形式。克莱尔·布思·卢斯（1903—1987）是一名记者、剧作家，她以才智著名，作为保守派共和党人有着显赫的政治生涯。她嫁给了出版人亨利·鲁宾逊·卢斯。

142 引用自 Thomas Mathews, *Puerto Rican Politics and the New Deal* (New York, 1976), p. 215。

143 "The Navy at Its Worst," *Collier's Magazine*, 31 August 1946, pp. 22–3.

144 与大多数美国殖民官员不同的是，欧内斯特·H. 格里宁（1887—1974）已成为一部完整而可嘉的著作的研究对象：Robert D. Johnson, *Ernest Gruening and the Dissenting Tradition* (Cambridge, MA, 1998)。同样参见 Johnson, "Anti-Imperialism and the Good Neighbor Policy: Ernest Gruening and Puerto Rican Affairs, 1934–1939," *Journal of Latin American Studies*, 29 (1997), pp. 89–110。

145 Ernest Gruening, "Colonialism in Alaska," *Current History*, 29 (1955), pp. 349–55.

146 还没有一部特格韦尔（1891—1979）的传记能与 Johnson 的 *Ernest Gruening* 匹敌。Michael V. Namorato, *Rexford G. Tugwell: A Biography* (New York, 1988) 提供了粗略描述，Bernard Sternsher, *Rexford Tugwell and the New Deal* (New Brunswick, 1964) 则情有可原地主要讨论国内问题。特格韦尔自己的众多出版物仍是宝贵的史料。

147 Theodore Roosevelt, "The Expansion of the White Races," Address, 18 January 1909, in Roosevelt, *American Problems* (New York, 1926), p. 271.

148 同上，p. 264。

149 Winks, "Imperialism," pp. 257–8.

150 同上，p. 258。

151 同上，p. 268。

152 同上，p. 259。

153 近来，有两组格外宝贵的论文探究了这一主题：Alfred W. McCoy and Francisco A. Scarano, eds., *Colonial Crucible: Empire in the Making of the Modern American State* (Madison, 2009); María Dolores Elizalde y Josep M. Delgado, eds., *Filipinas: un país entre dos imperios* (Barcelona, 2011)。

154 在这里我要感谢 Paul Kramer 重要的学术贡献 "Historiastransimperiales: Raíces españolas del estado colonial estadounidense en Filipinas," in Elizalde and Delgado, *Filipinas*, ch. 5。

155 Winks, "Imperialism," p. 258.

第12章

1 引用自 Louis A. Pérez, Jr., *On Becoming Cuban: Identity, Nationality, and Culture* (New York, 1999), p. 159. 我要借此机会感谢 Pérez 教授做出的杰出贡献，他在几十年间出版的权威著作对所有研究古巴历史的学生都必不可少。

2 Albert J. Beveridge, "In Support of an American Empire," *Record*, 56 Congress, I Session, p. 707.

3 引用自 Truman R. Clark, " 'Educating the Natives in Self-Government': Puerto

Rico and the United States, 1900–1933," *Pacific Historical Review*, 42 (1973), p. 220。

4　Rosalie Schwartz, *Pleasure Island: Tourism and Temptation in Cuba* (Lincoln,1997); Peter Maruzzi, *Havana Before Castro: When Cuba Was a Tropical Playground* (Layton, 2008).

5　一部少有的比较研究是 Christine Skwiot, *The Purposes of Paradise: U.S. Tourism and Empire in Cuba and Hawai'i* (Philadelphia, 2010)。

6　首先录制于1927年。YouTube网站上有各种版本。

7　Alyssa Abkowitz, "A Land Rush in Puerto Rico," *Wall Street Journal*, 4 October 2012. 20世纪50年代，这些名人包括艾娃·加德纳、伊丽莎白·泰勒和约翰·F.肯尼迪。波多黎各（在庞塞）有一场大型年度狂欢节。

8　Marisol Berrios-Miranda, "Salsa Music as Expressive Liberation," *Centro Journal*, 16 (2004), pp. 157–73.

9　Pedro Malavet, "Puerto Rico: Cultural Nation, American Colony," *Michigan Journal of Race and Law*, 6 (2000), pp. 2–106是权威研究。同样参见 Frances R. Aparicio, *Listening to Salsa: Gender, Latin American Popular Music and Puerto Rican Cultures* (Middletown, 1998), ch. 2. 关于这一话题（及普兰那音乐），更笼统的内容参见 Juan Flores, *Divided Border: Essays on Puerto Rican Identity* (Houston, 1993)。

10　引用自 Joan Gross, "Defendiendo la (Agri)Cultura: Reterritorializing Culture in the Puerto Rican Décima," *Oral Tradition*, 23 (2008), p. 229。

11　José Martí, in Philip S. Foner, ed., *Inside the Monster: Writings on the United States and American Imperialism* (New York, 1975), p. 54.

12　自它在1929年第一次被表演后，人们创作了许多版本不同的旋律和歌词。

13　引用自 César J. Ayala and Rafael Bernabe, *Puerto Rico in the American Century: A History Since 1898* (Chapel Hill, 2007), p. 90。

14　令人惊讶是，关于这些岛屿相对大小的估算各有不同。从最常被引用的史料选取中位数来看，古巴的大小是波多黎各的九倍。

15　Theodore Roosevelt, "The Administration of the Island Possessions," in Roosevelt, *Works of Theodore Roosevelt*, Vol. 18 (New York, 1925), p. 356.

16　同上。

17　Theodore Roosevelt, Jr., *Colonial Policies of the United States* (New York, 1937), p. 108.

18　引用自 James L. Dietz, *Economic History of Puerto Rico: Institutional Change and Capitalist Development* (Princeton, 1986), p. 127. 所有学者都要感谢 Dietz 博士在这一问题上先驱性的研究。

19　Courtney Johnson, "Understanding the American Empire: Colonialism, Latin Americanism, and Professional Social Science, 1898–1920," in Alfred W. McCoy and Francisco A. Scarano, *Colonial Crucible: Empire in the Making of the Modern American State* (Madison, 2009), pp. 175–90; Kyle T. Evered, "Fostering Puerto Rico: Representations of Empire and Orphaned Territories during the Spanish-American War," *Historical Geography*, 34 (2006), pp. 109–36.

20　尽管种族分类曾经（与现在）非常主观，但1897年的最后一场西班牙人口普查记录称，约三分之二的人口是白人。参见 Francisco A. Scarano, "Censuses in the Transition to Modern Colonialism: Spain and the United States in Puerto

Rico," in McCoy and Scarano, *Colonial Crucible*, pp. 216–17。

21　本书第9章"给药丸加点糖"的部分对这些术语给出了解释。

22　Clark, "Educating the Natives in Self-Government."

23　本书第11章"游说集团和自由"部分讨论了裁决的广泛意味。

24　David A. Rezvani, "The Basis of Puerto Rico's Constitutional Status: Colony, Compact, or Federacy?" *Political Science Quarterly*, 122 (2007), pp. 115–40.

25　*San Juan News*, 29 May 1901. 引用自 Dietz, *Economic History*, p. 88。

26　Whitney T. Perkins, *Denial of Empire: The United States and Its Dependencies* (Leiden, 1962), p. 117.

27　Julius W. Pratt, *America's Colonial Experiment: How the United States Gained, Governed, and in Part Gave Away a Colonial Empire* (New York, 1951), pp. 187–8.

28　Kelvin Santiago-Valles, "American Penal Reforms and Colonial Spanish Custodial-Regulatory Practices in Fin de Siècle Puerto Rico," in McCoy and Scarano, *Colonial Crucible*, pp. 87–94.

29　Clark, "Educating the Natives in Self-Government," pp. 226–7; Perkins, *Denial of Empire*, pp. 129–30; Ayala and Bernabe, *Puerto Rico in the American Century*, pp. 55–9.

30　Frank Ninkovich, *The United States and Imperialism* (Malden, 2001), pp. 124–5.

31　Clark, "Educating the Natives in Self-Government," pp. 227–8; Clark, "President Taft and the Puerto Rican Appropriation Crisis of 1909," *Americas*, 26 (1969), pp. 152–70.

32　在联盟党被定位为衰落中的咖啡种植者的党派时，两党的物质基础并没有此前人们以为的那样非常不同。参见 Ayala and Bernabe, *Puerto Rico in the American Century*, pp. 59–61。

33　Fernando Pico, *Puerto Rico, 1898: The War after the War* (Princeton, 2004).

34　Stuart B. Schwartz, "The Hurricane of San Ciriaco: Disaster, Politics and Society in Puerto Rico, 1899–1901," *Hispanic American Historical Review*, 72 (1992), pp. 303–35.

35　在美国，没有咖啡种植者反对从波多黎各进口。强大且地位稳固的利益集团捍卫了来自巴西更廉价的咖啡，这种咖啡塑造了美国消费者的口味。

36　Luzviminda Bartolome Francisco and Jonathan Shepard Fast, *Conspiracy for Empire: Big Business, Corruption and the Poliltics of Imperialism in America, 1876–1907* (Quezon City, 1985), ch. 23 辩称，协助该岛的动机在宣传中掩饰了商业利益，特别是哈夫迈耶的利益。现有的证据让我们很难对这一提示性的主张做出决定性判断。

37　同上。

38　Perkins, *Denial of Empire*, p. 119.

39　实际上，这一条款直到1940年才被执行：Ayala and Bernabe, *Puerto Rico in the American Century*, pp. 36–7, 142–4。

40　参见本书第11章"游说集团和自由"部分。

41　Dietz, *Economic History of Puerto Rico*, pp. 86–92.

42　是美国提出了"波多"（Porto）的名字，在1898—1935年间将其用于官方目的。

43　Humberto García Muñiz, *Sugar and Power in the Caribbean: The South Porto*

Rico Sugar Company in Puerto Rico and the Dominican Republic, 1900–1921 (Kingston, Jamaica, 2010).

44　Ayala and Bernabe, *Puerto Rico in the American Century*, pp. 41–5.

45　César J. Ayala, *American Sugar Kingdom: The Plantation Economy of the Spanish Caribbean, 1898–1934* (Chapel Hill, 1999), pp. 114–19, 225–6.

46　Dietz, *Economic History of Puerto Rico*, p. 119.

47　Ayala, *American Sugar Kingdom*, pp. 66–73, 197–8. 这项研究的比较特点尤其有价值。

48　Dietz, *Economic History of Puerto Rico*, pp. 99–103; Luis Alberto Amador, "Amargo negocio: el café puertorriqueño y su comercialización (1898–1918)," *Revista de Centro de Investigaciones Históricas*, 16 (2005), 253–85.

49　Laird W. Bergad, "Agrarian History of Puerto Rico, 1870–1930," *Latin American Research Review*, 13 (1978), pp. 63–94.

50　Dietz, *Economic History*, pp. 104–13; Ayala and Bernabe, *Puerto Rico in the American Century*, pp. 38–9, 48–9. 在数字有差异的情况下，我用的是后者Ayala和Bernabe的数据。Thomas Pepinski, "Trade Competition and American Decolonization," *World Politics*, 67 (2015), pp. 405–6提出，美国企业占据了较高比重的糖料产出，但它没有援引这里提出的史料。

51　尤其参见修正主义的César J. Ayala and Laird W. Bergad, "Rural Puerto Rico in the Early Twentieth Century Reconsidered: Land and Society, 1899–1915," *Latin American Research Review*, 37 (2002), pp. 65–97 和José O. Solá, "Colonialism, Planters, Sugarcane, and the Agrarian Economy of Caguas, Puerto Rico, between the 1890s and 1930," *Agricultural History*, 85 (2011), pp. 349–72 以及Ayala and Bernabe, *Puerto Rico in the American Century*, pp. 38–9, 48–50; Dietz, *Economic History*, pp. 104–13。

52　Teresita A. Levy, *Puerto Ricans in the Empire: Tobacco Growers and U.S. Colonialism* (New Brunswick, 2015).

53　Charles F. Reid, *Education in the Territories and Outlying Territories of the United States* (New York, 1941), pp. 217–19.

54　Charles F. Reid, *Education in the Territories and Outlying Territories of the United States* (New York, 1941), pp. 217–19.同上，ch. 4。

55　José-Manuel Navarro, *Creating Tropical Yankees: Social Science Textbooks and U.S. Ideological Control in Puerto Rico, 1898–1908* (New York, 2002); Solsiree del Moral, *Negotiating Empire: The Cultural Politics of Schools in Puerto Rico, 1898–1952* (Madison, 2013), p. 7确认了对于创造"热带北方佬"的反对声。

56　Christopher Schmidt-Nowara, "Spanish Origins of American Empire: Hispanism, History, and Commemoration, 1898–1915," *International History Review*, 30 (2008), pp. 32–51.

57　Solsiree del Moral, "Negotiating Colonialism: 'Race,' Class, and Education in Early Twentieth-Century Puerto Rico," in McCoy and Scarano, *Colonial Crucible*, pp. 135–44; Pablo Navarro-Rivera, "The Imperial Enterprise and Educational Policies in Colonial Puerto Rico," in McCoy and Scarano, *Colonial Crucible*, pp. 163–74.

58　Eileen J. Findlay, *Imposing Decency: The Politics of Sexuality and Race in Puerto Rico, 1870–1930* (Durham, 1999) 主要讨论的是庞塞，我们还需要能够补充它

的研究。

59　Ayala and Bernabe, *Puerto Rico in the American Century*, chs. 4, 6.

60　关于种族类别多边而主观的特点，参见 Mara Loveman and Jeronimo O. Muniz, "How Puerto Rico Became White: Boundary Dynamics and Intercensus Racial Reclassification," *American Sociological Review*, 72 (2007), pp. 915–39; Gabriel Haslip-Vera, "Changed Identities: A Racial Portrait of Two Extended Families, 1900–Present," *Centro Journal*, 21 (2009), pp. 36–51。

61　Iris M. Zavela and Rafael Rodíriguez, eds., *The Intellectual Roots of Independence: An Anthology of Puerto Rican Political Essays* (New York, 1980). "伊比利亚的潘乔"是讲西班牙语的美洲地区的笼统代表。

62　这一段靠的是 Dietz, *Economic History of Puerto Rico*, pp. 100–101, 110–12, 116–24, 135, 137–43, 158–60, 176。

63　José O. Solá, "Partisanship, Power Contenders, and Colonial Politics in Puerto Rico, 1920s," *Caribbean Studies*, 38 (2010), pp. 3–35 对卡瓜斯进行了案例研究。

64　Ayala and Barnabe, *Puerto Rico in the American Century*, ch. 4 探讨了这一时期的思想与艺术发展。

65　Noel Maurer, *The Empire Trap: The Rise and Fall of U.S. Intervention to Protect American Property Overseas, 1893–2013* (Princeton, NJ, 2013), pp. 256–7.

66　Hernández (1892–1965); Borincano 一词来自 Borinquen，即哥伦布到来前波多黎各的名字。

67　引用自 Thomas Matthews, *Puerto Rican Politics and the New Deal* (New York, 1976), p. 50。Ismael García Colón, *Land Reform in Puerto Rico: Modernizing the Colonial State, 1941–1969* (Gainesville, 2009) 形容了20世纪30年代末锡德拉城绝望的处境。

68　引用自 Harvey S. Perloff, "Transforming the Economy," *Annals of the American Academy of Political & Social Science*, 285 (1953), p. 50。罗斯福新政中最大的政府机构就是工程振兴局（1935—1943）。

69　Dietz, *Economic History of Puerto Rico*, pp. 147, 163–7, 169, 221; Ayala and Bernabe, *Puerto Rico in the American Century*, ch. 5.

70　里格斯是美国陆军老兵，两名杀手在被拘时被警方杀杀。

71　史料给出了不同的数据：报告的被杀人数从17人到21人不等。

72　Matthews, *Puerto Rican Politics*; Gabriel Villaronga, *Towards a Discourse of Consent: Mass Mobilization and Colonial Politics in Puerto Rico, 1932–1948* (Westport, 2004).

73　Carlos R. Zapata Oliveras, *De independentista a autonomista: la transformación del pensamiento político de Luis Muñoz Marín (1931–1949)* (San Juan, 2003) 详细覆盖了转型过程。

74　Kiran Klaus Patel, *The New Deal: A Global History* (Princeton, NJ, 2015), pp. 160–67.

75　关于格里宁（1887—1974）和特格韦尔（1891—1979），参见本书第11章"在有力之手指引下的教学过程"的部分。

76　Robert David Johnson, "Anti-Imperialism and the Good Neighbour Policy: Ernest Gruening and Puerto Rican Affairs, 1934–1939," *Journal of Latin American Studies*, 29 (1997), pp. 89–110. 关于特格韦尔对格里宁的批判性评估，参见 Rexford Guy Tugwell *The Stricken Land: The Story of Puerto Rico* (New York,

1946), pp. 5–11, 74。

77 Dietz, *Economic History of Puerto Rico*, pp. 143–7, 149–54; Ayala and Bernabe, *Puerto Rico in the American Century*, pp. 100–104.

78 Stuart McCook, "Promoting the 'Practical': Science and Agricultural Modernization in Puerto Rico and Colombia, 1920–1940," *Agricultural History Review*, 75 (2001), pp. 52–82.

79 关于改革后来的命运，参见 Perkins, *Denial of Empire*, pp. 137–41; Pratt, *America's Colonial Experiment*, pp. 271–4。波多黎各紧急救济署（1933—1935年）提供了短期食物援助，在修路和疟疾管控上取得了进步，但资金不足，又遭遇了官方反对。参见 Manuel R. Rodríguez, *A New Deal for the Tropics: Puerto Rico during the Depression Era, 1932–1935* (Princeton, NJ, 2010)。

80 参见特格韦尔在 *Stricken Land* 中的完整论述。

81 特格韦尔和穆尼奥斯·马林的关系也变得紧张。参见 Tugwell, *Stricken Land*, p. 343。

82 Frank O. Gatell, "Independence Rejected: Puerto Rico and the Tydings' Bill of 1936," *Hispanic American Historical Review*, 38 (1958), pp. 25–44.

83 引用自 Perkins, *Denial of Empire*, p. 140。尽管格里宁认为这不切实际，但他支持这一政策，因为他相信这将宣传美国殖民政策的进步性。

84 引用自 Gatell, "Independence Rejected," p. 37。只有泰丁斯一人在20年后还相信，他的法案所设想的分离本可以成功实现。同上，p. 37, n. 72。

85 Matthews, *Puerto Rican Politics*; Ayala and Bernabe, *Puerto Rico in the American Century* 为这一时期的观点提供了概述。

86 Ismael García-Colón, *Land Reforms in Puerto Rico: Modernizing the Colonial State, 1941–1969* (Gainesville, 2009).

87 关于互相对立的观点，参见 Perloff, "Transforming the Economy" 和 Ismael García-Colón, "Playing and Eating Democracy: The Case of Puerto Rico's Land Distribution Program, 1940s–1960s," *Centro Journal*, 18 (2006), pp. 166–89。

88 García-Colón, *Land Reforms in Puerto Rico*, pp. 30, 43.

89 César J. Ayala, "From Sugar Plantations to Military Bases: The U.S. Navy's Expropriations in Vieques, Puerto Rico, 1940–45," *Centro Journal*, 13 (2001), pp. 22–43; Humberto García-Muniz and Judith Escalona, "Goliath against David: The Battle for Vieques as the Last Crossroad?" *Centro Journal*, 13 (2001), pp. 126–43.

90 Theodore Roosevelt to Henry L. White, 13 September 1906. 引用自 Louis A. Pérez, Jr., *Cuba under the Platt Amendment, 1902–34* (Pittsburgh, 1986), p. 9. 完整的句子如下："此刻，我对那个炼狱般的小古巴共和国感到如此愤怒，以至于我想把它的人民从地球上清扫出去。"

91 参见本章第一个注释。

92 Norweb to Secretary of State, 14 January 1946. 引用自 Lars Schoultz, *Beneath the United States: A History of U.S. Policy Toward Latin America* (Cambridge, MA, 1998), p. 14. R. 亨利·诺韦布（1895—1983）是一名职业外交官，1945—1947年担任驻古巴大使。

93 Louis A. Pérez Jr., *Essays on Cuban History: Historiography and Research* (Gainesville, 1995) 是权威的指引。

94 关于美国对古巴的看法，参见 Louis A. Pérez, Jr., *Cuba in the American Imagination: Metaphor and Imperial Ethos* (Chapel Hill, 2009) 深刻的分析。

95 Louis A. Pérez, Jr. 是"本土视角"的先驱。尤其参见 *Cuba Between Empires, 1878–1902* (Pittsburgh, 1983)，它聚焦了古巴一侧的故事。*The War of 1898: The United States and Cuba in History and Historiography* (Chapel Hill, 1998) 重述了长期在古巴之外被人忽略的古巴视角。同样参见那里及本章其他地方给出的进一步参考文献。Vanni Pettinà, *Cuba y estados unidos, 1933–1959: del compromiso nacionalista al conflicto* (Madrid, 2011) 对巴蒂斯塔作为军事现代化推动者的"失去的几十年"做出了平衡的论述。在其他近期的例子中，参见 Ayala 在 *American Sugar Kingdom* 中对"种植园派"的批评，以及注释121援引的 Mary Speck 的几篇论文。我要尤其感谢 Speck 博士允许我使用她尚未出版的论文 "Democracy in Cuba: Principles and Practice, 1902–1952" (2011)，也要感谢她对这一话题与我的整体通信。

96 Pratt, *America's Colonial Experiment*, pp. 120–23 提供了标志性的简要又清晰的总结。

97 应该在这里感谢两部较早的研究，它们看出了主要的论点，用当时的清晰语言表达了出来：David F. Healy, *The United States in Cuba, 1898–1902* (Madison, 1963), pp. 194–206; Jules R. Benjamin, *The United States and Cuba: Hege- mony and Dependent Development, 1880–1934* (Pittsburgh, 1974), chs. 1–2。

98 Healy, *The United States in Cuba*, p. 53. 亨利·M. 特勒（1830—1914）是19世纪90年代所谓白银共和党人的领袖，在1896年大选后转而效忠民主党。

99 Francisco and Fast, *Conspiracy for Empire*, pp. 154–6.

100 Paul S. Holbo, "The Convergence of Moods and the Cuban-Bond 'Conspiracy' of 1898," *Journal of American History*, 55 (1968), p. 69. 我要大大感谢 Susan Fernandez 博士在这一问题上为我提供了指引。很久以后，法院裁决美国无须对古巴的债务负责，但这在当时还不明确。

101 Pérez, *Cuba Between Empires*, p. 187; Tarrago, "Cuba and Cubans," pp. 353–4.

102 Pratt, *Expansionists of 1898*, p. 354.

103 同上，p. 119。

104 在这里我要感谢 Maurer, *The Empire Trap*, pp. 52–5。

105 标杆性的著作是 Pérez, *Cuba under the Platt Amendment*。

106 Francisco and Fast, *Conspiracy for Empire*, ch. 26. 奥维尔·普拉特（1827—1905）来自康涅狄格州，是颇有影响、任期长久的参议员。

107 引用自 Pérez, *Cuba under the Platt Amendment*, p. 46. 在表面上，埃及在1882年后仍是奥斯曼帝国的一部分。实际上，它受到了英国总领事克罗默勋爵（1883—1907年在任）的有效控制。埃及直到1914年才成为正式的被保护国，在1923年取得了（正式）独立。英国人不像鲁特所想的那样有能力或有意愿"退出"。

108 同上，ch. 28。

109 同上，chs. 28, 30。即便如此，法案只以三票之差通过，那还是在共和党异议者被清洗出局之后。

110 参见本书第11章"游说集团和自由"的部分。

111 Pérez, *Cuba under the Platt Amendment*, ch.2 对伍德的态度提供了完整的论述。

112 引用自 Pérez, *Cuba under the Platt Amendment*, p. 40; 同样参见 pp. 37–42。

113 Wood to Roosevelt, 28 October 1901. 引用自 Carmen Diana Deere, "Here Come the Yankees! The Rise and Decline of United States Colonies in Cuba, 1898–1930," *Hispanic American Historical Review*, 78 (1998), p. 734.

114 Pérez, *Cuba Between Empires*, pp. 370–73. 埃斯特拉达·帕尔马（1832/5—1908）作为民族主义者有着显赫的履历：他在十年战争中参战，曾是何塞·马蒂的亲密伙伴，在马蒂去世后成为古巴革命党的领袖。但到1901年，他已抛弃了自己的革命岁月。

115 甚至是在国父们为宪法辩论时，坦慕尼协会就已经成立了。人们已在用精明的头脑思考，如何让正式流程与他们对现实的观感取得一致。

116 Leland Hamilton Jenks, *Our Cuban Colony: A Study in Sugar* (New York, 1928), ch. 9; Deere, "Here Come the Yankees!" pp. 729–65.

117 Deere, "Here Come the Yankees!" pp. 743–4.

118 引用自 Pérez, *Cuba under the Platt Amendment*, p. 44。

119 Juan Carlos Santamarina, "The Cuba Company and the Expansion of American Business in Cuba, 1898–1915," *Business History Review*, 74 (2000), pp. 41–83（以及 pp. 78–9, 81–2, 和关于古巴参与的 n. 12）; Santamarina, "The Cuba Company and the Creation of Informal Business Networks: Historiography and Archival Sources," *Cuban Studies*, 35 (2005), pp. 62–86.

120 Ayala, *American Sugar Kingdom*, pp.80–85; Francisco and Fast, *Conspiracy for Empire*, pp. 233–4, 329–30, n. 33.

121 本段及接下去四段呈现的数据来自：Jenks, *Our Cuban Colony*; Ayala, *American Sugar Kingdom*; César J. Ayala, "Social and Economic Aspects of Sugar Production in Cuba, 1880–1930," *Latin American Research Review*, 30 (1995), pp. 95–124; Alan Dye, *Cuban Sugar in the Age of Mass Production: Technology and the Economics of Sugar Central, 1899–1929* (Stanford, 1998); Oscar Zanetti Lecuona and Aljezandro García Alvarez, *Sugar and Railroads: A Cuban History, 1837–1959* (Chapel Hill, 1998); Mary Speck, "Prosperity, Progress, and Wealth: Cuban Enterprise during the Early Republic, 1902–1927," *Cuban Studies*, 36 (2005), pp. 50–86; Speck, "Closed Door Imperialism: The Politics of Cuban-U.S. Trade, 1902–1933," *Hispanic American Historical Review*, 85 (2005), pp. 449–83; B.J.C. McKercher and S. Enjamiio, " 'Brighter Future, Better Times': Britain, the Empire, and Anglo-American Competition in Cuba, 1898–1920," *Diplomacy & Statecraft*, 18 (2007), pp. 663–87。

122 英国外交官们巧妙地捍卫了英国在古巴的商业利益，同时注意不去挑战美国的政治主导性：Christopher Hull, *British Diplomacy and U.S. Hegemony in Cuba, 1898–1964* (Houndsmill, 2013)。

123 Antonio Santamaría García, "Cambios y ajustes tecnológicos en la agro-manufactura azucarera cubana, 1898–1913," *Historia Agraria*, 66 (2015), pp. 105–45.

124 还有其他声称是原型的地方。具体依据的地点仍然未知。

125 Speck, "Closed Door Imperialism," pp. 455–65, 467–70.

126 Ralph Davis, "The Rise of Protection in England, 1689–1786," *Economic History Review*, 19 (1966), pp. 306–17.

127 Ayala, *American Sugar Kingdom*, p. 245.

128 Pérez, *On Becoming Cuban*, pp. 105–15; 还有一处城市中的边疆：同上，pp. 125–36.

129 Speck, "Prosperity, Progress, and Wealth," pp. 69–73. 研究古巴的专家倾向于用"考迪罗"而不是"酋长"，尽管有些作者同时用了这两个术语：参见

Robert Whitney, *State and Revolution in Cuba: Mass Mobilization and Political Change, 1920–1940* (Chapel Hill, 2001), pp. 17–20. Pérez, *Cuba under the Platt Amendment*, ch. 3. Muriel McAvoy, *Sugar Baron: Manuel Rionda and the Fortunes of Pre-Castro Cuba* (Gainesville, 2003), p. 5。

130 费拉拉·伊·马里诺（1876—1972）。

131 赫拉尔多·马查多-莫拉莱斯（1871—1939），1925—1933年任总统。

132 McAvoy, *Sugar Baron*.

133 Ayala, *American Sugar Kingdom*, pp. 87–9.

134 该公司在二战后重获新生，在1959年革命中幸存下来（尽管它的种植园都被收归国有），在90年代已是世界第三大糖业中间商，后来在1999年破产。

135 关于这一问题的首要史料是 Pérez, *On Becoming Cuban*。

136 Geoffrey Blainey, *The Tyranny of Distance: How Distance Shaped Australia's History* (Melbourne, 1966).

137 Pérez, *On Becoming Cuban*, pp. 148–57.

138 Schwartz, *Pleasure Island*.

139 Pérez, *On Becoming Cuban*, pp. 184, 468–72.

140 Roberto G. Echeverria, *The Pride of Havana: A History of Cuban Baseball* (Oxford, 2001); Pérez, *On Becoming Cuban*, pp. 75–83, 255–78.

141 Marial Iglesias Utset, "Decolonizing Cuba: Public Culture and Nationalism in the Years 'Between Empires,' 1898–1902," *Journal of Caribbean History*, 37 (2003), pp. 22–44.

142 Pérez, *On Becoming Cuban*, pp. 79–82.

143 Frank A. Guridy, *Forging Diaspora: Afro-Cubans and African-Americans in a World of Empire and Jim Crow* (Chapel Hill, 2010).

144 1953年，古巴的人口被估算为582.9万人。宗教归属的数字是基于证据的猜想。我用了我能找到的最高的数字：40万人。

145 Jason M. Yarenko, *U.S. Protestant Missions in Cuba: From Independence to Castro* (Gainesville, 2000). Yarenko 研究了古巴东部发展中的省份，传教士在其他地区的地位可能有所不同。Harold Greer 在该岛西部发现，浸礼会教友的态度更为友好而灵活："Baptists in Western Cuba: From the Wars of Independence to the Revolution," *Cuban Studies*, 19 (1989), pp. 61–77。

146 Pérez, *On Becoming Cuban*, pp. 255, 466–7.

147 Alejandro de la Fuente, *A Nation for All: Race, Inequality, and Politics in Twentieth-Century Cuba* (Chapel Hill, 2001) 探讨了种族的复杂性；Alejandra Bronfman, *Measures of Equality: Social Science, Citizenship, and Race in Cuba, 1902–1940* (Chapel Hill, 2005)。

148 参见本书第10章。

149 Whitney, *State and Revolution in Cuba* 对这一主题给予了特别的重视。

150 Pérez, *On Becoming Cuban*, pp. 97–104 提供了形象的描述。

151 Ada Ferrer, *Insurgent Cuba: Race, Nation, and Revolution, 1868–1898* (Chapel Hill, 1999), ch. 7.

152 Pérez, *Cuba Between Reform and Revolution*, pp. 168–9.

153 同上，pp. 162–3, 166。

154 Alejandro de la Fuente and Matthew Casey, "Race and the Suffrage Controversy in Cuba, 1898–1901," in McCoy and Scarano, *Colonial Crucible*, pp. 220–29.

155　Pérez, *Cuba under the Platt Amendment*, pp. 91–104.

156　Christopher A. Abel, "Controlling the Big Stick: Theodore Roosevelt and the Cuban Crisis of 1906," *Naval War College Review*, 40 (1987), pp. 88–98.

157　Pérez, *Army Politics in Cuba*; Pérez, *Cuba between Reform and Revolution*, pp. 157–61, 167–8.

158　Pérez, *Cuba under the Platt Amendment*, pp. 105–7, 123–39, 146–7, 149–50.

159　Aline Helg, *Our Rightful Share: The Afro-Cuban Struggle for Equality, 1886–1912* (Chapel Hill, 1995).

160　Jenks, *Our Cuban Colony*, chs. 10–13 对1917—1920年的事件提供了完整的叙述；还有 Pérez, *Cuba under the Platt Amendment*, pp. 167–96.

161　梅诺卡尔（1866—1941）在美国接受教育，加入了反抗西班牙的武装斗争，担任古巴-美国糖业公司总经理，后来成为职业政客，两度成为总统（1912，1916）。

162　Pérez, *Army Politics in Cuba*, ch. 4.

163　克劳德（1859—1932）是印第安人战争和美西战争的老兵，熟悉古巴事务，曾参与美国此前在1906—1909年的占领工作。

164　在纽约，古巴糖料的价格在1920年5月达到每磅22.5美分的顶点，在12月下跌到3.75美分。

165　Pérez, *Cuba under the Platt Amendment*, pp. 269–71.

166　Dye, *Cuban Sugar in the Age of Mass Production*, p. 5. 关于更广大的图景，参见 Ayala, *American Sugar Kingdom*, pp. 66–73。

167　Alan Dye and Richard Sicotte, "The Inter-War Shocks to U.S.-Cuban Trade Relations: A View through Sugar Company Stock Price Data," in Jeremy Atack and Larry Neal, eds., *The Origins and Development of Financial Markets and Institutions* (Cambridge, 2009), pp. 360–61.

168　Speck, "Closed Door Imperialism," p. 479.

169　Dye, *Cuban Sugar in the Age of Mass Production* 是权威的研究。

170　Speck, "Prosperity, Progress, and Wealth," p. 51.

171　Speck, "Closed Door Imperialism," pp. 473–7.

172　Alan McPherson, "Dollars, Diplomacy and the Missing Link: A Socio-Economic Perspective on Cuban-American Relations, 1900–1934," *Ex Post Facto*, 4 (1995), unpaginated.

173　Speck, "Prosperity, Progress and Wealth," p. 51.

174　McPherson, "Dollars, Diplomacy and the Missing Link"; Pérez, *Cuba under the Platt Amendment*, pp. 269–71.

175　Whitney, *State and Revolution in Cuba*, ch. 2.

176　Pérez, *Cuba between Reform and Revolution*, pp. 187–9.

177　Brian Pollitt, "The Cuban Sugar Economy and the Great Depression," *Bulletin of Latin American Research*, 23 (1984), pp. 12–13.

178　Speck, "Closed Door Imperialism," pp. 478–9.

179　Pérez, *Cuba between Reform and Revolution*, pp. 188–9.

180　Richard P. Tucker, *Insatiable Appetite: The United States and the Ecological Degradation of the World* (Berkeley, 2000), p. 46; Ayala, *American Sugar Kingdom*, pp. 234–5.

181　Douglas A. Irwin, *Peddling Protectionism: Smoot-Hawley and the Great*

Depression (Princeton, NJ, 2011) 就这一争议重重的政策提供了可嘉的论述。

182　这一重要的发现及本段接下去的评估要感谢 Dye and Sicotte, "The Inter-War Shocks to U.S.-Cuban Trade Relations," pp. 345– 87; Dye and Sicotte, "The Political Economy of Exporting Economic Instability: The U.S. Sugar Tariff and the Cuban Revolution of 1933" (unpublished paper, 1998). 我要感谢 Dye 博士允许我阅读并引用这篇论文。

183　Maurer, *The Empire Trap*, pp. 210–16.

184　里德·斯穆特（1862—1941）在1903—1932年在参议院代表犹他州，在1923—1933年担任强大的金融委员会的主席，在1933年，他和霍利都输掉了国会席位。

185　Dye and Sicotte, "The Political Economy of Exporting Economic Instability," p. 34.

186　Speck, "Closed Door Imperialism," p. 480.

187　同上。

188　Dye and Sicotte, "The Inter-War Shocks to U.S.-Cuban Trade Relations," pp. 377–8.

189　本段的数据主要来自 Dye and Sicotte, "The Political Economy of Exporting Instability" 以及 Speck, "Closed Door Imperialism."。

190　Maurer, *The Empire Trap*, pp. 216–19.

191　Montgomery H. Lewis to I. Howard Lehman, 1 December 1933. 引用自 Dye and Sicotte, "The Inter-War Shocks to U.S.-Cuban Trade Relations," p. 379。

192　Dye and Sicotte, "The Interwar Shocks to U.S.-Cuban Trade Relations," p. 5.

193　Maurer, *The Empire Trap*, pp. 220–34.

194　引用自 Dye and Sicotte, "The Political Economy of Exporting Economic Instability," p. 12。

195　同上。

196　Pérez, *Between Reform and Revolution*, pp. 192–4.

197　Gillian McGillivray, *Blazing Cane: Sugar Communities, Class and State Formation in Cuba, 1868–1959* (Durham, 2009).

198　富尔亨西奥·巴蒂斯塔·伊·萨尔迪瓦（1901—1973；1940—1944年、1952—1959年任总统）。Frank Argote-Freyre, *Fulgencio Batista: From Revolutionary to Strongman* (New Brunswick, 2006), chs. 4–7 提供了关于这段时期完整的叙述。

199　Pérez, *Between Reform and Revolution*, pp. 194–209 提供了简要但权威的总结。

200　这些发展被 Whitney, *State and Revolution in Cuba* 充分论述。

201　Pérez, *Cuba under the Platt Amendment*, pp. 152–65.

202　Karen E. Morrison, "Civilization and Citizenship through the Eyes of Afro-Cuban Intellectuals during the First Constitutional Era, 1902–1940," *Cuban Studies*, 30 (1999), pp. 76–99 显示出，包容性也包括了非裔古巴人。

203　参见本书第4章，这一术语首先被用于描述安德鲁·杰克逊总统。

204　（1881—1969），1933—1934年、1944—1948年任总统，1934年创建了真正党（Partido Auténtico）。

205　要了解进一步细节，参见 Pérez, *Between Reform and Revolution*, pp. 202–4 以及全书各处。

206　巴蒂斯塔通过被提名人卡洛斯·门迭塔-蒙特福尔（1873—1960）进行统治，

后者在1934—1935年任临时总统。

207 Marcin Kula, "United States Policy vis à vis the Cuban Revolution of 1933," *Hemispheres*, 3 (1986), pp. 97–115.

208 Philip Dur and Christopher Gilcrease, "U.S. Diplomacy and the Downfall of a Cuban Dictator: Machado in 1933," *Journal of Latin American Studies*, 43 (2002), pp. 255–82; Thomas F. O'Brien, "The Revolutionary Mission: American Enterprise in Cuba," *American Historical Review*, 98 (1993), p. 782 of pp. 765–85.

209 Hugh Thomas, *Cuba: A History* (London, 1971; 2010), p. 382.

210 感谢O'Brien, "The Revolutionary Mission" 勤奋的研究。

211 到20世纪20年代末,移民占了糖田劳动力的约三分之一。O'Brien, "The Revolutionary Mission," p. 770.

212 William J. Hausman and John L. Neufeld, "The Strange Case of American and Foreign Power," *Electricity Journal*, 10 (1997), pp. 46–53.

213 关于军队的作用,参见Louis A. Pérez, *Army Politics in Cuba, 1898–1958* (Pittsburgh, 1976)。

214 Pérez, *Between Reform and Revolution*, pp. 210–12; Ayala, *American Sugar Kingdom*, pp. 236–8.

215 Whitney, *State and Revolution in Cuba*, chs. 6–7.

216 关于进一步细节,参见Dye and Sicotte, "The Political Economy of Exporting Economic Instability."。

217 (1881–1969). Thomas, *Cuba*, pp. 717–20; Pérez, *Army Politics in Cuba*, pp. 168–71.

218 Thomas, *Cuba*, p. 720.

219 Pollitt, "The Cuban Sugar Economy," pp. 10–15. 关于《查德博恩计划》,参见 Fritz Georg Graevenitz, "Changing Visions of the World Sugar Market in the Great Depression," *European History Review*, 15 (2009), pp. 727–47。

220 Alan D. Dye, "Cuba and the Origins of the US Sugar Quota," *Revista de Indias*, 65 (2005), pp. 195–207.

221 Pollitt, "The Cuban Sugar Economy," pp. 17–18.

222 计算来自同上, p. 8。

223 Dye, "Cuba and the Origins of the Sugar Quota," pp. 209–10, 216.

224 Juan C. Santamarina, "The Cuba Company and Eastern Cuba's Economic Development, 1900–1959," *Essays in Business & Economic History*, 19 (2001), pp. 84–5; Pollitt, "The Cuban Sugar Economy."

225 Ayala, *American Sugar Kingdom*, pp. 240–41.

226 Philip W. Bonsal, *Cuba, Castro and the United States* (Pittsburgh, 1972), pp. 269–70; Thomas, *Cuba*, pp. 469–70. 但应该说,二战时期是古巴史上被忽略的一段时期。

227 关塔那摩湾在1903年被永久租借给美国。当《普拉特修正案》在1934年被废除时,美国和古巴重新确认了租约,美国同意将租金从每年2 000美元翻倍到每年4 000美元。

228 来自《波多黎各之歌》由洛拉·罗德里格斯·德·蒂奥(1843—1924)在1868年创作的原始歌词,蒂奥是著名诗人、爱国者和改革家。在波多黎各被美国吞并后,歌词被认为具有颠覆性,1903年歌词被替换,并加以缓和,最终成为波多黎各的国歌。

229 President William McKinley, "State of the Union Address, 1899."

230 参见本书第11章。

231 古巴的狂欢节变成了反对白人统治、独裁和腐败的表达，这让各届政府在 20世纪20—30年代试图镇压狂欢节。参见 Robin D. Moore, *Nationalizing Blackness: Afrocubanismo and Artistic Revolution in Havana, 1920–1940* (Pittsburgh, 1997)。

232 广泛来说，这一主题参见 Philip W. Scher, *Carnival and the Formation of a Caribbean Transnation* (Gainesville, 2003); Susan Campbell, "Carnival, Calypso, and Class Struggle in Nineteenth-Century Trinidad," *History Workshop*, 26 (1988), pp. 1–27。Ernest D. Brown, "Carnival, Calypso, and Steelband in Trinidad," *The Black Perspective in Music*, 18 (1990), pp. 81–100; Guridy, *Forging Diaspora*.

233 比如参见 Peter Manuel, *Caribbean Currents: Caribbean Music from Rumba to Reggae* (Philadelphia, 1995), pp. 64–70。

234 引用自 Peter L. Manuel with Kenneth Bilby and Michael Largey, *Caribbean Currents: Caribbean Music from Rumba and Reggae* (Philadelphia, 2nd ed., 2006), pp. 70–72。同样参见 Francisco A. Scarano, "The Jíbaro Masquerade and the Subaltern Politics of Creole Identity Formation in Puerto Rico, 1745–1823," *American Historical Review*, 101 (1996), pp. 1398–1431; Nathaniel Cordova, "In His Likeness: The Puerto Rican Jíbaro as Political Icon," *Centro Journal*, 17 (2005), pp. 170–91。

235 古巴的民族诗人 Nicolás Guillén, "The Cane Field" (1931)。我要感谢我的前同事 Frank Guridy 博士提供了这一参考文献。

236 *Don Juan*, Canto 12, xxxvi.

第13章

1 参见注释13。

2 一部少有的比较研究是 Christine Skwiot, *The Purposes of Paradise: U.S. Tourism and Empire in Cuba and Hawai'i* (Philadelphia, 2010)。

3 《群岛之歌》的演员中也有维克多·迈彻（Victor Mature）。这首歌本身产生了许多版本。夏威夷在1912年以《天堂鸟》（*Bird of Paradise*）为大众形象，首次在百老汇面世。接下去又出现了一大串的表演和电影，在1961年埃尔维斯·普雷斯利（"猫王"）主演的《蓝色夏威夷》（*Blue Hawai'i*）中达到顶点。参见 Brian Ireland, *The US Military in Hawai'i: Colonialism, Resistance and Memory* (Basingstoke, Hants, 2011), ch. 4。

4 Albert Beveridge, "In Support of an American Empire," 9 January 1900. Speech to Congress in Record, 56th Congress, Session 1, pp. 704–12.

5 Reynaldo C. Ileto, *Knowing America's Colony: A Hundred Years from the Philippines War* (Manoa, Hawai'i, 1999) 启发性地表述了这些偏见经过提炼后如何进入史学研究。

6 Norberto Barreto Velázquez, *La amenaza colonial. El imperialismo norteamericano y las Filipinas, 1900–1934* (Seville, 2010) 覆盖了对菲律宾人和殖民统治目标的不同官方观点的范围。

7 Noenoe K. Silva, *Aloha Betrayed: Native Hawaiian Resistance to American Colonialism* (Durham, 2004), ch. 3.

8   引用自 Momiala Kamahele, "Ilio'ulaokalani: Defending Native Hawaiian Culture,"
     in Candace Fujikane and Jonathan Y. Okamura, eds., *Asian Settler Colonialism*
     (Honolulu, 2008), p. 76 and p. 96, n. 1。Adria L. Imada, *Aloha America: Hula
     Circuits Through the U.S. Empire* (Durham, 2012) 中覆盖了草裙舞对美国观众的
     表演。

9   要得到详细的分析，包括翻译的重要性，参见 Vicente L. Rafael, *White Love
     and Other Events in Filipino History* (Durham, 2000); Rafael, *The Promise of the
     Foreign: Nationalism and the Technics of Translation in the Spanish Philippines*
     (Durham, 2005)。

10   Andrés Bonifacio, "Love for the Country of One's Roots," 翻译自他加禄语，引用
     自 Reynaldo Clemeña Ileto, *Filipinos and their Revolution: Event, Discourse, and
     Historiography* (Quezon City, 1998), p. 24。关于"自由"，参见 Ileto, *Pasyon
     and Revolution: Popular Movements in the Philippines, 1840–1910* (Quezon City,
     1979)。关于这一体裁整体，参见 Damiana L. Eugenio, *Awit and Corridoo:
     Philippine Metrical Romances* (Quezon City, 1987)。

11   我明白"土著"（indigenous）一词具有争议，回避不了许多问题，但为篇幅
     考虑，我不得不在这一情况下使用这一缩写。

12   这是1940年设计的广告语：Alexander McDonald, *Revolt in Paradise: The
     Social Revolution in Hawai'i after Pearl Harbor* (New York, 1944), p. 231。

13   萨摩亚处于这一笼统概括之外。

14   Richard Lightner, *Hawaiian History: An Annotated Bibliography* (Westport,
     2004) 有帮助地列举了一些不然就不为人知的毕业论文。首先出版于1967年
     的 *Hawaiian Journal of History* 是专家们首要的研究出口。在最近的学术发展
     中，人们有兴趣把夏威夷的研究和美国西部联系起来：Aaron Steven Wilson,
     " 'West of the West': The Territory of Hawai'i, the American West, and American
     Colonialism in the Twentieth Century," Unpublished doctoral dissertation
     (University of Nebraska, 2008); Matthew Kester, "Hawai'i and the American West:
     A Reassessment," *Pacific Studies*, 32 (2009), pp. 467–84。

15   Susan Carter et al., eds., *Historical Statistics of the United States* (Washington, DC,
     2006), table Ef 24–35. 我将数字四舍五入，以避免欺骗性的精确，而且我只提
     供了主要族群的数字，这可以解释为什么1950年的数字相加没有达到100%。
     分类的主观性确实给这一做法蒙上了质疑。自1950年起，种族分类甚至变得
     更模糊了。www.census.gov/population/www/documentation/twps0056/tab26.pdf
     给出的数据稍有不同。正像 Paul Schor 指出的那样，人口普查采取"标准"的
     分类（并创造出新类别），将差异变得种族化了："Compter et classer par race:
     Hawai'i, les Îsles Vierges et le recensement américain, 1900–1940," *Histoire et
     Mesure*, 13 (1998), pp. 113–34。

16   这里总结的殖民统治的宪法特点在 Julius W. Pratt, *America's Colonial
     Experiment: How the United States Gained, Governed, and in Part Gave Away a
     Colonial Empire* (New York, 1951), chs. 5–6中得到了更长篇幅的概述，比它
     还要完整的则是 Whitney T. Perkins, *Denial of Empire: The United States and Its
     Dependencies* (Leiden, 1962), chs. 3–8。

17   这当然还必须是美国公民。Perkins, *Denial of Empire*, pp.67–77; Noel J. Kent,
     Hawai'i: Islands Under the Influence (Honolulu, 1993), pp. 72–4.

18   Colin Newbury, "Patronage and Bureaucracy in the Hawaiian Kingdom, 1840–

1893," *Pacific Studies*, 24 (2001), pp. 1–38.

19　Roger Bell, *Last Among Equals: Hawaiian Statehood and American Politics* (Honolulu, 1984), pp. 41–3.

20　同上，pp. 46–7。在民族主义史学中，这位王子始终是充满争议的人物：他参与了1895年叛乱，此后一年在监狱中度过，这点受到人们的褒奖，但在那之后他又与定居者政权合作，受到了批评。

21　Kent, *Hawai'i: Islands under the Influence*, p. 75.

22　Brian Ireland, *The US Military in Hawai'i: Colonialism, Memory and Resistance* (Basingstoke, Hants, 2011), pp. xv–xvi 总结了数据。

23　Davianna P. McGregor, "Waip'o Valley: A Cultural Kipuka in Early Twentieth-Century Hawai'i," *Journal of Pacific History*, 30 (1995), pp. 194–210.

24　Eileen H. Tamura, "Power, Status and Hawai'i Creole English: An Example of Linguistic Intolerance in American History," *Pacific Historical Review*, 65 (1996), pp. 431–55; Noenoe K. Silva, "I Kuu Mau: How Kanaka Maoli Tried to Sustain National Identity within the United States Political System," *American Studies*, 45 (2004), pp. 9–31.

25　Robert C. Schmitt, *Historical Statistics of Hawai'i* (Honolulu,1977), pp.418–19. 种植生产的糖料从1900年的63 816吨上升到1932年的139 744吨，然后在1950年下降到109 405吨（pp. 359–60）。

26　Carol A. MacLennan, *Sovereign Sugar: Industry and Environment in Hawai'i* (Honolulu, 2014), ch. 9.

27　Schmitt, *Historical Statistics of Hawai'i*, pp. 359–60.

28　同上，pp. 546–7。

29　Thomas K. Hitch, *Islands in Transition: The Past, Present and Future of Hawai'i's Economy* (Honolulu, 1992), p. 133.

30　MacLennan, *Sovereign Sugar*, ch. 5。以及 Hitch, *Islands in Transition*, pp. 89–90, 96–7; Kent, *Hawai'i: Islands Under the Influence*, pp. 70–75。

31　Richard P. Tucker, *Insatiable Appetite: The United States and the Ecological Degradation of the Tropical World* (Berkeley, 2000), pp. 83–4.

32　Tucker, *Insatiable Appetite*, p. 85.

33　Schmitt, *Historical Statistics*, pp. 542–8.

34　Hitch, *Islands in Transition*, pp. 99–109. 还没有人写出一部关于菠萝业的完整历史。Henry H. White, *James D. Dole: Industrial Pioneer of the Pacific* (New York, 1957) 提供了微薄的叙述，Jan K. Ten Bruggencate, *Hawai'i's Pineapple Century: A History of the Crowned Fruit in the Hawaiian Islands* (Honolulu, 2004) 则有一些值得注意的照片。

35　这一产业经历了非凡的增长：1900年收获了8 000吨菠萝，1950年收获了92.4万吨菠萝。20世纪30年代罐装果汁的发展大大促进了复苏。

36　Richard A. Hawkins, "James D. Dole and the 1932 Failure of the Hawaiian Pineapple Company," *Hawaiian Journal of History*, 41 (2007), pp. 149–70.

37　MacLennan, *Sovereign Sugar*, ch. 9.

38　Hitch, *Islands in Transition*, pp. 93–5.

39　引用自 Perkins, *Denial of Empire*, pp. 71, 81。同样参见 pp.72, 75, 79–81。

40　同上，p. 75。Richard A. Overfield, "The Agricultural Experiment Station and Americanization: The Hawaiian Experiment, 1900–1910," *Agricultural History*, 60

(1986), pp. 256–66.

41　Jon M. Van Dyke, *Who Owns the Crown Lands of Hawai'i?* (Honolulu, 2008), ch. 22; 以及 J. Kehaulani Kauanui, *Hawaiian Blood: Colonialism and the Policy of Sovereignty and Indigeneity* (Durham, 2008)。

42　Perkins, *Denial of Empire*, p. 85.

43　Alan Dye 在一部杰出的比较研究中令人信服地展现了这点："Factor Endowments and Contract Choice: Why Were Sugar Cane Supply Contracts Different in Cuba and Hawai'i, 1900–1929?" in Kyle D. Kauffman, ed., *New Frontiers in Agricultural History* (Stamford, 2000), pp. 127–76。同样参见 Tucker, *Insatiable Appetite*, pp. 88–93。

44　Hitch, *Islands in Transition*, pp. 73–82.

45　Perkins, *Denial of Empire*, pp. 81–4.

46　Sumner J. La Croix and Price Fishback, "Migration, Labor Market Dynamics, and Wage Differentials in Hawai'i's Sugar Industry, 1901–1915," in Kyle D. Kauffman, ed., *New Frontiers in Agricultural History* (Stamford, 2000), pp. 54–7.

47　Jon Thares Davidann, ed., *Hawai'i at the Crossroads of the U.S. and Japan before the Pacific War* (Honolulu, 2008)，它也讨论了 1868 年明治维新后日本对外移民的原因。

48　La Croix and Fishback, "Migration, Labor Market Dynamics, and Wage Differentials," pp. 56–7.

49　MacLennan, *Sovereign Sugar*, ch. 8; Hitch, *Islands in Transition*, pp. 82–7; Barnes Riznik, "From Barracks to Family Homes: A Social History of Labor Housing Reform on Hawai'i's Sugar Plantations," *Hawaiian Journal of History*, 33 (1999), pp. 119–57.

50　Sumner J. La Croix and Price V. Fishback, "Firm-Specific Evidence on Racial Wage Differentials and Workforce Segregation in Hawai'i's Sugar Industry," *Explorations in Economic History*, 26 (1989), pp. 403–23.

51　Tucker, *Insatiable Appetite*, pp. 84–5.

52　歌词来自这首歌的一个版本。

53　Ronald Tanaki, *Pau Hana: Plantation Life and Labor in Hawai'i, 1835–1920* (Honolulu, 1983), pp. 153–64.

54　Masayo U. Duus, *The Japanese Conspiracy: The O'ahu Sugar Strike of 1920* (Berkeley, 1999); John E. Reinecke, *Feigned Necessity: Hawai'i's Attempts to Obtain Chinese Contract Labor, 1921–1933* (San Francisco, 1979).

55　Reinecke, *Feigned Necessity*.

56　John E. Reinecke, *The Filipino Piecemeal Sugar Strike of 1924–1925* (Honolulu, 1996).

57　Reinecke, *Feigned Necessity*, pp. 28–30, 35; Moon-Kie Jung, "Symbolic and Physical Violence: Legitimate State Coercion of Filipino Workers in Prewar Hawai'i," *American Studies*, 45 (2004), pp. 107–37.

58　Reinecke, *Feigned Necessity*, pp. 135–8.

59　Perkins, *Denial of Empire*, 79–80.

60　John J. Stephan, *Hawai'i under the Rising Sun: Japan's Plans for Conquest after Pearl Harbor* (Honolulu, 1984), ch. 2; Jon T. Davidann, ed., *Hawai'i at the Crossroads of the U.S. and Japan before the Pacific War* (Honolulu, 2008); Evelyn

N. Glenn, *Unequal Freedom: How Race and Gender Shaped American Citizenship and Labour* (Cambridge, 2002) 把夏威夷视为三个案例研究之一，其他两个是美国南部和西南部。

61   Jonathan Y. Okamura, *Ethnicity and Inequality in Hawai'i* (Philadelphia, 2008) 追溯了由经济必要性和相互的敌对所维持的复杂种族等级关系是如何产生的。关于似乎被所有人讨厌的朝鲜裔社区，参见 Yong-ho Ch'oe, ed., *From the Land of the Hibiscus: Koreans in Hawai'i, 1903–1950* (Honolulu, 2007)。

62   Geoffrey Robinson, *The Dark Side of Paradise: Political Violence in Bali* (Ithaca, 1995).

63   Reinecke, *Feigned Necessity*, pp. 129–30.

64   William J. Puette, *The Hilo Massacre: Hawai'i's Bloody Monday, August 1, 1938* (Honolulu, 1988); Kent, *Hawai'i: Islands under the Influence*, pp. 87–8.

65   Hitch, *Islands in Transition*, pp. 127–31. Edward D. Beechert, *Working in Hawai'i: A Labor History* (Honolulu, 1985) 覆盖了这一时期的劳工史。

66   Reinecke, *Feigned Necessity*, pp. 129–30.

67   Perkins, *Denial of Empire*, pp. 91–4 也讨论了臭名昭著的马西（Massie）案，这起案件把华盛顿的注意力转向了夏威夷法律的执行。

68   Bell, *Last Among Equals*, pp. 40–55, 59–62.

69   配额在 1937 年被修正，但夏威夷被分配到的比例仍然远低于 1934 年前的水平：Kent, *Hawai'i: Islands under the Influence*, p. 106。

70   Bell, *Last Among Equals*, pp. 63–73.

71   关于珍珠港袭击的文献非常庞大，但幸运的是，它们大都与当前这部研究无关。John R. Murnane 在 "Japan's Monroe Doctrine? Reframing the Story of Pearl Harbor," *History Teacher*, 40 (2007), pp. 503–20 中提供了有帮助的介绍。

72   Bell, *Last Among Equals*, ch. 3; Hitch, *Islands in Transition*, pp. 135–9. 如今最完整的论述是 Harry N. and Jane L. Scheiber, *Bayonets in Paradise: Martial Law in Hawai'i during World War II* (Berkeley, 2016)。

73   Hitch, *Islands in Transition*, pp. 135–42.

74   Beth Baily and David Farber, "The 'Double-V' Campaign in World War II: Hawai'i, African-Americans, Racial Ideology and Federal Power," *Journal of Social History*, 26 (1993), pp. 817–43.

75   Hitch, *Islands in Transition*, pp. 151–2. 1946 年，美国最高法院裁决称，军事接管文官统治是违法的。

76   Hitch, *Islands in Transition*, p. 144.

77   Jonathan Y. Okamura, "Race Relations during World War II: The Non-Internment of Japanese Americans," *Amerasia Journal*, 26 (2000), pp. 117–42.

78   Bell, *Last Among Equals*, pp. 80–82; Hitch, *Islands in Transition*, pp. 145–6.

79   Hitch, *Islands in Transition* 在第 84 页和第 147 页记录了一些互成对比的小故事。

80   威廉·麦金莱总统，"宣言"，1898 年 12 月 21 日，www.historywiz.com/ primary sources/benevolent assimilation.htm。

81   著名动物学家迪恩·C. 伍斯特（Dean C. Worcester）是当时的权威，他对菲律宾人的看法确认了即将到来的美国殖民官员的种族期待。参见 Mark D. VanElls, "Assuming the White Man's Burden: The Seizure of the Philippines, 1898– 1902," *Philippine Studies*, 43 (1995), pp. 607–22。

82   麦金莱指派了康奈尔大学校长雅各布·G. 舒尔曼担任委员会主席（委员会此

前被称为菲律宾第一委员会）。由威廉·H. 塔夫脱率领的第二委员会通常被称为塔夫脱委员会。Vicente L. Rafael, "White Love: Census and Melo- drama in the United State Colonization of the Philippines," *History & Anthropology*, 8 (1994), pp. 265–87 对这场人口普查进行了深入的论述。

83　*Census of the Philippines, Bulletin 1* (Washington, DC, 1904), tables 1 and 2.

84　Michael Cullinane, *Ilustrado Politics: Filipino Elite Responses to American Rule, 1898– 1908* (Quezon City, 2003).

85　伍德少将的独特之处在于，在棉兰老岛军事统治期间要求其军官学习一门当地语言。

86　María Dolores Elizalde y Josep M. Delgardo, eds., *Filipinas: un país entre dos imperios* (Barcelona, 2011) 已经提示了这一话题的重要性。在这里，我特别要感谢 Paul Kramer 的贡献，"Historias transimperiales: raíces españolas del estado colonial estadounidense en Filipinas," ibid., ch. 5。

87　Josep M. Delgardo, "In God We Trust. La administración colonial americana y el conflicto religioso en Filipinas," in Elizalede and Delgado, *Filipinas, un país entre dos imperios*, pp. 145–64.

88　引用自 Perkins, *Empire of Denial*, p. 199。Thomas R., Metcalf, "From One Empire to Another: The Influence of the British Raj on American Colonialism in the Philippines," *Ab Imperio*, 3 (2012), pp. 25–41 探索了塑造美国殖民统治的英国和本土影响。Patrick M. Kirkwood, " 'Lord Cromer's Shadow': Political Anglo-Saxonism and the Egyptian Protectorate: A Model in the American Philippines," *Journal of World History*, 27 (2016), pp. 1–26 也做了这样的研究。

89　Geoffrey Seed, "British Views of American Policy in the Philippines Reflected in Journals of Opinion," *Journal of American Studies*, 2 (1968), pp. 49–64.

90　马卡里奥·萨凯·德·莱昂（1870—1907）是抵抗西班牙及美国的战争中的主要人物。他被美国总督批准的一则恶劣谎言诱骗投降。

91　Andrew Bacevich, "Disagreeable Work: Pacifying the Moros, 1903–1906," *Military Review*, 62 (1982), pp. 49–61; Joshua Gedacht, " 'Mohammedan Religion Made It Necessary to Fire': Massacres on the American Imperial Frontier from South Dakota to the Southern Philippines," in Alfred W. McCoy and Francisco A. Scarano, eds., *Colonial Crucible: Empire in the Making of the Modern American State* (Madison, 2009), pp. 397–409.

92　Michael Cullinane, "Bringing in the Brigands: The Politics of Pacification in the Colonial Philippines, 1902–1907," *Philippine Studies*, 57 (2009), pp. 49–76 提供了两个案例研究，一个在吕宋岛，另一个在宿务（米沙鄢群岛）。

93　Michael Adas, "Improving on the Civilising Mission? Assumptions of United States Exceptionalism in the Colonisation of the Philippines," *Itinerario*, 22 (1998), pp. 44–66; Metcalf, "From One Empire to Another."

94　这个段落尤其参考了 Patricio N. Abinales, *Making Mindaneo: Cotabato and Daveo in the Formation of the Philippine Nation State* (Quezon City, 2000); Abinales, "The U.S. Army as an Occupying Force in Muslim Mindanao, 1899– 1913," in McCoy and Scarano, *Colonial Crucible*, pp. 410–20; Michael Salman, *The Embarrassment of Slavery: Controversies over Bondage and Nationalism in the American Colonial Philippines* (Berkeley, 2001)。

95　Jack C. Lane, *Armed Progressive: General Leonard Wood* (San Rafael, 1978); 以

及更近的论述 Jack McCallum, *Leonard Wood: Rough Rider, Surgeon, Architect of American Imperialism* (New York, 2005)。

96 Julian Go, "Colonial Reception and Cultural Reproduction: Filipino Elites and United States Tutelary Rule," *Journal of Historical Sociology*, 12 (1999), p. 357. 关于这些术语的讨论，参见 Cullinane, *Ilustrado Politics*, ch. 1。

97 Ileto, *Knowing America's Colony* 有力地提出了这一论点。

98 在这里，我要大大感谢 Paul D. Hutchcroft 令人启发的研究 "Colonial Masters, National Politicos, and Provincial Lords: Central Authority and Local Autonomy in the American Philippines, 1900–1913," *Journal of Asian Studies*, 59 (2000), pp. 277–307。曼努埃尔·路易斯·奎松·莫利纳（1878—1944）在1906年当选为塔亚巴斯省长，1935—1944年担任菲律宾自治邦总统。

99 Paul D. Hutchcroft, "The Hazards of Jeffersonianism," in McCoy and Scarano, eds., *Colonial Crucible*, pp. 375–89.

100 Perkins, *Denial of Empire*, p. 202.

101 引用自 Pratt, *America's Colonial Experiment*, p. 299。同样参见 Hutchcroft, "Colonial Masters," pp. 294–5。政治学家长期以来就此后美菲关系（特别是菲律宾独立后的时期）的本质进行辩论。我遵循了 Paul D. Hutchcroft 在 *Booty Capitalism: The Politics of Banking in the Philippines* (Ithaca, 1998); Hutchcroft, "Oligarchs and Cronies in the Philippine State: The Politics of Patrimonial Plunder," *World Politics*, 43 (1991), pp. 414–50; Hutchcroft, "Colonial Masters" 里对韦伯提出的分类进行的调整。同样参见 Nathan G. Quimpo, "Oligarchic Patrimonialism, Bossism, Electoral Clientism, and Contested Democracy in the Philippines," *Comparative Politics*, 37 (2005), pp. 229–50。与其有可比性的著作包括 Jean-Claude Willaume, *Patrimonialism and Political Change in the Congo* (Stanford, 1972); H. E. Chehabi and Juan J. Linz, eds., *Sultantistic Regimes* (Baltimore, 1998)。

102 Rene R. Escalante, *The Bearer of the Pax Americana: The Philippine Career of WilliamH. Taft, 1900–1903* (Quezon City, 2007).

103 Paul Kramer, "Reflex Actions: Colonialism, Corruption, and the Politics of Technocracy in the Early Twentieth-Century U.S.," in Bevan Seward and Scott Lucas, eds., *Challenging U.S. Foreign Policy: America and the World in the Long Twentieth Century* (London, 2011), pp. 14–35.

104 这一段参考了 Perkins, *Denial of Empire*, pp. 220–21; Teodoro A. Agoncillo and Oscar M. Alfonso, *History of the Filipino People* (Quezon City, 2nd ed., 1967), p. 340; Michael Cullinane, "Implementing the 'New Order': The Structure and Supervision of Local Government during the Taft Era," in Norman G. Owen, ed., *Compadre Colonialism: Studies on the Philippines under American Rule* (Ann Arbor, 1971), pp. 13–75; Benedict Anderson, "Cacique Democracy and the Philippines: Origins and Dreams," *New Left Review*, 169 (1988), pp. 11–12; Hutchcroft, "Oligarchs and Cronies," pp. 420–24, 450; Hutchcroft, "Cacique Democracy."。

105 弗朗西斯·伯顿·哈里森（1873—1957）在1913—1921年担任总督。他从殖民总督中脱颖而出，是因为他对菲律宾有着强烈的责任感：他娶了一个菲律宾人，在20世纪30—40年代以多个重要岗位参与该国事务，葬于吕宋岛。他出版了一部关于自己总督任期的论述，标题为 *The Corner-Stone of Philippine*

Independence: A Narrative of Seven Years (New York, 1922)。如果有足够的文献留存下来，他就会是一个诱人的研究对象，可以就其写一部完整传记。

106　Cullinane, *Ilustrado Politics*, chs. 2–7; Hutchcroft, "Colonial Masters."

107　塞尔希奥·奥斯梅尼亚（1878—1961），在1944—1946年担任菲律宾总统。

108　引用自 Cullinane, *Ilustrado Politics*, p. 1。威廉·C. 福布斯（1870—1959）曾担任警察局长（1904—1908）、副总督（1908—1909）、总督（1908—1913）及驻日本大使（1930—1932）。

109　这一段参考了 Alfred W. McCoy, *Policing America's Empire: The United States, the Philippines, and the Rise of the Surveillance State* (Madison, 2009)，它是美国帝国史领域中真正具有独创性的研究之一。

110　Frank L. Jenista, "Problems of the Colonial Civil Service: An Illustration from the Career of Manuel L. Quezon," *Southeast Asia: An International Quarterly*, 3 (1973), pp. 809–29 提供了例子。

111　同上，p. 188。

112　此前是《1916年菲律宾自治法案》，*Denial of Empire*, pp. 221–30。

113　Perkins, *Denial of Empire*, p. 228.

114　同上，p. 227，引用的是（詹姆斯·）吉本斯红衣主教的话。

115　塔夫脱估算中菲律宾准备好独立所需的时间在 "至少一代人" 到三代人之间不等：Perkins, *Empire in Denial*, pp. 202–3, and pp. 218–19 提供了相似的评估。

116　关于塔夫脱转变为支持帝国，以及罗斯福从帝国立场退缩，参见 Adam D. Burns, "Adapting to Empire: William H. Taft, Theodore Roosevelt, and the Philippines, 1900–08," *Comparative American Studies*, 11 (2013), pp. 418–33。

117　Wong Kwok Chu, "The Jones Bills, 1912–16: A Reappraisal of Filipino Views on Independence," *Journal of South-East Asian Studies*, 13 (1982), pp. 252–69.

118　Frank H. Golay, "The Search for Revenues," in Peter H. Stanley, ed., *Reappraising an Empire: New Perspectives on Philippine-American History* (Cambridge, MA, 1984), p. 252; Golay, " 'Manila Americans' and Philippine Policy: The Voice of American Business," in Norman G. Owen, ed., *The Philippine Economy and the United States: Studies in Past and Present Interactions* (Ann Arbor, 1983), pp. 6–8.

119　Golay, "The Search for Revenues," pp. 232–58.

120　Richard Hooley, "American Economic Policy in the Philippines, 1902–1940: Exploring a Dark Age in Colonial Statistics," *Journal of Asian Economics*, 16 (2005), p. 472.

121　根据一项估算，军队开支在1899—1940年间占政府开支的足足四分之三：Catherine Porter, "The Philippines as an American Investment," *Far Eastern Survey*, 9 (1940), p. 220。

122　Greg Bankoff, "Breaking New Ground? Gifford Pinchot and the Birth of 'Empire Forestry' in the Philippines, 1900–1905," *Environment & History*, 15 (2009), pp. 369–93; Brendan Luyt, "Empire Forestry and Failure in the Philippines," *Journal of Southeast Asian Studies*, 47 (2016), pp. 66–87; Norman G. Owen, "Philippine Economic Development and American Policy: A Reappraisal," in Owen, *Compadre Colonialism*, p. 105. Ileto, *Knowing America's Colony*, pp. 32–7 探究了美国应对霍乱政策的反作用后果；Brendan Luyt, "Empire Forestry and Its Failure in the Philippines, 1901–1941," *Journal of Southeast Asian Studies*, 47 (2016), pp. 66–87。

123　Hooley, "American Economic Policy," p. 467.

124　Golay, "The Search for Revenues," p. 260.

125　Willem G. Wolters, "From Silver Currency to the Gold Standard in the Philippine Islands," *Philippine Studies*, 51 (2003), pp. 375–404; Yoshiko Nagano, "The Philippine Currency System during the American Colonial Period: Transformation from the Gold Exchange Standard to the Dollar Exchange Standard," *International Journal of Asian Studies*, 7 (2010), pp. 29–50. Allan E. S. Lumba, "Imperial Standards, Colonial Currencies, Racial Capacities, and Economic Knowledge during the Philippine-American War," *Diplomatic History*, 39 (2015), pp. 603–28 强调了查尔斯·科南特（Charles Conant）对殖民地货币改革的影响。

126　1913—1935年，当马尼拉麻受到配额体系的不利影响时，它受益于自由进入美国的权利。Norman G. Owen, *Prosperity without Progress: Manila Hemp and Material Life in the Colonial Philippines* (Berkeley and Los Angeles, 1984), pp. 161, 179.

127　Luzviminda B. Francisco and Jonathan S. Fast, *Conspiracy for Empire: Big Business, Corruption and the Politics of Imperialism in America, 1876–1907* (Quezon City, 1985), pp. 258–60.

128　Pedro H. Abelarde, *American Tariff Policy Towards the Philippines, 1898–1946* (New York, 1947), pp. 1–36; Pratt, *America's Colonial Experiment*, pp. 168, 292.

129　Hooley, "American Economic Policy in the Philippines," p. 72.

130　同上。

131　Norman G. Owen, "Philippine Economic Development and American Policy: A Reappraisal," in Owen, *Compadre Colonialism*, pp. 103–28; Yoshiko Nagano, "Intra-Asian Trade at the Turn of the Century," in Florentino Rodao and Felice Noelle Rodriguez, eds., *The Philippine Revolution of 1896: Ordinary Lives in Extraordinary Times* (Quezon City, 2001), pp. 266–7, 274–5; John A. Larkin, *Sugar and the Origins of Modern Philippine Society* (Berkeley and Los Angeles, 1993), pp. 47–53, 249–52.

132　参见本书第11章"一个拥有更高尚命运的、更大的英格兰"的部分。

133　Porter, "The Philippines as an American Investment," pp. 219–25.

134　Golay, "Manila Americans."

135　Florentino Rodeo, "De colonizadores a residentes. Los españoles ante la transición imperial en Fillipinas," in Elizalde and Delgado, *Filipinas: un país entre dos imperios*, ch. 9.

136　Perkins, *Denial of Empire*, p. 211.

137　William Gervase Clarence-Smith, "The Impact of 1898 on Spanish Trade and Investment in the Philippines," in Charles Macdonald and Guillermo M. Pesignan, eds., *Old Ties and New Solidarities: Studies on Philippine Communities* (Manila, 2000), pp. 234–68.

138　Yoshiko Nagano 如今已在 *State and Finance in the Philippines, 1898–1941: The Mismanagement of an American Colony* (Singapore, 2015) 中整合了关于这一议题的一系列文章。同样参见 Larkin, *Sugar and the Origins of Modern Philippine Society*, pp. 57–9, 113, 155–7。

139　康塞普西翁在抵抗西班牙和美国的战争中曾是阿奎纳多的将军。

140　Nagano, *State and Finance* 详细阐明了这一论点。

141 Maurer, *The Empire Trap*, pp. 33–52. 同样参见 Francisco and Fast, *Conspiracy for Empire*, chs. 24, 29。

142 Adam D. Burns, "A New Pacific Border: William H. Taft, the Philippines, and Chinese Immigration, 1898–1903," *Comparative American Studies*, 9 (2011), pp. 309–254.

143 Noel Maurer and Lakshmi Iyer, "The Cost of Property Rights: Establishing Institutions on the Philippines Frontier Under American Rule, 1898–1918," NBER *Working Paper*, 14298 (2008) 讨论了美国未能完成影响深远的土地改革的失败。

144 Pratt, *America's Colonial Experiment*, pp. 295, 300.

145 Ronald K. Edgerton, "Americans, Cowboys, and Cattlemen on the Mindanao Frontier," in Peter W. Stanley, ed., *Reappraising and Empire: New Perspectives on Philippine-American History* (Cambridge, MA, 1984), pp. 171–97.

146 A. G. Hopkins, *An Economic History of West Africa* (London, 1973), pp. 210–12. 威廉·H. 利华（1851—1925）创立了利华兄弟公司（如今是联合利华的一部分），在1917年被提升到贵族阶层，成为利华休姆勋爵。

147 Larkin, *Sugar and the Origins of Modern Philippine Society*.

148 同上，pp. 87–93。

149 计算来自 Larkin, *Sugar*, pp. 69–70。

150 Alfred W. McCoy, "Sugar Barons: Formation of a Native Planter Class in the Colonial Philippines," *Journal of Peasant Studies*, 19 (1992), pp. 106–41; Larkin, *Sugar*, ch. 4.

151 这一段大幅参考了 Albert J. Nyberg, "Growth in the Philippine Coconut Industry, 1901–1966," *Philippine Economic Journal*, 7 (1968), pp. 42–52 和 Owen, *Prosperity without Progress*, pp. 174–80。

152 像棕榈一样，椰子会产出多种产物：椰肉和椰油（棕榈则是棕榈核和棕榈油）。这两种产物的构成、加工和营销是不同的。要理解这一产业（从耕种到消费），这些区别的意义至关重要，菲律宾椰子的历史一旦写成，肯定会清晰展现出这点。

153 Nyberg, "Growth in the Philippine Coconut Industry," p. 51.

154 学者们要大大感谢 Owen 先驱性的作品 *Prosperity without Progress*。不过，他的（对吕宋岛东南部）地区研究需要得到关于米沙鄢群岛和棉兰老岛额外研究的补充。要了解马尼拉麻作为全球商品的历史，参见 Elizabeth Potter Sievert, *The Story of Abaca* (Quezon City, 2009), 特别是关于菲律宾的部分, pp. 79–88。

155 Owen, *Prosperity without Progress*, pp. 268–9.

156 Patricio N. Abinales, "Davao-kuo: The Political Economy of a Japanese Settler Zone in Philippine Colonial Society," *Journal of American-East Asian Relations*, 6 (1997), pp. 59–83.

157 Kimberly A. Alidio, "Between Civilizing Mission and Ethnic Assimilation: Racial Discourse, United States Colonial Education and Filipino Ethnicity, 1901–1946," University of Michigan Ph.D. dissertation, 2001.

158 Paul A. Kramer, *The Blood of Government: Race, Empire, the United States, and the Philippines* (Chapel Hill, 2006), pp. 28–32, 89, 185–6, 192.

159 Babette P. Resurrección, "Engineering the Philippine Uplands: Gender, Ethnicity, and Scientific Forestry in the American Colonial Period," *Bulletin of Concerned*

Asian Scholars, 31 (1999), pp. 13–30.

160 David C. Dorward, "The Development of the British Colonial Administration among the Tiv, 1900–1949," *African Affairs*, 68 (1969), pp. 316–33.

161 Mariano C. Apilado, *Revolutionary Spirituality: A Study of the Protestant Role in the American Colonial Rule of the Philippines, 1898–1928* (Quezon City, 1999).

162 Nestor D. Bunda, "Philippines' Baptist Centennial History," in H. Agrarian, F. N. Jalandoon, and C. Vallejo, eds., *Faith and Challenges Learn to Be Qualified* (Manila, 2002).

163 Matthew T. Herbst, "Regime Change, Occupation, and Aggressive Christianity: The Detroit Annual Conference of the Methodist Episcopal Church and the U.S. Occupation of the Philippines (1898–1903)," *Methodist History*, 43 (2005), pp. 297–308.

164 Kenton J. Clymer, *Protestant Missionaries in the Philippines, 1898–1916: An Inquiry into the American Colonial Mentality* (Urbana, 1986); John N. Schumacher, "Foreign Missionaries and the Politico-Cultural Orientations of the Roman Catholic Church, 1910–70," *Philippine Studies*, 38 (1990), pp. 151–65.

165 Anne L. Foster, "Prohibition as Superiority: Policing Opium in South-East Asia, 1898–1925," *International History Review*, 22 (2000), pp. 253–73.

166 Michael Salman, *The Embarrassment of Slavery: Controversies over Bondage and Nationalism in the American Colonial Philippines* (Berkeley, 2001). Salman宝贵的研究应该搭配一部关于菲律宾土著（和西班牙）历史的先驱性著作一起阅读：William H. Scott, *Slavery in the Spanish Philippines* (Manila, 1991)。

167 比如Jeffrey Ayala Milligan, "Democratization or Neocolonialism? The Education of Muslims under U.S. Military Occupation, 1903–20," *History of Education*, 33 (2004), pp. 451–67。

168 Hooley, "American Economic Policy," p. 471引用称，到1940年识字率为84%，这看上去几乎不可信。所有这样的数字都高度依赖基本数据和判断识字的标准。

169 Florentino Rodao, "Spanish Language in the Philippines, 1900–1940," *Philippine Studies*, 45 (1997), pp. 94–107. Rafael, *The Promise of the Foreign*探究了西班牙语如何被同时视为民族团结和殖民压迫的代表。

170 *Board of Education Survey, A Survey of the Educational System of the Philippine Islands* (Manila, 1925). 领导调查的是保罗·门罗教授，他是哥伦比亚大学的教育学家，也是标准化考试的提倡者，尽管批评家称这样的考试为"机械教育"。委员会叫停了工业训练，但也把群岛上的私立学校推向了对立面。特别是罗马天主教徒认为，委员会的目的是青睐新教徒，提高政府的权力。

171 Anne Paulet, "To Change the World: The Use of American Indian Education in the Philippines," *History of Education Quarterly*, 47 (2007), pp. 173–202. 我要感谢Paulet博士与我讨论她的研究。

172 要追踪民族主义者对这些优先目标的反应，可以参见Renato Constantino的著作。特别参见*The Miseducation of the Filipino* (Manila, 1966)。

173 Glenn Anthony May, "The Business of Education in the Colonial Philippines, 1909–30," in McCoy et al., *Colonial Crucible*, pp. 151–62.

174 Gerald R. Gems, *The Athletic Crusade: Sport and American Cultural Imperialism* (Lincoln, 2006), ch. 4.

175 哈里森的论述来自他的书 *The Corner-Stone of Philippine Independence* (New York, 1922)。

176 Megan C. Thomas, "K Is for De-Kolonization: Anti-Colonial Nationalism and Orthographic Reform," *Comparative Studies in Society & History*, 49 (2007), pp. 938–67; Andrew B. Gonzales, *Language and Nationalism: The Philippine Experience Thus Far* (Quezon City, 1980); 以及评论作品 Robert C. Kaplan, "Language and Nationalism," *Philippine Studies*, 30 (1982), pp. 120–48。在与西班牙语和英语的漫长斗争后，他加禄语在1937年被宣布为菲律宾国语，不过直到80年代它才实际确立了地位。

177 Gerald E. Wheeler, "Republican Philippine Policy, 1921–1933," *Pacific Historical Review*, 28 (1959), pp. 377–90.

178 Perkins, *Denial of Empire*, pp. 233–43指出，奥斯梅尼亚和奎松也对过早独立持保留意见。

179 引用自 Wheeler-Bennett, "Thirty Years of American-Filipino Relations," p. 515。

180 Larkin, *Sugar and the Origins of Modern Philippine Society*, pp. 169–73.

181 同上，pp. 169–70, 172–4, 210–18; McCoy, "Sugar Barons."。

182 Pratt, *America's Colonial Experiment*, pp. 301–3.

183 Thomas B. Pepinsky, "Trade Competition and American Decolonization," *World Politics*, 67 (2015), pp. 403–4, 409–12, 414–18.

184 1934年前，菲律宾人既不被当作公民又不被当作外国人，而是被视为国民（马来人）。Rick Baldoz, *The Third Asiatic Invasion: Empire and Migration in Filipino America 1898–1946* (New York, 2011) 很好地讲述了菲律宾移民在美国（主要在加利福尼亚州）不光彩的故事。同样参见 Alidio, "Between Civilizing Mission and Ethnic Assimilation," 关于菲律宾移民在美国的命运，它提供了尤其多的信息。

185 James A. Tyner, "The Geopolitics of Eugenics and the Exclusion of Philippine Immigrants from the United States," *Geographical Review*, 89 (1999), pp. 54–73.

186 Theodore Roosevelt, Jr., *Colonial Policies of the United States* (New York, 1937), p. 187.

187 这种叙事的本质虽然被后来的作者详细展开，但在 Pratt, *America's Colonial Experiment*, chs. 6–7 和 Perkins, *Denial of Empire*, ch. 7 中就已被充分讲述。

188 Maurer, *The Empire Trap*, pp. 249–41.

189 胡佛也受到了曼努埃尔·罗哈斯和塞尔希奥·奥斯梅尼亚的影响，他们认为，菲律宾缺乏独立所需的生命力，无法取得成功。Maurer, *The Empire Trap*, pp. 240–41.

190 Owen, "Philippine-American Economic Interactions," pp. 183–4; Larkin, *Sugar and the Origins of Modern Philippine Society*, pp. 161–3; Maurer, *The Empire Trap*, p. 240.

191 Maurer, *The Empire Trap*, pp. 236–40.

192 Hooley, "American Economic Policy in the Philippines," pp. 473–4.

193 引用自 H. W. Brands, *Bound to Empire: The United States and the Philippines, 1890–1990* (New York, 1992), p. 163。

194 Maurer, *The Empire Trap*, p. 241.

195 马尼拉是当时许多整体趋势的一个代表。参见 Daniel F. Doeppers, *Manila, 1900–1941: Social Change in a Late Colonial Metropolis* (New Haven, 1984)。

196 关于主要糖料口岸伊洛伊洛的一系列四场罢工，其中一个例子参见 Alfred W. McCoy, "The Iloilo General Strike: Defeat of a Proletariat in a Philippine Colonial City," *Journal of Southeast Asian Studies*, 15 (1984), pp. 330–64。

197 Owen, *Prosperity without Progress*, pp. 124, 129, 150–52, 156–7; Gareth Austin, "The Emergence of Capitalist Relations in South Asante Cocoa-Farming, c. 1916–1933," *Journal of African History*, 28 (1987), pp. 259–72.

198 Larkin, *Sugar and the Origins of Modern Philippine Society*, pp. 187–200, 219–23.

199 Motoe Terami-Wada, "The Sakdal Movement, 1930–34," *Philippine Studies*, 36 (1988), pp. 131–50; Terami-Wada, "Benigno Ramos and the Sakdal Movement," *Philippine Studies*, 36 (1988), pp. 427–42; Joseph R. Hayden, *The Philippines: A Study in National Development* (New York, 1942), chs. 15–16.

200 David R. Sturtevant, "Sakdalism and Philippine Radicalism," *Journal of Asian Studies*, 21 (1962), pp. 19–213.

201 McCoy, *Policing America's Empire*, pp. 359–62.

202 Lewis E. Gleeck, "The Putsch that Failed," *Bulletin of the American Historical Collection*, 26 (1998), pp. 35–45.

203 奎松和奥斯梅尼亚在1941年复制了他们的双重胜利。Rolando M. Gripaldo, "The Quezon-Osmeña Split of 1922," *Philippine Studies*, 39 (1991), pp. 158–75.

204 Larkin, *Sugar and the Origins of Modern Philippine Society*, pp. 165–6, 170, 201–10, 214–18, 236.

205 同上，p. 201。

206 Dean Kotlowski, "Independence or Not? Paul V. McNutt, Manuel Quezon, and the Re-Examination of Philippine Independence, 1937–9," *International History Review*, 32 (2010), pp. 501–31. 首先提出这一论点的是 Nicholas Tarling, "Quezon and the British Commonwealth," *Australian Journal of Politics & History*, 23 (1977), pp. 182–206。

207 Perkins, *Denial of Empire*, pp. 246–7.

208 麦克纳特（1891—1955）在1937—1939年担任高级专员。

209 Baldoz, *The Third Asiatic Invasion*.

210 Pratt, *America's Colonial Experiment*, p. 310.

211 Vicente Angel S. Ybiernas, "The Philippine Commonwealth Government: In Search of a Budgetary Surplus," *Philippine Studies*, 51 (2003), pp. 96–124.

212 Anderson, "Cacique Democracy in the Philippines," p. 11, n. 26.

213 Grant K. Goodman, "Japan and Philippine Commonwealth Politics," *Philippine Studies*, 52 (2004), pp. 208–23.

214 Akira Iriye, *Across the Pacific: An Inner History of American-East Asian Relations* (New York, 1967); Iriye, *Pacific Estrangement: Japanese and American Expansion, 1897–1911* (Cambridge, MA, 1972) 权威地描述了这些摇摆。

215 Porter, "The Philippines as an American Investment," p. 219.

216 Brian McAllister Lin, *Guardians of Empire: The U.S. Army and the Pacific, 1902–1949* (Chapel Hill, 1997).

217 关于战时复杂的宪法状态，参见 Rolando M. Grimaldo, "The Presidential Succession of 1943," *Philippine Studies*, 38 (1990), pp. 301–15。

218 Yoshiko Nagano, "Philippines Cotton Production under Japanese Rule, 1942–1945," *Philippine Studies*, 46 (1998), pp. 313–39; Francis. K. Danquah, "Japan's

Food Farming Policies in Wartime Southeast Asia: The Philippine Example, 1942–1944," *Agricultural History*, 64 (1990), pp. 60–80; Danquah, "Reports on Philippine Industrial Crops in World War II from Japan's English-Language Press," *Agricultural History*, 79 (2005), pp. 74–96.

219　奎松对独立的态度仍然充满争议。灵活性似乎是他的信条。对此的讨论包括 Michael Paul Onorato, "Quezon and Independence: A Reexamination," *Philippine Studies*, 37 (1989), pp. 221–39; Bonifacio S. Salamanca, "Quezon, Osmeña and Roxas, and the American Presence in the Philippines," *Philippine Studies*, 37 (1989), pp. 301–16。

220　Charles V. Hawley, "You're a Better Filipino than I Am, John Wayne: World War II, Hollywood, and U.S.-Philippines Relations," *Pacific Historical Review*, 71 (2002), pp. 389–414; Camilla Fojas, "Foreign Domestics: The Filipino 'Home Front' in World War II Hollywood," *Comparative American Studies*, 8 (2010), pp. 3–21. Emily S. Rosenberg 的 *A Date that Will Live: Pearl Harbor in American Memory* (London, 2003) 也与此有关。

221　这部电影在1942年以《北方佬在菲律宾》(*A Yank in the Philippines*) 的标题重新推出，但后来当"野蛮"的摩洛人显然变成了盟友时，该片被撤下了。恰如其分的是，第一位扮演泰山的埃尔莫·林肯 (Elmo Lincoln) 在电影里扮演了一个小角色。

222　Gary Wills, *John Wayne's America: The Politics of Celebrity* (New York, 1997) 展现了韦恩如何象征了美国人想成为的样子。但是，韦恩自己并不像詹姆斯·斯图尔特 (James Stewart)、亨利·方达 (Henry Fonda) 和克拉克·盖博 (Clark Gable) 那样自愿服兵役，他的事业在二战期间蓬勃发展，他出演了13部电影。

223　来自《我的祖国》(*Bayan Ko*)、浪漫抗议歌曲和非官方国歌。

224　关于这一主题，参见 Ileto, *Knowing America's Colony* 敏锐的评论。

225　Kuʻualoha Hoʻomanawanui, "This Land Is Your Land, This Land Is My Land," in Fujikane and Okamura, *Asian Settler Colonialism*, p. 129. 重新发现这些史料的工作在很大程度上仍在进行中。应该大大感谢 Amy Kuʻuleialoha Stillman。比如参见 "History Reinterpreted in Song: The Case of the Hawaiian Counter-Revolution," *Hawaiian Journal of History*, 23 (1989), pp. 1–30; "Aloha 'Aina': New Perspectives on 'Kaulana Na Pua,' " *Hawaiian Journal of History*, 33 (1999), pp. 83–99; "Of the People Who Love the Land: Vernacular History in the Poetry of Modern Hawaiian Hula," *Amerasia*, 28 (2002), pp. 85–108。Elizabeth Buck, *Paradise Remade: The Politics of Culture and History in Hawaiʻi* (Philadelphia, 1993) 为这一话题提供了介绍。

226　弗朗西斯科·圣地亚哥 (Francisco Santiago, 1889—1947) 被视为菲律宾现代爱国音乐的奠基人。把半掩盖的信息藏在直白的个人故事中，这一手法在政治压迫制约自由表达的地区非常常见。关于菲律宾音乐，参见 R. C. Banas, *Musika: An Essay on Philippines Ethnic Music* (Manila, 1992); Christi-Anne Castro, *Musical Renderings of the Philippine Nation* (New York, 2011)。

227　《我的祖国》有多重起源。在抵抗西班牙和美国的战争中，西班牙语版本的改编就已出现。诗人何塞·科拉松·德·赫苏斯 (José Corazón de Jesús, 1896—1932) 在1929年用他加禄语传播歌词，康斯坦西奥·德·古斯曼 (Constancio de Guzman) 将其谱为歌曲。这首歌存在许多版本，还在其他国家有其他语言的改编。

228 经典的论述是 Hla Myint, *The Economics of the Developing Countries* (London, 1964)。

229 比如参见 Warren Zimmermann, "Jingoes, Goo-Goos, and the Rise of America's Empire," *Wilson Quarterly*, 22 (1998), p. 63。

230 这也是 Stanley Karnow 的书 *In Our Image: America's Empire in the Philippines* (New York, 1989) 提出的论点，它曾获得普利策奖。参见 Ileto 的批判评论 *Knowing America's Colony*, pp. 42–5 以及 Michael Salman 尖锐的文章 "In Our Orientalist Imagination: Historiography and the Culture of a Colonialism in the United States," *Radical History Review*, 50 (1991), pp. 221–32。

231 学者们两次勇敢地试图测量菲律宾在美国统治下的经济进步：Hooley, "American Economic Policy" 和 Anne Booth, "Measuring Living Standards in Different Colonial Systems: Some Evidence from South East Asia, 1900–1942," *Modern Asian Studies*, 46 (2012), pp. 1145–81。这两部研究都大大依赖国家生产总值的计算，这必定会引发出关于结论稳固性的疑问。东京神奈川大学的 Yoshiko Nagano 正在负责一个项目，旨在为美治时期菲律宾撰写国家叙事。我最感谢的是 Booth 教授在这一问题上与我的一些令人启发的对话。

第 14 章

1 Rexford Tugwell, *The Stricken Land: The Story of Puerto Rico* (New York, 1947), pp. 81–2. 这里特指的是代理总督盖伊·J. 斯沃普（Guy J. Swope）管控的不足，他在 1941 年"徒劳地用功"。

2 Theodore Roosevelt, Jr., *Colonial Policies of the United States* (New York, 1937), p. 189. 罗斯福曾是波多黎各总督和菲律宾总督。

3 Tugwell, *Stricken Land*, pp. 81–2.

4 Roosevelt, *Colonial Policies of the United States*, p. 189.

5 Odd Arne Westad, "The Cold War and International History in the Twentieth Century," in Melvyn Leffler and Odd Arne Westad, eds., *Cambridge History of the Cold War*, I (2010), pp. 1–19 呼吁全球视角，不过剑桥系列的形式可能不可避免地对这一问题采取了分割的视角。只有第一部和第二部中的两个章节直接关注了非殖民化。Cary Fraser, "Decolonization and the Cold War," in Richard Immerman and Petra Goedde, eds., *Oxford Handbook of the Cold War* (Oxford, 2013), ch. 27 把这一问题置于合适的全球背景中。

6 Odd Arne Westad, *The Global Cold War: Third World Interventions and the Making of Our Times* (Cambridge, 2006); 以及案例研究 Mark Atwood Lawrence, "Universal Claims, Local Uses: Reconceptualizing the Vietnam Conflict, 1945–60," in A. G. Hopkins, ed., *Global History: Interactions Between the Universal and the Local* (Basingstoke, 2006), ch. 8。

7 关于俄国在革命前教化使命的内容，参见 Alexander Morrison, "Peasant Settlers and the 'Civilising Mission' in Russian Turkestan, 1865–1917," *Journal of Imperial & Commonwealth History*, 43 (2015), pp. 387–417。

8 关于作为帝国力量的苏联，参见 Vladislav M. Zubok, *A Failed Empire: The Soviet Union in the Cold War from Stalin to Gorbachev* (Chapel Hill, 2007), 以及

h-diplo, 9 (2008), pp. 1–41 里的讨论。

9　Rana Mitter, *China's War with Japan, 1937–45: The Struggle for Survival* (London, 2013).

10　Andrew J. Rotter, *The Path to Vietnam: Origins of the American Commitment to Southeast Asia* (Ithaca, 1987). 一部容易理解的概述是 Mark Atwood Lawrence, *The Vietnam War: A Concise International History* (Oxford, 2008)。

11　Robert McMahon, *Colonialism and Cold War: The United States and the Struggle for Indonesian Independence, 1945–1949* (Ithaca, 1981); McMahon, *The Limits of Empire: The United States and Southeast Asia since World War II* (New York, 1999).

12　Yoav Di-Capua, "Arab Existentialism: An Invisible Chapter in the Intellectual History of Decolonization," *American Historical Review*, 117 (2012), pp. 1061–91.

13　Greg Grandin and Gilbert M. Joseph, eds., *A Century of Revolution: Insurgent and Counterinsurgent Violence During Latin America's Long Cold War* (Durham, 2010) 探究了长期视角。

14　两部有价值而简明的概述是 Mark Philip Bradley, "Decolonization, the Global South, and the Cold War, 1919–1962," in Leffler and Westad, *Cambridge History of the Cold War*, 2, ch. 22 和 Fraser, "Decolonization and the Cold War."。

15　Central Intelligence Agency, "The Break-up of the Colonial Empires and Its Implications for US Security," September 3, 1948, in Michael Warner, ed., *The CIA under Harry Truman* (Washington, DC, 1994), p. 234.

16　Harry S. Truman, "Presidential Address," 5 October 1947.

17　比如参见 David Ryan and Victor Pungong, eds., *The United States and Decolonization: Power and Freedom* (New York, 2000) 里两部在其他方面都很有价值的论文，以及 McMahon, *Colonialism and the Cold War* 令人钦佩的专门研究；Andrew J. Rotter, *Comrades at Odds: The United States and India, 1947–1964* (Ithaca, 2000); Jason C. Parker, *Brother's Keeper: The United States, Race, and Empire in the British Caribbean, 1937–1962* (New York, 2008); Anne Foster, *The United States and Europe in Colonial Southeast Asia, 1919–1941* (Durham, 2010); 以及关于美国和法属印度支那的大量著作。

18　Robert J. McMahon, "Eisenhower and Third World Nationalism: A Critique of the Revisionists," *Political Science Quarterly*, 101 (1986), pp. 453–73 在这一方面仍有说服力。

19　需要一部完整的研究，把民权运动的起源追溯到 1917 年革命和 20 世纪 30 年代大萧条产生的激进目标。关于这些话题，参见 Glenda Elizabeth Gilmore, *Forgotten Revolutionaries: How Southern Communists, Socialists and Expatriates Paved the Way for Civil Rights* (New York, 2008)。

20　William Inboden, *Religion and American Foreign Policy, 1945–1960: The Soul of Containment* (Cambridge, 2008). 要在这些方向得到更明确的论点，参见 Ira Chernus, *Apocalypse Management: Eisenhower and the Discourse of National Insecurity* (Palo Alto, 2008)，以及 Campbell Craig 在 *Journal of Military History*, 73 (2009), pp. 1011–12 里敏锐的评论。Andrew Preston, "Peripheral Visions: American Mainline Protestants and the Global Cold War," *Cold War History*, 13 (2013), pp. 109–30 让人们注意到支持宗教各派大联合的自由派新教徒的作用，他们呼吁非殖民化以及与苏联进行对话。

21 Hal M. Friedman, "The Open Door in Paradise? The United States Strategic Security and Economic Policy in the Pacific Islands, 1945–1947," *Pacific Studies*, 20 (1997), pp. 63– 87. 日本在1972年重新得到了对冲绳的主权。密克罗尼西亚的大部分地区都在一战后被作为托管国从德国转到日本。

22 Cary Fraser, *Ambivalent Anti-Colonialism: The United States and the Genesis of West Indian Independence, 1940–1964* (Westport, 1994); Parker, *Brother's Keeper*. Spencer Mawby, *Ordering Independence: The End of Empire in the Anglophone Caribbean, 1947– 89* (Basingstoke, 2012) 追溯了英国统治不光彩的最后几年，包括命运多舛的西印度群岛联邦（1958—1962）。

23 Jonathan Y. Okamura, *Ethnicity and Inequality in Hawai'i* (Philadelphia, 2008) 探究了种族关系的错综复杂。

24 Elizabeth Borgwardt, *A New Deal for the World: America's Vision for Human Rights* (Cambridge, MA, 2005) 追溯了通向《大西洋宪章》的进程。

25 Hanne Hagtvedt Vik, "How Constitutional Concerns Framed the US Contribution to the International Human Rights Regime from Its Inception, 1947–53," *International History Review*, 34 (2012), pp. 887–909.

26 Mark Mazower, *No Enchanted Palace: The End of Empire and the Ideological Origins of the United Nations* (Princeton, NJ, 2009).

27 Charter of the United Nations, ch. 11; Mary L. Dudziak, *Cold War Civil Rights: Race and the Image of American Democracy* (Princeton, 2000); Carol Anderson, *Eyes Off the Prize: The United Nations and the African American Struggle for Human Rights, 1944–1955* (New York, 2003), ch. 3.

28 Anderson, *Eyes Off the Prize*, pp. 3–4, 131–7; 以及更笼统的 Mary Ann Glendon, *A World Made New: Eleanor Roosevelt and the Universal Declaration of Human Rights* (New York, 2001)。

29 A.W.B. Simpson, *Human Rights and the End of Empire: Britain and the Genesis of the European Convention* (Oxford, 2001), chs. 6, 16–20 显示出，英国的行动既来自混乱，又来自预谋。Simpson 的方法源于对殖民环境下英美法系有效性的批判性评估，对此参见 David Campbell 深刻的论文 "Human Rights and the Critique of the Common Law," *Cardozo Law Review*, 26 (2005), pp. 791–835。

30 Rosemary Foot, "The Cold War and Human Rights," in Leffler and Westad, *Cambridge History of the Cold War*, 2, ch. 21.

31 Anderson, *Eyes Off the Prize*, p. 3.

32 Gunnar Myrdal, *An American Dilemma: The Negro Problem and Modern Democracy* (New York, 1944). 关于内部殖民主义，参见 Michael Hechter, *Internal Colonialism: The Celtic Fringe in British National Development* (London, 1975; 2nd ed., 1998)。

33 Anderson 可嘉的研究指出并强调了这一发展：*Eyes Off the Prize*, pp. 1–7。

34 Beth Tompkins Bates, "A New Crowd Challenges the Agenda of the Old Guard in the NAACP, 1933–1941," *American Historical Review*, 102 (1997), pp. 340–77; Carol Anderson, "Rethinking Radicalism: African Americans and the Liberation Struggles in Somalia, Libya, and Eritrea, 1945–1949," *Journal of the Historical Society*, 11 (2011), pp. 385–423.

35 Carol Anderson, "International Conscience, The Cold War, and Apartheid: The NAACP's Alliance with the Reverend Michael Scott for South-West Africa's

Liberation, 1946–1951," *Journal of World History*, 19 (2008), pp. 297–325. 奇怪的是，协进会未能支持它在夏威夷只存在了很短时间的分支：Albert S. Broussard, "The Honolulu NAACP and Race Relations in Hawai'i," *Hawaiian Journal of History*, 39 (2005), pp. 115–33。

36　Charles H. Martin, "Internationalizing the 'American Dilemma': The Civil Rights Congress and the 1951 Genocide Petition to the United Nations," *Journal of American Ethnic History*, 16 (1997), pp. 35–61.

37　Anderson, *Eyes Off the Prize*, pp. 48–51. Dudziak, *Cold War Civil Rights*, pp. 24–27.

38　杜鲁门自己在一战时的服役经历让他真诚地致力终结军队中的种族隔离，尽管他自己也怀有种族假设。海军和空军遵命了，但陆军一直在抵抗去隔离化，直到朝鲜战争。

39　Anderson, *Eyes Off the Prize*, p. 157.

40　Thomas Borstelmann, *Apartheid's Reluctant Uncle: The United States and Southern Africa in the Early Cold War* (Oxford, 1993).

41　Azza Salama Layton, *International Politics and Civil Rights Policies in the United States, 1941–1960* (Cambridge, 2000); Anderson, *Eyes Off the Prize*, pp. 201–2, 275–6.

42　Manfred Berg, "Black Rights and Liberal Anti-Communism: The NAACP in the Early Cold War," *Journal of American History*, 94 (2007), pp. 75–96.

43　引用自 Thomas Borstelmann, *The Cold War and the Color Line: American Race Relations in the Global Arena* (Cambridge, MA, 2003), p. 77。

44　我在这一章使用"美国印第安人"的说法，因为关于二战后时期的著作更倾向于用这个说法，而不是"美洲土著"，研究更早时期的历史学家更广泛地使用后一种说法。

45　Laurence M. Hauptman, "Africa View: John Collier, the British Colonial Service, and American Indian Policy, 1933–1945," *Historian*, 48 (1986), pp. 559–74. 同样参见本书第11章题为"一个拥有更高尚命运的、更大的英格兰"的部分。

46　Donald L. Fixico, *Termination and Relocation: Federal Indian Policy, 1945–1960* (Albuquerque, 1986); Kenneth R. Philp, *Termination Revisited: American Indians on the Trail to Self-Determination, 1933–1953* (Lincoln, 1999). 值得指出的是，政策激起了不确定感以及敌意，一部分美国印第安人至少在一开始以为它可能会带来好处。

47　Daniel M. Cobb, *Native Activism in Cold War America: The Struggle for Sovereignty* (Lawrence, 2008) 强调了被宣传得更多的60年代晚期之前的活动。

48　一个例子可以参见 Tracey Banivanua Mar, *Decolonisation and the Pacific: Indigenous Globalisation and the Ends of Empire* (Cambridge, 2016)，不过这部研究没有覆盖菲律宾，只是短暂地提到了夏威夷。

49　Roger Bell, *Last Among Equals: Hawaiian Statehood and American Politics* (Honolulu, 1984), pp. 84–91. Bell可嘉的研究值得欣赏，因为它纳入了土著视角，其分析也经得住时间的考验。同样参见 Brian Ireland, *The U.S., Military in Hawai'i: Colonialism, Memory and Resistance* (Basingstoke, 2011)。

50　Moon-Ki Jung, *Reworking Race: The Making of Hawai'i's Interracial Labor Movement* (New York, 2006), chs. 4–5.

51　Bell, *Last Among Equals*, pp. 139–40.

52　Ines M. Miyares, "Expressing 'Local Culture' in Hawai'i," *Geographical Review*, 98 (2008), pp. 513–31.

53　Bell, *Last Among Equals*, pp. 264–65.

54　Richard P. Tucker, *Insatiable Appetite: The United States and the Ecological Degradation of the Tropical World* (Berkeley and Los Angeles, 2000), pp. 86–95.

55　同上，p. 96。

56　Gretchen Heefner, " 'A Symbol of the New Frontier': Hawaiian Statehood, Anti-Colonialism, and Winning the Cold War," *Pacific Historical Review*, 74 (2005), pp. 545–74.

57　Mililani B. Trask, "Hawai'i and the United Nations," in Candace Fujikane and Jonathan Y. Okamura, eds., *Asian Settler Colonialism* (Honolulu, 2008), pp. 67–70.

58　Bell, *Last Among Equals*, pp. 55–75, 87; Whitney T. Perkins, *Denial of Empire: The United States and Its Dependencies* (Leiden, 1962), pp. 95–102.

59　（新奥尔良，1957年）。参见Ann K. Ziker, "Segregationists Confront American Empire: The Conservative White South and the Question of Hawaiian Statehood, 1947–1959," *Pacific Historical Review*, 76 (2007), pp. 439–65。

60　Giles Scott-Smith, "From Symbol of Division to Cold War Asset: Lyndon Johnson and the Achievement of Hawaiian Statehood in 1959," *History*, 89 (2004), p. 264.

61　Ziker, "Segregationists Confront American Empire," p. 455.

62　Perkins, *Denial of Empire*, pp. 97–99.

63　Gerald Horne, "Race from Power: U.S. Foreign Policy and the General Crisis of 'White Supremacy,' " *Diplomatic History*, 23 (1999), pp. 437–62.

64　Bell, *Last Among Equals*, pp. 139–41, 143, 149–61.

65　（华盛顿，1945）。

66　关于战后殖民地状态的总结，参见Nick Cullather, *Illusions of Influence: The Political Economy of United States-Philippines Relations, 1942–1960* (Stanford, 1994), pp. 33–4。

67　American Historical Association, "What Lies Ahead," p. 1.

68　Cullather, *Illusions of Influence*, pp. 37, 183–4, 192.

69　比如：William J. Pomeroy, *An American Tragedy: Neo-Colonialism & Dictatorship in the Philippines* (New York, 1974); Stephen Rosskamm Shalom, *The United States and the Philippines: A Study of Neo-Colonialism* (Philadelphia, 1981)。

70　引用自Shalom, *The United States and the Philippines*, p. 52。

71　关于这一区别，参见Susan Strange, *States and Markets* (London, 1988), ch. 2；对其的应用参见A. G. Hopkins, "Informal Empire in Argentina: An Alternative View," *Journal of Latin American Studies*, 26 (1994), pp. 469–84。

72　Shalom, *The United States and the Philippines*, ch. 2.

73　Shalom, *The United States and the Philippines*, ch. 1和Cullather, *Illusions of Influence*, chs. 1–2充分覆盖了这些事件。

74　Shalom, *The United States and the Philippines*, pp. 5–7, 12–13, 17–22, 28–9, 48; Cullather, *Illusions of Influence*, pp. 45–7, 34.

75　应该注意的是，协作是一个复杂的问题。一些民族主义者与日本人协作以获得独立，其他人与美国协作以驱逐日本人。Michael J. Houlahan, "Reflections on Patriotism and Collaboration: The Philippines during World War II," *Bulletin of the American Historical Collection*, 31 (2003), pp. 49–63 探究了逐个的例子。

76　Hukbalahap 就是他加禄语中 "人民抗日军" 的缩写。

77　Keith Thor Carlson, "Born Again of the People: Luis Taruc and Peasant Ideology in Philippine Revolutionary Politics," *Social History*, 41 (2008), pp. 417–58 描绘了其中的一个领袖人物，他在 2005 年去世，享年 91 岁。

78　公认优秀的著作是 Benedict J. Kerkvliet, *The Huk Rebellion: A Study of Peasant Revolt in the Philippines* (Berkeley, 1977); Eduardo Lachica, *The Huks: Philippine Agrarian Society in Revolt* (New York, 1971) 也仍有价值。

79　John A. Larkin, "Philippine History Reconsidered: A Socio-Economic Perspective," *American Historical Review*, 87 (1982), p. 626; 以及 Norman G. Owen, *Prosperity without Progress: Manila Hemp and Material Life in the Philippines* (Berkeley, 1984), pp. 124, 156–7, 220–22，他说明了卡比科兰作为吕宋岛上衰落中的马尼拉麻中心，在二战期间和之后为激进民粹主义提供了支持。Vina A. Lanzona, *Amazons of the Huk Rebellion: Gender, Sex, and Revolution in the Philippines* (Madison, 2009), ch. 3.

80　最好的论述是 Shalom, *The United States and the Philippines*, pp. 7–9, 21–32, 55–57, 68–88; Cullather, *Illusions of Influence*, pp. 64, 70–73, 79–84, 89–91, 100–106, 184–5。

81　艾奇逊致杜鲁门，1950 年 4 月 20 日。引自 Cullather, *Illusions of Influence*, p. 83。

82　Dennis Merrill, "Shaping Third World Development: U.S. Foreign Aid and Supervision in the Philippines, 1948–53," *Journal of American-East Asian Relations*, 3 (1993), pp. 137–59.

83　Rexford Guy Tugwell, *The Stricken Land* (New York, 1946), p. 668.

84　引用自 Perkins, *Denial of Empire*, p. 140。泰丁斯提起了这份进入国会的法案，但它未能吸引足够的支持。

85　同上，pp. 135–6。

86　James Dietz, Economic History of Puerto Rico: Institutional Change and Capitalist De-velopment (Princeton, 1986), pp. 204–5. Dietz 博士先驱性的研究对 20 世纪波多黎各研究是不可或缺的。

87　Tugwell, *The Stricken Land*, chs. 31–33，其中论述了他与华盛顿漫长的摔跤战。

88　César J. Ayala and Rafael Bernabe, *Puerto Rico in the American Century: A History since 1898* (Chapel Hill, 2007), pp. 105–10 总结了关于这位争议人物的研究文献。

89　Ramón Bosque-Pérez and José Javier Colón, eds., *Puerto Rico under Colonial Rule: Political Persecution and the Quest for Human Rights* (Albany, 2006) 清晰地表现出，"仁慈" 一词不适用于美国在波多黎各的统治。还有 Joel A. Blanco-Rivera, "The Forbidden Files: Creation and Use of Surveillance Files against the Independence Movement in Puerto Rico," *American Archivist*, 68 (2005), pp. 297–311。"限言论法令" 一开始就不受欢迎，但一直存留，直到在 1957 年被废除。

90　关于波多黎各政治的本质，参见本书第 9 章 "波多黎各：'在历史中就像一场野餐'" 部分，以及本书第 12 章 "波多黎各：'管理我们岛屿属地最佳方法的一例'" 部分。

91　Gabriel Villaronga, *Towards a Discourse of Consent: Mass Mobilization and Colonial Politics in Puerto Rico, 1932–1948* (Westport, 2004); Carlos R. Zapata

Oliveras, *De independentista a autonomista: la transformación del pensamiento político de Luis Muñoz Marín* (1931–1949) (San Juan, 2003) 详细覆盖了转型过程。

92　Perkins, *Denial of Empire*, pp. 149–59.

93　Ayala and Bernabe, *Puerto Rico in the American Century*, pp. 184–7.

94　同上，ch. 10。

95　David A Rezvani, "The Basis of Puerto Rico's Constitutional Status: Colony, Compact or Federacy?" *Political Science Quarterly*, 122 (2007), pp. 115–40.

96　Surenda Bhana, *The United States and the Development of the Puerto Rican Status Question, 1936–1968* (Lawrence, 1975).

97　引用自Perkins, *Empire in Denial*, p. 153。查尔斯·A. 哈拉克（Charles A. Hallack，1900—1986）曾在1946年和1952年任多数党领袖，在1959—1964年任少数党领袖。

98　关于这一时期，最令人启发的叙事论著仍是Hugh Thomas, *Cuba: A History* (London, 1971; revised with a new Afterword, 2001), chs. 53–82。史学概述包括Kate Quinn, "Cuban Historiography in the 1960s: Revisionists, Revolutionaries and the Nationalist Past," *Bulletin of Latin American Research*, 26 (2007), pp. 378–98; Antoni Kapcia, "Does Cuba Fit Yet or Is It Still Exceptional?" *Journal of Latin American Studies*, 40 (2008), pp. 627–50。

99　参见本书第12章"古巴：'那个炼狱般的小共和国'"部分。

100　Juan C. Santamarina, "The Cuba Company and Eastern Cuba's Economic Development, 1900–1959," *Essays in Business & Economic History*, 19 (2001), pp. 83–4.

101　Kirby Smith and Hugo Llorens, "Renaissance and Decay: A Comparison of Socioeconomic Indicators in Pre-Castro and Current-Day Cuba," in Association for the Study of the Cuban Economy, *Cuba in Transition*, 8 (Miami, 1998), pp. 247–59; Mary Speck, "Democracy in Cuba: Principles and Practice, 1902–1952," in M. Font, ed., *Cuba Futures: Historical Perspectives* (Bildner Center for Western Hemisphere Studies, City University, New York, 2011), pp. 1–28, especially pp. 18–25. 我要感谢Speck博士允许我在出版前阅读她独创性的重要研究。Antonio Santamaría García在更长的时间段里得到了相似的结论："El crecimiento económ- ico de Cuba republicana (1902–1959): una revisión y nuevas estimaciones en perspectiva comparada (problación, inmigración golondrina, ingreso no azucarero y producto nacional bruto)," *Revista de Indias*, 60 (2000), pp. 505–45。

102　长期被忽略的真正党统治时期因为Charles D. Ameringer, *The Cuban Democratic Experience: The Auténtico Years, 1944–1952* (Gainesville, 2000) 而不再默默无闻。他展现出，尽管当时的政治家有许多弱点，但他们远不是华盛顿的棋子。

103　Vanni Pettinà, "A Preponderance of Politics: The Auténtico Governments and US-Cuban Economic Relations, 1945–1951," *Journal of Latin American Studies*, 46 (2014), pp. 723– 53. 我要感谢Rory Miller博士提供了这个参考文献。

104　Thomas, *Cuba*, chs. 57–9.

105　Brenden Marino Carbonell, "Cuban Capitalism: Batista's Three-Year Plan and a Nation Betrayed," in Font, *Cuba Futures*, pp. 29–52.

106　Morris H. Morley, *Imperial State and Revolution: The United States and Cuba,*

1952–1986 (New York, 1987) 包含这一主题上的宝贵信息，但受制于它对政府和资本主义关系的假设。

107　Thomas, *Cuba*, pp. 507–8.

108　Georges-Henri Abtour, "L'URSS et l'Amérique latine pendant la guerre froide: présence soviétique et action communiste dans un continent en révolutions, 1944–1964," *Revue d'Histoire d'Outre-Mers*, 95 (2007), pp. 9–22; Vanni Pettinà, "The Shadows of Cold War over Latin America: The U.S. Reaction to Fidel Castro's Nationalism, 1956–59," *Cold War History*, 11 (2011), pp. 317–39.

109　这引起了英国人的警觉。参见 Geoffrey Warner, "Anglo-American Relations and the Cold War in 1950," *Diplomacy & Statecraft*, 22 (2011), pp. 44–60。

110　对万隆的学术兴趣已经消逝很久了。Jamie Mackie, *Bandung 1955: Non-Alignment and Afro-Asian Solidarity* (New York, 2005) 是一部简短的论述，Seng Tan and Amitav Acharya, eds., *Bandung Revisited: The Legacy of the 1955 Asian-African Conference for International Order* (Singapore, 2009) 对其结果提供了评述。

111　Akira Iriye, *Global Community: The Role of International Organizations in the Making of the Contemporary World* (Berkeley, 2002).

112　引用自 Martin Evans, "Whatever Happened to the Non-Aligned Movement?" *History Today*, 57 (2007), p. 49。理查德·纳撒尼尔·怀特（1908—1960），小说家、诗人和剧作家，尤其著名的作品是 *Uncle Tom's Children* (New York, 1938) 和 *Black Boy* (New York, 1945)。他在1956年出版了 *The Colour Curtain: A Report on the Bandung Conference*。

113　Evans, "Whatever Happened to the Non-Aligned Movement?" p. 49. 关于非裔美国人和印度的长期纽带，参见 Gerald Horne, *The End of Empire: African Americans and India* (Philadelphia, 2008)。

114　Pang Yang Hue, "The Four Faces of Bandung: Detainees, Soldiers, Revolutionaries, and Statesmen," *Journal of Contemporary Asia*, 39 (2009), pp. 63–86.

115　Laura Elizabeth Wong, "Relocating East and West: UNESCO's Major Project on the Mutual Appreciation of Eastern and Western Cultural Values," *Journal of World History*, 19 (2008), pp. 349–74 对这一熟悉的主题采取了不同寻常的角度。

116　关于后者的例子，参见 Mark Philip Bradley, "Making Revolutionary Nationalism: Vietnam, America, and the August Revolution of 1945," *Itinerario*, 23 (1999), pp. 23–51。

117　Dean J. Kotlowski, "With All Deliberate Delay: Kennedy, Johnson and School Desegre- gation," *Journal of Policy History*, 17 (2005), pp. 155–92.

118　Anderson, *Eyes Off the Prize*, chs. 4–5.

119　50年代，金钱镇有一台轧棉机，人口约400人。如今，它已越发陷入贫困，居民不到100人。讽刺的是，自蒂尔死后，唯一进入金钱镇的金钱来自作案者罗伊·布赖恩特（Roy Bryant）和他同母异父的兄弟 J. W. 米拉姆（J. W. Milam）将他们的故事卖给一家杂志所得。布赖恩特和米拉姆被全由白人组成的陪审团判定无罪，因此可以自由表达他们对这起事件的说法。参见 William Bradford Huie, "The Shocking Story of Approved Killing in Mississippi," *Look*, January 1956。

120　埃布尔·米若珀尔（Abel Meeropol）写于1939年，同年（及之后）最著名的录音是比莉·荷莉戴（Billie Holliday）的版本。

121 摘选自《埃米特·蒂尔之死》("The Death of Emmett Till", 1962)。在关于这一主题的许多诗歌中，最感人的或许是詹姆斯·A. 伊曼纽尔（James A. Emanuel）的《埃米特·蒂尔》，它的简洁和准确令人印象深刻。

122 1957年9月24日。引用自Dudziak, *Cold War Civil Rights*, p. 131，同样参见 pp. 132–6的确认评价。

123 Cary Fraser, "Crossing the Color Line in Little Rock: the Eisenhower Administration and the Dilemma of Race for U.S. Foreign Policy," *Diplomatic History*, 24 (2000), pp. 233–64; Dudziak, *Cold War Civil Rights*, pp. 130–31.

124 Scott-Smith, "From Symbol of Division to Cold War Asset," pp. 266–9.

125 Dudziak, *Cold War Civil Rights*, ch. 6.

126 有一部学术研究：Nancy J. Weiss, *Whitney M. Young, Jr., and the Struggle for Civil Rights* (Princeton, NJ, 1989)。

127 马尔科姆·艾克斯在1965年遇刺，斯托克利·卡迈克尔在1969年离开美国前往几内亚，黑豹党成员数在1969年达到了顶点，在70年代迅速减少。

128 有趣的是，老年和残障健康保险（Medicare）和医疗援助（Medicaid）是两项从后来对政府福利政策的攻击中留存下来的措施。

129 Cobb, *Native Activism in Cold War America*.

130 Paul C. Rosier, *Serving their Country: American-Indian Politics and Patriotism in the Twentieth Century* (Cambridge, MA, 2009); Cobb, *Native Activism in Cold War America*.

131 Dean J. Kotlowski, "Alcatraz, Wounded Knee and Beyond: The Nixon and Ford Administrations Respond to Native American Protest," *Pacific Historical Review*, 27 (2003), pp. 201–27. 阿尔卡特拉斯（在旧金山湾的一座岛屿上）在1964年和1969年被"城市印第安人"短暂接管，此后才是大规模的长期占领。

132 Peter Mathiessen, *In the Spirit of Crazy Horse: The FBI's War against the American Indian Movement* (New York, 1983, 1992). 这本书的部分内容变得极具争议。要得到平衡的评估，参见著名的宪法和民权权威人士Alan M. Dershowitz在《纽约时报》1983年3月6日的评论。

133 Thomas Clarkin, *Federal Indian Policy in the Kennedy and Johnson Administrations, 1961–1969* (Albuquerque, 2001), ch. 3.

134 关于此后的发展，参见Roberta Ulrich, *American Indian Nations from Termination to Restoration, 1953–2006* (Lincoln, 2010)。

135 Scott-Smith, "From Symbol of Division to Cold War Asset"; Bell, *Last Among Equals*, chs. 8–9仍是最完整也最好的材料。John S. Whitehead, *Completing the Union: Alaska, Hawai'i, and the Battle for Statehood* (Albuquerque, 2005) 也很有价值，尽管它的笼统诠释（完成殖民使命）没有受到专家的欢迎。

136 Bell, *Last Among Equals*, p. 267.

137 Scott-Smith, "From Symbol of Division to Cold War Asset," p. 260. 艾森豪威尔在夏威夷问题上抓住了这点，但没有将其延伸到美国。同样参见Gretchen Heefner, " 'A Symbol of the New Frontier': Hawaiian Statehood, Anti-Colonialism, and Winning the Cold War,' " *Pacific Historical Review*, 74 (2005), pp. 545–74。

138 Trask, "Hawai'i and the United Nations."

139 引用自Scott-Smith, "From Symbol of Division to Cold War Asset," p. 260。井上（1924—2012）无疑会得到与他那非凡人生相配的完整传记。

140 这里总结的修正主义诠释是借自Cullather, *Illusions of Influence*, ch. 4 以及

Shalom, *The United States and the Philippines*, chs. 3–4。

141　Cullather, *Illusions of Influence*, p. 108.

142　《时代周刊》，1953 年 11 月 23 日，引用自 Shalom, *The United States and the Philippines*, p. 92。这一说法后来被用于费迪南德·马科斯。参见 James Hamilton-Paterson, *America's Boy: A Century of United States Colonialism in the Philippines* (New York, 1999)。

143　Paul D. Hutchcroft and Joel Rocamora, "Strong Demands and Weak Institutions: The Origins and Evolution of the Democratic Deficit in the Philippines," *Journal of East Asian Studies*, 3 (2003), pp. 268, 270–74.

144　Benedict Anderson, "Cacique Democracy and the Philippines: Origins and Dreams," *New Left Review*, 169 (1988), pp. 3–33.

145　Cullather, *Illusions of Influence*, p. 98.

146　同上，chs. 4–5。

147　同上，p. 148。

148　同上，pp. 85–9, 92–5, 124, 145, 178。

149　要了解弱小政府下的强大家族，一部可嘉的研究是 Alfred M. McCoy, ed., *An Anarchy of Families: State and Family in the Philippines* (Madison, 1993)。

150　Cullather, *Illusions of Influence*, ch. 6.

151　正如 Cullather 指出的那样（同上，p. 176），美国官方对菲律宾的拨款和贷款远超过了私人投资。

152　Carlo R. Zapata-Oliveras, "International Recognition of the Commonwealth of Puerto Rico," *Horizontes*, 32 (1988), pp. 71–95.

153　Dietz, *Economic History of Puerto Rico* 仍是权威研究。

154　Ayala and Bernabe, *Puerto Rico in the American Century*, ch. 7.

155　Perkins, *Empire in Denial*, pp. 138–9, 149; Dietz, *Economic History of Puerto Rico*, pp. 143–58, 198–9, 213–14; Ismael Carcia-Colón, "Playing and Eating Democracy: The Case of Puerto Rico's Land Distribution Program, 1940s–1960s," *Centro Journal*, 18 (2006), pp. 166–89.

156　Tugwell, *The Stricken Land*, p. 547.

157　同上，p. 668。

158　何塞·特奥多罗·莫斯科索·莫拉（1910—1992）。

159　Dietz, *Economic History of Puerto Rico*, pp.213–17, 220–21. Alex W. Maldonado, *Teodoro Moscoso and Puerto Rico's Operation Bootstrap* (Gainesville, 1977) 提供了令人着迷的第一手叙述，尽管它也倾向于将英雄品质赋予主人公。

160　Dietz, *Economic History of Puerto Rico*, pp. 185–6, 207–17.

161　Dennis Merrill, "Negotiating Cold War Paradise: U.S. Tourism, Economic Planning, and Cultural Modernity in Twentieth-Century Puerto Rico," *Diplomatic History*, 25 (2001), pp. 179, 203.

162　Ayala and Barnabe, *Puerto Rico in the American Century*, p. 195; Dietz, *Economic History of Puerto Rico*, p. 255.

163　Perkins, *Empire in Denial*, p. 162.

164　Dietz, *Economic History of Puerto Rico*, pp. 286–8; Ayala and Bernabe, *Puerto Rico in the American Century*, p. 181 谈到了制造业工资戏剧化的增长。

165　Perkins, *Denial of Empire*, p. 165; Ayala and Bernabe, *Puerto in the American Century*, pp. 202–4.

166   Merrill, "Negotiating Cold War Paradise," pp. 201–2.

167   W. W. Rostow, *The Stages of Growth: A Non-Communist Manifesto* (Cambridge, 1960).

168   Ayala and Bernabe, *Puerto Rico in the American Century*, pp. 192–7.

169   Guy Rexford Tugwell, *The Art of Politics as Practiced by Three Great Americans: Franklin Delano Roosevelt, Luis Muñoz Marín, and Fiorello H. La Guardia* (New York, 1958), p. 38.

170   特别参见 Julia Sweig, *Inside the Cuban Revolution: Fidel Castro and the Urban Underground* (Cambridge, MA, 2002)。

171   Jorge Renato Ibarra Guitart, *El Fracaso de los moderados en Cuba: Las alternativas reformistas de 1957–1958* (Havana, 2000).

172   关于革命有大量研究文献。最佳的叙事论著仍然是 Thomas, *Cuba*, chs. 60–78。同样参见 Thomas G. Patterson, *Contesting Castro: The United States and the Triumph of the Cuban Revolution* (Oxford, 1994); Sweig, *Inside the Cuban Revolution*。

173   英语传记包括：Robert Quirk, *Fidel Castro* (New York, 1993); Leycester Coltman, *The Real Fidel Castro* (New York, 2003); Thomas M. Leonard, *Fidel Castro: A Biography* (Westport, 2004); Volka Skierka, *Fidel Castro: A Biography* (Cambridge, 2006)。

174   John Paul Rathbone, *The Sugar King of Havana: The Rise and Fall of Julio Lobo, Cuba's Last Tycoon* (New York, 2010).

175   Thomas, *Cuba*, pp. 484–5, 551–2, 585, 600, 619, 633, and appendixes 3 and 4. 附录4中的价格指数表现为现值美元。

176   同上。

177   Jorge I. Dominguez, "Culture: Is It the Key to the Troubles in U.S.-Cuban Relations?" *Diplomatic History*, 25 (2001), pp. 511–16.

178   比如 Patterson, *Contesting Castro*. 要重申民族主义的重要性，参见 Philip Brenner, "The Power of Metaphor: Explaining U.S. Policy Toward Cuba," *Diplomatic History*, 34 (2010), p. 444。

179   接下去的内容参考了 Alan Dye 和 Richard Sicotte 重要而巧妙的研究 "The U.S. Sugar Program and the Cuban Revolution," *Journal of Economic History*, 64 (2004), pp. 673–704。

180   Morley, *Imperial State and Revolution*.

181   Luis Martinez-Fernandez, "Sugar and Revolution, 1952–2002," in Font, *Cuba Futures*, pp. 75–99.

182   引用自 Alan Dye and Richard Sicotte, "U.S-Cuban Trade Co-operation and Its Unraveling," *Business & Economic History*, 28 (1999), p. 28。

183   同上，pp. 698–9。

184   Lars Schoultz, *That Infernal Little Cuban Republic: The United States and the Cuban Revolution* (Chapel Hill, 2009) 包含了许多关于这个及相关问题的信息。

185   关于军队从"现代化精英"向另一种特殊利益集团的演变，参见 Louis A. Pérez, Jr., *Army Politics in Cuba, 1898–1958* (Pittsburgh, 1976), pp. 168–73。

186   Louis A. Pérez, Jr., *Cuba in the American Imagination: Metaphor and the Imperial Ethos* (Chapel Hill, 2008) 是对这一问题决定性的讨论。

187   Patterson, *Contesting Castro*, pp. 4–7.

188　关于这些观点甚至延续到革命以后，参见Matt Jacobs, "Meeting the Neighbors: Fidel Castro's April 1959 Trip to the United States," in Font, *Cuba Futures*, pp. 215–37。

189　引文来自Dominguez, "Culture," p. 516。

190　Maurer, *The Empire Trap*, pp.317–27对写成这一段落尤其有帮助，Maurer博士本人也起到了帮助作用，格外慷慨地回应了我在研究美古关系危机的复杂情况时需要指导的请求。Vanni Pettinà, *Cuba y Estados Unidos (1933–1959). Del compromiso nacionalista al conflicto* (Madrid, 2011), pp. 211–71强调了美国政策在这一时期标志性的能力不足，以及古巴战后政府的失败。

191　Abtour, "L'URSS et l'Amérique latine pendant la guerre froide"; Pettinà, "The Shadows of Cold War over Latin America"; Pettinà, *Cuba y Estados Unidos (1933–1959)*.

192　Jacobs, "Meeting the Neighbors," pp. 219–20.

193　Geoffrey Warner, "Eisenhower and Castro: U.S.-Cuban Relations, 1958–60," *International Affairs*, 75 (1999), pp. 803–17.

194　美国向欧洲盟友施压，要求它们配合孤立古巴。英国人试图回避，但最终还是妥协，停止了军售，同时继续在其他商品上进行贸易。参见Daniel Rubiera Zim, "Straining the Special Relationship: British and U.S. Policies Toward the Cuban Revolution, 1959–1961," *Cuban Studies*, 33 (2002), pp. 71–94; Chris Hull, "Our Arms in Havana: British Military Sales to Batista and Castro, 1958–59," *Diplomacy & Statecraft*, 18 (2007), pp. 593–616; Hull, "Parallel Spheres: Anglo-American Cooperation over Cuba, 1959–61," *Cold War History*, 12 (2012), pp. 51–68。

195　与苏联结盟的后果远远延伸到该岛之外。古巴革命被视为整个拉丁美洲的灯塔，卡斯特罗的外交政策将解放的理想带进了非洲。参见Piero Gleijeses, "Cuba and the Cold War, 1950–1980," in Leffer and Westad, *Cambridge History of the Cold War*, 2, ch. 16。

196　President Dwight D. Eisenhower, "State of the Union Message to Congress," 5 January 1956. 引用自Scott-Smith, "From Symbol of Division to Cold War Asset," p. 259。

197　关于对统一的呼吁，参见A. G. Hopkins, "Rethinking Decolonization," *Past & Present*, 200 (2008), pp. 211–47。

198　Marilyn Lake and Henry Reynolds, *Drawing the Colour Line: White Men's Countries and the International Challenge of Racial Equality* (Cambridge, 2008).

199　要得到关于不同视角的可嘉总结，参见Anders Stephanson, "Cold War Degree Zero,"和Odd Arne Westad, "Exploring the Histories of the Cold War: A Pluralist Approach,"，都选自Joel Isaac and Duncan Bell, eds., *Uncertain Empire: American History and the Ideology of the Cold War* (New York, 2012), chs. 1 and 2。

200　引用自Evans, "Whatever Happened to the Non-Aligned Movement?" p. 49。

201　Ronald Robinson, "The Moral Disarmament of African Empire, 1919–1947," *Journal of Imperial and Commonwealth History*, 8 (1979), pp. 86–104; Stuart Ward, "The European Provenance of Decolonization," *Past & Present*, 230 (2016), pp. 227–60将这一术语的思想起源追溯到20世纪30年代。

202　Peter Clegg, "Independence Movements in the Caribbean: Withering on the Vine?" *Commonwealth & Comparative Politics*, 50 (2012), pp. 422–38.

203 John Quincy Adams, "Oration," 4 July 1793, p. 9, University of Missouri Special Collections.

第15章

1 Oscar Wilde, "The Critic as Artist," in Wilde, *Intentions* (London, 1891; 1913), p. 129.

2 一些读者可能会发现，把这里的总结和第1章的主旨表述联系起来会有帮助。关于这些阶段更完整的论述见P. J. Cain and A. G. Hopkins, *British Imperialism, 1688–2015* (London, 3rd ed. 2016), pp. 706–17，尽管它指的是英国。

3 欧洲人定居点的全球性得到了John C. Weaver, *The Great Land Rush and the Making of the Modern World, 1650–1900* (Montreal and Kingston, 2003) 和 James Belich, *Replenishing the Earth: The Settler Revolution and the Rise of the Anglo-World, 1783–1939* (Oxford, 2009) 的充分论述。

4 正如第1章（尾注111）所说的，后现代主义的影响力导致人们用"后殖民"来形容殖民主义开始之后的时期。这一合称把两个现有的不同阶段并在了一起：殖民时期（正式殖民统治时期）和后殖民时期（正式统治终结后的时期）。这里遵循的是传统用法。

5 A. G. Hopkins, "Macmillan's Audit of Empire, 1957," in Peter Clarke and Clive Trebilcock, eds., *Understanding Decline: Perceptions and Realities; Essays in Honour of Barry Supple* (Cambridge, 1997), pp. 234–60.

6 比如参见Gunnar Myrdal有影响力（如今却鲜少被人读到）的研究 *Asian Drama: An Inquiry into the Poverty of Nations* (3 vols.; London, 1968)。

7 特别参见 A.W.B. Simpson, *Human Rights and the End of Empire: Britain and the Genesis of the European Convention* (Oxford, 2001); Roland Burke, *Decolonisation and the Evolution of International Human Rights* (Philadelphia, 2010); Rosemary Foot, "The Cold War and Human Rights," in Melvyn Leffler and Odd Arne Westad, eds., *Cambridge History of the Cold War*, 1 (Cambridge, 2010), ch. 21; Barbara Keys and Roland Burke, "Human Rights," in Richard Immerman and Petra Goedde, eds., *The Oxford Handbook of the Cold War* (Oxford, 2013), ch. 28; Samuel Moyne, *The Last Utopia: Human Rights in History* (Cambridge, MA, 2010)。专家们将注意到，这里采取的立场更符合Burke而不是Moyne。

8 Akira Iriye, Petra Goedde, and William I. Hitchcock, eds., *The Human Rights Revolution: An International History* (Oxford, 2012) 提供了完整的细节。同样参见 Or Rosenboim, *The Emergence of Globalism: Visions of World Order in Britain and the United States, 1939–1950* (Princeton, NJ, 2017)。

9 Paul Kennedy, *The Rise and Fall of the Great Powers: Economic Change and Military Conflict from 1500 to 2000* (New York, 1987) 让这个观点得到流行，它仍在持续经受评估。

10 A. G. Hopkins, "Rethinking Decolonisation," *Past & Present*, 200 (2008), pp. 211–47; Hopkins, "Globalisation and Decolonisation," *Journal of Imperial & Commonwealth History*, 45 (2017), pp. 729–45; 以及 Phillip Buckner, ed., *Canada and the British Empire* (Oxford, 2008) 和 Deryck Schreuder and Stuart Ward, eds., *Australia's Empire* (Oxford, 2008) 的相关章节。

11 参见本书第14章。要以其他方式剖析这个问题，参见 Joel Isaac and Duncan Bell, eds., *Uncertain Empire: American History and the Idea of the Cold War* (New York, 2012)。

12 "Integration and Growth of the World Economy in Historical Perspective," *American Economic Review*, 54 (1964), pp. 1–22, at p. 3. 哈勃勒（1900—1995）是著名的奥地利裔美国经济学家，专门研究国际贸易，也属于能采取有理有据的长期视角的那一代经济学家（包括 W. A. 刘易斯和 W. W. 罗斯托），因为他也接受了历史研究的训练。

13 数据主要来自 Angus Maddison, *The World Economy*, 2 vols. (Paris, 2006); Alfred E. Eckes and Thomas W. Zeiler, *Globalization and the American Century* (Cambridge, 2003); 和 Michael Graff, A. G. Kenwood, and A. L. Lougheed, *Growth of the International Economy, 1820–2015* (Abingdon, Oxon, 5th ed. 2014)。我要感谢 Graff 教授澄清了关于数据库的一些问题。

14 Graff et al., *Growth of the International Economy*, pp. 279–81.

15 同上，p. 279。

16 这是一个复杂而具有争议的问题。完整的分析将需要逐个讨论"殖民地"出口，同时纳入收入和要素贸易条件。关于这个古老辩论的近期讨论，参见 David Colman, "Agriculture's Terms of Trade: Issues and Implications," *Agricultural Economics*, 41 (2010), pp. 1–15。

17 金砖国家：巴西、俄罗斯、印度、中国和南非（2010年加入）。这一群体在2001年形成，在2009年举办了第一次峰会。

18 先驱性的论著是 Akira Iriye, *Global Community: The Role of International Organizations in the Making of the Contemporary World* (Berkeley, 2002)。

19 Elaine Bernard, "What's the Matter with NAFTA?" *Radical America*, 25 (1994), pp. 19–31.

20 关于重申当地性的例子，参见 A. G. Hopkins, ed., *Global History: Interactions between the Universal and the Local* (Basingstoke, 2006)。

21 参见 Robert J. Holton, *Globalisation and the Nation-State* (2nd ed. Basingstoke, 2011) 里的讨论。

22 欧盟允许英国和法国的前殖民地经过一段时间的过渡，然后再实行保护性关税。

23 Robert Cooper, "The Post-Modern State," in Mark Leonard, ed., *Reordering the World: The Long-Term Implications of September 11th* (London, 2002), ch. 2; Jeanne Morefield, *Empires without Imperialism: Anglo-American Decline and the Politics of Deflection* (Oxford, 2014) 探究了把非自由派行动变得像自由派政策的思想战略。

24 Louise Fawcett and Yezid Sayigh, eds., *The Third World Beyond the Cold War: Continuity and Change* (Oxford, 1999) 采取了不同的观点，尽管多样化是他们著作的主要主题之一。

25 Paul Collier, *The Bottom Billion: Why the Poorest Countries Are Failing and What Can Be Done about It* (Oxford, 2006). Collier 估算，世界上最穷困的人中约有70%住在非洲。

26 关于二战前夕"经典"交换关系的持续性，参见 Graff et al., *Growth of the International Economy*, pp. 197–204。

27 处理可能关闭工厂的谈判的，是商务大臣、保守派议员和一名巴基斯坦巴士

司机的儿子赛义德·贾维德（Sajid Javid）。关于这一话题的更多内容，参见
Ambrose Evans-Pritchard, "Britain Sacrifices Steel Industry to Curry Favour with
China," *Telegraph*, March 31, 2016 标志性的犀利文章。

28　Roger Hart, "Universals of Yesteryear: Hegel's Modernity in an Age of
　　Globalization," in Hopkins, *Global History*, ch. 3.

29　参见本书第10章。关于美国"世纪"不会完全符合资格的观点，参见Andrew
　　J. Bacevich, ed., *The Short American Century: A Postmortem* (Cambridge, MA,
　　2012)。

30　本书第11章讨论了现代化理论。

31　它们的复杂性也阻碍了简单的归纳：80年代债务危机和结构性调整政策的结
　　果在全球都各不相同，跨国公司通过参与制造业，建立所谓的"新依赖性"，
　　得到了对东道主国家的责任。

32　John A. Thomson, *A Sense of Power: The Roots of America's Global Role* (Ithaca,
　　2015), ch. 6对美国在1945年后与欧洲接触的动机提供了审慎的论述。

33　Christopher J. Sandars, *America's Overseas Garrisons: The Leasehold Empire*
　　(Oxford, 2000), p. 5估算，美国在二战期间在全世界建造了433座基地，在冷
　　战期间保留了其中大部分。Kent E. Calder, *Embattled Garrisons: Comparative
　　Base Politics and American Globalism* (Princeton, 2007) 论证说，这些基地起到
　　了带来稳定影响的作用。

34　Alan S. Milward, *The European Rescue of the Nation State* (Berkeley and Los
　　Angeles, 1992).

35　正如Chiarella Esposito, *America's Feeble Weapon: Funding the Marshall Plan in
　　France and Italy, 1948–1950* (Westport, 1994) 在所谓配套资金的问题中展示的
　　那样。Diane Kunz可嘉的研究探讨了美国战略中经济和政治层面互补的关系：
　　Butter and Guns: America's Cold War Economic Diplomacy (New York, 1997)。

36　Alan Dobson, "The Special Relationship and European Integration," *Diplomacy &
　　Statecraft*, 2 (1991), pp. 79–102.

37　英国大使致南越，1966年。引用自Wm. Roger Louis, "The Dissolution of
　　the British Empire in the Era of Vietnam," *American Historical Review*, 107
　　(2002), p. 19。关于这起事件的整体情况，参见Jonathan Colman, *A "Special
　　Relationship"? Harold Wilson, Lyndon B. Johnson and Anglo-American Relations
　　"at the Summit," 1964–68* (Manchester, 2004)。

38　Earl F. Ziemke, *The U.S. Army in the Occupation of Germany, 1944–1946*
　　(Washington, DC, 1975; 1990) 提供了事无巨细的论述。

39　Frances M. B. Lynch, *France and the International Economy: From Vichy to the
　　Treaty of Rome* (London, 1997); William I. Hitchcock, *France Restored: Cold
　　War Diplomacy and the Quest for Leadership in Europe, 1944–1954* (Chapel Hill,
　　1998).

40　Press conference, 15 May 1962. 引用自Daniel J. Mahoney, *De Gaulle,
　　Statesmanship, Grandeur, and Modern Democracy* (New Brunswick, 1996; 2000),
　　p. 133。一些读者可能已经忘了，沃拉普克语是1879—1880年由一名德国牧
　　师创造的国际语言，为的是回应神启。它在20世纪被世界语取代。

41　Frances M. B. Lynch, "Resolving the Paradox of the Monnet Plan: National and
　　International Planning in French Reconstruction," *Economic History Review*, 37
　　(1984), pp. 229–43. Bronson Long, *No Easy Occupation: French Control of the*

German Saar, 1944–1957 (New York, 2015).

42 James Ellison, "Separated by the Atlantic: The British and de Gaulle, 1958–1967," *Diplomacy & Statecraft*, 17 (2006), pp. 853–70. General de Gaulle 冠冕堂皇而居高临下的演讲 "French President Charles de Gaulle's Veto on British Membership of the EEC," 在网上可以找到：http://www.isn.ethz.ch/Digital-library/Publications/Detail /?lang=en&id=125401。不熟悉1945年后欧洲一体化演变过程中复杂因素的读者只需要知道，欧共体是当前欧盟的前身。

43 Angela Romano, "Untying Cold War Knots: The EEC and Eastern Europe in the Long 1970s," *Cold War History*, 14 (2014), pp. 153–73.

44 特别参见 Alan S. Milward, *The Reconstruction of Western Europe, 1945–1951* (Berkeley, 1984)。要重申传统观点，参见 John Killick, *The United States and European Reconstruction, 1945–1960* (Edinburgh, 1997)。在英国一例中，可以说援助是用来支持帝国而不是使经济变得现代化的。参见 Correlli Barnett, *The Audit of War: The Illusion and Reality of Britain as a Great Nation* (London, 1986; 2001); Barnett, *The Lost Victory: British Dreams, British Realities, 1945–1950* (London, 1995)。

45 在美国的评论家尤其担忧，英国正把援助资金花在 "社会主义实验" 上，特别是国家医疗服务体系上。此后的争议促使英国在1951年决定取消马歇尔援助。Daniel M. Fox, "The Administration of the Marshall Plan and British Health Policy," *Journal of Policy History*, 16 (2004), pp. 191–211.

46 Douglas A. Irwin, "The GATT's Contribution to Economic Recovery in Post-War Western Europe," in Barry Eichengreen, ed., *Europe's Post-War Recovery* (Cambridge, 1995), ch. 5.

47 Piers Ludlow, "The Emergence of a Commercial Heavyweight: The Kennedy Round Negotiations and the European Community of the 1960s," *Diplomacy and Statecraft*, 18 (2007), pp. 351–687论述称，谈判来自欧共体对美国的施压。Francine McKenzie, "The GATT-EEC Collision: The Challenge of Regional Trade Blocs to the General Agreement on Tariffs and Trade, 1950–67," *International History Review*, 32 (2010), pp. 229–52.

48 Graf et al., *Growth of the International Economy*, pp. 276–80, tables 20.1–20.5.

49 同上，p. 281, table 20.7。

50 Lucia Coppolaro, "U.S. Policy on European Integration during the GATT Kennedy Round Negotiations (1963–67): The Last Hurrah of America's Europeanists," *International History Review*, 33 (2011), pp. 409–29.

51 在1973年4月23日的一场演讲中。Thomas Robb, "Henry Kissinger, Great Britain, and the 'Year of Europe': The Tangled Skein," *Contemporary British History*, 24 (2010), pp. 297–318.

52 Keith Hamilton, "Britain, France, and America's Year of Europe, 1973," *Diplomacy & Statecraft*, 17 (2006), pp. 871–95.

53 Colin Crouch, "Models of Capitalism," New Political Economy, 10 (2005), pp. 439–56提供了宝贵的概述。更笼统的论述参见 Peter A. Hall and David Soskice, eds., *Varieties of Capitalism: The Institutional Foundations of Comparative Advantage* (London, 2000)。

54 Michael H. Hunt and Steven I. Levine, *Arc of Empire: America's Wars in Asia from the Philippines to Vietnam* (Chapel Hill, 2012) 提出，四场战争共同的主题是为

了推进美国在该地区的利益。

55　最完整也最可读的论述是 John W. Dower, *Embracing Defeat: Japan in the Wake of World War II* (New York, 1999)。

56　Masako Shibata, *Japan and Germany under the U.S. Occupation: A Comparative Analysis of Post-War Education Reform* (Lanham, 2005) 显示出，日本欢迎了新项目，因为可以借此获取进入西方世界的机会，而德国则认为自己的教育体系没什么可以向美国学习的。

57　Aaron Forsberg, *America and the Japanese Miracle: The Cold War Context of Japan's Postwar Economic Revival, 1950–1960* (Chapel Hill, 2000) 将大部分功劳归于美国政策。

58　Yoneyuki Sugita, *Pitfall or Panacea: The Irony of US Power in Occupied Japan, 1945–1952* (London, 2003).

59　R. Taggart Murphy, *Japan and the Shackles of the Past* (New York, 2015) 辩称，准封建关系依然是日本政治经济的特点。

60　Tim Weiner, "C.I.A. Spent Millions to Support Japanese Right in 50s and 60s," *New York Times*, October 9, 1994.

61　Sayuri Shimizu, *Creating People of Plenty: The United States and Japan's Economic Alternatives, 1950–1960* (Kent, 2001).

62　Gregg A. Brazinski, *Nation-Building in South Korea: Koreans, Americans, and the Making of Democracy* (Chapel Hill, 2009).

63　Bruce Cumings, *Korea's Place in the Sun, A Modern History* (New York, 1997).

64　Lyong Choi, "The First Nuclear Crisis in the Korean Peninsula, 1975–76," *Cold War History*, 14 (2014), pp. 71–90; Jooyoung Lee, "Forming a Democratic Society: South Korean Responses to U.S. Democracy Promotion, 1953–1960," *Diplomatic History*, 39 (2015), pp. 844–75.

65　Kim Chong Min, "The United States' Economic Disengagement Policy and Korea's Industrial Transformation: Implications of the Textile Disputes (1969–1971) for the Quasi Alliance in East Asia," *Seoul Journal of Korean Studies*, 27 (2014), pp. 115–36.

66　Cumings, *Korea's Place in the Sun*, ch. 6.

67　Robert McMahon, *Colonialism and the Cold War: The United States and the Struggle for Indonesian Independence, 1945–49* (Ithaca, 1981).

68　Noel Maurer, *The Empire Trap: The Rise and Fall of U.S. Intervention to Protect American Property Overseas, 1893–2013* (Princeton, NJ, 2013), pp. 338–43.

69　H. W. Brands, "The Limits of Manipulation," *Journal of American History*, 76 (1989), pp. 785–808; David Easter, " 'Keep the Indonesian Pot Boiling': Western Covert Intervention in Indonesia, October 1965–March 1966," *Cold War History*, 5 (2005), pp. 55–73; John Roosa, *Pretext for Mass Murder: The September 30th Movement and Suharto's Coup d'Etat in Indonesia* (Madison, 2006). 苏加诺始终是名义上的国家元首，直到1967年。

70　Bradley R. Simpson 出色的研究 *Economists with Guns: Authoritarian Development and U.S.-Indonesian Relations, 1960–1968* (Stanford, 2008) 追溯了这一过程及它得到学者的支持。

71　Mark Atwood Lawrence, The Vietnam War: A Concise International History (New York, 2008) 对大量研究文献提供了清晰的指引。更完整的论述则是 Robert

McMahon, *The Limits of Power: The United States and Southeast Asia Since World War II* (New York, 1999)，其中包括作者对印尼的专长。

72 Alan P. Dobson and Steve Marsh, U.S. Foreign Policy since 1945 (London, 2nded., 2007), pp. 97, 104; 在网上可见：www.veteranshour.com/vietnam_war_statistics. htm。

73 Andrew Preston, "Monsters Everywhere: A Genealogy of National Security," *Diplomatic History*, 38 (2014), pp. 477–500.

74 就像中情局的"秘密历史"确认的那样。参见 James Risen, "Secrets of History: The C.I.A. in Iran," *New York Times*, 16 April 2000; Tim Walker, "The Truth about the CIA and Iran," *Independent*, August 20, 2013。

75 Michael B. Stoff, *Oil, War, and American Security: The Search for a National Policy on Foreign Oil, 1941–1947* (New Haven, 1980) 追溯了政策工具从政府向私有利益集团的转变。

76 Robert Vitalis, *America's Kingdom: Mythmaking on the Saudi Oil Frontier* (Stanford, 2007). 阿美石油公司是 50 年代美国在海外运营的最大公司。

77 Roham Alvandi, *Nixon, Kissinger, and the Shah: The United States and Iran in the Cold War* (New York, 2014) 揭示了这一视角。

78 Andrew Scott Cooper, *The Oil Kings: How the U.S., Iran and Saudi Arabia Changed the Balance of Power in the Middle East* (New York, 2011).

79 Tore T. Petersen, *Richard Nixon, Great Britain and the Anglo-American Alignment in the Persian Gulf and Arabian Peninsula: Making Allies out of Clients* (Brighton, Sussex, 2008), pp. 31, 43 更强力地论证称，尼克松和基辛格协助设计了油价的上涨。

80 Cooper, *The Oil Kings*, chs. 10–12.

81 Chalmers Johnson, "Blowback," *National Interest*, October 15, 2001. Johnson, *Blowback: The Costs and Consequences of American Empire* (London, 2000; 2002). 这些非常有先见之明的研究在刚出现时在美国被忽略，只有在"9·11"后才引起注意。

82 一个例子参见 Sami E. Baroudi, "Countering U.S. Hegemony: The Discourse of Salim al-Hoss and other Arab Intellectuals," *Middle Eastern Studies*, 44 (2008), pp. 105–29。

83 Petersen, *Richard Nixon*, pp. 43, 93.

84 Simon C. Smith, *Ending Empire in the Middle East: Britain, the United States and Post-War Decolonization, 1945–73* (London, 2012); Helene von Bismarck, *British Policy in the Persian Gulf, 1961–1968* (Basingstoke, Hants, 2013) 强调了英国一直坚持承诺到 1968 年，那时政府决定在 1971 年终结它在苏伊士运河以东的军事势力。Spencer Mawby, *British Policy in Aden and the Protectorates, 1955–67: Last Outpost of a Middle East Empire* (London, 2015) 显示出，英国保住亚丁的决心是如何最终促使激进派在该地区取代了温和派。

85 Smith, *Ending Empire*. 两个大国在这一地区此前的区别得到了 Steven G. Galpern, *Money, Oil, and Empire in the Middle East: Sterling and Post-war Imperialism, 1944–1971* (New York, 2009) 的充分论述。

86 Elizabeth Schmidt, *Foreign Intervention in Africa: From the Cold War to the War on Terror* (Cambridge, 2013) 提供了概述。James P. Hubbard 从国际外交的角度提供了完整但常规的论述：*The United States and the End of the British Empire*

in Africa, 1941–1968 (Jefferson, 2010)。

87　Stephen R Weissman, "An Extraordinary Rendition," *Intelligence & National Security*, 25 (2010), pp. 198–222; Weissman, "What Really Happened in the Congo: The C.I.A., the Murder of Lumumba, and the Rise of Mobutu," *Foreign Affairs*, 93 (2014), pp. 14–24. 英国的军情六处协助了中情局。

88　Irwin Wall, *France, the United States and the Algerian War* (Berkeley, 2001); Wall, "France in the Cold War," *Journal of European Studies*, 38 (2008), pp. 121–39. 美国对突尼斯的政策也类似，但那里的条件有利于更快走向独立（1956）。对巴黎的政府来说，要放弃阿尔及利亚要困难得多，那里有更多法国定居者，在宪法上也是法国的一部分。参见 Roy Ikeda, *The Imperialism of French Decolonisation* (Cambridge, 2015), pp. 209–19。

89　Matthew Connelly, *A Diplomatic Revolution: Algeria's Fight for Independence and the Origins of the Post-Cold War Era* (Oxford, 2002) 提供了阿尔及利亚的视角，强调了终结殖民统治的道德理由的重要性。

90　Witney W. Schneiderman, *Engaging Africa: Washington and the Fall of Portugal's Colonial Empire* (New York, 2004).

91　Lidwien Kapteijns, "Test-Firing the 'New World Order' in Somalia: The US/UN Military Humanitarian Intervention of 1992–1995," *Journal of Genocide Research*, 15 (2013), pp. 412–42. 干预在冷战结束后发生，但那是紧随着80年代作为冷战一部分的事件。

92　David N. Gibb, "Political Parties and International Relations: The United States and the Decolonization of Sub-Saharan Africa," *International History Review*, 17 (1995), pp. 306–27.

93　John Kent, "United States' Reaction to Empire, Colonialism, and Cold War in Black Africa," *Journal of Imperial & Commonwealth History*, 33 (2005), pp. 195–220.

94　Tony Chafer, "Chirac and 'La Françafrique': No Longer a Family Affair," *Modern & Contemporary France*, 13 (2005), pp. 7–23.

95　Gordon Martel, "Decolonization after Suez: Retreat or Rationalisation?" *Australian Journal of Politics & History*, 46 (2000), pp. 403–17. 案例研究参见 L. J. Butler, "Britain, the United States, and the Demise of the Central African Federation, 1959–63," *Journal of Imperial & Commonwealth History*, 28 (2000), pp. 131–51。

96　当时的英国驻南非大使就玛格丽特·撒切尔复杂的思考提供了令人着迷的论述：Robin Renwick, *The End of Apartheid: Diary of a Revolution* (London, 2015)。

97　Max Paul Friedman, "Retiring the Puppets, Bringing Latin America Back In: Recent Scholarship on United States–Latin American Relations," *Diplomatic History*, 27 (2003), pp. 621–36 揭示出，把一方定为"霸权国"、另一方定为"受害国"的方式存在局限。

98　Serge Ricard, "The Roosevelt Corollary," *Presidential Studies Quarterly*, 36 (2006), pp. 17–26.

99　Greg Grandin, *Empire's Workshop: Latin America, the United States and the Rise of New Imperialism* (New York, 2006); Greg Grandin and Gilbert M. Joseph, eds., *A Century of Revolution: Insurgent and Counter-Insurgent Violence during Latin America's Long Cold War* (Durham, 2010).

100　关于这起事件及其后果，参见Peter Winn, "The Furies of the Andes: Violence and Terror in the Chilean Revolution and Counterrevolution," in Grandin and Gilbert, *A Century of Revolution*, pp. 239–75。

101　Jeffrey Taffet, *Foreign Aid as Foreign Policy: The Alliance for Progress in Latin America* (New York, 2007).

102　Brian Loveman, ed., *Addicted to Failure: U.S. Security Policy in Latin America and the Andean Region* (Lanham, 2006). Mark T. Hove, "The Arbenz Factor: Salvador Allende, U.S.-Chilean Relations, and the 1954 U.S. Intervention in Guatemala," *Diplomatic History*, 31 (2007), pp. 623–63 显示出，在危地马拉的干预政策是如何刺激了其他地区的回应，特别是在智利。

103　Peter M. Sanchez, "Bringing the International Back In: U.S. Hegemonic Maintenance and Latin America's Democratic Breakdown in the 1960s and 1970s," *International Politics*, 40 (2003), pp. 223–47. 要了解许多例子之中的两个，参见William Michael Schmidli, *The Fate of Freedom Elsewhere: Human Rights and U.S. Cold War Policy Toward Argentina* (Ithaca, 2013); Thomas, C. Field, Jr., *From Development to Dictatorship: Bolivia and the Alliance for Progress in the Kennedy Era* (Ithaca, 2014)。

104　Greg Grandin, "Your Americanism and Mine: Americanism and Anti-Americanism in the Americas," *American Historical Review*, 111 (2006), pp. 1042–66; Kathryn Sikkink, *Mixed Signals: U.S. Human Rights Policy and Latin America* (Ithaca, 2004); Alan P. Dobson, "The Dangers of U.S. Interventionism," *Review of International Studies*, 28 (2002), pp. 577–87 比较了巴拿马和波斯尼亚。

105　Carlos M. Vilas, "Turning to the Left? Understanding Some Unexpected Events in Latin America," *Journal of Diplomacy & International Relations*, 9 (2008), pp. 115–28.

106　Peter Hakim, "Is Washington Losing Latin America?" *Foreign Affairs*, 85 (2006), pp. 39–53.

107　Sherrie L. Baver, "Environmental Justice and the Cleanup of Vieques," *Centro Journal*, 18 (2006), pp. 90–107（及vol. 18, issue 1中关于这一话题的其他文章）.

108　基地在2012年重新开放，供美国空军使用，当时对中国野心的焦虑促使华盛顿修正它对这个前太平洋殖民地战略价值的评估。

109　Noelani Goodyear-KaʻOpua, Ikaika Hussey, and Kahunawaikaʻala Wright, eds., *A Nation Rising: Hawaiian Movements for Life, Land, and Sovereignty* (Durham, 2014).

110　Anne Feder Lee, "Hawaiian Sovereignty," *Publius*, 27 (1997), pp. 167–86.

111　夏威夷的大部分糖料种植园到1995年已停止了运营。参见Carol A. Mac-Lennan, *Sovereign Sugar: Industry and Environment in Hawai'i* (Honolulu, 2014), pp. 275–82。

112　Dennis Merrill, *Negotiating Paradise: U.S. Tourism and Empire in Twentieth-Century Latin America* (Chapel Hill, 2009).

113　Zachary Abuza, "The Moro Liberation Front at 20: State of the Revolution," *Studies in Conflict & Terrorism*, 28 (2005), pp. 453–79. 摩洛民族解放阵线（Moro National Liberation Front，1972年）在1996年与菲律宾政府达成和解。从中分裂的组织莫罗伊斯兰解放阵线（1984年正式成立）继续斗争，直到2012

年同意了协商和平。Tom McKenna, "Saints, Scholars and the Idealized Past in Philippine Muslim Separatism," *Pacific Review*, 15 (2002), pp. 539–53追溯了运动的意识形态根基。

114　Michael S. Billig, *Barons, Brokers, and Buyers: The Institutions and Cultures of Philippine Sugar* (Honolulu, 2003), chs. 3–6就糖业的变化提供了完整的评估。

115　Donald W. Bray and Marjorie Woodford, "The Cuban Revolution and World Change," *Latin American Perspectives*, 36 (2009), pp. 16–30; John Foran, "Theorizing the Cuban Revolution," *American Perspectives*, 36 (2009), pp. 16–30.

116　特朗普总统已经宣布，他有意停止奥巴马总统采取的改善两国关系的倡议。参见Martina Kunovic, "Five Things You Need to Know about Trump's Cuba Policy," *Washington Post*, June 22, 2017。

117　Heather Gillers and Nick Timiraos, "Puerto Rico Defaults on Constitutionally Guar- anteed Debt," *Wall Street Journal*, July 1, 2016. 讽刺的是，曾一度有利于经济的对外移民已达到了造成经济问题的程度。关于此后的发展，参见Tatiana Darie, "Puerto Rico's New Governor Takes Over as Debt Crisis Reaches Climax," *Bloomberg News*, January 3, 2017; John Dizard, "Hedge Funds Slug It Out Over Puerto Rico," *Financial Times*, January 13, 2017; Andrew Scur- ria, "Puerto Rico Creditors Open Checkbooks in Debt Negotiations," *Wall Street Journal*, January 23, 2017。

118　Frances Stonor-Saunders, *Who Paid the Piper: The CIA and the Cultural Cold War* (London, 1999); Volker T. R. Berghahn, *America and the Intellectual Cold Wars in Europe* (Princeton, NJ, 2001).

119　George C. Herring, *From Colony to Superpower: U. S. Foreign Relations since 1776* (Oxford, 2008), p. 917.

120　J. Richard Stevens, *Captain America: Masculinity & Violence: The Evolution of a National Icon* (Syracuse, 2015); Mark D. White, *Virtues of Captain America: Modern-Day Lessons on Character from a World War II Superhero* (New York, 2014) 探索了美国队长所表达的原则的哲学根基，但假设了美国价值观是普遍成立的。美国队长并不是孤单一人，克林特·伊斯特伍德的电影《美国狙击手》（*American Sniper*，2015）和他并肩站立。

121　关于这一转变的一些复杂因素，参见Mike S. Dubose, "Holding Out for a Hero: Reaganism, Comic Book Vigilantes, and Captain America," *Journal of Popular Culture*, 40 (2007), pp. 915–35。

122　Marc Levinson, *An Extraordinary Time: The End of the Postwar Boom and the Return of the Ordinary Economy* (New York, 2016); Charles S. Maier, *Among Empires: American Ascendancy and Its Predecessors* (Cambridge, MA, 2006) 在第五章和第六章就这些发展提供了给人启发的评论。

123　Alfred E. Eckes, Jr., and Thomas W. Zeiler, *Globalization and the American Century* (Cambridge, 2003), p. 209.

124　Peter H. Lindert, "U.S. Foreign Trade and Trade Policy in the Twentieth Century," in Stanley L. Engerman and Robert F. Gallman, eds., *Cambridge Economic History of the United States*, vol. 3 (Cambridge, 2000), ch. 7. 在如今已经很庞大的研究文献中，必须特别提到David P. Calleo做出的杰出贡献，他将自己漫长职业生涯的大部分时间奉献给了这一主题。*Follies of Power: America's Unipolar Fantasy* (Cambridge, 2009) 提供了关于他的著作的指引。

125 Maier, *Among Empires*, figures 1, p. 256; 2, p. 259; 3, p. 260; 4, p. 262; tables 1–2, pp. 298–9.

126 Barry Eichengreen, *Exorbitant Privilege: The Rise and Fall of the Dollar and the Future of the International Monetary System* (Oxford, 2011). 这一短语来自法国财政部部长瓦莱里·吉斯卡尔·德斯坦（Valéry Giscard d'Estaing），戴高乐将军也有同样观点。

127 Paul Kennedy 的畅销书 *The Rise and Fall of the Great Powers; Economic Change and Military Conflict from 1500 to 2000* (New York, 1988) 捕捉到了当时人们的情绪。Bruce Cummings 提供了吸引人又尖锐的评论："Still the American Century," in Michael Cox, Ken Booth, and Tim Dunne, eds., *The Interregnum: Controversies in World Politics, 1989–1999* (Cambridge, 1999)。

128 Rosemary Foot and Andrew Walter, "Whatever Happened to the Pacific Century?" *Journal of International Studies*, 25 (1999), pp. 245–69. Rotem Kowner, " 'Lighter than Yellow, But Not Enough': Western Discourse on the Japanese 'Race,' 1854–1904," *Historical Journal* 43 (2000), pp. 103–31 以吸引人的细节探讨了现代西方人对日本看法的源头。

129 Frances Fukuyama, *The End of History and the Last Man* (New York, 1992)，它是由 1989 年出版的一篇文章扩展而来。福山首先支持了新保守派及推翻萨达姆·侯赛因，然后又排斥了这两种立场，这说明了他的正直，但给他的预测能力打上了问号。参见 Fukuyama, *After the Neo Cons: Where the Right Went Wrong* (London, 2006)。关于作为帝国力量的苏联，参见 Vladislav M. Zubok, *A Failed Empire: The Soviet Union in the Cold War from Stalin to Gorbachev* (Chapel Hill, 2007) 以及 h-diplo, 9 (2008), pp. 1–41 里的讨论。

130 Stephen D. Krasner, *Sovereignty: Organized Hypocrisy* (Princeton, NJ, 1999).

131 C. Bradley Thompson with Yaron Brook, *Neoconservativism: An Obituary for an Idea* (New York, 2010) 提供了概述，但很可能夸大了有关美国对世界使命的根深蒂固的观念的消亡。

132 这一断言是后来所谓"布什主义"的一个关键元素，"布什主义"是在 *The National Security Strategy of the United States* (September 2002) 中提出的。

133 U.S. Army Command and General Staff College, *The Philippine-American War: A Model for Declaring Victory* (self-published, 2014) 展现了可以如何利用历史来达成想要的结果，即胜利。Jack Fairweather, *The Good War: The Battle for Afghanistan, 2006–14* (London, 2014) 提供了冷静的替代选择。

134 对围绕侵略伊拉克的背景的完整论述，参见 A. G. Hopkins, "Capitalism, Nationalism and the New American Empire," *Journal of Imperial & Commonwealth History*, 35 (2007), pp. 95–117.

135 Jamilo Anerlini, "UK Move to Join Asia Bank Startled Even Beijing," *Financial Times*, March 28, 2015.

136 全球以美元为储备的外汇价值已从 2001 年的一半以上下降到了 2013 年的约三分之一。Liam Halligan, "The Dollar Is Currently Boosted by Being a Reserve Currency," *Daily Telegraph*, July 19, 2014. 2016 年，联邦债务达到了国家生产总值的 25%，是自 1950 年以来的最高水平。当利率从它们当前的低位上升时，偿还债务将变得越发困难。比如参见 Robert J. Samuleson, "Are We Ready for the Financial Crisis?" *Washington Post*, October 17, 2016; Paul A. Volker and Peter G. Peterson, "Ignoring the Debt Problem," *New York Times*, October 21,

2016; Landon Thomas, Jr., "Hearing Echoes of the Financial Crisis," *New York Times*, October 26, 2016; Paul Krugman, "Deficits Matter Again," *New York Times*, January 9, 2017。

137　Gideon Rachman, "Is America's New Declinism for Real," *Financial Times*, November 25, 2008.

138　Joseph S. Nye, "Fear Factor: The Illusion of American Decline," *World Politics Review*, October 9, 2012; Nye, *Is the American Century Over?* (London, 2015), ch. 4 则有关中国；Joseff Joffe, *The Myth of America's Decline: Politics, Economics and a Half Century of False Promises* (New York, 2014); Ambrose Evans-Pritchard, "Writing Off America Was Foolish . . . Now It's on the Brink of a Golden Age," *Telegraph*, 24 April 2014; Martin Wolf, "On Top of the World," *Financial Times*, May 3, 2014。

139　Andrew Bacevich, *The Limits of Power: The End of American Exceptionalism* (New York, 2008); Martin Jacques, *When China Rules the World: The Rise of the Middle Kingdom and the End of the Western World* (London, 2009); David Pilling, "China Is Already Changing the World," *Financial Times,* May 3, 2014.

140　Nick Bisley, *Great Powers in the Changing International Order* (Boulder, 2012) 推进了一种思维，即非西方国家不会在21世纪将西方自由主义发扬光大。

141　Patricia Cohen, "A Bigger Economic Pie, but a Smaller Slice for Half of the United States," *New York Times*, December 6, 2016; David Leonhardt, "The American Dream, Quantified at Last," *New York Times*, December 8, 2016; Jeremy Ashkenas, "Nine New Findings about Inequality in the United States," *New York Times*, December 16, 2016. 这些文章是关于 Thomas Piketty 及其同事的研究。

142　BREXIT（英国脱欧）是 Britain（英国）和 exit（离开）的缩写。

143　Michael H. Hunt and James L. Huskey, *In a Time of Troubles: Big Picture History and the Specter of U.S. Decline* (forthcoming), ch. 4. 我要感谢 Hunt 博士允许我看他新书的草稿，以及在有关霸权、帝国和它们留下的充满幻象的遗产的问题上许多令人启发的交流。

144　引用自 Nigel John Ashton, "Harold Macmillan and the 'Golden Days' of Anglo-American Relations Revisited," *Diplomatic History*, 29 (2005), pp. 691–732 [online] at p. 15。同样参见 Alex Danchev, "The Cold War 'Special Relationship' Revisited," *Diplomacy & Statecraft*, 17 (2006), pp. 579–95。

145　Dante, *The Inferno*, Canto XX.

146　Max Dublin, *Future Hype: The Tyranny of Prophecy* (New York, 1989); William A. Sheridan, *The Fortune Sellers: The Big Business of Buying and Selling Predictions* (New York, 1998).

147　Willard van Orman Quine, "On Simple Theories of a Complex World," *Synthese*, 15 (1963), pp. 103–6.

148　这一始于1998年的短语至今仍被（充满争议地）使用。参见 Micah Zenko, "The Myth of the Indispensable Nation," *Foreign Policy*, November 6, 2014。Simon Reich and Richard Ned Lebow, *Good-Bye Hegemony!: Power and Influence in the Global System* (Princeton, NJ, 2014) 对霸权优越性的想法进行了尖锐的批判。

149　比如参见 John G. Ikenberry, *Liberal Leviathan: The Origins, Crisis, and Transformation of the American World Order* (Princeton, NJ, 2011)。关于学术

界和政府的纽带，参见 Ron Robin, *The Making of the Cold War Enemy: Culture and Politics in the Military-Intellectual Complex* (Princeton, NJ, 2001)，它追溯了 20世纪40—60年代行为主义和国防部之间的纽带。

150　Theodore Roosevelt, Jr., *Colonial Policies of the United States* (New York, 1937), p. 83.

151　Zachary Lockman, *Contending Visions of the Middle East: The History and Politics of Orientalism* (Cambridge, 2004) 提供了一组令人沮丧的有关中东地区不断重复的误解观念，同样还有 Michael B. Oram, *America in the Middle East, 1776 to the Present* (New York, 2006)。Seth Jacobs, *The Universe Unraveling: American Foreign Policy in Cold War Laos* (Ithaca, 2012) 论述称，认为老挝人懒惰懦弱的错误观念促使华盛顿倾向于支持据说精力更旺盛、更诚实正直的越南人。

尾　声

1　Brian Turner, *Here, Bullet* (Farmington, 2005), p. 18. 特纳是美国陆军第二步兵师第三斯特赖克旅级战斗队的中士和队长，2003—2004年在伊拉克服役。同样参见他的第二部诗集 *Phantom Noise* (Tarset, Northumberland, 2010) 和一部回忆录 *My Life as a Foreign Country* (New York, 2014)。

2　引用自 Charles Sennott, "The Imperial Imperative," *Boston Globe*, February 8, 2004。我要感谢 Sennott 先生就他出色的文章与我通信。

3　悍马（Humvee）是"高机动性多用途轮驱载具"的缩写，它是一种轻型卡车，因机动性受到青睐，但因难以抵挡路边炸弹而受到批评。叶夫宁的悍马上还有三个人：军士长大卫·豪厄尔、陆军上士迪诺·莫雷诺（Dino Moreno，狙击手）和随军记者约翰·库普曼。

4　马克·阿舍·叶夫宁（1981年5月10日—2003年4月3日）。我要感谢 John Koopman, *Mc-Coy's Marines: Darkside to Baghdad* (St. Paul, 2004; 2009)，特别是 chs. 6–7 和 pp. 244, 297, 304。库普曼的书也包括马克、他母亲和战友的照片。额外信息可以在网上找到：http://www.thefallen.militarytimes .com/marine-cpl-mark-a-evnin/25655; http://www.fallenheroesmemorial.com/oif /profiles/ evninmarka.html; https://www.youtube.com/watch?v=hepIGPIQIKE; http:// www. vpr.net/news_detail/68846/corporal-mark-evnin-mourned-in-burlington/。

5　这个词在第一次海湾战争（1990—1991）就耳熟能详，但这点似乎没有影响2003年的规划过程。

6　Christopher Cooper, "How a Marine Lost His Command in Race to Baghdad," *Wall Street Journal*, April 5, 2004; Thomas E. Ricks, "With Little Explanation, Marines Relieve Commander," *Washington Post*, April 5, 2003.

7　由于篇幅原因，我将美国最高指挥部局限在马蒂斯将军身上。他的副手、助理师指挥官约翰·F. 凯利（John F. Kelly）也参与了决策过程。

8　Cooper, "How a Marine Lost His Command," 引用了一份海军陆战队官方论述。

9　根据一个信源，"伊拉克部队没有上钩"。参见 Ricks, "With Little Explanation," 其中引用了一个海军陆战队军官的话。要了解援引了马蒂斯将军的另一种视角，参见 Evan Wright, "The Killer Elite," *Rolling Stone*, June 2003。唐纳德·特朗普总统在2017年任命马蒂斯将军为国防部长。

10 道迪接着被解除了指挥权：这一事件在本质上是关于"人还是任务"哪个更优先的争议，它终结了他的职业生涯。参见尾注6。

11 引用自 Peter Maass, "Good Kills," *New York Times*, April 20, 2003。

12 "Remembering Spring 2003 from the Iraqi Side of the Battle," *New York Times*, May 1, 2008罕见地从一个伊拉克士兵的视角观察了库特附近的事件。

13 "我们并不知道我们知道的那些事情。"唐纳德·拉姆斯菲尔德，国防部长（2001—2006），国防部新闻发布会，2002年2月12日。更令人担忧的是，还有被低估的"未知的未知"——那些我们不知道的事情。关于一些误入歧途的假设，参见 Carla Anne Robbins, Greg Jaffe, and Michael M. Phillips, "Battle with Elite Guard Is Viewed as a Pivotal Juncture in the Conflict," *Wall Street Journal*, March 25, 2003。

14 Richard Sanders, "The Myth of Shock and Awe," *Telegraph*, March 19, 2013.

15 不过，因为没有大批共和国卫队士兵在场，战斗仍属小规模。美国军队有1人死亡、12人受伤、30人被俘，而伊拉克军队估算有150—200人被杀、多达1 000人受伤。

16 Koopman, *McCoy's Marines*, pp. 158–9. 库普曼指出，绵羊在黑夜里被错当成了伊拉克士兵。

17 同上，pp. 159–67。

18 同上，p. 160。

19 水陆两用车（Amtrac 或 Amtrak）：一种两栖有履带的载人用车，因为其装甲脆弱，在第二次海湾战争中招致批评。

20 Koopman, *McCoy's Marines*, p. 162.

21 Maass, "Good Kills."。

22 Koopman, *McCoy's Marines*, ch. 8.

23 过桥行动引发了争议，因为它造成平民死亡。参见 Koopman, *McCoy's Marines*, ch. 8; Maass, "Good Kills."。

24 Koopman, *McCoy's Marines*, ch. 9.

25 同上，p. 205。

26 同上，p. 211。

27 石油出口直到2011年才重回2003年的水平。

28 Koopman, *McCoy's Marines*, p. 212.

29 参见本书序章。

30 同样参见这起事件10年后对发起摧毁雕像行动的伊拉克人的采访：Peter Beaumont, "Saddam's Statue and the Bitter Regrets of Iraq's Sledgehammer Man," *Guardian*, March 9, 2013。"当时，"卡多姆·贾布里（Kadom al-Jabouri）说，"我们只有一个独裁者。如今我们有了数百个独裁者。"

31 Andrew Preston, "The Iraq War as Contemporary History," *International History Review*, 30 (2008), pp. 796–808评估了到2006年为止10部认同美国政策失败的研究。

32 "每天早晨战争都会到来……被杀的人们填满了荒野，枪声永远在呼啸。"多产的小说家和诗人法迪勒·阿扎维1940年出生于基尔库克，在一间伊拉克监狱里待了三年（因为冒犯了复兴社会党政权），流亡到德国，目前仍住在那里。

33 对美国在伊拉克经历的主要评判包括 George Packer, *Assassins' Gate: America in Iraq* (New York, 2005); Anthony Shadid, *Night Draws Near: Iraq's People in*

the Shadow of America's War (New York, 2005); Thomas E. Ricks, *Fiasco: The American Military Venture in Iraq* (New York, 2006); Rajiv Chandrasekaran, *Imperial Life in the Emerald City: Inside Iraq's Green Zone* (New York, 2006); Dexter Filkins, *The Forever War* (New York, 2008)。

34 副总统切尼："现在，我认为伊拉克内部的情况已经变得如此糟糕，从伊拉克人民的视角来看，相信我们其实将会被当作解放者受到欢迎。"NBC News, *Meet the Press*, March 16, 2003. 国防部副部长保罗·沃尔福威茨在前一个月在国会做出了相似的断言。关于莫德将军在1917年的宣言，参见本书序章。

35 这一发现让专家们呼吁以其他策略对占领进行管理。对其中一项策略（"油点"战略）的批评，参见 A. G. Hopkins, "The 'Victory Strategy': Grand Bargain or Grand Illusion?" *Current History*, 105 (2006), pp. 14–19。

36 正像 David Ryan and Patrick Kiely, eds., *America and Iraq: Policy-Making, Intervention and Regional Politics* (Abingdon, 2009) 和 Toby Dodge, *Iraq—From War to a New Authoritarianism* (London, 2013) 罗列的那样。

37 Franz Rosenthal, ed., Ibn Khaldun (1332–1406), *The Muqaddimah: An Introduction to History* (2nd ed. Princeton, NJ, 1967).

38 Gore Vidal, *The United States of Amnesia* (New York, 2004).

39 我们要注意到，一旦对"爱国主义"情绪化的呼吁占了上风，即使是冷静而备受尊敬的评论家（包括戴维·布鲁克斯和托马斯·弗里德曼）都会放下不信任的态度，成为战争的呼吁者，这点具有教育意义。此后，一些人承认了错误，但这已来不及影响政策，也很少有人达到了 Michael Ignatieff, "Getting it Wrong," *New York Times*, August 5, 2005 所展现的公开拷问灵魂的程度。不是所有评论家都软化了他们的立场：Sarah Baxter, "Neocon 'Godfather' Norman Podhoretz Tells Bush: Bomb Iran," *Times*, September 30, 2007。

40 Thomas Harding, "Former US Commander: West Is Only Halfway There in Afghanistan," *Daily Telegraph*, October 7, 2011. 关于被忘掉的教训，一部可嘉的研究是 Jack Fairweather, *The Good War: The Battle for Afghanistan, 2006–14* (London, 2014)。

41 Walter J. Fishel, trans. and ed., *Ibn Khaldun and Tamerlane: Their Historic Meeting in Damascus, 1401 AD (803 AH)* (Berkeley and Los Angeles, 1952).

42 守城者得到的结果远没有那么有利。伊本·赫勒敦希望商谈的大赦没有维持下去。大马士革被攻陷，几乎被毁灭。它的大多数民众都被屠杀。伊本·赫勒敦在回家的路上被抢劫，但安全回到了埃及。即使是像他这种地位的哲学家和历史学家，人们都无法指望他能够要求一个精神变态者信守诺言。

43 Muhsin Mahdi, *Ibn Khaldun's Philosophy of History* (Chicago, 1964), p. 289.

出版后记

2021 年 4 月，美国宣布，在 9 月 11 日前美军完全撤出阿富汗。在 "9·11" 事件 20 周年这个特殊的时刻，撤军行动显得有一些讽刺意味。这不是帝国（霸权）力量第一次遭到挫败。1916 年英军惨败于伊拉克库特；2003 年美军又陷入伊拉克战争泥潭，不得不在 2011 年正式撤军。

在没有帝国的当代，帝国的残影仍未消散。如何看待美国这个庞然大物，《美利坚帝国》一书给我们展现了不一样的视角。在本书作者 A. G. 霍普金斯看来，美国并不是例外的国家，它也经历了和其他西方帝国相似的命运。他将帝国历史和全球化进程相融合，论证了帝国是全球化力量的传播者。这些帝国面临相似的矛盾和危机，转向殖民扩张，这个过程将越来越多的亚非拉地区拉进全球化的大网，殖民者与被殖民者间生成复杂的经济、政治、文化联系。经历重重战争和动荡，非殖民化运动最终瓦解了帝国主义，众多殖民地走向独立。

以这种开阔的视角，作者挖掘了美国历史很多被忽视的方面，例如英国对美国的非正式影响力，美国的民族-工业国家建构过程与全球化的关联，从古巴、夏威夷、菲律宾、波多黎各的视角观察美国政治等。本书篇幅巨大，有很多不同的观点和细节，引发我们思考。

在后殖民时代，帝国已是不合时宜的东西；但一些非正式的大国力量仍在隐秘地影响世界。书中序章和尾声都名为"解放的教训"，前者是 1916 年的教训，后者是 2003 年的教训。这是作者作为历史学家的提醒：

如果强权者不愿学习历史的教训，那么历史悲剧将一再重演，痛苦的泪水依然会流淌。

服务热线：133-6631-2326　188-1142-1266

服务信箱：reader@hinabook.com

后浪出版公司

2021年7月

© 民主与建设出版社，2021

图书在版编目（CIP）数据

美利坚帝国：一部全球史 /（英）A. G. 霍普金斯
(A. G. Hopkins) 著；薛雍乐译. -- 北京：民主与建
设出版社，2021.10
　　书名原文: American Empire: A Global History
　　ISBN 978-7-5139-3678-1

　　Ⅰ. ①美… Ⅱ. ①A… ②薛… Ⅲ. ①美国—历史
Ⅳ. ①K712

中国版本图书馆CIP数据核字(2021)第156129号

本书简体中文版归属银杏树下（北京）图书有限责任公司。

版权登记号：01-2021-4843
地图审图号：GS（2021）6062号

美利坚帝国：一部全球史
MEILIJIAN DIGUO YIBU QUANQIUSHI

著　　者	［英］A. G. 霍普金斯
译　　者	薛雍乐
出版统筹	吴兴元
责任编辑	王　颂
特约编辑	曹　磊
营销推广	ONEBOOK
封面设计	许晋维
出版发行	民主与建设出版社有限责任公司
电　　话	（010）59417747　59419778
社　　址	北京市海淀区西三环中路 10 号望海楼 E 座 7 层
邮　　编	100142
印　　刷	天津创先河普业印刷有限公司
版　　次	2021 年 10 月第 1 版
印　　次	2021 年 10 月第 1 次印刷
开　　本	655 毫米 ×1000 毫米　1/16
印　　张	59
字　　数	876 千字
书　　号	ISBN 978-7-5139-3678-1
定　　价	160.00 元

注：如有印、装质量问题，请与出版社联系。